GUIA DE

Viñas, Bodegas & Vinos
de América del Sur

*South American
Vineyards, Wineries & Wines*
GUIDE

GUIA DE

Viñas, Bodegas & Vinos
de América del Sur

*South American
Vineyards, Wineries & Wines*
GUIDE

a Lidia Segre Forti

*nonna biologica di una di noi ed adottiva degli altri due
perché ancora e sempre beve il vino con noi*

Lía   Antonio   Diego

© AUSTRAL SPECTATOR S.A. 2003

Queda hecho el depósito que indica la ley 11.723
Primera edición de la Guía de Viñas, Bodegas & Vinos de América del Sur.

Ninguna parte de esta publicación, incluidos el diseño de cubierta
y los índices, puede ser reproducida, almacenada o transmitida en manera
alguna o por ningún medio, ya sea eléctrico, químico, mecánico, óptico,
de grabación, de fotocopia o información, sin permiso del editor.

ISBN: 987-20914-0-4

La presente publicación se ajusta a la cartografía oficial establecida
por el Poder Ejecutivo Nacional a través del Instituto Geográfico Militar
por Ley 22.963 y fue aprobada en agosto de 2003
con N° de expediente GG03 1405/5

Impresa en Argentina
por Artes Gráficas Ronor

Austral Spectator
Arenales 1837 4° "C"
(C1124AAA) Buenos Aires
Argentina
Tel. / Fax: 54 11 4816-0648
info@australspectator.com
www.australspectator.com

Indice General / General Index

- 8 - Equipo/*Staff*
- 9 - Agradecimientos/*Our thanks to*
- 10 - Introducción/*Introduction*
- 16 - Símbolos/*Symbols*
- 17 - Modo de uso/*How to use this guide*
- 19 - Método de catas y relevamiento/ *Tasting methods and the survey*
- 23 - Los 50 Mejores/*The Top 50*
- 36 - ARGENTINA
- 37 - Introducción/*Introduction*
- 56 - Los vinos/*Wines* Las bodegas/*Wineries*
- 112 - Cuyo/*Cuyo*
- 185 - El oasis del Valle de Uco/*The Uco Valley oasis*
- 193 - El oasis de San Rafael /*San Rafael, the other Mendozan oasis*
- 201 - Los Valles de San Juan/*The Valleys of San Juan*
- 208 - Los Valles de La Rioja/*The Valleys of La Rioja*
- 212 - Los Valles de Catamarca/*The Valleys of Catamarca*
- 215 - Los Valles Calchaquíes/*The Calchaquí Valleys*
- 227 - El Alto Valle del Río Negro/*Upper Río Negro Valley, or the unfinished Patagonia*
- 232 - Un nuevo oasis en Neuquén y otros más al sur/ *A new oasis in Neuquén and others farther south*
- 234 - BOLIVIA
- 235 - Introducción/*Introduction*
- 243 - Los vinos/*Wines*
- 245 - Las bodegas/*Wineries*
- 250 - BRASIL
- 251 - Introducción/*Introduction*
- 261 - Los vinos/*Wines* Las bodegas/*Wineries*
- 272 - Bento Gonçalves/*Bento Gonçalves*
- 276 - Vale dos Vinhedos/*Vineyards Valley*
- 287 - Otras regiones vinícolas/*Other wine-growing regions*
- 308 - La Frontera Sur/*The Southern Border*
- 310 - CHILE
- 311 - Introducción/*Introduction*
- 326 - Los vinos/*Wines* Las bodegas/*Wineries*
- 366 - Valle del Maipo/*Maipo Valley*
- 393 - Valles de Casablanca y San Antonio, y Leyda/ *Casablanca and San Antonio Valleys, and Leyda*
- 403 - Valle del Cachapoal/*Cachapoal Valley*
- 413 - Valle de Colchagua/*Colchagua Valley*
- 435 - Valle de Curicó/*Curicó Valley*
- 442 - Valle del Maule/*Maule Valley*
- 457 - Valle del Aconcagua/*Aconcagua Valley*
- 462 - Valle del Limarí/*Limarí Valley*
- 466 - PARAGUAY
- 467 - Introducción/*Introduction*
- 470 - Los vinos/*Wines*
- 471 - Las bodegas/*Wineries*
- 474 - PERÚ
- 475 - Introducción/*Introduction*
- 490 - Los vinos/*Wines*
- 492 - Las bodegas/*Wineries*
- 500 - URUGUAY
- 501 - Introducción/*Introduction*
- 507 - Los vinos/*Wines*
- 516 - Las bodegas/*Wineries*
- 540 - VENEZUELA
- 541 - Introducción/*Introduction*
- 544 - Los vinos/*Wines*
- 545 - Las bodegas/*Wineries*
- 546 - El Pisco y el Singani/*Pisco and Singani*
- 548 - Las preguntas más frecuentes al menos en América del Sur/*Frequent Questions and Answers*
- 554 - Los factores de calidad/*Quality factors in wine*
- 557 - Cómo degustar un vino/*How to taste wine*
- 560 - Cómo guardar los vinos/*How to store wines*
- 562 - La Centaura/*Centaura*
- 564 - Glosario/*Glossary*
- 566 - Bibliografía/*Bibliography*
- 569 - Indice de Vinos/*Wine Index*
- 591 - Indice de Bodegas/*Wineries Index*
- 597 - Indice Onomástico/*Onomastic Index*
- 606 - En la ruta del vino.../*On the wine route...*

Equipo / Staff

Editorial / *Editorial*

Editor / *Publisher*:
Antonio Terni
Dirección General y Comercial / *General and Commercial Direction*:
Lía Pichon Rivière
Dirección Editorial, Relevamiento y Redacción / *Editorial Direction, Survey, and Texts*:
Diego Bigongiari
Coordinación General / *General Coordination*:
Mercedes Carullo
Coordinación en Chile / *Coordination in Chile*:
Serrana Verges
Diseño Gráfico / *Graphic Design*:
Vera Ridge
Apoyo al Diseño Gráfico / *Graphic Design Support*:
José Caballero
Cartografía / *Cartography*:
Sergio Huykman / FOCUS
Ilustraciones / *Illustrations*:
Vera Ridge
Asistente Editorial / *Editorial Assistant*:
Maria José Distéfano
Traducción / *Translation*:
Margaret Snook y Rosie Abbell
Colaboradores / *Contributors*:
Ivan Bluske y Estela de Frutos

General / *General*

Asesoriamiento legal / *Legal Counsel*:
Santiago Abarca
Escribano / *Notary*:
Horacio Pinasco
Website e ingeniería virtual / *Website and virtual engineering*:
Ismael Cuasnicú / CIBERIADA
Soporte técnico / *Technical support*:
Arnaldo Ortiz

Catadores / *Tasting Panel*

Coordinadoras del equipo de cata / *Tasting team coordinators*:
Marina Beltrame y Flavia Rizzuto
Catadores / *Tasting panel*:
Santiago Abarca, Aldo Graziani, Gustavo Precedo y Luciano Sosto
Catadores suplentes / *Alternate Tasters*:
Lucrecia Fernández, Sebastián Maggi, María Mendizábal y Fernanda Orellano
Catadores en Chile / *Chilean Tasting Panel*:
Rodolphe Bourdeau, Alejandro Farías, Ricardo Grellet, Alejandro Jiménez, Francisco Klimscha,
Vivian Mosnaím, Alex Órdenes y Margaret Snook
Catadores invitados a la final / *Invited Tasters in Final Tasting*:
Antonio Czarnobay, Estela de Frutos y Alex Órdenes
Sommelier / *Sommelier*:
Alejandra López Alfaro
Coordinación / *Coordination*:
Mercedes Carullo

Agradecimientos / Our thanks to

◆ a Joaquín Pichon Rivière por nuestra primera oficina, por ofrecernos sus mejores colaboradores y consejos ◆ a Arshes Anasal por sus lecturas a distancia y su guía por las enotecas de Nueva York ◆ a Maida Moubayed por su hospitalidad en Montevideo ◆ a Marianne Fuchs por un aporte esencial a nuestra investigación ◆ a ProChile por brindarnos una temprana orientación en el mundo del vino chileno ◆ a Estela de Frutos por abrirnos las puertas de las bodegas de Uruguay y las adegas do Brasil ◆ a Adriane y Elizabeth de *A.B.E.* por su colaboración y cordialidad que hicieron del relevamiento en Brasil un paseo ◆ a Patricia Mercado por sus contactos en Mendoza ◆ a todos los socios de *Altos Las Hormigas* por su hospitalidad en Mendoza ◆ al señor Salvarredi y a Matías Fraga por su ayuda para identificar los mejores vinos de Argentina ◆ al ingeniero Pina de *Bodegas de Argentina* por una colección de *Bodegas & Terruños* ◆ a Iván Bluske por sus contactos en Perú ◆ a Mónica Arias Cossio y Rita Cossio Mendieta por su ayuda en el recorrido peruano ◆ a Ana María Barahona por su nota en *Chilevinos.com* ◆ a Griselda Ruiz del *Hotel-Spa Los Parrales* de Tarija por su ayuda con los vinos de Bolivia ◆ a Karen Gilchrist por sus informaciones y contactos en Chile ◆ a las rutas del vino de los valles de Cachapoal, Colchagua, Curicó y Maule ◆ a Thomas Wilkins por un traveller's check y un muy buen mecánico ◆ al *Automóvil Club de Chile* por un socorro rápido y gratuito ◆ a Andrés Sánchez y Daniela Gillmore por la hospitalidad ◆ a Lía, Mercedes, Marina, Flavia, Margaret y Rosie por su ayuda y paciencia ◆ a Bob Dylan por la música en el camino ◆ D.B.

◆ a Antonio y Diego por convocarme ◆ a Alejandro Bianchi por sus charlas y apoyo ◆ a Manuel Mas por recibirme en su casa y su claridad ◆ a Daniel López Roca por interesarse en nuestro proyecto ◆ a Fernando Retta por sus consejos ◆ a *Terroir* por su generosidad ◆ al *Ministerio de Relaciones Exteriores, Comercio Internacional y Culto* por apoyar y divulgar nuestro emprendimiento ◆ a todo el equipo de la *Escuela Argentina de Sommeliers* ◆ a Mary y Eduardo por nuestra nueva oficina de la calle Arenales ◆ a Mercedes por su compromiso y responsabilidad ◆ a mi familia y la de Mercedes -hijos incluidos- por ayudarnos a "construir" la bodega donde guardamos y calificamos casi 1.500 vinos ◆ a Giovanna por sus cuadros para la oficina y por cuidar a mis hijos ◆ a Jorge por su paciencia, comprensión y aliento ◆ L.P.R.

◆ *To Joaquín Pichon-Rivière for our first office, for offering us his best collaborators and advice* * *to Arshes Anasal for his long-distance text readings and guidance through the wine shops of New York* ◆ *to Maida Moubayed for her hospitality in Montevideo* ◆ *to Marianne Fuchs for her essential contribution to our research* ◆ *to ProChile for providing an early orientation into the world of Chilean wine* ◆ *to Estela de Frutos for opening the doors to Uruguay's wineries and the adegas do Brazil* ◆ *to Adriane and Elizabeth of* A.B.E. *for their collaboration and cordiality that made the Brazilian survey a breeze* ◆ *to Patricia Mercado for her contacts in Mendoza* ◆ *to all the partners of Altos Las Hormigas for their hospitality in Mendoza* ◆ *to Mr. Salvarredi and Matías Fraga for their help in identifying Argentina's best wines* ◆ *to engineer Pina of Bodegas de Argentina for a collection of Bodegas & Terruños* ◆ *to Iván Bluske for his contacts in Peru* ◆ *to Mónica Arias-Cossio and Rita Cossio-Mendieta for their help during the Peruvian trip* ◆ *to Ana María Barahona for her article in* Chilevinos.com ◆ *to Griselda Ruiz of the* Hotel-Spa Los Parrales *in Tarija for their help with the Bolivian wines* ◆ *to Karen Gilchrist for her information and contacts in Chile* ◆ *to the Wine Routes in the Cachapoal, Colchagua, Curicó, and Maule Valleys* ◆ *to Thomas Wilkins for a Traveller's Check and a very good mechanic* ◆ *to the* Automóvil Club de Chile *for a quick rescue free of charge* ◆ *to Lía, Mercedes, Marina, Flavia, Margaret, and Rosie for their help and patience* ◆ *to Bob Dylan for the music along the way* ◆ *D.B.*

◆ *To Antonio and Diego for calling me* ◆ *to Alejandro Bianchi for his chats and help* ◆ *to Manuel Mas for receiving me in his home and his clarity* ◆ *to Daniel López-Roca for his interest in our project* ◆ *to Fernando Retto for his advice* ◆ *to* Terroir *for their generosity* ◆ *to* Argentina's Ministry of Foreign Relations, International Commerce, and Culture *for supporting and promoting our project* ◆ *to the entire team of the* Escuela Argentina de Sommeliers ◆ *to Mary and Eduardo for our new office on Arenales St.* ◆ *to Mercedes for her commitment and responsibility* ◆ *to my family and Mercedes'– children included – for helping us "build" the storeroom where we kept and organized nearly 1,500 wines* ◆ *to Giovanna for her paintings for the office and for taking care of my kids* ◆ *to Jorge for his patience, understanding, and encouragement.* * *L.P.R.*

Cuando le preguntaron a sir Edmund Hillary por qué había decidido escalar el Everest, su respuesta fue: "*porque estaba ahí*". Parafraseando a Hillary, el primer motivo que nos llevó a publicar esta Guía es: "*porque no estaba ahí*". Es decir: no existía, para los vinos de América del Sur, el equivalente de las muchas guías que existen para los vinos de Francia, Italia, España y de todos los países productores de vinos. Es verdad que existen varias y muy buenas guías de vinos de Argentina, Chile y Brasil, pero nadie había pensado publicar una guía que sistemáticamente comprendiera, describiera y comparara entre ellos a los vinos de toda América del Sur. Una ausencia del todo absurda si se consideran los enormes avances de nuestros vinos en los últimos diez años, sea en términos de calidad que de presencia en los mercados de todo el mundo.

La necesidad de esta Guía nos fue confirmada por la gentileza y disponibilidad con que nos acogieron todas las viñas y bodegas que visitamos, desde los altiplanos de Bolivia a los valles de Chile, de los planaltos de Brasil a los desiertos de Argentina y Perú, así como su colaboración al enviarnos las muestras para las catas. Digamos la verdad: no tenemos aun el carisma de un Robert Parker ni la fama de un *Wine Spectator*, no obstante fuimos recibidos con simpatía y participación por todos. Con entusiasmo en algunos casos, lo que nos dio la precisa sensación que los productores de vino de nuestro Continente se esperaban que antes o después alguien aparecería para visitarlos en forma sistemática y personal, no por teléfono como hacen otros, sin buscar venderles publicidad y sin pedirles que participaran en los costos, sino con el único objetivo de reunir información en vivo para ponerla a disposición de todos aquellos que -desde *traders* a periodistas, importadores o simples consumidores finales- se interesan por la realidad de nuestros vinos.

El segundo motivo es un poco más personal: desde hace muchos años quien escribe estas líneas produce vinos en Italia (y desde hace algunos años también en Argentina, pero hablaremos de ello más abajo) y cada año se encuentra esperando con ansiedad la publicación de las guías de vinos italianas, por lo menos de las cuatro más importantes, que en centésimos o copas o estrellitas brindan un juicio inapelable sobre la calidad de los vinos de la última añada. Bien: más de una vez deseé estar del lado del que juzga y no del que es juzgado, al menos en lo que concierne a vinos -ya que seguramente seremos juzgados como editores por los productores de vino, por los colegas editores de otras guías y sobre todo por nuestros lectores. Y así debe ser.

Finalmente, el conflicto de intereses: como dije antes soy uno de los socios de una pequeña bodega de Mendoza, *Altos Las Hormigas*. Algún malicioso podría pensar que el juicio sobre mis vinos podría ser alterado por mi posición en esta Guía. Dado que, como decían los latinos, "*la mujer de César debe estar por encima de toda sospecha*", nos obligamos a realizar nuestras catas con seriedad casi obsesiva, no sólo a ciegas, sino además con la presencia de un escribano que certificó todo el proceso.

A todos los que participaron en esta aventura y que hasta el final tuvieron dudas o resquemores sobre las elecciones hechas en estos meses quiero finalmente dedicarles una frase de Bob Dylan: "*Don't think twice, it's all right...*"

Antonio Terni
Editor

When Sir Edmund Hillary was asked why he decided to climb Mt. Everest, he responded, "Because it was there." Paraphrasing Hillary, our first motive for publishing this guide was, "Because it wasn't there." There simply was no South American wine guide equivalent to those that exist in France, Italy, Spain, and all the other wine-producing countries. Sure, there are several good guides on Argentine, Chilean, and Brazilian wines, but no one had thought to publish a guide that systematically analyzed, described, and compared the enormous advances in our wines in the last 10 years, whether in terms of quality or presence in the world markets.

The need for this Guide was confirmed by the courtesy and availability of all the wineries we visited, from the altiplanos of Bolivia to the valleys of Chile, from the highlands of Brazil to the deserts of Argentina and Peru, as well as through their cooperation in sending their wines for our tastings. Let's be honest here: we still don't have Robert Parker's charisma nor Wine Spectator's reputation, but we were warmly received by all, and with enthusiasm in some cases. We got the impression that the wine producers of our continent were expecting that someone would show up sooner or later for a systematic and personal visit (and not just another telephone call), without trying to sell them advertising or asking them to share in the expenses, but with the single objective of gathering information in person to make it available to traders, journalists, importers, and consumers – basically anyone interested in the reality of our wines.

The second motive is a bit more personal. Many years ago I produced wines in Italy, and some years ago in Argentina as well (but we'll discuss that below). Every year I find myself anxiously awaiting the publication of the Italian wine guides, at least the 4 most important ones, which use points or wine glasses or stars to pronounce their verdicts on the quality of the most recent vintage. Fine. More than once I wanted to be on the side that judges rather than on the side that is judged, at least where wine is concerned, although surely we will be judged as publishers by the wine producers, our fellow publishers of other guides, and especially by our readers... as it should be.

Finally, the conflict of interests. As previously mentioned, I am a partner in a small Mendoza winery, Alto Las Hormigas. Some malicious mind might think that the evaluation of my wines could be altered by my position in this Guide. And, because as some say, "Caesar's wife must be above suspicion," we resolved to perform our tastings with an almost obsessive seriousness, not only blind, but also in the presence of a notary who certified all the process.

And, to anyone who participated in this adventure and who may have had doubts or misgivings right up to the end about the decisions made during these past months, I'd like to dedicate a line from Bob Dylan: "Don't think twice, it's all right..."

Antonio Terni
Publisher

En castellano, guía en su acepción editorial es un "*tratado en que se dan preceptos o meras noticias para encaminar o dirigir en cosas, ya espirituales o abstractas, ya puramente mecánicas o materiales*". Esta Guía no brinda preceptos ni busca dirigir en cosas, pero sí ofrecer meras noticias para encaminar. Me resulta menos claro si las viñas, bodegas y vinos son cosas puramente mecánicas o materiales. Quizá se deba a que para investigar estas páginas viajé más de medio año entre viñas y bodegas y bebí a sus mejores vinos y piscos, hasta alcanzar el punto donde vislumbro el lado espiritual e incluso abstracto del elaborar o destilar un buen vino de buena uva en buena tierra bajo buen cielo con buena gente alrededor.

No sabría yo escribir una guía de bancos y banqueros de Sudamérica; ni de sus estaciones de servicio, refinerías y pozos petrolíferos; ni de tambos y lecherías (¡sí de queserías!); o campos cerealíferos, silos y acopiadoras de granos; o productores de carne y frigoríficos; o buques pesqueros y plantas de enlatado y congelado. Todas actividades productivas de las más necesarias a la vida cotidiana. Pero que dejan fría a mi pluma.

Sin contar mis viejas millas náuticas, los últimos 40 mil kilómetros fueron los mejores de mi vida. La prosa periodística no me sirve para describir las intensidades de todo un verano, desde la primavera hasta el otoño, en los caminos del vino sudamericano: por eso, estas líneas concluyen en un colofón personal de prosa poética al final de este volumen. Lamento ser uno de los poquísimos en la Aldea Global que conocen casi todas las mejores viñas y bodegas de América del Sur: creo que es una de esas experiencias que todos, incluso abstemios, deberían hacer una vez en la vida. Nada hace más feliz a un cronista de viajes que viajar por nuevos mundos para poder describirlos, y tanto mejor si aquellos mundos eran antes indescriptos. No hay mejor viaje que el que nos cambia la vida.

El vino tinto y los destilados me gustan mucho desde hace mucho tiempo. Pero sólo en este último verano austral descubrí por fin lo que quiero hacer cuando sea grande: caminar todos los veranos australes entre pinta o envero y vendimia probando las mejores uvas sudamericanas y gustando sus mejores mostos de vinos blancos fríos y fermentantes, preguntando de nubes, insectos, levaduras o maderas a las y los enólogas/os. Para terminar encontrándome como ahora, en medio de una noche del invierno austral, escribiendo la experiencia mientras termino los restos de algunas de las 50 Mejores Botellas de Vino de América del Sur. Sí que valió la pena buscarlas, enumerarlas, importarlas, catarlas y calificarlas. Pero ese fue trabajo de otros miembros de este equipo: gracias a ellos, esta noche estoy probando directamente algunos de los mejores tintos del Continente sin haber tenido que catar un millar y medio de muestras. Es un poco como llegar a las más altas cumbres andinas en helicóptero: algo que llena de regocijo y al mismo tiempo, una pizca de vergüenza. Pues me resulta matemáticamente imposible que muchas otras personas puedan tener el singular privilegio de unir a la vista, la nariz y la boca, el retrogusto mental de haber conocido a cada viña y bodega de origen de estos sublimes vinos. Brindo a la salud de todos quienes hacen mejores los días sudamericanos y de ultramar gracias a sus vinos.

Diego Bigongiari
Director Editorial

I n Spanish, the editorial entry for the word *guidebook* is "a treatise that provides precepts or mere information for guiding or directing something, whether spiritual or abstract, or purely mechanical or material." *This Guidebook offers no precepts, nor does it seek to direct anything, but it does offer mere information for guiding. It's less clear to me whether wineries and wines are purely mechanical or material things. Perhaps that's because my research led me to spending more than half a year traveling through vineyards and wineries, drinking their best wines and piscos until I began to get some insight into the spiritual, and even abstract, side of making and distilling good wines from good grapes from good lands under good skies with good people all around.*

I wouldn't know how to write a guide to South America's banks and bankers, nor its service stations; nor refineries and oils wells; nor dairy farms (although cheese, I could!); nor wheat fields, silos and harvesters; or meat producers and packing plants; or fishing ships and canneries. All are productive activities necessary for daily life. But they do not inspire my pen.

Old nautical miles aside, the last 25,000 miles were the best of my life. Journalistic prose cannot describe the intensity of an entire summer, from spring to autumn, spent on South American highways, so the lines I write here end with a personal poetic colophon at the end of the book. It's too bad that I am one of the very few people of the Global Village who knows almost all of the best vineyards and wineries of South America; I think it's an experience that everyone, even non-drinkers, should have at least once in a lifetime. Nothing makes a travel writer happier than exploring new worlds and writing about them – and it's even better if they've never been described before. There's no better journey than one that changes our lives.

I've been a lover of red wine and distilled spirits for a long time. But it was just this past summer that I finally discovered what it is that I want to do when I grow up. I want to travel every austral summer, from fruit set to veraison and harvest, trying South America's best grapes and tasting its best cold white musts and newly fermented wines, asking winemakers about clouds, insects, yeasts, or woods, in order to wind up just like I am now, in the middle of a cold austral winter, writing about the experience while finishing off a bottle of one of the Top 50 Wines of South America. *And yes, it was worth the effort to look for, number, import, taste, and evaluate them all those 1,455 fine samples. But that was the work of other members of this team: and thanks to them, tonight I was able to go straight to one of the very best red wines of the continent, without having to taste the nearly 1,500 others first. It's somewhat like reaching the highest Andean peak by helicopter: it's thrilling and joyous, but a bit embarrassing as well. But it would be mathematically impossible for many others to have the unique privilege of joining the sight, nose, and palate of a wine with the mental aftertaste of having personally known each of the vineyards and wineries that resulted in these sublime wines.*

A toast to the health of all those whose wines grace make life in South America or abroad even better.

Diego Bigongiari
Editorial Director

Lo primero que debo manifestar en estas páginas es agradecimiento: agradecimiento a las 280 bodegas y viñas de 8 países de América del Sur que nos enviaron 1.455 muestras de vinos para que las catáramos y puntuáramos, y que nos abrieron sus puertas y nos recibieron incluso en el momento más complicado del año, bajo vendimia.

Al inicio de esta aventura editorial, estábamos dispuestos a comprar los vinos y a informarnos por otros medios sobre los productores, pero ello se reveló innecesario. Es preciso reconocer que para ello fueron aliados instrumentales *Chilevinos* en Chile, la *Asociación Brasilera de Enólogos* en Brasil, el *Instituto Nacional de Vitivinicultura* en Uruguay y los representantes de *A.E.B.* en Perú, además de la *Escuela Argentina de Sommeliers* en Argentina: todos ellos contribuyeron en forma sustancial a que las puertas se nos abrieran y las muestras nos fueran enviadas.

También es cierto que encontramos varias piedras en el camino. La Aduana argentina, hostil a la globalización; el costo absurdo de las telecomunicaciones y la ineficiencia de estas empresas supuestamente las más modernas; la tendencia nacional y continental hacia la burocracia y la falta de profesionalismo constituyeron un "peaje" que debimos pagar con tiempo y dinero. Con una dosis no menor de espíritu emprendedor logramos superar estos escollos, comprobando todo lo que falta para que el Mercosur deje de ser un sello de goma y la integración sudamericana, un frase retórica.

Debo también agradecer a nuestros anunciantes -que prefiero llamar empresas aliadas- porque su interés y confianza en el proyecto superaron nuestras expectativas. Quisiera que también quienes distribuirán esta Guía se sientan partícipes del propósito que anima a *Austral Spectator*: *"contribuir a afirmar y difundir la personalidad de los vinos de América del Sur más allá de los mercados nacionales, iluminando también el tejido humano y la cultura agroalimentaria que rodean a la vid en cada comarca del continente"*.

Mis hijos (Juan de 5 años y Emilia de 2) sufrieron con mis viajes, ausencias y largos días de trabajo, pero comprendieron la importancia de este trabajo. Sin el apoyo de toda mi familia, no podría haber estado a bordo de esta aventura.

Recuerdo la cena donde -con gran parte del equipo *Austral Spectator*- celebramos la finalización de las catas y la elección de los *Top 50*. Recuerdo lo que cada uno dijo esa noche. Recuerdo también varias conversaciones con gente que trabaja en el mundo del vino. Y me doy cuenta que todo el esfuerzo valió la pena. Espero que ustedes también lo sientan así.

Lía Pichon Rivière
Directora General y Comercial

The first thing I want to express here is gratitude: gratitude to the 280 wineries of 8 South American countries that sent us 1,455 wine samples to be tasted and evaluated, and who opened their doors to us and received us, even during harvest, their most complicated time of the year.

At the beginning of this editorial adventure, we were willing to buy the wines and gather the information about the producers through other means if necessary, but it wasn't. We have to recognize that we had fundamental allies in Chilevinos.com *in Chile*, the Brazilian Winemaker's Association *in Brazil*, the National Vitivinicultural Institute *in Uruguay*, and the representatives of A.E.B. *in Peru*, as well as the Argentine School of Sommeliers *in Argentina*. All contributed substantially to seeing to it that doors were opened to us and that the samples were sent.

It's also true that we hit some bumps in the road along the way. The Argentine Customs Agency's hostility toward globalization; the outrageous costs of telecommunications and the inefficiency of these supposedly modern companies; the national and continental tendency toward bureaucracy and the lack of professionalism that created a "toll" that we had to pay in time and money. But, with a healthy dose of enterprising spirit we managed to overcome those obstacles, confirming everything that's needed for Mercosur to stop being a rubber stamp and South America integration a rhetorical expression.

I also have to thank our "announcers" (whom I prefer to call our allied companies), because their interest and confidence in the project exceeded our expectations. I also hope that those who distribute this Guide will feel they are a part of the purpose that drives Austral Spectator, "to help establish and promote the personality of South American wines beyond the national markets, while highlighting the human aspects and food and farming cultures that accompany the vine in every region of the continent."

My children (Juan, 5, and Emilia, 2) suffered through my trips, absences, and long working days, but they understood the importance of this job. Without the help of my entire family, I couldn't have been along on this adventure.

I remember the dinner in which we celebrated the end of the tastings and the selection of the Top 50. Most of the *Austral Spectator* team was there, and I remember what each one said that night. I also remember the different conversations with people who work in the world of wine. And I realize that it was all worth the effort. I hope that you will agree.

Lía Pichon Rivière
General and Marketing Director

Símbolos
Symbols

🛢 🛢	Bodega (en rojo aceptan visitas) / *Winery (in red: visitors welcome)*
🍇 🍇	Viñedos (en rojo aceptan visitas) / *Vineyards (in red: visitors welcome)*
🏠🏠🏛	Hospedaje, restaurante, museo / *Lodging, restaurant, museum*
🏘 🏠	Localidad con facilidades turísticas / *Town with touristic facilities*
	Capital de país, de provincia o estado / *National, state or provincial capital*
	Ciudad importante / *Main town*
	Ciudad / *Town*
	Caserío, paraje / *Hamlet, place*
	Zona vinícola / *Wine region*
	Área urbana / *Urban area*
	Vegetación predominante / *Prevailing vegetation*
	Relieve predominante / *Relief*
～	Autopista / *Highway*
～	Ruta provincial / *Main road*
～	Ruta secundaria / *Secondary road*
～	Camino de tierra / *Unpaved road*
	Ferrocarril / *Railroad*
3 67	Número de ruta, distancia (km) / *Highway nº, distance in km*
VALLE DE	Región o sector / *Wine region*

▲ 1056	Elevación (metros s.n.m) / *Height in meters a.s.l.*
	Puente, túnel / *Bridge, tunnel*
✈	Aeropuerto / *Airport*
◉	Vino espumante / *Sparkling wine*
○	Vino blanco / *White wine*
●	Vino rosado / *Rosé wine*
●	Vino tinto / *Red wine*
▲	Vino destilado / *Wine distillates*
☒	Vino de exportación / *Export wine*
🍇	Uno de los 50 Mejores Vinos de América del Sur / *One of the Top 50 Wines in South America*
★★★★★	Vino Excepcional / *Exceptional Wine*
★★★★	Vino Excelente / *Excellent Wine*
★★★	Muy Buen Vino / *Very Good Wine*
★★	Buen Vino / *Good Wine*
★	Vino / *Wine*
$	menos de 5 dólares / *less than $5*
$$	de 6 a 10 dólares / *$6 - $10*
$$$	de 11 a 20 dólares / *$11 - $20*
$$$$	de 21 a 35 dólares / *$21 - $35*
$$$$$	más de 36 dólares / *more than $36*

Los vinos de América del Sur en cualquier lugar del mundo.

South American wines in any part of the world.

Si usted vive en Budapest, Londres, Bogotá o en cualquier lugar del mundo, ahora puede comprar los vinos que figuran en esta Guía.*

* Sujeto a limitaciones de oferta y barreras aduaneras.

If you live in Budapest, London, Bogota or in any other city in the world, you may now buy the wines included in this Guide.*

* Subject to offer restrictions and customs barriers.

WINE KNOWLEDGE   WINE EXPERTISE

vinos@australspectator.com   vinos@terroir.com.ar

www.australspectator.com • www.terroir.com.ar

Slow Food

Laboratorio del Gusto - Cenas Temáticas - Ferias y Exposiciones - Apoyo a Productores - Rutas Gastronómicas

Redescubramos los aromas y los sabores de la cocina artesanal y de los productos argentinos, entrelazando:

Conocimiento, gusto y placer

Laboratorio de Uvas, mayo de 2003

Curso para chicos "A la aventura de los sentidos", julio de 2003

Slow Food es un proyecto cultural que propone una filosofía del placer y un programa de educación del gusto, de protección del patrimonio enológico y gastronómico, de formación del consumidor, proponiendo iniciativas de solidaridad.

Slow Food®
BAN - Buenos Aires Norte
Alimentos Argentinos

Tel.: 011-4322-1717

www.slowfoodarg.com.ar - info@slowfoodarg.com.ar

La Bourgogne
Taste Vins & La Cave

Jean Paul Bondoux consagra toda su experiencia para ofrecer la mejor opción gourmet de Buenos Aires y la más **selecta cocina francesa**. Un lugar especial donde disfrutar cada ocasión combinando sabores y aromas únicos junto a una **excelente carta de vinos** cuidadosamente seleccionada por nuestro sommelier.

Ayacucho 2027 [C1129AAA] Buenos Aires, Argentina | T [54.11] 4805.3857 | labourgogne@alvear.com.ar

Pour que vive le vin!

Líder mundial y creadora del concepto, Eurocave es la única empresa dedicada exclusivamente a la conservación de los vinos utilizando la más alta tecnología y la experiencia de más de 20 años para el servicio del vino.

Mueble para cavas naturales

Eurocave v.264 con puerta transparente

Eurocave v.264 con puerta de madera

Grand Cru

Avenida Alvear 1718
C1014AAR Buenos Aires
Tel +54 (0)11 4816 3975
www.grandcru.com.ar
info@grandcru.com.ar

www.eurocave.com

Grand Cru único representante en Argentina

Modo de uso
How to use this Guide

Más allá de estas páginas introductorias y de la sección dedicada a *Los 50 Mejores Vinos de América del Sur*, los 8 países productores de vinos constituyen cada uno un capítulo, en orden alfabético. Tras la introducción a cada país vinífero, se encuentra el listado de los vinos catados del país, agrupados por tipo o clase de vino: espumantes, tranquilos, dulces y destilados. Para encontrar una determinada etiqueta, el Indice de Vinos resultará de utilidad. Los vinos, en particular los tranquilos, están agrupados por cepas o variedades y dentro de ellas, según su puntaje, siguiendo estas escalas de calidad y precio:

Beyond these introductory pages and the section on the Top 50 Wines in South America, there are chapters dedicated to each of the 8 wine-producing countries. Each chapter presents an introduction to the country followed by a list of the products from that country, grouped by type: sparkling, still or sweet wine, or distilled spirit. Particular wines may be found in the Wine Index. The wines, particularly the still wines, are grouped by variety, then score, and price/quality scale.

🍇	Uno de los 50 Mejores Vinos de América del Sur / *One of the Top 50 Wines in South America*
★★★★★	Vino Excepcional / *Exceptional Wine*
★★★★	Vino Excelente / *Excellent Wine*
★★★	Muy Buen Vino / *Very Good Wine*
★★	Buen Vino / *Good Wine*
★	Vino / *Wine*

Las estrellas de color rojo indican que el vino estuvo entre los finalistas.

Red stars indicate a wine that was included among the finalists.

$	menos de 5 dólares / *less than $5*
$$	de 6 a 10 dólares / *$6 - $10*
$$$	de 11 a 20 dólares / *$11 - $20*
$$$$	de 21 a 35 dólares / *$21 - $35*
$$$$$	más de 36 dólares / *more than $36*

Tras estos listados de vinos de cada país productor, están las descripciones de las viñas y bodegas que los elaboran, agrupadas con un criterio geográfico y luego alfabético para facilitar el uso territorial de esta publicación. Así, las bodegas de los países con mayor riqueza regional se subdividen en regiones vitivinícolas. Para hallar una determinada bodega, será útil consultar el Indice de Bodegas. Las que reciben visitas turísticas están señaladas con una barrica colorada, al igual que en los mapas de situación.

Descriptions of the individual wineries follow the lists of wines from each country, and are presented in alphabetical order within geographical area for ease of use. The wineries of countries with greater regional diversity are subdivided into vitivinicultural regions. Consult the Winery Index to find a specific winery. Those that receive tourists are marked with a colored bar, the same as on the maps.

The Appendix includes information that will be helpful to the beginner, but may be unnecessary

Las notas en Apéndice sabrán ser dispensadas por el lector ya conocedor de estas nociones generales. Un Glosario de términos enológicos castellano-portugués-inglés puede resultar cómodo al lector y al viajero enocéntrico.

Las inevitables erratas y actualizaciones (para las que descontamos la inestimable ayuda de todos) se recibirán y publicarán mensualmente desde octubre de 2003 y hasta la segunda edición en una página de nuestro sitio www.australspectator.com. Aquí también se encontrará un Directorio Mundial de Distribuidores y Representantes de Vinos de América del Sur en construcción, ya que inexplicablemente la mayoría de las bodegas considera reservada esta información que resultará de gran utilidad a cualquier lector de cualquier país que desee saber dónde comprar los vinos de dicha casa. En nuestro sitio también publicaremos los puntos y canales de venta de esta Guía para orientar a quien deseara comprar otros ejemplares.

Nuestro anunciante *Terroir* puede ser de utilidad al lector que en cualquier lugar del planeta Tierra desee probar algún vino aquí publicado, si bien ciertos vinos de exportación, de limitada producción o de productores muy recónditos pueden ser difíciles de obtener. Y junto a ArgentinaNow.com (*by Tunnel Travel*) desarrollaremos los Caminos de la Vid, para que el enoturista pueda descubrir con otra mirada el mundo del vino sudamericano.

Para toda otra inquietud o problema en el uso de esta publicación por favor contáctenos en info@australspectator.com.

Finalmente, debemos indicar que unas pocas bodegas nuevas (entre ellas *Tikal, Luca* y *Mapema*) si bien nos enviaron sus vinos prefirieron no figurar todavía como bodegas, deseo que respetamos. Nos disculpamos asimismo con aquellas bodegas que no pudimos visitar personalmente y rogamos se nos advierta de posibles involuntarias omisiones para subsanarlas en nuestra próxima edición.

for the experienced wine enthusiast. A Spanish-Portuguese-English Glossary of enological terms will aid the reader and/or wine traveler.

The inevitable fe de erratas and updates (for which we appreciate everyone's help) will be received as of October 2003 and published monthly on our web site www.australspectator.com until the second edition is released. Here you will also find a World Directory of Distributors and Representatives of South American Wines, currently under construction. Curiously, most wineries consider this information to be private, although it would be very useful to readers of any country who wanted to know where to buy the wines involved. Our web site will also indicate where this Guide will be available for sale.

Our advertiser Terroir *can be useful to readers anywhere on Earth who want to try a wine published here, although certain wines for exportation, of limited production, or by obscure producers may be difficult to obtain. And in conjunction with ArgentinaNow.com (by* Tunnel Travel*) we will develop Vine and Wine Trails/Caminos de la Vid, so wine travelers can explore South American wine with a different perspective.*

For any other problem, question, or concerns about how to use this publication, please contact us at info@australspectator.com

Finally, we must mention that some of the newer wineries (for example, Tikal, Luca, *and* Mapema*) sent us wines for the tastings but indicated they were not yet ready to appear as wineries, which we respect. Likewise, we apologize to those wineries that we were unable to visit personally and ask to be informed of any unintentional omissions, so that we may rectify the situation in the next edition of this Guide.*

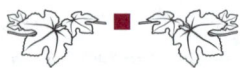

MÉTODO DE CATAS Y RELEVAMIENTO
TASTING METHODS AND THE SURVEY

Las catas

Los 1.455 vinos que fueron analizados sensorialmente y puntuados (en una escala centesimal con una ficha que puede verse en nuestro *website* junto a las condiciones y requerimientos previos a los productores) fueron catados entre principios de enero y principios de julio de 2003, en base a muestras enviadas por los productores, en 1 ó 2 catas diarias de no más de 20 vinos por cata y no menos de 5 catadores, con las botellas cubiertas y los catadores informados sólo de la nacionalidad y a su requerimiento del año y la cepa de la muestra. En la primera ronda, los vinos fueron catados por países: vinos argentinos (659 muestras, el 45.3 % del total), vinos chilenos (*) (472 muestras, el 32.4 % del total), vinos brasileros (158 muestras, el 10.9 % del total), vinos uruguayos (119 muestras, el 8.2 % del total),

---

(*) Acometimos una especial deferencia con los vinos de Chile, que nos excusamos de no haber extendido a los vinos de Brasil, Uruguay y otros países productores –algo que por costos, tiempos y logística nos hubiera resultado imposible en esta primera edición. Sucede que abrumados con nuestras inefables aventuras en la Aduana argentina decidimos que sería más cómodo y barato que traer mil muestras sin valor comercial a Buenos Aires, llevar a 5 catadores a Santiago de Chile. Luego, un poco por el volumen de trabajo (esperábamos unas 500 muestras a catar en 5 días) y otro poco por timidez y respeto frente a la importancia de la vitivinicultura chilena (y también para guarecernos de eventuales recelos y/o desconfianza que al final no olfateamos en ninguna parte) decidimos invitar a 5 catadores chilenos (vocales, más otros suplentes) a integrarse en 2 mesas de cata coordinadas por Marina Beltrame y Flavia Rizzuto. Huelga decir que ésta fue la etapa humana más apasionante, cálida y afectiva de todo este trabajo, porque los paladares de la Costa Atlántica y los de la Costa Pacífico sintonizaron buenamente con sólo una cata experimental (donde se re-cataron vinos argentinos, uruguayos y brasileros ya puntuados por nuestros 5, y no se hallaron diferencias significativas después de alguna alarma inicial, quizá relacionada con las copas). A la tarde del viernes 2 de mayo tras haber catado 472 vinos en 2 cómodos salones del Hotel Plaza San Francisco asistidos por 2 eficientes sommeliers de la casa, reinaba una confraternidad propia del vino cimentada con la maravilla atlántica ante los vinos del Pacífico. Nos encantaría poder reproducir estos momentos mágicos en cada país productor de vinos y con la ayuda de todos, esperamos ir lográndolo en cada edición.

The tastings

The 1,455 producer-supplied wines that were rated on a scale of 100 (using a form available on our web site, along with the conditions and prerequisites of the producers) were tasted from January to July 2003. Blind tastings were organized into 1 or 2 sessions per day with at least 5 tasters and no more than 20 wines per session. All bottles were covered, and the tasters were only told the country of origin, plus the year and variety when necessary.

In the first round, the wines were tasted by country: Argentina (659 samples, 45.3% of the total), Chile (*) (472 samples, 32.4%), Brazil (158 samples, 10.9%), Uruguay (119 samples, 8.2%), Bolivia (15 samples, 1%), Venezuela (10 samples, 0.7%), Peru (19 samples, 1.3%), and Paraguay (3 samples, 0.2%). We also wanted to conduct the first confrontation between 9 samples of Peruvian Pisco,

---

(*) We extended a special courtesy to Chile, and wish we could have done the same with Brazil, Uruguay, and other producer countries, but for the sake of cost, time, and logistics, it would have been impossible this time. Overwhelmed by our indescribable adventures with the Argentine Customs Agency, we decided that it would be easier and less expensive to take 5 tasters to Santiago de Chile than to bring a thousand bottles to Buenos Aires. Furthermore, partly for the volume of work (we expected to taste 500 samples in 5 days) and partly in being cautious about the importance of Chilean vitiviniculture (and also to protect ourselves from any suspicions and/or mistrust, which in the end we never sensed anywhere), we decided to invite Chilean tasters (5 regulars, plus substitutes) to join the team, divided into 2 groups, and coordinated by Marina and Flavia. Needless to say, this was the most passionate, warm, and moving human aspect of the job. The palates of the Atlantic and Pacific Coasts synchronized nicely with just one practice tasting (where previously-evaluated wines from Argentina, Uruguay, and Brazil were re-tasted together, without significant differences. On the afternoon of Friday, May 2, after having evaluated 472 wines in 2 comfortable rooms in the Hotel Plaza San Francisco, attended by 2 efficient staff sommeliers, a fellowship in wine had been formed, cemented by an Atlantic sense of awe before the Pacific wines. We would love to be able to reproduce those magical moments in every wine-making country and, with the help of everyone concerned, we hope to make this happen in each new edition of this Guide.

vinos bolivianos (15 muestras, el 1 % del total), vinos venezolanos (10 muestras, el 0.7 % del total), vinos peruanos (19 muestras, 1.3 el % del total) y vinos paraguayos (3 muestras, el 0.2 % del total). Además, quisimos realizar una primera confrontación entre 9 muestras de Pisco de Perú, 10 muestras de Pisco de Chile y 5 muestras de Singani de Bolivia, ya que éstos no son más que vinos destilados, y de los más nobles de América y el mundo.

Por razones de costos, no pudimos certificar el 100 % de las catas de la primera ronda con nuestro escribano Horacio Pinasco, pero sí el 50 % de ellas y a sorpresa, si bien confiamos plenamente en la buena fe de nuestro equipo de catadores.

De las 1.455 muestras catadas (donde sólo 31 fueron rechazadas por invocar menos de 60 puntos, el 2 % del total) elegimos a las 162 muestras de más de 83 puntos para participar en la final.

Algún precavido podría impugnar que nuestra selección fue hecha en base a muestras provistas por los productores. Al revisar los resultados de las catas tuvimos algunas dudas y re-catamos un total de 50 botellas ya obtenidas de los productores (segunda muestra) ya comprada en comercio. Por razones logísticas y técnicas que remediaremos en próximas ediciones, este control fue estricto con los vinos argentinos, medianamente estricto con los chilenos y laxo con los demás. Salvo algún caso aislado de formidable disparidad entre cata y re-cata atribuible a una muestra adulterada o a un soponcio o lunación colectiva de nuestros catadores, todos los re-exámenes de vinos resultaron coherentes con sus evaluaciones anteriores y por lo tanto felicitamos a todos los productores por su *fair-play* y a nuestros catadores por la coherencia de sus ciegas evaluaciones. De todas formas trabajaremos para que cada edición sea mejor y más "científica" en su método de evaluación. Así, sin que ellos lo supieran, llegamos a controlar con una muestra-testigo semanal a nuestro equipo de catadores desde enero hasta junio y no hallamos disparidades significativas.

La segunda rueda de cata o Gran Final fue internacional y participaron 162 muestras de 5 países con catadores de Argentina, Brasil, Chile y Uruguay. Todas las muestras finalistas fueron tapadas y firmadas por el escribano Horacio Pinasco, quien certificó personalmente las 6 sesiones de cata y sus resultados.

Como ya dicho, estamos convencidos de que si repi-

10 samples of Chilean Pisco, and 5 samples of Bolivian Singani, as these are simply distilled wines, and the most noble of the Americas.

For economic reasons, we could not certify 100% of tastings, but our notary Horacio Pinasco did appear at random to certify 50%, although we are fully confident in the good faith of our tasting team.

Of the 1,455 samples tasted (where only 31 were discarded for receiving less than 60 points, 3% of the total), we chose the 162 wines with more than 83 points to participate in the final round.

Some might complain that our selection was made based on samples provided by the producers. In reviewing the results of the tastings, we had some doubts and re-tasted a total of 50 bottles obtained either from the producer or purchased on the open market. For logistical and technical reasons that will be remedied in future editions, this control was strict with the Argentine wines, relatively strict with the Chilean wines, and lax with the rest. Except for one isolated case of a significant disparity between the first and second tasting, attributable either to an adulterated sample or a collective lunacy on the part of our tasters, all of the re-tastings were consistent with their original evaluations, and we therefore congratulate the producers for their sense of fair play and our tasters for their consistency in their blind tastings. We will aim to make each edition better and more "scientific" in its evaluation methods. To that end, and without the knowledge of our tasters, we submitted a weekly "sample-sample" without finding any significant differences.

The second round of tastings –the Grande Finale– was international and included 166 samples from 5 countries, with tasters from Argentina, Brazil, Chile, and Uruguay. Each bottle was covered and signed by our notary, who personally certified the 6 tasting sessions and their results.

As we've said before, we are convinced that if we were to repeat the entire process with the same samples and the same tasters, the result would not be exactly the same, but it would be very similar. The results from the 100-point scale were converted to stars from ★ to ★★★★★. The Top 50 Wines of South America comprise a unique category and receive a grape cluster, although in presenting them, we do reveal some of their 100-point scale values. Red stars indicate the 166 wines

tiéramos de nuevo todo el proceso con las mismas muestras y los mismos catadores el resultado no sería exactamente el mismo, pero muy parecido. Los resultados en escala centesimal fueron luego traducidos a estrellas de ★ a ★★★★★ según una escala cuya equivalencia nos reservamos. A nuestro criterio, *Los 50 Mejores Vinos de América del Sur* forman una categoría única donde todos reciben un racimo de uvas, si bien en la presentación de cada uno de ellos nos permitimos dejar traslucir algunos valores centesimales de la cata. Con sus estrellitas en rojo figuran todos los 162 vinos que fueron finalistas en esta primera cata de vinos sudamericanos.

El relevamiento

Los viajes de relevamiento de Diego Bigongiari por Uruguay, Rio Grande do Sul, Paraguay, Cuyo, Río Negro, Noroeste Argentino, sur de Bolivia (Tarija), Valles Centrales de Chile (desde Limarí hasta el Maule) y oasis costeros del Perú (de Lima a Ica) procuraron visitar personalmente a cada uno de los mejores productores de América del Sur. Se trató de visitas fugaces mucho más breves de lo que desearíamos, pero suficientes para hacernos una buena idea personal de quién, cómo, dónde, por qué y para qué está haciendo vino. Fueron tan pocas las viñas y bodegas que no pudimos llegar a conocer personalmente que nos felicitamos, al tiempo que nos disculpamos con quienes por cualquier motivo no pudieron contar con una descripción personalizada del lugar de origen de sus vinos.

Las visitas a las bodegas y la cata de sus muestras corrieron por 2 carriles voluntariamente estancos y así es muy posible que el lector atento advierta aparentes discrepancias entre los textos que describen a las viñas y bodegas (de Diego Bigongiari) y las evaluaciones de sus vinos (de nuestro equipo de catadores). El lector suspicaz hallará quizá algunas bodegas y productores descriptos con calidez entusiasta cuyos vinos obtuvieron puntajes contenidos, u otras cuyos vinos ganaron un lugar entre *Los Mejores 50* y sin embargo no despertaron en Diego Bigongiari una emoción particular al visitar su lugar de origen. No hay contradicción ninguna entre estos datos: cualquier principiante sabe que entre la atmósfera del *atelier* y la personalidad del artista y la calidad de sus obras puede mediar un abismo. Ya lo decía Federico Nietszche a propósito de los

that were included as finalists in this first Tasting of South American Wines.

The survey

Diego Bigongiari's trips through Uruguay, Río Grande do Sul, Paraguay, Cuyo, Río Negro, northwest Argentina, southern Bolivia (Tarija), the various valleys of Chile (from Limarí to Maule), and the coastal oases of Peru (from Lima to Ica) allowed him to personally visit all of South America's best producers. This meant visits that were lightening-fast, much shorter than we would have liked, but sufficient to personally gather a good idea of the who, where, why, and how of South American winemaking. We are pleased that there were so few wineries that we couldn't personally visit, but we also apologize to those that, for whatever reason, we were unable to visit for a personalized description of the place of origin of their wines.

The winery visits and the wine tastings were handled through 2 voluntarily separate channels, and it is quite possible that attentive readers will spot apparent discrepancies between Diego Bigongiari's winery descriptions and the tasting team's evaluations of the wines. Suspicious readers might discover some producers described warmly and enthusiastically whose wines obtained moderate scores, or others whose wines earned a place among the Top 50 *from wineries that Diego Bigongiari did not find particularly exciting. There is no contradiction here: there can be a tremendous difference between the atmosphere of an atelier, the personality of an artist, and the quality of his or her work. Friedrich Nietzsche said it about artists and people, but to paraphrase with respect to winemakers and their wines: "there are winemakers who are exceptional women or men and make mediocre wines, and there are winemakers who are mediocre men or women and make exceptional wines."*

For this reason, and also because there were so many wineries to visit every day under the hot summer sun, Diego Bigongiari generally abstained from tasting the wines in most wineries, except at the end of the day or an occasional must sample.

Year by year, especially when there are greater vibrations of change, we propose to fine-tune our

artistas y los hombres, pero podemos parafrasearlo a propósito de los y las *winemakers* y sus vinos: "hay winemakers *que son mujeres u hombres excepcionales cuyos vinos son mediocres, y hay* winemakers *que son hombres o mujeres mediocres cuyos vinos son excepcionales*".

Por esta misma razón, y también porque había que visitar muchas bodegas cada día bajo el sol del verano, Diego Bigongiari se abstuvo de probar vinos en la gran mayoría de ellas o sólo mostos o sólo al final del día. Año a año, si no en todas al menos en aquellas donde haya más vibraciones de cambio y novedad, nos proponemos ir afinando nuestras percepciones personales sobre cada productor y cada terruño de América del Sur, incorporando a todos los nuevos que surjan –si sus vinos alcanzan los 60 puntos, a criterio de esta Guía.

Lectores y productores nos sabrán indicar gentilmente los fallos y errores de esta primera edición para que podamos resolverlos en la siguiente. Las alabanzas nos gratifican, pero las críticas nos permitirán mejorarnos.

También pedimos a todos su opinión sobre cómo seguir describiendo a los productores: en esta primera edición nos pareció democrático dar una página a cada uno de ellos, aunque algunos fueran tan grandes que necesitarían de 3 páginas y otros tan pequeños o novedosos que se bastarían con media.

personal perceptions of each South American producer and terroir, incorporating newcomers, providing that their wines surpass 60 points and meet the criteria of this Guide.

Readers and producers will kindly let us know of any errors or problems in this first edition so that we can resolve them in the next one. Praise is welcome, but criticism will help us improve.

We also request opinions on future producer descriptions; in this first edition it seemed democratic to provide a page for each, although some were so large they needed 3 and others so small or new that half a page was sufficient.

Los 50 Mejores

The Top 50

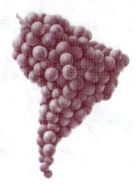

Los vinos nobles y complejos, además de añadas, a veces tienen lunas imprevisibles igual que las catadoras y los catadores de vinos. Estos *50 Mejores Vinos* fueron los de más alta puntuación entre 162 finalistas de la más alta puntuación entre 1.455 muestras de 8 países de América del Sur...en los 3 días siguientes a la Luna Llena de julio de 2003 y según los paladares de Marina Beltrame, Flavia Rizzuto, Estela de Frutos, Antonio Czarnobay, Alex Órdenes, Santiago Abarca, Gustavo Precedo, Aldo Graziani y Luciano Sosto. Todos ellos estaban en óptimas condiciones psicofísicas para estas 3 jornadas de apasionante pero intenso trabajo. El escribano Horacio Pinasco certificó como siempre la cata a ciegas y los resultados. Sin embargo, por el control de calidad y desvíos que establecimos en las 71 catas desde enero hasta julio, sabemos que si repitiéramos la elección de *Los 50 Mejores Vinos* dentro de un par de lunas, los resultados serían casi los mismos pero no idénticos -aunque nuestros 9 catadores estuvieran sentados en el mismo lugar de la misma mesa de cata.

In addition to differences in years, noble and complex wines often have unpredictable quirks, just as the wine tasters do. In the 3 days of tasting in July 2003, and according to the palates of Marina Beltrame, Flavia Rizzuto, Estela de Frutos, Antonio Czarnobay, Alex Órdenes, Santiago Abarca, Gustavo Precedo, Aldo Graziani, and Luciano Sosto, these Top 50 Wines *received the highest scores of the 162 finalists, which had the highest scores of the 1,457 wines submitted from 8 South American countries. All of the tasters were in optimal psycho-physical condition for these 3 passionate and intense days of work. Our notary Horacio Pinasco certified the results and that the tastings remained blind. However, due to quality control we did during the 71 tasting sessions that took place between January and July 2003, we know that if we were to repeat the selection of the* Top 50 Wines *in couple of months, the results would be close, but not identical – even with the same 9 tasters seated in the same place at the same table.*

Los 50 Mejores Vinos de América del Sur
The Top 50 South American Wines

La elección fue reñida. En escala centesimal, el vino que obtuvo el máximo puntaje fue argentino, con 96 puntos: fue una de las 2 muestras a la que un jurado otorgó 100 puntos, y el jurado era chileno. El segundo vino de más alto puntaje según mayoría de jurados argentinos fue un Malbec...chileno. Hubo 6 vinos de 93 puntos y 6 de 92 puntos, 8 de 91 puntos y 9 de 90 puntos, con otros 19 vinos de 89 puntos: el 50avo. lugar entre *Los Mejores de América del Sur* se dirimió por decimales. Apenas 7 puntos de diferencia entre *Los 50 Mejores*.

Así las cosas, decidimos premiar a todos por igual con un racimo de uvas colorado, distintivo que otorgaremos cada año a *Los 50 Mejores Vinos* del Continente.

Los más nobles resultados vinícolas de América del Sur de las cosechas 1996, 1999, 2000, 2001 y 2002 fueron a nuestro juicio y experiencia 27 vinos chilenos, 22 vinos argentinos y 1 vino uruguayo elaborados por 35 bodegas, de las cuales sólo 8 existían antes de 1990. La mayoría de estas bodegas son chilenas y argentinas, pero destacan un gran número de bodegas de propiedad francesa y *joint-ventures* con bodegas francesas. Todos fueron vinos tranquilos: 47 tintos y sólo 3 blancos, uno de ellos generoso. Hay 13 vinos de corte o *assemblage*, 12 Cabernet Sauvignon, 11 Malbec, 6 Syrah, 4 Carmenère, 2 Sauvignon Blanc, 1 Chardonnay y 1 Tannat. El más caro cuesta unos 87 dólares y el menos caro 7 dólares. Todos ellos son vinos más que extraordinarios. Sus nombres son:

It was a close race to the finish. The wine with the highest score was Argentine, 96 points on a 100-point scale. This was one of only 2 samples that received a score of 100 – and from a Chilean jury member. The second highest-ranking wine in a predominately Argentine jury was a Malbec – from Chile, at 94. There were 6 wines with 93 points, 6 with 92 points, 8 with 91, 9 with 90, and 19 with 89; the 50th place was decided by decimal points. There were barely 7 points difference among the Top 50. Considering the outcome, we decided to award them all with a colored grape cluster, a distinction we will bestow upon the Top 50 Wines of the Continent each year.

In our opinion and experience, the noblest results of the wines of South America, vintages 1996, 1999, 2000, 2001, and 2002 were: 27 Chilean wines, 22 Argentine, and 1 Uruguayan from 35 different wineries, and of those, only 8 existed before 1990. The majority of the wineries are Chilean and Argentine, but a considerable number are French or joint ventures with French wineries. All were still wines: 47 reds and only 3 whites, and one of those sweet. There are 13 blends (or assemblage), 12 Cabernet Sauvignon, 11 Malbec, 6 Syrah, 4 Carmenère, 2 Sauvignon Blanc, 1 Chardonnay, and 1 Tannat. The most expensive lists for $87 USD, and the list expensive $ 7. All of these wines are more than extraordinary. They are:

Marca/Label	Bodega/Winery	Cepa/Variety	Cosecha/Harvest	País/Country
Achával Ferrer	Bodega Achával-Ferrer	Malbec	2000	(Argentina)
Almaviva	Almaviva	Cab. Sauv.-Carmenère-Cab. Franc	2000	(Chile)
Angélica Zapata Alta	Bodega Catena Zapata	Chardonnay	2000	(Argentina)
Anubis	Dominio del Plata / Vintage S.A.	Malbec	2000	(Argentina)
Beso de Dante	Bodega Luca	Malbec-Cab. Sauv.	2000	(Argentina)
Broquel ☒	Bodegas Trapiche	Malbec	2000	(Argentina)
Cabo de Hornos	Viña San Pedro	Cabernet Sauvignon	1999	(Chile)
Cadus	Bodegas Nieto Senetiner	Cabernet Sauvignon	2000	(Argentina)
Cadus	Bodegas Nieto Senetiner	Malbec	2000	(Argentina)
Caro	Bodegas Caro	Cab. Sauv.-Malbec	2000	(Argentina)
Casa Luntro	Bodega Castel Pujol / Vinos Finos Juan Carrau S.A.	Tannat	1999	(Uruguay)

Marca/Label	Bodega/Winery	Cepa/Variety	Cosecha/Harvest	Pais/Country
Casa Real ☒	Viña Santa Rita	Cabernet Sauvignon	1999	(Chile)
Casa Silva Los Lingues	Viña Casa Silva	Carmenère	2001	(Chile)
Catena Alta ☒	Bodega Catena Zapata	Malbec	2000	(Argentina)
Catena Zapata Estiba Reservada	Bodega Catena Zapata	Corte	1999	(Argentina)
Cavas de Weinert Gran Vino Reserva	Bodega y Cavas de Weinert S.A.	Corte	1999	(Argentina)
Cellar Classic	Viña Casa Silva	Syrah	2001	(Chile)
Clos Apalta	Casa Lapostolle	Corte	2000	(Chile)
Dolium Nobile	Dolium S.A.	Corte		(Argentina)
Dolium Reserva	Dolium S.A.	Malbec	2000	(Argentina)
Doña Paula Selección de Bodega	Viña Doña Paula S.A.	Malbec	1999	(Argentina)
EQ	Viña Matetic	Syrah	2001	(Chile)
Family Reserve	Roca S.A.	Malbec	2000	(Argentina)
Felipe Rutini	Viñedos y Bodegas La Rural S.A. Ltda.	Cabernet-Merlot	1996	(Argentina)
Floresta	Viña Santa Rita	Cabernet Sauvignon	1999	(Chile)
Fond de Cave Reserva	Bodegas Trapiche	Malbec	2000	(Argentina)
Gran Araucano	Jacques y François Lurton S.A.	Sauvignon Blanc	2002	(Chile)
Gran Cru	Viña Château Los Boldos	Cabernet Sauvignon-Merlot	2000	(Chile)
Gran Cuvée	Viña William Févre	Carmenère	2002	(Chile)
Júbilo	Bodega Tikal	Corte	2001	(Argentina)
Legado de Armida Reserva	Viña Santa Inés	Cabernet Sauvignon	2001	(Chile)
Lolol Single Reserva	Viña Casa Silva	Syrah	2001	(Chile)
Marqués de Casa Concha	Viña Concha y Toro	Cabernet Sauvignon	2001	(Chile)
Misiones de Rengo	Viña Misiones de Rengo	Cabernet Sauvignon-Syrah	2002	(Chile)
Montes Alpha M.	Viña Montes	Corte	2000	(Chile)
Morandé Ed. Limitada	Viña Morandé	Sauvignon Blanc		(Chile)
Ninquén	Viña MontGras	Cabernet Sauvignon	2000	(Chile)
San Pedro de Yacochuya Rolland	Viñedos y Bodegas San Pedro de Yacochuya	Corte	2000	(Argentina)
San Elías	Viña Siegel	Syrah	2001	(Chile)
San Pedro de Yacochuya Sesquicentenario	Viñedos y Bodegas San Pedro de Yacochuya	Corte	2000	(Argentina)
Santa Helena Reserva	Santa Helena	Carmenère	2001	(Chile)
Santa Inés Reserva	Viña Santa Inés	Syrah	2001	(Chile)
Seña	Viña Errázuriz	Corte	1999	(Chile)
Stella Aurea	Viña Clos Quebrada de Macul	Cabernet Sauvignon	2000	(Chile)
Terrazas Gran	Bodega Terrazas	Cabernet Sauvignon	1999	(Argentina)
Terrazas Gran	Bodega Terrazas	Malbec	1999	(Argentina)
Terramater Reserva	Viña Terramater	Syrah	2001	(Chile)
Terrunyo	Viña Concha y Toro	Carmenère	2001	(Chile)
Vieilles Vignes	Viña Château Los Boldos	Cabernet Sauvignon	2000	(Chile)
Viu Manent Special Selection	Viu Manent y Compañía Ltda.	Malbec	2001	(Chile)

Achával Ferrer Malbec 2000 / Achával Ferrer (Argentina)

Uno de los Malbec de más alta puntuación entre *Los 50 Mejores de América del Sur*, hecho con uvas de cepas de más 80 años provenientes de la finca Altamira en La Consulta. A un racimo de 400 gramos por planta, hay apenas 8 mil botellas de este milagro enológico creado por el prestigioso enólogo toscano Roberto Cipresso. Todo el Malbec de Altamira pasa por barricas *Taransaud* de primer uso.

One of the highest-scoring Malbecs in the South American Top 50, made from fruit of 80+-year-old vines from the Altamira finca in La Consulta. At just one 14-ounce cluster per plant, barely 8,000 bottles of this enological miracle were created by the prestigious Tuscan wine-maker Roberto Cipresso. All of this Altamira's Malbec is aged in first-use Taransaud *barrels.*

Almaviva 2000 / Almaviva (Chile)

Si de algo estábamos seguros tras visitar y degustar *Almaviva* más de 2 meses antes de la cata final, es que este súper vino estaría entre *Los 50 Mejores de América del Sur*. Con casas madre como las suyas, terruño y viñedo como el suyo, una bodega como la suya y enólogos como Patrick Leon y Enrique Tirado advocados a hacer sólo un gran vino y un segundo vino, lucía altamente improbable lo contrario. *Qvod erat demostrandvm.*

If there's one thing we were sure of after visiting the winery and tasting Almaviva *2 months before the final tasting session, it was that this super wine would be among the Top 50 wines of South America. With mother wineries like this, soils and vineyards like this, a winery like this, and winemakers like Patrick Leon and Enrique Tirado, advocates of a single great wine and a second, anything else would have been highly unlikely.* Qvod erat demostrandvm.

Angélica Zapata Chardonnay 2000 / Catena Zapata (Argentina)

Sólo 3 vinos blancos lograron un lugar entre *Los Mejores 50* y uno de ellos es este Chardonnay, según nuestros paladares, el más expresivo de toda América del Sur. Hay un par de décadas de trabajo en este blanco varietal con crianza en roble, de espaldas tan anchas que no se apocaría al competir con los mejores del Nuevo y Viejo Mundo. Un logro del enólogo mendocino José Galante, quien lleva 27 años en las bodegas de Nicolás Catena.

Only 3 white wines made it into the Top 50, including this Chardonnay, which we consider to be the most expressive in all of South America. There are a couple decades of work in this oak-aged white wine, so well structured that it would easily stand up to the best of the New and Old Worlds.

Anubis Malbec 2000 / Vintage / Dominio del Plata (Argentina)

Alberto Antonini es el enólogo volador que más aparece involucrado en *Los 50 Mejores Vinos de Sudamérica* y los finalistas del más alto puntaje: ya que nadie es profeta en su tierra, él es quien primero y mejor entendió al Malbec y su potencial como varietal de crianza. *Anubis*, desarrollado en conjunto y bajo el techo moderno pero acogedor de la flamante casa de vinos de los enólogos Susana Balbo y Pedro Marchevsky, es un gigante recién nacido, de vocación cosmopolita.

Alberto Antonini is the flying winemaker who appears most often in the Top 50 Wines of South America and the finalists with the highest scores. And, as no one is a prophet in his own land, it was this Italian who first pointed to Malbec and its potential as a variety for aging. Developed in conjunction with Argentine winemakers Susana Balbo and Pedro Marchevsky in their modern but charming winery, Anubis *is a new-born giant with a very cosmopolitan calling.*

Beso de Dante Malbec-Cabernet Sauvignon 2000 / Luca (Argentina)

Beso del Dante es un vino de la cuarta generación de *winemakers* de la familia Catena, elaborado por bodega Luca -de Laura Catena- que se inicia con esta formidable creación del enólogo Luis Reginato.

Beso del Dante *comes from the fourth generation of Catena family winemakers, Laura Catena and her Luca winery, which makes its debut with this impressive creation by enologist Luis Reginato.*

Broquel Malbec 2000 / *Trapiche (Argentina)*

Ignoramos por cuál razón de *marketing* exportador a los argentinos les está vedado probar uno de sus mejores Malbec, a menos que lo compren en enotecas de ultramar. Esperamos que la distinción de estar entre los Malbec de más alto puntaje en América del Sur contribuya a cambiar las cosas antes que los enófilos criollos golpeen las lejanas puertas de *Donaldson, Lufkin & Jenriette Merchant Banking* clamando: "¡el pueblo quiere saber de qué se trata!".

We really don't know what's behind the export marketing strategy that doesn't allow Argentines to try one of their best Malbecs without traveling overseas to buy it. Hopefully the distinction of being among the highest ranking Malbecs of South America helps make a change before local wine lovers start banging on the distant doors of Donaldson, Lufkin & Jenriette Merchant Banking *crying "The people want to know what it's all about!"*

Cabo de Hornos Cabernet Sauvignon 1999 / *Viña San Pedro (Chile)*

Triunfo de la enología chilena en su máxima expresión, y de la enóloga chilena Irene Paiva en particular. Este Cabernet Sauvignon de poético nombre nace de la extensión de viñedos propios de *Viña San Pedro* y su particular amalgama de tradición y enotecnología de punta, en la bodega de primera línea continental donde más predominan las mujeres enólogas. Uno de los 12 mejores Cabernet del Continente que culmina en el Cabo de Hornos.

A triumph of Chilean winemaking in its maximum expression, and especially for Chilean winemaker Irene Paiva. This Cabernet Sauvignon with a poetic name (Cape Horn) begins in its own vineyards, property of Viña San Pedro, *and its particular blend of tradition and state-of-the-art eno-technology in one of the continent's top facilities with the most women winemakers. One of the 12 best Cabernets of the continent that culminates in "Cabo de Hornos".*

Cadus Cabernet Sauvignon 2000 / *Nieto Senetiner (Argentina)*

Si bien la casa cambió de propietarios hace unos años, el enólogo consultor y creador de *Cadus* siguió a cargo. El *flying winemaker* toscano Alberto Antonini es el más exitoso de esta edición, ya que su figura consultora transluce en casi el 10 % de *Los Mejores 50*. Es para felicitarse que Adriano Senetiner haya sintonizado tan bien y tan temprano con Alberto Antonini, la mayor contribución itálica a la vitinivinicultura sudamericana actual.

Although the house changed hands a few years ago, the winemaking consultant and Cadus creator continues to be in charge. Tuscan Alberto Antonini is the most successful flying winemaker in this edition, as he appears as a consultant in nearly 10% of the Top 50 *wines. Adriano Senetiner should be congratulated for synchronizing so well and so early with Alberto Antonini, Italy's greatest contribution to South American winemaking today.*

Cadus Malbec 2000 / *Nieto Senetiner (Argentina)*

Si la cata no fuera a ciegas, *Cadus Malbec* merecería figurar entre *Los 50 Mejores* por su firma creadora y rectora -Alberto Antonini- y por razones históricas, ya que fue el primer Malbec varietal de crianza y exportación que se hizo en Cuyo. Pero la cata fue a ciegas, así que este vino figura por mérito intrínseco entre los 11 mejores del mundo en su variedad.

If it weren't a blind tasting, Cadus Malbec *would have deserved a place in the* Top 50 *for the signature of its creator –Alberto Antonini– and for historical reasons, as this was the first Malbec wine to be barrel-aged and exported made in Cuyo. But the tasting was blind, so it's here for its own intrinsic merit, one of the top 11 Malbecs in the world.*

Caro 2000 / *Caro (Argentina)*

Un vino prohijado por dos *winemakers* como Catena y Rothschild no podía faltar desde su primera añada en este Gotha de los Vinos Sudamericanos. En honor a la verdad, *Caro* quedó 7 puntos por debajo del mejor vino del Continente y ello, para un bebé que recién comienza a gatear en una bodega que todavía estaba en construcción cuando la visitamos el pasado otoño, es un resultado formidable. En los años próximos habrá que cuidar a este niño prodigio.

A wine with two adoptive parents Catena and Rothschild couldn't have been left out of this Guide to South American Wines. Truth be told, Caro finished just 7 points below the best wine of the continent, and that, considering it's just a babe in winery still under construction when we visited last fall, is pretty incredible. We'll have to watch this child prodigy in the years to come.

Casa Luntro Tannat 1999 / Castel Pujol (Uruguay)

Nos complace mucho que a un Tannat uruguayo haya correspondido el honor de quebrar el duopolio chileno-argentino entre *Los 50 Mejores*. La explicación de este éxito reside en la unión de los 2 vitivinicultores uruguayos que más apostaron a la calidad -los hermanos Francisco y Javier Carrau- con los 2 vitivinicultores bordeleses que más apostaron a la globalización -los hermanos Jacques y François Lurton. Enólogo de este milagroso Tannat, Octavio Gioia.

We are very happy that it was an Uruguayan Tannat that broke the Chile-Argentina duopoly among the Top 50. Its success resides in the union between the 2 Uruguayan vitiviniculturists who bet heaviest on quality –brothers Francisco and Javier Carrau– and the 2 Bordeaux vitiviniculturists who bet heaviest on globalization –brothers Jacques and François Lurton. The winemaker responsible for this miraculous Tannat is Octavio Gioia.

Casa Real Cabernet Sauvignon 1999 / Viña Santa Rita (Chile)

Con mil hectáreas de Cabernet Sauvignon casi todas ellas en Valle de Maipo, los enólogos Cecilia Torres y Andrés Ilabaca pueden elegir entre los mejores granos planetarios de la cepa. Los recursos de Ricardo Claro y la tecnología más avanzada junto a la larga tradición de la firma hacen que *Viña Santa Rita* -a juzgar por los resultados de nuestras catas 2003- sea la bodega líder de esta cepa en América del Sur, empatando a sí misma con *Floresta* y *Casa Real*.

With 2,500 acres of Cabernet Sauvignon, nearly all in the Maipo Valley, winemakers Cecilia Torres and Andrés Ilabaca can choose among the variety's best grapes on the planet. Judging from the results of our 2003 wine tastings, Ricardo Claro's resources and the most advanced technology along with the company's long tradition, make the Viña Santa Rita *a leader in South American Cabernet Sauvignon, with two of its wines,* Floresta *and* Casa Real, *reaching a tie score.*

Casa Silva Los Lingues Carmenère 2001 / Casa Silva (Chile)

Uno de los 2 Carmenère de mayor puntaje en la cata final. Vinazo que se explica considerando el terruño de Los Lingues, la experiencia y talento del enólogo chileno Mario Geisse apoyado por José Ignacio Maturana, y la dedicación de esta casa para lograr vinos de la más alta calidad. Ahora comprendemos para qué revestir tanques de cemento por dentro con acero inox y por fuera con madera. Toda la barrica es francesa.

One of the final tasting's 2 highest scoring Carmenères. A tremendous wine explained by the terroir *of Los Lingues, the experience and talent of Chilean winemaker Mario Geisse along with José Ignacio Maturana, and the dedication of this house to making the highest quality wines. Now we understand why they line cement tanks with stainless steel on the inside and wood on the outside. All of their barrels are French.*

Catena Alta Malbec 2000 / Catena Zapata (Argentina)

Uno de los 2 Malbec argentinos de mejor puntuación, vino de exportación digno embajador de la cepa tinta emblemática del país. Sumatoria de un *know-how* logrado con algunos de los mejores consultores del globo a través de los años: Paul Hobbs, Jacques Lurton, Attilio Pagli, Alberto Antonini y Scott Peterson. Y la experiencia del *winemaker* José Galante, apoyado por la tecnología más avanzada y los mejores viñedos. Ojalá se venda también en su mercado de origen.

One of Argentina's 2 highest-rated Malbecs, an export wine and worthy ambassador for the country's emblematic red. The sum of the collective know-how earned over years of working with some of the world's best consultants –Paul Hobbs, Jacques Lurton, Attilio Pagli, Alberto Antonini, and Scott Peterson– plus the experience of winemaker José Galante, supported by the most advanced technology and the best vineyards. We just wish they'd sell some in their market of origin.

Catena Zapata Estiba Reservada 1999 / Catena Zapata (Argentina)

Para que no se piense que fuimos sobornados por esta exitosa bodega revelaremos que este espléndido vino tinto estuvo 7 puntos abajo de nuestro único 96 puntos: entre *Los Mejores 50 de América del Sur* pero a 1 o 2 puntos de la docena larga de finalistas que en un día mejor bien podrían haber calificado.

Just so no one gets the idea that we were bribed by this successful winery, we'll let on that this splendid wine was 7 points below our only 96-pointer. It was among the Top 50 Wines of South America, but just 1 or 2 points from the long list of finalists that might have qualified on a better day.

Cavas de Weinert Gran Vino Reserva 1999 / Cavas de Weinert (Argentina)

Nos encanta que un gran vino de esta casa familiar de origen brasilero que tanto hizo por el buen vino argentino se cuente entre *Los Mejores 50 de América del Sur*. Nos encanta que en *Weinert* no tengan barricas y críen a sus vinos a contramano de la moda global. Y nos encanta que una creación de Raúl de la Mota, desarrollada por el enólogo suizo Hubert Weber, haya conquistado lugar destacado en estas páginas. Robert Parker también estará encantado.

We love the idea that a great wine from this family winery of Brazilian origins that did so much for Argentine wine is listed among the Top 50 Wines of South America. We love that Weinert *has no barrels and that they create wines that go against world trends. And we love that a creation of Raúl de la Mota, developed by Swiss winemaker Hubert Weber, has earned a place in these pages. Robert Parker would too.*

Cellar Classic Syrah 2001 / Casa Silva (Chile)

Bodega centenaria y familiar pero aún joven en vinos nobles de su marca, dotada de viñedos viejos y dirigida en los vinos por el enólogo chileno Mario Geisse, *Casa Silva* es después de la argentina *Catena Zapata* la que más vinos impuso entre *Los 50 Mejores de América del Sur*, líder entre las viñas chilenas. Dos de estos 3 vinos son Syrah de su finca Lolol.

With more than 100 years of history, this family winery, endowed with old vineyards and enological direction by Chilean winemaker Mario Geisse, is still young in its noble wines. Casa Silva led the Chilean wineries for placing among the Top 50 of South America, and was second only to Argentine Catena Zapata overall. Two of its 3 winning wines are Syrah from the Lolol vineyard.

Clos Apalta 2000 / Casa Lapostolle (Chile)

Este súper vino creado por Michel Rolland y desarrollado por Michel Friou está en su tercera añada (la primera fue el '97, en '98 no la hubo) y ya es un grande entre los grandes vinos de Sudamérica. Viejas vides colchagüinas de *rulo*, bajos rendimientos, vinificación en cubas de roble nuevo de 7 mil litros y crianza de 20 meses en barrica francesa nueva. Demostración irrebatible de lo que suman terruño chileno y experiencia francesa.

This super wine created by Michel Rolland and developed by Michel Friou is on its third vintage (the first was 1997, and there was none in 1998), and it's already among the great wines of South America. Low-yielding, non-irrigated, old vines in Colchagua, vinification in new 1,900-gallon oak vats, followed by 20 months in new French oak provide irrefutable proof of what happens with Chilean terroir and French experience.

Dolium Nobile / Vino tinto de corte / Bodega Dolium (Argentina)

Un ingeniero italiano -Mario Giadorou- de larga trayectoria en Argentina y ultramar. Una bodega familiar pequeña y moderna sin atadura con la tradición local. Viñedos propios y uvas compradas en los mejores terruños de Cuyo. Dos enólogos residentes jóvenes y talentosos -Andrea Marchioli y Luis Barraud- y un enólogo volador de fama global -Paul Hobbs. Eso es todo lo que hace falta para elaborar uno de los mejores vinos tintos de Sudamérica.

Take an Italian engineer –Mario Giadorou– with long experience in Argentina and abroad. A small, modern family winery without ties to local tradition. Their own vineyards plus grapes purchased from the best lands in Cuyo. Two talented young resident winemakers –Andrea Marchioli and Luis Barraud– plus famous flying winemaker Paul Hobbs… and you have everything you need to make one of the best red wines in South America.

Dolium Reserva Malbec 2000 / Dolium (Argentina))

Todo es tan transparente y contenido en *Dolium* que no es posible decir mucho más de lo dicho a propósito de *Dolium Nobile* sin entrar en las características propias del vino. Es otro triunfo de la enoglobalización: propietarios véneto-lombardos, terruño y enólogos residentes cuyanos, enólogo consultor californiano. Así, de la cultura vínica de estas 3 regiones del mundo surge esta notable expresión de Malbec, uno de los 8 mejores de Sudamérica.

Everything is so transparent and contained in Dolium that it's impossible to say much more about Dolium Nobile without entering into the characteristics of the wine itself. This is another triumph of globalization: Venetian-Lombard owners, Cuyan land and resident winemakers, and a Californian consultant. The result: 3 wine cultures from 3 world regions that give rise to the notable expression of Malbec, one of the top 8 in South America.

Doña Paula Selección de Bodega Malbec 1999 / Doña Paula (Argentina)

Hay por lo menos 2 sorpresas fruto de nuestra cata a ciegas: una es que el mejor Malbec de Sudamérica es chileno, y la otra es que uno de los 11 mejores Malbec de Sudamérica es hecho de uvas argentinas por el enólogo argentino Matías Michelini, pero en una bodega cuya casa madre es chilena y ya presente en esta selección final con 2 vinos.

There were at least 2 surprises to come out of our blind tastings. One is that the best Malbec in South America is Chilean, and the other is that one of the best 11 South American Malbecs is made from Argentine grapes by Argentine winemaker Matías Michelini, but in a winery who's mother-company is Chilean and already present in the final selection with 2 wines.

EQ Syrah 2001 / Viña Matetic (Chile)

La *Viña Matetic* es novísima y decidida a hacer las cosas al máximo nivel y a su propio modo, en un terruño nuevo y todo suyo. *EQ* -de equilibrio- es un vino que da que hablar desde sus primeros tímidos pasos, todos volcados a ultramar. El vocablo *Syrah* tiene una nueva y logradísima acepción desde que se puede beber esta creación de los enólogos chileno Rodrigo Soto y estadounidense Ken Bernards: el mejor Syrah de Sudamérica.

Viña Matetic is very new and very set on doing things to the highest degree and in their own way -in a new area all their own. EQ is a wine that has stirred interest since its first timid steps –all directed overseas. The word Syrah has a new and well-earned definition after tasting this creation of Chilean winemaker Rodrigo Soto and his U.S. counterpart Ken Bernards, the best Syrah in South America.

Family Reserve Malbec 2000 / Roca (Argentina)

De todas las bodegas argentinas que estuvieron entre *Los Mejores 50* con sus vinos, quizá ésta sea la menos conocida pues nació en la década del '90 y en el oasis sureño de San Rafael, pero en la cuna de una familia de larga tradición vitivinicultora. La experiencia del enólogo Alfredo Roca, la energía de su hijo enólogo Alejandro y el aporte del enólogo Mauro Nocenzo explican este vino, el mejor Malbec de una bodega familiar argentina.

Of all the Argentine wineries with wines in the Top 50, perhaps this is the least known. It began in the 1990s in the southern oases of San Rafael, but in the cradle of a family with a long vitivinicultural tradition. The experience of winemaker Alfredo Roca, the energy of his winemaker son Alejandro, and the contributions of winemaker Mauro Nocenzo explain this wine, the best Malbec from an Argentine family winery.

Felipe Rutini Cabernet Sauvignon-Merlot 1996 / La Rural (Argentina)

El mejor puntuado entre los vinos argentinos de bodegas tradicionales es un clásico, que tiene detrás suyo los elementos clave para elaborar un súper vino: amplia gama de parcelas en los mejores terruños mendocinos (con viñas de hasta 45 años) además de productores asociados en Tupungato, La Consulta y Agrelo, más toda la tecnología deseable en la bodega y un enólogo tan experto como Mariano Di Paola.

Argentina's highest-scoring traditional winery is a classic, backed by all the key elements for making a super wine: a broad range of parcels with the best terroir in Mendoza (with vineyards up to 45 years old) plus associated producers in Tupungato, La Consulta, and Agrelo; all the technology one could want in the winery --and an expert winemaker like Mariano Di Paola.

Floresta Cabernet Sauvignon 1999 / Viña Santa Rita (Chile)

Si la casualidad no existe, hay alguna razón para que los 2 Cabernet Sauvignon de *Viña Santa Rita* empataran en puntaje entre los mejores de su cepa en América del Sur. La tradición vitivinícola más que secular del Valle del Maipo y el arraigo del Cabernet en este terruño sumados a los recursos aportados por un poderoso *holding* chileno también explican, hasta donde es posible, esta formidable expresión de la reina de las uvas tintas.

If there's no such thing as coincidence, then there's a reason why Viña Santa Rita's 2 Cabernet Sauvignons ended with a tie score among the best of their variety in South America. The most secular vitivinicultural tradition of the Maipo Valley and the strength of Cabernet in this terroir, added to the resources contributed by the powerful Chilean holding company also explain, as far as is possible, this incredible expression of the queen of black grapes.

Fond de Cave Reserva Malbec 2000 / Trapiche (Argentina)

Si hubiésemos puesto pasión nacionalista en esta investigación sensorial -cosa que no- debería movernos a orgullo que una de las etiquetas más clásicas de Argentina se cuente entre los 50 grandes vinos de Sudamérica, embanderada con la cepa insignia del país. Morigeraría a dicha pasión malsana el que este vino sea 100 % argentino incluyendo a su enólogo Daniel Pi, mientras la bodega resulta 100 % estadounidense. Un gran vino americano, en el sentido sur-norte de la palabra.

If we had been given to nationalistic passion during this sensorial research –which we were not– we would have been moved to pride that one of Argentina's most classic labels appears among the best 50 wines of South America, wrapped in the flag of the country's signature grape. What would temper that unhealthy passion is the fact that while this wine and its winemaker are 100% Argentine, the winery is 100% North American. A great American wine –in the south-north sense of the word.

Gran Araucano Sauvignon Blanc 2002 / Lurton (Chile)

Que un Sauvignon Blanc haya conceptuado uno de los puntajes más altos entre un millar y medio de vinos nobles sudamericanos (cuyos mejores 50 son por 9/10 vinos tintos) significa dos cosas: que el Sauvignon Blanc del Valle de Casablanca (donde lo obtiene la viña *Lurton*) es fruta de primerísimo orden y que para vinificarla al máximo de su potencial, no viene nada mal el *savoir faire* bordelés de un Jacques Lurton.

That a Sauvignon Blanc earned one of the highest scores of among nearly 1,500 noble South American wines (9/10 of the Top 50 are red), means 2 things: that Casablanca Valley Sauvignon Blanc (where the Lurton *winery gets its grapes) is of the very first order, and that it doesn't hurt to have the Bordeaux* savoir faire *of a Jacques Lurton to vinify it to the very best of its potential.*

Gran Cru Cabernet Sauvignon-Merlot 2000 / Château Los Boldos (Chile)

Aquí Sudamérica contribuye con el continente, Chile aporta el terruño del Valle del Cachapoal y Francia suma todo el resto: la visión, el capital y el *savoir faire* de la *maison Massenez* y del joven y talentoso enólogo *bourguignon* Stephane Geneste, desde hace 9 años a cargo. Vaya ironía: mientras todos los chilenos hacen vinos nobles en acero inox, estos franceses vinifican a sus premium en viejos fudres de raulí chileno.

Here South America supplies the continent, Chile contributes the Cachapoal Valley terroir, and France adds the rest: vision, capital, and savoir faire *of maison Massenez and talented winemaker from Burgandy, Stéphane Geneste, with 9 years on board. And what irony: while the Chileans make their noble wines in stainless steel, these French winemakers vinify their premium wines in old Chilean* raulí *vats.*

Gran Cuvée Carmenère 2002 / William Fevre (Chile)

Uno de los 2 Carmenère de mejor puntuación. Nacido de viñas relativamente jóvenes en una bodega reciente, pero con el sustrato del terruño del Alto Maipo y la mejor tradición de la Borgoña. Cepas de bajo rendimiento, para obtener no más de 5 mil botellas por cada hectárea de viña. Quince meses en barricas francesas, no todas ellas nuevas. Y el joven enólogo Sergio Hormazábal. Así está hecho este gran vino.

One of the 2 highest-rated Carmenères. From relatively young vineyards and a new winery, but sustained by High Maipo terroir and Burgundy's best tradition. Low-yield vines result in no more than 2,000 bottles per acre. Fifteen months in French barrels, not all new. And young winemaker Sergio Hormazábal. That's how this great wine is made.

Terrazas Gran Cabernet Sauvignon 1999 / Terrazas (Argentina)

He aquí a uno de los 2 mejores Cabernet Sauvignon de Sudamérica, *ex aequo* con otro de Colchagua, Chile. La bodega no cumplió 10 años pero cuenta con toda la experiencia y recursos de un coloso francés veterano en Argentina. Y un enólogo como Roberto de la Mota, continuador de un saber enológico excepcional. Uvas propias elegidas de un vasto catálogo de fincas en los mejores terruños mendocinos. Tecnología y barricas francesas. *Voilà Gran Terrazas.*

Here we have one of South America's 2 best Cabernet Sauvignons, ex aequo with another from Colchagua, Chile. The winery is not yet 10 years old, but it has all the experience and resources of a veteran French giant in Argentina. And a winemaker like Roberto de la Mota, who continues with exceptional enological knowledge. Their own grapes selected from a vast catalogue of fincas *in the best terroirs of Mendoza. Technology and French barrels:* Voilà Gran Terrazas.

Gran Terrazas Malbec 1999 / Terrazas (Argentina)

Una cepa de vid gala que figura entre las "otras variedades" del *Larousse de los Vinos* y que sobrevivió diezmada a la locura arrancatoria de los cuyanos, fue redescubierta en Argentina en su potencial varietal a mediados de los '90 gracias más que nada al Malbec de un *winemaker* toscano. Y aquí alcanza una de sus máximas expresiones mundiales obra de Roberto de la Mota y una gran bodega francesa globalizada. Son las idas y vueltas de la vid.

A French wine grape listed under "other varieties" in the Larousse de los Vinos, *and nearly decimated during Cuyo's uprooting madness, it was re-discovered in Argentina as a potential variety during the mid-1990s, mostly thanks to a Malbec by a Tuscan winemaker. And here it reaches one of its maximum expressions world-wide in the hands of Roberto de la Mota and a great globalized French winery. What goes around comes around.*

Júbilo 2001 / Tikal (Argentina)

Tikal es la bodega de Ernesto Catena Zapata, quien posee su propio viñedo pero vinifica bajo el techo paterno. El enólogo creador de *Júbilo* es Luis Reginato. *Júbilo* es uno de los 12 mejores vinos de corte de América del Sur. *Talis pater, talis filius* —decían los antiguos latinos. Aquí se reflejan 2 gustos característicos de la familia: los vinos de alta gama y los topónimos mayas.

Tikal is Ernesto Catena-Zapata's winery, and although he has his own vineyards, he vinifies under his father's roof. The winemaker-creator of Júbilo *is Luis Reginato.* Júbilo *is one of South America's 12 best blended wines. Talis pater, talis filius – as the Latins used to say. Here we see 2 preferences characteristic of the family: high-end wines and Mayan toponyms.*

Legado de Armida Reserva Cabernet Sauvignon 2001 / Santa Inés (Chile)

Marcelo Retamal y Felipe Müller, los enólogos de la casa familiar Pasqualone De Martino, pueden estar satisfechos: no sólo elaboran uno de los mejores Syrah de Sudamérica, sino también uno de sus mejores Cabernet Sauvignon. Cuentan para ello con viñedos excepcionales en el corazón de Isla de Maipo y un consultor en viticultura como Eduardo Silva. Adriana Cerdá y Aurelio Montes asesoran en los vinos.

Marcelo Retamal and Felipe Müller, winemakers of the De Martino family winery, can be satisfied; not only do they make one of the best Syrahs of South America, but one of the best Cabernet's as well. They have exceptional vineyards in Isla de Maipo and viticultural consults from Eduardo Silva. Adriana Cerdá and Aurelio Montes advise on the wines.

Lolol Single Reserva Syrah 2001 / Casa Silva (Chile)

Al este de los Andes pueden comenzar a reflexionar sobre la calidad del Malbec chileno y al oeste del Pacífico Sur, de su Syrah: los 6 Syrah entre *Los Mejores 50 de Sudamérica* son chilenos y 4 de ellos casi empataron en puntaje centesimal en las primeras 16 líneas de la planilla de resultados. Algo pasa con el Syrah de la finca Lolol de *Casa Silva*, que tiene la fortuna de contar como enólogo consultor exclusivo a Mario Geisse.

On the eastern side of the Andes, they can start to reflect upon the quality of Chilean Malbec and on the western side of the South Pacific Ocean, about Chilean Syrah. All 6 of the Syrahs among South America's Top 50 were Chilean, and 4 of them were nearly tied within the first 16 lines of the results sheets. Something happens with the Syrah in Lolol vineyards of Casa Silva, which has the good fortune to have exclusive access to winemaking consultant Mario Geisse.

Marqués de Casa Concha Cabernet Sauvignon 2001 / Viña Concha y Toro (Chile)

Hubiera contravenido a la razón que este Cabernet Sauvignon de *Concha y Toro* no estuviera entre los 10 mejores de América del Sur. Otra vez se repite lo dicho para *Terrunyo*, agregando que el cuarto de siglo del enólogo Goetz Von Gersdorff en la casa y su equipo de enólogos, más la consultoría de *winemakers* voladores como Alberto Antonini han de tener algo que ver en el éxito.

It would have gone against all sense of reason had this bottling from Concha y Toro *not been among South America's best 10 Cabernet Sauvignons. Once again we could repeat what we said about Terrunyo, adding that Goetz Von Gersdorff's quarter century of work, along with his team of enologists and technical assistance from flying winemakers like Alberto Antonini must have something to do with its success.*

"... si la revolución Nuevomundista permitió que el enólogo trabaje libremente en la incansable búsqueda de nuevos y mejores vinos siempre, debe haber un canal de comercialización que sepa interpretar esta nueva dinámica. El modelo Door To Door parece ser la respuesta correcta."

AL RIES.
Ries & Ries Focusing Consultants

Bienvenido al Nuevo Mundo del Vino.

Cada Semana un Nuevo Gran Vino en Anticipo

CERO OCHOCIENTOS SIETE SPIRITS ©
08007SPIRITS
VINOS & CIGARROS - DOOR TO DOOR

▶ 0800 777 47487 | www.08007SPIRITS.com

©2003 - 08007SPIRITS. PROHIBIDA LA VENTA A MENORES DE 18 AÑOS. EL FUMAR ES PERJUDICIAL PARA LA SALUD. LEY 23.344

CABAÑA PIEDRAS BLANCAS

QUESOS ARTESANALES
BUENOS AIRES - ARGENTINA

CABAÑA PIEDRAS BLANCAS

elabora las mejores especialidades

con leche de cabra, oveja y vaca, con

los más estrictos controles sanitarios

y normas de calidad internacional.

Ruta Nacional N° 5, Km 129.3, Suipacha, Prov. de Buenos Aires - República - Argentina,
Tel.: 54-11-4464-0800 - E-mail: info@cpiedrasblancas.com.ar
www.cpiedrasblancas.com.ar

wine5

INNOVACIÓN AL SERVICIO DEL VINO
INNOVATION AT THE SERVICE OF WINE

+ exportación + comercialización y distribución mercado interno
    + export + sales and distribution domestic market
+ turismo + desarrollo de proyectos + eventos
    + tourism + project management + wine & food events

Quintana 591 Piso 4 Departamento A (C1129ABB) . Buenos Aires . Argentina
contact@wine5.com . Tel/Fax + [54 11] 4803 6893

www.wine5.com

ESCUELA ARGENTINA de SOMMELIERS

CARRERAS ANUALES

- Sommelier de Cava y Restaurant
- Sommelier de Cava

CURSOS CORTOS

- Introducción al Vino
- Taller de Aromas
- El Mundo del Té
- Puros
- Degustaciones

Título Internacional

Tel.: 4815-9313 / 4816-6754

info@sommeliers.com.ar

www.sommeliers.com

Misiones de Rengo Cabernet Sauvignon-Syrah 2002 / Viña Misiones de Rengo (Chile)

Que a los 3 años de existir una bodega sin viñedos propios imponga un Cabernet Sauvignon entre *Los 50 Mejores Vinos de América del Sur* es digno de encomio y revela una vocación por el éxito y la excelencia que hasta aquí puede reconducirse a la personalidad inspiradora de esta casa, el empresario chileno de origen belga Carlos Cardoen. Ojalá perdure después de su alejamiento.

That a 3-year-old winery with no vineyards of its own could place a Cabernet Sauvignon among the Top 50 Wines of South America *is worthy of praise and reveals the vocation for success and excellence of Carlos Cardoen, who inspired the winery. Hopefully it will continue now that this Chilean entrepreneur of Belgian roots has taken his distance from the company.*

Montes Alpha M. 2000 / Viña Montes (Chile)

Aún antes de conocer a esta viña sabíamos que este vino -si estábamos catando ciego y sano- sería uno de *Los 50*. Al sacarnos la venda de los ojos, no fue sorpresa confirmar la presunción. Para entonces ya conocíamos su viña del Valle de Colchagua y los habíamos visto remover laderas de montaña para obtener mejores y mejores uvas ganando cada metro de altura. Aurelio Montes es enólogo de los que saben dónde nace un gran vino. Por ejemplo en las laderas rocosas de Apalta.

Even before going to the winery, we knew that in a blind tasting, this wine would certainly be one of the Top 50. And when we did remove the blindfold, there was no surprise to confirm the presumption. We've since visited the winery in the Colchagua Valley and have seen how they work the hillsides to get better and better grapes as they go higher up the mountain. Aurelio Montes is the kind of winemaker who knows where a great wine is born.

Morandé Ed. Limitada Sauvignon Blanc / Viña Morandé (Chile)

Según nos contó su hija enóloga Macarena, este cosecha tardía es considerado de lo mejor que hizo en su vida de enólogo Pablo Morandé. Que en su vida enológica Pablo Morandé apuntó bien alto quedaría probado por el hecho de que su mejor vino es uno de *Los 50 Mejores de América del Sur*, uno de los 3 vinos blancos que alcanzaron este grado –y el único *late harvest*. Muchas mujeres pueden resistir a los viriles encantos de nuestros robustos tintos sudamericanos, pero dudamos que exista alguna capaz de no ceder ante este dulce Sauvignon Blanc.

According to his daughter, winemaker Macarena, Pablo Morandé considers this late harvest to be the best wine he's ever made. He's always aimed high, and the proof is in the fact that his best wine is one of South America's Top 50, *one of only 3 white wines, and the only late harvest. Many women may be able to resist the virile charms of South America's robust red wines, but we doubt there's one who wouldn't give in to this sweet Sauvignon Blanc.*

Ninquén Cabernet Sauvignon 2000 / MontGras (Chile)

No todo el Cabernet Sauvignon de Chile es Valle del Maipo: de los jóvenes viñedos del cerro de Ninquén en Valle de Colchagua sale la fruta de este Cabernet que es uno de los 2 mejor puntuados de Sudamérica (el otro es trasandino). Con la consultoría de Paul Hobbs, el enólogo-propietario Hernán Gras junto a Santiago Margozzini lograron desplazar unos grados al sur al polo cabernético de Chile.

Not all the Cabernet Sauvignon in Chile comes from the Maipo Valley; the young vineyards on Ninquén or Nenquén Hill in the Colchagua Valley provide the fruit for one of the 2 highest-rated Cabernets in South America (the other is Argentine). With technical assistance from Paul Hobbs, winemaker-owner Hernán Gras and Santiago Margozzini successfully moved Chile's 'cabernetic pole' a few degrees south.

San Elías Syrah 2001 / Viña Alberto Siegel (Chile)

Otra vez aparecen detrás de un gran vino las huellas del enólogo chileno (afincado en Brasil) Mario Geisse. El primer vino que figura en nuestra planilla de *Los 50 Mejores* (ordenada por puntajes) donde aparece a cargo una enóloga, Jimena Egaña. Lo demás es lo habitual en un gran premium: viñedos de bajo rendimiento en excelente terruño, toda la tecnología moderna y un *winemaker* como Alberto Siegel que no gusta disputar por segundos puestos.

Once again we find traces of Chilean winemaker Mario Geisse (who lives in Brazil) behind another great wine. The highest-ranking wine on our list of the Top 50 made by a woman winemaker, in this case Jimena Egaña. Everything else is what's expected of a great premium wine: low-yield vineyards with excellent terroir, all of modern technology, and an owner like Alberto Siegel who doesn't like to fight for second place.

33

San Pedro de Yacochuya Rolland 2000 / San Pedro de Yacochuya (Argentina)

Este vino, que obtuvo el puntaje más alto en nuestra cata final (y que uno de los 9 catadores halló perfecto) es *vallisto* por terruño, salteño por región, argentino por país de origen y francés por *savoir faire* implicado en su arcana complejidad y profundidad. Es un formidable preludio al futuro de los vinos de altura andinos, que darán que hablar en los próximos años.

This wine, best of our Top 50 and ranked perfect by one of the 9 tasters, is 'valley-ist' by terroir, Saltan by region, Argentine by country of origin, and French by way of the savoir faire in its supernatural complexity and depth. This is an incredible prelude to the future of high-altitude Andean wines, which we'll certainly be hearing a lot about in the years to come.

San Pedro de Yacochuya Sesquicentenario 2000 / San Pedro de Yacochuya (Argentina)

Uno de los dos vinos que esta bodega *boutique* en sentido francés y de altura en sentido argentino emplazó entre los *Los Mejores 50*. El lado argentino de este *assemblage* excepcional es la bonhomía y calidez humana de los Etchart, que transmiten a sus altos vinos. Nada improvisado hay en lo que emprenda esta tradicional familia vitivinicultora salteña. Arnaldo Etchart es el responsable de la temprana llegada a Sudamérica de su amigo y luego socio Michel Rolland.

One of the 2 wines that this winery - 'boutique' in the French sense and 'high altitude' in the Argentine sense – has on the list of Top 50 wines. The Argentine side of this exceptional blend is the cordiality and human warmth that the Etchart's transmit in their great wines. There's nothing improvised in the undertakings of this traditional family winery in Salta. Arnaldo Etchart is responsible for first bringing his friend and later partner, Michel Rolland, to South America.

Santa Helena Reserva Carmenère 2001 / Viña Santa Helena (Chile)

Confesamos saber poco de *Viña Santa Helena*, de las pocas que no pudimos visitar. Ya que todas nuestras impresiones son de primera mano y no conocimos a sus enólogos ni a su modo de vinificar, dejamos flotando un halo de misterio sobre este Carmenère de los 4 mejores de Chile, por lo tanto de América del Sur y el mundo. A modo de explicación consignamos que su viña madre y hermana es nadie menos que *San Pedro*, el segundo productor de vinos de Chile.

We confess that we don't know much about Viña Santa Helena, one of the few wineries we were unable to visit. And since we only write our first-hand impressions and we don't know their winemakers or how they vinify, we'll leave an air of mystery floating about this wine, one of the 4 best Carmenère's in Chile, and therefore in South America and the world. By way of explanation, we can reveal that Santa Helena's mother-winery is none other than San Pedro.

Santa Inés Reserva Syrah 2001 / Santa Inés (Chile)

Un Syrah de Isla de Maipo logrado por los enólogos Marcelo Retamal y Felipe Müller con la consultoría de Aurelio Montes y Adriana Cerdá. Detrás de esta obra maestra hay 3 generaciones de espíritu vitivinicultor itálico y uno de los viñedos orgánicos mejor mapeados y sectorizados del Continente. Súmese a ello bajos rendimientos en la viña y toda la tecnología necesaria en bodega.

A Colchagua Valley Syrah achieved by winemakers Marcelo Retamal and Felipe Müller, with consultations with Aurelio Montes and Adriana Cerdá. Behind this masterpiece there are 3 generations of Italian vitivinicultural spirit, and one of the best mapped and sectored organic vineyards on the continent. Add to that low yields and a technologically well-equipped winery.

Seña 1999 / Viña Errázuriz (Chile)

Seña es para nosotros un vino algo misterioso, como suelen ser algunos vinos sudamericanos premium de exportación. No visitamos su viña pero sí la bodega donde lo vinifican: presumimos que al menos la mitad del mérito de este soberbio *assemblage* de Cabernet Sauvignon, Carmenère y Merlot del Valle del Aconcagua es del enólogo Edward Flaherty de *Viña Errázuriz*. La otra mitad está firmada por Robert Mondavi, California.

Seña is somewhat of a mystery-wine for us, as some South American premium export wines tend to be. We didn't see the vineyards, but we did visit the winery. We assume that at least half the merit of this impressive Aconcagua Valley blend of Cabernet Sauvignon, Carmenère, and Merlot belong to the Californian winemaker Edward Flaherty and his team at Viña Errázuriz. The other half goes to Robert Mondavi in California.

Stella Aurea Cabernet Sauvignon 2000 / Viña Quebrada de Macul (Chile)

De una viña de Cabernet Sauvignon treintañero en el corazón vinícola de Chile, 3 enólogos franceses -Patrick Vallette, Pascal Marty y Pascal Lacaze- elaboran un paradigma de lo chilenísimo que llega a ser el cosmopolita Cabernet de Burdeos. Sectorización del cultivo, parcelización de los mostos y vinos, trabajo en pequeños lotes y hartos meses en las mejores *barriques* de Francia, más un largo año de afinamiento en botella, son el secreto de este gran vino.

From a thirty-something Cabernet Sauvignon vineyard in the heart of Chile's vinicultural zone, 3 French winemakers, Patrick Vallette, Pascal Marty, and Pascal Lacaze created a paradigm with respect to just how very Chilean the cosmopolitan Bordeaux Cabernet can become. Their secret? Cultivating by sectors, separating musts and wines by parcel, working in small lots, many months in the best French barriques, *plus another long year of bottle ageing.*

Terramater Reserva Syrah 2001 / Viña Terramater (Chile)

Ya que en *Terramater* no reciben enoturistas, éstos habrán de creernos: detrás de este Syrah sudamericano de los más bellos no hay más que media bella bodega, pero enteros bellos viñedos y bella gente. Además de una tradición vitivinícola de 2 generaciones. El enólogo Cristian Vallejo (que habla de sus cepas como de seres queridos) expresó toda la personalidad de esta variedad que está tramitando ciudadanía y nacionalidad chilena.

Since Terramater *does not receive wine tourism, you'll just have to believe us: behind this beautiful South America's Syrah, there's no more than half a beautiful winery, but the beautiful vineyards and beautiful people are complete. There are also 2 generations of vitivinicultural tradition. Winemaker Cristian Vallejo (who speaks of his vines as if they were loved ones) was able to express all the personality of this variety.*

Terrunyo Carmenère 2001 / Concha y Toro (Chile)

Entre *Los 50 Mejores,* las grandes viñas y bodegas predominan 3 a 1 sobre las *boutique*. Es natural: para hacer un gran vino en cantidad apreciable hace falta todo lo que tiene *Concha y Toro*: una docena y media de viñedos en los mejores terruños, la perfecta suma de tradición vitivinícola nacional y enotecnología globalizada, y recursos económicos y humanos en cantidad y calidad. Así hacen uno de los 4 mejores Carmenère de Chile y el mundo.

The large wineries outnumber their boutique counterparts 3 to 1 among the Top 50. *It's only natural. To make a great wine in considerable quantities, it takes everything that* Concha y Toro *has: a dozen and a half vineyards with the best* terroir, *the perfect combination of national vitiviniculture tradition and globalized enotechnology, and economic and human resources. That's how they make one of the top 4 Carmenères in Chile.*

Vieilles Vignes Cabernet Sauvignon 2000 / Château Los Boldos (Chile)

Otra vez Francia detrás de un gran Cabernet Sauvignon chileno. Cuando lo conocimos el pasado otoño, algo nos decía que Stéphane Geneste *era uno che sapeva il fatto suo,* para decirlo en italiano. Y cuando al rato conocimos a Dominique Massenez, comprendimos que *Los Boldos* es un lugar especial: a las 3 dimensiones del espacio sudamericano, añade una cuarta dimensión europea. Los vinos de la casa también tienen estas 4 dimensiones.

One again we find France behind a great Chilean Cabernet Sauvignon. When we met him last fall, we felt that Stéphane Geneste "was one who knew his way around the business". And when we later met Dominique Massenez, we understood that Los Boldos *was a special place: a 4th European dimension added to the usual 3 dimensions of South American space. The wines of this house also have 4 dimensions.*

Viu Manent Special Selection Malbec 2001 / Viu Manent (Chile)

Una de las grandes sorpresas de nuestras catas finales: el mejor Malbec de América del Sur (por 1,22 puntos de diferencia) resultó ser chileno y no argentino. Insignificante disparidad centesimal llena de significado en relación al potencial de esta cepa en climas de otoños largos y gran amplitud térmica, no importa si con los Andes al este o al oeste. El súper vino de uno de los viñedos de Malbec más añosos y mejor cuidados de Chile.

One of the greatest surprises in our final tastings was that South America's best Malbec is Chilean and not Argentine (by a mere 1.22 points of difference). The insignificant disparity in points is full of significance in relation to the potential of this variety in climates with long autumns and large diurnal temperature variability, and it doesn't matter which side of the Andes it's on. This super wine is from one of the oldest and best tended Malbec vineyards in Chile.

BODEGAS Y VINOS DE

Wineries & Wines from

ARGENTINA
Argentina

"*La Argentina tiene terroirs superiores a los de Chile, California, Australia o cualquier otro lugar del Nuevo o Viejo Mundo. Pero tiene un problema grave: los argentinos*" nos dijo un respetado enólogo volador europeo que trabaja desde hace años en Cuyo y en todo el orbe vinícola. La explicación de esta verdad contradictoria, por el lado humano de las cosas, requeriría de una larga historia resumida aquí en el recuadro *Un siglo y medio de avatares en la vitivinicultura argentina moderna*. Tantos vaivenes y desatinos a lo largo de décadas de malos gobiernos militares y democráticos, además de un pueblo acostumbrado a vinos evocadores de esa anticuada soberbia machista de los hijos de la tierra (vinos de tipo caudillesco, indiscutibles, a veces malos pero engreídos del acrítico fervor popular), penalizaron y disuadieron hasta la década de 1990 a quien quisiera innovar en calidad para el mercado interno o la exportación, castigada con tasas y trámites.

"Argentina has better terroir than Chile, California, Australia, or anywhere else in the New or Old World. But it has one serious problem: the Argentines." *These are the words of a European flying winemaker who has worked in Cuyo and the rest of the winemaking world for years. The explanation for this contradictory truth, on the human side of things, would require a long story summed up here in the inset 'One and a half centuries of the avatars of Modern Argentine vitiviniculture.*

Los productores vitivinícolas tradicionales, adagiados en el mercado interno más grande del Continente (si bien en contracción ininterrupta al 3 % anual desde los años '80), tenían todas las excusas y justificaciones para la molicie autárquica. Luego, cuando se abrieron las puertas al gran juego, no pocos bodegueros se sintieron flacos ante los vientos globalizadores y vendieron sus bodegas a capitales extranjeros. Algunos empezaron de nuevo en escala *boutique* y con capital fresco. Otros desaparecieron incapaces de adaptarse a las nuevas reglas del juego. En la vertiginosa década de la *pizza con champán* (*), en el teatro del vino argentino surgieron nuevos actores locales y extranjeros y se renovó su estilo, proceso que aun continúa. Igual que en Chile pero con un lustro de retraso, fue una revolución cultural y tecnológica de la vitivinicultura –no del todo completa.

El Estado vitivinícolamente omnisciente y totipotente, a lo largo del siglo XX, hizo de todo en contra de un sano desarrollo del sector: fomentó la plantación de vides de baja calidad; impuso cupos a la producción; fomentó el desarraigo de viñedos; impuso precios mínimos a granel y máximos al consumidor; bloqueó partes de la producción de uva; limitó la comercialización y reguló los precios con sus *Y.P.F.* del vino, *Cavic* y *Giol*. A principios de siglo XXI, Argentina no es aun

Prior to the 1990s, the many fluctuations and foolish mistakes made during decades of bad military and democratic governments and a population accustomed to wines evoking that old machista arrogance of the sons of the land (authoritarian, indisputable-type wines that are sometimes bad, but with reputations inflated by non-critical popular fervor) penalized and dissuaded anyone who wanted to improve quality in the internal or export markets, and castigated them with taxes and red tape. Traditional wine producers, floating in the biggest internal market of the continent (although it has decreased by a steady 3% per year since the 1980s), had all the excuses and justifications for their self-indulgent sovereignty. Then, when they opened the doors to the big game, more than a few winemakers felt like they were out of their league and sold their wineries to foreigners. Others started again on the boutique *scale with fresh capital. Others were unable to adapt to the new rules of the game and just dis-appeared. During the vertiginous* Pizza with Champagne *(*) decade, new local and foreign actors in Argentina's theater of wine emerged and renovated its style, a process that continues today. There was a cultural and technological revolution in winemaking here, as in Chile, only 5-years behind, and not fully completed.*

(*) *Pizza con Champán* fue el título de un libro de Silvina Walger que retrató el primer lustro de Carlos Menem en el poder: años groseros que entonces nauseaban sólo a una minoría, mientras las mayorías argentinas festejaban al presidente que violaba límites de velocidad en *Ferrari* (en un país de ligas mayores en accidentes de tránsito). Quizá en el sector vitivinícola muchos recuerden bien al primer viñatero y bodeguero que llegó a la Casa Rosada. Abrió la importación, pero hoy es claro que la competencia con vinos chilenos, italianos, españoles y franceses de supermercado y vinoteca fue positiva. Consumidores y productores, gracias al tipo de cambio, en pocos años actualizaron paladares y medios de producción. Y proliferaron inversiones extranjeras, con el saludable efecto colateral de despertar de la siesta a los nativos. Sin paridad entre peso y dólar, crédito ni desgravaciones fiscales, luce improbable que la humilde y anticuada bodega *El Velasco*, establecida en Anillaco por el padre sirio de Carlos Menem para hacer vinos regionales, fuera hoy tan equipada en frío, acero inox y barricas como cualquier otra del globo vinícola, con admirables viñedos de riego por goteo y pozos profundos a la israelí, además de respetables resultados en la cata a ciegas. Muchos bodegueros tuvieron la inteligencia de aprovechar bien aquellos años de capitales frescos y precios febriles -algunos para comprar, otros para vender. Se estima que hubo 500 millones de dólares de inversiones en el sector durante la década del '90.

(*) Pizza con Champán *(Pizza with Champagne) was the title of a book by Silvina Walger that described Carlos Menem's first 5 years in power: vulgar years which at the time nauseated only a minority, while the majority applauded the president's speeding around in his* Ferrari *(in a country with an excess of traffic accidents).*
Perhaps many in the wine industry remember with affection the first Argentine winemaker that came to office. He opened importation, but today it is clear that the competition with Chilean, Italian, Spanish, and French wines in supermarkets and wine shops was positive. Thanks to the 1 peso = 1 dollar exchange rate, consumers and producers brought their palates and production methods up to date. Foreign investments proliferated, with the healthy collateral effect of waking the natives from their siesta. Without parity between the peso and the dollar, credit, or tax cuts, it is improbable that the humble and outdated El Velasco *winery established in Anillaco by Carlos Menem's Syrian father for making regional wines would today be equipped with temperature control, stainless steel, and barrels like any other in the wine world, with drip-irrigated vineyards, deep wells, and respectable results in blind tastings. Many winemakers were savvy enough to take advantage of those years of fresh capital and feverish prices – some to buy, others to sell. An estimated $500,000,000 USD was invested in the wine industry in the 1990s.*

un país vitivinícola con todas las libertades propias del Nuevo Mundo sino plagiado por regulaciones del más viejo Viejo Mundo. Cada año, a través del *Instituto Nacional de Vitivinicultura (I.N.V.)*, el Estado fija las fechas del final de la cosecha y de "liberación" de los nuevos vinos, y establece el grado alcohólico mínimo del vino del año -manoseos de la libertad que protegen a productores ineficientes o de mala calidad, incapaces de sobrevivir en un mercado vitivinícola puro y duro. La provincia de Mendoza (con una ley provincial de 1994, retocada luego dos veces) creó un *Fondo Vitivinícola* para la promoción de los vinos cuya financiación se lograría con un impuesto selectivo de 0,01 peso por litro de vino vinificado, no aplicable a quienes elaboraran un porcentaje de mosto variable que los burócratas fijan cada año, nunca menor al 20 % y en los hechos, el 30 %. Pero se puede comprar "cuotas de mosto" a productores que hacen más de un 30 % de mosto y también se puede compensar la tasa o la cuota con exportaciones (que a su vez sufren un 5 % de "retenciones"). Todo este menudo papeleo, que provoca al sentido común, llevó a que los bodegueros mendocinos aprendieran pronto a eludir el impuesto y así la recaudación del *Fondo Vitivinícola* (que trabaja bastante bien en la medida de sus posibilidades) cayó a menos de 1/3 de lo que obtuvo en su primer año. El Estado también viola el Preámbulo de la Constitución al obligar a que un enólogo argentino firme los vinos elaborados en el país. No permite la venta a granel al detalle y prohíbe elaborar espumantes o destilados en la bodega. La inefable Aduana transforma la importación de muestras o insumos en ordalías kafkianas. El lado bueno de este fárrago regulatorio es que la industria vitivinícola argentina es la más controlada del Continente y trabaja (descontando a los cosecheros "en negro") respetando leyes y pagando impuestos ya que, según dicen, es difícil escapar de la policía vinícola del I.N.V.

Además de sus problemas sectoriales, los productores de vinos argentinos al igual que los demás productores, deben enfrentar cada 5 ó 10 años una confiscación de activos y/o una expropiación masiva de ahorros y la implosión del sistema crediticio. Hasta hoy, el Estado sólo es firme en la garantía de sus disvalores fundamentales: inseguridad, injusticia e ignorancia. Todo bodeguero sabe de contenedores de vinos premium robados y de colegas que subsisten gracias a la impunidad jurídica. A ello se suma una infraestructura

Vitiviniculturally speaking, the omniscient and all-powerful State was opposed to the healthy development of the sector throughout the 20th century. It encouraged planting low-quality vines, imposed production quotas, encouraged uprooting vineyards, imposed minimum prices on bulk wines and maximums for consumers. It blocked parts of the grape production, limited marketing, and regulated prices with its wine Y.P.F., Cavic and Giol. (*) In the early 21st century, Argentina is still not a vitivinicultural country with all the freedoms of the New World, but rather is plagued by regulations of the oldest Old World. Working through the National Institute of Vitiviniculture (I.N.V.), *the State annually sets the dates for the end of the harvest and the release of the new wines, it establishes the minimum percentage of alcohol for that year's wines –manipulations of freedom that protect inefficient or poor quality producers who could not survive in a pure and tough market. In 1994, the province of Mendoza enacted a provincial law (with 2 later amendments), to create a* Vitivinicultural Fund *to promote their wines. It is financed through a .01 peso-per-liter tax on wine vinified and waived for those who produce a variable percentage of must, as stipulated by bureaucrats each year. It is never less than 20% and often 30%. However, it is possible to buy 'must quotas' from producers who make more than 30%. This rate or quota can also be compensated through exports (which are always taxed with a 5% "retention"). All of this trifling paperwork, which aggravates common sense, led the Mendoza winemakers to learn to elude the tax and therefore the* Vitivinicultural Fund *(which works quite well within the measure of its possibilities) collects at least 1/3 less now that it did in its first year. The State also violates the Preamble to the Constitution by obligating Argentine enologists to sign for any wine made in the country. It does not allow retail sales of bulk wine and prohibits the making of sparkling wines or distilled spirits in the winery. The ineffable Customs Authority transforms the importation of samples or supplies into Kafkaesque ordeals. The good side of this regulatory mess is that the Argentine*

(*) Yacimientos Petrolíferos Fiscales (Y.P.F.) *was the State-owned oil company, sold by Menem to Spanish Repsol.* Cavic *and* Giol *were the largest wineries, also State-owned.*

39

deficiente de rutas concesionadas durante una década a "empresarios" indignos de tal nombre, y servicios de telecomunicaciones y postales que medraron por años con tarifas de latrocinio. Luego están los bancos y banqueros, que en Argentina son prestamistas del Estado y especuladores advocados a la destrucción de las pequeñas y medianas empresas con tasas de interés que en naciones civiles son préstamo con usura.

Pero no toda la culpa es del Estado argentino y de sus corporaciones asociadas. Los propios ciudadanos aportan lo suyo: basta ver cómo manejan los automovilistas en Chile y en Argentina para comprender por qué los vinos chilenos se exportan más y mejor que los vinos argentinos. Sin paradoja: el respeto a semáforos, señales de PARE y peatones, son el factor de calidad fundamental en los vinos. Los vinos del país superarán a los de Chile, California o Australia cuando sus habitantes respeten las señales de tránsito (y de paso, las demás leyes) como chilenos, californianos y australianos. En plena vendimia del 2003, vimos el Acceso Sur de Mendoza cortado por *piqueteros* y una policía contemplativa. Recogimos sin proponérnoslo un anecdotario de robos, estafas y abusos impunes sufridos por inversores/productores vitivinícolas extranjeros establecidos en Argentina, con el que podríamos añadir una colorida nota a pie de página titulada "llave o derecho de piso en el país de la avivada". A pesar de ello, la transnacionalización del sector vitivinícola argentino (*) fue la más profunda y generalizada de América del Sur.

(*) La transnacionalización de la producción vitivinícola en la década de 1990 fue tan profunda que sólo quedan 4 grandes viejas bodegas familiares argentinas controladas por la familia fundadora. Una tajada gruesa del mercado interno argentino de vinos pertenece al grupo *Trapiche – Peñaflor*, propiedad del fondo de inversión estadounidense *Donaldson, Lufkin & Jenriette Merchant Banking* que también controla *Michel Torino* y *Santa Ana*, asegurándose el sitial de primer productor del país. Además, son de propiedad extranjera las ex bodegas argentinas *Balbi* (inglesa), *Colomé* (suiza), *Etchart* (francesa), *Flichman* (portuguesa), *Graffigna* (inglesa), *Norton* (austríaca), *Martins* (española) y *Rodas* (chilena). Nuevas bodegas, fruto de inversiones extranjeras, son *Achával Ferrer* (ítalo-argentina), *Altos Las Hormigas* (ítalo-argentina), *Caro* (franco-argentina), *Clos de los 7* (francesa), *Codorniu* (española), *Dolium* (ítalo-argentina), *Doña Paula* (chilena), *Fabre-Montmayou* (francesa), *Fournier* (española), *Hispano Argentinas* (española), *Infinitus* (francesa), *La Celia* (chilena), *Lurton* (francesa), *Salentein* (holandesa), *Tapiz* (estadounidense), *Terrazas* (francesa), *Trivento* (chilena) y *Alta Vista* (francesa).

wine industry – the most tightly controlled on the continent – pays its taxes and obeys the laws (aside from "underground economy" involving migrant harvesters) because, as they say, it's difficult to avoid the I.N.V. wine police.

In addition to the sector's internal problems, every 5 or 10 years, Argentine wine producers, like any other producer, are subject to a confiscation of their assets and/or a massive expropriation of savings, and the implosion of the credit system. To date, the only thing the State can really guarantee is insecurity, injustice, and ignorance. Every winemaker knows of stolen containers of premium wines and of colleagues who subsist thanks to legal impunity. Add to that a deficient infrastructure of roadways concessioned during a decade to "business men" unworthy of the title, and telecommunications and postal services that thrived for years with abusively high rates. And then there are the banks and bankers, who in Argentina are State lenders and speculators bent on the destruction of the small and medium-sized businesses with interest rates that would be considered usury in any civilized country.

But the Argentine State and its associated corporations are not to blame for everything. The citizens themselves add their part: just watch how they drive in Chile vs. in Argentina to understand why the Chilean wines have more and better exports than Argentine wines. Not paradoxically, obeying traffic lights, stop signs, and pedestrians are the quality factor essential in wines. Argentine wines will surpass those of Chile, California, or Australia when its inhabitants respect traffic signals (and the other laws as well) like Chileans, Californians, and Australians do. In the middle of the 2003 harvest, we saw Mendoza's southern access route cut off by piqueteros *(*) and a contemplative police force. We ended up with a collection of anecdotes about thefts, frauds, and unpunished abuses suffered by foreign wine investors/producers in Argentina, with which we could add a colorful footnote entitled "initiation by fire in the land of monkey-businessmen" Even so, Argentina's wine industry has undergone the most profound and*

(*) Piqueteros *are protesters that set up road blocks at will whenever they feel like it.*

Así, muchos productores se habituaron a irrespetar tratos y contratos, explotar en modo feudal a los cosecheros, expatriar activos y pensar las leyes como artículos de goma. La falta de miras llevó a muchos viticultores, hace menos de 20 años, a arrancar las 3/4 partes de venerables viñedos de uva Francesa en espaldera baja, hoy valiosísimos, para plantar parrales de uva Criolla o cualquier cosa que prometiera mejores precios. En los tiempos del magnate vinícola Héctor Greco (ver nota aparte) esta cepa, que todavía nadie llamaba Malbec (*) ni elaboraba como varietal fino, se vinificaba como *blanc de noir* para venderlo como vino común. Había incluso quienes simplemente lo desteñían con carbón activado. Pero al fin y al cabo, hace 20 años en muchas otras partes hoy famosas del Viejo y Nuevo Mundo, con exclusión de Francia y California, se cultivaba y vinificaba en el atraso.

El *boom* de los vinos argentinos comenzó al menos 5 años más tarde que en Chile, y así, no hace mucho más de un lustro que susciten interés en ultramar. La renovación enológica, hoy generalizada, comenzó gracias a inversiones extranjeras muy significativas en calidad y/o cantidad, y a unos pocos productores argentinos dedicados a invertir y trabajar como extranjeros en su propia tierra. Falta todavía camino por recorrer para que Argentina imponga *urbi et orbi* la noción de que sus tintos, blancos y espumantes rivalizan ventajosamente con los de Chile, Sudáfrica, Nueva Zelanda y Australia, por hablar sólo del Hemisferio Sur. Que ello es posible en pocos años de buen trabajo, lo demuestran las viñas chilenas de primera línea que invirtieron en viñedos y bodegas de Cuyo, mientras no sucede lo contrario.

(*) El Malbec, según puede averiguarse empleando nuestro *Wine-Finder®*, se cultiva en más de 16 mil hectáreas desde Salta a Río Negro, pero destaca en los terruños de Luján de Cuyo y alrededores, en Mendoza. Si bien en 1944 sólo en Mendoza había 4 veces más Malbec que hoy en toda la República, hay que recordar que hasta bien entrada la década del '90 casi nadie elaboraba Malbec varietal y sólo muy pocos conocedores sabían de esta cepa, usada para los cortes de vinos finos junto a Cabernet Sauvignon. Aunque parezca raro, no nos resulta que nadie en Argentina esté haciendo el mapa genético de la cepa insignia del país, que en 130 ó 140 ciclos en su tierra de adopción desarrolló características distintas al Cot francés. En más de una ocasión encontramos productores sudamericanos que fracasaron en su terruño con clones de Cot franceses y tuvieron más éxito con Malbec argentino, más resistente y adaptable.

widespread trans-nationalization (*) in South America. Therefore, for many producers it was common practice not to honor deals and contracts, exploit harvesters like feudal lords, expatriate assets, and stretch the law like rubber. And less than 20 years ago, this lack of vision led many winegrowers to rip out 3/4 of the venerable French grape vineyards planted in low vertical shoot position (now extremely valuable), to plant pergolas of Criolla or anything else that promised good prices. In the times of wine magnate Héctor Greco (see note) a variety not yet known as Malbec (**) (nor used for fine wine), was vinified as blanc de noir *and sold as ordinary wine. Some vintners simply lightened it up with activated charcoal. In all fairness however, outside of France and California, these kinds of antiquated growing and vinification practices were still common in many parts of the Old and New Worlds 20 years ago.*

(*) The transnationalization of wine production in the 1990s was so profound that only 4 of Argentina's large family wineries remain in the hands of the founding families. A large share of the internal Argentine wine market belongs to the Trapiche-Peñaflor *group, property of the U.S. investment fund Donaldson, Lufkin & Jenriette Merchant Banking, which also controls* Michel Torino *and* Santa Ana, *now the country's top producer. Other formerly Argentine wineries now in foreign hands are* Balbi *(English),* Colomé *(Swiss),* Etchart *(French),* Flichman *(Portuguese),* Graffigna *(English),* Norton *(Austrian),* Martins *(Spanish) and* Rodas *(Chilean). New wineries with foreign investment include* Achával Ferrer *(Italian-Argentine),* Altos Las Hormigas *(Italian-Argentine),* Caro *(French-Argentine),* Clos de los 7 *(French),* Codorniu *(Spanish),* Dolium *(Italian-Argentine),* Doña Paula *(Chilean),* Fabre-Montmayou *(French),* Fournier *(Spanish),* Hispano Argentinas *(Spanish),* Infinitus *(French),* La Celia *(Chilean),* Lurton *(French),* Salentein *(Dutch),* Tapiz *(U.S.),* Terrazas *(French),* Trivento *(Chilean) and* Alta Vista *(French).*

(**) As you will discover in our Wine-Finder ®, *there are more than 40,000 acres of Malbec planted from Salta to Río Negro, but especially in Mendoza, in Luján de Cuyo and surrounding areas. Although Mendoza alone had 4 times more Malbec in 1944 that the entire Republic does today. It must be remembered that at that time almost no one made Malbec varietal wines, and only very few experts knew the variety, which was blended with Cabernet Sauvignon in fine wines. Curiously, no one in Argentina is making a genetic map of the country's emblematic variety, which, after 130 or 140 annual cycles in its adopted land, has developed characteristics distinct from the French Cot. More than one South American producer has failed in the attempt to plant French Cot, while they had better success with the more resistant and adaptable Argentine Malbec.*

La tierra y el clima

Los terruños argentinos se extienden desde los Valles Calchaquíes, poco al sur del Trópico de Capricornio y con altitudes superiores a los 1.800 metros, hasta la Comarca Andina del Paralelo 42° Sur, en Patagonia, casi a nivel del Océano Pacífico. Entre estos terruños extremos -los más viejos y altos, y los más nuevos y bajos- se encuentran todos los demás terruños argentinos. Son 16° de curvatura terrestre o casi 1.800 kilómetros según vuelan los cuervos. Ni siquiera Chile tiene mayor amplitud en latitud en sus cultivos de cepas nobles. Sólo Brasil supera a la Argentina en la dispersión latitudinal de sus viñedos.

La Cordillera de los Andes, lado oriental, es el eje temático de las tierras argentinas del vino y todas están bajo su influencia. Un efecto vital de los Andes en sus viñedos levantinos es la abundante agua de deshielo, que alimenta los oasis de irrigación desde los Valles Calchaquíes hasta la Patagonia. Otro efecto saludable para las vides es la escasez de lluvias y humedad atmosférica, con heliofanía hasta excesiva en algunos veranos. Los Andes también aportan la altura, que ronda los mil metros en Cuyo y sobrepasa bien los 2 mil en Salta, causa de una marcada amplitud térmica y temperaturas más frescas que las propias de la latitud. Finalmente, al pie de los Andes abundan los suelos a pedir de boca para la viña de calidad: aluvionales, profundos, pedregosos con bloques y cantos rodados, arenosos y limosos, pobres de materia orgánica, de suave pendiente y excelente drenaje.

Las tierras del vino argentino, con lluvias que según cada terruño van de menos de 100 a poco más de 300 milímetros por año, casi todas en el verano, son secas y compensan el déficit con irrigación, ya que la vid necesita al menos 500 milímetros de lluvias para prosperar sin riego. Según la Escala de Winkler (*) el clima es Muy Cálido y Cálido en el Noroeste, Cálido y Moderadamente Cálido en Cuyo y Moderadamente Frío en la Patagonia. Los calores del verano se prolongan en el otoño y son tales que

---

(*) La Escala de Winkler categoriza 5 climas o regiones vitícolas según la suma, desde la brotación hasta la cosecha, de las temperaturas mensuales medias por encima de los 10° Celsius: Fría, Moderadamente Fría, Moderadamente Cálida, Cálida y Muy Cálida.

The boom in Argentine wines began at least 5 years after it did in Chile, and it was no more than 5 years ago that it started to spark interest abroad. The widespread enological renovation began as a result of very significant foreign investments in both quality and/or quantity and a few Argentine producers dedicated to investing and working like foreigners in their own land. Argentina still has a long way to go before it can convince urbi et orbi *that its red, white, and sparkling wines can truly rival those of Chile, South Africa, New Zealand, and Australia, just speaking of the Southern Hemisphere. Top Chilean wineries with investments in Cuyo vineyards and wineries have proven that it's possible in just a few years of good work.*

The land and the climate

Argentina's viticultural terroir extends from the Calchaquí Valleys, just south of the Tropic of Capricorn and with altitudes above 6,000 feet, to the Comarca Andina Parallel 42° South, in Patagonia, almost at the Pacific sea level. And between these extremes –the oldest and highest, the newest and lowest– are the rest of the Argentine terroirs. They cover a 16° curvature of the Earth, nearly 1,100 miles as the crow flies. Not even Chile's winegrowing range of latitude is greater. Only Brazil surpasses Argentina in the latitudinal dispersion of its vineyards.

The eastern side of the Andes Mountain Range is the backbone of Argentina's wine lands and all are under its influence. One vital effect of the Andes in its Eastern vineyards is the abundance of glacial runoff that feeds the irrigation oases from the Calchaquíes Valley to Patagonia. Another healthy effect for the vines is the lack of rain and atmospheric humidity, although the sun can become excessive in some summers. The Andes also contribute height, close to 3,300 feet in Cuyo and surpassing 6,000 in Salta, and produce a marked diurnal temperature variability and cooler temperatures than that corresponding to latitude. Finally, the soils at the foot of the Andes are perfect for the quality vineyard: deep, rocky, sandy alluvial limestone, poor in organic material, with soft slopes and excellent drainage.

The Argentine wine lands are dry, and depending on the location, the annual rainfall ranges from 4 inches to a foot, nearly all in summer. Vines need a minimum

absorben rápido las eventuales lluvias, pues la tierra está bien seca: se puede cosechar la uva tan tarde como se quiera sin temer al mal tiempo, aunque sí al I.N.V.

Por cuanto idílicos parezcan al viticultor del Viejo Mundo el suelo y el clima de Mendoza y otros terruños argentinos, existen las adversidades y factores limitantes. El principal es la sequía, que afecta a las zonas marginales de los oasis, cuando no hay canales de riego ni napas a profundidad razonable. En algunos viñedos y olivares del Noroeste que florecieron en la última década gracias a desgravaciones fiscales (*), el agua se bombea desde 300 metros de profundidad, a costos de 100 mil dólares por pozo.

Alberto Ortiz Maldonado en *Distribución Geográfica de los Elementos Meteorológicos Principales y Adversidades de Mendoza*, editado por *Bodegas de Argentina*, señala que "*en los años de menores nevadas en la cordillera (1968 a 1973) el bombeo de agua subterránea (...) representó el 33 % del requerimiento evapotranspiratorio de los cultivos regados por el río Mendoza. Ello permitió atenuar los efectos de una de las sequías de mayor magnitud y duración que se haya registrado*" y observa que el excesivo bombeo secó diversas napas y dejó extensas áreas sin regadío.

Luego están las heladas, que según el mismo autor, "*constituyen la adversidad más importante en el área cultivada*". Un tercio de la cosecha, cada 10 cosechas, se pierde a causa de las heladas en Mendoza. Algunos valles de mayor altura, como el de Calingasta en San Juan, son impracticables a la viticultura a causa de las heladas de primavera.

A ello se suma el viento Zonda, un *föehn* cuyano que Ortiz Maldonado describe "*caliente y seco, de velocidad moderada a fuerte, que ocasiona grandes daños a la agricultura de Mendoza debido a tres causas principales: la sequedad atmosférica que produce, la brusca elevación de temperatura del aire y los efectos destructivos de su fuerza*". El Zonda, además de Mendoza, afecta también a San Juan, La Rioja, Catamarca y Salta.

(*) Las desgravaciones fiscales son uno de los *curros* o *escolasos* gracias a los cuales surgieron sí nuevos oasis artificiales y productivos en Catamarca, La Rioja, San Juan y último Neuquén (por hablar sólo de vides y olivos) pero al costo de llevar siempre abrochado o corcheteado al pliego de condiciones a algún político provincial o más de uno. ¡Bingo! es cuando además de la desgravación fiscal se abrocha al pliego, también, un préstamo del Banco Nación, Mundial o algún otro, y entonces el viñedo u olivar surgido con riego por goteo en medio del desierto, tiene algo de milagroso pues surgió sin esfuerzo (excluyendo naturalmente a la mano de obra) sin capitales y sin impuestos.

of 20 inches to prosper, and irrigation compensates for the shortage. According to the Winkler Scale (*) the climate is Very Warm and Warm (Regions V and IV) in the Northeast, Warm and Moderately Warm (Regions IV and III) in Cuyo, and Moderately Cold (Region II) in Patagonia. Summer heat extends into autumn, and the very dry soil quickly absorbs the occasional rains: grapes can be harvested as late as desired without fear of bad weather, although the I.N.V. has its own opinion.

As idyllic as the soil and climate of Mendoza and other Argentine terroirs may seem to the Old World wine grower, they do have their drawbacks. The primary threat is drought, which affects the outer edges of the oases when there are no irrigation canals or a reasonably deep water table. In some of the Northeastern vineyards and olive groves that have sprung up in the past decade thanks to tax cuts (**), water is pumped from 1,000-foot-deep wells (costing $100,000 USD each).

In Geographic Distribution of the Major Meteorological Elements and Adversities of Mendoza, *published by Bodegas Argentinas, Alberto Ortiz-Maldonado says that "in the years when less snow falls in the mountains (1968-1973), the pumping of subterranean water (…) represented 33% of the evapo-transpiratory needs of the crops irrigated by the Mendoza River, reducing the effects of one of the driest and longest droughts on record," and observed that excessive pumping dried a number of water tables and left extensive areas unirrigated.*

Then there are the frosts, which the same author says "constitute the most significant adversity in the cultivated area." Once every 10 years, a third of

---

(*) The Winkler Scale categorizes 5 viticultural climates or regions according to the sum of the average monthly temperatures over 50ºF from budbreak to harvest: Region I (Cold), Region II (Moderately Cold), Region III (Moderately Warm), Region IV (Warm), and Region V (Very Warm).

(**) Tax cuts are one of the tricks and deceits that have led to new artificial and productive oases in Catamarca, La Rioja, San Juan, and Neuquén, but always at the expense of being tied to the terms and conditions of provincial politicians. They hit 'Bingo' when the tax cut is also tied to a loan from the National Bank or World Bank: then another drip-irrigated vineyard 'miraculously' springs up in the middle of the desert, without capital, taxes, or effort (except for labor, of course).

Último, y no menos importante, el granizo. Enólogos voladores de experiencia global nos aseguraron no conocer ninguna otra región vitícola del planeta donde se desmoronen pedreríos celestes en la cantidad y magnitud de lo que ocurre en Mendoza y en menor grado, en San Juan, La Rioja y Salta. Cascotes de hielo de 1/2 kilogramo, extensiones de hasta 32 mil hectáreas sepultadas bajo la pedrera y vacas muertas a pedradas en la cabeza, son las dimensiones extremas de un fenómeno que con piedras de menor tamaño y una superficie afectada promedio de unas 700 hectáreas, es habitual cada verano una vez aquí y otra vez allá, las más de las veces sobre un desierto ya pelado de suyo. En marzo de 2003 vimos los efectos inmediatos de una manga de granizo que defolió, cosechó y podó en un cuarto de hora a viñedos de Vistalba, Luján de Cuyo y Maipú: una manga de langostas no lo habría hecho mejor. Ese día el *I.N.T.A.* recogió piedras de 400 gramos. Ver nota sobre el granizo en la Introducción a Cuyo.

Los sismos ponen a la vitivinicultura argentina en pie de igualdad con la chilena, la peruana y la boliviana. La arquitectura bodeguera en Mendoza es antisísmica desde los orígenes, ya que nació poco después del terremoto que niveló la primera ciudad. En 1941, la bodega *Giol* tenía un tanque de 11 mil litros montado sobre rodillos antisísmicos que era considerado una de las maravillas vinícolas del mundo. Rajaduras y grietas en las piletas de ladrillo y cemento u hormigón ocurren habitualmente.

Las pestes y plagas en los terruños argentinos son, con exclusión no menor de la *Phyloxera vastatrix* que no llegó a estas tierras (aunque está en el Valle de Tarija, en Bolivia), las habituales en la viticultura de la Aldea Global aunque en niveles modestos gracias a la salubridad del clima y los suelos. Si bien siempre más viñedos nuevos de cepas nobles, por las dudas, se plantan injertados sobre pies clonales seleccionados de vides americanas resistentes a la filoxera, la mayor parte de la vid argentina está puesta a pie franco, o injertada sobre pies de otras variedades europeas. En Mendoza, en los años buenos, bastan 2 ó 3 tratamientos de sulfato de cobre y poco más para mantener sano y saludable al viñedo vinífero.

Si bien hay una *élite* de viticultores volcados al manejo orgánico, es menos frecuente que en Chile quizá a causa de la hormiga negra argentina (temible en los cultivos marginales) que se puede combatir a mano

Mendoza's crops are lost to frost. And spring frosts make viticulture is unfeasible in some of the higher valleys, such as Calingasta in San Juan.

Then add the Zonda wind, a Cuyan föehn that Ortiz-Maldonado describes as "hot and dry, blowing at moderate to high speeds that causes great damage to Mendoza agriculture for 3 main reasons: the atmospheric dryness it produces, the abrupt rise in air temperature, and the destructive effects of its strength." In addition to Mendoza, the Zonda also affects San Juan, La Rioja, Catamarca, and Salta.

Finally, and no less importantly, is hail. Flying winemakers with global experience swear they know of no other wine region in the world where these devastating diamonds of ice fall in the degree and magnitude that they do in Mendoza, and to a lesser degree in San Juan, La Rioja, and Salta. Stories of 1-pound hail stones, 80,000 acres buried beneath the icy debris, and cows dying from icy blows to the head are the extreme dimensions of the phenomenon, but hail is common, and smaller stones fall every summer – once here, once there – affecting average areas of 1,700 acres, though often in the already denuded desert. In March 2003 we saw the immediate effects of a sheet of hail that in just 15 minutes defoliated, harvested, and pruned the vineyards of Vistalba, Luján de Cuyo, and Maipú. A platoon of lobsters couldn't have done it better. That day the I.N.T.A. *(*) collected 14-ounce hail stones. See the note on hail in the Introduction to Cuyo.*

Earthquakes put Argentine vitiviniculture on a par with that of Chile, Peru, and Bolivia. Winery architecture in Mendoza has always been anti-seismic, as it began shortly after the earthquake that leveled the city in 1862. In 1941, the Giol *winery had a 2,900-gallon tank mounted on anti-seismic rollers that was considered one of the marvels of the wine world. Splits and cracks in brick and cement or concrete tanks are common occurrences.*

Except for Phylloxera vastatrix, *which never arrived here, the pests and plagues in Argentine terroirs are those commonly found throughout the Global Village*

(*) The Instituto Nacional de Tecnología Agropecuaria *(National Institute of Agricultural Technology, I.N.T.A.) is a State organization that provides technology and research in all agricultural and cattle-ranching fields. The Mendoza I.N.T.A. center is led by 2 well-known researchers, Silvia Avagnina de Del Monte and Carlos Catania, whose work in all fields of winegrowing has been substantial for its development.*

con inagotable paciencia, pero se controla más fácilmente con veneno químico. Algún científico argentino debería hallar algún repelente biodinámico para este insecto argentino de pretensiones cosmopolitas.

Las bodegas

Las casi 80 bodegas argentinas que conocimos entre el verano y el otoño de 2003 son las que elaboran los mejores vinos del país, así que nuestro relevamiento sólo afectó al 10 % más encumbrado de las 877 bodegas que vinificaron en la última cosecha. Nuestra perspectiva del sector, en todo nuestro recorrido por América del Sur, está deformada por la percepción de la *élite*. Más de una bodega sudamericana de las que visitamos produce vinos finos y vinos de mesa (*); en algunas la mayor parte de su producción es vino común, pero no incluimos ninguna bodega que sólo produjera vinos comunes.

Si tuviéramos que sugerir un itinerario completo por las bodegas del país, sugeriríamos comenzar por las más grandes bodegas familiares tradicionales argentinas que siguen siéndolo, 2 en Mendoza y 2 en San Rafael: *Leoncio Arizu (Luigi Bosca)* y *López* en el oasis norte, *Valentín Bianchi* y *Goyenechea* en el oasis sur. Hay algunas otras bodegas familiares de primera línea, alguna centenaria pero más pequeña como *Cabrini* y otras grandes pero más recientes, como *Catena Zapata* y *Familia Zuccardi*. También hay desde hace décadas un bodeguero brasilero tan del terruño y familiar como *Weinert*. El periplo debería incluir a *Humberto Canale*, que desde 1913 y hasta hace poco en soledad hace nobles vinos en la Patagonia, y a las bodegas *Lavaque* de los Valles Calchaquíes y de San Rafael. Conocer a estas casas y sus vinos, eventualmente a sus

---

(*) Vino común o de mesa y vino fino no son denominaciones nítidas y rígidas en el tiempo, sino borrosas y mutables según las sucesivas leyes y quizá por eso el I.N.V. optó en 2003 por eliminar la distinción. Por ley, 100 litros de vino de mesa se hacen con 122 kilos de uva, mientras que 100 litros de vino fino requieren un mínimo de 130 kilos. La ley también especifica el porcentaje de borras que debe haber en cada tipo de vino, y las variedades admitidas para cada uno. En la práctica, las expresiones "fino", de "mesa", "selección" (o "finitos", en jerga vinícola) y "reserva" se dilataron y empastaron hasta significar poco o nada. En esta Guía, entendemos por vino fino o noble el de variedades viníferas elaborado según el arte del oficio atendiendo a la calidad antes que a la cantidad. Vino común es todo lo que no es vino fino.

of viticulture, although at modest levels thanks to the healthy climate and soils. Although new noble-variety vineyards are increasingly planted with grafted clonal rootstocks of phylloxera-resistant American varieties, the majority of Argentine cultivars use their own root systems or are grafted onto the rootstocks of other pre-existing European varieties. In good years, Mendoza vineyards need little more than 2 or 3 copper sulfate treatments to stay healthy.

Although there is a group of elite *viticulturalists* intensely dedicated to organic management, it is more frequent in Chile, perhaps because the Argentine black ant (fearsome in the outer crops), which can be combated by hand with untiring patience, is more easily controlled with chemical poisons.

The wineries

We visited nearly 80 Argentine wineries – the country's best – during the summer and fall of 2003, a mere 10% sample of the 877 wineries that produced wine in 2003. Throughout the course of our South American journey, our perspective has been skewed by the perception of the elite. Many of the wineries produce fine and table wines (*), and in some cases, the majority of their production was ordinary wine, but we have not included any winery that only produces ordinary wines.

If we had to suggest a complete itinerary of Argentine wineries, we would suggest beginning with the largest traditional Argentine family wineries that continue in that line, 2 in Mendoza and 2 in San Rafael: Leoncio Arizu (Luigi Bosca) *and* López *in the northern oasis, and* Valentín Bianchi *and* Goyenechea *in the southern. There are other top-of-the-line family wineries,*

(*) Table wine, ordinary wine, and fine wine are neither clear denominations nor rigid in time, but rather hazy and variable according to successive laws, and perhaps for this reason the I.N.V. decided in 2003 to eliminate the distinctions. By law, 100 gallons of table wine is made with 1,032 pounds of grapes, while 100 gallons of fine wine requires a minimum of 1,100 pounds. The law also specifies the percentage of pomace that each type of wine should have and the varieties allowed for each. In practice, the expressions "fine," "table," "selection," and "reserve" have been expanded and patched until they have little meaning. In this Guide, the terms fine wine or noble wine refer to wines made of noble vinifera varieties in accordance with the art of the trade, seeking quality over quantity. Ordinary wine is everything that fine wine is not.

enólogos y propietarios, ofrecerá un panorama de la más genuina tradición vitivinícola del país, que inevitablemente se pierde o se fosiliza en un *clichè* cuando una firma tradicional es retomada por propietarios ultramarinos o trasandinos. Después se debería visitar la descomunal *Chandon*, decana de las inversiones francesas en vinos argentinos y luego *Salentein, Séptima, Monte Viejo, Alta Vista, Fabre-Montmayou* y *Dolium*, para cerciorarse en distintas escalas y estilos de la formidable inversión europea en bodegas flamantes de la última década. Sin olvidar *Norton* en Perdriel y *Graffigna* en San Juan, *Etchart* en Mendoza y Salta y *Michel Torino* en Salta, para así incluir a las viejas-grandes-nobles bodegas recapitalizadas y relanzadas por extranjeros. Y de paso comprobar el efecto de las inversiones estadounidenses en bodegas, las más tradicionales o las más nuevas como *Trapiche* y *Tapiz*; y también el de las inversiones chilenas en viñas-bodegas de vanguardia racionalista sudamericana como *Trivento, La Celia* y *Doña Paula*. Habría que conocer también a las bodegas argentinas que siguen siendo argentinas pero cambiaron de dueño, o sea *Escorihuela, La Rural, Lagarde, Nieto Senetiner* y *Tittarelli*, donde se guarda también bajo otras llaves buena parte de la cultura vitivinícola de Mendoza. El panorama no sería completo sin ver alguna de las nuevas bodegas *boutique* de viejos bodegueros argentinos como *Benegas, La Amalia, Pulenta, San Pedro Yacochuya* y *Viniterra*, o de nuevos bodegueros como *Achával Ferrer*. Finalmente quedarían otras tantas bodegas más pequeñas, mal equipadas para las visitas o que no reciben turismo, pero que hacen muy buenos vinos. Y luego cada año hay nuevas bodegas y etiquetas sin viñedo y sin bodega, pues las "bodegas virtuales" de la era postmoderna tienen un sitio en la red y una red de puntos de venta -antes que viñedo y techo propio bajo el cual vinificar.

Si además se incluyera algún vistazo a los grandes cascarones vacíos que dejó la hecatombe vitivinícola de los años '80, como *Gargantini* en Junín, el periplo por las bodegas argentinas sería completo y se habría visto todo: desde el adobe a través del cemento al acero inox; de los toneles de un siglo a las barricas de un año; de la bodega urbana a la más solitaria; de aquellas de arquitectura, gastronomía y enología firmadas por autores famosos a las más anónimas y funcionales. Sin embargo, el turismo en las bodegas argentinas es incipiente. Sólo 1 de cada 3 ó 4 está bien equipada

some very old but smaller, like Cabrini, *and others that are larger but newer, such as* Catena Zapata *and* Familia Zuccardi. *There's also a well-known Brazilian winemaker who's been here so long that he's as much a part of the terroir as* Weinert. *The trip should include* Humberto Canale, *who made fine wines alone in Patagonia from 1913 until just recently, plus the* Lavaque *wineries in the Calchaquí Valleys and San Rafael. Getting to know these houses and their wines, and occasionally their winemakers and owners, offers an overview of the country's most genuine winemaking tradition, which is inevitably lost or fossilized in* cliché *when a traditional firm is taken over by foreign owners. Next you should visit the extraordinary* Chandon, *dean of the French investments in Argentine wines, and then* Salentein, Séptima, Monte Viejo, Alta Vista, Fabre-Montmayou *and* Dolium, *to explore different scales and sizes of the awe-inspiring European investment in new facilities over the past decade. Don't forget* Norton *in Perdriel and* Graffigna *in San Juan,* Etchart *in Mendoza and Salta, and* Michel Torino *in Salta, to include the old-large-noble wineries refinanced and re-launched by foreigners. And then see the effect of U.S. investments in the most traditional or newest wineries such as* Trapiche *and* Tapiz, *and Chilean investments in vanguard ventures such as* Trivento, La Celia, *and* Doña Paula. *You would also have to visit the Argentine wineries that are still Argentine but with new owners:* Escorihuela, La Rural, Lagarde, Nieto Senetiner *and* Tittarelli, *where a good part of Mendoza's wine culture is retained, but in different hands. The panorama would not be complete without seeing some of the new boutique wineries of old Argentine winemakers such as* Benegas, La Amalia, Pulenta, San Pedro Yacochuya, *and* Viniterra, *or of new winemakers like* Achával Ferrer. *Finally, there would be a few more small wineries that make good wines but are poorly equipped for or do not accept visits. And then, every year there are new houses and labels with neither vineyard nor wineries; these postmodern "virtual wineries" have websites and a network of points of sale ÷ before they have a vineyard or their own roof under which to vinify.*

If you also include a look at the large, empty shells left by the vitivinicultural disaster of the 1980s, such as Gargantini *in Junín, the journey through the*

para recibir visitas. Así, en la mayoría de las bodegas hay un clima pre-enoturístico que también es parte de su encanto. Al igual que en Chile, las bodegas más avanzadas terminan pareciéndose mucho en su equipamiento. Pero más que en Chile, hay hermosas viejas bodegas de adobe recicladas, cada una con su personalidad. Y también un bonito catálogo en construcción de arquitectura bodeguera moderna, todo concentrado en Mendoza.

Casi nunca se cobra entrada ni se ofrecen visitas diferenciadas y así en las bodegas de mayor visitación, en alta temporada, el viajero enófilo puede sentirse masificado.

La señalización rutera, callejera y bodeguera en Argentina es mala o inexistente. Llegar a las bodegas sin un guía a veces no es fácil, impedimento no menor para el enoturismo. Otro grueso desajuste enoturístico es que muchas bodegas están cerradas sábados por la tarde y domingos. Aunque se habla de ellas, no existe aun ninguna "ruta del vino" bien organizada como en Valle de los Viñedos en Rio Grande do Sul y el Valle de Colchagua en Chile.

Los viñedos

La Argentina tiene desde la década de 1990 unas 210 mil hectáreas de tierras puestas a viña, de las cuales 144 mil están en la provincia de Mendoza, y casi la mitad son cepas nobles. Utilizando nuestro *Wine-Finder®* se puede saber cúanto, dónde y cómo de las 12 cepas tintas y las 12 cepas blancas nobles o de uvas finas que se cultivan en Argentina. Y en las introducciones regionales se dice más de los cultivos de cada provincia.

El sistema de conducción más difundido para las uvas viníferas es la espaldera o espaldero alto o bajo, también llamado viña baja. El parral tradicional, generalizado para uva de mesa, también subsiste en muchos viñedos de uvas finas, según los viticultores con muy buenos resultados: en zonas de mucha insolación protege a los racimos; y en zonas de helada, éstos están a buena altura del suelo. Tanto las espalderas como los parrales se cubren con distintos sistemas de mallas antigranizo, aunque éstas no se ven fuera de los oasis mendocinos, de tierras y uvas las más valiosas.

No vimos ningún viñedo cosechado a máquina, aunque algunos pocos productores las arriendan. Tras la devaluación, los precios en el mercado interno de los

Argentine wineries would be complete, and you would have seen it all, from adobe to cement to stainless steel, from century-old casks to this year's new barrels, from urban wineries to solitary ventures, from those of architecture, gastronomy and enology signed by famous authors to the most anonymous and functional efforts.

However, wine tourism is just beginning in Argentina. Only a few wineries are well equipped to receive visitors. Most have a 'pre-eno-tourism' air about them, which is also part of their charm. As in Chile, the equipment found in the most advanced wineries is all very similar. Argentina, however, has renovated more of its beautiful old adobe wineries, each with its own personality. And there's also a nice group of modern new wineries under construction, all concentrated in Mendoza. Rarely do they charge or offer differentiated visits, so in the most-visited wineries, the wine-loving traveler can feel 'massified.'

In Argentina, signs, whether road, street, or winery, are bad or non-existent. Reaching a winery without a guide is often difficult –not a minor impediment for tourism. Another major problem is that many of the wineries close on Saturday afternoons and Sundays. Although there is talk of wine routes, they're not well organized, as they are in Brazil's Vineyard Valley in Rio Grande do Sul or Chile's Colchagua Valley.

The vineyards

Of Argentina's 525,000 acres planted to vines in the 1990s, 144,000 are in the Mendoza Province, and nearly half are noble varieties. Our Wine-Finder *tells how much, where, and how the 12 red varieties and 12 white noble varieties are grown in Argentina. And the regional introductions explain more about the crops in each province.*

The most widely-used trellising systems for wine grapes is high or low 'vertical shoot positioning.' The traditional pergola (or arbor), generally used for table grapes, also survives in many fine variety vineyards, and according to many growers, with very good results. It protects clusters from excessive sun and from frost when sufficiently raised above the ground. In the Mendoza oases, the most valuable lands and grapes are covered with different types of anti-hail nets.

We didn't see a single vineyard machine harvesting, although a few producers rent them. After the

vinos subieron hasta un 100 %, pero las fichas o jornales pagadas a los cosecheros quedaron *pesificados*, de manera que la cosecha manual es más ventajosa. En vendimia, puede constatarse que los cosecheros son trabajadores golondrina oriundos del Noroeste o bolivianos afincados en la región, que parecen trabajar en condiciones precarias. No se ve ninguno de los derechos que poseen los cosecheros al otro lado de las montañas: baños, transporte, lugar donde comer, atención para los niños si trabajan más de 8 mujeres. Parte del paisaje vitícola más tradicional está desapareciendo bajo el ímpetu urbanístico del Gran Mendoza y los barrios privados entre los viñedos. Aquí se da la misma pugna entre viticultura y urbanismo que sucede en el lado alto de Santiago de Chile, hacia Quebrada Macul y Pirque.

Otra buena parte del paisaje vitícola en Argentina está en crecimiento: los extensos viñedos plantados por europeos en Valle de Uco todavía son jóvenes, pero junto a las nuevas bodegas en construcción están creando un efecto "*Napa Valley*" donde antes no había más que piedras y pastos duros. Desde los Valles Calchaquíes hasta la Patagonia vimos cantidad y variedad de nuevos viñedos de uvas finas, casi siempre en el llano o el valle. Sin duda a causa de la abundancia y menor costo de la tierra, todavía no se ven como en Chile cultivos en laderas pronunciadas y en terrazas.

El riego por goteo es frecuente en los viñedos nuevos, pero es más difundido el riego tradicional por surcos y también por manto o inundación.

El mercado y las exportaciones

Según datos tomados de las publicaciones de *Bodegas de Argentina*, en los últimos 20 años el consumo interno en Argentina cayó el 50 % y hubo una reestructuración profunda de los canales de venta en provecho de los supermercados, que duplicaron en exceso su tajada del mercado a expensas del pequeño comercio.

Se triplicó el consumo de vino fino y cayó un 30 % el consumo de vino común. "*La creciente polarización de la distribución del ingreso coadyuva a explicar, seguramente, la profunda caída en la demanda de vinos de mesa comunes y el contemporáneo -y muy importante- crecimiento del consumo de vinos finos e incluso, en los últimos años, de los llamados premium y del propio champagne*" explican Daniel Aspiazu y Eduardo Basualdo en *La trama*

devaluation of the peso in 2002, the internal market prices for wines rose as much as 100%, but harvesters' wages have remained the same, making manual harvesting more advantageous. The harvesters are migrant workers from the northeast or Bolivians living in the region who work under precarious conditions, and they don't seem to have the same rights as neighboring Chilean workers, such as bathrooms, transportation, a place to eat, or child care when more than 8 women are employed.

Part of the most traditional viticultural landscape is disappearing under the urban impetus of Greater Mendoza and the private neighborhoods between the vineyards. This is the same struggle between viticulture and urban sprawl seen on the upper side of Santiago de Chile.

Another large part of Argentina's viticultural landscape is growing, the extensive vineyards planted by Europeans in the Uco Valley are still young, but with the new wineries under construction, a "Napa Valley" effect is occurring where there was once nothing more than rocks and hard fields. From the Calchaquí Valleys to Patagonia, we saw quantity and variety of fine grape vineyards, almost always on the plain or in the valleys. Undoubtedly due to an abundance of land and lower costs, you still don't see crops on steep hillsides and in terraces, as you do in Chile. Drip irrigation is frequent in the new vineyards, but traditional furrow irrigation and flood irrigation techniques are more common.

The market and exportation

According to the publications of Bodegas de Argentina, Argentina's internal consumption has fallen 50% over the last 20 years. There has also been a major restructuring of sales channels that favors supermarkets, which doubled their share of the market at the expense of small business.

The consumption of fine wine tripled and ordinary wine fell by 30%. "The growing polarization of the distribution of the income certainly helps explain the sharp decrease in demand for ordinary wines and the contemporary – and very significant – growth in the consumption of fine wines, and in recent years, even the so-called premium wines and *'champagne'*," explain

ARGENTA TOWER
HOTEL & SUITES

UN VERDADERO PRIVILEGIO RODEADO DE PERSONALIDAD Y ESTILO

Orientado a brindar un trato preferencial, ofrece calificadas prestaciones dentro en un marco arquitectónico a nivel de los grandes hoteles del mundo.

Consulte Tarifas y Paquetes especiales

Comuníquese con un ejecutivo de cuenta al 4325-0607, o sin cargo al 0800-999-2743

Juncal 868 (C1062ABF) Bs. As. • Tel. (54 11) 4325 4100 • Fax. (54 11) 4326 7090

FILO

10 anni di piacere e follia
"filo è una festa"

San Martin 975 | CP 1004AAS Buenos Aires | Reservas: 4311-0312 / 1871
correo-e: provision@filo-ristorante.com | *sitio:* www.filo-ristorante.com

Todas las bodegas argentinas tienen una única dirección

* Consultoría
* Cursos de Degustación
* Cursos de Elaboración Artesanal de Vinos
* Venta Directa
* Exportación
* Representación y Distribución
* Turismo Enológico

ArgentineWines.Com

Suipacha 868 PB - Buenos Aires, C1008AAR
Phone & Fax 54.11.5217.4188/95 - 4543-3630
Mobile 15.4064.8115 - info@argentinewines.com

Desde hace 20 años cada edición de

como los grandes vinos,
genera grandes expectativas y las cumple.

Estimula todos los sentidos,
depara gratificantes sorpresas,
ofrece irresistibles placeres
y genera la necesidad de
continuar en la próxima copa (página).

Porque siempre hay que esperar
que la vida nos depare un vino inolvidable.

Ese vino está en CUISINE & VINS,
Esperándolo.

CUISINE&VINS la revista de la buena vida
Suscríbase al 0800 232 8466   www.cuisine.com.ar
Ahora también en los mejores kioscos de revistas

vitivinícola argentina a principios del Siglo XXI (*). Según esta misma fuente y redondeando cifras, en 1980 el argentino medio bebía 76 litros de vino al año, de los cuales 70 eran vino de mesa y 6 vino fino. Veinte años después el mismo argentino estadístico bebía 38 litros al año, de los que 27 eran vinos comunes y 11 litros eran vinos finos y "otros". La producción de uva en 2001 fue de unos 2,5 millones de toneladas, de los que el 2,6 % fue destinado a uva de mesa o pasas de uva y todo el resto fue a la producción vinícola. Más de los 3/4 de este volumen se vinificó y el resto se conservó en mostos para consumo interno y exportación. Se produjeron casi 1,6 millones de toneladas de vino, de los que el mercado interno bebió el 94 %: sólo el 6 % fue exportado. Ello puede ser malo para la economía pero es muy saludable para el sector, pues una vitivinicultura sin un sólido mercado interno está un poco chueca o forzada a exportar, como al otro lado de los Andes. Los argentinos beben cada año unos 1.300 millones de litros de vino, volumen equivalente a la suma de las exportaciones de vinos de Estados Unidos, Australia, Nueva Zelanda y Chile. La importación de vinos finos de éste y otros países, que en 2001 alcanzó 6,5 millones de litros, se desplomó casi a cero al año siguiente tras la devaluación.

Las exportaciones de vino fino a lo largo de la década del '90 se multiplicaron casi 14 veces. El récord de exportaciones argentinas fueron casi 200 millones de dólares de vinos y mostos, a fines de los '90. Los principales clientes de vinos finos son Estados Unidos y el Reino Unido, mientras que Paraguay es el tercer cliente pero de vinos de mesa, al igual que Uruguay. Brasil, Canadá, Irlanda y Alemania son compradores importantes de vinos de calidad. Los mostos se exportan casi todos a Estados Unidos y Japón, y el resto a Canadá, Polonia, Rusia y Australia.

Las ventas a ultramar de vinos de calidad en 2001 alcanzaron 120 millones de dólares pero al año siguiente, no obstante la devaluación del peso, cayeron un 20 %. Los vinos comunes ya no suman,

---

(*) "La trama vitivinícola argentina a principios del Siglo XXI. Rasgos estructurales, mutaciones en el contexto operativo sectorial y lineamientos de políticas públicas." de Eduardo Basualdo y "Componentes macroeconómicos, sectoriales y microeconómicos para una estrategia nacional de desarrollo. Lineamientos para fortalecer las fuentes de crecimiento económico", B.I.D.-C.E.P.A.L.- Ministerio de Economía de la Nación. 2003. de Daniel Aspiazu.

Daniel Aspiazu and Eduardo Basualdo in The Argentine vitiviniculture in the early 21st century. *Rounding figures from the same source, in 1980, the average Argentine drank 20 gallons of wine per year: 18 of table wine and 2 of fine wine. Twenty years later, the average was 10 gallons: 7 of common wines and 3 of fine wines and 'others.'*

Grape production in 2001 was 2,500,000 tons, 2.6% for table grapes or raisins, and the rest for wine. More than 3/4 of this volume was vinified and the rest conserved as musts for internal consumption and exportation. Nearly 1,600,000 tons of wine was produced; 94% was consumed by the internal market and 6% was exported. This may be bad for the economy, but it's very healthy for the sector, because vitiviniculture without a solid internal market is a bit skewed or forces exports, as is true in Chile. Argentines drink some 343,400,000 gallons of wine per year, which is equivalent to the sum of wine exports of the U.S., Australia, New Zealand, and Chile together. Argentina imported 1,720,000 gallons in 2001, although that amount plummeted to nearly zero after the 2002 devaluation.

Exports of fine wines throughout the 1990s multiplied nearly 14 times. The Argentine export record was nearly $200,000,000 USD in wines and musts in the late 1990s. The primary buyers of Argentine fine wines were the US and UK. Paraguay and Uruguay take third place, but with table wines. Brazil, Canada, Ireland, and Germany buy quality wines in significant amounts. Exported musts go almost entirely to the U.S. and Japan, and the rest to Canada, Poland, Russia, and Australia.

Overseas quality wine sales reached $120,000,000 USD in 2001, but fell by 20% the following year, despite the devaluation of the peso. Ordinary wines are now less than 1/5 of all exports.

In the words of the European winemaker we cited earlier, Argentina is half-way between two wine worlds, it still conserves much of the French-style Old World ("where they sell the wines they make") but it's leaning more and more toward the Australian New World model ("where they make the wines that sell").

en valor, más que 1/5 de dichas exportaciones. En palabras del enólogo europeo que citábamos al principio, Argentina está a mitad de camino entre los 2 mundos del vino: todavía conserva mucho de afrancesado Viejo Mundo ("*donde venden los vinos que producen*") pero tiene cada vez más aires de australiano Nuevo Mundo ("*donde producen los vinos que se venden*").

Las instituciones, publicaciones y eventos

Bodegas de Argentina, con unos 100 socios, reune a dos asociaciones de bodegueros que estuvieron separadas hasta reciente. Aquí están representados casi todos los productores de primera línea y de vinos de calidad, argentinos y extranjeros, grandes y pequeños, tradicionales y nuevos, exportadores o menos. La asociación publica la excelente revista *Vinos & Viñas*, además de boletines internos para socios y otras publicaciones. En la pugna entre intereses reguladores y lo contrario, *Bodegas de Argentina* es lo contrario. De todos modos están a favor de la estricta fiscalización del I.N.V., gracias a lo cual "*tenemos una industria blanca, y hemos hecho trazabilidad desde hace 50 años*" en palabras de su presidente, el ingeniero Juan Carlos Pina.

La *Unión Vitinícola Argentina* (U.V.A.) en su Carta Orgánica manifiesta objetivos como "*fomentar el desarrollo y crecimiento de la pequeña y mediana empresa local; buscar una más equitativa distribución de la riqueza*" y también "*la recomposición de la estructura organizativa de la industria vitivinícola nacional, lo que permitirá a las provincias ejercer su conducción en beneficio de la economía local*". Esta gremial nació en 1984 como *Asociación de Fraccionadores de Vino en Origen* y si bien está abierta a todos los actores del sector, desde los productores hasta grandes fraccionadores, incluyendo trasladistas, con excepción de *Zuccardi*, su mayoría son viticultores y bodegas que producen vinos a granel y de mesa. En la pugna de intereses entre quienes favorecen la desregulación y quienes la detestan, *U.V.A.* representa a los segundos.

El *Instituto Nacional de Vitivinicultura*, creado en 1959 sobre una preexistente *Dirección Nacional del Vino y Bebidas Alcohólicas*, tiene su sede central en Mendoza y 15 delegaciones en zonas productivas y de consumo, con 10 laboratorios en distintas provincias equipados para su labor fundamental que es el control de la producción en todas sus etapas, "*desde el viñedo hasta el consumo*" según las leyes vigentes. Ocupa a unas 600 personas y su director es un cargo político nom-

Institutions, publications, and events

Bodegas de Argentina, with some 100 associates, is the union of 2 formerly separate wine-making associations, and represents most of the producers of quality and premium wines: Argentine and foreigners, large and small, traditional and new, exporters or not. The association publishes the excellent Vinos & Viñas *(Wines and Vineyards) magazine, newsletters for members, and other publications. In the debate between those for and against regulations,* Bodegas de Argentina *is opposed, though they are in favor of the I.N.V.'s strict control, thanks to which "we have a clean industry, and we've had clean records for 50 years," according to the association's president, engineer Juan Carlos Pina.*

The charter of the Argentine Viticultural Union *(U.V.A.) clearly states its objectives: "encourage the development and growth of small and medium local businesses, seek a more equitable distribution of wealth," and "the recomposition of the organizational structure of the national vitivinicultural industry to allow the provinces to act on behalf of the local economy." This trade association was founded in 1984 as the* Asociación de Fraccionadores de Vino, *and although it is open to all parties of the sector, from the producers to the* fraccionadores *and* trasladistas *(wineries that buy and sell in bulk) with the exception of* Zuccardi, *the majority are producers of bulk and table wines. The U.V.A. is against deregulation.*

The National Vitivinicultural Institute, *created in 1959 based on the pre-existing* National Directorate of Wine and Alcoholic Beverages, *is headquartered in Mendoza and has 15 delegations in key areas, with 10 laboratories in different provinces equipped for its basic task: controlling every stage of production, "from the vineyard to consumption," according to current law. It has 600 employees and a politically-appointed director, which hinders the development of an autonomous professionalized organization. But this control allows a sector traditionally inclined toward alchemy to have very high parameters of quality and be the most controlled in the Americas A visit to its website: www.inv.gov.ar, provides evidence that the I.N.V. is a little slow and not very flexible. Here you will find the*

brado por cada gobierno, lo cual obstaculiza el desarrollo de un organismo autónomo profesionalizado. De todas formas gracias a esta fiscalización, un sector tradicionalmente inclinado a la alquimia tiene parámetros de calidad muy elevados y es el más controlado del Continente. Que el I.N.V. es una estructura algo lenta y poco elástica se deduce al visitar su sitio www.inv.gov.ar, donde se encontrará la tupida legislación que regula al sector.

El *Fondo Vitivinícola*, creado por la provincia de Mendoza y sostenido por una tasa a los vinos, debería servir para amortiguar el impacto de las políticas desregulatorias que primaron en la década de la "pizza con champán" y favorecer la reconversión, incentivar las exportaciones de uvas y derivados, y promover el consumo. Además de tareas informativas y publicaciones, el Fondo Vitivinícola participó en la elaboración del Plan Estratégico Vitivinícola, financia estudios sobre el sector y realiza campañas y degustaciones. Creó además "el viñedo del aeropuerto", donde hay 3 hectáreas de Malbec cuya primera vendimia se realizó en 2003.

Vinos & Viñas, editada por el economista especializado en el sector vitivinícola Javier Merino (cuyos artículos son de una profundidad y claridad meridiana, rara en el Continente) es la publicación más profesional en temas vitivinícolas. Además de este mensuario, la misma editorial publica un semanario *Día a día del Vino* dirigido también por Javier Merino. Entre las publicaciones enogastronómicas que prestan una atención constante a los vinos nacionales y de otros países están *Cuisine & Vins, El Conocedor, Master Wine* y *JOY*.

El evento más importante del sector es *Vinandino*, "el primer concurso internacional de vinos del Hemisferio Sur", que se realiza desde 1993 cada 2 años en noviembre en Mendoza, organizado por el *Instituto Nacional de Vitivinicultura* y patrocinado por la *Organización Internacional de la Vid y el Vino* (O.I.V.), la *Unión Internacional de Enólogos* y la *Federación Mundial de Grandes Concursos Internacionales de Vinos y Espirituosas*. Más información en www.vinandino.org.ar. Desde octubre de 2003 se realiza también en Mendoza el *Salón Internacional de Vinos del Nuevo Mundo*. En Buenos Aires hay una creciente variedad de expos dedicadas al vino, que rara vez nos satisfacen: creemos que la degustación de vinos está reñida con salones llenos de gente y ruido, donde se prueban los vinos de pie, entre colas y apretujones, cuando no entre borrachos descontrolados. El buen vino es la antípoda exacta de todo eso.

dense body of legislation that regulates the sector.

The Vitivinicultural Fund, *created by the province of Mendoza and sustained by a tax on wines, should serve to cushion the impact of the deregulation policies that predominated during the "Pizza with Champagne" decade and encourage reconversion, stimulate the exportation of grapes and their derivatives, and promote consumption. In addition to its informative work and publications, the Vitivinicultural Fund participated in preparing the Vitivinicultural Strategic Plan, funds research, and holds campaigns and tastings. It also created the "airport vineyard," with 7.5 acres of Malbec, first harvested in 2003.*

Vinos & Viñas *(Wines & Vineyards) (edited by Bodegas de Argentina), a monthly magazine published by vitivinicultural sector economist Javier Merina, is Argentina's most professional wine publication. The same publisher also produces the weekly* Día a día del Vino *(Day to Day of Wine), also directed by Javier Merino. The eno-gastronomic publications with a regular focus on wines include* Cuisine & Vins, El Conocedor, Master Wine *and* JOY.

The industry's most important event is Vinandino, *"the first international wine competition in the Southern Hemisphere," which has taken place every other November since 1993 in Mendoza, organized by the* National Vitivinicultural Institute *and sponsored by the* International Office of Wine and Vine *(O.I.V.), the* International Union of Enologists, *and the* World Federation of Large International Wine and Spirits Competitions. *More information is available at their website: www.vinandino.org.ar.*

Beginning in October 2003, Mendoza will also host the International New World Wine Salon .

There is a growing variety of wine fairs in Buenos Aires, which are rarely satisfying: wine should not be tasted in large, crowded, noisy halls, while standing elbow-to-elbow, being pushed and shoved through long lines even among uncontrolled drunks. Good wine is the polar opposite of all that.

Un siglo y medio de avatares en la vitivinicultura argentina moderna

Glosando y sintetizando al excelente artículo de José Esteban Onofri, "*La economía nacional y su influencia en los cambios de la vitivinicultura*", publicado en *Bodegas & Terruños* n°5, la historia en pocas líneas fue así:

Entre 1862 y 1930:

- La vitivinicultura moderna surgió en Mendoza y San Juan en 1884 con la llegada del ferrocarril y los inmigrantes europeos bebedores de vino.
- La actividad prosperó gracias a la libre importación de insumos y la protección del mercado interno ofrecido por la distancia, luego por aranceles elevados y finalmente por la prohibición virtual de los vinos importados.
- De uvas nobles europeas implantadas por europeos a la europea se hacía vino común de buena calidad para el mercado interno protegido.
- El crecimiento vertiginoso de la población, la economía y el consumo generaba ganancias elevadas que se reinvertían.

Entre 1930 y 1989:

- La crisis de 1930 casi demedió el consumo *per capita* de vino y hubo una gran sobreoferta que compraba el Estado para derramarlo o enterrar la uva, además de fijar cupos de producción, indemnizar la erradicación de viñedos y tasar pesadamente a las nuevas viñas. Se creó la *Junta Reguladora de Vinos* y la *Dirección Nacional de Vinos* (desde 1959 *Instituto Nacional de Vitivinicultura*).
- Después de la Segunda Guerra Mundial, el crecimiento y redistribución del rédito incrementaron el consumo y había más demanda que oferta. En los '50 el Estado autorizó el "estiramiento" con agua de los vinos e impuso racionamiento al consumo. También se dedicó a la producción y comercialización de vino en gran escala. A fines de la década, la economía vitivinícola era regulada y dirigida por el Estado.
- El sector obtuvo altas ganancias que atrajeron inversiones en nuevos viñedos y bodegas. Se desarrolló una industria de insumos y equipamientos sin competencia externa que proveía de equipos más atrasados y caros. Se comenzaron a erradicar cepas

One and a half centuries of avatars in modern Argentine vitiviniculture

Summarizing José Esteban Onofri's excellent article, "The national economy and its influence in the changes in vitiviniculture," published in Bodegas & Terruños, *N°5, the short version goes like this:*

From 1862 to 1930:

- *Modern vitiviniculture arose in Mendoza and San Juan in 1884 with the arrival of the railroad and wine-drinking European immigrants.*
- *The activity prospered thanks to the free importation of supplies and the protection of the internal market resulting from the distance, then by high tariffs, and finally by the virtual prohibition of imported wines.*
- *Using noble European grapes introduced by Europeans in European fashion, they made good quality ordinary wine for the protected internal market.*
- *Vertiginous population growth, the economy, and consumption generated high earnings that were reinvested.*

From 1930 to 1989:

- *The crisis of 1930 cut per capita wine consumption nearly in half, resulting in a large overproduction, which the State bought. It then either dumped the wine or buried the grapes. It also set production quotas, indemnified the eradication of old vineyards, and heavily taxed new ones. It created the* Wine Regulatory Board *and the* National Directorate of Wines *(now the* National Vitivinicultural Institute *as of 1959).*
- *After W.W.II., the growth and redistribution of income increased consumption and there was more demand than supply. In the 1950s the State authorized "stretching" wine with water and imposed rationing. It was also dedicated to the large scale production and marketing of wine. At the end of the decade, the vitivinicultural economy was regulated and directed by the State.*
- *The sector earned high profits that attracted investment in new vineyards and wineries. A supply and equipment industry developed without competition from the external market, and produced more*

- nobles para implantar otras de mayor precio de mercado y se difundió el parral con altísimos rendimientos por hectárea para producir mucho y barato. Fue el auge del vino en damajuana.
- El apogeo del período fue en la década de 1970, cuando los viñedos llegaron a su máxima expansión y el consumo superó los 80 litros por habitante por año. Con superproducción y precios inflados, la burbuja estalló a principios de los '80 y el efecto fue devastador.

De 1989 a hoy:
- Tras la hiperinflación, en plazo muy corto, a causa de necesidad antes que convicción, se abrió, privatizó y desreguló la economía. El sector contaba con un núcleo de empresarios innovadores y buenos profesionales. La estabilidad permitió volver a hacer cálculos de costo-beneficio y evaluar proyectos.
- Se importaron bienes de capital, tecnología de punta e insumos con costos y financiaciones sin precedentes. La modernización fue desde la agricultura hasta el empaquetado del producto. Se renovaron cepas, sistemas de conducción y riego, elaboración, conservación y embotellado, en muchos casos con consultores extranjeros.
- Por primera vez la vitivinicultura tuvo que competir en el mercado interno con vinos importados y lo hizo con éxito. La damajuana de vino común casi desapareció sustituida por la caja. Los productores comenzaron a salir al mundo con sus vinos.

Algunas cifras
- Superficie total cultivada (2001): 204 mil hectáreas, de los cuales Mendoza: 143 mil hectáreas y San Juan: 46 mil hectáreas.
- Producción de uva: 2.030.000 toneladas (1998), 3,64 % de la producción mundial.
- Consumo en litros/año por habitante: 41 (1996), 34 (2001).
- Caída de ventas en el mercado interno entre 2000 y 2001: 100 millones de dólares.
- Exportaciones de vino fino: 537 millones de litros (1998).
- Valor de las exportaciones: 190 millones de dólares (2002).
- Impuestos al vino: I.V.A. 21 %.

expensive and outdated equipment. They began to eradicate noble varieties in favor of others with better market prices, trained to pergolas with very high yields per acre for cheap and high production. This was the height of the jug wine boom.
- *The period peaked in the 1970s when vineyards reached their maximum expansion and consumption topped 21 gallons per person per year. With super-production and inflated prices, the bubble burst in the early 1980s, and the effect was devastating.*

From 1989 to today:
- *After hyperinflation, the economy very quickly opened, privatized, and deregulated, more out of necessity than conviction. The sector had a nucleus of innovative businessmen and good professionals. The stability allowed a return to making cost-benefit calculations and project evaluations.*
- *Capital goods, state of the art technology, and supplies were imported with unprecedented costs and financing. Everything from agriculture to packaging was modernized. Varieties, trellising and irrigation systems, production, conservation, and bottling techniques were renovated, often with foreign consultants.*
- *For the first time, vitiviniculture had to compete in the internal market with imported wines, and it did so successfully. Common jug wine gave way to boxed wine, and producers began to take their wines into the world market.*

Some figures
- *Total surface area planted (2001): 504, 100 acres; of which, Mendoza: 353,400 acres, and San Juan: 113,700 acres.*
- *Grape production: 2,030,000 tons (1998), 3.64% of the world production.*
- *Consumption per capita in gallons/year: 11 (1996), 9 (2001).*
- *Drop in internal market sales between 2000 and 2001: $100,000,000 USD.*
- *Exportations of fine wine: 141,900,999 gallons (1998)*
- *Value of exports: $190,000,000 USD (2002).*
- *Wine taxes: 21%.*

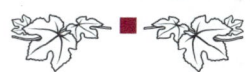

El caso Greco

Al internarse en el mundo del vino mendocino, el forastero comenzará a oir el apellido Greco invocado con diversas entonaciones: hay quienes se refieren a "los tiempos de Greco" como una época de oro del vino cuyano, otros hablan de él como de un hampón de guante blanco. Greco es el cadáver en el armario de la sociedad vinícola cuyana. Tiene algo de mito urbano, pues además de opiniones disparatadas circulan muchas inexactitudes sobre su vida. A 15 años de su muerte aparentemente accidental, hay quien lo conoció y está seguro de que lo asesinaron. En un aspecto del caso Greco los mendocinos parecen acordar: la familia del magnate vinícola no heredó nada de la inmensa fortuna que supo haber.

Héctor Greco nació en Buenos Aires en 1928, segundo de 4 hermanos de una familia porteña de distribuidores de vino, que en los '60 compró su primera bodega en Mendoza. Tras la muerte del hermano mayor, Héctor dirigió la empresa: a principios de los '70 comenzó a crecer en el negocio del trasladismo, comprando uvas y vinos de terceros para revenderlos.

La *Bodega Greco Hermanos* nunca tuvo inclinación por los vinos de alta gama, sino el extremo opuesto y más ancho del mercado. Una de las primeras marcas que compró fue *Pángaro* y una de las últimas, *Crespi* –epónimos de vino común en la Argentina de los '70. Habilísimo y osado en la especialidad financiera argentina llamada "la bicicleta", Héctor Greco surfeaba a través de tiempos de alta inflación tomando deudas (que devolvía devaluadas) para comprar uva, vinos y empresas, además de almacenar volúmenes cada año más formidables de vinos (que revendía revaluados). Los terremotos económicos y políticos que golpearon a la Argentina de esos años no hicieron mella en Greco. A inicios de la dictadura militar, en 1977, compró el *Banco Los Andes* al que, pagando un punto más en la tasa de ahorro que la competencia, transformó en el banco privado más importante del país y dejó quebrado, con 2/3 de sus créditos en manos de sus propias empresas. Al año siguiente adquirió el diario *Mendoza*, competidor del tradicional *Los Andes*. Justo cuando los militares orillaban el delirio criminal de una guerra con Chile, el *Mendoza* hacía campaña en favor de la integración comercial de Cuyo con Chile y sus puertos al Pacífico. En su apogeo, Héctor Greco circulaba en *Rolls-Royce*, dirigía su propia confederación empresarial,

The Greco case

Newcomers to the Mendoza wine world quickly start hearing the name 'Greco' invoked with different intonations. Some refer to the "Greco times" as a golden era in Cuyan wine, while others speak of him as a white-gloved gangster. Greco is the Mendoza wine society's skeleton in the closet. He's somewhat of an urban legend because in addition to many disparate opinions, there are also many inaccuracies about his life. At 15 years of his apparently-accidental death, there are those who swear he was murdered. There is one aspect of the Greco case that Mendozans agree upon: the magnate's family inherited none of his immense fortune.

Héctor Greco was born in Buenos Aires in 1928, the second of 4 children in a family of Buenos Aires wine distributors who bought their first winery in Mendoza in 1960. After the death of his oldest brother, Héctor managed the company, and in the early 1970s the trasladismo *business began to grow, buying grapes and wines from third party producers for resale.*

The Bodega Greco Hermanos *was never inclined toward high-end wines, rather the extreme opposite. One of the first brands they bought was* Pángaro, *and one of the last,* Crespi; *both synonymous with ordinary Argentine wines in the 1970s. Extremely skilled and daring in the Argentine financial specialty known as "the bicycle," Héctor Greco surfed through the times of high inflation accumulating debts (which he later repaid at devalued rates) to buy grapes, wines, and companies, and storing increasingly larger volumes of wine (which he later sold at revalued prices). The economic and political earthquakes that hit Argentina in those years didn't touch Greco. In 1977, early in the military dictatorship he bought the* Banco de Los Andes, *and, by paying one point more than the competition's savings rate, he turned it into the country's most important private bank and then let it go broke, leaving 2/3 of its credits in the hands of his own companies. A year later he acquired the* Mendoza *newspaper, the competitor of the traditional* Los Andes *paper. Just as the military was about to enter its criminal delirium of a war with Chile, the* Mendoza *campaigned in favor of the commercial integration of Cuyo with Chile and its Pacific ports. At his peak, Héctor Greco owned a Rolls-Royce, directed his own business confederation,*

era presidente de la Bolsa de Comercio de Mendoza, controlaba 44 sociedades anónimas y con una capacidad de almacenamiento de más de mil millones de litros de vino, poseía el 30 % del mercado del vino en Argentina, en tiempos en que la demencial política económica militar ("la plata dulce") hacía que 1 litro de vino común en bodega valiera 1 dólar y una cantidad de pequeños y medianos productores mendocinos de vinos ínfimos se convirtieran sin esfuerzo en ricos o millonarios en dólares. Héctor "El Padrino" Greco tampoco descuidaba su perfil filantrópico: se lo recuerda no sólo por las fortunas que muchos vitivinicultores hicieron a su sombra, gracias a los altos precios que pagaba, sino también por las escuelas que regaló y los donativos que realizaba.

En 1980 "la bicicleta" de Héctor Greco pinchó, aunque existen fundadas sospechas de que, por decirlo de algún modo, alguien sembró clavos en su bicisenda financiera-especulativa. De pronto, los militares enviaron a la D.G.I. (hoy A.F.I.P.) a inspeccionar a sus empresas y al *Banco de los Andes* le caducó de súbito la tolerancia del *Banco Central* con sus piruetas financieras. Se lo acusó de un delito argentino inventado por los militares y apodado "subversión económica" y pasó año y medio en la cárcel. Liberado en 1984, vivió sus últimos años acosado por los procesos legales y murió en 1988 en Buenos Aires cuando su *Falcon* con chofer fue chocado por otro auto.

Tras su muerte los políticos, jueces y funcionarios de la renacida democracia, junto al *establishment* empresarial mendocino, según la vulgata cuyana, se repartieron los restos del imperio Greco. Millones de litros de vino desaparecieron, deudas se volatilizaron, empresas a medio comprar volvieron a sus dueños y nunca nadie investigó más allá de las dicerías de café que invocan hipótesis conspirativas, tales como una competencia entre las 3 Fuerzas Armadas (argentinas) a través de sendos testaferros-empresarios, de los que Greco habría sido uno y perdidoso. También dícese que fue el centralismo porteño lo que aplastó a Greco. La tesis más delirante sería que detrás de la caída de Greco estuvieron los más grandes viticultores californianos, molestos por el crecimiento desmesurado del mayor -y más efímero- bodeguero sudamericano. La historiadora mendocina María Eugenia Rinaldi está realizando una investigación sobre el auge y caída de Héctor Greco.

(ver *El Caso Greco*, de Aldo Montes de Oca, en *Todo es Historia* nº 348).

was the president of the Mendoza Stock Exchange, controlled 44 corporations, and with the ability to store more than 264,000,000 gallons of wine, he owned 30% of the Argentine wine market in times in which the military economic policy madness ("sweet money") made 1 liter of ordinary wine in the winery worth $1USD, and a number of small and medium sized Mendozan producers of meager wines effortlessly became rich or millionaires in dollars. Héctor "The Godfather" Greco had his philanthropic side as well; he is remembered not only for the fortunes that many winemakers made in his shadow, thanks to the high prices he paid, but also for the schools he gave and the donations he made.

In 1980, Héctor Greco's "bicycle" got a flat, although there are well-founded suspicions that someone sprinkled nails in his speculation-finance bicycle path. Suddenly the military sent the D.G.I. (today A.F.I.P., the tax office) to inspect his businesses and abruptly voided the Banco Central's *tolerance of the financial pirouettes of his* Banco de Los Andes. *He was accused of "economic subversion," an Argentine crime invented by the military, and spent 1 1/2 years in jail. Released in 1984, he lived his last years harassed by legal procedures until he died in Buenos Aires in 1988 when his chauffer-driven* Ford Falcon *crashed into another car.*

After his death, goes the Cuyan gossip, politicians, judges, and officials of the new democracy, along with the Mendozan business establishment distributed the remains of the Greco empire. Enormous quantities of wine disappeared, debts evaporated, half-purchased businesses returned to their former owners, and no investigations were ever conducted beyond coffee-house rumors invoking conspiratory hypotheses, such as a competition between the 3 Argentine Armed Forces each through front men and that Greco had been one and lost. They also say that it was Buenos Aires centralism that crushed Greco. The most delirious theory is that was the largest California viticulturists were behind Greco's fall, angry about the unrestrained growth of the largest South American winemaker.

Mendoza historian María Eugenia Rinaldi is conducting a research on the rise and fall of Héctor Greco.

(See El Caso Greco, by Aldo Montes de Oca, in Todo es Historia nº 348)

VINOS/WINES

Vinos Espumantes/Sparkling Wines

Tipo/Kind	Bodega/Winery	Marca/Label	Cosecha/Harvest	U$S	Pts
BONARDA					
○	Alma Cuatro	Alma 4	2001	$$	★★★
BRUT					
○	Bodega Rosell Boher	Rosell Boher		$$$	★★★★★

Amarillo dorado suave, de "*muy buena burbuja*", "*una corona continua*", intenso y elegante en la nariz, con sus notas de levadura, "*levemente mantecoso sobre fondo de frutas blancas*", "*la naranja y el tostado resaltan*". Al pasar por la boca resulta lleno, "*notas de cáscara de naranja y flor de azahar*", "*debe ser uno de los mejores espumantes argentinos*", "*espumante con mucha personalidad!!*"

Soft golden yellow, with "very good bubbles," *and* "a continuous crown," *this sparkling wine is yeasty, intense, and elegant,* "slightly buttery over a base of white fruits," "clear orange and toast." *On the palate it shows good body and* "orange peel and citrus flowers," "this has to be one of Argentina's best sparkling wines," "this is a sparkling wine with a lot of personality."

BRUT NATURE					
○	Bodegas Chandon	Unique Baron B	1997	$$$$	★★★
○	Viñedos y Bodegas La Rural S.A. Ltda.	Rutini	1999	$$$	★★★
○	Bodegas Chandon	Chandon		$$	★★
○	Bodegas López	Montchenot		$	★★
BRUT ROSE					
○	Bodegas Chandon	Chandon		$	★★★
BRUT TORRONTES					
○	La Riojana / Cooperativa Vitivinícola de La Rioja Ltda.	Santa Florentina		$	★★★
CHARDONNAY					
○	Alma Cuatro	Alma 4 Roble	2001	$$	★★★
CORTE S/D / ASSEMBLAGE N/D					
○	Bodegas Chandon	Baron B. Rosé Cuvée Especial		$$	★★★★

Cautiva con un extraño color salmón, límpido y agradable. De aromas complejos y evolucionado, ▸

This wine captivates first with its curious yet attractive salmon-pink color, followed by complex and evolving ▸

Tipo/Kind	Bodega/Winery	Marca/Label	Cosecha/Harvest	U$S	Pts

CORTE S/D / ASSEMBLAGE N/D

▸▸ con cítricos, pan, almendras tostadas, frutas tropicales. Amable y equilibrado en acidez, con buena estructura y larga persistencia. *"Muy original, con aromas impresionantes"*, *"un espumante excepcional"*, *"no apto para beber sin prestarle atención"*.

▸▸ *aromas of citrus fruit, bread, toasted almonds, and tropical fruit. Appealing, balanced acidity, good structure, and long finish.* "Very original, with impressive aromas," "an exceptional sparkler," "don't drink this unless you're paying attention."

Tipo	Bodega	Marca	Cosecha	U$S	Pts
○	Bodega y Cavas de Weinert S.A.	Montfleury Gran Rosé	2002	$	★★★
○	Bodegas Chandon	Cuvée Reserva		$$	★★★
○	Bodegas y Viñedos Pascual Toso S.A.	Toso Brut		$	★★★
○	Bodegas y Viñedos Pascual Toso S.A.	Extra Toso Cuvée Reserva		$$	★★★
○	Bodegas y Viñedos Pascual Toso S.A.	Extra Toso		$$	★★
○	Bodegas Cave Extrême S.A.	Extrême Cuvée Speciale		$$	★★
○	Bodegas Cave Extrême S.A.	P. Rigaud		$	★
○	Bodegas Cave Extrême S.A.	Henry Piper		$	★
○	Bodegas Chandon	O2		$	★★
●	Bodegas Chandon	O2		$	★

DEMI-SEC

○	Viñedos y Bodegas La Rural S.A. Ltda.	San Felipe	2002	$	★★

EXTRA BRUT

○	Bodega Rosell Boher	Rosell Boher Cuvée Millésimé	2000	$$$$	★★★★★

El profesor Rosell es el creador de este espumante, lo mejor de Sudamérica en método *champenoise*. Color salmón-piel de cebolla, de burbujeo imperfectible, frutal, tostado y mantecoso al llegar a la nariz, además de levaduroso, con fresca y algo cítrica acidez en la boca. *"Aromas evolucionados de gran fineza"*, *"la fruta persiste hasta el final"*, *"Un espumante francés argentino"*.

Professor Rosell created this, the best Champenoise-method sparkling wine in South America. Onion-skin-salmon pink in color, with bubbles beyond perfection, its fruity, toasty, yeasty, and buttery aromas are followed by crisp, citrusy acid on the palate. "Fine, elegant, bouquet," "the fruit lasts til the very end," "a 'French' sparkler made in Argentina."

○	Bodegas Chandon	Baron B. Cuvée Especial		$$	★★★★

Un espumante de reflejos dorados, con aromas de mucho carácter, con pronunciado perfume de levaduras, cítricos, pan tostado, melón y manzana, ▸▸

Golden highlights in this sparkling wine full of aromatic character. Yeast and toast predominate, along with citrus fruit, melon, apple and other fruits. ▸▸

Tipo/Kind	Bodega/Winery	Marca/Label	Cosecha/Harvest	U$S	Pts
EXTRA BRUT					

▸▸ entre otros. Boca sutil, elegante, con buena acidez y estructura. *"Muy atrayente sensación táctil"*, *"Agradable y perfumado"*.

▸▸ *Subtle and elegant palate with nice acidity and good structure.* "Very attractive tactile sensation," "pleasant and perfumed."

Tipo/Kind	Bodega/Winery	Marca/Label	Cosecha/Harvest	U$S	Pts
○	Bodega Norton	Norton		$	★★★
○	Bodega Norton	Cosecha Especial		$	★★★
○	Lagarde S.A.	Lagarde		$$$	★★★
○	Bodega y Viñedos Valentín Bianchi S.A.C.I.F.	Bianchi		$	★★
○	Bodegas Chandon	Chandon		$	★★
○	Bodegas López	Montchenot		$	★★
○	Viñedos y Bodegas La Rural S.A. Ltda.	San Felipe	2002	$	★★
MOSCATO					
○	Lagarde S.A.	Lagarde		$$	★★

Vinos Tranquilos/*Still Wines*

Tipo/Kind	Bodega/Winery	Marca/Label	Cosecha/Harvest	U$S	Pts
CHARDONNAY					
○	Bodega Catena Zapata	Angélica Zapata Alta	2000	$$$$	🍇🍇🍇

"Con tonos verdosos, bien atractivo", *"con reflejos limón"*, *"súper buttery Chardonnay, mantecoso con mucha fruta, aromático, cremoso, lima-limón, manzana, frutas tropicales"*, *"boca gorda, untuosa y madura"*, *"final largo, de pan tostado"*, *"bien complejo, uno de los Chardonnays más delicados de Sudamérica"*.

"Greenish and very attractive," "lemony highlights," "super buttery Chardonnay," "buttery with lots of fruit, aromatic, creamy, lemon-lime, apple, tropical fruits," "big and fat, supple and ripe," "long toasty finish," "nicely complex, one of the most delicate Chardonnays in South America."

○	Bodega Catena Zapata	Alamos	1999	$	★★★★

Hay madera que habla, en este Chardonnay amarillo dorado de reflejos intensos con tonos verdosos que al echarlos a la nariz dicen melón, pera, manzana, durazno, limón sutil y hasta choclo, y al embocarlos dan tostado, untuoso, fresco. *"Tan sólo vino correcto"*, *"da ganas de tenerlo en boca un rato"*, *"de persistencia larga, complejo"*, *"de buena untuosidad, casi aceitoso"*, *"Chardonnay del Nuevo Mundo"*.

It's the wood that does the talking in this Chardonnay. Bright golden yellow with a touch of green leads to a nose that speaks of melon, pears, apples, peaches, lime, and even corn. The mouth finds it toasty, sumptuous, and fresh. "A correct wine," "makes me want to hold it in my mouth a while," "long and complex," "so fat its almost oily," "New World Chardonnay."

TIPO/KIND	BODEGA/WINERY	MARCA/LABEL	COSECHA/HARVEST	U$S	PTS

CHARDONNAY

○ Bodega Catena Zapata   Catena Zapata   ☒ 2000 $$$$$ ★★★★

Un Chardonnay roble de estilo (norte) americano, mantecoso y lácteo con su madera de crianza muy presente pero bien ensamblada con notas de frutas blancas y tropicales, además de avellanas y almendras. En boca tiene elegancia y muy buena acidez, bien untuoso, con buen final a frutas secas.

An okay, buttery, (North) American-style Chardonnay, with lots of up-front wood but well integrated with white and tropical fruit, hazelnuts and almonds. Elegant palate, nicely crisp yet supple, with a nice nutty finish.

○ Bodega Catena Zapata   Catena Zapata Alta   ☒ 2000 $$$$$ ★★★★

Dorado límpido y brillante, de nariz intensa con notas características de la madera (vainilla, manteca), florales, de frutas blancas, tropicales y fruta confitada. En boca es mantecoso, con buena acidez y notas de cítricos. "madera despegada del vino", "muy complejo, rico, frutado, fino, boca madura, untuosa, muy aceitosa".

Clean and bright golden color with an intense nose: wood (vanilla, butter), flowers, white fruit, tropical fruit, candied fruit. Buttery taste with good acidity and citrus notes. "the wood is not integrated with the wine," "very complex, rich, fruity, fine, mature palate, supple, fat and almost oily."

○ Bodega Michel Torino   Don David   2002 $$ ★★★★

De reflejos dorados verdosos, al examen nasal revela fruta blanca y tropical, madreselva, vainilla, madera fresca, con un fondo de maracuyá y un dejo mantecoso. Todos exaltaron su acidez refrescante y equilibrada, y la integración de madera y fruta. "¡Muy aromático!", "vino franco: lo que se encuentra en nariz está presente en boca", "un vino muy delicado y correcto".

White wine with gold and green highlights, the nose reveals white fruit, tropical fruit, honeysuckle, vanilla, fresh wood, with passion fruit in the background with a touch of butter. All the tasters applauded its crisp acidity and the integration of wood and fruit. "Very aromatic!" "Frank wine: everything found on the nose are present on the palate," "a very delicate and correct wine."

○ Bodega Terrazas   Terrazas   2002 $ ★★★★

Amarillo pálido o brillante o verdoso según los ojos que lo miren, este Chardonnay encontró a las narices de acuerdo en su intensidad y tipicidad, si bien unos olieron canela, otros lima, frutas tropicales, miel y hasta choclo de maíz fresco. En boca resultó "potente, bien estructurado y largo".

Pale yellow, or brilliant, or greenish – it's all in the eyes of the beholder with this Chardonnay. The tasters agreed on its intensity and typicity, although some found cinnamon, others found lime, tropical fruit, honey, and even fresh corn. On the palate, "potent and well-structured with a long finish."

○ Luigi Bosca / Leoncio Arizu S.A.A.I.C.   Finca Los Nobles   1999 $$$ ★★★★

De un dorado intenso muy atractivo, con notas de pera, manzana, ananá, mango y manteca, en la boca se presenta muy untuoso, mantecoso, frutado y "muy...muy...muy...largo", "todavía se puede guardar un par de años, o beber ahora","un gran exponente de Chardonnay".

Very attractive intense gold color with aromatic notes of pear, apple, pineapple, mango, and butter. Silky, buttery, fruity, and "very...very...very... long finish," "this could still age a couple more years – or enjoy it now," "a great example of Chardonnay."

Tipo/Kind	Bodega/Winery	Marca/Label	Cosecha/Harvest	U$S	Pts
CHARDONNAY					
○	Alta Vista	Alta Vista Premium	2002	$	★★★
○	Bodega Augusto Pulenta	Valbona	2002	$	★★★
○	Bodega Augusto Pulenta	Valbona Roble	2002	$	★★★
○	Bodega Catena Zapata	Saint Felicien	2000	$$	★★★
○	Bodega Don Cristóbal 1492	Don Cristóbal 1492·	2002	$	★★★
○	Bodega San Huberto S.A.	San Huberto Crianza	2001	$	★★★
○	Bodega Sebastián Adrover	Familia Adrover	2001	$	★★★
○	Bodega Terrazas	Terrazas Reserva	2002	$$	★★★
○	Bodegas Trapiche	Trapiche Roble	2001	$$	★★★
○	Bodega y Viñedos Valentín Bianchi S.A.C.I.F.	Famiglia Bianchi	2001	$	★★★
○	Bodegas Chandon	Latitud 33	2001	$	★★★
○	Bodegas Nieto Senetiner	Nieto Senetiner	2002	$	★★★
○	Bodegas Nieto Senetiner	Nieto Senetiner Reserva	2001	N/D	★★★
○	Bodegas Trapiche	Broquel ☒	2001	$	★★★
○	Bodegas Trapiche	Fond de Cave	2000	$	★★★
○	Bodegas Trapiche	Trapiche	2001	$$	★★★
○	Bodegas y Viñedos Goyenechea	Goyenechea ☒	2002	$	★★★
○	Bodegas y Viñedos Santiago Graffigna S.R.L.	Colón		$	★★★
○	Bodegas y Viñedos Trivento	Trivento Reserva	2002	$	★★★
○	Château d'Ancon / Estancia Ancón	Estancia Ancón	2000	$	★★★
○	Domaine Vistalba S.A. / Fabre-Montmayou	Fabre-Montmayou	2001	$	★★★
○	Familia Zuccardi	Santa Julia·Roble	2000	$	★★★
○	Familia Zuccardi	Q	2000	$$$	★★★
○	Finca Don Domenico	Finca Don Domenico	2002	$$	★★★
○	Kaufman	Kaufman	2002	$	★★★

Tipo/Kind	Bodega/Winery	Marca/Label	Cosecha/Harvest	U$S	Pts
CHARDONNAY					
○	Lagarde S.A.	Medrano	2002	$	★★★
○	La Riojana / Cooperativa Vitivinifrutícola de La Rioja Ltda.	Santa Florentina	2002	$	★★★
○	Navarro Correas	Colección Privada	2001	$$	★★★
○	Roca S.A.	Family Reserve ☒	2002	N/D	★★★
○	Viña Doña Paula S.A.	Los Cardos	2001	$$	★★★
○	Viña Doña Paula S.A.	Doña Paula Estate	2001	$$	★★★
○	Viñedos y Bodegas La Rural S.A. Ltda.	Colección Rutini	2001	$$	★★★
○	Bodega Benegas	Benegas	2000	$$	★★
○	Bodega J. & F. Lurton	Lurton Reserva	2000	$$	★★
○	Bodega Llaver	Vino de Abordo	2002	$	★★
○	Bodega Michel Torino	Colección Michel Torino	2002	$	★★
○	Bodega Norton	Norton	2000	$	★★
○	Bodegas Salentein	Salentein Roble	1999	$$	★★
○	Bodega y Cavas de Weinert S.A.	Weinert Gran Vino	2000	$$	★★
○	Bodega y Viñedos Tapiz S.R.L.	Tapiz	2001	$	★★
○	Bodega y Viñedos Valentín Bianchi S.A.C.I.F.	Valentín Bianchi ☒	2001	$$	★★
○	Bodegas López	Casona López	2002	$	★★
○	Bodegas Salentein	Finca El Portillo	2001	$	★★
○	Bodegas Trapiche	Finca Las Moras ☒	2002	$	★★
○	Bodegas Trapiche	Finca Las Moras Reserva ☒	2001	$	★★
○	Bodegas y Viñedos Santiago Graffigna S.R.L.	Calvet		$	★★
○	Bodegas y Viñedos Santiago Graffigna S.R.L.	Graffigna Centenario		$	★★
○	Bodegas y Viñedos Trivento	Trivento	2002	$	★★
○	Cavas de Santos	Tanque 12	2001	$$	★★

Tipo/Kind	Bodega/Winery	Marca/Label	Cosecha/Harvest	U$S	Pts
CHARDONNAY					
○	Dominio del Plata / Vintage S.A.	Anubis	2001	$$	★★
○	Familia Zuccardi	Vida Orgánica	2002	$	★★
○	Finca La Anita	Finca La Anita	1999	$$$	★★
○	San Telmo	San Telmo	2002	$	★★
○	Viñedos y Bodegas La Rural S.A. Ltda.	San Felipe Roble	2002	$	★★
○	Viñedos y Bodegas La Rural S.A. Ltda.	Trumpeter	2001	$$	★★
○	Bodega San Huberto S.A.	San Huberto		$	★
○	Finca La Amalia S.A.	Viña Amalia	2002	$	★
○	Lagarde S.A.	Lagarde	2001	$	★
○	Viñas del Golf	Viñas del Golf	2002	N/D	★
CHARDONNAY -TOCAI FRIULANO					
○	Bodegas y Viñedos Goyenechea	Goyenechea Brut	2002	$	★★★
CHARDONNAY-SAUVIGNON					
○	Bodegas y Viñedos Santiago Graffigna S.R.L.	Graffigna		$	★★
CHARDONNAY-SEMILLON					
○	Bodega y Viñedos Valentín Bianchi S.A.C.I.F.	Valentín Bianchi Doc	2002	$	★★
○	Bodega y Viñedos Valentín Bianchi S.A.C.I.F.	Elsa	☒ 2002	$	★★
CHARDONNAY-VIOGNIER					
○	Bodegas Nieto Senetiner	Santa Isabel	2002	$	★★★
○	Cavas de Santos	Cavas de Santos	2002	$$	★★★
CHENIN BLANC					
○	Bodegas Hispano Argentinas	Marqués de Griñón	2001	$	★★

Tipo/Kind Bodega/Winery	Marca/Label	Cosecha/Harvest	U$S	Pts
CHENIN BLANC				
○ Bodega Jean Rivier	Jean Rivier	2001	$	★
CHENIN-TORRONTES				
○ Bodega Jean Rivier	Jean Rivier	2002	$	★
CORTE S/D / ASSEMBLAGE N/D				
○ Bodega Norton	Dalton		$	★★★
○ Bodega Norton	Norton Clásico	2002	$	★★★
○ Bodega y Viñedos Valentín Bianchi S.A.C.I.F.	Bianchi Chablis		$	★★★
○ Bodegas Etchart / Pernod Ricard Argentina	Etchart Privado	2002	$	★★★
○ Bodega Norton	Perdriel	2000	$	★★
○ Bodega Séptima	Séptima	2002	$	★★
○ Bodega y Viñedos Valentín Bianchi S.A.C.I.F.	New Age Especial		$	★★
○ Bodegas Chandon	Comte de Valmont		$	★★
○ Bodegas López	Chateau Vieux	2002	$	★★
○ Viñedos y Bodegas La Rural S.A. Ltda.	Pequeña Vasija	2002	$	★★
○ Viñedos y Bodegas La Rural S.A. Ltda.	San Felipe	2002	$	★★
○ Viñedos y Bodegas La Rural S.A. Ltda.	Viña San Felipe	2001	N/D	★★
○ Bodegas Chandon	Castel		$	★
○ Bodegas López	Rincón Famoso	2002	$	★
○ Bodegas López	Montchenot	2002	$	★
○ Viñas de Segisa	Moscato de Oro		$	★
COSECHA TARDIA				
○ Familia Zuccardi	Santa Julia Especial	2002	$	★★★
○ Bodega Norton	Norton	2002	$	★★

Tipo/Kind	Bodega/Winery	Marca/Label	Cosecha/Harvest	U$S	Pts
DULCE NATURAL					
○	Bodega Cicchitti	Don Genaro Néctar	2001	$$	★★
PINOT GRIS					
○	Bodega J. & F. Lurton	Lurton	2002	$	★★★
RIESLING					
○	Bodega y Viñedos Valentín Bianchi S.A.C.I.F.	Bianchi Cinta de Plata		$	★★
SAUTERNES					
○	Viñedos y Bodegas La Rural S.A. Ltda.	Rutini Especial	2001	$$$	★★★★★

De color dorado intenso y gran complejidad aromática, recuerda la miel y también maracuyá, higos y duraznos. Su boca es dulce y de insuficiente acidez, pero óptima persistencia y estructura. *"Muy logrado, con personalidad"*, *"vino espectacular"*, *"sólo le falta acidez"*.

Intensely golden with a highly complex nose recalling honey and passion fruit, fig, and peach. Sweet palate with optimal persistence and structure, but lacking in acidity. "Well-made, has personality," "spectacular wine," "only needs more acidity."

Tipo/Kind	Bodega/Winery	Marca/Label	Cosecha/Harvest	U$S	Pts
SAUVIGNON BLANC					
○	Luigi Bosca / Leoncio Arizu S.A.A.I.C.	Luigi Bosca	2002	$$	★★★★★

Este gran vino blanco bien podría haber sido uno de los *Top 50*. Encantó con su nariz intensa a pomelo, limón, hierbas, ruda, pipí de chat, melón y durazno. Sedujo con su boca ácida y frutada a la vez, de muy larga persistencia, y tacto suave. *"Un Sauvignon Blanc de lo más expresivo en Argentina"*, *"excelente tipicidad"*.

This great white wine could have been one of the Top 50. It charmed all with its aromas of grapefruit, lemon, herbs, cat pee, melon, and peach. It seduced with its fruity acidity, soft touch, and long finish. "One of Argentina's most expressive Sauvignon Blanc's," "excellent typicity."

○	Bodega Norton	Norton	2002	$	★★★★

En fase olfativa es muy intenso, persistente y complejo. Dice de peras y ruda, manzanas verdes, pomelo rosado y limón. Seco, de excelente acidez, posee muy buena estructura y larga persistencia en la boca. *"Nariz limpia, intensa, fina"* *"Para beber ya"*, *"Muy fresco, excelente acidez"*.

Very intense nose, both complex and persistent. Clear notes of pear and rue (herb), green apple, pink grapefruit, and lemon. Dry, with excellent acidity. Very good structure and long finish. "Clean, intense, fine nose," "drink now," "very crisp; excellent acidity."

○	Bodega y Cavas de Weinert S.A.	Cosecha de Otoño Especial	2002	$$	★★★★

Amarillo pálido con reflejos dorados, muy aromático e intenso en la nariz, con marcadas notas de miel, fruta exótica, membrillo. En boca es ▶▶

Pale yellow with golden highlights, very aromatic and intense nose with marked notes of honey, exotic fruit, and quince. The velvety palate includes citrus fruits ▶▶

Sala de Exposición — Exhibition Room

Living — Living Room

Sala de Degustación — Tasting Room

Cuarto de Vinos Especiales — Selected Wine Room

Terraza — Terrace

www.terroir.com.ar

Un concepto diferente en vinotecas
A diferent concept in wine selling

ivery de vinos a
o el pais y el mundo.

Wine delivery in Argentina
and the rest of the world.

Buschiazzo 3040 | Ciudad de Buenos Aires | Argentina
tel/fax: [54+11] 4778.3443 | casadevinos@terroir.com.ar

Bodegas climatizadoras para vinos y champagne
Wine World // ARGENTINA

Bodegas climatizadoras MONO/MULTITEMPERATURA para criar, guardar y degustar sus mejores vinos en un entorno de temperatura y humedad equilibradas, protegido de la luz, con ausencia de vibraciones y ruidos excesivos.
Fabricadas en Argentina con la mejor tecnología nacional e internacional.
Cumplen normas de calidad ISO 9002 y preservan el ambiente con gas ecológico.

MONO-MULTITEMPERATURA
château grand

MONO-MULTITEMPERATURA
château boutique

Medidas: alto. 86 cm / ancho. 55 cm / prof. 65 cm
Capacidad: 42 a 48 botellas. Puerta transparente.
Cinco estantes deslizables, removibles.
Panel de operación exterior.

MONOTEMPERATURA
basique junior

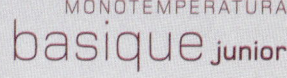

Alto. 83 cm / ancho. 55 cm / prof. 62 cm.
Capacidad: hasta 60 botellas.
Dos estantes regulables en altura y uno fijo.

Alto. 197 cm / ancho. 66 cm. / prof. 68 cm.
Capacidad: 160 a 200 botellas.
Puerta transparente.
Dos estantes fijos + cuatro deslizables.
Panel de operación exterior.

Para mayor información:
WineWorld® Argentina
Tel/Fax 0054 11 4790-2724. Cel: 011 15 4438 8179
wineworldargentina@yahoo.de   www.wineworld.com.ar

Restaurant
Wine Bar & Cocktails

Libertad 1161
tel: 4811-1108
danzon@granbardanzon.com.ar
www.granbardanzon.com.ar

SUCRE
Restaurant · Bar · Grill

Sucre 676
Tel: 4782-9082
sucre@sucrerestaurant.com.ar
www.sucrerestaurant.com.ar

Tipo/Kind	Bodega/Winery	Marca/Label	Cosecha/Harvest	U$S	Pts

SAUVIGNON BLANC

» aterciopelado, con notas cítricas y de damasco, buen tenor untuoso, acidez justa. "*Excelente para beberlo solo*".

» *and apricot; supple with just the right amount of acidity. "Excellent for drinking on its own."*

| | Bodegas Nieto Senetiner | Santa Isabel | 2002 | $ | ★★★★ |

A la vista la muestra no pasó el examen, porque era turbia y con sedimentos, "*una pena*". Porque la nariz era pungente, con los descriptores típicos de la variedad. Y en boca se presentó potente y bien estructurado. Incluso con un defecto visual resultó un vino de ★★★★.

This one didn't pass the visual test, as it was a bit turbid and had sediments. "A shame," because its pungent nose had all of the variety's typical descriptors. The palate came through strong and well-structured, and in the end, even with a visual defect, this wine was considered ★★★★.

| | Bodegas Salentein | Finca el Portillo | 2002 | $ | ★★★★ |

| | Bodegas y Viñedos Pascual Toso S.A. | Pascual Toso | 2002 | $ | ★★★★ |

De color dorado pálido con destellos verdosos y aromas de pomelo, ruda, maracuyá y frutas tropicales, jazmines, hierba y terpeno. La boca es seca, de acidez equilibrada, larga persistencia, agradable final, cuerpo medio. "*Nariz fresca, impactante*", "*de gran compañía con un queso Crottin*", "*muy buen Sauvignon Blanc*".

Pale gold with green highlights and aromas of grapefruit, herbs, passion and other tropical fruits, jasmine, and terpenes. Medium-bodied and dry with balanced acidity, and a nice, long finish. "Fresh and impressive nose," "would pair very nicely with a Crottin cheese," "very good Sauvignon Blanc."

| | Dolium S.A. | Dolium | 2002 | $$ | ★★★★ |

Para unos ojos amarillo pálido, para otros verdoso. Con una nota de ruda macho en la nariz, acompañada de eucaliptus y después melón y otras frutas tropicales. Al paladar presenta buena acidez, repite las notas de la nariz con matices vinosos y untuosos y un final levemente amargo.

Some said pale yellow; others said greenish, it presents itself with herbs and eucalyptus followed by melon and tropical fruits. Crisp palate, consequent with the nose, supple and slightly bitter finish.

| | Familia Zuccardi | Santa Julia | 2002 | $ | ★★★★ |

Amarillo pálido con reflejos verdosos, este Sauvignon Blanc transmite a la nariz notas vegetales entre ellas la ruda, el pasto verde, algunas frutas y cítricos, geranios. La boca lo aprecia seco, de buena acidez y cuerpo pleno, armónico y equilibrado, aterciopelado al tacto y con marcada tipicidad varietal. "*Un vino franco que muestra su tipicidad, fresco y muy agradable*".

Pale yellow with greenish highlights, this Sauvignon blanc transmits green herbal and grassy notes along with fruits, citrus, and geraniums. Dry, crisp, harmonious and balanced, with very pronounced typicity. "A clean, frank wine that shows its typicity; crisp and very pleasant."

| | Bodega Catena Zapata | Alamos | 2002 | $ | ★★★ |
| | Bodega y Viñedos Valentín Bianchi S.A.C.I.F. | Famiglia Bianchi | 2002 | $ | ★★★ |

Tipo/Kind	Bodega/Winery	Marca/Label	Cosecha/Harvest		U$S	Pts
SAUVIGNON BLANC						
○	Bodega y Viñedos Valentín Bianchi S.A.C.I.F.	Valentín Bianchi	☒	2001	$$	★★★
○	Bodegas Trapiche	Trapiche		2002	$	★★★
○	Bodegas y Viñedos Goyenechea	Goyenechea		2002	$	★★★
○	Viñedos y Bodegas La Rural S.A. Ltda.	Colección Rutini		2002	$$	★★★
○	Bodega Llaver	Familia Llaver Oro		2002	$$	★★
○	Bodega Michel Torino	Colección Michel Torino		2002	$	★★
○	Château d'Ancon / Estancia Ancón	Bombal		2002	N/D	★★
○	Establecimiento Humberto Canale S.A.	Humberto Canale		2002	$	★★
○	Lagarde S.A.	Lagarde		2001	$	★★
○	Navarro Correas	Colección Privada		2001	$$	★★
○	San Telmo	San Telmo		2001	$	★★
SAUVIGNON BLANC-SEMILLON						
○	Bodega Catena Zapata	Uxmal		2002	$	★★★
SEMILLON						
○	Finca La Anita	Finca La Anita		2001	$$$	★★★
○	Bodegas y Viñedos Carmine Granata S.A.I.C.A.	Carmine Granata		2001	$	★★
○	Establecimiento Humberto Canale S.A.	Humberto Canale		2001	$	★
TOCAI FRIULANO						
○	Roca S.A.	Family Reserve	☒	2002	N/D	★★★
○	Bodega Jean Rivier	Jean Rivier		2002	$	★★
○	Bodega Jean Rivier	Jean Rivier		2000	$	★★
○	Finca La Anita	Finca La Anita		2000	$$$	★★

Tipo/Kind Bodega/Winery	Marca/Label	Cosecha/Harvest	U$S	Pts
TOCAI-CHARDONNAY				
○ Bodegas y Viñedos Luis Segundo Correas	Valle Las Acequias	2001	$	★★
TORRONTES				
○ Dominio del Plata / Vintage S.A.	Crios	2002	$$$	★★★★★

A la vista es muy limpio y brillante, de tono acerado, y en la nariz se presenta desprendiendo frescos aromas florales donde resaltan la menta, el eucalipto, el jazmín. En la boca ofrece excelente equilibrio entre alcohol y acidez, es largo, de gran tipicidad, concentrado y fino. *"Un gran exponente de Torrontés"*.

Clean, bright, and steely in appearance with a flowery nose that includes mint, eucalyptus, and jasmine. The fine, concentrated palate balances alcohol and acidity; shows great typicity and a long finish. "Great example of Torrontés."

○ Alta Vista	Alta Vista Premium	2002	$	★★★
○ Bodega Michel Torino	Don David	2002	$$	★★★
○ Finca Las Nubes	José L. Mounier	2002	N/D	★★★
○ La Riojana / Cooperativa Vitivinifrutícola de La Rioja Ltda.	Santa Florentina	2002	$	★★★
○ Viñedos y Bodegas San Pedro de Yacochuya	San Pedro de Yacochuya	2000	$	★★★
○ Bodega Michel Torino	Colección Michel Torino	2002	$	★★
○ Bodegas Orfila / Cavas de Santa María S.A.	Orfila	2000	$	★★
○ Bodega Domingo Hnos.	Finca de Domingo	2001	$	★
○ Bodegas y Viñedos Crotta	Crotta	2000	$	★
○ Tittarelli Vitícola Olivicola S.A.	Finca el Retiro	2002	$	★
TORRONTES RIOJANO				
○ La Riojana / Cooperativa Vitivinifrutícola de La Rioja Ltda.	Viñas Riojanas		$	★★
○ La Riojana / Cooperativa Vitivinifrutícola de La Rioja Ltda.	Nacarí		$	★
TORRONTES SANJUANINO				
○ Bodega Augusto Pulenta	Valbona	2001	$	★★

Tipo/Kind Bodega/Winery		Marca/Label	Cosecha/Harvest	U$S	Pts

TORRONTES-CHARDONNAY

○	La Riojana / Cooperativa Vitivinifrutícola de La Rioja Ltda.	Santa Florentina	2002	$	★★

UGNI BLANC

○	Casa Vinícola Conalbi Grinberg	Conalbi Grinberg	2001	$$	★★

VERDELHO

○	Bodega Don Cristóbal 1492	Don Cristóbal 1492	2002	$	★★★★

Este original varietal de color amarillo pálido, se presenta en la nariz con aromas intensos y punzantes a cítricos, ananá/piña, banana/plátano, menta, ruda y pasto. En boca es seco, equilibrado, de buena estructura. "Fresco y original", "Excelente final y retrogusto", "Ideal para acompañar mariscos y pescados".

Pale yellow and original, this intense varietal strikes out with citrus, pineapple, banana, mint, rue (herb) and green grass. Dry, balanced, and good structure. "Fresh and original," "excellent finish and after-taste," "ideal with fish and shell fish."

VIOGNIER

○	Luigi Bosca / Leoncio Arizu S.A.A.I.C.	Finca La Linda	2002	$	★★★★

Una variedad que recién comienza a expresarse en Argentina. Un vino de buen brillo amarillo verdoso, de notable calidad aromática, delicada e intensa a la vez. Seco, apenas amable, ácido con frescura, equilibrado y ligero de cuerpo, suave y levemente untuoso al tacto: todo un galán cuyano vestido de blanco para las noches de verano.

From a variety that's just beginning to appear in Argentina, the wine is bright greenish-yellow, with notable, equally delicate and intense aromatic qualities. Dry and barely friendly, crisp and balanced, and light-bodied with a soft touch: this one's a gallant dressed in white for a summer evening.

○	Bodega Escorihuela	Escorihuela Gascón	2001	$$	★★★
○	Familia Zuccardi	Santa Julia	2002	$	★★★
○	Lagarde S.A.	Lagarde	2002	$$	★★★
○	Bodegas Trapiche	Finca Las Moras	2001	$	★★

Tipo/Kind Bodega/Winery	Marca/Label	Cosecha/Harvest	U$S	Pts
CABERNET SAUVIGNON				
● Bodegas Trapiche	Septiembre		$	★★
CORTE S/D / ASSEMBLAGE N/D				
● La Riojana / Cooperativa Vitivinifrutícola de La Rioja Ltda.	Viñas Riojanas		$	★★★
● Bodega Benegas	Carmela Benegas	2002	$$	★★
● Bodega Cabrini	Bell de Nuit Especial	2002	$$	★★
● Viñedos y Bodegas La Rural S.A. Ltda.	Viña San Felipe	2001	$	★★
● Lagarde S.A.	Lagarde	2001	$$	★
MALBEC				
● Dolium S.A.	Dolium	2002	$$	★★
● Dominio del Plata / Vintage S.A.	Crios	2002	$$	★★
MERLOT				
● Bodegas y Viñedos Goyenechea	Goyenechea Rosé	2002	$	★★
SYRAH				
● Familia Zuccardi	Santa Julia	2002	$	★★★★
BARBERA				
● Bodega Norton	Norton	2000	$	★★
● Bodega Sebastián Adrover	Familia Adrover	2001	$$	★
● Bodega y Viñedos Valentín Bianchi S.A.C.I.F.	Elsa	☒ 2001	$	★
BARBERA-MERLOT				
● Bodegas Lavaque S.A.	Cornejo Costas	2002	N/D	★★★
BONARDA				
● Bodega Cahema Olduva S.R.L.	Ostrich	2002	N/D	★★★★

En esta bodega *boutique* y virtual, Héctor Durigutti es el único responsable de una notable expresión de Bonarda, cepa globalmente novedosa en vinos de alta gama. Todas las frutas rojas, más rosas y ▸▸

In this offering from a virtual boutique winery, Héctor Durigutti is the only one responsible for the notable expression of Bonarda, a globally novel variety in high-end wines. All kinds of red fruit, mixed with roses ▸▸

TIPO/Kind	BODEGA/Winery	MARCA/Label	COSECHA/Harvest	U$S	PTS

BONARDA

▸▸ violetas, con la compleja simplicidad del equilibrio entre fruta y acidez, y taninos al terciopelo. "*Excelente vino para tomar ahora o guardar 4 o 5 años*".

▸▸ *and violets. A complex simplicity and balance between fruit and acidity, and with velvety tannins. "Excellent wine for drinking now or laying down another 4-5 years."*

●	Bodega Catena Zapata	Alamos	2001	$	★★★★

Tras un rojo intenso y violáceo, presenta una nariz también intensa con notas de ciruelas secas, nuez, humo y café. En boca expresa gran armonía entre acidez, taninos y alcohol, resulta cálido, de cuerpo intenso y larga persistencia. "*Impresionante aroma...buena estructura*", "*Muy placentero*", "*Ataque agradable*".

Deep, violet-red with a nose evoking dried prunes, nuts, smoke, and coffee. Its highly harmonious palate balances acidity, tannins, and alcohol nicely, if a bit hot. Muscular body and very persistent. "Impressive aroma… good structure," "Very nice," "Agreeable attack."

●	Bodegas Trapiche	Finca Las Moras	☒ 2002	$	★★★★

Lástima que sea una Bonarda *for export*, porque sólo olfatos de ultramar apreciarán su aroma complejo y persistente, con frutas del bosque y clavo. En la boca es equilibrado, con taninos maduros, buena estructura y larga persistencia. "*Destaca por su personalidad*", "*Conquista por intensidad y fruta*", "*Interesante pero rústico*".

Too bad this Bonarda is for export only, and its complex and persistent nose, with forest fruits and cloves can only be appreciated overseas. Dry and balanced with ripe tannins, good structure and long finish. "Striking personality," "winning intensity and fruit," "interesting though rustic."

●	Dominio del Plata / Vintage S.A.	Anubis	2001	$$	★★★★

Alberto Antonini, enólogo volador de largo aliento, tuvo algo que ver en la apreciación del Malbec de Mendoza en ultramar y tiene también algo que ver con el descubrimiento del potencial de la Bonarda, abundantísima en Cuyo. En *Anubis* esta cepa es rojo intenso con tonos morados, de espectro aromático rico, profundo y complejo, que cierra en boca con taninos maduros, mucha fruta y larguísima persistencia. Un vinazo.

Long-time flying winemaker Alberto Antonini had something to do with the appreciation of Mendoza Malbec abroad, just has he has with discovering the potential of Bonarda, which is very abundant in Cuyo. At Anubis, this variety is a deep purplish-red with a richly deep and complex aromatic spectrum, concluding with ripe tannins, lots of fruit, and a finish that won't quit. A tremendous, big wine.

●	Bodega Augusto Pulenta	Valbona	2001	$	★★★
●	Bodega Cabernet de los Andes / Tizac	Tizac	2002	$$	★★★
●	Bodega Don Cristóbal 1492	Don Cristóbal 1492	2002	$	★★★
●	Bodegas Nieto Senetiner	Santa Isabel	2002	$	★★★
●	Finca Don Domenico	Finca Don Domenico	2002	$$	★★★
●	Bodegas y Viñedos Trivento	Trivento	2002	$	★★

Tipo/Kind	Bodega/Winery	Marca/Label	Cosecha/Harvest	U$S	Pts

BONARDA

●	Tittarelli Vitícola Olivicola S.A.	Finca El Retiro	2001	$	★★
●	Viñas del Golf	Viñas del Golf	2002	N/D	★★
●	Bodega Cabrini	Cabrini	2001	$	★

BONARDA-SYRAH

●	Bodegas y Viñedos Crotta	Crotta	2001	$	★

CABERNET BOUCHET

●	Luigi Bosca / Leoncio Arizu S.A.A.I.C.	Finca Los Nobles	1996	$$$$	★★★★★

Llámeselo Cabernet, Bouchet o Vidure, aquí los ojos despertaron ante el color de un gran vino y las fosas nasales se dilataron para absorber aromas del desayuno de la abuela (fruta roja y negra fresca y/o en mermelada, manteca fresca, café y chocolate). Las 5 bocas de cata quedaron redondas con su consistencia. "*Gran vino argentino*".

Call it Cabernet, Bouchet, or Vidure, this big wine was an eye-opener, with aromas reminiscent of a breakfast at Grandma's house: fresh red and black fruit and jam, fresh butter, coffee and chocolate. All 5 palates agreed; this one is round and consistent. "Great Argentine wine."

CABERNET FRANC

●	Cavas de Santos	Cata Privada	2001	$	★★★★

Un varietal poco frecuente en Argentina, de color rojo intenso con notas negras. En nariz es especiado, intenso y complejo, con frutas rojas, tabaco, regaliz, menta, cuero, eucalipto. En boca es equilibrado, con taninos maduros y larga persistencia. "*Muy buen vino...le falta fineza*" anotó uno de los nuestros.

An uncommon variety in Argentina, this deep red-black wine with a spicy nose is intense and complex. Red fruit, tobacco, licorice, mint, leather, eucalyptus. Balanced palate with ripe tannins and long finish. "Very good wine… though lacking elegance," noted one of our panelists.

CABERNET SAUVIGNON

●	Bodega Terrazas	Gran Terrazas	1999	$$$$	

Uno de los pocos vinos de Sudamérica capaces de sincronizar al nivel más alto a nuestra mesa de cinco catadores ciegos. "*Nariz explosiva*", "*nariz intenso*"", "*iwaw! nariz fantástica*". "*En boca...es realmente especial*", "*en boca es pleno...muy largo!!*", "*explosión de fruta, mucha y muy buena*", "*llegará a ser un grande*". Llegó.

This was one of the few South American that was able to synchronize all 5 of the blind tasters at such a high level: "Explosive nose," "intense nose," "Wow! Fantastic nose!" "Really special palate," "full-bodied… and very long!" "An explosion of lots of very good fruit," "this will reach greatness." And it did.

●	Bodegas Nieto Senetiner	Cadus	2000	$$$$$	

De personalidad intensa ya al olerlo, contiene los aromas de una alacena de roble del tiempo de ▸▸

A wine with intense personality, with aromas recalling your grandmother's oak armoire closet mixed with ▸▸

71

Tipo/Kind	Bodega/Winery	Marca/Label	Cosecha/Harvest	U$S	Pts

CABERNET SAUVIGNON

▸ las abuelas: café, vainilla, clavo, chocolate y mermeladas de frutas rojas. En la boca es una construcción de alta ingeniería del vino, que deja en boca recuerdos sinfónicos. *"Muy elegante, gran vino"*.

▸ *coffee, vanilla, cloves, chocolate, and red fruit jams. The palate is a construction of the heights of engineering that leaves symphonic memories in the mouth.*

| ● | Bodega Catena Zapata | Catena Zapata | ☒ 2001 | $$$$$ | ★★★★★ |

"Goloso y redondo, muy buena impresión de madera", *"la fruta es un poco cocida"*, *"muy rica nariz, boca media, taninos firmes, buen final de boca, rica acidez"*, *"frutas secas, madera vieja, café, hongos y hojas secas"*, *"caliente, taninos presentes, buena fruta y final de café"*, *"taninos que al final secan la boca"*.

"Scrumptious and round, with the impression of good wood," "somewhat cooked fruit," "very rich nose, medium-bodied, firm tannins, good finish, nice acidity," "fresh fruit, old wood, coffee, mushrooms, and dried leaves," "hot, firm tannins, good fruit, and coffee finish," "drying tannins."

| ● | Bodega Catena Zapata | Catena Zapata Alta | ☒ 2000 | $$$$$ | ★★★★★ |

"agradable y fino", *"es herbáceo en la nariz, un poco mantecoso"*, *"algo de banana madura, grafito"*, *"aroma a fruta y especias, notas de fruta negra, aroma floral"*, *"tiene cuerpo, buen equilibrio, es elegante, tal vez no es su mejor momento"*, *"en boca es equilibrado, acidez refrescante"*, *"gran equilibrio en boca, dulce, jugoso, cuerpo medio, vino muy balanceado"*.

"Nice, elegant," "herbaceous and a bit buttery on the nose," "a bit of ripe banana and graphite," "fruit and spice aromas, black fruit and flowers on the nose," "has body and balance; it's elegant, but this may not be its best moment," "balanced palate, with refreshing acidity," "the palate shows great balance, sweet, juicy, medium-bodied and very well-balanced wine."

| ● | Bodega Domingo Hnos. | Domingo Molina | 2000 | $$$ | ★★★★★ |

Este varietal vallisto embriagó a dos de nuestros catadores, que lo juzgaron *"inolvidable"* e *"impresionante...un grande entre los grandes"*. Con todo el catálogo de los más apreciados descriptores aromáticos y una boca intensa y larga, de taninos apretados. Curiosamente, otra boca de cata anotó: *"cuando se abre...sale algo que no me gusta, como de fruta cocida. Recomiendo decantarlo"*.

This valley variety enraptured two of our tasters, who said it was "unforgettable" and "amazing… a great among greats," listing the entire catalogue of the most desirable aromatic descriptors, tight tannins, and a long, intense finish. Curiously, another taster commented, "when it opens… something appears that I don't like, like cooked fruits," "Decanting recommended."

| ● | Bodega Escorihuela | Escorihuela Gascón | 2001 | $$ | ★★★★★ |

De color muy tentador, rojo obispo. En la nariz recuerda frutas rojas y café, con un fondo de clavo de olor, tomillo, eucalipto, madera y tostado. Es de muy larga persistencia, muy buena estructura y buen cuerpo en la boca, con taninos algo marcados. *"Un vino que invita a pasar un tiempo descubriéndolo en nariz, en boca es pleno aunque joven: los taninos necesitan redondearse un poco"*, *"vino con carácter y buen potencial de guarda"*.

Tempting, bishop-red color with red fruit and coffee on the nose over a base of cloves, thyme, eucalyptus, wood, and toast. Very good structure and body with rather pronounced tannins and long finish. "Invites you to spend some time discovering its aromas; full yet young on the palate; the tannins still need to round out a bit," "a wine with character and good ageing potential."

Tipo/Kind	Bodega/Winery	Marca/Label	Cosecha/Harvest	U$S	Pts

CABERNET SAUVIGNON

● Bodega J. & F. Lurton Gran Lurton Reserva 2000 $$$ ★★★★★

Un vino "*estilo del Nuevo Mundo*" que huele a un día de otoño en los Andes patagónicos: madera nueva, aromas tostados, frutas rojas y negras del bosque, café, chocolate y tabaco. De alta complejidad en la boca, pero franco y agradable, redondo y equilibrado, largo para el final. "*Gran vino*", "*lo esperaría un año más*".

A "New World style" wine that smells of an autumn day in the Patagonian Andes: new wood, toast, red and black forest fruit, coffee, chocolate, and tobacco. Highly complex palate, but frank and pleasant, round and balanced. Long finish. "A great wine," "wait another year."

● Bodegas Trapiche Broquel ☒ 2000 $ ★★★★★

Una excepcional expresión de la variedad, con notas de evolución. Es de nariz intensa, persistente y complejo, con recuerdos de cassis, chocolate, pimienta, café, aceitunas negras y madera. En boca es de buena acidez, con taninos presentes pero amables, estructurado y armónico. "*Tomar ahora o guardar unos años*", "*Mucha elegancia*", "*Gran potencial de guarda*".

With excellent varietal expression and a hinmt of evolution. Intense nose, persistent and complex. Recalls black currant, chocolate, black pepper, coffee, black olives, and oak. Good acidity with firm but pleasant tannins, persistent, structured, harmonious. "Drink now or hold a couple years," "very elegant," "great potential for laying down."

● Bodegas y Viñedos Goyenechea Quinta Generación 1996 $$ ★★★★★

Su color rojo teja denota su evolución, que evoca aromas intensos y frutados de frutas pasas, cuero, especias, hongos y humedad del bosque. En boca presenta taninos dulces y amables, con muy buena estructura, larga persistencia y agradabilísimo retrogusto. "*Un vino con gran guarda*", "*Nariz distinguida*", "*Largo, amable, fantástico*".

Its brick-red color denotes its evolution, but it evokes intense, fruity aromas of raisins, leather, spices, mushrooms, and damp forest. Sweet, friendly tannins with very good structure, persistent and very agreeable finish. "Long-lived wine," "Distinguished nose," "Long, very nice; fantastic."

● Finca Flichman S.A. Dedicado 1999 $$$$ ★★★★★

A la vista es color rubí intenso y revela una evolución, que en las áreas olfativas de los catadores recordó a ciruelas, grosellas, eucaliptus suave, vainilla, nueces, pimienta, chocolate y café. En las bocas resultó seco, intenso, bien equilibrado, maduro en sus taninos apenas ásperos, con cuerpo y muy buena acidez. "*Para tomar ahora*".

This intense ruby red wine is starting to show its age, while its aromas made the tasters recall plums, red currants, faint eucalyptus, vanilla, nuts, black pepper, chocolate, and coffee. Upon tasting, they found it dry, intense, and very well-balanced, with ripe and barely astringent tannins, as well as good body and acidity. "To enjoy now."

● Luigi Bosca /
Leoncio Arizu S.A.A.I.C. Luigi Bosca Reserve 1999 $$ ★★★★★

Una destacada expresión de la variedad, de vivo color rojo intenso, con evocación olfativa del paseo en el bosque entre madera fresca de roble, pino, eucalipto, ciruelos y cerezos silvestres, con sotobosque de zarzas de frambuesas, grosellas y arándanos, menta y hierbabuena. Y un cuerpo de leñador maduro, seco y astringente.

An outstanding expression of the variety, with intense and lively red color, and a nose that takes you on a walk through the forest: fresh oak, pine, eucalyptus, plums, wild cherries, raspberries brambles, currants and blueberries, and mint. This wine's is a lumberjack in the woods.

Tipo/Kind	Bodega/Winery	Marca/Label	Cosecha/Harvest	U$S	Pts

CABERNET SAUVIGNON

● Navarro Correas — Gran Reserva — 2000 — $$$ — ★★★★★

Su aroma evoca frutas rojas, violeta, canela, un fondo de regaliz, pimienta, cuero fresco y eucalipto. En la boca denota larga persistencia, muy buena estructura, media a alta complejidad y taninos aterciopelados. "*Está muy bien para tomarlo ahora*", "*muy buena relación entre acidez, taninos y alcohol –iarmonioso!*", "*largo y complejo, muy elegante*".

Aromas evoking red fruit, violets, cinnamon, with licorice, black pepper, fresh leather, and eucalyptus in the background. Good structure and relatively complex on the palate with velvety tannins and a long finish. "Just right for drinking now," "very good relationship between acidity, tannins, and alcohol-harmonious!" "long and complex, very elegant."

● Bodega Cabrini — Cabrini Roble — 2001 — $ — ★★★★

Las narices hallaron aquí notas de caramelo, chocolate, café, menta pimienta, grafito y madera. Las bocas detectaron taninos suaves, cuerpo medio, buena estructura y mediana persistencia. Las manos apuntaron: "*en boca es liviano, fácil de tomar*", "*un buen vino, nada más*", "*aterciopelado, de cuerpo medio y final de barrica (vainilla)*".

Our tasters noses found aromas of caramel, chocolate, coffee, mint, black pepper, graphite, and wood. Their mouths detected a medium-bodied, moderately persistent wine with good structure, soft tannins. Their hands wrote: "light and easy-drinking wine," "a good wine, but no more," "velvety, with medium body and a barrel-influenced finish (vanilla)."

● Bodega Catena Zapata — Alamos — 1999 — $ — ★★★★

"*Estoy súper resfriada*" anotó Marina en sus fichas en blanco ese día. Otros cuatro catadores juzgaron este vino que hallaron de nariz intensa, con marcada presencia de un *caffé all'italiana*. En boca repitió a su nariz con equilibrio, estructura y persistencia. "*Fácil de combinar y de tomar*", "*fácil y agradable*", "*vino correcto fácil de combinar*".

"I have such a cold!" Marina wrote on her tasting sheets that day. The other four tasters determined that this wine had an intense nose, with a pronounced presence of caffé all'italiana. *The palate agreed, and added balance, structure, and persistence.* "Easy to pair and to drink," "nice, easy-drinking, wine," "correct and easy to match with foods."

● Bodega Catena Zapata — Angélica Zapata Alta — 1999 — $$$ — ★★★★

Hay frutas rojas y aroma de café vienés (café, chocolate, vainilla, tabaco) en la nariz de este vino seductor, que en boca es equilibrado aunque de cuerpo ligero o medio, con buena combinación de fruta, madera, acidez y taninos dulces y ajustados. "*Armonioso*", "*equilibrado y largo en boca*", "*muy buen potencial*".

The seductive wine offers red fruit and Viennese coffee (coffee, chocolate, vanilla, tobacco) on the nose. Balanced, light-to-medium-bodied wine with a good combination of fruit, wood, acidity, and sweet, firm tannins. "Harmonious," "balanced and long," "very good potential."

● Bodega Catena Zapata — Saint Felicien — 2000 — $$ — ★★★★

Un Cabernet cuya textura aromática sabe a caramelo con leche, café, vainilla, tabaco, tostado y cuero. Al paladar es de estructura media, con taninos suaves, acidez equilibrada, larga persistencia, agradable final de boca, redondo en la misma boca. Un señor Vidure de Cuyo.

A Cabernet with an aromatic texture of caramel with mild, coffee, vanilla, tobacco, toast, and leather. Medium-bodied, with soft tannins and balanced acidity. Round, with a long, pleasant finish. A noble Cabernet from Cuyo.

Tipo/Kind	Bodega/Winery	Marca/Label	Cosecha/Harvest	U$S	Pts

CABERNET SAUVIGNON

● Bodega y Viñedos Valentín Bianchi S.A.C.I.F. — Valentín Bianchi DOC — 1999 — $ — ★★★★

● Bodega y Viñedos Valentín Bianchi S.A.C.I.F. — Famiglia Bianchi — 1999 — $$ — ★★★★

Un Cabernet de nariz interesante y concentrada en aromas de mermeladas de frutas coloradas con pimienta, café y tabaco. En boca los catadores hallaron equilibrio en todas sus partes, con taninos ajustados y finos, "*buena frutosidad, buen potencial*", "*un equilibrio magnífico*".

A Cabernet with an interesting nose concentrated on red fruit jams, black pepper, coffee, and tobacco. Well balanced palate with fine, firm tannins, "fruity; good potential," "magnificent balance."

● Bodega y Viñedos Valentín Bianchi S.A.C.I.F. — Famiglia Bianchi — 2000 — $$ — ★★★★

De color rojo intenso, con menisco levemente violáceo. La fase olfativa evoca tomillo, cassis, chocolate, vainilla, café, anís, madera y notas terrosas. En boca además de estas notas resulta fino, amable, de buen largo y equilibrada acidez, con taninos maduros y dulces. "*Buen potencial de guarda*", "*interesante nariz, marcadas notas de café y madera fresca*", "*un vino armónico y complejo*".

Intense red with a lightly violet rim. Thyme, black currant, chocolate, vanilla, coffee, anise, wood, and earthy notes on the nose and confirmed on the palate. Elegant and approachable with balanced acidity. Sweet, ripe tannins and a long finish. "Good potential for ageing," "interesting nose; marked notes of coffee and fresh wood," "a harmonious and complex wine."

● Bodegas Trapiche — Trapiche Roble — 1999 — $ — ★★★★

Rojo granate intenso, con notas de evolución. Nariz del todo intensa, compleja, persistente, frutada y maderizada. Recuerda frambuesas, cassis, moras, caramelo, café, chocolate y clavo. A la boca resulta de cuerpo ligero, seco, suave, equilibrado en acidez y alcohol. "*Fácil de tomar, agradable final*", "*Un vino correcto y con mucho equilibrio*".

Intense garnet red with signs of evolution. The intense and complex nose is fruity and woody and recalls raspberries, back currants, blackberries, caramel, coffee, chocolate, and cloves. Light-bodied, smooth, and well-balanced. "Easy to drink with a nice finish," "a correct and very balanced wine."

● Familia Zuccardi — Q — 1999 — $$$ — ★★★★

Con alguna nota de evolución en su color, su fase aromática es intensa y compleja, con aromas de ciruela, grosella, cassis y pimienta negra recién molida. También café, leve clavo de olor y algo de caramelización. De cuerpo muy bien formado, es un "*gran vino, complejo, concentrado, muy persistente, de excelente final. Decantar*".

With a bit of evolution in its color and an intense, complex aromatic expression of plums, red and black currants, and freshly ground black pepper. There's coffee here too, along with cloves and some caramelization. Well-shaped body, a "great wine, complex, concentrated, very persistent and excellent finish. Decant."

● Finca Koch — Finca Koch — 2001 — N/D — ★★★★

De color rojo-bordó intenso, "*full bodied*". De nariz intensa y compleja basada en frutas rojas y especias, mermeladas de membrillos y de tomates, chocolate y caramelo, anís y madera. De boca muy fina con "*final de boca profundo y largo. Destaca!!*".

Deep Bordeaux red. Intense and complex nose based on red fruit and spices, quince jam and tomato marmalade, chocolate and caramel, anise and wood. A fine, full-bodied wine with "profound palate and long finish. Outstanding!"

Tipo/Kind	Bodega/Winery	Marca/Label		Cosecha/Harvest	U$S	Pts

CABERNET SAUVIGNON

●	Viñedos y Bodegas La Rural S.A. Ltda.	Trumpeter		2001	$$	★★★★

Un vino que comparece intenso, complejo y persistente en la nariz, evocando frutas rojas, café, chocolate, canela, vainilla y pimienta de Cayena. Largo, amable y equilibrado en la boca, con taninos bien presentes. "*Vino elegante y armónico*", "*Vino noble y fino*" "*Ideal para comidas grasas*".

Intense, complex, persistent nose evoking red fruit, coffee, chocolate, cinnamon, vanilla, and cayenne pepper. Long, friendly, and balanced on the palate, with firm tannins. "elegant and harmonious wine," "noble, fine wine," "ideal match for fatty foods."

●	Alta Vista	Alta Vista Premium		2001	$	★★★
●	Bodega Augusto Pulenta	Valbona		2001	$	★★★
●	Bodega Augusto Pulenta	Valbona Roble		2000	$	★★★
●	Bodega Cicchitti	Colección Cicchitti		1999	$$	★★★
●	Bodega Llaver	Familia Llaver Oro		2002	$$	★★★
●	Bodega Norton	Norton		2002	$	★★★
●	Bodega Norton	Norton Barrel Select		2000	$	★★★
●	Bodega Norton	Norton Reserva		2000	$$	★★★
●	Bodega Terrazas	Terrazas		2002	$	★★★
●	Bodega y Cavas de Weinert S.A.	Weinert		1997	$$	★★★
●	Bodega y Viñedos Valentín Bianchi S.A.C.I.F.	Elsa	☒	2001	$	★★★
●	Bodega y Viñedos Valentín Bianchi S.A.C.I.F.	Valentín Bianchi	☒	2000	$$	★★★
●	Bodegas Chandon	Latitud 33		2002	$	★★★
●	Bodegas Hispano Argentinas	Martins		2001	$	★★★
●	Bodegas Lavaque S.A.	Finca de Altura		2002	$$	★★★
●	Bodegas Nieto Senetiner	Nieto Senetiner		2000	$	★★★
●	Bodegas Salentein	Finca El Portillo		2001	$	★★★
●	Bodegas Salentein	Salentein Roble		2001	$$	★★★
●	Bodegas Trapiche	Trapiche		2000	$	★★★
●	Bodegas Trapiche	Fond de Cave		2000	$	★★★

Tipo/Kind	Bodega/Winery	Marca/Label	Cosecha/Harvest	U$S	Pts
CABERNET SAUVIGNON					
●	Bodegas y Viñedos El Lagar S.R.L. / Carmelo Patti	Carmelo Patti	1999	$	★★★
●	Bodegas y Viñedos El Lagar S.R.L. / Carmelo Patti	Carmelo Patti	2000	$	★★★
●	Bodegas y Viñedos Finca La Celia	La Celia Reserva	2001	$$	★★★
●	Bodegas y Viñedos Goyenechea	Centenario	1995	$	★★★
●	Bodegas y Viñedos Santiago Graffigna S.R.L.	Colón		$	★★★
●	Bodegas y Viñedos Santiago Graffigna S.R.L.	Centenario	1999	$	★★★
●	Bodegas y Viñedos Santiago Graffigna S.R.L.	Balbi Reserva ☒	2000	N/D	★★★
●	Casa Vinícola Conalbi Grinberg	Conalbi Grinberg	2001	$$	★★★
●	Cavas de Santos	Cavas de Santos	2001	$$	★★★
●	Cavas de Santos	Special Vintage		$$	★★★
●	Dominio del Plata / Vintage S.A.	Anubis	2001	$$	★★★
●	Dominio del Plata / Vintage S.A.	Crios	2001	$$$	★★★
●	Familia Zuccardi	Santa Julia Roble	2000	$	★★★
●	Finca El Zorzal de Manuel López López	Patrón Santiago Gran Reserva	2000	$$$	★★★
●	Finca Flichman S.A.	Caballero de la Cepa	2001	$	★★★
●	Lagarde S.A.	Medrano	2000	$	★★★
●	Lagarde S.A.	Lagarde	1999	$$	★★★
●	Viniterra S.A.	Viniterra	1999	$	★★★
●	Viña Doña Paula S.A.	Los Cardos	2001	$$	★★★
●	Atilio Avena e Hijos S.A.	Viñas Atilio Avena Roble	2000	$	★★
●	Bodega Augusto Pulenta	Augusto P. Roble	2001	$$$	★★
●	Bodega Banfi	Simmetry	2000	N/D	★★
●	Bodega Barberis / Finca Los Leiva	Retablo	2002	$	★★

Tipo/Kind	Bodega/Winery	Marca/Label	Cosecha/Harvest	U$S	Pts
CABERNET SAUVIGNON					
●	Bodega Barberis / Finca Los Leiva	Finca Los Leiva	2002	$	★★
●	Bodega Jean Rivier	Jean Rivier	2000	$	★★
●	Bodega Michel Torino	Don David	2001	$$	★★
●	Bodega Norton	Dalton		$	★★
●	Bodega San Huberto S.A.	San Huberto		$	★★
●	Bodega San Huberto S.A.	San Huberto Crianza	2001	$	★★
●	Bodega Séptima	Séptima	2001	$	★★
●	Bodega y Viñedos Valentín Bianchi S.A.C.I.F.	Bianchi Particular	1996	$$	★★
●	Bodegas Etchart / Pernod Ricard Argentina	Etchart Privado	2001	$	★★
●	Bodegas Hispano Argentinas	Martins	2002	$	★★
●	Bodegas Orfila / Cavas de Santa María S.A.	Orfila	2001	$	★★
●	Bodegas Orfila / Cavas de Santa María S.A.	Orfila	1999	$	★★
●	Bodegas Orfila / Cavas de Santa María S.A.	Cautivo Reserva	1998	$$	★★
●	Bodegas Trapiche	Finca Las Moras	2001	$	★★
●	Bodegas y Viñedos Goyenechea	Goyenechea	2000	$	★★
●	Bodegas y Viñedos Luis Segundo Correas	Valle Las Acequias Roble	2000	$$	★★
●	Bodegas y Viñedos Santiago Graffigna S.R.L.	Calvet	2002	$	★★
●	Cavas de Santos	Cavas de Santos	2000	$$	★★
●	Château d´Ancon / Estancia Ancón	Estancia Ancón	2000	$$	★★
●	Dolium S.A.	Dolium	2000	$$	★★
●	Familia Zuccardi	Santa Julia	2001	$	★★

Tipo/Kind	Bodega/Winery	Marca/Label	Cosecha/Harvest	U$S	Pts
CABERNET SAUVIGNON					
●	Finca Don Domenico	Finca Don Domenico	2002	$$	★★
●	Finca La Amalia S.A.	Viña Amalia	2001	$$	★★
●	La Riojana / Cooperativa Vitivinifrutícola de La Rioja Ltda.	Santa Florentina	2002	$	★★
●	Navarro Correas	Colección Privada	2001	$$	★★
●	Roca S.A.	Alfredo Roca	2000	$$	★★
●	Viña Cobos S.A.	Cocodrilo	2002	$$	★★
●	Viñas del Golf	Viñas del Golf	2001	$	★★
●	Viñedos y Bodegas La Rural S.A. Ltda.	San Felipe Roble	2001	$	★★
●	Bodega Llaver	Cobre	2002	$	★
●	Bodega Michel Torino	Colección Michel Torino	2001	$	★
●	Bodega Rosell Boher	Viñas de Narváez	2002	$	★
●	Bodega y Viñedos Tapiz S.R.L.	Tapiz	2000	$	★
●	Finca La Anita	Luna	2001	$$	★
●	San Telmo	San Telmo	1999	$	★
CABERNET SAUVIGNON-MALBEC					
●	Bodega Caro	Caro	2000	$$$$$	●●●●

"Excelente, calidad excepcional, de los mejores vinos probados, con muchos años por delante", "nariz cerrada pero muy elegante, madera bien integrada, boca carnosa, con estructura y potencial", "complejo, cerrado, agradable, elegante...decantar", "equilibrado aunque los taninos aun son jóvenes", "muy cerrado, poco aromático".

"Excellent; exceptional quality, among the best we've tasted; and with many years ahead of it!" "Closed but very elegant nose, well-integrated wood, meaty, structured and with great potential," "complex, closed, nice, elegant… decant," "balanced, although its tannins are still young," "very closed, not very aromatic."

●	Bodega Banfi	Simmetry	2000	N/D	★★★
●	Bodega Catena Zapata	Uxmal	2001	$	★★★
●	Finca La Amalia S.A.	Dos Fincas	2000	$	★★★
●	Viñedos y Bodegas La Rural S.A. Ltda.	Colección Rutini	2000	$$	★★★

Tipo/Kind	Bodega/Winery	Marca/Label	Cosecha/Harvest	U$S	Pts

CABERNET SAUVIGNON-MALBEC

●	Bodega del Fin del Mundo / Grupo La Inversora S.A	Postales	2002	$$	★★
●	Bodegas Chandon	Insignia		$	★★
●	Bodegas y Viñedos Trivento	Trivento Reserva	2001	$	★★

CABERNET SAUVIGNON-MERLOT

●	Viñedos y Bodegas La Rural S.A. Ltda.	Felipe Rutini	1996	$$$$$	🍇

De color noble, nariz compleja, personalidad concentrada y evolucionada, este clásico argentino huele a especias orientales y tabaco, cerezas y madera de cedro. En boca resume lo mejor del vocabulario gustativo y táctil. *"Da para más años, un vino con potencial aunque ya debe tener sus años", "con poder de guarda".*

Of noble color and complex nose, this classic Argentine wine with a concentrated personality has evolved a bouquet of oriental spices and tobacco, cherries and cedar. Upon tasting, it commands the best adjectives in our gustatory and tactile vocabulary. "Will keep going for a while yet; has potential despite its age," "great staying power."

●	Bodega Catena Zapata	Saint Felicien	2000	$$	★★★★

Si nuestros catadores tuvieran visión de rayos X y pudieran leer las etiquetas, no habrían descripto mejor a un clásico como el *Saint Felicien*: *"un vino serio", "madera bien integrada", "gran complejidad en la nariz, muy buena expresión, gran estructura", "excelente madera que acompaña la complejidad del vino, muy fino!"*

If our tasters had X-ray vision and could read the labels, they couldn't have described a classic like Saint Felicien *any better:* "a serious wine," "well-integrated wood," "great complexity on the nose; very good expression, great structure," "excellent wood that accompanies the complexity of the wine; very elegant!"

●	Bodegas Trapiche	Broquel	2001	$	★★
●	Finca El Zorzal de Manuel López López	Patrón Santiago	1999	$$$	★★

CABERNET SAUVIGNON-PINOT NOIR

●	Bodegas Chandon	Clos du Moulin	2000	$	★

CABERNET SAUVIGNON-SYRAH

●	Bodegas Nieto Senetiner	Nieto Senetiner Reserva	2001	N/D	★★★★★

Un vino de nariz elegante, fresca y compleja, con fruta negra y cassis, pimienta, tabaco, un dejo de regaliz *"que aporta frescura"* y otros aromas de alacena bien colmada, con buenos taninos y gran potencial, corposo, equilibrado y pleno.

A wine with an elegant, fresh, and complex nose, with black fruit and cassis, black pepper, tobacco, and a hint of licorice that "adds freshness," and other aromas form a well-stocked pantry. Good tannins and great potential. Muscular, balanced, and full-bodied.

●	Bodega Catena Zapata	Uxmal	2001	$	★★★

Tipo/Kind	Bodega/Winery	Marca/Label	Cosecha/Harvest	U$S	Pts

CABERNET SAUVIGNON-SYRAH

● Bodegas Nieto Senetiner — Santa Isabel — 2002 — $ — ★★

CABERNET SAUVIGNON-MALBEC-MERLOT

● Bodega Mapema — Mapema — 2000 — N/D — ★★★★★

Color rojo violáceo intenso muy profundo, ofrece aromas limpios e intensos de frutas rojas, hongos, chocolate, café, clavo de olor, madera, eucaliptus. En boca es de extraordinaria fineza, con taninos compactos y suaves, gran equilibrio y frescura. *"Un vino de alto nivel de calidad", "esperaría para tomarlo"*.

Very deep violet-red, offers clean and intense aromas of red fruit, mushrooms, chocolate, coffee, cloves, wood, and eucalyptus. Extraordinarily elegant palate, with soft and compact tannins, great balance and freshness. "A high-quality wine," "wait a while before drinking."

● Bodegas Nieto Senetiner — Don Nicanor — 1999 — $$ — ★★★★★

Altísimo vino de corte o assemblage, color rojo intenso con reflejos negros. Aroma frutado con todas las frutas del bosque en su interior además de frutas secas, especiería (vainilla, clavo de olor) y café. De gran cuerpo y estructura, armonioso y equilibrado. *"Increíble en la nariz; en boca...lo esperaría un tiempo", "interesante, gran vino"*.

Incredible blend, intense red, almost black. Fruity aroma evokes all the fruits of the forest along with nuts, spices (vanilla, cloves), and coffee. Great body and structure, harmonious and balanced. "Incredible nose; the palate will have to wait a while," "interesting, a great wine."

● Dominio del Plata / Vintage S.A. — Susana B. Brioso — 2001 — $$$$$ — ★★★★★

Un excelente *assemblage* de Cabernet, Malbec y Merlot de color rojo violáceo intenso, en cuya nariz aparecen notas de café y torrefacción del café, tabaco, chocolate, vainilla, algo de frutas rojas. En la boca es equilibrado, amplio, profundo, perdurable. Un vino con buen potencial de guarda.

Excellent assemblage *of Cabernet, Malbec, and Merlot. Deep violet-red with roasted coffee, tobacco, chocolate, vanilla, and some fruit appearing on the nose. The palate is balance, full, deep, and enduring. Good potential for ageing.*

● Bodegas Nieto Senetiner — Don Nicanor — 2001 — $$$ — ★★★★

Color purpurado robusto, al abrirse a la nariz expresa notas hedonistas de fruta roja, caramelo de leche, chocolate, vainilla, café, tabaco, buena madera. Al escucharle la boca se revela seco, equilibrado, maduro, pleno, concentrado, aterciopelado. *"Muy muy complejo, un poco cerrado al principio", "decantar"*.

Deep, robust purple color. Once it begins to open up, it proves hedonistic in its aromatic expression of red fruit, caramel, chocolate, vanilla, coffee, tobacco, and good wood. Dry, balanced, mature, full-bodied, concentrated and velvety. "Very, very complex a little closed at first," "decant this one!"

CORTE S/D / ASSEMBLAGE N/D

● Bodega Catena Zapata — Catena Zapata Estiba Reservada — 1999 — $$$$$ —

"Nariz frutada, a bosque, especiada y fresca", "de buena concentración frutal, recuerda la uva", "especiado, interesante", "fresco, jugoso, acidez interesante y taninos sostenidos", "me llama la atención una nota a ▶▶

"Fruity nose; forest, spicy, and fresh," "good fruity concentration; grapes," "spicy, interesting," "fresh, juicy, interesting acidity and persistent tannins," "I'm struck by an intensely pronounced red ▶▶

TIPO/KIND	BODEGA/WINERY	MARCA/LABEL	COSECHA/HARVEST	U$S	PTS

CORTE S/D / ASSEMBLAGE N/D

▸▸ *pimientos muy intensos y marcados", "final largo de especies y torrefacción", "intenso, largo, profundo, tanicidad un poco elevada, sugiero decantar", "un vino para acompañar con comidas!".*

▸▸ pepper note," "finishes long with spices and roasted flavors," "intense, long, profound, tannins a little out of line, I suggest decanting," "drink this one with meals!"

	Bodega Tikal	Júbilo	2001	$$$$$	

"Full color", "nariz especiada, fresca, con un fondo tostado", "magnífico, hay harta harta fruta", "complejo, difícil al principio, tarda en expresarse", "nariz reductora y atractiva, mucha fruta, estructurado, presente. Gran potencial de guarda", "en boca es potente y concentrado...potencial!", "muy bien hecho, moderno".

"Full color", "fresh, spicy nose with a toasty background," "magnificent, tons and tons of fruit," "complex; difficult at first, it takes awhile to express itself," "reductive yet attractive nose with a lot of fruit, well-structured and up front. Great ageing potential," "Potent and concentrated palate… what potential!" "very well made; modern."

	Bodega y Cavas de Weinert S.A.	Cavas de Weinert Gran Vino Reserva	1999	$$	

"Color rojo con algunas notas naranjas de evolución", "vino con mucha fruta, madera algo especiada", "leve nota alcohólica", "complejo, intenso aroma de evolución: hongo, cuero, madera vieja al viejo estilo, muy agradable; mentolado, fresco", "es carnoso, jugoso en boca; tiene notas vegtales bastante marcadas", "taninos suaves y buenos", "aterciopelado...un vino señorial".

"Red with tell-tale orange of evolution," "lots of fruit, wood, and something spicy," "somewhat alcoholic," "complex, intense aromas of evolution: mushrooms, leather, old-style old wood; very nice; fresh menthol note," "meaty and juicy, with pronounced vegetal notes," "good, soft tannins," "velvety… a noble wine."

	Dolium S.A.	Dolium Nobile		$$$$$	

Un *assemblage* de color violáceo casi negro y elegantísima nariz de rotunda complejidad: pimienta negra, cassis y frutas del bosque, eucalipto, rosas, violeta, vainilla, clavo, canela, café y tabaco. Equilibrada acidez, taninos maduros, muy larga persistencia y buena estructura. *"Un gran vino", "Gran potencial para guarda", "Mucha potencia en boca".*

A purple-black blend with an extremely elegant and highly complex nose: black pepper, black currants, forest fruits, eucalyptus, roses, violets, vanilla, cloves, cinnamon, coffee, and tobacco. Balanced acidity, ripe tannins, good structure, and very long finish. "A great wine," "great potential for ageing," "very potent palate."

	Viñedos y Bodegas San Pedro de Yacochuya	San Pedro de Yacochuya Sesquicentenario	2000	$$	

Este grande de Sudamérica, color rojo violáceo intenso, huele a compota de frutas negras condimentada con pimienta, canela, clavo, vainilla, chocolate, caramelo y menta. Equilibrado, de cuerpo pleno y muy buena persistencia. *"Imponente nariz", "mucha estructura, excelente cuerpo: todo un gran vino", "personalidad y tipicidad marcada...si es de Salta".*

This big South American red with violet highlights brings a black fruit compote to mind, one that's nicely seasoned with pepper, cinnamon, cloves, vanilla, chocolate, caramel, and mint. Balanced, full-bodied, and very persistent. "Amazing nose," "very structured, excellent body; a great wine," "lots of personality and marked typicity… if it's from Salta."

Tipo/Kind	Bodega/Winery	Marca/Label	Cosecha/Harvest	U$S	Pts

CORTE S/D / ASSEMBLAGE N/D

● Viñedos y Bodegas San Pedro de Yacochuya · San Pedro de Yacochuya Rolland · 2000 · $$$$ ·

"Gran color: uno de los mejores de toda la Guía", "black-dark-reflejos púrpura, color muy muy profundo ★★★★★", "hay mucho en este vino", "pocas palabras para describir este vino", "el más concentrado de todos los vinos de Sudamérica, potencial de guarda: 20 años (si se resiste)", "sensación ardiente y calurosa", "elegir con quién tomarlo, y decantar", "hay pocas palabras que lo puedan describir!!"

Great color; one of the best in the entire Guide," "dark and black with purple highlights- a very, very deep color ★★★★★," "this wine has a lot going for it," "few words can describe this wine," "the most concentrated wine in South America, will age 20 years (if you can wait that long)," "burning, hot sensation," "carefully choose who you share this with and decant it first,"

● Bodega Achával Ferrer · Quimera · 2001 · $$$$ · ★★★★★

Este *assemblage* de poético y filosófico nombre persigue cada vendimia el sueño vano del vino perfecto con las mejores uvas de la añada y el terruño. Quimera del '01 es vino intenso y agradable como su color, con fuertes notas herbáceas sobre un colchón de especias dulces, pero seco y *"frutoso"*, *"jugoso"*, *"carnoso"*.

This blend with a poetic and philosophical name approaches every tasting with the frustrated dream of being the perfect wine with the best grapes, the best vintage, the best terroir. Quimera 2001 is as intense and attractive as its color, with herbal notes over a bed of sweet spices. Dry and "fruity," "juicy," "meaty."

● Bodega Monte Viejo · Clos de los Siete · 2002 · N/D · ★★★★★

Otro de los gigantes de Uco que Michel Rolland está criando en el *Clos de los 7*, al pie de las montañas gigantes. Color rojo ciruela intenso con reflejos negros, de mirada brillante; nariz fresca, interesante y elegante con recuerdos de clavo, tabaco, canela y fruta roja. Es francés: fino de boca y muy agradable aunque sus taninos están jóvenes. Crecerá.

Another Uco giant of Michel Rolland's creation in the Clos de los 7, at the foot of the giant mountains. Brilliant and intense plum red with a touch of black. The fresh nose, both interesting and elegant, recalls cloves, tobacco, cinnamon, and red fruit. It's French: fine palate and very pleasing, although the tannins are still young. It'll grow.

● Bodega y Viñedos Valentín Bianchi S.A.C.I.F. · Enzo Bianchi · 1999 · $$$$ · ★★★★★

Impactante color rubí brillante, en la nariz advertimos notas de frutas rojas, higo, vainilla, pimienta, café, nuez moscada, tabaco, caramelo, madera y un dejo animal. En boca nos impactó por sus taninos maduros, media acidez, buena estructura y gran complejidad. *"Entrada muy elegante, crece en potencia"*, *"mucho potencial, lo esperaría unos años"*, *"muy atrayente y complejo"*.

Impressive bright ruby-red, with a nose that offers up red fruit, fig, vanilla, black pepper, coffee, nutmeg, tobacco, caramel, wood, and a trace of animal. Impressive ripe tannins and medium acidity with good structure and great complexity. "Starts elegant and gains in potency," "such potential! I'd wait a few years," "very attractive and complex."

● Bodegas Etchart / Pernod Ricard Argentina · Arnaldo B. · 1999 · $$ · ★★★★★

José Luis Mounier, con décadas de trabajo en la casa, logra aquí un vino de altura cuya olfacción recuerda otros frutos comestibles de los Valles Calchaquíes: las nueces y los higos. Intenso y ▶▶

Impressive bright ruby-red, with a nose that offers up red fruit, fig, vanilla, black pepper, coffee, nutmeg, tobacco, caramel, wood, and a trace of animal. Impressive ripe tannins and medium acidity with ▶▶

Tipo/Kind	Bodega/Winery	Marca/Label	Cosecha/Harvest	U$S	Pts

CORTE S/D / ASSEMBLAGE N/D

▸ complejo, de impecable estructura y muy elegante en la boca. *"Da sensación de clima cálido"*, *"gran potencial"*.

▸ *good structure and great complexity. "Starts elegant and gains in potency," "such potential! I'd wait a few years," "very attractive and complex."*

● Bodegas López — Montchenot Gran Reserva 20 Años — **1978** — $$$$ — ★★★★★

Los catadores aquí tuvieron alguna visión de rayos X y leyeron la etiqueta, porque son poquísimos los grandes vinos argentinos tan añejos. Demostración de que mucho antes de la era de los *flying winemakers*, la familia López sabía como hacer uno de los mejores vinos de la tierra, que hoy es *"increíble cómo conserva estructura y fruta! muy interesante"*, *"este vino es un clásico argentino"*, *"armonioso y agradable"*.

It seems that here the tasters must have used X-ray vision to see the label, because there are very few Argentine wines of this age. It goes to show that even before the days of flying winemakers, the López family knew how to make one of the best wines one Earth, and even today they say, "incredible how well it has conserved its structure and fruit! Very interesting," "a classic Argentine wine," "harmonious and very nice."

● Dominio del Plata / Vintage S.A. — Benmarco VMS — **2001** — $$$$ — ★★★★★

Un *assemblage* de fuerte color rojo intenso, de nariz extravagante, intensa y variada, desde el café y el tomillo a los higos y las moras con un dejo de caramelo. Una boca intensa y compleja, de buen aroma acorde a la importante nariz, con taninos presentes y marcada acidez.

A deep red blend with an extravagant, intense, and varied nose with aromas ranging from coffee and thyme to figs and blackberries with a touch of caramel. Complex palate that coincides with the nose and pronounced tannins and acidity.

● Lagarde S.A. — Henry Gran Guarda — **1999** — $$$$$ — ★★★★★

Con notables matices tejados en su color rojo intenso y un espectro aromático amplio y rico: higos, cassis, algo de cuero, animal y hongos suaves, varias de las especias del curry más vainilla, menta y chocolate. Y boca acorde. *"Con notas de evolución muy agradables, redondo"*, *"excepcional equilibrio. Perfume, madera y frutas integrada"*, *"un gran vino, equilibrado, complejo y elegante"*.

Intensely red, with notable brick-ish highlights and a deliciously broad aromatic spectrum: figs, black currant, a little leather, a bit of animal, and just a touch of mushrooms, along with curry spices, vanilla, mint, and chocolate. And the palate agrees. "Very pleasant signs of evolution; round," "exceptional balance. Perfume, wood, and integrated fruits," "a great wine, balanced, complex, and elegant."

● Bodega Benegas — Benegas Blend — **2000** — $$$ — ★★★★

Un *assemblage* que suma reflejos teja a su color rubí, de nariz fresca con notas de frutos del bosque y también algo de cuero y de clavo de olor. En boca es equilibrado y de buena estructura y ataque, *"con buena fruta en el medio (ciruela), buena acidez y final medio"*.

An assemblage *with a touch of brick in its ruby red color, with fresh notes of forest fruits along with hints of leather and cloves. Balanced palate with good structure "good fruit (plums) in the middle; nice acidity and medium finish."*

● Bodegas Etchart / Pernod Ricard Argentina — Etchart Privado — **2001** — $ — ★★★★

Tipo/Kind	Bodega/Winery	Marca/Label	Cosecha/Harvest	U$S	Pts

CORTE S/D / ASSEMBLAGE N/D

● Bodegas López   Montchenot   1992 $$ ★★★★

"Ligero envejecimiento pero con hidalguía", "para ser un '92 le falta", "en boca está sedoso", "en boca la acidez y las notas especiadas se complementan con la complejidad y la evolución", "vino de estilo tradicional" –anotaron sobre este clásico argentino nuestros catadores tras observar su color teja, oler cuero y frutas de Navidad y paladear su equilibrada década.

"Lightly aging, but with nobility," "for a 1992, it still has a way to go," "silky palate," "a traditional-style wine," *is what our panel had to say about this Argentine classic after eyeing its brick-colored hue, nosing its leather and Christmas-fruit bouquet, and tasting its well-balanced decade.*

● Bodegas López   Montchenot Gran Reserva 15 Años   1983 $$$ ★★★★

Flavia dejó una nota personal para el editor en su ficha de comentarios: "*Diego: una vez lo probé con un Camembert muy maduro y fue una combinación inolvidable!! Si es el Montchenot '83??*". Era, como anotó Fernanda, un "*vino para meditar, suave, interesante, pocos en el mercado*".

Flavia wrote a personal note to the editor on her tasting sheet: "Diego, once I tried this wine with a very ripe Camembert, and it was an unforgettable combination! Provided this is the Montchenot 1983" And yes, it was. And as Fernanda wrote, it's a "wine to meditate upon, soft and interesting, like few others in the market."

● Bodegas Trapiche   Iscay   1999 $$$$ ★★★★

● Domaine Vistalba S.A. / Fabre-Montmayou   Gran Vin   2000 $$$$ ★★★★

Un *assemblage* que al olfato sugiere frutas pasas y frutas rojas, hojas secas, tabaco, vainilla y pimienta. En boca resulta equilibrado en acidez, alcohol y taninos, con buena persistencia y estructura. "*De ataque sutil y taninos dulces*","*muy complejo en aromas*".

A blend whose nose suggests raisins and red fruit, dried leaves, tobacco, vanilla, and black pepper. Good balance, structure, and finish. "Subtle attack and sweet tannins," "very complex aromas."

● Familia Zuccardi   Magna   2000 $$ ★★★★

"*Nariz de frutos rojos y pimienta verde*", "*elegante, con alta complejidad*", "*elegante y compleja nariz, impactante*" fueron los comentarios que despertó este vino al pasar por las narices de cata. Las bocas de cata apuntaron: "*frutos negros, taninos complejos, persistentes, agarrados*", "*gran potencial*", "*alta complejidad*".

"Red fruit and green pepper," "elegant and highly complex," "elegant and complex nose; impressive," *were the aromatic comments sparked by this wine. Of the palate,* black fruit, complex, persistent, gripping tannins," "great potential," "highly complex."

● Navarro Correas   Ultra   2000 $$$$ ★★★★

Un vino de corte con muy buena nariz, que evoca eneldo, café, chocolate, madera fresca, pimienta, clavo de olor y tabaco. La boca detecta taninos presentes pero no verdes, y un cuerpo medio levemente astringente. "*Nariz muy agradable y fresca*", "*en boca está joven, con taninos y acidez muy marcadas*" "*potencial para guardar algunos años*", "*agradable y elegante*".

A blend with a good nose: dill, coffee, chocolate, fresh wood, black pepper, cloves, and tobacco. Tannins are present and slightly astringent, but not green. Medium body. "Very nice, fresh nose," "Young palate, with pronounced tannins and acidity," "potential for ageing a few years," "nice, elegant wine."

Tipo/Kind	Bodega/Winery	Marca/Label	Cosecha/Harvest	U$S	Pts
CORTE S/D / ASSEMBLAGE N/D					
●	Viñedos y Bodegas La Rural S.A. Ltda.	San Felipe	2001	$	★★★★
●	Viñedos y Bodegas La Rural S.A. Ltda.	Cepa Tradicional	1997	$	★★★★

De color rubí claro, con cierto viraje a las tejas. Una nariz intensa, compleja y persistente, con aroma de higos, ciruelas en compota, especias, aceitunas, madera fresca y hojas secas. Se aprecian sus taninos maduros y dulces. *"Muy elegante en boca"*, *"Vino interesante y equilibrado"*, *"Vino clásico argentino con ligera evolución"*.

Light ruby red, tending toward brick. Its intense, complex, persistent nose, presents fig, stewed prunes, spices, olives, fresh wood, and dry leaves. Sweet, ripe tannins. "Very elegant palate," "interesting and balanced wine," "classic Argentine wine with some signs of age."

Tipo/Kind	Bodega/Winery	Marca/Label	Cosecha/Harvest	U$S	Pts
●	Bodega Norton	Perdriel del Centenario	2000	$$$	★★★
●	Bodega Tacuil	33 de Dávalos	2001	N/D	★★★
●	Bodega Tacuil	RD	2002	N/D	★★★
●	Bodega y Viñedos Valentín Bianchi S.A.C.I.F.	Bianchi 1887		$	★★★
●	Bodega y Viñedos Valentín Bianchi S.A.C.I.F.	Bianchi Particular		$$	★★★
●	Bodegas López	López	2000	$	★★★
●	Bodegas Trapiche	Finca Las Moras Reserva ☒	2000	$	★★★
●	Bodegas Trapiche	Trapiche Medalla	1999	$$$	★★★
●	Lagarde S.A.	Guarda	1999	$$	★★★
●	Viñedos y Bodegas La Rural S.A. Ltda.	Pequeña Vasija	2000	$	★★★
●	Bodega Benegas	Benegas	2000	$$$	★★
●	Bodega Domingo Hnos.	Finca de Domingo	1999	$	★★
●	Bodega Norton	Norton Clásico	2000	$	★★
●	Bodega Séptima	Séptima	2000	$	★★
●	Bodega y Cavas de Weinert S.A.	Carrascal	2000	$	★★
●	Bodega y Viñedos Valentín Bianchi S.A.C.I.F.	Bianchi Borgoña		$	★★
●	Bodega y Viñedos Valentín Bianchi S.A.C.I.F.	Don Valentín Lacrado		$	★★

Tipo/Kind	Bodega/Winery	Marca/Label	Cosecha/Harvest	U$S	Pts

CORTE S/D / ASSEMBLAGE N/D

Tipo/Kind	Bodega/Winery	Marca/Label	Cosecha/Harvest	U$S	Pts
●	Bodegas Etchart / Pernod Ricard Argentina	Arnaldo B. Gran Reserva	1999	$$$	★★
●	La Riojana / Cooperativa Vitivinifrutícola de La Rioja Ltda.	Viñas Riojanas		$	★★
●	Navarro Correas	Colección Privada	2000	$$	★★
●	San Telmo	Cuesta del Madero	2001	$	★★
●	Viñedos y Bodegas La Rural S.A. Ltda.	San Felipe 12 Uvas	2001	$	★★
●	Bodega y Viñedos Valentín Bianchi S.A.C.I.F.	Nuestro Margaux		$	★
●	Bodegas Chandon	Beltour		$	★
●	Bodegas Chandon	Valmont		$	★
●	Bodegas López	López		$	★
●	Bodegas López	Rincón Famoso	1997	$	★
●	La Riojana / Cooperativa Vitivinifrutícola de La Rioja Ltda.	Nacarí		$	★
●	Viñas de Segisa	Segisa	2001	$$	★

MALBEC

●	Bodega Achával Ferrer	Achával Ferrer	2000	$$$$$	

"Súper complejo, intenso, maravilloso. Todo lo que un gran vino tiene que tener", "no le falta nada para tomar ahora o guardar muchos años", "el (¿mejor?) vino argentino", "todo lo que un vino necesita para ser un grande", "impecable en boca y nariz. De guarda", "boca con mucha estructura y elegancia. Acidez justa. Largo. Gran vino!!"

"Super complex, intense, marvelous. Has everything a great wine can have," "Almost ready to drink now, but it will hold many years," "the best (?) Argentine wine," "everything a wine needs to be great," " impeccable nose and palate," "good structure and elegance; perfect acidity; great wine!!"

●	Bodega Catena Zapata	Catena Zapata Alta ☒	2000	$$$$$	

"Elegante, buena intensidad", "aromas a barrica nueva-...serio y elegante", "Francia...fruta roja", "en boca es pleno, concentrado, muy buena acidez y taninos firmes", "mucha fruta, elegancia. Retrogusto largo. Con mucho trabajo en bodega", "un vino con muy buena extracción y materia", "final cafeinado muy...muy...largo".

"Elegant, with good intensity," "new barrique aromas… serious and elegant," "France… red fruit," "full-bodied, concentrated, very good acidity and firm tannins," "lots of fruit, elegance; long after-taste. A lot of work went into this one," "a wine with very good extraction and material," "coffee on the finish and very…very…long."

Tipo/Kind	Bodega/Winery	Marca/Label	Cosecha/Harvest	U$S	Pts

MALBEC

● Bodega Terrazas   Gran Terrazas   1999 $$$$$

De robusto y oscuro color, juvenil a pesar del tiempo, este Malbec perfuma la nariz con recuerdos de higos, grosella y cassis, café y torrefacción, menta y eucalipto, tabaco. En boca satisface más que bien a todos los parámetros. Un gran vino de taninos dulces, con *"agradable final de roble"*.

Deep, dark, and youthful, despite its age, this Malbec sends waves of fig, red and black currants, roasted coffee, mint, eucalyptus, and tobacco to the nose, and more than satisfies the palate. A great wine with sweet tannins and a "pleasant, oaky, finish."

● Bodegas Nieto Senetiner   Cadus   2000 $$$$$

Ambos *Cadus* fueron catados el mismo día separados por 2 vinos. Las notas de cata parecen calcadas y el puntaje fue exactamente el mismo. Nuestros catadores todavía no leen a ciegas la firma del Antonini en un gran vino, pero como se ve están aprendiendo a reconocer sus obras por su excelencia cromática, complejidad aromática y elegancia estructural.

Both Cadus wines were tasted on the same day with 2 other wines in between. The tasting notes seem calculated and the score was exactly the same. Our blind tasters couldn't read Antonini's signature on a great wine of course, but as you can see, they are learning to recognize his work by its chromatic excellence, aromatic complexity, and structural elegance.

● Bodegas Trapiche   Broquel   ☒ 2000 $

De alta y buena intensidad en su color, al olfato recuerda frutas rojas, higos, regaliz, pimienta, madera y un fondo de eucaliptus. Al gustarlo es muy concentrado, de taninos maduros, muy larga persistencia y mucha y buena estructura. *"Vino con carácter, no se destaca por la elegancia sino la fuerza"*, *"taninos dulces, franco en la nariz"*, *"especiado, fino y elegante"*, *"gran vino"*.

Good intensity in its color and a nose that recalls red fruit, fig, licorice, black pepper, and wood over a base of eucalyptus. Very concentrated flavor, ripe tannins, good structure, and persistent. "This is a wine with character; it doesn't stand out for its elegance, but for its power," "sweet tannins; clean nose," "spicy and elegant," "great wine."

● Bodegas Trapiche   Fond de Cave Reserva   2000 $$

De color brillante, violáceo intenso. De nariz aromática, con notas de ciruelas pasas, aceitunas, regaliz y al principio demasiada madera que luego se funde al vino. En boca tiene larga persistencia y buena estructura, es levemente astringente (pero también aterciopelado), de mucha complejidad. Notas: *"de fácil tomar"*, *"buena estructura, largo final"*.

Brilliant, intense, violet color. Aromatic, with notes of raisins, black olives, licorice, and a bit of wood up front that fades into the background. Good persistence and structure and slightly astringent – very complex. Notes: "an easy-drinker," "good structure, long finish."

● Dolium S.A.   Dolium Reserva   2000 $$$

Estupenda expresión del Malbec, de nariz muy intensa y concentrada, con notas de frutas rojas, pimienta, tomillo, menta, eucalipto, café y vainilla. Boca equilibrada, de taninos maduros, larga persistencia y óptima estructura. Comentarios: *"nariz muy elegante...taninos todavía marcados"*, *"muy buen vino"*, *"boca muy compleja"*.

Amazing Malbec expression, with a very concentrated nose: red fruit, black pepper, thyme, mint, eucalyptus, coffee, and vanilla. Well-balanced, ripe tannins, optimal structure, and long finish. Commentaries include: "very elegant nose… and still-strong tannins," "very good wine," "very complex palate."

Tipo/Kind	Bodega/Winery	Marca/Label	Cosecha/Harvest	U$S	Pts

MALBEC

● Dominio del Plata / Vintage S.A.   Anubis   **2000** $$

En la tinta intensa de este Malbec hubo quien percibió un vino de nariz sutil y elegante "*old style*" y un largo final "*estilo europeo*". Impactó con su "*excelente aroma complejo y perfumado*" y su amplitud y equilibrio en lenguas y bocas. Otra obra de los enólogos toscano Alberto Antonini y argentinos Susana Balbo y Pedro Marchevsky. "*Personalidad!*"

This inky Malbec was perceived by one taster as subtle and elegant, with an "old style," and a long "European style" finish. It really impressed with its "excellent, complexly perfumed aroma" along with its breadth and balance. This is another work of Tuscan winemaker Alberto Antonini and his Argentine counterparts Susana Balbo and Pedro Marchevsky. "Personality!"

● Roca S.A.   Family Reserve   **2000** $$$

El orden no casual pero tampoco estudiado al detalle de los vinos tintos en la primera ronda de cata colocó a este futuro *Top 50* justo después de un Cabernet Merlot de ★★★★ que bien podría haberlo disminuido, pero no. "*Franco, redondo y aterciopelado, muy buena estructura, gran complejidad*", "*mucha fruta roja, en boca es súper frutoso... grato recuerdo*".

The order of red wines in the first round of tastings was neither casual nor closely studied, and placed this future Top 50 just behind an impressive Cabernet Merlot that could have shadowed it, but it didn't. "Frank, round, and velvety very good structure, great complexity," "lots of red fruit; very fruity; very pleasant."

● Viña Doña Paula S.A.   Doña Paula Selección de Bodega   **1999** $$$$$

Un Malbec que al abrirse suma a sus frutas rojas un aroma de café, de tostado, de encina, presentándose elegante y complejo. En la boca repite bien su perfume, ahora jugoso y asentado sobre taninos aplomados aunque bien amalgamados. Este capítulo de las aventuras de Cot en el Nuevo Mundo es de "*final muy largo y agradable*".

Once this Malbec begins to open, its aromas of red fruit are elegantly complemented by coffee, toast, oak. The same complex perfume is repeated on the palate, now juicy and sustained in its heavy, but well-integrated, tannins. This chapter in the adventures of Cot in the New World has a "very long and pleasant ending."

● Altos Las Hormigas S.A.   Altos Las Hormigas Reserva   **2001** $$$$ ★★★★★

"*Una nariz muy delicada*", "*gran estructura. Recomendamos gran guarda*", "*taninos dulces y presentes que permitirán guardarlo varios años*", "*un vino fantástico, complejo, largo, estructurado*", "*con muy acertado acuerdo con la madera. Excelente vino*", "*elegante en boca, con potencial, muy armonioso*", "*atractivo, con gran carácter*". Así leyó a ciegas el equipo de cata al Malbec de los *flying winemakers* Alberto Antonini y Attilio Pagli. Un finalista que luchó hasta la segunda cifra decimal por estar entre los 50, en una memorable sesión de suspenso secreto.

"A very delicate nose," "great structure; we recommend laying it down for a good while," "its firm, sweet tannins will allow it to hold for years," "Fantastic wine, complex, long, and structured," "perfect fit with the wood; excellent wine," "elegant palate, very balanced, good potential," "attractive, with great character," commented the panel during the blind tasting of this Malbec by flying winemakers Alberto Antonini and Attilio Pagli. This was one of the finalists that fought down to the second decimal point to be among the top 50 in a memorable session of secret suspense.

● Bodega Banfi   Cinco Tierras Reserva   **2002** $$$ ★★★★★

De color violeta-negro, de nariz ultra-concentrada y potente pero agradable, con todo el perfume de ▸▸

Deep, dark purplish-black, with an ultra-concentrated, potent-but-pleasant nose perfumed with wood and ▸▸

Tipo/Kind	Bodega/Winery	Marca/Label	Cosecha/Harvest	U$S	Pts

MALBEC

▸▸ la madera y de fruta negra macerada con especias. En boca es de taninos aterciopelados, muy buena acidez y buen largo. Un vino para guardar. *"Encuentro mucha estructura y concentración a la vez que fineza"*, *"explota en boca...guardarlo... mejorará seguro"*.

▸▸ *black fruit macerated with spices. Velvety tannins, good acidity, and long finish describe the palate. A wine to lay down.* "I find lots of structure and concentration along with elegance," "explodes in the mouth… lay it down… it's sure to get even better."

● Bodega Catena Zapata — Saint Felicien — 1997 — $$ — ★★★★★

Este *"clásico new style del Nuevo Mundo"* no es vino meteórico sino del firmamento vínico austral, esfera de las estrellas fijas. En la constelación de Malbec, por sus destellos vivos y vigorosos *Saint Felicien* puede ser confundido (como sucedió a uno de los catadores) con *"un avión súper complejo intenso excelente"*.

This "classic New World new style" is not meteoric material, but rather of the austral vinous firmament, sphere of the fixed stars. In the constellation of Malbec, Saint Felicien *shines so brightly that it could be confused (as happened with one of the tasters) with* "a highly complex, intense and excellent airplane."

● Bodega Don Martino — Don Martino Reserva — 2002 — N/D — ★★★★★

De nariz muy interesante y armónica, si bien su madera aun estaba integrándose. Notas de menta, pimienta, vainilla y caramelo con toda la fruta (negra) de un gran vino. Su ataque en boca es dulce y frutal, con buena acidez y presencia de taninos. *"Muy expresivo y de buena permanencia"*.

Very interesting harmonious nose, although the wood is still trying to fit in. Mint, pepper, vanilla, and caramel with black fruits make for a great wine. A sip starts off sweet and juicy, following through with good acidity and firm tannins. "Very expressive and nice persistence."

● Bodega J. & F. Lurton — Piedra Negra — 2000 — $$$$ — ★★★★★

Malbec que entra por los ojos, con su rojo violáceo intenso; seduce a la nariz con fruta roja, especies, hierbas y un leve recuerdo de eucaliptus o de mentol. En la boca es de cuerpo pleno y equilibrado, con buena acidez, taninos dulces y un final de ciruelas y café. *"Fácil de tomar"*, *"muy buen cuerpo, acidez plena, nota vegetal"*, *"en boca es maderoso"*.

A visually-striking Malbec, intense violet-red, with a seductive nose: red fruit, spices, herbs, and a hint of eucalyptus or menthol. Full-bodied and balanced, with good acidity, sweet tannins, with plums and coffee on the finish. "Easy-drinking," "good body, nice acidity, vegetal note," "woody on the palate."

● Bodega Monte Viejo — Linda Flor — 2002 — N/D — ★★★★★

Desde un principio Michel Rolland sabe obtener arpegios bebestibles de la tierra virgen puesta a viña. Este Malbec nacido para ser uno de los gigantes de Uco es de color púrpura-violáceo intenso, huele a frutas coloradas del bosque, a madera de roble, a tostado y tabaco; puede dormir en la cava de vinos prodigio durante un lustro.

It seems that Michel Rolland has always known how to obtain drinkable arpeggios from virgin lands planted to the vine. This Malbec, born to be one of the giants of Uco, is a deep purplish-violet and smells of red forest fruits, oak, toast, and tobacco. Could rest another 5 years in the cellar of prodigies.

● Bodega y Cavas de Weinert S.A. — Weinert Estrella — 1977 — $$$$$ — ★★★★★

Gran vino de Mendoza, difícil de catar para nuestro equipo sensorial argentino sin adivinarlo, que apuntó a ciegas: *"rojo teja con reflejos* ▸▸

A great Mendoza wine, difficult for our Argentine tasting team not to recognize. Even tasting blind they commented, "brilliant brick red with an orangeish ▸▸

Tipo/Kind	Bodega/Winery	Marca/Label	Cosecha/Harvest	U$S	Pts

MALBEC

▸ anaranjados, brillante. Muy buen color para ser 1977!", "uno de los referentes argentinos como vino de guarda", "increíble que siga teniendo rastros de fruta", "para acompañar comidas elegantes y complejas, ni hablar de un Camembert maduro!!"

▸ tint. Great color for a 1977!" "One of the Argentine references for a wine apt for ageing," "It's incredible that it still has traces of fruit." "Pair this with elegant, complex meals-and Camembert."

● Bodega y Cavas de Weinert S.A.   Weinert Gran Vino   **1997** $$ ★★★★★

De color granate o rojo purpúreo intenso con notas de evolución, de nariz concentrada y atractiva, muy especiada y con notas de manteca fresca, menta, eucaliptus, hojarasca de otoño y tabaco, entra en boca con frescura y toda la fruta, en un ataque dulce y jugoso que prosigue con buena acidez y *"taninos apretaditos"*. *"Un vino para destacar"*, *"muy...muy...largo"*.

Intense purplish-garnet red showing some age. Concentrated and attractive nose, very spicy with notes of fresh butter, mint, eucalyptus, new-fallen leaves, and tobacco. Fresh, fruity palate starts of sweet and juicy and just keeps going. Nice acidity and "tight tannins." "An outstanding wine," "very…very… long."

● Alta Vista   Alta Vista Gran Reserva   **2000** $$ ★★★★

Este Malbec de terruño mendocino y escuela francesa es de color rojo intenso y desprende un aroma de higos secos, moras, cassis, aceitunas negras, membrillo, café y caramelo. En boca resulta amable, equilibrado, aterciopelado y de buena estructura. *"Elegante y serio"*, apuntó un catador.

This deep red Malbec of Mendozan terroir and French schooling exudes aromas of dried figs, blackberries, black currant, black olives, quince, coffee, and caramel. Balanced mouthfeel, soft and velvety, with good structure. "Elegant and serious," said one taster.

● Altos Las Hormigas S.A.   Altos Las Hormigas   **2001** $$ ★★★★

"Vino para tomar ahora, agradable", *"un buen vino"*, *"muy buen aporte de la madera"*, *"excelente vino, de gran potencial. Muy complejo. Gran estructura. Para tomarlo durante el año o guardarlo por 5 años"* comentaron nuestros catadores sin saber que era el vino de Antonio Terni y sus socios en *Altos Las Hormigas*. Lo encontraron bien aromático, equilibrado, de taninos maduros, tacto aterciopelado y muy complejo –*fatto come si deve* según la sabiduría y creatividad toscana de Attilio Pagli y Alberto Antonini.

"Nice; ready to drink now," "a good wine," "very good contributions from the wood," "excellent wine with great potential. Very complex. Great structure. Drink up this year or wait as long as 5," commented our tasters, without knowing that this wine belonged to Antonio Terni and his partners at Alto Las Hormigas. They found it aromatic and balanced, with ripe tannins and a velvety mouthfeel. Very complex -- fatto come si deve– according to the Tuscan knowledge and creativity of Attilio Pagli and Alberto Antonini.

● Bodega Achával Ferrer   Finca Altamira   **2000** $$$$$ ★★★★

Un gran Malbec color de ciruela negra, de nariz compleja y equilibrada, evocadora de cassis, madera fresca, regaliz y tabaco. En boca es amable, de taninos dulces y amplios, con larga persistencia y buena estructura. *"Muy armonioso"*, *"Potencial de guarda"*, *"Notas que recuerdan al chocolate"*.

A big Malbec the color of black plums with a complex and balanced nose that recalls black currants, fresh wood, licorice, and tobacco. Affable with rich, sweet tannins, good structure and long finish. "Very harmonious," "good potential for ageing," "chocolate notes."

● Bodega Banfi   Cinco Tierras   **2002** $$ ★★★★

De nariz fresca, mentolada, con marcada presencia de barrica nueva y buena, en boca es frutal, con ▸

Menthol-fresh nose with a pronounced presence of good, new barrels. Fruity on the palate with correct ▸

Tipo/Kind	Bodega/Winery	Marca/Label	Cosecha/Harvest	U$S	Pts

MALBEC

▸▸ taninos y acidez correctas. *"Un vino escondido detrás de la madera, habrá que dejarlo para ver si aparece la fruta"*, *"la madera todavía no está integrada, aunque llama la atención su calidad...roble francés nuevo"*, *"ideal para las personas que buscan madera en los vinos"*.

▸▸ *tannins and acidity. "There's a wine hiding behind the wood; leave it alone a while to see if the fruit appears," "the wood still hasn't integrated, although the quality of the new French oak is striking," "ideal for those who look for wood in their wine."*

● Bodega Banfi — Simmetry — 2000 — $ — ★★★★

Nariz compleja, con presencia de madera nueva, chocolate, caffé espresso y vainilla. En boca es de ataque frutal (fruta negra), con bastante presencia de madera y taninos dulces. *"El vino es correcto pero no me llama, la nariz se acompleja a medida que se abre"*.

Complex nose, with the presence of new wood, chocolate caffé espresso and vanilla. Approaches the palate with dark fruit and lots of wood and sweet tannins. "The wine is correct, but doesn't speak to me; the nose becomes more complex as it opens."

● Bodega Catena Zapata — Catena Zapata — ☒ 2001 — $$$$$ — ★★★★

Un Malbec de agradable nariz y media intensidad, con espectro aromático de frutas rojas y pimienta, con una crianza bien integrada. Quizá un poco flaco en boca. *"Nariz cerrada al principio"*, *"nota leve de reducción, pólvora"*, *"algo reducido, nada interesante, final picante"*, *"un vino amable"*,

Nice, medium-intensity Malbec, with red fruit and black pepper and well-integrated oak. Perhaps a bit thin on the palate. "Closed nose at first," "slightly dusty and reductive," "a bit reductive, nothing interesting, hot finish," "friendly wine."

● Bodega Domingo Hnos. — Palo Domingo — 2001 — $$ — ★★★★

"Bien rica la nariz", *"muy fino y elegante"*, *"un vino que no está para calificar, tiene un final metálico y no es buena la madera, se detecta ácido tartárico"*, *"le encuentro algo en boca que castigo...la madera por su lado, el alcohol es agresivo"*, *"nariz simple y agradable"*, *"está enmascarado por la madera de poca calidad"*, *"falta cuerpo...buen vino, pero no exquisito"*.

"Delicious nose," "very fine and elegant," "not worth writing up, has a metallic after-taste and the wood is not good, detectable tartaric acid," "there's something faulty in the taste… the wood, for one thing, and the alcohol is aggressive," "simple and pleasant nose," "the wood isn't very good quality and hides the rest," "lacks body… good wine, but not great."

● Bodega Michel Torino — Don David — 2001 — $$ — ★★★★

● Bodega Norton — Norton D.O.C. — 2000 — $ — ★★★★

Un Malbec de intenso color, que al olfato también es intenso, persistente, complejo y vinoso. Desprende notas de compota de frutas rojas, pimienta, café, tabaco y madera. En boca repite a la nariz, con taninos maduros, acidez equilibrada, buena estructura y media persistencia. *"Merece un tiempo en botella"*, *"Interesante"*.

Intense color, with an equally intense, persistent, complex nose. This Malbec exudes red fruit compote, black pepper, coffee, tobacco and wood. The palate confirms the nose. Ripe tannins, balanced acidity, good structure, medium persistence. "Deserves more bottle time," "interesting."

● Bodegas Trapiche — Trapiche Roble — 2000 — $$ — ★★★★

Un señor vino, intenso en nariz, complejo y muy persistente, con notas de frutas rojas y secas, ▸▸

A big wine with an intense nose, complex and very persistent. Notes of red fruit, dried fruits, coffee, ▸▸

TIPO/KIND	BODEGA/WINERY	MARCA/LABEL	COSECHA/HARVEST	U$S	PTS

MALBEC

▸ café, tabaco, vainilla y madera. En boca es equilibrado, fino, de muy buena estructura, con taninos maduros y taninos dulces de la madera. "*Al abrirse, expresa más*", "*La nariz no refleja la complejidad de la boca*" "*Excelente final, gran potencial*".

▸ *tobacco, vanilla, and oak. Balanced and elegant on the palate, with very good structure, ripe tannins, plus more sweet tannins from the wood. "Expresses more as it opens," "the nose doesn't reflect the complexity of the palate, "excellent finish, grand potential."*

●	Bodega y Viñedos Valentín Bianchi S.A.C.I.F.	Famiglia Bianchi	2000	$	★★★★
●	Bodegas y Viñedos Santiago Graffigna S.R.L.	Balbi Reserva	☒ 1999	N/D	★★★★

Una interesante expresión de Malbec sanjuanino, con las notas clásicas de frutos rojos propios de la cepa en Cuyo, más la menta, el cuero y las especias. Agradable y correcto al olfato, en la boca tiene cuerpo, equilibrio, estructura, persistencia y armonía. Sólo le falta un golpe de alas para volar.

Intense expression of a San Juan Malbec, with classic red fruit typical of the variety in Cuyo, plus mint, leather, and spices. Pleasant and correct on the nose, while the palate finds leather, balance, structure, persistence, and harmony. Just needs a couple of wings to take off and fly.

●	Carlos Balmaceda / Arroba	Arroba	2002	N/D	★★★★

Probamos este vino con Attilio Pagli y Carlos Vázquez en Mendoza y nos sorprendió. En Buenos Aires sorprendió también: "*aroma salvaje muy intenso*", "*muy buena estructura y excelente equilibrio, final complejo*", "*muy especiado, gran complejidad*", "*nariz intensa, con marcadas notas de cuero y madera, especiado*", "*recuerdo de madera y cuero, aterciopelado*".

We tried this wine with Attilio Pagli and Carlos Vázquez in Mendoza; it surprised us then, and again in Buenos Aires: "wild and very intense aroma," "very good structure and excellent balance; complex finish," "very spicy; great complexity," "intense nose with clear leather and wood notes; spicy," "recalls wood and leather; velvety."

●	Cavas de Santos	Cavas de Santos	2000	$$	★★★★

Un gran Malbec de color rojo intenso y brillante, de aroma elegante con frutas rojas, menta, eucalipto, pimienta, clavo, café, tabaco, vainilla, caramelo y ahumado. En boca es redondo, con cuerpo, de taninos amables y un largo final frutado. "*Buen equilibrio, elegante*", "*Envolvente*", "*Para acompañar con alimentos grasos*".

A big Malbec, intense and brilliant with elegant aromas of red fruit, mint, eucalyptus, black pepper, cloves, tobacco, vanilla, caramel, and smoke. Well-rounded, good body, friendly tannins, and a long, fruity finish. "Well-balanced and elegant," "wrapping," "pair with fatty foods."

●	Domaine Vistalba S.A. / Fabre-Montmayou	Fabre-Montmayou	2000	$	★★★★

Un Malbec de color pleno, violáceo, que resulta intenso y persistente en nariz, con notas de frutas rojas, rosas, geranios, madera, vainilla, menta, canela y clavo. A la boca resulta seco, largo, equilibrado en su acidez, de cuerpo medio. "*Muy buena estructura... aterciopelado*", "*los taninos están redondos*", "*vino simple pero bien elaborado*".

Deep violet in color, this Malbec with an intense and persistent nose reveals red fruit, roses, geraniums, wood, vanilla, mint, cinnamon, and cloves. Medium-bodied and dry, with balanced acidity, and a long finish. "Very good structure… velvety," "well-rounded tannins," "a simple but well-made wine."

Tipo/Kind	Bodega/Winery	Marca/Label	Cosecha/Harvest	U$S	Pts

MALBEC

● Familia Zuccardi   Q   2000 $$$ ★★★★

De buen color, con aromas de pimienta negra, chocolate, grosella y cassis ensamblados en modo fino y complejo, en boca es "*de buenos taninos con gran estructura*", de cuerpo pleno y algo duro al tacto, con muy larga persistencia. Una excelente expresión de Malbec que no sigue el camino habitual entre los ciruelos.

Good color with aromas of black pepper, chocolate, red and black currants that meld elegantly, on the palate it "has good tannins and a great structure," full-bodied with a rough edge and long finish. Excellent expression of Malbec that doesn't follow the usual trail of plums.

● Finca La Anita   Finca La Anita   2001 $$$ ★★★★

De color morado con algún tono azul, en nariz es "*fresco, muy fresco*" con notas de hojarasca, madera fresca, regaliz, café torrefacto y especias. En la boca es jugoso, frutal, especiado y maderizado, con taninos suaves y buena persistencia. "*Tomar ahora*", "*con cuerpo y mucha presencia*".

Maroon with a bluish tint, the nose is "fresh, very fresh," with notes of autumn leaves, fresh wood, licorice, roasted coffee, and spices. Juicy, fruity, spicy, and woody palate with soft tannins and a nice persistence. "Drink now," "good body and presence."

● Lagarde S.A.   Medrano   2001 $ ★★★★

Un Malbec que evoca fruta roja cocida, mermelada de membrillo, clavo, nuez moscada y tabaco. De cuerpo medio y buen postgusto. "*Me gusta el mentolado en la nariz, critico falta de intensidad y dureza en boca*", "*vino agradable para tomar ahora o guardar un tiempo más*", "*muy delicado en nariz, complejo y aterciopelado, de gran equilibrio*", "*interesante final de boca*", "*un vino elegante*".

A Malbec reminiscent of cooked red fruit, quince marmalade, cloves, nutmeg, and tobacco. Medium-bodied and good after-taste. "I like the menthol note on the nose, but criticize its lack of intensity and hard palate." "nice wine to drink now or lay down for a while longer," "delicate nose, complex and velvety, great balance," "interesting finish," "elegant wine."

● Ricardo Santos   Ricardo Santos   2000 $$$ ★★★★

En fase olfativa, uno de los más interesantes de su cepa: un catador dejó los descriptores habituales de Malbec y anotó "*te*" y "*aguaribay*" entendiendo molle, falso pimiento o *Schinus molle*. Dos apuntaron "*yerba mate*" en la nariz y otro, "*final poco agradable a mate*". Otros: "*final largo de hierbas frescas*" y "*largo final agradable*".

Aromatically speaking, one of the most interesting of this variety. One taster left a list of the usual Malbec descriptors and added "tea," and "aguaribay," a South American tree sometimes called the false pepper tree (Schinus molle). Two other noted "hierba mate" on the nose, and another said "finishes nicely on a note of mate." Other comments included "long finish with fresh herbs," and "nice, long finish."

Tipo/Kind	Bodega/Winery	Marca/Label	Cosecha/Harvest	U$S	Pts

MALBEC

	Viña Doña Paula S.A.	Los Cardos	2001	$$	★★★★

De buen color, este Malbec recuerda al olerlo frutas rojas, café suave, vainilla, chocolate, madera fresca, cuero, eucaliptus, pimienta y regaliz, con media persistencia y cierta complejidad. En boca es de cuerpo medio, buena estructura y levemente astringente. *"Alcohol un poco quemante"*, *"un vino muy fino e interesante"*, *"destacable entre los clásicos argentinos"*.

A Malbec with good color and aromas of red fruit, light coffee, vanilla, chocolate, fresh wood, leather, eucalyptus, black pepper, and licorice with medium persistence and a certain complexity. Medium-bodied with good structure and slight astringency. "High alcohol; hot," "fine, interesting wine," "stands out among classic Argentine wines."

	Viña Doña Paula S.A.	Doña Paula Estate	1999	$$$	★★★★

Un Malbec que desconcertó en fase olfativa con *"notas animales, corral, cuero"*, *"nariz con carácter especialmente salvaje"*, *"vino muy difícil, tiene fruta y algo animal"*, *"muy animal, tiene nota a establo"*. En boca repitió estas notas con caramelo, *"súper súper jugoso"*, de buena acidez aunque quizá con taninos algo verdes.

A disconcerting Malbec in the olfactory phase with "animal, stable, leather notes," "a particularly wild nose," "very difficult wine, it has both fruit and animal aromas," "very animal smelling, like a stable." *These sensations were repeated on the palate, along with a sense of caramel,* "super, super, juicy," *with good acidity, although the tannins may be a bit green.*

	Viñedos y Bodegas La Rural S.A. Ltda.	Colección Rutini	2000	$$$	★★★★
	Bodega Adriana Martinez / Mythos	Mythos	2002	$	★★★
	Bodega Augusto Pulenta	Valbona	2001	$	★★★
	Bodega Barberis / Finca Los Leiva	Retablo	2002	$	★★★
	Bodega Barberis / Finca Los Leiva	Talento	1999	$$$	★★★
	Bodega Catena Zapata	Alamos	1999	$	★★★
	Bodega del Fin del Mundo / Grupo La Inversora S.A	Newen Patagonia	2002	$	★★★
	Bodega Domingo Hnos.	Domingo Molina	2000	$$$	★★★
	Bodega Don Cristóbal 1492	Don Cristóbal 1492	2002	$	★★★
	Bodega Don Martino	Martino	2002	$$	★★★
	Bodega Escorihuela	Escorihuela Gascón	2001	$$	★★★
	Bodega Jean Rivier	Jean Rivier	2000	$$	★★★
	Bodega Norton	Dalton		$	★★★

Tipo/Kind	Bodega/Winery	Marca/Label		Cosecha/Harvest	U$S	Pts
MALBEC						
●	Bodega Norton	Norton Reserva		2000	$$	★★★
●	Bodega San Huberto S.A.	San Huberto Crianza		2001	$	★★★
●	Bodega Terrazas	Terrazas		2002	$	★★★
●	Bodega Terrazas	Terrazas Reserva		2001	$$	★★★
●	Bodega Tierras del Viento	Tierras del Viento		2002	$	★★★
●	Bodega y Viñedos Tapiz S.R.L.	Tapiz		2001	$	★★★
●	Bodega y Viñedos Tierras Altas de Vargas Arizu S.A.	Tierras Altas Crianza		2001	$$$	★★★
●	Bodega y Viñedos Valentín Bianchi S.A.C.I.F.	Elsa	☒	2001	$	★★★
●	Bodega y Viñedos Valentín Bianchi S.A.C.I.F.	Valentín Bianchi	☒	2000	$$	★★★
●	Bodegas Chandon	Latitud 33		2002	$	★★★
●	Bodegas Etchart / Pernod Ricard Argentina	Etchart Privado		2001	$	★★★
●	Bodegas Hispano Argentinas	Marqués de Griñón		1997	$$	★★★
●	Bodegas Lavaque S.A.	Cornejo Costas		2002	N/D	★★★
●	Bodegas Nieto Senetiner	Nieto Senetiner		2000	$	★★★
●	Bodegas Nieto Senetiner	Nieto Senetiner Reserva		2001	N/D	★★★
●	Bodegas Nieto Senetiner	Santa Isabel		2002	$	★★★
●	Bodegas Salentein	Salentein Roble		2001	$$	★★★
●	Bodegas Trapiche	Finca Las Moras		2001	$	★★★
●	Bodegas Trapiche	Finca Las Moras Reserva	☒	2001	$	★★★
●	Bodegas y Viñedos Carmine Granata S.A.I.C.A.	Carmine Granata Tradicional		1999	$	★★★
●	Bodegas y Viñedos El Lagar S.R.L. / Carmelo Patti	Carmelo Patti		1999	$	★★★
●	Bodegas y Viñedos Goyenechea	Quinta Generación	☒	2001	N/D	★★★
●	Bodegas y Viñedos Santiago Graffigna S.R.L.	Graffigna	☒	2000	$	★★★

El disco de las respuestas

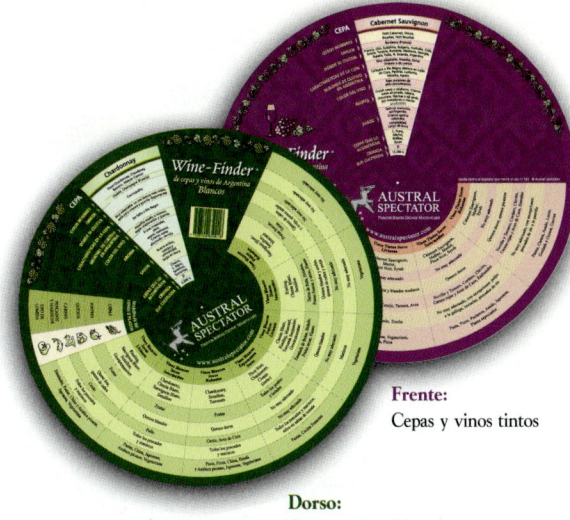

Frente:
Cepas y vinos tintos

Dorso:
Cepas y vinos blancos

El Wine-Finder®, creado por Austral Spectator es un simple y original instrumento manual que permite acceder en forma dinámica a todo el conocimiento básico sobre las cepas y los vinos de Argentina.

Sus dos discos giratorios, para cepas tintas y cepas blancas, ofrecen a través de una ventana triangular toda la información que un amante del vino puede requerir antes de servir un vino en la mesa: características de cada cepa, origen, zonas de cultivo y formas de vinificación. Además, ambas caras del disco contienen información suplementaria acerca del maridaje de vinos blancos y tintos con los distintos tipos de platos y cocinas.

Wine-Finder® es una marca registrada de Austral Spectator S.A. Sus textos y diseño están depositados y registrados bajo la ley de Propiedad Intelectual n°11.723.

Para comprar su Wine-Finder®
www.australspectator.com • ventas@australspectator.com • 54 11 48 16 06 48

batido
8 partes de Gancia
2 partes de jugo natural de limón

TODA BUENA CENA COMIENZA CON UN GANCIA.

coloradito
6 partes de Gancia
2 partes de jugo de naranja
2 partes de Campari

Gancia

Plaza Mayor
Posadas 1052

Azul Profundo
Av. del Libertador 310

Cardinale
San Martín 1225, Hotel Sheraton

Clo Clo
La Pampa y Costanera Norte

Il Gran Caruso
Olga Cosentini Esq. Manuela Saenz

Verace
Federico Lacroze 2173

Oviedo
Beruti 2602

Parolaccia Del Mare
Alicia M. de Justo 1160

Parolaccia Madero
Alicia M. de Justo 1052

Parolaccia Libertador
Av. del Libertador 5836

Carmela
Dardo Rocha 1810 - Martínez

Eliseo
Dardo Rocha 2312 - Martínez

Club Social
Elcano 648 - Acasusso

BEBER CON MODERACIÓN. PROHIBIDA SU VENTA A MENORES DE 18 AÑOS.

**si ud. pertenece a la categoría
de los privilegiados que...**

- saben apreciar las pequeñas grandes cosas de la vida

- abren cada día un oasis de paz y sosiego
  alrededor de una botella

- poseen el afán de conocer más sobre el vino
  y su mundo maravilloso

**...Club del Vino y Cava Privada
son para usted.**

desde 1985 con nuestros socios

Club de Vinos

UN EQUIPO APASIONADO SELECCIONANDO SUS VINOS

Nuestro equipo técnico visita continuamente las bodegas
del país, buscando aquel conjunto de barricas donde, por magia
y por sabiduría, un vino ha evolucionado maravillosamente;
aquel depósito de un frescor y un aroma inigualable;
aquella acertada innovación de un enólogo inquieto;
una primicia que la bodega aún no ha lanzado al mercado.
Realizado el hallazgo, escogidos los depósitos y determinado,
cuando proceda, el corte, los vinos se embotellan en exclusiva
para nuestros socios, bajo nuestra supervisión
y con una etiqueta del Club.

CONTÁCTENOS PARA MAYOR INFORMACIÓN:

EN ARGENTINA
Cabrera 4737 (C1414BGK) Ciudad de Buenos Aires / Tel: (011) 4833-0050
Fax: (011) 4833-0045 / Tel: 0810 4440050 (con el costo de una llamada local)
e-mail: atencionalsocio@el-clubdelvino.com.ar

EN URUGUAY
Francisco Llambi 1364 (11300) Montevideo / Tel: (02) 707-9122
e-mail: cavapri@adinet.com.uy / www.cavaprivada.com.uy

Lucky Luciano
Trattoria e Vini

Cerviño 3943   (C1425AGI) Buenos Aires, ARGENTINA
(005411) **48 02 12 62**
luckylucianotrattoria@hotmail.com

Tipo/Kind	Bodega/Winery	Marca/Label	Cosecha/Harvest	U$S	Pts
MALBEC					
●	Cavas de Santos	Cavas de Santos	2001	$$	★★★
●	Cavas de Santos	Cavas de Santos Roble	2000	$$$	★★★
●	Cavas de Santos	Santos Tanque 8	2000	$$	★★★
●	Dolium S.A.	Dolium	2000	$$	★★★
●	Dominio del Plata / Vintage S.A.	Benmarco	2001	$$$$	★★★
●	Dominio del Plata / Vintage S.A.	Susana B.	2001	$$$$	★★★
●	Familia Zuccardi	Santa Julia Roble	2001	$	★★★
●	La Riojana / Cooperativa Vitivinifrutícola de La Rioja Ltda.	Santa Florentina	2002	$	★★★
●	Luigi Bosca / Leoncio Arizu S.A.A.I.C.	Finca La Linda	2001	$	★★★
●	Luigi Bosca / Leoncio Arizu S.A.A.I.C.	Luigi Bosca D.O.C.	2000	$$	★★★
●	Navarro Correas	Reserva Privada	1999	$$$	★★★
●	Tittarelli Vitícola Olivícola S.A.	Finca El Retiro	2001	$	★★★
●	Viniterra S.A.	Viniterra	1999	$	★★★
●	Alta Vista	Alta Vista Premium	2000	$	★★
●	Atilio Avena e Hijos S.A.	Viñas Atilio Avena Roble	1997	$	★★
●	Bodega Domingo Hnos.	Finca de Domingo	1999	$	★★
●	Bodega Llaver	Eduardo Félix Llaver	2002	$	★★
●	Bodega Michel Torino	Colección Michel Torino	2001	$$	★★
●	Bodega Norton	Norton	2002	$	★★
●	Bodega San Huberto S.A.	San Huberto	2002	$	★★
●	Bodega Santa Faustina	Santa Faustina	1999	N/D	★★
●	Bodega Séptima	Séptima	2000	$	★★
●	Bodega y Cavas de Weinert S.A.	Pedro del Castillo	2001	$	★★
●	Bodega y Cavas de Weinert S.A.	Weinert	1996	$$	★★
●	Bodega y Viñedos Tierras Altas de Vargas Arizu S.A.	Tierras Altas	2002	$$	★★

Tipo/Kind	Bodega/Winery	Marca/Label	Cosecha/Harvest	U$S	Pts
MALBEC					
●	Bodega y Viñedos Valentín Bianchi S.A.C.I.F.	Valentín Bianchi D.O.C.	2000	$	★★
●	Bodegas Hispano Argentinas	Martins	2002	$	★★
●	Bodegas Hispano Argentinas	Martins	2001	$	★★
●	Bodegas López	Casona López	1999	$	★★
●	Bodegas Nieto Senetiner	Nieto Senetiner D.O.C.	2000	$	★★
●	Bodegas Orfila / Cavas de Santa María S.A.	Cautivo Reserva	1998	$$	★★
●	Bodegas Salentein	Finca El Portillo	2001	$	★★
●	Bodegas Trapiche	Trapiche	2001	$	★★
●	Bodegas y Viñedos Carmine Granata S.A.I.C.A.	Oak Cask Tradicional	1999	N/D	★★
●	Bodegas y Viñedos Luis Segundo Correas	Valle Las Acequias	2000	$	★★
●	Bodegas y Viñedos Trivento	Trivento	2002	$	★★
●	Bodegas y Viñedos Trivento	Trivento Reserva	2001	$	★★
●	Casa Vinícola Conalbi Grinberg	Conalbi Grinberg	1997	$$	★★
●	Casa Vinícola Conalbi Grinberg	Duetto Oak	1999	$$$	★★
●	Château d´Ancon / Estancia Ancón	Estancia Ancón	2000	$$	★★
●	Finca La Amalia S.A.	Viña Amalia	2000	$$	★★
●	Finca La Anita	Luna	2001	$$	★★
●	Lagarde S.A.	Lagarde	2000	$$	★★
●	Luigi Bosca / Leoncio Arizu S.A.A.I.C.	Luigi Bosca	2001	$$	★★
●	Navarro Correas	Colección Privada	2000	$$	★★
●	Roca S.A.	Alfredo Roca	2000	$$	★★
●	Viña Cobos S.A.	El Felino	2002	$$	★★
●	Viñas del Golf	Viñas del Golf	2001	$	★★

Tipo/Kind	Bodega/Winery	Marca/Label	Cosecha/Harvest	U$S	Pts
MALBEC					
●	Viñedos y Bodegas La Rural S.A. Ltda.	Pequeña Vasija	2001	$	★★
●	Viñedos y Bodegas La Rural S.A. Ltda.	San Felipe Roble	2001	$	★★
●	Viñedos y Bodegas La Rural S.A. Ltda.	Trumpeter	2001	$$	★★
●	Bodega Barberis / Finca Los Leiva	Humberto Barberis	1999	$	★
●	Bodega Barberis / Finca Los Leiva	Finca Los Leiva	2002	$	★
●	Bodega Cicchitti	Colección Cicchitti	2002	$$	★
●	Bodegas y Viñedos Crotta	Crotta	2000	$	★
●	Bodegas y Viñedos Goyenechea	Goyenechea	2001	$	★
●	Bodegas y Viñedos Santiago Graffigna S.R.L.	Calvet	2002	$	★
●	San Telmo	San Telmo	2001	$	★
MALBEC-BONARDA					
●	Bodega Jean Rivier	Jean Rivier	2001	$	★★
MALBEC-CABERNET SAUVIGNON					
●	Bodega Luca	Beso de Dante	2000	$$$$$	

"Concentrado, complejo, muy distinguido, penetrante y fino a la vez", "nariz muy agradable, elegante, madera bien trabajada, cuero", "nariz aromática bastante especiada", "muy fino, muy elegante, muy delicado", "final fresco y jugoso", "ataque dulce, carnoso...es un outstanding, difícil aguantar guardarlo y no tomarlo ahora, porque está increíble".

"Concentrated, complex, very distinguished; penetrating and elegant at the same time," "very nice nose, elegant; well-worked wood and leather," "spicy nose," "very fine, very elegant, very delicate," "fresh and juicy finish," "sweet attack, meaty… outstanding, it would be hard to lay down and not just drink it now- it's incredible!"

| ● | Alta Vista | Alto Alta Vista | 1999 | $$$ | ★★★★★ |

Un *assemblage* de color casi púrpura, aromático y frutado, en la nariz evoca frutas rojas, clavo de olor, pimienta, vainilla, regaliz, menta y café. Sus taninos verdes pueden desconcertar en la boca, pero tiene las cualidades de un grande. "*Súper vino, de retrogusto fantástico, para guardar varios años*" comentaron los catadores.

An almost purple blend, aromatic and fruity. Red fruit, cloves, black pepper, vanilla, licorice, mint, and coffee on the nose. Its green tannins can be a bit disconcerting, but it has the qualities of a great wine. "Super wine, fantastic after-taste, lay it down for several years," *commented the tasters.*

Tipo/Kind Bodega/Winery	Marca/Label	Cosecha/Harvest	U$S	Pts
MALBEC-CABERNET SAUVIGNON				
● Bodegas Etchart / Pernod Ricard Argentina	Etchart Privado	2001	$	★★★
MALBEC-MERLOT				
● Bodega Tierras del Viento	Tierras del Viento	2002	$	★★
MALBEC-SYRAH				
● Bodega Infinitus	Infinitus	2001	$	★★★
● La Riojana / Cooperativa Vitivinifrutícola de La Rioja Ltda.	Santa Florentina	2002	$	★★★
MALBEC-VERDOT				
● Luigi Bosca / Leoncio Arizu S.A.A.I.C.	Finca Los Nobles	1996	$$$$$	★★★★

Un original *assemblage* donde el complemento del famoso, guapo y oscuro Malbec es una morocha franchuta semidesconocida, la Petit Verdot. El guapo huele a café y a tabaco, la franchuta a tilo y *Pastis*. En el corte se valora el seco y maduro equilibrio del guapo, que sostiene al cuerpo pleno, aterciopelado y jugoso de la Petit Verdot. Hacían falta estos dos para este tango.

An original pairing of the famous tall, dark, and guapo Malbec and a little-known French darling, Petit Verdot. The gallant smells of coffee and tobacco, the darling of lindenflower and Pastis. *Together they bring out the maturity and balance of the guapo, supporting the full, velvety, and juicy body of the Petit Verdot. It took these two for this tango.*

MALBEC-CABERNET SAUVIGNON-TANNAT				
● Finca Las Nubes	José L. Mounier	2001	N/D	★★★
MALBEC-MERLOT-CABERNET SAUVIGNON				
● Finca Flichman S.A.	Paisaje Tupungato	2001	$$$	★★★★★

Color intenso violáceo, de fina e intensa nariz perfumada de frutas rojas y *chutney* o mermelada con especias, pasa por la boca con taninos suaves y sensación frutada-aterciopelada. "Se puede guardar unos años más" "ataque intenso...buena permanencia en boca".

Intensely violet with an elegant nose perfumed with red fruit, spiced chutney and jam leading to a velvety-fruity palate with soft tannins. "Can be held for a couple more years," "opens intensely… nice persistence."

MALBEC-SYRAH-CABERNET SAUVIGNON				
● Bodega Escorihuela	Miguel Escorihuela Gascón	2000	$$$$$	★★★★★

Un elegante y fino assemblage con crianza en barrica que al olfato habla interesante con aliento de café, cassis, especias y fruta negra, y en la boca dice todo en modo seco pero suave, equilibrado, con cáracter y poniendo el cuerpo. Un gran seductor, en suma.

A fine, elegant, barrel-aged blend. Interesting nose with a breath of coffee, black currant, spice, and black fruit. The palate says everything succinctly: dry but soft and balanced, with good character and muscle. Very seductive.

Tipo/Kind	Bodega/Winery	Marca/Label	Cosecha/Harvest	U$S	Pts

MALBEC-MERLOT-CABERNET SAUVIGNON-SYRAH

● Walter Bressia — Profundo — 2001 — $$$$ — ★★★

MERLOT

● Bodegas Nieto Senetiner — Nieto Senetiner Reserva — 2001 — $ — ★★★★★

Un Merlot que se presenta fino, intenso y complejo a la olfacción, con espectro aromático desde las frutas rojas a las especies orientales y quizá algo de cuero animal, que ataca a la boca con un beso carnoso impregnado de taninos dulces y amables, y luego persiste sin decaer. "*Gran vino*".

An elegant and intense Merlot with a complex nose; its aromatic spectrum ranges from red fruits to oriental spices and maybe a bit of leather. On the palate it opens with a big fat kiss of sweet and friendly tannins and persists without fading. "A great wine."

● Establecimiento Humberto Canale S.A. — Marcus Gran Reserva — 2001 — $$$ — ★★★★★

Uno de los gigantes de la Patagonia, de un rojo heráldico que preanuncia a simple vista un vino noble, armado con una panoplia aromática que va de la alacena a la huerta y al bosque y un cuerpo varonil, firme y musculoso. Una formidable expresión de Merlot más austral del mundo. "*Estará mejor en dos años*".

One of the giants of Patagonia, its heraldic red color announces its nobility. Armed with an aromatic panoply ranging from the pantry to the garden to the forest and firm, muscular, virile body. A formidable expression of the southernmost Merlot in the world. And it'll be "even better in another 2 years."

● Familia Zuccardi — Q — 1999 — $$$ — ★★★★★

A veces un catador se enamora a ciegas de una muestra X. El resto del equipo lo halló bien complejo e interesante, pero para uno fue "*elegante y seductor, invita a tomarlo*", "*vino gourmand*", "*uno de los mejores vinos de Argentina por su delicadeza y atractivo en nariz y estructura en boca*".

Sometimes participants in a blind tasting fall in love with sample "X." The rest of the team found it complex and interesting, but one wrote, "elegant and seductive, inviting," "a Gourmet wine," "one of the best wines in Argentina for its delicacy and attractive nose and structure."

● Finca Flichman S.A. — Caballero de la Cepa — 2001 — $ — ★★★★★

Todo es intenso en este Merlot: su color, su nariz persistente y compleja (frutas rojas, pasas y secas; especias, madera, humo, manteca, cuero, eucalipto, café, chocolate, menta, aceitunas). Largo y bien estructurado, astringente, de taninos amables. "*Un delicado ataque, un gran vino*" "*¡Gran complejidad!*" "*Excelente integración de la madera*".

Everything about this Merlot is intense: its color, nose and mouthfeel. Complex aromas of red fruit, raisins, spices, wood, smoke, butter, leather, eucalyptus, coffee, chocolate, mint, and olives. Astringent but pleasant tannins. Long, well-structured finish. "A delicate attack; a great wine," "great complexity!" "excellent integration of the wood."

● Viñedos y Bodegas La Rural S.A. Ltda. — Trumpeter — 2001 — $$ — ★★★★★

De color rojo intenso muy límpido, con destellos violáceos. Fase olfativa intensa, persistente y compleja, con una nítida nota de violeta en contrapunto con otras ahumadas, animales, de torrefacción y mermelada de cassis. Muy buena acidez, con ▶

Everything about this Merlot is intense: its color, nose and mouthfeel. Complex aromas of red fruit, raisins, spices, wood, smoke, butter, leather, eucalyptus, coffee, chocolate, mint, and olives. Astringent but pleasant tannins. Long, well-structured finish. ▶

Tipo/Kind	Bodega/Winery	Marca/Label	Cosecha/Harvest	U$S	Pts

MERLOT

▸▸ taninos bien presentes. "*Un vino muy interesante*", "*Gran potencial, le falta botella*", "*Excelente final de boca*".

▸▸ "A delicate attack; a great wine," "great complexity!" "excellent integration of the wood."

● Bodega Catena Zapata — Angélica Zapata Alta — 2000 — $$$ —

De nariz agradable, interesante y elegante, con una punta verde, fruta roja discreta y notas especiadas y acarameladas, en boca repite las notas de su nariz con equilibrio y estructura media. "*Buenos taninos aunque un poco cerrados*", "*la acidez es marcada y poca la complejidad*", "*no tan sabroso como anuncia su nariz*", "*no tomar solo, sí con comidas*", "*buena boca, taninos jóvenes*".

Nice, interesting, and elegant nose, a touch green, discreet red fruit, along with spicy and caramelized notes. The palate repeats the nose and adds balance and a medium structure. "Good tannins, though a bit closed," "pronounced acidity and lacks complexity," "not as tasty as the nose suggested," "not for drinking alone, but with meals," "good palate, young tannins."

● Bodega Infinitus — Infinitus — 1999 — $$$ — ★★★★

Este Merlot patagónico del enólogo Eduardo Gracia en la copa despertó interés visual con su intensidad, en la nariz resultó evocador de pimientos rojos, pimienta, concentrado de ciruelas e incluso el espectro cuero-terroso. En boca habló de frutas rojas, con taninos dulces, buena acidez y la tipicidad vegetal de la cepa. Puede crecer todavía en botella.

This Patagonian Merlot from winemaker Eduardo Gracia sparked visual interest in its intensity. Aromatically it evoked red peppers, black pepper, plum concentrate, and even the earthy-leathery spectrum. The palate speaks of red fruits with sweet tannins, good acidity, and the vegetal typicity of the variety. It may still improve in the bottle.

● Bodega y Cavas de Weinert S.A. — Weinert Gran Vino — 1997 — $$ —

Tras el color atejado de su edad, posee aromas complejos del reino vegetal (aceitunas, espárrago, habas, hongos, tabaco) y culmina con notas animales. Al entrar en boca se encarna en taninos suaves y maduros, incluso dulzones. "*Agradable final de madera y fruta*", "*elegante, sugiero decantar*", "*un vino para acompañar con comidas!*".

Beyond the brick-red color that belies its age, its complex aromas originate in the vegetal kingdom (olives, asparagus, beans, mushrooms, tobacco) and culminate with animal notes. The palate perceives tannins so soft and ripe they seem sweet. "Nice oaky-fruity finish," "elegant; I suggest decanting," "a wine to accompany meals."

● Bodegas Nieto Senetiner — Nieto Senetiner — 2000 — $ — ★★★★

Un Merlot descollante por su nariz fina y compleja, con notas herbáceas y animales (cuero), grosella y cassis, menta, café, chocolate, eucalipto y madera. En boca es fresco, con buena acidez, pleno y complejo, muy jugoso, con un largo final a vainilla y café. "*Muy equilibrado y franco*".

An outstanding Merlot with an elegant, complex nose: herbal and animal (leather) notes with red and black currants, mint, coffee, chocolate, eucalyptus and wood. The palate is fresh with good acidity. Very juicy, lush, and complex, finishing long with vanilla and coffee "Frank and very well balanced."

● Bodegas Trapiche — Trapiche Roble — 1999 — $$ —

De "*color seductor*" con matices de evolución, no es menos seductor con la nariz, fina y compleja, cargada de fruta roja boscosa, violeta, pasto verde, tomillo, menta, madera. Su beso en la boca es ▸▸

With a "seductive color" with a hint of evolution, it is no less seductive on the nose: fine and complex, loaded with red forest fruits, violets, green grass, thyme, mint, and wood. Its kiss is soft and juicy, and the rest is ▸▸

Tipo/Kind	Bodega/Winery	Marca/Label	Cosecha/Harvest	U$S	Pts

MERLOT

▸▸ suave pero jugoso, equilibrado en taninos, acidez y alcohol, de larga persistencia. "*Vino muy compensado y agradable!*", "*un vino como los que se hacían antes*".

▸▸ *balance in tannins, acidity, alcohol with a long finish.* "Very balanced and pleasant wine!" "the kind of wine they used to make."

●	Familia Zuccardi	Santa Julia Reserva	2001	$	★★★★

Un Merlot de color intenso y nariz fresca, herbácea, "*armónica y agradable*", "*aromático, sutil*". En las bocas de cata causó muy buena impresión: "*agradable, buena persistencia, amplio*". Alguno comentó: "*le falta botella. Sugiero decantar. Gran potencial de guarda*".

An intensely-colored Merlot and a fresh, herbaceous nose "harmonious and pleasant," "aromatic and subtle." *Made a good impression on the tasters,* "nice, good persistence, lush." *And someone commented,* "needs bottle time. I suggest decanting it. Great potential for laying down."

●	Bodega del Fin del Mundo / Grupo La Inversora S.A	Newen Patagonia	2002	$	★★★
●	Bodega Don Cristóbal 1492	Don Cristóbal 1492	2002	$	★★★
●	Bodega Don Cristóbal 1492	Don Cristóbal 1492 Roble	2001	$$	★★★
●	Bodegas Lavaque S.A.	Finca de Altura	2002	$$	★★★
●	Bodegas Salentein	Salentein Roble	2000	$$$	★★★
●	Establecimiento Humberto Canale S.A.	Marcus	1999	$	★★★
●	Lagarde S.A.	Lagarde	2000	$$	★★★
●	Viña Cobos S.A.	Lagarto	2002	$$	★★★
●	Viñedos y Bodegas .La Rural S.A. Ltda.	San Felipe Roble	2001	$	★★★
●	Bodega Llaver	Familia Llaver Oro	2002	$$	★★
●	Bodega Norton	Norton	2002	$	★★
●	Bodega y Viñedos Tapiz S.R.L.	Tapiz	2000	$	★★
●	Bodegas Hispano Argentinas	Martins	2001	$	★★
●	Bodegas Salentein	Finca El Portillo	2001	$	★★
●	Bodegas y Viñedos Finca La Celia	La Celia Reserva	2001	$$	★★
●	Bodegas y Viñedos Goyenechea	Goyenechea Reserva ☒	2001	N/D	★★
●	Familia Zuccardi	Santa Julia	2001	$	★★

Tipo/Kind	Bodega/Winery	Marca/Label	Cosecha/Harvest	U$S	Pts
MERLOT					
●	La Riojana / Cooperativa Vitivinifrutícola de La Rioja Ltda.	Santa Florentina	2002	$	★★
●	Roca S.A.	Alfredo Roca	2000	$$	★★
●	Viñedos y Bodegas La Rural S.A. Ltda.	Colección Rutini	1999	$$$	★★
●	Bodega Cabrini	Cabrini	2001	$	★
●	Bodega Michel Torino	Colección Michel Torino	2001	$	★
●	Bodega Norton	Norton	1999	$	★
●	Bodega Rosell Boher	Viñas de Narváez	2002	$$	★
●	Bodega Sebastián Adrover	Don Sebastián	2001	$$	★
●	Bodega Tierras del Viento	Tierras del Viento	2002	$	★
●	Bodega y Cavas de Weinert S.A.	Weinert	1997	$$	★
●	Bodegas Trapiche	Trapiche	2000	$	★
●	Casa Vinícola Conalbi Grinberg	Conalbi Grinberg	1999	$$	★
●	San Telmo	San Telmo	2000	$	★
MERLOT-MALBEC-CABERNET SAUVIGNON					
●	Château d´Ancon / Estancia Ancón	Gran Reserva Familia Ancón	2000	N/D	★★★
PINOT NOIR					
●	Bodegas Salentein	Salentein Primus	2000	$$$$	★★★
●	Bodegas Trapiche	Trapiche Oak Cask	2001	$	★★★
●	Bodegas y Viñedos Carmine Granata S.A.I.C.A.	Carmine Granata Tradicional	1999	$	★★★
●	Bodegas Trapiche	Trapiche ☒	2001	$	★★
●	Establecimiento Humberto Canale S.A.	Humberto Canale	2000	$$	★★
●	Roca S.A.	Family Reserve ☒	2002	N/D	★★
●	Navarro Correas	Colección Privada	2000	$$	★

Tipo/Kind	Bodega/Winery	Marca/Label	Cosecha/Harvest	U$S	Pts

SANGIOVESE

	Bodega Benegas	Benegas	2000	$$$	★★★
●	Viñedos y Bodegas La Rural S.A. Ltda.	San Felipe Roble	2001	$	★★★
●	Bodega Don Cristóbal 1492	Don Cristóbal 1492	2002	$	★★

SANGIOVESE-CABERNET SAUVIGNON

●	Bodega Benegas	Benegas	2000	$$$	★★★★

Rojo morado, con matices teja de evolución, aromas de fruta bien especiada, cedro y cuero, de cuerpo medio y una astringencia de los taninos que hace pensar en la guarda. "*Quizá más nariz que boca*", "*en boca cae un poco, pero es muy agradable*".

Deep, dark red starting to show some evolution, with spicy fruit aromas mixed with cedar and leather. A medium-bodied wine with tannins on the astringent side, which might improve with a bit more time. "Maybe more nose than palate," "Pleasant, but falls a bit short on the palate."

SYRAH

●	Finca Flichman S.A.	Caballero de la Cepa	2001	$	★★★★★

Hace honor a su nombre, porque este varietal de crianza es caballero de una cepa briosa, no de las más fáciles de domesticar en "monocepaje". Como buen Syrah huele a mochila de Marco Polo joven, camino a la China. Tiene piernas robustas y una carnadura aterciopelada. Es fresco y seductor con la lengua. Puede soportar años de prisión en una cava.

Aptly named ("Knight of the Grapevine Syrah"), because this oak-aged varietal is a noble example of the spirited variety, not one of the easiest to tame into a 'mono-varietal' wine. Like a good Syrah, it smells of young Marco Polo's backpack on his way to China. Thick, robust legs on a hefty body, yet still velvety to the touch. Fresh and seductive, and nicely capable of handling being locked away in the cellar for several years.

●	Bodega Cahema Olduva S.R.L.	Ostrich	2002	N/D	★★★★

Un Syrah más frutado que especiado (fruta fresca negra condimentada con pimienta negra) y cuero. En la boca tuvo un momento de dióxido carbónico y taninos duros o secantes que sugieren esperarlo un tiempo más antes de beberlo. "*Es muy joven*".

This Syrah is more fruity than spicy (fresh black fruit seasoned with black pepper) and leather. The palate showed a bit of CO_2 and its hard dry tannins suggest waiting a bit longer before drinking. "It's very young."

●	Bodega Escorihuela	Escorihuela Gascón	2001	$$	★★★★

Este Syrah mendocino de color rojo ciruela intenso y brillante desprende aromas frutados, especiados y maderizados, con notas de café, vainilla, especias, cuero, fruta cocida y manteca. En boca ofrece una buena armonía entre acidez, taninos y alcohol. "*Redondo, largo y elegante...está muy bien para acompañar carnes*".

This intense and brilliant plum-red Syrah from Mendoza exudes aromas of fruit, spices, and wood, followed by notes of coffee, vanilla, leather, cooked fruit, and butter. Good harmony between acidity, tannins, and alcohol. "Round, long, and elegant... this one is to accompany meat."

Tipo/Kind	Bodega/Winery	Marca/Label	Cosecha/Harvest	U$S	Pts

SYRAH

- **Bodega Séptima** — Séptima — 2001 — $$ — ★★★★

  Su espectro aromático evoca las características de la variedad: fruta negra, cassis, ciruela compotada, pimienta y caramelo suave. La madera está bien integrada. Pero sus taninos son jóvenes y muy marcados: es un vino para guardar un par de años, no para consumir ya. *"Vigoroso, muy complejo y estructurado"*, *"con potencial, hay que esperar que se suavicen sus taninos"*, *"¡promete ser un gran vino!"*.

  Its aromatic spectrum recalls the characteristics of the variety: black fruit, cassis, stewed prunes, black pepper, and soft caramel. Well-integrated wood, but its tannins are young and very pronounced; not a wine to drink today- lay it down for a couple years. "Vigorous, very structured and complex," "with potential, but wait for the tannins to soften up," "Promises to be a great wine!"

- **Bodegas Nieto Senetiner** — Nieto Senetiner — 2000 — $ — ★★★★

  De color rojo violáceo, muy frutado, recuerda perfumes de ciruelas, grosellas, cassis, café, clavo, anís, heno y tabaco. En la boca se repiten las frutas rojas. Un Syrah muy equilibrado, con taninos presentes y amables. *"Bien complejo, gran potencial de guarda"*.

  Violet red and very fruity, this Syrah evokes plums, red and black currants, coffee, cloves, anise, hay, and tobacco. Red fruit reappears on the palate. Very balanced, with firm but friendly tannins. "Quite complex; great aging potential."

- **Bodegas Trapiche** — Trapiche — 2000 — $ — ★★★★

  Un Syrah de aroma intenso, persistente y complejo con notas de moras, ciruelas, chocolate, pimienta, vainilla, café y torrefacción, además de madera. En boca es seco y de equilibrada acidez, con buen cuerpo-persistencia-estructura. *"Buen potencial"*, *"¿Presencia de umami?"*, *"Interesante vino"*.

  An intense nose, persistent, and complex, this Syrah shows notes of blackberries, plums, chocolate, black pepper, vanilla, coffee, and roasted coffee, along with wood. Dry, with balanced acidity, and good body, structure, and finish. "Good potential," "umami maybe?" "interesting wine."

- **Bodegas y Viñedos Santiago Graffigna S.R.L.** — Graffigna — ☒ 2000 — $ — ★★★★

  De intenso color sanguíneo, este Syrah sanjuanino guarda alguna memoria aromática de la especiería propia de la cepa, pero más bien ofrece fruta roja con eucaliptus y menta. En la boca es un vino completo y bien o muy bien dotado, que mereció respetos pero no despertó entusiasmo. *"Típico vino argentino"*.

  Intense blood red, while this San Juan Syrah recalls something of the spiciness typical of the variety, it offers up more red fruit, eucalyptus, and mint. On the palate its complete and well-endowed. Deserves respect but didn't spark much enthusiasm. "Typical Argentine wine."

- **Familia Zuccardi** — Santa Julia — 2001 — $ — ★★★★

  Si los vinos se cataran a ciegas con su precio en vez de una capucha, este Syrah encontraría pocos rivales en Chile, que es la única otra tierra Syrah de Sudamérica. De color arzobispal, de nariz vinosa frutal y maderizada, de boca redonda y obvia aptitud para la guarda, también está listo para tomar. Excepcional relación calidad-precio.

  If blind tastings were conducted with prices instead of hoods, this Syrah would find few rivals in Chile, South America's only other land of Syrah. Archbishop red with a fruity, woody nose and nice, round palate. While it shows obvious potential for laying down, it's also just right for drinking now. Exceptional price-quality relationship.

Tipo/Kind	Bodega/Winery	Marca/Label	Cosecha/Harvest	U$S	Pts
SYRAH					
●	Bodega Terrazas	Terrazas	2002	$	★★★
●	Bodegas Hispano Argentinas	Martins	2002	$	★★★
●	Bodegas Salentein	Finca El Portillo	2001	$	★★★
●	Bodegas y Viñedos Pascual Toso S.A.	Pascual Toso	2002	$	★★★
●	Bodegas y Viñedos Santiago Graffigna S.R.L.	Colón		$	★★★
●	Bodegas y Viñedos Trivento	Trivento	2002	$	★★★
●	Finca Don Domenico	Finca Don Domenico	2002	$$	★★★
●	Finca La Anita	Finca La Anita	1999	$$$	★★★
●	La Riojana / Cooperativa Vitivinifrutícola de La Rioja Ltda.	Santa Florentina	2002	$	★★★
●	Viñedos y Bodegas La Rural S.A. Ltda.	Trumpeter	2001	$$	★★★
●	Bodega Cabernet de los Andes / Tizac	Tizac		$$	★★
●	Bodega Cahema Olduva S.R.L.	Ostrich	2000	N/D	★★
●	Bodega Don Diego	Don Diego	2002	$$	★★
●	Bodega Michel Torino	Colección Michel Torino	2001	$$	★★
●	Bodega Santa Faustina	Santa Faustina	2000	N/D	★★
●	Bodega y Viñedos Tapiz S.R.L.	Tapiz	2001	$$	★★
●	Bodegas Lavaque S.A.	Finca de Altura	2002	$$	★★
●	Bodegas Orfila / Cavas de Santa María S.A.	Cautivo Reserva	1998	$$	★★
●	Bodegas Trapiche	Finca Las Moras	2000	$	★★
●	Bodegas y Viñedos Goyenechea	Goyenechea Reserva ☒	2001	N/D	★★
●	Lagarde S.A.	Lagarde	2000	$$	★★
●	San Telmo	San Telmo	2002	$	★★
●	Tittarelli Vitícola Olivícola S.A.	Finca El Retiro	2001	$	★★
●	Viniterra S.A.	Viniterra	1999	$	★★

Tipo/Kind	Bodega/Winery	Marca/Label	Cosecha/Harvest	U$S	Pts
SYRAH					
●	Viñedos y Bodegas La Rural S.A. Ltda.	Pequeña Vasija	2001	$	★★
●	Viñedos y Bodegas La Rural S.A. Ltda.	San Felipe Roble	2001	$	★★
●	Bodega Cabrini	Cabrini	2001	$	★
●	Bodegas Orfila / Cavas de Santa María S.A.	Orfila	2001	$	★
●	Bodegas y Viñedos Trivento	Trivento Reserva	2001	$	★
●	Navarro Correas	Colección Privada	2000	$$	★
●	Roca S.A.	Alfredo Roca	2000	$$	★
●	Viña Doña Paula S.A.	Los Cardos	2001	$$	★
SYRAH-BONARDA					
●	Dominio del Plata / Vintage S.A.	Anubis	2001	$$	★★★★

Ignoramos porqué pusieron nombre de un dios egipcio tan tremendo a este gran vino que es todo lo contrario: dionisíaco, osado como un hijo de Baco en su novedoso corte de cepas. De nariz que recuerda ensalada de frutas rojas con canela, luego un *caffé ristretto* y finalmente un buen tabaco, al ponerlo en boca confirma todo lo anterior, con cuerpo pleno y equilibrado.

We don't know why they chose to name this after such a tremendous Egyptian god when in fact the wine is just the opposite: Dionysian, bold as a son of Bacchus in his novel varietal blend. The nose recalls a red fruit salad with cinnamon, followed by a caffé ristretto *and good tobacco. The palate confirms all, adding full body and balance.*

●	Cavas de Santos	Cavas de Santos	2001	$$	★★
●	Dominio del Plata / Vintage S.A.	Crios	2001	$$$	★★
SYRAH-CABERNET SAUVIGNON					
●	Bodega Norton	Norton Reserva	2000	$$	★★
●	Bodegas y Viñedos Santiago Graffigna S.R.L.	Graffigna		$	★★
SYRAH-MALBEC					
●	Bodegas y Viñedos Trivento	Trivento Reserva	2001	$	★★
SYRAH-MERLOT					
●	Bodegas y Viñedos Goyenechea	Goyenechea		$	★★

Tipo/Kind	Bodega/Winery	Marca/Label	Cosecha/Harvest	U$S	Pts

SYRAH-MERLOT-CABERNET SAUVIGNON

	Finca Flichman S.A.	Paisaje Barrancas	2001	$$$	★★★★★

De excelente color rojo ciruela con reflejos rosados, de nariz fresca y elegante con amplio registro aromático, desde las frutas rojas frescas a la mermelada, las especias, el cedro y el cuero. Su vocabulario gustativo es igualmente amplio, muy elegante y equilibrado en taninos, acidez, fruta y madera. "*Un vino pleno, atractivo, muy largo*".

Excellent plum red color with rosy highlights, the nose is fresh and elegant with a broad aromatic spectrum, from fresh red fruits to jam, spices, cedar, and leather. Its gustatory vocabulary is equally broad. Very elegant and balanced in its tannins, acidity, fruit, and wood. "A full-bodied wine, attractive, and very long."

TANNAT

	Bodegas Lavaque S.A.	Cornejo Costas	2002	N/D	★★★
	Bodega Michel Torino	Colección Michel Torino	2001	$	★★

TEMPRANILLO

	Familia Zuccardi	Q	2000	$$$	★★★★

Ciruela cocida y rutas de la especiería y del tabaco al poner la nariz en la copa, al sumergir la lengua se advierte un admirable ensamble con la madera. "*Es un gran vino, sólo que algo caluroso*", "*bien para tomar ahora pero con potencial de guarda*", "*muy buena entrada, taninos dulces y presentes, de buena persistencia, gran vino*", "*vino carnoso y masticable, de gran estructura y complejidad*".

Put your nose to the glass: you'll find cooked plums with spices and tobacco. Now take a sip: an admirable blend with the wood. "A great wine, though a bit hot," "fine to drink now, but with potential for further ageing," "very good attack, sweet and firm tannins, good persistence- a great wine," "a meaty, chewy wine with great structure and complexity."

	Bodega Norton	Norton	2001	$	★★★
	Bodegas Hispano Argentinas	Marqués de Griñón Roble	2001	$$	★★★
	Bodegas Hispano Argentinas	Martins	2002	$	★★★
	Dominio del Plata / Vintage S.A.	Anubis	2001	$$	★★★
	Familia Zuccardi	Santa Julia	2001	$	★★★
	Tittarelli Vitícola Olivicola S.A.	Finca El Retiro	2001	$	★★★
	Viñedos y Bodegas La Rural S.A. Ltda.	San Felipe Roble	2001	$	★★★
	Bodegas Hispano Argentinas	Marqués de Griñón	2001	$$	★★
	Bodegas Salentein	Finca El Portillo	2002	$	★★
	Familia Zuccardi	Vida Orgánica	2001	$	★★
	Finca Don Domenico	Finca Don Domenico	2002	$$	★★

Tipo/Kind Bodega/Winery	Marca/Label	Cosecha/Harvest	U$S	Pts
TEMPRANILLO				
● Bodega y Cavas de Weinert S.A.	Pedro del Castillo	2001	$	★
● Bodegas y Viñedos Crotta	Crotta	2000	$	★
● Luigi Bosca / Leoncio Arizu S.A.A.I.C.	Finca La Linda	2001	$	★
TEMPRANILLO-MALBEC-SYRAH-MERLOT				
● Bodegas y Viñedos O. Fournier	Urban OAK	2002	$	★★★
TEMPRANILLO-MERLOT-MALBEC				
● Bodegas y Viñedos O. Fournier	B Crux	2001	$$$$	★★★★

Este *assemblage* en sus primeras cosechas gustó sin apasionar. La nariz encuentra frutas rojas y negras y también sus confituras, en un espectro de complejidad media, con buena intensidad, calidad y carácter. En la boca sumó todos los equilibrios pero no desequilibró los sentidos. *"Es un vino simple"* anotó uno de los catadores.

One of its earliest vintages, this blend is likeable, but not exciting. Red and black fruit and jams predominate in this moderately-complex nose. Good intensity, quality, and character. Well balanced palate that failed to set our senses off-balance. "A simple wine," wrote one of the tasters.

● Bodegas y Viñedos O. Fournier	A Crux		$$$$$	★★★★

Rojo intenso y oscuro, de buena presencia aromática con notas de especias, café y tabaco sobre un fondo de fruta negra en mermelada y madera, con matiz ahumado. En boca es dulce, maderoso y frutal, de buen cuerpo y final agradable. *"Me gustaría probarlo más adelante"*.

Deep, dark, red and nice aromatic presentation with spices, coffee, and tobacco over a base of black fruit jam and oak and a bit of smoke. Sweet, woody, fruity palate with good body and a nice finish. "I'd like to try this one farther along."

● Bodegas y Viñedos O. Fournier	Urban OAK	2001	$$	★★★

Vinos Dulces y Fortificados/*Sweet and Fortified Wines*

Tipo/Kind	Bodega/Winery	Marca/Label	Cosecha/Harvest	U$S	Pts

CORTE S/D / ASSEMBLAGE N/D

● Bodega y Viñedos Valentín Bianchi S.A.C.I.F. — New Age Bloody — — $ — ★★

GEWÜRZTRAMINER

○ Viñedos y Bodegas La Rural S.A. Ltda. — Colección Rutini — 2002 — $$ — ★★★★

Amarillo pálido a la vista, en nariz es fino y aromático, floral (rosas, geranios, azahar) y frutado (tropicales, manzanas verdes, melón, pera). Untuoso y con cuerpo, largo en boca y de mucha complejidad. "Un gran vino blanco", "Muy buen vino", "Ideal para pescados de río" anotaron los catadores.

Pale yellow in color, very elegant and aromatic nose, floral (roses, geraniums, orange blossoms) and fruit (tropical, green apples, melon, and pear). Rich body, long finish, good complexity. "A great white wine," "very good wine," "ideal to accompany river fish," commented the tasting panel.

○ Luigi Bosca / Leoncio Arizu S.A.A.I.C. — Luigi Bosca — 2002 — $$$ — ★★★★

De reflejos dorados y/o acerados, complejo e intenso en la nariz, floral, con recuerdos desde el zapallo en almíbar hasta lo mineral, en boca fue pleno y untuoso pero unánimemente falto de acidez, así que "*empalaga un poco*".

Golden yellow with steely highlight, complex and intense nose. Floral, recalls pumpkin in syrup and minerals. Full, sumptuous palate but all agreed it lacks acidity, making it "a bit tiring."

MALBEC

● Familia Zuccardi — Malamado Especial — 2000 — $$$ — ★★★★

Color para unos marrón, para otros granate con reflejos teja y otros aún rojo intenso (prometemos ajustar mejor el colorímetro el año próximo) en narices evoca recuerdos colectivos de las frutas pasas y secas de Navidad, fruta en alcohol y confitura de membrillo. En la boca es licoroso y "*untuoso con sabor a chocolate*". "*Bien para ser el primer fortificado de calidad argentino*".

Some called it maroon, others said it was garnet red with brick highlights, and still others said intense red (we promise to adjust our color scale for next year), but the aromas evoked collective memories of raisins, nuts, and Christmas fruits, 'drunken fruit' and quince jelly. Rather 'liquorous' palate and "supple and chocolatey." "Would be a good choice for the first good-quality fortified wine from Argentina."

MISTELA

○ Bodegas y Viñedos Crotta — Crotta — — $ — ★★★

MOSCATEL DE ALEJANDRIA

○ Cavas de Santos — Cavas de Santos Especial — 2003 — $$ — ★★★

VINO ESPECIAL DE MISA

○ Bodega Cabrini — Cabrini — 2000 — $ — ★★★

111

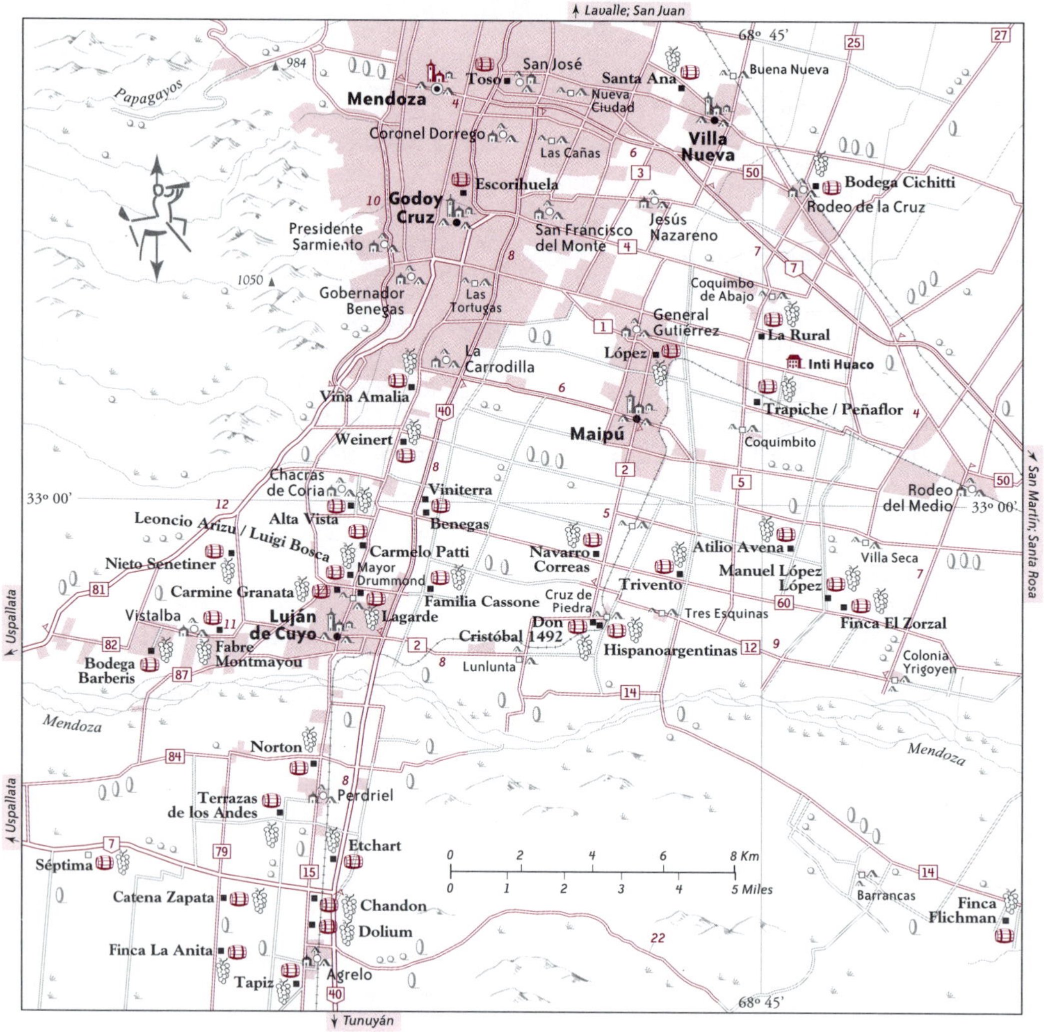

Mendoza, zona Centro / Mendoza, Central Area

CUYO

Que entre Mendoza y San Juan se esconden algunos de los paisajes más espléndidos de la Argentina y de América del Sur, no es una novedad. Pocas partes del planeta reposan al pie de montañas tan imponentes que gobiernan, además de un clima singularmente seco y luminoso, toda una cantidad de otras variables de las que la geografía humana apenas parece percatarse. No sólo la luz y el aire, de amanecer a amanecer, son gobernados por los Andes.

It's no secret that some of the most wonderful landscapes of Argentina and South America are hidden between Mendoza and San Juan. There are few places on Earth that lie at the feet of such imposing mountains, that have such a uniquely dry and sunny climate, that govern such a quantity of other variables that we mere humans barely seem to perceive. It's not just the air and the light, from dawn to dusk, that are controlled by the Andes. It's also the

También el agua y la nieve, el granizo, el viento Zonda, los rayos y tormentas de verano. Hasta el urbanismo y la arquitectura de las ciudades de Cuyo obedecen a la contigüidad con jóvenes y colosales montañas en construcción. La arquitectura antisísmica es más humana que la otra porque desprecia la altura en cielorrasos y rascacielos, ensancha calles y parques, obliga a la solidez. Los sismos son un bálsamo calmante de los arquitectos que en Cuyo, como en Chile y otros países sísmicos, son más sobrios que en el resto del planeta.

Recostados en la pedregosa llanura al pie de la montaña y disciplinados por una cultura del agua en movimiento, el talante de los cuyanos es más pétreo, calmo y ordenado que el de los argentinos de las llanuras aluvionales blandas y gordas, donde reina la cultura del agua estancada.

Aunque habiten la planicie, mendocinos y sanjuaninos son gente al pie de las montañas y al borde del desierto. Quien quiera llegue por tierra a lugar poblado en Cuyo, cruzó desiertos o montañas y esto es algo que los lugareños aprecian. En todas partes se dice al forastero "*que le vaya bien*" –pues le esperan largas travesías o altos pasos de montaña en su camino de regreso a cualquiera de los puntos cardinales.

La tierra

En Cuyo quedan algunas bodegas en uso y desuso que son signos elocuentes de la elefantiasis de la vitivinicultura de vinos de mesa hasta hace un par de décadas: bodegas que molían docenas de millones de kilos de uva, con instalaciones de escala más petrolífera que vinífera. Con unas 140 mil hectáreas en Mendoza y 46 mil en San Juan, la superficie de viñedos cuyanos es hoy casi la mitad que en los años '70, época de su máxima extensión. El Cuyo vinícola incluye 4 grandes subregiones de oasis de irrigación, de norte a sur:

- los 4 valles de San Juan: Tulum, Ullum y Zonda, irrigados por el río San Juan y la represa de Ullum; y el Valle del Pedernal, irrigado por el Santa Rosa y otros afluentes del Río del Agua;
- el gran oasis mendocino del río Mendoza (con el nuevo embalse de Potrerillos y el viejo dique Cipolletti) y el río Tunuyán (con el embalse de El Carrizal), extensión de 150 kilómetros hacia el Este, hasta Colonia Japonesa y La Paz y de más de 50 kilómetros de norte a sur en su parte más ancha;

water, snow, hail, the Zonda winds, and thunder and lightening in the summer.

Even Cuyo's city planning and architecture respect the proximity to these enormous young mountains still under construction. Anti-seismic architecture is more human than other types because it despises high ceilings and skyscrapers, it widens streets and parks, and demands solidness. Earthquakes have a calming effect on Cuyan architects, they, like those of Chile and other seismic countries, are more restrained than in the rest of the world.

Residing on the rocky plain at the foot of the mountains and disciplined by a culture of moving water, the Cuyan way is more solid, peaceful, and orderly than that of the Argentines of the soft and fat alluvial planes, where the culture of standing water reigns. And although they inhabit the plain, the people of Mendoza and San Juan belong to the foothills and the desert's edge. Anyone who reaches a populated part of Cuyo got there by crossing deserts or mountains, and the locals appreciate that. They always wish outsiders well by saying "qué le vaya bien," as they'll have a long journey across the desert or over high mountain passes on their return to anywhere else.

The land

Cuyo still has some abandoned wineries, eloquent signs of the elephantiasis of table-wine viniculture common a couple of decades ago; wineries that crushed thousands of tons of grapes in installations more on an industrial scale more akin to oil than wine. With some 350,000 acres in Mendoza and 115,000 in San Juan, Cuyo's vineyard acreage is only half what it was at its peak in the 1970s. Cuyo has 4 large irrigation oasis sub-regions, from north to south:

- *The 4 valleys of San Juan: Tulum, Ullum, and Zonda, irrigated by the San Juan River and the Ullum Dam; and the Pedernal Valley, irrigated by the Santa Rosa and other tributaries of the Rio del Agua.*
- *The large Mendozan oasis of the Mendoza River (with the new Potrerillos Dam and the old Cipolletti Dike) and the Tunuyán River (with the El Carrizal Reservoir), a 90-mile extension toward the East to Colonia Japonesa and La Paz,*

- el vasto (y abierto a Levante) Valle de Uco, desde Tupungato hasta San Carlos, regado por la red de avenamiento del río Tunuyán, extensión de 60 kilómetros de norte a sur y más de 20 kilómetros de ancho;
- finalmente, separado por 100 kilómetros de desierto (donde lo único digno de mención son los refugios de malla antigranizo para que los vehículos puedan guarecerse) está el oasis de San Rafael a Villa Atuel y General Alvear, casi 80 kilómetros a vuelo de pájaro, irrigado por el río Diamante con la presa Los Reyunos y por el río Atuel con el dique El Nihuil y el embalse Valle Grande.

Ríos, diques y embalses son dignos de mención ya que sin ellos, en esta región no habría para describir más que desierto arenoso y pedregoso con algunas bombas de petróleo. Menos visibles, bajo tierra, corren napas de agua que son ríos de deshielo cordillerano subterráneos. En algunas zonas el agua está a docenas de metros de profundidad, pero en otras sólo hay que cavar 2 metros para encontrarla buena y en cantidad. Así, las fincas más periféricas y próximas al desierto no dependen del sistema público de canales y acequias sino de sus propias bombas y sistemas de riego por goteo. El cielo aporta de 200 a 300 milímetros por año: llueve un poco más en los últimos años pero en todo caso no lo suficiente para una viticultura sin riego.

Lo que sí cae del cielo, con notable potencia y asiduidad, es el granizo. Los *flying winemakers* aseguran que en ninguna otra región del orbe vinícola hay un problema tan grave con el hielo celeste. En otras partes, el granizo puede ser frecuente pero las piedras rara vez alcanzan el tamaño y la intensidad del granizo cuyano, efecto colateral de la Cordillera de los Andes. Después de "la piedra" hay que curar las cepas heridas para que no se infecten y algunas quedan lisiadas para el resto de sus días. Se pierde parcial o totalmente la cosecha del año en pocos minutos. Mallas antigranizo, cobertizos y vehículos también pueden resultar dañados.

El granizo es más frecuente al sur, en San Rafael. Sin embargo en el verano de 2003 una tormenta de piedra arrasó los viñedos de Caucete, San Juan, y toda su producción. Según el mapa del doctor Viktor Makitov basado en imágenes de radar de *Weather Modification*, las zonas donde se originan las tormentas graniceras son Uspallata, el Cordón del Plata, el extremo sur del Valle de Uco y El Juncalito, al oeste

and more than 30 miles from north to south in its widest part.
- *The vast Valle de Uco (open to the east), from Tupungato to San Carlos, irrigated by the Tunuyán River drainage network, extending 40 miles from north to south and more than 12 miles across.*
- *Finally, separated by some 60 miles of desert (where the only things worth mentioning are the anti-hail shelters for vehicles) is the oasis from San Rafael to Villa Atuel and General Alvear, nearly 50 miles as the crow flies, irrigated by the Diamante River with the Los Reyunos Dam and by the Atuel River with the El Nihuil Dike and the Valle Grande Reservoir.*

Rivers, dikes, and reservoirs warrant mention, as without them, there would be nothing more to this region than sandy, rocky deserts with a couple of oil wells. Less visible are the underground rivers of mountain runoff water. In some places the water is very deep, while in others, good quantities can be found just a few yards down. Therefore the outermost fincas closest to the desert do not depend on the public system of canals and furrow irrigation, but have their own pumps and drip irrigation systems. The sky provides 8-12 inches per year: it's rained a bit more in recent years, but still not enough for non-irrigated viticulture.

What does fall from the sky, both frequently and powerfully, is hail. The flying winemakers insist that no other part of the winemaking world has such a problem with this celestial ice. Although it may be frequent elsewhere, rarely does the hail reach the size and intensity that it does in Cuyo, a collateral effect of the Andes Mountain Range. After being "stoned" the injured vines must heal, though some never do. A crop can be partially or entirely lost in minutes. Anti-hail nets, outbuildings, and vehicles can also be damaged.

Hail is more frequent in the south, in San Rafael. However, in the summer of 2003, a hail storm razed the vineyards in Caucete, San Juan, destroying all of their crops. Dr. Viktor Makitov created a map based on Weather Modification *radar images, and discovered that the hail storms tend to begin in Uspallata, the Cordón del Plata, the extreme south of the Uco Valley, and El Juncalito, to the west of San Rafael. It is estimated that more than*

de San Rafael. Se estima que más de un 10 % de la producción de uvas y frutas de Mendoza se pierde cada año por el granizo.

La lucha contra el granizo

En el "vino crucis" de la bodega *Leoncio Arizu / Luigi Bosca* hay un altorrelieve que sintetiza los métodos precientíficos desarrollados por la cultura vitícola local para la lucha contra el granizo: atar trapos negros en los cabeceros de hilera, dibujar cruces de sal en el cruce de calles entre cuarteles de viña y plantar en su medio un cuchillo, orar a la Patrona de los Viñedos, etcétera.

La forma racional más tradicional para defenderse del granizo, frecuente en San Rafael, consiste en desparramar los cuarteles de viña, ya que la manga de granizo es siempre muy localizada. Otra defensa desde hace ya algunas décadas son las mallas o redes antigranizo en forma de techo para los parrales o bien verticales, a ambos lados del viñedo para las espalderas, mallas que en este caso son plegables para permitir la cosecha. Las redes en general son negras y se discute si su efecto "media sombra" es positivo o negativo en la uva vinífera. Instalarlas puede costar casi tanto como plantar una hectárea de viña.

Desde 1985 se comenzó a ensayar una técnica rusa de lucha contra el granizo, a base de cohetes disparados desde el suelo contra las nubes, a las que sembraban de yoduro de plata. Los resultados fueron poco convincentes. En 1999, tras un año de prueba, la empresa estadounidense *Weather Modification* (ver www.weathermod.com y respecto a Mendoza, www.antigranizo.com) ganó una licitación provincial para desarrollar un plan quinquenal de lucha contra el granizo con el que se debería reducir al 50 % los daños causados por el granizo a viñedos y otros cultivos. Su tecnología también consiste en sembrar yoduro de plata en lo alto de las nubes graniceras, pero con cohetes pequeños lanzados desde aviones guiados por radares meteorológicos. *Weather Modification* destinó 3 turbohélices *Cheyenne* de siembra y un *Lear Jet* de investigación y siembra además de 3 radares, en campaña antigranizo de octubre hasta abril.

Cuando se detecta una célula tormentosa, a veces con no más de 10 minutos de tiempo, los aviones la atacan desde lo alto lanzando cohetes de yoduro de plata que roban el agua superenfriada de la nube a los cristales de hielo, formando más granizo de menor tamaño, que

10% of Mendoza's annual grape and fruit crops are lost to hail.

The battle against hail

In the "vino crucis" of the Leoncio Arizu / Luigi Bosca winery, there is a high relief depiction of the pre-scientific methods developed by the local winegrowing culture to fight against hail: tie black rags to the ends of the rows, draw crosses in salt at the crossroads of the lanes between the sections of the vineyard and plant a knife in the middle, pray to the patron saint of the vineyards, and so on.

The most traditional rational way to defend against hail, frequent in San Rafael, is to spread out the sections of the vineyard, as the sheet of hail is always very localized. Another decades-old defense is to use anti-hail nets as a roof over the pergolas or vertical on both sides of the vertically-positioned vines. In this case, the mesh folds up for the harvest. The nets are usually black, and whether the "half shade" effect is good for wine grapes is a regular topic of discussion. Installing them can cost almost as much as planting the vineyard.

In 1985 they began testing Russian hail-fighting techniques based on firing flares into the clouds from the ground, seeding them with silver iodide, with less than convincing results.

In 1999, after a year of testing, the U.S. company Weather Modification (see www.weathermod.com, and with respect to Mendoza, www.luchaantigranizo.com) won a governmental bid to develop a 5-year plan to fight against hail in order to reduce crop damage by 50%. Their technology also consists of seeding hail clouds with silver iodide, but by launching small flares from planes guided by meteorological radar. Weather Modification designated 3 Cheyenne turboprop aircraft for seeding and a Lear Jet for research and seeding as well as 3 radars in an October-April anti-hail campaign.

When a storm cell is detected, sometimes with no more than 10 minutes warning, the planes attack it from above, launching silver iodide rockets that rob the cloud's super-cooled water from the ice crystals, forming more hail but smaller in size that melts before reaching the ground. The analysis of the results of the first 3 years of the campaign

se derrite antes de tocar el suelo. Los análisis de resultados de los primeros 3 años de campaña parecen positivos. El programa (de un costo de 5 millones de dólares al año) se financia con una tasa suplementaria al agua de riego. La continuación de este plan de lucha tras la devaluación parece en riesgo.

Las bodegas y sus viñas

Sumando los 4 oasis cuyanos, hay unas 6 docenas de bodegas que elaboran vinos finos, de las cuales sólo una docena y media está bien equipada para recibir visitas turísticas.
Limitándose a hablar de vinos de alta calidad, hay grandes bodegas industriales, bodegas medianas y bodegas

seems positive. The $5-million-per-year program is funded by a supplementary irrigation water tax, although the project's post-devaluation continuation seems at risk.

The wineries and their vineyards

Considering all 4 Cuyan oases, there are 6 dozen wineries that make fine wines, though only a quarter of them are really equipped to receive tourists.
Speaking only of high quality wines, the wineries may be large and industrial, medium-sized, boutique or very small scale, as well as "virtual wineries" and "personal wines". The wineries may be urban, sub-

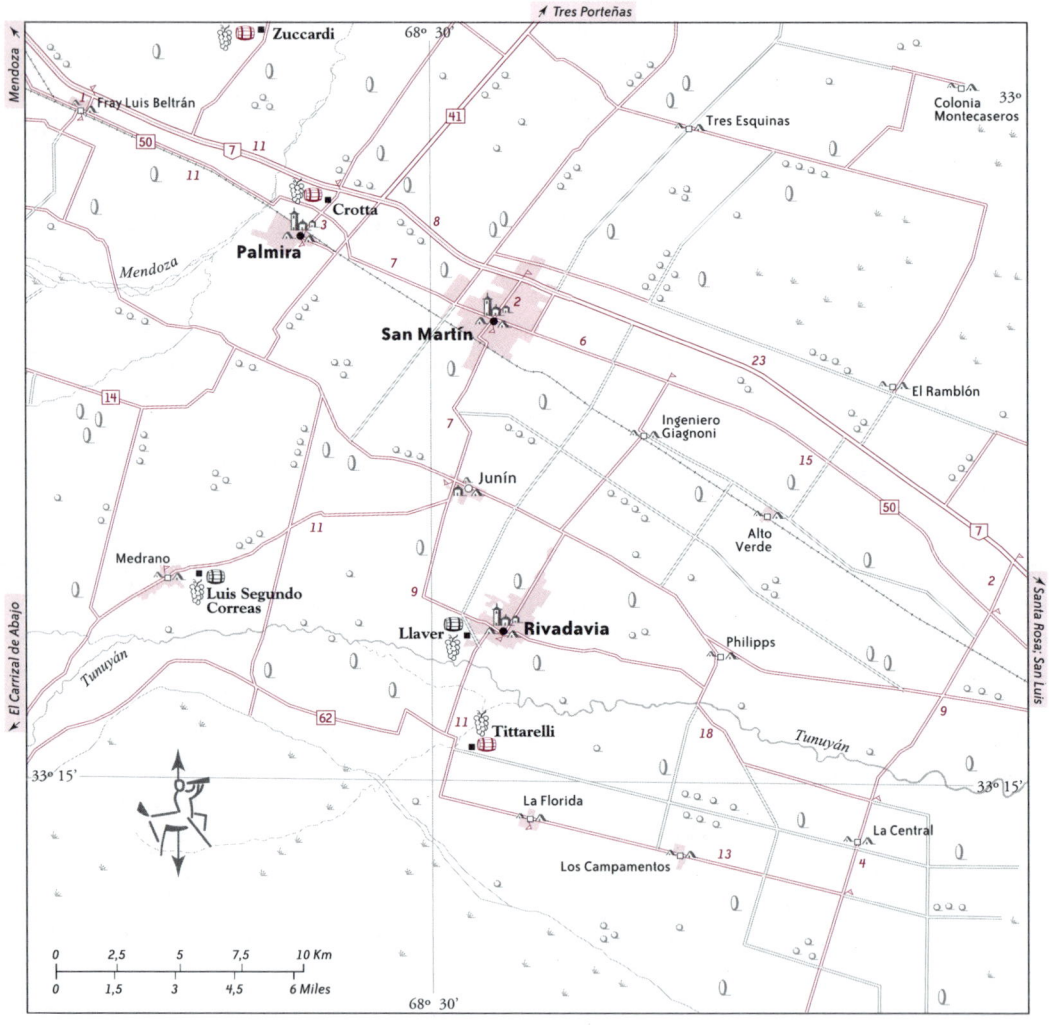

Mendoza, zona Este / The Eastern Zone of Mendoza

boutique o artesanales, además de "bodegas virtuales" y "vinos de autor". Hay bodegas urbanas, suburbanas y campestres. Las hay de paredes y techos de adobe viejos (de cien años) y otras flamantes, de soberbia arquitectura posmoderna. Algunas pocas viñas pertenecen a la misma familia desde hace 4 generaciones y otras cambiaron tantas veces de mano entre sociedades anónimas o fondos de inversión que no es fácil saber quién es su dueño.

Hay bodegas que vinifican sólo para exportación y otras que sólo venden en Argentina. Algunas tienen etiquetas de vinos finos con 60 y 70 años en el mercado, otras no han cumplido siquiera un año. De ciertas etiquetas se produce medio millón de botellas al mes, de otras apenas 5 mil por año. Hay vinos hechos sólo de experiencia doméstica y vinos diseñados por los mejores *flying-winemakers* del planeta.

La viña mendocina de uva vinífera es parral o espaldera alta o baja, también llamada *viña*, dispuesta siempre de norte a sur para su óptima insolación antemeridiana/posmeridiana. La irrigación es por surcos, por manto (inundando todo el terreno) o por goteo. Salvo las viñas más nuevas, o viejas viñas reinjertadas, las cepas suelen plantarse a pie franco, sin injerto en pie de vid americana: la filoxera es desconocida en Cuyo, ya que el riego por surcos y por manto la previene.

La cosecha comienza con los blancos en febrero y culmina con los tintos más tardíos en abril. La cosecha mecánica, incipiente antes del descalabro económico argentino del 2001/2002, desapareció. Reina el sistema tradicional que alguno llama 4NPH o "*cuatro negros por hectárea*": cosecheros del Noroeste y de Bolivia a los que se paga una ficha de 40 centavos (¡la misma que antes de la devaluación!) por canasto de uva. Los varones más robustos y diestros, tras un jornal de sol a sol enmostados de pies a cabeza, acumulan fichas por 15 ó 20 pesos, 5 a 6 dólares. Pero más de un bodeguero no paga en dólares ni en pesos sino con "bonedas" como el *Lecop* o el *Petrom*, cambio donde el pícaro gana un ulterior porcentaje. Las mujeres cosechan en un día la mitad que un varón ducho. La bodega no paga la comida y puede ofrecer o no un galpón para dormir. Este proletariado golondrina trabaja en negro, sin seguro social, médico o de accidentes. La mayoría de los vinos argentinos (así como las yerbas mate, la caña de azúcar, el algodón y las frutas), a pesar del *marketing* y las leyes sindical-peronistas, se basan en cosechas levantadas, con harta frecuencia,

urban, or rural, a century old with adobe walls and roofs or brand new and haughty in their post-modern architecture. Some have belonged to the same family for 4 generations and other have changed hands from corporations to investment funds so many times that it's difficult to know who the real owner is.

There are wineries that vinify only for exportation and others that only sell in Argentina. Some have labels that have been on the market for 60 or 70 years, while others have yet to complete a year. Some labels appear on half a million bottles a month, and others on barely 5,000 bottles a year. There are wines made with pure domestic experience and other designed by the best flying winemakers on the planet. Mendozan vinifera vineyards are trained to pergola or high or low vertical shoot position, always from north to south for the best am/pm sun exposure. They use furrow, flood, or drip irrigation. Except for new or old re-grafted vineyards, the vines are usually ungrafted, without an American root system; phylloxera is unknown in Cuyo, as furrow and flood irrigation prevents it.

The harvest begins with white grapes in February and ends in reds in late April. Mechanical harvesting, which had just begun before Argentina's 2001/2002 economic setback, has since disappeared. Most use the traditional system in which pickers from the Northeast and Bolivia are paid with chips worth 40 pesos per basket (the same as before the devaluation!). The biggest and most skillful men working long, must-covered days can accumulate chips worth 15 or 20 pesos - $5-6 USD. But more than one owner pays not in cash but in "bonedas" such as Lecop *or* Petrom *(*) where the scoundrel takes another percentage. Women harvest half what a skilled man does. The wineries do not pay for food and may or may not offer a shed to sleep in. This migrant worker receives no medical benefits, accident*

(*) Boneda *(a mix of* bono *and* moneda*) is the informal name given to the dummy paper money that dishonest politicians in charge of Argentine provinces printed since the late 1980s to pay their provincial debts and employees instead of cutting deficits or collecting taxes. Some half-a-dozen provinces through the 1990s printed their own* boneda*, worth nothing outside its province and then only a percentage of its nominal value within the province. By paying salaries in* bonedas*, an up to 30% profit can be made by the employer. One of the conditions set by the I.M.F. to restore loans to Argentina is that the 7 billion pesos circulating in* bonedas *must disappear.*

apelando a una explotación feudal pre-capitalista de la mano de obra. La crisis económica agudizó este lado oscuro de la viticultura argentina, focalizado en Cuyo donde está el 90 % de la viña.

Más allá de este atraso tercermundista, las bodegas suelen estar bien o muy bien equipadas, con prensas pneumáticas y prensas hidráulicas o mecánicas tradicionales (preferidas a veces para los tintos de pequeña producción) y moledoras y despalilladoras importadas. La fermentación ocurre tanto en piletas (también llamadas vasijas) de cemento revestidas con resina epoxy, como en tanques de acero inoxidable y a veces, en las mismas barricas de roble. Los sistemas de refrigeración (para la fermentación alcohólica) y de calefacción (para la fermentación maloláctica) son corrientes y de varios tipos: ducha o lluvia de agua, serpentinas y placas refrigerantes.

Las barricas de roble importadas de Estados Unidos, Francia o Chile son de uso común. La tonelería *Bajda* de Mendoza recicla barricas usadas, que son desarmadas, cepilladas, tostadas y vueltas a armar. Son pocas las bodegas que todavía utilizan los grandes y viejos toneles de roble de Nancy.

Es corriente el uso de duelas de roble en los vinos de precio medio; y en los de menor precio y damajuana, se emplean virutas de roble. Si bien no hay nada objetable en ello, pocas bodegas lo admiten. También es frecuente el añadido de ácido a los vinos, que suelen ser de alto tenor alcohólico, pero acidez a veces insuficiente.

Hay peculiaridades propias de las leyes vinícolas del país, como la que obliga a construir una cava de espumantes separada de una bodega de vinos (para que no haya tráfico de azúcares) y prohíbe destilar acquavid u orujos (para que no haya tráfico de alcoholes). No se suele trabajar los sábados por la tarde ni los domingos ni siquiera en plena vendimia, y basta que caigan dos gotas de lluvia para que se suspenda el trabajo en la viña.

El atraso más llamativo de las bodegas de Cuyo es la falta de señalización para llegar hasta ellas. Falta la señalización vial nacional y provincial en los accesos, falta la señalización municipal de las calles y carriles, y falta una señalización homogénea y eficaz de las bodegas. Un verdadero laberinto espera al viajero individualista que no tome una excursión organizada o un *remise*. Se aconseja viajar con teléfono celular, tiempo, paciencia y el mapa de bodegas que se encuentra en *Azafrán*, Mendoza Ciudad.

insurance, or social security. Despite marketing and Peronist union laws, most Argentine wines (as well as yerba mate, sugar cane, cotton, and fruit) are based on harvests that frequently rely on feudal, pre-capitalist exploitation of labor. The economic crisis exacerbated this dark side of Argentine viticulture, focalized in Cuyo, where 90% of the vineyards are located.

Beyond this third-world lack of progress, the wineries themselves are usually well or very-well equipped with pneumatic presses as well as hydraulic or traditional mechanical presses (sometimes preferred for small-scale red-wine production) and imported crushers and de-stemmers.

Fermentation takes place in tanks (also called vats) made of epoxy-coated cement or stainless steel, and occasionally in oak vats. Cooling (for alcoholic fermentation) and heating (for malolactic fermentation) are common and take various forms: water bath, serpentine coils, or oak barrels imported from the U.S., France, or Chile are also common. Mendoza's Bajda *cooperage firm recycles used barrels, dismantles, scrubs, toasts, and reassembles them. Few wineries still use the large old oak casks from Nancy.*

Innerstaves -oak staves inserted in tanks of medium-priced wines- are commonly used, while chips are used in lower-priced and jug wines. Although there is nothing objectionable about the practice, few wineries admit their use. It is also common to acidify the wines, which are often high in alcohol but lacking in acidity.

The country's wine laws have their peculiarities, such as requiring a sparkling wine cellar to be separate from the still wine plant (to prevent trafficking of sugar). The law also prohibits distilling (to prevent trafficking of alcohol). They generally do not work on Saturday afternoons or Sundays, not even in the middle of the harvest! And should a couple of raindrops fall, all work in the winery comes to a halt.

The most striking delay in the Cuyan wineries is the lack of signs indicating how to find them. There is a shortage of signs on the national highways, the provincial access routes, city streets and back roads, and there is a shortage of homogenous and efficient signs for the wineries. A true labyrinth awaits the individual traveler who chooses not to join an organized tour. It is advisable to travel with a mobile

La cultura agroalimentaria

No es fácil explicarse cómo la rica y florida cultura agroalimentaria traída por italianos y españoles a Cuyo se extinguió en un par de generaciones y sólo desde hace pocos años está resurgiendo. Carne gorda, vida fácil y leyes absurdas algo deben haber tenido que ver en la desaparición de las manufacturas peninsulares del acquavid, aguardiente u orujo; de los quesos y embutidos; del aceite de oliva sin filtrar; de los panes de harinas gruesas; en fin, de toda una variada cultura europea trocada por una impar monotonía criolla. Hasta hace pocos años, en Mendoza se comía mal: la modesta cocina tradicional se guardaba en las casas y afuera no había más que pastas, empanadas y parrillada. Pero desde que Francis Mallman abrió *1884* en *Escorihuela*, las cosas comenzaron a cambiar. Hoy en la ciudad de Mendoza se puede comer muy bien: entre los lugares que más nos gustaron están el restaurant del *Hyatt Plaza*; el ya clásico *1884*; el almacén, vinoteca y cocina de tapas *Azafrán*; y el restaurant de mariscos y pescados *Praga*; en tanto que las parrillas de la avenida Civit en general nos decepcionaron por su convencionalismo. Fuera de la ciudad, comimos muy bien en el restaurante *Ilo* de Tupungato, en el restaurante de Villavicencio (chivito adobado con limón) y en la rústica parrilla *San Cayetano* de Uspallata (crocante chivito del valle). Pero en los centros urbanos del Gran Mendoza (Maipú, Luján de Cuyo, etc.) la penuria de una buena mesa donde almorzar puede resultar desconsoladora.

Pese a que están surgiendo algunos productores de quesos de cabra, hongos, conservas, ahumados, embutidos de carnes no tradicionales y otros productos fuera de las mermeladas de fruta y las aceitunas en salmuera, todavía el circuito agroalimentario es inexistente en Cuyo, al igual que una ruta del vino. La más visible expresión de cultura agroalimentaria son rústicos puestos informales a la vera de las rutas de acceso a las ciudades donde se venden melones, miel, nueces, ajos, ajíes y otros frutos de la tierra en estado bruto o semibruto. En los oasis de San Juan y de San Rafael reina, agravada, la misma anomia agroalimentaria que en Mendoza fuera del Departamento Capital: por momentos es difícil alejarse de la milanesa, las papas fritas, el asado, los ravioles, la pizza y el pan nacional y popular sin gusto a nada. El renacimiento agroalimentario de Cuyo y su "nueva cocina regional" está todo por hacerse.

phone, time, patience, and the winery map sold in Azafrán, *in the city of Mendoza.*

The food and farming culture

It's not easy to explain how a rich and flourishing food and farming culture brought to Cuyo by Italians and Spaniards died out in just a couple of generations, and has only just recently begun to return. Fat beef, the easy life, and absurd laws must have had something to do with the disappearance of aquavit, aguardiente *or* orujo, *of cheeses and sausages, unfiltered olive oil, heavy breads, and an entire culture lost in an uneven exchange for* criollo *monotony. A few years ago, you couldn't eat well in Mendoza. The modest traditional cuisine was kept at home, and restaurants offered nothing more than pasta, empanadas, and grilled meats. But since Francis Mallman opened "1884" in the Escorihuela winery, things began to change. Today you can eat well in Mendoza. Among the best choices are the restaurant in the* Hyatt Plaza, *the classic* 1884, *the grocery store-wine shop* Azafrán, *and the seafood restaurant* Praga. *The parrillas (grilled meats) on Avenida Civit were generally disappointingly conventional. Outside of town, we ate very well in the restaurante* Ilo *in Tupungato, in the restaurante in Villavicencio (kid with lemon), and the rustic grill* San Cayetano *in Uspallata (crispy valley goat). But in the urban centers of Greater Mendoza (Maipú, Luján de Cuyo, etc.) the difficulty in finding a decent place to have lunch can be quite disheartening.*

Despite the fact that there are now some producers of goat cheese, mushrooms, preserves, smoked goods, non-traditional sausages, and other products beyond jams and olives, Cuyo still lacks a food and agricultural circuit, just as it lacks a true wine route. The most visible expression of a food and agricultural culture are rustic and informal stands on the sides of the road where they sell melons, honey, nuts, garlic, chilies, and other fruits of the earth. The oases of San Juan and San Rafael offers the same anonymous culinary options as Mendoza, but worse. It's not easy to get away from breaded and grilled meats, French fries, ravioli, pizza and the tasteless but popular national bread. Cuyo's culinary renaissance and its "new regional cuisine" still lies ahead.

La Fiesta de la Vendimia

El evento más popular y afamado de la industria vitivinícola cuyana es la Fiesta de la Vendimia: a riesgo de caer antipáticos, opinaremos que es un evento fosilizado en una retórica folklórica de modesto valor artístico y cultural. A la "provinciana" elección de las reinas (¡donde no se excluyen sucios jueguitos políticos!) se suman un desfile de carrozas y jinetes siempre igual al anterior por las calles de la capital. La noche culminante es en el anfiteatro Franklin Romero Day. Aquí las grandes bodegas tienen la algo incivil costumbre de comprar en bloque al primer día todas las localidades numeradas para sus invitados: así queda excluido el forastero que deseare apreciar el show con cierta comodidad, ya que el resto son lugares sin numerar para los que hay que hacer algunas horas de cola. Los mendocinos más sencillos optan por invadir el cerrerío circundante con equipos de asado y de picnic. Y la televisión lo transmite a todo el país y más allá. Pero en el fondo no importa desde dónde se mire la Fiesta de la Vendimia, pues siempre es la misma: improvisaciones al último minuto, locutores bombásticos, coreografías cursi, folklore y música popular de las más consabidas y finalmente la presentación de la reina y sus princesas. Durante La Vendimia -así se llama a la fiesta- Mendoza se congestiona de un turismo popular, provinciano, periodístico, político, empresarial y diplomático. Son días en que todo el mundo argentino del vino afecta estar en Mendoza, aunque es imposible hablar de nada con nadie.

Si bien el conservador *establishment* mendocino le da la espalda, hay también una original Fiesta de la Vendimia Gay. Desde hace unos años esta fiesta paralela elige reinas más exóticas que las púdicas y lavadas jovencitas del suburbio vinícola cuyano.

The Harvest Festival

The most popular and famous event of the Cuyan wine industry is the Harvest Festival. At the risk of seeming rude, we find this event to be fossilized in folkloric rhetoric and of little artistic or cultural value. Beyond the provincial election of a 'queen' (dirty political games included), add the parade of carriages and horseback riders through the streets of the capital. The night culminates in the Franklin Romero Day Amphitheater where the large wineries have the somewhat uncivilized custom of buying out entire blocks of numbered seats for their guests, thereby excluding any outsider who wants to see the show in comfort, as the remaining, unnumbered, seating requires standing in line for hours. Many Mendozans prefer to invade the nearby hills with picnics, and the affair is broadcast on TV throughout the country and beyond. But in the end, it doesn't matter where you sit, because the Harvest Festival is always the same: last minute improvisations, inflated emcees, affected choreography, folklore, popular music, and finally the presentation of the queen and her princesses. During 'The Harvest,' as the festival is known, Mendoza is crowded with popular, provincial, journalistic, political, business, and diplomatic tourism, although it's impossible to talk about anything with anyone.

And although the conservative Mendozan establishment turns its back, there is also an original Gay Harvest Festival that began a few years ago. The 'queens' elected in this parallel fiesta are considerably more exotic that the prim and proper young ladies of the Cuyan wine suburbs.

Adriana Martínez

Pueyrredón 1090 / Charcas de Coria /
M5528DFX Luján de Cuyo / Mendoza
Tel.: (0261) 156522082

E-mail: mythoswines@sinectis.com.ar
Capacidad: sin bodega propia/*Capacity: no winery*
Viña: 15 hectáreas/*Vineyards: 38 acres*

Estamos ante un vino de autora, elaborado por una licenciada en enología de larga trayectoria en Mendoza, docente universitaria y descendiente de una familia de viñateros, quien desde que se recibió en 1985 nunca dejó de hacer una cosecha. Adriana Martínez es de vocación humanística más que enológica y ello se refleja en el nombre y el vestido de su primer vino, *Mythos*, un 100 % Malbec que evoca en su etiqueta a la antigüedad helénica con Cibeles, madre de Dionisio, junto a un navío griego. Pero *Mythos* es un vino moderno en todo sentido, incluida la juventud de las cepas…¡de sólo un año de edad! "*Es un mito que no se puede hacer buen vino con cepas jóvenes*" asegura Adriana, quien sigue personalmente la evolución del viñedo familiar (mitad Malbec y mitad Cabernet Sauvignon) plantado en espaldera alta con riego por goteo. "*De cada planta obtengo una botella de vino*" dice la autora, quien hace la sangría en el viñedo con raleos y despuntes de yemas, y no en la bodega. "*Hay que interpretar lo que te dice la uva, que el vino sea el protagonista*". Así, la cosecha es familiar y manual; la uva no es despalillada ni sufre ninguna acción mecánica, fermentando en granos enteros. Adriana hace personalmente los trasiegos y remontajes en una bodega donde alquila el espacio: "*es alta tecnología en chiquito*". El vino pasa un mes en barricas francesas de tostado medio "*sólo para madurar los taninos*". Luego afina en botella en la cava doméstica, pues de *Mythos* se hicieron apenas 5 mil botellas que se encuentran sólo en el mejor hotel de Mendoza -el *Hyatt*- y en la mejor vinoteca -*Azafrán*- además de *Soho*, en Palermo Viejo, B.A.

This is a special wine made by an enologist with great experience in Mendoza, a university professor, and descendent of a winemaking family. She hasn't missed a single harvest since she graduated in 1985. Adriana Martínez leans more toward humanism than the science of enology, and it shows in the name and label of her first wine, Mythos, *which evokes ancient Hellenic times with Cybele, mother of Dionysus, and a Greek ship. But the 100% Malbec* Mythos *is a modern wine in every sense, including the youth of its vines. They're only a year old!* "It's a myth that you can't make good wine with young vines," *says Adriana, who personally follows the evolution of the family vineyard (half Malbec, half Cabernet Sauvignon) trained to high vertical shoot position with drip irrigation.* "I get a bottle of wine from every plant," *claims Adriana, who prefers to 'bleed' the fruit in the field instead of the winery, by use of cluster thinning and bud pruning.* "You need to listen to the grape, and let the wine take the lead." *The family harvest is manual, the grapes are neither de-stemmed nor undergo any mechanical action, and the berries are fermented whole. Adriana personally does the racking and pumpovers in a rented facility,* "it's high-tech on a small scale." *The wine spends a month in medium-toast French barrels,* "just to ripen the tannins." *The bottles then rest in her home cellar. Barely 5,000 bottles of* Mythos *were made, and it is only available in Mendoza's best hotel – the* Hyatt, *the best wine shop – Azafrán, and* Soho *in Palermo Viejo, Buenos Aires.*

Mythos Malbec 2002 ★★★

ALMA 4

Ruta Provincial 33, km 7,5 / Fray Luis
Beltrán / 5531 Maipú / Mendoza
Tel.: (0261) 441000

E-mail: almacuatro@hotmail.com
Capacidad: no posee/*Capacity: none*
Viña: no posee/*Vineyards: none*

Alma 4 es la empresa de espumantes más joven de América del Sur y seguramente del planeta. La edad de los 4 socios es 23 años y sus nombres son Marcela Manini, Sebastián Zuccardi, Agustín López y Mauricio Castro, ex compañeros del *Liceo Agrícola y Enológico*; los varones, actuales compañeros de estudios de agronomía en tanto que Marcela (novia de Sebastián) estudia arquitectura. Su pasión por los espumantes nació con un trabajo práctico de método *champenoise* para el Liceo. En 1999 hicieron su primera elaboración aprovechando ciertas facilidades tanto de viña como bodegueras de las que dispone el padre de Sebastián en Fray Luis Beltrán. Le compraron la uva y así elaboraron 300 botellas de 3 espumantes: un Pinot-Chardonnay, un Chardonnay Roble y un Bonarda. Al año siguiente no vinificaron pero en el 2001 hicieron 3 mil botellas y sumaron un Viognier y un Syrah burbujeantes de gas carbónico natural. En 2002 duplicaron la producción y agregaron otras dos variedades, el Sauvignon Blanc y el Sangiovese. En 2003 vinificaron 20 mil litros de vinos base. Cada cosecha pasa 1 mes y medio en pupitres y 2 años sobre borras.

Tuvieron tanto éxito con las cosechas '99 y '01 que las vendieron por botella, no por caja, y se agotaron con unos pocos puntos de venta en Mendoza y Buenos Aires, entre ellos el *wine-bar Danzón* y el almacén-bistró *Azafrán*.

Se autodefinen como un grupo de amigos ("*todavía no somos una sociedad*") y hacen todo entre ellos, pidiendo ayuda a los amigos cuando hay por ejemplo que dar "golpe de puño" a 3 mil botellas. Ya tienen ofertas para exportar pero antes quieren fortalecer la marca en el mercado interno.

Alma 4 is the youngest sparkling wine company in South America, probably on the whole planet. The 23-year-old partners Marcela Manini, Sebastián Zuccardi, Agustín López, and Mauricio Castro are former classmates at the Agriculture and Enology School. The latter 3 currently study Agronomy together, while Marcela (Sebastián's girlfriend) studies Architecture. Their passion for sparkling wines began with a school assignment in the Champenoise method. In 1999, they made their first batch, taking advantage of some vineyards and winery equipment that Sebastián's father has in Fray Luis Beltrán. They bought grapes to make 300 bottles of 3 wines: a Pinot-Chardonnay, an oaked Chardonnay and a Bonarda. They didn't make wine in 2000, but in 2001, they made 3,000 bottles, adding a Viognier and Syrah, both bubbly with the wine's natural carbonic gas. In 2002, they doubled the production and added another two varieties, Sauvignon Blanc and Sangiovese. In 2003, they made 5,280 gallons of their base wines. Each harvest spends a 1.5 months on riddling racks and 2 years on its lees.

They were so successful with the 1999 and 2001 harvests, that they sold by the bottle, rather than the case, and were sold-out in only a few sales points in Buenos Aires and Mendoza, among them, the Danzón wine-bar and the Deli-bistro Azafrán.

They call themselves a group of friends ("we aren't a company yet") and they take care of everything themselves, with a little help from their friends when they have to riddle 3,000 bottles. They have export proposals, but first they want to build their brand in the domestic market.

Alma 4 Bonarda 2001 ★★★

Alma 4 Roble Chardonnay 2001 ★★★

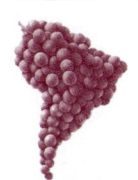

ALTA VISTA

Alzaga 3972 / M5528AKJ Luján de Cuyo / Mendoza
Tel.: (0261) 4964684
Fax.: (0261) 4964683

E-mail: altavista@altavistawines.com.ar
Website: www.altavistawines.com
Capacidad: 1,5 millones de litros/*Capacity: 396,300 gallons*
Viña: 150 hectáreas/*Vineyards: 375 acres*

Entre las inversiones vinícolas extranjeras en Cuyo en la última década destacan, en número y calidad, las francesas. Es auspicioso que empresarios galos del vino al salir al mundo desde el Hexágono, hayan elegido estos *terroirs* para nuevos emprendimientos. Confirma que Argentina, a pesar de los siempre problemáticos argentinos, cobija algunos de los mejores terruños del globo.
Alta Vista comenzó en 1997 por inspiración del *winemaker* Jean Michel Arcaute, amigo de Michel Rolland, quien asoció a sus propietarios actuales, la familia D'Aulan -de larga y distinguida trayectoria vitivinícola- en una fuerte apuesta a las potencialidades del Malbec vernáculo.

La bodega, en remodelación cuando la visitamos, ya transluce como otro ejemplo de racionalidad, buen gusto y experiencia enológica francesa. La arquitectura de una vieja bodega de 1890 fue puesta en valor junto a una adyacente casona de huéspedes y su parque de 5 hectáreas de viña y olivos con vista despejada a las montañas, creando un conjunto agradable y discreto.

Las viñas están en 4 fincas en Vistalba, Alto Agrelo, La Consulta y Vistaflores, todas por encima de los mil metros de altura. Poseen cepas de Malbec de 40 años y todas son conducidas por espaldera. El ingeniero agrónomo Juan Antonio Argerich dirige el viñedo con riguroso criterio aplicando raleos y deshojes para obtener la perfecta maduración del kilo de uvas que obtienen de cada cepa. Los enólogos Rubén Sfragada y Didier Debono, al decir de la casa, *"unen las dos culturas vinícolas, francesa y argentina, por lo mejor de cada una"*. Tras una triple selección de la uva, vinifican en pequeñas piletas de hormigón/epoxy con control de temperatura por placas. Algunos vinos fermentan en acero inox y todos reciben su crianza en 1.500 barricas de roble, de mayoría francesas.

Alta Vista exporta el 80 % de su producción a Francia, Japón, Reino Unido, Estados Unidos y Suecia, entre otros mercados. Desde septiembre de 2003 la bodega recibirá con gusto a los visitantes.

The number and quality of French investments in Cuyan viniculture in the last decade stand out; it's a good sign when French wine businessmen leave the Hexagon and choose these terroirs *for their new ventures. It confirms that, despite the ever-problematic Argentines, Argentina has some of the best wine lands in the world.*
Alta Vista began as a 1997 inspiration of the late winemaker Jean Michel Arcaute, a friend of Michel Rolland, who joined with the current owners, the D'Aulan family -with a long and distinguished history in wine- in a firm bet on the potential of vernacular Malbec.

The winery, in renovation during our visit, is already another example of rationality, good taste, and French enological experience. The simple and noble architecture of an 1890s winery was maintained along with the adjacent guest house and its 12.5-acre park with vineyard and olive grove park and a clear view of the mountains to create a charming and discreet complex.

The vineyards are spread over 4 fincas *in Vistalba, Alto Agrelo, La Consulta, and Vistaflores, all above 3,300 feet. They have 40-year-old Malbec, all vertically positioned. Agricultural engineer Juan Antonio Argerich directs the vineyards with rigorous criteria, thinning fruit and leaves for the perfect maturity from the 2.2 pounds obtained from each vine. Winemakers Rubén Sfragada and Didier Debono, comment that the house* "unites 2 wine cultures, French and Argentine, for the best of each." *After a triple grape selection, they vinify in small, temperature-controlled concrete/epoxy vats or stainless steel tanks. All wines are aged in their 1,500 mostly French oak barrels.*

Alta Vista exports 80% of its production to France, Japan, the U.K., U.S., and Sweden, among other markets. Beginning in September 2003, the will happily receive visitors.

Alto Alta Vista Malbec - Cabernet Sauvignon 1999 ★★★★★ - *Alta Vista Gran Reserva Malbec 2000* ★★★★
Alta Vista Premium Cabernet Sauvignon 2001 ★★★ - *Alta Vista Premium Torrontés 2002* ★★★
Alta Vista Premium Chardonnay 2002 ★★★ - *Alta Vista Premium Malbec 2000* ★★

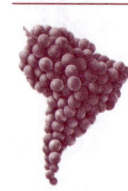

ALTOS LAS HORMIGAS S.A.

9 de Julio 309 P.B. "B" / M5500DOG
Ciudad / Mendoza
Tel./Fax.: (0261) 4240790

E-mail: pmercado@altoslashormigas.com
Website: www.altoslashormigas.com
Capacidad: 0,4 millones de litros/*Capacity: 105,680 gallons*
Viña: 28 hectáreas/*Vineyards: 69 acres*

La primera vez que Alberto Antonini probó un Malbec fue cuando Ricardo Santos (a quien conoció en la Universidad de Davis) le hizo probar un *Norton* que *"me gustó, pero lo encontré un poco anticuado"*. Atraído a Cuyo como consultor primero por Adriano Senetiner y luego por Nicolás Catena, a fines de 1995 junto a su primer socio Antonio Morescalchi (concesionario de automóviles en Toscana) compraron 215 hectáreas en Medrano, donde había sólo desierto y un parral que extirparon. En septiembre del '96 plantaron las primeras 6 hectáreas de Malbec. En los años siguientes la sociedad sumó al enólogo también toscano Attilio Pagli, al *flying wine-salesman* (florentino) Marc de Grazia, al consultor financiero ítalo-suizo Alan Scerbanenko, al bodeguero ítalo-argentino Antonio Terni y finalmente al ingeniero agrónomo mendocino Carlos Vázquez.

El propósito, desde el inicio, fue hacer *"el primer vino utilizando Malbec de viejos viñedos con técnica moderna"* según Antonini, responsable de la única otra vinificación similar en la región, el Malbec '96 *Cadus* que hizo para Adriano Senetiner. Antonini resume los 6 años de *Altos Las Hormigas* en modo lacónico: *"El '97 fue grande, el '98 no hicimos vino, el '99 fue grande también, el 2000 un poco menos, el 2001 fue extraordinario y el 2002 igual al 2001"*.

El origen de la marca lo cuenta Attilio Pagli: *"Nuestra primera viña, recién plantada, estaba al lado del desierto. El primer año, las hormigas hicieron un desastre que no esperábamos: en Italia no son tan voraces y dañinas. Las hormigas negras eligen cada planta y hasta que no liquidan una, no pasan a la siguiente. Tienen obreras cortadoras arriba y recolectoras abajo, que se llevan las hojitas al hormiguero"* dice, no sin admiración por estos insectos.

Pagli y Antonini vinifican en piletas de cemento/epoxy alquiladas pues la bodega por ahora sólo contiene unas 70 barricas francesas. Producen alrededor de 400 mil botellas, de las que el 90 % se exporta a Estados Unidos y Europa. Y están elaborando un *Hormigas* ultra-premium que saldrá de la cava en 2004.

Alberto Antonini first tried Malbec when Ricardo Santos (who he met at U.C. Davis) gave him a taste of Norton, *commenting, "I liked it, but found it a bit outdated." Antonini was drawn to Cuyo as a consultant, first for Adriano Senetiner and then for Nicolás Catena. In 1995, he and his first partner Antonio Morescalchi (Tuscan car dealer) bought 531 acres in Medrano, then nothing but desert and one pergola, which they pulled out. In September 1996, they planted 15 acres of Malbec, and gradually added Tuscan winemaker Attilio Pagli, Florentine flying wine-salesman Marc de Grazia, Swiss-Italian financial consultant Alan Scerbanenko, Italian-Argentine winemaker Antonio Terni, and agricultural engineer from Mendoza, Carlos Vásquez.*

Their ultimate goal is to make "the first old-vine Malbec using modern technology" according to Antonini, who was responsible for the only other vinification of its kind in the region, the 1996 Malbec Cadus *made for Adriano Senetiner. Antonini summarizes his 6 years at* Altos Las Hormigas *in few words, "1997 was great, 1998 we didn't make wine, 1999 was great too, 2000 a little less great, and 2001-2002 were extraordinary."*

As for the name: "Our first vineyard was next to the desert. The first year, the ants wreaked havoc; in Italy, they aren't as voracious and destructive. Black ants select a plant and don't move on to the next until it is completely destroyed. They have cutter ants above and gatherers below to carry the leaves to the nest," says Attilio Pagli, not without admiration for the insects.

Pagli and Antonini make wine in rented cement/epoxy tanks and some 70 French barrels. They produce around 400,000 bottles, 90% are exported to the U.S. and Europe. They are working on their ultra-premium Hormigas *scheduled for 2004.*

Altos Las Hormigas Reserva Malbec 2001 ★★★★★

Altos Las Hormigas Malbec 2001 ★★★★

Atilio Avena e Hijos S.A.

Urquiza 1650 / Villanueva /
M5521LAH Guaymallén / Mendoza
Tel.: (0261) 4261152
Fax.: (0261) 4263081

E-mail: aavenamz@impsat1.com.ar
Capacidad: 2,9 millones de litros/*Capacity: 766,000 gallons*
Viña: 100 hectáreas/*Vineyards: 250 acres*

Cultivador de vides y olivares (es el primer productor mendocino de aceitunas y un importante productor de aceite de oliva), Atilio Avena estableció su propia bodega en 1984, al comprar y refaccionar un establecimiento de principios de siglo XX ubicado en Maipú, que aún conserva parte de sus paredes de adobe, techo de caña y torta de barro. La empresa familiar posee viñedos distribuidos en Russel, Vistalba, Las Compuertas y Chapanay, donde crecen en parral y en espaldera cepas de Malbec, Cabernet Sauvignon, Tempranillo, Barbera, Sangiovese, Chardonnay, Chenin y Pedro Jiménez. En el Cabernet y el Malbec obtienen rendimientos de 7 toneladas por hectárea sólo con la poda, si bien desde la última cosecha comenzaron a aplicar raleo al primero. Dedicada exclusivamente a la elaboración de vinos finos, con la dirección enológica de Juan Arizu, vinifican a los vinos de alta gama en piletas pequeñas de hormigón/epoxy con equipos de frío, mientras que los vinos de menor precio se elaboran en piletas de mayor capacidad. En la cava, obtenida de viejas piletas subterráneas, guardan un centenar de barricas de las cuales el 70 % son francesas y el resto de Estados Unidos: los vinos roble de la casa son un Cabernet Sauvignon y un Malbec, en tanto que el Tempranillo está todavía en fase experimental. De la producción de 1 millón de litros al año, exportan a México, Suiza, Alemania y Reino Unido. La bodega todavía no está equipada para el turismo *"pero no le decimos que no a quien quiere venir"* afirma Juan Arizu. Justo frente a la bodega, en otra propiedad, puede verse una finca plantada al modo tradicional en la región, asociando la vid y el olivo: si bien es muy lindo de verse, está desapareciendo ya que está lejos de ser lo ideal para obtener uvas de calidad.

Atilo Avena, winegrower and Mendoza's first olive producer (and a major olive oil producer), established his own winery in 1984, when he bought and remodeled an early 20th century building in Maipú that still conserves part of its adobe walls and cane and reed mud ceiling. The family business has vineyards in Russel, Vistalba, Las Compuertas, and Chapanay, where Malbec, Cabernet Sauvignon, Tempranillo, Barbera, Sangiovese, Chardonnay, Chenin, and Pedro Jiménez grow on pergolas and vertical shoot position. The Cabernet and Malbec yield 3 tons per acre just by pruning, although they began cluster thinning during the last season. Exclusively dedicated to making fine wines, and under the direction of winemaker Juan Arizu, they make their highest quality wines in small, temperature-controlled cement/epoxy tanks, while the lower-priced wines are made in larger capacity tanks. The cellar, made from old underground tanks, houses a hundred barrels – 70% French, 30% American. They make wooded Cabernet Sauvignon and Malbec, while a Tempranillo is still in the experimental stage. They produce 264,000 gallons per year and export to Mexico, Switzerland, Germany, and the U.K. The winery is still not prepared for tourism, "but we don't refuse anyone who wants to visit," says Juan Arizu. Directly across from the winery, on another property, you can see a finca planted in the regional tradition, with vines and olive trees together. While it looks beautiful, it's disappearing because it is far from the ideal way to obtain quality grapes.

Viñas Atilio Avena Roble Cabernet Sauvignon 2000 ★★

Viñas Atilio Avena Roble Malbec 1997 ★★

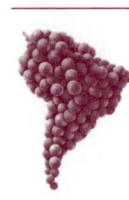

Bodega Achával-Ferrer

Azcuénaga 453 / M5507ASI
Luján de Cuyo / Mendoza
Tel. / Fax.: (0351) 4253812

E-mail: ventas@achaval-ferrer.com
Website: www.achavalferrer.com
Capacidad: 2 millones de litros/*Capacity: 528,400 gallons*
Viña: 24 hectáreas/*Vineyards: 59 acres*

Con una producción de 80 mil litros, debe haber pocas bodegas en el mundo con tanta capacidad subutilizada y mejor así, porque en sólo 2 años (con la cosecha '99 lanzada en 2001) la flamante firma *Achával-Ferrer* colocó a sus vinos en la más alta categoría. La bodega, que al fin y al cabo no es tan vasta pero sí muy agradable, es la desaparecida bodega *Furlotti*. Los socios son 4: 2 cordobeses -Santiago Achával Becú y Manuel Ferrer Minetti- y 2 italianos -el enólogo italiano Roberto Cipresso y el bodeguero Tiziano Siviero-.

La viña se reparte en 3 fincas: Altamira en La Consulta (donde crece su Malbec estrella, de viñas de 8 décadas), Bellavista en Perdriel (donde salen el Cabernet Sauvignon, Merlot y Malbec que intervienen en *Quimera*) y finalmente El Diamante (Tupungato) donde hay estas 3 cepas pero jóvenes, al primer año de cosecha. También compran uva a otros productores. Las viñas son de espaldera baja con riego por surco y manto. El rendimiento del Malbec para el super-premium *Altamira*, tras un doble raleo, es deplorable en cantidad: apenas 400 gramos por cepa, 1 racimo. La cosecha es manual y en cajas. Hacen una doble selección de la fruta y la prensa es pneumática.

La antigua bodega conserva su techo de caña y torta de barro. La vinificación y almacenamiento es en piletas de cemento/epoxy de unos 20 mil litros de capacidad, con serpentinas para frío y calor. También tienen algunos pocos tanques de acero inox de 2,8 a 13 mil litros con doble camisa de enfriamiento/calefacción. Hacen otros vinos con segundas marcas de las que no quieren hablar. El embotellado es con una planta móvil. La cava de barricas está en una ex pileta subterránea, donde caben más barricas *Taransaud* que otra cosa, y hay una salita de degustación. Exportan la mayor parte de la producción a Estados Unidos, España, Francia, Holanda, México y Brasil.

Reciben visitas pagas, con arreglos previos, y ofrecen asados campestres en la finca de Perdriel, a orillas del río, para pequeños grupos.

With a production of only 21,000 gallons, there are few wineries in the world with as much free space, which is good, since newcomer Achával-Ferrer *has placed its wines in the highest category in only 2 years (the 1999 vintage was released in 2001). The winery, which once belonged to the now defunct* Furlotti, *is small but nice. There are 4 partners: Santiago Achával and Manuel Ferrer, both from Córdoba, and 2 Italians, winemakers Roberto Cipresso and Tiziano Siviero.*

The vineyard includes 3 fincas: *Altamira in La Consulta (with its star 80-year-old Malbec), Bellavista in Pedriel (Quimera's Cabernet Sauvignon, Merlot and Malbec), and El Diamante (Tupungato) with the same 3 varieties, in their first harvest. They also buy grapes. The vines are vertical shoot positioned and both flood- and furrow-irrigated. With its fruit thinned twice, the Malbec used in the super-premium* Altamira *has a very low yield, just 1 cluster: barely 14 ounces per vine. Grapes are hand-picked in crates. They select grapes twice and use a pneumatic press.*

The old winery conserves its reed and adobe roof. The wines are made and stored in 5,280-gallon cement/epoxy tanks heated and cooled with serpentine coils. They also have a few stainless steel tanks that hold between 740 and 3,435 gallons with double heating/cooling jackets. They make other wines with other labels they don't want to talk about. They bottle with a mobile unit. A former underground tank holds the barrel room, with more Taransaud *barrels than any other brand, and there is a small tasting room.*

They export the majority of the production to the U.S., Spain, France, Netherlands, Mexico and Brazil.

They conduct paid tours on appointment and offer a typical country barbeque at their riverside Pedriel finca *for small groups.*

Achaval Ferrer Malbec 2000 🍇

Quimera Corte 2001 ★★★★★

Finca Altamira Malbec 2000 ★★★★

BODEGA BANFI

Laprida 1024 / C1425EKB Ciudad de Buenos Aires
Tel.: (011) 41042020

E-mail: ventas@bodegabanfi.com.ar
Website: www.bodegabanfi.com.ar
Capacidad: 0,3 millones de litros/ *Capacity: 79,000 gallons*
Viña: 20 hectáreas/ *Vineyards: 50 acres*

El ingeniero Rubén Banfi, empresario del sector de los servicios telefónicos, en el último tiempo se aproximó al mundo del vino en una suerte de maniobra de pinzas: por un lado, adquirió la prestigiosa revista *Cuisine & Vins*, decana de las publicaciones enogastronómicas argentinas; y por el otro está desarrollando en Valle de Uco, Mendoza, su propia nueva bodega. Ésta se encuentra en el Corredor Productivo entre Tupungato y Vistaflores, a 1.100 metros sobre el nivel del mar. Está equipada con todos los elementos de la flamante bodega moderna, incluyendo una prensa pneumática *Pera* y 12 tanques de acero inox de 25 mil litros, 4 de 15 mil y 10 de 10 mil litros, todos con sistemas de enfriamiento y calefacción. Cuentan con sala de barricas climatizada donde guardan sus 110 bordelesas iniciales, de roble americano y francés y de las tonelerías *Mistral*, *Mercier* y *Remond*. Detalle no menor, esperan para la próxima cosecha 2 toneles *François Frères* de 10 mil litros. La dirección enológica es de Héctor Durigutti y Claude Roy, director de *Le Savour Club* en Francia.

Por ahora compran las uvas a productores de Vistalba, Perdriel, Agrelo y La Consulta; es decir los mejores terruños de Cuyo. Elaboran vinos tintos varietales de las cepas Cabernet, Malbec y Merlot, además de un corte o mezcla Gran Reserva "de la familia" elaborado con Malbec, Merlot, Cabernet Sauvignon y Bonarda.

Por el momento sus vinos se consiguen a través del *Cuisine & Vins Wine Club* pero ya tienen previsto exportar el 50 % de la producción a Brasil, Suiza, Francia, Inglaterra y Estados Unidos, entre otros.

Recently, engineer and telephone service entrepreneur Rubén Banfi has moved into the world of wine. On the one hand, he acquired the prestigious Cuisine & Vins, *Argentina's leading food and wine magazine, and on the other, he's building his own winery in Mendoza's Uco Valley. Located in the Corredor Productivo (Productive Corridor) between Tupungato and Vistaflores, 3,600 feet above sea level, it's equipped with everything a new and modern winery should have: a Pera pneumatic press and 12 6,600-gallon stainless steel tanks, plus 4 at 4,000 gallons, 10 at 2,600 gallons, all with cooling and heating systems. The temperature-controlled barrel room holds the initial 100 American and French barrels from the Mistral, Mercier, and Remond cooperages. And no minor detail: they expect 2 François Frères 2,600-gallon wooden (oak?) fermentation vats before the next harvest. Winemaking is in the hands of Héctor Durigutti and Claude Roy, director of* Le Savour Club *in France.*

For now they buy grapes from producers in Vistalba, Perdriel, Agrelo, and La Consulta, areas which comprise Cuyo's best terroir. They make red varietal wines from Cabernet, Malbec, and Merlot, plus a blended Family Gran Reserva with Malbec, Merlot, Cabernet Sauvignon, and Bonarda.

For the moment their wines are available through the Cuisine & Vins Wine Club, *but they expect to export 50% of the future production to Brazil, Switzerland, France, England, and the United States.*

Cinco Tierras Reserva Malbec 2002 ★★★★★ - *Cinco Tierras Malbec 2002* ★★★★

Simmetry Malbec 2000 ★★★★ - *Simmetry Cabernet-Malbec 2000* ★★★

Simmetry Cabernet Sauvignon 2000 ★★

Bodega Barberis / Finca Los Leiva

Roque Sáenz Peña 5516 / Vistalba /
M5509XAF Luján de Cuyo / Mendoza
Tel./Fax.: (0261) 4983311 / 4981951

E-mail: mendoza@bodegabarberis.com
Website: www.bodegabarberis.com
Capacidad: 5,5 millones de litros/*Capacity: 1,453,100 gallons*
Viña: 80 hectáreas/*Vineyards: 200 acres*

La familia Barberis comenzó a trabajar vides y mostos en 1908 cuando un bisabuelo estableció su bodega en Rivadavia; su hijo hizo vinos en escala artesanal pero su nieto, en los años '60, comenzó a comprar fincas de vid en Santa Rosa, Lavalle y Tres Porteños, luego compró una bodega más grande y finalmente la enorme (12 mil metros cuadrados cubiertos) y aún semivacía bodega actual, en Vistalba. Esta formidable planta fue edificada en 1945 por el doctor Calise, quien además de vino, alcohol y *Cognac*, hacía aceite de oliva: fue a la ruina en tiempos de Héctor Greco, que enriqueció a otros.

Hasta 1999 la tradición familiar era el *trasladismo*, hacer vino para terceros. A partir de entonces la bodega de la familia Barberis rediseñó su imagen, invirtió en equipamiento y apuntó a la exportación. Bajo un hermoso techo de madera, en piletas de cemento/epoxy pequeñas, con una cava de barricas francesas en crecimiento (por ahora hay 50), los enólogos Rolando Lazzarotti y Gonzalo Polo vinifican las etiquetas de la casa *Blasón del Valle* y *Humberto Barberis* así como la marca *Finca Los Leivas*, un *joint-venture* con una sociedad anónima orientada a la exportación al mercado norteamericano. Parte de su capacidad ociosa es bodega-pulmón de *Chandon*. Exportan a Estados Unidos, Alemania, Suecia y Suiza. Hacen un Malbec *kosher* para los U.S.A., con levadura natural y ningún producto enológico.

En sociedad con Matías Fraga del almacén y vinoteca *Azafrán*, están abriendo un *bistrot* entre los viejos toneles de roble que tendrá un clima singular. Rodeada por 20 hectáreas de viña, esta vieja y formidable planta industrial promete ser una de las más orientadas al turismo. Pero no sólo a ello: *"el proyecto es que en 4 o 5 años la bodega sea una de las más importantes del país"* dicen en la casa.

The Barberis family began working with vines and musts in 1908 when a great-grandfather established his winery in Rivadavia. His son made wines on a small scale, but in the 1960s his grandson began to buy vineyards in Santa Rosa, Lavalle, and Tres Porteños. He bought a bigger winery and then the current enormous (129,200 square feet) and still half-empty winery in Vistalba. This incredible plant was built in 1945 by Dr. Calise, who made olive oil in addition to wine, alcohol, and Cognac. He went bankrupt in the times of Héctor Greco, while others made fortunes.

The family tradition was trasladismo, *or making wines for third-parties until 1999, when the Barberis winery redesigned its image, invested in state-of-the-art equipment, and aimed toward exportation. Under a beautiful wooden roof, in small cement/epoxy tanks, with a growing cellar of French barrels (there are now 50), winemakers Rolando Lazzarotti and Gonzalo Polo make the house labels* Blasón del Valle *and* Humberto Barberis, *as well as* Finca Los Leivas, *a joint venture with a corporation aimed at exporting to the U.S. market. Part of its free space is rented to* Chandon. *They export to the U.S., Germany, Sweden, and Switzerland. They make a kosher Malbec for the U.S. with natural yeast and without enological products.*

In partnership with Matías Fraga of the store and wine shop Azafrán, they are opening a bistro *among the old oak casks that will have a unique atmosphere. Surrounded by 50 acres of vineyards, this tremendous old industrial plant promises to be only of the wineries most geared toward tourism, but not only that: "the project is that in 4 or 5 years this will be one of the most important wineries in the country."*

Retablo Malbec 2002 ★★★ - *Talento Malbec 1999* ★★★

Finca Los Leiva Cabernet Sauvignon 2002 ★★ - *Retablo Cabernet Sauvignon 2002* ★★

Finca Los Leiva Malbec 2002 ★ - *Humberto Barberis Malbec 1999* ★

El sitio de la comunidad vitivinícola argentina

The site of the winery comunity in Argentina

info@areadelvino.com

LAS MARÍAS, El Paraíso de la Yerba Mate

Las Marías, que antiguamente perteneció a una de las inmensas estancias jesuíticas habitadas por los guaraníes, es un sitio privilegiado para el cultivo de la yerba mate. Es un lugar en el cual, como en ningún otro, se respetan sus tiempos, su cuidado, su elaboración. Hoy, por su sabor y su calidad indiscutida, sus marcas de yerba constituyen el símbolo del buen mate argentino.

ESTABLECIMIENTO LAS MARIAS

ESTABLECIMIENTO LAS MARÍAS

Ruta Nacional 14, km 739 / Gobernador Virasoro / W3342BQA Corrientes
Tel./Fax.: (0375) 493000
E-mail: atclientes@lasmarias.com.ar
Website: www.lasmarias.com.ar
Cultivos de yerba mate: 5.000 hectáreas / *Cultivation of yerba mate: 12,500 acres*

Establecimiento Las Marías es una empresa familiar argentina que desde 1924 cultiva yerba mate de la más alta calidad. Es además una empresa modelo por su sensibilidad social y ambiental. Sus yerbas *Taragüí, Unión, Mañanita* y *La Merced* son líderes en calidad en Argentina y ello es natural, ya que Establecimiento Las Marías es la "Universidad Sudamericana" de la *Ilex paraguariensis*: en ningún otro lugar del mundo se acumuló tanto conocimiento, investigación y desarrollo sobre este cultivo. Todo este saber yerbatero se refleja en la variedad y calidad de las yerbas que cultivan y elaboran en la hermosa sede campestre de *Las Marías*, donde coexisten tradición y tecnología. La calidad comienza en las plantas, con preferencia por los ejemplares masculinos, que no semillan. Prosigue con la cuidadosa cosecha y luego se extiende al transporte rápido hasta la planta elaboradora, ya que las hojas sufren al sol. La yerba, en sacos de 50 kilos y luego de ser secada, transcurre varios meses de estacionamiento en bodegas especiales. Finalmente, se realiza el *blend* o corte con distintas partidas de yerba dosando proporciones de hoja, palo y polvo según el producto y el mercado consumidor. Hasta el envasado, con líneas de fraccionamiento tan modernas como las de las mejores bodegas, todo el proceso es inspeccionado varias veces al día por el laboratorio de control de calidad. Entre las variedades que produce *Las Marías, La Merced* es la única yerba *gourmet* elaborada tal como un enólogo hace un vino premium: con cultivos de distintos terruños. *La Merced "Original de Campo"* proviene de abiertas y ventiladas praderas del Nordeste correntino, lo que se traduce en una yerba de sabor equilibrado y amigable. *La Merced "Barbacuá"* pasa por un lentísimo sapecado de lo que surge una yerba de temperamento robusto, con un suave ahumado. Y *La Merced "de Monte"* nace de la Sierra Misionera, con leves notas amargas y un cautivante matiz silvestre. Las yerbas de *Las Marías* se encuentran en toda Argentina y muchos mercados de ultramar, pero el punto de venta más espléndido es el propio *Establecimiento*, que recibe con gusto visitas todos los días del año.

Establecimiento Las Marías is an Argentine family business that has cultivated the highest quality yerba mate since 1924. It is also a model company for its social and environmental sensitivity. Its yerba brands Taragüí, Unión, Mañanita, and La Merced are leaders in quality in Argentina, and this is natural, as Establecimiento Las Marías is the "South American University" of Ilex paraguariensis; nowhere else in the world has accumulated as much knowledge, research, and development of this plant. All of this knowledge is reflected in the variety and quality of the yerbas they grow and prepare in the beautiful country headquarters of Las Marías, where tradition and technology co-exist. Quality begins in the nursery, with a preference for the masculine plants that do not produce seeds. After a careful harvest, the leaves are then quickly transported to the processing plant to avoid sun damage. After drying yerba spends several months maturing in 110-pound sacks in special storehouses. Finally, a blend is made with different batches, combining proportions of leaves, stems and powder, depending on the final product desired and the consumer market. The entire process is inspected several times a day by the quality control laboratory up to end, which takes place in packaging lines as modern as any winery's. Of all of the varieties produced by Las Marías, La Merced is the only gourmet yerba made the same way as a winemaker prepares a premium wine: with plants grown in different terroirs. La Merced "Original de Campo" comes from the open and well-ventilated northeastern prairies of Corrientes, which produces yerba with a balanced and friendly flavor. La Merced "Barbacuá" undergoes a very slow drying process, resulting in a robust and mildly smoky yerba. And La Merced "de Monte" comes from the Sierra Misionera, slightly bitter with a fascinating wild note. The yerbas from Las Marías are found throughout Argentina and in many foreign markets, but the very best point of sale is the splendid Establecimiento itself, which happily receives visitors every day of the year.

La Merced Original de Campo / La Merced Barbacuá / La Merced de Monte / Taragüí con Palo / Taragüí sin Palo / Taragüí Bajo Contenido de Polvo / Taragüí con Hierbas / Taragüí con Cascaritas Naturales / Unión Suave / Unión Bajo Contenido de Polvo / Unión con Cascaritas Naturales / Mañanita con Palo / Mañanita sin Palo / Mañanita Saborizada / Matelisto

espacio de publicidad

Conocedor se hace,
no se nace...

REVISTA
EL CONOCEDOR
DE BEBIDAS LUGARES Y SABORES

info@elconocedor.com.ar (54)11.4.831.8228

Bodega Benegas

Acceso Sur y Aráoz s/n° /
Mayor Drummond /
M5507ADA Luján de Cuyo / Mendoza
Tel./Fax.: (0261) 4960794

E-mail: info@bodegabenegas.com
Website: www.bodegabenegas.com
Capacidad: 1 millón de litros/*Capacity: 264,000 gallons*
Viña: 39 hectáreas/*Vineyards: 97.5 acres*

Federico J. Benegas Lynch compró en el año 2000 una gran bodega de adobe construida en 1901 y abandonada junto al Acceso Sur a Mendoza y se abocó a la tarea titánica de reciclarla, remodelarla y reequiparla. El esfuerzo está en curso, pero puede anticiparse que el día que culmine será una de las bodegas más impactantes para visitar, con toda la nobleza de la arquitectura industrial de principios de siglo XX adaptada, a través del adobe, al terruño cuyano.

Aquí vinifican en piletas pequeñas de hormigón/epoxy restauradas y equipadas con placas de frío y calor, *clapés* y tapas de acero inox y tanques también de acero inox para los descubes, mientras que prensan la uva con las viejas prensas hidráulicas restauradas, pues sólo elaboran vinos tintos. Ponen mucha atención a la elección de las uvas, con 10 mujeres en una y 4 en otra de las mesas de selección sucesivas.

Hay una formidable cava de 80 pasos de largo por 10 de ancho, donde reposan 340 barricas al 70 % de roble galo. Los viejos toneles sobrantes del pasado se utilizarán como adorno en la futura bodega turística. La cava de botellas, de iluminación sutil, recupera en modo admirable a 8 viejas piletas subterráneas.

En su finca de Cruz de Piedra, *Benegas* cultiva Merlot, Sangiovese, ambos Cabernet, Petit Verdot y Syrah: para variar, la bodega no tiene Malbec. Los rendimientos medios son de 7 a 8 toneladas por hectárea, parte en espaldera y parte en parral, con cepas de 60 y hasta 80 años, labranza casi cero, raleo y riego por surco. La dirección enológica es de Fernanda Reta, que cuenta con el asesoramiento de Michel Rolland.

In the year 2000, Federico Benegas Lynch bought a large, abandoned adobe winery circa 1901 along side Mendoza's southern access route, and undertook the titanic job of restoring, remodeling, and re-equipping it. The work is still in progress, but we can envision the day when the finished winery will be one of the most impressive to visit, with all of the nobility of early 20th century industrial architecture, adapted through adobe to the Cuyan terrain.

Here they vinify with small, renovated concrete/epoxy tanks equipped with hot and cold plates, clapés *and stainless steel tops, plus stainless tanks for racking, while grapes are pressed with restored old hydraulic presses, as they only make red wines. They pay a great deal of attention to grape selection, with 10 women at the first selection table and 4 at next.*

There is an impressive cellar 240 feet long and 30 feet wide that holds 340 barrels (70% French oak). The old casks left over from the past will be used to decorate the future tourist areas. The bottle cellar, with subtle lighting, makes admirable use of 8 old underground tanks.

In its Cruz de Piedra vineyard, Benegas *grows Merlot, Sangiovese, both Cabernets, Petit Verdot, and Syrah: and, for a change of pace, they don't have any Malbec. The average yield runs about 3 tons per acre, partly in vertical shoot position and partly on pergola, with 60, and even 80-year old vines, fruit thinning, furrow irrigation, and almost no tilling. Fernanda Reta, directs the winemaking, with Michel Rolland consulting.*

Benegas Blend 2000 ★★★★ - *Benegas Sangiovese-Cabernet Sauvignon 2000* ★★★★

Benegas Sangiovese 2000 ★★★ - *Benegas Chardonnay 2000* ★★

Benegas Corte 2000 ★★ - *Carmela Benegas Corte 2002* ★★

BODEGA CABRINI

Ruta 15 km 22 / Perdriel /
M5544APB Luján de Cuyo / Mendoza
Tel./Fax.: (0261) 4880218

E-mail: ivgcabri@infovia.com.ar
Capacidad: 1,3 millones de litros/ *Capacity: 343,000 gallons*
Viña: 60 hectáreas/ *Vineyards: 150 acres*

Cabrini es la bodega familiar más antigua de Mendoza pues Leandro Cabrini, de Poviglio en provincia de Parma, la estableció a empezar por sus viñas en 1918; dos años más tarde levantó la casa (que la familia todavía habita y usa como oficinas) y el primer cuerpo de la bodega actual. El tatarabuelo y bisabuelo de Fernando Cabrini y sus hermanos, que hoy dirigen la empresa, eran plantadores de "uva francesa" o Cot, hoy más conocida por Malbec: junto a la casa, administración y bodega hay 8 hectáreas de esta cepa plantada por los antepasados en el año uno de Cabrini. Cuando se le pregunta cómo sobrevivió esta viña a la epidemia de locura arrancatoria de Malbec que asoló a Mendoza en los años '80, Fernando Cabrini dice *"por amor a la tierra, al vino y al Malbec, que es parte de la familia, es un hijo o una esposa. Por una década estuvimos todos los años casi a punto de arrancarlo"* confiesa, entre las octogenarias espalderas de 3 hilos y postes de algarrobo, que dan de 1,5 a 2 kilos de uva por cepa, 5 a 8 toneladas por hectárea. Un tío que llegó a dirigir la orden de los Salesianos en América Latina influyó en una temprana inclinación eclesiástica de la casa, que elabora vino de misa desde 1939.

La bodega renació en 1999 con una inversión importante en equipos: se fueron los viejos toneles, sustituidos por tanques de acero inox y barricas, y compraron nuevas despalilladoras y prensas, pero siempre bajo el mismo techo donde comenzó la historia. Vinifican casi exclusivamente vinos tintos, en piletas de hormigón/epoxy pequeñas con refrigeración por serpentinas. Poseen una cámara frigorífica para las barricas, francesas y americanas. Exportan el 25 % de 1 millón de botellas a Estados Unidos, Reino Unido, Italia, Dinamarca, Suiza y Cuba. Desarrollaron vinos y etiquetas para el mercado exterior, tal como un *rosè* de Malbec. Y reciben con gusto visitas todos los días de 9 a 12 y 15:30 a 18:30 horas, en un clima de vieja y genuina bodega familiar difícil de hallar en Mendoza.

Cabrini is Mendoza's oldest family winery; established by Parma-born Leandro Cabrini in 1918; 2 years later he built the house (which the family still uses for offices) and the first part of the current winery building. Fernando Cabrini and his brothers, who manage the company today, still have the 20 acres of "French grape" or Cot —better known as Malbec— that their grandfather and great-grandfather planted near the house and winery buildings. When asked how this vineyard managed to survive the devastating fervor to pull out Malbec in Mendoza in the 1980s, Fernando Cabrini responds, "for the love of the earth, the wine, and Malbec, this is part of the family, like a son or a wife." But, he confesses "we were the verge of pulling it out for a decade." Each octogenarian vine, vertically positioned on 3 wires with carob tree posts, yields less than a pound of fruit, or 1-3 tons per acre. An uncle who arrived to lead the Salesian Order in Latin America was an early influence, and the house has made communion wines since 1939.

The winery was revamped in 1999 with a significant investment in equipment. They tossed the old casks and replaced them with stainless steel tanks and oak barrels, and they bought de-stemmers and presses, but remain under the same roof where the story began. Their wines are almost exclusively red, made in small, concrete/epoxy tanks cooled by serpentine coils. A cold storage chamber houses their French and American oak barrels. They export 25% of the 1,000,000 bottle-production to the U.S., U.K., Italy, Denmark, Switzerland, and Cuba. They make wines and labels for the foreign market, such as a Malbec rosé. They happily receive visitors every day from 9:00 – 12:00 noon and 3:30 – 6:30 pm, in a climate of an old and genuine family winery difficult to find elsewhere in Mendoza.

Cabrini Roble Cabernet Sauvignon 2001 ★★★★ - *Cabrini Vino Especial de Misa 2000* ★★★

Bell de Nuits Especial Corte 2002 ★★ - *Cabrini Merlot 2001* ★

Cabrini Bonarda 2001 ★ - *Cabrini Syrah 2001* ★

Bodega Cahema Olduva S.R.L.

9 de Julio 83, 1° piso oficina 3 /
M5570ACA San Martín / Mendoza
Tel./Fax.: (02623) 420211

E-mail: cahema-olduva@capomagi.com
Capacidad: no poseen/*Capacity: none*
Viña: 250 hectáreas/*Vineyards: 625 acres*

He aquí otra bodega virtual, de nombre compuesto por las iniciales de 4 socios y amigos mendocinos: un odontólogo con una finca de Bonarda, un productor de uvas con finca de Syrah, un contador que aporta el gerenciamiento y un enólogo, Héctor Durigutti, a cargo de la viña y el vino. Juntos comenzaron a elaborar dos tintos llamados *Ostrich*, de los que hicieron 30 mil botellas de Syrah y 10 mil de Bonarda con la vendimia 2002. En 2003 lanzarán también un Malbec.

Héctor maneja los viñedos, que son todos en parral y en el este mendocino: 10 hectáreas de Bonarda con cepas de 45 años, que dan 8 toneladas por hectárea; y 15 hectáreas de Syrah de 14 años, que rinden 10 toneladas.

"*En el cuaje hacemos el desbrote, sacamos los sarmientos y hacemos un desfeminelado (sacamos los brotes mellizos) cuando la uva es del tamaño de una lenteja. Así engrosamos el hollejo, concentramos más color, aroma y taninos. Durante el envero hacemos un raleo de racimos mal posicionados y que se tocan, para mejorar la ventilación. Quince días antes de la cosecha cortamos el riego, que es por surco, y cosechamos en cajas de 20 kilos*".

Emplean una moderna moledora con rodillo de goma, separan el vino flor y venden el vino de prensa, fermentan en piletas de cemento/epoxy de 10 mil litros con levaduras indígenas para el Syrah e importadas para la Bonarda; hacen hasta 4 remontajes diarios y un *delestage* al segundo día de fermentación, con maceración de dos semanas y sangría del 15 %. Utilizan *insert staves* de roble americano durante 45 días, de tostado medio. La autoclarificación es natural, y sin filtrado el vino pasa a la botella "*para que no pierda estructura, ni color ni aroma. Se aconseja beberlo en el año, no son vinos para la guarda; son jóvenes, frutados, con un poquito de madera*". *Ostrich* se distribuye en las principales ciudades del país y todavía no se exporta.

This is a 'virtual winery.' Its name comes from the initials of the 4 partners and friends from Mendoza: a odontologist with a Bonarda vineyard, a grape producer with a Syrah vineyard, an accountant who manages the group, and a winemaker, Héctor Durigutti, responsible for the winery and the wine. Together they began making 2 red wines called Ostrich *with 30,000 bottles of Syrah and 10,000 of Bonarda in 2002 and added a Malbec in 2003.*

Héctor manages the vineyards, all on pergola in East Mendoza: 25 acres of 45-year-old Bonarda vines that yield 3 tons per acre, and 38 acres of 14-year-old Syrah yielding 4 tons per acre.

"During fruit set, when the berry is the size of a lentil, we disbud, removing shoots and twin buds. That way we thicken the skin and concentrate the color, aroma, and tannins. During veraison, we thin poorly positioned or crowded clusters for better ventilation. We stop irrigating (by furrows) 2 weeks before harvest and then pick with 44-pound bins."

They use a modern crusher with a rubber roller, sep rate the drip wine and sell the press wine, and ferment in 2600-gallon cement/epoxy tanks with wild yeasts for Syrah and imported yeasts for Bonarda. They bleed 15%, do a delestage *on the second day of fermentation, 4 pump-overs a day, followed by 2 weeks of post-fermentation maceration. They use medium toast American oak inner staves for 45 days. After a natural clarification, the wines go to the bottles unfiltered. "so they don't lose their structure, color, or aroma. They should be drunk within the year; these are not wines for laying down – they are young and fruity with a little wood."* Ostrich *is distributed in the major cities of the country and is not yet exported.*

Ostrich Syrah 2002 ★★★★
Ostrich Bonarda 2002 ★★★★
Ostrich Syrah 2000 ★★

BODEGA CARO

Belgrano y Alvear / 5501 Godoy Cruz / Mendoza
Tel./Fax.: (0261) 4246477

E-mail: gerencia@bodegacaro.com.ar
Capacidad: 1 millón de litros/*Capacity: 264,000 gallons*
Viña: no posee/*Vineyards: none*

Caro es de las nuevas bodegas y nuevos vinos más auspiciosos de Argentina, pues surge de dos tradiciones singulares del Viejo y el Nuevo Mundo: los *domaines* del barón de Rothschild (Lafite) y Nicolás Catena. El nombre lo propuso Eric de Rothschild a Nicolás Catena, uniendo la primera sílaba de cada apellido e insistiendo en que el socio argentino fuera primero.

Con la dirección general de Christophe Salin y la enóloga Estela Perinetti junto a Christian Le Sommer (12 años enólogo de *Château Latour*), la bodega y su único vino comenzaron a existir en el 2000. "*Caro es un corte de 33 % de Malbec y 67 % de Cabernet Sauvignon al estilo Bordeaux, elegante, tomable. La filosofía es francesa pero el vino es argentino, tiene la carne del Malbec y los huesos del Cabernet Sauvignon*" explica Estela, ingeniera agrónoma y enóloga mendocina que además supervisa la remodelación de la nueva bodega, en el sector más antiguo de *Escorihuela*.

La fruta no proviene aún de viñedos propios: se compra en viñedos viejos, que rinden entre 5 y 8 toneladas por hectárea. "*El tanino de la viña vieja resulta en un vino más redondo y más suave*" explica Estela.

La vinificación es tradicional, con maceración corta del Malbec y más larga del Cabernet, fermentación en tanques de acero inox con frío y calor para la fermentación maloláctica, crianza de 14 meses en barricas francesas en mayoría de tostado medio, 60 % nuevas y 40 % de segundo uso; clarificación con clara de huevo y una ligera filtración antes del embotellado.

Presentado en octubre de 2002, Robert Parker y *Wine Spectator* dieron cada uno 90 puntos a *Caro*, del que sólo se hicieron unas 45 mil botellas, a 39 dólares.

Una vez visitable, reciclada por el arquitecto Pablo Sánchez Elía (que hizo el contiguo restaurant *1884* y la pirámide de bodega *Catena Zapata*), con sus viejas y formidables naves y sus 2 cavas con lugar para 2.500 barricas, *Caro* será un must en el circuito cuyano de los mejores vinos.

Caro is one of Argentina's newest and most auspicious wineries, as it arises from two unique traditions of the Old and New Worlds: Les Domaines de Barón de Rothschild (Lafite) *and Nicolás Catena. The name was Eric de Rothschild's idea, joining the first syllable of each last name and insisting that the Argentine partner be mentioned first.*

*Under the general direction of Christophe Salin, with winemakers Estela Perinetti and Christian Le Sommer (*Château Latour *enologist for 12 years), the winery and its only wine began in 2000. "Caro is a Bordeaux style blend of 33% Malbec and 67% Cabernet Sauvignon, elegant and very drinkable. The philosophy is French, but the wine is Argentine; its flesh is Malbec and its bones are Cabernet Sauvignon" explains Estela, agricultural engineer-enologist from Mendoza who also supervises the remodeling of the new winery in the oldest sector of* Escorihuela.

The fruit comes from old vineyards with yields of 2-3 tons per acre. "The tannins from old vineyards produces softer, rounder wines," *says Estela.*

The traditional vinification begins with a short maceration for Malbec and a longer one for Cabernet. Fermentation takes place in stainless steel tanks that are cooled for the alcoholic fermentation and heated for the malolactic. The wine is aged 14 months in French barrels, mostly medium-toast, 60% new, 40% second-use, clarified with egg-white, followed by a light filtration before bottling.

With only 45,000 bottles, this $39 USD wine was presented in October 2002 and received 90 points from both Robert Parker and Wine Spectator.

Renovations are in the hands of architect Pablo Sánchez, who is also responsible for the restaurant 1884 and Catena Zapata's *pyramid winery. With incredible naves and twin cellars for 2,500 barrels, once completed, a visit to Caro will be a "must" on the Cuyan top wine circuit.*

Caro Cabernet Sauvignon- Malbec 2000

BODEGA CATENA ZAPATA

Calle Cobos s/n° / Agrelo / M5509AEA
Luján de Cuyo / Mendoza
Tel.: (0261) 4900214
Fax.: (0261) 4900217

E-mail: catenazapata@interlink.com.ar
Website: www.catenawines.com
Capacidad: 4 millones de litros/*Capacity: 1,057,000 gallons*
Viña: 600 hectáreas/*Vineyards: 1,500 acres*

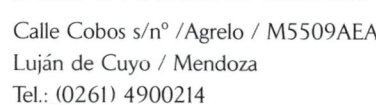

Por la calidad y profundidad de su comunicación gráfica, ya antes de conocerla se infiere que *Catena Zapata* está en punta entre las bodegas cuyanas. Al abrirse las puertas de la finca, una larga perspectiva de acceso entre viñedos impecables, hacia un lejano edificio amarillento que crece hasta el tamaño de una pirámide maya mediana, confirma la impresión de que el viajero de los vinos sudamericanos está llegando a un lugar especial. Las escalinatas, la faraónica puerta y la primera visión del luminoso interior también insisten en este sentido. La sala de visitas y tienda es de lo más sobrio y clásico visto en estas latitudes. Si por afuera se abundó en eclecticismo precolombino, por dentro de esta inaudita pirámide (arq. Pablo Sánchez Elía, 2001) prima un buen gusto parco y recio, todo mármol, lava y madera sobre hormigón armado. Discreta culminación para el esfuerzo de 4 generaciones que comenzó cuando Nicola Catena, inmigrante de Las Marcas, plantó viña y bodega en Cuyo; continuó con su hijo Domingo Catena en el mercado de los vinos de mesa; saltó a la primera línea vinícola internacional de la mano de su nieto Nicolás Catena y se continúa en la vicepresidencia de su bisnieta Laura Catena.

La circundante viña Uxmal comenzó a plantarse en 1983 y cubre 105 hectáreas con Cabernet Sauvignon, Chardonnay, Malbec y Merlot, además de otras cepas. Hay 5 fincas más, entre las que destaca la viña Adriana, a 1.470 metros en Gualtallary, Tupungato, con 110 hectáreas de Malbec, Merlot, Chardonnay y otras cepas que producen medio kilómetro más alto que la pirámide de Uxmal.

Si en las viñas hay una dedicación obsesiva por la calidad, en su equipamiento, la bodega es *state-of-the-art*. Sólo con visitar la planta, las cavas y la sala de degustación se comprende que aquí, tras la importante fachada, hay también mucha substancia.

Even before visiting the winery, its impressive publicity materials give the sense that Catena Zapata *is among Cuyo's top wineries. The* finca *gates open, a long road between impeccable vineyards leads to a distant yellowish building that grows to a medium-sized pyramid, and its front steps, massive door, and the first glimpse of the luminous interior, all suggest that the South American wine traveller is reaching a special place. The visitors' room and shop are the most stately in the area. Although the outside abounds with Pre-Colombian eclecticism, inside this astonishing pyramid (architect Pablo Sánchez Elía, 2001) parsimonious good taste predominates with marble, volcanic rock, and wood over reinforced concrete. A discreet climax to the efforts of 4 generations, beginning when Nicola Catena, an immigrant from Le Marche established his vineyard and winery in Cuyo. His son, Domingo Catena, continued in table wines, and then under grandson Nicolás Catena, it leapt to the forefront of the international market. Today great-granddaughter Laura Catena sits in the Vice President's chair.*

The Uxmal vineyard was begun in 1983 and covers 263 acres with Cabernet Sauvignon, Chardonnay, Malbec, Merlot, and other varieties. There are 5 more fincas, *most notably the Adriana vineyard at 4,800 feet in Gualtallary, Tupungato, with 275 acres of Malbec, Merlot, and Chardonnay producing at a third of a mile higher than the Uxmal pyramid.*

Although there's an obsessive dedication to quality in the vineyards, Dr. Catena's (as he is known in Mendoza) winery is full of state-of-the-art equipment. Even without having tried the house wine and just visiting the plant, bottle and barrel cellars plus a tasting room with the biggest lapacho-wood table imaginable, it is clear that behind the impressive façade, there is indeed a great deal of substance.

Catena Zapata Estiba Reservada Corte 1999 🍇 - *Angélica Zapata Alta Chardonnay 2000* 🍇

Catena Zapata Alta Malbec 2000 🍇 - *Saint Felicien Malbec 1997* ★★★★★

Catena Zapata Cabernet Sauvignon 2001 ★★★★★ - *Catena Zapata Alta Cabernet Sauvignon 2000* ★★★★★

Bodega Cicchitti

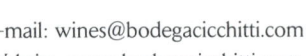

Buenos Vecinos 57 /
M5525ASA Rodeo de la Cruz / Mendoza
Tel./Fax.: (0261) 4913139 / 4910845

E-mail: wines@bodegacicchitti.com
Website: www.bodegacicchitti.com
Capacidad: 1 millón de litros/*Capacity: 264,000 gallons*
Viña: 120 hectáreas/*Vineyards: 300 acres*

Esta *bodega artesanal* es obra del ánimo movedizo de José Cicchitti, quien lidera todos los aspectos de la tarea con una impronta bien personal: *"soy dueño, gerente y cadete"* asegura. Su abuelo materno Giuseppe Mondatti, enólogo natural de Ancona, Las Marcas, comenzó a principios del siglo XX a trabajar con *Escorihuela* y *Arizu* hasta que hacia 1920 puso su propia bodega. Su abuelo paterno Genaro Cicchitti, piamontés, se hizo rico hacendado en Mendoza; su hijo José A. Cicchitti prefirió dedicarse a la enseñanza de la filosofía y fundó 2 universidades en la ciudad. José Cicchitti, nieto de Genaro y Giuseppe, fue durante largo tiempo agente inmobiliario en Mendoza y alrededores, antes de volver a hacer vinos con el apellido familiar.

Compró una amurallada bodega de adobe de 1928, hoy suburbana, con sus techos de caña y torta de barro. Recuperó piletas de cemento/epoxy, adquirió una moderna prensa mecánica francesa horizontal y recicló viejas prensas mecánicas, instaló una cava de afinamiento con refrigeración y 100 barricas francesas de tostado medio, una línea de producción de espumante con método Champenoise y, *last but not least*, contrató al enólogo mendocino Jorge Benítez.

La viña, que en rigor es familiar, se divide en varias fincas en Tupungato, Tunuyán, Medrano, Maipú y Rodeo de la Cruz plantadas con Merlot, Pinot Noir, Cabernet Sauvignon, Tempranillo, Semillón y Chardonnay en Valle de Uco y con Malbec en Medrano, donde hay 67 hectáreas. Todas son cepas viejas, de más de 40 años en espaldera baja y parral, con rendimientos de 7 a 9 toneladas por hectárea.

Cicchitti diseña sus propias líneas de vinos, que incluyen varios *kasher* para exportación a Estados Unidos: *"hacer vinos* kasher *es bien difícil porque todo debe ser natural, pero aún más difícil es hacer jugo de uva kasher"* dice, confirmando aquello de que es más simple hacer vino que jugo de uva natural, ya que naturalmente el mosto quiere fermentar. No se consideran preparados para el turismo, pero reciben visitas con arreglos previos.

This small-scale winery is the work of José Cicchitti, who leads every aspect of the work with his personal slogan: "I'm the owner, manager, and cadet." His maternal grandfather, Giuseppe Mondatti, a winemaker from Le Marche began in the early 20th century with Escorihuela *and* Arizu, *until he began his own winery around 1920. His Piedmontese paternal grandfather, Genaro Chicchitti became wealthy in real estate in Mendoza. His son José A. Cicchitti preferred teaching Philosophy and founded 2 universities in the city. José Cicchitti, grandson of Genaro and Giuseppe, sold real estate in the Mendoza area for many years before returning the family name to winemaking.*

He bought a now-suburban 1928 adobe winery. He renovated the cement/epoxy tanks, acquired a modern French horizontal mechanical press, and recycled the old mechanical presses. He installed a cooled aging cellar and 100 French oak, medium toast barrels, a production line for Champenoise method sparkling wine and, last but not least, hired Mendoza winemaker Jorge Benítez.

The family vineyards are divided among several fincas in Tupungato, Tunuyán, Medrano, Maipú, and Rodeo de la Cruz and planted with Merlot, Pinot Noir, Cabernet Sauvignon, Tempranillo, Semillón, and Chardonnay in the Uco Valley and Malbec in Medrano, where there are 168 acres. All the vines are over 40 years old, in vertical shoot position and pergola, and yield 3-4 tons per acre.

Cicchitti designs his own wines, including various kosher wines for export to the U.S.: "it's quite difficult to make kosher wines because everything must be natural- but it's even harder to make kosher grape juice," he says, confirming that juice is more difficult because the must naturally wants to ferment. They are not prepared for tourism, but do receive visitors with prior arrangements.

Colección Cicchitti Cabernet Sauvignon 1999 ★★★

Don Genaro Nectar Dulce Natural 2001 ★★

Colección Cicchitti Malbec 2002 ★

Bodega Cruz de Piedra S.A.

Pescara s/n° Cruz de Piedra / Maipú / Mendoza
Tel./Fax.: (0261) 4990050

E-mail: cruzdepiedra@impsat1.com.ar
Capacidad: 5,7 millones de litros/ *Capacity: 1,506,000 gallons*
Viña: 158 hectáreas/ *Vineyards: 395 acres*

La bodega *Cruz de Piedra* (de las pocas que no pudimos visitar en Mendoza) elabora algunas de las etiquetas más exitosas de vino fino en Argentina: *San Telmo* y *Cuesta del Madero*, además de *San Telmo Exportación*. Poseen 3 fincas, todas plantadas en parral: una en Cruz de Piedra, con Cabernet Sauvignon, Malbec, Merlot y Chardonnay, con densidad de 2.220 plantas por hectárea; otra finca en La Carrodilla (Luján de Cuyo) con Cabernet Sauvignon plantado a 2.720 cepas por hectárea; y finalmente una finca en Tres Porteñas (San Martín) con Cabernet Sauvignon a 2.220 plantas por hectárea. Los suelos son de textura arenosa y franco arenosa.

En bodega poseen 89 piletas o vasijas de cemento/epoxy por un total de 5,5 millones de litros, más algunos tanques de acero inox y de fibra, y un tonel de madera de 3.400 litros. La crianza la obtienen con unas 517 barricas de roble.

Cruz de Piedra, one of the few Mendoza wineries we were unable to visit, makes some of Argentina's most successful fine wines: San Telmo, Cuesta del Madero, *and* San Telmo Exportación.
They have 3 fincas, all planted to pergola: one in Cruz de Piedra, with Cabernet Sauvignon, Malbec, Merlot, and Chardonnay at a density of 888 plants per acre, another in La Carrodilla (Luján de Cuyo) with 1,086 Cabernet Sauvignon vines per acre, and the third in Tres Porteñas (San Martín) with Cabernet Sauvignon, also with 888 plants per acre. Soils are sandy and loam-sandy.
The winery has 89 cement/epoxy tanks/vessels with a total capacity of 1,453,000 gallons, plus some stainless steel and fiberglass tanks and a 900-gallon wooden cask. Wines are aged in 517 oak barrels.

Cuesta del Madero Corte 2001 ★★ - San Telmo Sauvignon Blanc 2001 ★★ - San Telmo Syrah 2002 ★★

San Telmo Chardonnay 2002 ★★ - San Telmo Cabernet Sauvignon 1999 ★

San Telmo Merlot 2000 ★ - San Telmo Malbec 2001 ★

Bodega Don Cristóbal 1492

Videla Aranda 361 / Cruz de Piedra /
M5586BQG Maipú / Mendoza
Tel.: (0261) 4990003
Fax.: (0261) 4990120

E-mail: infobodega@doncristobal.com.ar
Website: www.doncristobal.com.ar
Capacidad: 0,75 millones de litros/*Capacity: 198,000 gallons*
Viña: 90 hectáreas/*Vineyards: 225 acres*

Esta bodega de nombre peculiar surgió en los años del V Centenario, cuando sus 2 socios adquirieron 3 fincas de viña en Junín, Rivadavia y Luján de Cuyo, a las que llamaron La Santa María, La Niña y La Pinta. Cuando en el año 2000 compraron y refaccionaron una bodega, el sustantivo propio Cristóbal apareció y se repitió en 3 distintas ocasiones de la vida y así fue adoptado como nombre de la bodega.

Los viñedos de la casa son Malbec, Merlot, Sangiovese, Syrah, Bonarda y Cabernet Sauvignon entre los tintos, y en blancos Chardonnay, Viognier y las únicas 4 hectáreas de Verdelho que existen en Argentina: fueron los primeros en registrar como varietal a esta uva (que en Australia es tenida como uva blanca nacional, muy a la manera del Torrontés en Argentina) cuyo vino exportan todo a Suecia. Las viñas están puestas en parral y espaldera. Obtienen de 6 a 7 toneladas por hectárea y hacen raleo de hojas y frutos. Sólo elaboran con uvas propias.

Las uvas al llegar a la bodega son seleccionadas a mano por 4 personas y enfriadas con hielo seco ya que consideran que los tubos intercambiadores de calor lastiman a los granos. Las uvas blancas pasan por prensa pneumática. La fermentación sucede en piletas de cemento/epoxy con control automático de temperatura por placas refrigerantes. Utilizan para algunos vinos las levaduras indígenas. El Merlot, el Malbec y la Bonarda tienen una pre-maceración en frío de algunos días con bloques de hielo seco en las piletas, que si bien es un sistema caro, los deja muy satisfechos en los resultados. Los vinos elaborados por el enólogo Fabricio Orlando añejan, cuando tienen madera, en una cava subterránea obtenida de viejas piletas de cemento, donde hay unas 210 barricas casi todas francesas. Las botellas transcurren hasta un año en afinamiento en una cámara frigorífica alquilada.

This winery with a peculiar name began during the 5th Centennial, when its 2 partners acquired 3 wine fincas in Junín, Rivadavia, and Luján de Cuyo, which they named La Niña, La Pinta, and the Santa María. When they bought and refurbished a winery in 2000, the name Cristóbal (Christopher) came up on 3 different occasions, and stuck.

Their vineyards have Malbec, Merlot, Sangiovese, Syrah, Bonarda, and Cabernet Sauvignon in red and Chardonnay, Viognier, and the only 10 acres of Verdelho in Argentina: they were the first to register it as a varietal, now all exported to Sweden (it is considered Australia's national white grape, like Torrontés is in Argentina). The vineyards are trained to pergola and vertical shoot position. They thin leaves and fruit, and obtain yields of 2.5 – 3 tons per acre. They only use their own fruit.

Grapes arriving at the winery are hand selected by 4 people and chilled with dry ice, as they feel that heat exchanger tubes damage the berries. The white grapes go to the pneumatic press. Fermentation takes place in cement/epoxy tanks with automatic temperature control via refrigerated plates. They use wild yeasts in some wines. The Merlot, Malbec, and Bonarda go through a cold pre-maceration for a few days with blocks of dry ice in the tanks, and although the system is expensive, they are very satisfied with the results. When enologist Fabricio Orlando's wines have wood, they age in an underground cellar made of old cement tanks, where they have 210 barrels, nearly all French. The bottles rest up to a year in a rented cold chamber.

Don Cristóbal 1492 Verdelho 2002 ★★★★ - *Don Cristóbal 1492 Chardonnay 2002* ★★★

Don Cristóbal 1492 Merlot 2002 ★★★ - *Don Cristóbal 1492 Bonarda 2002* ★★★

Don Cristóbal 1492 Malbec 2002 ★★★ - *Don Cristóbal 1492 Roble Merlot 2001* ★★★

BODEGA DON MARTINO

Calle Cobos s/nº y Funes / M5509AEA
Agrelo / Luján de Cuyo / Mendoza
Tel./Fax.: (011) 4313-3400

E-mail: info@fincadonmartino.com.ar
Capacidad: sin bodega propia/*Capacity: no winery*
Viña: 7,5 hectáreas/*Vineyards: 19 acres*

Esta bodega novel que acaba de lanzar su primera cosecha de un varietal 100 % Malbec 2002, fue fundada por tres socios y amigos donde el enólogo Mauricio Pérez Parodi está a cargo de la vinificación y aporta la experiencia en la materia, que incluye 5 años de trabajo en Italia y en Francia dedicado a la viticultura y el estudio del uso de la madera de crianza. Orientados a elaborar sólo Malbec de alta gama, emplean uvas propias de una finca de casi 80 años ubicada en Cobos, Agrelo, con una densidad de 7,5 mil plantas por hectárea en espaldera, a las que aplican raleo y obtienen 6,5 toneladas de uva por hectárea. Otra finca de 27 hectáreas en Agrelo está destinada a albergar el proyecto de una bodega propia, mientras que por ahora vinifican en tanques de acero inoxidable alquilados, con control de temperatura y hasta 4 remontajes diarios. El vino así elaborado pasa por barricas francesas nuevas y se embotella en número de 45 mil unidades, de las cuales 10 mil son de un reserva que aún no ha sido puesto en el mercado. La vocación exportadora de *Don Martino* queda demostrada por haber enviado ya sus primeras partidas a Italia, Brasil y Estados Unidos.

This new winery, which just launched its first harvest with a 100% varietal 2002 Malbec, was founded by 3 friends and partners. Winemaker Mauricio Pérez-Parodi is in charge of vinification and contributes his experience, which includes 5 years of work in Italy and France, dedicated to viticulture and studying the use of oak wood in aging. They plan to make only high quality Malbec, using their own grapes from a nearly 80-year-old finca *in Cobos, Agrelo, with a density of 3,000 plants per acre in vertical shoot position. They thin clusters and obtain a yield of 2.6 tons per acre. Another 68-acre* finca *in Agrelo will house their future winery; the meantime they vinify in rented temperature-controlled stainless steel tanks with up to 4 pump-overs a day. The wine is then aged in new French oak barrels and later bottled in 45,000 units, 10,000 of which are reserved and have not yet been released to the market. Don Martino's vocation for exportation is evident in that they have already sent their first shipments to Italy, Brazil, and the United States.*

Don Martino Reserva Malbec 2002 ★★★★★

Martino Malbec 2002 ★★★

BODEGA ESCORIHUELA

Belgrano 1188 / M5501APX Godoy Cruz / Mendoza
Tel.: (0261) 4242744
Fax.: (0261) 4242857

E-mail: escorihuelaadm@simza.com.ar
Website: www.escorihuela.com.ar
Capacidad: 8,5 millones de litros/*Capacity: 1,057,000 gallons*
Viña: 150 hectáreas/*Vineyards: 1,500 acres*

Miguel Escorihuela Gascón fundó esta bodega, en este lugar, en 1884 y a pesar de que un incendio la destruyó en 1900, volvió a reconstruirla: es un notable ejemplo de arquitectura industrial de su época, obra de aquellos constructores italianos que edificaron la Argentina del Centenario. En la adyacente bodega *Caro* hay naves y cavas que evocan la solidez de las construcciones romanas y medioevales en ladrillo. En 1992, cuando hacía ya décadas que *Escorihuela*, *Pont L'Eveque* y *Carcassone* eran marcas de las más afirmadas en vinos finos argentinos, el *condottiero* de los nuevos vinos cuyanos Nicolás Catena compró la mayoría de la bodega y la modernizó en todos sus aspectos productivos, pero conservando la esencia de la casa hasta en los detalles del escritorio. Además de una galería de arte, *Escorihuela* contiene al mejor restaurante de la ciudad, *1884*, creación de Francis Mallman.

La bodega renovó desde sus viñedos de Agrelo y su manejo cultural hasta la relación con los viticultores asociados, tomó las mejores consultorías enológicas de ultramar, se reequipó con sistemas de molienda, frío y fraccionamiento de los más modernos, sumó un millar de barricas al 80 % francesas y dejó de usar los venerables toneles de roble: "*hemos abandonado el viejo estilo argentino*" dice su enólogo jefe, Gustavo Marín, "*vamos al estilo moderno: o fruta, o fruta con un poco de madera*" –que en los vinos de menor precio, se logra con *insert staves*.

La bodega no cesa en su mejoramiento continuo y está construyendo una especial "sala de corchos" para su mejor conservación. Y el mercado responde de maravillas, ya que sólo de su etiqueta *Carcassone* salen 500 mil botellas al mes. Trabajan al máximo de su capacidad y emplean también vinos de otras bodegas satélites. En vendimia puede sorprender encontrar a su director Ernesto Catena, hijo de Nicolás Catena, eligiendo las uvas en la mesa de selección, junto al personal.

Miguel Escorihuela founded this winery in 1884 and rebuilt it after it was destroyed by fire in 1900. It's a notable example of industrial architecture of its time, the work of Italian builders mostly responsible for the buildings of first Argentine Centennial. The naves and cellars in the adjacent Caro *winery are reminiscent of solid Roman and Medieval brick constructions. By 1992,* Escorihuela, Pont L'Eveque *and* Carcassone *were among the most solidly placed Argentine fine wines, when Nicolás Catena, the* condottiero *of new Cuyan wines, bought the winery. He modernized its production aspects while conserving the essence of the house right down to the details of the office. In addition to an art gallery,* Escorihuela *has the city's best restaurant, 1884, a creation of Francis Mallman. With vision and resources, the winery renovated its vineyards in Agrelo and its cultural management down to its relationships with its growers. It hired the best overseas consultants, updated its crushing, chilling, and blending systems, added a thousand barrels (80% French) and stopped using the venerable oak casks, "we've abandoned the old Argentine style," says head winemaker Gustavo Marín, "we want a more modern style: fruit or fruit with a bit of wood," for which they use inner staves in their lower-priced wines. The winery never stops improving and is now adding a special "cork room" room for better conservation. And market response is excellent; the* Carcassone *label alone sells 500,000 bottles per month. They work to their maximum capacity and also use wines from other satellite wineries. Everyone works during the harvest, and even the director, Ernesto Catena, son of Nicolás Catena, can be found at the selection table. But then again, this is normal in any serious winery.*

Escorihuela Gascón Cabernet Sauvignon 2001 ★★★★★

Miguel Escorihuela Gascón Malbec-Syrah-Cabernet 2000 ★★★★★ - *Escorihuela Gascón Syrah 2001* ★★★★

Escorihuela Gascón Malbec 2001 ★★★ - *Escorihuela Gascón Viognier 2001* ★★★

BODEGA INTI-HUACO

Carril Gómez 3602 / Coquimbito /
M5522BFF Maipú / Mendoza
Tel./Fax.: (0261) 4201079

E-mail: bodegaintihuac@infovia.com.ar
Website: www.bodegaintihuaco.com
Capacidad: 1,3 millones de litros/ *Capacity: 343,000 gallons*
Viña: no posee/ *Vineyards: none*

Esta bodega, que es más una posada que una bodega, no participa en las catas y puntuaciones con su vino de bella y casi muda etiqueta *Inti Huaco* ("vasija del sol", en quechua) ya que la producción de este Cabernet Sauvignon es de sólo 1,5 mil botellas, reservado para los huéspedes de la posada. La bodega tiene amplia capacidad de almacenamiento en piletas de cemento/epoxy que alquila, como depósito de vinos. Todavía no se hace vino bajo los lindos techos de la ex bodega *Gattinara* de Manuel Cerutti porque su nuevo propietario, el ingeniero civil sanrafaelino Juan Carlos Morales, gusta hacer las cosas a su modo y tiempo. *"Compré una bodega destruida, en enero de 1998. No tenía luz ni agua"* cuenta, y lo primero fue recuperar todo, incluyendo la hermosa casota de una planta en torno a un semipatio abierto que hoy es la posada, de 3 habitaciones con baño. *"A los 40 años me inscribí en el liceo Don Bosco para estudiar enología y terminé en diciembre pasado"* de manera que sólo ahora el flamante técnico enólogo Juan Carlos Morales se siente capaz de comenzar a hacer vinos. En tanto, ya recibe huéspedes en esta posada algo rústica aunque agradable, rodeada por una infinitud de olivares de la empresa *Nucete* y con una original pileta de natación en un lagar. A distancia caminable de las bodegas *La Rural* y *Trapiche* –ineludibles en cualquier circuito del vino– pero solitaria y tranquila en un callejón asfaltado de la primera campiña mendocina, la posada está a 15 minutos de taxi del centro de la ciudad. Quizá le falta algún toque femenino y le sobre algún crucifijo en las habitaciones, pero *Inti Huaco* es un buen lugar donde parar un par de noches si se quiere estar fuera de la urbe, en una vieja casa de una vieja bodega, en el campo. Y su vino es excelente.

This winery, which is more like an inn than a winery, does not participate in our tastings and ratings with its beautiful, almost muted label Inti Huaco ("Vessel of sun," in Quechua) since the mere 1,500 bottles are reserved for the lodging's guests. The winery has ample space in cement/epoxy tanks, which it rents out for storing wine. Wine is not yet made under the roof of Manuel Cerutti's ex-winery Gattinara *because its current owner, civil engineer from San Rafael Juan Carlos Morales, likes to do things his own way at his own pace. "I bought a winery in ruins in January 1998. It had no electricity or water," he explains, and the first thing he did was restore everything, including the one-story house that today comprises the 3-bedroom inn. "At age 40, I registered at the Don Bosco school to study enology, and I finished last December," only now does winemaker Juan Carlos Morales feel capable of making wine. He is already receiving guests in his rustic, yet pleasant inn, surrounded by endless olive groves that belong to the* Nucete *company and with the original swimming pool on the grounds. Walking distance from the* La Rural *and* Trapiche *wineries -inevitable stops in any wine circuit- yet solitary and tranquil down a paved lane from Mendoza's earliest farmland, the inn is a 15-minute taxi ride from downtown. Perhaps the inn lacks a feminine touch and there are a few too many crucifixes on the walls, but* Inti Huaco *is a good place to stop for a couple of nights to escape from the metropolis to an old house at an old winery in the country. And the wine is excellent.*

BODEGA LLAVER

San Isidro y José Hernández /
M5579AJA Rivadavia / Mendoza
Tel./Fax.: (02623) 445780 / 445278

E-mail: bodegallaver@bodegallaver.com.ar
Website: www.bodegallaver.com.ar
Capacidad: 10,3 millones de litros/*Capacity: 2,700,000 gallons*
Viña: 600 hectáreas/*Vineyards: 1,500 acres*

En palabras de sus propietarios, éste es un establecimiento *"de larga y corta trayectoria"*. Durante 40 años Eduardo Félix Llaver, contador de profesión, dedicó todos los sábados a recorrer sus fincas vitícolas en el este de Mendoza. Su negocio vinícola siempre fueron los vinos a granel, el *trasladismo* y la exportación. Pero a mediados de los '90, sin abandonar la producción en gran escala, la casa comenzó a elaborar también vinos de alta calidad.

Las dos bodegas *Llaver* son de flamante reciclado y hay una tercera más amplia en construcción, todas bajo la dirección del enólogo mendocino –discípulo del padre Oreglia– Juan Aristeo, quien cumplió vendimias de plata en la firma. En pocas cosechas las etiquetas *Familia Llaver* y *Eduardo Félix Llaver* ganaron aura de vinos de bodega *boutique*, anexo de una bodega de escala industrial.

Disponen tanto de piletas de hormigón/epoxy como de tanques de acero inox, todos con control de temperatura, tanques vinificadores con sistema Blachère, de remontajes cada 15 minutos impelidos por el anhídrido carbónico de la propia fermentación. Hay una dotación de 290 barricas francesas y están experimentando barricas recicladas por la firma *Bajda* de Mendoza.

Los viñedos, repartidos en 9 fincas, incluyen 25 hectáreas de vides cultivadas en modo orgánico. Tienen además Merlot (en parral, con riego por goteo y malla antigranizo, al igual que casi el 50 % de la viña), Malbec, Cabernet Sauvignon, Syrah, Chardonnay y Sauvignon Blanc, de cepas de 6 a 30 años. También compran uvas y vinifican para terceros. La bodega no está aún abierta al turismo aunque puede recibir visitas con arreglos previos.

In its owners' words, this is an establishment with a "long and short history." For 40 years, Eduardo Félix Llaver, accountant by trade, dedicated Saturdays to visiting his wine fincas *east of Mendoza. He had always dealt in bulk wine and export, until the mid-1990s, when he started to make high quality wines, without abandoning his large-scale production.*

Llaver *has 3 wineries, two recently restored and a larger third facility under construction, all under the direction of Juan Aristeo, Mendoza-born winemaker and follower of Father Oreglia who has seen 25 harvests at Llaver. In just a few vintages, the* Familia Llaver *and* Eduardo Félix Llaver *labels have earned them a* boutique *status as an annex of an industrial winery.*

They have temperature-controlled cement/epoxy and stainless steel tanks, and fermentors equipped with the Blachère system, pumping over every 15 minutes triggered by CO_2 gas from the fermentation process itself. They have some 290 French barrels and are experimenting with recycled barrels from Mendoza's Bajda *coopers.*

The vineyards are dispersed among 9 fincas, *including 62 acres of organically farmed vines. They also have Merlot (in pergola with drip irrigation and anti-hail nets, as does almost half the vineyard), Malbec, Cabernet Sauvignon, Syrah, Chardonnay, and Sauvignon Blanc, from 6-30 years old wines. They also buy grapes and vinify for third parties. The winery is not yet open to tourists, although they do receive visitors with appointments.*

Familia Llaver Oro Cabernet Sauvignon 2002 ★★★ - *Familia Llaver Oro Merlot 2002* ★★

Vino de Abordo Chardonnay 2002 ★★ - *Familia Llaver Oro Sauvignon Blanc 2002* ★★

Eduardo Félix Llaver Malbec 2002 ★★ - *Cobre Cabernet Sauvignon 2002* ★

BODEGA NAVARRO CORREAS (CINBA S.A.)

Rodríguez Peña 1550 / 5501 Godoy Cruz / Mendoza
Tel.: (0261) 4315988
Fax.: (0261) 4315987

E-mail: gerencia.mendoza@diageo.com
Website: www.narcor.com
Capacidad: 7,1 millones de litros/*Capacity: 1,876,000 gallons*
Viña: s/d/*Vineyards: -*

Para tratarse de una de las marcas más afirmadas del mercado argentino, tuvimos singulares dificultades para llegar a contactar a esta bodega, que no pudimos visitar y de la que reportamos la escueta información que nos enviaron, además de las muestras de sus vinos. Poseen viñas de Cabernet Sauvignon, Merlot, Pinot Noir, Malbec, Syrah, Chardonnay, Sauvignon Blanc y Chenin, regados mitad por goteo y mitad por surco. Sus rendimientos van de 7 a 12 toneladas por hectárea. También compran uva de terceros.

Con la dirección de los enólogos Gerardo Danitz y Gustavo Despous, vinifican en 100 tanques de acero inox (muchos de los cuales de relación 1:1 entre altura y diámetro) y en piletas de cemento/epoxy. Cuentan con 2.700 barricas, la mitad de roble francés y la otra mitad de roble americano. Poseen una despalilladora *Delta* y 2 prensas pneumáticas *Vaslin Buscher*. No reciben visitas.

Considering that this is one of the best-known brands in the Argentine market, we had an unusual number of problems making contact with the winery, which we were unable to visit. We report here from the scant information they provided along with the samples of their wines.

The Cabernet Sauvignon, Merlot, Pinot Noir, Malbec, Syrah Chardonnay, Sauvignon Blanc, and Chenin in their vineyards is half drip-line-, half furrow-irrigated. Yields range from 3 to 5 tons per acre, and they buy grapes from producers.

Under the direction of winemakers Gerardo Danitz and Gustavo Despous, they vinify in 100 stainless steel tanks (many of which have a 1:1 height-diameter ratio) and cement/epoxy tanks. The 2,700 barrels are half French oak, half American. They have a Delta *de-stemmer and 2* Vaslin Buscher *pneumatic presses. They do not receive visitors.*

Gran Reserva Cabernet Sauvignon 2000 ★★★★★ - *Ultra Corte 2000* ★★★★ - *Reserva Privada Malbec 1999* ★★★

Colección Privada Chardonnay 2001 ★★★ - *Colección Privada Cabernet Sauvignon 2001* ★★

Colección Privada Corte 2000 ★★ - *Colección Privada Malbec 2000* ★★ - *Colección Privada Sauvignon Blanc 2001* ★★

BODEGA NORTON

Ruta 15 km 23,5 / Perdriel / M5544APB
Luján de Cuyo / Mendoza
Tel.: (0261) 4880480
Fax.: (0261) 4880482

E-mail: info@norton.com.ar
Website: www.norton.com.ar
Capacidad: 10 millones de litros/ *Capacity: 2,700,000 gallons*
Viña: 680 hectáreas/ *Vineyards: 1,700 acres*

Acaso el visitante ideal de viñas y bodegas debería ser encapuchado y conducido a ciegas hasta ellas para no sugestionarse con nombres como *Norton*, que desde siempre significan vino fino en Argentina. Pero incluso en una visita anónima, impresionaría la profusión de tanques de acero (3 millones de litros, todos con su control automático de temperatura), piletas de cemento/epoxy y viejos toneles de roble, la cava de afinamiento para medio millón de botellas y los millares de barricas, en mayoría francesas. Nadie podría dejar de sorprenderse agradablemente con el *wine-bar* de la bodega abierto al parque, la viña y las montañas, aunque se ignorara que es otra obra de los arquitectos Bórmida y Yanzón. Y si se visitara también la viña de sus 5 fincas –4 en Luján y 1 en Medrano– sin saber nada del propietario, el visitante quedaría impactado por cepas de Malbec viejas hasta de 90 años, una profusión de mallas antigranizo y otros signos de copiosa inversión en la calidad de las uvas. Se sorprendería con la cantidad de parrales y que le dijeran que "*algunos de nuestros mejores vinos los sacamos del parral*". Esta visita a ciegas, tan sólo encubriendo algún letrero o etiqueta, culminaría en la cava donde le harían probar ya un Malbec '74, ya un Tannat '44, por mirar dos botellas cualesquiera. Si además ello ocurriera un jueves, vería a empleados y vecinos de la bodega con sus damajuanas comprando vino del tonel a precio de amigos, y descubriría que es una tradición de la casa. Si finalmente le dijeran dónde está, comprendería entonces el visitante que al pasar de la familia Norton, a la familia Santos, a la familia Swarowsky, estas viñas y bodega tuvieron la fortuna de caer en manos de personas siempre preocupadas por la calidad, donde cada generación de cada familia dejó lo suyo entre los muros que iniciaron en 1895 Edmond James Palmer Norton y Grant Dalton, dos ingleses del ferrocarril al Pacífico que encontraron en Cuyo una formidable excusa para librarse del clima del bueno y viejo país.

The ideal winery visit might take place blindfolded, to avoid preconceived notions about what to expect from names like Norton, *that have always meant fine wine in Argentina Even anonymously, you would have to be impressed by the countless stainless steel tanks (793,000 gallons, all with automatic temperature control), cement/epoxy tanks, old oak casks, the cellar with a half a million bottle-capacity, and thousands of barrels (mostly French). Of course anyone would be pleasantly surprised by the wine-bar that opens onto the park, vineyard, and mountains, even if they didn't know that this was another work of famed architects Bórmida and Yanzón. And if visiting the vineyards of its 5 fincas –4 in Luján and 1 in Medrano – without knowing anything about the owner, you would still be impressed by 90-year-old Malbec vines, the profusion of anti-hail nets, and other signs of a tremendous investment in grape quality. You would also be surprised to see the number of pergolas, and hear "some of our best wines come from pergolas." This blindfolded tour concludes in the cellar with a tasting that might include a 1974 Malbec or a 1944 Tannat. And if it were a Thursday, you would see workers and neighbors with their demijohns buying inexpensive wine from the cask – an old house tradition.*

Upon discovering where you were, you would then understands that in passing from the Norton family, to the Santos', to the Swaroswky's, these installations were fortunate enough to fall into the hands of quality-oriented people, who generation after generation have left their mark on these walls built in 1895 by Edmond James Palmer Norton and Grant Dalton, two Englishmen from the Pacific Railroad who found in Cuyo the perfect excuse to escape from their climate of their good old homeland.

Norton DOC Malbec 2000 ★★★★ - Norton Sauvignon Blanc 2002 ★★★★

Norton Cabernet Sauvignon 2002 ★★★ - Norton Barrel Select Cabernet Sauvignon 2000 ★★★

Cosecha Especial Extra Brut ★★★ - Norton Tempranillo 2001 ★★★ - Dalton Malbec ★★★

BODEGA RICARDO SANTOS

Maza y Manuel A. Saez / Russell / 5500
Maipu / Mendoza
Tel./Fax.: (0261) 425-1564

E-mail: malbec@ricardosantos.com
Capacidad: sin bodega propia/*Capacity: none*
Viña: 35 hectáreas/*Vineyards: 87 acres*

Ricardo Santos es un *winemaker* que no necesita presentación en Mendoza, donde ganó sobrado prestigio en los años en que la bodega *Norton* fue de su propiedad. Como algunos otros bodegueros argentinos, tras vender su gran empresa no pudo desobedecer a su pasión por hacer vinos y regresó con una bodega en escala *boutique*: el *Malbec Ricardo Santos,* cosechado por primera vez en 1995 y lanzado al mercado al año siguiente, está hecho por él mismo con la ayuda de su hijo Patricio Santos (ingeniero agrónomo con un *master* en enología por la Universidad de Davis, California) quien se ocupa del viñedo familiar de Russell, en Maipú, donde todo el Malbec es nuevo y de clones importados de Francia. Sólo emplean uvas de cultivo propio para hacer su único vino, en número de 40 mil botellas, que vinifican en la bodega *Escorihuela*. La crianza es en barricas francesas y americanas.
Exportan al Reino Unido, Suecia, Estados Unidos y el Uruguay, y pronto también al Brasil.

Ricardo Santos is a winemaker who needs no introductions in Mendoza, where he earned considerable prestige during the years that he owned Norton. Like others in the Argentine wine industry, he sold his large company, but couldn't deny his passion for winemaking, so he began again on a boutique scale. Malbec Ricardo Santos *was harvested for the first time in 1995 and released the following year. He makes it himself with help from his son Patricio Santos (agricultural engineer with a Masters' in Enology from U.C. Davis), who manages the family vineyards in Russell, Maipú, where they've planted all new French-clone Malbec. The Santos' use only their own grapes to make 40,000 bottles of the winery's only wine, which is vinified at the* Escorihuela *winery and then aged in French and American oak barrels. Exports currently go to the U.S., U.K., Switzerland, and Uruguay, and will soon appear in Brazil as well.*

Ricardo Santos Malbec 2000 ★★★★

Bodega Rosell Boher

Pueyrredón 1210 / Chacras de Coria /
M5528DGB Luján de Cuyo / Mendoza
Tel.: (0261) 4961715
Fax.: (0261) 4973737

E-mail: cavasmza@rosellboher.com
Website: www.rosellboher.com
Capacidad: 0,14 millones de litros/ *Capacity: 38,000 gallons*
Viña: 260 hectáreas/ *Vineyards: 642 acres*

La bodega que lleva el nombre del ingeniero agrónomo y enólogo mendocino especializado en Burdeos, Pedro Federico Rosell Boher, y que su padre estableció a principios del siglo XX, por las vueltas de la vida pertenece a otra rama de la familia. Pero ello no disminuye el palpable amor que el reconocido profesor e investigador Pedro Rosell siente por esos gruesos y sólidos muros de ladrillo de antaño, donde dirige la elaboración artesanal de vinos espumantes de altísima calidad aplicando rigurosamente el método tradicional o Champenoise. El espumante *Rosell Boher* es de los pocos cuyanos basados en 60 % de Pinot Noir y 40 % de Chardonnay; el *grand cuveè* en las añadas buenas contiene 85 % de Pinot.

El prensado es pneumático y la fermentación sobre borras es larga y fría, en tanques de acero inox refrigerados y luego entibiados para la fermentación maloláctica. Piletas de hormigón/epoxy se usan para los cortes. El profesor Rosell dispone de una "bodega de experimentación" con 5 tanques de 3 mil litros. Las botellas continúan su evolución interior de 30 a 40 meses sobre sus borras, con un *poignetage* cada 3 meses. Del primer año '98 al '00 cada año pasaron por la moderna maquinita francesa de degüello, dosaje y rellenado unas 10 mil botellas y el doble en las últimas dos cosechas.

La viña incluye 180 hectáreas en Russell, 40 en Barrancas y otras tantas en Tupungato, casi todas en espaldera de ambos Cabernets, Merlot, Malbec, Pinot Noir, Syrah, Tempranillo, Riesling y Chardonnay.

Sólo aceptan visitas recomendadas, pero su barra de degustación ambientada junto al viejo compresor del sistema de refrigeración y la correspondiente serpentina merecen ser vistas, así como probados los intranquilos e impactantes vinos del profesor Boher.

Agricultural engineer and Bordeaux-trained winemaker from Mendoza, Pedro Rosell-Boher, bears the name of the winery his father founded in the beginning of the 20th century. Interestingly enough, the winery now belongs to another branch of the family, but that doesn't change the love that the well-known professor and researcher feels for these solid brick walls. Rosell runs the production of a high quality, Champenoise-method sparkling wine, Rosell Boher, *one of the few sparkling wines from Cuyo with 60% Pinot Noir and 40% Chardonnay; in good years the* grand cuvée *has 85% Pinot.*

They use a pneumatic press, and the sur lie fermentation is long and cold, in temperature-controlled stainless steel tanks that are later heated for the malolactic fermentation. Cement/epoxy tanks are used for the blends. Rosell has an "experimental winery" with 5 800-gallon tanks. The bottles age for 30 to 40 months sur lie, with a poignetage *every 3 months. They have used modern French machinery for the disgorging and dosage processes since they began in 1998. They produced 10,000 bottles per year until 2000, and double that since.*

The vineyard includes 445 acres in Russell, 99 in Barrancas and numerous others in Tupungato, including Cabernet Sauvignon and Franc, Merlot, Malbec, Pinot Noir, Syrah, Tempranillo, Riesling, and Chardonnay, almost all with vertical shoot positioning. They only receive visitors upon recommendation, but the tasting bar alongside an old, compressor and corresponding serpentine coils, deserve to be visited, just as the impressive wines deserve to be tasted.

Rosell Boher Grand Cuvée Millésimé 2000 ★★★★★

Rosell Boher Brut ★★★★★

Viñas de Narváez Merlot 2002 ★ - Viñas de Narváez Cabernet Sauvignon 2002 ★

BODEGA SANTA FAUSTINA

La Primavera 2658 / M5575AHA
Rivadavia / Mendoza
Tel./Fax. (02623) 492600

E-mail: wrwines@infovia.com.ar
Capacidad: sin bodega propia/*Capacity: none*
Viña: 40 hectáreas/*Vineyards: 100 acres*

Santa Faustina, la etiqueta familiar de Graciela Reta y Peter Weinert, es lo que en Mendoza llaman "bodega virtual": aquella que compra las uvas o las cultiva en fincas alquiladas y vinifica en bodega también alquilada; en este caso, la bodega *Weinert*. Algún día piensan materializar esta bodega virtual en una *boutique*, en la finca de Medrano.

La decisión es hacer sólo Syrah y Malbec: el primero es de Medrano, donde las cepas en parral tienen más de 35 años y un manejo orgánico; el segundo proviene de otra finca en Alto Lunlunta, con cepas de más de 35 años, en espaldero bajo, y también con manejo orgánico. No hacen raleo y el rendimiento medio no pasa de 8 toneladas por hectárea. La primera cosecha fue un Malbec '99 y un Syrah '00.

"*Graciela usa maceraciones largas, de 20 días, y un 30 % del vino recibe un estacionamiento de 8 meses en barricas francesas nuevas*" explica Peter Weinert y añade, "*queremos demostrar la generosidad del varietal, no de la madera*". De vocación exportadora, *Santa Faustina* ya tiene un núcleo de clientes en San Pablo, Brasil, y despachan también al club de degustadores del *Royal Golf Club*, en el Reino Unido. En el mercado interno, las ventas las maneja en forma personal Peter Weinert: "*prefiero tener clientes que se tornan amigos. No peleamos por vender 20 millones de litros, hacemos sólo 12 mil botellas de cada vino. Nuestra estrategia de marketing es una botella destapada*". Con vocación por los tintos, creen en el potencial del Tempranillo y están experimentando con la Bonarda.

Santa Faustina, Graciela Reta and Peter Weinert's family label, is what is known in Mendoza as a "virtual winery," which either buys grapes or grows them in rented vineyards and then vinifies in a rented winery- in this case at Weinert. *They plan to exchange the 'virtual' for 'boutique' with a physical winery at the* finca *in Medrano. They make only Syrah and Malbec; the former is from pergola-trained 35-year-old, organically-managed vines in Medrano. The latter comes from another vineyard in Alto Lunlunta, also with 35-year-old organically managed vines, but trained to low vertical shoot position. They do not thin fruit, and their average yield does not exceed 3 tons per acre. Their first harvests were Malbec in 1999 and Syrah in 2000.*

"Graciela uses long, 20-day macerations, and 30% of the wine spends 8 months in new French barrels," *explains Peter Weinert, adding,* "we want to demonstrate the generosity of the variety, not the wood." *Dedicated to exportation,* Santa Faustina *already has a customer base in San Pablo, Brazil, and they also ship to the wine tasters' club at the* Royal Golf Club *in the United Kingdom. Peter Weinert personally manages the national sales,* "I prefer to have customers that become friends. We don't fight to sell 5 million gallons; we only make 12,000 bottles of each wine. Our marketing strategy is an open bottle." *Following their vocation for red wines, they believe in the potential for Tempranillo and are experimenting with Bonarda.*

Santa Faustina Syrah 2000 ★★
Santa Faustina Malbec 1999 ★★

Bodega Sebastián Adrover

Av. San Martín 1620 / Perdriel /
M5507EUH Luján de Cuyo / Mendoza
Tel.: (0261) 4982823
Fax.: (0261) 4980679

E-mail: mmadrover@yahoo.com
Capacidad: 0,5 millones de litros/*Capacity: 132,000 gallons*
Viña: 30 hectáreas/*Vineyards: 75 acres*

Aquí un comerciante de otro rubro, español afincado en Luján de Cuyo desde la adolescencia, compró hace 3 años una pequeña bodega de 1950, que estuvo 10 años abandonada. La restauró, equipando sus renovadas piletas de cemento/epoxy con tapas de acero inox y sistema de frío/calor por placas. No tuvo mayor dificultad en hallar enólogo, pues su joven hija María Marta acababa de licenciarse como tal. Ni tampoco hubo de buscar un gerente-lo-todo, que halló en su yerno Adrián Rinaldi. Así que Sebastián Adrover sólo se ocupa de seguir las fincas en Ugarteche, que son 2 y producen Merlot, Cabernet Sauvignon, Barbera d'Asti, Malbec, Sauvignon Blanc y Chardonnay, de cepas nuevas y viejas, la mayoría en parral con poca espaldera, una finca regada por goteo y la otra por manto. Sólo vinifican uvas de su cultivo. De unos 270 mil kilos de fruta obtienen unos 170 mil litros de vino, todos tintos menos un blanco.

Esta *"bodega familiar"* a la vera de una ruta hacia bodegas bien más grandotas, es autocontenida, sencilla y *cozy*. Hizo su primera cosecha en el 2000 y fueron 7 mil litros de Merlot, al que crían en barricas de roble francés en tanto que al Cabernet Sauvignon lo prefieren en barricas americanas: en total hay 99 (*"no nos dió el presupuesto para 100"* comenta Adrián). Los equipos de molienda y despalillado son portátiles. Además de los vinos de alta gama, cuya epítome es Don Sebastián (14 meses de barrica francesa nueva), crían en roble de segundo uso durante 5 meses a un Cabernet Sauvignon del que hacen 15 mil litros y bien puede ser uno de los mejores vinos de damajuana de la República. Venden en Mendoza, en algunos restaurantes, hoteles y vinotecas de Buenos Aires, y exportan algo a Suiza. Reciben visitas con gusto, sin previo aviso en horarios mendocinos habituales.

Y darán que hablar en los próximos años, porque María Marta Adrover y Adrián Rinaldi tienen 23 años: la mejor relación calidad/edad que hemos encontrado en los vinos sudamericanos.

This Spaniard and long-time resident of Luján de Cuyo bought a small, long-abandoned 1950s winery 3 years ago. He restored it and equipped it with renovated temperature-controlled cement/epoxy tanks with stainless tops. It wasn't difficult to find a winemaker: his daughter María Marta just got her degree. Nor was it hard to find a general manager, as his son-in-law Adrián Rinaldi filled those shoes. Therefore, Sebastián Adrover only has to worry about his 2 vineyards in Ugarteche producing Merlot, Cabernet Sauvignon, Barbera d'Asti, Malbec, Sauvignon Blanc, and Chardonnay, with both old and new vines, mostly in vertical shoot position, with some on pergola. One finca uses drip and the other flood irrigation. They only vinify their own grapes; and 595,000 pounds of fruit produce 45,000 gallons of wine, nearly all red, with one white.

This "family winery" is self-contained, simple, and cozy. Their first harvest in 2000 made 1,850 gallons of Merlot, later aged in French oak barrels. They prefer American oak for Cabernet Sauvignon. All tolled they have 99 barrels ("we didn't have enough for 100," says Adrián). The crushing and de-stemming equipment is portable.

In addition to high quality wines, the epitome being Don Sebastián (14 months in new French oak barrels), they use second-use oak for 5 months for a 4,000-gallon production of Cabernet Sauvignon for one of the best demijohn wines in the Republic. They sell in Mendoza, some restaurants, hotels, and wine shops in Buenos Aires, and export to Switzerland. They happily receive visitors during regular hours, no reservation necessary.

We'll hear more about this winery in the future. María Marta Adrover and Adrián Rinaldi are just 23 years old: the best quality/age relationship we've found in South American wine.

Familia Adrover Chardonnay 2001 ★★★

Don Sebastián Merlot 2001 ★

Familia Adrover Barbera 2001 ★

BODEGA SÉPTIMA

Ruta 7 km 6,5 / Agrelo / M5507ETH
Luján de Cuyo / Mendoza
Tel./Fax.: (0261) 4985164

E-mail: codorniu.arg@codorniu.com
Website: www.bodegaseptima.com.ar
Capacidad: 2 millones de litros/ *Capacity: 528,000 gallons*
Viña: 100 hectáreas/ *Vineyards: 250 acres*

Así bautizada por ser la bodega número 7 de la empresa vitivinícola catalana *Codorniu*, esta imponente obra de los arquitectos Bórmida y Yanzón se inauguró a fines de 2001 y demandó entre tierras, construcción y equipamiento una inversión de unos 12 millones de dólares. La bodega, de muros de piedra maciza, está enclavada en el centro de sus viñedos de Syrah, Tempranillo, Malbec, Cabernet Sauvignon, Nebbiolo y Tannat, todo conducido por espaldera con riego por goteo, con cepas de 3 años de edad. Paisajística y arquitectónicamente, es una de las bodegas más impactantes de Argentina.

A pesar de su monumentalidad, y quizá muy de acuerdo al temperamento catalán de sus propietarios, la bodega es por dentro de una extrema sencillez y funcionalidad: su director (y co-propietario) Ricard Raventos dice *"estuvimos con los arquitectos desde el principio"*. Dispuesta en un mismo nivel y según un eje lineal que sigue el proceso de elaboración, sus materiales son simples y primarios: piedra, hormigón, hierro y cristal. Los tanques de fermentación en acero inox suman una capacidad de 1 millón de litros, a los que se suman los tanques de almacenaje y mil barricas en mayoría hechas en Estados Unidos, con capacidad para otras 2 mil en 2 salas de barricas refrigeradas y simétricas.

La vocación turística de esta bodega (que a pesar de su catalanidad quiere ser esencialmente argentina) es estructural y se revela en las amplias terrazas y salones de la planta alta, equipadas con cocina y pensadas para albergar eventos sociales de la mayor escala. Con la dirección enológica del mendocino Rubén Calvo, *Séptima* ya ha lanzado al mercado su primera línea de vinos varietales y está elaborando sus vinos reserva, mientras para su primer espumante habrá que aguardar al año próximo.

Christened Séptima *for being the seventh winery of the Catalonian winemaking company* Codorniu, *this tremendous project by architects Bórmida and Yanzón was inaugurated in late 2001, a $12,000,000 USD investment in land, construction and equipment. The stone-walled winery sits in the middle of its 3-year-old vineyards: Syrah, Tempranillo, Malbec, Cabernet Sauvignon, Nebbiolo, and Tannat, all trained to vertical shoot position with drip irrigation. In terms of landscape and architecture, it is one of Argentina's most impressive wineries.*

Despite its monumental appearance, and perhaps very much according to the Catalonian temperament of its owners, the winery's interior is simple and functional. Director (and co-owner) Ricard Raventos says "we worked with the architects from the beginning." Laid out on a single level in accordance with the line of processing, the materials are simple and primary: stone, concrete, iron, and glass. The stainless steel fermentation tanks hold 264,000 gallons. Add to that the storage tanks and 1,000 barrels, mostly American, with space for another 2,000 in 2 symmetrical, temperature-controlled cellars.

The touristic vocation of this winery (that wants to be essentially Argentine, despite its Catalonian roots), is structural and takes place on its large terraces and in its upper salons, equipped with a kitchen and designed for large scale social events.

Under the enological direction of Rubén Calvo of Mendoza, Séptima has already released its first line of varietal wine and is now preparing its reserve wines. Its first sparkling wine is scheduled for release next year.

Séptima Syrah 2001 ★★★★ - *Séptima Corte 2000* ★★

Séptima Corte 2002 ★★ - *Séptima Cabernet Sauvignon 2001* ★★

Séptima Malbec 2000 ★★

Bodega Terrazas

Thames y Cochabamba / Perdriel /
M5544AYA Luján de Cuyo / Mendoza
Tel.: (0261) 4909968
Fax.: (0261) 4909925

E-mail: info@terrazasdelosandes.com
Website: www.terrazasdelosandes.com
Capacidad: 3 millones de litros/*Capacity: 793,000 gallons*
Viña: 1.000 hectáreas/*Vineyards: 2,500 acres (+Chandon)*

Toda inversión de las bodegas *Chandon* en cualquier lugar del mundo es el punto óptimo de encuentro entre los recursos a disposición, que por importantes que sean nunca son ilimitados, y una actitud dinámica, ambiciosa, profesional y global característica del capitalismo entendido *à la française,* siempre muy bien articulado y enraizado en sus países de expatriación. *Terrazas* es un rizoma de la planta instalada por *Chandon* en Agrelo cuatro décadas antes. Cosechó por primera vez en 1994, con dirección del enólogo Roberto de la Mota, hijo de Raúl de la Mota, el enólogo mendocino más afamado en el globo vinícola.

Terrazas es una vieja bodega de 1898 levantada por Sotero Arizu, que luego incluyó una destilería de *Brandy* (en un edificio adyacente) y hoy, con cirugía mayor en el equipamiento y un muy buen trabajo de los arquitectos-recicladores, luce como nueva. Poseen todos los recipientes del oficio: tanques de acero inox con control de temperatura por camisas de agua, piletas de cemento/epoxy y toneles de roble, además de 2.525 barricas "cuatro-veces-veinte por ciento" de manufactura francesa, el resto americano.

Una tienda-sala de degustación amplia y de gran vista a la bodega, en 2 plantas, estaba en construcción al tiempo de nuestra visita, mientras planeaban el reciclado de un amplio y confortable chalet de 8 habitaciones como una posada más bien privativa de la bodega y de sus invitados *V.I.P.* Consultar con la bodega los horarios de visitas.

All of Chandon's winery investments, in any part of the world are made at the optimal point of encounter between available resources, which always have limits, and the dynamic, ambitious, professional, and global attitude characteristic of capitalism à la française, always well-articulated and rooted in the host countries. Terrazas is a rhizome of Chandon, settled in Agrelo since 4 decades ago. They harvested for the first time in 1994, under the direction of Roberto de la Mota, son of Raúl de la Mota, the most famous Mendoza winemaker in the vinicultural world.

Terrazas is a 1898 winery built by Sotero Arizu, who then added a Brandy distillery next door. Today, the equipment has been pared down and architects have worked wonders, and it now looks like new. They have all the vessels of the craft: stainless steel tanks with water-bath temperature control, cement/epoxy tanks, and oak casks, plus 2,525 barrels, of which 80% are French, the rest American.

At the time of our visit, they were building a large 2-story shop and tasting room with a good view of the plant, and they are planning to renovate a comfortable 8-room chalet for an inn for the private use of the winery and its V.I.P. guests. Consult with the winery about visiting hours.

Terrazas Gran Malbec 1999 - *Terrazas Gran Cabernet Sauvignon 1999*

Terrazas Chardonnay 2002 ★★★★ - *Terrazas Malbec 2002* ★★★ - *Terrazas Reserva Chardonnay 2002* ★★★

Terrazas Syrah 2002 ★★★ - *Terrazas Reserva Malbec 2001* ★★★ - *Terrazas Cabernet Sauvignon 2002* ★★★

BODEGA Y CAVAS DE WEINERT S.A.

San Martín 5923 / Chacras de Coria / M5528DPG Luján de Cuyo / Mendoza
Tel.: (0261) 4960409 / 4960825
Fax.: (0261) 4960721

E-mail: bcw@impsat1.com.ar
Website: www.bodegaweinert.com
Capacidad: 4,2 millones de litros/*Capacity: 1,110,000 gallons*
Viña: 40 hectáreas/*Vineyards: 100 acres*

Según el inglés Christopher Fielden, *"no hay otra bodega en Argentina que inspire tanta emoción como Weinert (…) Robert Parker cree que Weinert hace los mejores vinos de Sudamérica"*. Por su lado, el australiano Alan Young escribió *"si a usted le gusta este estilo de vinos, como a muchos y entre ellos el crítico de vinos n°1 de los U.S.A., entonces Weinert hace muy buenos vinos de alto precio. Estos vinos de amor/odio tienen un definido lugar en el mercado y se los podría clasificar como vinos coloniales del siglo XIX."* En un mundo vinícola que tiende al acero inox y la barrica, ciertamente tiene valor que alguien proceda a contramano vinificando en piletas de cemento/epoxy y añejando en grandes toneles de roble. Lo que más nos impactó de la visita a esta bella bodega construida en 1890 fue encontrar al joven hijo del dueño, Andrés Weinert, estudiante de *marketing* en vacaciones, cepillando incrustaciones de ácido tartárico dentro de un tonel. Estas cosas sólo suceden en empresas familiares de las más sanas.

Desde su primera cosecha en 1977, con la dirección enológica del famoso y ya retirado Raúl de la Mota, *Weinert* imprimió un estilo muy particular a sus vinos: tintos añejados al menos 2 años en grandes toneles y blancos sin nada de madera. Las 20 barricas que posee la bodega sólo se usan para experimentar con Syrah y Tannat.

La viña, toda en espaldera baja, está en Lunlunta y Maipú y alberga Malbec, Merlot, Cabernet Sauvignon y Tempranillo, con Tannat y Syrah en experimentación; entre las blancas hay Sauvignon Blanc, Pinot de la Loire, Semillón y Chardonnay. La producción es de 800 mil litros al año y el 60 % se exporta a Brasil, Norteamérica y Europa. La bodega recibe visitas de lunes a sábados de 9:30 a 16:30 horas y posee una tienda donde los vinos se venden con 20 % de descuento.

According to English author Christopher Fielden, "I do not think that there is a wine company in Argentina that inspires more emotion than Weinert (…) Robert Parker believes that Weinert makes the best wines in South America." Australian Alan Young wrote: "if you like their wine style, as many do, including the USAs n°1 wine critic, then Weinert makes very good wines which bring top prices. These love/hate wines have a very definite place in the market for what could be classified as 19th century colonial wines."

In a wine world that leans toward stainless steel and wood, it's certainly a good thing for someone to go against the grain and vinify in cement/epoxy tanks and age in large oak casks. What most impressed us in this beautiful 1890 winery was finding the young son of the owner, Andrés Weinert, a marketing student on vacation, scrubbing tartaric acid residues off the inside of a cask. These things only happen in the healthiest of family businesses.

Since its first harvest in 1977, with the enological direction of the famous, though now retired Raúl de la Mota, Weinert has imprinted its very particular style on its wines: reds aged at least 2 years in large casks and unwooded whites. The winery's 20 barrels are only used for experimenting with Syrah and Tannat.

The vineyard, all in vertical shoot position, is in Lunlunta and Maipú and has Malbec, Merlot, Cabernet Sauvignon, and Tempranillo, with Tannat and Syrah for experimenting. In whites they have Sauvignon Blanc, Pinot de la Loire (Chenin Blanc), Semillón and Chardonnay. They produce 211,000 gallons per year and export 60% to Brazil, the U.S., and Europe. They receive visits Monday – Saturday, 9:30 am to 4:30 pm, and a shop with a 20% discount on its wines.

Cavas de Weinert Gran Vino Reserva Corte 1999 - *Weinert Gran Vino Malbec 1997* ★★★★★
Weinert Malbec Estrella 1977 ★★★★★ - *Cosecha de Otoño Especial Sauvignon Blanc 2002* ★★★★
Weinert Gran Vino Merlot 1997 ★★★★ - *Montfleury Gran Rose Corte 2002* ★★★ - *Weinert Cabernet Sauvignon 1997* ★★★

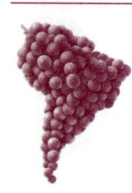

Bodega y Viñedos Tapiz S.R.L.

Ruta 15 km 32 Agrelo /
5507 Luján de Cuyo / Mendoza
Tel. (0261) 4900202
Fax. (0261) 4900093

E-mail: tapiz@tapiz.com.ar
Website: www.tapiz.com
Capacidad: 1,3 millones de litros/ *Capacity: 344,000 gallons*
Viña: 63 hectáreas/ *Vineyards: 157 acres*

No hay contraste más sugestivo y delicioso que el que proponen a la vera de la arbolada ruta 15 esta bodega de origen estadounidense y la muy vernácula aunque exótica pirámide *Catena Zapata*, a la vista una de otra por sobre una amplia extensión de viñedos. Allá, en Uxmal, toda la carga pasional y personal que una persona puede poner no sólo en el *qué* y en el *cómo* de sus vinos, sino también en el *dónde* y el *para qué*. Acá, una funcionalidad impersonal y racional que no burla a la estética sino que la ignora sin ofenderla siquiera.
Kendall Jackson Wine Estates al parecer hace todas sus bodegas en el mismo estilo despojado, como si no tuviera un ego que satisfacer y no quisiera deslumbrar a ningún visitante: un moderno y amplio galpón refrigerado, todo pulquérrimamente blanco, con espacio de sobra para las baterías de tanques de acero inox de todos los tamaños, con sus respectivos sistemas de frío y remontajes, y en este caso 600 barricas –que por una vez son casi todas *made in U.S.A.* (*Kendall Jackson* es accionista de *World Cooperage*, una de las tonelerías más grandes). Las luminosas oficinas están en dos plantas al frente del gran galpón-bodega. Luego viña todo alrededor: aquí hay Malbec, Merlot y Cabernet Sauvignon, mientras que en una finca de 450 hectáreas en Tupungato hay 35 hectáreas de todo ello y Syrah, Chardonnay y Viognier. Los viñedos tienen 5 años, crecen sobre pie americano en espaldera y reciben riego por goteo. Además, en *Tapiz* compran uva.
Con la dirección del enólogo chileno José Antonio Bravo elaboran vinos hechos al gusto norteamericano, es decir, con bastante madera, pues allá va el 90 % de la producción. Si bien todavía no están abiertos al turismo, tienen la intención de hacerlo y disponen de una pequeña tienda y barra de degustación. La visita sucesiva de *Tapiz* y *Catena Zapata* permitirá entonces determinar si la antagónica filosofía arquitectónica de cada uno se continúa también en el campo enológico, tal como es probable. Incluso en tiempos de globalización, cada bodega es un micromundo.

There is no more suggestive or delicious contrast than the one found along the side of the wooded Route 15 between this U.S.-based winery and the very vernacular though exotic Catena Zapata *pyramid, within sight of each other across a vast expanse of vineyards. There in Uxmal: all of the passion and personal care that could possibly be put into not only the* what *and* how *of a wine, but also the* where *and* why. *Here: an impersonal and rational functionality that do not mock esthetics, but simply ignore them.*
All of the Kendall Jackson Wine Estates *wineries seem to be made in the same clean style, as if they had no ego to satisfy or visitors to impress: a large, modern, immaculately white, air-conditioned buildings with batteries of stainless steel tanks in every size with their respective cold and pump-over systems, and in this case, 600 barrels, all made in the USA (*Kendall Jackson *is a shareholder in* World Cooperage*). The bright offices are located on 2 floors across from the large winery building, surrounded by vineyards of Malbec, Merlot, and Cabernet Sauvignon. Another 1,125-acre* finca *in Tupungato includes these varieties plus Syrah, Chardonnay, and Viognier. All the vineyards are 5 years old, grafted to American rootstocks, vertically positioned and drip irrigated.* Tapiz *also buys grapes.*
Chilean enologist José Antonio Bravo, makes the wines with a lot of wood, to suit the North American tastes, as 90% of the production will be consumed in the U.S. Tourism is included in future plans, and they already have a small shop and tasting bar. Visiting Tapiz *and* Catena Zapata *in succession would allow a determination of whether or not their opposing architectural philosophies carry over into winemaking. Even in times of globalization, every winery is a microworld.*

Tapiz Malbec 2001 ★★★

Tapiz Chardonnay 2001 ★★ - *Tapiz Merlot 2000* ★★ - *Tapiz Syrah 2001* ★★

Tapiz Cabernet Sauvignon 2000 ★

Bodega y Viñedos Tierras Altas de Vargas Arizu S.A.

Acceso Sur 6501 Lateral Este /
M5507ADA Carrodilla / Luján de Cuyo/
Mendoza
Tel./Fax.: (0261) 4960333

E-mail. vinos@vargasarizu.com
Website: www.vargasarizu.com
Capacidad: 0,5 millones de litros/*Capacity: 132,000 gallons*
Viña: 65 hectáreas/*Vineyards: 163 acres*

Esta hermosa y flamante *boutique* pertenece a una familia de larga alcurnia bodeguera en Mendoza, los Vargas Arizu, quienes poseen viñedos en Vistalba, Carrodilla y Maipú, algunos plantados tan temprano como 1912 y los más jóvenes, hace 10 años. Sin embargo en los últimos años el negocio familiar era la olivicultura y el aceite de oliva con las marcas *Vistalba* e *Interlagos*. "Somos viejos vitivinicultores pero estuvimos un tiempo fuera de la vitivinicultura. Hicimos una bodega adaptada a nuestro viñedo" dice Rodolfo Vargas Arizu, licenciado en enología, quien montó la empresa junto a sus hermanos Vicente, abogado, a cargo de las fincas de olivos y Daniel, ingeniero agrónomo, quien dirige las viñas y producción de aceite. Sólo elaboran Malbec de uva propia en espaldero bajo, de riego por acequia y con rendimientos de 5 a 6 toneladas por hectárea: en la última cosecha obtuvieron 3 mil quintales. "Hacemos artesanía con gran tecnología" dice Rodolfo. Por ejemplo, este año lanzarán un *Vicente Vargas Videla* o *VVV* que recuerda a su abuelo, 3 veces intendente de Luján de Cuyo: Malbec con un año de barrica que saldrá de un sector de la finca llamado "Las 6 hectáreas".

La bodega cuenta con "la mejor tecnología que hay en Argentina" dice Vargas Arizu. Hay 16 tanques de 16 mil litros de diseño francés hechos en Mendoza; cada tanque con tubo de remontaje, todo bajo un techo con aislamiento térmico. Tratan sus efluentes, usados para riego del pequeño viñedo circundante. Tienen una espléndida cava de afinamiento y 76 barricas *Taransaud* –todos los años piensan sumar otras 15. La prensa es de canasto y emplean una moledora *Amos* especial para Malbec. No usan bombas: la uva y el mosto son llevados al tanque con un autoelevador. La enóloga a cargo es Juliana Pérez Cavagnaro, ex *Trapiche*.

Exportaron a Norteamérica y están armando su distribución en Europa. Quieren llegar a exportar el 60 % de una producción de 100 a 150 mil botellas. Reciben visitas con gusto.

This beautiful, new boutique winery belongs to the Vargas-Arizu family, long associated with winemaking in Mendoza. They have vineyards in Vistalba, Carrodilla, and Maipú, some planted in 1912, the youngest in 1993. In recent years, however, they have focused more on olive producing and their Vistalba *and* Interlagos *olive oils. "We're old time winegrowers, although we were away from it for a while. We built a winery adapted to our vineyard" says winemaker Rodolfo Vargas-Arizu, who formed the company with his brothers Vicente, an attorney in charge of the olive groves, and Daniel, an agricultural engineer who manages the vineyards and oil production. They only make Malbec with their own furrow-irrigated grapes, in low vertical shoot position yielding 2 - 2.5 tons per acre: 3,000 quintals in the last harvest. "We make hand-crafted wines with high technology," says Rodolfo. This year they will launch a new 12-month-barrel-aged Malbec called* Vicente Vargas Videla, *or VVV, in honor of their grandfather. Vargas-Arizu says the winery has "the best technology in Argentina." The 16 French-designed, Mendoza-made, 4,000-gallon tanks are each equipped with a pump-over tube. They treat their effluents and use it to water the small vineyard surrounding the winery. A splendid cellar holds 76* Taransaud *barrels, with plans to add 15 per year. They use a basket press and an Amos crusher, specially-made for Malbec. There use no pumps; the grapes and must are lifted into the tank by fork lift. Former* Trapiche *winemaker Juliana Pérez directs the process.*

They export to North America and are preparing for European distribution. They aim to export 60% of their production of 100,000 - 150,000 bottles. They happily receive visitors.

Tierras Altas Crianza Malbec 2001 ★★★

Tierras Altas Malbec 2002 ★★

BODEGAS CHANDON

Ruta 15 km 29 / Agrelo / M5509AOA
Luján de Cuyo / Mendoza
Acceso turístico por Ruta 40 km 29
Tel.: (0261) 4909968 - Fax.: (0261) 4909925

E-mail: visitorcenter@chandon.com.ar
Website: www.chandon.com
Capacidad: 32 millones de litros/*Capacity: 8,454,000 gallons*
Viña: 663 hectáreas/*Vineyards: 1,660 acres*

Para quien conoció las hermanas bodegas *Chandon* de Garibaldi, en Rio Grande do Sul, Brasil, y de Yarra Valley, en Victoria, Australia, visitar esta planta elaboradora es una suerte de culminación que empequeñece a las anteriores, si bien pequeñas no son.

Establecida en 1959 y rodeada por 17 hectáreas de viña, desde entonces la planta no dejó de crecer y modernizarse hasta ocupar una superficie de 6 hectáreas con sus 2 sectores de vinos tranquilos y espumantes o espumosos, como gustan decir en la empresa, donde trabajan 120 personas y se reciben más de 20 mil turistas al año para conocer un predio que satisface las normas I.S.O. 9001 no sólo en la producción sino también en la visitación turística.

Con sus viñedos distribuidos en Tupungato (Valle de Uco), Vistalba, Perdriel y Agrelo, cubren apenas el 20 % de sus necesidades de uva, mientras que compran el resto a productores asociados.

Además de una impresionante batería de 8 prensas neumáticas, y aunque también utilizan piletas de hormigón/epoxy donde añejan los vinos-base para los espumantes, lo que corta el aliento es la cantidad de tanques de acero inox de distintas capacidades, todos con refrigeración automática. También es impactante observar la vasta, oscura y silenciosa sala donde con "método tradicional" se hacen girar lentamente a las botellas de *Baron B* y de *Chandon* elaboradas de esta guisa, en tanto que otras líneas de *Chandon* y *Mercier* se producen en autoclaves con método Charmat. Hay además 313 barricas francesas en las que maduran los vinos que irán a componer los *Valmont* (blanco), *Insignia* y *Latitud 33*, además de los licores de expedición de los espumosos.

Con un centro de visitantes equipado a la perfección, una buena tienda de vinos y *souvenirs*, la bodega *Chandon* recibe al turismo todo el año de lunes a viernes y en sábados en temporada alta: las visitas duran 1 hora e incluyen viñedo, planta, degustación y sala de venta; se aconseja informarse previamente.

For anyone who has seen the beautiful Chandon *facilities in Garibaldi, Rio Grande do Sul, Brazil, and Yarra Valley in Victoria, Australia, this plant seems to dwarf the others – and the others aren't small.*

Established in 1959 and surrounded by 43 acres of vineyards, it hasn't stopped growing or modernizing yet. The 120-employee plant covers 15 acres in 2 sectors for still and sparkling wines. They also receive the more than 20,000 tourists who come each year to see the site that satisfies the ISO 9001 *norms in both production and tourism.*

Its vineyards, distributed in Tupungato (Uco Valley), Vistalba, Perdriel, and Agrelo, barely cover 20% of its grape needs, so they buy the rest from associated producers.

They have an impressive battery of 8 pneumatic presses and use concrete/epoxy tanks for aging the base wines for the sparkling wines, but what really takes your breath away is the number of stainless steel tanks of varying sizes, all with temperature controls. It is also impressive to observe the vast, dark, and silent room where bottles of Baron B *and* Chandon *are made by the "traditional method." Other lines like* Chandon *and* Mercier *are produced by the Charmat method in pressure tanks. There are also 313 French oak barrels for aging the wines that will go into* Valmont *(white),* Insignia, Latitud 33, *and the dosage for the sparkling wines.*

With a visitors' center equipped to perfection, a good wine and souvenir shop, the Chandon *winery receives tourists Monday through Friday year-round and on Saturdays during the peak season. Visits last 1 hour and include the vineyards and winery, a tasting, and the shop. The fixed starting times vary with the seasons, so it is advisable to verify the schedule beforehand.*

Baron B. Cuvée Especial Extra Brut ★★★★ - *Baron B. Rosé Cuvée Especial* ★★★★

Chandon Brut Rosé ★★★ - *Latitud 33 Cabernet Sauvignon 2002* ★★★ - *Latitud 33 Chardonnay 2001* ★★★

Latitud 33 Malbec 2002 ★★★ - *Cuvée Reserva Corte* ★★★ - *Unique Baron B. Brut Nature 1997* ★★★

BODEGAS HISPANO ARGENTINAS

Calle Nueva s/n / Cruz de Piedra /
5517 Maipú / Mendoza
Tel.: (0261) 4990365
Fax.: (0261) 4990101

E-mail: antoniop@bha.com.ar
Website: www.bodegasha.com
Capacidad: 1,4 millones de litros/*Capacity: 370,000 gallons*
Viña: 25 hectáreas/*Vineyards: 63 acres*

La bodega de Cruz de Piedra que elabora los vinos Marqués de Griñón nació por iniciativa de don Carlos Falcó, marqués de Griñón, a fines de la década de los '90, sustentada en el importante grupo vitivinicultor español ARCO. Así compraron y ampliaron la bodega Martins, a la que asociaron como productor con sus 50 hectáreas de viñedo. La viña que rodea a la bodega contiene Malbec, Tempranillo y Chardonnay en espaldera, pero quedan antiguos parrales de Cabernet y Malbec. Los rendimientos medios son de 8 a 10 toneladas por hectárea. Compran uva de productores seleccionados.
El gerente técnico español Joaquín Bartolomé explica que el plan estratégico es primero terminar de poner a punto la bodega, luego plantar Tempranillo y por último construir un hotel.

La bodega, moderna y funcional pero sin atractivo arquitectónico, es dirigida en lo enológico por el mendocino Pablo Calderón y cuenta con piletas de cemento/epoxy de 25 mil litros con placas refrigerantes, que están en vías de desaparecer, ya que con los temblores se fisuran. Cuentan con una batería de tanques de acero inox de 20 a 50 mil litros con chaquetas de control de temperatura: las fermentaciones malolácticas se hacen en los tanques ya que no tienen una sala climatizada. También cuentan con 2 tanques de estabilización tartárica y poseen 2 prensas pneumáticas montadas sobre ruedas. En el subsuelo (un sótano al que planean "vestir") hay 540 barricas todas francesas: "*este es uno de nuestros secretos. Somos un gran grupo y podemos comprar a muy buen precio las barricas y usarlas para lo que en España llamamos nuestros "jóvenes robles", vinos de crianza en barrica a precio muy competitivo*" explica Joaquín. El Tempranillo por ejemplo lleva un 60 % de caldos criados 6 meses en barrica. "*El Tempranillo y el Malbec son nuestros caballitos de batalla. Hacemos el corte de Cabernet y Malbec en fermentación, así la complejidad aromática es mayor*".
Exportan el 40 % de la producción a toda Sudamérica, Estados Unidos, Francia, Reino Unido, Noruega, Rusia, Finlandia, Suiza y poco a España.

The Cruz de Piedra winery that makes the Marqués de Griñón wines began as an initiative of Carlos Falcó, the Marquis of Griñón, in the late 1990s, with the support of ARCO, a major Spanish vitivinicultural group. They bought and enlarged the Martins winery, which became an associate producer with their 125 acres of vineyards. The vineyard surrounding the winery has Malbec, Tempranillo, and Chardonnay in vertical shoot position, although there are some old pergolas of Cabernet and Malbec. Their average yield is 3-4 tons per acre, and they buy grapes from selected producers.
Joaquín Bartolomé, the technical director from Spain, explains that their strategic plan is first to finish the winery, then plant Tempranillo, and finally build a hotel.
The winery is modern, functional, and without architectural interest. Mendoza enologist Pablo Calderón directs the winemaking using 6,600-gallon cement /epoxy tanks with cooling plates, although these will soon disappear because earthquakes tend to crack them. They have a battery of temperature-controlled, jacketed stainless steel tanks (5,200-13,200 gallons each); malolactic fermentation takes place in the tanks as they do not have a heated room for this. They also have 2 tanks for tartaric stabilization and 2 wheel-mounted pneumatic presses. They have 540 French oak barrels in a basement cellar, "this is one of our secrets. We're a large group and we can buy the barrels at a good price and use them for what we call in Spain 'young oaks:' barrel-aged wines at competitive prices," explains Joaquín. For example, 60% of their Tempranillo is oak-aged for 6 months. "The Tempranillo and Malbec are our bread and butter. We also blend Cabernet and Malbec during fermentation for greater aromatic complexity."
They export 40% of the production throughout South America, the U.S., U.K., France, Norway, Russia, Finland, Switzerland, and Spain.

Martins Tempranillo 2002 ★★★ - *Martins Cabernet Sauvignon 2001* ★★★ - *Martins Syrah 2002* ★★★

Marqués de Griñón Roble Tempranillo 2001 ★★★ - *Marqués de Griñón Malbec 1997* ★★★

Martins Malbec 2002 ★★ - *Marqués de Griñón Chenin Blanc 2001* ★★ - *Martins Cabernet Sauvignon 2002* ★★

BODEGAS LÓPEZ

Ozamis 375 / General Gutiérrez /
M5511APG Maipú / Mendoza
Tel.: (0261) 4972406 / 4976554
Fax.: (0261) 4973610

E-mail: lopezmza@bodegaslopez.com.ar
Website: www.bodegaslopez.com.ar
Capacidad: 37 millones de litros/*Capacity: 9,775,400 gallons*
Viña: 1.100 hectáreas/*Vineyards: 2,717 acres*

Hay algo especial en la empresa que en cualquier parte del mundo llega a los 105 años tras 4 generaciones de gestión familiar y tanto más si es de primera línea. Pero en Argentina no basta con carácter, salud y suerte: dicha familia debe alumbrar y criar –generación tras otra– algunos titanes vitivinícolas aptos a la supervivencia en este país tan raro. *Bodegas López* es del puñado de bodegas cuyanas de primera línea que a principios de siglo XXI es propiedad mayoritaria y gestión familiar de tradicionales bodegueros mendocinos. Para excepción entre tantos italianos y posible explicación de su éxito, la familia López es de origen andaluz y tradición vitivinícola que se remonta a la parte más símil-cuyana del Viejo Mundo europeo.

Aquí no vinifican para complacer a Robert Parker o *flying-winemakers* contemporáneos, sino a su crítico n°1: una sólida y consistente porción del mercado argentino. Exportan 10 % de la producción a Estados Unidos, Perú, Alemania y otros 20 países, quizá sólo para satisfacer la fama que los argentinos viajeros o expatriados hacen a sus vinos de asado dominical. Sin *Montchenot, Chateau Vieux* (ex 1938), *Rincón Famoso, López* o incluso *Vasco Viejo* una recreación cinematográfica o telenovelada de asado dominical argentino de 1950 a hoy estaría falta de algo importante. Estos íconos del vino fino tinto argentino son elaborados por una gran bodega urbana con más de 100 vendimias a las espaldas, donde crían al vino en grandes toneles de roble al modo clásico y tradicional, previo a la globalización de las barricas, las duelas y las virutas de roble.

La bodega, entre todas las de Mendoza, es una de las más ricas de historia y mejor preparadas para las visitas, con buena sala de degustación y tienda de vinos y recuerdos, además de un señorío asentado en una cava de las más "verticales" en añadas. Sin conocer *Bodegas López*, es improbable algún saber de vinos argentinos.

There is something special about any company that lives to be 105 years old, through 4 generations of family management, and even more so if it is top quality. But in Argentina, character, health, and luck are not enough: such a family must enlighten and breed, generation after generation, winemaking titans capable of surviving in this strange country. Cuyo's Bodega López is one of the few premium wineries to enter the 21st century in the hands of a traditional Mendoza winemaking family. A possible explanation for this success is the Lopéz family's Andalusian origin, the Old World winegrowing tradition with the most similitude to Cuyo.

Here they don't make wine to please Robert Parker or flying-winemakers, but for their N°1 critic: a solid and consistent share of the Argentine market. They export 10% of their production to the U.S., Peru, Germany, and 20 other countries, perhaps only to satisfy the praise that expats and traveling Argentines make at Sunday barbeques. Any documented account of an Argentine Sunday BBQ from 1950 on would be at a great loss without the likes of Montchenot, Chateau Vieux *(ex 1938),* Rincón Famoso, López *or even* Vasco Viejo. *These Argentine red wine icons are made by a great urban winery with more than 100 vintages under its belt, where they age wine traditionally in big oak casks, the way they did before the days of barrels, staves, and chips.*

Among all of the Mendoza wineries, this is one of the most historically rich and well-prepared for visitors, with a good tasting room and wine and souvenir shop, as well as proof of its reign in the cellar's "vertical" wine collection. If you don't know Bodega López, *it's doubtful you know anything about Argentine wines.*

Montchenot Gran Reserva 20 Años Corte 1978 ★★★★★ - Montchenot Gran Reserva 15 Años Corte 1983 ★★★★

Montchenot Corte 1992 ★★★★ - López Corte 2000 ★★★ - Montchenot Brut Nature ★★ - Chateau Vieux Corte 2002 ★★

Casona López Chardonnay 2002 ★★ - Casona López Malbec 1999 ★★ - Montchenot Extra Brut ★★

BODEGAS NIETO SENETINER

Guardia Vieja s/nº / Vistalba /
M5509XAF Luján de Cuyo / Mendoza
Tel.: (0261) 4960732
Fax.: (0261) 4980315

E-mail: amantesdelvino@nietosenetiner.com.ar
Website: www.nietosenetiner.com
Capacidad: 1,7 millones de litros/*Capacity: 450,000 gallons*
Viña: 235 hectáreas/*Vineyards: 588 acres*

La bodega, que desde 1998 pertenece al grupo *Pérez Companc* y a *Molinos Río de la Plata*, fue originalmente construida en adobe a principios de siglo XX por un italiano y remodelada en la década de 1950 por un norteamericano, que construyó buena cantidad de pequeñas piletas de hormigón. En 1969, Nicanor Nieto y Adriano Senetiner (hoy propietarios de la bodega *Viniterra*) establecieron aquí su nueva marca a la que complementaron con otra bodega hermana en Carrodilla, donde se elaboran los vinos *Santa Isabel*. Con un gran chalet de estilo californiano y un amplio parque antes de que comience el viñedo, la bodega luce casi como un *country-club*. Parte de la viña propia se encuentra aquí, pero hay más en Santa Isabel, Agrelo y Tupungato. Sólo vinifican uvas de sus tierras. Las más preciadas son aquellas destinadas a la etiqueta *Cadus*, donde gracias a la restricción hídrica y el raleo se obtienen apenas 4 toneladas de uva por hectárea.

La bodega, de gruesas paredes de adobe, además de sus piletas de hormigón/epoxy de 15 mil litros, posee una sala de barricas todas francesas y una salita de degustación subterránea. Hay también una bonita tienda bien abarrotada con los vinos de la casa, elaborados con la dirección del enólogo Roberto González y el asesoramiento del prestigioso enólogo italiano Alberto Antonini.

Ambas bodegas se pueden visitar todo el año de lunes a lunes, a las 10, 11:30, 12:30 y 16 horas; si bien no es estrictamente necesario, es preferible concertar antes por teléfono. También se ofrecen almuerzos típicos y degustaciones, con reservas previas. Están por implementar un sistema de visitación participativo, en el que se podrá intervenir en los trabajos en curso en la viña.

The winery has belonged to the Pérez Companc and Molinos Rio de la Plata groups since 1998, but was originally built in adobe in the early 20th century by an Italian and remodeled in the 1950s by a North American who constructed a good number of small concrete tanks. In 1969, Nicanor Nieto and Adriano Senetiner (the latter now owns the Viniterra winery) established a new brand here and complemented it with another sister winery in Carrodilla, where they make the Santa Isabel wines. With a large California-style chalet and a big park before the vineyards start, the winery looks like a country club. Some of the vineyards are here, but there are more in Santa Isabel, Agrelo, and Tupungato. They only vinify their own grapes. The most valuable go into Cadus; thanks to restricting water and cluster thinning, yields barely reach 1.6 tons per acre.

The winery, with its thick adobe walls and 4,000-gallon cement/epoxy tanks, has a cellar full of French barrels and a small, underground tasting room. There is also a nice, well-stocked shop offering all the wines of the house, made under the direction of enologist Roberto González, with the prestigious Italian consultant Alberto Antonini.

Both wineries are open to visitors every day, year round at 10:00, 11:30, 12:30, and 4:00 pm, and, although it's not strictly necessary, it's best to call ahead. They also offer typical lunches and tastings with prior reservations. They are about to implement a system of participatory visits, in which visitors can take part in the daily work of the winery.

Cadus Cabernet Sauvignon 2000 - Cadus Malbec 2000
Don Nicanor Cab. Sauv.-Malbec-Merlot 1999 ★★★★★ - Nieto Senetiner Reserva Cabernet-Syrah 2001 ★★★★★
Nieto Senetiner Reserva Merlot 2001 ★★★★★ - Don Nicanor Cab. Sauv.-Malbec-Merlot 2001 ★★★★

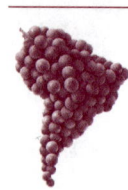

Bodegas Orfila / Cavas de Santa María S.A.

Orfila s/n / Villa Molina Orfila /
5517 San Martín / Mendoza
Tel./Fax.: (011) 54848300

E-mail: info@orfila.com.ar
Website: www.orfila.com.ar
Capacidad: 7 millones de litros/*Capacity: 1,849,400 gallons*
Viña: 880 hectáreas/*Vineyards: 2,200 acres*

La tradicional marca *Orfila* dejó de pertenecer a la familia del mismo nombre y hoy es de la bodega *Cavas de Santa María*, de San Martín. Pero hay un litigio legal en curso por lo cual la bodega prefirió no ser visitada, aunque aceptó una entrevista y nos envió sus muestras.

Poseen viñedos en San Juan (300 hectáreas, en Calingasta, Tamberías, San Martín y Angaco), en Mendoza (500 hectáreas en Barrancas, Maipú, Alto Verde y San Martín) y también en los Valles Calchaquíes de Salta, donde cultivan Torrontés, Cabernet Sauvignon y Malbec. Las viñas más viejas de Cabernet y Malbec tienen más de 25 años y rinden de 8 a 10 toneladas por hectárea, en tanto que las más nuevas tienen 4 años y se implantaron en la provincia de San Juan, gracias a diferimientos impositivos. Como sistemas de conducción emplean la viña o espaldera baja y el parral.

Bajo la dirección del enólogo mendocino Oscar Hurtado, vinifican en tanques de acero inox con doble chaqueta y no emplean barricas para la crianza, pero sí duelas de roble.

Sus productos con la etiqueta *Orfila* incluyen el Cabernet *La Reina*, el *Cautivo* Cabernet, Malbec, Syrah y Chardonnay, diversos varietales y un *Borgoña*.

Exportan a Estados Unidos, Reino Unido, Japón, Perú, Brasil y Bolivia.

The traditional winery Orfila *no longer belongs to the family of the same name; today it belongs to* Cavas de Santa María, *of San Martín. But due to a pending court case, the winery preferred not to receive a visit, but did grant an interview and supply sample wines.*

They have vineyards in San Juan (750 acres in Calingasta, Tamberías, San Martín, and Angaco), in Mendoza (1,250 acres in Barrancas, Maipú, Alto Verde, and San Martín) and in the Calchaquíes Valleys in Salta, where they grow Torrontés, Cabernet Sauvignon, and Malbec. The oldest Cabernet and Malbec plantings are more than 25 years old and yield 3.2-4 tons per acre, while the newest vines are 4 years old and planted in San Juan, thanks to favorable tax rates. The vines are trained to vertical shoot position or pergolas.

Mendozan winemaker Oscar Hurtado uses double-jacketed stainless steel tanks and oak inner staves, but no barrels.

Products with the Orfila *label include Cabernet* La Reina; *Cautivo* Cabernet, Malbec, Syrah, *and* Chardonnay; *a number of varietals and a* Borgoña. *They export to the US, UK, Japan, Peru, Brazil, and Bolivia.*

Cautivo Reserva Cabernet Sauvignon 1998 ★★ - *Orfila Torrontés 2000* ★★ - *Cautivo Reserva Syrah 1998* ★★

Cautivo Reserva Malbec 1998 ★★ - *Orfila Cabernet Sauvignon 1999* ★★

Orfila Cabernet Sauvignon 2001 ★★ - *Orfila Syrah 2001* ★

BODEGAS TRAPICHE

Mitre s/nº / Coquimbito/
M5522CHA Maipú / Mendoza
Tel.: (0261) 4972388 / 2163 / 2442
Fax.: (0261) 4810888

E-mail: barreirob@trapiche.com.ar
Website: www.trapiche.com.ar
Capacidad: 3 millones de litros/*Capacity: 793,000 gallons*
Viña: 1.075 hectáreas/*Vineyards: 2,700 acres*

"*Trapiche puede ser, y lo será, para la Argentina lo que Penfold's es para Australia –una de las pocas grandes empresas vinícolas del mundo*" escribió Alan Young en su libro *Wine Routes of Argentina*. Pero a diferencia del gigante australiano, que no oculta su pertenencia al colosal grupo *SouthCorp*, el gigante *Trapiche* hace un notable esfuerzo por alejar su imagen del coloso *Peñaflor*; pese a que ambas bodegas están en el mismo predio y pertenecen al mismo dueño: ya no más la familia Pulenta sino un fondo de inversión de ultramar.

Trapiche, además de marca epónima del vino fino en Argentina y sus mercados extranjeros, es un compendio de la historia vitivinícola del país, cuyo origen se remonta al empresario y político rosarino, mendocino de adopción, Tiburcio Benegas.

La bodega, una bonita construcción en ladrillos mendocinos datada en 1920, con la dirección enológica de Daniel Pi, vinifica a sus tintos en piletas de hormigón/epoxy que trabajan por gravedad mientras que los blancos tienden a ser elaborados en acero inoxidable. Toda la maquinaria que recibe la fruta –lagar, escobajadoras, prensas– está montada sobre ruedas para adaptar su uso a las necesidades. Pero lo que corta el aliento en *Trapiche* son sus dos subsuelos, donde además de piletas y una sala de barricas, hay una cava de afinamiento donde caben 200 mil botellas, y un segundo subsuelo o cava principal de 50 metros de lado en donde se apilan nada menos que 6 mil barricas de roble por mitad francesas y mitad estadounidenses. *Trapiche*, al momento de nuestra visita, estaba ultimando sus preparativos para abrirse al turismo con un chalet contiguo a la bodega donde funcionará la tienda y sala de degustación, además de un espacio de comidas bajo un espléndido parral…de vid americana.

"*Trapiche can, and will be, to Argentina what Penfold's is to Australia – one of the few great, large wine companies of the world,*" *wrote Alan Young in his book* Wine Routes of Argentina. *But unlike the Australian giant, which does not hide its ties to the enormous SouthCorp group,* Trapiche *takes great efforts to distance itself form the colossal* Peñaflor, *although both wineries are on the same estate and belong to the same owner, no longer the Pulenta family, but rather an American investment fund.*

In addition to being synonymous with fine wine in Argentina and its international markets, Trapiche *is a compendium of national vitivinicultural history, dating back to Tiburcio Benegas, a businessman and politician from Rosario who made Mendoza his home.*

The winery, housed in an attractive 1920s brick building and under the enological direction of Daniel Pi, makes its red wines in concrete/epoxy gravity-flow tanks, while its whites are usually made in stainless steel. All of the machinery used to receive the fruit - troughs, de-stemmers, presses- are mounted on wheels to best adapt to their needs. But the Trapiche's *real breathtaker is underground, where in addition to tanks and a barrel room, there is a cellar for holding 200,000 bottles, and a second basement – the 164-foot main cellar where they store more than 6,000 barrels, half French, half American.*

At the time of our visit, Trapiche *was finishing preparations to open to tourism with a chalet next to the winery that will house a shop and tasting room, plus an area for dining under an incredible arbor – of American vines.*

Fond de Cave Reserva Malbec 2000 - *Broquel Malbec 2000* - *Broquel Cabernet Sauvignon 2000* ★★★★★

Iscay Corte 1999 ★★★★ - *Finca Las Moras Bonarda 2002* ★★★★ - *Trapiche Syrah 2000* ★★★★

Trapiche Roble Cabernet Sauvignon 1999 ★★★★ - *Trapiche Roble Malbec 2000* ★★★★ - *Trapiche Roble Merlot 1999* ★★★★

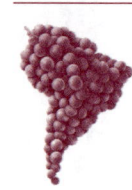

Bodegas y Viñedos Carmine Granata S.A.I.C.A.

Alberti 570 / Mayor Drummond / M5507AHJ Luján de Cuyo / Mendoza
Tel./Fax.: (0261) 4213470
E-mail: bodegacarminegranata@arnet.com.ar
Website: www.cuevasdelpuma.com/carmine
Capacidad: 8 millones de litros/*Capacity: 2,114,000 gallons*
Viña: 150 hectáreas/*Vineyards: 375 acres*

Carmine Granata es una bodega de viticultores y vinifactores italianos de Chieti establecidos en Luján de Cuyo que en 3 generaciones se tornaron 100 % mendocinos. La viña, de la que el abuelo llegó a plantar 600 hectáreas, precedió al establecimiento que compró en 1931 y amplió a través de las décadas hasta 8 veces en capacidad de almacenamiento. El abuelo siempre produjo y vendió vinos a granel, aquello que en lengua vinícola cuyana se denomina *trasladismo*, pero en los últimos diez años de su vida comenzó a hacer también algunos vinos finos y además transmitió el arte y la pasión del oficio hasta su nieto Raúl Granata, quien junto a su esposa Beatriz García dirige esta empresa familiar. Desde 1998 producen sólo vinos finos de uvas de parrales y espalderos cultivados por la familia en algunos casos desde hace 60 y 80 años. La viña contiene Malbec, Pinot Noir, Semillón y algo de Pinot Gris, distribuida en fincas en Luján y Maipú.

En *Carmine Granata* se vinifica en tanques de cemento/epoxy y no se extraña al acero inox, del que hay sólo 3 pequeños tanques. Disponen de un subsuelo amplio y muy profundo, sólo en parte aprovechado para estiba y afinamiento de botellas: hay grandes ex piletas en desuso para expandir a futuro la cava. Con asesoramiento del enólogo mendocino Abel Furlan producen unas 60 mil botellas al año en 3 líneas de etiquetas y 4 varietales, incluyendo un *Malbec Oak*. Los vinos menores se *trasladan*, es decir venden a granel, a otras bodegas: "*ningún trasladista va a vender su mejor vino*" asegura Raúl. Nos pareció buen signo que una etiqueta de vino de alta gama sin bodega propia le confíe su producción.

Juan Carlos, operador y habitante de la casa desde hace 35 años, es el guía de los visitantes, que son bienvenidos todos los días con arreglos previos.

Carmine Granata is a company of Italian winemakers from Chieti, established in Luján de Cuyo for 3 generations, now 100% Mendozan. The vineyard, started by the grandfather who planted 1500 acres, preceded the building he bought in 1931 and enlarged over the years until it reached 8 times its storage capacity. The grandfather always made and sold bulk wines, a practice called trasladismo, *but in the last 10 years of his life he also began to make some fine wines and pass on the art and passion of his craft to his grandson, Raúl Granata, who now manages the family business with his wife, Beatriz García. As of 1998 they produce only fine wines from family-grown grapes on pergolas and in vertical shoot position, some as old as 60-80 years. They have Malbec, Pinot Noir, Semillón, and some Pinot Gris, in their vineyards in Luján and Maipú.*

Carmine Granata vinifies in cement/epoxy tanks and they don't miss stainless steel; there are only 3 small tanks. They have a large and very deep basement, only partly used for storage and bottle aging. The big old unused tanks will later be expanded into a cellar. With Mendozan winemaker Abel Furlan consulting, they make 60,000 bottles per year in 3 lines and 4 varieties, including a Malbec Oak. *Lesser wines are sold in bulk to other wineries, "no trasladista is going to sell his best wine," says Raúl. It appears to be a good sign that a line of very high quality wine without a winery trusts in its production.*

Visitors are welcome every day with advance arrangements. Juan Carlos, operator and resident of the house for 35 years, is the guide.

Carmine Granata Tradicional Pinot Negro 1999 ★★★

Carmine Granata Tradicional Malbec 1999 ★★★ - *Oak Cask Tradicional Malbec 1999* ★★

Carmine Granata Semillón 2001 ★★

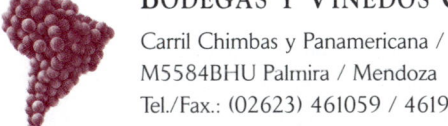

BODEGAS Y VIÑEDOS CROTTA

Carril Chimbas y Panamericana /
M5584BHU Palmira / Mendoza
Tel./Fax.: (02623) 461059 / 461936

E-mail: crotta@infovia.com.ar
Website: www.crotta.com.ar
Capacidad: 18 millones de litros/ *Capacity: 4,756,000 gallons*
Viña: 300 hectáreas/ *Vineyards: 750 acres*

Giuseppe Edoardo Crotta, de Pavia, arribó a Buenos Aires en 1919 a los 14 años y sólo otros 14 años más tarde llegó a Mendoza, donde al tiempo instaló su bodega. Tres generaciones después, tras haber afianzado a ultranza la marca en el mercado nacional de vinos comunes y en damajuana, además de las mistelas (segmento en el que es empresa líder), *Crotta* se lanzó a ganar su espacio entre los vinos finos.

La planta elaboradora, a unos 40 kilómetros al este de Mendoza ciudad, está rodeada por 6 hectáreas de viña que sin embargo no le hacen perder su aspecto industrial, resaltado por una monumental torre-depósito-tanque de agua de 28 metros de alto, con capacidad para 450 mil litros de vino: erigida en 1968, es un interesante ejemplo de cuánto cambió la sensibilidad enológica en 30 años, pues hoy nadie construiría algo así. Aquí todo asombra por las dimensiones que requiere una empresa dedicada a los grandes volúmenes de vino de mesa. Un millón de frigorías. Un laberinto de tanques de acero inox, piletas de cemento/epoxy y toneles. Nada de barricas, pues el roble a los vinos se transmite por *chips* y duelas. Sistemas de termovinificación para los tintos.

En la viña de El Ramblón, conducida en espaldera y en parral, con cepas de 4 a 70 años, poseen Cabernet Sauvignon, Bonarda, Syrah, Tempranillo, Sangiovese, Torrontés Riojano y Chenin... nada de Malbec, que compran junto al 50 % de sus necesidades de uva. Tienen además Criolla, Cereza y Moscatel para sus mistelas.

La enología está a cargo de Walter Flores, Carlos Bottero y Horacio Scatareggia, pero la dirección de la empresa es familiar: Carlos Crotta (padre) es gerente y director en Buenos Aires, acompañado por su hija Carolina, en tanto que Carlos Crotta (hijo) dirige la planta de Mendoza. Poseen un sistema de distribución amplio en todo el país, y exportan a Rusia, Japón, Reino Unido, Estados Unidos, Suiza, Dinamarca, México, Brasil y Uruguay. Y si bien no poseen una sala de degustación o una tienda, reciben visitas con arreglos previos.

Giuseppe Edoardo Crotta arrived in Buenos Aires from Pavia in 1919 at the age of 14. Another 14 years later he made his way to Mendoza, where he set up his winery. Three generations later, after firmly establishing themselves in the national ordinary and jug wine market, and as a leader in mistelas, Crotta *set out to take their place among fine wines.*

The winemaking plant, 25 miles east of Mendoza city, is surrounded by 15 acres of vineyards, without diminishing its industrial aspect, which is emphasized by a monumental 92-foot, 120,000-gallon water tower built in 1968. It's an interesting example of how much enological thinking has changed in 30 years because no one would build anything like that today. The dimensions of everything required by a company dedicated to large volumes of table wine are amazing. A huge coolong equipment. A labyrinth of stainless steel and cement/epoxy tanks and casks. There are no barrels because these wines get their oak through chips *and staves. Thermal vinification systems are used for red wines.*

In the El Ramblón vineyard, trained to vertical shoot position and pergola, there are 4 to 70 year-old vines of Cabernet Sauvignon, Bonarda, Syrah, Tempranillo, Sangiovese, Torrontés Riojano, and Chenin. There's no Malbec here – they buy that along with 50% of the grapes they use. They also have Criolla, Cereza, and Moscatel for their mistelas.

Walter Flores, Carlos Bottero, and Horacio Scatareggia handle the winemaking, but the family runs the business. Carlos Crotta (Sr.) is the manager and director in Buenos Aires, accompanied by his daughter Carolina, while Carlos Crotta (Jr.) heads the Mendoza plant. They distribute throughout Argentina and export to Russia, Japan, the U.K., U.S., Switzerland, Denmark, Mexico, Brazil, and Uruguay. And although they have neither tasting room nor shop, they receive visitors when arranged in advance.

Crotta ★★★ - *Crotta Malbec 2000* ★

Crotta Tempranillo 2000 ★ - *Crotta Bonarda-Syrah 2001* ★

Crotta Torrontés 2000 ★

Bodegas y Viñedos El Lagar S.R.L. / Carmelo Patti

San Martín 2614 / Mayor Drummond /
M5507EVB Luján de Cuyo / Mendoza
Tel.: (0261) 4981379
Fax.: (0261) 4263870

E-mail: carmelopatti@yahoo.com.ar
Capacidad: 0,7 millones de litros/*Capacity: 185,000 gallons*
Viña: no posee/*Vineyards: none*

"*He vivido todas las etapas de la industria*" asegura el enólogo-propietario Carmelo Patti, resumiendo las increíbles barrabasadas de Papá Estado en la Argentina vitivinícola: altísimos y nobles propósitos, pero bajísimos e infames resultados. Establecido desde 1990 en una funcional bodega de la década del '40 que le queda grande para su producción artesanal (trabaja él solo con un empleado) pues "*no me interesa crecer demasiado*", Carmelo Patti pone pasión y experiencia personalísimas en sus vinos, algo difícil de hallar en las grandes bodegas: controla uno por uno los corchos, que son de la mejor calidad; envasa todas sus partidas de una vez para que no haya la menor diferencia entre botellas de una misma etiqueta; sigue la evolución de los vinos en sus barricas todas francesas, con la diaria pasión que un financista pone en el índice Dow Jones; diseña sus propias cajas de estiba y afinamiento o los envases, como el que contiene tres botellas, una mini-vertical de sus Cabernet Sauvignon 96, 97 y 99; inventa sistemas propios tales como un aparato de aire para remontajes que utiliza en sus piletas de hormigón/epoxy; sigue de cerca una finca de la que compra las uvas; se ocupa de las ventas y distribución en Buenos Aires, Bahía Blanca y la Patagonia, además de las exportaciones al Reino Unido y Brasil; hace todas sus obras él mismo porque "*si no hubiera sido enólogo, habría sido ingeniero de construcción*" y pese a que "*hace 8 años que no salimos de vacaciones*" da la impresión de ser un hombre feliz, quizá porque puede darse el lujo de afirmar "*no quiero cambiar ni mi forma de trabajar ni mi estilo*" y además encuentra tiempo para los asados con amigos en la churrasquera de la bodega, mientras planea su próxima obra: una sala de degustación para poder recibir visitas.

"*I've lived through every stage of the industry,*" *says winemaker-owner Carmelo Patti, listing off all the rotten things that 'Father State' has done with Argentina's vitiviniculture: very high and noble intentions, with very low and despicable results. In 1990 he set up in a functional 1940s winery bigger than he needs for his small production (he works alone with one employee), but says* "I'm not interested in growing much." *Carmelo Patti puts passion and very personal experiences into his wines, something difficult to find in the big wineries. He controls his top-quality corks one-by-one and bottles his entire production at the same time to ensure there is not even the slightest difference between bottles with the same label. He follows his wines' evolution in their 100% French barrels with the daily passion that a financial expert follows the* Dow Jones *index. He designs his own cases and containers, like the one that has 3 bottles and a mini-vertical tasting of his 1996, 97, 98 Cabernet Sauvignons. He invents his own systems, like an air-driven pump-over device he uses in his concrete/epoxy tanks; he keeps close tabs on the vineyard where he buys his grapes, takes care of sales and distribution in Buenos Aires, Bahía Blanca, and Patagonia, as well as exports to the U.K. and Brazil. He does all the work himself because* "if I hadn't become a winemaker, I'd have been a construction engineer," *and although* "we haven't had a vacation in 8 years," *he appears to be a happy man, maybe because he has the luxury of being able to say,* "I don't want to change my way or style of living." *And he even finds time for cookouts with friends at the winery, while he plans his next project: a tasting room for receiving visitors.*

Carmelo Patti Cabernet Sauvignon 1999 ★★★
Carmelo Patti Cabernet Sauvignon 2000 ★★★
Carmelo Patti Malbec 1999 ★★★

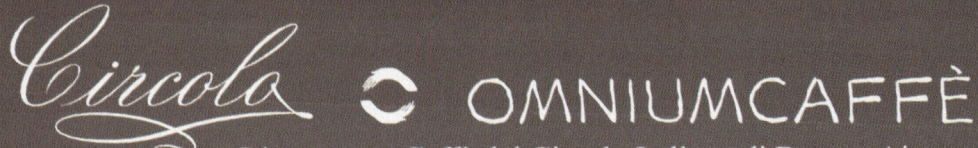

CUCINARE UNA CULTURA

Circolo ⊙ OMNIUMCAFFÈ

Ristorante e Caffè del Circolo Italiano di Buenos Aires

| Recepciones y Banquetes | Eventos y Fiestas | Jornadas de trabajo y Convenciones | En Horabuena: de lunes a sábados de 17 a 21 hs. |

Libertad 1264 | 1012AAZ Buenos Aires | Reservas: 4815-9693 / 4811-1160 / 1431

Salones y recepciones: info@filo-catering.com

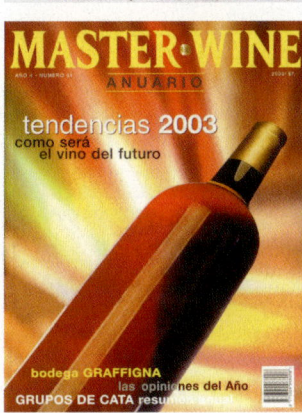  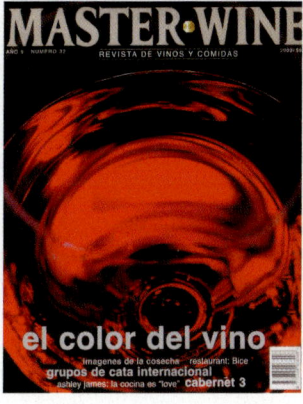

MASTER·WINE
REVISTA DE VINOS Y COMIDAS

Información y Suscripciones masterwine@fibertel.com.ar
Cursos de Vinos infocursos@fibertel.com.ar
Master Wine Av. del Libertador 272 (1638)
Vicente López - Buenos Aires - Argentina
Tel: 47953032   48379331
www.masterwine.com.ar

Hostería Los Notros.
En el fin del mundo, el comienzo de uno nuevo.

Hostería Los Notros, frente al Perito Moreno. Patagonia Argentina.
Central de Reservas: Tel. (5411) 4814-3934 - www.losnotros.com

Bodegas y Viñedos Luis Segundo Correas

Granaderos 888 / M5502BBP Ciudad / Mendoza
Tel./Fax.: (0261) 4230604

E-mail: lscorreassa@lanet.com.ar
Website: www.bodegacorreas.com.ar
Capacidad: 3,7 millones de litros/*Capacity: 980,000 gallons*
Viña: 290 hectáreas/*Vineyards: 716 acres*

A diferencia de la mayoría de los bodegueros cuyanos, de origen italiano o español, aquí estamos en una casa vinícola cuyos propietarios pertenecen a una familia tradicional de Mendoza: el apellido Correas llegó desde Chile en el siglo XVII. Hacia 1860, don Segundo Correas era hacendado y propietario de grandes extensiones en el terruño de la bodega y finca actual, en Medrano. Hacia 1920, los hermanos Luis y Julián Correas comenzaron a plantar viñedos y en 1970 el padre de la actual generación al mando construyó la bodega, que dirigen los hermanos Julián en la viña, Luis en la administración, Francisco en lo comercial y Diego en la bodega.

Los viñedos familiares, algunos de 80 años, están diseminados en un radio de 10 kilómetros e incluyen Malbec, Cabernet Sauvignon, Sangiovese, Syrah, Merlot, Chardonnay, Tocai Friulano, Semillón, Ugni Blanc y Torrontés, el 70 % en espaldera y el resto en parral. Sólo emplean uvas propias: "*manejamos las vendimias a nuestro criterio, elegimos los cuarteles como queremos, los que están en condiciones para ser cosechados*" dice Diego Correas y añade que vendimian con cuadrillas propias y 2 viejos camiones que sólo usan para eso. Además del viñedo, la finca produce unas 150 toneladas de aceitunas.

Diego y Julián Correas hacen los vinos en piletas de cemento/epoxy con control de temperatura y dos remontajes al día; poseen algunas barricas francesas. El fraccionamiento es con una planta móvil, "*para no mover los vinos*". Poseen otra bodega que están reciclando y si bien la empresa es una "*estructura chica y familiar*" quieren aumentar su capacidad de producción, incorporando nuevas piletas de reducido tamaño. Distribuyen en Mendoza y Buenos Aires, y exportan alrededor de un 25 % de la producción al Reino Unido, Suiza, Alemania, Japón, Canadá y Brasil, entre otros. No reciben visitas turísticas.

Unlike the majority of Cuyo's winemakers of Italian or Spanish descent, here we find an estate owned by a traditional Mendoza family: the family name Correas arrived in the 17th century from Chile. Around 1860, Sergio Correas owned large parts of the winery's current terroir and finca in Medrano. Around 1920, brothers Luis and Julián Correas planted vineyards, and in 1970, the current generation's father built the winery. Brothers Julián, Luis, Francisco, and Diego manage the vineyard, administration, marketing, and winery, respectively.

The family vineyards, some up to 80 years old, are dispersed in a 6-mile radius and include Malbec, Cabernet Sauvignon, Sangiovese, Syrah, Merlot, Chardonnay, Tocai Friulano, Semillón, Ugni Blanc, and Torrontés, 70% with vertical shoot positioning, the rest in pergola. They only use their own grapes: "we manage harvests according to our criteria, we select the parcels our way, those that are ready to be harvested," says Diego Correas, adding that they use their own harvesters and 2 old trucks reserved for harvest transport. Besides grapes, the finca produces 150 tons of olives.

Diego and Julián Correas make wine in temperature-controlled cement/epoxy tanks and pump over twice a day; they have some French barrels. Bottling takes place with a mobile unit, "to keep from moving the wines." They have another winery that they are restoring and, although the company is "a small, family structure," they want to increase their capacity, incorporating new, smaller tanks. They distribute in Mendoza and Buenos Aires and export around 25% of the production to the U.K., Switzerland, Germany, Japan, Canada, and Brazil, among others. They do not receive visitors.

Valle Las Acequias Tocai-Chardonnay 2001 ★★

Valle Las Acequias Malbec 2000 ★★

Valle Las Acequias Roble Cabernet Sauvignon 2000 ★★

Bodegas y Viñedos Pascual Toso S.A.

Alberdi 808 / San José /
M5519AER Guaymallén / Mendoza
Tel.: (0261) 4456692 / 4456677
Fax.: (0261) 4456678

E-mail: tosowines@impsat1.com.ar
Website: www.toso.com.ar
Capacidad: 7 millones de litros/ *Capacity: 1,849,000 gallons*
Viña: 230 hectáreas/ *Vineyards: 568 acres*

El inmigrante piamontés Pasquale Toso llegó a Mendoza en 1880 y diez años después fundó su bodega a orillas de la ciudad, hoy casi céntrica. El patio verde de la administración contiene una araucaria, un cedro, un palo borracho y una magnolia que saben a los 110 años de la bodega. Un descendiente del fundador, Enrique Toso, sigue al frente de la empresa, comprada en 1995 por la familia Llorente, propietaria de los espumantes *Federico de Alvear*.

La bodega, que no recibe todavía al turismo pero espera hacerlo pronto, es una singular concentración de tecnologías vinícolas que incluye una cantidad de toneles de roble de 77 hectolitros, viejos más de un siglo, así como piletas de cemento/epoxy para los vinos base y tanques de acero inox con control de temperatura, docenas de autoclaves para elaboración Charmat de espumantes, que también se hacen por método Champenoise con 4 personas dedicadas al *dégorgement* manual, a un ritmo de mil botellas por día. La planta embotelladora más notable que hemos visto se compone como un laberinto de 3 líneas de fraccionamiento que en total pueden hacer 15 mil botellas por hora.

En la viña de Barrancas hay Malbec, Syrah, Cabernet Sauvignon, Chardonnay, Chenin y Sauvignon Blanc, en espaldera y parral, con riego por goteo, manto y surcos. Algunas cepas de Malbec tienen 80 años y en la finca se conservan tradiciones paternalísticas de la firma de antaño, tal como dar alojamiento a las familias que allí trabajan.

Los vinos desarrollados por el enólogo Rolando Lupino, con asistencia de Paul Hobbs desde 2001, buscan adaptarse al gusto de los mercados internacionales a los que exportan un 10 % de la producción. Entre sus destinos más importantes están el Reino Unido, Francia, Suecia, Suiza, Finlandia y países del Este europeo, pero también llegan a mercados asiáticos y sudamericanos.

Piedmont-native Pasquale Toso immigrated to Mendoza in 1880, and 10 years later, founded his winery, which was, in those days, on the outskirts of town. The administration building's courtyard has Araucaria (Monkey Puzzle Pine), Cedar, Palo Borracho, and Magnolia trees that have seen a good deal of the winery's 110-year history. Enrique Toso is a descendant of the founding family and still heads the company bought in 1995 by the Llorente family, owners of Federico de Alvear *sparkling wine.*

The winery, not yet open to tourists, is a unique concentration of winemaking technology, including 2,000-gallon oak casks, over a century old, as well as cement/epoxy tanks, for base wines, and temperature-controlled stainless steel tanks, dozens of pressure tanks used to produce Charmat process sparkling wines. The champenoise method is also employed with 4 people dedicated to manual dégorgement at a rhythm of 1,000 bottles a day.

Their Barrancas vineyards have Malbec, Syrah, Cabernet Sauvignon, Chardonnay, Chenin, and Sauvignon Blanc, with vertical shoot positioning as well as pergola, employing drip, flood, and furrow irrigation. Some Malbec vines are 80 years old, and in the finca, some of the old paternalistic traditions are still upheld, such as housing workers' families.

With the assistance of Paul Hobbs since 2001, winemaker Rolando Lupino has developed wines that adapt to the tastes of the international markets that receive 10% of the production. Among the wine's major destinations are the U.K., France, Sweden, Switzerland, Finland, and Eastern Europe, as well as both Asian and South American markets.

Pascual Toso Sauvignon Blanc 2002 ★★★★ - *Extra Toso Cuvee Reserva* ★★★

Pascual Toso Syrah 2002 ★★★ - *Toso Brut Corte* ★★★

Extra Toso Corte ★★

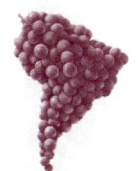

BODEGAS Y VIÑEDOS TRIVENTO

Pescara 9347 / Russell
/ M5581ADA Maipú / Mendoza
Tel.: (0261) 4990270
Fax.: (0261) 4990269

E-mail: trivento@ciudad.com.ar
Website: www.trivento.com
Capacidad: 6,5 millones de litros/*Capacity: 1,717,000 gallons*
Viña: 450 hectáreas/*Vineyards: 1,125 acres*

En 1996, la gran y tradicional viña trasandina (nótese que en Chile no se dice "bodega" sino "viña") *Concha y Toro* se expandió a este lado de los Andes estableciendo esta bodega "inspirada en los vientos" es decir, la terna eólica que gobierna al clima cuyano: Polar, Zonda y Sudestada.

Sólo la propiedad y sus 2 gerentes máximos son chilenos: la casa pone empeño en subrayar que en todo lo demás es argentina, hasta en el estilo de sus vinos a cargo del enólogo mendocino Federico Galdeano, que cuenta con el asesoramiento del prestigioso *flying winemaker* Alberto Antonini.

Con 3 fincas de similar extensión distribuidas entre Rivadavia (649 metros sobre el nivel del mar), Russell (809 metros) y Tupungato (1.100 metros), *Trivento* casi se autoabastece de uvas Malbec, Syrah, Merlot, Cabernet Sauvignon y Franc, Bonarda, Sangiovese, Sauvignon Blanc, Viognier y Chardonnay, todo plantado en espaldero bajo con algo de parral. Para el Malbec reserva, se contentan con rendimientos de 1,5 kilos por planta.

La flamante bodega, que funciona en la remodelación y ampliación de una bodega preexistente, cuenta con tanques de hierro/epoxy y de acero inoxidable con enfriamiento automático para la vinificación, prensas pneumáticas italianas, dos lagares con serpentinas de enfriamiento y una moderna línea de embotellado, además de un notable laboratorio contiguo a la sala de degustación profesional. Poseen 529 barricas francesas y estadounidenses. Gracias a la formidable red comercial de *Concha y Toro, Trivento* exporta el 65 % de su producción a 56 países y posee una llamativa variedad de etiquetas para los mercados de ultramar.
Más allá de un pequeño viñedo biodinámico de muestra, al otro lado del canal Pescara, se extiende la viña La Chamiza con un estanque y mirador donde los visitantes invitados pueden ser agasajados con almuerzos.

In 1996, the large, traditional Chilean winery Concha y Toro *expanded to this side of the Andes and set up the winery "inspired by the winds" – the Aeolian triad that governs Cuyo's climate: Polar, Zonda, and Sudestada (rainy, southeastern wind).*

Only the property and the top 2 managers are Chilean; they make great efforts to keep everything else Argentine, right down to the style of wines made by Mendozan winemaker Federico Galdeano, who is advised by the prestigious flying winemaker Alberto Antonini.

With 3 similarly-sized fincas *distributed over Rivadavia (2,130 feet above sea level), Russell (2,650 feet a.s.l.) and Tupungato (3,600 feet a.s.l.),* Trivento *can almost supply all its own fruit: Malbec, Syrah, Merlot, Cabernet Sauvignon and Franc, Bonarda, Sangiovese, Sauvignon Blanc, Viognier, and Chardonnay, all trained to low vertical shoot position, with a bit of pergola. For their Malbec reserva, the yield is limited to 3.3 pounds per plant).*

The new winery, a remodeled and enlarged version of the pre-existing building, has iron/epoxy and stainless steel fermenting tanks with automatic temperature control, Italian pneumatic presses, 2 troughs with serpentine cooling coils, a modern bottling line, and an impressive laboratory next to the professional tasting room. They have 529 French and American barrels. Thanks to Concha y Toro's *extensive marketing network,* Trivento *exports 65% of its production to 56 countries and has an impressive variety of labels for its overseas markets.*

Beyond a small biodynamic vineyard, on the other side of the Pescara canal, lies the La Chamiza vineyard with a pond and a gazebo where special guests may be invited for lunch.

Trivento Syrah 2002 ★★★ - Trivento Reserva Chardonnay 2002 ★★★ - Trivento Malbec 2002 ★★
Trivento Bonarda 2002 ★★ - Trivento Reserva Malbec 2001 ★★ - Trivento Reserva Cabernet-Malbec 2001 ★★
Trivento Chardonnay 2002 ★★ - Trivento Reserva Syrah Malbec 2001 ★★ - Trivento Reserva Syrah 2001 ★

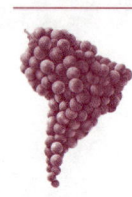

CARLOS BALMACEDA / ARROBA

Aristóbulo del Valle 753 /
M5502HGK Ciudad / Mendoza
Tel./Fax.: (0261) 4253417

E-mail: carlosbalmaceda@arnet.com.ar
Capacidad: sin bodega propia/*Capacity: no winery*
Viña: 30 hectáreas/*Vineyards: 75 acres*

Otra vez, estamos ante un vino de autor, *Arroba*, un varietal 100 % Malbec creado por el enólogo Carlos Balmaceda junto a un socio productor de las uvas en La Consulta, Valle de Uco, a mil metros sobre el nivel del mar. Con 24 vendimias en su haber y 19 años en Cafayate en bodega *La Rosa* (donde comenzó como laboratorista y terminó como gerente de producción), re-afincado en su Mendoza natal desde hace 5 años, desde 2002 realizó lo que él mismo define como "*el sueño del pibe: hacer mi propio vino, lo considero como un hijo. El día que llegó la uva estaba toda la familia eligiendo la fruta*". Ésta proviene toda de una viña en espaldero bajo, al que aplican raleo y del que obtienen 10 toneladas por hectárea.

En la vinificación, realizada en la bodega *Elvira Calle*, "*buscamos mucha fruta y casi nada de madera. Es un vino muy distinto de lo que se hace, no tiene barrica, sólo un toque de taninos solubles franceses que le confieren un aroma sutil*". Una vez puesto en botella, *Arroba* (así llamado porque antiguamente el vino se vendía por arrobas de 11,5 kilos) se conserva en cámara frigorífica a 20°C. "*Si no podemos hacer un vino excelente, no lo vamos a hacer*" dice Carlos, que luego se apasiona explicando el origen de su segunda etiqueta que saldrá al mercado el año próximo llamada *13333*, resultado de dividir un tanque de 10 mil litros por botellas de 750 centímetros cúbicos. *Arroba* sólo se encuentra en las mejores vinotecas y restaurantes de Mendoza y pese a que fue puesto por primera vez en botella en noviembre de 2002, ya recibió diversas distinciones y fue elegido "Vino del Año" por la *Asociación Mundial de Periodistas y Escritores de Vinos y Licores*.

Once again, the scant information available indicates that Arroba *is a hand-crafted wine, a 100% varietal Malbec created by winemaker Carlos Balmaceda, with a partner who grows grapes in La Consulta, Uco Valley, 3,300 feet above sea level. With 24 harvests under his belt and 19 years in Cafayate in the* La Rosa *winery (where he began in the laboratory and ended up production manager), he returned to his home town of Mendoza 5 years ago. Since 2002, he has been living his dream, "making my own wine, which is like my baby. The day the grapes came in, the whole family was there selecting fruit". The vineyard is on low vertical shoot position and they thin clusters for a 4 ton-per-acre yield.*

Vinification takes place in the Elvira Calle *winery, where "we look for a lot of fruit and almost no wood. This is a very different wine- it has no barrel-aging and just a touch of soluble French tannins that add a subtle aroma."*

Once in the bottle, Arroba *(named after the old 30-pound containers wine used to be sold in) is held in a cold chamber at 68°F. "If we can't make an excellent wine, we won't make any," says Carlos as he launches into a passionate explanation of his second wine, which will come out next year. It's called* 13333, *the result of dividing a 10,000-liter tank by 750-cc bottles.* Arroba *is only found in Mendoza's best wine shops and restaurants, and although it was first bottled in November 2002, it has already received various distinctions and was chosen "Wine of the Year" by the* World Association of Wine and Spirits Writers and Journalists.

Arroba Malbec 2002 ★★★★

Casa Vinícola Conalbi Grinberg

Sobremonte 247 / M5502GKE Ciudad / Mendoza
Tel./Fax.: (0261) 4236088
E-mail: cg-vinicola@usa.net
Website: www.conalbigrinberg.tripod.com
Capacidad: sin bodega propia/*Capacity: no winery*
Viña: 40 hectáreas/*Vineyards: 100 acres*

En 1996, dos jóvenes mendocinos decidieron convertirse en empresarios del vino: Pablo Conalbi, diseñador gráfico, y Sergio Grinberg, ingeniero civil. Si la familia de Pablo cuenta con un antepasado ilustre en la vitivinicultura mendocina (el bisabuelo enólogo Gaudencio Magistocchi, autor de un tratado de enología y fundador del organismo precursor del *Instituto Nacional de Vitivinicultura*) la experiencia enológica de ambos era un buen ejemplo de suma cero: ninguno de los dos sabía nada de ello. Con asesoramiento de la enóloga Adriana Martínez, en 1997 lanzaron al mercado su primer vino, el *Duetto Malbec*. En el *annus terribilis* 1998 no vinificaron, pero las siguientes cosechas fueron más prometedoras: dedicados a vinos de alta gama y 100 % varietales, sumaron al Malbec un Merlot, un Cabernet Sauvignon y, de todos los blancos, un Ugni o Trebbiano. Sólo el Merlot no tiene barrica, mientras que todos los demás conocen un tiempo en roble francés aunque "*no son vinos muy maderizados, tratamos que la barrica aumente la complejidad*". Alquilan bodega en lo de *Carmine Granata*, lo que es una garantía suplementaria de seriedad artesanal.

En Las Compuertas de Vistalba poseen un viñedo de Cabernet Sauvignon y alquilan otros viñedos en Vistalba y Maipú. El *Duetto* proviene de viñas de 80 años, en espaldera baja, que dan 5 toneladas por hectárea. Su proyecto incluye construir una bodega de no más de 1 millón de litros, si bien por ahora la producción no sobrepasa los 40 mil litros. Distribuyen sus vinos en Mendoza, Buenos Aires, Córdoba y la Patagonia, y ya han comenzado a exportar algunas cajas a Nueva York. Con media sociedad en manos de un diseñador gráfico, no hace falta decir que etiquetas, folletos y papelería de la casa son impecables.

In 1996, two young men from Mendoza, Pablo Conalbi, a graphic designer, and Sergio Grinberg, a civil engineer, decided to go into the wine business. Although Pablo's great-grandfather, Gaudencio Magistocchi, was an illustrious figure in Mendozan vitiviniculture, the author of a treatise on enology, and founder of the organizational forerunner of the National Vitivinicultural Institute, together, the total winemaking experience of the 2 young businessmen was zero. Neither of them knew anything about winemaking., but with advice from consulting enologist Adriana Martínez, they released their first wine, Duetto Malbec, *in 1997. In 1998, the* annus terribilis, *they made no wine, though the following harvests were more promising. Dedicated to high quality 100% varietals, they added a Merlot, a Cabernet Sauvignon, and of all the possible white, an Ugni Blanc (Trebbiano) to their line. Only the Merlot is unwooded, while all the others have spent at least some time in French oak, although "these are not heavily wooded wines; we try to have the wood just heighten complexity." They rent part of the* Carmine Granata *winery, which is an additional guarantee of their small-scale seriousness.*

They have a Cabernet Sauvignon vineyard in Las Compuertas de Vistalba and rent others in Vistalba and Maipú. Duetto *comes from 80-year-old vines planted in low vertical shoot position, yielding 2 tons per acre. Their project includes building a winery of no more than 264,000 gallons, although their current production does not exceed 10,500 gallons. They distribute their wines in Mendoza, Buenos Aires, Córdoba, and Patagonia, and they're beginning to export some to New York. And it goes without saying that with half the business in the hands of a graphic designer, their labels, brochures, and stationery are obviously impeccable.*

Conalbi Grinberg Cabernet Sauvignon 2001 ★★★ - *Conalbi Grinberg Malbec 1997* ★★
Conalbi Grinberg Ugni Blanc 2001 ★★ - *Duetto Oak Malbec 1999* ★★
Conalbi Grinberg Merlot 1999 ★

CAVAS DE SANTOS

Perú 457 5° C / C1067AAI Ciudad de
Buenos Aires
Tel. /Fax.: (011) 4342-4367

E-mail: info@cavasdesantos.com.ar
Website: www.cavasdesantos.com.ar
Capacidad: 0,39 millones de litros/*Capacity: 103,000 gallons*
Viña: 29 hectáreas/*Vineyards: 72 acres*

La bodega que dirige Santos Beck es doble, ya que poseen bodega en Mendoza y en San Juan, con sus respectivos viñedos. En Mendoza, en la bodega del Acceso Sur en Luján de Cuyo, vinifican en piletas de cemento/epoxy con capacidad total de 180 mil litros. En la bodega de San Juan, en Caucete, también emplean piletas de cemento/epoxy con una capacidad total de 50 mil litros, más otro tanto en tanques de acero inox. Cuentan con 40 barricas de roble francés y americano, de diversas marcas, bosques y tostados. Prensan con una pneumática *Della Toffola* y también con prensa de canasto tradicional, y poseen una despalilladora y moledora *Pera*. Ambas bodegas son de aspecto funcional. Los viñedos están casi todos puestos en espaldero pero hay algo de parral, con riego por goteo en San Juan y por surco en Mendoza, en suelos arenosos y pedregosos de escasa profundidad. En Mendoza, en distintas parcelas de Drummond, Maipu, Alto Agrelo, Medrano y Tupungato cultivan Malbec, Cabernet Sauvignon, Merlot y Bonarda en cepas de 35 a 40 años, con algunas de hasta 80 años, reservadas a los vinos especiales. En San Juan, los viñedos de Caucete, Pie de Palo y Valle del Zonda son jóvenes (6 años en promedio) con algunas parcelas de 20 años, y consisten de Syrah, Bonarda, Cabernet Sauvignon y Franc, Merlot, Viognier, Chardonnay y Moscatel de Alejandría (¡de 90 años de edad!). Compran uvas de otros productores *"trabajando específicamente el control del rendimiento por hectárea, el tipo de riego y stress hídrico programado de acuerdo a la evolución de la fruta, y la selección clonal"*.

Elaboran 4 vinos premium, 1 cosecha tardía de Moscatel de Alejandría y un genérico tinto, además de pequeñas producciones numeradas de distintos vinos, cortes y regiones, en la línea *Cata Privada*.

Exportan un 40 % de la producción a Alemania, Italia, Perú y Estados Unidos, y están entrando en Dinamarca, Bélgica, México y Brasil.

No reciben visitas en las bodegas, pero sí en su oficina comercial de Buenos Aires donde cuentan con un *show-room* y hay sala de degustación.

Santos Beck directs a double winery: one in Mendoza and one in San Juan, each with their respective vineyards. The Mendoza the winery, on the Southern Access Route in Luján de Cuyo, uses cement/epoxy tanks with a total capacity of 48,000 gallons, plus other stainless steel tanks. They have 40 French and American oak barrels of different cooperages, forests, and toast levels. Both pneumatic (Della Toffola) and traditional basket presses are used, along with a Pera crusher-de-stemmer. Both plants are functional in design. Nearly all the vineyards are vertically positioned, although there is a bit of pergola. Irrigation in San Juan is by drip-line, while in Mendoza it is by furrows. Soils are sandy, rocky, and shallow. The Drummond, Maipu, Alto Agrelo, Medrano, and Tupungato parcels in Mendoza grow Malbec, Cabernet Sauvignon, Merlot, and Bonarda; most vines are 35-40 years of age, although some are as old as 80, and reserved for special wines.

The Caucete, Pie de Palo, and Zonda Valley vineyards in San Juan average 6 years in age, with some 20-year-old parcels, and consist of Syrah, Bonarda, Cabernet Sauvignon and Franc, Merlot, Viognier, Chardonnay, and amazing 90-year-old Moscatel de Alejandría They buy grapes from other producers "working specifically on controlling yields, irrigation, and programmed water stress, and clonal selection."

Products include 4 premium wines, 1 Moscatel de Alejandría late harvest, a generic red, and small numbered bottlings of different wines, blends, and regions in the Cata Privada *line.*

They export 40% of the production to Germany, Italy, Peru, the US, and are now entering Denmark, Belgium, Mexico, and Brazil.

They do not receive visitors in the wineries, but they do in the Buenos Aires commercial office, where they have a show-room and tasting room.

Cata Privada Cabernet Franc 2001 ★★★★ - *Cavas de Santos Malbec 2000* ★★★★

Cavas de Santos Cabernet Sauvignon 2001 ★★★ - *Cavas de Santos Malbec 2001* ★★★

Special Vintage Cabernet Sauvignon ★★★ - *Cavas de Santos Chardonnay-Viognier 2002* ★★★

Cave Extrême S.A.

Av. Córdoba 323, 4º piso / C1054AAC
Ciudad de Buenos Aires
Tel.: (011) 5555-8060
Fax.: (011) 4312-7285

E-mail: ventas@cave-extreme.com
Capacidad: sin bodega propia/*Capacity: none*
Viña: no posee/*Vineyards: none*

Cave Extrême nació en 1998 como un emprendimiento conjunto entre la *Bodega López* y un grupo de amigos franceses y argentinos liderado por Jean-Edouard de Rochebouet, ex gerente general de *Bodegas Chandon*, con el propósito de hacer espumantes de calidad para el mercado interno y la exportación. Desde 2002, *López* no participa del capital pero continúa proveyendo el servicio de elaboración en sus bodegas de Mendoza, con la dirección del enólogo Philippe Caraguel. Los espumantes se elaboran con método Charmat y en las etiquetas *Extrême* y *H. Piper* cuentan con la supervisión técnica de *Champagne Piper-Heidseick* de Francia.

El *Extrême* (70 % de uvas de Pinot Noir y 30 % de Chardonnay, ambos de Tupungato) tiene un añejamiento de 8 meses sobre sus levaduras y se elaboran unas 10 mil botellas al año que se venden sólo en vinotecas. El *Henry Piper*, elaborado en su mayor parte con Chardonnay de Tupungato, transcurre 4 meses sobre borras y se elaboran unas 100 mil botellas para ventas en vinotecas, restaurantes y *catering*, además de ser exportado al Perú. El *P. Rigaud*, que transcurre 2 meses sobre levaduras, se produce en unas 150 mil botellas anuales para distribución en restaurantes y pequeños supermercados, además de exportarse al Uruguay.

Cave Extrême *began in 1998 as a joint venture between the* Bodega López *and a group of French and Argentine friends led by Jean-Edouard de Rochebouet, former CEO of Bodegas Chandon, with the purpose of making quality sparkling wines for the internal and export markets. As of 2002, López no longer has a capital participation, but continues to provide wine-making services in its Mendoza facilities, under the enological direction of Philippe Caraguel. The Charmat-method wines Extrême and H. Piper are made with technical assistance from* Champagne Piper-Heidseick *of France.*

Extrême *(70% Pinot Noir and 30% Chardonnay, both from Tupungato) is aged 8 months* sur lie, *and the 10,000 bottles made each year are only sold in specialized wine shops. The 100,000 bottles of* H. Piper, *made mostly of Tupungato Chardonnay, rest* sur lie *for 4 months and are available through wine shops, restaurants, and caterers, and are also exported to Peru.* P. Rigaud, *with 150,000 bottles and 2 months* sur lie, *is distributed to restaurants, small supermarkets and exported to Uruguay.*

Extreme Cuvee Speciale Corte ★★

Henry Piper Corte ★ - *P. Rigaud Corte* ★

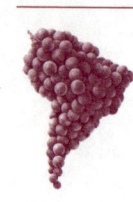

Dolium S.A.

Ruta 15 km 30 / Agrelo /
M5509AOA Luján de Cuyo / Mendoza
Tel.: (0261) 4900200
Fax.: (0261) 4900190

E-mail: dolium@dolium.com
Website: www.dolium.com
Capacidad: 0,3 millones de litros/*Capacity: 79,000 gallons*
Viña: 8 hectáreas/*Vineyards: 20 acres*

Tras una vida como director técnico de *Techint*, el ingeniero milanés Mario Giadorou y su esposa Emma decidieron comenzar una nueva vida en la que no tenían ninguna experiencia, aunque el apellido véneto Giadorou se vincula con el vino y la *grappa* desde hace 4 siglos. "*Al final de mi carrera yo volaba 250 mil millas al año. Desde 1959, seguí meticulosamente la evolución del vino en Estados Unidos y en particular a Gallo, que entonces era considerado un pobrecito*" explica el ingeniero Giadorou en la luminosa oficina de su moderna bodega "*Por contraposición a 40 años en la siderurgia, quería dedicarme a hacer algo cerca de la naturaleza*". Con un proyecto de los arquitectos Bórmida y Yanzón, *Dolium* fue la primera bodega de Mendoza con instalaciones subterráneas que trabajan por gravedad y con refrigeración natural.

De la viña propia obtienen Cabernet Sauvignon, Syrah, Tempranillo y Malbec; las otras uvas se compran a productores asociados de Luján de Cuyo y Tupungato. Los enólogos Andrea Marchioli y Luis Barraud, guiados por Paul Hobbs (quien hace aquí con Andrea y Luis sus vinos para el mercado estadounidense) están a cargo de la producción de las 400 mil botellas al año, exportadas en un 90 % a Norteamérica, Gran Bretaña, Suiza y Brasil. Todo se elabora en tanques de acero y es criado en barricas francesas y estadounidenses con el rigor que impone un ingeniero ex presidente del I.R.A.M.

Los visitantes, bienvenidos con arreglos previos, suelen tener el privilegio poco frecuente de ser guiados en el recorrido y la degustación por los dueños.

After a lifetime as technical director of Techint, *Milanese engineer Mario Giadorou and his wife Emma decided to begin again in an area where they had no experience, although the name Giadorou has been linked to Venetian wine and grappa for 400 years.* "At the end of my career, I was flying 250,000 miles a year. I had followed the evolution of wine in the United States closely since 1959, especially Gallo, who was then considered a nobody," *explains Giadorou.* "After 40 years in the steel industry, I wanted to do something close to nature." *Designed by architects Bórmida and Yanzón,* Dolium *was the first Mendoza winery with underground facilities, using gravity flow and natural refrigeration.*

He has Cabernet Sauvignon, Syrah, Tempranillo, and Malbec in his own vineyards, and he buys the rest from associated producers in Luján de Cuyo and Tupungato. Winemakers Andrea Marchioli and Luis Barraud, guided by Paul Hobbs (who makes his wines for the U.S. market here with Andrea and Luis), produce 400,000 bottles per year, 90% of which are exported to the U.S., U.K., Switzerland, and Brazil. All the wines are made in stainless steel tanks and aged in French and American oak barrels up to the demanding standards of an engineer and former president of I.R.A.M.

Visitors are welcome with prior notice and usually have the privilege of being guided through the tour and tasting by the owners.

Dolium Nobile Corte - *Dolium Reserva Malbec 2000*

Dolium Sauvignon Blanc 2002 ★★★★ - *Dolium Malbec 2000* ★★★ - *Dolium Malbec 2002* ★★

Dolium Cabernet Sauvignon 2000 ★★

DOMAINE VISTALBA S.A. / FABRE-MONTMAYOU

Roque Sáenz Peña s/n° / Vistalba /
M5509XAF Luján de Cuyo / Mendoza
Tel.: (0261) 4985495
Fax.: (0261) 4982511

E-mail: domvistalba@infovia.com.ar
Website. www.vignobles-du-monde.com
Capacidad: 0,4 millones de litros/*Capacity: 106,000 gallons*
Viña: 29 hectáreas/*Vineyards: 72 acres*

En 1992 Hervé Joyaux, comerciante de vinos de Bordeaux, decidió junto a su socio y amigo Pierre Noyer invertir en vitivinicultura en América del Sur. Exploró viñas de Chile pero no tuvo ese *coup-de-foudre* que un francés necesita antes de tomar una decisión trascendental: el "golpe de rayo" aconteció a este lado de los Andes al probar un Malbec que no se comercializaba. Así el país se enriqueció con el *savoir faire* de personas que, pese a todos los obstáculos que despliega cierta crasa argentinidad contra el extranjero que toma al pie de la letra el Preámbulo constitucional, llegaron para quedarse y hacer las cosas bien. "*Somos Nuevo Mundo pero no tenemos la libertad del Nuevo Mundo*" resume Hervé Joyaux, quien no se arrepiente de haber elegido Vistalba y el Valle del Río Negro (ver *Bodega Infinitus*) para hacer vinos de alta gama. Bajo la dirección de su esposa Diane exportan el 80 % de la producción a Asia, América y Europa con una etiqueta que une los apellidos maternos de ambos socios.

Las oficinas están en una vieja ex escuela primaria de la que quedó el mástil en el patio. Al lado construyeron una bodega llena de acero inox y tecnología cuya edificación se interrumpió cuando surgió la ocasión de comprar otra pequeña bodega de 1920 a un tiro de ballesta de allí, con piletas de hormigón/epoxy, empleadas para elaborar los tintos. Al comparar acero y hormigón, Joyaux dice "*la bodega es como la cocina. Las cacerolas de acero inoxidable son muy prácticas y están de moda. Pero no hay que olvidar que en Bordeaux hace siglos se hacía muy buen vino sin electricidad y sin tecnología*". Rodeada por su viña de Malbec donde no aplican herbicidas, con vista al Cordón de Plata y tienda-sala de degustación, la bodega recibe visitas, mejor si es con arreglos previos.

In 1992 Bordeaux wine merchant Hervé Joyaux and his friend and partner Pierre Noyer, decided to invest in South American vitiviniculture. They explored Chile, but it didn't have that coup-de-foudre *that the French need to make a decision. That "bolt of lightning" came on this side of the Andes when they tried a Malbec that wasn't on the market. So the country benefited from the* savoir faire *of people who came to stay and do things right, despite all the typical Argentine hurdles placed before foreigners who take the constitution Preamble literally. "We're in the New World, but don't have the freedoms of the New World," says Hervé Joyaux, who doesn't regret having chosen Vistalba and the Río Negro Valley (see* Bodega Infinitus*) to make his high quality wines. Under the direction of his wife Diane, they export 80% of the production to Asia, America, and Europe with a label that joins the partners' maternal last names.*

The offices are in a former elementary school with the flagpole still in the yard. Next door they built a winery full of stainless steel and technology, although construction stopped when the opportunity arose to snap up a small 1920s winery with concrete/epoxy tanks for making red wines. About buying stainless and concrete, Joyaux says, "a winery is like a kitchen. Stainless steel pots are very practical and fashionable, but you have to remember that in Bordeaux, they were making wine very well centuries ago without electricity or technology." The winery is surrounded by its Malbec vineyard, where they use no herbicides, and has a view of the Cordón de Plata and a shop-tasting room. They receive visits, preferably arranged in advance.

Gran Vin Corte 2000 ★★★★

Fabre Montmayou Malbec 2000 ★★★★

Fabre Montmayou Chardonnay 2001 ★★★

Dominio del Plata / Vintage S.A.

Cochabamba s/n / Agrelo /
5509 Luján de Cuyo / Mendoza
Tel./Fax. (0261) 4986572 / 4982934

E-mail: admvin@vintagesa.com.ar
Capacidad: 0,7 millones de litros/*Capacity: 185,000 gallons*
Viña: 20 hectáreas/*Vineyards: 50 acres*

Flamante y solitaria, admirablemente emplazada en el paisaje, esta moderna y pequeña bodega es una de las más bonitas y funcionales que visitamos en nuestros viajes. Se ve bien que *Dominio del Plata* no fue diseñada por arquitectos, sino por dos personas -Pedro Marchevsky y Susana Balbo- que vieron y trabajaron en muchas bodegas, y se tomaron su tiempo para pensar cómo sería la suya propia. Engarce de casa de fin de semana y casa de hacer vinos, con administración, laboratorio y bodega completa de última generación, bajo un gran techo de hierro y madera nuevo pero clásico, rodeada como sería siempre lo deseable por sus propios viñedos, todo aquí sugiere que la idea es hacer vinos muy especiales.

Del lado técnico, poseen 46 tanques de acero inox todos con temperatura controlada, de 12 a 22 mil litros de capacidad cada uno. La cinta vibradora de selección, la moledora y la tolva son, como en toda bodega flamante, sobre ruedas y desplazables según la necesidad.

Hay prensa pneumática, equipo de frío y 250 barricas por mitad hechas en Estados Unidos y por mitad en Francia, tostado medio, que sólo reciben 3 usos. La enología, como es natural, la resuelven Pedro y Susana, pero en una etiqueta tienen la consultoría de Alberto Antonini.

La viña es toda espaldera con riego por goteo, de apenas un año y medio, que acaba de dar su primera cosecha. Han plantado Malbec (del que hacen un *rosé*), los dos Cabernet tintos y Petit Verdot. Un Chardonnay y un Torrontés salteños los vinifican en *Etchart*. El grueso de la uva se compra a terceros, con seguimiento de sus fincas. Exportan el 99 % de la producción al Reino Unido, Estados Unidos, Austria, Italia, Brasil, Holanda, Canadá y Perú.

Sólo reciben visitas con arreglos previos.

Brand new and solitary, admirably befitting the landscape, this small, modern winery is one of the prettiest, most functional wineries that we have visited. It is obvious that Dominio del Plata *wasn't designed by architects, rather by 2 people -Pedro Marchevsky and Susana Balbo- who, after visiting and working in many wineries, took time to think about how their own would be. It doubles as a weekend getaway and winemaking home, with offices, a laboratory and a state-of-the-art winery, under a new, yet classic, wood and metal roof, and ideally surrounded by their own vineyards. Everything here is geared toward making very special wines.*

On the technical side, they have 46 temperature-controlled stainless steel tanks, ranging between 3,170 and 5,810 gallons each. As in all modern wineries, the vibrating selection belt, crusher, and hopper are on wheels. They have a pneumatic press and cooling unit, and the 250 barrels, half American, half French, are medium-toasted and used 3 times. Naturally, Pedro and Susana handle the winemaking, but they work with consultant Alberto Antonini on one label.

The year-and-a-half old vineyard, vertically trained and drip-irrigated, was just harvested for the first time. They have Malbec (used to make a rosé), Cabernet Sauvignon, Cabernet Franc, and Petit Verdot. They also make Chardonnay and Torrontés, both from Salta, at Etchart. *They buy the majority of their grapes, keeping close contact with the producers. They export 99% of the production to the U.K., U.S., Austria, Italy, Brazil, Netherlands, Canada, and Perú. They only receive guests on appointment.*

Anubis Malbec 2000 - Crios Torrontés 2002 ★★★★★ - Susana B. Brioso Cab. Sauv.- Malbec- Merlot 2001 ★★★★★
Benmarco VMS Corte 2001 ★★★★★ - Anubis Syrah-Bonarda 2001 ★★★★ - Anubis Bonarda 2001 ★★★★
Anubis Tempranillo 2001 ★★★ - Crios Cabernet Sauvignon 2001 ★★★ - Anubis Cabernet Sauvignon 2001 ★★★

FAMILIA ZUCCARDI

Ruta 33 km 7,5 / Fray Luis Beltrán /
5531 Maipú / Mendoza
Tel.: (0261) 4410000
Fax.: (0261) 4410010

E-mail: info@familiazuccardi.com
Website: www.familiazuccardi.com
Capacidad: 16,5 millones de litros / *Capacity: 4,360,000 gallons*
Viña: 600 hectáreas / *Vineyards: 1,500 acres*

Este es quizá el ejemplo más exitoso de una bodega 100 % familiar que encaró su reconversión y modernización integral, desde la cepa y la viña, al riego, la técnica bodeguera, el *marketing*, los mercados y la exportación, el turismo, la imagen y comunicación. Una vertiginosa y profunda transformación hizo de *La Agrícola S.A.* (firma creada en 1946 por el ingeniero tucumano Alberto Zuccardi para producir sistemas de riego de hormigón prefabricado) una de las bodegas "de punta" en los nuevos vinos argentinos. Quizá porque la actividad bodeguera familiar comenzó en 1968, con menos ataduras con el pasado que otras bodegas mendocinas más antiguas, *Familia Zuccardi* es quizá la más "Nuevo Mundo" de la región, hasta en sus vinos. La planta es moderna, sin encanto bodeguero tradicional. Hay *Vinomatics*, tanques de acero inox con controles automáticos de temperatura, una sala-galpón refrigerada con 3.200 barricas al 80 % francesas y también piletas de cemento/epoxy para almacenamiento. Tienen una sala de microvinificación con pequeños tanques inox que es una "bodega dentro de la bodega": aquí se prueban cepas nuevas y estudian nuevos vinos.

La vocación exportadora de *Zuccardi* es ejemplar: el 65 % de una producción de 10 millones de litros al año se exportan al Reino Unido, Estados Unidos, resto de Europa y Sudamérica, mientras comienzan a descubrir Asia.

La "cava de turismo" de *Familia Zuccardi*, excéntrica respecto a la mayoría de las buenas bodegas mendocinas, está bien señalizada y equipada para recibir visitas. Hay una tienda, donde nos llamó la atención que uno de nuestros vinos favoritos costara 2 pesos más que en una vinoteca de la ciudad.

This is perhaps the most successful example of a 100% family-owned winery that has undertaken a wholesale renovation and modernization project: from vine to wine, from irrigation, winemaking techniques, marketing, markets and exportation, tourism, to company image and communications. A vertiginous and deep transformation turned La Agrícola S.A. *(created in 1946 by the Tucumán-born engineer Alberto Zuccardi to introduce prefabricated concrete irrigation systems) into one of Argentina's start-of-the-art new wineries. Perhaps because the family got involved in 1968 and has fewer ties with the past than the older Mendoza wineries,* Familia Zuccardi *may well be the most "New World" winery of the region – even in the wines it produces.*

The plant is modern and without the traditional charm of older wineries. It has Vinomatics, stainless steel tanks with automatic temperature controls, an air-conditioned warehouse with 3,200 barrels (80% French), and cement/epoxy storage tanks. They have a micro-vinification room with small stainless tanks – a "winery within the winery" – for trying new varieties and testing out new wines.

Zuccardi's devotion to exports is exemplary: 65% of their 2,642,000-gallon annual production is exported to the U.K., U.S., and the rest of Europe and South America, and they're beginning to explore the Asian market.

The Familia Zuccardi *"tourism cellar" is geographically eccentric compared to most of the good Mendozan wineries. But it's well-marked and prepared to receive visitors. We were surprised that our favorite wines cost 2 pesos more in their shop than at the local wine store in town.*

Q Merlot 1999 ★★★★★ - *Q Tempranillo 2000* ★★★★ - *Santa Julia Syrah 2001* ★★★★ - *Santa Julia Syrah 2002* ★★★★
Santa Julia Sauvignon Blanc 2002 ★★★★ - *Magna Corte 2000* ★★★★ - *Malamado Especial Malbec 2000* ★★★★
Santa Julia Reserva Merlot 2001 ★★★★ - *Q Cabernet Sauvignon 1999* ★★★★

Finca El Zorzal de Manuel López López

Belgrano y Juan Vargas / Villa Seca /
M5588AAA Maipú / Mendoza
Tel./Fax. (0261) 4973283

E-mail: manuellopezlopez@yahoo.com.ar
Website: www.fincaelzorzal.com.ar
Capacidad: 0,12 millones de litros/*Capacity: 31,700 gallons*
Viña: 7,8 hectáreas/*Vineyards: 20 acres*

Es difícil que la gran bodega corporativa o la antigua bodega familiar emocionen tanto al visitante como la bodega de un sólo hombre en acto. En quien cultiva la vid, hace el vino y lo vende hay una concentración de todas las facetas del oficio que confieren un espesor raro de hallar en aquellas empresas donde 6 personas hacen el mismo trabajo, cada uno en lo suyo.

Manuel López López, robusto y vital ingeniero industrial gallego, llegó a Mendoza por el deporte y se quedó por un primer amor, en 1978. "*Me siento mendocino*" dice "*planté viñedo, reconstruí esta bodega y tuve 3 hijos*" y añade como razón suplementaria que Santiago de Compostela y Mendoza tienen al mismo patrono, Santiago Apóstol.

Si bien todos en Galicia hacen vino en casa, Manuel López López no lo había hecho nunca cuando compró esta hermosa finca de esquina en el nacimiento del riego de Villa Seca, contigua a una bodega de adobe en ruinas que luego también compró. Rodeada por su foso-acequia y amurallada en adobe, toda de espaldas a la calle, *Finca El Zorzal* elabora vinos sólo de uvas propias, en modesta cantidad y alta calidad: "*comprar uva es una idea que me tienta, pero se bajaría la calidad*" admite el ingeniero López López, que para lo enológico cuenta con asesoramiento de Juan Arizu. "*El terroir para Cabernet Sauvignon resultó excepcional, acá se produce un milagro muy especial que es la conjunción de río y suelo pedregoso arenoso muy permeable*" asegura. Su tierra es tan sana que no usa agroquímicos y desmaleza con ovejas y tractorcito. La bodega es funcional, con 18 tanques de acero inox de 10 a 2,5 mil litros, 120 barricas al 80 % francesas y una pequeña bomba helicoidal móvil para los 3 remontajes diarios (que a la hora de nuestra visita ocupaba a uno de sus hijos, estudiante de medicina). Cuando sus refaccionamientos culminen, con su patio dominado por un formidable aguaribay o molle, será una bodega de lo más acogedora.

Los vinos de la casa se encuentran sólo en algunos puntos de Argentina y se exportan a España, Reino Unido, Perú, Brasil, Estados Unidos y Canadá.

It would be difficult for a large corporative or old family winery to move a visitor like a single-person endeavor can. The person tends the vines, then makes and sells the wine himself, embodies aspects of the trade in a way that is difficult to find in a company where 6 people do the same job.

Manuel López-López, a robust and lively Galician industrial engineer, came to Mendoza for sports and stayed for love in 1978. "I feel Mendozan" he says, "I planted the vineyard, rebuilt the winery, and had 3 children" adding that Santiago de Compostela and Mendoza share the same patron saint, James the Apostle.

Although 'everyone' in Galicia makes their own wine, Manuel López had not until he bought a beautiful finca in Villa Seca, and the adobe winery in ruins next door. Surrounded by an irrigation ditch and an adobe wall, the Finca El Zorzal *only uses its own high quality grapes. "It's tempting to buy grapes, but it would lower the quality" admits López, who counts on enological advice from Juan Arizu. "The terroir is excellent for Cabernet Sauvignon; a special miracle occurs here in the combination of the river and the rocky, sandy, permeable soil," he insists. His land is so healthy that he uses no chemicals and weeds are controlled by sheep and a little tractor.*

The winery is functional, with 18 stainless steel tanks (2,600-660 gallons), 120 barrels (80% French), and a small mobile spiral pump for the 3 daily pump-overs, which was being operated by his son, a medical student, during our visit. The patio is dominated by an impressive aguaribay *or* molle *tree, and once the renovations have been completed, this will be a very charming winery.*

The house wines are only available in certain places in Argentina and are exported to Spain, U.K., Perú, Brazil, U.S., and Canada.

Patrón Santiago Gran Reserva Cabernet Sauvignon 2000 ★★★

Patrón Santiago Cabernet-Merlot 1999 ★★

FINCA FLICHMAN S.A.

Munives 800 / Barrancas /
M5517AOA Maipú / Mendoza
Tel./Fax.: (0261) 4972039 / 4972045

E-mail: international@flichman.com.ar
Website: www.flichman.com.ar
Capacidad: 12 millones de litros/*Capacity: 3,170,000 gallons*
Viña: 300 hectáreas/*Vineyards: 750 acres*

Finca Flichman describe la parábola que transformó en un siglo a la industria vitivinícola argentina. Todo comenzó en 1883 con una bodega, *La Trentina*, que en 1910 fue comprada por Sami Flichman, inmigrante hebreo y comerciante textil. Su hijo Isaac, enólogo formado en Francia, desarrolló la empresa paterna e impuso su marca *Caballero de la Cepa* como una de las más tradicionales entre los vinos finos argentinos. Pero las siguientes generaciones Flichman flaquearon y en 1983 el poderoso grupo *Werthein*, con intereses en campos, banca, seguros y comercio, invirtió primero y relevó después a la familia Flichman de su negocio. En los 15 años en que *Werthein* controló la bodega se realizaron inversiones en ella hasta que en el momento justo, se vendió el todo al grupo portugués *Sogrape*, con participación minoritaria del grupo *Bacardi-Martini*. Ahora sí en manos de gente advocada al negocio vitivinícola, la bodega conoció una ulterior renovación tecnológica, apoyada en fuertes inversiones. La bodega visitable es sólo mitad del todo ya que otra de capacidad similar, con piletas de hormigón/epoxy, funciona en Carrodilla. Con formidable despliegue de tanques de acero inox separados en sectores de tintos y de blancos, además de una gran cava de 700 barricas estadounidenses y francesas, la finca es de las mejores equipadas para el turismo, rodeada por sus viñedos que al 95 % están protegidos con mallas contra granizo. *Flichman* exporta el 40 % de su producción a demasiados países para ser enumerados y recibe con gusto visitas de miércoles a domingo de 10 a 17 horas. Cuenta con un museo y una vieja capilla de adobe contigua a su predio, que merece un vistazo. La finca es de las que mejor tienen señalizado el camino hasta la bodega, algo bastante inusual en Mendoza.

Finca Flichman describes the parable that changed the Argentine wine industry in a century. It all began in 1883 with the La Trentina *winery that Sami Flichman, an Hebrew immigrant and textile merchant, bought in 1910. His son Isaac, an enologist trained in France, developed company and made his brand* Caballero de la Cepa *one of Argentina's most traditional fine wines. But the following generations of Flichman's relaxed, and in 1983, the powerful* Werthein *group, with interests in farming, banking, insurance, and business, first invested in and then relieved the Flichman family of their company. Werthein controlled the winery for 15 years, making investments in it until just the right moment, when they sold it to the Portuguese group* Sogrape, *with a minor participation of the* Bacardi-Martini *group. Now truly in the hands of people dedicated to the wine business, the winery underwent another technological renovation, aided by a large investment. Only half the winery is visitable because the other half, which is similar with concrete/epoxy tanks, is in Carrodilla. With an impressive display of stainless steel tanks separated in different sectors for red and white wines, plus a large cellar with 700 French and American barrels, the* finca *is among the best-equipped for tourism, surrounded by its vineyards, 95% of which are protected by anti-hail nets. Flichman exports 40% of its production to too many countries to name, and happily receives visitors on Wednesday – Sunday, from 10:00 am – 5:00 pm. It has a museum and an old adobe chapel adjoining property that's worth a visit. La* finca *has good signs on the way to the winery, which is quite unusual in Mendoza.*

Paisaje Tupungato Malbec-Merlot-Cabernet 2001 ★★★★★ - *Dedicado Cabernet Sauvignon 1999* ★★★★★

Caballero de la Cepa Syrah 2001 ★★★★★ - *Caballero de la Cepa Merlot 2001* ★★★★★

Paisaje Barrancas Syrah-Merlot-Cabernet 2001 ★★★★★ - *Caballero de la Cepa Cabernet Sauvignon 2001* ★★★

Finca Koch

San Juan 710 / M5501IYD Godoy Cruz / Mendoza
Tel.: (0261) 4525861

E-mail: fincaskoch@yahoo.com.ar
Website: www.kochvineyards.com
Capacidad: sin bodega propia/ *Capacity: none*
Viña: 50 hectáreas/ *Vineyards: 125 acres*

Finca Koch es más una viña que una bodega, ya que comenzaron en 2001 por lo básico: comprando viñedos. Poseen 2 fincas en Agrelo y Tupungato con Cabernet Sauvignon, Malbec, Bonarda, Merlot, Pinot Noir, Viognier y Chardonnay. El grueso fue plantado por ellos, aunque había en estas fincas 3 hectáreas de parrales de Bonarda y 5 de Cabernet Sauvignon de más de medio siglo, que conservaron. Lo nuevo está puesto en espaldera, con pie franco y pie americano, todo con riego por goteo en la finca de Tupungato, en Agrelo con riego por manto. Las viñas ya tienen 5 años. Sólo emplean uva propia y es el Cabernet Sauvignon, que tiene manejo orgánico certificado; el resto lo venden.

La vinificación la hacen en la pequeña y familiar bodega *Cabrini*. De la primera cosecha 2002 hicieron apenas 2 mil botellas: "*el vino lo hace Fernando Cabrini, le tenemos mucha confianza*" dice el gerente Mauricio Piattelli. En su primera cosecha, granizó sobre la finca de Tupungato y perdieron el 50 % de la uva. El efecto se sintió en esta última vendimia, con rendimientos de 1,5 a 2 toneladas menos por hectárea en el viñedo afectado por el granizo. "*En Agrelo no hay hormigas pero en Tupungato son terribles, pensamos plantar el perímetro con hierbas aromáticas*" dice Mauricio Piattelli cuando le preguntamos por el principal enemigo de los cultivos orgánicos en Argentina.

Esperan tener una bodega propia dentro de 5 años. La primera cosecha no se vendió en Argentina, sino que se exportó por entero a Estados Unidos, donde vive Alfredo Koch, el propietario de la bodega, cuyo padre tuvo viñedos y bodega en Mendoza en los años '50.

Finca Koch is more of a vineyard that winery, as it began in 2001 with the basics: buying vineyards. They have 2 fincas in Agrelo and Tupungato with Cabernet Sauvignon, Malbec, Bonarda, Merlot, Pinot Noir, Viognier, and Chardonnay. They planted the majority themselves, although they conserved the existing 7.5 acres of Bonarda on pergola and 12.5 acres of 50-year-old Cabernet Sauvignon. All of the new vines- some grafted, some not- are in vertical shoot position. Irrigation is by drip-line in Tupungato and flooding in Agrelo. They use only their own grapes, and the Cabernet Sauvignon is certified organic; they sell the rest.

They vinify in the small Cabrini *family winery. Their first vintage was 2002, and they barely made 2,000 bottles. "Fernando Cabrini makes the wine, and we are very confident in him," says manager Mauricio Piatelli. Hail hit the Tupungato finca that year and they lost 50% of the grapes. The effect was still felt in the last harvest (2003), with yields 4-5 tons per acre lower in the hail-affected vineyard. When asked about the primary enemy of organic farming in Argentina, Piatelli responds, "We don't have ants in Agrelo, but they're terrible in Tupungato; we're thinking of planting aromatic herbs around the perimeter."*

They hope to have their own winery within the next 5 years. The first harvest was entirely exported to the U.S., home of owner Alfredo Koch, whose father owned vineyards and wineries in Mendoza in the 1950s.

Finca Koch Cabernet Sauvignon 2001 ★★★★

Finca La Amalia S.A.

San Martín 7440 / Carrodilla /
M5505FOO Luján de Cuyo / Mendoza
Tel./Fax.: (0261) 4360677 / 4360363

E-mail: fincamalia@nysnet.com.ar
Website: www.vinamalia.com.ar
Capacidad: 0,48 millones de litros/*Capacity: 127,000 gallons*
Viña: 268 hectáreas/*Vineyards: 670 acres*

La historia de esta bodega familiar resume bien los avatares de la industria vitivinícola mendocina: en 1922 los hermanos Adolfo y Tulio Basso fundaron una bodega que desde 1935 se llamó *Santa Ana* y a lo largo de medio siglo, sus hijos y nietos transformaron en una de las más importantes de Argentina hasta que en 1996 la vendieron a una tradicional bodega chilena. Pero a diferencia de demasiados "industrialuchos" y "empresarios" porteños que tras desprenderse de sus activos y transferir sus capitales al exterior se dedican a holgazanear en Punta del Este o Miami, los Basso empezaron de nuevo y en pequeña escala, con una bodega *boutique* dedicada a hacer lo que llevan en la sangre. Cuando los compradores de *Santa Ana* quisieron imponer una cláusula por la cual los Basso debían retirarse del negocio, chocaron contra un muro: "*es un crimen no hacer vino*" dice Carlos Basso, presidente y director de la nueva empresa familiar.

Poseen 2 fincas en el Valle de Uco: La Amalia (con Cabernet Sauvignon y Malbec) y Los Montes Negros (Cabernet S., Malbec, Syrah, Merlot, Pinot Noir, Petit Verdot, Chardonnay, Sauvignon Blanc y Viognier), todos viñedos en espaldera y en parte con riego por goteo. Sólo vinifican uvas propias, con la dirección del enólogo Jorge Rodríguez. Los vinos *Viña Amalia* nacen, desde la primera cosecha en 1998, en una pequeña bodega de los años '30 reciclada tras medio siglo de abandono, que conserva un magnífico techo de torta de barro y caña, pero está equipada con tanques de acero inox y piletas de cemento/epoxy, sistemas de frío y remontajes automáticos, además de una cava con 180 barricas al 60 % francesas. Producen unas 200 mil botellas al año y exportan el 40 % a Europa, Brasil y Uruguay. Aceptan con gusto las visitas, todos los días, con arreglos previos.

The story of this family winery covers all the stages of the Mendoza wine industry. In 1922, brothers Adolfo and Tulio Basso founded a winery, called Santa Ana *since 1935, and over the course of half a century, their children and grandchildren turned it into one of Argentina's most important. In 1996 they sold it to one of Chile's traditional wineries. But unlike many of the industrial-type owners from Buenos Aires who sell their businesses and put their earnings in foreign banks to idle away their time in Punta del Este or Miami, the Basso's started over on a small scale with a boutique winery dedicated to the wine that flowed through their veins. When Santa Ana's new owners tried to add a clause saying the Basso's had to leave the business, they hit a brick wall. "It's a crime not to make wine," says Carlos Basso, the president and director of the new family business.*

They have 2 fincas in the Uco Valley: La Amalia (with Cabernet Sauvignon and Malbec) and Los Montes Negros (Cabernet S., Malbec, Syrah, Merlot, Pinot Noir, Petit Verdot, Chardonnay, Sauvignon Blanc, and Viognier), all trained to vertical shoot position with some drip irrigation. They only vinify their own grapes, under the direction of enologist Jorge Rodríguez.

Since their first harvest in 1998, Viña Amalia *wines have been made in a renovated 1930s winery with a tremendous reed and adobe roof, but equipped with stainless steel and cement/epoxy tanks, cold systems, and automatic pump-overs, plus a cellar with 180 barrels (60% French). They produce some 200,000 bottles per years and export 40% to Europe, Brazil, and Uruguay. They happily receive guests any day, with advance notice.*

Dos Fincas Cabernet-Malbec 2000 ★★★

Viña Amalia Malbec 2000 ★★ - *Viña Amalia Cabernet Sauvignon 2001* ★★

Viña Amalia Chardonnay 2002 ★

Finca La Anita

Amistad 1100 / Chacras de Coria /
M5528ARJ Luján de Cuyo / Mendoza
Tel./Fax.: (0261) 155106501

E-mail: fincalanita@infovia.com.ar
Website: www.fincalanita.com
Capacidad: 0,35 millones de litros/*Capacity: 92,500 gallons*
Viña: 70 hectáreas/*Vineyards: 175 acres*

Tras 24 años de trabajo en la vitivinicultura en el Valle del Río Negro (donde ya "*no queda nada*") el ingeniero agrónomo y enólogo Antonio Mas junto a su hermano Manuel Mas, ingeniero, decidieron establecer su propia bodega *Finca La Anita,* cuya primera cosecha fue en 1993. La finca ya contaba con plantaciones de Semillón, Tocai y Syrah de 40 a 60 años de edad, a las que sumaron clones de Cabernet Sauvignon, Merlot y Malbec elegidos entre cepas nacionales, buscando la expresión y adaptación de éstas al terruño. Todo está plantado en espaldera salvo algunos parrales de Cabernet y Syrah, con rendimientos de 4 toneladas por hectárea en toda la finca. Quizá la característica más destacada de estos viñedos de cultivo orgánico, es su manejo por estrés hídrico: riegan por inundación y dejan que el suelo aluvional, fino y profundo, se impregne de humedad pero desde octubre niegan en todo lo posible el riego a las cepas. El agua llega desde el río Mendoza vía el canal Flores, en un viaje de tres leguas. Aplican raleo (hay 3 mujeres dedicadas a ello) y pagan a sus cosechadores por día, no por caja como es usual en Cuyo: tienen así una mano de obra fiel y satisfecha que se refleja en la calidad de la fruta.

La bodega cuenta con tanques de acero inoxidable enfriados con duchas de agua y refrigeración ambiental. Las uvas blancas son prensadas con una prensa pneumática. Los vinos no son bombeados para el embotellado sino impelidos con gas inerte y las botellas descansan 10 días de pie antes de ser recostadas. Los vinos blancos de la casa no conocen la madera de roble, pero a los tintos se les cría durante 90 días en barricas francesas de tostado medio, de las que hay 127 y al quinto uso son dadas de baja. De las 120 mil botellas al año que producen y visten a mano, el 40 % se exporta. *Finca La Anita* no está abierta al turismo.

After 24 years of vitivinicultural work in the Río Negro Valley (where "there's nothing left"), agricultural engineer and enologist Antonio Mas and his brother Manuel, engineer, decided to set up their own winery, Finca La Anita, whose first harvest was in 1993. The finca already had plantations of 40-60-year-old Semillón, Tokay, and Syrah, and they added Cabernet Sauvignon, Merlot, and Malbec clones selected from national varieties, seeking varietal expression and adaptability to this terroir. All are trained to vertical shoot position except for a few pergolas of Cabernet and Syrah, with yields of 1.6 tons per acre in the entire finca. Perhaps the most striking characteristic of these organic vineyards is their regulated deficit irrigation: they flood the fields and allow the deep, fine, alluvial soil to soak up the moisture, but resist irrigating from October on. The water comes from the Mendoza River 9 miles away through the Flores Channel. Three women are dedicated to cluster thinning, and pickers are paid by the day, not by the box, as is typical in Cuyo: this way they maintain happy and loyal help, which is reflected in the quality of the fruit.

The winery's stainless steel tanks are chilled by water baths and natural factors. The white grapes are pressed in a pneumatic press. The wines are not pumped to the bottles, but rather driven by inert gas; the bottles then stand 10 days before they are laid down. Their white wines see no oak, but the reds age 90 days in their 127 medium-toast French oak barrels, which they discard after the fifth use. They export 40% of the 120,000 bottles they produce each year. Finca La Anita is not open for tourism.

Finca La Anita Malbec 2001 ★★★★ - Finca La Anita Semillón 2001 ★★★

Finca La Anita Syrah 1999 ★★★ - Luna Malbec 2001 ★★ - Finca La Anita Tocai Friulano 2000 ★★

Finca La Anita Chardonnay 1999 ★★ - Luna Cabernet Sauvignon 2001 ★

LAGARDE S.A.

San Martín 1745 / Mayor Drummond / M5507OUP Luján de Cuyo / Mendoza
Tel.: (0261) 4980011
Fax.: (0261) 4985642

E-mail: lagarde@impsat1.com.ar
Website: www.lagarde.com.ar
Capacidad: 2,4 millones de litros/*Capacity: 634,000 gallons*
Viña: 240 hectáreas/*Vineyards: 600 acres*

Lagarde funciona en la que fuera bodega *El Artillero*, establecida en 1897 por un capitán de artillería veterano de la campaña contra los indios llamada en la historia argentina "La Conquista del Desierto". Un último heredero de Ángel Pereyra, sin descendientes, la vendió en 1976 a la familia Pescarmona porque deseaba que quedara en manos mendocinas y poder visitarla de cuando en cuando. Enrique Pescarmona la rebautizó con el apellido de un amigo suyo que murió en un accidente automovilístico. Toda de adobe, con techos de caña y torta de barro, es una de las más bonitas de la comarca y de las pocas bodegas suburbanas que poseen parte de su viñedo contiguo a la planta de vinificación. Bajo su aspecto tradicional se esconde una bodega moderna, de las primeras en Argentina que satisfizo normas I.S.O. 9000. Tres prensas pneumáticas, tanques de acero inox para fermentación y de hierro/epoxy para depósito, todos con frío automatizado, además de viejos toneles de roble/epoxy también para depósito se complementan con barricas francesas y otras reconstituidas en Mendoza y cobijadas en una gran y vieja sala de barricas refrigerada. Una sola persona, Don Moreno, está celosamente a cargo de los espumantes elaborados con método tradicional, mientras que otra línea de espumantes se hace con método Charmat. *Lagarde* se enorgullece también de elaborar el primer Malbec D.O.C. Luján de Cuyo, cosecha '99, de viñas de 45 años. Una seña particular de la casa es su Semillón vendimia 1942 que estaba en una pileta de la bodega al ser comprada y hoy sólo se utiliza para el licor de expedición de los espumantes de Don Moreno. También fue la primera bodega argentina en plantar la prometedora cepa Viognier. *Lagarde* recibe visitas de lunes a viernes de 9:30 a 18:30 horas y los sábados hasta las 15:30 horas.

Lagarde *operates in the old El Artillero winery, established in 1897 by an artillery captain, a veteran of the Argentine "Desert Conquest" campaign against the Indians. His final descendant, Ángel Pereyra, sold it to the Pescarmona family in 1976 so it would remain in local hands and so he could visit it from time to time. Enrique Pescarmona renamed it after a friend who died in a car accident. Made entirely of adobe with a mud and reed roof, it's one of the prettiest in the region and one of the few suburban wineries with contiguous vineyards. Its traditional appearance belies a modern plant, however, one of Argentina's first to satisfy the ISO 9000 norms. It has 3 pneumatic presses, stainless steel fermenters, and iron/epoxy storage tanks, all temperature-controlled. Old oak/epoxy casks, also for storage, complement the oak barrels, mostly French, reconditioned in Mendoza and stored in a big old refrigerated cellar. Don Moreno – and he alone – is in charge of the sparkling wines made by the traditional method, while another line is made using the Charmat method.* Lagarde *is also the proud maker of the first Luján de Cuyo D.O.C. Malbec, vintage 1999, from 45-year-old vines. A 1942 Semillón found in a storage tank at the time of purchase is now used in the dosage for Don Moreno's sparkling wines. This was also the first Argentine winery to plant the promising variety Viognier.* Lagarde *receives visitors Mondy-Friday from 9:30 am to 6:30 pm, and Saturdays until 3:30.*

Henry Gran Guarda Corte 1999 ★★★★★ - *Medrano Malbec 2001* ★★★★ - *Guarda Corte 1999* ★★★
Lagarde Extra Brut ★★★ - *Lagarde Viognier 2002* ★★★ - *Medrano Cabernet Sauvignon 2000* ★★★
Medrano Chardonnay 2002 ★★★ - *Lagarde Merlot 2000* ★★★ - *Lagarde Cabernet Sauvignon 1999* ★★★

LUIGI BOSCA / LEONCIO ARIZU S.A.A.I.C.

San Martín 2044 / M5507EUP
Luján de Cuyo / Mendoza
Tel.: (0261) 4981974
Fax.: (0261) 4982086

E-mail: luigibosca@luigibosca.com.ar
Website: www.luigibosca.com.ar
Capacidad: 3 millones de litros/*Capacity: 793,000 gallons*
Viña: 650 hectáreas/*Vineyards: 1625 acres*

La bodega *Leoncio Arizu*, fundada en 1901, pertenece a los herederos de un primo hermano de Balbino y quizá por el peso de un apellido tan sonoro en Mendoza y en Argentina, desde 1969 se llama *Luigi Bosca*, en recuerdo del socio italiano de Leoncio. La bodega tuvo una temprana vocación exportadora, pues desde 1926 comenzó a vender a Italia y Estados Unidos, e ingresó al mercado interno sólo en 1981. Hoy exportan el 45 % de la producción de 2 millones de botellas a más de 40 países.

Es una empresa familiar y argentina, gerenciada por la 4ª generación. Al preguntársele sobre este milagro que sólo se observa en otras poquísimas bodegas cuyanas tradicionales, el ingeniero Gustavo Arizu es sintético: "*se debe a que siempre nos hemos autofinanciado*".

La casa sólo vinifica uvas propias, de 7 fincas en Maipú y Luján, en su mayoría espalderas y cepas de más de 30 años, entre las que cuentan ambos Cabernet tintos, Malbec, Tempranillo, Petit Verdot, Syrah, Merlot, Pinot Noir, y entre las blancas, Sauvignon Blanc, Chardonnay, Viognier, Riesling, Gerwürztraminer y Pinot Meunier, además de otras variedades experimentales que ocupan 32 hectáreas y donde se comparan 6 distintos sistemas de conducción. Con poda, estrés hídrico y raleo sólo de racimos mal cuajados, sacan entre 5 y 7 toneladas por hectárea.

Prensas pneumáticas inertizadas, moledoras sensibles, sistemas de frío en tanques de acero inox y piletas de cemento/epoxy comprenden el moderno arsenal tecnológico de la bodega, que además cría sus vinos en 1.500 barricas al 90 % francesas. La bodega no recibe al turismo masivo.

> Balbino Arizu (1858-1936) nació en Arizu, Navarra, y llegó a Mendoza en 1883. Comenzó como simple obrero en la bodega de Tiburcio Benegas y terminó siendo el miembro más destacado de la colectividad española en Cuyo, hacendado y propietario de la que en su tiempo fue la viña más grande del planeta Tierra, en torno a Villa Atuel (que bien podría llamarse Villa Arizu, pues nació y casi murió con su bodega).

> *Balbino Arizu (1858-1936) was born in Arizu, Navarra, Spain, and arrived in Mendoza in 1883. He began as a simple laborer in the* Tiburcio Benegas *winery and went on to become the most celebrated member of Cuyo's Spanish collective and owner of what was in his time the largest winery on Earth, near Villa Atuel (which could have been called Villa Arizu, because it began and nearly died with the winery).*

The Leonicio Arizu *winery, founded in 1901, belongs to the descendants of a cousin of Balbino, and, perhaps for the weight that his last name carries in Mendoza and Argentina, it has been called* Luigi Bosca, *after Leoncio's Italian partner, since 1969. They have exported since 1926, when they began to sell to Italy and the U.S., and only entered the national market in 1981. Today they export 45% of their 2,000,000-bottle production to more than 40 countries.*

When asked about the miracle of being a 4th-generation, family-owned, Argentine company, Gustavo Arizu replies succinctly, "it's because we're self-financed."

They use only their own grapes from 7 fincas *in Maipú and Luján. The vines are over 30 years old, mostly vertically-positioned, and include both Cabernets, Malbec, Tempranillo, Petit Verdot, Syrah, Merlot, Pinot Noir, Sauvignon Blanc, Chardonnay, Viognier, Riesling, Gerwürztraminer, and Pinot Meunier. They are also experimenting with other varieties on 80 acres with 6 different trellising systems. Through pruning, water stress and thinning poorly-set clusters, they obtain 2-3 tons per acre.*

The winery's modern technological arsenal consists of pneumatic presses, sensitive crushers, temperature controlled stainless and cement/epoxy tanks. Their wines are aged in 1,500 barrels (90% French). They are not open to massive tourism.

Luigi Bosca Reserve Cabernet Sauvignon 1999 ★★★★★ - *Finca Los Nobles Cabernet Bouchet 1996* ★★★★★

Luigi Bosca Sauvignon Blanc 2002 ★★★★★ - *Finca Los Nobles Chardonnay 1999* ★★★★

Finca La Linda Viognier 2002 ★★★★ - *Luigi Bosca Gewürztraminer 2002* ★★★★

Tittarelli Vitícola Olivícola S.A.

La Florida s/n° / La Libertad /
M5558AFA Rivadavia / Mendoza
Tel./Fax.: (02623) 442606

E-mail: info@tittarellivosa.com.ar
Website: www.tittarellivosa.com.ar
Capacidad: 13 millones de litros / *Capacity: 3,435,000 gallons*
Viña: 100 hectáreas / *Vineyards: 250 acres*

A los 22 años, Enrico Tittarelli embarcó en Génova con 2 pesos en el bolsillo rumbo a la Argentina. Tras 10 años en la viticultura mendocina junto a la familia Gargantini, en 1915 comenzó con 13 hectáreas de viña y al poco tiempo instaló una bodega de 8 millones de litros. Al morir en 1962 dejó millares de hectáreas de campo, viña y olivares, con sus respectivas industrias. Su hijo Pacífico heredó la bodega y aceitera y piloteó la ulterior expansión en las décadas siguientes. Cuando la tercera generación vendió en 1998 a un grupo inversor argentino, *Tittarelli* era marca epónima en aceite de oliva y buen vino de damajuana, y llevaba algunos años afianzándose entre los vinos finos.

En la bodega y finca *La Libertad* (que conserva su techo de cañas y torta de adobe), con la dirección de la enóloga Graciela Reta, vinifican a los tintos en pequeñas piletas de hormigón/epoxy y a los blancos en tanques de acero; en ambos casos, emplean control de temperatura con camisas o serpentinas. Disponen de una moderna línea de embotellado y amplias cavas con capacidad para 1 millón de botellas y sólo un centenar de barricas francesas destinadas al Merlot y el Tempranillo. La otra bodega y finca *Tittarelli* es *El Retiro*, más pequeña y dedicada a los vinos *premium*, con piletas chicas, todas refrigeradas y prensas hidráulicas.

Los viñedos son en parral, con cepas de 35 a 50 años. También compran uvas de otros productores, desde San Juan hasta Tunuyán.

La casa, que se caracteriza por sus varietales de estilo italiano, exporta el 30 % de su producción al Reino Unido, Estados Unidos, Brasil y otros mercados. La línea *Finca El Retiro*, desarrollada en lo enológico por el *wine-consultant* Alberto Antonini, obtuvo un considerable éxito en Inglaterra.

La visita a *Tittarelli* –algo fuera de los itinerarios enoturísticos habituales– vale la pena por sus dos fincas y bodegas, y además por la planta aceitera (que comienza a funcionar cuando termina la vendimia).

At age 22, Enrico Tittarelli left Genoa with 2 pesos in his pocket and headed for Argentina. After 10 years of working in Mendoza viticulture with the Gargantini family, he began his own 33-acre vineyard in 1915 and shortly thereafter set up a 2,110,000-gallon winery. By the time he died in 1962, he had amassed thousands of acres of farms, vineyards, olive groves, and their respective industries. His son Pacífico inherited the winery and olive oil business and piloted the last expansion in recent decades. In 1998, when the third generation sold it to an Argentine investment group, Tittarelli *was already synonymous with olive oil and good jug wines and long interested in starting with fine wines.*

Under the direction of winemaker Graciela Reta, the La Libertad *vineyard and winery (which still conserves its reed and adobe roof) vinifies red wines in small concrete/epoxy tanks and whites in stainless steel, both equipped with temperature-controlled jackets or serpentine coils. They have a modern bottling line and large cellars with a capacity for a million bottles and only 100 French oak barrels for their Merlot and Tempranillo.*

The other Tittarelli *finca and winery,* El Retiro, *is smaller and dedicated to making* premium *wines using small, temperature-controlled tanks and hydraulic presses. The vineyards have 35-50-year-old vines planted to pergola, and they also buy fruit from producers from San Juan to Tunuyán.*

Known for its Italian-style varietal wines, Tittarelli *exports 30% of its production to the U.K., U.S., Brazil, and elsewhere. The* Finca El Retiro *line, made by Italian wine consultant Alberto Antonini, has been quite successful in England.*

Although a bit outside the usual wine tourism circuit, Tittarelli *is worth visiting for its 2 vineyards and wineries and its olive oil plant (which begins operating when the grape harvest ends).*

Finca El Retiro Tempranillo 2001 ★★★ - *Finca El Retiro Malbec 2001* ★★★

Finca El Retiro Bonarda 2001 ★★ - *Finca El Retiro Syrah 2001* ★★

Finca El Retiro Torrontés 2002 ★

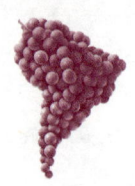

VINITERRA S.A.

Acceso Sur, km 17,5 / 5507 Mayor
Drummond / Luján de Cuyo / Mendoza
Tel.: (0261) 4985888
Fax.: (0261) 4984303

E-mail: info@viniterra.com.ar
Website: www.viniterra.com.ar
Capacidad: 3,2 millones de litros/*Capacity: 845,400 gallons*
Viña: 80 hectáreas/*Vineyards: 200 acres*

La bodega *Viniterra* nació en 1996 como una sociedad entre Flavio Senetiner y el enólogo Walter Bressia, a la que 2 años más tarde se incorporó Adriano Senetiner, hermano del primero y hoy accionista mayoritario. Compraron una bodega junto al Acceso Sur y la reciclaron y ampliaron.

Los viñedos están en una finca en Agrelo, y contienen cepas de Malbec, Merlot, Carmenère, Cabernet Sauvignon y Franc, además de Viognier, todo en espaldera y con riego por goteo. En el Malbec plantado a alta densidad, de 4.300 plantas por hectárea sacan 11 toneladas; en el Malbec a baja densidad, de 3.300 plantas por hectárea, obtienen 13 toneladas. La cosecha es manual. Además compran uva de productores a los que asesoran.

La bodega es funcional sin mayor atractivo arquitectónico. Alberga 2 cubas *Nadalie* de roble de 5 mil litros, que usan para fermentar Syrah y Cabernet. "*Es una técnica que estaba un poco dejada de lado. Al fermentar en la cuba los mostos incorporan taninos en la fermentación alcohólica y maloláctica, que se combinan con las proteínas y se incorporan al vino, junto a la microoxigenación que hay en la cuba*" explica Walter Bressia. También cuentan con tanques de acero inox y piletas de cemento/epoxy con placas de frío: "*la técnica de fermentación en mampostería está volviendo*" dice Bressia, a quien asesora el *flying winemaker* toscano Alberto Antonini.

Una ex pileta subterránea funge de cava para 700 barricas, la mayoría de roble francés hechas en Chile por *Tonelerías Nacionales*. No usan duelas.

Exportan el 50 % de su producción de 1,5 millones de botellas y sus principales mercados son Estados Unidos, Reino Unido, Alemania, Irlanda y México.

Reciben visitas, y tienen una tienda y sala de degustación. Piensan algún día instalar un restaurant en la terraza de la bodega.

The Viniterra winery began in 1996 as a partnership between Flavio Senetiner and winemaker Walter Bressia. Flavio's brother Adriano joined the group 2 years later and today is the senior partner. They bought, renovated, and enlarged a winery next to the Southern Access route.

The vineyards are on a finca in Agrelo and have Malbec, Merlot, Carmenère, Cabernet Sauvignon and Franc, and Viognier, all with vertical shoot positioning and drip irrigation. The high-density Malbec (1,720 vines per acre) yields 4.4 tons per acre, while the low density Malbec (1,320 per acre) yields 5.2 tons. They harvest manually and provide technical assistance to producers who provide them with additional grapes.

The winery itself is functional with little architectural interest. It houses 2 Nadalie *1,320-gallon oak vats used for fermenting Syrah and Cabernet. "This technique isn't used much anymore. By fermenting in the vat, the must incorporates tannins during the alcoholic and malolactic fermentations, which are then combined with the proteins and incorporated into the wine during the microoxygenation that takes place in the vat," explains Walter Bressia. They also have stainless steel and cement/epoxy tanks with cold plates, "the technique of fermenting in cement is returning," says Bressia, who receives technical assistance from Tuscan flying winemaker Alberto Antonini.*

An old underground tank serves as a cellar for 700 mostly French oak barrels made in Chile by Tonelerías Nacionales. *They do not use innerstaves. They export 50% of their 1.5 million bottle production, and their major markets are the U.S., U.K., Germany, Ireland, and Mexico.*

They receive visits and have a shop and tasting room. They hope to install a restaurant on the winery's terrace someday.

Viniterra Cabernet Sauvignon 1999 ★★★

Viniterra Malbec 1999 ★★★

Viniterra Syrah 1999 ★★

Viña Cobos S.A.

Cobos 6445 / Perdriel / M5544AEA
Luján de Cuyo / Mendoza
Tel./Fax.: (0261) 4985778

E-mail: vinacobos@vcobos.com.ar
Website: no posee
Capacidad: 0,13 millones de litros/*Capacity: 34,346 gallons*
Viña: 84 hectáreas/*Vineyards: 207 acres*

Luis Barraud y Andrea Marchiori, joven matrimonio de enólogos que colabora con el ingeniero Mario Giadorou en *Dolium*, decidieron hacer un Malbec de alta calidad cuando trabajaban en *Candy State Winery* de California donde el afamado *flying winemaker* estadounidense Paul Hobbs -el tercer socio de la bodega- hacía sus vinos. Todo comenzó en el *annus terribilis* 1998, pero el vino no les gustó y lo vendieron a granel. Hoy tienen 3 líneas de vinos donde la alta gama es *Cobos*, un Malbec con año y medio de crianza. La línea *Nativo* destaca por sus etiquetas de dibujos aborígenes de animales sudamericanos, diseñadas al igual que las otras por el californiano Jack House, hacedor de todas las etiquetas de Paul Hobbs -quien viene a Mendoza 6 veces al año, traído por sus consultorías y estos vinos suyos.

La uva proviene de las viñas (las más viejas, de 60 años) del padre de Andrea, dividida en dos fincas: una en Pedriel y la otra, que dio nombre al bodega, en la calle Cobos. Ambas viñas están puestas en espaldera. Andrea se ocupa de seguir a las plantas mientras Luis gravita en la bodega donde vinifican, *Dolium*. Preguntada por qué su padre no arrancó el Malbec durante la epidemia arrancatoria de los '80, dice Andrea que "*tuvo la visión de pensar que el mercado iba a volver a pedir vinos de calidad*". En esos tiempos aciagos para las uvas viníferas, la Criolla valía más que el Malbec.

Aquí todo, desde el estilo de los vinos a sus etiquetas, está orientado a la exportación a donde va el 95 % de la producción, que en 2002 fueron unas 150 mil botellas. Su mercado más importante es Estados Unidos (desde donde re-exportan a Japón e Indonesia) y en menor escala, Brasil.

Andrea y Luis están muy satisfechos pero agobiados por la dimensión que cobró en poco tiempo su empresa: "*Viña Cobos arrancó con un proyecto de mil cajas de 12 botellas al año, con 3 socios. Ahora estamos en 10 mil... y seguimos siendo 3 socios*" sintetiza Luis Barraud, sin perder la sonrisa.

Winemakers Luis Barraud and Andrea Marchiori, a young married couple who are the enologists at Mario Giadorou's Dolium, first decided to make a high quality Malbec while working at California's Candy State Winery, where the winery's 3rd partner, famous American flying winemaker Paul Hobbs, makes wine. It all began in the annus terribilis *of 1998, but they didn't like the wine and sold it in bulk. Today they have 3 ranges, the highest being Cobos, a Malbec aged for 1.5 years.* Nativo *is known for its labels with aboriginal drawings of South American animals, designed by Californian Jack House who designs all of Hobbs' labels. Hobbs comes to Mendoza 6 times a year to consult and work on his own wines. The grapes are from Andrea's father's vineyard (the oldest, 60-year-old vines) which is divided into 2 fincas: one in Pedriel and one on Cobos Street, thus the winery's name. Both vineyards are vertical shoot positioned. Andrea manages the vines while Luis hovers in the winery where they make Dolium. When asked why her father didn't succumb to the epidemic frenzy to pull out Malbec in the 1980s, Andrea says, "He had a vision that the market would go back to demanding high quality wines." In those ill-fated days for wine grapes, Criolla was worth more than Malbec.*

Here, everything from style to labels is oriented toward the export market that takes 95% of its production, some 150,000 bottles in 2002. Their biggest market is the U.S. (re-exported to Japan and Indonesia) and Brazil.

Andrea and Luis are very satisfied, yet worn out by the winery's fast-paced growth. "Viña Cobos started out with 1,000 12-bottle cases with 3 partners. Now we have 10,000...and we still have 3 partners" sums up Luis Barraud, without losing his smile.

Lagarto Merlot 2002 ★★★

Cocodrilo Cabernet Sauvignon 2002 ★★

El Felino Malbec 2002 ★★

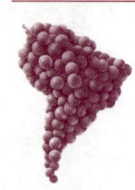

Viña Doña Paula S.A.

San Martín 908, 1° piso 2 /
M5507ETT Luján de Cuyo / Mendoza
Tel.: (0261) 4984410
Fax.: (0261) 4986374

E-mail: donapaula@infovia.com.ar
Website: www.donapaula.com.ar
Capacidad: 0,8 millones de litros/*Capacity: 211,000 gallons*
Viña: 230 hectáreas/*Vineyards: 575 acres*

El capitalismo vitivinícola chileno es segundo sólo al francés en sus inversiones recientes en Cuyo: es una señal auspiciosa para el capitalismo vitivinícola argentino que Chile (que no sin razones se siente un poco Francia en la Sudamérica del vino) quiera aprovechar los factores de calidad a Levante de los Andes. Si lo contrario no ocurre, no es sólo por costos o falta de osadía de los inversores argentinos. Es que Cuyo hay uno solo en el globo vinícola y Chile tiene la gran ventaja de tenerlo al lado, además de haberlo fundado y gobernado harto tiempo.

Doña Paula es filial de *Viña Santa Rita*, la tercera bodega de Chile en exportaciones. La inversión comenzó en 1997 al comprar una finca de 724 hectáreas a *Gancia*, que poseía viñas de Malbec y cultivos de hierbas aromáticas. La bodega se comenzó a construir junto con la primera plantación a fines del '98: cubrieron 130 hectáreas con ambos Cabernet, Malbec, Syrah, Merlot, Chardonnay y Sauvignon Blanc, todo riego por goteo y espaldera, con malla antigranizo después que en el 2000 perdieron toda la cosecha a causa del pedrerío celeste. También tienen 60 hectáreas de Merlot, con algo de Sauvignon Blanc y Chardonnay, en Tupungato. Trabajan con rindes bien bajos, de 4 toneladas por hectárea o 1,2 kilos por cepa. "*No somos muy amantes del estrés hídrico, la planta necesita el agua, hacemos un estrés parcial y raleo de brotes; junto al raleo de los racimos mal pintados bajamos la carga en un 50 por ciento*" explica Matías Michelini, enólogo mendocino de la casa.

Funcional y sin arquitectura, la bodega no está pensada para el turismo pero sí para los vinos *premium*. Contiene 48 tanques de acero inox autodescubables de 25 mil litros con frío o calor (donde hacen largas maceraciones en frío de los blancos, a 0°C), equipo de 255 mil frigorías, mil barricas al 70 % francesas (donde fermentan el Chardonnay y crían los tintos) y una prensa pneumática *Pera 100* de las que a la fecha había 3 en el mundo, capaz de medir polifenoles y realizar diversos otros análisis de cada prensado en su pantalla de PC.

Chilean vitivinicultural capitalism is second only to the French in recent investments in Cuyo: it's an auspicious sign for the Argentina wine industry that Chile (which has its reasons to feel like the France of South America) wants to take advantage of the quality factors east of the Andes. And if it's not mutual, it isn't because of costs or an Argentine lack of audacity. It's that Cuyo is unique in the wine world, and Chile has the great advantage of being next door, plus having founded and governed it for decades in colonial times.

Doña Paula *is a subsidiary of the* Viña Santa Rita, *Chile's third largest wine exporter. In 1997 they bought the 1,810-acre* finca Gancia *with plantations of Malbec and aromatic herbs. The winery facilities and first vineyard began in 1998 with 325 acres with both Cabernets, Malbec, Syrah, Merlot, Chardonnay, and Sauvignon Blanc, all in vertical shoot position with drip irrigation. Anti-hail nets were installed after they lost the entire 2000 crop to hail. They also have 150 acres of Merlot with a bit of Sauvignon Blanc and Chardonnay in Tupungato. They work with low yields, 1.6 tons per acre or 2.6 pounds per vine.* "We aren't much in favor of water stress; the plant needs water. We do a partial stress and thin buds and later clusters to reduce the load by 50%," *explains Mendozan winemaker Matías Michelini.*

This functional winery was built not for tourism but for premium wines. It has 48 self-racking, temperature-controlled, 6,600-gallon stainless steel tanks, where they do long cold (32°F) maceration for white wines), powerful cooling equipment, 1,000 barrels (70% French), for fermenting Chardonnay and aging reds, a Pera 100 *pneumatic press -one of only 3 in the world- able to measure polyphenols and perform various other computerized analyses with each pressing.*

Doña Paula Selección de Bodega Malbec 1999 - Los Cardos Malbec 2001 ★★★★

Doña Paula Estate Malbec 1999 ★★★★ - Los Cardos Chardonnay 2001 ★★★ - Doña Paula Estate Chardonnay 2001 ★★★

Los Cardos Cabernet Sauvignon 2001 ★★★ - Los Cardos Syrah 2001 ★

VIÑEDOS Y BODEGAS LA RURAL S.A. LTDA.

Montecaseros 2625 / Coquimbito /
5513 Maipú / Mendoza
Tel.: (0261) 4972013
Fax.: (0261) 4973956

E-mail: larural@infovia.com.ar
Website: www.bodegalarural.com.ar
Capacidad: 11 millones de litros/*Capacity: 2,906,200 gallons*
Viña: 300 hectáreas/*Vineyards: 750 acres*

En Mendoza, por donde pasa el doctor Catena queda impregnado un aire de seriedad, calidad y sobriedad que se integra con la tradición bodeguera familiar de los anteriores propietarios, llámense Miguel Escorihuela Gascón o Felipe Rutini. Desde que se sumó a las bodegas del grupo *Catena*, en 1994, y con la dirección de Rodolfo Reina Rutini, *La Rural* se afianzó entre los vinos más caros de Argentina con sus *Felipe Rutini* sin olvidar sus caballitos de batalla, el tradicional *San Felipe* caramañola y el popular *Pequeña Vasija*, sumando una etiqueta diseñada para la exportación, *Trumpeter*. Además, el gerente de producción Mariano Di Paola es socio de José "Pepe" Galante, su homólogo en *Catena Zapata*, en la etiqueta *Mapema* que se elabora en *La Rural*: corte de Cabernet Sauvignon de Agrelo, Merlot de Tupungato y Malbec de La Consulta, criado en roble francés y pensado para conquistar mercados *premium* de ultramar.

La Rural produce en toneles del 1900 al clásico *San Felipe*, con 1,7 millones de litros de capacidad; elabora con 3 millones de litros de capacidad en tanques de acero inox a los vinos *premium* y aún quedan 6,3 millones de litros de capacidad en piletas de hormigón/epoxy. "El inoxidable es lindo, noble e higiénico; la pileta tiene la ventaja de que no hay cambios bruscos de temperatura" explica Di Paola. Aplican microoxigenación y emplean duelas para algunas líneas de vinos, si bien disponen de 2.500 barricas al 85 % francesas.

La viña propia se reparte entre Rivadavia, Perdriel, Maipú, La Consulta y Tupungato, con cepas de 10 a 45 años, en su mayoría en espaldera. Compran además una cantidad significativa de uva en Tupungato, Agrelo y La Consulta, de productores con seguimiento cercano.

La Rural es una de las bodegas más interesantes de Mendoza para visitar no sólo por su arquitectura tradicional y su tríplice tecnología enológica, sino además por su *Museo del Vino Rutini*, el mejor de Argentina en su tipo.

Wherever Dr. Catena goes, he adds an air of seriousness, quality, and sobriety to the family winery traditions of the previous owners, whether Miguel Escorihuela-Gascón or Felipe Rutini. Since La Rural *joined the* Catena *wineries group in 1994, under the direction of Rodolfo Reina-Rutini, its* Felipe Rutini *has been included among Argentina's most expensive wines, although its bread-and-butter wines include the traditional* San Felipe, *the popular* Pequeña Vasija, *and their export label,* Trumpeter. *Production managers Mariano Di Paola of La Rural and José "Pepe" Galante of* Catena Zapata *are also partners in* Mapema, *made at La Rural, a blend of Agrelo Cabernet Sauvignon, Tupungato Merlot, and La Consulta Malbec, aged in French oak and expected to conquer the overseas premium market.*

La Rural *produces 450,000 gallons of the classic* San Felipe *in 100-year-old casks; makes 793,000 gallons of premium wines in stainless steel tanks, and has another 1,664,500 gallons in concrete/epoxy tanks. "Stainless is nice, noble, and clean; but there are no abrupt temperature changes with concrete," explains Di Paola. They use micro-oxygenation and inner staves for some lines of wine and have 2,500 barrels (85% French).*

The vineyards are divided among Rivadavia, Perdriel, Maipú, La Consulta, and Tupungato, with vines from 10-45 years old, most vertically positioned. They buy a considerable amount of grapes from contracted producers in Tupungato, Agrelo, and La Consulta.

La Rural *is one of Mendoza's most interesting wineries to visit, not only for its traditional architecture and enological technology, but also for its Rutini Wine Museum, the best of its kind in Argentina. The visit and tasting is essential for saying you know something about Argentine wines.*

Felipe Rutini Cabernet-Merlot 1996 - *Rutini Especial Sauternes 2001* ★★★★★ - *Trumpeter Merlot 2001* ★★★★★
Colección Rutini Malbec 2000 ★★★★ - *San Felipe Corte 2001* ★★★★ - *Colección Rutini Gewürztraminer 2002* ★★★★
Cepa Tradicional Corte 1997 ★★★★ - *Trumpeter Cabernet Sauvignon 2001* ★★★★ - *Rutini Brut Nature 1999* ★★★

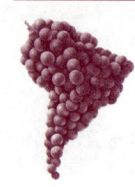

WALTER BRESSIA

Cartagena 1188 / 5501 Godoy Cruz / Mendoza
Tel.: (0261) 4393860

E-mail: w_bressia@yahoo.com.ar
Capacidad: sin bodega propia/*Capacity: none*
Viña: no posee/*Vineyards: none*

Bressia Profundo es un vino de autor elaborado por el enólogo mendocino Walter Bressia en apenas 8 mil botellas en su primera cosecha, el 2001. Es un *assemblage* de Malbec (de espaldera baja), Cabernet Sauvignon, Merlot y Syrah (de espaldera alta), todo de uvas cultivadas en 2 fincas de Agrelo a las que Walter Bressia sigue personalmente y de las que obtiene unas 6 toneladas por hectárea. Las cepas más jóvenes son un Merlot de 25 años, al que da 100 % de crianza en barrica francesa de 1, 2 y 3 usos.

"*A mí siempre me gustaron los vinos de ensamble: por más que saques un excelente varietal, nunca podés expresar todo con una sola cepa. Mi vino es robusto, con notas muy elegantes, largo de boca, bien balanceado. Está perfecto para consumirlo ahora pero también se puede guardar más de 5 años. Mi idea es tratar de mantener el corte, pero el porcentaje de cada variedad dependerá del año*" explica el autor.

Vinifica en una vieja bodega de Agrelo reciclada, en piletas de cemento/epoxy de 12 mil litros, con la moledora ubicada sobre la boca de la pileta; y fermenta con levaduras indígenas. Al Malbec le hizo una sangría del 10 % y el corte lo realizó después de la vinificación, criando el *blend* en barricas durante 10 meses. La fermentación maloláctica fue también en barrica pero no al 100 %, sólo la mitad para mantener la acidez, "*que no sea todo la manteca de la maloláctica*". La clarificación la hizo con ovoalbúmina, sin estabilización y sólo levemente filtrado. El embotellado es manual y el vestido hecho en casa, en botellas numeradas, con etiquetas de muy sobrio y elegante diseño.

Bressia Profundo se encuentra en Buenos Aires en los restaurantes *La Bourgogne* y *Oviedo*.

Se vende en la vinoteca *Ligier* de Buenos Aires y está por exportar a Suiza y quizá luego, a Estados Unidos.

Bressia Profundo *is Mendoza winemaker Walter Bressia's signature wine, with barely 8,000 bottles in 2001, its first vintage. The grapes for this blend of Malbec (low vertical shoot position) and Cabernet Sauvignon, Merlot, and Syrah (high vertical shoot position) were grown on 2* fincas *in Agrelo that Bressia follows personally and that yield 2.4 tons per acre. The youngest vines are 25-year-old Merlot and used in wines that are 100% aged in French barrels with 1, 2, or 3 years of use.*

"I have always liked blended wines; no matter how good a mono-varietal can be -you can never express everything with a single variety. My wine is robust yet very elegant, well-balanced with a long finish. It's perfect for drinking now, but you can also lay it down for 5 years. My idea is to try to maintain the blend, but the percentage of each variety will depend on the year," *explains the 'author.'*

He vinifies in an old, renovated winery in Agrelo, using a crusher located over the tops of the 31,000-gallon cement/epoxy tanks and ferments with native yeasts. He bled 10% of the Malbec and created his blend right after vinification, and then barrel-aging the blended wine for 10 months. To maintain its acidity, only half the wine underwent malolactic fermentation in the barrel, "so it won't be all buttery from the M.L.F." *He clarifies with egg whites, does not stabilize the wines and only slightly filters them. The wines are manually bottled, and the elegant labels are hand-placed and numbered.*

Bressia Profundo *is available in the Buenos Aires restaurants* La Bourgogne *and* Oviedo, *and sold in the* Ligier *wine shop in Buenos Aires. It will soon be exported to Switzerland and perhaps to the United States as well.*

Profundo Malbec-Merlot-Cabernet Sauvignon-Syrah 2001 ★★★

El oasis del Valle de Uco
The Uco Valley oasis

El Valle de Uco (*) está abierto a Levante, hacia el desierto, donde unas modestas bardas hacen flaca figura frente a la imponente Cordillera de los Andes entre el cerro El Plata (6.075 metros) y el volcán durmiente Tupungato (6.635 metros). Este tramo de los Andes es uno de los más impactantes de toda su larga vertiente oriental y, hasta donde conocemos, de la occidental también: en este sector están las cumbres más altas de la Cordillera sin una Precordillera adelante, como en las ciudades de Mendoza y San Juan. El anfiteatro de crestas nevadas llamado Cordón de Plata, de casi 60 kilómetros de largo entre los dos colosos, se ve desde enorme distancia en la llanura desértica. La pequeña ciudad de Tupungato está a 1.050 metros de altura y la cumbre del volcán que le da su nombre, casi 6 kilómetros más alta, dista 55 kilómetros de la plaza según vuelan los cuervos, con pendiente del 10 %. No hay nada más que laderas entre Tupungato ciudad y Tupungato cerro (**). Ninguna de las tres pequeñas ciudades de Uco -Tupungato, Tunuyán y San Carlos- posee un atractivo particular, aunque esta última es la más arbolada y apacible. Pero los alrededores, en dirección a las montañas, son de los oasis más espléndidos de Cuyo, con álamos, nogales y otras arboledas ya centenarias. Las bodegas y los viñedos más importantes son europeos o chilenos: *Salentein, Lurton, Monte Viejo* en el *Clos de los 7* y *La Celia*. La excepción sería *Ancón*, que junto a la *Posada Salentein*

The Uco Valley (*) opens toward Levante, facing the desert, with some modest hills dwarfed on the opposite side of the landscape by the imposing Andes Mountains between El Plata (19,900 feet) and the dormant Tupungato volcano (21,466 feet). This stretch along the eastern side of the Andes is one of the most impressive of the entire range, and, as far as we know, on the western side as well: it has the highest peaks and no Precordillera *or Frontal Range, as in the cities of Mendoza and San Juan. The amphitheater of snowy peaks called the* Cordón de Plata, *some 40 miles long between the 2 giants, is visible from far across the desert plain. Between the small, 3,400-foot high city of Tupungato and the summit of the volcano for which it is named, nearly 4 miles higher, there are 34 miles from the plaza as the crow flies, with a 10% slope. It's pure hills and slopes between Tupungato city and Tupungato mountain (**). None of the Uco's 3 small cities (Tupungato, Tunuyán, and San Carlos) is particularly attractive, although the latter is more peaceful and has more trees. But outside town, toward the mountains, you'll find Cuyo's most incredible oases, with poplars, walnuts and other ancient trees. The most important vineyards and wineries are either European or Chilean:* Salentein, Lurton, Monte Viejo *(in the* Clos de los 7*) and* La Celia. *The exception is* Ancón, *which, along with the* Posada Salentein,

---

(*) El Valle de Uco, ya poblado de aborígenes huarpes, conoció al hombre blanco cuando en 1612 los misioneros jesuitas provenientes de Chile construyeron en el paraje La Arboleda (hoy Tupungato) una capilla de Nuestra Señora del Socorro. Según la *Enciclopedia Argentina*, Uco derivaría del nombre de un cacique huarpe llamado Cuco, al que otras versiones llaman Viluco. También se le dice valle de Tupungato si bien es el valle de avenamiento del río Tunuyán.

(**) El Tupungato en su vertiente oriental parece invencible, con ventisqueros que se desploman hasta el nacimiento del río Tunuyán, a más de 5 mil metros. Pero su ladera occidental y noroeste casi no tienen hielo. La cumbre fue vencida por primera vez en 1897 por V. Stuart Vines.

(*) The Uco Valley was already inhabited by the indigenous Huarpes when the first white men, Jesuit missionaries, arrived from Chile in 1612 and built the Nuestra Señora del Socorro *chapel in La Arboleda (now Tupungato). According to the* Enciclopedia Argentina, *Uco derives its name from a Huarpe chief named Cuco, although other versions call him Viluco. They also call it the Tupungato Valley, although it's the Tunuyán River that runs through it.*

(**) Although the eastern slope of the Tupungato Mountain appears invincible, with glaciers plummeting more than 16,000 feet to the source of the Tunuyán River, the western and northeastern faces are ice-free. The summit was first reached in 1897 by V. Stuart Vines.

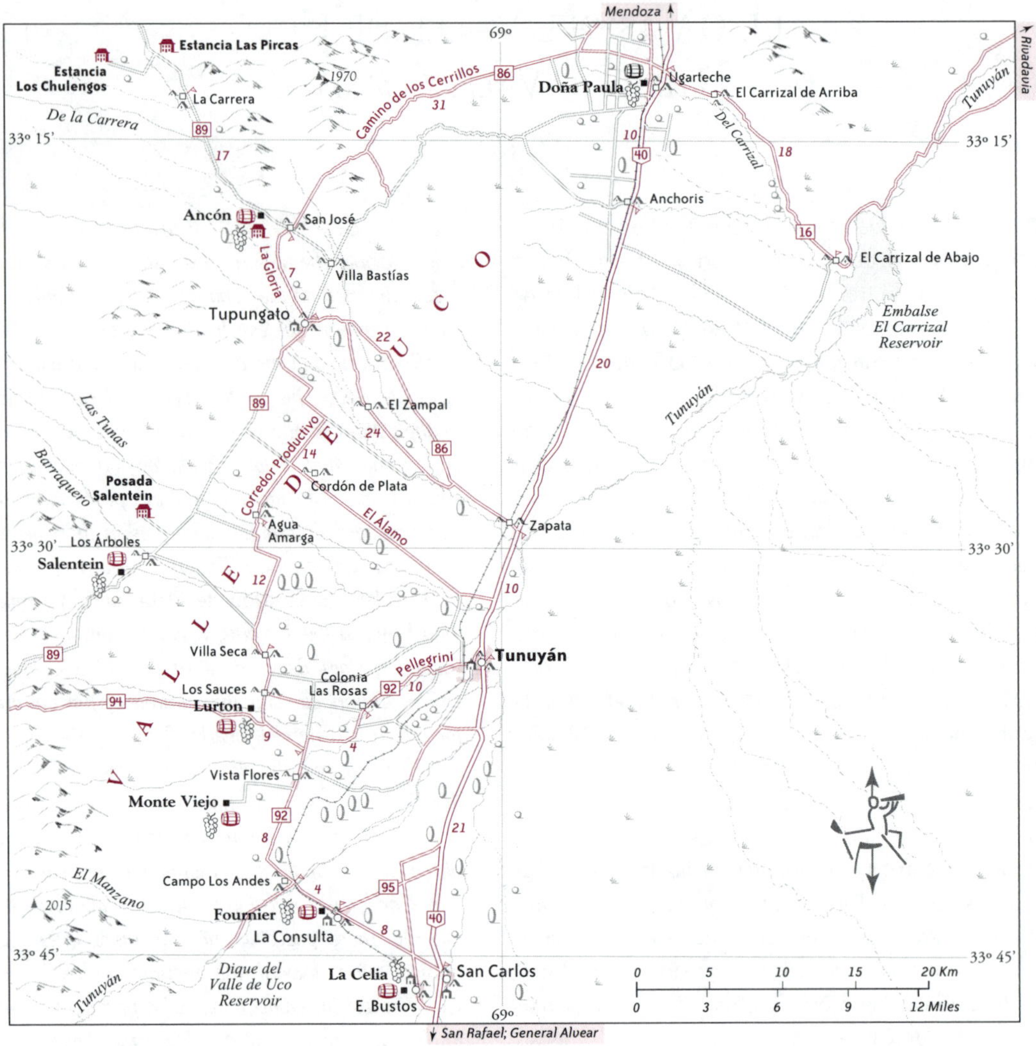

Valle de Uco / Uco Valley

son los lugares más caros de la comarca para pernoctar, pero también casi los únicos.

En todo el Valle de Uco, hasta alturas de 1.500 metros, están surgiendo nuevos viñedos con variedades nobles, en la apuesta mendocina a los "vinos de altura". Muchas bodegas de Mendoza tienen viñedos aquí. Una de las áreas del Valle de Uco más renombrada por sus viñas es La Consulta.

are the most expensive places in the area to spend the night, but there are few other options.

Mendoza is betting on "high altitude wines," and new vineyards with noble varieties are springing up throughout the Uco Valley, rising as high as 5,000 feet. Many Mendoza wineries have vineyards here, and one of the valley's most famous vineyard areas is La Consulta.

BODEGA J. & F. LURTON

E. Echeverría 1744 / M5504AHB
Godoy Cruz / Mendoza
Tel.: (0261) 4248400
Fax.: (0261) 4248404

E-mail: bodegalurton@bodegalurton.com
Website: www.bodegalurton.com
Capacidad: 2,5 millones de litros/*Capacity: 660,500 gallons*
Viña: 195 hectáreas/*Vineyards: 488 acres*

Los hermanos bordeleses Jacques y François Lurton hicieron en el último decenio del siglo XX una apuesta ecuménica acorde con su estirpe vitivinícola: hacen vinos en 7 países, comenzando por Francia y luego España, Australia, Uruguay, Chile y Argentina, donde plantaron 2 fincas de viña y edificaron una bodega: la primera cosecha y vinificación fue en 1998.

Poseen la finca El Manzano en Vistaflores a 1.100 metros de altitud, donde está la bodega, y otra finca en Barrancas, algo por debajo de los 1.000 metros. Sus viñedos son de Malbec, Cot (Malbec de clones franceses, en experimentación), Cabernet Sauvignon, Bonarda, Pinot Noir, Viognier, Chardonnay, Chenin, Torrontés y Pinot Gris. En Vistaflores plantaron en espaldera alta a 4.166 plantas por hectárea en un mar de piedra virgen y sus rendimientos en promedio dan unas 8,5 toneladas por hectárea. El riego es por goteo. La enología está a cargo de Jacques Lurton, quien no trabaja con acero inox sino en piletas de cemento/epoxy de 5 a 40 mil litros para los tintos y 80 mil para los blancos, con sistemas de calefacción y enfriamiento. La fermentación maloláctica es en barricas, de las que cuentan unas 700 al 95 % de roble francés y el resto de roble americano y tonelería francesa. "*La especialidad de Lurton es el trabajo madera-vino*" nos explicó Marco Toriano, a cargo del comercio exterior. No usan duelas. Según la variedad emplean levaduras indígenas o seleccionadas. Los insumos de la más alta calidad no son un problema, ya que los Lurton son una familia numerosa relacionada con la vinicultura: un primo produce corchos en Portugal, otro hace etiquetas y cápsulas en Francia, y 3 de las tonelerías más renombradas de Francia tienen parentesco con ellos. No reciben visitas.

Exportan el 98 % de la producción de 2,5 millones de botellas a 85 países, entre ellos Francia, Reino Unido, Alemania y España.

Late in the 20th century, Bordeaux-born brothers Jacques and Francois Lurton made a solemn pledge in accordance with their vitivinicultural heritage: they would make wines in 6 countries, beginning with France, then Spain, Australia, Uruguay, Chile, and Argentina, where they planted 2 vineyards and erected the winery building. Their first Argentine harvest was in 1998.

They own the El Manzano finca in Vistaflores at 3,600 feet, where the winery is located, and another finca in Barrancas, at 3,300 feet. They have Malbec, Cot (a French Malbec clone for experimentation), Cabernet Sauvignon, Bonarda, Pinot Noir, Viognier, Chardonnay, Chenin, Torrontés, and Pinot Gris. The Vistaflores vineyard uses high-density vertical shoot positioning (1,666 plants per acre) in rocky soils with drip irrigation and average yields of 3.4 tons per acre. Enological director Jacques Lurton does not use stainless steel but rather temperature-controlled cement/epoxy tanks, ranging in size from 1,300-10,500 gallons for red wines and 21,000 gallons for whites. Malolactic fermentation takes place in their 700 oak barrels, 95% of which are French, the rest American with French cooperage. "Lurton's specialty is the work we do with wine and wood," explained Marco Toriano, who manages exports. They do not use innerstaves. They use either native or selected yeasts, depending on the wine. Obtaining the highest quality supplies is not a problem, as the large Lurton family is heavily involved in the wine industry; a cousin produces corks in Portugal, another makes labels and capsules in France, and 3 of the most renowned cooperage firms in France are owned by relatives. They do not receive visitors.

They export 98% of their 2.5 million-bottle production to 85 countries, including France, the U.K., Germany, and Spain.

Gran Lurton Reserva Cabernet Sauvignon 2000 ★★★★★

Piedra Negra Malbec 2000 ★★★★★

Lurton Pinot Gris 2002 ★★★ - *Lurton Reserva Chardonnay 2000* ★★

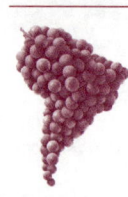

Bodega Monte Viejo

Clos de los 7 / Vistaflores /
5665 Tunuyán / Mendoza
Tel./Fax.: (0262) 422054

E-mail: mapeller@ciudad.com.ar
Website: www.monteviejo.com
Capacidad: 1,2 millones de litros/*Capacity: 317,000 gallons*
Viña: 350 hectáreas/*Vineyards: 875 acres*

El *Clos de los Siete* ha de ser el clos más vasto y menos enclaustrado del globo vináqueo: es un onírico oasis vinífero en una franja de desierto virgen (850 hectáreas) que asciende de 980 a 1.150 metros de altura, al pie de los Andes mágicos al amanecer y enigmáticos al tragarse al sol. Si bien falta todavía plantar 400 hectáreas, hay ya 2 millones de cepas irrigadas por goteo en su tercer año de vida, que comienzan a dar Malbec, Merlot, Cabernet Sauvignon, Syrah, Petit Verdot, Pinot Noir y Chardonnay. Alineadas con el infinito hay algunas rojizas casas de idéntico *Santa Fe style* y, solitaria como un monasterio tibetano, está *Monte Viejo*, la primera bodega construida en el *Clos de los Siete*, propiedad de Catherine Pérè Vergè.

Si elaborar *icon wines* fuera una religión, se comprendería que al rito vinífero de Occidente se dediquen templos como éste: un gran edificio de 3 plantas, con aberturas de toneles reciclados en planta baja de la fachada turística, mientras que por detrás se entierra en el suelo generando un funcional acceso a la bodega desde la viña, que termina en el edificio. Adentro, otra vez deslumbran la racionalidad y experiencia francesa aplicadas a la vinifactura: equipos móviles sobre ruedas en vez de lagar; tanques de acero inox climatizados de variadas dimensiones para fermentar y almacenar vinos, todo con trabajo de la gravedad; sala de fermentación maloláctica con 300 barricas y 2 salas de crianza con otras 500 (todas francesas); un almacén del tamaño de un campo de fútbol cubierto; laboratorios; tienda y sala de degustación; oficinas; y en el último piso, el departamento de la propietaria, suspendido en el infinito.

El Clos de los Siete, *criatura de Michel Rolland, reúne a 7 bodegueros franceses de alcurnia y amigos entre sí, que compraron la tierra y plantaron la viña en lotes de su propiedad, todos con dirección general de Rolland y administración compartida. Hay una segunda en construcción,* Flecha de los Andes, *si bien hasta ahora vinifican todos en Monte Viejo.*

Clos de los Siete, *brainchild of Michel Rolland, is a group of 7 French friends and winemakers who bought land and planted a vineyard in lots, all under Rolland's general direction and with shared administration. There is another under construction,* Flecha de los Andes, *although to date everything is vinified in Monte Viejo.*

Clos de los Siete has to be the biggest and least confined clos in the entire wine world. This is an oneiric oasis in a stretch of virgin desert (2,125 acres) that rises from 3,200 to 3,770 feet above sea level, at the base of the Andes; it's magical at dawn and mysterious at dusk. Although they still have 1,000 acres to plant, there are already 2,000,000 3-year-old, drip-irrigated vines just beginning to produce Malbec, Merlot, Cabernet Sauvignon, Syrah, Petit Verdot, Pinot Noir, and Chardonnay.

Some reddish Santa Fe-style houses appear, aligned with the infinite, and then, solitary as a Tibetan monastery, Monte Viejo, the first winery built on the Clos de los Siete estate and owned by Catherine Pérè Vergè.

If making icon wines were a religion, they would dedicate temples like this one to the Western viniferous ritual. The large, 3-story building uses recycled casks to open onto the first floor tourist area, and the back side slopes to the ground to create a functional access to the plant from the vineyard, which comes right up to the building.

Once again the amazing rationality and French experience shines through on the inside: mobile equipment on wheels instead of a trough, various sizes of temperature-controlled stainless steel vats for fermenting and storing wine, gravity-flow technology, a malolactic fermentation room with 300 barrels, 2 aging cellars with 500 French oak barrels, a store room the size of a covered football field, laboratories, a shop and tasting room, offices, and seemingly suspended on the top floor, the owner's apartment.

Clos de los Siete Corte 2002 ★★★★★

Linda Flor Malbec 2002 ★★★★★

BODEGAS SALENTEIN

Emilio Civit 778 /
M5502GVU Ciudad / Mendoza
Tel.: (0261) 4238514
Fax.: (0261) 4238565

E-mail: info@bodegasalentein.com
Website: www.bodegasalentein.com
Capacidad: 3,5 millones de litros/*Capacity: 925,000 gallons*
Viña: 340 hectáreas/*Vineyards: 840 acres*

Dicen que en pocos años el Valle de Uco estará pletórico de superbodegas de ultravinos al estilo Napa Valley: los ultravinos todavía están haciéndose pero ya pueden visitarse algunas superbodegas. Según el orden cronológico, *Salentein* debería ser la primera a conocer en Valle de Uco. Pero siguiendo un *crescendo* arquitectónico debería quedar la última, *dulcis in fundo*: lo contrario podría distorsionar la percepción del enoturista. Esta obra de los arquitectos mendocinos Bórmida y Yanzón para un comitente holandés sin constricciones presupuestarias es –en dimensiones y ambición estética– lo más catedralicio que pueda verse en Cuyo –y todavía está por construir, de los mismos arquitectos, un Centro Cultural y de visitantes. Por fuera, perdida en un paisaje desértico con viñas en crecimiento, parece un estadio deportivo americano o una terminal de aeropuerto árabe, mas por dentro asume proporciones góticas. Bajo un techo de chapa sostenido con una estructura tubular metálica tamaño estadio cubierto, esta bodega de 10 mil metros cuadrados es una cruz latina orientada Norte-Sur con 4 sectores en superficie y 4 bajo tierra que repiten un esquema: aceros inox arriba, barricas y botellas abajo, cubiertas por bóvedas de ladrillo en cañón corrido. Disponen de 3 mil barricas al 80 % de roble tan francés como el de una batería de cubas en que fermentan algunos de sus vinos elaborados por el enólogo mendocino Laureano Gómez con asesoramiento de Michel Rolland. La dirección general es de Carlos Pulenta, ex propietario de *Trapiche/Peñaflor*. A media legua hay una pequeña y sencilla posada en el casco de una finca de oasis rodeada por árboles y viña. Atendida por el matrimonio de Marita en cocina y Hugo, baqueano de la montaña, la posada *Salentein* comanda precios muy razonables en dólares.

They say that in a few years, the Uco Valley will be full of mega-wineries with ultra-wines, the likes of Napa Valley; they're still working on the ultra-wines, but you can already visit some mega-wineries. In chronological order, Salentein *was the first to step foot in Uco Valley, but if following the architectural* crescendo, *it should be the last,* dulcis in fundo: *so as not to distort the eno-tourist's perception. This work by Mendoza architects Bórmida & Yanzón for a Dutch client with no budgetary restraints is the most magnificent -in size and aesthetic ambition- in all of Cuyo, with an entire Cultural and Visitor Center yet to be built. Outside, lost in a desert-like setting of growing vines, it looks like an American sports stadium or Arabian airport, and the inside assumes gothic proportions.*

Under a metal plate roof upheld by a tubular, stadium-sized, metallic structure, this 107,600 square foot winery is a Roman cross facing north to south with 4 sectors above-ground and 4 below: stainless steel above, barrels and bottles below, covered with vaulted archways made of brick. They have 3,000 barrels, 80% French oak. They also have a set of French oak fermenting tanks that Mendoza winemaker Laureano Gómez uses to make some of the wines, with assistance from Michel Rolland. Carlos Pulenta, former owner of Trapiche/Peñaflor, *is the General Manager. Nearby, the small, simple,* Salentein Inn *surrounded by trees and vines, is run by Marita, who heads the kitchen, and Hugo, the mountain guide. Very reasonable charges -in dollars.*

Finca El Portillo Sauvignon Blanc 2002 ★★★★ - Finca El Portillo Syrah 2001 ★★★
Finca El Portillo Cabernet Sauvignon 2001 ★★★ - Salentein Primus Pinot Noir 2000 ★★★
Salentein Roble Malbec 2001 ★★★ - Salentein Roble Cabernet Sauvignon 2001 ★★★ - Salentein Roble Merlot 2000 ★★★

Bodegas y Viñedos Finca La Celia

Circunvalación s/nº / Eugenio Bustos /
5569 San Carlos / Mendoza
Tel./Fax.: (0261) 4610400

E-mail: fincalacelia@ccu.com.ar
Capacidad: 7,5 millones de litros/*Capacity: 1,982,000 gallons*
Viña: 400 hectáreas/*Vineyards: 988 acres*

Otra vez Chile se asoma a este lado de la montaña para hacer vinos de Cuyo: en este caso, la tradicional *Viña San Pedro* del grupo chileno-estadounidense-alemán *C.C.U.* En San Carlos, al sur del Valle de Uco, compraron la finca vitícola establecida en 1880 y la bodega fundada en 1924 por el hacendado mendocino Eugenio Bustos, que desde su muerte fue dirigida por su hija y única heredera Celia, de donde la marca.

Pusieron a nuevo la amplia bodega de adobe, donde hicieron un techo nuevo con todas las tuberías de frío, de notable ingeniería; instalaron profusión de tanques de acero inox con sus controles térmicos, reciclaron piletas de hormigón/epoxy de tamaño reducido, e incluyeron un avanzado equipo de *termoflash*, tecnología francesa hecha en Italia que con calor y vacío rompe las células de la cáscara y permite extraer todo lo mejor a las uvas –procedimiento aceptado y ensalzado por los mejores enólogos, pues es superior a la termovinificación que sólo emplea calor. Hay además 2 mil barricas que esperan que se termine una sala especial para ellas. La bodega toda, y en particular su sector de fraccionamiento, es de una higiene ejemplar: *I.S.O. 9002*. Aquí vimos embotellar un Malbec cuyano con la chilenísima etiqueta *Gato Negro*.

A mil metros de altitud, en alta densidad y prevista para la cosecha mecánica, casi todo con riego por goteo menos un centenar de hectáreas preexistentes, plantaron Malbec, Cabernet Sauvignon y Franc, Pinot Noir, Syrah, Merlot, Tempranillo, Chardonnay, Semillón y Sauvignon Blanc, con la supervisión del ingeniero agrónomo mendocino Enzo Mugnani, en tanto que el enólogo también mendocino Mauricio Lorca está a cargo de la bodega y sus etiquetas varietales *Magallanes*, *La Consulta* y *La Celia*.

El proyecto incluye recibir a un turismo selecto en la finca, que posee un agradable chalet de 3 habitaciones y un establo con 10 caballos criollos y un baqueano para cabalgar entre los viñedos.

Once again, Chile crosses the mountain to make wines in Cuyo; this time, the traditional Viña San Pedro *of the Chilean-American-German* C.C.U. *In San Carlos, South of the Uco Valley, they bought the vineyard established in 1880 and winery founded in 1924 by Mendoza landholder Eugenio Bustos, run by his daughter and only heir, Celia, the estate's namesake, after his death.*

They restored the ample adobe winery, adding a new roof complete with cold pipelines, quite an engineering feat; they installed temperature-controlled stainless steel tanks, recycled small concrete/epoxy tanks and included advanced termoflash *equipment, Italian-made French technology using heat and vacuum to break the grape skin cells, extracting the best part –a procedure praised by the best winemakers to be superior to thermal vinification, which only uses heat. There are over 2,000 barrels waiting for their new barrel room to be completed. The entire winery, especially the bottling line, is impeccably clean and ISO 9002 certified. Here, we saw a Cuyo Malbec bottled under the very Chilean label* Gato Negro.

At 3,300 foot above sea level, they planted Malbec, Cabernet Sauvignon and Franc, Pinot Noir, Syrah, Merlot, Tempranillo, Chardonnay, Semillón, and Sauvignon Blanc. The dense plantings are prepared for mechanical harvesting and complete with drip line irrigation, except for about 250 acres of pre-existing vineyards, all under the supervision of Mendoza-native and agricultural engineer Mauricio Lorca, head of the winery and its varietal labels Magallanes, La Consulta *and* La Celia.

The project includes receiving selected groups of tourists at the finca's *pleasant 3-bedroom chalet, and the 10-horse stables are complete with local cowboy to guide visitors through the vineyards to* La Celia's *impressive reservoir.*

La Celia Reserva Cabernet Sauvignon 2001 ★★★

La Celia Reserva Merlot 2001 ★★

BODEGAS Y VIÑEDOS O. FOURNIER

Finca Santa Sofía /Calle Los Indios s/nº /
5567 La Consulta / Mendoza
Tel./Fax.: (02622) 451579

E-mail: nortega@bodegasofournier.com
Website: www.bodegasofournier.com
Capacidad: 0,6 millones de litros/*Capacity: 159,000 gallons*
Viña: 74 hectáreas/*Vineyards: 185 acres*

"*No venimos del sector del vino. Decidimos invertir a través de un amigo que nos habló de Mendoza: en el '99 recorrimos los 4 oasis estudiando la tierra y el clima; luego encargamos un trabajo sobre el Valle de Uco que avaló nuestras percepciones, y así decidimos por el terruño de mejor calidad*" cuenta Natalia Ortega a propósito de los orígenes de esta bodega establecida por la familia española Ortega Gil-Fournier, que se afincó desde entonces en La Consulta, donde compraron varias fincas. Plantaron Tempranillo, Cabernet Sauvignon y Franc, Merlot, Malbec y Syrah –salvo el Malbec, todo de clones franceses e italianos con pie americano y conducidos a la española por vaso, también en espaldero. La densidad varía de 3 mil a 10 mil plantas por hectárea. Además compran uva de 12 productores a los que siguen de cerca para obtener no más de 1,5 kilos por planta. La cosecha es manual y en cajas; la uva es seleccionada por 6 personas y luego pasa por una segunda selección donde se eliminan los raspones.

Elaboraron su primera cosecha en 2001 en bodega arrendada. Dos años después hicieron su primera vinificación bajo techo propio, en la notable obra de los arquitectos Bórmida y Yanzón. Diseñada para trabajar por gravedad, la bodega contiene tanques de acero inox (con ducha para enfriamiento y placa para calefacción), cubas de roble francés y piletas de cemento/epoxy de 6,5 a 25 mil litros. En la cava subterránea, a 12 metros de profundidad, habrá lugar para 2.800 barricas. Prensan con prensa de canasto hidráulico y crían en barricas al 80 % de roble francés. La enología está a cargo de Jose Spisso, argentino, "*ya que apostamos a hacer vinos argentinos*" dice Natalia Ortega. Su primer vino, *A Crux*, pasa 18 meses en barrica nueva y 12 meses en botella. El segundo vino, *B Crux*, es criado 12 meses en barricas mitad nuevas y mitad de segundo uso, con 6 meses en botella. A mitad de camino en una inversión de 8 millones de dólares, aún falta terminar la cava de barricas y construir un pequeño hotel con restaurante.

Exportan el 90 % de la producción a Estados Unidos, Reino Unido, España, Holanda, Suiza, Alemania y Brasil. Reciben visitas con arreglos previos.

"*We're not from the wine sector. We decided to invest through a friend who told us about Mendoza. In 1999 we visited the 4 oases, studying the soil and climate. Then we did a study on the Uco Valley that confirmed our perceptions, so we decided on the best terroir,*" *explains Natalia Ortega. The winery belongs to the Spanish Ortega-Gil-Fournier family, who settled in La Consulta after buying several fincas, now planted to Tempranillo, Cabernet Sauvignon and Franc, Merlot, Malbec, and Syrah. All but the Malbec are French and Italian clones with American rootstocks and head-trained, Spanish style, or vertically positioned, with densities of 1,200-4,000 plants per acre. They also work closely with 12 producers who provide no more than 3 pounds of fruit per plant. Grapes are picked, selected, and de-stemmed manually.*

The first harvest, 2001, was vinified in a rented winery. Two years later they processed their first vintage under their own roof, the notable work of architects Bórmida y Yanzón. Designed for gravity flow, the winery has stainless steel tanks (with waterbath cooling and plate heating systems), French oak vats, and 1,700-6,600-gallon cement/epoxy tanks. Some 2,800 barrels rest in a cellar, 39 feet below ground. They use a hydraulic basket press and age in barrels (80% French). Argentine José Spisso is head winemaker, "since we're making Argentine wines," says Natalia Ortega.

A. Crux, their first wine, spends 18 months in new oak barrels and 12 months in bottles. The second, B. Crux, ages 12 months in half new - half second-use barrels and 6 months in bottles.

Mid-way into this $8,000,000 USD investment, the barrel cellar and small hotel-restaurant are yet to be completed.

They export 90% to the U.S., U.K., Spain, Netherlands, Switzerland, Germany, and Brazil.
They receive visitors by appointment.

A Crux Tempranillo-Merlot-Malbec ★★★★ - B Crux Tempranillo-Merlot-Malbec 2001 ★★★★
Urban OAK Tempranillo-Merlot-Malbec 2001 ★★★ - Urban OAK Tempranillo-Malbec-Syrah-Merlot 2002 ★★★

Château d'Ancon / Estancia Ancón

Peatonal Sarmiento 250, 4° piso A /
M5500GID Ciudad / Mendoza
Tel./Fax.: (0261) 4200037

E-mail: bombal@arnet.com.ar
Website: www.estanciancon.com
Capacidad: 0,2 millones de litros/*Capacity: 52,800 gallons*
Viña: 100 hectáreas/*Vineyards: 250 acres*

Sólo hay una persona en Cuyo que con toda pertinencia puede emplear el abusado vocablo galo *château* en su etiqueta y es Lucila Bombal, propietaria de *Estancia Ancón* -a cuyo casco de estilo *hispano-californian* bien le cabe el título de *château*. No hay otros cascos de estancia comparables a este lado de los Andes: con bodega propia y vista a las nieves eternas, desde un parque dibujado por Charles Thays, rodeado por 100 hectáreas de nogales y otras tantas de viña, en una propiedad de 2.500 hectáreas que se pierde en las montañas.

En lo vínico, la nieta del fundador del establecimiento, Domingo Lucas Bombal, encarriló la elaboración hacia la más alta calidad: se clausuró la vieja bodega de piletas de cemento y se instaló una nueva con pequeños tanques de acero inox y frío controlado, con prensa pneumática y moledora francesas, más una batería de 105 barricas al 90 % de roble francés. Domingo Secotaro, el viejo encargado de la bodega, suple al enólogo con su experiencia de décadas en el oficio.

Sólo vinifican uvas propias, que provienen de parrales y espalderas de 4 a 30 años de edad, en las variedades Malbec, Cabernet Sauvignon, Merlot, Pinot Noir, Bonarda, Chardonnay y Sauvignon Blanc: todas viñas a 1.300 metros de altura, puro Valle de Uco. Exportan a Suiza, Inglaterra, Brasil y Panamá.

Ofrecen alojamiento a su precio en dólares en el único *château* a este lado de los Andes, con vista a la Cordillera. Una atmósfera de otros tiempos, en un pico de elegancia campestre sudamericana, con cabalgatas y caminatas a voluntad, cocina al horno de leña, vinos de la casa y un patio con una glicina espectacular. La bodega también recibe visitas, con arreglos previos.

There's only one person in Cuyo who can properly use the much-abused French word château *on her label, and that's Lucila Bombal, the owner of the* Estancia Ancón *-whose Hispano-California-style façade is well-suited to the title of* château. *No other ranch on this side of the Andes can compare; it has its own winery and view of the eternal snows from a park designed by 19th. century French architecte-paysagiste Charles Thays, surrounded by 250 acres of walnut trees and vineyards in a 6,250-acre property that extends into the mountains.*

The granddaughter of founder Domingo Lucas Bombal got the winery back into shape and steered it toward high-quality wines. She closed the old winery with cement tanks and installed a new one with small, temperature-controlled stainless steel tanks, a French pneumatic press and crusher, plus 105 barrels (90% French). Domingo Secotaro has long been in charge of the winery, and his decades of experience allow him to double as winemaker.

They only vinify their own grapes, 4-to-30-year-old Malbec, Cabernet Sauvignon, Merlot, Pinot Noir, Bonarda, Chardonnay, and Sauvignon Blanc vines on pergolas and vertical shoot position in the Uco Valley, 4,265 feet a.s.l. They export to Switzerland, England, Brazil, and Panamá.

Lodging is available but expensive. This is the only château *on this side of the Andes, and offers a view of the mountains, an atmosphere of times gone by, a bit of South American country elegance, horseback riding and hiking, meals cooked on a wood-burning stove, house wines, and a spectacular wisteria on the patio. The winery also receives visitors, with prior arrangements.*

Estancia Ancon Chardonnay 2000 ★★★ - *Gran Reserva Familia Ancon Merlot-Malbec-Cabernet 2000* ★★★

Estancia Ancon Malbec 2000 ★★ - *Estancia Ancon Cabernet Sauvignon 2000* ★★

Bombal Sauvignon Blanc 2002 ★★

El oasis de San Rafael
San Rafael, the other Mendozan oasis

Desde que el último verdor artificial del Valle de Uco se extingue en la sequía perenne hasta que vuelve a existir verde -de nuevo artificial- entre el cielo azul y la tierra gris amarillenta, hay casi una hora de auto alejándose de la Cordillera de los Andes hacia el sudeste. Si no fuera por la falta del fondo montañoso omnipresente en Mendoza, el oasis de San Rafael a Villa Atuel se confundiría con el anterior, pues es idéntico en sus añosos plátanos, sauces llorones, álamos, acequias y viñedos. La única diferencia es que aquí las mallas antigranizo parecen todavía más frecuentes que en el oasis del norte.

Pero mientras Mendoza es una gran ciudad de tamaño contenido, San Rafael es un pueblo de tamaño excedido: una avenida céntrica de anchor porteño en contraste con la edificación sin altura, a falta de un boulevard arbolado en el medio, aflige a la pretensión de belleza urbana. Un solo hotel en la ciudad, el *Tower*, y la posada *Los Alamos* en las afueras, superan el nivel de un hospedaje apto para viajantes de comercio. La gastronomía sanrafaelina, con excepción de una parrilla en la rotonda de acceso, es pueblerina. Hay alguna tienda aislada de productos regionales y de artesanías.

Habida cuenta de estos límites, la vitivinicultura del oasis sureño es sobresaliente: dos de las bodegas familiares más importantes de Argentina en historia y producción están aquí, *Valentín Bianchi* y *Goyenechea*.

Los alrededores de San Rafael compensan la monotonía de su tejido urbano: además de viñas, hay arboledas, ríos rápidos, embalses y cerros a breve distancia en automóvil. Pero el tejido enoturístico propiamente dicho es todavía endeble: para comenzar, falta la cooperación entre las bodegas (que hicieron una D.O.C. San Rafael para terminar enfadadas por ello).

Tal como en Mendoza, hay marcas de vino fino sanrafaelino que fueron famosas y hoy cayeron en olvido. La sombra de la desaparición de *Arizu* en Villa Atuel, que hace décadas dejó un pueblo aturdido por fantasmas, no termina de disiparse a pesar de que el grupo inversor español *Villa Atuel S.A.* compró la ex bodega *Arizu* y esparció en la comarca 4.500 hectáreas de

Heading southwest by car and away from the Andes Mountains, there is nearly an hour of pure blue sky and yellow-gray earth between the time the last of the artificial Uco Valley greenery disappears into the perennial drought and the equally artificial green reappears. If it had a mountainous backdrop, the oasis between San Rafael and Villa Atuel could be confused with Mendoza oasis because they're identical with their old syacamore trees, weeping willows, poplars, drainage ditches, and vineyards. The only difference is that the anti-hail nets are more common here.

While Mendoza is a large city contained in size, San Rafael is a flat sprawling town with a too wide central avenue lined with low buildings, that ruins any pretense of urban beauty. A single hotel in town, the *Tower*, and the *Los Alamos* inn on the outskirts, exceed the lodging needs of traveling salesmen. With the exception of a steak house on the way into town, San Rafael's culinary offering is basic, small town fare. An isolated store sells regional products and crafts. Despite these limitations, vitiviniculture in this southern oasis is remarkable: 2 of Argentina's most important family wineries are here, *Valentín Bianchi* and *Goyenechea*.

The outskirts of San Rafael make up for its urban monotony: besides vineyards, there are woods, dams, rapids, and hills just a short distance away by car. But eno-tourism as such is still weak. For starters, there is no cooperation between wineries (the creation of the San Rafael D.O.C. ended in fights). As in Mendoza, San Rafael also has once-famous brands of fine wines that are now forgotten. Ghosts of times gone by are still present in Villa Atuel, abandoned decades ago by *Arizu*, although the Spanish investment group *Villa Atuel S.A.* bought the former *Arizu* winery and spread 11,000 acres of olive groves and 3,700 acres of vineyards around the region, all with drip irrigation, the most important agricultural project in Latin America today. The desert lies beyond: it's 5 hours on the road at a good clip before reaching the Río Negro Valley and the

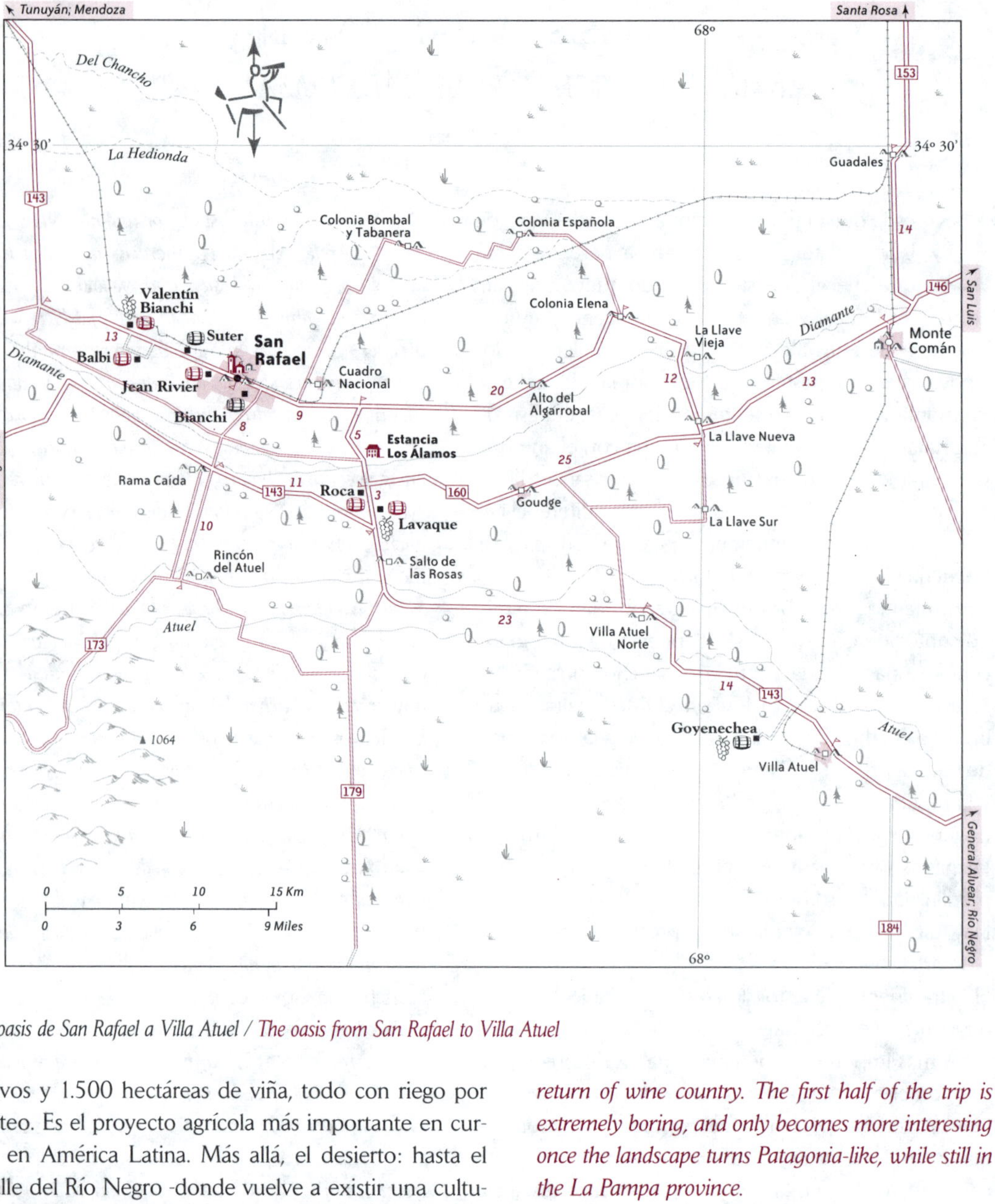

El oasis de San Rafael a Villa Atuel / The oasis from San Rafael to Villa Atuel

olivos y 1.500 hectáreas de viña, todo con riego por goteo. Es el proyecto agrícola más importante en curso en América Latina. Más allá, el desierto: hasta el Valle del Río Negro -donde vuelve a existir una cultura enológica- hay unas 5 horas de viaje a buena velocidad, aburridísimas hasta la mitad del camino y más animadas al patagonizarse el paisaje, todavía en provincia de La Pampa.

return of wine country. The first half of the trip is extremely boring, and only becomes more interesting once the landscape turns Patagonia-like, while still in the La Pampa province.

Bodega Jean Rivier

Hipólito Yrigoyen 2385 /
M5602HCK San Rafael / Mendoza
Tel.: (02627) 432676
Fax.: (02627) 432675

E-mail: ventas@jeanrivier.com
Website: www.jeanrivier.com
Capacidad: 1,2 millones de litros/*Capacity: 317,000 gallons*
Viña: 80 hectáreas/*Vineyards: 199 acres*

Jean Rivier, natural del cantón Valais, tras pasar por Marruecos y Córdoba –donde encontró a su mujer– llegó a Cuyo como representante de una gran empresa química-farmacéutica alemana y terminó radicándose en San Rafael. Aquí tuvo fincas viñateras hasta que en 1971 compró una vieja bodega de adobe y comenzó a vinificar es decir, a obedecer a algo atávico en muchos suizos.

Con el empuje de sus hijos, Marcel en lo comercial y Carlos en la enología, Jean Rivier hoy sólo supervisa cómo su bodega se adapta a los tiempos. En 1994 realizaron una importante inversión en tecnología: maquinaria francesa de prensado, molienda y fraccionamiento, además de 100 barricas de roble francesas para el Cabernet Sauvignon y el Tocai, americanas para el Malbec.

Vinifican en piletas de cemento/epoxy de 10 mil litros, que les permiten separar las partidas de cada cuartel de uvas. Hay tanques de fibra para almacenamiento y hacen un sólo fraccionamiento anual. Las botellas se afinan al menos 6 meses en la cava.

La viña se reparte en 2 fincas: una de 7,5 hectáreas en San Rafael, toda en espaldera con mallas antigranizo, y otra finca en San Carlos de 72 hectáreas, toda en parral y sin mallas antigranizo, razón por la cual en un rato del 7 de febrero de 2000 perdieron toda la cosecha. Las cepas son Malbec, Cabernet Sauvignon, Bonarda, Tempranillo y Merlot, más las blancas Chenin, Tocai y Torrontés. Las edades de las cepas van de 1 a 40 años. Elaboran uvas propias y de viejos productores de Malbec asociados; vinifican además para varios amigos. Producen de 600 a 800 mil botellas al año y exportan a Suiza, Suecia, Reino Unido, Irlanda y Estados Unidos, a veces hasta el 40 % de la producción. En Argentina, distribuyen en todo el país menos en el Noroeste. Reciben con gusto las visitas, sin arreglos previos.

Swiss French native Jean Rivier, a representative of a German chemical-pharmaceutical company, arrived in Cuyo via Morocco and Córdoba, where he met his wife. He finally settled in San Rafael where he had vineyards until he bought an old adobe winery in 1971.

With help from his sons Marcel and Carlos in business and winemaking, respectively, today Jean Rivier supervises as his winery adapts to changing times. In 1994, they made a major investment in technology: French machinery for pressing, crushing and bottling as well as 100 barrels, French oak for Cabernet Sauvignon and Tocai and American oak for Malbec.

Vinification is in 2,600-gallon cement/epoxy tanks, allowing them to separate lots from each vineyard parcel. Fiberglass tanks are used for storage, and there is one yearly blending/bottling. The wines are bottle-aged for at least 6 months in the cellar.

The vineyard is divided into two estates: 18.5 acres in San Rafael with vertical shoot positioning and hail protection nets, and 178 acres in San Carlos in pergola without hail protection, which resulted in their losing their entire crop on February 7, 2000. The varieties are Malbec, Cabernet Sauvignon, Bonarda, Tempranillo, and Merlot, plus the whites Chenin, Tocai, and Torrontés. The vines are from 1 to 40 years old. They process their own grapes as well as those of old associated Malbec producers; they also make wine for various friends.

They produce 600,000 to 800,000 bottles annually and export as much as 40% of their production to Switzerland, Sweden, the U.K., Ireland and the U.S.. They distribute throughout Argentina, with exception of the Northeast. They happily receive visitors, no appointment necessary.

Jean Rivier Malbec 2000 ★★★ - Jean Rivier Malbec-Bonarda 2001 ★★ - Jean Rivier Tocai Friulano 2002 ★★
Jean Rivier Cabernet Sauvignon 2000 ★★ - Jean Rivier Tocai Friulano 2000 ★★ - Jean Rivier Chenin Blanc 2001 ★
Jean Rivier Chenin-Torrontés 2002 ★

ARGENTINA

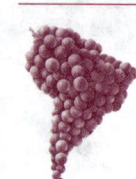

Bodega y Viñedos Valentín Bianchi S.A.C.I.F.

Ruta 143 esq. V. Bianchi / Las Paredes /
M5601BNA San Rafael / Mendoza
Tel./Fax.: (02627) 435600 / 435353

E-mail: informes@vbianchi.com
Website: www.vbianchi.com
Capacidad: 12 millones de litros/*Capacity: 3,170,000 gallons*
Viña: 390 hectáreas/*Vineyards: 975 acres*

"*Bianchi podría clasificarse como una de las rocas sobre las que está edificada San Rafael*" escribió Alan Young en *The Wine Routes of Argentina*, sin exagerar en absoluto. Al llegar al Oasis Sur (San Rafael) desde el Oasis Norte (Mendoza) a la izquierda se verá un extenso prado donde destacan una blanca entrada, blancas fuentes, blancas columnatas, escalinatas balaustradas y peristilos, blancas estatuas de una blanca bodega de una familia cuyo apellido italiano (cuya correcta pronunciación es *Bianqui*) significa, precisamente, "Blancos".

Valentino Bianchi llegó a la Argentina desde Apulia en 1910 y se desempeñó en variados campos antes de fundar en San Rafael, en 1928, su bodega *El Chiche*. Tras su muerte, sus hijos llevaron adelante la bodega rebautizada con su nombre en un *crescendo* continuo a través del siglo XX. La "Bodega Fundadora" quedó dentro del tejido urbano y ya no recibe visitas turísticas. Toda la actividad vinícola será trasladada a la nueva planta, llamada "La Champagnera".

Si algún día la epopeya sudamericana de los Bianchi fuera llevada al cine, a este punto del film rodaría alguna lágrima en la vieja generación al desaparecer los instrumentos y recipientes tradicionales del vino sustituidos por acero inox y máquinas que para don Valentín hubieran sido ciencia-ficción, no menos que descubrir al 90 % de sus viñedos cubiertos por mallas antigranizo, o "La Champagnera" con robóticas *Giropallets* que dan vuelta al método tradicional en 7 días. Y 1.800 barricas bordelesas –que usan 4 veces y desechan– en vez de los bienamados y eternos toneles.

Valentín Bianchi es la bodega líder en turismo en Argentina, pletórica de comitivas que siguen un itinerario quizá demasiado estructurado para el gusto del neurosolitario: hay visitas cada media hora de lunes a sábado y feriados, de 9 a 17 horas.

"Bianchi could be classified as one of the rocks upon which San Rafael is built," *wrote Alan Young in* The Wine Routes of Argentina, *without any exaggeration at all. Upon arriving at the Southern Oasis (San Rafael) from the Northern Oasis (Mendoza), you see an extensive field dressed in white: the entrance, fountains, columns, steps, banisters, and colonnades, white statues of a white winery of a family whose Italian last name means "white."*

Valentino Bianchi came to Argentina from Apulia in 1910 and founded his El Chiche winery in San Rafael in 1928. When he died, his sons renamed the winery after him and its success continued throughout the 20th century. The original plant is now within the city proper and no longer receives tourists; all vinicultural activity has moved to the new plant, called "La Champagnera."

If the Bianchi's South American saga were ever brought to film, the older generation would shed a tear when the traditional instruments and receptacles disappeared and were replaced by stainless steel and machines that would have been science fiction to Valentín: 90% of his vineyards covered with anti-hail nets, or "La Champagnera" with its robotic Giropallets that turn the traditional method around in 7 days. And 1,800 Bordeaux barrels (used 4 times before discarding) instead of the well-loved old casks.

Valentín Bianchi is the leader in Argentine wine tourism, with an excess of groups following an itinerary which may be overly structured for the neuro-solitary visitor. There are visits every half hour from 9:00 am to 5:00 pm, Monday to Saturday and holidays. The well-advised traveller should stop by the gift shop for a bottle of Enzo Bianchi, the best way to appreciate the drinkable history of wine in the Southern Mendoza oasis.

Enzo Bianchi Corte 1999 ★★★★★ - *Famiglia Bianchi Cabernet Sauvignon 2000* ★★★★
Famiglia Bianchi Malbec 2000 ★★★★ - *Valentin Bianchi DOC Cabernet Sauvignon 1999* ★★★★
Famiglia Bianchi Cabernet Sauvignon 1999 ★★★★ - *Valentin Bianchi Sauvignon Blanc 2001* ★★★

BODEGAS LAVAQUE S.A.

Ruta 165 / Cañada Seca /
M5603XAG San Rafael / Mendoza
Tel./Fax.: (02627) 497044 / 497132

E-mail: info@vinasdealtura.com
Website: www.lavaque.com
Capacidad: 5,3 millones de litros/*Capacity: 1,400,000 gallons*
Viña: 80 hectáreas/*Vineyards: 200 acres*

Las bodegas de la familia Lavaque no incluyen sólo esta amplia construcción de estilo neocolonial-andaluz junto a la ruta que lleva a General Alvear. Además, poseen otra bodega en Cafayate (provincia de Salta) con 400 hectáreas de viñedos y una capacidad de 4,8 millones de litros, y una tercera bodega en Santa María (provincia de Catamarca) con otras 400 hectáreas de viñedos y capacidad para 6 millones de litros. En el oasis sanrafaelino, tienen viñedos propios de Cabernet Sauvignon, Merlot, Malbec, Pinot Noir y Chardonnay, todo en espaldera y distribuido en diversas fincas, una de ellas adyacente a la bodega. Casi todo el viñedo está protegido con mallas antigranizo. Y a través de productores asociados, controlan otras 180 hectáreas de viña. Compran además vino a otros productores y también fraccionan aquí vinos de sus dos bodegas norteñas.

La planta, que articula un cuerpo viejo de un siglo con otros sectores nuevos, cuenta con docenas de tanques de acero inox de diversas dimensiones con refrigeración por chaquetas, además de tanques de fibra plástica de 90 y 50 mil litros para conservación, al igual que las piletas de cemento/epoxy. Hay una sala con 300 barricas de roble francés, mientras que los viejos grandes toneles quedaron *pour le tourisme,* que es bienvenido en *Lavaque.*

The Lavaque family winery includes not only this large, neo-classical Andalucian construction on the way to General Alvear. They also have another in Cafayate (Salta province) with 1,000 acres of vineyards and a 1,268,000-gallon capacity, plus a third in Santa María (Catamarca province) with another 1,000 acres of vineyards and a 1,585,000-gallon capacity.

They have their own vineyards in the San Rafael oasis with Cabernet Sauvignon, Merlot, Malbec, Pinot Noir, and Chardonnay, all in vertical shoot position and distributed among different fincas, one of which is next to the winery, and almost all are covered by anti-hail nets. They control another 450 acres through associated producers and buy wine from other producers. They bottle the wines from their 2 northern wineries here. The plant, which comprises a century-old part with newer additions, has dozens of stainless steel tanks of different sizes with temperature control jackets and 13,000- and 24,000-gallon fiberglass cement/epoxy tanks for storage. They have a room with 300 French oak barrels, while the grand old casks remain pour le tourisme, *which is welcomed in* Lavaque.

Finca de Altura Cabernet Sauvignon 2002 ★★★ - *Cornejo Costas Barbera-Merlot 2002* ★★★

Finca de Altura Merlot 2002 ★★★ - *Cornejo Costas Malbec 2002* ★★★

Cornejo Costas Tannat 2002 ★★★ - *Finca de Altura Syrah 2002* ★★

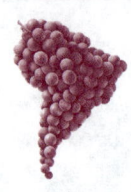

BODEGAS Y VIÑEDOS GOYENECHEA

Sotero Arizu s/n° / Villa Atuel /
5622 San Rafael / Mendoza
Tel.: (02625) 470005
Fax.: (02625) 470181

E-mail: goyenechea@galvear.com.ar
Website. www.goyenechea.com
Capacidad: 14 millones de litros/*Capacity: 3,700,000 gallons*
Viña: 130 hectáreas/*Vineyards: 325 acres*

Goyenechea es una de las grandes y tradicionales bodegas familiares argentinas, y de las más singulares para visitar pues es la única bodega-pueblo del país, entre las pocas que debe haber en el globo vináqueo. Sin embargo, *Goyenechea* es poco visitada y ello quizá se deba a que es la última bodega del mapa antes de la Patagonia; o quizá a que su sangre vasca es más reservada e introversa que la italiana, y no reciben al contingente turístico.

La firma comenzó en Buenos Aires con un almacén en la Plaza de la Victoria en el año 1868 y sólo medio siglo después llegó a la comarca y a la producción de vino, cuando en satisfacción de unas deudas esta bodega que comenzó Sotero Arizu en 1905, cambió de apellido.

Hoy es un mundo lejano y autocontenido de añosas arboledas, con sus acequias, calles, oficinas, escuela, capilla, 26 viviendas, una vieja usina eléctrica y talleres, además de la bodega propiamente dicha, que reúne desde viejos toneles en desuso a piletas de cemento/epoxy y tanques de acero inox con frío y calor, así como 130 barricas francesas (emplean también duelas de roble para algunos vinos). Como en lo de *Robert Mondavi*, California, sólo usan prensas hidráulicas. La enología está a cargo de Raúl Arroyo y la dirección de Alberto Goyenechea, quien se lamenta de la falta de cultura enológica en Argentina, que lleva a filtrar vinos y a perder hasta un 20 % de calidad con estabilizaciones tartáricas que no hacen cuando despachan a países nórdicos (exportan el 18 % de su producción a 32 países de Sudamérica, Norteamérica y Europa).

En la viña tienen Cabernet Sauvignon, Merlot, Malbec, Syrah, Chardonnay, Sauvignon Blanc, Tocai Friulano y Chenin, al 80 % en parral, al 30 % con malla antigranizo, todo con riego por surco.

Esta hermosa y añosa bodega permanece 100 % familiar por la misma razón que cada miércoles al mediodía, así llueva o se derritan las piedras, Alberto Goyenechea va a jugar pelota baska con sus amigos.

Goyenechea is one of Argentina's large, traditional wineries. It's also one of the most unique as it's the country's only winery-village, probably one of very few in the world. However, few people visit it, perhaps because it's at the end of the map before Patagonia, or maybe its that the Basques are more reserved and introverted than the Italians and don't receive tourists.

The firm began with a store in Buenos Aires in 1868; half a century later it arrived in the region and began producing wine when they received the Sotero Arizu winery in payment of a debt.

Today it's a distant and self-contained world with ancient woods, with its irrigation ditches, streets, offices, school, chapel, 26 houses, an old electric power plant and workshops, plus the winery itself, with abandoned old casks, cement/epoxy vats and temperature-controlled stainless steel tanks, as well as 130 French barrels (they also use oak staves in some wines). Like Robert Mondavi *in California, they use only hydraulic presses. Raúl Arroyo is responsible for winemaking, and director Alberto Goyenechea laments Argentina's lack of enological culture, which forces them to filter wines and lose 20% of the quality with tartaric stabilizations, which they forego when they ship to Nordic countries (they export 18% of their production to 32 countries in North and South America and Europe).*

The vineyards have Cabernet Sauvignon, Merlot, Malbec, Syrah, Chardonnay, Sauvignon Blanc, Tocai Friulano, and Chenin, 80% on pergolas, 30% with anti-hail nets, and all with furrow irrigation.

This beautiful old winery is 100% family-owned for the same reason that every Wednesday at noon, rain or shine, Alberto Goyenechea goes to play Basque ball with is friends.

Quinta Generacion Cabernet Sauvignon 1996 ★★★★★ - *Centenario Cabernet Sauvignon 1995* ★★★

Goyenechea Sauvignon Blanc 2002 ★★★ - *Goyenechea Brut Chardonnay -Tocai Friulano 2002* ★★★

Goyenechea Chardonnay 2002 ★★★ - *Quinta Generacion Malbec2001* ★★★ - *Goyenechea Syrah-Merlot* ★★

ROCA S.A.

Ruta 165 / Cañada Seca /
M5603XAG San Rafael / Mendoza
Tel.: (02627) 497194
Fax.: (02627) 497250

E-mail: roca@rocawines.com
Website: www.rocawines.com
Capacidad: 1,7 millones de litros/*Capacity: 449,000 gallons*
Viña: 114 hectáreas/*Vineyards: 282 acres*

La familia Roca, de origen italiano y español, desciende de 4 generaciones de viticultores afincados en San Rafael. Bodegueros desde 1978 en sociedad con la familia Barral, dos décadas más tarde la bodega se transformó en *Roca* a secas.

Aquí no compran uvas: es toda de sus 4 fincas donde suman Malbec, Cabernet Sauvignon, Bonarda, Syrah, Merlot, Pinot Noir, Chardonnay, Tocai Friulano y Chenin, en un 80 % conducidos por espaldera y viña baja, todo riego por surco. Se trata de cepas de 10 a 55 años de edad. El manejo incluye deshoje, raleo y riego controlado. Los rendimientos van de 6 a 10 toneladas por hectárea según la cepa y su edad. La mitad del viñedo está protegido con malla antigranizo.

La bodega, de 1915, cuenta con piletas de cemento/epoxy con refrigeración. Hay tanques de fibra plástica para almacenamiento y 60 barricas, en mayoría americanas: hacen un Chardonnay con fermentación maloláctica en barrica. Emplean prensas hidráulicas pues casi toda su producción es de tintos. "*En la bodega cuidamos lo que tanto nos costó en el viñedo*" dice Alejandro, quien junto a su padre Alfredo Roca y a Mauro Nocenzo es uno de los tres enólogos de esta bodega familiar que exporta un 70 % a Norteamérica y Europa. Reciben con gusto y sin arreglos previos a los visitantes.

Alfredo Roca, sanrafaelino discípulo del padre Oreglia y graduado en 1957, dice a propósito del granizo en la comarca: "Las mangas de piedra aquí son una plaga. La helada no es grave, es esporádica. Desde 1974 no se vio piedra como la que cayó en enero de 2002 por suerte en las afueras de San Rafael, sin castigar mucha finca, si bien a principios de los '90 hubo años muy graniceros. Ahora está cayendo más granizo en el Oasis del Norte (Mendoza). Los embalses no tienen nada que ver: es la topografía que orienta las tormentas graniceras hacia esta zona. Los aviones sirven para atenuar pero lo más efectivo es la tela antigranizo. Con lo que cuestan a la provincia, los aviones ya no se justifican".

San Rafael-native Alfredo Roca, a 1957 graduate and follower of Father Oreglia, says in respect to the region's hail: "Here, the sheets of hail are a plague. Frost isn't too bad, and it's sporadic. But no one had seen hail like we had in January 2002 since 1974. Luckily it fell in the outskirts of San Rafael and didn't harm the fincas, although we did have a lot of hail in the early 1990s. Now, more hail is falling in the north (Mendoza). Dams have nothing to do with it: it's the topography that steers the hailstorms to this area. Airplanes help, but anti-hail nets are the most effective means of protection. Considering how much the planes cost the province, we just can't justify them anymore."

The Italian-Spanish Roca family, descending from 4 generations of San Rafael winegrowers, joined with the Barral family in 1978 and went into the winery business. In 1998, it became simply Roca.

Here, they don't buy grapes: all come from 4 fincas and include Malbec, Cabernet Sauvignon, Bonarda, Syrah, Merlot, Pinot Noir, Chardonnay, Tocai Friulano, and Chenin, 80% with low vertical shoot positioning and 100% furrow-irrigated. The vines are between 10 and 55 years old, and vine management includes leaf removal, thinning and controlled irrigation. Yields vary between 2.4 and 4 tons per acre, depending on age and variety. Half of the vineyard is protected with anti-hail nets.

The 1915 winery houses refrigerated cement/epoxy tanks. They have fiberglass tanks for storage and 60 barrels, mostly American: their Chardonnay undergoes malolactic fermentation in barrels. They use hydraulic presses, since reds account for over half the production. "In the winery, we take care of all the hard work we put in at the vineyard" *says Alejandro Roca. He and his father Alfredo and Mauro Nocenzo are the 3 winemakers at this family winery that exports 70% of its production to North America and Europe. They happily receive visitors with or without appointments.*

Family Reserve Malbec 2000 🍇 - *Family Reserve Chardonnay 2002* ★★★ - *Family Reserve Tocai Friulano 2002* ★★★

Alfredo Roca Merlot 2000 ★★ - *Alfredo Roca Cabernet Sauvignon 2000* ★★ - *Family Reserve Pinot Noir 2002* ★★

Alfredo Roca Malbec 2000 ★★ - *Alfredo Roca Syrah 2000* ★

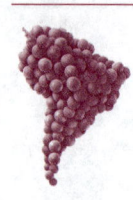

VIÑAS DEL GOLF

Finca Viñas del Golf /Calle Tabanera s/nº /
Ruta 144 km 673,2 /
M5603XAD San Rafael / Mendoza
Tel.: (0267) 438298

E-mail: info@ricardojuradosa.com.ar
Website: www.ricardojuradosa.com.ar
Capacidad: 0,074 millones de litros/*Capacity: 19,550 gallons*
Viña: 80 hectáreas/*Vineyards: 200 acres*

Viñas del Golf nació hace apenas una vendimia como una bodega *boutique* cuyo golf originario (si bien piensan hacer uno aquí) está a más de mil kilómetros, a orillas del Río de la Plata. Su propietario, Ricardo Jurado, compró una hermosa finca a una decena de kilómetros de San Rafael, donde ya había viñedos y construyó una primera sección de bodega semienterrada que luce como un *bunker*.

La viña, en suelos franco arenosos, comprende 24 hectáreas de espaldera baja plantadas en 1946 y 56 hectáreas de viñas nuevas plantadas desde 1998, en espaldera alta, con malla antigranizo; 40 de ellas con riego por goteo y la otra mitad por surco. Las cepas son de Malbec, Cabernet Sauvignon, Merlot, Syrah, Bonarda, Verdot, Chardonnay y Semillón. Los rendimientos oscilan entre 6 y 12 toneladas por hectárea. No compran uva.

La pequeña y compacta bodega, cuyo diseño permite trabajar por gravedad, es dirigida por el enólogo Claudio Sosa y tiene 4 piletas de fermentación de cemento/epoxy de 8 mil litros con doble boca, y 6 piletas de guarda de 6 mil litros. Todo equipado con bocas y puertas de acero inox, con sistema de enfriamiento con placas. Cuentan 60 barricas de las que 50 son de encina francesa, 10 de roble americano.

Reciben visitas con arreglos previos, y cuentan con una tienda donde venden los 4 vinos *Viñas del Golf*: Bonarda, Cabernet, Malbec y Chardonnay. Respecto al mercado externo, dice Ricardo Jurado: "*estamos trabajando en exportación*".

Viñas del Golf began barely a harvest ago as a boutique winery, and was inspired by a golf course more than 600 miles away on the banks of the Río del la Plata (although they're thinking about making one here). Owner Ricardo Jurado bought this beautiful finca with pre-existing vineyards 8 miles from San Rafael, and built the first section of a semi-underground winery that looks like a bunker.

The vineyard on sandy-loam soils, consists of 60 acres of low vertical shoot positioned vines planted in 1946, 140 acres planted in high vertical shoot position with anti-hail nets since 1998, 100 of those acres have drip irrigation, the other half are furrow-irrigated. They have Malbec, Cabernet Sauvignon, Merlot, Syrah, Bonarda, Verdot, Chardonnay, and Semillón. Yields range from 2.5 to 5 tons per acre, and they do not buy grapes.

The small, compact winery designed for gravity flow technology has 4 double-door, 2000-gallon cement/epoxy fermentation tanks and 6 more 1,600-gallon tanks for storage, all equipped with stainless-steel doors, and plate chillers. They have 60 oak barrels: 50 French and 10 American.

They receive visitors with prior appointments and have a shop where they sell the 4 Viñas del Golf *wines: Bonarda, Cabernet, Malbec, and Chardonnay. With respect to exportation, Ricardo Jurado says, "we're working on that."*

Viñas del Golf Bonarda 2002 ★★ - *Viñas del Golf Cabernet Sauvignon 2001* ★★
Viñas del Golf Malbec 2001 ★★ - *Viñas del Golf Chardonnay 2002* ★

Los Valles de San Juan
The Valleys of San Juan

Mendoza tiende a eclipsar a San Juan, al menos en lo vitivinícola. El vasto oasis sanjuanino es apenas un poco más seco y cálido que el mendocino, con alturas comparables, suelos similares e idéntica irrigación. Como nos dijo un bodeguero sanjuanino, *"las diferencias entre los terruños sanjuanino y mendocino son las diferencias que sanjuaninos y mendocinos quieren que haya, porque no hay ninguna diferencia"*.

Mendoza has always tended to outshine San Juan, at least in vitiviniculture. The San Juan oasis is only a bit drier and warmer than Mendoza, with comparable altitudes, similar soils, and identical irrigation. As a San Juan winemaker said, *"the differences in terroir between San Juan and Mendoza are the ones the people want, because there's really no difference."* But there is

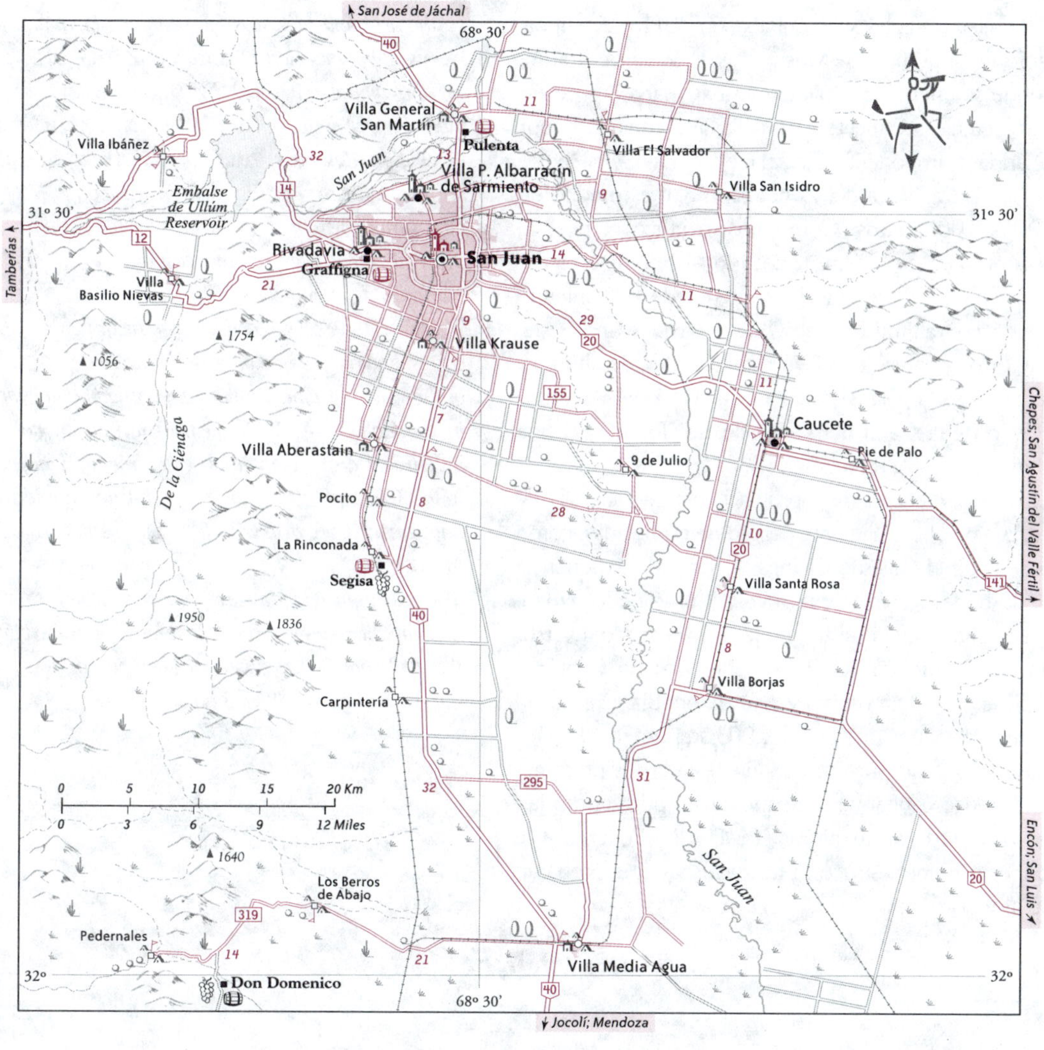

El oasis de San Juan / The San Juan oasis

Hay una diferencia en superficie, con unas 46 mil hectáreas de viñedos en vez de las 143 mil de Mendoza. También existe una diferencia en calidad, ya que tradicionalmente la viña sanjuanina está más orientada que la mendocina a la producción de vinos de mesa. Aún hoy (las páginas de esta Guía lo reflejan) el número de bodegas que elaboran vinos finos en San Juan es mucho menor que el de Mendoza y no guarda proporción con la superficie cultivada.

Pero el menor costo de la tierra, el potencial del Syrah o la Bonarda, la mejor maduración de las uvas y la menor incidencia del granizo, además de las exenciones impositivas, están dinamizando la escena vinícola provincial. Hay grandes superficies de nuevos viñedos, en particular en el Valle del Pedernal, de características muy interesantes.

Los valles vinícolas sanjuaninos son 4. El más importante en superficie de viñedos es el Valle de Tulum, donde se asienta la capital, a ambas márgenes de río San Juan hasta Caucete y más allá, limitado al este por la árida e imponente Sierra Pie de Palo y al oeste por la Sierra Chica del Zonda, con alturas medias de 600 a 700 metros. Como un apéndice al noreste está el Valle de Ullum, rodeando al bonito embalse homónimo (el pequeño mar interior de los sanjuaninos) a una altitud de unos 800 metros. Al noroeste, hay otro apéndice en el Valle del Zonda, de altura similar. El cuarto oasis vinícola es el Valle del Pedernal, al este de la Sierra del Paramillo del Tontal, y a una altitud de 1.400 metros.

Los valles interiores de la provincia ofrecen alturas mayores, con el consiguiente peligro de las heladas, como sucede en el Valle de Calingasta, según la experiencia de la bodega *Pulenta* que tuvo allí un viñedo experimental hasta que desistió. En Jáchal, un grupo inversor italiano plantó un viñedo experimental de Cabernet Sauvignon, Chardonnay y Sauvignon Blanc a 1.200 metros de altura, que dio en 2003 su primera cosecha.

Las bodegas de vinos de San Juan están muy próximas a la ciudad capital y pueden visitarse todas en un largo día. Pero para explorar el Valle del Pedernal (sin bodegas ni infraestructura turística) hay que prepararse al todo terreno.

a difference in surface area: 115,000 acres vs. Mendoza's 360,000. There's also a difference in quality, as the San Juan wineries have traditionally been geared more toward table wines than Mendoza's. Even today (as this Guide shows), there are far fewer wineries making fine wines in San Juan than in Mendoza.

Lower land costs, the potential for Syrah or Bonarda, better fruit maturation, less hail, and tax exemptions are spurring winemaking in the province. Large new vineyards are appearing, especially in the Pedernal Valley.

San Juan has 4 vitivinicultural valleys. The largest in terms of area planted is the Tulum Valley, which extends along both sides of the San Juan River toward Caucete and beyond, bordered to the east by the arid and imposing Sierra Pie de Palo, and to the west by the Sierra Chica del Zonda, with an average altitude of 2000-2300 feet. As an arm to the northeast is the Ullum Valley, on both sides of the Ullum Reservoir, reaching 2,600 feet. To the northwest, there's another arm in the Zonda Valley at a similar height. The fourth vinicultural oasis is the Pedernal Valley, to the east of the Sierra del Paramillo del Tontal, at 4,500 feet.

The interior valleys reach greater heights, with the corresponding danger of frosts; such was the case of the Pulenta *winery whose experimental vineyard in the Calingasta Valley died. In Jáchal, an Italian investment group planted an experimental vineyard with Cabernet Sauvignon, Chardonnay, and Sauvignon Blanc at 4,000 feet, with its first harvest in 2003.*

The San Juan wineries are very close to the capital and can all be visited in one long day. But to explore the Pedernal Valley (without wineries or touristic infrastructure), you'll need an A.T.V.

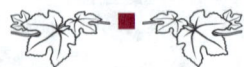

BODEGA AUGUSTO PULENTA

General Acha 982 (Sur) /
J5402EGT Ciudad / San Juan
Tel./Fax.: (0264) 4202553 / 4202707

E-mail: adm@augustopulenta.com
Website: www.augustopulenta.com
Capacidad: 2 millones de litros/*Capacity: 528,000 gallons*
Viña: 200 hectáreas/*Vineyards: 500 acres*

Uno de los apellidos más sonoros en el mundo cuyano del vino es Pulenta, originario de Ancona, en Las Marcas de Italia. Todos descienden del bisabuelo Antonio, establecido a principios de siglo XX como contratista de fincas en San Martín, provincia de San Juan. Sus 5 hijos varones impulsaron la firma *Pulenta Hermanos* que un día compró *Peñaflor* y después *Trapiche*, convirtiéndose en el más importante productor de vinos del país. Cuando la siguiente generación vendió *Trapiche/Peñaflor* al grupo *Donaldson* en 1997, los hermanos Mario Augusto y Ernesto Enrique Pulenta fundaron la empresa que lleva el nombre de su padre. La establecieron en una bodega de adobe, propiedad de la familia, construida en 1900, que sobrevivió a los graves terremotos de 1944 y 1977 y fue reciclada en 1999. Posee piletas pequeñas de cemento/epoxy, sistemas italianos de refrigeración, prensa pneumática, descobajadora y moledora, tanques de acero inox franceses con chaquetas de enfriamiento y unas 60 barricas en mayoría norteamericanas. La enología está a cargo del sanjuanino Hugo Torres (25 años en *Peñaflor*) quien vinifica sólo uvas de fincas propias en San Martín y 9 de Julio (San Juan) donde tienen Cabernet Sauvignon, Malbec, Syrah, Bonarda y Chardonnay. La mitad de estas cepas son jóvenes y conducidas por espaldera alta con riego por goteo, la otra mitad tiene de 20 a 30 años y son en parral. Los rendimientos son de 6 a 7 toneladas por hectárea gracias a una poda estricta, pues no hacen raleo. Este año cosecharán Petit Verdot por vez primera. La conducción es familiar, con Mario Daniel Pulenta a cargo de la producción, quien al explicar el potencial del Syrah sanjuanino afirma "*creo que lo tiene pero no es único. La Bonarda va a dar sorpresas. En todo caso, faltan años de información en la provincia para ver si se da en todo San Juan o en determinadas zonas. De todas maneras, el Malbec de aquí no tiene características tan marcadas como el Syrah*".

One of the best-known names in Cuyo is Pulenta, originally from Ancona, Italy. All are descendants of great-grandfather Antonio, who established himself in the early 20th century as a finca contractor in San Martín, in the San Juan province. His 5 sons formed the Pulenta Hermanos *company that bought* Peñaflor *and then* Trapiche, *making them Argentina's largest wine producer. When the following generation sold* Trapiche/Peñaflor *to the* Donaldson, Lufkin & Jenriette *investment fund in 1997, brothers Mario Augusto and Ernesto Enrique Pulenta formed the company that bears their father's name. They set up in an 1900 adobe, family-owned winery that survived the severe 1944 and 1977 earthquakes. It was renovated in 1999 with small cement/epoxy tanks; Italian cooling systems, pneumatic press, crusher and de-stemmer; French stainless steel tanks with cooling jackets; and 60 mostly American barrels. San Juan winemaker Hugo Torres (25 years at* Peñaflor*) vinifies only grapes from their properties in San Martín and 9 de Julio (San Juan), where they have Cabernet Sauvignon, Malbec, Syrah, Bonarda, and Chardonnay. Half are young and trained to high vertical shoot position with drip irrigation. The other half are 20-30 years old and on pergolas. Strict pruning affords yields of 2.5-3 tons per acre without fruit thinning. This year they harvested their first Petit Verdot. This is a family business, with Mario Daniel Pulenta in charge of production, and who says of San Juan Syrah, "I think it has potential, but it's not the only one. Bonarda is going to offer some surprises. In any event, we need years of information in the province to see if it will work in all of San Juan or just in determined areas. But it is true that the Malbec here doesn't have the marked characteristics that Syrah does."*

Valbona Chardonnay 2002 ★★★ - *Valbona Roble Chardonnay 2002* ★★★ - *Valbona Cabernet Sauvignon 2001* ★★★
Valbona Roble Cabernet Sauvignon 2000 ★★★ - *Valbona Malbec 2001* ★★★ - *Valbona Bonarda 2001* ★★★
Augusto P. Roble Cabernet Sauvignon 2001 ★★ - *Valbona Torrontés Sanjuanino 2001* ★★

Bodega Don Domenico

Ruta 318, km 9 / Huanacache /
5400 Sarmiento / San Juan
Tel.: (02229) 495433

E-mail: smv@dondomenico.com.ar
Website: www.dondomenico.com.ar (en construcción)
Capacidad: 0,81 millones de litros/*Capacity: 214,000 gallons*
Viña: 96 hectáreas/*Vineyards: 240 acres*

Esta nueva bodega, rodeada por casuarinas, está en el sur de San Juan, casi en el límite con Mendoza, en la localidad de Huanacache, a una altura de 780 metros sobre el nivel del mar.

Sus viñas están puestas en espaldero con riego por goteo, en suelos arenosos con sedimentos aluvionales. Las cepas cultivadas son Cabernet Sauvignon y Franc, Syrah, Bonarda, Malbec, Tempranillo y Chardonnay. Los rendimientos promedio dan 9,8 toneladas por hectárea y la cosecha es manual, en cajas de 18 kilos. De una finca vecina compran un poco de Merlot y Tannat que están microvinificando en forma experimental. Pero en general no compran uva ya que la producción propia es más que suficiente.

La bodega es funcional y moderna, climatizada y equipada con la tecnología más avanzada, y todavía está en terminación en su parte estética. Vinifican en 34 tanques de acero inox franceses de 6 a 28 mil litros con doble camisa de frío/calor controladas por un tablero central, y almacenan en tanques de acero inox de 26 y 41 mil litros. Cuentan 50 barricas, mitad de roble americano y mitad de roble francés. Las maquinarias son italianas: prensas pneumáticas *Diemme*, filtros de tierra y por placas *Spadoni*, bombas, moledoras, cinta de selección y otros equipos *CME*, y equipo de frío *Cagnaso*. El enólogo residente es Jorge Pérez Stalb y el creador de los vinos Alfredo Despous.

Exportan el 10 % de la producción embotellada a Italia y Holanda, pero piensan acentuar el perfil exportador. Por ahora no reciben visitas pero piensan hacerlo cuando terminen de equiparse para ello.

This new winery, surrounded by casuarinas (beefwood trees), is in the south of San Juan, almost at the Mendoza border, in Huanacache, at 2,560 feet a.s.l.

Its vineyards are planted in vertical shoot position with drip irrigation in sandy soils with alluvial sediments. They grow Cabernet Sauvignon and Franc, Syrah, Bonarda, Malbec, Tempranillo, and Chardonnay. The average yield is 4 tons per acre, manually harvested in 40-pounds bins. Except for a bit of Merlot and Tannat purchased from a neighboring finca for experimental micro-vinification, they do not buy fruit because their own production is more than sufficient.

The winery is functional and modern, heated, and equipped with the latest technology, although the aesthetic aspects are yet to be completed. They vinify in 34 French double-jacketed stainless steel tanks, ranging from 1,600 – 7,400 gallons each and temperature controlled from a central control panel. Finished wines are stored in 6,900-10,900-gallon stainless steel tanks. They have 50 oak barrels, half American, half French. The machinery is Italian: Diemme *pneumatic presses;* Spadoni *diatomaceous earth and plate filters;* Cagnaso *cooling equipment; and* CME *pumps, crushers, selection belts, and other equipment. The resident enologist is Jorge Pérez, although Alfredo Despous creates the wines.*

They export 10% of their bottled production to Italy and the Netherlands, but are planning to increase the amount. For now they do not receive visits, but plan to in the future.

Finca Don Domenico Chardonnay 2002 ★★★ - *Finca Don Domenico Syrah 2002* ★★★

Finca Don Domenico Bonarda 2002 ★★★ - *Finca Don Domenico Cabernet Sauvignon 2002* ★★

Finca Don Domenico Tempranillo 2002 ★★

BODEGAS KAUFMAN S.A.

Talcahuano 768 11° /
C1013AAP Ciudad de Buenos Aires
Tel./Fax.: (011) 43726809

E-mail: bodegaskaufman@ciudad.com.ar
Capacidad: 1,5 millones de litros/*Capacity: 396,000 gallons*
Viña: 70 hectáreas/*Vineyards: 175 acres*

El abogado Pepe Kaufman comenzó a plantar sus viñas hacia 1994 en 2 fincas sanjuaninas, una en Villa Media Agua y la otra en Caucete. En suelos franco arenosos, todo en espaldera y con riego por goteo, plantó primero Chardonnay y luego Syrah, Cabernet Sauvignon, Malbec y Merlot. En el año 2000 realizó su primera cosecha y vinificación del Chardonnay, en una bodega propia en Caucete (que no llegamos a visitar, ni tampoco los viñedos) donde vinifica en tanques de acero inox de 20 a 43 mil litros todos con regulación térmica por chaquetas tanto para refrigerar la fermentación alcohólica como para entibiar la fermentación maloláctica. La bodega cuenta con un lote nuevo de 250 barricas, todas francesas, que están en su primer y segundo uso: el Chardonnay tiene sólo un 10 % de barrica, pero están por lanzar el año próximo cuatro varietales tintos con las uvas de sus cepas, ya que no compran uva.

El *Chardonnay Kaufman* se distribuye en los mejores restaurantes de Buenos Aires y algunos de la Patagonia, además de vinotecas. Está presente en muchas embajadas argentinas y pronto comenzará a exportarse a algunos estados de la Costa Este de los Estados Unidos.

Attorney Pepe Kaufman began planting his vineyards around 1994 in 2 San Juan fincas, one in Villa Media Agua and the other in Caucete. He began with Chardonnay and later planted Syrah, Cabernet Sauvignon, Malbec, and Merlot, all vertically positioned in sandy-loam soils. The first harvest and vinification was in 2000, when he made Chardonnay in his Caucete winery. We were unable to visit the winery or the vineyards, but he vinifies in 5,300-11,400-gallon stainless steel tanks with temperature-control jackets, allowing to cool the fermenting must or warm the wine during malolactic fermentation. The plant has a new lot of 250 French oak barrels in their first or second use. Only 10% of the Chardonnay sees oak, but next year Kaufman will launch 4 red varietals with his own grapes (he does not buy fruit).

Chardonnay Kaufman is available in the best restaurants of Buenos Aires and some in Patagonia, as well as wine shops. It is also served in many Argentine embassies and will soon be exported to parts of the East Coast of the United States.

Kaufman Chardonnay 2002 ★★★

BODEGAS Y VIÑEDOS SANTIAGO GRAFFIGNA S.R.L.

Colón Norte 1342 /
J5400XAA Desamparados / San Juan
Tel./Fax.: (0261) 4214227 / 4214905

E-mail: graffigna@adsw.com
Website: www.allieddomecqplc.com
Capacidad: 11 millones de litros/*Capacity: 2,900,000 gallons*
Viña: 620 hectáreas/*Vineyards: 1,550 acres*

La bodega que Juan Carlos Graffigna fundó en 1870 es la más tradicional y afirmada de San Juan en vinos finos. A fines de siglo XX, la bodega que supo llamarse *Colón* pasó por tres distintos propietarios hasta que en 2001, la compró el coloso *Allied-Domecq* (que también posee la bodega *Balbi* en San Rafael) y si bien ya era una bodega tecnificada, invirtió ulteriormente en ella incluyendo un reordenamiento estético y hasta museológico, para abrirse al turismo.

Graffigna posee una finca en Pocito con Syrah, Cabernet Sauvignon, Malbec, Chardonnay, Pinot Gris, Sauvignon Blanc y Rieslina, con parrales de 30 y 40 años y espaldera en las plantaciones nuevas. Hay otra finca en Cañada Honda y allí todo es por espaldera y con riego por goteo, con cepas de Malbec, Merlot, Syrah, Cabernet Sauvignon y Franc, Tempranillo, Torrontés y en breve, Viognier. Además, compran el 80 % de las uvas que elaboran a productores asociados. También piensan plantar viña en Valle del Pedernal.

Una nave con aislamiento térmico contiene 1,6 millones de litros de capacidad en tanques de acero inox y otra nave similar en construcción sumará otro tanto. Las piletas de cemento/epoxy, sin frío, se usan para almacenamiento. Una tercera nave llena de tanques de acero inox para la guarda suplantará a los viejos toneles de roble, que quedarán para la vista. Poseen mil barricas, el 65 % de roble americano. *Duelas* y *chips* se emplean también en las líneas de vinos más económicos.

Domina a la bodega un tanque de hierro/epoxy de 1 millón de litros usado otrora para fermentación continua con sistema Cremaschi, cuando se molían 40 millones de kilos de uva por temporada. Hoy el enólogo jefe Oscar Biondolillo lo usa para cortes de los vinos de gran producción.

La tradicional bodega *Graffigna* será en breve la máxima atracción enoturística de la provincia. *Graffigna* exporta el 10 % de su producción al Reino Unido, Estados Unidos y otros mercados.

The winery founded by Juan Carlos Graffigna in 1870 is San Juan's most traditional and most firmly involved in fine wines. Originally named Colón, the winery changed hands 3 times in the late 20th century until the giant Allied-Domecq *(which also owns the* Balbi *winery in San Rafael) bought it in 2001. Although it was already technologically advanced, the new owners made esthetic and even museological changes with tourism in mind.*

Graffigna *has a finca in Pocito with Syrah, Cabernet Sauvignon, Malbec, Chardonnay, Pinot Gris, Sauvignon Blanc, and Rieslina, with 30-40-year old pergolas and new vertically positioned vines. Another finca in Cañada Honda is entirely in vertical shoot position with drip irrigation and has Malbec, Merlot, Syrah, Cabernet Sauvignon and Franc, Tempranillo, Torrontés, and Viognier. They also buy 80% of the grapes they need from associated growers. A new vineyard is planned for Valle del Pedernal.*

One thermally insulated nave has a 423,000-gallon capacity in stainless steel tanks and another similar nave is under construction. Cement/epoxy tanks without temperature control are used for storage. A third nave full of stainless steel storage tanks will replace the old oak casks, which will remain on view. They have 1,000 barrels (65% American oak). They also use inner staves and chips in their more economical lines.

Dominating the winery is the 264,000-gallon iron/epoxy tank formerly used for continuous fermentation with the Cremaschi system, when they crushed over 88,000,000 pounds of grapes per season. Today head winemaker Oscar Biondolillo uses it for blending large volume wines.

Graffigna *will soon be the province's major wine tourism attraction.* Graffigna *exports 10% of its production to the U.K., U.S., and other markets.*

Graffigna Syrah 2000 ★★★★ - Balbi Reserva Malbec 1999 ★★★★ - Colon Chardonnay ★★★

Colon Syrah ★★★ - Balbi Reserva Cabernet Sauvignon 2000 ★★★ - Graffigna Malbec 2000 ★★★

Centenario Cabernet Sauvignon 1999 ★★★ - Colon Cabernet Sauvignon ★★★ - Graffigna Centenario Chardonnay ★★

VIÑAS DE SEGISA

Aberastain y Calle 15 / La Rinconada /
J5429AKA Pocito / San Juan
Tel./Fax.: (0264) 4921807

E-mail: segisa@interredes.com.ar
Website: www.saxsegisa.com.ar
Capacidad: 1,8 millones de litros/*Capacity: 476,000 gallons*
Viña: 8 hectáreas/*Vineyards: 20 acres*

El nombre de esta bodega evoca a la latina Sax, alicantina Segisa, de donde provenía el viñatero Vicente Pérez Ganga, abuelo materno de Daniel Vielsa, socio propietario junto a Eduardo Testa. Los dos amigos sanjuaninos, que alquilaban bodega desde hacía un tiempo, compraron en 1995 y reciclaron esta bodega de adobe de principios del siglo XX, a la que en los años '60 se añadió otro cuerpo y finalmente están sumando otro más, para los vinos de alta gama.

La viña propia sólo basta para estos vinos top y se trata de Cabernet Sauvignon, Syrah y Malbec, en espaldera, de cepas jóvenes. El resto de la uva la compran a otros productores de la comarca de Pocito.

La enología está a cargo del sanjuanino Jorge Rodríguez, quien vinifica en piletas de cemento/epoxy, sin control de temperatura, y añeja en barricas de roble. La reorientación productiva de *Segisa* fue veloz y radical: "*hasta el '99 nuestro fuerte era el vino común, como todos los sanjuaninos. Empezamos con 90 % de vino común y 10 % de fino, y este año hicimos 80 % de vino fino y 20 % de común*" –explica Daniel, que añade que hacen vino de mesa porque su madre posee viñas de Torrontés Sanjuanino, Pedro Jiménez y Criolla que de algún modo hay que aprovechar pues son muy buenas uvas "*que lamentablemente se consideran comunes, como la Bonarda*". También elaboran una *Mistela de Oro* de 7 años de añejamiento.

Tienen una amplia sala de visitas con tienda y barra de degustación pues están abiertos al turismo todos los días de 9 a 21 horas. Se enorgullecen de ser, junto a *Cava del Zonda*, la bodega más visitada de San Juan.

The name of this winery comes from the Latin word Sax (saxum, large stone), known as Segisa in Alicante, ancestral roots of winegrower Vicente Pérez, whose grandson Daniel Vielsa owns the winery with partner Eduardo Testa. The 2 friends from San Juan rented a winery until they bought one in 1995. They renovated the early 20th century adobe structure and added a new wing for their top wines.

The estate's vineyards are enough to make their top wines and include Cabernet Sauvignon, Syrah, and Malbec, young vines with vertical shoot positioning. They buy the rest of the grapes from producers in the Pocito area.

Winemaking chief and San Juan native Jorge Rodríguez uses cement/epoxy tanks without temperature control and ages in oak barrels. Segisa's production reorganization was fast and radical: "until 1999, our strong point was ordinary wine, like everybody else in San Juan. We started with 90% ordinary wine and 10% fine wine. This year, we made 80% fine wine and 20% ordinary," explains Daniel, adding that they make table wine because his mother has some very good Torrontés Sanjuanino, Pedro Jiménez and Criolla grapes that are "unfortunately considered common, like Bonarda." They also make Mistela de Oro, *which is aged for 7 years.*

They have an ample reception area with a shop and tasting bar. They are open daily from 9:00 am to 9:00 pm., and are proud to be, along with Cava del Zonda, *the most visited winery in San Juan.*

Moscato de Oro Corte ★

Segisa Corte 2001 ★

Los valles de La Rioja
The valleys of La Rioja

En los 3 valles vitícolas de La Rioja hay casi 8 mil hectáreas de viña. El valle más alto y próximo a los Andes es el del río Vinchina, entre la Precordillera y la imponente sierra de Famatina (cuyo Nevado alcanza 6.251 metros) con altitudes que van de 1.200 metros en Villa Unión hasta 1.500 en Vinchina. A Levante de la sierra de Famatina, entre ésta y la sierra de Velasco, está el valle de Chilecito y Famatina, corazón vitícola y bodeguero de la provincia gracias a la *Cooperativa La Riojana*, que ocupa una parte importante de la pequeña y muy amable ciudad de Chilecito a 1.074 metros de altitud; en tanto que el tenue poblado de Famatina está 400 metros más alto. *Famatina* es una de las pocas D.O.C. que hay en Argentina y, como las demás, su funcionamiento no es muy dinámico quizá porque la sostiene un solo productor, recién mencionado.

El valle más levantino de La Rioja corre al pie de la sierra de Velasco (que alcanza los 5 mil metros) y en rigor no tiene nombre, como tampoco los cerreríos que cierran mal el "valle" por el costado este. Al pie del Velasco, donde las quebradas rezuman algo de agua, está *la costa* de los poblados de Aminga (a 1.286 metros), Anillaco y Aimogasta (a 838 metros). Casi toda la vid de este valle pertenece a la famosa bodega de Anillaco de la cual es socio Carlos Menem, el primer bodeguero que llegó a presidente de la República.

La Rioja es una región *Muy Cálida* en la *Escala de Winkler*, con lluvias inferiores a los 200 milímetros anuales. Los suelos son profundos, pedregosos, franco arenosos, pobres de materia orgánica. Los sistemas de irrigación, como en Mendoza y en los Valles Calchaquíes, siguen utilizando acequias construidas por los aborígenes y el riego es por surco y manto. Pero en los viñedos del ex presidente en Aminga hay un eficiente sistema de riego por goteo con pozos profundos, adelantos que también engalanan a grandes plantíos de olivares en torno a Aimogasta, donde la desgravación fiscal hizo milagros de estilo israelí, en el puro desierto.

Fuera de Chilecito y Anillaco, donde el albergue es modesto, casi no hay donde parar en "la ruta del vino

La Rioja has 3 viticultural valleys and nearly 20,000 acres of vineyards. The Río Vinchina Valley, between the Precordillera or Frontal Range and the majestic Sierra de Famatina, is the highest and closest to the Andes. Its Nevado de Famatina reaches 20,500 feet. The Río Vinchina Valley altitudes range from 4,100 feet in Villa Union to 4,900 in Vinchina. East of the Famatina Range there is the Chilecito and Famatina Valley, limited in the east by the Velasco Range. Chilecito is the vitivinicultural heart of the province, thanks to the Cooperativa La Riojana, *which takes up a good part of the small and very pleasant city of Chilecito at 3,500 feet, while the simple little village of Famatina is 1,300 feet higher. Famatina is one of Argentina's few D.O.C.s, and, like the others, it's not very active, perhaps because the* Cooperativa *is its only producer.*

La Rioja's easternmost valley runs along the base of the Velasco Range (which reaches 15,400 feet). Strictly speaking, it has no name, but then neither do the hills that poorly close the 'valley' to the east. At the foot of the Velasco, where the ravines ooze a bit of water, are the towns of Aminga (at 4,200 feet) Anillaco and Aimogasta (at 2,750 feet). Carlos Menem, Argentina's first winemaking president, is one of the partners of the Anillaco winery, which owns nearly all of the valley's vines.

La Rioja is considered a 'Very Warm' region on the Winkler Scale, and has less than 8 inches of rainfall per year. Its deep, rocky, clay-loam soils are poor in organic material. As in Mendoza and the Calchaquí Valleys, they use the furrow irrigation system, making use of the ancient canals built by the indigenous peoples. But the former president's vineyards in Aminga have an efficient drip irrigation system with deep wells, advancements that also adorn the large olive groves around Aimogasta, where tax cuts worked Israeli-style miracles in the middle of the dessert.

Outside Chilecito and Anillaco, where lodgings are modest, there is hardly anywhere else to stop along

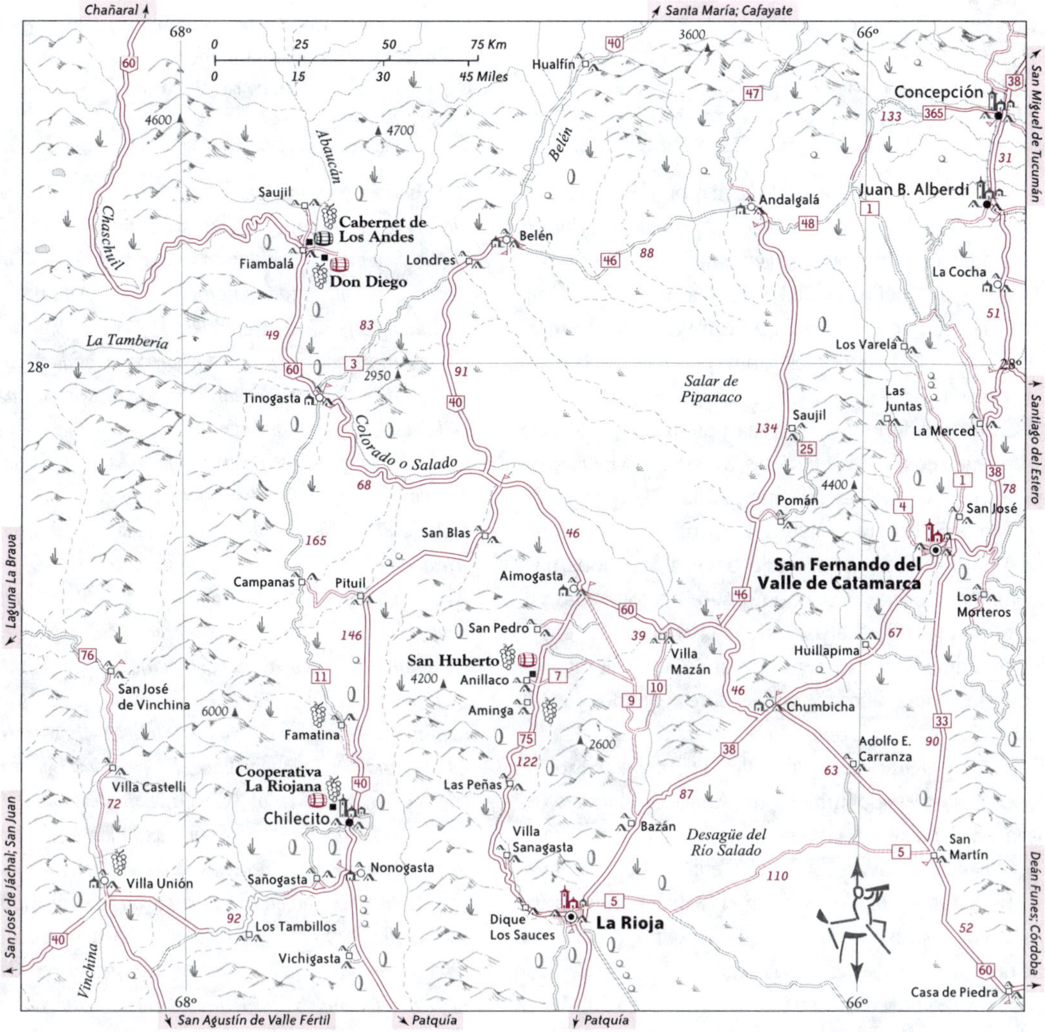

Los valles de La Rioja y Catamarca / The Valleys of La Rioja and Catamarca

riojano". Más fácil es comer bien, si se gusta el chivito o cabrito asado a las brasas, que (no) siempre está presente en las postas del camino. Si bien estos valles poseen todavía, muy deteriorado, un tejido de agricultores y artesanos, nada muy visible se hizo en la larga década de bonanza menemista para desarrollar microproducciones de agroalimentarios que darían sustento y contexto al enoturismo y alejarían a las gentes de la degradante dependencia del empleo público provincial, en manos de políticos -que en La Rioja son de un solo color.

the "Riojan Wine Route," although eating well is easier, if you like roasted goat, which should but is not always available in the diners along the way. Although rather deteriorated agricultural and craft cultures persist, there is no readily visible sign that the prosperous Menem decade did anything to develop agricultural micro-productions capable of sustaining and providing context for eno-tourism and helping people break from their degrading dependence on provincial public employment at the hands of politicians, who, in La Rioja, are all cut from the same cloth.

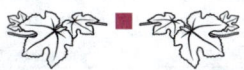

BODEGA SAN HUBERTO S.A.

Virgilio Ferreyra s/n° /
F5330AMA Anillaco / La Rioja
Tel.: (03827) 494040
Fax.: (03827) 494387

E-mail: sanhuberto@bodegassanhuberto.com.ar
Website: www.bodegassanhuberto.com.ar
Capacidad: 2,2 millones de litros/*Capacity: 580,000 gallons*
Viña: 200 hectáreas/*Vineyards: 494 acres*

Fundada como bodega *El Velazco* por un inmigrante sirio establecido en el pueblito de Anillaco, adquirió notoriedad con los vinos *Menem* en años en que su propietario e hijo del fundador ejerció la presidencia de la República. De resultas, en 2002 cambió su razón social adoptando el nombre del santo patrono de la caza. Controlada por el empresario y amigo del ex presidente, Carlos Spadone y gerenciada por su hijo Leonardo, la bodega renovó sus etiquetas, viñedos y vinificación, que incluye el viejo establecimiento familiar y una nueva planta de fraccionamiento. La bodega fundacional, tras una falsa fachada de estilo colonial, es moderna y cuenta con piletas de cemento/epoxy refrigeradas por placas, tanques de acero inox con chaquetas de refrigeración, equipos de frío por un total de 350 mil frigorías, 3 prensas pneumáticas, 2 vinificadores continuos y 470 barricas al 80 % de roble francés.

Si bien hay algunos viejos parrales de Torrontés Riojano en el mismo tejido urbano de Anillaco, el grueso se halla en 2 fincas de la vecina Aminga donde cultivan Chardonnay, Sauvignon Blanc, Petit Verdot, Bonarda, Malbec, Syrah, Merlot, Cabernet Sauvignon y Franc. En suelos pobres franco arenosos, en parral en las plantaciones más viejas y en espaldera las más recientes, con riego por goteo en base a perforaciones a 300 metros de profundidad, obtienen unas 7 toneladas por hectárea para los vinos de crianza y hasta 12 toneladas para los demás. La altitud –unos 1.450 metros– brinda temperaturas algunos grados más frescas que en el valle de Chilecito. La salubridad del viñedo plantado en lo que antes era un árido chaparral es tal que sólo realizan un par de tratamientos de azufre al año. El único problema es el granizo, al que combaten con cohetes de yoduro de plata: en el año 2002 lanzaron más de un centenar. Exportan un 10 % de la producción a Estados Unidos, Europa y Asia con la etiqueta *San Huberto* para los reserva, en tanto que la línea *Menem* se elabora en tinto y blanco genéricos sin crianza, mientras que los *Velazco* son vinos jóvenes. Reciben visitas de lunes a sábados de 9 a 18 horas.

A Syrian immigrant settled in Anillaco and founded the El Velazco *winery, which won notariety with its* Menem *wines, when his son was President of the Republic. Finally, it was renamed after the patron saint of hunting in 2002. Controlled by Carlos Spadone, businessman and friend of the former president, and managed by his son Leonardo, the winery revamped its labels, vineyards and vinification, including the old family winery and new bottling plant. Modern, behind the winery's colonial style façade, it has cement/epoxy tanks with cooling plates, stainless steel tanks with refrigerating jackets, cooling units with 1,400,000 BTU capacity, 3 pneumatic presses, 2 continuous vinifiers and 470 barrels, 80% French oak.*

Although there are a few old pergolas of Torrontés Riojano in Anillaco, most of the fruit comes from neighbor Aminga's 2 fincas, where they grow Chardonnay, Sauvignon Blanc, Petit Verdot, Bonarda, Malbec, Syrah, Merlot, Cabernet Sauvignon, and Cabernet Franc. From this poor, sandy-loam soil, with the oldest vines on pergolas and the newest with vertical shoot positioning, drip irrigation from 980-foot deep wells, they obtain some 3 tons per acre for their reserve wines and up to 5 tons per acre for the rest. The high altitude (4,756 feet) brings cooler temperatures than in the Chilecito Valley. The healthy vines planted in this formerly dry brushland, needs nothing more than a couple of sulfur treatments a year. Hail is the only problem, which they combat with silver iodide flares; in 2002, they launched over a hundred.

They export 10% of the production to the U.S., Europe, and Asia under the reserve wine label San Huberto. *The* Menem *line includes generic red and white wines, while* Velazco *wines are young varietals. They receive visitors Monday - Saturday from 9:00 am to 6:00 pm.*

San Huberto Crianza Malbec 2001 ★★★ - *San Huberto Crianza Chardonnay 2001* ★★★

San Huberto Cabernet Sauvignon ★★ - *San Huberto Crianza Cabernet Sauvignon 2001* ★★

San Huberto Malbec 2002 ★★ - *San Huberto Chardonnay* ★

La Riojana / Cooperativa Vitivinifrutícola de La Rioja Ltda.

La Plata 646 /
F5363ALN Chilecito / La Rioja
Tel./Fax.: (03825) 423150

E-mail: lariojana@lariojana.com.ar
Website: www.lariojana.com.ar
Capacidad: 60 millones de litros/*Capacity: 15,850,000 gallons*
Viña: 4.800 hectáreas/*Vineyards: 11,900 acres*

Fundada en 1939 por vitivinicultores friulanos de Colonia Caroya, provincia de Córdoba, que buscaban un terruño más adecuado para sus vides y lo hallaron en Chilecito, durante medio siglo se la conoció como *La Caroyense Cooperativa Vitivinícola de Córdoba y La Rioja*. Pero en 1989 la cooperativa se separó estableciéndose con su nombre actual, que hoy nuclea a unos 650 productores riojanos. Poseen 5 bodegas, de las cuales la más grande es la que visitamos, enclavada en el tejido urbano de Chilecito. Se trata de una bodega tradicional, que vinifica en piletas de cemento/epoxy pero también posee equipamiento de avanzada, entre ello 3 prensas pneumáticas. Un 60 % de la producción es vino de mesa en damajuana y poseen una adyacente planta de envasado de vino común en *Tetrabrik*, con modernas maquinarias. Pero la cooperativa también produce vinos de calidad con la marca *Santa Florentina* (y varias otras marcas de exportación, en particular hacia el mercado inglés) con la asesoría del enólogo australiano Steve Hagon.

Un rasgo destacable de esta cooperativa es su jefe del área de control de calidad, Rodolfo Griguol, primer doctor en enología de Argentina, nacido en Chilecito y empleado de la empresa desde 1983. Para realizar su tesis "Importancia de las levaduras nativas en la tipicidad del vino Torrontés Riojano" (dirigida por Juan Carrau, ver Brasil) contó con el soberbiamente equipado laboratorio de la cooperativa, que incluye un cromatógrafo de gases con detector de masas, no visto en ningún otro laboratorio de bodega sudamericana. Su trabajo de 3 años llevó a la identificación de la levadura LRV 94/5 específica para el Torrontés Riojano, hoy patentada y distribuida por la canadiense *Lallemand*. Se trata de una levadura que resguarda la tipicidad aromática de esta cepa que es la base de la *Denominación de Origen Controlado Famatina* y que suma 2/3 de las cepas blancas de los viñedos de la cooperativa, que a su vez son la mitad del total de sus plantaciones.

While looking for a more adequate terroir for their vines, winegrowers of Italian descent from Córdoba's Colonia Caroya came upon Chilecito and there, in 1939, founded what would be known for half a century as the Caroyenese Winegrowing Cooperative of Córdoba and La Rioja. *In 1989 the cooperative split and was established under its current name, encompassing today some 650 producers from La Rioja. It has 5 wineries, and we visited the largest, situated in the urban web of Chilecito. It is a traditional winery that vinifies in cement/epoxy tanks but also houses advanced equipment, including 3 pneumatic presses. Demijohn wines account for 60% of their production, and there is an adjacent bottling plant with modern machinery for ordinary wine in* Tetrabrik *packaging. The cooperative also produces quality wines under the label* Santa Florentina *(and various other export labels, particularly for the English market) with Australian winemaking consultant Steve Hagon.*

A notable attribute to this cooperative is its Quality Control Manager, Chilecito native Rodolfo Griguol, Argentina's first Doctor of Enology and La Riojana company employee since 1983. While working on his dissertation, "Importance of native yeasts in the typicity of Torrontés Riojano" *(directed by Juan Carrau, see Brazil) he used the cooperative's well-equipped laboratory that includes a gas chromatograph with mass detector, the only one in any winery laboratory in South America. The 3-year study led to the identification of LRV 94/5, a yeast specific to Torrontés Riojano, now patented and distributed by* Lallemand. *This yeast preserves the aromatic characteristics of the variety used as the base of D.O.C.* Famatina *wines and makes up 2/3 of the white grapes in the cooperative's vineyards, half of its total plantings.*

Santa Florentina Brut Torrontés ★★★ - *Santa Florentina Malbec-Syrah 2002* ★★★ - *Santa Florentina Chardonnay 2002* ★★★
Santa Florentina Syrah 2002 ★★★ - *Viñas Riojanas Corte* ★★★ - *Santa Florentina Malbec 2002* ★★★
Santa Florentina Torrontés 2002 ★★★ - *Santa Florentina Cabernet Sauvignon 2002* ★★ - *Viñas Riojanas Corte* ★★

Los valles de Catamarca
The valleys of Catamarca

Entre los cordones montañosos y los salares de Catamarca hay valles y pedemontes donde se esconden oasis feraces; y puede decirse que en toda la provincia donde hay algo de agua hay algo de vid. Por necesidad de sombra en verano, frente a las casas o en sus patios, un cepón centenario de uva Criolla o Moscatel es de rigor, como en buena parte del Noroeste. En la vendimia 2001, produjeron uva 1.124 viñedos con una superficie total de 2.200 hectáreas, de lo que se deduce que la superficie media del viñedo catamarqueño es de menos de 2 hectáreas. Estas parcelas vitíferas son las más pequeñas de Argentina: el viñedo medio en La Rioja, Río Negro y Salta es casi el triple en superficie; en San Juan y Mendoza es alrededor del cuádruple.

Estos microfundios de difícil sustentabilidad fuera de una economía de subsistencia (prostituida ocasionalmente por clientelismo político) producen uvas de modesta calidad vinícola usada para vinos *pateros* y aguardientes destilados en escala de "*garage*" sudamericano: donde se vinifica y destila, es raro que haya auto o camioneta. Los aguardientes de orujo artesanales catamarqueños que probamos aquí o allá son más "ardiente" que "agua". No existe una producción de destilados de calidad en escala digna de mención, aunque podría muy bien haberla. En torno al adormecido pueblito de adobe de Fiambalá (una plaza, una calle y una rústica hostería provincial) a unos 1.200 metros de altura entre la Precordillera y la sierra de Fiambalá, hay dos nuevos y pequeños productores -*Don Diego* y *Cabernet de los Andes*- hermanados en el desafío de elaborar vinos de gran calidad con uvas de la comarca, en parte propias y en parte compradas a los micro-viticultores locales. El mendocino ciudadano del mundo Carlos Arizu lidera este proyecto en el que se entrega a los viticultores del pago, cepas nobles para injertar en sus viejos viñedos vulgares. Una O.N.G. francesa les enseña a utilizar mejor el agua de riego, que aquí como en todo el Noroeste, se derrocha y usa mal.

Fuera de las inversiones debidas a desgravaciones fiscales, una suerte de sonambulismo reina en las microeconomías de los valles catamarqueños.

Between mountain ridges and the Catamarca salt flats there are valleys and piedmonts hiding bountiful oases, and you could say that anywhere you find water in the province, you'll find grapes. Every house has an ancient Criolla or Moscatel arbor to provide shade from the summer heat. In 2001 there were 1,124 vineyards with a total area of 5,500 acres, indicating that the average Catamarca vineyard is less than 5 acres. These are the smallest viticultural plots in Argentina. The average vineyard in La Rioja, Río Negro, and Salta is nearly triple the size, and in San Juan and Mendoza, approximately quadruple.

These micro-farms, barely sustainable beyond the level of subsistence economy (occasionally prostituted by political patronage), produce grapes of modest quality used for *pateros* wines and *aguardiente* on a South American 'garage' scale (it's rare to find cars or trucks where these wines are made). The Catamarca home-made *aguardientes* that we tried here or there were more 'ardiente' than 'agua'. They make no distillates of any quality worth mentioning here, although they very well could. Around the sleepy little adobe town of Fiambalá (one plaza, one street, and a rustic provincial inn) at 3,900 feet high, between the foothills of the Sierra de Fiambalá, there are 2 small new producers – *Don Diego* and *Cabernet de los Andes* – joined in the challenge to make high quality wines with grapes from the region, partially their own and partially purchased from local micro-growers. Mendozan citizen of the world Carlos Arizu leads this project in which they give the growers noble varieties to graft to their old, lower-quality rootstocks. A French N.G.O. teaches them to use irrigation water better; which here, as in all of the Northeast, is wasted and misused.

Aside from the investments motivated by tax cuts, a type of somnambulism reigns in the micro-economies of the Catamarca valleys.

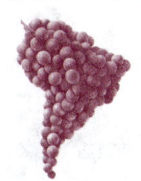

Bodega Cabernet de los Andes / Tizac

Finca Las Retamas / Pampa Blanca / Fiambalá / Tinogasta / Catamarca
Of.: Rivadavia 312 / K4751XAK San Fernando del Valle de Catamarca / Catamarca

Tel./Fax.: (011) 4433-0824
E-mail: tizacwine@yahoo.com.ar
Capacidad: 0,3 millones de litros/*Capacity: 79,000 gallons*
Viña: 40 hectáreas/*Vineyards: 100 acres*

En una de las regiones más áridas del mundo, donde apenas llueven 10 centímetros al año, en las afueras del remoto pueblito catamarqueño de Fiambalá (2 mil habitantes) hay 2 viñas unidas por la amistad, la bodega y el enólogo Edgardo Ibarra, a los que comparten para elaborar vinos de altura. Una de ellas es el fruto de la sociedad entre Pedro Vicien y Carlos Arizu, que elabora los vinos *Vicien* y *Tizac* ("todo bien" en quechua). El motor de este emprendimiento inusual para hacer vinos inusuales es Arizu, quien impulsó a los campesinos de la comarca a injertar nuevas cepas viníferas en sus viejas y minúsculas viñas (de no más de 1 hectárea) para complementar la producción de sus propias nuevas plantaciones de Malbec, Bonarda, Syrah y Cabernet Sauvignon injertados sobre pies de uva cereza de más de 70 años, e irrigados por goteo, manto y surco.

"*Queremos que el 50 % de la uva que utilizamos sea de estos pequeños productores, porque eso nos da una enorme variedad de sabores*" sostiene Arizu, quien en este terruño es un defensor del parral (T) y la hache (H) a causa del riesgo de helada, ya que la uva así se encuentra a 2 metros del suelo. Además, estos sistemas de conducción requieren menos riego y con ellos es más fácil disminuir el vigor de cepas muy productivas como el Syrah y la Bonarda: así obtienen rendimientos de no más de 8 toneladas por hectárea. El enólogo sanrafaelino Edgardo Ibarra ensalza las virtudes de las vides plantadas hasta 1.750 metros de altura: una amplitud térmica que se refleja en el color, en aromas y sabores que recuerdan otros productos del terruño tal como los higos, las pasas de uva y las frutas secas, además de notas minerales y salvajes. "*El vino es obra de Dios, la tierra y los hombres*" dice Ibarra, quien cosechó aquí en 2002 y 2003. Entre los problemas climáticos de la comarca menciona al viento Zonda cuya violencia puede causar daños en primavera, mientras que los estragos de las heladas tardías se previenen retrasando la poda. La bodega aún no está equipada para recibir visitas.

In one of the driest regions of the world, with barely 4 inches of rainfall per year, on the outskirts of the remote Catamarca town of Fiambalá (2,000 inhabitants), 2 wineries are joined by friendship, facilities, and winemaker Edgardo Ibarra, who they share to make high-altitude wines. One is the fruit of the partnership between Pedro Vicien and Carlos Arizu, who make the wines Vicien *and* Tizac *("all's well" in Quechua). The drive behind this unusual venture to make unusual wines is Arizu, who encouraged the people of the region to graft new viniferous varieties in their old and miniscule vineyards (no more than 2.5 acres) to complete the production of his own new plantations of Malbec, Bonarda, Syrah, and Cabernet Sauvignon grafted onto 70-year-old Cereza vines that receive drip, furrow, and flood irrigation.*

"We want 50% of the fruit we use to come from these small producers because this gives us an enormous variety of flavors," *sustains Arizu, who defends the 'T' and 'H' pergolas in this area for better frost resistance, as the fruit is 6 1/2 feet above ground. These systems also need less water and its easier to decrease vigor in very productive varieties like Syrah and Bonarda, for a final yield of no more than 3 tons per acre. San Rafael winemaker Edgardo Ibarra praises the virtues of the vines planted up to 5,700 feet: with a temperature variability that is reflected in the color, aromas, and flavors reminiscent of other products of the area, such as figs, raisins, and nuts, as well as mineral and wild animals notes.* "Wine is the work of God, the Earth, and Humans," *says Ibarra, who participated in the 2002 and 2003 harvests. Climatic problems in the region include the violent Zonda wind, which can cause damage in the spring, while the devastation of spring frosts can be prevented with delayed pruning. The winery is still not prepared to receive visitors.*

Tizac Bonarda 2002 ★★★

Tizac Syrah ★★

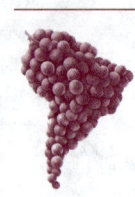

BODEGA DON DIEGO

Mate de Luna 408 / K4700CBJ
San Fernando del Valle de Catamarca / Catamarca
Tel./Fax.: (011) 4780-4826

E-mail: info@fincadondiego.com.ar
Website: www.fincadondiego.com.ar
Capacidad: 0,3 millones de litros/*Capacity: 80,000 gallons*
Viña: 35 hectáreas/*Vineyards: 88 acres*

La otra bodega de Fiambalá que elabora vinos de calidad en la altura es *Don Diego*, cuya finca se encuentra al lado de la hermosa y antigua capilla de adobe que adorna la entrada al pueblo. En suelos arenosos, con 22 hectáreas irrigadas por goteo gracias a un pozo profundo de 160 metros y el resto por manto, cultivan en espaldera Merlot, Malbec y Tannat, mientras que el Syrah es un parral injertado sobre añosos pies de uva Cereza. Están plantando además Tannat y Tempranillo en las vecindades de Medanitos y Palo Blanco, a 2 mil metros de altura. Contigua a la capilla, la bodega de Elvio Centurión está terminando de reciclar una vieja casa de adobe rodeada por un oasis de palmeras donde ofrecerán degustaciones y un punto de venta para los visitantes. La bodega, así como el enólogo Edgardo Ibarra, lo comparten con la vecina *Cabernet de los Andes*. Pero cada uno tiene su propia identidad: aquí emplean sólo uvas propias para elaborar *Don Diego Roble*, un 100 % Syrah que tiene un 30 % de barrica, el resto fermentado en pequeñas piletas de cemento/epoxy. El vino que Ibarra elabora para *Don Diego* es de maceraciones más largas y mayor estructura, con 4 remontajes diarios, 4 ó 5 *délestages*, y ningún filtrado. Pero al igual que en los *Tizac*, es preciso corregir la acidez con adición de tartárico –tal como suele suceder en casi todo Chile y Argentina.

La bodega compartida en las afueras de Fiambalá, al otro lado del pueblo, es simple, pequeña y funcional: contiene 5 pequeñas piletas de cemento/epoxy y varios tanques de acero de 5 a 30 mil litros, sin refrigeración pero con 3 torres de enfriamiento del local. El frío nocturno es tal que hacen la estabilización por frío sacando los tanques de inox al fresco. Poseen una pequeña y moderna despalilladora y moledora y una línea de embotellado semiautomática para 800 botellas por hora. La cosecha es manual, en cajas de 18 kilos.

The other Fiambalá winery that makes quality high altitude wines is Don Diego, *whose finca is beside the beautiful old adobe chapel that adorns the village entrance. On 55 acres of drip-irrigated sandy soils (thanks to a 525-foot deep well), they grow Merlot, Malbec, and Tannat in vertical shoot position, while their Syrah is on pergola and grafted onto old Cereza rootstock. They are also planting Tannat and Tempranillo near Medanitos and Palo Blanco, at 6,500 feet. Next to the chapel, Elvio Centurión's winery is completing its renovations to the old adobe house surrounded by a palm tree oasis, where they offer tastings and a shop for visitors. The winery and winemaker Edgardo Ibarra are shared with neighboring* Cabernet de Los Andes. *Each has its own identity. Here they use only their own grapes to make* Don Diego Roble, *a 100% Syrah with 30% aged in wood and the rest just fermented in small cement/epoxy tanks. Ibarra's* Don Diego *has longer macerations and more structure, with 4 daily pump-overs, 4 or 5 delestages (rack and returns) and no filtering. But, as in Tizac, acidity must be corrected with tartaric acid, as is true in most of Chile and Argentina.*

The shared winery across town on the outskirts of Fiambalá is simple, small, and functional. It has 5 small cement/epoxy tanks and several 1,300-8,000-gallon steel tanks without temperature control, although the plant is equipped with 3 cooling towers. The nighttime temperatures are so low that cold stabilization is done by taking the tanks outside. They have a small, modern de-stemmer and crusher and a semi-automatic bottling line for 800 bottles per hour. They harvest manually in 40-pound bins.

Don Diego Syrah 2002 ★★

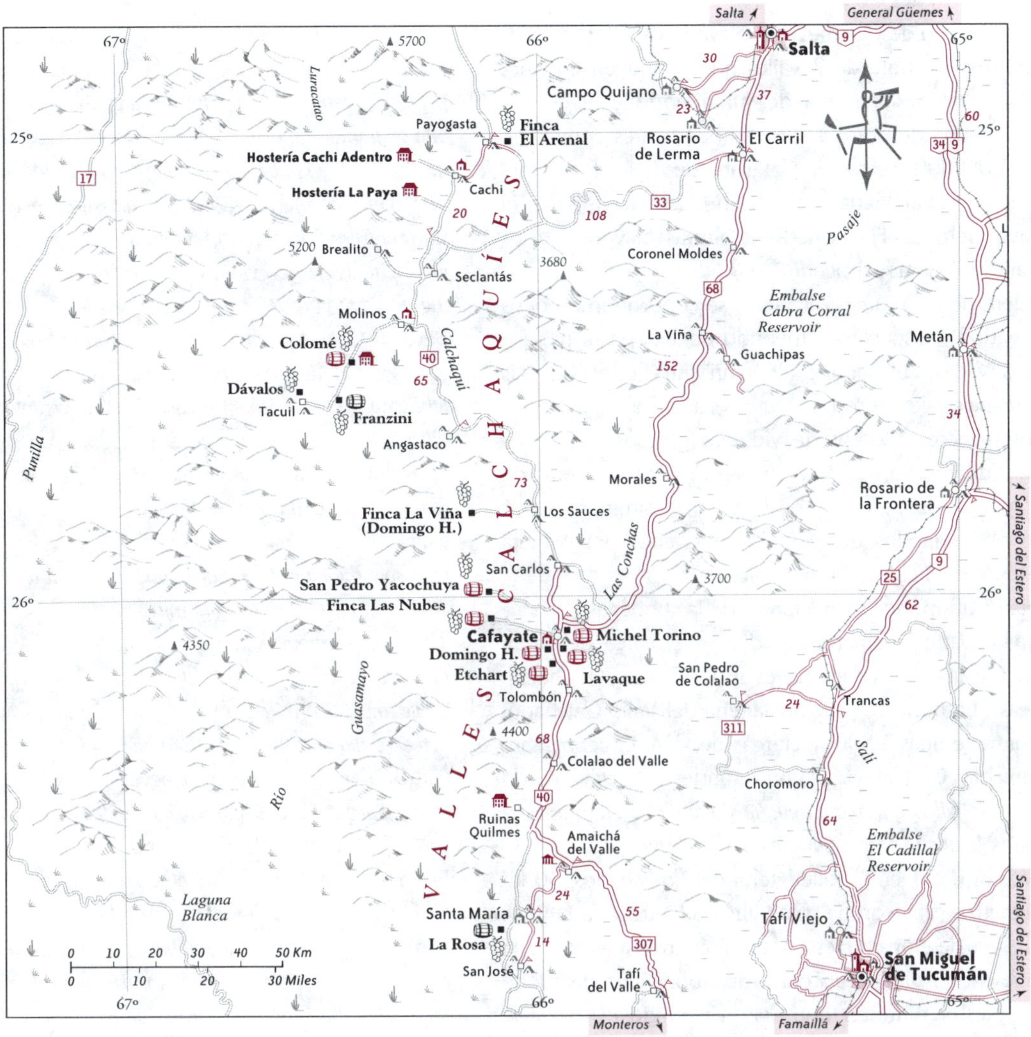

Los Valles Calchaquíes / The Calchaqui Valleys

Los Valles Calchaquíes
The Calchaquí Valleys

Antes de iniciar nuestro periplo por la viña sudamericana sabíamos que los Valles Calchaquíes son únicos en Argentina; pero ahora sabemos que no hay en la América del Sur vitivinícola una geografía tan singular. Los Valles se extienden como una medialuna entre los paralelos 27° y 25° de latitud sur, contenidos a Levante por la sierra del Aconquija (que culmina a 5.450 metros en Nevado del Candado) y las Cumbres Calchaquíes, y a Poniente por la sierra

Before embarking on this voyage through the South American wine lands, we knew that the Calchaquí Valleys were unique in Argentina, but now we know that there is no place in vitivinicultural South America with such an unusual geography. The valleys extend like a crescent moon between 27° and 25° latitude south, enclosed in the east by the Aconquija Range (which reaches 18,800 feet in Nevado del Candado) and

215

del Cajón o de Quilmes y el Nevado de Cachi (6.380 metros). Se trata de 2 valles que confluyen en uno: el del río Santa María de sur a norte y el del río Calchaquí, de norte a sur. Las pendientes convergen en los 1.800 metros de Cafayate, desde los 2 mil metros en Santa María y 2.200 en Cachi, todo sobre el nivel del mar. Hay viñedos a alturas mayores en los valles y laderas adyacentes.

Fuera de Cafayate, los cultivos se concentran en oasis aislados y dispersos, a menudo ocultos en el paisaje. Los Valles Calchaquíes albergan situaciones vitícolas excepcionales. En las afueras de Cafayate vimos los troncos arbóreos de vid más gruesos y añosos de Sudamérica, hasta mejor ver. Y en las afueras de Payogasta, a 2.700 y 3.100 metros, caminamos por jóvenes viñedos que son los más altos del planeta Tierra, para colmo biodinámicos.

Hay 500 modélicas hectáreas de las bodegas *Lavaque* en la parte catamarqueña del Valle, cerca de Santa María; la viña tucumana es insignificante (17 hectáreas). La más rica porción salteña del Valle Calchaquí contiene unas 1.800 hectáreas de viña. El centro vitivinícola es Cafayate, con grandes bodegas como *Etchart, Michel Torino, Lavaque* y *Domingo Hermanos*, y otras *boutique* como *San Pedro Yacochuya* y *Las Nubes*. Más al norte, en el valle lateral del río Molinos, 30 kilómetros cauce arriba y montaña adentro está la finca *Colomé* de Donald Hess; unos kilómetros más arriba, la nueva bodega *Franzini* en la vieja bodeguita de adobe de Néstor Ramírez (que sigue operándola) y todavía más arriba, está la finca *Tacuil*, de Raúl Dávalos, donde hay cuarteles de viña pero la bodega está en proyecto. Los "vinos de altura" de uvas cosechadas a más de 2 mil metros sobre el nivel del mar tienen pocos terruños accesibles en América del Sur: Fiambalá y los Valles Calchaquíes, en Argentina, y los valles de Tarija y Camargo, en Bolivia. Ello asegura a los tintos corposos y alcohólicos de los Valles una demanda creciente en los mercados de vinos premium de ultramar.

the Calchaquí Summits, and in the west by the Cajón or Quilmes Range and the Nevado de Cachi (20,900 feet). These are two valleys that converge into one: that of the Santa María River from south to north, and the Calchaquí River from north to south. The slopes merge at 5,900 feet a.s.l. in Cafayate, starting from 6,600 feet in Santa María, and 7,200 in Cachi. There are vineyards at higher altitudes in the adjacent valleys and hillsides.

Beyond Cafayate, the crops are concentrated in isolated and dispersed oases, often hidden in the landscape. The Calchaquí Valleys have exceptional viticultural conditions. Here we saw South America's oldest and thickest grapevine trunks just outside Cafayate, and on the outskirts of Payogasta, we walked through young vineyards at 8,850-10,200 feet, now the highest on Earth, and, as if that weren't enough, they're also biodynamic.

The *Lavaque* winery has 1,200 model acres in the Catamarca section of the valley, near Santa Maria, while the Tucumán plantation is insignificant (43 acres). Salta has the richest vine land of the Valley, with some 4,500 acres of vineyards. The vitivinicultural center is Cafayate, with large wineries such as *Etchart, Michel Torino, Lavaque, and Domingo Hermanos*, and other boutique wineries such as *San Pedro Yacochuya and Las Nubes*.

Farther north in the lateral valley of the Molinos River and 19 miles upriver in the mountainous interior is the *Finca Colomé* -winery and lodge- whose owner is Donald Hess, farther up the valley the new *Franzini* winery in Néstor Ramírez's old adobe building (which he continues to run) and farther up still, the Dávalos' *Finca Tacuil*, with vineyards in place and plans for a winery to follow.

There are few places in South America that can produce "high altitude wines" using grapes harvested at more than 6,600 feet a.s.l. except for Fiambalá and the Calchaquí Valleys in Argentina and the Tarija and Camargo valleys in Bolivia. This guarantees that the full-bodied, high alcohol wines of these valleys will have a growing demand in the premium wine markets abroad.

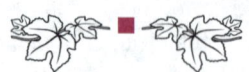

Bodega Domingo Hermanos

Nuestra Señora del Rosario y 25 de Mayo /
4427 Cafayate / Salta
Tel.: (03868) 421386
Fax.: (03868) 421225

E-mail: info@domingohermanos.com
Website: www.domingohermanos.com
Capacidad: 6 millones de litros/ *Capacity: 1,585,000 gallons*
Viña: 150 hectáreas/ *Vineyards: 375 acres*

Osvaldo "Palo" Domingo es un vecino eminente en Cafayate, donde fue intendente 2 veces: al recorrer con él en su 4x4 el pueblo, se observa que este *self-made man* es, además de empresario, un político nato aunque hoy reniegue de la política. La fortuna familiar comenzó con un camión y un negocio de distribución de vino, continuó a fines de los años '70 con una bodega (*"fui el primero que sacó vino en damajuanas de 10 litros de Cafayate a Tucumán"*) y culminó en los últimos años con la compra de algunos viñedos excepcionales: uno en Tolombón (donde están reciclando una casota de adobe con vistas al turismo masivo), otro en la finca La Viña a algunas docenas de kilómetros al norte de Cafayate (entre formaciones de arenisca rojiza similares a las de la llamativa Quebrada de la Flecha), y uno más justo frente a San Pedro de Yacochuya (donde el emprendedor patriarca además de una casa familiar de descanso y una viña, construyó una capilla y un "pueblo indígena" habitado que sólo aguarda la llegada de los turistas). Como si no bastara, levantó en las afueras de Cafayate una granja modelo de cabras productoras de leche para quesos y un complejo de casas familiares y de huéspedes, con un enorme salón de eventos, casi contiguo a la bodega familiar. Sus hijos Rafael y Gabriel se ocupan de la bodega y de las cabras, respectivamente.

"*Lo peor que tiene Domingo es la bodega*" dice con sorna Rafael, refiriéndose al ecléctico conjunto bien visible a la entrada sur de Cafayate con sus tanques de acero inox, grandes blancos tanques de hierro/epoxy, piletas de cemento/epoxy y tanques de fibra plástica –todo a cielo abierto– donde vinifican con la dirección de los enólogos Víctor Castro y la asistencia de Salvador "Chavo" Figueroa. El 80 % del negocio es el vino en damajuanas, aunque la apuesta a futuro es producir vinos de alta gama de los cuales un preludio son las mil botellas de la primera cosecha de un *premium Palo Domingo*, vino de corte misterioso (no quieren decir qué es) embotellado con etiqueta de cuero.

Osvaldo "Palo" Domingo is an prominent citizen in Cafayate, where he was twice the mayor. Traveling around town with him in his 4x4, it is clear that this self-made man is not only a businessman, but a born politician, although he denies interest in politics today. The family fortune began with a truck and a wine distributing business. It continued in the late 1970s with a winery ("I was the first to sell 2.5-gallon jugs from Cafayate to Tucumán") and now includes the purchase of some exceptional vineyards: one in Tolombón (where they are renovating an adobe house with mass tourism in mind), another in the finca La Viña, 18 miles north of Cafayate (with reddish sandstone formations similar to those of the Quebrada de la Flecha), and yet another across from San Pedro de Yacochuya where the enterprising patriarch also built a family house and vineyard, plus a chapel and an "indigenous village" just waiting for tourists. And, as if that weren't enough, he built a model goat milk farm (for cheese) outside Cafayate, plus a family complex with guest houses and an enormous events hall, almost next-door to the winery. His sons Rafael and Gabriel are in charge of the winery and the goats, respectively. "The winery is the worst part of Domingo," says Rafael sarcastically, referring to the eclectic set of stainless steel, cement/epoxy, large iron/epoxy, and even fiberglass tanks –all outdoors and quite visible from the southern access to Cafayate– where they makes wines under the direction of Víctor Castro with assistance from Salvador "Chavo" Figueroa. Some 80% of their business is in jug wines, although they plan to make high quality wines in the future. A prelude to that is their premium wine Palo Domingo, a mysterious blend (they won't say what it is), bottled with a leather label.

Domingo Molina Cabernet Sauvignon 2000 ★★★★★ - *Palo Domingo Malbec 2001* ★★★★

Domingo Molina Malbec 2000 ★★★ - *Finca de Domingo Corte 1999* ★★

Finca de Domingo Malbec 1999 ★★ - *Finca de Domingo Torrontés 2001* ★

BODEGA MICHEL TORINO

Ruta 40 y Ruta 68 / 4427 Cafayate / Salta
Tel.: (0368) 421139

E-mail: jtarditti@micheltorino.com.ar
Website: www.micheltorino.com.ar
Capacidad: 10 millones de litros/*Capacity: 2,642,000 gallons*
Viña: 650 hectáreas/*Vineyards: 1625 acres*

Michel Torino es una de las bodegas más tradicionales de Cafayate: su establecimiento La Rosa fue fundado en 1892. De las familias Michel y Torino pasó a Lávaque, luego a los Pulenta y finalmente, junto con *Trapiche* y *Peñaflor,* fue adquirida por el fondo de inversión estadounidense *Donaldson, Lufkin & Jenrette.*

En los suelos franco arenosos a arenosos, profundos, sin nitrógeno ni materia orgánica de su finca de Cafayate cultivan las tintas Cabernet Sauvignon, Malbec, Tannat, Syrah, Merlot, Tempranillo y Bonarda, y entre las blancas Torrontés (cuyas 122 hectáreas rinde 3 veces más que todas las tintas juntas), Chardonnay, Chenin y Sauvignon Blanc.

Los viñedos viejos, de 30 a 40 años de edad, son mayormente en parral y los nuevos en espaldera, Scott Henry y otros algunos sistemas de conducción poco comunes. Los rendimientos, según la cepa y su destino, van de 5 toneladas por hectárea hasta 18 toneladas por hectárea. En Chañar Punco, Santa María, al otro extremo del valle, tienen 360 hectáreas de Cabernet Sauvignon, Merlot, Malbec, Syrah y Pinot Noir.

La bodega La Rosa alberga una de las primeras edificaciones de Cafayate, de 3 siglos de antigüedad, con un pequeño y elegante hotel de sólo 7 habitaciones. Dirigida en la enología por Fabián Miranda con asesoramiento de Rodolfo Sadler, la bodega trabaja con prensas pneumáticas y está equipada con una decena de tanques de acero inox de 10 a 50 mil litros con chaquetas de control de temperatura, y 92 piletas de cemento/epoxy con temperatura controlada por placas, al igual que en los 51 tanques de hierro/epoxy. Hay también algunos tanques de fibra de vidrio. Los equipos de frío pueden producir 600 mil frigorías /hora. Todos los controles de temperatura se monitorean con computadora. Poseen 447 barricas al 60 % de roble americano, el resto encina francesa.

Exportan el 10 % de la producción a 20 países de Europa, Norteamérica, Sudamérica y Asia. Es una de las bodegas más visitadas de América del Sur, con 50 mil turistas al año.

Michel Torino is one of Cafayate's most traditional wineries, and its establishment, La Rosa, was founded in 1892. Throughout the 1990s there were major investments in vineyards and equipment and successive changes of ownership. It passed from the Michel and Torino families to Lávaque to the Pulenta's, until it was finally acquired, along with Trapiche and Peñaflor, *by the U.S. investment fund* Donaldson, Lufkin & Jenriette.

They grow Cabernet Sauvignon, Malbec, Tannat, Syrah, Merlot, Tempranillo, Bonarda, Torrontés (a white variety whose 305 acres yield 3 times more than all the black grapes combined), Chardonnay, Chenin, and Sauvignon Blanc on sandy loam and sandy soils without nitrogen or organic matter at their Cafayate finca.

The older vineyards (30-40 years old) are mostly on pergolas, and the newer ones use vertical shoot positioning, Scott Henry and other less-common trellising systems. The yields range from 2-7 tons per acre, depending on variety and intended use. They also have 144 acres of Cabernet Sauvignon, Merlot, Malbec, Syrah and Pinot Noir at southern tip of the valley in Chañar Punco, Santa María.

The La Rosa site includes one of Cafayate's first buildings, an elegant little 300-year-old hotel with only 7 rooms. Fabián Miranda is the lead winemaker, with technical assistance from Rodolfo Sadler. They use pneumatic presses and a dozen temperature-controlled stainless steel tanks ranging in size from 2,600-13,200 gallons, 92 cement/epoxy and 51 iron /epoxy tanks, all with temperature control plates, plus fiberglass tanks. The cooling equipment can produce 2,400,000 BTUs per hour. All of the temperature controls are monitored by computer. They have 447 oak barrels, 60% American, 40% French.

They export 10% of their production to 20 countries in Europe, North and South America, and Asia. This is one of the most visited wineries in South America, with 50,000 tourists per year.

Don David Chardonnay 2002 ★★★★ - *Don David Malbec 2001* ★★★★ - *Don David Torrontés 2002* ★★★

Colección Michel Torino Chardonnay 2002 ★★ - *Colección Michel Torino Tannat 2001* ★★

Don David Cabernet Sauvignon 2001 ★★ - *Colección Michel Torino Torrontés 2002* ★★

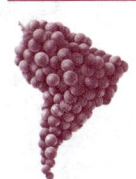

Bodega Tacuil

Paraje Tacuil / A4419XBA Molinos / Salta
Tel./Fax.: (0387) 4321393
E-mail: vinosdealtura@uolsinectis.com.ar
Website: www.nerina.com.ar/tacuil
Capacidad: no posee/*Capacity: none*
Viña: 36 hectáreas/*Vineyards: 89 acres*

El señor Raúl Dávalos fue hasta hace poco el propietario de finca Colomé desde que la compró a mediados de los años '80 al señor Antonio Rodó, quien ya hacía un vino Colomé de fama regional que Dávalos condujo a fama nacional y finalmente Donald Hess se propuso hacerle fama internacional. Cuando después de muchos titubeos Dávalos decidió vender la finca Colomé a Hess, lo hizo guardándose un formidable as en la manga: la finca Tacuil, río y valle arriba de Colomé, con 127 mil hectáreas de las que apenas el 0,0016 % es cultivable. El resto son Andes aptos sólo para el condoreo de aves rapaces.

En finca Tacuil (a 2.597 metros de altitud, indica un cartel de madera en el último vertiginoso paso de acceso al valle) no hay todavía una bodega pero Dávalos la proyecta "*metida en el cerro, buscando la humedad y el frío*" y con capacidad de 100 mil litros. Hay sí un oasis con 10 hectáreas de viña de Cabernet Sauvignon y Malbec, y algo de Torrontés, puestos en espaldera con riego por surco, y un casco de finca con una añosa casa de piedra y adobe, y su arboleda.

El enólogo, cuando hace falta, es el amigo cafayateño Chavo Figueroa. "*El vino se hace por uso y costumbre como desde hace 180 años*" asegura Dávalos y cuando se le pregunta qué tipo de levaduras emplea, sonríe y afectando una ignorancia impropia de un patricio salteño dice "*no sé de qué me está hablando*". Es claro que su propósito es volver a hacer ese "*diamante en bruto sin tallar*" que fascinó a Donald Hess: "*yo quiero que mi vino siga siendo un diamante sin tallar*" afirma Dávalos con la seguridad propia de quienes no necesitan estudios de *marketing* para saber lo que es preciso, mientras nos hace probar sus nuevos vinos en el simpático almacén y vinoteca *La Cordobesa* de Salta ciudad (propiedad de Juan José López) que acompañó dignamente con jamones, quesos, panes y aceitunas: el *Viña de Dávalos* de 15,5° de alcohol, el *33 de Dávalos* (con 11 % de uva Criolla para reducir tenor alcohólico) y el *RD* o *Ricardo Dávalos* "*50 % de uva Francesa y 50 % de uva Criolla*" donde francesa designa por igual a Malbec y a Cabernet.

Raúl Dávalos bought the Colomé finca in the mid-80s from Antonio Rodó, who had won regional fame with his Colomé wine. Dávalos took it to the national level, and Donald Hess set out to do the same in the international market. After a good deal of hesitation, Dávalos finally sold Colomé to Hess, but kept an ace up his sleeve: the 317,500-acre Tacuil finca, up-river and valley from Colomé, although only a small fraction is arable, the rest is mountains best suited for soaring birds of prey.

The Tacuil finca (at 8,518 ft., according to a wooden sign at the last steep entrance), still has no winery, although Dávalos is planning one with a 26,400-gallon capacity "set in the mountainside, for humidity and cold." There is, however, an oasis with Cabernet Sauvignon, Malbec, and some Torrontés, all furrow-irrigated and vertically trained, plus the finca with woods and an old stone-and-adobe house.

The winemaker on call is Chavo Figueroa, a friend from Cafayate. "The wine is made for use and by habit, as it has been for 180 years," assures Dávalos, who laughs when asked what type of yeasts he uses, and feigns unlikely ignorance, "I don't know what you're talking about." He clearly aims to make the same "diamond in the rough" that so fascinated Donald Hess: "I want my wine to continue to be an uncut diamond," affirms Dávalos with the confidence of someone who needs no marketing degree to know what to do. Together we tasted his new wines, accompanied by hams, cheeses, breads and olives, in Juan José López's charming grocery store/wineshop La Cordobesa *in downtown Salta: a* Viña de Dávalos *with 15.5% alcohol, the 33 de Dávalos (with 11% Criolla to reduce alcohol content), and* RD *or Ricardo Dávalos "50% French grapes and 50% Criolla," the 'French grape' being equal parts Malbec and Cabernet.*

RD Corte 2002 ★★★

---

33 de Davalos Corte 2001 ★★★

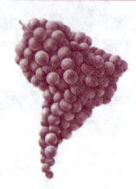

BODEGAS ETCHART / PERNOD RICARD ARGENTINA

Ruta 40 km 1047 / A4154ADA Cafayate / Salta
Tel.: (03868) 421310
Fax.: (03868) 421529

E-mail: sacsalta@prargentina.com.ar
Website: www.prargentina.com.ar
Capacidad: 12 millones de litros/*Capacity: 3,170,000 gallons*
Viña: 300 hectáreas/*Vineyards: 750 acres*

La bodega que desde 1938 pertenecía a la familia Etchart pasó en 1996 a ser propiedad de *Pernod Ricard Argentina*, que encaró una modernización de los viñedos: están sustituyendo los parrales por espalderos y los blancos por tintos, pues quieren llegar a demediar el 80 % de cepas blancas que poseían en sus fincas de La Florida y Animaná, a 15 kilómetros de la primera. Actualmente poseen cepas de Torrontés Riojano, Chardonnay, Gewürztraminer, Riesling, Chenin, Petit Verdot, Malbec, Cabernet Sauvignon, Pinot Noir, Merlot, Tannat y Syrah, estos 2 últimos prontos a salir al mercado este año. Las plantas más viejas datan de 1868. El 50 % de los viñedos poseen riego por goteo, mitad agua de vertientes y mitad de pozos de hasta 300 metros de profundidad. El manejo de las vides incluye el raleo y el estrés hídrico para lograr de 8 a 10 toneladas por hectárea en tintos y Chardonnay, rendimiento que puede duplicarse en el vigoroso y productivo Torrontés. La bodega por su parte conserva su equipamiento tradicional, con tanques de hierro/epoxy y de cemento/epoxy con serpentinas de refrigeración, casi todos al aire libre: he aquí una bodega con poco acero inox. Las barricas, en número de 600 y todas de roble francés, están en cavas logradas en ex piletas de 250 mil litros recicladas, que lucen puertas hechas con madera de viejos toneles de algarrobo, los cuales subsisten para la visión turística en una nave de techo de caña y torta de barro entejado: el algarrobo, de taninos y resinas fuertes, era difícilmente una buena madera para tonelería pero fue lo usual en la región por algún siglo. Con la dirección del enólogo José Luis Mounier (quien lleva 17 años en *Etchart*) la bodega exporta el 20 % de su producción a Inglaterra, Norteamérica y más de 40 otros mercados gracias a las filiales de *Pernod Ricard*.
Muy bien equipados para recibir al turismo, poseen una buena tienda, sala de degustación y visitas guiadas gratuitas todo el año y todos los días en temporada alta, mejor con arreglos previos.

In 1996 this winery passed from the Etchart family, owners since 1938, to Pernod Ricard Argentina, who is modernizing the vineyards. They are switching pergolas to vertical shoot position and white varieties to red. They want to halve the 80% whites they have in their fincas, La Florida and Animaná, 9 miles away. They currently have Torrontés Riojano, Chardonnay, Gewürztraminer, Riesling, Chenin, Petit Verdot, Malbec, Cabernet Sauvignon, Pinot Noir, Merlot, Tannat, and Syrah; the latter 2 will be released for the first time this year. The older plants date back to 1868. Drip irrigation is used in 50% of the vineyards, half from springs and half from 1000-foot wells. Vineyard management includes fruit thinning and water stress for yields of 3-4 tons per acre in reds and Chardonnay, although the vigorous Torrontés could produce twice that amount.

The winery conserves its traditional equipment, with iron/epoxy and cement/epoxy tanks with serpentine cooling coils, almost all outdoors; this winery has very little stainless steel. Their 600 barrels, all French oak, are stored in old, recycled 66,000-gallon tanks with wooden doors made from old carob-wood casks, which still exist for touristic purposes in a reed and adobe roofed nave. Algarrobo, or carob wood, with strong tannins and resins, was never a good wood for cooperage, but was typical in this region for a century. Under the enological direction of José Luis Mounier (with 17 years in Etchart*), the winery exports 20% of its production to England, North America, and more than 40 other markets through* Pernod Ricard.

They are very well-equipped for tourism; they have a good shop, a tasting room, and free guided tours all year, and every day during the peak season. Advance arrangements recommended.

Arnaldo B. Corte 1999 ★★★★★ - Etchart Privado Corte 2001 ★★★★ - Etchart Privado Corte 2002 ★★★

Etchart Privado Malbec- Cabernet Sauvignon 2001 ★★★ - Etchart Privado Malbec 2001 ★★★

Arnaldo B. Gran Reserva Corte 1999 ★★ - Etchart Privado Cabernet Sauvignon 2001 ★★

Finca Las Nubes

Catamarca 50 / 4427 Cafayate / Salta
Tel.: (03868) 422129

E-mail: japmounier@yahoo.com.ar
Website: En construcción
Capacidad: 0,016 millones de litros/ *Capacity: 42,000 gallons*
Viña: 2 hectáreas/ *Vineyards: 5 acres*

"*Acá hace 8 años no había nada, sólo este tala*" nos dijo un anochecer de abril de 2003 José Luis Mounier, mientras una incierta luminosidad se apagaba sobre las Cumbres Calchaquíes, más allá de Cafayate. Ahora hay 10 mil plantas de viña, el 60 % Malbec y el resto Cabernet Sauvignon y Tannat, todo en espaldera y con riego por goteo con agua de vertientes del río Colorado que arrullan a la finca. Es un paño de viñedo a pie de cerro, con las espaldas protegidas a Poniente por el cerro San Isidro de la sierra de El Cajón, y bien expuesto al sol del Levante. "*El suelo aquí es mejor que abajo, en el Valle: tiene mejor Ph, más materia orgánica y no es tan arenoso*" dice José Luis Mounier. "*Nuestra idea es un emprendimiento vitivinícola familiar, también turístico. En 2 meses estamos terminando el primer* bungalow *para huéspedes. Más que plata, aquí hay mucho trabajo y pasión*" agrega, refiriéndose al magno trabajo de parquización emprendido por él y su mujer, Mercedes. "*Aquí hubo un asentamiento indígena: encontramos morteros, puntas de flecha, pedazos de tinajas y terrazas de cultivo*".

De la viña a 1.850 metros de altitud plantada en alta densidad (5 mil pies por hectárea) cuya primera cosecha fue en el 2000, no sacan más que 7 u 8 mil botellas de vino, una por planta. El manejo es orgánico y la cosecha antes que manual, es familiar. Compran un poco de Torrontés y piensan llevar el viñedo hasta 6 hectáreas. Todo alrededor crecen frutales y la vegetación autóctona de tusca, chañares, molles y cardones antropomorfos que "*nos cuidan la finca*".

La bodega, nueva, es poco más que un *garage* contiguo a la casa: cuentan con 16 mil litros de tanques de acero inox, 10 mil de los cuales con chaquetas de control de temperatura, y 32 barricas francesas. La fermentación maloláctica es en los tanques. El embotellado es manual. José Luis emplea levaduras naturales y crea sus propios vinos, con toda la experiencia de muchos años en *Etchart*, la pasión de un emprendimiento propio y la calidad artesanal que permiten las pequeñas escalas de producción.

"Eight years ago, there was nothing here at all," José Luis Mounier told us one evening in April 2003, as the fading light disappeared behind the Cumbres Calchaquíes, on the other side of Cafayate. Now there are 10,000 vines, 60% Malbec and the rest Cabernet Sauvignon and Tannat, all vertically positioned and drip irrigated with water from the Colorado River, which runs through the finca. *The back side of this little vineyard is protected to the west by the San Isidro peak, with good sun exposure to the east.* "The soil is better here than down in the Valley; it has a better Ph, more organic matter, and isn't as sandy," *explained José Luis.* "Our idea is to have a family winery- and touristic too. The first guest bungalow will be finished in 2 months. Here we have more work and passion than money," *he added, referring to the tremendous job he and his wife have undertaken.* "There was an indigenous settlement here; we've found mortars, arrowheads, pottery shards, and terraces."

This high altitude (6,000 feet), high density (2,000 vines per acre) vineyard was first harvested in 2000 and yielded no more than 7-8,000 bottles of wine – one per vine. The organically-managed grapes are harvested manually by the family. They buy a bit of Torrontés and plan to expand the vineyard to 15 acres. Today the vineyard is surrounded by fruit trees and wild plants and giant human-shaped cactus that "watch over the finca."

The new plant is little more than a garage added on to the house. It has 4,000-gallon stainless steel tanks, 2/3 with temperature-controlled jackets, and 32 French oak barrels. Malolactic fermentation takes place in the tanks, and the wine is bottled by hand. José Luis uses natural yeast and makes his own wines with the experience from his years at Etchart, *the passion of his own business, and the crafted quality that small-scale production affords.*

José L. Mounier Torrontés 2002 ★★★

José L. Mounier Malbec-Cabernet Sauvignon-Tannat 2001 ★★★

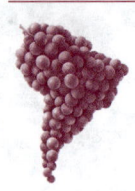

Viñas de Altura / Bodegas Félix Lavaque

Ruta Nac. 40 y Ruta Prov. 68 / Chañar Punco / K4139XAA Sta. María / Catamarca
Tel.: (011) 4771-9113
Fax.: (011) 4771-9733

E-mail: info@vinasdealtura.com
Website: www.vinasdealtura.com
Capacidad: 6 millones de litros/*Capacity: 1,585,000 gallons*
Viña: 500 hectáreas/*Vineyards: 1,250 acres*

Esta bodega soberbiamente emplazada al pie de la sierra del Cajón a pocos kilómetros de Santa María, provincia de Catamarca, representa la llegada de la modernidad vitivinícola a la zona sur de los Valles Calchaquíes, donde el vino se hizo desde que llegaron los conquistadores pero siempre con los pies y casi siempre Torrontés. Con sus viñas extendidas en declive desde la bodega, a 2.200 metros hasta la carretera, con 400 hectáreas en espaldero y 100 hectáreas en parral de tipo G.D.C. o Ginebra Doble Cordón modificado (que el ingeniero agrónomo y responsable del todo, Javier Grané, describe con una sonrisa como C.T.C. o Cafayate Triple Cordón) la viña es innovadora a comenzar por sus cepas: "*somos los primeros en cultivar tintos aquí, nadie lo hizo antes, estamos descubriendo el terruño*" dice el salteño Grané refiriéndose a las cepas de Syrah, Cabernet Sauvignon, Malbec, Merlot, Tannat y Pinot Noir todas irrigadas por goteo con agua de 8 pozos que llegan a 210 metros bajo tierra. Los rendimientos orillan las 12 toneladas por hectárea, con raleos de frutas y brotes. No tienen noticias de heladas ni granizo. Con la dirección del enólogo Luis Asmet de la bodega madre de Cafayate, vinificaron su primera cosecha en 2001 inaugurando una flamante instalación toda de tanques de acero inox francés, de 12,5 a 50 mil litros de capacidad, con sistemas de frío y calor, además de tanques de maduración. No fraccionan aquí, sino que envían el vino en camión a la bodega de Cafayate, a 77 kilómetros. Reciben visitas seleccionadas pero no al turismo.

This winery, proudly situated at the foot of the Sierra del Cajón, a few miles from Santa María, in the Catamarca province, represents the arrival of vitivinicultural modernity to the southern part of the Calchaquí Valley, where wine has been made since the times of the conquistadors, though always by foot and almost always from Torrontés. Its vineyards extend out and down from the winery, nearly 1.5 miles to the highway, with 1,000 acres on vertical shoot position and 250 acres on GDC-type or modified Geneva Double Cordon pergolas (which Javier Grané, the agricultural engineer responsible laughingly calls 'CTC' or Cafayate Triple Cordon). This winery is innovative, beginning with its varieties. "We are the first to grow black grapes here, nobody has done it before; we're discovering a new terroir," says Grané, referring to his Syrah, Cabernet Sauvignon, Malbec, Merlot, Tannat, and Pinot Noir, all with drip irrigation from 8 700-foot wells. Yields approach 5 tons per acre, with bud and fruit thinning. They've suffered neither frost nor hail. Under the direction of enologist Luis Asmet from the mother winery in Cafayate, they vinified their first harvest in 2001, and inaugurated their new installations equipped with temperature-controlled French stainless steel fermentation and holding tanks ranging in size from 3,300 to 12,200 gallons. They don't bottle here, rather they send the wines to the Cafayate winery, 48 miles away. They accept selected visits but are not open to tourism.

Esta bodega no nos envió muestras, que esperamos para la próxima edición.

This winery didn't sent us samples, which we hope to receive for the next edition.

Viñas de Altura / Finca el Recreo

Ruta Nac. 40 Km 1046 /
4427 Cafayate / Salta
Tel.: (011) 4771-9113
Fax.: (011) 4771-9733

E-mail: info@vinasdealtura.com
Website: www.vinasdealtura.com
Capacidad: 4 millones de litros/*Capacity: 1,057,000 gallons*
Viña: 60 hectáreas/*Vineyards: 150 acres*

Si el negocio del vino argentino es dinámico en los últimos años, lo es particularmente para Rodolfo Lávaque, cuarta generación de vitivinicultores de origen libanés establecidos primero aquí en Cafayate, luego en San Rafael provincia de Mendoza. En poco tiempo, el señor Lávaque dejó de ser dueño de la mayor bodega salteña, *Michel Torino* (que vendió a la familia Pulenta ex dueños de *Trapiche/Peñaflor*, quienes vendieron el todo al fondo de inversión estadounidense *D.L.&G.*); y compró en el terruño cafayateño la bodega *Peñalba Frías*, además de la bodega *Nanni*; y creó la nueva bodega *La Rosa* en Chañar Punco, en las afueras de Santa María. Todo sucedió tan de prisa que al momento de nuestra visita no estaba del todo claro el nombre de la nueva bodega en construcción en el predio de la ex *Peñalba Frías* y tampoco el futuro de la firma *Nanni*.

Lo cierto es que Rodolfo Lávaque está haciendo aquí las cosas en grande. A las 60 hectáreas de viejos viñedos sumarán otras 330 hectáreas de espalderas *Vertical Shoot Position*, todo con riego por goteo, de las cepas Merlot, Cabernet Sauvignon, Malbec, Syrah, Tannat, Bonarda y Torrontés Riojano. El proyecto incluye, además de una bodega *boutique* de 6.500 metros cuadrados resultado de la ampliación radical de otra preexistente, una cancha de polo y glorietas u odeones realizados con cada variedad, un mirador y un estanque artificial. El equipamiento incluye 2 prensas pneumáticas, 3 lagares de acero inox con equipo de enfriado de las uvas, tanques de acero inox y piletas de cemento/epoxy con placas de frío, un galpón refrigerado con capacidad para 5 mil barricas (70 % de roble francés) todo bajo la dirección del enólogo Luis Asmet, quien emplea *insert staves* y minibloques de roble en los vinos de mediano precio.

Y asimismo, Rodolfo Lávaque está terminando de construir una adyacente y palaciega residencia de 17 habitaciones que incluye un *spa* y una *corte nobile* en una atmósfera de gran villa veneciana de las que diseñaba Andrea Palladio.

If the Argentine wine industry has been dynamic in recent years, it has been particularly so for Rodolfo Lávaque, fourth generation of a vitivinicultural family of Libyan origins who first set up in Cafayate and then in the San Rafael province of Mendoza. Shortly thereafter he sold Salta's largest winery, Michel Torino, *to the Pulenta family, former owners of* Trapiche/Peñaflor *(who sold it all to the U.S. investment fund* Donaldson, Lufkin & Jenriette*) and bought the* Peñalba Frías *and the* Nanni *wineries in Cafayate. He also created the new* La Rosa *winery in Chañar Punco, outside Santa María. Everything happened so fast that at the time of our visit, it wasn't even clear what name would go on the new winery being built on the former* Peñalba Frías *estate, nor what would become of the* Nanni *firm.*

What is certain is that Rodolfo Lávaque is doing things big. In addition to the 150 acres of old vineyards, he will add another 825 acres of Merlot, Cabernet Sauvignon, Malbec, Syrah, Tannat, Bonarda, and Torrontés Riojano on vertical shoot position with drip irrigation. The project includes expanding a pre-existing building into a 70,000 square-foot boutique winery and adding a polo court, gazebos with pergolas made with each vine variety, an observation point and an artificial pond. The equipment includes 2 pneumatic presses, 3 stainless steel troughs with chilling equipment, stainless steel and cement/epoxy tanks with cold plates, an air-conditioned building with capacity for 5,000 barrels (70% French oak), all under the direction of winemaker Luis Asmet, who uses oak inner staves and mini-blocks in his medium-priced wines.

Meanwhile, Rodolfo Lávaque is finishing his palatial residence next door, with 17 bedrooms, a spa, a corte nobile, and an air of a great Venetian villa like those designed by Andrea Palladio.

Esta bodega no nos envió muestras, que esperamos para la próxima edición.

This winery didn't sent us samples, which we hope to receive for the next edition.

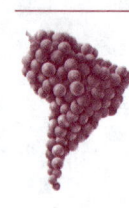

Finca Colomé

Estancia Colomé / Molinos / Salta
Tel./Fax. (03868)-494044/43

E-mail: estancia@bodegacolome.com
Capacidad: 0,029 millones de litros/*Capacity: 7,800 gallons*
Viña: 31 hectáreas/*Vineyards: 77 acres*

Esta hermosa y solitaria finca siempre fue un lugar único, pero lo es más desde que la compró Donald Hess, acaudalado empresario suizo productor en California de *Hess Collection*, con viñedos también en Sudáfrica. En 1996, en viaje con su mujer, descubrió el vino *Colomé* que le impactó como "*un diamante en bruto sin tallar*". Así Hess quiso conocer la remota y rústica bodega del señor Dávalos y tras algunas peripecias, en 1999 compró las 39 mil hectáreas (de las que un centenar son cultivables) y también otra finca en Payogasta, a 70 kilómetros de Colomé. Además de construir una elegante hostería de 9 habitaciones, Hess recicló la vieja bodega de adobe con piletas de cemento e instaló otra con tecnología moderna, a cargo del enólogo californiano Randall Johnson, que lleva 20 años trabajando con él. En 2003 saldrá al mercado su primera cosecha de una etiqueta negra, *Colomé Reserva*, de más de 16°, hecho "*sin tecnología y en barricas francesas*" y un *Colomé* de 13° "*con tecnología y poca madera*", ambos cortes de Cabernet Sauvignon y Malbec además de una variedad de posible origen georgiano, que la ampelografía está estudiando para el señor Hess. Los rendimientos de las 13 hectáreas de la viña (donde hay plantas de 1854) son 5 toneladas por hectárea. La irrigación proviene de un flamante reservorio de 30 millones de litros que alimenta una central hidroeléctrica. "*Todo es un círculo y debe quedar en un círculo*" dice el excéntrico Hess a propósito de sus cultivos biodinámicos "*quiero un viñedo que no sea tan lindo pero sin química, todo hecho a mano*". Para eso cuenta con el experto peruano en biodinámica Reneé Piemonte. Además de iglesia, almacén, restaurante, teléfono y agua para los lugareños, Donald Hess construirá en Colomé un Museo de Arte Contemporáneo para los 4 artistas favoritos de su inmensa colección: "*no me importa cuánta gente venga al museo. Lo construyo aquí porque a ninguno de ellos le gusta la ciudad, todos viven en lugares apartados*". A los 67 años, este boxeador amateur que dibuja sus etiquetas y dejó a sus empresas en buenas manos sólo hace cosas que le divierten: 7 meses al año nutre su colección de arte y dedica el verano austral a sus viñedos de altura biodinámicos.

This beautiful and solitary finca has always been unique, but is even more so now that it has been purchased by Swiss entrepreneur Donald Hess, who produces the Hess Collection *in California and who also owns vineyards in South Africa. While traveling with his wife in 1996, he discovered the Colomé wine, which impressed him as a "*diamond in the rough.*" He therefore wanted to know this remote and rustic winery that then belonged to a Sr. Dávalos. After some haggling, he bought the 97,500 acres (only part of which are cultivatable) in 1999, along with another finca in Payogasta, some 45 miles from Colomé. In addition to building an elegant 9-room inn, Hess renovated the old adobe winery with cement tanks and installed another with modern technology, in the hands of Californian winemaker Randall Johnson, who has worked with him for 20 years. The first vintage will be released in 2003. The black label,* Colomé Reserva, *with more than 16° of alcohol, was made "*without technology and in French barrels,*" while a 13°* Colomé *is "*with technology and little wood.*" Both are blends of Cabernet Sauvignon and Malbec plus another variety of possible Georgian origin, which Hess has submitted for ampelographic study. The 32 acres of vineyard (where there are vines dating to 1854), yield 2 tons per acre. Irrigation is provided by a new 8,000,000-gallon reservoir that feeds a hydro-electric plant. "*Everything is a circle and should remain a circle,*" says the eccentric Hess with respect to his biodynamic crops, "*I want a vineyard that may not be so pretty, but is chemical-free, and where everything is done by hand.*" Peruvian biodynamics expert Reneé Piemonte is in charge of this aspect. In addition to a church, store, restaurant, telephone, and water for the local people, Donald Hess will also build a Contemporary Art Museum in Colomé for the 4 favorite artists in his immense collection. At 67 years, this amateur boxer who draws his own labels spends his time doing things he enjoys: 7 months of the year he adds to his art collection and dedicates the austral summer to his high-altitude biodynamic vineyards.*

Los vinos Colomé salieron al mercado demasiado tarde para participar en esta edición. Los esperamos ansiosamente el próximo año.

The Colomé wines were released too late to participate in this edition of the Guide. We look forward to including them next year.

El viñedo más alto del mundo

Uno de los viñedos productivos más altos del mundo pertenece a Donald Hess y se llama *Finca El Arenal*. Se encuentra poco más allá del cementerio de Payogasta y es visible hacia el norte desde la ruta a Salta, con sus casas de color rosa. Aquí, a 2.800 metros de altura, hay 18 hectáreas de cepas de Malbec, Cabernet Sauvignon y Tannat conducidos en espaldera, de las cuales un tercio está plantado en alta densidad. Según Roberto Barrasa, enólogo a cargo de la finca, el problema más grave es la helada, a la que previenen con un sistema de *flippers* o aspersores que toman su agua de un reservorio a su vez alimentado por un pozo a 60 metros de profundidad: el riego elimina el daño de la helada. En suelos arenosos-arcillosos que no recibieron ninguna mejora previa tras el desmalezado (al otro lado del camino puede verse intacto el páramo originario) las vides dieron su primera cosecha en 2003 con un desarrollo muy desigual entre planta y planta, experiencia que condujo a mejorar previamente con alfalfa a otros cuadros a implantar. La viña es biodinámica, no conoce tractor ni otras máquinas y no recibe más que sulfato de cobre, tierra de diatomeas, azufre, cuarzo molido y compost de cabras disuelto en agua. Una de las 8 personas que la trabajan es el combatiente de hormigas a tiempo completo.

Pero Donald Hess (quien afirma que el viñedo más alto está en Nepal a 2.750 metros y no da uvas) sabe que tanto en Salta como en Bolivia hay viñedos plantados en alturas similares. Apostando a que sus vinos contengan las uvas más altas de este planeta, Hess plantó otro viñedo a cota 3.015 sobre los mares, en un terraplén en la ladera de las Cumbres del Obispo, de las que cae un torrente perenne. Descontando algún molle y los impávidos cardones gigantes, la vegetación es xerófita. Aquí el matrimonio Hess proyecta construir una casa, con una vista imponente del Nevado de Cachi. Este pequeño paño experimental plantado en 2002 contiene 150 cepas de Malbec, Cabernet Sauvignon, Merlot y Syrah irrigadas y sembradas con cebada para mejorar el suelo. Fuera de la helada, las vides más altas del mundo deben sobrevivir a hormigas negras, palomas, gorriones y zorros. Sólo en 2006 se cosecharán estas vides que seguramente figurarán en el *Guinness* y de las que puede verse alguna foto en nuestro sitio en la red.

The highest vineyard in the world

One of the highest productive vineyards in the world belongs to Donald Hess and is called the Finca El Arenal. *Located a little beyond the Payogasta cemetery, it and its pink houses are visible to the north from the route to Salta. Here, at 9,200 feet above sea level, there are 45 acres of vertically-trained Malbec, Cabernet Sauvignon, and Tannat, a third of which are planted in high-density. According to Roberto Barrasa, the winegrower in charge of the vineyards, frost is the most serious problem, which they prevent with a 'flipper' or sprinkler system that prevents frost damage (the water comes from the reservoir, which is fed by a 200-foot-deep well). The vines are planted in sandy-clay soils that receive no treatments other than weed-removal (the field across the road remain in their original form) and were harvested for the first time in 2003. The development was very uneven between one plant and the next, so other parcels were improved with alfalfa before planting. The vineyard is biodynamic; there are no tractors or other machines here, and the only treatments are with copper sulphate, diatomaceous earth, sulphur, crushed quartz, and goat compost dissolved in water. One of the 8 employees works full time battling ants.*

But Donald Hess (who affirms that the highest vineyard in the world is in Nepal, at 6,875 feet, but produces no grapes) knows that there are similar high-altitude vineyards planted in both Salta and in Bolivia. In order to assure that his wines contain grapes from the highest vineyard in the world, Hess planted another one at 9,900 feet, on a hillside terrace of the Cumbres del Obispo, from which a perpetual torrent falls. Aside from an occasional molle *and the intrepid giant thistles, the vegetation is xerophytic. This is where the Hess' plan to build a house, with a majestic view of the Nevado de Cachi. This small experimental plot planted in 2002 contains 150 Malbec, Cabernet Sauvignon, Merlot, and Syrah vines irrigated and seeded with barley to improve the soil. In addition to frosts, the highest vines in the world must survive black ants, pigeons, sparrows and foxes. In 2006 these vines will surely make it into the Guinness Book of Records. Pictures are visible in our web site.*

Viñedos y Bodegas San Pedro de Yacochuya

Ruta Provincial 2 - Km 6 /
A4427WAA Cafayate / Salta
Tel.: (03868) 421233
Fax.: (03868) 421487

E-mail: arnaldoetchart@ciudad.com.ar
Website: www.yacochuya.com (en construcción)
Capacidad: 0,94 millones de litros/ *Capacity: 248,000 gallons*
Viña: 14 hectáreas/ *Vineyards: 35 acres*

Con su pequeña y bonita bodega adosada a los cerros en las afueras de Cafayate, San Pedro de Yacochuya en 1999 sumó al refugio familiar de Arnaldo Etchart un emprendimiento junto a su amigo Michel Rolland (quien llegó en 1988 a la Argentina por causa del primero) destinado a elaborar vibrantes expresiones de las uvas tintas del valle Calchaquí. Éstas, cultivadas en la finca de Yacochuya Norte a distancia de una breve caminata de la bodega y a 2.035 metros de altura, son 8 hectáreas de Malbec, 2 de Cabernet Sauvignon, 0,5 de Tannat y 1,5 de Torrontés, en cepas de entre 50 y 80 años regadas por surco con agua de montaña hasta mediados de enero. La salubridad del terruño queda demostrada con la necesidad de sólo un tratamiento de azufre por año. El granizo no cayó en los últimos 7 años y los mayores enemigos de las uvas son hormigas negras, loros, palomas, avispas, abejas y zorros, que aprecian esta fruta. No hacen raleo, sí deshojes, y obtienen de 5 a 7 toneladas por hectárea si bien alguna parcela rinde apenas la mitad de eso.

Vinifican en tanques de acero inox francés de pequeñas dimensiones, con levaduras indígenas y 5 remontajes diarios, bajo la dirección del afable Marcos Etchart y con la asistencia, en vendimia, de enólogos franceses del equipo de Rolland, dirigidos por Benoit Prévot (quien pasa 1 mes al año en Yacochuya). Las fermentaciones malolácticas ocurren en barrica, de las cuales hay 300, todas francesas: hay dos salas de bordalesas con temperatura controlada, una fresca y húmeda para la crianza y otra malolácticamente tibia. *"Aquí la calidad es buena o excelente, no hay años malos"* dice Marcos, quien expresa el objetivo de la bodega: *"hacer uno de los mejores tintos de Argentina, gracias a un compromiso ideal de altura, edad del viñedo y bajo rendimiento".* Más la amistad y la poesía: Arnaldo Etchart gusta de bautizar cada tanque donde fermentan sus corpóreos tintos con el nombre de músicos y artistas amigos que, mientras vivieron, fueron grandes amantes del vino.

In 1999, San Pedro de Yacochuya, *a small winery nestled in the hills outside Cafayate, became a part of the business owned by Arnaldo Etchart and friend Michel Rolland (who arrived in 1988 because of Etchart) to make vibrant expressions of Calchaquí Valley's red grapes. The vineyards in North Yacochuya* finca, *a short walk from the winery at 6,675 ft. a.s.l., include 20 acres of Malbec, 5 of Cabernet Sauvignon, 1.2 of Tannat, and 3.7 of Torrontés, with 50 to 80-year-old vines, furrow-irrigated with mountain water through mid-January. The healthy* terroir *needs only one sulfur treatment per year. It hasn't hailed in 7 years, and the grapes' current enemies are black ants, parrots, pigeons, wasps, bees, and foxes. They don't thin fruit, although they do remove leaves, and they get 2-3 tons per acre, although some parcels yield less than half that amount.*

Director Marcos Etchart is assisted at harvest time by Rolland's team of French winemakers, headed by Benoit Prévot (who spends a month a year at Yacochuya). They make wine in small French stainless steel tanks, using native yeasts and performing 5 daily pump-overs. They have 300 French barrels where malolactic fermentation takes place; there are 2 temperature-controlled barrel rooms, one cool and humid for aging, the other warm for malolactic fermentation.

"The quality here is always good to excellent; there are no bad years," says Marcos who expresses the winery's mission to "make one of Argentina's best reds, thanks to the perfect combination of altitude, old vines, and low yields..." plus friendship and poetry. His father likes to baptize each fermenting tank of his robust red wines with the name of a musician or artist friend who, while alive, was a great wine-lover.

San Pedro de Yacochuya Sesquicentenario Corte 2000
San Pedro de Yacochuya Rolland Corte 2000
San Pedro de Yacochuya Torrontés 2000 ★★★

El Alto Valle del Río Negro
Upper Río Negro Valley, or the unfinished Patagonia

El día que la provincia de Río Negro se disuelva en una región Patagonia, sólo sus clientelas políticas la echarán de menos. Esta joven provincia de apenas medio siglo de edad demuestra una vez más la ineptitud de los radicales (que gobiernan desde que regresó la democracia) para la administración pública. Para hablar sólo de lo más visible, el estado de las rutas es chocante en comparación con provincias adyacentes y resulta alarmante el subdimensionamiento de la troncal Ruta 22, único desahogo de la producción del Valle hacia los puertos.

A diferencia de los desparramados oasis cuyanos, aquí la tierra feraz está contenida entre los farallones áridos de la meseta y la estepa estéril: nunca hay más que pocos kilómetros entre la estepa del norte y la estepa del sur, a lo largo de los 500 kilómetros a vuelo del cuervo que separan el nacimiento del Negro y su boca.

Todo el Valle es apto para la vid. En los '60, cuando *Chandon* llegó a la Argentina, determinó que la isla de Choele Choel en el Valle Medio era tan apta como Agrelo para la Vitis vinífera y compraron allí 400 hectáreas, de las que plantaron 40 antes de replegarse hacia Cuyo. Pero la experiencia local indica que el Alto Valle, con su mayor altura (que llega a los 240 metros en General Roca) es más adecuado para los vinos de calidad que los tramos más bajos del mismo Valle.

La viticultura comenzó con la inmigración italiana a fines del siglo XIX y principios del XX. Otra vez, las obras hidráulicas del ingeniero italiano Cesare Cipolletti transformaron el erial en vergel. Pero los productores rionegrinos cometieron un error fatal: plantaron cepas viníferas y se dedicaron a elaborar vinos comunes, pretendiendo competir con las industrias vínicas cuyanas de mayor producción y menores costos, además de menor acidez en vinos de gusto popular.

A principios de la década del '70, en el Valle había 245 bodegas y 23 mil hectáreas de viña que producían 130 millones de kilos de uva: era la tercera región vitivinícola argentina después de Mendoza y San Juan. Treinta años más tarde, quedan unas 20 bodegas y 3 mil hectáreas de viña, que producen unos 10 millones de kilos. Y sólo un par de bodegas de vinos de alta calidad.

The day the Río Negro province dissolves into a Patagonian region, only its political patrons will miss it. This young province, barely 50 years old, shows once again the ineptness of the Radical party (in office since the return of democracy) for public administration. To mention the most visible, road conditions are shocking in comparison with neighboring provinces, and the narrowness of Route 22, the main highway and only outlet for moving the valley's products to the ports, is alarming.

Compared to Cuyo's scattered oases, here the fertile earth is strictly contained between the arid cliffs of the plateau and the sterile steppes, and along the 300 miles (as the crow flies) between the source of the Rio Negro and its mouth, there are never more than a few miles between the northern and southern steppes.

The entire valley is suitable for vines. When Chandon first arrived in Argentina in the 1960s, they determined that the Choele Choel Island in the Medio Valley was as well-suited as Agrelo for *Vitis vinifera* and bought 1,000 acres there. They planted 100 before moving toward Cuyo. But local experience indicates that the Alto Valley, with higher altitude (reaching 800 feet in General Roca) is better suited for the quality wines than sections lower down in the same valley.

Viticulture began with the Italian immigration in the late 19th- early 20th centuries. Again, the hydraulic works of Italian engineer Cesare Cipolletti turned the wastelands green. But the Río Negro producers made one fatal error: they planted viniferous varieties and then made ordinary wines, thinking they could compete with Cuyo's wine industry, which had greater production, lower costs, and less acidity in popular wines.

In the early 1970s, the Río Negro Valley had 245 wineries and 60,000 acres of vineyards, producing 6,000,000 pounds of grapes, making it Argentina's third vitivinicultural region, after Mendoza and San Juan. Thirty years later, there are only 20 wineries and 5,000 acres of vineyards left, producing some 4,500,000 pounds. And only a couple of wineries make quality wines.

Respecto al terruño, dice Eduardo Gracía, enólogo mendocino devenido rionegrino: "yo creo que Río Negro tiene mejores condiciones de clima que Mendoza. Los suelos son más o menos parecidos, pero aquí hay muchas horas de luz, días calurosos y noches frías. Es una ventaja importante para la madurez fisiológica: hay tiempo para dejar que los taninos y polifenoles maduren, pero los azúcares no se van tan altos como en Mendoza".

No hay en el Alto Valle infraestructura adecuada para el enoturismo. La hotelería es apta sólo para el viajante de comercio y la cocina regional, inexistente antes de llegar al distrito lacustre. Los flujos turísticos hacia San Martín de los Andes, Villa La Angostura y Bariloche no se desvían para apreciar *in situ* a los vinos del Alto Valle.

With respect to terroir, *Eduardo Gracia, a Río Negro winemaker originally from Mendoza says, "Río Negro has better weather conditions than Mendoza. The soils are similar, but we have many hours of sunlight, hot days, and cold nights. This is a big advantage for physiological maturation: there's time for the tannins and polyphenols to ripen, but the sugars don't get as high as they do in Mendoza."*

Alto Valley has no infrastructure for wine tourism. Lodgings are only appropriate for traveling salesmen and there's no regional cuisine before reaching the Lake District. Tourists heading toward San Martín de Los Andes, Villa La Angostura and Bariloche, still don't detour to know the Alto Valley wines in situ.

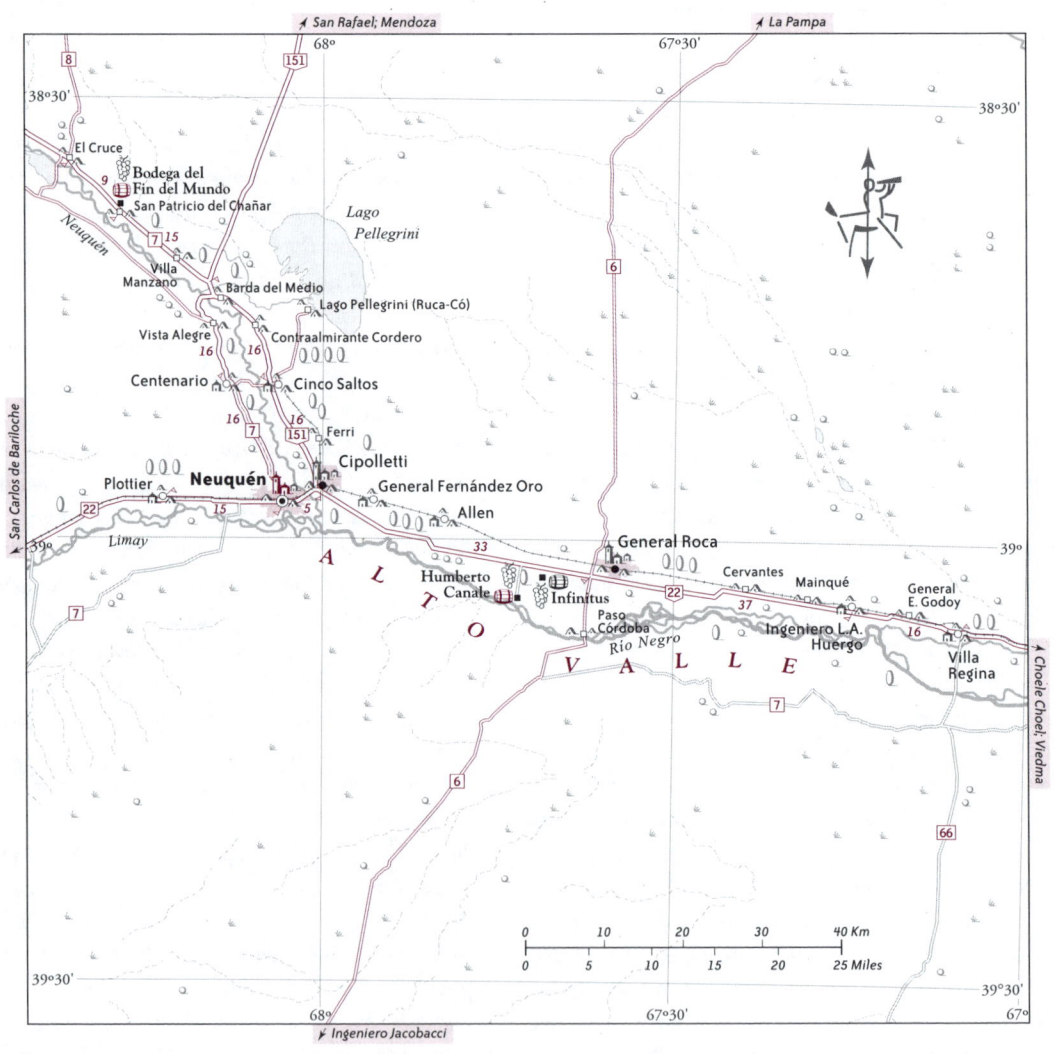

El Alto Valle del Río Negro / The Upper Río Negro Valley

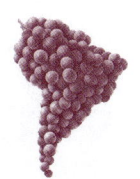

Bodega Tierras del Viento

Allende 3673 /
C1419BVC Ciudad de Buenos Aires
Tel./Fax.: (011) 46399504/3

E-mail: mlean@bodegasestepa.com
Website: www.bodegasestepa.com
Capacidad: 1,6 millones de litros/*Capacity: 422,700 gallons*
Viña: 50 hectáreas/*Vineyards: 125 acres*

Tierras del Viento es una nueva bodega que siguiendo las huellas de la decana *Humberto Canale* y la más reciente *Infinitus* (con la que comparten el enólogo Eduardo Gracia) se propone elaborar vinos de calidad en la Patagonia, Alto Valle del Río Negro. A 4 kilómetros al oeste de General Roca, trabajan en una bodega funcional equipada con piletas de hormigón/epoxy a las que sumaron algunos tanques de acero inox de 40 mil litros y esperan incorporar otros más. Poseen un par de docenas de barricas de roble francés. Utilizan prensas mecánicas de canasto.

Sus viñedos de Malbec, Merlot, Cabernet Sauvignon, Syrah y Torrontés están implantados en suelos arenosos-arcillosos y son conducidos en espaldera baja, con riego por inundación.

Elaboran 3 vinos con la etiqueta *Tierras del Viento*: un Malbec-Merlot, un Malbec y un Merlot. Planean producir Cabernet Sauvignon, Pinot Noir y Torrontés. En sus planes está también exportar a Estados Unidos y Reino Unido.

Tierras del Viento is a new winery following the lead of Humberto Canale *and the more recent* Infinitus *(with which they share winemaker Eduardo Gracia): making quality wines in Patagonia, in the Río Negro's Alto Valley. Located 2.5 miles west of General Roca, this functional winery is equipped with concrete/epoxy tanks and some 10,500-gallon stainless steel tanks, with hopes of adding more. They have a couple dozen French oak barrels and use mechanical basket presses. The vineyards contain Malbec, Merlot, Cabernet Sauvignon, Syrah, and Torrontés planted in sandy-clay soils in low vertical shoot position, and employ flood irrigation.*

There are currently 3 Tierras del Viento *wines: a Malbec-Merlot, a Malbec, and a Merlot, with plans to produce Cabernet Sauvignon., Pinot Noir, and Torrontés in the future and to export to the US and UK.*

Sierras del Viento Malbec 2002 ★★★

Sierras del Viento Malbec-Merlot 2002 ★★

Sierras del Viento Merlot 2002 ★

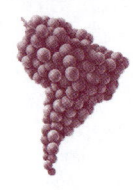

BODEGA Y VIÑEDOS INFINITUS

Roque Sáenz Peña s/nº / Vistalba /
M5509XAF Luján de Cuyo / Mendoza
Tel.: (0261) 4982330 / 4985495
Fax.: (0261) 4982511

E-mail: domvistalba@infovia.com.ar
Capacidad: 1,6 millones de litros/*Capacity: 423,000 gallons*
Viña: 75 hectáreas/*Vineyards: 185 acres*

Infinitus, establecida en 1996, es una bodega-satélite patagónica cuya bodega-madre cuyana es *Fabre-Montmayou* en Domaine Vistalba, 700 kilómetros al norte, sobre la que el lector debería saber primero. Hervé Joyaux sintetiza así la ecuación que se resolvió con 2 bodegas en 2 terruños: *"en el Alto Valle la tierra cuesta menos, pero el vino de Mendoza se vende más caro".* En *Infinitus, Bodega y Viñedos de la Patagonia,* se quiere expresar a través del vino ese imaginario patagónico que resulta más cautivante a europeos que a argentinos. Desde su diseño en la etiqueta, *Infinitus / from Patagonia* aplica *savoir-faire* y buen gusto de Bordeaux a 3 vinos bi-varietales (Malbec/Syrah, Cabernet Sauvignon/Malbec y Chardonnay/Semillón) y desde el año 2000 un espumante de método Champenoise (Semillón/Pinot Gris) *extra-brut* y *nature.*

El enólogo Eduardo Gracia, mendocino de origen y rionegrino de adopción, quien trabajó en *Humberto Canale* durante 18 años, resume la filosofía de la casa en *"ir creciendo de a poco"* sobre la base de una bodega de 1965, abandonada, que fue reconstruida.

Aquí se prensa la uva con la vieja hidráulica, se vinifica en piletas de cemento/epoxy de 10 a 20 mil litros y en tanques de acero inox, y se refrigera con placas de agua fría. Luego los vinos se despachan en camión a la bodega-madre, para la cría en barricas y el fraccionamiento. Piensan traer barricas más adelante. Sobre algunas cuestiones, Eduardo Gracia es muy serio: *"no usaría chips y si alguna vez me dicen que los use, me voy".* La finca está a 18 kilómetros de la bodega, en Allen. Es toda espaldera baja, a la que aplican poda, raleo y deshoje para obtener de 7 a 8 toneladas por hectárea, en cepas de unos 40 años, regadas por surco. Tienen todas las cepas de sus bi-varietales y además, Torrontés. Cosechan en bandejas de 20 kilos y muelen sobre la boca de la pileta.

Established in 1996, Infinitus *is a Patagonian satellite of Cuyo's* Fabre-Montmayou, *some 435 miles north. Hervé Joyaux synthesizes the equation solved with 2 wineries and 2 terroirs: "land costs less in the Alto Valley, but wine from Mendoza sells for a better price."*

The wines of Infinitus, Winery and Vineyards of Patagonia *look to express the Patagonian image that appeals more Europeans than Argentines. From label design to winemaking,* Infinitus / from Patagonia *shows Bordeaux know-how and good taste in 3 dual-varietal blends (Malbec/Syrah, Cabernet Sauvignon/Malbec and Chardonnay/Semillón) and Champenoise method sparkling wine (Semillón/Pinot Gris),* extra-brut *and* nature *since 2000.*

Mendoza-born winemaker Eduardo Gracia worked at Humberto Canale *for 18 years and sums up the Infinitus philosophy of "growing little by little" on the foundation of an abandoned and reconstructed 1965 winery.*

Here, grapes are pressed with the old hydraulic press, vinified in stainless steel and 2,600- and 5,300-gallon cement/epoxy tanks chilled with cooling plates. The wines are then sent to the mother winery for barrel aging and bottling. They are considering using barrels in the future. On some issues, Eduardo Gracia is very serious: "I won't use chips, and if they ever tell me to, I'll leave."

The finca is in Allen, 11 miles from the winery. They use low vertical shoot positioning and use pruning, thinning and leaf removal techniques to obtain around 3 tons per acre from the 40-year-old furrow-irrigated vines. They have all of the varieties in their dual-varietal blends plus Torrontés. They harvest in 44-pound baskets and crush directly over the vat.

Infinitus Merlot 1999 ★★★★

Infinitus Malbec-Syrah 2001 ★★★

Establecimiento Humberto Canale S.A.

Chacra 186 / J. J. Gómez /
8332 General Roca / Río Negro
Tel.: (02941) 430415 / 430882
Fax.: (02941) 499024

E-mail: hcanale@arnet.com.ar
Website: www.bodegahcanale.com
Capacidad: 4 millones de litros/*Capacity: 1,000,000 gallons*
Viña: 150 hectáreas/*Vineyards: 371 acres*

"*Patagonia cada vez dice más*" afirma el ingeniero Guillermo Barzi, nieto del ingeniero genovés Umberto Canale que en 1913 plantó su viña y bodega de vinos finos, entonces la más austral del planeta. Y añade "*es una región vasta, árida, de caracteres muy definidos e intensos*".

"*Vinos de las Zonas Frías fue un invento mío, en el '67, cuando incité a los productores y al gobierno a que apoyaran a la vitivinicultura regional*" explica el ingeniero Barzi, quien por momentos parece algo fatigado de su lucha solitaria en un Valle del Río Negro que a lo largo del siglo XX frustró emprendimientos vinícolas de incontables particulares, cooperativas y hasta de los gigantes *Arizu*, *Greco* y *Chandon*. No es el clima ni el terruño sino una mala administración pública lo que imperfecciona a las cosas en la provincia de Río Negro. Aquí la naturaleza es tan sana que la viña recibe cero tratamientos al año: "*sólo una espolvoreada de azufre cuando los vástagos tienen 10 centímetros. No tenemos máquinas de pulverización. Toda la plantación es a pie franco*".

Trabajan con piletas de cemento/epoxy de 10 mil litros con equipos de frío por placas, y 6 tanques de acero inox de 26 mil litros, además de toneles de roble francés viejos de 60 años, que aún aportan algo de madera a los vinos de precio medio y provienen de la bodega *Trapiche* de Mendoza. No faltan barricas de roble: hay 600, más americanas que francesas.

Enólogo es Horacio Bibiloni, y desde 1990 tienen como consultor a Raúl de la Mota. Hace 4 años que sumaron también la consultoría de Hans Vinding Diers, ciudadano del mundo del vino que también hace el suyo propio, "*de garage*", aquí en el Alto Valle. *Establecimiento Humberto Canale*, que además de vinos produce frutas, exporta el 20 % de su producción vinícola al Reino Unido, Norteamérica, Brasil, Suiza y Escandinavia. Reciben visitas con gusto, con arreglos previos.

"Patagonia means more and more" affirms engineer Guillermo Barzi, grandson of Genoa-born engineer Umberto Canale who planted his vines and winery in 1913, the southernmost on the planet at the time. He adds, "it is a vast, dry region with a very defined, intense character."

"The slogan "wines from the cold zone" was my invention, in 1967, when I encouraged the producers and government to support regional winegrowing," explains Barzi, who at times seems a bit fatigued from his solitary battle in a Río Negro valley that, throughout the 20th century, frustrated winegrowing endeavors by countless individuals, cooperatives, even giants Arizu, Greco and Chandon. It's not climate or terroir, but rather bad public administration that flaws things in the Río Negro province. Nature is so healthy here that the vines need no treatments all year: "only a dash of sulfur when the shoots are 4 inches long. We don't have spraying machines. The entire vineyard is ungrafted, the vines use their own rootstocks."

The winery works with 2,600-gallon cement/epoxy tanks equipped with cooling plates and 6 stainless steel tanks holding 6,900 gallons, as well as big, 60-year old, French oak casks, disassembled at Trapiche in Cuyo and later reassembled in Patagonia a year and a half later by the Bajda family coopers, that still add some oak to average-priced wines. There's no lack of oak barrels: there are 600, more American than French.

The winemaker is Horacio Bibiloni and, Raúl de la Mota has consulted since 1990. For 4 years, they have also had the help of world wine citizen and local "garage wine" producer Hans Vinding Diers.

Establecimiento Humberto Canale produces fruit as well as wines and exports 20% of its wine production to the U.K., North America, Brazil, Switzerland, and Scandinavia. They happily receive visitors with appointments.

Marcus Gran Reserva Merlot 2001 ★★★★★ - Marcus Merlot 1999 ★★★

Humberto Canale Sauvignon Blanc 2002 ★★ - Humberto Canale Pinot Noir 2000 ★★

Humberto Canale Semillón 2001 ★

Un nuevo oasis en Neuquén y otros más al sur
A new oasis in Neuquén and others farther south

Más allá del Alto Valle, un centenar de kilómetros al oeste, en San Patricio del Chañar, provincia de Neuquén, hay un nuevo oasis donde 3 flamantes bodegas han plantado más de mil hectáreas de Malbec, Cabernet Sauvignon, Pinot Noir, Chardonnay, Sauvignon Blanc y Merlot, todo con riego por goteo. En el rival Alto Valle rionegrino se dice que no son inversiones genuinas en vitivinicultura, sino fruto de desgravaciones fiscales y políticos devenidos bodegueros.

Más al sur, en el hermoso y remoto oasis de Valcheta, debería subsistir alguna viña artesanal que vimos hace años. El viñedo más austral de América y del Hemisferio Occidental, por lo que sabemos, está en la provincia de Chubut a 42° sur, en Hoyo de Epuyén, y consiste de 60 hectáreas de Pinot Noir, Gewürztraminer y Merlot plantados hace 8 años por Bernardo Weinert, todos con riego por aspersión. El primer año hubo que extirpar a la invadiente rosa mosqueta; al segundo año las liebres devoraron a las cepas; al tercer año el centeno creció tanto que ahogó a las vides. Pero finalmente las uvas finas más australes de América comenzaron a cosecharse en el Chubut y microvinificarse en la bodega *Weinert* de Mendoza con resultados que desconocemos. Según nos dijeron sus propietarios, el futuro de este viñedo chubutense es más turístico que enológico, y contempla una bodega de espumantes a base de Pinot Noir.

A diferencia de Chile, donde ganando el sur el clima se torna demasiado húmedo para cultivar vides sanas, en la Patagonia argentina hay algunos otros terruños posibles para las cepas de climas fríos. El más austral, que sería el más austral del planeta (incluyendo Nueva Zelanda), podría estar en Los Antiguos, a orillas del lago Buenos Aires, en el norte de la provincia de Santa Cruz, a casi 47° sur. Los cultivos frutícolas de esta comarca hacen pensar que cepas blancas de clima frío podrían prosperar aquí. Curiosos del vino más sureño del globo no faltarían.

Beyond the Alto Valley, some 60 miles to the west in San Patricio del Chañar, Neuquén Province, there is a new oasis where 3 wineries have planted more than 2,500 acres of Malbec, Cabernet Sauvignon, Merlot, Pinot Noir, Chardonnay, and Sauvignon Blanc, all with drip irrigation. Locals in the rival Alto Valle say these aren't true investments in the wine industry, but rather the result of tax cuts and politicians turned winemakers. Further south in the remote and beautiful Valcheta oasis, there may still be a small-scale winery we saw some years ago, but as far as we know, the southernmost winery in the Americas and the Western Hemisphere is at 42° south in Chubut Province, in El Hoyo de Epuyén, consisting of 150 acres of Pinot Noir, Gewürztraminer, and Merlot planted 8 years ago by Bernardo Weinert, all with sprinkler irrigation. The first year they had to pull out the invading wild roses; the second year wild rabbits ate the crops, the third year an overgrowth of rye strangled the crops, but finally, America's southernmost fine wine grapes were harvested and microvinified in the *Weinert* winery in Mendoza, with unknown results. The future of this Chubutan vineyard is more touristic than enological, though there are plans to produce a Pinot Noir-based sparkling wine.

As opposed to Chile, where the climate becomes too wet for healthy grapes as you move south, the Argentine Patagonia has some areas that may be suitable for cold-climate varieties. The farthest south, which would be the southernmost of the entire planet (including New Zealand) could be Los Antiguos, on the banks of Lake Buenos Aires, in the north of Santa Cruz Province, at nearly 47° south. Judging from the fruit crops in the area, it's likely that cold-climate white grapes would prosper here. And surely there'll be plenty of interest in the world's southernmost wines.

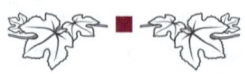

Bodega del Fin del Mundo / Grupo La Inversora S.A.

Calle 12 / Q8306ADA San Patricio
del Chañar / Neuquén
Tel./Fax.: (011) 4891-8989

E-mail: pedro.soraire@lainversora.com.ar
Capacidad: 1,4 millones de litros/*Capacity: 370,000 gallons*
Viña: 550 hectáreas/*Vineyards: 1,375 acres*

En el Alto Valle del Río Negro se observa con algún estupor a este gran emprendimiento en tierras de la vecina y rival provincia de Neuquén donde nunca se había hecho viticultura y de pronto se la hizo, en 1.500 hectáreas de viña en medio del desierto, a 55 kilómetros al noroeste de la capital provincial. Es el emprendimiento eno-inmobiliario más inusual que conocemos en América del Sur, ya que el grupo llamado *La Inversora S.A.* se reserva un tercio de los viñedos implantados y el resto los vende a otras bodegas que deseen instalarse allí, llaves en mano. Así, a la ya funcionante *Bodega Fin del Mundo* (del grupo fundador) se sumarán para la cosecha 2004 las bodegas *NQN* y *María Adelina*. Ello fue posible con el decidido apoyo de la provincia de Neuquén, que aportó a través del banco provincial 40 de los 60 millones de dólares de la inversión, que incluye también cultivos frutales.

Los viñedos, plantados en suelos arenosos y franco limosos, son al 85 % de Cabernet Sauvignon, Malbec, Merlot, Syrah y Pinot Noir, y 15 % Chardonnay y Sauvignon Blanc. Todo es conducido en espaldera de doble cordón y el riego es por goteo. Sus rendimientos oscilan entre 8 y 9,5 toneladas por hectárea, y todavía compran algo de uva en el Alto Valle.

La bodega, de aspecto moderno y funcional, posee equipamiento flamante en sus mesas de selección, prensa pneumática y despalilladora *Vaslin Bucher*, filtros y equipos de frío y calor. Trabaja con 72 tanques de acero inox de 2 a 25 mil litros de capacidad y cuentan con 560 barricas de roble francés, europeo y americano. Falta construir una cava de barricas con capacidad para unas 4.800 bordelesas.

A cargo de sus líneas *Postales* (jóvenes varietales), *Newen* (50 % de barrica durante 6 meses) y *Del Fin del Mundo* (100 % de barrica durante un año) está el enólogo Marcelo Miras. Planean exportar más del 50 % de la producción a Estados Unidos y Reino Unido. Reciben con gusto visitas todos los días de 9 a 11 y 15 a 17, y poseen una tienda.

The people of the Río Negro's Alto Valley are amazed by the tremendous project underway in the neighboring and rival province of Neuquén. Some 3,750 acres of vineyards suddenly sprang up in the middle of the desert, where viticulture had never existed before, 34 miles northeast of the provincial capital. This is the most unusual eno-real-estate project we've ever seen in South America. The La Inversora S.A. *investment group reserved a third of the vineyards planted and is selling the rest to other wineries seeking to move right in. Thus the 2004 harvest will include the* NQN *and* María Adelina *wineries along with the founding group's* Bodega Fin del Mundo. *This was made possible with the determined support of the Province of Neuquén, which contributed $40,000,000 of the $60,000,000 USD investment, which also includes fruit crops.*

The vineyards, planted on sandy and clay-lime soils, are 85% Cabernet Sauvignon, Malbec, Merlot, Syrah y Pinot Noir, and 15% Chardonnay and Sauvignon Blanc, all double curtain vertically positioned and drip-irrigated. Yields are 3 - 4 tons per acre, and they still buy grapes in Alto Valley.

The modern and functional-looking winery has the latest selection tables, a Vaslin Bucher *pneumatic press and de-stemmer, filters and heating/cooling equipment. They work with 72 stainless steel tanks ranging from 530 to 6,600 gallons and 560 French, European, and American oak barrels. Future plans include a barrel cellar with capacity for 4,800 barriques.*

Winemaker Marcelo Miras oversees the 3 product lines: Postales *(young varietals),* Newen *(50% barrel aged for 6 months), and* Del Fin del Mundo *(100% barrel aged for 12 months). More than 50% of the production will be exported to the US and UK. They have a shop and happily receive visitors every day from 9:00 – 11:00 am and 3:00 – 5:00 pm.*

Newen Patagonia Merlot 2002 ★★★ - *Newen Patagonia Malbec 2002* ★★★

Postales Cabernet Sauvignon-Malbec 2002 ★★

BODEGAS Y VINOS DE

Wineries & Wines from

BOLIVIA

Bolivia

Desde la Conquista hasta mediados del siglo XX, no obstante el potencial productivo del valle tarijeño, la viticultura no pasó de ser una producción casera, que consumía sus vinos y su Singani en fiestas y cumpleaños en la esfera doméstica, sin proyecciones productivas ni comerciales de largo alcance. Sólo en la década de 1960 comenzó la viticultura extensiva con introducción de nuevas variedades, sistemas de cultivo y tecnología de vinificación adecuada. Así aparecieron los primeros vinos industriales elaborados en Tarija y por lo tanto, en Bolivia.

Despite the productive potential in the Tarija Valley, Bolivian viticulture never grew beyond the household level of production. Wines were made and consumed at home, and Singani at parties and home celebrations, but never had productive or commercial pretensions. Extensive winegrowing began as recently as 1960, with the introduction of new varieties, cultivation systems, and appropriate vinification technology, thus giving rise to the first industrial wineries in Tarija and therefore in Bolivia.

Con los años se mejoró la producción de uvas y se incorporaron nuevas variedades francesas y españolas, lo que dio inicio a una verdadera revolución vitivinícola, ya que al mismo tiempo se instalaron nuevas bodegas con moderna tecnología y una importante capacidad de elaboración. Todo ello trajo un éxito sorprendente en la calidad, apreciada tanto a nivel nacional como internacional, si bien este reconocimiento no fue aprovechado tanto como hubiera sido deseable para generar un cambio de imagen y fisonomía de nuestra vitivinicultura, que de mayor presencia a nuestros vinos y Singani.

En el año 1996, con un acuerdo común del sector productivo, se introdujo el concepto de "Vino de Altura" para nuestras cosechas, que comenzaron a lograr sus primeras medallas de oro y plata en concursos internacionales. Hoy los "Vinos de Altura" de Bolivia están en camino de transformarse en una D.O.C. ya aprobada, que falta reglamentar.

Los primeros vinos

De las variedades introducidas por los colonizadores no se tiene testimonio pues sólo se conocían genéricamente por su color, razón por la cual tomaron la denominación de Criolla o fueron identificadas con el nombre nativo de alguna región, como la Vischoqueña. La uva Mollar, que puede ser blanca o tinta, deriva su nombre del modo de conducción: una vara de molle (aguaribay o pimiento) como tutor, que al echar raíces crece junto a la cepa ofreciéndole sostén sobre el tronco y las ramas hasta notable altura, con elevada producción y excelentes condiciones fitosanitarias atribuidas a la buena ventilación y a la intensidad aromática de las semillas del molle, que impiden la proliferación de enfermedades criptogámicas. Aún pueden verse viejas cepas conducidas sobre troncos de molle, en *mollar*.

Los primeros vinos eran de uso litúrgico y fueron elaborados en Mizque, Cochabamba, que entonces era una de las pocas sedes arzobispales del Nuevo Mundo. Luego la costumbre de elaborar vino se expandió a todos los valles donde se cultivó la vid. Estos vinos se fermentaban en cántaros de barro cocido de distinta capacidad, con técnicas transmitidas por los españoles, y sustituían a los que provenían de España, mucho más caros. La elaboración y consumo de vinos caseros contribuyó durante años

Grape production has improved over the years and new French and Spanish varieties have been incorporated. At the same time, new wineries with modern technology and significant winemaking capacity were installed and a true vitiviniculture revolution began to take place. These changes brought about a surprising increase in quality, appreciated at the national and international levels, although this recognition could be used to better advantage to generate a change of image and physiognomy of our national vitiviniculture and to stimulate a greater presence of our wines and Singani.

In 1996, by common agreement of the productive sector, the concept of High Altitude Wine was introduced and has begun to win its first gold and silver medals in international competitions. Today Bolivia's High Altitude Wines are in the process of becoming a D.O.C., which has already been approved and is awaiting formalization.

The first wines

Little is known about the varieties introduced by the colonizers, as they have always been known by their color alone, as 'Criolla,' or were identified with the native name of some region, such as the Vischoqueña. The Mollar grape, which can be black or white, derives its name from its trellising system: a stick from the molle (aguaribay or pepper tree) is used as a stake, which grows roots and grows along with the vine, offering the support of its trunk and branches to a noble height. This system is highly productive and provides excellent phytosanitary conditions as a result of the good ventilation and aromatic intensity of the molle seeds, which prevent the proliferation of cryptogamic illnesses. This trellising form is still visible today.

The first wines were used for liturgical reasons and were made in Mizque, Cochabamba, which was at that time was one of the few archbishopic seats in the New World. The winemaking custom then spread to all the valleys where the vine was cultivated. These wines were fermented in large pottery jugs of differing sizes with techniques learned from the Spaniards and came to replace the much more expensive imported Spanish wines. Home winemaking and consumption contributed to the

a difundir el uso de los escabeches y encurtidos en los hogares bolivianos, ya que era necesario dar un uso al vino avinagrado.

Las regiones vitícolas de Bolivia

Bolivia se encuentra en el corazón de América del Sur y con su extensión de más de un millón de kilómetros cuadrados posee una variedad de climas que según su altura se distinguen en "tierra caliente" o de los llanos, con temperatura media de 25°C; "tierra templada" o de los valles andinos, entre los 2 y 3 mil metros sobre el nivel del mar, con temperatura media de 18°C, donde la vid encontró su *habitat*; y la "tierra fría" o del altiplano, a 4 mil metros, cuya temperatura promedia los 10°C.

A fines del '800 tomó importancia el cultivo de la vid en los valles de Norte y Sur Cinti, departamento de Chuquisaca, que por décadas fue el mayor productor del país en valles situados a 2.600 metros y más, a ambas márgenes de los ríos Grande y Chico. La primera forma de conducción de la viña fue utilizando como tutor una vara de molle, en *mollar*. Estos cultivos dieron origen a la industria vitivinícola boliviana: en el año 1925 se estableció la primera bodega en San Pedro, próxima a la localidad de Camargo, cuyos propietarios eran las familias Ortiz y Patiño. Luego surgieron las bodegas *El Rancho, San Remo* y otras de menor importancia.

En el departamento de Tarija, la producción vitivinícola se afincó en el valle central constituido por las provincias Cercado, Méndez, y Avilés, distinguiéndose los centros productores de Santa Ana, San Luis, Concepción, Rugero, Sella, Calamuchita, San Isidro, La Angostura, Chocloca, Juntas, Colón, Huayriguana, La Compañía, San José, Chaguaya y otros, que suman en la actualidad 1.700 hectáreas cultivadas. Tarija es el departamento boliviano de mayor producción vitícola. El Valle Central de Tarija se extiende 60 kilómetros de norte a sur y 50 kilómetros de este a oeste; está rodeado por cordilleras que sobrepasan en 1,5 ó 2 mil metros la altura media del valle, entre los 1,5 y 2 mil metros sobre el nivel del mar. Su clima es templado, con una temperatura media anual de 18.3°C y lluvias que varían de 300 a 500 milímetros por año.

El viñedo tarijeño se encuentra en las cuencas de los ríos Guadalquivir, Santa Ana y Camacho, así como en áreas de influencia del sistema de riego del lago

use of pickles and preserves in Bolivian homes as a way to use vinegared wines.

The wine regions of Bolivia

Bolivia, in the heart of South America, extends for more than 386,000 square miles and has a variety of climates that are categorized according to their altitude. The "hot lands" on the plains have an average temperature of 77°F, and the "temperate lands" in the Andean valleys, 6,500-9,800 feet above sea level and where the vines have found their home, have an average temperature of 64°F. The "cold lands" of the altiplano, at 13,100 feet, have an average temperature of 50°F.

In the late 18th century winegrowing became important in the North and South Cinti Valleys in the department of Chuquisaca, which had long been the country's largest producer in valleys above 8,500 feet and on both sides of the Grande and Chico Rivers. The first industrial winery was established in San Pedro in 1925, near Camargo, owned by the Ortiz and Patiño families. Later the El Rancho *and* SanRemo *wineries were begun, as well as others of lesser importance.*

In the department of Tarija, vitivinicultural production settled the Central Valley consisting of the provinces of Cercado, Méndez, and Avilés, and the productive centers of Santa Ana, San Luis, Concepción, Rugero, Sella, Calamuchita, San Isidro, La Angostura, Chocloca, Juntas, Colón, Huayriguana, La Compañía, San José, Chaguaya, and others. Today there are 4,250 acres under cultivation, making Tarija Bolivia's greatest producer of wine grapes.

Tarija's Central Valley extends 38 miles north-south and 31 miles east-west. It is surrounded by mountains that climb 4,900 - 6,500 feet over the valley floor, which lies at 6,000 feet a.s.l. The climate is temperate, with an average annual temperature of 65°F and 12-20 inches of rain.

The Tarija vineyards are found in the Guadalquivir, Santa Ana, and Camacho River basins and in areas with irrigations systems from the man-made lake, San Jacinto. There is no doubt that winegrowers have found the valley's best soils and most extended surfaces.

The Central Valley's grape production is estimated at 438,385 Bolivian quintals (46 kilograms or

artificial San Jàcinto. Sin duda la viticultura eligió los mejores suelos y las planicies más extendidas del Valle para desarrollar su producción.

La producción del Valle Central está estimada en 438.385 quintales bolivianos (de 46 kilogramos) de uva, de los cuales el 80 % es Moscatel de Alejandría, variedad utilizada para la elaboración del Singani y de vinos blancos aromáticos de características muy interesantes, desde el punto de vista organoléptico. Estos vinos podrían ser elaborados con alta tecnología y exportarse como varietales finos ya que existen nichos en el mercado internacional para esta clase de productos. La Moscatel de Alejandría también se utiliza para consumo en fresco como uva de mesa, por su gran intensidad aromática y la concentración de azúcares que alcanza gracias a su cultivo en altura.

Las uvas de vinificación representan un 18 % de la producción y en su gran mayoría son producidas por los propios bodegueros para la elaboración de sus vinos y muy poco cultivadas por los productores vitícolas del Valle Central. Hay también una pequeña cantidad de nuevas variedades de mesa experimentales, de reciente introducción en la zona. Según el *Centro Nacional Vitivinícola*, la viticultura tarijeña involucra a 1.106 familias en 38 comunidades productoras.

Características del Vino de Altura

Todo vino tiene un perfil, una silueta y un estilo propios, marcados por parámetros tradicionales de cada región productora tales como clima, suelo, variedad y mano del hombre. Los vinos bolivianos incorporan un nuevo parámetro que es la altura, base de la estructura y calidad de los vinos de nueva generación.

Si por definición, la altura es la relación de un punto respecto al nivel del mar, este concepto no representa la verdadera magnitud de lo que significa su adaptación para el metabolismo de los viñedos de altura, pues ésta no sólo modifica el clima, con amplitud térmica entre el día y la noche superior a los 21°C (aspecto que favorece notablemente el desarrollo de los antocianos) sino también otros factores: por ejemplo, la altura nos permite contar con viñedos expuestos a una mayor intensidad luminosa, con una acción más directa de los rayos ultravioletas sobre los racimos de uva durante el ciclo de maduración, fenómeno que favorece la formación de un mayor número de

101.4 pounds each), 80% of which is Moscatel de Alejandría, the variety used in Singani and aromatic white wines with very interesting organoleptic characteristics. These wines could be made with high technology and exported as fine varietals as there are niches in the international market for this type of product. Due to its aromatic intensity and sugar concentration, Moscatel de Alejandría is also used as a table grape.

Grapes for vinification represent 18% of the production and in large part are produced by the wineries for use in their own wines; very little is produced by grape producers in the Central Valley. Small amounts of new and experimental table varieties have also been introduced to the area recently. According to the National Viticultural Center, Tarija winegrowing involves 1,106 families in 38 producer communities.

Characteristics of High Altitude Wine

Every wine has its profile, a silhouette and style of its own, marked by the traditional parameters of each producer region, such as climate, soil, variety, and human factors. Bolivian wines also incorporate a new parameter, altitude, based on the structure and quality of a new generation of wines.

Although by definition altitude is determined with respect to sea level, this concept does not represent the real magnitude of the adaptation required by the metabolism of high altitude vineyards, as it not only modifies climate, with variations of 70°F or more between daytime and nighttime temperatures (which encourages development of anthocyanins), but other factors as well. For example, altitude allows vineyards to receive more sunlight and the bunches to be exposed to more direct ultraviolet rays during ripening, a phenomenon that encourages a greater number of odorant molecules or free-state aromatic precursors, and thus obtaining musts with greater aromatic typicity in every variety of grape.

Bolivian wines from altitudes of 5,250 to 7,875 feet have a greater aromatic intensity and varietal typicity, such as aromas of spices, red fruit, and flowers. Other aromas appear with ageing, such as leather, tobacco, and if they are aged in wood, aromas of honey, chocolate, vanilla, and toast may also

moléculas odorantes o precursores de los aromas en estado libre, obteniéndose caldos de mayor tipicidad aromática en cada variedad de uva.

Los vinos bolivianos de alturas entre 1.600 y 2.400 metros tienen una mayor intensidad y tipicidad de aromas varietales tales como las especies, frutos rojos y aromas florales. Con el envejecimiento aparecen aromas de cuero, tabaco y si estos vinos reciben crianza en madera aparecerán aromas de miel, chocolate, vainilla y tostado, volviéndose muy complejos e interesantes.

Son vinos de mucho color, bien estructurados, con tendencia al rojo violáceo y rubí, ricos en taninos dulces, de muy buen cuerpo y acidez equilibrada característica que les otorga plenitud en boca, persistencia en el paladar y una sensación final muy agradable.

El Singani

Las principales regiones productoras de vino se encontraban en los valles altos de todo el país, entre ellos los del sur de Potosí, próximos a una de las ciudades más importantes de la América colonial. Allí se comercializaban vinos elaborados para satisfacer las costumbres de los españoles y los misioneros, que fueron cambiando a través del tiempo en favor de una bebida más fuerte debido a la altura, el clima y la dificultad técnica para conservar los vinos por mucho tiempo. Así fue que se comenzó a destilar los vinos obteniendo aguardiente de uva. Esta técnica se perfeccionó con el correr del tiempo hasta determinarse que el mejor aguardiente es el de variedades blancas aromáticas como el Moscatel de Alejandría, que confiere características especiales al destilado hoy conocido con el nombre de Singani, la bebida tradicional y genuina de Bolivia. Acerca del origen de su nombre, una teoría asegura que el primer lugar donde se lo destiló fue el Valle de Sinkani, al sur del país.

El Singani es la bebida de mayor consumo en Bolivia. Este aguardiente de la variedad Moscatel de Alejandría, procedente de viñedos de altura, de 42° de alcohol, se encuentra protegido por el Estado boliviano mediante un decreto presidencial de 1988.

Al igual que otros productos de la industria vitivinícola, tuvo transformaciones tecnológicas muy importantes en su proceso de elaboración. Entre éstas podemos destacar la utilización de enzimas pectolíticas, levaduras seleccionadas y control de temperatura

appear, increasing aromatic complexity and interest. They are deeply colored and well-structured wines with a tendency toward violet and ruby red. They are rich in sweet tannins, have good body and a characteristic balanced acidity that provides fullness, persistence and a very nice finish.

Singani

The major wine-producing regions were found in Bolivia's high valleys, including those south of Potosí, one of the most important cities of Colonial America. There they made and sold wines to satisfy the Spanish and the missionaries, whose habits changed over time in favor of a stronger drink due to the altitude, climate, and the technical difficulty in conserving wines over long periods. So they began distilling the wines and obtained the grape spirit aguardiente. The technique was perfected over time until they determined that the best aguardiente is made with aromatic white varieties such as Moscatel de Alejandría, which confers special characteristics to the distilled spirit, today known as Singani, Bolivia's genuine and traditional drink. One theory about the origin of its name is that the first place it was made was in the Sinkani Valley, in the south of Bolivia.

Singani is the most commonly-consumed drink in Bolivia. This 42° aguardiente made from high altitude Moscatel de Alejandría is protected by the Bolivian state by presidential decree in 1988.

As was the case with other wine-related products, Singani has also undergone technological transformation in its processing methods, such as the use of pectolitic enzymes, selected yeasts, and temperature control during fermentation of the base wine. We can also mention the incorporation of new, modern distillation equipment, such as Pruhlo stills that provide technical conditions that increase product quality and improve aromatic intensity by emphasizing terpenes such as linalool, geraniol, and nerol, etc. These compounds are characteristic of Moscatel de Alejandría and their greatest concentration is found in grapes grown in high-altitude vineyards.

Along with the primary aromas of the grapes, or free aromas, Singani also has aromas derived from precursors called combined aromas (polyalcohols or terpene glucosides), such as secondary aromas produced during the fermentation (esters, fatty acids,

de fermentación del vino base. También podemos mencionar la incorporación de nuevos equipos de destilación, con moderna tecnología, como son los alambiques *Pruhlo* que aportan condiciones técnicas que beneficiaron la calidad del producto y mejoraron la intensidad aromática del Singani resaltando compuestos terpénicos como el linalol, geraniol, nerol, etc. Estos compuestos son característicos del Moscatel de Alejandría, y su mayor concentración se encuentra en los viñedos cultivados en altura.

Junto con los aromas primarios de la uva o aromas libres, permanecen en el Singani los aromas derivados de los precursores llamados también aromas combinados (polialcoholes o terpeno glucósidos) así como los aromas secundarios producidos durante la fermentación (ésteres, ácidos grasos y alcoholes superiores). Todos en conjunto constituyen el perfume del destilado: algunos, más volátiles y olorosos, dan fuerza al mismo y otros menos volátiles, de sabor dulce, redondean el gusto y atenúan el *bouquet* pero dan mayor persistencia al paladar.

En el Singani se evita el envejecimiento prolongado pues da lugar a una disminución del aroma original de la uva ya que el linalol, geraniol y nerol disminuyen con el tiempo.

El Singani se bebe puro, con hielo, *ginger ale*, en Singani-sour o mezclado con jugos de melón, maracuyá, mandarina, naranja y otros.

higher alcohols). Together they make up the spirit's perfume. Some, which are more volatile and aromatic, give strength, while others, which are sweeter and less volatile, round out the taste and soften the bouquet, while giving greater persistence to the palate.

Prolonged ageing is to be avoided with Singani as the original aromas of the grape, such as linalol, geraniol, and nerol, decrease with time.

Singani can be drunk neat or with ice, with ginger ale, in a Singani-sour, or mixed with juices such as melon, passion fruit, mandarin orange, and others.

Iván Bluske Sagárnaga
Licenciado en enología / Licentiate in Enology

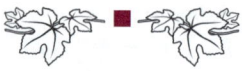

El sur vitivinícola de Bolivia / The Bolivian winegrowing south

TARIJA

Tarija, 90 mil habitantes, es el ombligo vitivinícola de Bolivia y capital del departamento de igual nombre. A orillas del río Guadalquivir y a 1.866 metros de altitud, no tiene trazos arquitectónicos singulares fuera de algunos edificios del siglo XIX, pero su costanera es agradable y desde la plaza hasta los suburbios luce limpia y ordenada en su rusticidad andina. Reina cierta prosperidad impulsada por los yacimientos de gas de la provincia tarijeña de Gran Chaco. Hay algunos buenos hoteles, entre los que

Tarija, a city of 90,000 inhabitants, is Bolivia's vitivinicultural navel, as well as the capital of the department of the same name. On the banks of the Guadalquivir River and at 6,120 feet a.s.l., it has no unique architectural definition other than some 19th-century buildings, but the riverfront is pleasant, and from the plaza to the suburbs, the city is clean and orderly in its rustic Andean way. A certain prosperity exists due to the gas beds in the Tarija province of Gran Chaco. There are some good

recomendamos *Los Parrales,* emprendimiento del propietario de una de las bodegas destiladoras de Singani, *Kühlmann:* está en lo alto de un acantilado-península del río, cuyo rumor penetra en las confortables habitaciones que rodean un amplio jardín con piscina. En el restaurante de *Los Parrales* se come bien y se pueden probar todos los mejores vinos del país.

Las 4 bodegas bolivianas que hacen vinos finos (y algunas también Singani) están en la ciudad o sus cercanías. Hay viña en el valle de Tarija, en el tributario valle de Concepción y en otros terruños de las provincias tarijeñas en alturas que van de los 1.800 a los 2.200 metros.

Tarija y su amplio valle ocurren entre el Altiplano (al otro lado y arriba de las montañas de Poniente) y las húmedas forestas subandinas (detrás y abajo de las montañas de Levante). Para llegar a Tarija por tierra desde Argentina hay que elegir cuál de estas dos cadenas montañosas superar.

Desde Salta son 7 u 8 horas de auto, con una horita de adormecidos trámites en la frontera, donde termina el pavimento. La primera mitad de los 180 kilómetros hasta Tarija es una cornisa en construcción, con todos los terrenos posibles para el *rally*; la segunda mitad es una flamante carretera asfaltada que supera un paso de alta montaña. El paisaje es espectacular y el tránsito de camiones y ómnibus es frecuente. No hay combustible y sólo comedores rústicos en el trayecto. Otro camino, por La Quiaca y Villazón, es todo ripio (200 kilómetros de la Quiaca a Tarija) e incluye 3 cuestas con subidas y bajadas entre los 2 y los 4 mil metros por angosta cornisa sin *guard-rail*. A 40 kilómetros por hora se tarda unas 5 horas en cubrir este tramo de muy escaso tránsito. No hay combustible y sólo algún bar rústico en el camino, que atraviesa paisajes de formidable dimensión andina.

hotels, and we can recommend Los Parrales, *an undertaking of the owner of the* Kühlmann Singani *distillery, which sits atop a cliff-peninsula of the river, whose murmur penetrates the comfortable rooms arounds the large garden and pool. The hotel restaurant offers good food and all the best wines of the country.*

The 4 Bolivian fine-wine wineries (some make Singani as well) are in or near the city. There's a winery outside in the Tarija Valley, in the tributary valley of Concepción, and in other terroirs of the Tarijan provinces at altitudes that range from 5,900 to 7,200 feet.

Tarija and its broad valley are between the altiplano (on the other side and up the western mountains) and the wet sub-Andean forests (behind and below the eastern mountains). To reach Tarija from Argentina by land, you must choose which of these two mountain ranges you wish to climb.

It's 7 or 8 hours by car to Salta, with an hour or so of tiresome procedures at the border, where the pavement ends. The first half of the 112 miles to Tarija is a cornice under construction, with every imaginable terrain for a road rally. The second half is a brand new paved road over high mountains. The landscape is spectacular and there is considerable truck and bus traffic. There are no gas stations along the route, and the only restaurants are truck stops.

The other route, via La Quiaca and Villazón is a gravel road (125 miles from La Quiaca to Tarija) and includes 3 mountain passes, rising and falling between 6,500 and 13,000 feet along a narrow road without guard rails. At 25 miles per hour, it takes 5 hours to cover this stretch with little traffic. There are no gas stations and only 1 rustic bar along the road, which crosses incredible Andean landscapes.

VINOS/*WINES*

Vinos Tranquilos/Still Wines

Tipo/Kind	Bodega/Winery	Marca/Label	Cosecha/Harvest	U$S	Pts
CHARDONNAY					
○	Bodegas y Viñedos de La Concepción S.A.	La Concepción	2001	$$	★★
PINOT NOIR					
○	Bodegas y Viñedos La Cabaña S.R.L.	Kohlberg	1996	$$	★
SAUVIGNON BLANC					
○	Bodegas y Viñedos de La Concepción S.A.	Cepas de Altura	2002	$$	★★★
UGNI BLANC					
○	Bodegas y Viñedos La Cabaña S.R.L.	Kohlberg	1998	$$	★
BARBERA					
●	Bodegas y Viñedos La Cabaña S.R.L.	Kohlberg	2001	$$	★★
CABERNET SAUVIGNON					
●	Bodegas y Viñedos de La Concepción S.A.	Cepas de Altura Gran Reserva	1993	$$	★★★★★

Color rubí intenso y brillante con reflejos teja, sorprende a la nariz con aromas complejos e interesantes, donde hay notas de eucaliptus, luego especias (pimienta, vainilla, clavo, tabaco) finalmente cuero y agradable madera vieja. En boca también sorprende: pleno, con notas de fruta comportada y potente armonía entre alcohol, acidez y taninos. *"Vino con evolución y complejidad que sorprende por su elegancia", "armónico, complejo, de largo final", "supo añejar bien".*

Intense and brilliant with a touch of brick, and a surprisingly complex bouquet: eucalyptus followed by spices (black pepper, vanilla, cloves, tobacco), and finally leather and rich old wood. The palate is also surprising: full-bodied and fruity with a potent harmony between alcohol, acidity, and tannins. "A wine with an evolution and complexity leading to a surprising elegance," "harmonious and complex with a long finish," "this one knew how to age gracefully."

●	Bodegas y Viñedos de La Concepción S.A.	La Concepción	2001	$$	★★
●	Bodegas y Viñedos La Cabaña S.R.L.	Kohlberg	2001	$$	★

Tipo/Kind	Bodega/Winery	Marca/Label	Cosecha/Harvest	U$S	Pts
CORTE S/D / ASSEMBLAGE N/D					
●	Viñedos y Bodegas Milcast Corp.	Aranjuez	1998	$$	★★
SYRAH					
●	Bodegas y Viñedos La Cabaña S.R.L.	Kohlberg	2002	$$	★

Destilados de Vinos y Orujos/*Wine Distillates*

Tipo/Kind	Bodega/Winery	Marca/Label	Cosecha/Harvest	U$S	Pts
SINGANI					
▲	Bodegas Kuhlmann & Cía. Ltda.	Reserva Aniversario Especial		$$	★★★★★
▲	Bodegas y Viñedos de La Concepción S.A.	Rujero Añejo Tarixa		$$	★★★★
▲	Bodegas Kuhlmann & Cía. Ltda.	Tres Estrellas Uva Blanca Seleccionada		$$	★★★
▲	Bodegas y Viñedos de la Concepción S.A.	Rujero		$$	★★★
▲	Bodegas Kuhlmann & Cía. Ltda.	Tres Estrellas Uva Negra Seleccionada		$$	★

Bodegas Kuhlmann & Cía. Ltda.

Zona San Luis / Casilla N° 23 / Tarija
Tel.: (05914) 6644346
Fax.: (05914) 6634150

E-mail: kuhlmann@cosett.com.bo
Capacidad: 0,6 millones de litros/*Capacity: 158,500 gallons*
Viña: 20 hectáreas/*Vineyards: 50 acres*

El alemán Franz Kuhlmann estableció su primera bodega en 1930 en Camargo, y 43 años más tarde se trasladó a Tarija donde tuvo sus primeros viñedos propios en Colón, a 1.800 metros de altitud, todo de la variedad Moscatel injertada sobre pie americano en prevención de la filoxera.

La bodega, a cargo del enólogo Carlos Molina (formado en San Juan, Argentina) destila 3 líneas de Singani: un Reserva, un Singani de uva blanca y otro de uva negra.

Hicieron algunas tentativas de exportación y enviaron muestras a Japón, Dinamarca y Argentina. Pero opinan que el problema para el mercado externo son los volúmenes de producción y el costo de la publicidad. Además, en el frente interno, la proliferación de productores clandestinos de Singani y la competencia del alcohol de caña, producido en los llanos calurosos del Oriente.

En todo caso, la empresa se diversificó y hoy posee el mejor hotel de Tarija, adecuadamente llamado *Los Parrales:* un *spa* de notable emplazamiento, agradable arquitectura y muy gentil servicio.

German-born Franz Kuhlmann established his first winery in 1930 in Camargo; 43 years later, he moved to Tarija, where he has his first vineyards in Colón, at 5,900 feet, all Moscatel on American rootstock to combat phylloxera.

The winery, in the hands of Carlos Molina (who studied in San Juan, Argentina) distills 3 lines of Singani: a Reserva, a white-grape Singani, and another from black grapes.

Attempts to export led to sending samples to Japan, Denmark, and Argentina, but they feel that the volumes and advertising necessary for the external market are problematic. Internally, they face problems with the proliferation of underground Singani-makers and competition from the cane alcohol produced in the hot eastern flatlands.

The company has diversified and today owns the best hotel in Tarija, aptly named Los Parrales: *an impressive spa, nice architecture, and very courteous service.*

Reserva Aniversario Especial Singani ★★★★★
Tres Estrellas Uva Blanca Seleccionada Singani ★★★
Tres Estrellas Uva Negra Seleccionada Singani ★

Bodegas y Viñedos de La Concepción S.A.

La Concepción / Tarija
Tel. (05914) 6132008
Fax. (05914) 6645040

E-mail: concepvb@ceibo.entelnet.bo
Capacidad: 2 millones de litros/*Capacity: 528,000 gallons*
Viña: 90 hectáreas/*Vineyards: 225 acres*

Sus viñedos, distribuidos en 3 fincas entre 1,8 y 2 mil metros de altitud, con densidades de 2.500 plantas por hectárea, contienen Cabernet Sauvignon, Merlot, Syrah, Nebbiolo, Chenin, Sauvignon Blanc, Riesling y Franc Colombard. Todo está puesto en espaldera, con 15 hectáreas bajo riego por goteo y el resto por surco. Obtienen rendimientos de 4 a 5 kilos por planta en Cabernet Sauvignon y un poco más en Merlot. Sólo compran uva Moscatel para destilar Singani. Están estudiando la instalación de mallas antigranizo: usaban cohetes antigranizo argentinos hasta que uno falló y mató a un joven.

La bodega, situada en las afueras del pueblito de La Concepción a unos 30 kilómetros de Tarija, fue construida en 2 etapas entre 1976 y 1991. Vinifican en piletas o vasijas de cemento/epoxy, algunas con placas refrigerantes. Poseen 22 barricas francesas de 525 litros, no muy nuevas. Hay tanques de acero para fermentación y almacenamiento, y equipo de frío para enfriar el mosto. Además, tienen 4 destiladores discontinuos a vapor donde elaboran 3 líneas de Singani.

"*La acidez en los blancos nos sobra, en los tintos la maduración es más problemática, pero todos los años pasan los 12 grados*" dice el señor Francisco Pinedo, a cargo de la producción en viña y bodega, cuyas 2 hijas ingenieras (una en alimentos, la otra en agronomía) trabajan con él. En la finca La Concepción, a orillas del río Camacho (afluente del Guadalquivir) queda una hilera de cepas de Moscatel acriollada de más de 100 años conducidas en *mollar*. Antes había todo un cuartel: "*lo que acabó con el mollar fue la Reforma Agraria: en 1949 compramos 300 hectáreas y 3 años después nos expropiaron todo menos 30 hectáreas, sin pagar un centavo*" cuenta Pinedo, quien agrega "*no vamos a muchos concursos, pero tenemos un bonito racimo de medallas*". Desde que se asociaron con la familia Prudencio y lanzaron sus primeros vinos finos en 1991, han exportado a Europa y Norteamérica.

Distributed in 3 fincas *from 5,900 to 6,500 meters above sea level and at densities of 1,000 plants per acre, the vineyards contain Cabernet Sauvignon, Merlot, Syrah, Nebbiolo, Chenin, Sauvignon Blanc, Riesling, and French Colombard. All vertically positioned, 37 acres have drip-lines and the rest are furrow-irrigated. Yields range from 1.8 to 2.2 pounds per plant in Cabernet Sauvignon and a bit more for Merlot. They only buy Moscatel for distilling Singani. Anti-hail nets are being considered; they used to use Argentine anti-hail rockets until one failed and killed a young man.*

The winery, built in 2 stages from 1976 to 1991, is just outside the small town of La Concepción, some 20 miles from Tarija. Temperature-controlled stainless steel tanks are used for fermenting and storage; they also have cement/epoxy vats, some with cold plates. Their 22 French barrels are large (138-gallons) and not very new. They also have 4 pot stills for making 3 lines of Singani.

"*We have more than enough acidity in the whites; ripening is difficult in black grapes, but we still get more than 12° alcohol every year,*" *says Francisco Pinedo, who runs the vineyards and winery. His 2 daughters (both engineers), work with him. In the La Concepción* finca, *on the banks of the Camacho River, a single row of 100-year-old mollar-trained Moscatel remains; there used to be an entire parcel.* "*It was the Agrarian Reform that did away with the mollar system. We bought 750 acres in 1949, and 3 years later they expropriated all but 75 acres, without paying a cent,*" *explains Pinedo, adding,* "*we don't participate in many competitions, but we do have a nice bunch of medals.*" *Since associating with the Prudencio family and releasing their first fine wines in 1991, they've exported to Europe and North America.*

Cepas de Altura Gran Reserva Cabernet Sauvignon 1993 ★★★★★ - *Rujero Singani* ★★★★

Rujero Añejo Tarixa Singani ★★★★ - *Cepas de Altura Sauvignon Blanc 2002* ★★★

La Concepción Chardonnay 2001 ★★ - *La Concepción Cabernet Sauvignon 2001* ★★

Bodegas y Viñedos La Cabaña S.R.L.

Barrio San Jorge / Tarija
Tel. (05914) 6636366
Fax. (05914) 6642782

E-mail: kohlberg@olivo.tja.entelnet.bo
Capacidad: 3,2 millones de litros/*Capacity: 845,000 gallons*
Viña: 115 hectáreas/*Vineyards: 288 acres*

La bodega, también conocida por la marca *Kohlberg* de sus vinos, fue establecida por Julio Kohlberg Chavarría, de padre alemán y madre boliviana, en 1963. A los 40 años, tras haberse dedicado al comercio, compró la finca y comenzó a plantar vides: los padres franciscanos le enseñaron a vinificar ya que entonces en Tarija sólo había viñedos *mollares* y el vino era todo *patero* y casero. Sus amigos y vecinos comenzaron a comprarle y el negocio creció. De sus 5 hijos, 3 dirigen la empresa junto a la tercera generación, integrada por Eric Kohlberg (enólogo licenciado en Mendoza) y Herbert Kohlberg, a cargo del sector comercial. Con 2 millones de litros al año, son los primeros productores de vino del país: todo se vende en Bolivia aunque exportan algo al Perú.

En sus viñedos de Santa Ana La Vieja, a 15 kilómetros de Tarija, cultivan Grenache, Pinot Noir, Macabeo, Parrellada, Cabernet Sauvignon, Barbera (o Nebbiolo), Syrah y Malbec. De cepas blancas poseen Ugni Blanc y Moscatel de Alejandría. Todo conducido en espaldera y regado por surco y manto.

La bodega vinifica en piletas de cemento/epoxy de unos 70 mil litros de capacidad, con sistemas de refrigeración por placas. Poseen una despalilladora francesa nueva y algunos viejos toneles de roble francés de 4 mil litros. Los tanques de acero inox son para almacenamiento. Muestran con orgullo una flamante línea de embotellado *Bertolazzo* de 4 mil botellas (usan botellas bolivianas, hechas en Cochabamba). Hay una pequeña cava y sala de degustación para las visitas.

The winery, which also goes by the name of its wines, Kohlberg, *was established in 1963 by Julio Kohlberg-Chavarría, son of a German father and Bolivian mother. Forty years later, after a lifetime in business, he bought a* finca *and began to plant vines. The Franciscan fathers taught him how to make wine because in Tarija there was only had* mollar-*trained vineyards and home-made wine. His friends and neighbors began to buy it and the business grew. Three of his 5 children run the business along with the third generation: Eric Kohlberg (licentiate in enology in Mendoza) and Herbert Kohlberg, in the commercial area. With 528,000 gallons per year, this is Bolivia's leading wine producer. And although most is sold nationally, some is exported to Peru.*

In their Santa Ana La Vieja vineyards, 9 miles from Tarija, they grow Grenache, Pinot Noir, Cabernet Sauvignon, Barbera (or Nebbiolo), Syrah, and Malbec. In rosé and whites they have Macabeo, Parrellada, Ugni Blanc and Moscatel de Alejandría. All the vines are vertically positioned and flood or furrow irrigated.

Vinification takes place in 18,500-gallon cement/epoxy plate-cooled tanks and stainless steel tanks for storage. They have a new French de-stemmer and some old 1,000-gallon French oak casks. The brand new Bertolasso *bottling line- the pride of the house, handles 4,000 bottles (made in Cochabamba). The winery has a small cellar and tasting room for visitors.*

Kohlberg Barbera 2001 ★★ - *Kohlberg Pinot Noir 1996* ★
Kohlberg Ugni Blanc 1998 ★ - *Kohlberg Cabernet Sauvignon 2001* ★
Kohlberg Syrah 2002 ★

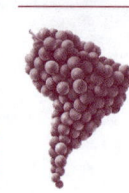

VIÑEDOS Y BODEGAS CAMPOS DE SOLANA LTDA.

Carretera a Bermejo km 10 / Tarija
Tel. (04) 6648480
Fax. (04) 6648482

E-mail: csolana@cosett.com.bo
Website: www.csolana.com
Capacidad: 0,520 millones de litros/*Capacity: 137,000 gallons*
Viña: 40 hectáreas/*Vineyards: 100 acres*

Campos de Solana, sobre la ruta de acceso a Tarija desde el sur, luce como la más moderna de las bodegas bolivianas y lo es: se trata de una empresa familiar establecida en el 2000 que realizó su tercera cosecha. Sin embargo, el vínculo de sus propietarios con la vitivinicultura es muy anterior, ya que la familia propietaria es dueña también de la bodega *Casa Real*, que cultiva Moscatel para destilar Singani.

Las variedades que poseen son Cabernet Sauvignon, Malbec, Merlot, Rubi Cabernet, Grenache, Chenin, Riesling, Colombard, Alicante Bouschet, Tempranillo y Rivière. Reciben también uvas de productores de Camargo (a 2.600 metros de altura y 187 kilómetros de distancia), de Cotagaita (a 278 kilómetros) y de Chaguaya (a 50 kilómetros). Suelen realizar unos 6 tratamientos anuales con sulfato de cobre. La filoxera y las hormigas según el enólogo Nelson Sfarcich son un problema, mientras que las heladas tardías se previenen atrasando la poda. Tienen sectores de viña con mallas antigranizo. Riegan por surco con agua de vertiente, río y pozo, aunque parte de los viñedos tienen riego por goteo. Las uvas llegan en cajas y pasan por una mesa de selección antes de ir a la prensa pneumática, todo montado sobre ruedas.

La bodega contiene 28 tanques de acero inox francés de 20 y 13 mil litros con camisas de refrigeración/calefacción, armados en el lugar. Poseen unas 30 barricas francesas aunque todavía no lanzaron un vino de crianza. Están probando virutas de roble. Sfarcich dice que "*aquí tenemos siempre exceso de acidez, hay que hacer la fermentación maloláctica sí o sí*".

Sólo exportaron un contenedor a Alemania.

Campos de Solana no nos envió muestras para la cata. Decidimos incluirla ya que es una de las cuatro bodegas bolivianas que hacen vinos de calidad, y esperamos poder catar sus vinos en nuestra próxima edición.

Entering Tarija from the south, Campos de Solana appears to be the most modern of the Bolivian wineries, and it is. It's a family business established in 2000 and already on its third harvest. However, the connection between the owners and vitiviniculture goes way back, as the family also owns the Casa Real winery, which grows Moscatel for Singani.

The vineyards have Cabernet Sauvignon, Malbec, Merlot, Ruby Cabernet, Grenache, Chenin, Riesling, Colombard, Alicante Bouschet, Tempranillo, and Rivière. They also receive grapes from producers in Camargo (at 8,530 feet, and 116 miles away), Cotagaita (173 miles), and Chaguaya (31 miles). They usually perform 6 copper sulphate treatments per year. According to winemaker Nelson Sfarcich, phylloxera and ants are a problem, and late frost damage is prevented by postponing pruning. There are anti-hail nets in some parts of the vineyard. Some parts have drip irrigation, but the rest is furrow irrigation using spring, river and well water. Grapes are collected in bins and arrive at the selection table before going to a pneumatic press, all on wheels.

The plant has 28 French stainless steel tanks with 5,300 and 3,400 gallon capacities and fitted with heating/cooling jackets assembled on site. They have 30 as yet unused French barrels, although they are experimenting with oak chips. Sfarcich says that "*here we always have excess acidity, so malolactic fermentation is a must.*" *Exports consist of one container to Germany.*

Campos de Solana did not send us wines for our tasting. We decided to include it anyway as it is 1 of the 4 Bolivian wineries that make quality wines, and we hope to be able to taste their wines in the next edition.

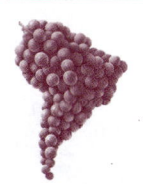

VIÑEDOS Y BODEGAS MILCAST CORP.

Av. Doctor Angel Baldiviezo / F. N° 1976
Barrio Aranjuez
Tel. (05914) 6642552
Fax. (05914) 6632655

E-mail: milcast@olivo.tja.entelnet.bo
Capacidad: 1 millón de litros/*Capacity: 264,200 gallons*
Viña: 26 hectáreas/*Vineyards: 65 acres*

La bodega, próxima a la ciudad y al río Guadalquivir, tiene un aire andaluz en su arquitectura que también evoca su marca, *Aranjuez*. Fue fundada por Milton Castellanos (de donde el nombre de la empresa) y su esposa Ana Cortez, en 1976. Su hijo Ramón Castellanos, licenciado en enología por el *Instituto Don Bosco* de Mendoza y con experiencia de trabajo en España, Francia y California, está cargo de la producción. Las viñas de la casa, ubicadas en Santa Ana a minutos de la bodega, están plantadas a 3.600 plantas por hectárea en suelos franco arenosos que abonan con guano de cabra, y consisten de Cabernet Sauvignon, Merlot, Malbec, Tempranillo, Syrah, Pinot Noir, Mourvèdre, Grenache, Sangiovese, Carignan, Nebbiolo y un poco de Petit Verdot en experimentación: importaron de Francia mil clones de 14 variedades, que están en su tercer año. Las uvas de variedades blancas son compradas a otros productores. Toda la viña, injertada en pie americano a causa de la filoxera, está puesta en espaldera y regada por surco, a 2.055 metros de altitud.

En la bodega, poseen una cinta de selección y una despalilladora portátil. Vinifican en 10 piletas de cemento de 30 a 50 mil litros, algunas recubiertas de epoxy y otras de ácido tartárico, con enfriamiento por serpentinas. Para la fermentación usan levaduras autóctonas y seleccionadas. No poseen barricas, piensan instalar tanques de acero inox. Estabilizan con frío y filtran con placas y membranas. La línea de embotellado es de industria argentina, vieja de 25 años. Elaboran 6 etiquetas y uno de sus blancos obtuvo una medalla de plata en *Vinandino 1999*. Ramón Castellanos, quien conserva muchos vínculos con la Argentina donde estudió, asegura que *"aquí hay pocas heladas, el problema principal es el granizo"*.

The winery, next to Guadalquivir River and city, has an Andalusian air about its architecture that also evokes its Castillean name: Aranjuez. *It was founded by Milton Castellanos (providing the name of the company) and his wife Ana Cortez in 1976. Their son Ramón Castellanos, with a degree in enology from the Don Bosco institute in Mendoza and experience in Spain, France, and California, is in charge of production. The vineyards are in Santa Ana, just minutes from the winery, and planted with 1,440 vines per acre on sandy-loam soils enriched with goat manure. The varieties include Cabernet Sauvignon, Merlot, Malbec, Tempranillo, Syrah, Pinot Noir, Mourvèdre, Grenache, Sangiovese, Carignan, Nebbiolo, and a bit of Petit Verdot in experimentation. They imported 1,000 French clones in 14 varieties, now in their third year. White grapes are purchased from producers. All the vines are on American rootstocks (against Phylloxera), vertically-positioned, and furrow-irrigated at 6,740 feet.*

The winery has a selection belt and a portable de-stemmer. They vinify in 10 cement tanks, ranging from 7,900 to 13,200 gallons, some lined with epoxy and others just with coats of natural tartaric acid, cooled with serpentine coils. Fermentation takes place with both natural and selected yeasts. They have no barrels and are considering installing stainless steel tanks. The wines are cold stabilized and plate or membrane filtered. A 25-year-old Argentine bottling line handles their 6 labels. One of their white wines won a silver medal in Vinandino *in 1999. Ramón Catellanos, maintains close connections with Argentina, where he studied, and says that "there are few frosts here; the biggest problem is hail."*

Aranjuez Corte 1998 ★★

BODEGAS Y VINOS DE

Wineries & Wines from

BRASIL

Brazil

Tierra de algunos buenos vinos y excelentes espumantes, la Sierra Gaúcha tiene todo para cautivar al viajero enófilo. Óptimos y lindos caminos, naturaleza, clima, gente, historia, vinos y grapas hechas por vénetos. El optimismo y dinamismo juvenil de las bodegas riograndenses de vinos finos es único en América del Sur, acentuado por la cooperación y buena onda que reina entre bodegas grandes, pequeñas, artesanales, industriales o cooperativas. El sentido de la *grandeur* brasilero es tal que si Rio Grande do Sul tuviera el clima de Cuyo o de Chile, sería el mayor y mejor productor de vinos del Nuevo Mundo. Aquí no temen a la dimensión australiana o californiana de las cosas.

Sierra Gaucha, land of some good still wines and some excellent sparklers, has everything a traveling wine lover could possibly want. Good roads, beautiful scenery, nature, climate, people, history, wines, and Italian-style grappas. The youthful optimism and dynamism of the fine wine producers along the Rio Grande is unique in South America, and it's accentuated by a sense of cooperation and 'good vibes' among the wineries, whether big or small, industrial or cooperative. The Brazilian sense of grandeur *is such that if Rio Grande do Sul had the climate that Cuyo (Argentina) or Chile does, it would be the best and biggest wine producer in the New World. No one here is afraid of Australian or Californian giants.*

La tierra

En superficie de viña plantada y volumen de producción, Brasil tiene dimensiones similares al Uruguay. Pero su mercado interno, no obstante un consumo promedio por habitante más que modesto (*), es tan demandante que la mitad de los vinos finos bebidos en el país son importados de Argentina, Chile, Uruguay y ultramar. Algunas normas protegen a los productores brasileros de los gigantes ultramarinos y de los colosos vinícolas de uno y otro lado de los Andes centrales. Ni siquiera desde del Mercosur se pueden importar vinos a granel.

El 90 % de los viñedos brasileros y la producción de vinos finos está en la región de la Sierra Gaúcha, a una hora y media de auto al noreste de Porto Alegre. La pequeña y próspera ciudad de Bento Gonçalves es la capital brasilera del vino y la vecina Garibaldi, del espumante. La Sierra Gaúcha, o más estrictamente el amplio Valle del Rio das Antas, que desciende de la escarpa al sudoeste, por topografía y por su riqueza cultural tras un siglo de colonización véneta, se subdivide en unos 5 distritos vinícolas de los cuales sólo uno, el Valle de los Viñedos, está formalizado desde hace un año como Indicación de Procedencia Geográfica.

Fuera de la Sierra Gaúcha, existen otras 3 regiones vinícolas de creciente importancia para los vinos finos: al norte, a 9° de latitud sur, en el vasto y árido valle del río San Francisco, con irrigación artificial y programada para inducir las estaciones al viñedo, hay crecientes plantaciones de Moscatel, Syrah, Cabernet Sauvignon y otras cepas. Algunos traen las uvas en camiones refrigerados desde allá hasta su bodega en la Sierra Gaúcha, otros ya disponen de bodegas en el lejano norte. Los 4 mil kilómetros de viaje nos hicieron desistir de conocer el Valle del San Francisco, que dejamos para la próxima edición.

A 200 kilómetros al sureste de la Sierra Gaúcha está la Sierra del Sudeste o de las Encantadas (cerros tabulares similares a los del norte del Uruguay) donde el

---

(*) El brasilero estadístico no llega a beber dos vasos de vino por año, y media tacita de café de espumante. En las alturas itálicas de la Sierra Gaúcha se beben los 30 litros que toman el argentino y el uruguayo estadísticos. En las llanuras del mismo Rio Grande do Sul ya el consumo cae a la mitad, y a la mitad de la mitad en otros estados al norte, hasta llegar a casi nada en el Brasil ecuatorial.

The land

Brazil's surface area planted to vineyards and its production volume are similar to those of Uruguay. Although its average consumption per capita is more modest (*), Brazil's internal market is so demanding that half the fine wines consumed in the country are imported from Argentina, Chile, Uruguay, and overseas. Regulations protect Brazilian producers from foreign giants and the enormous wine companies from either side of the Central Andes. Bulk wines cannot be imported - not even from fellow Mercosur countries.

The Sierra Gaucha region, 11/2 hours northeast of Porto Alegre by car, is the home of 90% of all Brazilian wineries and fine wine production. The small and prosperous city of Bento Gonçalves is the country's wine capital, while in neighboring Garibaldi, it's sparkling wine that reigns. Sierra Gaucha, or more strictly speaking, the wide Rio das Antas Valley, which descends from the rocky slopes of the southeast, and is subdivided into 5 wine districts according to topography and rich cultural heritage developed over a century of Venetian colonization. Of the five, the Valle de los Viñedos (literally, Vineyard Valley) is the only one to have formalized its "Indication of Geographic Origin," and that only a year ago.

In addition to the Sierra Gaucha, there are 3 other wine regions of increasing importance to the fine wine industry. To the far north, at 9° latitude south, the vast and arid San Francisco River Valley uses artificial irrigation to induce the vineyard seasons. The plantations of Moscatel, Shiraz, Cabernet Sauvignon, and other varieties continues to increase. Some producers ship their grapes in refrigerated trucks to their winemaking facilities in Sierra Gaucha; others have already installed wineries on-site. The 2.500 miles distance convinced us to leave a trip to the San Francisco Valley for the next edition of this guide.

Closer to hand, and only 125 miles away, is the Sierra del Sudeste, or Las Encantadas, with its table-topped

---

(*) The average Brazilian drinks less than 2 glasses of still wine and only half a demitasse of sparkling wine per year. In the Italian heights of Sierra Gaucha, consumption matches the Argentine and Uruguayan rate of 30 liters per person. In the Rio Grand do Sul lowlands however, consumption drops by half, and by half again in the northern states, plunging to nearly zero upon reaching the Brazilian equator.

poblado de Encruzilhada do Sul es epicentro de una superficie creciente de viñedos establecidos por bodegueros de la Sierra Gaúcha en terreno más seco y mecanizable. Todavía no se vinifica en la zona.

Y a unos 400 kilómetros al sureste, a 31° de latitud sur, balconeando sobre la República Oriental del Uruguay en torno a Santana do Livramento, también hay viñedos de importantes vitivinícolas extranjeras con sus correspondientes bodegas.

Así, entre la planta de *Vitis vinifera* brasilera más septentrional y la más austral corren casi mil leguas, 20 grados de latitud: ningún otro país vinícola implica tanta curvatura terrestre.

Las bodegas y sus viñas

La industria vinícola brasilera no es la más importante de América del Sur, pero sí una de las mejor equipadas en tecnología y ello desde hace dos o tres décadas, cuando las empresas extranjeras *Chandon, Cinzano, Martini* y otras iniciaron la renovación de cultivos y plantas de elaboración. En todas las bodegas que visitamos había tecnología actual nacional o importada en distinto grado de completamiento. Las barricas francesas, americanas o hechas en Rio Grande do Sul (*) con roble importado son comunes. Es frecuente el uso de duelas y virutas de roble: los reglamentos vinícolas en Brasil son exiguos; restringen el uso de variedades americanas en vinos finos y poco más. Característicos de la bodega tradicional brasilera son los toneles de madera de grapia o araucaria de hasta 100 mil litros (casi siempre parafinados o revestidos con epoxy) y el almacén de azúcar, donde sacos de 50 kilos se apilan hasta el techo pues la chaptalización (**)

(*) La tonelería es una artesanía viva en la Sierra Gaúcha, donde las *pipas* o toneles de madera de grapia, *amendoim* o araucaria de hasta 100 mil litros y hasta 100 años de uso, son comunes en todas las bodegas de vinos comunes y muchas de finos. Si bien ya no se explota ninguna madera de la región, se hacen barricas y toneles de roble importado, nuevo o también usado.

(**) La chaptalización es un método inventado en tiempos napoleónicos por un *monsieur* Chaptal quien descubrió que los mostos flojos, si se les añadía azúcar en la fermentación alcohólica, podían devenir en vinos de mayor tenor alcohólico. La chaptalización es necesaria en aquellos climas o añadas de poca insolación, donde la uva no llega a madurar bien sus azúcares. A pesar de la latitud y el calor, esto sucede habitualmente en las alturas de la Sierra Gaúcha, donde es común que el cielo de verano por la tarde esté nublado y las lluvias estivales son frecuentes.

---

hills similar to those of Uruguay. Here the village of Encruzilhada do Sul is the epicenter of a growing expanse of vineyards established by Sierra Gaucha winemakers in search of land that is drier and more mechanizeable. No wines are yet made in the area.

Some 250 miles to the southeast, and flirting with the Uruguayan border at 31° latitude south, we find other vineyards and wineries owned by major foreign companies in the Santana do Livramento area.

Amazingly, there are nearly 3000 miles and 20° of latitude between Brazil's most northerly *Vitis vinifera* vine and it's most southerly counterpart. No other country can claim to involve so much of the Earth's curvature in wine-making.

The wineries and their vineyards

Brazil's winemaking industry may not be the most important in South America, but it is among the best technologically equipped, and it has been for the last two or three decades since foreign companies *Chandon, Cinzano, Martini, and others* began renovating their crops and wineries. In all of the bodegas we visited, we found up-to-date national or imported technology in differing degrees of completion. The barrels made in Río Grande do Sul (*) with imported French and American oak are commonplace, as is the use of oak staves and chips. Brazilian wine laws are few; they restrict the use of American grape varieties in fine wines, but little more. Familiar sights in the traditional Brazilian winery are the enormous wooden casks made of grapia or araucaria of up to 27,000 gallons (and almost always waxed or coated with epoxy). Also common is the sugar warehouse, where 100-pound sacks are piled to the ceiling, as chaptalization (**)

(*) Cooperage, or barrel-making, is a very active craft in the Sierra Gaucha, where kegs and or casks of grapia, amendoim, or araucaria wood of up to 100,000 liters and 100 years of use are common sights in wineries. Local wood is no longer used and has been replaced by new and used imported oak.

(**) Chaptalization is a process invented in Napoleonic times by Jean-Antoine Chaptal, who discovered that adding sugar to the must before or during alcoholic fermentation raised the alcohol level of the resulting wine. Chaptalization is necessary in climates or years with little sun, as the grape sugars do not ripen sufficiently. Despite the latitude and heat, this is commonly the case in the Sierra Gaucha highlands, where afternoon skies are often cloudy and summer rains are frequent.

es una necesidad casi inapelable. En todas las bodegas hay por lo menos un enólogo cuando no varios, la mayoría de ellos formados en la *E.A.F.P.J.K.* (¡así su sigla!) de Bento Gonçalves y algunos en Mendoza, Argentina, o Davis, California.

Las bodegas suelen ofrecer ventas directas, telefónicas y por vía digital, que para algunas son importantes. De cara al enoturismo, las bodegas del Valle de los Viñedos y otras más allá, están entre muy bien y soberbiamente pensadas y equipadas para atender a los visitantes. En torno a Bento Gonçalves hay una óptima señalización de las rutas del vino entre las bodegas visitables, que no son pocas e incluyen una vital tradición cultural y gastronómica del norte de Italia difusa en toda la Sierra Gaúcha. En materia de turismo vinícola estas bodegas, orientadas casi exclusivamente al vasto mercado interno, están a la vanguardia en Sudamérica.

La viña plantada por los colonos vénetos era en parral: este sistema de conducción todavía es el más difundido en la Sierra, tan tupido que a su sombra no crece ningún yuyo –ni madura bien la uva. Los viñedos modernos se plantan en forma de espaldera o I, aunque hay quienes en la misma región y con las mismas cepas prefieren la *ipsilon* o Y y aún otros hay que eligen la parra abierta o T. La lira, la V común en Uruguay, es infrecuente en el contiguo Rio Grande do Sul.

Las cepas americanas no viníferas son muy difundidas y junto al Moscatel están a la base de los vinos de mesa y los jugos, que son una industria importante.

El 95 % de las bodegas de vinos finos son familiares. Las hay pequeñas, medianas y grandes, pero todas prosperan y se expanden sin exportar casi nada, orientadas al mercado interno, también con vinos de mesa. Son pocas las bodegas que elaboran sólo vinos finos.

La cultura agroalimentaria

La Sierra Gaúcha es una de las regiones más ricas de América del Sur no sólo en términos económicos y de calidad de vida, sino también (y no por casualidad) agroalimentarios. El aporte de la nutrida inmigración véneta no incluyó sólo a la vid, el vino y la *graspa*, sino toda una antigua cultura agroalimentaria ligada al trabajo constante y fecundo de la tierra. La quesería es difundida, variada y de muy

is nearly inevitable. Every winery has one or more resident wine-makers, most of whom have been trained in the EAFPJK in Bento Gonçalves, although a few have studied in Mendoza or UC Davis in California. The wineries place great importance on direct or telephone sales, and some houses have significant online sales as well. Wine tourism is very well planned and the Vineyard Valley Wineries are well-equipped to receive visitors. They also maintain the lively cultural and gastronomic tradition of northern Italy found throughout Sierra Gaucha. The routes around Bento Gonçalves are clearly marked to indicate the many wineries that welcome visitors. And although these wineries are geared almost exclusively toward the internal market, they are true leaders in South American wine tourism.

The area's Italian immigrants planted their vines using arbors. This training system is still the most widely used throughout the Sierra and produces such vigorous foliage that barely a weed grows in their shade, which also prevents the grapes from maturing well. A variation is the open arbor, or 'T'-form. Modern vineyards employ the Vertical Shoot Position (an I-shaped system), although others in the region prefer a divided canopy, or lyre system, such as the 'Y'. The V-shaped lyre, which is common in Uruguay, is rarely found in neighboring Rio Grande do Sul.

Non-vinifera American grape varieties are widespread, and along with Moscatel, are the basis of ordinary table wines and grape juice, both major industries. Some 95% of the small, medium, and large wineries that produce fine wines are family-owned. Most make table wine as well; very few are dedicated to fine wines alone. With sales aimed almost entirely at the internal market, all seem to prosper and grow with little, if any, dependence on exports.

A food and farming culture

The Sierra Gaucha is one of South America's richest regions, not only in terms of economics or quality of life, but also in food and farming traditions. The Italian immigrants contributed more than vines, wines, and grappa; they brought an entire culinary culture based on the agricultural practices of continuous hard work and the fertility of the earth. There is a wide variety of high-quality cheese, many reminiscent of smoked Italian cheeses, and

buena calidad, con logradas evocaciones de los quesos italianos ahumados. La manufactura e industria de los embutidos está presente en toda la región, que también es frutícola y produce dulces, jaleas y mermeladas casi en cada pueblo y casa. El maíz y los porotos negros, base de la alimentación brasilera, se cultivan en toda la Sierra, y la polenta frita es de rigor en la

sausage-making is practiced throughout the region. Fruit is also important, and almost every household makes sweets, jellies, and jams. Corn and black beans, Brazilian staples, are grown throughout the Sierra and fried polenta is de rigor on the table. In the lower, more humid zones, sugar cane grows and is distilled into cachaça *and a form of cane vodka.*

Las regiones vitivinícolas de Brasil / The wine regions of Brazil

mesa. En las zonas más húmedas y bajas hay caña de azúcar y se destila *cachaça* (hay alguna muy fina del Valle del Río de los Antas) y también vodka de caña. La mayoría de los buenos restaurantes (que en Bento Gonçalves y en Caxias do Sul son más de media docena) practica la modalidad nacional del *rodizio* a base de carnes o pastas o pizzas, en general muy

Most of the good restaurants (there are more than a dozen in Bento Gonçalves and in Caxias do Sul) offer the national rodizio *based on meat, pasta, or pizza, and are generally very good. Fish in the Sierra is frozen* congrio *(conger eel), trout, or carp from fish farms. Bread is rarely found on the table, replaced by fried polenta and rice. Vegetables are fresh and bountiful,*

buenas. El pescado en la Sierra es congrio congelado o trucha o carpa de criadero. El pan en la mesa es raro; comunes son la polenta frita y el arroz además de las verduras primarias, lozanas aunque sin mucha variedad ni imaginación. En torno a Bento Gonçalves abundan los criaderos de pollos y el *frango* es plato diario. Se lo suele asar bien seco, casi crocante.

A lo largo de las rutas más importantes son frecuentes

although lacking in variation and imagination. Poultry farms abound in the Bento Gonçalves area, and frango *(chicken) is eaten daily, normally baked dry, almost to the point of being crunchy.*

Fruit stands are a common sight along the major roads, offering the season's freshest grapes, plums, peaches, and watermelons in the south, and sometimes even honey, cheese, and handcrafts.

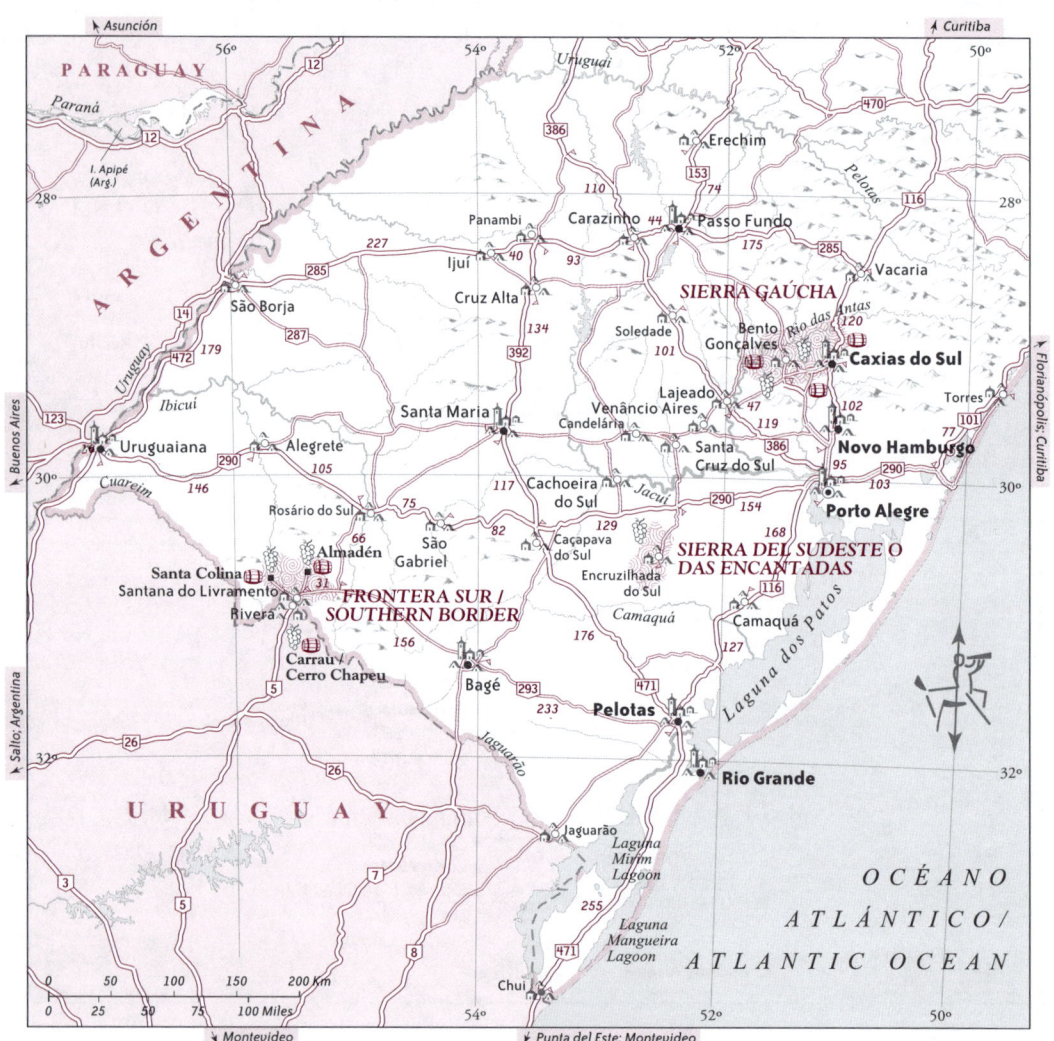

Las regiones vitivinícolas de Río Grande do Sul / The wine regions of Río Grande do Sul

los puestos de frutas de estación: uvas, ciruelas y duraznos; al sur, sandías, a veces miel, quesos y artesanías. En los poblados de origen alemán de la Sierra, el *pedemonte* y las llanuras de Rio Grande do Sul, también se concentra una tradición agroalimentaria importante pero *ahimè*, más ligada a la cerveza que al vino.

The towns founded by Germans in the Sierra and the area around the Rio Grande do Sul also maintain their agricultural and culinary traditions, which are more closely tied to beer than wine.

256

El mercado

La demanda de vinos finos en Brasil aumenta cada año. En las grandes ciudades del centro y sur, en la clase alta y media alta de origen europeo, el consumo de vino fino es frecuente y natural; existe una *élite* de amantes del vino casi en cada capital y hay una cierta movida en torno al vino fino y los espumantes del país, considerados en general por hacedores y comentaristas de un nivel ya comparable a los de Argentina y Chile, rivales en precio y calidad.

El vino y el espumante, en un país donde la mayoría del pueblo apaga la sed alcohólica con cerveza y aguardiente de caña, son consumos de alto nivel y su precio es acorde. En el restaurante, los vinos finos brasileros son más baratos que los importados pero muy caros en comparación a la cerveza. La *pinga* o aguardiente de caña se vende a 50 centavos de dólar el litro y se consume, promedio anual por habitante, en más de 40 litros. El brasilero estadístico bebe 20 ó 30 veces más cerveza y 10 ó 15 veces más *cachaça* que vino de mesa, ni hablar de espumante o vino fino.

Así, el expansible horizonte interior del Brasil por sí solo parece una dimensión más que suficiente a la mayoría de las bodegas que apuestan a la calidad en vinos finos y comunes. Si bien un número creciente participa de certámenes internacionales, pocas bodegas exportan y ninguna volúmenes significativos. Los estados con más alto consumo de vinos finos son, además del enófilo Rio Grande do Sul, los vecinos y similares Santa Catarina y Paraná, y los poderosos Sâo Paulo, Rio de Janeiro y Minas Gerais. El resto de Brasil es casi otro país, para los vinos.

Las instituciones, eventos y publicaciones

La *A.B.E.* (pronúnciese "a-be-é") o *Associaçâo Brasileira de Enologia*, que reúne a los enólogos de las bodegas más importantes de la Sierra Gaúcha, destaca en la difusión y promoción de los vinos de la región y de Brasil. Organiza cada octubre, en un vasto y moderno predio en las afueras de Bento Gonçalves, la *Fenavinho o Feria Nacional del Vino*, que coincide con la *Avaliaçao Nacional de Vinhos* también coordinada por *A.B.E.*, evento culminante del calendario vitivinícola brasilero. El apoyo de *A.B.E.* a

The market

The demand for fine wines in Brazil increases every year. In the large central and southern cities, the consumption of fine wine is frequent and natural among the upper and upper-middle classes of European descent. Almost every capital city has an elite group of wine-lovers generating enthusiasm about the country's fine still and sparkling wines, which are generally considered by local wine-makers and wine-writers to rival Argentine and Chilean wines in price and quality.

In a country where the majority of the population quenches its alcoholic thirst with beer and aguardiente, still and sparkling wines are reserved for more refined palates, and are priced accordingly. In restaurants, fine Brazilian wines are less expensive than imported wines, but are still very expensive in comparison with beer. Pinga (cane alcohol) costs .50 (US) per liter, and average annual consumption is more than 10 gallons per person. The average Brazilian drinks 20 or 30 times more beer, and 10 or 15 times more cachaça, than table wine, not even considering fine wines!

Most wineries consider expansion toward the Brazilian interior to be a more than sufficient goal. Although a growing number participate in international competitions, few wineries export, and none does so in any significant volume. In addition to wine-loving Rio Grande do Sul and neighboring Santa Catarina and Paraná, the states with the highest consumption of fine wines are the powerful Sao Paulo, Rio de Janeiro and Minas Gerais. The rest of Brazil, in terms of wine, may as well be a different country.

Institutions, events, and publications

The 'A.B.E.' (pronounced 'ah-bay-ay'), the Associaçâo Brasileira de Enologia (Brazilian Enological Association), an organization of winemakers from the most important wineries of the Sierra Gaucha, promotes the wines of the region and Brazil in general. Each October, the A.B.E. organizes the enormous Fenavinho National Wine Fair just outside Bento Gonçalves. The Fair coincides with another A.B.E.-coordinated event, the Avaliaçao Nacional de Vinhos, which concludes the Brazilian

nuestra investigación fue pleno y eficaz, e incluyó la concentración y despacho de las muestras para la cata en Buenos Aires.

EM.BRA.P.A. *(Empresa Brasileira de Pesquisa Agropecuária)* tiene un importante centro de investigaciones en Bento Gonçalves casi especializado en viticultura y es el polo brasilero del saber científico en la materia. Tuvimos una interesante entrevista con su director, reproducida más adelante.

La *E.A.F.P.J.K. (Escola Agrotécnica Federal Presidente Juscelino Kubitschek)* también de Bento Gonçalves es el único centro de enseñanza secundaria y terciaria de vitivinicultura que existe en Brasil, donde se formaron casi todos sus enólogos. En estas páginas está descripta como bodega pues elabora y vende vino, y envió muestras a nuestra cata. Visitarla permite corroborar la calidad pedagógica de la enseñanza de la enología en Brasil.

Hay otras instituciones del sector que no llegamos a conocer, la mayoría con sede en Bento Gonçalves, capital brasilera del vino.

Luego en cada ciudad del país hay una asociación o confraternidad de amigos del vino: toda una red de enófilos sin parangón en Sudamérica y quizá en ningún otro país del Nuevo Mundo.

Entre las publicaciones, encontramos la buena revista *Vinho*, casi una docena de libros de enófilos o enólogos sobre cómo degustar vinos, una *Guia dos Vinhos Brasileiros* (ver bibliografía), algunos boletines y no mucho más, aunque los medios de prensa destinan creciente atención a los vinos.

vitivinicultural calendar year. The A.B.E.'s support for our research was efficient and all-encompassing, and even included gathering and shipping the Brazilian wine samples to Buenos Aires for our tasting sessions.

The EM.BRA.PA. *(Empresa Brasileira de Pesquisa Agropecuária) (Brazilian Agricultural Research Company) has a major research center in Bento Gonçalves. It is almost entirely devoted to viticulture and is the hub of Brazilian scientific knowledge on the subject.*

The E.A.F.P.J.K. *(Escola Agrotécnica Federal Presidente Juscelino Kubitschek) (President Juscelino Kubitschek Agro-Technical School), also in Bento Gonçalves, is Brazil's only vitivinicultural training center and is where nearly all of the country's winemakers learn their trade. Here it is described as a winery, because they make and sell wine; in fact, they sent samples for our tasting. A visit to the center corroborates the quality of enological instruction in Brazil. There are other institutions in the sector that we did not visit. Most are based in Bento Gonçalves, Brazil's wine capital.*

Every city in the country has an association or brotherhood of wine lovers, and they form an entire network of enophiles unparalleled in South America, and perhaps in all of the New World.

Publications include a good magazine called Vinho, *nearly a dozen books on wine appreciation, a* guide to Brazilian Wines *(Guia dos Vinhos Brasileiros) (see bibliography), some newsletters, and little else, although the media plan to give more attention to wines.*

Embrapa: Empresa Brasileira de Pesquisa Agropecuaria Setor de Uva e Vinho

Una conversación con José Fernando da Silva Protas, director de Embrapa en Bento Gonçalves.
A conversation with José Fernando da Silva Protas, Director of Embrapa in Bento Gonçalves.

La *Empresa Brasileira de Pesquisa Agropecuaria Setor de Uva e Vinho* tiene sede en Bento Gonçalves, en un campus vasto lo suficiente para albergar viñedos experimentales, con tan desparramadas dependencias que hace falta un planito para orientarse allí dentro. *Embrapa*, que depende del *Ministerio de Agricultura y Abastecimiento,* tiene otros 42 centros de investigación aplicada similares a éste en todo el país. Aquí se estudian también el manzano y otros frutales, pero el foco está en las vides. Producen material vegetativo y portainjertos que venden a viveristas. Investigan las pestes locales de la vid. Ofrecen al viticultor respaldo científico y agrotécnico. Tuvimos una conversación de 2 horas con su *Chefe Geral*, José Fernando da Silva Protas, riograndense de formación economista, quien lleva 16 años en Bento Gonçalves.

A la hora de explicar la uva y el vino en la Sierra Gaúcha, Protas destaca el espíritu emprendedor de los pioneros que formó el *cluster* del *Vale dos Vinhedos*, al que describe como un fenómeno que reúne valores singulares: enoturismo, paisaje, alimentación, clima y geografía muy parecida a Europa. *Embrapa* tuvo una participación central en el estudio previo a la creación de la primera *Indicación de Procedencia Geográfica de Brasil*, en el Valle de los Viñedos. Hay otros proyectos de investigación en curso: la zona llamada de los *Vinhos de Montanha*, en Pinto Bandeira, la comarca de Faria Lemos y el lejanísimo Valle del San Francisco, entre Bahía y Pernambuco, donde hay un centro *Embrapa* que investiga cultivos en clima semiárido y viticultura tropical.

Protas señala que el caso particularmente exitoso del *Vale dos Vinhedos* puede no reproducirse, pues algunas de sus características, tal como la cercanía con Bento Gonçalves, son casi únicas. Fundamental es la actividad directa y la presencia del productor, tal como sucede en el Valle de los Viñedos. De esa laboriosidad constante y directa surge una gran capacidad de acumulación de capital, que explica el crecimiento de las bodegas familiares sin enajenarse al crédito bancario.

Embrapa, the Brazilian Agricultural Research Company, Grape and Wine Division, is headquartered in Bento Gonçalves, on a campus so large that visitors are given a map at the gate to get oriented among experimental vineyards and a scattering of buildings. Embrapa, part of the Ministry of Agriculture and Production, has 42 other similar applied research centers throughout the country. Here they study apple and other fruit trees as well, although the focus is on grape vines. They produce vegetal material and grafts for sale to nurseries. They research local vine pests and offer scientific and agro-technical support to viticulturists. We had a 2-hour conversation with director José Fernando da Silva Protas, an economist from Rio Grande with 16 years in Bento Gonçalves.

When explaining Sierra Gaucha grapes and wines, he emphasizes the pioneering spirit of the founders of the Vineyard Valley, a unique phenomena that he describes as very similar to Europe in its eno-tourism, landscape, food, climate, and geography. Embrapa played a central role in the preliminary study for Brazil's first Geographic Indication of Origin, in the Vineyard Valley. Other research projects in progress include the Vinhos de Montanha area in Pinto Bandeira, the Faria Lemos district, and the very distant San Francisco Valley located between Bahia and Pernambuco, where the local Embrapa center researches semi-arid crops and tropical viticulture.

Da Silva Protas believes that the particularly successful case of the Vale dos Vinhedos is unique in that some of its characteristics, such as its proximity to Bento Gonçaves, cannot be repeated elsewhere. Having the direct participation and presence of the producer, as is the case in the Vineyard Valley, are essential, and this constant hands-on laboriousness results in the ability to accumulate capital, which explains the growth of the family wineries without resorting to bank loans.

Respecto a la reducida capacidad exportadora del Brasil vinícola, José Fernando da Silva Protas enumera las causas: el punto crucial son los mecanismos proteccionistas de Europa y Estados Unidos que no habilitan la importación de vino brasilero. Luego, que no hay grandes volúmenes exportables de vinos tintos de calidad en la franja de 8 a 10 dólares. Además, una carga tributaria en cascada que transforma a los impuestos en un 40 % adicional de los costos. Lo que sí se exporta en cantidad significativa es jugo de uva concentrado, a granel.

Explicando cómo creció y evolucionó el mercado brasilero en la última década, Protas recuerda que hasta 1990 el 60 - 70 % de la superficie vinífera era de uvas blancas. La inversión del gusto a los tintos abrió, hacia 1994, las puertas a los tintos importados de Argentina y Chile. Hasta el año anterior, Brasil importaba el 19 % de los vinos finos que consumía. En 2001, los vinos finos fueron importados en un 49,6 %. Protas considera que la prioridad vinícola brasilera es recuperar ese 50 % del mercado interno. Desprecia a los vinos importados que compiten con los brasileros a menos de 15 reales (5 dólares) y en particular a aquellos hechos con subsidios europeos y norteamericanos. "*Vivimos una dictadura y una economía cerrada. Hay un sentimiento de que lo importado es mejor, cualquier porquería importada es mejor. Los enófilos se hicieron con vinos importados y hay algunos que tienen preconceptos con el vino brasilero. Mucha gente no sabe que los vinos chilenos de 12 reales...*" –el director de *Embrapa Uva e Vinho* es de hablar franco y directo. Para concluir, enumera los puntos flacos del vino en Brasil: "*seguimos desarrollándonos en base a esfuerzos puntuales e individuales, por tentativa y error, sin objetivos a largo plazo en cuanto a variedades y sistemas de conducción. Nos falta un estudio de la cadena productiva y de nichos de mercado, no hacemos ninguna acción de marketing que hasta Uruguay hace muy bien, no se hacen campañas a favor del vino*".

Brazil has limited capabilities for exportation, and Jose Fernando da Silva Protas lists the reasons why: the crucial point is European and US protectionist mechanisms that do not allow the importation of Brazilian wine, plus the fact that they have no large volume of fine red wines in the $8 – 10 range available for export. Furthermore, there's a cascading tax burden of up to 40% of additional cost. They do, however, export a significant quantity of bulk grape juice concentrate.

Explaining the Brazilian market growth and evolution over the last decade, Protas recalls that until 1990, 60-70% of all grapes planted were white. The shift toward a preference in reds began around 1994, when they began importing red wines from Argentina and Chile. Prior to that, Brazil imported 19% of the fine wines it consumed, while in 2001, that figure reached 49.6%. Da Silva Protas feels the recovering of this 50% of the internal market to be a priority. He despises the imported wines that compete with the Brazilian in the under 15 reales ($5 US) category, particularly those made with European and North American subsidies. "We had a dictatorship and a closed economy. There's a feeling that imported is better- that any foreign trash is better. That's what the wine-lovers have done with imported wines, and some people have prejudices against Brazilian wine. Many people don't know that the imported Chilean 12-reales wines are…" *–the* Embrapa Grape and Wine *director is frank and direct. To conclude, he lists the weak spots in the Brazilian wine industry:* "we keep developing based on specific and individual efforts, by trial and error, without long-term goals regarding varieties and trellising systems. We need to study the chain of production and market niches; we don't have a marketing plan - which even Uruguay does very well– we don't have any campaigns in favor of wine."

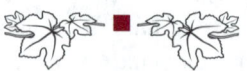

VINOS/*WINES*

Vinos Espumantes/Sparkling Wines

Tipo/Kind	Bodega/Winery	Marca/Label	Cosecha/Harvest	U$S	Pts
BRUT					
○	Vinícola Cave de Pedra Ltda.	Cave de Pedra		$$	★★★
○	Bacardi-Martini do Brasil	De Greville		$	★★
○	Establecimiento Vinícola Valmarino	Valmarino		$	★★
○	Vinhos Marson Ltda.	Marson		$$	★★
○	Vinhos Salton S.A. Indústria e Comércio	Prosecco		$	★★
○	Vinícola Cordelier Ltda.	Cordelier	2002	$$	★★
○	Vinícola Marco Luigi Ltda.	Marco Luigi	2001	$$	★★
○	Adega de Vinhos Finos Dom Cândido Ltda.	Dom Cândido		$	★
○	Establecimiento Vinícola Armando Peterlongo	Armando Peterlongo		N/D	★
○	Luiz Valduga & Filhos Ltda.	Casa Valduga		$$	★
○	Vinhos Salton S.A. Indústria e Comércio	Salton		$	★
BRUT ROSE					
○	Chandon do Brasil - LVMH Vinhos e Destilados Brasil Ltda.	Chandon Passion		$$	★★
○	Bacardi-Martini do Brasil	De Greville		$	★
CHARDONNAY					
○	Cooperativa Vinícola Aurora Ltda.	Demi-Sec Marcus James	2002	$$	★★★
○	Cooperativa Vinícola Garibaldi Ltda.	Acquasantiera Brut		$	★★★
○	Cooperativa Vinícola Aurora Ltda.	Marcus James		$$$	★★

Tipo/Kind	Bodega/Winery	Marca/Label	Cosecha/Harvest	U$S	Pts
CHARDONNAY					
○	Escuela Agrotécnica Federal Presidente Juscelino Kubitschek	CVE Brut		$	★★
CORTE S/D / ASSEMBLAGE N/D					
○	Chandon do Brasil - LVMH Vinhos e Destilados Brasil Ltda.	Chandon Brut		$$	★★★
○	Cooperativa Vinícola Aurora Ltda.	Gran Millésimé Aurora	1999	$	★★★
○	Champagne Georges Aubert S.A.	Georges Aubert Brut	2002	$	★★
○	Chandon do Brasil - LVMH Vinhos e Destilados Brasil Ltda.	Chandon Rouge		$$	★★
○	Chandon do Brasil - LVMH Vinhos e Destilados Brasil Ltda.	Excellence Brut Reserve		$$	★★
○	Don Giovanni Vinhos, Vinhedos e Pousada	Brut Don Giovanni		$$	★★
○	Establecimiento Vinícola Armando Peterlongo	Peterlongo Brut		$	★★
○	Vinhos Salton S.A. Indústria e Comércio	Reserva Ouro Brut		$	★★
○	Vinícola Cave de Amadeu Ltda.	Amadeu Brut		$$	★★
○	Vinícola Cave de Amadeu Ltda.	Cave Geisse Brut		$$	★★
○	Vinícola Cave de Pedra Ltda.	Moscatel Cave de Pedra		$	★★
○	Champagne Georges Aubert S.A.	Prosecco Georges Aubert		$	★
○	Vinhos Salton S.A. Indústria e Comércio	Salton Brut		$	★
DEMI-SEC					
○	Chandon do Brasil - LVMH Vinhos e Destilados Brasil Ltda.	Chandon Demi-Sec		$$	★
○	Vinhos Salton S.A. Indústria e Comércio	Salton		$	★
LAMBRUSCO					
○	Sociedade de Bebidas Panizzon Ltda.	Panizzon	2002	$	★★

Tipo/Kind	Bodega/Winery	Marca/Label	Cosecha/Harvest	U$S	Pts
MOSCATEL					
○	Sociedad de Bebidas Panizzon Ltda.	Panizzon	2002	$	★★★
○	Vinhos Finos Velha Cantina Ltda.	Cave Antiga	2002	$	★★★
○	Vinícola Cordelier Ltda.	Cordelier	2002	$$	★★★
○	Vinícola Giacomin Ltda.	Giallo		$	★★★
○	Adega Cavalleri Ltda.	Cavalleri	2002	$	★★
○	Adega de Vinhos Finos Dom Cândido Ltda.	Dom Cândido	2002	$	★★
○	Bacardi-Martini do Brasil	Moscatel de Greville		$	★★
○	Champagne Georges Aubert S.A.	Georges Aubert	2002	$	★★
○	Cooperativa Vinícola Aurora Ltda.	Aurora	2002	$	★★
○	Establecimiento Vinícola Valmarino	Valmarino	2002	$	★★
○	Vinhos Salton S.A. Indústria e Comércio	Salton		$	★★
○	Vinícola Marco Luigi Ltda.	Marco Luigi		$	★

Vinos Tranquilos/Still Wines

Tipo/Kind	Bodega/Winery	Marca/Label	Cosecha/Harvest	U$S	Pts
CHARDONNAY					
○	Vinhos Salton S.A. Indústria e Comercio	Salton Reserva	1999	$$	★★★★

Un excelente Chardonnay de crianza en barrica, de nariz muy fresca e intensa, con buena fruta (durazno o melocotón, ananá o piña, banana o plátano, pera, limón, miel) sobre un fondo de notas mantecosas, lácticas y tostadas, con buena presencia de la madera. En boca es amplio y untuoso, con buen equilibrio acidez/alcohol, larga persistencia, final agradable y buena tipicidad.

An excellent barrel-aged Chardonnay, with a fresh and intense nose, good fruit (peach, pineapple, banana, pear, lemon, honey) over a base of butter, cream and toast, with a good presence of wood. The palate is big and sumptuous, with a good acidity/alcohol balance, good typicity, persistence, and a long, pleasant finish.

○	Adega Cavalleri Ltda.	Cavalleri	2001	$	★★★
○	Cooperativa Vinícola Aurora Ltda.	Aurora Reserva	2000	$$	★★★

Tipo/Kind	Bodega/Winery	Marca/Label	Cosecha/Harvest	U$S	Pts
CHARDONNAY					
○	Livramento Vinícola Industrial ltda.	Santa Colina	2002	$	★★★
○	Vinhos Salton S.A. Indústria e Comércio	Salton Reserva Especial	2000	$	★★★
○	Vinícola Miolo Ltda.	Reserva Miolo	2002	$	★★★
○	Almadén - Seagram do Brasil Industrial e Comercial Ltda.	Almadén Reserva Especial	2001	$	★★
○	Cooperativa Vinícola Aurora Ltda.	Aurora Varietal	2002	$	★★
○	Luiz Valduga & Filhos Ltda.	Casa Valduga Premium	2002	$	★★
○	Vinhos Salton S.A. Indústria e Comércio	Salton	2000	$	★★
○	Vinícola Cordelier Ltda.	Cordelier Reserva	2002	$	★★
○	Bacardi-Martini do Brasil	Baron De Lantier	2001	$	★
○	Boscato Indústria Vinícola Ltda.	Boscato Reserva	2001	$	★
○	Escuela Agrotécnica Federal Presidente Juscelino Kubitschek	CVE	2001	$	★
○	Irmãos Molon Ltda. - Sinuelo	Sinuelo Reserva	2002	$	★
○	Vinhos Marson Ltda.	Marson Reserva	2002	$	★
○	Vinícola Cave de Amadeu Ltda	Amadeu Reserva	2001	$	★
CORTE S/D / ASSEMBLAGE N/D					
○	Vinícola Miolo Ltda.	Colheita Tardia Especial	2001	$	★★★
○	Vinhos Salton S.A. Indústria e Comércio	Salton		$	★★
DEMI-SEC					
○	Vinhos Salton S.A. Indústria e Comércio	Flowers Especial		$	★★
MALVASIA BIANCA					
○	Establecimiento Vinícola Valmarino	Valmarino	2001	$	★★

Tipo/Kind Bodega/Winery	Marca/Label	Cosecha/Harvest	U$S	Pts
MOSCATO				
○ Vinhos Dom Dionysus	Dom Dionysus	2002	$	★★★
MOSCATO GIALLO				
○ Irmaos Molon Ltda. - Sinuelo	Mistela Sinuelo Especial	2001	$	★★★★

De color dorado intenso, con un registro aromático que incluyó tilo, flores blancas, duraznos y damascos (albaricoques) secos, miel, caramelo y regaliz. En la boca demostró un excelente equilibrio, con cuerpo amplio y redondo. *"Le falta un poco de acidez para ser perfecto", "un postre en sí mismo".*

Intense golden yellow with an aromatic register that includes lindenflower, white flowers, dried peaches and apricots, honey, caramel, and licorice. Shows excellent balance on the palate, with nicely rounded body. "Lacks some acidity to make it perfect," "a dessert in itself."

○ Vinícola Giacomin Ltda.	Reserva Giacomin	2002	$	★★
RIESLING				
○ Vinhos Salton S.A. Indústria e Comércio	Salton Reserva Especial	2002	$	★★★
○ Vinícola Giacomin Ltda.	Reserva Giacomin	2002	$	★★
○ Catafesta Indústria de Vinhos Ltda.	Catafesta Reserva	2000	$	★
RIESLING RENANO				
○ Livramento Vinícola Industrial Ltda.	Santa Colina	2002	$	★★★
RIESLING-CHARDONNAY				
○ Vinícola Cordelier Ltda.	Cordelier	2002	$	★★
RIESLING-MALVASIA-SEMILLON				
○ Vinícola Cordelier Ltda.	Granja União	2002	$	★★
RIESLING-SEMILLON				
○ Adega de Vinhos Finos Dom Cândido Ltda.	Dom Cândido	2001	$	★
SAUVIGNON BLANC				
○ Vinhos Salton S.A. Indústria e Comércio	Salton Reserva Especial	2001	$	★★★
CABERNET FRANC				
● Adega Cavalleri Ltda.	Cavalleri	1999	$	★★

Tipo/Kind	Bodega/Winery	Marca/Label	Cosecha/Harvest	U$S	Pts

CABERNET FRANC

	Angheben Adega de Vinhos Finos Ltda	Angheben	2001	$	★★

CABERNET SAUVIGNON

	Angheben Adega de Vinhos Finos Ltda.	Angheben		$	★★★★

De buen color rubí, este distinguido Cabernet gaucho es de nariz delicada y fresca, con notas de pimienta, pimiento, menta, eucaliptus, clavo y tabaco. En boca también es delicado, de entrada suave, cuerpo medio, con taninos y acidez equilibrados, bien estructurado, lleno y de final frutado.

Nice ruby red color, this distinguished Sierra Gaúcha Cabernet has a fresh, delicate nose with notes of black pepper, green pepper, mint, eucalyptus, cloves, and tobacco. Delicate on the palate too, starts softly, with medium body, balanced tannins and acidity, well-structured, with a full and fruity finish.

	Vinhos Marson Ltda.	Marson Reserva	2001	$$	★★★★

A nuestro juicio, este Cabernet Sauvignon resultó el mejor de la Sierra Gaucha, y de Brasil. De color rojo ciruela o guinda con tintes negros, su nariz evocó frutas rojas y pimienta, tabaco y vainilla, madera fresca y una nota vegetal, en un espectro aromático muy agradable. En boca fue armónico, con ataque dulce, taninos equilibrados, buena acidez y tipicidad varietal. *"En boca es aterciopelado y redondo"*, *"destaca su estructura (de otros brasileros)"*.

In our opinion, this was the best Cabernet Sauvignon of the entire Sierra Gaúcha and Brazil. Dark plum or black cherry red, with a very nice nose evoking red fruit and black pepper, tobacco and vanilla, fresh wood and a vegetal note. The palate is harmonious, starting with sweet and balanced tannins, good acidity and varietal typicity. "round, velvety palate," "in comparison with other Brazilian wines, this one's structure stands out."

	Boscato Indústria Vinícola Ltda.	Boscato Gran Reserva	2000	$$	★★★
	Vinícola Cave de Amadeu Ltda	Amadeu Reserva	2000	$	★★★
	Vinhos Dom Dionysus	Dom Dionysus	2002	$	★★★
	Vinícola Giacomin Ltda.	Gran Reserva Giacomin	2001	$$	★★★
	Adega de Vinhos Finos Dom Cândido Ltda.	Dom Cândido Gran Reserva	1999	$	★★
	Adega de Vinhos Finos Dom Cândido Ltda.	Dom Cândido	1999	$	★★
	Almadén - Seagram do Brasil Industrial e Comercial Ltda.	Almadén Reserva	2000	N/D	★★
	Boscato Indústria Vinícola Ltda.	Boscato	2000	$	★★
	Boscato Indústria Vinícola Ltda.	Boscato Reserva	1999	$$	★★
	Cooperativa Vinícola Aurora Ltda.	Aurora Varietal	1999	$$	★★

Tipo/Kind	Bodega/Winery	Marca/Label	Cosecha/Harvest	U$S	Pts
CABERNET SAUVIGNON					
●	Cooperativa Vinícola Aurora Ltda.	Aurora Reserva	1999	$	★★
●	Cooperativa Vinícola Garibaldi Ltda.	Acquasantiera	1999	$	★★
●	Luiz Valduga & Filhos Ltda.	Casa Valduga Premium	1999	$	★★
●	Sociedad de Bebidas Panizzon Ltda.	Reserva Panizzon	2001	$	★★
●	Vinhos Finos Velha Cantina Ltda.	Cordignano	2002	$	★★
●	Vinhos Salton S.A. Indústria e Comércio	Salton Reserva Especial	2001	$	★★
●	Vinícola Cordelier Ltda.	Cordelier Reserva	2000	$	★★
●	Vinícola Giacomin Ltda.	Reserva Giacomin	2001	$	★★
●	Vinícola Miolo Ltda.	Reserva Miolo	2000	$	★★
●	Vinícola Monte Reale Ltda.	Reserva Val de Miz	2000	$	★★
●	Vinícola Pizzato Ltda.	Pizzato	2000	$	★★
●	Almadén - Seagram do Brasil Industrial e Comercial Ltda.	Almadén	2001	$	★
●	Boscato Indústria Vinícola Ltda.	Boscato Reserva	1999	$$	★
●	Don Giovanni Vinhos, Vinhedos e Pousada	Don Giovanni Reserva	1999	$	★
●	Establecimiento Vinícola Valmarino	Valmarino	2001	$	★
●	Indústria de Vinhos Tonini	Tonini	1999	$	★
●	Livramento Vinícola Industrial ltda.	Santa Colina Premium	2001	$	★
●	Vinhos Salton S.A. Indústria e Comércio	Salton	2000	$	★
●	Vinícola Marco Luigi Ltda.	Marco Luigi	2001	$	★
CABERNET SAUVIGNON-SYRAH					
●	Vinícola Miolo Ltda.	Terranova	2001	$	★★★

Tipo/Kind	Bodega/Winery	Marca/Label	Cosecha/Harvest	U$S	Pts
CABERNET SAUVIGNON-MERLOT					
●	Vinícola Miolo Ltda.	Lote 43	1999	$$	★★★
●	Catafesta Indústria de Vinhos Ltda.	Catafesta Reserva	2000	$	★★
●	Vinhos Salton S.A. Indústria e Comércio	Salton		$	★
CABERNET SAUVIGNON-MERLOT-TANNAT					
●	Vinícola Cordelier Ltda.	Cordelier	2001	$	★★
●	Vinícola Cordelier Ltda.	Granja União	2001	$	★
CORTE S/D / ASSEMBLAGE N/D					
●	Cooperativa Vinícola Garibaldi Ltda.	Chalet Du Clermont Reserva Especial	2000	$$	★★
●	Almadén - Seagram do Brasil Industrial e Comercial Ltda.	Almadén Reserva Especial	1998	$	★
●	Angheben Adega de Vinhos Finos Ltda.	Angheben	2000	$	★
●	Angheben Adega de Vinhos Finos Ltda.	Angheben	1999	$	★
GAMAY					
●	Adega de Vinhos Finos Dom Cândido Ltda.	Dom Cândido	2002	$	★★
MERLOT					
●	Adega de Vinhos Finos Dom Cândido Ltda.	Dom Cândido	2000	$	★★
●	Vinhos Salton S.A. Indústria e Comércio	Salton Reserva Especial	2000	$	★★
●	Vinícola Cave de Amadeu Ltda.	Amadeu Reserva		$	★★
●	Vinícola Cave de Pedra Ltda.	Cave de Pedra	2000	$	★★
●	Vinícola Giacomin Ltda.	Reserva Giacomin	2001	$	★★
●	Vinícola Pizzato Ltda.	Pizzato	2001	$	★★
●	Almadén - Seagram do Brasil Industrial e Comercial Ltda.	Almadén	2001	$	★

Tipo/Kind	Bodega/Winery	Marca/Label	Cosecha/Harvest	U$S	Pts
MERLOT					
●	Angheben Adega de Vinhos Finos Ltda.	Angheben	2000	$	★
●	Bacardi-Martini do Brasil	Baron De Lantier	2001	$	★
●	Cooperativa Vinícola Aurora Ltda.	Aurora Varietal	1999	$	★
●	Escuela Agrotécnica Federal Presidente Juscelino Kubitschek	CVE	2002	$	★
●	Establecimiento Vinícola Valmarino	Valmarino	2001	$	★
●	Luiz Valduga & Filhos Ltda.	Casa Valduga Premium	1999	$	★
●	Sociedad de Bebidas Panizzon Ltda.	Reserva Panizzon	2002	$	★
●	Vinhos Finos Velha Cantina Ltda.	Cordignano	2001	$	★
●	Vinhos Marson Ltda.	Reserva Marson	2001	$	★
●	Vinícola Cordelier Ltda.	Cordelier Reserva	2001	$	★
●	Vinícola Cordelier Ltda.	Cordelier	2000	$	★
●	Vinícola Marco Luigi Ltda.	Marco Luigi	2001	$	★
●	Vinícola Pizzato Ltda.	Pizzato	2000	$$	★
PINOT NOIR					
●	Cooperativa Vinícola Aurora Ltda.	Aurora Varietal	2001	$	★★
●	Vinícola Miolo Ltda.	Reserva Miolo	2002	$	★★
SYRAH					
●	Vinícola Miolo Ltda.	Terranova	2002	$	★★★
TANNAT					
●	Establecimiento Vinícola Valmarino	Valmarino	2001	$	★★
●	Vinhos Salton S.A. Indústria e Comércio	Salton Reserva Especial	2001	$	★★
●	Angheben Adega de Vinhos Finos Ltda	Angheben	2000	$	★

Tipo/Kind	Bodega/Winery	Marca/Label	Cosecha/Harvest	U$S	Pts
TANNAT-CABERNET SAUVIGNON					
●	Almadén - Seagram do Brasil Indústrial e Comercial Ltda.	Almadén Reserva Especial	2000	$$	★★

Vinos Dulces y Fortificados/*Sweet and Fortified Wines*

Tipo/Kind	Bodega/Winery	Marca/Label	Cosecha/Harvest	U$S	Pts
GEWÜRZTRAMINER					
○	Cooperativa Vinícola Aurora Ltda.	Aurora Varietal	2002	$	★★
○	Cooperativa Vinícola Aurora Ltda.	Aurora Reserva	2002	$	★★
○	Livramento Vinícola Industrial Ltda.	Santa Colina	2002	$	★★
○	Velho Museu - Juan Carrau - Atelier do Vinho	Juan Carrau Orgánico	2001	$$	★★
○	Vinhos Salton S.A. Indústria e Comércio	Salton Reserva Especial	2002	$	★★
NIAGARA					
○	Indústria de Vinhos Tonini	Tonini		$	★

Destilados de Vinos y Orujos/Wine Distillates

Tipo/Kind	Bodega/Winery	Marca/Label	Cosecha/Harvest	U$S	Pts
BRANDY					
▲	Vinícola Monte Reale Ltda.	Val de Miz 15 Años		$$	★★
▲	Don Giovanni Vinhos, Vinhedos e Pousada	Don Giovanni		$$$	★★
▲	Champagne Georges Aubert S.A.	Georges Aubert	2002	$	★
LICOROSO					
▲	Vinícola Cordelier Ltda.	Cordelier	2001	$	★★★★

Un blanco muy límpido, de color ámbar intenso con tonos caoba. Con aromas de higo, manzana roja, miel, nuez, pasas, cáscara de naranjas, caramelo, incluso mazapán y zapallo en almíbar. En boca es licoroso, largo, equilibrado. *"Armonía entre acidez, alcohol y azúcar", "largo de boca", "equilibrado y correcto".*

Very clean and clear, the color of intense amber with mahogany tones. Aromas of fig, red apple, honey, nuts, raisings, orange peel, caramel, and even marzipan and pumpkin in syrup. Generous, long, and balanced. "Harmony between acidity, alcohol, and sugar," "long finish," "balanced and correct."

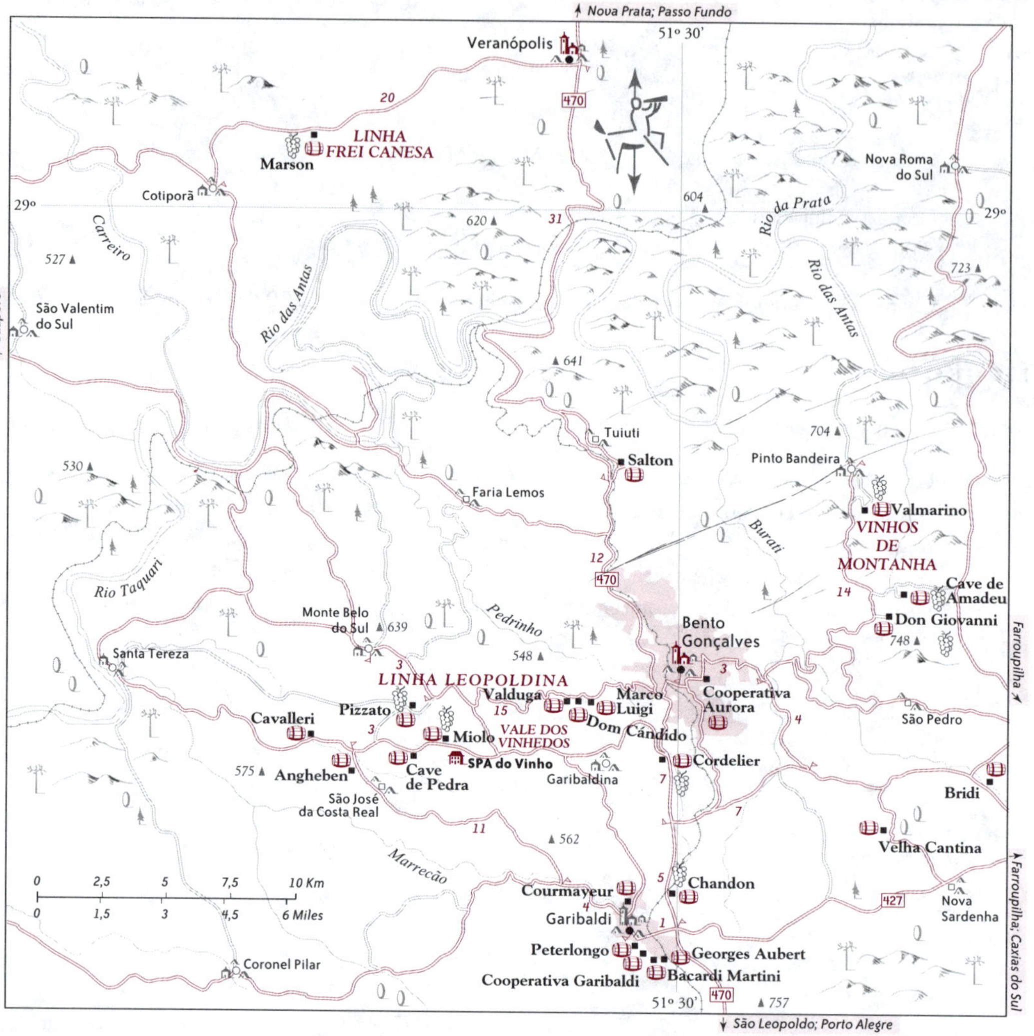

Bento Gonçalves y el oeste de la Sierra Gaúcha / Bento Gonçalves and Western Sierra Gaúcha

BENTO GONÇALVES

Bento Gonçalves, con sus 100 mil habitantes, se expandió en menos de un siglo desde un vallecito al *planalto*. Pese a su crecimiento rápido y modernidad, es una ciudad de agradable edificación y hermosas calles empedradas en basalto, agraciada por fuertes y constantes diferencias en altura entre la ciudad alta y la ciudad baja. Limpia y bien administrada, se precia de tener una de las mejores calidades de vida de Brasil, si bien en sus laderas periféricas del este y del oeste cuelga la *favela* de casas precarias,

In less than a century, Bento Gonçalves, expanded from a sleepy little valley to a thriving urban center of 100,000 inhabitants. Despite its rapid growth and modernity, the city has attractive buildings and beautiful stone-paved streets, all made more charming by steep and frequent differences in height between the 'high city' and the 'low city'. Clean and well-managed, "Bento" clearly has one of the best standards of living in Brazil, although on the outskirts of town, the tiny houses of the favela cling

no pocas de ellas con auto y antena satelital en el techo de chapa.

Dentro de Bento Gonçalves está la *Cooperativa Aurora* y la vieja casa matriz de *Salton*, a punto de transferirse al vecino Tuiutí. También hay en Bento (así se le dice) varias instituciones del vino, oficinas de bodegas situadas en la campiña y un par de vinotecas.

La ciudad tiene dos buenos hoteles del mismo propietario de origen véneto, dos pequeños *shoppings*, media docena de restaurantes y un museo del inmigrante e incluso dos buenos locales de vida nocturna para caballeros en busca de compañía femenina. Además del vino, otra actividad muy importante son las mueblerías, todas de apellidos vénetos o lombardos, que acentúan la italianidad de la ciudad y su área de influencia.

precariously to the eastern and western slopes rising above the city.

But even there, more than a few homes have cars in front and satellite antennas jutting from their flimsy tin roofs.

The Cooperativa Aurora is housed in Bento Gonçalves, as is the old headquarters of Salton, which is now moving to neighboring Tuiutí. Bento also has several wine institutions, a couple of wine stores, and office space for some of the wineries located outside the city limits.

The city has two good hotels, both owned by the same Italian descendant, two small shopping centers, half a dozen restaurants and a museum dedicated to the immigrants, and even two good night spots for gentlemen in search of female companionship. Furniture making is also a very important industry, and all of the factories bear surnames harking back to Veneto or Lombardy, accentuating the Italian influence in the city.

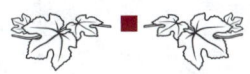

Cooperativa Vinícola Aurora Ltda.

Rua Olavo Bilac 500 - Cx. Postal 416 /
95700-000 Bento Gonçalves / RS
Tel.: (54) 4552000
Fax.: (54) 4552001

E-mail: aurora@vinicolaaurora.com.br
Website. www.vinicolaaurora.com.br
Capacidad: 70 millones de litros/*Capacity: 19,000 million gallons*
Viña: 1.400 hectáreas/*Vineyards: 3,500 acres*

Aurora es el gigante de la vinificación brasilera: como dice su gerente técnico Antonio Czarnobay (quien además es presidente de la *Asociación Brasilera de Enología*) "si no me engaño hay que sumar a los 2°, 3° y 4° productores de Brasil para igualar la producción de Aurora". Sus 1.300 cooperados diseminados en toda la Sierra Gaúcha producen... ¡más de 80 variedades de uva! ("*estamos depurando eso*" asegura Czarnobay). Fundada en 1931, con una bodega central que ocupa 3 manzanas de la ciudad de Bento Gonçalves, más una segunda bodega en la ciudad y un centro de experimentación de viñedos en las afueras, la *Cooperativa Aurora* resurgió con renovada energía de una grave crisis financiera que casi acabó con ella en 1994.

Visitar la bodega (algo que hacen unas 150 mil personas al año, para lo que cuentan con 15 guías) es una magnífica ocasión para comprobar cómo el Brasil triunfa allí donde sus vecinos a menudo fracasan: en ningún otro lugar de América el cooperativismo tuvo tanto éxito. *Vinomatics*, prensas pneumáticas, sistemas Potter para separación del mosto, piletas de hormigón/epoxy con refrigeración automática, 1.600 barricas americanas y francesas, sala de macrovinificación con una decena de tanques de acero inox de 100 mil litros y sala de microvinificación con tanques de 500 a 15 mil litros, enormes viejos toneles de grapia parafinada, un ducto de 5 kilómetros que conecta con la planta de tratamiento de efluentes y 3 túneles bajo la calle vinculando el todo hasta una gran sala de degustación situada en una ex pileta de 530 mil litros con una fuente de pseudovino (de gusto artístico discutible), un *varejo* que parece un supermercado y otra tienda de artesanías hechas por las mujeres de los *cooperados* –esto es apenas el nodo central del universo vinícola llamado *Aurora*.

Aurora is Brazil's winemaking giant. As their technical manager Antonio Czarnobay (also the president of the Brazilian Enology Association) says, "if I'm not mistaken, you need to put Brazil's 2nd, 3rd, and 4th place producers together to equal the production of Aurora." The 1,300 members of the cooperative are spread out across the entire Sierra Gaucha and grow more than 80 varieties of grapes! ("we're refining that," Czarnobay says).

Founded in 1931, it has a central winery that covers 3 city blocks in Bento Gonçalves, a second winery, also in Bento, and a vineyard experimentation center outside town. The Aurora Cooperative has been completely revitalized after recovering from a serious financial crisis that nearly destroyed it in 1994.

The winery receives some 150,000 visitors per year, attended by the 15 guides on staff. This is an excellent way to see how Brazil triumphs where its neighbors have frequently failed. No other cooperative in America has been as successful. Vinomatics, pneumatic presses, Potter systems for separating the musts, cement/epoxy tanks equipped with automatic temperature control, 1,600 French and American barrels, a macro-vinification room with ten 27 thousand-gallon stainless steel tanks and a micro-vinification room with 135 to 4,000-gallon tanks, enormous old casks made of waxed grapia-wood, a 3.1-mile pipeline leading to the waste treatment plant, and 3 underground tunnels that link everything all together, including the large tasting room located in an old 140,000-gallon tank complete with a fountain spewing pseudo-wine (of dubious artistic taste), an outlet store of supermarket proportions, and a crafts shop supplied by the wives of the cooperative members – and this is barely the center of the wine universe called Aurora.

Demi-Sec Marcus James Chardonnay 2002 ★★★ - *Marcus James Chardonnay* ★★ - *Gran Millésimé Aurora Corte 1999* ★★★
Aurora Moscatel 2002 ★★ - *Aurora Reserva Chardonnay 2000* ★★★ - *Aurora Varietal Chardonnay 2002* ★★
Aurora Varietal Cabernet Sauvignon 1999 ★★ - *Aurora Reserva Cabernet Sauvignon 1999* ★★

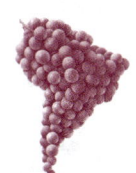

ESCUELA AGROTÉCNICA FEDERAL PRESIDENTE JUSCELINO KUBITSCHEK
CENTRO FEDERAL DE EDUCAÇAO TECNOLOGICA

Av. Osvaldo Aranha 540 - Cx. Postal 135 / 95700-000 Bento Gonçalves / RS
Tel.: (54) 4522200 - Fax.: (54) 4522835
E-mail: eafpjk@italnet.com.br
Capacidad: 0,1 millones de litros/*Capacity: 26,400 gallons*
Viña: 0,8 hectáreas/*Vineyards: 2 acres*

La escuela de nivel secundario y terciario (dictan cursos de posgrado) donde se forman todos los enólogos del Brasil merece figurar entre las bodegas de vinos finos del país, pues no sólo está equipada igual o mejor que otras, sino además comercializa sus vinos –aunque en un único punto de venta, que sus discípulos conocen con el acrónimo de *E.A.F.P.J.K.* Con un predio de 7 hectáreas en la ciudad y una granja de otras 75 hectáreas en las afueras, la escuela acoge a unos 450 alumnos de ambos sexos, de los cuales 150 son pupilos. Gracias a la visión y energía de su director, Flávio Abreu de Souza, además de enología aquí se estudian tecnologías agroalimentarias de las carnes, lácteos, verduras y frutas en un flamante centro inaugurado hace un año. El 70 % de los alimentos consumidos por los estudiantes, incluyendo el pan y los filetes de carpa congelados, son producidos por ellos mismos.

La bodega de la escuela es modélica en varios sentidos. Es un edificio construido para tal función, que aprovecha el fuerte declive del terreno para trabajar por gravedad y que junto a cada sector de elaboración del vino, posee un aula para aunar la teoría a la práctica. Aquí los alumnos se encuentran con todo lo que pueden encontrar luego en su vida profesional: tanques de hormigón revestidos en epoxy, toneles de madera, barricas, tanques de acero refrigerados, prensa pneumática y mecánica, filtro de vacío, cavas de piedra para elaboración de espumante con método Champenoise, cámaras de frío, máquinas para *dégorgement* y embotelladoras: sólo el etiquetado es manual. La uva es cultivada en la granja (10 mil kilos por año) y además comprada a precios de mercado. Vinifican unos 60 mil litros de Cabernet Sauvignon, Merlot, Riesling y Chardonnay, que se venden en la propia escuela y son de fama en la comarca. Como afirma su director, "*esta escuela es la madre de todo: los Miolo, los Valduga, la gente de Aurora, de la propia Salton… todos se formaron aquí*". En su cuerpo docente, de 55 profesores, se cuentan las personas más expertas en viti y vinicultura del Brasil.

The school that trains all of Brazil's winemakers (it offers both secondary and higher education) deserves to be included in the list of the country's makers of fine wines. Not only is it equipped as well if not better than the others, it also sells its wines, albeit in just one place, the school, which its followers know as "E.A.F.P.J.K." With 17 acres of grounds within the city limits and another 187 on a rural farm, the school has 450 students of both sexes, including 150 high school students. Thanks to the vision and energy of its director, Flávio Abreu de Souza, students also learn agricultural technologies including meat, dairy, fruit, and vegetable farming in a new center inaugurated a year ago. The students themselves produce 70% of all the food they eat, including the bread and frozen carp steaks.

The school's winery is ideal in several ways. It was specially-built for that purpose and takes advantage of the terrain's steep slope for gravity-flow technology, and the winemaking section has a classroom to join theory with practice. The students have access to everything they will use in their professional lives: epoxy-lined concrete tanks, wooden casks, barrels, chilled stainless tanks, pneumatic and mechanical presses, vacuum filters, stone cellars for making Champenoise-method sparkling wine, cold chambers, dégorgement machines, and bottling lines. Only labeling is done manually.

Grapes are grown on the farm (22,000 pounds per year), and more are bought at market prices. They make 15,850 gallons of Cabernet Sauvignon, Merlot, Riesling, and Chardonnay, which are famous in the region and sold at the school. As the director says, "This school is the mother of everyone; the Miolo's, the Valduga's, the people at Aurora, even those at Salton… all of them trained here." The teaching staff of 55 professors include some of Brazil's leading experts in winegrowing and winemaking.

CVE Brut Chardonnay ★★ - CVE Chardonnay 2001 ★

CVE Merlot 2002 ★

El Vale dos Vinhedos
The Vale dos Vinhedos (Vineyard Valley)

Donde termina Bento Gonçalves por su ladera oeste comienza el Valle de los Viñedos, tributario del Rio dos Antas o de los tapires, hoy extintos. El Valle tiene unos 81 kilómetros cuadrados u 8.100 hectáreas y se esparce en los vecinos municipios de Garibaldi y Monte Belo do Sul. Hay unas 2.100 hectáreas de viñedos y 1.700 hectáreas de otros cultivos, entre los 500 y los 700 metros de altura. Los desniveles fuerzan a los cultivos a aterrazarse en *patamares*, como en la Italia montañosa. El valle es una red de avenamiento de media docena de arroyos, 12 kilómetros a vuelo de pájaro según el eje mayor, cerrado por tres lados con *planaltos* de unos 700 metros, que caen a menos de 200 metros sobre el nivel del mar en su desagote final. El relieve, en particular en la boca del valle, es abrupto. El medio kilómetro de diferencia en alturas, sumado a la distinta insolación de las laderas sur y norte causa una variedad de microclimas reflejados en los vestigios protegidos de *mata*. La lluvia promedia 1.800 milímetros en años normales, con años locos de 2.200 y más, pero distribución pareja todo el año. Cada 5 ó 10 años hay uno de sequía, óptimo para los vinos. No nieva todos los inviernos, pero siempre hace frío y caen varias heladas, si bien las heladas de primavera son infrecuentes. Más temido es el granizo, en las tormentas de verano. El árbol autóctono característico es el *pinho* o araucaria, muy decimado en el Valle pero con singulares ejemplares o grupos aislados. La *mata* y las araucarias son intangibles y no es sencillo encontrar tierras disponibles para expandir los viñedos.

La ruta pavimentada, un delicioso camino vecinal empedrado y algún camino de tierra pedregosa componen la red vial de Valle, que en auto puede explorarse rápidamente en medio día y con detenimiento y pernocte en alguna posada. Las bodegas asociadas a la A.PRO.VA.LE. (*Associaçâo dos Produtores de Vinhos do Vale dos Vinhedos*), son casi 30, de las cuales al menos media docena merecen una visita. No abundan los restaurantes, que son para grupos y con reservas: el ómnibus turístico es, junto al vino fino, la linfa del Valle.

The Vineyard Valley begins at the western edge of the Bento Gonçalves city limits and ends with the Rio dos Antas. The Valley covers some 20,000 acres – and spreads into the neighboring towns of Garibaldi and Monte Belo do Sul. There are 5,250 acres of vineyards and 4,250 of other crops planted at 1,500 - 2,100-foot a.s.l., and the irregular landscape is reminiscent of the mountainous regions of Italy. Half a dozen streams course through the valley, which is 7,5 miles long as the crow flies. It is enclosed on three sides by 2,100-foot high plateaus that later drop to less than 600-foot. The 1,500-foot difference in altitude, plus the differences in sunshine falling on the northern versus the southern slopes, causes a variety of microclimates, which is reflected in the patches of protected brush. The average rainfall is 720 inches in normal years, with wild years of 880 inches or more, although it is evenly distributed throughout the year. Every 5 or 10 years there is one of drought, which is ideal for wine. It doesn't snows every winter, but it always gets cold, and there are a number of freezes, though rarely in spring. A much larger threat is hail during the summer storms.

The most characteristic indigenous tree is the pinho, or araucaria, now all but decimated in the Valley, except for the occasional lone tree or isolated groups. The brush and the araucarias are protected, and it is not easy to find land available for vineyard expansion.

The Valley's roadways consist of a paved road, a delightful local stone road, and some dirt roads, and the area can easily be covered by car in half a day. Two days are sufficient for a more thorough exploration. Of the 30 wineries associated with APROVALE, less than a dozen are worth visiting. There is no great abundance of restaurants, which are for groups with reservations; the tour bus is, along with fine wine, the lifeblood of the valley.

ADEGA CAVALLERI LTDA.

Linha Santa Lúcia / Vale dos Vinhedos /
95700-000 Bento Gonçalves / RS
Tel./Fax.: (54) 4591001

E-mail: cavalleri@cavalleri.com.br
Website: www.cavalleri.com.br
Capacidad: 3 millones de litros/*Capacity: 800,000 gallons*
Viña: 21 hectáreas/*Vineyards: 52 acres*

La bodega, fundada en 1987 por la tercera generación de una familia de origen bresciano, comenzó a producir vinos finos hace 3 años. Elaboran unos 100 mil litros casi exclusivamente con uvas propias del Valle de los Viñedos, lo que les permite lucir en sus botellas la flamante Indicación de Procedencia Geográfica. Las cepas plantadas son Cabernet Franc y Sauvignon, Merlot, Pinot Noir, Tannat y Riesling, pero el orgullo de la casa es su Carmenère, pues fueron los primeros en Brasil en plantarlo: la primera partida de clones llegó desde Italia confundida con Cabernet Franc. Tienen otras 10 hectáreas plantadas fuera del Valle, que todavía no están en producción. El 90 % de la viña es en parral y el resto en espaldera abierta o doble (en forma de T): según el enólogo de la casa, Evandro Zanetti, los resultados, con una buena poda verde, son muy parecidos.

La bodega *Cavalleri* está equipada con tanques de acero refrigerados y grandes toneles de madera de pino (araucaria) y grapia parafinados, prensa pneumática y una cava de 1.500 metros cuadrados en construcción, para producir espumantes con método Champenoise. Todos los vinos finos tienen crianza en barricas estadounidenses y francesas. Para los vinos blancos usan también duelas y virutas de roble. Cuentan con una tienda de venta al turismo y el objetivo es llegar a un 30 ó 40 % de ventas directas en la bodega.

The winery, founded in 1987 by the third generation of a family from Brescia in Italy, began to produce fine wine 3 years ago. They make 26,500 gallons almost exclusively from their own Vineyard Valley grapes, and their bottle happily displays the new Indication of Geographic Origin. They have Cabernet Franc and Sauvignon, Merlot, Pinot Noir, Tannat and Riesling planted, but their pride is Carmenère, as they were the first in Brazil to plant it because their first Cabernet Franc clones from Italy turned out to be Carmenère. They have another 25 acres planted outside the Valley and not yet in production. The pergola system is used in 90% of the vineyards and the rest employs open or double (T-shape) vertical shoot positioning. Winemaker Evandro Zanetti claims that with good cluster thinning, the results are very similar.

The Cavalleri *winery is equipped with temperature-controlled stainless steel tanks and large waxed araucaria pine and grapia wood casks and pneumatic presses, and they are building a 160,000 square-foot cellar for Champenoise-method sparkling wines. All of their fine red wines are aged in American and French oak barrels. They also use oak staves and chips for white wines. They have a tourist shop and aim for 30-40% of direct sales at the cellar door.*

Cavalleri Chardonnay 2001 ★★★

Cavalleri Moscatel 2002 ★★

Cavalleri Cabernet Franc 1999 ★★

Adega de Vinhos Finos Dom Cândido Ltda.

RST 470 km 64 / Vale dos Vinhedos /
95700-000 Bento Gonçalves / RS
Tel./Fax.: (54) 4638513

E-mail: dcandido@italnet.com.br
Website: www.domcandido.com.br
Capacidad: 3,5 millones de litros / *Capacity: 925,000 gallons*
Viña: 10 hectáreas / *Vineyards: 25 acres*

El apellido lombardo-trentino Valduga deriva del latín tardío *Valis Uba* o *Uga*, es decir, "Valle de Uva" y, al menos en el caso de su estirpe riograndense, resultó premonitorio: en el Valle de los Viñedos hay 3 bodegas cuyos propietarios se llaman Valduga, todos descendientes de colonos establecidos aquí en 1875. En este caso, el nombre de la bodega honra en vida a don Cândido Valduga, quien a los 72 años todavía supervisa la labor de sus tres hijos, Marcos (quien se ocupa de la administración), Celso (responsable de la producción) y Carlos (a cargo de la comercialización). Como dice Celso, "*tenemos al patriarca detrás, que no nos deja hacer nada errado*".

Si bien fueron viticultores por 3 generaciones, la bodega fue establecida recién en 1986 y produce vino común a granel y vinos finos. El objetivo de la empresa familiar es elaborar los vinos finos sólo a base de uvas propias de viñedos nuevos plantados en espaldera, siguiendo el rumbo marcado por el orgullo de la casa, el *Dom Cândido Gran Reserva*: un Cabernet Sauvignon elaborado en partidas limitadas desde 1999 con frutas de una viña elegida por el propio don Cândido, y criado en barricas de roble. La bodega está dividida en dos establecimientos, uno de los cuales recibe al turismo: las ventas directas llegan al 20 % del facturado. Pero el proyecto es unificarlas en una nueva planta con una capacidad de 1 millón de litros. La marca, además de varietales Merlot, Chardonnay y Gamay, incluye vinos de corte y 3 espumantes, un vino licoroso y una *graspa* o grapa, botellas que llevan todas en la etiqueta el retrato del patriarca de mirada clara y sobria, característica de los nobles linajes campesinos del norte de Italia.

The Lombard-Trentin last name Valduga derives from the late Latin Valis Uba *or* Uga, *meaning "Valley of Grapes," and, at least in the case of their Rio Grande branch, it proved premonitory. In the Vineyard Valley there are 3 wineries owned by Valduga's, all descendents of colonists who settled here in 1875. In this case, the winery is named for Mr. Cândido Valduga who, at age 72, still supervises the work of his 3 sons, Marco (Administration), Celso (Production), and Carlos (Marketing). As Celso says, "we've got the patriarch behind us, and he won't let us go wrong."*

Although they've grown grapes for 3 generation, their winery, which produces both ordinary bulk and fine wines, was just built in 1986. The goal of the family business is to make fine wines using only grapes from their new vertically shoot positioned vineyards, following the path forged by the pride of the house, Dom Cândido Gran Reserva: *a Cabernet Sauvignon made in limited quantities since 1999 with fruit carefully selected by dom Cândido himself and aged in oak barrels. The winery is divided into 2 parts, one of which receives tourists, with direct sales reaching 20% of the total. They plan to combine everything into one new plant with a 264,000-gallon capacity. In addition to their Merlot, Chardonnay, and Gamay varietals, the winery also produces blended wines, 3 sparkling wines, a sweet fortified wine, and a 'graspa' or grappa, with labels featuring the portrait of the firm-gazed and serious-looking patriarch, characteristic of the noble lineages of countrymen from northern Italy.*

Dom Cândido Gran Reserva Cabernet Sauvignon 1999 ★★ - *Dom Cândido Cabernet Sauvignon 1999* ★★

Dom Cândido Gamay 2002 ★★ - *Dom Cândido Merlot 2000* ★★

Dom Cândido Moscatel 2002 ★★ - *Dom Cândido Brut* ★ - *Dom Cândido Riesling-Semillon 2001* ★

ANGHEBEN ADEGA DE VINHOS FINOS LTDA.

RS 444 km 4 / Vale dos Vinhedos /
95700-000 Bento Gonçalves / RS
Tel./Fax.: (54) 4591261

E-mail: adega@angheben.com.br
Website: www.angheben.com.br
Capacidad: 0,05 millones de litros/*Capacity: 13,000 gallons*
Viña: 10 hectáreas/*Vineyards: 25 acres*

De raíz celta y origen tirolés, el apellido Angheben significaría "habitante del valle", muy adecuado para esta flamante bodega *boutique* del Valle de los Viñedos. Además, es un nombre prestigioso en la comarca ya que su fundador, Idalencio Francisco Angheben fue desde 1975 y hasta 2002 responsable de los viñedos de *Chandon* en Garibaldi, profesor de viticultura en la *Escuela Agrotécnica Federal* y considerado quien más sabe de cultivo de cepas viníferas en Brasil y quien más hizo por su modernización. Con estos antecedentes no extraña que su hijo Eduardo, enólogo, afirme que en los vinos finos, "*el mayor secreto es la calidad de la uva*". Al retirarse de la gran empresa de espumantes para instalar su propia bodega, el profesor Angheben plantó su viña 250 kilómetros al sur de aquí, en Encrucilhada do Sul, en la Sierra del Sudeste, donde el clima y el suelo son más secos y horizontales, ofreciendo posibilidades de mecanización. Además, allí las tierras no llegan a los valores extravagantes que alcanzan en Valle de los Viñedos. Desde 1999, año de fundación, vinificaron con uvas compradas y en bodega alquilada, pero a partir de esta vendimia cubrirán el 50 % de sus necesidades con uvas propias y el 100 % desde la siguiente cosecha, al entrar en producción otras 10 hectáreas de viña. Las cepas son Cabernet Sauvignon, Merlot, Pinot Noir, Nebbiolo, Barbera, Touriga, Dolcetto y Teroldego entre las tintas, y las blancas Chardonnay y Gewürztraminer. Apuestan a los tintos de calidad, pocos blancos y algo de espumante, que serán vinificados en una bodega propia en construcción en Valle de los Viñedos, con capacidad para unos 300 mil litros. Con ventas concentradas en el sur de Brasil y muy volcados a la venta directa o por teléfono y *e-mail*, el joven Eduardo Angheben confiesa tener uno de los mejores problemas que pueden acuciar a un bodeguero: "*nos falta producto, no nos alcanza.*"

With Celtic roots and Tyrol origins, the Angheben surname means 'inhabitant of the valley,' which is very appropriate for this new boutique winery in 'Vineyard Valley.' The name also carries prestige because the founder, Idalencio Francisco Angheben was responsible for the Chandon winery in Garibaldi from 1975-2002. He also taught viticulture in the Federal Agro-Technical School. He is generally considered to be the leading expert on the cultivation of vinifera vines in Brazil and the person who has done the most for their modernization. With that background, it's no surprise that his wine-maker son Eduardo says that in fine wines, "the biggest secret is the quality of the fruit." When he left Chandon to set up his own winery, Professor Angeheben planted his vineyard 155 miles to the south in Encruzilhada do Sul, in the Sierra del Sudeste, where the climate and the soil are flat and dry, making the use of machinery a possibility. Another benefit is that the land there does not reach the astronomical prices of Vineyard Valley.

Since it was founded in 1999, the winery has bought fruit and rented facilities to make its wines, but beginning with the 2003 harvest, they will cover 50% of their needs with their own grapes, and 100% the following year when another 25 acres come into production. The varieties planted are Cabernet Sauvignon, Merlot, Pinot Noir, Nebbiolo, Barbera, Touriga, Dolcetto, and Teroldego in red, and Chardonnay and Gewürztraminer in whites.

They aim for high-quality red wines with just a few whites and a bit of sparkling wine, which will be vinified in their own winery with a capacity of 80,000 gallons, now under construction in the Vineyard Valley. Sales are concentrated in southern Brazil, primarily via direct sales or those made by telephone or e-mail. Even so, Eduardo Angheben confesses that he has one of the best problems a wine-maker could hope for: "We don't have enough product; what we have isn't enough."

Angheben Cabernet Sauvignon ★★★★ - *Angheben Cabernet Franc 2001* ★★

Angheben Corte 2000 ★ - *Angheben Corte 1999* ★ - *Angheben Merlot 2000* ★

Angheben Tannat 2000 ★

Luiz Valduga & Filhos Ltda.

Linha Leopoldina / Vale dos Vinhedos / 95700-000 Bento Gonçalves / RS
Tel./Fax.: (54) 4533122
E-mail: valduga@casavalduga.com.br
Website: www.casavalduga.com.br
Capacidad: 1,5 millones de litros / *Capacity: 400,000 gallons*
Viña: 100 hectáreas / *Vineyards: 247 acres*

De las 3 bodegas de distintas ramas de la familia Valduga que colonizaron el Valle de los Viñedos, ésta es la mayor y la que lleva el apellido. Como casi todas las *adegas* del Valle, también Casa Valduga parece disconforme con sus soberbias instalaciones (que incluyen la cava más grande de la comarca) y sigue ampliándolas con un parque temático dedicado al vino espumante, un *varejo* más grande y otra posada para sumar a las 2 ya existentes. Dirigida por los hermanos Joâo (enólogo), Juarez (administración) y Erielson (viñedos), la bodega comenzó en 1954 a producir vinos comunes y desde 1976 se dedica a los vinos finos, con unas 800 mil botellas por año. Pero además la empresa elabora jugos de uva, jaleas, vinos balsámicos y grapa, que se venden en otra dependencia llamada *Casa de Madeira*, donde también funciona un restaurante. Participan en la sociedad que elabora los espumantes *Cave de Pedra*; y mantienen un espacio cultural y museo del vino llamado *Casa Nostra*. A sus 50 hectáreas de viñas en el Valle (con Cabernet Sauvignon y Franc, Merlot, Tannat, Riesling y Chardonnay) sumaron otros viñedos de Pinot Noir en Montebelo y 50 hectáreas en Encruzilhada do Sul, Sierra del Sudeste, que en 2004 comenzarán a dar uvas Carmenère, Touriga, Touriga Nacional, Arinarnoa y Marsanne. El simpático y dinámico Joâo Valduga resume en 5 etapas la renovación y expansión de esta empresa 100 % familiar: "*1°) renovar las cepas, 2°) incorporar tecnología de Embrapa, 3°) renovar equipos, 4°) captar al turismo y 5°) exportar*" –cosa que ya hacen a Norteamérica y Europa, en conjunto con la bodega Miolo. Dice Joâo: "*en el Valle, Miolo y Valduga no pueden pelearse, tienen que estar juntos y demostrar que una bodega familiar es viable*". De lo que en cambio no quiere saber nada, es de vender en supermercados. Pero no parece necesitarlo, pues entre sus clientes se cuentan Varig, Ford y el Palacio Itamaraty.

Of the 3 wineries of the different branches of the Valduga family that colonized the Vineyard Valley, this is the largest, and the one that carries the family name. Like almost all of the Valley's adegas, Casa Valduga also seems to be at odds with its superb facilities (which include the region's largest cellar) and continues to enlarge them with a theme park dedicated to sparkling wine, a bigger varejo, and another inn added to the 2 they already have. Directed by brothers Joâo (Winemaker), Juarez (Administration), and Erielson (Vineyards), the winery began in 1954 to produce ordinary wines. It has been dedicated to fine wines since 1976 and produces 800,000 bottles per year. The company also makes grape juice, jelly, balsamic vinegar and grappa, which it sells in another site called the Casa de Madeira, where they also have a restaurant. They participate in Cave de Pedra, which makes sparkling wines, and they maintain a cultural space and wine museum called Casa Nostra.

In addition to their 124 acres of Valley vineyards (with Cabernet Sauvignon and Franc, Merlot, Tannat, Riesling, and Chardonnay) they have other Pinot Noir vineyard in Montebelo and 124 acres in Encruzilhada do Sul, Sierra del Sudeste, which will begin to produce Carmenère, Touriga, Touriga Nacional, Arinarnoa, and Marsanne in 2004. Joâo Valduga, who is both very friendly and energetic, sums up the renovations and expansion of this 100% family business in 5 stages: "1) renovate the varieties, 2) incorporate Embrapa technology (see article on Embrapa.) 3) renovate equipment, 4) bring in tourists, and 5) export," which they already do in North America and Europe, in conjunction with the Miolo winery. As Joâo says, "in the Valley, Miolo and Valduga can't be at odds; they've got to be together and show that the family winery is viable." On the other hand, he doesn't want to hear about super markets. But, it seems they don't need them, because their customer base includes Varig, Ford and the Brazilian Itamaraty Palace.

Casa Valduga Premium Cabernet Sauvignon 1999 ★★

Casa Valduga Premium Chardonnay 2002 ★★ - Casa Valduga Brut ★

Casa Valduga Premium Merlot 1999 ★

Vinhos Salton S.A. Indústria e Comércio

Rua Dr. Montaury 50 / Bairro Centro /
95700-000 Bento Gonçalves / RS
Tel.: (54) 4511611
Fax.: (54) 4513533

E-mail: matriz@salton.com.br
Website: www.salton.com.br
Capacidad: 16 millones de litros /*Capacity: 4,230,000 gallons*
Viña: 75 hectáreas/*Vineyards: 185 acres*

La epopeya de los colonos vénetos en la Sierra Gaúcha se repite aquí en escala de gran sueño americano hecho realidad. "*La bodega que establecieron los Salton en 1910 existía antes que la ciudad de Bento Gonçalves. Los viñedos estaban aquí, todo alrededor*" dice Lucindo Copat, enólogo formado en Mendoza y director técnico de esta empresa que hoy está en pleno centro, rodeada de edificios. *Salton* es una de las bodegas más grandes de Brasil y acorde con ello está terminando de edificar su nueva planta a 10 kilómetros del sitio fundacional, en Tuiutí. La bodega original, donde ya sólo elaboran jugos de fruta y está la tienda de ventas al público, será transformada probablemente en museo.

La bodega nueva, de 23 mil metros cuadrados cubiertos, ya funciona aunque todavía no recibe al turismo, que podrá recorrerla toda por pasarelas sobreelevadas. Contará con biblioteca, auditorio y salas de degustación, además de tienda y restaurante en un molino de agua que producirá su propia harina de maíz.

El equipamiento para la vinificación es asombroso: 4 *Vinomatics*, filtros de vacío y 4 prensas pneumáticas italianas para 60 mil kilos, una vasta cámara de frío para enfriar las uvas, incontables tanques de acero con refrigeración automática y una cava revestida en piedra (donde se podría jugar fútbol) para hacer espumante con método Champenoise. Y una "casa del agricultor" para descanso de los mil productores asociados que traen las uvas en sus propios camiones. Además de sus vinos tranquilos en líneas finas y de mesa, *Salton* elabora espumantes, vinos dulces y jugos de uva con la dirección de Lucindo Copat, quizá el mayor experto brasilero en producción de vinos en climas cálidos. El secreto de tanto dinamismo resulta evidente cuando, como nos ocurrió, uno puede cruzarse en la bodega con un hombre joven arremangado con aire de trabajador y descubre que se trata de Luciano Salton, enólogo, cuarta generación de insignes bodegueros.

The story of the Venetian colonists in the Sierra Gaucha is repeated here as the great American Dream come true. "The winery that the Salton's established in 1910 existed before the city of Bento Gonçalves. The vineyards were here, all around," says Lucindo Copat, Mendoza-trained winemaker and technical director of the company, now in the middle of the city and surrounded by buildings. In keeping with its status as one of Brazil's largest wineries, Salton *is now finishing its new plant 6 miles from the founding site, in Tuiutí. The original winery, today only used for making fruit juices and a shop for sales to the general public, will probably become a museum.*

The new 250,000 square foot winery is already in operation, although it still does not receive tourists, who will eventually be able to visit the entire building via overhead catwalks. It will have a library, auditorium, and tasting rooms, plus a shop and restaurant in a mill that will produce their own corn flour.

The vinification equipment is amazing: 4 Vinomatics, vacuum filters, and 4 132,000-pound Italian pneumatic presses, an enormous cold chamber for chilling grapes, uncountable stainless tanks with automatic temperature controls and a stone-lined cellar (large enough for a football field) for making sparkling wine by the Champenoise method, plus a 'rest house' for the 1,000 associated producers who their grapes in their own trucks. In addition to their still wines in fine and table lines, Salton *makes sparkling wines, sweet wines, and grape juice under the direction of Lucindo Copat, perhaps Brazil's greatest authority on warm climate wine production. The secret of so much dynamism becomes evident when, as it occurred to us, you can run into a young man with his sleeves rolled up like a worker, and you discover that this is Luciano Salton, winemaker, 4th generation of a celebrated wine family.*

Salton Chardonnay Reserva 1999 ★★★★ - Salton Reserva Especial Chardonnay 2000 ★★★

Salton Reserva Especial Riesling 2002 ★★★ - Salton Reserva Especial Sauvignon Blanc 2001 ★★★

Salton Chardonnay 2000 ★★ - Salton Corte ★★ - Flowers Especial Demi-Sec ★★ - Prosecco Brut ★★

VINÍCOLA CAVE DE PEDRA LTDA.

Linha Leopoldina 315 / Vale dos Vinhedos /
95700-000 Bento Gonçalves / RS
Tel./Fax.: (54) 4591267

E-mail: cavedepedra@cavedepedra.com.br
Website: www.cavedepedra.com.br
Capacidad: 0,06 millones de litros / *Capacity: 16,000 gallons*
Viña: 5 hectáreas/ *Vineyards: 12 acres*

Poco más allá de la notable bodega *Miolo*, otra sorpresa aguarda al visitante del Valle de los Viñedos: un llamativo castillo de piedra que sorprende aún más al descubrir que no se trata de un revestimiento, sino de maciza piedra basáltica de la región. Fundada en 1997 por 3 socios de origen véneto y raíces en Bento Gonçalves, ya desde 1993 comenzaron a plantar Cabernet Sauvignon y Merlot, para luego sumar Tannat, Gamay, Chardonnay y Gewürztraminer con el objetivo de producir vinos de alta calidad y espumantes con método Champenoise. Uno de sus socios, el ingeniero agrónomo, enólogo y microbiólogo Julio Meneguzzo (director técnico de la bodega) dice "*producimos otros vinos porque el brasilero no toma espumante pero yo pretendo llegar, cuándo, no lo sé, a ser una cava especializada en espumantes. El problema de una bodega son los primeros 200 años, faltan 194 así que no tenemos prisa*". El hiperactivo Julio, quien además es profesor de la *Escuela Agrotécnica Federal*, muestra con orgullo el castillo compuesto de 250 mil bloques tallados a mano y edificado sin planos ni arquitecto: un túnel de 25 metros lleva hasta la cava donde el frescor es natural, gracias a la piedra y la profundidad. Aquí los espumantes (80 % Chardonnay y 20 % Pinot Noir) pasan hasta 24 meses entre *remuage* y afinamiento. La idea es llegar a producir unas 40 mil botellas y tener al castillo como único punto de venta. Julio Meneguzzo no tiene ninguna duda sobre la calidad de las uvas *gaúchas* para espumantes. Sus dudas tienen que ver con los gustos del mercado brasilero: si bien producen un Extra Brut sin nada de azúcar agregado, un Brut con 10 gramos por litro y un Moscatel con 70 gramos por litro, 9 de cada 10 botellas vendidas son de este último tipo. Como casi todas las bodegas del Valle de los Viñedos, *Cave de Pedra* recibe con gusto al visitante, ofrece degustaciones gratuitas y tiene un restaurante abierto a grupos con reservas previas.

Just beyond the impressive Miolo *winery, another surprise awaits Vineyard Valley visitors: an amazing stone castle made of massive local basalt stone and founded in 1997. The partners, three Venetian descendants with Bento Gonçalves roots, began planting Cabernet Sauvignon and Merlot in 1993, followed by Tannat, Gamay, Chardonnay, and Gewürztraminer, with the aim of producing high-quality still and Champenoise-method sparkling wines. One of the partners, agricultural engineer-winemaker-microbiologist Julio Meneguzzo (Technical Director) says "we produce other wines because Brazilians don't drink sparkling wine, but I plan to make this- who knows when- a cellar specializing in sparkling wines. The problem with a winery is its first 200 years- we're 194 short, but we're in no hurry." Hyperactive Julio, who also teaches at the* Federal Agro-Technical School, *proudly shows the castle made of 250,000 hand-carved blocks and built with neither plans nor architect. A 80-foot tunnel leads to the cellar, which is naturally cool due to the stone and depth, where the sparkling wines (80% Chardonnay, 20% Pinot Noir), spend 24 months between remuage and refining. They plan to produce 40,000 bottles with the castle as the only point of sale. Julio Meneguzzo has no doubt about the quality of the local grapes in sparkling wines, although he is concerned about the Brazilian market. Although they produce an Extra Brut with no added sugar and a Brut with 10 grams per liter, 9 out of every 10 bottles sold are Moscatel with 70 grams per liter. Like nearly all of the Vineyard Valley wineries,* Cave de Pedra *enthusiastically receives guests, offers free tastings, and has a restaurant open to groups with prior reservations.*

Cave de Pedra Brut ★★★
Moscatel Cave de Pedra Corte ★★
Cave de Pedra Merlot 2000 ★★

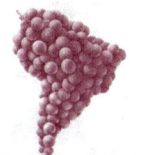

Vinícola Cordelier Ltda.

RST 470 km 219,75 / Vale dos Vinhedos /
95700-000 Bento Gonçalves / RS
Tel.: (54) 4532333
Fax.: (54) 4531191

E-mail: cordelier@italnet.com.br
Website: www.cordelier.com.br
Capacidad: 0,5 millones de litros / *Capacity: 132,000 gallons*
Viña: 35 hectáreas / *Vineyards: 87 acres*

La bodega *Cordelier* domina con elegancia, desde una altura, la entrada al Valle de los Viñedos. Aunque suene francés, su nombre es quintaesencialmente itálico pues recuerda a los frailes de la orden de San Francisco de Asís, que se distinguen por su *cordelier* o cordón de nudos. También es itálica por el origen de sus propietarios: la familia Ziero, llegada desde la provincia de Padua en 1886. Establecida por Lídio Ziero en 1987, la bodega está ampliando sus instalaciones para dar cabida a un crecimiento sostenido que se apoya no sólo en la elaboración de vinos tranquilos, espumantes y licorosos (donde el objetivo es llegar a los 2 millones de litros) sino también en la destilación de *whiskies* de cebada escocesa, y vinos varietales embotellados con marca propia en Argentina y Chile. A su etiqueta *Cordelier*, la empresa sumó la marca *Granja União*, de gran renombre en Brasil por sus 71 años de existencia y por haber sido la primera que hizo vinos varietales de calidad. El enólogo y director industrial de *Cordelier*, Dario Crespi, muestra con satisfacción las amplias y nuevas instalaciones todavía en construcción, que cobijan además de 900 barricas de roble norteamericano, viejos toneles de roble y tanques de acero, una prensa pneumática, una flamante línea de envasado y un gran restaurante y tienda de ventas al turismo, que la bodega atiende con dedicación. En colina, frente a estos muros de color rosado que recuerdan a las casonas de campo italianas, hay un viñedo de 5 hectáreas de Cabernet Sauvignon. El grueso de la viña propia (que incluye además Merlot y Chardonnay) está a unos 40 kilómetros de aquí, en Veranópolis, y consiste mayormente en espalderas, si bien quedan algunas *latadas* o parrales, el viejo sistema de cultivo traído por los colonos italianos, que se resiste a desaparecer.

The Cordelier *winery elegantly reigns over the entrance to the Vineyard Valley. And although the name sounds French, it is quintessentially Italian, stemming from the friars of the order of St. Francis of Asis, known for their* cordeliers, *or knotted cord belts. It is also Italian for the origin of the owners, the Ziero family, who arrived from Padua in 1886. Established by Lídio Ziero in 1987, the winery is expanding its facilities to accommodate its sustained growth, not only in still, sparkling, and fortified sweet wines (with a 530,000-gallon goal), but also in varietal wines with their own labels imported from Argentina and Chile, as well as in the distillation of Scotch barley whiskies. In addition to the* Cordelier *winery name, the company now has the 71-year-old* Granja União *label, well-known in Brazil for having produced the first quality varietals.* Cordelier's *wine-maker and industrial director, Dario Crespi, is clearly satisfied as he shows the large new facilities still under construction that will house 900 American oak barrels, old oak casks, and stainless steel tanks, a pneumatic press, a brand new bottling line, and a big restaurant and shop for the tourists that the winery happily attends. On a hill across from the rose-colored walls reminiscent of Italian country estates, there is a 12-acre Cabernet Sauvignon vineyard. Most of their vineyards, however, are 25 miles away in Veranopolis, consisting of Merlot and Chardonnay mostly using vertical shoot positioning, although there are still some* pergolas, *the old system brought by the Italian colonists that refuses to disappear.*

Cordelier Licoroso 2001 ★★★★ - Cordelier Moscatel 2002 ★★★ - Cordelier Riesling-Chardonnay 2002 ★★
Granja União Riesling-Malvasia-Semillon 2002 ★★ - Cordelier Reserva Cabernet Sauvignon 2000 ★★
Cordelier Brut 2002 ★★ - Cordelier Cabernet Sauvignon-Merlot-Tannat 2001 ★★

Vinícola Marco Luigi Ltda.

Vale dos Vinhedos s/n°, 8° Distrito /
95700-000 Bento Gonçalves / RS
Tel.: (54) 4532695
Fax.: (54) 4533419

E-mail: marcoluigi@marcoluigi.com.br
Website: www.marcoluigi.com.br
Capacidad: 0,3 millones de litros / *Capacity: 80,000 gallons*
Viña: 24 hectáreas / *Vineyards: 60 acres*

Esta es otra de las 3 bodegas que la estirpe véneta de los Valduga estableció en la región: lleva el nombre de Marco Luigi Valduga, viticultor y padre de 3 hijos de los cuales Vitor, de 68 años, y su hijo Leonardo, de 33, dirigen esta *adega* en la que también viven.

Dejando el asfalto por un hermoso y sinuoso camino empedrado que se interna en el Valle, se llega a esta casa que bien podría ser trasplantada a cualquier región vinícola montañosa del norte de Italia: casi frente a la entrada hay una capilla erigida por los colonos italianos, y la tienda de vinos está en la vieja casa de piedra que construyeron los abuelos hace más de 70 años. Sus viñas están todas esparcidas en el Valle y consisten de Cabernet Sauvignon y Franc, Merlot, Tannat, Chardonnay y Moscatel: están sustituyendo todos los parrales por espalderas ("*da más calidad y menos cantidad*") y casi erradicaron a la variedad americana Isabella, porque están dejando de producir vino de mesa para concentrarse en vinos finos. Quieren llegar a producir 80 mil botellas al año.

La bodega (que está siendo ampliada con una cava de afinamiento) posee pequeños tanques de acero con refrigeración, prensa mecánica y embotelladora italianas, mientras que el etiquetado es manual. Aún quedan viejos toneles de madera de grapia usados para el vino común, pero los vinos finos se crían en barricas americanas. La encantadora directora comercial de la casa, Adriane Dell'Agnol, afirma que el turismo significa un 30 % de las ventas y es muy importante para la promoción. El resto de la producción se vende en todo Brasil en tiendas, restaurantes y hoteles, pero no en supermercados. La creación de los vinos es responsabilidad del enólogo de la familia, Leonardo Valduga.

This is another of the 3 wineries in the region established by the Valduga family, of Venetian descent. It is named after Marco Luigi Valduga, winegrower and father of 3 children, including Vitor (68) and his son Leonardo (33), who run this adega *where they also live.*

Leaving the asphalt for a beautiful and sinuous road into the Valley, you reach the house that could have been transplanted from any of Northern Italy's mountainous wine regions. Almost directly across from the entrance, there is a chapel built by Italian colonists, and the wine shop is in the old stone house their grandparents built more than 70 years ago. The vineyards are scattered across the Valley and consist of Cabernet Sauvignon and Franc, Merlot, Tannat, Chardonnay, and Muscatel. They are changing over from pergola trained vines to vertical shoot positioning ("better quality and less quantity"), and they've nearly eradicated the American variety Isabella because they are giving up their table wine production to concentrate on fine wine. They hope to reach productions of 80,000 bottles per year.

The winery (which is being enlarged with a cellar for aging) has small steel temperature-controlled tanks, a mechanical press, and an Italian bottling machine. Labeling is done by hand. They still use old wooden grapia casks for their ordinary wine, but the fine wines are aged in American barrels. Their charming marketing director, Adriane Dell'Agnol, says that 30% of their sales are through the tourist trade, which is very important for promoting their wines. The remainder is sold throughout Brazil in shops, restaurants, and hotels, but no supermarkets. Leonardo Valduga., the family enologist, is responsible for making the wines.

Marco Luigi Brut 2001 ★★ - *Marco Luigi Moscatel* ★

Marco Luigi Cabernet Sauvignon 2001 ★

Marco Luigi Merlot 2001 ★

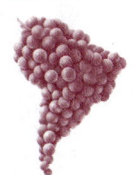

VINÍCOLA MIOLO LTDA.

RS 444 km 21 / Vale dos Vinhedos /
95700-000 Bento Gonçalves / RS
Tel./Fax.: (54) 4591233 / 4591500

E-mail: miolo@miolo.com.br
Website: www.miolo.com.br
Capacidad: 7 millones de litros / *Capacity: 1,850,000 gallons*
Viña: 300 hectáreas / *Vineyards: 741 acres*

La bodega *Miolo* es la más impactante del Valle de los Viñedos: por su tamaño, estilo y epopeya americana no desluciría en Napa o Sonoma. En 1897, en este sitio llamado entonces Lote 43 (de 30 hectáreas) se estableció el colono véneto Giuseppe Miolo cuando la tierra estaba cubierta de foresta virgen. Por 3 generaciones se dedicaron a la viticultura, hasta que la crisis de sobreproducción a fines de los '80 los persuadió, como a muchos otros productores, de que era hora de transformarse en bodegueros. Los hermanos Paulo (encargado de las viñas), Darcy (administración) y Antonio (producción) apoyados por sus hijos dieron manos a la obra y en una década levantaron la bodega más moderna y pujante del país. El primer vino fino, en número de 8 mil botellas, fue un Merlot '90. Hoy sólo del vino *premium* de la casa, *Lote 43* (corte de Cabernet Sauvignon y Merlot) cosecha '99, hubo una producción 10 veces mayor, que se suma a una decena de otras etiquetas, espumantes y grapa, por mencionar sólo los elaborados aquí. Pues también los viñedos *Miolo* se multiplicaron por diez. A 4 mil kilómetros al norte, en el Valle del San Francisco, poseen plantaciones de Moscatel, Cabernet Sauvignon y Syrah, vinos que embotellan con la marca *Terranova*. Además de dar trabajo a 150 personas, tienen 100 familias de productores asociados en el Valle de los Viñedos y es una de las bodegas brasileras que más exporta. Describir su modernísimo equipamiento, la vasta cava de afinamiento, la torre mirador, la sala de degustación, la tienda (de las mejores que hemos visto), el restaurante y la plantación-muestra de cepas llevaría otra página. Como si no bastara, frente a su bodega, los Miolo participan de otro ambicioso emprendimiento: el primer Spa del Vino de América del Sur, que será inaugurado en 2004. Y si a ello se suma la destacada calidad de productos, se concluye que esta *adega* es, gracias a la laboriosidad véneta y el dinamismo brasilero, un sueño americano hecho realidad.

The Miolo *winery is the most impressive operation in the Vineyard Valley; its size, style, and American grandeur wouldn't be out of place in Napa or Sonoma. In 1897, Venetian colonist Giuseppe Miolo settled on 'Lot 43,' a 75-acre site covered with virgin forest. After 3 generations of winegrowing, the crisis of overproduction in the late 1980s persuaded the family –and many other producers– that it was time to become winemakers. Siblings Paulo (Vineyards), Darcy (Administration), and Antonio (Production) and their children set to work, and within a decade built the country's most modern and vigorous winery. They produced just 8,000 bottles of their first fine wine, a 1990 Merlot. Today, their premium wine, Lote 43, a 1999 Cabernet-Merlot blend, has ten times that volume. This is in addition to the 10 other labels, sparkling wines and grappas made here. The Miolo vineyards have also increased 10-fold. Some 2,500 miles to the north in the San Francisco Valley, they've planted Moscatel, Cabernet Sauvignon, and Shiraz, which they bottle under the* Terranova *label. They employ 150 people, have 100 associated family producers in the Vineyard Valley, and are among Brazil's largest wine exporters. It would take another full page to describe their very modern equipment, immense aging cellar, observation tower, tasting room, wine shop (among the best we've seen), restaurant, and demonstration vineyard. And if that weren't enough, the Miolo's are participating in another ambitious project across from the winery: South America's first Wine Spa, slated to open in 2004. Add all that to the outstanding quality of their products, and the conclusion is that this* adega *is, thanks to the Venetian work ethic and Brazilian dynamism, an American Dream come true.*

Reserva Miolo Chardonnay 2002 ★★★ - *Colheita Tardia Especial Corte 2001* ★★★
Terranova Syrah 2002 ★★★ - *Terranova Cabernet Sauvignon-Syrah 2001* ★★★
Lote 43 Cabernet-Merlot 1999 ★★★ - *Reserva Miolo Pinot Noir 2002* ★★ - *Reserva Miolo Cabernet Sauvignon 2000* ★★

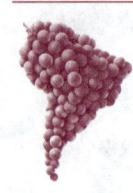

Vinícola Pizzato Ltda.

Linha Leopoldina s/n / Vale dos Vinhedos /
95716-000 Bento Gonçalves / RS
Tel./Fax.: (54) 4591155

E-mail: vinicola.pizzato@terra.com.br
Capacidad: 0,7 millones de litros/*Capacity: 185,000 gallons*
Viña: 28 hectáreas/*Vineyards: 70 acres*

Otra vez más se repite aquí la historia de una familia de colonos vénetos establecidos en el Valle hacia 1880 y dedicados a la viticultura y la producción de vino sólo en escala doméstica. Recién a la tercera generación, en 1998, Plínio y Dina Pizzato dieron forma a su sueño de una bodega propia, en sociedad con sus 4 hijos: Ivo (enólogo), Flavia (administradora), Jane (ventas en San Pablo) y Flavio (estudiante de enología). La primera cosecha dio unas 15 mil botellas de Merlot y al año siguiente se sumaron 7 mil de Cabernet Sauvignon. Todo vino de sus viñas, donde hay también Cabernet Franc, Tannat, Pinot Noir, Pinotage, Chardonnay, Semillon y Malvasia, además de algo de uvas americanas que venden a granel. Los viñedos están distribuidos en el Valle y en Dois Lajeados, a 40 kilómetros, siempre en la Sierra Gaúcha. Como sistemas de conducción, si bien quedan todavía parrales (que dan 15 toneladas por hectárea), la mayoría es en lira (12 toneladas por hectárea), espaldera (9 toneladas por hectárea) e *ipsilon*, con rendimiento similar al anterior.

La bodega contiene viejos toneles de grapia y nuevos tanques de acero, con un equipo de frío fijo y otro portátil. La molienda es mecánica y poseen 40 barricas de roble americano. El turismo todavía no es una prioridad. Dice Ivo: "*estoy fuera del asfalto y soy nuevo, además todavía estoy mejorando la empresa*", que en efecto está siendo ampliada para dar cabida a más tanques de acero y más espacio de cava: "*quiero dejar más tiempo el vino en afinamiento, para que llegue más hecho al cliente*" dice el enólogo de la familia Pizzato, si bien su Merlot, además de su crianza en roble, pasa 6 meses en botella.

Yet once again the story repeats: a family of Venetian colonists settles in the Valley around 1880 and grows grapes and makes wine on the domestic scale. Just recently in 1998, the third generation, Plínio and Dina Pizzato realized their dream of having their own winery, in partnership with their 4 children: Ivo (Winemaker), Flavia (Administrator), Jane (Sales in Sao Paulo), and Flavio (Enology student). Their first harvest yielded some 15,000 bottles of Merlot and the following year they added another 7,000 of Cabernet Sauvignon. It all comes from their own vineyards, where they also have Cabenert Franc, Tannat, Pinot Noir, Pinotage, Chardonnay, Semillon, and Malvasia, plus some American varieties they sell in bulk. The vineyards are distributed throughout Sierra Gaucha, both in the Valley and 25 miles away in Dois Lajeados. Although they still have some vines on pergolas (yielding aproximately 15,000 pounds per acre), most are on lyre (12,000 pounds per acre), vertical shoot positioning (9,000 pounds per acre), and upsilon, *with a similar yield.*

The winery has old grapia casks and new stainless steel tanks, with one fixed and one portable temperature system. They crush mechanically and have 40 American oak barrels. Tourism is still not a priority. Ivo says, "I'm off the pavement and new, and I'm still improving the business," which is, in fact, being enlarged for more steel tanks and more cellaring space. "I want to let the wine age longer, so that it's more finished when reaches the customer," says the Pizzato family winemaker, although his Merlot spends an additional 6 months in the bottle after aging in oak.

Pizzato Cabernet Sauvignon 2000 ★★

Pizzato Merlot 2001 ★★

Pizzato Merlot 2000 ★

Garibaldi, Rota dos espumantes

Garibaldi es tan itálica-véneta como Bento hasta en la breve distancia que las separa, 10 kilómetros. Con 30 mil habitantes y eje urbano en la avenida que congrega a las bodegas (razón de ser de la ciudad), Garibaldi es más fabril y menos agraciada que su vecina mayor pero igualmente próspera y activa. La razón turística de Garibaldi es la visita a sus bodegas, que puede tomar una mañana.

Vinhos de Montanha, Caminhos de Pedra

Unas 8 bodegas situadas del lado opuesto (y no menos bello) al Valle de los Viñedos, a cierta mayor altura, están asociadas para establecer otra identidad geográfica para sus vinos: el *roteiro* recibe por ahora dos nombres adecuados, pues la comarca es montañosa y sus caminos empedrados, un encanto. El recorrido puede hacerse en medio día desde Bento, pero hay al menos una buena posada donde pernoctar.

Vinhos dos Altos Montes
o Alto Vale do Rio das Antas:
Nova Padua y Flores da Cunha

Una docena de bodegas dispersas en los hermosos y abiertos valles entre Flores da Cunha y Nova Padua se autodefinen como Vinos de los Altos Montes, "la más misteriosa de las regiones vinícolas del Brasil". De hecho, sólo 2 ó 3 bodegas están bien equipadas para atender al enoturismo. Pero el paisaje y la gente son un encanto y se puede muy bien pasar medio día recorriendo estos caminos.

Garibaldi, the Sparkling Wine Route

Garibaldi is as Venetian-Italian as nearby Bento, just 6 miles away. With 30,000 inhabitants and a main street that houses the wineries that provide the reason for the city's existence, Garibaldi has more factories and is less charming than its larger neighbor, but just as prosperous and active. The only reason for tourists to stop in Garibaldi is to visit its wineries, which can be accomplished in a morning's time.

Vinhos de Montanha, Caminhos de Pedra / Mountain Wines and Stone Roads

On the opposite (but no less beautiful) side of the Vineyard Valley, and a bit higher in altitude, eight wineries have joined together to establish another geographic identity for their wines. The route is currently known by two rather appropriate names, as the area is mountainous and its stone roads are delightful. The trip can be made in half a day from Bento, but there is at least one good inn to spend the night.

Vinhos dos Altos Montes or Alto Vale do Rio das Antas: Nova Padua and Flores da Cunha

A dozen wineries scattered in the beautiful open valleys between Flores da Cunha and Nova Padua refer to themselves as the 'High Mountain Wines' (Vinhos dos altos Montes), the "most mysterious wine region in Brazil." Only 2 or 3 are equipped for eno-tourism, but the landscape and the people are wonderful, and half a day is very well spent traveling along these roads.

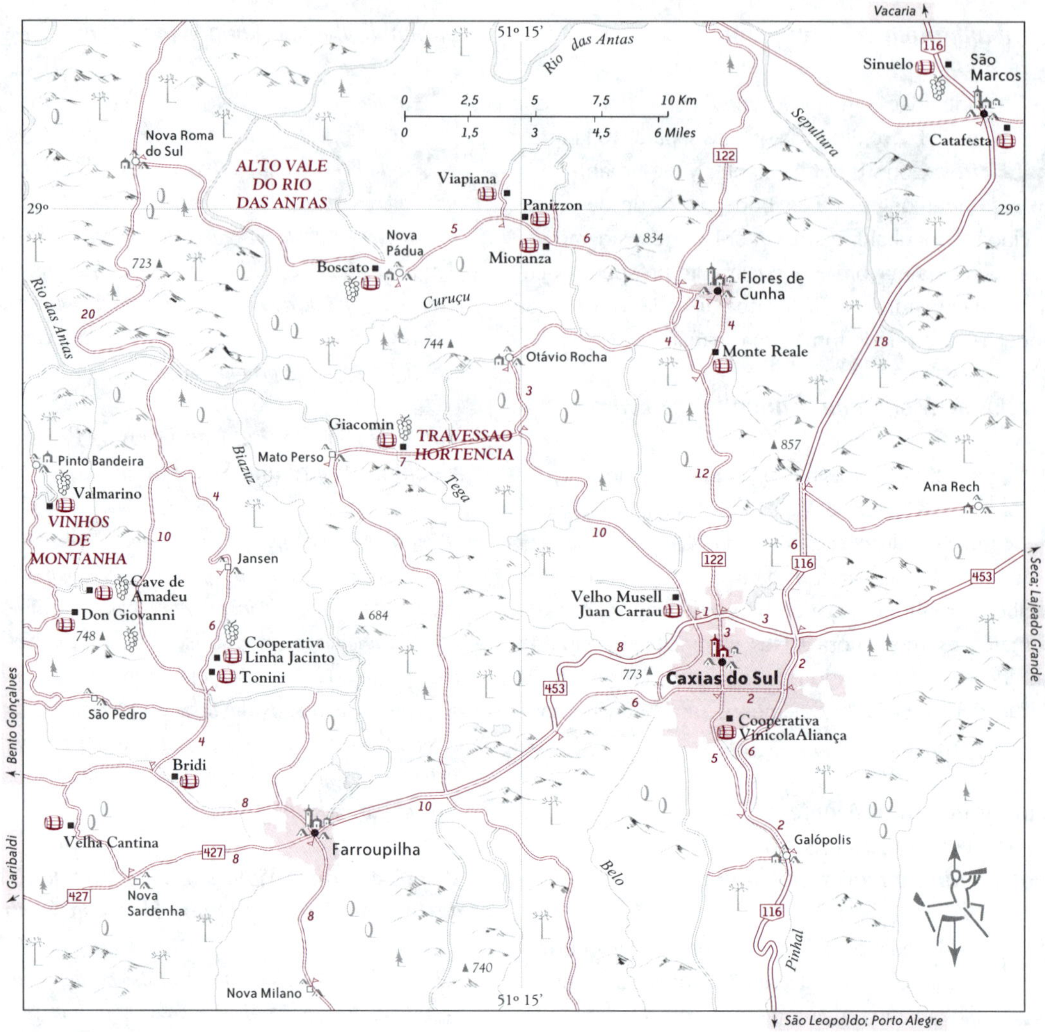

El este de la Sierra Gaúcha / Eastern Sierra Gaúcha

Otras bodegas en la Regione della Colonia: Caxias do Sul, Farroupilha, Mato Perso, Cotiporá

La mayoría de las bodegas de vinos finos se encuentran en las zonas ya mencionadas, pero hay otras dispersas o solitarias, a veces rodeadas sólo de viticultores de uva americana o productores de vinos de mesa. Todas y cada una de las bodegas de la *Regione della Colonia* en la Sierra Gaúcha que visitamos están rodeadas de paisajes cuando menos bonitos y por momentos espectaculares.

Other wineries in the Colonial Region: Caxias do Sul, Farroupilha, Mato Perso, Cotiporá

Most of the fine wine-producing wineries are located in the previously-mentioned areas, but there are other scattered and solitary wineries, sometimes surrounded by growers dedicated to American grape varieties or table wine producers. Every one of the wineries we visited in the Serra Gaucha Colonial Regional is immersed in a beautiful, if not spectacular, landscape.

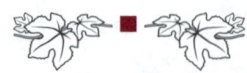

CHAMPAGNE GEORGES AUBERT S.A.

Av. Rio Branco 1276 /
95720-000 Garibaldi / RS
Tel.: (54) 4621155
Fax.: (54) 4621106

E-mail: georgesaubert@georgesaubert.com.br
Capacidad: 1,5 millones de litros /*Capacity: 396,000 gallons*
Viña: No posee/*Vineyards: 0 acres*

La bodega *Georges Aubert* merecería figurar en el *Guinness* por ser la única de nuestro planeta que un día de 1950 fue desmontada de su sitio original en Francia, embarcada junto al propietario y los técnicos, transportada hasta Brasil y remontada en Garibaldi. Desde 1998, 3 nuevos socios tomaron el control de la empresa y la relanzaron enfocando su producción en los espumantes. No poseen viñedos propios, pero sí un centenar de productores asociados –algunos desde los años '50–, que los proveen de cepas de Cabernet Sauvignon y Franc, Merlot, Tannat, Chardonnay, Riesling Itálico, Trebbiano y Semillon. La mayoría se encuentra en la Sierra Gaúcha, pero también hay productores de Moscatel en el lejano Valle del San Francisco, 4 mil kilómetros al norte: la uva viaja en camión refrigerado hasta que se concrete el proyecto de montar allí una bodega.

Su socio-propietario y director Rubens Sant'Anna es entusiasta acerca del Moscatel norteño, pero también ensalza las virtudes de las uvas *gaúchas*: "*son óptimas para espumantes frescos no muy encorpados, nuestro terroir es muy favorable al Trebbiano y al Riesling de buena acidez, frescos*". Los espumantes son elaborados con método Charmat (fue *monsieur* Aubert quien lo introdujo en Brasil, quien también hizo el primer espumante tinto en 1970). Para ello cuentan con 26 autoclaves de 2,5 a 100 mil litros, en las que producen 11 tipos de espumantes.

Enclavada en pleno centro de Garibaldi, la bodega acoge con gusto al turismo al que ofrece mucho más que otras bodegas, incluyendo un parque excepcional con 60 cepas de vides europeas, americanas y asiáticas, un viñedo modelo conducido en *ipsilon* del que se produce el "*vino del directorio*" y un interesante museo vinícola que incluye un *stand* donde los viejos de la comarca realizan artesanías a diario. Además, en 4 alambiques discontinuos elaboran unos 5 mil litros de *brandy* añejado hasta 5 años en roble francés, y en forma todavía experimental, una buena grapa de Moscatel.

The Georges Aubert winery should be in the Guinness Book of Records as the only one on the planet to have been dismantled and shipped, along with its owner and technical crew, from France to Brazil and re-established in Garibaldi in 1950. Three partners took control in 1998 and have re-launched it with a focus on sparkling wine. They have no vineyards of their own, but the do have about 100 associated producers – some since the late 1950s – who supply them with Cabernet Sauvignon and Franc, Merlot, Tannat, Chardonnay, Riesling Italico, Trebbiano, and Semillon. Most come from Sierra Gaucha, but there are also some Moscatel producers in the distant San Francisco Valley, 2500 miles to the north: the grapes are shipped by refrigerated truck until they can install facilities there.

Part-owner and director Rubens Sant'Anna is enthusiastic about the northern Moscatel, but also extols the virtues of the Gaucha *fruit. "It's the best for fresh and light sparkling wine. Our terroir is very favorable for Trebbiano and Riesling with good, crisp, acidity." They make 11 types of sparkling wines using the Charmat method, which was introduced to Brazil by monsieur Aubert, who also made the country's first red sparkling wine in 1970. The winery is equipped with 26 pressure tanks for the purpose, ranging in size from 660 to 26,400 gallons.*

Set in the heart of downtown Garibaldi, the winery, which gladly welcomes tourism, has more to offer than many others, including an exceptional park with 60 European, American, and Asian grapevines, a model Y-trained vineyard that produces the "director's wine," and an interesting wine museum that includes a stand where local old-timers make handcrafts every day. There are also 4 discontinuous stills that make some 1,300 gallons of brandy *aged up to 5 years in French oak, as well as a good Moscatel grappa, still in the experimental stage.*

Georges Aubert Moscatel 2002 ★★

Georges Aubert Brut Corte 2002 ★★ - *Prosecco Georges Aubert Corte* ★

Georges Aubert Brandy 2002 ★

BACARDI-MARTINI DO BRASIL

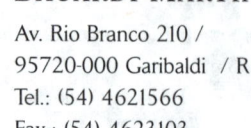

Av. Rio Branco 210 /
95720-000 Garibaldi / RS
Tel.: (54) 4621566
Fax.: (54) 4623103

E-mail: candrade@bacardi.com.br
Website: www.delantier.com.br
Capacidad: 10 millones de litros/*Capacity: 2,640,000 gallons*
Viña: 20 hectáreas/*Vineyards: 50 acres*

La bodega, ubicada en pleno tejido urbano de la ciudad de Garibaldi –"capital del espumante"– está dividida en 2 sectores: a un lado de la avenida principal están la tienda, administración, laboratorio, salas de cursos para el público, control de calidad, línea de embotellamiento, cava de crianza en barricas y planta de elaboración de espumantes con métodos tradicional y Charmat. Del otro lado, se halla la bodega donde vinifican y almacenan los vinos, que incluyen también el vino base para el *vermouth Martini* que se hace en San Pablo: la uva tinta americana Herbemont vinificada en blanco, con un poco de Isabella, la prefieren por su gusto neutro y modesta acidez.

Además de la uva propia, compran a 350 productores asociados dispersos en la Sierra Gaúcha y en la Frontera Sur. Es la segunda bodega brasilera en volumen de vinos finos, y desde hace años su director técnico es el enólogo argentino Adolfo Lona, responsable junto a los otros 5 enólogos de la bodega de la creación de los vinos, que incluyen marcas clásicas en el mercado local tales como *Baron de Lantier* (lanzada en 1985) y *Chateâu Du Vallier* (lanzada en 1978).

Acorde a su volumen, cuentan con 3 prensas pneumáticas alemanas, 360 tanques de acero inox (40 de ellos con frío automático), de hierro, de madera y de fibra pero ninguno de cemento, 9 *Vinomatics*, filtro de vacío italiano, 2 cámaras de frío, 5 autoclaves para elaborar espumantes, una cava con techo de acero (por la climatización) para remuage y afinamiento y 450 barricas de roble francés: "*el roble americano es muy aromático pero seco en la boca*" dice el enólogo Marcio Binotto, responsable de control de calidad.

Located well within the city limits of Garibaldi – the sparkling wine capital – the winery is divided into 2 sections. On one side of the street they have the shop, offices, laboratory, class rooms for the public, quality control, bottling line, aging cellars, and the plant where they make sparkling wines by the traditional and Charmat methods. On the other side of the street they vinify and store still wines, including the base wine for Martini vermouth *made in Sao Paulo from the American hybrid grape Herbemont, vinified white with a bit of Isabella, preferred for its neutral taste and modest acidity.*

In addition to their own grapes, they buy from 350 associated producers from throughout Sierra Gaucha and along the southern border or Frontera Sul. This is Brazil's second largest producer of fine wines. Its long-time technical director is Argentine Adolfo Lona, responsible for the other 5 winemakers in the winery and the creation of the wines, which include local classics, such as Baron de Lantier *(first released in 1985) and* Château Du Vallier *(since 1978).*

In accordance with its volume, the winery has 3 German pneumatic presses, 360 stainless steel (40 with automatic temperature control), iron, wood, and fiberglass tanks. None are cement. They have an Italian vacuum filter, 9 Vinomatics, 2 cold chambers, 5 pressure tanks for making sparkling wines, a steel-topped cellar (for temperature control) for aging and remuage, and 450 French oak barrels. "American oak is very aromatic, but dry in the mouth," says winemaker Macio Binotto, quality control manager.

De Greville Brut ★★ - *Moscatel de Greville Moscatel* ★★

Baron De Lantier Chardonnay 2001 ★

Baron De Lantier Merlot 2001 ★ - *De Greville Brut Rosé* ★

Chandon do Brasil / LVMH Vinhos e Destilados Brasil Ltda.

RST 470 km 224 /
95720-000 Garibaldi / RS
Tel.: (54) 4622499
Fax.: (54) 4622631

E-mail: pmevel@chandon.com.br
Website: www.chandon.com.br
Capacidad: 2,5 millones de litros/ *Capacity: 660,000 gallons*
Viña: 23,1 hectáreas/ *Vineyards: 57 acres*

Moët & Chandon se estableció en Brasil en 1973 con el propósito de elaborar vinos tranquilos y espumantes. Pero los primeros hoy se importan de Argentina, en tanto que la prestigiosa casa de origen francés decidió concentrarse sólo en los burbujeantes: reconocimiento de que la Sierra Gaúcha es particularmente apta para estos vinos donde la acidez de la fruta es esencial. El supervisor de enología Juliano Daniel Perin (formado en Mendoza) responde de manera lacónica cuando se le pregunta si los espumantes *Chandon* brasileros son superiores a los que la casa produce en Argentina: "*sí*". Aunque la uva, explica, aquí cuesta 3 veces más, entre otras cosas porque se necesitan hasta 25 tratamientos anuales.

La bodega se abastece en un 20 % con sus viñedos, situados en parte en Garibaldi y el resto en Encruzilhada do Sul, donde se aprestan a recoger la primera cosecha de Pinot Noir. Compran a productores asociados que cultivan (preferentemente en espaldera, pero también con algo de lira y de parrales) los Riesling Itálico, Chardonnay y Pinot Noir que intervienen en los espumantes secos, y las Malvasías Blanca y de Candia para los espumantes dulces. La producción es de 1,8 millones de botellas desglosadas en 5 productos, todas absorbidas por el mercado interno.

La fruta es prensada suavemente con 2 modernas prensas neumáticas y fermenta en piletas de hormigón/epoxy refrigeradas por serpentinas. Luego se completa el proceso de fermentación en 15 autoclaves de distintas capacidades. Emplean levaduras especiales de la casa y dejan a los espumantes hasta 9 meses encerrados en las autoclaves. Tras el embotellado, pasan otros 3 meses madurando en botella. Juliano Perin resume las ventajas del método Charmat: "*podemos intervenir en el proceso, agregar levaduras, aumentar la complejidad*". Basta visitar el bar de la bodega y degustar el *Excellence Brut Reserve* para darle toda la razón: mejor un óptimo Charmat que un mediocre Champenoise.

Moët & Chandon *first came to Brazil in 1973 to make still and sparkling wines. But the former are now imported from Argentina, so the prestigious French house decided to concentrate solely on the latter, which is recognition that the Sierra Gaucha is particularly well-suited for sparkling wines where the acidity of the fruit is essential. When asked whether* Chandon Brazil's *wines are better than those produced in the Argentine branch, Mendoza-trained wine-making supervisor, Juliano Daniel Perin, responds laconically, "Yes," although the Brazilian grapes, he explains, cost 3 times more because, among other things, they need 25 treatments per year.*

Some 20% of the fruit used comes from their own vineyards in Garibaldi and Encruzilhada do Sul, where they are preparing for their first Pinot Noir harvest. They buy the remainder from associated producers who grow Riesling Italico, Chardonnay, and Pinot Noir (preferably using vertical shoot position, although some use lyre or pergola systems) for their dry sparkling wines, and white Malvasia Bianca and Malvasia di Candia for the sweet sparklers. They produce 1.8 million bottles, divided among 5 products, all absorbed by the internal market.

The fruit is gently pressed with two modern pneumatic presses and fermented in serpentine-chilled cement/epoxy tanks. The fermentation process is completed in 15 pressure tanks of differing sizes. They use special house yeasts and leave the wines enclosed in the pressurized tanks for 9 months before spending another 3 months resting in the bottle. Juliano Perin summarizes the advantages of using the Charmat method, "we can intervene in the process, add yeasts, and increase complexity." A visit to the winery's bar to taste their Excellence Brut Reserve *proves he is right: it's better to have an excellent Charmat than a mediocre Champenoise.*

Chandon Brut Corte ★★★ - *Chandon Rouge Corte* ★★

Excellence Brut Reserve Corte ★★ - *Chandon Passion Rosé* ★★

Chandon Demi-Sec ★

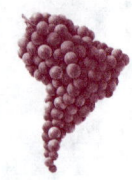

COOPERATIVA VINÍCOLA GARIBALDI LTDA.

Av. Rio Branco 833 /
95720-000 Garibaldi / RS
Tel.: (54) 4621100
Fax.: (54) 4621755

E-mail: coviga@gb.italnet.com.br
Capacidad: 25 millones de litros/*Capacity: 6,600,000 gallons*
Viña: 650 hectáreas/*Vineyards: 1,600 acres*

Fundada en 1931, la *Cooperativa Garibaldi* se considera la segunda más grande del continente americano, con unos 400 *cooperados* distribuidos en Garibaldi, Bento Gonçalves, Farroupilha, Montebelo do Sul y Cotiporá, localidades todas de la Sierra Gaúcha. Sus vastas instalaciones, en pleno centro de la ciudad homónima, ocupan 32 mil metros cuadrados y dan trabajo a 50 personas. La bodega produce una amplia gama de etiquetas, de las cuales el 80 % es vino de mesa. También hacen jugos de uva y refrigerantes a base de distintas frutas.

Los asociados (que sólo pueden vender a la cooperativa) cultivan Cabernet Sauvignon y Franc, Tannat, Merlot, Pinotage, Trebbiano, Chardonnay, Riesling, Semillon y Moscatel en mayoría con el sistema tradicional de parrales, donde aplican algo de cosecha verde para disminuir la productividad e incrementar la calidad. Los viñedos tienen una superficie promedio de 7 hectáreas y se complementan con frutales.

La bodega es ecléctica y contiene desde viejos enormes toneles de madera de grapia y pino (araucaria) parafinados, tanques de acero inox con enfriamiento y unas 200 barricas de roble de 425 litros, además de autoclaves para la elaboración de espumantes con método Charmat. Emplean virutas y duelas de roble para algunos vinos. No exportan, distribuyen en todo el país y tienen una amplia tienda de ventas al turismo sobre la avenida principal de Garibaldi, con un *putto* en la entrada que hace un pipí color del vino. Su gerente de producción, Jorge Cattani, es el enólogo responsable de la creación de los vinos y resume así la larga historia de la bodega: "*la cooperativa tuvo altos y bajos, pero ahora está en un buen momento*".

Founded in 1931 and located in the middle of the city for which it is named, the Garibaldi Cooperative is considered to be the second largest in the Americas. It has 400 participants throughout Sierra Gaucha in Garibaldi, Bento Gonçalves, Farroupilha, Montebelo do Sul, and Cotiporá. Its vast facilities cover 350,000 square feet and employ 50 people. The winery produces a wide range of labels, 80% of which are table wines. They also make grape juice and coolers based on different fruits.

The members, who can only sell to the Cooperative, grow Cabernet Sauvignon and Franc, Tannat, Merlot, Pinotage, Trebbiano, Chardonnay, Riesling, Semillon, and Moscatel, mostly using the traditional pergola system and cluster thinning to reduce productivity and increase quality. The vineyards average 17 acres in size and are complemented with orchards.

The eclectic winery contains everything from enormous old waxed grapia and pine (araucaria) casks, temperature-controlled stainless steel tanks, and 200 225-liter (112 gallons) oak barrels to pressure tanks for making Charmat-method sparkling wines. They use oak chips and staves for some wines. They don't export, but distribute throughout the country and have a large shop for tourist sales on Garibaldi's main street with a putto spewing wine-colored "pee" in the entrance. Production chief and winemaker Jorge Cattani is responsible for making the wines and explains the winery's long history saying, "the Cooperative has had its ups and downs, but now is a good moment."

Acquasantiera Brut Chardonnay ★★★

Acquasantiera Cabernet Sauvignon 1999 ★★

Chalet Du Clermont Reserva Especial Corte 2000 ★★

Establecimento Vinícola Armando Peterlongo

Rua José Sion 515 /
95720-000 Garibaldi / RS
Tel.: (54) 4621355
Fax.: (54) 4621087

E-mail: peterlon@gb.italnet.com.br
Website: www.peterlongo.com.br
Capacidad: 16 millones de litros /*Capacity: 4,230,000 gallons*
Viña: 15 hectáreas/*Vineyards: 37 acres*

La bodega *Peterlongo*, fundada en 1912 por una familia de origen tirolés italiano, cambió de propiedad a fines de 2002. Hoy pertenece a 2 socios cuyo objetivo, según el enólogo y director técnico Gilberto Pedrucci, es "*producir calidad*". Famosa por haber sido la primera en elaborar espumantes con método Champenoise en Brasil, la bodega destaca por su bonita villa en estilo italiano que fue vivienda de sus propietarios y está siendo transformada en punto de venta y museo.

Sus viñedos propios se limitan a Riesling Itálico, Chardonnay y Cabernet Sauvignon empleados para los mejores vinos de la casa. Además compran uvas y vinos, y están retomando la relación con los 300 productores asociados que supo tener la bodega.

Por debajo de sus grandes tanques de acero a cielo abierto, *Peterlongo* oculta una sorpresa: una cava de piedra de más de 7 mil metros cuadrados construida en la década de 1920, donde se hizo el primer Champagne del país. Como dice Gilberto Pedrucci, "*esto es parte de la historia del vino de Brasil*" y señala un curioso túnel de piedra de unos 20 metros de largo que comunica la cava con el exterior: entonces no tenían sistemas de frío y el *dégorgement* se hacía sólo en las mañanas de invierno, ¡aprovechando la helada! Pedrucci también apunta que en *Peterlongo* al espumante se le dice *champagne* pues lo producen así desde hace más de 80 años y la propia Corte Suprema reconoció su derecho a usar este término fronteras adentro del Brasil.

The Peterlongo *winery, founded in 1912 by a family of Italian-Tyrolean origin, changed hands in late 2002. Today it belongs to two partners whose objective, according to winemaker and technical director Gilberto Pedrucci, is to "produce quality." Famous for having been the first to make Champenoise method sparkling wines in Brazil, the winery stands out for its beautiful Italian-style villa, home of the former owners, which is now being transformed into a shop and museum.*

Their private vineyards are limited to Riesling Italico, Chardonnay, and Cabernet Sauvignon used for the best wines of the house. They also buy grapes and wines and are re-establishing the relationship with the winery's 300 associated producers.

Beneath the large, in the open steel tanks, Peterlongo *hides a surprise: a 75,000 square foot stone cellar built in the 1920s to make the country's first 'champagne'. As Gilberto Pedrucci says, "this is part of Brazilian wine history," and points to a curious stone 65-foot long tunnel leading from the cellar to the exterior. In those times they didn't have cold systems and the* dégorgement *was done only on winter mornings to take advantage of the cold! Pedrucci also explains that* Peterlongo *sparkling wine is called 'champagne' because they've been making it for more than 80 years, and even the Supreme Court has recognized their right to use the term within Brazilian borders.*

Peterlongo Brut Corte ★★

Armando Peterlongo Brut ★

Vinícola Cave de Amadeu Ltda.

Linha Jansen s/n / Estrada de Pinto Bandeira
95700-000 Bento Gonçalves / RS
Tel.: (54) 4517669
Fax.: (54) 5044081

E-mail: amadeu@amadeu.com.br
Website: www.amadeu.com.br
Capacidad: 0,34 millones de litros/*Capacity: 90,000 gallons*
Viña: 12 hectáreas/*Vineyards: 30 acres*

El ingeniero agrónomo y enólogo chileno Mario Geisse llegó a la Sierra Gaúcha hace más de 20 años, contratado por *Chandon*. Poco tardó en enamorarse de la región y comprar 36 hectáreas de las tierras más altas y frescas que encontró. Tras una abortada sociedad con un mendocino de alcurnia vinícola, asoció a su sobrino también chileno, enólogo y microbiólogo Carlos Abarzúa, afincado hace 2 décadas y casado con brasilera. Mientras Geisse va y viene a Chile requerido por sus consultorías, Abarzúa dirige esta bodega que hace vinos y espumantes con método Champenoise en la vinificación y método chileno en la viticultura: "*aquí la temática es buscar la máxima insolación, ventilación y drenaje*" dice Mario, mostrando los viñedos (todos en espaldera) de Cabernet Sauvignon, Merlot, Pinot Noir y Chardonnay ubicados en los terrenos de mayor pendiente, aterrazados en forma de *patamares* para poder trabajarlos con tractores de oruga. Con podas muy estrictas obtienen 8 mil kilos por hectárea "*y llegamos a 10,5° sin problemas, el espumante nunca lo chaptalizamos. Aquí se pueden hacer espumantes de primer nivel, pero los vinos de calidad están circunscriptos a localidades muy pequeñas, pocos volúmenes*" afirma Mario y concuerda Carlos. La bodega, emplazada en un hermoso vallecito de araucarias, es modélica por su tecnología: todo acero inox con frío automático, trabaja por gravedad y cuenta con barricas de roble americano. "*En cada tanque de 10 mil litros hay 2 hectáreas de viñedo: los tintos todo el año a 15°C y los blancos a 10°C*". Orgullosos de sus excelentes espumantes, Mario y Carlos sólo reconocen carencias en la comercialización, aunque han comenzado a exportar a Chile, Bélgica y Estados Unidos: "*no pensamos en volúmenes importantes, pero sí en buenos niveles de precio*". Cave de Amadeu recibe visitas y posee un restaurante con reservas previas, para grupos.

Chandon first brought Chilean agronomist and winemaker Mario Geisse to the Sierra Gaucha more than 20 years ago. It didn't take him long to fall in love with the region and buy 90 acres of the highest, coolest land he could find. After a short partnership with an Argentinean, he went into business with his nephew, Chilean winemaker and microbiologist Carlos Abarzúa, a 20-year resident married to a Brazilian woman. While Geisse's consulting work requires him to travel to and from Chile, Abarzúa runs the winery using the Champenoise for sparkling wines and Chilean viticultural methods in general. "The idea is to find the best solar exposure, ventilation, and drainage," Mario explains while showing his vineyards. *Cabernet Sauvignon, Merlot, Pinot Noir, and Chardonnay, all on vertical shoot positioning, planted on the steepest slopes set into tractor-accessible terraces. Strict pruning allows for a production of about 8,000 pounds per acre. "We easily reach 10.5°, so we never chaptalize the sparkling wine. Here we can make first rate sparkling wines, but good still wines are limited to small areas and small volumes," affirms Mario. The winery, set in a beautiful little araucaria-filled valley, is the model of technology, using temperature-controlled stainless steel, gravity flow, and American oak barrels. "There are 5 acres in every 2,600-gallon tank: reds year-round at 59°F and whites at 50°F." Proud of their excellent sparkling wines, Mario and Carlos only recognize problems in marketing. Although they have begun to export to Chile, Belgium, and the U.S., "we're not concerned with large volume, but we are with good price levels." Cave de Amadeu receives visitors and has a restaurant available for groups with prior reservations.*

Amadeu Reserva Cabernet Sauvignon 2000 ★★★

Amadeu Brut Corte ★★ - *Cave Geisse Brut Corte* ★★ - *Amadeu Reserva Merlot* ★★

Amadeu Reserva Chardonnay 2001 ★

Don Giovanni Vinhos, Vinhedos e Pousada

Linha Amadeu 28, km 12 / Pinto Bandeira
95700-000 Bento Gonçalves
Tel./Fax.: (54) 4514129

E-mail: dongiovanni@dongiovanni.com.br
Website: www.dongiovanni.com.br
Capacidad: 0,68 millones de litros / *Capacity: 180,000 gallons*
Viña: 14 hectáreas/ *Vineyards: 35 acres*

Hasta los años '60, este hoy tranquilo camino vecinal era la ruta que bajaba desde Bento Gonçalves a Porto Alegre y a su vera, en la década del '30, alguien edificó una sólida casona en estilo colónico italiano que funcionaba como almacén y parador. Cuando el tráfico se desvió por la nueva ruta a la capital riograndense, la desaparecida vinícola *Dreher* (famosa por su brandy y por haber sido la primera en Brasil en cultivar Vitis vinífera) compró la casa y sus 51 hectáreas de tierra. Hoy el todo pertenece a Ayrton Giovannini y a su esposa Beatriz Dreher, quienes en 1982 establecieron la bodega *Don Giovanni* y, hace 8 años, una posada de 6 habitaciones que es todo un encanto para los amantes de la paz y la naturaleza, además del buen vino y el buen comer. Aquí, a 640 metros de altura, podríamos estar en un Apenino toscano con el termóstato climático regulado 5°C más caliente y araucarias en vez de cipreces y pinos marítimos, rodeados por viñas, plantaciones de kiwi, alcachoferas y cultivos de hongos.

La bodega, en base a uvas de los dos Cabernet, Merlot, Tannat, Pinot Noir, Ancellotta, Chardonnay y Riesling Renano, con la dirección enológica de Luciano Vian, elabora unos 150 mil litros de vino que incluyen un 30 % de vino de mesa a base de uva Isabella, que también emplean para destilar un brandy. Además, con método Champenoise, hacen unas 30 mil botellas de espumante. Los vinos finos son sin roble, aunque piensan comprar pronto algunas barricas para las que están construyendo la cava. Vinifican en tanques pequeños de acero inox con refrigeración, y cuentan con cámara de frío para fermentar el espumante a 12°C. Los pintorescos toneles de grapia, todavía usados para el vino común, están destinados a desaparecer o transformarse en oficina, como sucedió a uno de ellos. La bodega cuenta con simpáticos salones, independientes de la posada, para recibir a los visitantes.

Until the 1960s, this quiet road was the main route from Bento Gonçalves to Porto Alegre, and in the 1930s, someone built an Italian colonial-style house alongside it as a store and inn. When the traffic was diverted to the new route to the Rio Grande capital, the now defunct Dreher *winery (once famous for its brandy and for Brazil's first* Vitis vinifera *cultivars) bought the house and 130 acres of land. Today it all belongs to Ayrton Giovanni and his wife Beatriz Dreher, who established the* Don Giovanni *winery and 8 years ago added a 6-room inn sure to charm those who love peace and nature as well as good food and wine. Here, at 2,100 feet, we could be in the Tuscan Apennines with the thermostat turned up and araucarias instead of cypresses and maritime pines, surrounded by vineyards, kiwi plantations, artichoke fields, and mushroom crops.*

Under the enological direction of Luciano Vian, the winery uses both Cabernets, Merlot, Tannat, Pinot Noir, Ancellotta, Chardonnay, and Riesling Renano to make 40,000 gallons of wine, including 30% table wine from Isabella, which they also use for brandy. They also make 30,000 bottles of Champenoise-method sparkling wine. Their fine wines are unwooded, although they plan to buy some barrels soon and are building a cellar for them. They vinify in small, temperature-controlled stainless steel tanks, and have a cold chamber for fermenting sparkling wine at 54°F. The picturesque grapia casks still used for common wines will soon be discarded or turned into an office, as they already did with another one. The winery has nice rooms for receiving visitors, independent of the inn.

Brut Don Giovanni Corte ★★

Don Giovanni Brandy ★★

Don Giovanni Reserva Cabernet Sauvignon 1999 ★

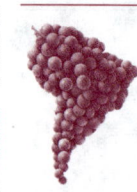

Establecimento Vinícola Valmarino

Rua Barâo do Rio Branco 567 /
95700-000 Bento Gonçalves / RS
Tel./Fax.: (54) 4522135

E-mail: valmarino@oknet.com.br
Capacidad: 0,13 millones de litros/*Capacity: 34,000 gallons*
Viña: 10 hectáreas/*Vineyards: 25 acres*

El nombre de esta pequeña bodega conducida por 2 jóvenes hermanos recuerda al pueblo de la provincia de Treviso de donde proviene la familia, cuyo apellido véneto de lejano origen inglés es uno de los más famosos del vino brasilero. Primo de los grandes bodegueros, el enólogo formado en Mendoza y profesor de enología Orval Salton fundó esta bodega un año antes de morir, en 1998. Sus hijos Marco Antonio (enólogo e ingeniero agrónomo) y Guillerme (ventas y administración) la continúan, con el acento puesto en hacer vinos y espumantes de calidad y en pequeña escala.

Situada en la bella comarca apodada de los "Vinos de Montaña", con la mitad más importante de su viñedo en una ladera bien expuesta al norte, Marco Antonio Salton no tiene empacho en ir a contramano de la mayoría de los viticultores modernos de la Sierra Gaúcha: sus 2 Cabernet, así como el Merlot, el Tannat y el Chardonnay están plantados un 30 % en espaldera y un 70 % en *latada* o parral abierto. "*Para mí, la espaldera no está funcionando. Aquí llueve mucho y los pies que uso, de tipo Paulsen, que son los más resistentes a los hongos, son muy vigorosos y en espaldera crean un desequilibrio con el injerto. Obtengo la misma graduación y calidad del fruto con los dos sistemas, con un 20 % de azúcar, aunque el rendimiento del parral es de 4 a 6 toneladas por hectárea mayor que la espaldera. Con la poda seca dejo unas 70 yemas por planta en el parral y la mitad en espaldera. Para mí es más importante el manejo del viñedo que el sistema de conducción*" afirma Marco Antonio, que despunta hasta 3 veces y no hace raleo. Además de la uva propia, compra otro 60 % de uva en la comarca y en 2003 vinificará unos 100 mil litros, de los cuales 10 mil serán espumantes: 7 mil de Moscato tipo Asti con método Charmat y 3 mil de Brut con método *Champenoise*. Recién comienza a usar barricas y admite con toda franqueza: "*estoy empezando, y me preocupa más la comercialización que la plantación*".

The name of this small winery run by 2 young brothers brings to mind the town in the province of Treviso where the family comes from, whose Venetian and distantly English surname is one of the most famous in Brazilian wine. Cousin of the largest winery family, Mendoza-trained winemaker and enology professor Orval Salton founded this winery a year before he died in 1998. His sons Marco Antonio (winemaker and Agricultural Engineer) and Guillerme (Sales and Administration) carry on, with an emphasis on making quality still and sparkling wines on a small scale.

Located in the beautiful area called the "Mountain Wines," with the most important half of its vineyards on a north-facing slope, Marco Antonio Salton doesn't hesitate to contradict the majority of the modern Sierra Gaucha viticulturists. About 30 percent of his 2 Cabernets, as well as his Merlot, Tannat, and Chardonnay are planted on vertical shoot positioning and 70% on open pergola. "Vertical shoot positioning (V.S.P.) doesn't work for me. It rains a lot here, and the rootstocks I use, like Paulsen, are the most resistant to fungus and very vigorous, and VSP creates an unbalance with the graft. I obtain the same degree and quality of fruit with both systems, but with 20% of sugar, although the pergola yield is 2 – 3 tons per acre greater than VSP. With pruning I leave 70 buds per plant on the pergola and half that on VSP. For me, the most important part of managing the vineyard is the trellising system," affirms Marco Antonio, who prunes up to 3 times and does not thin fruit. In addition to their own grapes, they buy another 60% of fruit in the area. In 2003 they will vinify some 26,000 gallons, of which 2,600 were sparkling wine: 1,800 of Asti-type Moscato using the Charmat method and 800 Brut with the Champenoise method. They recently began to use barrels and freely admit that "we're beginning, and are more concerned with sales than planting."

Valmarino Brut ★★ - Valmarino Moscatel 2002 ★★

Valmarino Malvasia Bianca 2001 ★★ - Valmarino Tannat 2001 ★★

Valmarino Cabernet Sauvignon 2001 ★ - Valmarino Merlot 2001 ★

INDÚSTRIA DE VINHOS TONINI

Linha Jacinto / 95180-000 Farroupilha / RS
Tel.: (54) 5044167
Fax.: (54) 2601052

E-mail: vinhostonini@terra.com.br
Capacidad: 1,8 millones de litros/*Capacity: 475,000 gallons*
Viña: 70 hectáreas/*Vineyards: 173 acres*

Que Natalino Tonini es de origen véneto no cabe duda: basta oírlo hablar para advertir un fortísimo acento que parece de recién llegado, si bien su familia lleva ya 4 generaciones afincada en el hermoso y verde valle, más frutícola que vinícola, llamado Linha Jacinto. Viticultores desde 1874, en 1987 como tantos otros decidieron establecer su propia bodega para terminar de adueñarse del valor de su propia uva. En sociedad con otros 5 hermanos, cultivan Cabernet Sauvignon, Merlot, Moscato y las variedades americanas más populares en Brasil: Niágara, Bordó e Isabella. Están plantando Chardonnay, en espaldera. Elaboran vinos finos desde 1998, por un total de unos 50 mil litros, lo que significa apenas un 5% de la producción total de la bodega. Con ayuda del sobrino Tiago Tonini, técnico en vitivinicultura, vinifican los finos en tanques de acero de 5 mil litros que enfrían con agua corriente. El almacenamiento de los vinos comunes es en 8 toneles de grapia de 90 mil litros, que cuando visitamos la bodega estaban recibiendo un *service*: sus anillos de hierro son desmontados a golpes de maza, cortados una pulgada, soldados y vueltos a colocar. Apenas han comenzado a comprar barricas de roble, y están construyendo una cava en la roca, para afinamiento y turismo. Natalino Tonini resume así su sapiencia vitivinícola: "*hacer vino es como cuidar a un bebé: hay que mantenerlo siempre limpito y estarle siempre encima*".

En Brasil, además del azúcar necesario para la chaptalización, hay otro azúcar que se añade por gusto, ya que el mercado aprecia los vinos suaves o dulces y tanto más cuanto más al norte: la bodega Tonini *agrega a sus vinos de mesa 50 gramos por litro de azúcar para los mercados "de Paraná para abajo" y 80 gramos por litro "de San Pablo y Minas Gerais para arriba". Otras bodegas agregan hasta 120 gramos por litro.*

In Brazil, in addition to the sugar needed for chaptalization other sugar is added for taste, as the market prefers soft, sweet wines, especially in the north. The Tonini winery adds 50 g/l of sugar to its table wines for the markets "from Paraná to the south," and 80 g/l for "Sao Paulo and Minas Gerais to the north." Other wineries add as much as 120 g/l.

There is no doubt that Natalino Tonini has Venetian roots- it's enough just to hear his strong accent as if he had just arrived, although it's been 4 generations since his family settled in the beautiful, green Linha Jacinto Valley, dedicated more to fruit growing than wine. Grape growers since 1874, the family decided, like so many others, to set up their own winery in 1987 and take claim to the value of their own fruit. In association with 5 other brothers, the grow Cabernet Sauvignon, Merlot, Moscato, and the American varieties most popular in Brazil: Niagara, Bordo, and Isabella. They're planting Chardonnay using vertical shoot positioning. They've made fine wines since 1998, for a total of 13,000 gallons per year, amounting to barely 5% of the total of the winery's production. With the help of nephew Tiago Tonini, vitivinicultural technician, they vinify the fine wines in 1,300-gallon steel water-cooled tanks. Ordinary wines are stored in eight 24,000-gallon grapia casks, which were being serviced during out visit: their iron rings were hammered off, cut an inch, soldered and replaced. They have just recently begun to buy oak barrels, and they are building a cellar in the rock for aging and tourism. Natalino Tonini summarized with vitivinicultural wisdom: "making wine is like raising a baby: you have to keep it clean and always stay on top of it."

Tonini Cabernet Sauvignon 1999 ★

Tonini Niagara (Dulce) ★

VINHOS FINOS VELHA CANTINA LTDA.

Rua Livramento 272 /
95700-000 Bento Gonçalves / RS
Tel./Fax.: (54) 4526595

E-mail: taffarel@velhacantina.com.br
Website: www.velhacantina.com.br
Capacidad: 0,1 millones de litros / *Capacity: 27,000 gallons*
Viña: 10 hectáreas/ *Vineyards: 25 acres*

A causa de un desencuentro, no pudimos visitar esta bodega por dentro ni conocer a su propietario el señor Taffarel, si bien llegamos hasta allí y la vimos por fuera. Sólo podemos afirmar que *Velha Cantina* no parece dar ninguna importancia a las visitas, pues se llega a ella por un camino de tierra no señalizado de 4 kilómetros que se interna en un hermoso vallecito boscoso donde abundan las carpinterías o madereras. En el centro de un minúsculo caserío, frente a la placita y la capilla, otra vez sin ningún letrero que la identifique, se encuentra *Velha Cantina* en una vieja construcción de madera de 2 ó 3 plantas que hace honor a su nombre. El lugar es pacífico y bucólico, y por las araucarias y verdes promontorios que la rodean podría estar en algún lugar de la Patagonia andina, entre Chile y la Argentina. Según lo que pudimos apenas pispear, la elaboración de sus vinos y espumante es totalmente artesanal y personal.

Due to a mix-up, we were not able to visit this winery nor meet its owner, Mr. Taffarel, although we did see it from the outside. We could only verify that Velha Cantina *does not seem to place any priority on visits, as the 2.5-mile dirt road leading to the winery is not marked. Nestled into a beautiful little wooded valley full of wood-working shops and lumber yards, there in the middle of a tiny hamlet, across from the little plaza and chapel, again, without any identifiable sign, is* Velha Cantina *in an old 2 or 3-story wooden building that honors its name. The little town is quiet and peaceful, and given the araucarias and green promontories surrounding it, this could be somewhere in the Andean Patagonia between Chile and Argentina. From what we could see, the preparation of its still and sparkling wines is completely artisanal and personal.*

Cave Antiga Moscatel 2002 ★★★

Cordignano Cabernet Sauvignon 2002 ★★

Cordignano Merlot 2001 ★

Velho Museu / Juan Carrau / Atelier do Vinho

Conceiçao da Linha Feijó /
95001-970 Caxias do Sul / RS
Tel.: (54) 2273217
Fax.: (54) 2274035

E-mail: velhomuseu@malbanet.com.br
Website: www.velhomuseu.com.br
Capacidad: 0,25 millones de litros/*Capacity: 63,000 gallons*
Viña: 5 hectáreas/*Vineyards: 12 acres*

Por algún motivo cuya razón nos excede, la vitivinicultura suele atraer a sí notables personalidades, desde inteligencias naturales a seres de lo más cultivados. Juan Carrau, uruguayo afincado en Caxias do Sul desde hace 27 años, profesor del *Instituto de Biotecnología de la Universidad de Caxias do Sul* doctorado en prestigiosas universidades de Estados Unidos e Inglaterra y especializado en levaduras, es una de estas personalidades, del segundo tipo. Fundador –y perdedor contra su voluntad– de una de las primeras bodegas de vinos finos del país, *Château Lacave*, Juan Carrau es el más entusiasta propulsor de los cultivos orgánicos de vid que hemos encontrado en Brasil. Su filosofía se basa en profundos conocimientos teóricos y prácticos pero él mismo la resume en 5 palabras: "*lo orgánico mejora la calidad*". Y al contrario de lo que pueda pensarse, "*implica estar a la vanguardia en tecnología*".

El "atelier de vinos" de Juan Carrau está puesto con muy buen gusto a modo de *loft* en una vieja bodega de los años '20 situada en el corazón de un vagoroso pueblito próximo a Caxias do Sul. Las uvas que vinifica con la asistencia del ingeniero Gilberto Carnieli son Merlot, comprado en la región y Cabernet Sauvignon, Semillon y Gewürztraminer orgánicos cultivados en Santana do Livramento, en viñedos familiares contiguos a los de sus hermanos Javier y Francisco (ver *Bodegas Castel Pujol / Vinos Finos Juan Carrau S.A.*, en Uruguay).

La producción es de unas 70 mil botellas al año elaboradas con la máxima atención a los mínimos detalles, incluyendo los corchos. Con prensa manual, algunos viejos toneles de roble y tanques de acero, equipos de frío y una pasión desmedida por el buen vino orgánico, la bodega *Velho Museu* está abierta a las visitas y se propone a sí misma como un raro y único punto de encuentro entre ciencia de vanguardia, artesanía tradicional y el humanismo que subyace a todo buen vino del planeta.

For some strange reason, winemaking often attracts notable personalities, from natural intelligences to the most cultured of beings. Juan Carrau, Uruguayan resident in Caxias do Sul for 27 years, yeast specialist and professor at the Institute of Biotechnology at the University of Caxias do Sul, *with doctorates from prestigious universities of the U.S. and England, belongs to the latter group. Founder – and involuntary loser – of one of Brazil's first wineries to produce fine wines,* Château Lacave, *Juan Carrau is the most enthusiastic proponent of organic viticulture to be found in Brazil. His philosophy is based on profound theoretical and practical knowledge that can be summed up in 3 words: "organic improves quality." And contrary to what one might think, "this means being at the cutting edge of technology."*

Juan Carrau's 'wine studio' is set up with very good taste in a type of loft in an old 1920s winery in the heart of a sleepy little town near Caixas do Sul. With help from engineer Gilberto Carnieli, he vinifies local Merlot as well as organically-grown Cabernet Sauvignon, Semillon, and Gewürztraminer from family-owned vineyards in Santana do Livramento next to those of his brothers, Javier and Francisco. (see Carrau Winery, in Uruguay*).*

With a manual press, some old oak casks and stainless-steel tanks, chilling equipment, and an overwhelming passion for good organic wine, he produces some 70,000 bottles per year, each with maximum attention to detail, right down to the cork. This small winery is a crossroad between science, traditional craft and the humanism that underlies every good wine on the planet. And they welcome visitors.

Juan Carrau Orgánico Gewürztraminer 2001 ★★

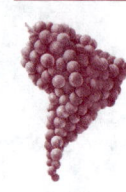

VINHOS DOM DIONYSIUS

Conceiçao Linha Feijó s/nº Municipio / Caxias do Sul / RS
Tel.: (054) 99798044

E-mail: ivan@vinhosdinoysius.com.br
Website: www.vinhosdionysius.com.br
Capacidad: 0,145 millones de litros/*Capacity: 38,300 gallons*
Viña: 4 hectáreas/*Vineyards: 10 acres*

Esta pequeña *adega*, a la que no tuvimos tiempo de visitar pero esperamos hacerlo para nuestra próxima edición, vinifica en 2 tanques de acero inox de 30 mil litros, más 2 cubas de madera de 21 mil litros y una variedad de recipientes más pequeños de fibra, de 500 a 6 mil litros. La prensa es de plato y canasto. La dirección enológica es de Ivan Tisatto con asesoramiento del estudio Randon de Caxias do Sul.

Su pequeña viña de Cabernet Sauvignon y variedades americanas está a 700 metros de altitud en suelos arcillosos y es conducida en parral, con redimientos de 15 toneladas por hectárea en promedio. Elaboran 4 vinos que venden también en la bodega, de aspecto funcional, donde reciben visitas. No exportan.

This tiny adega, which we didn't have time to visit (but hope to next time), vinifies in two 8,000-gallon stainless steel tanks and two 5,500-gallon wooden vats, as well as in a variety of smaller fiberglass vessels ranging from 130 to 1,500 gallons each. They use a basket press. Ivan Tisatto is the enological director, with technical assistance from Randon, of Caxias do Sul.

They have Cabernet Sauvignon and some American varieties on pergolas planted in clay soil in their small vineyard at an altitude of 2,300 feet. They obtain average yields of 6 tons per acre and make 4 wines, which they also sell directly from the winery, which is functional in appearance. They neither receive visitors nor export.

Dom Dionysius Moscato 2002 ★★★

Dom Dionysius Cabernet Sauvignon 2002 ★★★

IRMÂOS MOLON LTDA. / SINUELO

Estrada Federal BR 116 km 113 n° 1185 /
Bairro Industrial /
95190-000 Sâo Marcos / RS
Tel.: (54) 2911284 - Fax.: (54) 2911397

E-mail: sinuelo@sinuelo.com.br
Website: www.sinuelo.com.br
Capacidad: 7 millones de litros /*Capacity: 1,850,000 gallons*
Viña: 40 hectáreas/*Vineyards: 99 acres*

El bisabuelo Felice Molon llegó al Brasil hace 4 generaciones desde Vicenza y se dedicó a la viticultura en la región de Flores da Cunha, en plena Sierra Gaúcha. Su nieto Pedro era camionero, pero un día el camión se incendió y perdió todo. Entonces volvió a los orígenes: puso un puesto de venta de vinos a la vera de la BR 116, la ruta troncal del inmenso país. Basta echar un vistazo a lo que devino en cuatro décadas de aquél puesto caminero para confirmar otra vez más que Brasil es un país generoso con quienes conocen la cultura del esfuerzo y el trabajo familiar.

A medida que el *varejo* de vinos de Pedro Molon crecía, fueron incorporándose al negocio sus hermanos Félix (cuyo hijo Jorge hoy es gerente comercial), Abrilino (que se ocupa de la bodega y los viñedos en Flores da Cunha), Ulisses (a cargo de la comercialización) y Euclides (que se retiró de la empresa). Pedro, retirado, vive en un confortable chalet dentro del predio y su hijo Valderer es gerente administrativo. La bodega, desdoblada en dos plantas (una en Sâo Marcos y otra en Flores da Cunha) produce con la marca *Sinuelo* unos 4 millones de litros de vinos de mesa y desde hace 10 años, vinos finos que hoy suman 250 mil litros, todos de uvas propias y cepas Cabernet Sauvignon, Merlot, Chardonnay y Moscato d'Alba. La dirección enológica está a cargo de Nelson Randon, enólogo ubicuo en la región de Caxias do Sul. Además, elaboran 1 millón de litros de jugos de uva con variedades americanas tintas y blancas según un proceso desarrollado por la propia firma: el mayor problema de estos jugos es *evitar* que fermenten. Equipados con tanques de acero inox con equipos de frío automático, cámara de frío, prensa pneumática y filtro de vacío italianos más barricas de roble americano, la bodega destaca desde la ruta sin embargo por sus enormes tanques de hierro para los vinos comunes y su supermercado de productos regionales con restaurante itálico, parada obligada de los ómnibus que transitan la BR 116.

Felice Molon's great-grandfather arrived in Brazil from Vicenza 4 generations ago and worked in viticulture in the Flores da Cunha region, in the middle of the Sierra Gaucha. His grandson Pedro was a truck driver, but one day the truck caught fire and he lost everything, so he returned to his roots: he set up a stand to sell wines alongside BR 116, the main highway in this enormous country. It's enough just to take a look at what has happened to that truck stop in 4 decades to confirm the fact that yet once again Brazil is a generous country for hard workers with strong family values.

As Pedro Molon's varejo of wines grew, they were incorporated into the business of his brothers Félix (whose son Jorge is the Marketing Manager today), Abrilino (in charge of the winery and vineyards in Flores da Cunha), Ulisses (Marketing), and Euclides (who has left the company). Pedro, now retired, lives in a comfortable chalet on the property, and his son Valderer is the Administrative Manager. The winery, split into 2 plants (one in Sâo Marcos and the other in Flores da Cunha) produces some 1 million gallons of table wine under the Sinuelo brand, and, as of 10 years ago, fine wines, which now reach 66,000 gallons, all from their own Cabernet Sauvignon, Merlot, Chardonnay, and Moscato di Alba. Enological direction is in the hands of Nelson Randon, Caxias do Sul's ubiquitous winemaker. They also make another 265,000 gallons of grape juice with white and red American varieties, using a process they developed themselves. The greatest problem is avoiding fermentation. The winery is equipped with stainless steel tanks with automatic temperature control units, a cold chamber, an Italian pneumatic press and vacuum filter, and American oak barrels. What stands out from the road, however, are the enormous iron tanks for ordinary wines and it supermarket of regional products and Italian restaurant, an obligatory stop for the buses that travel Route BR 116.

Mistela Sinuelo Especial Moscato Giallo 2001 ★★★★

Sinuelo Reserva Chardonnay 2002 ★

CATAFESTA INDÚSTRIA DE VINHOS LTDA.

Rua Augusto Catafesta 100 / 95190-000 São Marcos / RS
Tel./Fax.: (54) 2911611

E-mail: catafesta@nsol.com.br
Capacidad: 12 millones de litros/*Capacity: 3,170,400 gallons*
Viña: 25 hectáreas/*Vineyards: 62 acres*

Nieto de colonos de origen lombardo, Augusto Catafesta comenzó a cultivar uvas en la Linha Rosita, a 10 kilómetros de Sâo Marcos, en 1943. Veinte años después fundó su propia bodega, que hoy conducen sus hijos Joao Alberto (producción), Luis (comercialización) y Valdomiro (distribución). Una serie de fotos aéreas en la oficina relata sin palabras el crecimiento de la bodega: en 1976 se reducía a un galpón, en 1981 eran 2 galpones más un tanque exterior de hierro; veinte años más tarde los galpones eran 5, y 10 los grandes tanques de hierro. En 1998 comenzaron a plantar las viníferas clásicas, Cabernet Sauvignon, Merlot y Chardonnay, conducidas en *ipsilon*. Al mismo tiempo se equiparon con tanques de acero inox con frío y remontaje automatizados, filtro de vacío y una prensa continua italiana. "*Ya pasó el tiempo de moler con los pies*" dice Joao Catafesta, quien también ensalza las virtudes de su *terroir* casi 100 metros más alto que Bento Gonçalves, con más insolación, donde la uva madura más tarde y con más color. Así, con la asistencia del ubicuo enólogo Nelson Randon, en la vendimia 2003 produjeron 250 mil litros de vinos finos y su Cabernet Sauvignon 2002 se ubicó entre los 15 mejores del Brasil en la *X Avaliaçao Nacional de Vinhos*.

No emplean barricas pero sí virutas de roble y no reciben visitas aunque en algún momento piensan abrirse al turismo. Tampoco exportan, pero distribuyen sus vinos en todo Brasil. Y como en muchas otras bodegas de la Sierra Gaúcha, llama la atención algo que en Italia sería tabú, y en Argentina o Chile innecesario: un depósito lleno de sacos de 50 kilos de azúcar de caña, "*porque siempre hay que agregar al menos un par de gramos por litro.*"

Grandson of Italian colonists, Augusto Catafesta began growing grapes in Linha Rosita, 6 miles from São Marcos in 1943. Twenty years later he founded his own winery, now run by his sons Joao Alberto (Production), Luis (Marketing), and Valdomiro (Distribution). A series of aerial photos in the office clearly depict the winery's growth. In 1976 they had just one building, in 1981 there were 2, plus an exterior iron tank, and 20 years later there were 5 buildings and 10 iron tanks. They began planting classic vinifera vines- Y-trained Cabernet Sauvignon, Merlot, and Chardonnay in 1998. At the same time they brought in automated temperature-controlled stainless steel tanks, a vacuum filter, and a continuous press from Italy. "The grape-stomping days are over," says Joao Catafesta, who also extols the virtues of his terroir nearly 300 feet higher than Bento Gonçalves, with better solar exposure, where the grapes ripen later and have better color. And with the help of the ubiquitous winemaker Nelson Randon, they produced 67,000 gallons of fine wine in 2003, and their 2002 Cabernet Sauvignon placed among Brazil's top 15 in the 10th Avaliaçao Nacional de Vinhos.

They do not use oak barrels, but they do use chips. They do not receive visitors, but plan to at some point in the future. They don't export either, but distribute their wines throughout all of Brazil. And like many other Sierra Gaucha wineries, evidence of a practice that is taboo in Italy, Argentina or Chile: a deposit of 110-pound sacks of cane sugar, "because you always have to add a couple grams per liter."

Catafesta Reserva Cabernet Sauvignon-Merlot 2000 ★★

Catafesta Reserva Riesling 2000 ★

BOSCATO INDÚSTRIA VINÍCOLA LTDA.

VRS 314 km 12,5 /
95275-000 Nova Pádua / RS
Tel.: (54) 2961377
Fax.: (54) 2961313

E-mail: boscato@boscato.com.br
Website: www.boscato.com.br
Capacidad: 0,45 millones de litros/ *Capacity: 119,000 gallons*
Viña: 23 hectáreas/ *Vineyards: 57 acres*

En un *Shangrilá* llamado Nova Padua se halla esta bodega fundada en 1983 por los hermanos Clovis y Valmor Boscato, en tierras heredadas de bisabuelos viticultores afincados en 1889 cuando el valle era *mato* y sólo había 10 familias, todas italianas, establecidas en el lugar. Quieren elaborar sólo vinos finos, pero no pueden dejar de hacer algo de vino de mesa. Así lo explica Clovis: "*mi padre tiene 82 años y todos los días va a ver los viñedos. Él cultiva los 25 mil kilos que hacemos de uva Isabella, en parral. Quise vender esa uva pero él se enojó mucho. Así que mientras él viva, tenemos que hacer vino común, un buen vino de mesa*". El resto de la viña y la bodega están acordes con los tiempos. En lira y espaldera ("*en teoría la lira es mejor, en práctica es mejor la espaldera*") con la dirección de su bonita hija Roberta, ingeniera agrónoma, cultivan ambos Cabernet, Merlot, Alicante Bouchet y Ancellotta. Van a cultivar Chardonnay en una viña nueva, pero por ahora lo compran en la comarca, junto a Riesling y algo de Trebbiano. La viña *Boscato* es la más prolija que vimos en la Sierra Gaúcha (con pileta para desinfección de las ruedas del auto y sembrado de Crotalaria para desinfectar el suelo de una viña nueva). Al anochecer Valmor Boscato andaba en tractor rociando sulfato de cobre: "*nadie lo hace mejor que él, sólo en las hojas, nada en los racimos*". Aquí la obstinación es producir sólo 700 gramos de uva por pie, lo que a 6.800 pies por hectárea, da 5 toneladas por hectárea. "*Con poda seca certera y poda verde rigurosa obtenemos sólo 4 racimos por planta*" asegura Clovis, quien estudió en Mendoza con el célebre padre salesiano Oreglia, "*que era muy bravo, pero me ayudó mucho*". La bodega incluye una sala de cata y luce como pocas otras en la región, pero Clovis opina que faltan todavía 2 años de inversión. Los visitantes son bienvenidos, cuentan con un buen restaurante para grupos –con reservas– y ofrecen cursos intensivos de un día sobre todo lo relativo al vino, su elaboración y degustación.

This winery was founded in 1983 in a Shangrila named Nova Padua, by brothers Clovis and Valmor Boscato, on lands inherited from their grape growing great grandparents who settled here in 1889, when the valley was brush, *and only 10 families, all Italians, lived there. They want to make only fine wines, but they cannot leave table wines behind. As Clovis explains, "My father is 82 years old and goes to the vineyard every day. He grows the 55,000 pounds of Isabella that we have on pergolas. I wanted to sell the grapes, but he got very angry. So, as long as he is alive, we have to make ordinary wine, a good table wine." The rest of the winery and facilities are up to date. With respect to trellising systems, "theoretically, the lyre is better, but in practice, vertical shoot positioning is best." Under the direction of his good-looking daughter Roberta, an agricultural engineer, they grow Cabernet, Merlot, Alicante Bouchet, and Ancellotta. They will have Chardonnay in a new vineyard, but for now they buy it in the district, along with Riesling and some Trebbiano. The Boscato winery is the most meticolous that we've seen in the Sierra Gaucha (with a trough for disinfecting the automobile tires and a field sown with Crotalaria for disinfecting the soils of a new vineyard). At nightfall Valmor Boscato was riding a tractor spraying copper sulfate: "nobody does it better than he does: only on the leaves, never on the clusters." Their goal is to produce only 1.54 pounds of fruit per plant, and at 3,400 plants per acre, the yield is about 2,5 tons per acre. "With good pruning and rigorous crop thinning, we obtain just 4 clusters per plant," assures Clovis, who studied in Mendoza with the celebrated Salesian Father Oreglia. "He was very tough, but he helped me a lot." The winery includes a splendid tasting room and outshines most in the region, but Clovis feels they still lack 2 years of investment. Visitors are welcome, and they have a good restaurant for groups with reservations. They offer intensive courses on wine, winemaking, and tasting during the day.*

Boscato Gran Reserva Cabernet Sauvignon 2000 ★★★

Boscato Cabernet Sauvignon 2000 ★★ - *Boscato Reserva Cabernet Sauvignon 1999* ★★

Boscato Reserva Cabernet Sauvignon 1999 ★ - *Boscato Reserva Chardonnay 2001* ★

SOCIEDADE DE BEBIDAS PANIZZON LTDA.

Travessâo Martins s/n /
95270-000 Flores da Cunha / RS
Tel./Fax.: (54) 2921422

E-mail: panizzon@panizzon.com.br
Website: www.panizzon.com.br
Capacidad: 18 millones de litros/*Capacity: 4,800,000 gallons*
Viña: 60 hectáreas/*Vineyards: 148 acres*

Según es regla en la Sierra Gaúcha, también esta bodega es 100 % familiar y de origen véneto, conducida por una tercera generación de 5 primos hermanos que se comunican en dialecto: Benito (administración), Jaime y Paulo (finanzas), Jaime Sobrinho y Realinho (comercialización). De la cuarta generación, Nilzo Panizzon es el enólogo y director técnico. Situada en una hermosa campiña, la bodega es de aspecto industrial y la rodean 30 hectáreas de viñedo que pertenecen a algunos de sus socios. La viña propia, que es toda nueva, se encuentra a 60 kilómetros en Vacaria y consiste de ambos Cabernet, Merlot, Ancellotta, Refosco, Chardonnay, Moscatel Blanco y Giallo, Prosecco, Malvasia de Candia, Garganega y Gewürztraminer, todo conducido en espaldera con algo de lira.

La bodega nació en 1960 pero sólo elabora vinos finos desde hace 5 años: incluyendo los vinos de mesa, su catálogo ofrece más de 80 presentaciones distintas con tres marcas, además de 6 variedades de "bebidas calientes" o *vermouths*, un refresco, un aguardiente y una vodka (de caña) y 2 marcas de vinagres de alcohol, manzana, vino blanco y tinto en 11 presentaciones distintas cada uno: la sorprendente variedad de envases no llama la atención pues la sociedad *Panizzon* también posee una fábrica de envases plásticos. La vieja casa de los abuelos fue reciclada como planta elaboradora de vinagre, del que producen 6 millones de litros. Todo alrededor creció la bodega industrial con enormes tanques de hierro a cielo abierto, que rodean a una espléndida huerta: "*es de la abuela Rosina, que tiene 92 años y vive aquí. Ella viene todos los días a ver sus hortalizas, así que ni pensar en sacársela. Cuando ella no esté más pensamos plantar una muestra de los distintos sistemas de conducción*" dice Nilzo. Entre tanto, ya establecieron una tienda y sala de degustación para los visitantes, y planean hacer una bodega *boutique* en los viñedos de Vacaria.

Typical of Sierra Gaucha, this winery is also 100% family-owned and of Venetian descent. It is run by a third generation of 5 dialect-speaking cousins: Benito (Administration), Jaime and Paulo (Finance), Jaime Sobrinho and Realinho (Marketing). Fourth generation Nilzo Panizzon is the winemaker and technical director. Located in a beautiful country setting, the industrial-looking winery is surrounded by 74 acres of vineyards that belong to some of its associates. Their own completely new vineyards are located 40 miles away in Vacaria and consist of both Cabernets, Merlot, Ancellotta, Refosco, Chardonnay, Moscatel Bianco y Giallo, Prosecco, Malvasia di Candia, Garganega, and Gewürztraminer trained on vertical shot positioning, with a bit of lyre.

The winery began in 1960, but began making fine wines 5 years ago. Including table wines, their catalog offers more than 80 different labels with 3 brands, plus 6 varieties of 'hot drinks' or vermouths, *a soft drink, an aguardiente and a vodka (cane sugar), plus 2 brands of vinegars made from alcohol, apple, and red and white wine in 11 different presentations each. The impressive variety of bottles is not so surprising as Panizzon also has a plastic container factory. Their grandparents' old house was recycled for the vinegar plant, which produces 1,600,000 gallons. The industrial winery grew all around it with enormous in the open iron tanks surrounding a splendid garden, "it's Grandma Rosina's; she's 92 and lives here. She comes every day to see her vegetables, so don't even think about taking it out of here. When she's gone, we're thinking of planting a display of trellising systems," says Nilzo. In the meantime, they've set up a shop and tasting room for visitors and plan to make a* boutique *winery in the Vacaria vineyards.*

Panizzon Moscatel 2002 ★★★ - *Panizzon Lambrusco 2002* ★★

Reserva Panizzon Cabernet Sauvignon 2001 ★★

Reserva Panizzon Merlot 2002 ★

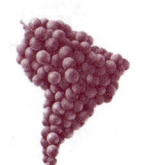

Vinícola Monte Reale Ltda.

Av. 25 de Julho 5005 /
95270-000 Flores da Cunha / RS
Tel./Fax.: (54) 2921011

E-mail: vinhos@montereale.com.br
Website: www.montereale.com.br
Capacidad: 1,5 millones de litros / *Capacity: 400,000 gallons*
Viña: 3 hectáreas / *Vineyards: 7 acres*

Si la industria vinícola bien entendida siempre va de la mano con el turismo, he aquí una bodega reciclada a propósito para el enoturismo: a la vera de la ruta de acceso a Flores da Cunha, aprovechando la piedra basáltica de la región y con todos los detalles necesarios para cautivar al visitante más preocupado por el escenario de los vinos que por su substancia, incluyendo la cascada artificial interior en vestíbulo, con tienda y sala de degustación además de un restaurante para comitivas con reservas, que se abre a la bodega propiamente dicha.

Con la marca *Val de Miz*, neologismo que une el poblado de Belluno llamado Val de Mis con el apellido Mioranza de su propietario, la bodega produce un 90 % de vinos comunes y 10 % de vinos finos, por un total de 100 mil litros. La pequeña viña propia, ubicada en Caxias, es de Cabernet Sauvignon, Tannat y Merlot. De la bodega original, vieja de 30 años, quedan tanques de hormigón/epoxy y tanques de acero con sistemas de refrigeración y remontaje automáticos, además de tanques de acero a cielo abierto empleados para el vino común. Los viejos toneles de madera cumplen una función decorativa, en tanto que un par de docenas de barricas satisfacen a la crianza de un Cabernet Sauvignon. Hay una cava de afinamiento y un largo túnel en construcción donde se proponen hacer espumantes. El proyecto incluye una posada y un viñedo demostrativo.

The wine industry usually goes hand-in-hand with tourism, and here we have a winery intentionally recycled for eno-tourism. Taking advantage of the basalt rock along side the entrance to Flores da Cunha, they've set up a shop and tasting room with all the attention to detail necessary to charm the visitor with more interest in the scenery than the wine, including an artificial indoor waterfall in the vestibule and a restaurant that opens into the winery itself, available for groups with prior reservations.

Under the name Val de Miz, *a neologism of the town of Belluno, called Val de Mis, with the Mioranza surname, the winery produces 90% ordinary wines and 10% fine wines, for a total of 26,000 gallons. Their own small vineyard in Caxias holds Cabernet Sauvignon, Tannat, and Merlot. Cement/epoxy and steel tanks with temperature control and automatic pump-overs still remain from the original, 30-year-old winery, as do open-air steel tanks used for ordinary wines. The old wooden casks are now merely decorative, as dozens of barrels satisfy their needs for aging Cabernet Sauvignon. There is an aging cellar and a long tunnel under construction where they plan to make sparkling wines. The project includes an inn and a model vineyard.*

Reserva Val de Miz Cabernet Sauvignon 2000 ★★

Val de Miz 15 Años Brandy ★★

Vinícola Giacomin Ltda.

Travessão Hortência / Mato Perso 4° Distrito
95270-000 Flores da Cunha / RS
Tel.: (54) 2597111
Fax.: (54) 2597130

E-mail: giacomin@giacomin.com.br
Website: www.giacomin.com.br
Capacidad: 1,2 millones de litros/ *Capacity: 320,000 gallons*
Viña: 24 hectáreas/ *Vineyards: 60 acres*

Todavía hoy esta bodega se esconde solitaria al final de un camino mejorado en un formidable valle de bosques, cascadas y farallones rocosos que honran al topónimo Mato Perso ("selva perdida"). Hace 80 años, cuando el bisabuelo Angelo proveniente de Belluno se instaló aquí, aún debía flotar en el aire un perfume de aborígenes. En ningún otro lugar de la Sierra Gaúcha resulta tan conmovedor el esfuerzo de los colonos italianos, porque esta bodega es un pequeño caserío de una sola familia: la casa de los padres Joao y Joana (que todavía trabajan) y las de sus 5 hijos, Rui (bodega), Francisco, Angelo y José Mar (viñedos) y Luiz Carlos (dirección y administración) además de los nietos –todos longilíneos, rubios y de ojos claros. Si bien ya el abuelo Giuseppe hacía vino y lo vendía a granel distribuyéndolo con una bordelesa en carro de bueyes, embotellan desde 1986. Hace una década que empezaron a sustituir los parrales con el mayor orgullo de la casa, que aseguran es de su invención: el sistema de conducción en *ipsilon* con postes en Y de cemento hechos en casa, que hoy sostienen al 70 % del viñedo de Cabernet Sauvignon, Merlot, Tannat, Ancellotta, Riesling Itálico y Moscato Giallo.

Luiz Carlos, economista, no tiene dudas sobre la calidad del "sistema Giacomin" que les permitió en 2000 hacer el primer Cabernet de Brasil sin chaptalización. También está convencido que sus tierras de color rojo son "*de las mejores del mundo para la vid, sólo que un poco húmedo*". Los vinos finos se elaboran con prensa pneumática y filtros de tierra italianos, tanques de acero inox con frío y remontaje automatizado, y crianza en barricas americanas para las que Rui (quien ya hizo un dique de piedra) está construyendo una gran cava de bloques basálticos extraídos de la cantera propia. Pues los Giacomin están acostumbrados a la autosuficiencia: producen sus quesos, crían cerdos y cultivan maíz y *feijoao*. Sólo dejaron de cosechar el trigo.

Even today this winery remains solitary and hidden at the end of a road made better by a tremendous valley of forests, waterfalls, and rocky cliffs that do honor to its name: Mato Perso ('lost forest'). Eighty years ago, when great-grandfather Angelo from Belluno in Lombardy settled here, the perfume of the indigenous people still filled the air. There is no other part of Sierra Gaucha where the efforts of the Italian colonists is so moving because the winery is in a small one-family hamlet made up of the home of parents Joao and Joana (who still work) and those of their 5 sons Rui (Winery), Francisco, Angelo, and José Mar (Vineyards), and Luiz Carlos (Administration) and the grandchildren – all tall and thin, blond and blue-eyed. Although grandfather Giuseppe made wine and sold it in bulk, distributing it from a barrel on an ox-drawn cart, they have bottled their wine since 1986. A decade ago they began to switch from pergolas to what they proudly claim is their own invention, the Y-trained system using Y-shaped cement posts of their own making. Today the system supports 70% of their Cabernet Sauvignon, Merlot, Tannat, Ancellotta, Riesling Italico, and Giallo Muscat.

Luiz Carlos, economist, has no doubts about the quality of the "Giacomin system," which allowed them to make Brazil's first non-chaptalized Cabernet in 2000.

He is also convinced that his red-colored soils are "the best in the world for vines, except that they're just a bit humid."

Their fine wines are made using a pneumatic press and Italian earth filters, temperature-controlled stainless steel tanks with automatic pump-overs, and then aged in American oak barrels. Rui has already constructed a stone dike and is now building a large cellar of basalt blocks from their own quarry. The Giacomin family is quite used to being self-sufficient: they make their own cheeses, raise pigs, and grow corn and beans. The only thing they no long harvest is wheat.

Giallo Moscatel ★★★ - *Gran Reserva Giacomin Cabernet Sauvignon 2001* ★★★
Reserva Giacomin Moscato Giallo 2002 ★★ - *Reserva Giacomin Riesling 2002* ★★
Reserva Giacomin Cabernet Sauvignon 2001 ★★ - *Reserva Giacomin Merlot 2001* ★★

VINHOS MARSON LTDA.

Linha Frei Caneca s/n /
95335-000 Cotiporá / RS
Tel.: (54) 4461318
Fax.: (54) 4461111

E-mail: marson@vinhosmarson.com.br
Website: www.vinhosmarson.com.br
Capacidad: 2,5 millones de litros/*Capacity: 660,000 gallons*
Viña: 15 hectáreas/*Vineyards: 37 acres*

El bisabuelo de Heitor Marson llegó del Véneto y se estableció en la tierra donde en 1939 su abuelo comenzó a elaborar vino de mesa: la casa de piedra fundacional hoy es el salón de degustación de la bodega, que produce 400 mil litros de vino fino y 600 mil de común. Heitor, con otro de sus 10 hermanos nacidos todos bajo ese techo, se ocupan de la vitivinicultura. Otros 2 llevan administración y compras. Y 2 más, que viven en Porto Alegre y en San Pablo, las ventas. Es una bodega solitaria, a una docena de kilómetros de Veranópolis, sin otras en el vecindario: un amplio valle a 800 metros de altura que conduce hacia el tumultuoso y encajonado Rio das Antas. La viña contiene las clásicas francesas: Cabernet Sauvignon, Merlot y Chardonnay, mitad en parral (que rinde 20 toneladas por hectárea) y mitad en espaldera (que rinde la mitad) "*pero es mejor*" según Heitor, quien este año tuvo tanta lluvia en época de floración que reconoce una pérdida de un 30 % en la producción, y está pensando en cubrir con plásticos a su viña, aunque cueste 10 mil reales (unos 3 mil dólares) por hectárea.

Responsable de la enología, todos sus vinos se elaboran en tanques de acero refrigerados y reciben crianza en barricas de roble americano hechas en Brasil. También produce el vino base para un espumante que por ahora es tercerizado en la bodega *Cave de Amadeu*, si bien piensa construir su propia cava y seguir el método tradicional. "*Desde hace 5 años en Brasil aumentó el consumo de vino tinto y está sobrando el blanco, cuya salida es el espumante. El único problema es que sólo se vende para las fiestas, el resto del año no tiene salida*" dice Heitor Marson.

In 1939, Heitor Marson's grandfather began making table wine on the same land his own father settled when he arrived from Veneto. Today the winery produces 100,000 gallons of fine wine and 160,000 of common wine, and the original stone house is the winery's tasting room. Heitor and another of the 11 siblings born under this very roof, now attend to the vitiviniculture, 2 others handle the administration and purchasing, while 2 more, who live in Porto Alegre and Sao Paulo are in sales.

This is a solitary winery, a 7 neighborless miles from Veranópolis, in a wide, 2,600-foot high valley leading to the tumultuous Rio das Antas. The winery has the classic French varieties: Cabernet Sauvignon, Merlot, and Chardonnay, half on pergola (yielding some 20,000 pounds por acre and the other half on vertical shoot positioning (with half the yield), "but this is better," says Heitor. So much rain fell during flowering this year that they suffered a 30% loss in production and are considering covering the vineyard with plastic, although it would cost 5,000 reales (about $1,500 USD) per acre.

All of the wines are made in temperature-controlled stainless steel tanks and then aged in American oak barrels made in Brazil. They also produce the base wine for a sparkling wine made in the Cave de Amadeu, although they are thinking of building their own cellar and following the traditional method. "Five years ago, Brazil increased its consumption of red wine and the surplus of white can go into sparkling wine. The only problem is that it's only sold for Xmas, and the rest of the year it just sits there," says Heitor Marson.

Marson Reserva Cabernet Sauvignon 2001 ★★★★

Marson Brut ★★ - *Marson Reserva Chardonnay 2002* ★

Reserva Marson Merlot 2001 ★

La Frontera Sur
The Southern Border

Entre Encruzilhada do Sul, Bagé y Santana do Livramento hay mucha buena tierra disponible para viñedos. La viña vinífera comenzó a ser plantada en gran y moderna escala hace ya 20 años. Pero las bodegas en la región son menos numerosas que los viñedos: son islas en un océano de praderas ganaderas o forestales.

There is plenty of land available for vineyards between Encruzilhada do Sul, Bagé, and Santana do Livramento, where vinifera vineyards began to appear on a large and modern scale 20 years ago. But the region's relatively few wineries emerge like islands in an ocean of cattle pastures and forests.

Almadén – Seagram do Brasil Industrial e Comercial Ltda.

Passo da Cruz s/n / Vila Paloma / 97573-970 Santana do Livramento / RS
Tel./Fax.: (55) 2425151

Website: www.seagram.com.br
Capacidad: 8 millones de litros/*Capacity: 2,114,000 gallons*
Viña: 540 hectáreas/*Vineyards: 1,336 acres*

Durante 2 semanas en la Sierra Gaúcha visitamos sólo 2 bodegas de grandes empresas extranjeras en Garibaldi: el resto eran *cantinas* familiares o cooperativas. En todas partes nos recibieron con interés y cordialidad, ofreciendo con gusto las muestras de vino y dedicándonos hasta un par de horas para la visita.

En *Almadén* no fuimos más allá de la tienda de vino para los visitantes, a los que la bodega está plenamente abierta. No pudimos conocer ni a la directora ni al enólogo. Con ciertos titubeos previos nos entregaron muestras de 2 vinos, mientras compramos algunas otras de la misma marca y de la otra marca, *Forestier*. Nos propusieron la "visitación turística" pero por razones de tiempo y ruta la dejamos para otra ocasión.

During the 2 weeks spent in Sierra Gaucha, only 2 of the wineries we visited belonged to large foreign companies in Garibaldi; the rest were family-owned or cooperative cellars. All received us cordially and with interest, were pleased to offer tastings of their wines and spending up to 2 hours with us.

In Almadén, we went no further than the wine shop for visitors. We were unable to meet the director or winemaker. After a bit of hesitation, they provided samples of 2 wines, and we bought some more of the same brand and of another made at Almadén, called Forestier.

They offered us a 'touristic visit,' but for the sake of time and the route, we left it for another occasion.

Almadén Reserva Especial Chardonnay 2001 ★★ - Almadén Reserva Cabernet Sauvignon 2000 ★★
Almadén Reserva Especial Tannat-Cabernet Sauvignon 2000 ★★ - Almadén Cabernet Sauvignon 2001 ★
Almadén Reserva Especial Corte 1998 ★ - Almadén Merlot 2001 ★

LIVRAMENTO VINÍCOLA INDUSTRIAL LTDA.

Fazenda Santo Antônio, Passo dos Guedes,
1º Subdistrito de Pampeiro /
95570-000 Santana do Livramento / RS

Tel.: (55) 5056424
Fax.: (55) 5056422
Capacidad: 0,8 millones de litros/*Capacity: 211,360 gallons*
Viña: 84 hectáreas/*Vineyards: 210 acres*

Establecida en 1983, la bodega *Santa Colina* pertenece a una empresa japonesa que allá posee las bodegas *Takahata Winery* y *Kumamoto Winery*, y en Napa Valley, California, son dueños de una *Silverado Hill Cellars*. *Santa Colina*, con esta misma marca pero etiquetas en japonés, exporta hasta el 20% de su producción a su país de origen y vende el 80% en Brasil. La solitaria bodega se encuentra a una docena larga de kilómetros de la BR 293, por un camino asfaltado que se adentra en una hermosa campiña de cerros amesetados, onduladas praderas de ganadería, arboledas y finalmente, espléndidos viñedos en colinas de suelos arenosos. Estamos casi medio kilómetro más cerca del mar que en la Sierra Gaúcha, a 250 metros apenas: tras dos semanas en Bento Gonçalves, se siente el mayor peso de la atmósfera al mediodía. Aquí llueve, en años normales, unos 1.500 milímetros o sea casi un palmo menos que en la Sierra.

A la entrada a la oficina hay un parral de una deliciosa variedad de uva de mesa japonesa, Kyoho, de uvas tintas ya gordas y dulces al envero, a fines de enero. Es todo el adorno de esta bodega prolija, sencilla y funcional. Su gerente administrativo, Mitsuhiro Iwakawa, es japonés pero vivió tantos años en Brasil que su portugués es impecable. El responsable técnico es Flávio Augusto Novello, riograndense formado en la *Escuela Agrotécnica Federal*.

Una cuarta parte de los viñedos son en parral y el resto en espaldera, que rinde de 10 a 12 toneladas por hectárea y aquí piensan que da mejor calidad de fruta. La bodega es toda acero inox, con sistemas de refrigeración no automáticos y remontajes automatizados. Disponen de unas 2 docenas de barricas francesas y usan algo de virutas de roble.

No están preparados para visitas turísticas.

Established in 1983, the Santa Colina winery belongs to a Japanese company that owns the Takahata and Kumamoto wineries in Japan and the Silverado Hill Cellars in Napa Valley, California. Under the Santa Colina name, but with Japanese labels, the company exports up to 20% to its home country, while the remaining 80% is sold in Brazil.

The solitary winery located a 7 long miles from the BR 293 on a paved road leading through pretty countryside with table-topped hills, rolling pasture lands, woods, and finally, the splendid vineyards on sandy hills. We're barely 800 feet from the sea, nearly a third of a mile closer than Sierra Gaucha is. After 2 weeks in Bento Gonçalves, you feel the greater atmospheric pressure at mid-day. In normal years, the area receives 60 inches of rain, nearly 8 inches less than in the Sierra.

At the entrance to the office there is an arbor with a delicious variety of Japanese table grape, Kyoho, with fat red grapes that are already sweet at veraison in late January. This is the only decoration in this meticulous, simple, and functional winery. Its Administrative Director, Mitsuhiro Iwakaw, is Japanese, but has lived in Brazil so long that his Portuguese is impeccable. The technical director is Flávio Augusto Novello, for Rio Grande and trained in the Bento Gonçalves School.

A quarter of the vineyards are on pergola and the rest on vertical shoot positioning, and yield 4-5 tons per acre, which they believe is the best quality of fruit.

The winery is entirely stainless steel, with non-automatic temperature control systems and automated pump-overs. They have a dozen French oak barrels and use some oak chips as well.

They are not prepared to receive tourists.

Santa Colina Chardonnay 2002 ★★★

Santa Colina Riesling Renano 2002 ★★★ - Santa Colina Gewürztraminer 2002 ★★

Santa Colina Premium Cabernet Sauvignon 2001 ★

BODEGAS Y VINOS DE

Wineries & Wines from

CHILE
Chile

Muchas razones hacen de Chile el paraíso terrenal de los enólogos. Una buena y primera razón es que allí nunca llegó la terrible *Phyloxera vastatrix*, como tampoco al adyacente Cuyo: las vides se plantan a pie franco, sin injertar en pies de vid americana de raíces no apetecibles al temido insecto que pulula por casi todo el resto del planeta vinícola. La salubridad del clima y la insularidad del país (muy bien afianzada por las autoridades fitosanitarias del S.A.G. o *Servicio Agrícola Ganadero*, presentes en todos los puestos fronterizos) refuerzan los factores de calidad de una tierra donde la voraz hormiga negra argentina no existe, los pájaros no son una plaga protegida como en Australia, ni como allí escasea el agua de lluvia o de riego. Las pocas enfermedades que afectan a las cepas chilenas no son graves y ello torna barato y frecuente el manejo orgánico de las viñas, sin agroquímicos ni pesticidas. Por lo general, los viñedos sólo reciben un par de tratamientos al sulfato de cobre por temporada.

There are many reasons that Chile is a winemaker's paradise. One of the best reasons is that the dreaded Phylloxera vastatrix *never arrived here (nor in Cuyo, Argentina). The vines are planted without being grafted to American rootstocks that resist the dreaded louse that infests the rest of the wine world. The country's healthy climate and insularity (very tightly controlled by the phytosanitary authorities of the S.A.G. Agricultural and Cattle Service, present at every border crossing) strengthen quality factors in a land where the fierce Argentine black ant does not exist, birds are not a protected plague, as they are in Australia, nor is there a lack of rain or irrigation water.*

La heliofanía del Valle Central es más que abundante. La amplitud térmica, tan favorable a las uvas en maduración, es animada en el caluroso y soleado verano por brisas posmeridianas y nocturnas que soplan, frías, desde el Pacífico y desde los Andes. El granizo temible en los cultivos mendocinos no ocurre a este lado de la montaña. Fuera del valle de Casablanca, las heladas de primavera no son problema. Sólo molestan, en años como 2002, las lluvias veraniegas que en 2003 no ocurrieron, creando un verano-otoño optimal. Cualquier rareza del clima chileno es imputable a la Corriente de Humboldt, que al refregarse contra el dorso continental desde Antártida hasta Perú trastoca la meteorología de todo Chile, país que alberga en su elongación por meridiano a los lugares más lluviosos y más secos de América del Sur. Este singular aparato climático interactúa con relieves montañosos que entre los Andes y la Cordillera de la Costa segmentan al Valle Central en valles y vallecitos, con terruños vinícolas entre 200 y 900 metros de altitud, de suelos por lo común sueltos, pobres y de óptimo drenaje, surcados por pedregosos ríos de deshielo. La mayoría de los viñedos están en las llanuras de los valles, pero gracias al riego por goteo los hay siempre más en pedemontes y laderas.

En esta "loca geografía" (subtítulo aplicado a Chile por Benjamín Subercaseaux en su ensayo de 1940) la Vitis vinífera se encuentra desde más al norte de los 30 hasta más al sur de los 37 grados de latitud, 800 kilómetros al volar del cuervo. La mayor amenaza natural a la plácida vida viñatera chilena son los sismos, eventualidad prevista estructuralmente en las bodegas modernas. No hay muchos otros lugares del globo vinícola tan bien dotados por la Naturaleza. Pero también la humanidad contribuyó a hacer de Chile un lugar vitivinícolamente cercano a la perfección. Algo admirable en una tierra con dramática historia reciente, que incluyó una Reforma Agraria (*)

(*) La Reforma Agraria en Chile no fue impuesta como en Bolivia o en Perú por un movimiento revolucionario popular o militar. Se desarrolló en 3 gobiernos democráticos con toda constitucionalidad. Comenzó en tímida escala con el conservador Arturo Alessandri, a principios de los años '60; ganó momento con el demócratacristiano Eduardo Frei, cuando se expropiaron cientos de miles de hectáreas y alcanzó el clímax durante el gobierno truncado del socialista Salvador Allende a principios de los '70, con expropiación de millones de hectáreas y tomas violentas de fundos. Curiosamente, la dictadura del general Augusto Pinochet respetó lo actuado y los fundos ▶

The few diseases and pests that do affect Chilean vines are not serious, and this makes organic wineries management free of agrochemicals or pesticides inexpensive and frequent. Most vineyards only receive a couple copper sulfate treatments per season.

Sunshine is more than abundant in the Central Valley. Temperature variability, so favorable to ripening grapes, is encouraged in the hot, sunny summer by cool afternoon and evening breezes that blow from the Pacific and the Andes. The loathsome hail so common in Mendoza does not occur on this side of the mountains. And Casablanca Valley is the only area affected by spring frosts. Spring rain can be a problem, as it was in 2002, but there were none in 2003, creating an ideal summer-autumn season. Any climatic oddity is blamed on the Humboldt Current, which butts up against the continental backbone that runs from Antarctica to Peru, affecting the weather throughout Chile, which is home to both the rainiest and driest places in South America. The Central Valley, framed by the Andes and the Coastal Ranges, is further subdivided into sub-valleys, with viticultural terroirs of 650-2950 feet a.s.l., with generally loose, poor, and well-drained soils carved into furrows by rocky rivers of mountain runoff waters. Most of the vineyards are found on the valley floors, but drip irrigation is allowing vines to be planted farther up the hillsides and into the foothills.

In this "crazy geography" (as Benjamín Subercaseaux put it in his 1940 essay on Chile), Vitis vinifera is found from above 30° and below 37° latitudes, a stretch of almost 500 miles, as the crow flies. Earthquakes are the greatest natural threat to Chile's placid vitiviniculture, and modern wineries are structurally prepared. Few other places in the world of wine are so blessed by Nature.

But humanity has also contributed to making Chile so vitiviniculturally close to perfection –admirable in a land with a dramatic recent history that includes an Agrarian Reform (*) and the expropriation of millions

(*) The Chilean Agrarian Reform was not imposed by a popular revolutionary movement or military rule, as it was in Bolivia and Peru. Here it was constitutionally developed over the course of 3 democratic governments. It began slowly with the Conservative Party President Arturo Alessandri in the early 1960s. It gained momentum with Christian Democrat Eduardo Frei, when hundreds of thousands of acres were ▶

con expropiación de millones de hectáreas de fundos, sumado a un largo período de pesado intervencionismo estatal que paralizó el progreso enológico desde los años '30 hasta los '80.

Chile es hoy el país vitivinícola más avanzado y eficaz de América del Sur, gracias a los "factores de calidad extra-enológicos": un Estado de dimensiones adecuadas y sano funcionamiento que no hace mucho en favor de la vitivinicultura pero tampoco hace nada en contra, como es usual al otro lado de los Andes; otro importantísimo factor de calidad de los vinos chilenos es el generalizado respeto por las señales de PARE, tal como en Australia o California: "díme cómo conduces tu auto y te diré cómo vinificas".

A la difundida cultura del trabajo y la libre empresa orientada a las exportaciones se suman tasas de interés civilizadas y muy buenas autopistas, telecomunicaciones y servicios, además de un proletariado agrícola experimentado y amparado por leyes laborales y derechos sindicales: en Chile no se trabaja "en negro". Así los cosecheros chilenos ganan 2 y 3 veces más que en Cuyo y son los que mejores condiciones de trabajo encuentran en todo el Continente; sin embargo no hay trabajadores golondrina de otras regiones o países. En los viñedos de más de 100 hectáreas es rentable la cosecha a máquina.

Por todas estas razones, y también por el encanto de las numerosas enólogas chilenas, es que trabajar en los vinos finos de Chile es algo ansiado por jóvenes y

▶▶ no fueron restituidos a sus anteriores dueños. Desde entonces ya nadie habla del tema en Chile, salvo los historiadores. Que el latifundio había asumido en Chile proporciones reñidas con el sentido común en un país densamente poblado y de constricta geografía, parece indiscutible. Y que la Reforma Agraria fue un éxito o un fracaso a medias, también. No creó una nueva clase de pequeños propietarios campesinos ni un exitoso movimiento cooperativista. Quedaron latifundios intactos y otros se reconstituyeron re-comprando parcelas a sus nuevos propietarios.

La *Unidad Popular* de Allende pretendía que las viñas privadas se transformaran en empresas mixtas donde el Estado y los trabajadores tendrían el 51 % de las acciones y sus ex-propietarios, acontentados del resto se ocuparían de la gestión. Nada se hizo en 3 años de gobierno socialista, porque antes había grandes latifundios por expropiar y la vitivinicultura era la única agroindustria que aportaba algunas divisas con sus exportaciones, por entonces modestas. Muchas viñas nacidas en el *boom* de los '90 surgieron en retazos de anteriores fundos ganaderos, por iniciativa de sus viejos propietarios que siempre conservaban la "reserva": media casa patronal y alrededor de un 10 % de la tierra.

of acres of fundos (agricultural estates), added to a long period of heavy state interventionism that paralyzed enological progress from the 1930s to the 1980s.

Today Chile is the most advanced, most efficient vitivinicultural country in South America, thanks to "extra-enological quality factors": a government of appropriate dimensions and healthy operations that doesn't do much for the wine industry –but does nothing against it, as is common on the other side of the Andes. Another very important quality factor in Chilean wine is the generalized respect for STOP signs, as is Australia or California; "tell me how you drive, and I'll tell you how you vinify…"

The extended culture of work and the free company oriented toward exports, added to civilized interest rates and very good highways, telecommunications, and services, as well as an experienced agricultural workers backed by labor laws and union rights. In Chile no one works "under the table." Harvesters in Chile earn 2 or 3 times more than in Cuyo and under the best conditions in the continent. However, there are no migrant workers from other regions or countries. In vineyards of over 250

▶▶ expropriated, and it reached its climax during the aborted government of Salvador Allende in the early 1970s, with the expropriation of millions of acres and violent takeovers of fundos. Curiously, dictator General Augusto Pinochet honored the changes that had taken place, and the fundos were not returned to their prior owners. Since then, no one but historians mention the subject in Chile. That Chile's aristocratic landowners had assumed more than a fair in a densely-populated country with restrictive geography, seems indisputable, as was the fact that the Agrarian Reform was a success or half-failure as well. It didn't create a new class of small rural land-owners, nor did a successful cooperative movement result. Some *latifundios* (large estates) remained intact, and others were reconstituted by buying back the land from the new owners.

Allende's Popular Unity Party had intended to turn private wineries into mixed companies where the State and the workers would hold 51% of the shares, and the former owners would be content with the rest and concern themselves with management. In the 3 years of socialist government, this never happened because there were large *latifundios* to expropriate first, and vitiviniculture was the only agro-industry that generated some kind of income through exports, albeit modest at that time. Many of the wineries born during the boom of the 90s arose from the remnants of former cattle ranches, by the initiative of their old land-owners who always held onto the "reserve": half the manor house and about 10% of the land.

313

talentosos *winemakers* europeos, australianos y americanos. De varios de ellos, en mayoría franceses, proviene nuestra afirmación del carácter paradisíaco de las cosas vínicas en la "*esquina sur*" de Sudamérica.

La tierra

Siguiendo al profesor, enólogo y productor de vinos Alejandro Hernández en su *Introducción al Vino de Chile*, los relieves viñateros en el Valle Central son de 2 tipos: el lecho del valle y sus terrazas, de origen aluvial reciente, y el pedemonte de origen coluvial y cierta pendiente. En la generalidad son suelos pobres en materia orgánica, de profundidad variable y buena permeabilidad, con subsuelos calcáreos y de tosca. A lo largo del Chile vitícola se distinguen 6 grandes tipos de suelos: los *aluviales*, desde el Maipo hasta el Maule, horizontales o poco ondulados, más bien profundos y fértiles, de textura franca a franco-arcillosa; los *suelos bajos de materiales finos*, frecuentes en la cercanía de los cerros, en depresiones donde se acumularon sedimentos finos, con textura arcillosa, mal drenaje y napas freáticas altas; los *aluvio-coluviales*, en Maipo y Cachapoal, de textura franca a franco-arcillo-limosa, medianamente profundos y moderadamente orgánicos, a veces pedregosos, de buen drenaje; los *suelos de conglomerados, brechas y tobas*, en Colchagua y Maule, franco arcillosos, delgados o profundos, planos o poco ondulados, de buen drenaje si no lo impiden las toscas o tobas volcánicas; los *derivados de cenizas volcánicas*, en el este del Valle Central desde Talca hacia el Maule, planos o apenas ondulados, francos a franco-limosos, con abundante materia orgánica y de buen drenaje; y finalmente los de *tipo granitóideo*, en la cara este de la Cordillera de la Costa entre Maule y Bío Bío, que pueden ser planos o en pendiente, con grava de cuarzo en la superficie, francos y profundos, pobres en materia orgánica y a veces surcados por horizontes arcillosos que afectan el drenaje.

En nuestra experiencia personal, caminamos la mayor parte del tiempo sobre suelos arcillosos y de *maicillo* (arenisca granítica), pedregosos en las laderas de los cerros y también más allá, en la llanura aluvional del Valle Central, que contiene brechas y viejos lechos de cantos rodados de los ríos, como en Isla de Maipo. En cuarteles de viña implantados en las "mejores tierras" (suelos francos y profundos, ricos en materia orgánica)

acres it is more economical to harvest by machine. All of these reasons –plus the charm of Chile's women winemakers– makes young and talented European, Australian, and American winemakers anxious to work in Chile's fine wine industry. Many of them, particularly the French, have affirmed the idyllic character of the wine world in this "southern corner" of South America.

The land

Following professor, enologist, and producer Alejandro Hernández in his Introducción al Vino de Chile, *the Central Valley has 2 types of winelands: the valley floor and its terraces, of recent alluvial origin, and the sloped piedmont of colluvial origin. In general these soils are poor in organic material, with variable depth and good permeability, with coarse, calcareous subsoils. Throughout Chile's viticultural zones there are 6 distinguishable types of soil: alluvial, from Maipo to Maule, horizontal or slightly rolling, rather deep and fertile, of loam or clay-loam; soils low in fine materials, frequent near the hills, in depressions where fine sediments accumulate, with clay texture, poor drainage, and high water tables; alluvial-colluvial, in Maipo and Cachapoal, with loam to loam-clay-lime textures, moderately organic with medium depth, sometimes rocky, with good drainage; conglomerate, breccia, and tuff soils in Colchagua and Maule, clay-loam, thin and deep, flat or slightly rolling, with good drainage if not impeded by tuffs; soils derived from volcanic ash in the eastern Central Valley from Talca toward Maule, flat or barely rolling, loam or lime-loam, with abundant organic material and good drainage; and finally granitoid type in the eastern face of the Coastal Range between Maule and Bío Bío, which can be flat or sloped, with gravel or quartz on the surface, loam and deep, poor in organic material, and sometimes furrowed by clay horizontals that affect drainage.*

In our travels, we almost always found ourselves walking on clay and gravel (granitic sand) soils, rocky on the hillsides, and further on, in the Central Valley flood plain, which has breccia and old pebble-filled river beds, as in Isla de Maipo. In winery sections planted in the "best soils" (deep, loamy soils rich in organic material), there is excessive vigor, mitigated

hay excesiva vitalidad, mitigada con sistemas de conducción como la lira o el Scott Henry, además del manejo cultural más o menos severo según el destino de las uvas. Los suelos más nuevos y quizá más interesantes de Chile están siendo descubiertos en los últimos años, en un sinnúmero de lenguas de viñedo que lamen las laderas serranas o montañosas, nunca en excesiva altura y en algún caso en cultivos aterrazados, siempre con riego artificial por goteo. Este fractal de nuevos viñedos en ladera, que están comenzando a fructificar en estos años, contiene una micro-geografía en estudio por cada viticultor, con laderas más o menos expuestas al norte o a los vientos, y suelos que cambian de color o textura cada pocas hileras de vid, dando aquí o allá resultados distintos, tal como en el Viejo Mundo -pero en tierras vírgenes. Al igual que en Argentina, en Chile hace pocos años que los enólogos abandonaron el sedentarismo del laboratorista y caminan el viñedo mapeando cultivos para lograr vinificaciones por lotes o cuarteles de vid y microvinificaciones de sectores particulares. De estas vides nuevas en parcelas nuevas con gradientes propios del Viejo Mundo están surgiendo, tal como en Apalta en el Valle de Colchagua, la gran "reserva de calidad" que Chile prepara para el futuro.

El clima

Exploramos el Chile vitivinícola en tiempo de vendimia durante un mes y medio entre abril y mayo de 2003, uno de los mejores años en una década, según todos a quienes preguntamos. Era para estar contentos: fuera de unas gotas en enero, no llovió en ningún lado hasta fines de mayo, cuando descontando los cuadros de uvas blancas entregados a la podredumbre noble, ya todo estaba cosechado. Entonces diluvió tres días seguidos sobre el Valle Central a lo largo de mil kilómetros al tiempo que blanqueaba y se clausuraba al tránsito toda la Cordillera de los Andes chileno-argentina. Ésta, que amanece imponente y despejada cada día en Mendoza y se desdibuja por la tarde en la bruma, en todo nuestro viaje por Chile estuvo semioculta tras la calina y sólo apareció nítida después de la primera tormenta invernal. Los días amanecían nublados y también muy neblinosos en Maule y Curicó, pero antes del mediodía el cielo despejaba y las tardes eran soleadas y calurosas ya bien entrado mayo. Siempre que nos acercamos al mar vi-

by trellising systems such as lyre or Scott Henry, and rather severe cultural management, depending on the destination of the grapes. The newest areas, and perhaps the most interesting, are those being discovered in recent years, resulting in an endless number of vineyards stretching up the hillsides, never very high, and in some cases terraced, and always with artificial drip irrigation. These new hillside vineyards, just now beginning to bear fruit, contain a micro-geography for study by each winegrower: hillsides more or less exposed to the north, wind patterns, and soils that change color or texture every few rows, giving different results in different spots, as in the Old World –but in virgin soils. In Chile, as in Argentina, winemakers have abandoned the sedentary laboratory life and have begun walking the fields, mapping the crops, identifying parcels and sectors for micro-vinifications of particular lots. These new vines in new areas with slopes reminiscent of the Old World, such as in Apalta in the Colchagua Valley, are giving rise to the great "quality reserve," which Chile is preparing for the future.

The climate

Our 6-week vitivinicultural explorations of Chile took place during harvest between April and May 2003, by all accounts one of the best years in a decade. A few drops of rain fell in January, then none at all until late May, when all but a few parcels of white grapes left to the noble rot had already been harvested. And then it poured for three solid days, drenching 600 miles of the Central Valley, washing out roads, and closing off all the mountain passes between Chile and Argentina. Unlike Mendoza, where the mountains that begin each day clear and imposing and later fade into afternoon mists, the mountains in Chile remained semi-hidden behind the haze during our entire time there -and only appeared clearly after the first winter storm. The days began cloudy and very foggy in Maule and Curicó, but the skies cleared at midday and afternoons were sunny and warm, even in May. Approaching the sea, we always saw the camanchacas, *or low clouds or fog delivered daily to Chile and Perú by the Humboldt Current and the Pacific. Although there is no rain, the* camanchacas *cover the valleys like a cool cloth, dry but cooled and dampened by the frosty ocean mists.*

mos las *camanchacas* o nubes bajas o neblinas que la Corriente de Humboldt y el Pacífico elaboran a diario especialmente para Chile y Perú. Secas de lluvia, las *camanchacas* fungen como toallitas refrescantes en los valles expuestos al mar, áridos pero enfriados y humectados por estos álgidos vapores oceánicos. En los valles de Casablanca y Leyda comprobamos la fuerza de la brisa diurna posmeridiana que a la caída del sol transforma un día veraniego en un anochecer invernal y -cuando cesa en la madrugada- deja caer la helada temprana o tardía. En Casablanca vimos un viñedo recién cosechado y quemado por la primera helada otoñal, de 4º bajo cero. A lo largo del otoño austral perfecto, comprobamos personalmente la amplitud térmica estival que tanto beneficia a las uvas de Chile: frío húmedo a la mañana, calor por la tarde y frío en la noche fue lo usual cada día.

Salvo aquellos años en que El Niño trastoca la dictadura climática de la Corriente de Humboldt, en el Chile útil a las uvas de calidad hay una estación seca entre primavera, verano y otoño, y una época de lluvias en invierno. El clima es más húmedo que al otro lado de los Andes, barrera que en la franja de los 30º sur demedia las lluvias y la humedad atmosférica: lo que a Poniente de la Cordillera son promedios anuales de 500 milímetros, a Levante son 250 milímetros; con la humedad atmosférica ocurre algo parecido y el saldo es nieve en las cumbres.

A lo largo de los 800 kilómetros que median entre los valles de Limarí al norte y del Maule al sur, los viticultores nos hablaron de lluvias de menos de 200 a más de 800 milímetros por año, con 500 milímetros en el Valle del Maipo y la mayor parte del Valle Central -y también con grandes fluctuaciones en las últimas temporadas. La lluvia no es un factor crítico ya que casi todo viñedo entre los valles de Aconcagua y Maule tiene riego artificial por surco o por goteo. Sólo en los terruños más australes (y lluviosos) hay viñas sin irrigación. Pero estas viñas de secano o de *rulo* son, salvo excepciones, de uvas para el *vino pipeño* y pueden ser o no viníferas: un criticado - y derogado - decreto del general Pinochet permitió hacer vino de variedades americanas o híbridas.

Las lluvias chilenas aumentan hacia el sur. También son más abundantes en las laderas occidentales de las cordilleras de la Costa y de los Andes: a oriente de ambas cadenas montuosas llueve menos. Así las tierras del Valle Central suelen ser más húmedas al pie de los

In Casablanca and Leyda we witnessed the strength of the breezes that can turn a summer afternoon into a winter night when the sun goes down, and when they stop blowing before dawn, they can drop an unwelcome frost. In Casablanca we saw a vineyard recently harvested and hit by the first autumn frost, at 25ºF. Throughout the perfect austral autumn, we were witness to the summer's vast temperature variability so beneficial to Chilean grapes; a typical day moved from cold, damp mornings to hot, sunny afternoons and back to cold nights.

Except for those years when el El Niño upsets the climatic dictatorship of the Humboldt Current, Chile has a dry spring, summer, and fall, and a rainy winter, very useful for quality grapes. Chile's climate is more humid than Argentina's. At 30º South, the Andes presents an atmospheric barrier, with 20 inches of rain per year falling to the west, and 10 to the east. Something similar happens to the atmospheric humidity, and the rest is snow that falls on the peaks. Throughout the 500 miles between the northern Limarí Valley and the southern Maule, winegrowers told us of annual rainfalls ranging from less than 8 inches to more than 32 inches, with 20 in the Maipo and most of the Central Valley –and with great fluctuations in recent years. Rain is not a critical factor, as nearly every vineyard from Aconcagua to Maule has drip-line or furrow irrigation systems. Only in the southernmost (and rainiest) areas are there non-irrigated wineries. But, with few exceptions, the grapes in these wineries are for "pipeño" wine, which may or may not be viniferous; a highly criticized decree by General Pinochet once allowed wine to be made from American or hybrid varieties.

The rain in Chile increases toward the south, as it does on the western slopes of the Coastal and Andes Mountains; it rains less on the eastern side of both ranges. Therefore the land in the Central Valley is usually wetter in the foothills of the Andes and drier toward the Pacific. The ocean mists create conditions that are cooler, damper, and darker. Therefore, there are no ocean-exposed vineyards along Chile's coastline; the closest are about 8 miles away. No one wants direct contact between the vines and the cold, wet conditions of the Pacific.

Andes y más secas hacia el Pacífico. No obstante su aridez y a causa de las *camanchacas*, las tierras de mayor influencia marítima son más frescas, húmedas y de menor luminosidad. Así, en toda la costa de Chile no hay viñedos expuestos al océano: los más próximos distan alguna docena de kilómetros. Nadie busca un contacto directo entre las frías humedades del Pacífico y la vid.

Las viñas

En todas las bodegas de América del Sur fuimos recibidos con gentileza y amabilidad, y sería injusto hacer comparaciones. Pero también sería injusto dejar de señalar que en las viñas de Chile a la hospitalidad sudamericana se suma un *know-how* o *savoir faire* sin duda relacionado con que todos los productores de calidad desde hace al menos una década están habituados a recibir visitas de escritores, periodistas, visitantes, clientes y bodegueros de ultramar. Y a trabajar con enólogos franceses, australianos, californianos o italianos. Y exportar a todo el globo. Por último, es aquí donde mayor participación tiene la mujer en Sudamérica (*) y hemos de consignar que es harto difícil resistir al encanto de las chilenas que saben de vinos y viñas. También la calidad de sus folletos, siempre en castellano e inglés, dice que las viñas chilenas son las más acostumbradas al contacto con los visitantes extranjeros, si bien la mayoría está cerrada al turismo masivo.

Las viñas más antiguas de Chile quedaron englobadas en el tejido suburbano de Santiago, ciudad que *ab urbe condita* 1541 tuvo su viñedo en las afueras. El patriciado santiaguino, aunque viviera de la ganadería o la minería, siempre tuvo contacto con el cultivo de la vid y desde mediados del siglo XIX varias buenas y viejas

---

(*) La presencia de la mujer en la vitivinicultura sudamericana podría graduarse con Chile en primer lugar, con un 60 % de mujeres-enólogo (que además son ingenieros agrónomos); luego Argentina y Uruguay, con bastantes menos mujeres-enólogo pero mucha presencia en otras áreas de la empresa; finalmente los países vinícolas más machistas serían Brasil, Bolivia, Paraguay y Perú, donde casi no encontramos mujeres en la dirección de las bodegas, sí en las líneas de selección y fraccionamiento, donde son superiores a los varones. Fuera de la bodega, en todos los viñedos sudamericanos la mano de obra es predominantemente masculina ya que vendimiar a destajo bajo el sol durante 8 ó 10 horas, enmostándose de la cabeza a los pies, es una tarea para físicos rudos. A paridad de experiencia, la mujer cosecha en un día la mitad de lo que puede hacer un varón.

The wineries

We were received warmly in all of the South American wineries we visited, and it would be unfair to make comparisons, but it would also be unfair not to mention that the Chilean wineries have an added know-how and savoir faire, doubtless due to the fact that quality wine-producers are used to visiting writers, journalists, tourists, clients, and winemakers from abroad. And to working with French, Australian, Californian, or Italian winemakers. And to exporting around the globe. The quality of their brochures, always in Spanish and English, also show that Chilean wineries are more accustomed to contact with foreign visitors, although the majority are closed to mass tourism. And, to top it off, Chile also has the greatest number of women in the industry (*), and we have to admit that it's very hard to resist the charm of a Chilean woman who knows about wines and wineries.

Chile's oldest wineries are now engulfed by suburban Santiago, which ab urbe condita 1514 had vineyards around its perimeter. Although Santiago's early aristocracy made their living in cattle and mining, they always had contact with winegrowing, and in the mid-19th century, Chile's wealthiest families began to turn their fundos into simulated French châteaux, introducing French varieties and winemakers and in some cases even building a type of castle, although most seem to have conserved their traditional manor houses. The Santa Carolina winery, for example, is now surrounded by the city and no longer has vineyards there. Canepa conserves a perfectly suburban parcel, and across town, Aquitania, Quebrada Macul, and Cousiño Macul (with a magnificent

---

(*) The presence of women in South American vitiviniculture could be ranked as follows: Chile in first place, with 60% of women enologists (who are also agricultural engineers), followed by Argentina and Uruguay, with considerably fewer women in winemaking, but with a significant presence in other areas of the business, and finally, the most machista wine-producing countries would be Brazil, Bolivia, Paraguay, and Peru, where we barely found any women in management positions, although they were present on the selection and bottling lines, where they work better than men. The labor force in all South American vineyards is predominantly male, as picking grapes under the hot sun for 8 to 10 hours, covered in must from head to toe, is tough work. And experience shows that women harvest half of what a man does in a day.

familias chilenas se propusieron lograr en sus fundos del valle del río Maipo y más allá algo equivalente a los *châteaux* franceses, introduciendo cepas y enólogos galos y en algunos casos hasta construyendo una evocación de castillo, si bien los más parecen haber conservado sus casonas patronales de antaño. La viña *Santa Carolina*, por ejemplo, está rodeada por la ciudad y ya no tiene sus viñedos allí. *Canepa* conserva un cuartel de viña perfectamente suburbano, y al otro lado de la ciudad también *Aquitania, Quebrada Macul* y *Cousiño Macul* con su magnífico parque decimonónico están rodeadas por nuevos barrios residenciales y esta última viña, además de óptimos vinos, realiza emprendimientos inmobiliarios en terrenos suyos, ya de vides llevar.

Si bien hay algunas pocas viñas, de las menos nuevas, que conservan y utilizan con buen resultado piletas de cemento/epoxy, en la mayoría (tanto nuevas como viejas) en la última década se pasó de los viejos toneles o fudres del siglo XIX a los tanques de acero inox automatizados de fines del siglo XX. Hay viñas de más de un siglo como *Concha y Toro, San Pedro, Santa Carolina, Santa Rita, Errázuriz, Undurraga* y *Cousiño Macul* que conservan todo o parte de sus viejas y nobles estructuras de adobe y cavas de ladrillos a cal y canto pero éstas, junto a las más flamantes que surgieron en la década del '90, cuentan con toda la eno-tecnología inox y en casos como el de *Ventisquero* o *Veramonte*, con un soberbio diseño industrial. Desde hace pocos años en Mendoza hay bodegas construidas por inversores extranjeros aún más opulentas y grandiosas que las de Chile con excepción de *Haras de Pirque*, pero aquí el catálogo de la arquitectura bodeguera postmoderna es más rico y tiene notables ejemplos de funcionalidad y buen gusto: nos impactaron en particular *Almaviva, Odfjell, Pérez Cruz*, la nueva *Santa Ema, Edwards* y *Estampa*. Ahimé, gracias a su vanguardismo, las viñas tienden a parecerse mucho por dentro: prensas pneumáticas francesas, acero inox en lagares y en los tanques de fermentación y almacenamiento de todos los tamaños con sus chaquetas de frío y calor, cavas o galpones refrigerados de barricas francesas, estadounidenses o chilenas, galpones refrigerados de almacenamiento y afinamiento de botellas en *bins* de metal, madera o plástico, y líneas de fraccionamiento italianas. Tal fue el *boom* modernizador y ecualizador que sin probar sus vinos, las viñas se recuerdan más por su arquitectura o sus enólogas que por su equipamiento e instalación, que en la memoria parece todo del mismo catálogo.

19th century park) are surrounded by residential neighborhoods, and in addition to wine, the latter winery is involved in real-estate land deals, at the expense of the vines.

Although only a few older wineries continue to use cement/epoxy tanks with good results, the majority (new and old alike) had switched from old casks (tonneaux) or 19th-century wooden vats to automated stainless steel tanks by the end of the 20th century. There are wineries over a century old (Concha y Toro, San Pedro, Santa Carolina, Santa Rita, Errázuriz, Undurraga, and Cousiño Macul) that conserve some or all of their noble old adobe structures and brick cellars, but they are all equipped with the latest stainless steel eno-technology, as are the new ventures that entered the scene in the 1990s. Some, such as Ventisquero or Veramonte, also have an incredible industrial design.

A few years ago foreign investors in Mendoza began building wineries that were even more opulent and grandiose than those of Chile, with the exception of Haras de Pirque, although Chile's catalogue of post modern winery architecture is richer and has notable examples of functionality and good taste. We were particularly impressed with Almaviva, Odfjell, Pérez Cruz, the new Santa Ema, Edwards, and Estampa. On the inside, the wineries tend to be quite similar: French pneumatic presses, stainless steel vats and tanks of all sizes with hot and cold jackets, air-conditioned cellars or storage buildings for French, American, and Chilean barrels, air-conditioned areas for storing and aging bottles in metal, wood, or plastic bins, and Italian bottling lines. So great was the modernizing and equalizing boom in Chile that regardless of the wines, the wineries are more memorable for their architecture and women winemakers than for their equipment and installations, which seem to have all come from the same catalogue. Because the internal market is small and very well covered by the 4 or 5 largest companies, all of the wineries are oriented toward exportation, and most ship 90-100% of their production overseas. There are fewer small boutique, garage, and "virtual" wineries and signature wines here than in Argentina, where there are many small, quality wineries producing less than 265,000 gallons per year; in Chile we found only a handful.

To the other extreme, in terms of large scale, Chile has

Por causa de que el mercado interno es modesto y está muy bien ocupado por los 4 ó 5 grandes del sector, todas las viñas están orientadas a la exportación y la mayoría despacha a ultramar del 90 al 100 % de su producción. Hay menos pequeñas *boutiques,* vinos *garage,* "bodegas virtuales" y vinos de autor que en Argentina, donde abundan los productores de calidad con menos de 1 millón de litros al año: en Chile no encontramos más que unos pocos.

Al otro extremo, en la gran escala, están las firmas más grandes y mejor equipadas de América del Sur, con pocos rivales en Mendoza o Rio Grande do Sul. Ya que el gigante *Concha y Toro* tiene sus plantas repartidas en varios puntos y no las hace visitar con gusto, la viña o bodega más impresionante de nuestro relevamiento continental -por extensión, equipamiento y tradición- es *San Pedro*, pues tiene viñedo y bodega todo junto y desde siempre en el Valle de Curicó: los 8 kilómetros de viña a lo largo de la ruta 5 son una de las visiones más fuertes en la ruta sudamericana del vino.

Algunas no cobran entrada, pero en general en las viñas de Chile se paga la visita y/o la degustación, desde 1,5 a casi 10 dólares: menos visitantes pero mejor atendidos parece ser la idea común respecto al enoturismo. La señalización, fuera de la *Ruta del Vino de Colchagua,* falla en casi todas partes y así visitar a las viñas por cuenta propia sin un guía incluye el costo de perderse alguna vez (*).

Los viñedos

En Chile están los viñedos paisajísticamente más variados de América del Sur y más evocadores del sentido europeo de los vocablos terruño o

---

(*) En el agradable trámite de perderse en los rincones vinícolas de Chile se observará en primer lugar que las personas son muy gentiles con el forastero, que hablan un castellano a menudo incomprensible y que el sentido chileno de las distancias es distinto al de Argentina, Uruguay o Brasil y similar al de Bolivia, donde las longitudes se expresan mejor en horas o minutos que en kilómetros. Pueblo insular aislado por una loca geografía, el sentido chileno de la orientación no contiene como en el resto del globo terráqueo 4 puntos cardinales y una docena de intercardinales sino un único punto cardinal central: Santiago, en el justo medio del eje Norte-Sur o "La Carretera" (nº 5 para los extranjeros). De modo que el punto cardinal "Santiago" puede quedar al norte o al sur, según donde se encuentre el observador. Los cardinales restantes se denominan "La Montaña o La Cordillera" y "El Mar o La Costa". No son necesarios otros puntos cardinales para viajar por Chile, país siempre seguro y acogedor con el forastero.

the largest and best-equipped firms in South America, with few rivals in Mendoza or Rio Grande do Sul. The giant Concha y Toro *has plants distributed over a number of sites and was not amenable to our visiting, so the winery that most impressed us during our continental survey –in size, equipment, and tradition– was* San Pedro. *Its vineyards and winery, which have always been in Curicó, are together, and one of the most impressive sights of the South American wine route was* San Pedro's *5 continuous miles of wineries along Route 5.*

Although some are free, most Chilean wineries charge from $1.50 to $10 USD for a visit and/or tasting. The general idea seems to be fewer tourists with better attention. Road signs are generally inadequate almost everywhere except along the Colchagua Wine Route, so independent winery visits also includes the cost of getting lost (*).

The vineyards

In terms of landscape, Chile's vineyards are the most varied in all of South America, and also the most reminiscent of the European sense of terroir. *On the other side of the Andes, in Cuyo, Patagonia, or Salta, the impressively vast expanses of American space predominate, but in Chile, 2 mountain ranges and many hills and intermediary rivers modulate* terroir *and create micro-climates, always with different orientations, altitudes, and soil types. Until it widens out in Maule, Chile's Central Valley and its sub-valleys are cozy and something akin to a cross between Switzerland and Canada.*

(*) In the course of the pleasant task of losing oneself in Chile's lost corners of wine, you observe first hand that the people are very kind to foreigners, although they often speak unintelligible Spanish and have a different sense of distance than the Argentines, Uruguayans, or Brazilians, although it is similar to that of Bolivia, where distance is better expressed in hours or minutes than in miles. An insular people isolated in a 'loca geography,' the Chilean sense of direction is independent of the 4 cardinal points and a dozen intermediate points; in Chile there is one central reference: Santiago, smack in the center of the country and the "North-South Highway" (Route 5 to foreigners). "Santiago" can be north or south, depending on the location of the observer. The remaining cardinal points are "the Mountains", "the Sea", and "the Coast." No other points are needed to travel in Chile, where foreigners are always safe and welcome.

terroir. Al otro lado de los Andes, en Cuyo, Patagonia o Salta reina una imponente y magnífica dilatación espacial americana, pero en Chile dos cordilleras y muchos montículos y torrentes intermedios modulan terruños y microclimas siempre diversos en orientación, altura y tipos de suelo. El Valle Central y los valles secundarios de Chile, salvo cuando el primero se ensancha demasiado en el Maule, son terruños *cozy* o *gemütlich* (lamentamos no hallar vocablo castellano equivalente) que evocan un cruce de Suiza y Canadá. Sin embargo, a pesar de la variedad de terruños, en su aspecto y composición los viñedos se parecen mucho: la espaldera alta es el sistema de conducción generalizado entre los buenos productores de uva vinífera y en ningún otro país sudamericano es tan difundido el riego por goteo. Tampoco en otras partes se ven tantos cuadros de Carmenère (*), cuyo color otoñal es inolvidable. En esta patria adoptiva del Cabernet Sauvignon hay unas 38 mil hectáreas de esta variedad llamada familiarmente, por su resistencia y adaptibilidad, *carne de perro*. En superficie cultivada (15 mil hectáreas) sigue la País, hermana de la Criolla cuyana, usada para vinos comunes. Hay casi 13 mil hectáreas de Merlot, cepa que hasta principios de los '90 se mezclaba y confundía con Carmenère. Tanto en valles cálidos como en los más fríos se da con características

(*) El o la Carmenère es la cepa emblemática de Chile pero apenas desde hace una década. Hasta 1994 o por allí, sólo era conocida por los ampelógrafos que la daban como extinta en su pago natal de Burdeos y en todo el Viejo Mundo a causa de la filoxera. Nadie recordaba o sabía que en la segunda mitad del XIX, Carmenère de la era prefiloxérica se había arraigado en Chile, donde se produjo un mezclún con el Merlot bastante inexplicable para pasar inadvertido durante más de 100 vendimias: los brotes son de distinto color, los racimos de Carmenère son más oscuros y maduran más tarde que todos los demás tintos y sus hojas de otoño no son doradas sino de un rojo encendido sólo superado por la Tintorera o Alicante Bouschet. El hecho es que el primer vino Carmenère de pura cepa (o "varietal" en sentido argentino) salió al mercado en 1996.
Carmenère es una cepa muy productiva, aunque afecta a la "corredura" de los racimos; la mayor dificultad que presenta es la maduración tardía de sus taninos, que en algunos años húmedos es conflictiva con el ingreso de las lluvias otoñales. El profesor Alejandro Hernández nos dijo que "*es mucho más sensible que las demás cepas, necesita un clima caliente, es como el Syrah*". Herbáceo en la inmadurez, cuando se lo vinifica bien maduro su nota distintiva es la pimienta negra. Da óptimos varietales y vinos de crianza. La superficie puesta a Carmenère pasó de 95 hectáreas en 1995 a más de 5.400 en 2002.

However, despite the variability in terroir, *the vineyards are similar in appearance and composition; high vertical shoot positioning is the trellising system of choice among the good viniferous grape producers, and no other South American country uses as much drip irrigation. Nor are there so many parcels of Carmenère anywhere else (*) – its bright red color in autumn is unforgettable. Here in the adoptive homeland, there are 95,000 acres of Cabernet Sauvignon, sometimes called "dog meat" for its resistance and adaptability. In acres planted, it's followed by País (37,500), sister to Argentina's Criolla (and California's Mission), used for ordinary wines. There are nearly 32,500 acres of Merlot, which was mixed and confused with Carmenère until the mid-1990s. In both warm and cool valleys, Syrah, with a total of 55,000 acres, yields its own unique characteristics. The delicate and difficult Pinot Noir (nearly 3,750 acres) has still not reached its definitive expression in Chile, although there is more of it each year. Malbec, so successful in Argentina, is also grown here on a smaller scale (2,375 acres) and with good results.*
Winegrowers began to plant Chardonnay in quantity during the variety's global heyday in the 1980s and now covers 19,000 acres, particularly in the Casablanca Valley. Sauvignon Blanc predates Chardonnay in Chile, and there are 16,750 acres

(*) Carmenère has been Chile's signature variety for less than a decade. Until about 1994, it was only known by ampelographers who believed it had died out in Bordeaux and the rest of the Old World during the phylloxera crisis. No one remembered –or knew– that in the second half of the 19th century, pre-phylloxera Carmenère had been brought to Chile, perhaps mixed with Merlot, although it's difficult to explain how it could go unnoticed during 100 harvests: the shoots are a different color, the clusters are darker and ripen later than all the other black grapes, and in autumn, its leaves turn a bright, flaming red, surpassed only by Tintorera (Alicante Bouchet). The first 100% Carmenère ('varietal' in the Argentine sense) was only released in 1996.
Carmenère is a very productive variety, although the clusters are prone to poor fruit set. Its greatest difficulty is that its tannins ripen late in the season, which in some wet years coincides with autumn rains. Professor Alejandro Hernández told us that "Carmenère is more sensitive than other varieties, and like Syrah, it needs a warm climate." Herbaceous when immature, when vinified fully ripe, its distinctive note is black pepper. Makes excellent varietals and aged wines.
In 1995 Chile had 238 acres of Carmenère, which rose to 13,500 by 2002.

propias el Syrah, que totaliza unas 2.200 hectáreas. El delicado y difícil Pinot Noir, cultivado en casi 1.500 hectáreas, todavía no alcanzó su expresión definitiva en Chile, aunque cada año se aproxima más a ello. El Malbec tan exitoso al otro lado de los Andes también se cultiva con buen resultado en Chile aunque en menor escala, con unas 950 hectáreas.

El Chardonnay empezó a plantarse en cantidad en concomitancia con su auge global en los años '80, y cubre 7.600 hectáreas, destacando en el Valle de Casablanca. También allí como en otros valles se cultivan unas 6.700 hectáreas de Sauvignon Blanc, cepa difundida con anterioridad al Chardonnay en Chile. Hay unas 1.900 hectáreas de Semillon y superficies menores de Riesling, Gewürztraminer, Chenin y Viognier.

No se verán en Chile, como se ven en Argentina, cepas ya arbóreas de Cabernet, Malbec o Criolla de edades de más de medio siglo o siglo entero. Hay unas pocas viñas que se dicen centenarias pero consisten de mugrones de plantas de aquella edad. También aquí en la década de 1980 se arrancaron muchas vides finas y añosas para plantar frutales que comandaban mejores precios. El grueso de las vides que vimos son de 10 a 20 años de edad y abundan los viñedos jóvenes o recién plantados, en particular en las laderas de cerro. Por su edad y buen manejo, son las vides mejor podadas y más prolijas del Continente. Se ven menos yuyos que en otras partes, más rosales en las cabeceras y desarrollos uniformes de las plantas gracias al riego por goteo. La salubridad del clima y del suelo consienten un fácil manejo orgánico: de las pestes y plagas que afectan al resto del globo vinícola casi no han oído hablar y las pocas plagas autóctonas, como la arañita roja (que se combate con arañita blanca o con aceite mineral al 2 %) o el burrito (que en la viña *Cono Sur* combaten con gansos que los devoran) parecen figuritas de historieta frente a los monstruos vitífagos que anidan allende las montañas y los océanos, a comenzar por la temible hormiga negra argentina.

Los piscos

El Pisco será peruano pero es también chileno y si bien el primero es superior por su óptima factura artesanal, Chile, con pocas grandes marcas, lo hace de muy buena calidad y conoce los grandes volúmenes y los mercados de ultramar que Perú, con muchas etiquetas y modestas producciones,

planted in Casablanca and elsewhere. There are 4,750 acres of Semillon and smaller amounts of Riesling, Gewürztraminer, Chenin, and Viognier.

Chile does not seem to have the thick, tree-like, 50- or 100-year-old Cabernet, Malbec, or Criolla vines that Argentina does. Claims are made for centennial wineries, but they are really descendants of plants that would be that age. Many fine old vines were also pulled out in the 1980s to make room for more lucrative fruits. Most of the vines we saw were no more than 10-20 years of age, and young, recently-planted vineyards abound, particularly on the hillsides. Due to their age and good management, these vines receive the best care on the continent. There are fewer weeds, more rose bushes, and, thanks to drip irrigation, more uniform plant development. Healthy climate and soils facilitate organic management. The pests that infest the rest of the wine world are rarely even mentioned here, and the few native pests, such as the red spider (Brevipalpus chilensis) (controlled with white spiders or 2% mineral oil) or the burrito (Naupactus xanthographus) (which Cono Sur combats with geese who devour them), seem to be storybook characters compared to the monstrous vitiphages that dwell beyond the mountains and oceans, beginning with Argentina's loathsome black ant.

Pisco

Pisco may be Peruvian, but it's also Chilean, and although Peru's small-scale production may be superior, Chile's limited number of large-scale producers make a very good-quality product in large volumes and enters overseas markets that Peru, with many labels and modest productions, still cannot conquer. During this first survey, we didn't have time to visit Chile's major distilleries, as we did in Bolivia and Peru, but we did buy some for a blind tasting with the others. In the next edition of this Guide, we promise to fill this void.

The Pisco controversy delineated in a recently-published article in the Revista del Campo *(no. 1,399) of the El Mercurio newspaper, opposes the arguments of Chilean professor and journalist Fernando Moraga, historical consultant of the Asociación Pisquera de Chile (Chilean Association of Pisco Producers), and Peruvian authority*

no conquistó aun. Por razones de tiempo en este primer relevamiento no visitamos las plantas destiladoras de las principales marcas de Chile, cosa que sí hicimos en Bolivia y Perú. Pero obtuvimos sus piscos y los degustamos a ciegas junto a los otros. En la próxima edición nos prometemos llenar esta laguna.

La controversia por el Pisco, en un artículo publicado por *Revista del Campo* 1.399 del diario *El Mercurio* donde oponen sus argumentos el profesor y periodista chileno Fernando Moraga, consultor histórico de la *Asociación Pisquera de Chile* y el funcionario peruano Gonzalo Gutiérrez Reinel, autor de "*El pisco, apuntes para la defensa internacional de la denominación de origen controlada*" puede resumirse así: Chile sostiene que el Pisco nació en La Serena donde se plantó vid en 1549, y que desde Coquimbo y Concepción se enviaban piscos a Pisco, donde era despachado a los veleros. Perú argumenta que la producción comenzó en el siglo XVII en el Perú y que su nombre proviene de las tinajas *piskos* (que significa "pájaro" en quechua) además del puerto de Pisco, donde se embarcaba también hacia Chile. En 1613, Pedro Manuel El Griego, vecino de Pisco, testó 30 tinajas llenas de aguardiente. Pero también en Chile hay frondosa papelería colonial que atestigua que en la misma época se destilaban aguardientes chilenos. Desde 1931 Chile afianzó con legislación propia y presentaciones ante la *O.M.C.* la denominación de origen Pisco al considerarlo un nombre genérico. Ello irrita a los peruanos, que consideran que la denominación debería ser exclusiva·del Perú.

A la raíz de la controversia están las similitudes y diferencias entre ambos países y pueblos, que son productores y amantes desde hace muchas generaciones de estos "aguardientes superiores" y esas cosas no se tocan. Pero Chile es industrial y Perú artesanal. Conocimos chilenos que en privado reconocen la superioridad del Pisco peruano y la peruanidad del Pisco Sour. Pero a nadie se le ocurriría llamar de otro modo a los piscos de Chile, con una palabra que no existe.

La cultura agroalimentaria

Si se aprecian las algas, pescados y mariscos, Chile encuentra pocos rivales en el planeta de los 7 mares. La variedad que ofrece el Pacífico Sur frente a las costas frías y profundas de Chile es simplemente maravillosa: en comparación,

Gonzalo Gutierrez, author of "El pisco, apuntes para la defensa internacional de la denominación de origen controlada" ("Pisco: notes for the international defense of the controlled denomination of origin"), could be summed up as follows. Chile maintains that Pisco began in La Serena (where grape vines were planted in 1549) and shipped from Coquimbo and Concepción (Chile) to Pisco (Peru). Peru argues that the production began in Peru during the 17th century and that its name derives from large clay vessels called piskos *(meaning "bird" in Quechua) and from the Port of Pisco, where it was shipped to Chile. In 1613, Pedro Manuel El Griego, of Pisco, left 30 piskos of the* aguardiente *in his will. But Chile also has extensive colonial documentation that testifies to the distillation of* aguardientes *in the same time period. In 1931 Chile strengthened its claims with its own legislation and presentations before the World Trade Organization the Denomination of Origin Pisco by considering it a generic name. This irritated the Peruvians, who held that the denomination should be exclusive to Peru.*

At the root of the controversy are the similarities and differences between the 2 countries and peoples, who both produce and love these "higher aguardientes" and these matters are sensitive and untouchable. In Chile, making pisco is an industry, but in Peru, it is a craft. We met Chileans who privately recognized the superiority of Peruvian Pisco and the "Peruvianity" of the Pisco Sour. But no one would consider calling Chilean pisco by any other name.

Food and Farming Culture

For lovers of algae, fish, and shellfish, Chile has few rivals in all of the 7 seas. The Southern Pacific's vast variety of seafood in Chile's cold and deep coastal waters is simply wonderful; there's just no comparison with the over-fished and over-contaminated waters of the Mediterranean or the Japanese Sea. Seafood lovers will be delighted by such places as the Terminal de Pescadores *(Fisherman's Wharf) in Coquimbo, where the fishermen's wives make fresh ceviche from fish that were swimming just hours earlier. Every little cove is home to fishermen whose boats stay within a few miles of shore, and every port has its fleet that fishes the high seas. Given the short distances between the coast and the Central*

el Mediterráneo o el Mar del Japón son mares muertos de sobrepesca y contaminación. Hay lugares sublimes para los mariscófagos tal como el Terminal de Pescadores de Coquimbo, donde comimos cebiches de pescados que hasta la madrugada eran peces, preparados por las mujeres de los mismos pescadores. Cada una de las calas y caletas de la costa chilena tiene sus pescadores con lanchas que no se alejan más que algunas millas de la costa, y cada uno de los puertos cobija su flotilla de pesqueros de altura. La base de la cultura alimentaria chilena se apoya fuertemente en los productos del mar, que dadas las modestas distancias llegan al Valle Central siempre frescos. En todas partes comimos pescados y mariscos, incluso crudos, sin problemas y siempre fresquísimos. La cocina chilota o de Chiloé, que se esparció más allá de la isla, es el paradigma de la gastronomía de mar tradicional: en la plaza de Talca encontramos un muy buen *Restaurante Chilote*, con un memorable Pisco Sour. Pero los *chefs* jóvenes chilenos están llevando las cosas mucho más allá, como puede comprobarse en *House of Morandé*, en Valle de Casablanca, o en el *Hotel Santa Cruz*, en Colchagua. Y en los restaurantes japoneses de Santiago de Chile se disfrutan un *sushi* y un *sashimi* de calidad excepcional. Hay otras carnes en Chile pero en nuestro mes y medio de viaje comimos casi todo el tiempo pescados y mariscos. Y comimos siempre muy bien.

Empero, hay que decir que fuera de Santiago y las ciudades más importantes (excluyendo los puertos donde siempre hay abierta alguna franca taberna de pescados y mariscos) se torna más arduo comer bien. Los hornos de leña que se ven a lo largo de los caminos secundarios hacen empanadas de tamaño descomunal para el gusto argentino, pero buenas. En cambio, a la vera de las autopistas sólo es posible comer *hot-dogs* aunque hay excepciones, como la *Pizzeria Trattoria Da Nicola* en Buin (Valle del Maipo) junto a la bomba *Esso*, o el *Euro Charles Club* de especialidades francesas en San Javier (Valle del Maule), al kilómetro 273.

La zona vinícola más genuina de Chile está lejos de ser la más "fina": es el bonito vallecito de Quillón, en la región de Itata, corazón de la producción de vinos pipeños hechos de cualquier uva y generalmente imbebibles por el paladar cultivado. Aquí, junto al vino, aflora una cultura agroalimentaria tradicional que puede saborearse sin pretensiones al lado de la

Valley, the seafood is always fresh. We ate fish and shellfish everywhere –even raw– and it was always very fresh and never a problem. "Chilota" cuisine, from the southern island of Chiloé, the paradigm of traditional seafood gastronomy, is available beyond the island. We found a very good Restaurante Chilote *in the plaza in Talca, and enjoyed a memorable Pisco Sour. But young Chilean chefs are pushing the limits farther, as in the case of Casablanca's* House of Morandé *or in Colchagua's* Hotel Santa Cruz. *And Santiago's Japanese restaurants offer exceptional sushi and sashimi. There are other meats in Chile, but in the month and a half we spent there, we ate seafood almost exclusively –and we ate very well.*

However, it must be said that it becomes more difficult to eat well outside Santiago and the larger cities (excluding the ports, where you can always find a open tavern with good fish and shellfish). The wood-burning ovens visible all along the side roads produce empanadas that are good, but enormous by Argentine standards. On the other hand, often the only thing available along the highways are hot dogs, although there are exceptions, such as the Pizzeria Trattoria Da Nicola *in Buin (Maipo Valley), next to the* Esso *station, or the* Euro Charles Club, *with French specialties in San Javier (Maule Valley).*

Chile's most authentic vinicultural zone is far from being the most elegant: the pretty little valley of Quillón, within the Itata Valley, is the heart of pipeño territory. Pipeño is a rustic wine made from any available grape and generally undrinkable to the refined palate. Here, along with the 'wine' you'll find a traditional food and farming culture without pretensions in the Hostería Torre 10, *next to the* Shell *station, offering pot roast and chicken or turkey cazuelas (a traditional type of stew).*

There's a division in the culinary culture between the large U.S.-style fast food outlets and supermarkets, where the flavors of the Earth are diluted by globalized standardization, and the old, traditional markets that fortunately endure in nearly every city, where you can find the edible oddities and curiosities that make Chile a country with its own cuisine.

bomba *Shell* en *Hostería Torre 10,* con sus cazuelas de pollo, de pava y su asado a la olla.

Observamos una fractura en la cultura alimentaria, entre las grandes superficies de venta al estilo norteamericano donde los sabores de la tierra se diluyen en la estandarización globalizada, y los viejos mercados tradicionales que por fortuna subsisten en casi todas las ciudades, donde se encontrarán las rarezas y singularidades comestibles que hacen de Chile un país con su propia cultura alimentaria.

Las publicaciones, instituciones y eventos

En correspondencia con su riqueza y tradición vínica, Chile tiene un buen número de publicaciones sobre vinos, a comenzar por la *Guía de Vinos de Chile* (décima edición en 2003, 2 volúmenes de los cuales el de bodegas nos resultó muy útil en viaje junto al excelente mapa de regiones del vino) y la más reciente y personal *Guía Descorchados* de Patricio Tapia. La autoeditada *The Gringo's Guide to Chilean Wine,* 5ª edición, de Fred Purdy es una completa y personalísima recopilación de viñas y vinos, sólo en inglés. La revista *La CAV,* del *Club de Amantes del Vino,* es la decana de las revistas especializadas, pero hay otras: *Vinos y Más,* el trimestral *Catas y Cavas,* las profesionales *Vitivinicultura y Vendimia.* También hay sitios en la red de amplio seguimiento, tales como Chilevinos.com (que colaboró con nosotros en la búsqueda de las muestras y contactos con las bodegas) y Planetavinos.cl, además de otros menores.

La enología, especialización universitaria posterior al título de ingeniero agrónomo, se enseña en la Universidad Nacional y en la Universidad Católica y según parece existiría cierta simpática rivalidad futbolera entre los enólogos de ambas. La Universidad Católica ofrece diplomas de postgrado en "Vino Chileno" en tanto que la Nacional de Chile otorga diplomas de "Marketing de Vino". La Asociación de Sommeliers de Chile ofrece cursos y títulos de "Sommelier".

Las viñas estuvieron divididas en dos asociaciones curiosamente de 42 miembros cada una, *Chilevid* y *Viñas de Chile*: desde reciente se han vuelto a reunir al menos hacia el sector externo en *Wines of Chile. Viñas de Chile,* establecida en 1949, agrupa a los productores más grandes, tradicionales y orientados al mercado interno, mientras que *Chilevid* surgió en 1993 y

Publications, institutions, and events

In accordance with its vinicultural wealth and tradition, Chile has a good number of wine publications, beginning with the Guía de Vinos de Chile *(Guide to Chilean Wines -available in a bilingual edition). The 10th edition (2003) comes in 2 volumes, one on wines, one on wineries. The latter was very useful on our journey, along with its excellent map of the wine regions). The other is the more recent Spanish-only* Guía Descorchados *by wine writer Patricio Tapia. Former U.S. diplomat Fred Purdy offers his self-published* The Gringo's Guide to Chilean Wine *(5th edition), a complete and very personal compilation of wineries and wines, only in English. The wine magazine* La CAV, *of the* Club de Amantes del Vino *is the leader in specialized magazines, but others include* Vinos y Más, *the quarterly* Catas y Cavas, *and professional magazines* Vitivinicultura, *and* Vendimia. *There are also web sites with a broad following, such as Chilevinos.com (which collaborated with us in the search for samples and winery contacts), Planetavinos.cl, and other smaller sites.*

Enology is a post-graduate university specialization for agricultural engineers. The 2 major schools are the Universidad de Chile *and the* Universidad Católica, *and there is a healthy rivalry between their students and alumni, both on and off the football (soccer) field. Smaller private universities now offer the degree as well.*

The wineries are evenly divided into two associations, curiously enough with 42 in each group: Chilevid *and* Viñas de Chile. *They have just recently joined forces in* Wines of Chile, *at least to provide a united front in external matters.* Viñas de Chile, *established in 1940, is an association of the largest, most traditional producers more oriented toward the internal market, while* Chilevid *was created in 1993 as a group of newer, smaller producers with more interest in exports. Another 20 or so don't belong to either group.*

The Fundación Chile *is not exclusively dedicated to vitiviniculture, but has done much in favor of its modernization; its wine tastings are considered the most serious in the country.*

Santiago's best wine shops are El Mundo del Vino *(Isidora Goyenechea 2931),* The Wine House

consocia a los productores más nuevos, de menor tamaño y mayor vocación exportadora. Una veintena de productores no pertenecen a ninguna de las dos asociaciones.

La *Fundación Chile* no se dedica exclusivamente a la vitivinicultura pero hizo mucho en favor de su modernización; sus catas de vinos son consideradas las más serias que se realizan en el país.

Las mejores tiendas de vino de Santiago de Chile son *El Mundo del Vino* (Isidora Goyenechea 2931), *Wine House* (Vitacura 2904) y *Vinoteca* (Isidora Goyenechea 3520). La *Enoteca* del Cerro San Cristóbal a pesar de su nombre puede defraudar como enoteca, aunque es un buen restaurante con vista. Entre las tiendas virtuales destaca *Chilevinos.com,* que nos ayudó mucho en la parte chilena de esta Guía.

Los principales eventos del vino chileno ocurren desde reciente, en concomitancia con el *boom* exportador. Son la gastronómica *Expo Gourmand*, en junio, que también convoca a las viñas; la *Fiesta de la Vendimia de Alonso de Córdoba en Vitacura*, en abril, y la *Feria del Vino* del *Hotel San Francisco*, en septiembre.

Otros eventos del vino chileno son *Cata y Vino* (Hotel Sheraton, en julio, organizado por *Wine House*), *Cata D'Or Hyatt* (en julio, la mayor competencia nacional, abierta al público), la *Gala del Vino* (Casa Lo Matta, en noviembre) y las *Fiestas de la Vendimia* en Santa Cruz (Colchagua) y en Curicó.

Algunas cifras redondas

- Superficie plantada año 2000: 100 mil hectáreas (crecimiento del 99 % entre 1994 y 2001).
- Producción año 2002: 526 millones de litros (crecimiento del 70 % en 10 años).
- Variedad de la producción: 42 % Cabernet Sauvignon.
- Volumen de exportaciones año 2001: 310 millones de litros (crecimiento del 300 % entre 1992 y 2001).
- Valor de exportaciones año 2001: 600 millones de dólares (crecimiento del 400 % entre 1992 y 2002).
- Consumo de vino per cápita: 45 litros (1976), 30 litros (1991).
- Impuestos al vino: IVA (18 %) + IVA adicional (15 %) = 33 %.

(Vitacura 2904), and the Vinoteca *(Isidora Goyenechea 3520). Despite its name, the* Enoteca *on Cerro San Cristóbal was a disappointment as a wine shop, but has a good restaurant with a nice view. There are also virtual wine shops, most notably* Chilevinos.com.

Chile's major wine events have begun rather recently, with the exportation boom. In gastronomy, there is the June fair Expo Gourmand, *which includes wineries,* Cata y Vino *(Hotel Sheraton, in July, organized by* The Wine House), CataD'Or Hyatt *(a major national competition, held in July), the* Feria del Vino *(Hotel Plaza San Francisco, in September), the* Galas del Vino *(organized by* Viñas de Chile *in Viña del Mar (January), Concepción (August), and Santiago (November), plus the* Fiesta de la Vendimia *harvest festivals that take place in Santiago (Alonso de Córdova in Vitacura), Santa Cruz (Colchagua), Curicó, and most of the wine-making regions in the country.*

Some rough figures

- *Planted surface area in 2000: 250,000 acres (99% growth between 1994 and 2001).*
- *Annual production 2002: 140,000,000 gallons (70% growth in 10 years).*
- *Production variety: 42% Cabernet Sauvignon.*
- *Volume of exports 2001: 82,000,000 gallons (300% growth between 1992 and 2001).*
- *Annual exports in US dollars, 2001: $600,000,000 USD (400% growth between 1992 and 2002).*
- *Per capita consumption: 12 gallons per year (1976); 8 gallons (1991); 5 gallons (2001).*
- *Taxes on wine: VAT (18 %) + additional VAT (15 %) = 33 %.*

VINOS/WINES

Vinos Espumantes/Sparkling Wines

Tipo/Kind	Bodega/Winery	Marca/Label	Cosecha/Harvest	U$S	Pts
BRUT					
●	Viña Undurraga	Undurraga		$	★★★
●	Viña Miguel Torres	Miguel Torres		$$	★★

Vinos Tranquilos/Still Wines

Tipo/Kind	Bodega/Winery	Marca/Label	Cosecha/Harvest	U$S	Pts
CHARDONNAY					
○	Santa Emiliana	Santa Emiliana Reserva	2001	N/D	★★★★

Amarillo vivo, límpido y brillante, con reflejos verdosos, en la nariz apunta notas de limón confitado, pera madura, membrillo, limón, en un estilo elegante y expresivo de un Chardonnay mantecoso gracias a buena madera. Boca bien estructurada, con buena acidez, volumen y equilibrio.

Lively clean, bright yellow with green highlights. The nose indicates fresh and candied lemon, ripe pear, and quince in an elegant and expressive buttery Chardonnay with good wood. Well-structured palate with good acidity, volume, and balance.

○	Viña Carmen	Carmen Reserva	2001	$$	★★★★

De aromas frutales, con su madera bien integrada, presenta notas de piña (ananá) madura, durazno, pera y pizca de menta. Fresco y entretenido en la boca, casi delicioso, con acidez de buena calidad y fruta apoyada en la madera, con final de cítricos. "Elegante y fino, boca de gran nivel", "redondo, equilibrado y profundo", "buena fruta y madera fina".

Fruity aromas, with well-integrated wood, ripe pineapple, peach, pear, and a pinch of mint. Fresh and fun, almost delicious, with good quality acidity and fruit supported by the wood and a citrus finish. "Elegant and fine, high level palate," "round, balanced, and profound," "good fruit and fine wood."

○	Viña Casa Rivas	Casa Rivas	2001	N/D	★★★★

"Oro pálido, vivo y brillante", esta expresión de Chardonnay criado en roble atrapa con su nariz elegante y de carácter, en un espectro aromático amplio: de la piña o ananá al choclo o maíz, también mantecoso y maderoso. En boca es untuoso, frutoso, con un fondo tostado y un final de boca mineral.

"Light gold, lively and bright," this oak-aged expression of Chardonnay captivates with its elegant nose and character, with a broad aromatic range: from pineapple to corn, plus butter and wood. On the palate it's supple and fruity over a toasty base, finishing on a mineral note.

○	Viña Casa Silva	Angostura	2002	N/D	★★★★

Amarillo dorado con reflejos verdosos, es un Chardonnay mantecoso, con predominantes aromas de barrica. Luego hay frutas templadas, tropicales y miel. Untuoso y mantecoso en la ▸▸

Golden yellow with green highlights; this is a buttery Chardonnay where barrel aromas predominate. It later opens with tropical and warm-weather fruits and honey. Supple and buttery on the palate, with ▸▸

Tipo/Kind	Bodega/Winery	Marca/Label	Cosecha/Harvest	U$S	Pts

CHARDONNAY

▸ boca, con acidez y final de gran vino. *"¡Muy buen Chardonnay roble!", "interesante en nariz y muy sobresaliente en la boca".*

▸ appropriate acidity and the finish of a great wine. *"Very good oaked Chardonnay!!" "Interesting nose and outstanding palate."*

| ○ | Viña Clos Quebrada de Macul | Antiguas Reservas | 2002 | $ | ★★★★ |

Color dorado intenso, es un *oaky* Chardonnay de frutas frescas y ácidas, con matices de flores blancas y silvestres, y pimienta blanca. En boca se mantiene untuoso, con buen cuerpo y acidez refrescante. *"Buen volumen, muy grato", "buena astringencia".*

Intense golden yellow, this is an oaky Chardonnay with fresh, acidic fruits, with touches of white flowers, wild flowers, and white pepper. Supple palate, with good body and refreshing acidity. "Good volume, very pleasant," "good astringency."

| ○ | Viña Huelquén | Huelkén | 2000 | $ | ★★★★ |
| ○ | Viña Hugo Casanova | Hugo Casanova Reserva | 2001 | N/D | ★★★★ |

Un *"blanco para adultos"*, de nariz interesante con aromas de fruta blanca y enlatada, tilo, choclo o maíz, miel, chirimoya. En la boca repite las notas de la nariz. *"Vino muy fresco, fruta blanca y madera equilibradas", "en la boca es fresco, frutoso y persistente, buena acidez".*

This is a "white wine for adults," with an interesting nose and aromas of white and canned fruits, linden-flower, corn, honey, and chirimoya. The palate confirms the nose. "Very crisp, with white fruits and well-balanced wood," "fresh, fruity, and persistent with good acidity."

| ○ | Viña Los Vascos S.A. | Los Vascos | 2002 | $$ | ★★★★ |

De un atractivo color amarillo pajizo, con la madera perfectamente integrada a la fruta limpia y clara (durazno blanco, fruta tropical, notas florales) en un conjunto redondo y licoroso. En boca es consecuente con la nariz, elegante y frutal, de acidez muy bien equilibrada y persistente. *"Un vino de calidad muy sobresaliente", "sorprende el equilibrio de este vino, la fineza en boca y la fruta que queda al final".*

Attractive straw yellow color with clean and clear aromas of white peach, tropical fruit, and floral notes. The elegant, fruity palate follows the nose, for a crisp, balanced, and persistent wine. "A wine of outstanding quality," "surprising in its balance, elegance and fruity finish."

| ○ | Viña Morandé | Gran Reserva Vitisterra | 2002 | $$ | ★★★★ |

Amarillo pálido y vivo a la vez, presenta una nariz perfumada de cierta fineza, con barrica y manteca maloláctica bien integrada sobre notas de piña o ananá y banana o plátano, fruta y flores blancas, y especias. Boca suave y balanceada, tendida sobre una buena acidez que sostiene a la fruta hasta el final, acompañado por una nota mineral. *"Muy buen vino, sofisticado, moderno, buen representante de los Chardonnay chilenos".*

A bright, pale yellow that presents an elegant, perfumed nose of oak and malolactic butter well integrated with pineapple, banana, white fruit and flowers, and spices. The palate is soft and balanced, hung over good acidity that holds the fruit to the end, accompanied by a mineral note. "Very good wine, sophisticated, modern and a good representative of Chilean Chardonnays."

| ○ | Viña Morandé | Pionero | 2002 | $ | ★★★★ |

De color amarillo pálido verdoso, agraciado por muy buen perfume floral y frutado, desde la ▸

Pale greenish yellow and graced with a very nice floral perfume and fruity notes ranging from banana to ▸

327

Tipo/Kind	Bodega/Winery	Marca/Label	Cosecha/Harvest	U$S	Pts

CHARDONNAY

▸▸ banana hasta la manzana, incluyendo una nota de choclo (maíz fresco) y un dejo mantecoso. En boca resultó muy todo –estructurado, persistente, complejo, equilibrado, etc. *"Muy interesante nariz floral", "interesante, diferente".*

▸▸ *apple, plus a hint of fresh corn and a touch of butter. The palate has everything - it's well-structured, persistent, complex, balanced. "Very interesting floral nose," "interesting; different."*

○	Viña Santa Carolina S.A.	Barrica Selection	2001	$$	★★★★

De personalidad franca y abierta, es un buen ejemplo de *"Chardonnay mantecoso"* con madera bien integrada a una fruta que recuerda peras, manzanas, banana o plátano, ananá o piña, hinojo, anís, ruda. En boca es redondo y su fruta persiste buenamente apoyada por la excelente acidez y untuosidad. *"Un señor Chardonnay con barrica".*

With an open and honest personality, this is a good example of a buttery Chardonnay with well-integrated wood and fruit such as pears, green apples, bananas, pineapple, fennel, anise, and rue. The palate is round and the fruit persists with the support of excellent acidity. "A noble wooded Chardonnay."

○	Viña Tarapacá	Tarapacá Reserva	2001	$$	★★★★

Un Chardonnay *comme il faut,* con un perfil aromático intenso, donde aparece la madera y la mantecosidad de la fermentación maloláctica en barrica, antes que la fruta, con notas de tilo y de miel. De buena acidez, también algo graso o untuoso, con *"excelente retrogusto a frutas secas".*

A Chardonnay comme il faut, *aromatically intense, where wood and butter from the malolactic fermentation that takes place in barrels turn up before the fruit, with a touch of linden flower and honey. Big and fat, with good acidity and an "excellent nutty finish."*

○	Viña Veramonte	Veramonte	2001	$$	★★★★

Valle de Casablanca al estado líquido, con memorias de frutas tropicales (ananá o piña, banana) y frutas blancas (pera) con miel y toda la madera mantecosa de una buena fermentación maloláctica en barrica. Estas notas mantecosas y tostadas se repiten en la boca, con mucha fruta y exquisita acidez.

Casablanca Valley in its liquid state, recalling tropical fruit (pineapple, banana) and white fruit (pear) with honey and all the buttery wood of a good malolactic fermentation in the barrel. These toasty, woody notes repeat on the palate with lots of fruit and delicious acidity.

○	Jacques y François Lurton S.A.	Araucano	2001	$	★★★
○	Santa Helena	Selección del Directorio Reserva	2002	$$	★★★
○	Viña Carpe Diem / Viña Rucahue S.A.	Rucahue	2003	N/D	★★★
○	Viña Casa Tamaya	Tamaya Reserva	2002	N/D	★★★
○	Viña Casas del Bosque	Casas del Bosque Reserva	2001	$	★★★
○	Viña Cono Sur	Visión	2002	$$$	★★★
○	Viña Errázuriz	Errázuriz Ferment	2001	$$$	★★★
○	Viña Leyda	Leyda Reserva	2001	$$	★★★

Tipo/Kind	Bodega/Winery	Marca/Label	Cosecha/Harvest	U$S	Pts
CHARDONNAY					
○	Viña Miguel Torres	Maquehua	2002	$$	★★★
○	Viña MontGras	MontGras Reserva	2002	$$	★★★
○	Viña Morandé	Terrarum Reserva	2002	$$	★★★
○	Viña Quintay Ecovineyards	Quintay Reserva Especial	2002	$$	★★★
○	Viña San Pedro	Castillo de Molina Reserva	2002	$$	★★★
○	Viña Siegel	Crucero	2002	$	★★★
○	Viña Terramater	Terramater Reserva	2001	$	★★★
○	Viña Ventisquero	Ventisquero Reserva	2002	$	★★★
○	Viñedos Sutil	La Playa ☒	2002	N/D	★★★
○	Viñedos Sutil	Sutil	2002	$	★★★
○	William Cole Vineyards	Columbine Reserve	2001	$$	★★★
○	Santa Helena	Santa Helena	2002	$	★★
○	Vinos Santa Ema S.A.	Santa Ema Reserva	2002	$$	★★
○	Viña Balduzzi	Balduzzi Reserva	2002	$	★★
○	Viña Calina	Calina - Reserva	2001	$$	★★
○	Viña Casa Silva	Cellar Classic	2002	$	★★
○	Viña Casa Silva	Gran Reserva	2002	N/D	★★
○	Viña Concha y Toro	Marqués de Casa Concha	2002	$$	★★
○	Viña Francisco de Aguirre	Palo Alto	2002	$	★★
○	Viña J. Bouchon	Las Mercedes - Reserva	2001	$$	★★
○	Viña J. Bouchon	J. Bouchon Gran Reserva	2000	$$$	★★
○	Viña La Rosa	La Rosa Reserva	2002	$	★★
○	Viña Miguel Torres	Santa Digna	2002	$	★★
○	Viña Misiones de Rengo	Misiones de Rengo Reserva	2002	$	★★
○	Viña Montes	Montes Alpha	2001	$$$	★★
○	Viña Ravanal	Cepa Noble Reserva	2002	N/D	★★
○	Viña Terranoble	Valle Andino	2002	$	★★

Tipo/Kind	Bodega/Winery	Marca/Label	Cosecha/Harvest	U$S	Pts
CHARDONNAY					
○	Viña Terranoble	Terranoble	2002	$	★★
○	Viña Torreón de Paredes	Private Collection	1999	N/D	★★
○	Viña Valdivieso	Valdivieso Reserva Premium	2001	$$$	★★
○	Viña Villard Estate	Expresión	2000	N/D	★★
○	Viu Manent y Compañía Ltda.	Viu Manent	2002	$	★★
○	Viu Manent y Compañía Ltda.	Viu Manent-Reserve	2001	$$	★★
○	Viña La Rosa	La Rosa Gran Reserva	2002	N/D	★
○	Viña Selentia	Selentia Reservado Especial	2001	$$$	★
○	Viña Ventisquero	Ventisquero	2003	$	★
CHARDONNAY-VIOGNIER					
○	José Canepa y Cia. Ltda.	Canepa	2002	$	★★★
CHARDONNAY-VIOGNIER-SAUVIGNON GRIS					
○	Viña Casa Silva	Quinta Generación	2001	$$$	★★★
GEWÜRZTRAMINER					
○	Viña Cono Sur	Visión	2002	$$$	★★★
○	Viña Undurraga	Undurraga	2002	N/D	★★★
RIESLING					
○	Viña Cono Sur	Visión	2002	$$$	★★★★
SAUVIGNON BLANC					
○	Jacques y François Lurton S.A.	Gran Araucano	2002	$$	🍇

"Muy complejo, floral, con notas minerales, frutas, cítricos y frutas tropicales, muy interesante", "la nariz es expresiva: notas florales, cítricos, durazno", "nariz compleja, concentrada: frutas blancas maduras y flores blancas", "ataque con una punta de carbónico que aporta frescura...gran vino", "en boca es untuoso sin dejar de ser fresco, con buena acidez y un largo de boca interesante".

"Very complex, floral, with mineral notes, fruit, citrus, tropical fruit; very interesting," "expressive nose: floral notes, citrus, peach," "complex, concentrated nose: ripe white fruits and white flowers," "starts with a bit of CO_2, which adds freshness… great wine," "supple without losing freshness, with good acidity and long, interesting finish."

○	Viña Villard Estate	Villard	2002	N/D	★★★★★

Amarillo pajizo con reflejos verdosos, llega a la nariz con todas las frescas notas de variedad ▶▶

Straw yellow with greenish highlights, this one starts out with the crisp, fresh aromas expected of the ▶▶

Tipo/Kind	Bodega/Winery	Marca/Label	Cosecha/Harvest	U$S	Pts

SAUVIGNON BLANC

▸▸ (cítricos, pasto verde) y pasa a la boca sumando frutas blancas (pera, manzana) en perfecto equilibrio. *"¡Muy complejo! ¡excelente acidez!", "un Sauvignon muy aromático... y larguísimo".*

▸▸ variety (citrus, green grass), adding white fruits (pear, green apple) on the palate for a perfect balance. "Very complex! Excellent acidity!" "a very aromatic Sauvignon…with an extra-long finish."

○	Jacques y François Lurton S.A.	Araucano	2002	$	★★★★

Su nariz es reveladora de la variedad, con notas nítidas de ruda macho y hierba fresca. Sobre este fondo de excelente tipicidad, surgen pomelo y su cáscara, maracuyá, pera y piña o ananá, quizá una leve nota terrosa. En boca es muy interesante, de ataque frutal, untuoso, acidez media y largo final *"de pasto recién cortado".*

With a nose that reveals the variety, with clear notes of rue and fresh herbs. Rising up over this base of excellent typicity are grapefruit and its peel, passion fruit, pear, and pineapple, with something perhaps a bit earthy. Interesting palate with a fruity approach, supple, medium acidity, finishing long with "fresh-cut grass."

○	Viña Miguel Torres	Santa Digna	2002	$	★★★★

De nariz muy agradable y limpia, con intensidad aromática, muy herbáceo, cítrico, frutoso-tropical, en la boca es aun mejor, vivo y fresco, de buena fruta y buena acidez. *"¡Típico Sauvignon Blanc!", "Muy buen vino", "muy elegante".*

Nice, clean nose with good aromatic intensity, herbaceous, with citrus and tropical fruits. Even better in the mouth: lively, crisp, with good fruit and acidity. "Typical Sauvignon Blanc!" "Very good wine," "very elegant."

○	Viña Villard Estate	El Noble	2000	N/D	★★★★
○	Viñedos Sutil	Sutil	2002	$	★★★★

Un Sauvignon que expresa muy buena tipicidad, con pasto verde y ruda macho a los que se montan aromas de frutas tropicales, *"lo cual le da un toque distintivo".* De buen ataque en boca, untuoso, de buena acidez y persistencia, muy equilibrado, con acidez que destaca notas cítricas y de hierbas frescas. *"A medida que toma temperatura, resaltan más las características de la variedad", "acompañar con frutos de mar".*

A Sauvignon that quickly expresses its typicity with green grass and herbs, adding tropical fruits, "giving it a distinctive touch." Approaches the palate nicely, with good acidity and persistence, very balanced, with predominant crisp citrus and fresh herb notes. "Releases more varietal characteristics as the temperature rises," "serve with seafood."

○	Viña Anakena	Anakena	2002	$	★★★
○	Viña Carmen	Carmen	2002	$	★★★
○	Viña Concha y Toro	Trío	2002	$$	★★★
○	Viña Matetic	EQ	2001	$$	★★★
○	Viña Misiones de Rengo	Misiones de Rengo	2002	$	★★★
○	Viña Santa Carolina S.A.	Santa Isabel Estate	2002	N/D	★★★
○	Viña Santa Inés	Legado de Armida	2002	$$	★★★

Tipo/Kind	Bodega/Winery	Marca/Label	Cosecha/Harvest	U$S	Pts
SAUVIGNON BLANC					
○	Viña Undurraga	Undurraga	2002	$	★★★
○	Viña Ventisquero	Ventisquero Reserva	2002	$	★★★
○	Viña Veramonte	Veramonte	2002	$$	★★★
○	Viu Manent y Compañía Ltda.	Viu Manent-Reserve	2002	$$	★★★
○	Viu Manent y Compañía Ltda.	Viu Manent	2002	$	★★★
○	William Cole Vineyards	Mirador Selection	2002	$	★★★
○	Aresti Family Vineyards	Aresti Río Claro	2002	N/D	★★
○	Aresti Family Vineyards	Aresti	2002	$	★★
○	José Canepa y Cia. Ltda.	Canepa	2002	$	★★
○	Santa Emiliana	Santa Emiliana	1999	N/D	★★
○	Santa Helena	Santa Helena - Siglo de Oro	2003	$	★★
○	Santa Helena	Selección del Directorio Reserva	2002	$$	★★
○	Viña Casa Silva	Cellar Classic	2002	$	★★
○	Viña Château Los Boldos	Château Los Boldos	2002	$	★★
○	Viña Francisco de Aguirre	Palo Alto	2002	$	★★
○	Viña J. Bouchon	J. Bouchon Chicureo	2002	$	★★
○	Viña La Fortuna	La Fortuna	2003	N/D	★★
○	Viña MontGras	MontGras Reserva	2002	$	★★
○	Viña Quintay Ecovineyards	Quintay Reserva Especial	2002	$$	★★
○	Viña Santa Rita	Santa Rita - Floresta	2002	$$$	★★
○	Viña Tarapacá	Gran Tarapacá Reserva	2002	$	★★
○	Viña Terranoble	Terranoble	2002	$	★★
○	Viña Ventisquero	Ventisquero	2002	N/D	★★
○	Viña William Fèvre	William Fèvre	2003	N/D	★★
○	Viña Carpe Diem / Viña Rucahue S.A.	Rucahue	2003	N/D	★
○	Viña Casas del Bosque	Casas del Bosque	2002	$	★

Tipo/Kind	Bodega/Winery	Marca/Label	Cosecha/Harvest	U$S	Pts
SAUVIGNON BLANC					
○	Viña Terranoble	Valle Andino	2002	$	★
SAUVIGNON BLANC-VIOGNIER					
○	Viña Casa Silva	Doña Dominga	2002	N/D	★★★
SEMILLON					
○	Viu Manent y Compañía Ltda.	Viu Manent	2002	$	★★
VIOGNIER					
○	Viña Cono Sur	Visión	2002	$$$	★★★★
○	Viña Anakena	Anakena Reservado	2002	$$	★★★
○	Viña Casa Tamaya	Tamaya	2002	$	★★★
○	Viña MontGras	MontGras - Limited Edition	2002	$$	★★★
VIOGNIER-CHARDONNAY-SAUVIGNON BLANC					
○	Viña Casa Tamaya	Tamaya	2002	N/D	★★★
CABERNET SAUVIGNON					
◐	Viña Miguel Torres	Santa Digna	2002	$	★★★
CABERNET FRANC					
●	Odfjell Vineyards S.A.	Orzada	2001	$$$	★★★★
●	Viña Carpe Diem / Viña Rucahue S.A.	Carpe Diem Gran Reserva	2000	$$$	★★★★
●	Viña Morandé	66 Barricas Morandé Edición Limitada	2001	$$$	★★★★

Tiene buena complejidad aromática, con original nota de coco junto a café, grosella madura, caramelo, en un espectro especiado y dulzón. Su boca es amable, jugosa y de nuevo dulzona. *"Fácil de tomar, vino muy correcto, final largo con nota de coco", "agradable!! muy caramelizado".*

Good aromatic complexity with an original note of coconut along with coffee, ripe black currant, caramel, and a sweetish range of spices. Friendly palate, juicy and sweet. "Easy drinking, very correct wine, long finish with a note of coconut." "Nice! Very caramelized."

●	Viña Valdivieso	Stonelake	☒ 2000	N/D	★★★★

De aspecto aterciopelado y elegante, su aroma evoca frutas rojas y negras, tilo, rosa y un *"muy rico toque herbáceo"*. Redondo y equilibrado, complejo y untuoso, es *"de buen peso en boca, cálido y franco... alcohol algo alto", "mejor en boca, jugoso".*

Velvety and elegant; evokes red and black fruit, linden-flower, roses, and a "delicious herbal touch." Round and balanced, complex, and supple. "Good weight; warm and frank… a bit high on the alcohol," "better on the palate; juicy."

Tipo/Kind	Bodega/Winery	Marca/Label	Cosecha/Harvest	U$S	Pts

CABERNET FRANC

● Viña Valdivieso — Valdivieso Premium — 1999 — N/D — ★★★★

De color rubí denso, con nota de evolución, de nariz balsámica con tabaco, cedro (caja de puros), incienso y grafito sobre una confitura de fresas y cassis. La boca es más especiada, con una elegante nota de chocolate negro, buenos taninos, final apretado de especias y chocolate. *"Potencia, masculino, muy atractivo y seductor, gran vino!"*

Dense ruby red with a note of evolution, balsamic on the nose with tobacco, cigar box cedar, incense, and graphite over a base of strawberry jam and black currants. Spicier palate, with an elegant note of dark chocolate, good tannins, tight finish with spices and more chocolate. "Potent, masculine, very attractive and seductive, great wine!"

CABERNET SAUVIGNON

● Viña Château Los Boldos — Vieilles Vignes — 2000 — $$$ —

Bello color rubí con nota de evolución, es de nariz evolucionada y compleja, con fruta roja ensamblada en modo elegante y armonioso con la madera. De cuerpo medio, estructurado y cálido, con una acidez refrescante. *"Vino en su etapa de apogeo, con aromas complejos y evolucionados", "vino interesante", "miel en el final de boca", "un estilo particular, muy agradable".*

Beautiful ruby red with signs of aging, the nose is complex and evolved, with red fruit elegantly and harmoniously integrated with the wood. Medium-bodied, structured and warm, with refreshing acidity. "It's at its peak, with complex and evolved aromas," "interesting wine," "finishes with a note of honey," "very nice, with its own particular style."

● Viña Clos Quebrada de Macul — Stella Aurea — 2000 — $$$ —

Rubí con reflejos teja, presenta al olfato notas marcadas de evolución, con eucalipto, mentol y cassis, además de perfume animal y clavo de olor. En boca es equilibrado, con buena acidez, buenos taninos y buena estructura. *"Excelente vino, muy típico del Maipo Alto"* adivinó un catador chileno.

Ruby with brick highlights, with pronounced notes of evolution on the nose. Eucalyptus, menthol, and black currant with cloves and an animal perfume. Balanced palate, good acidity, tannins, and structure. "Excellent wine; very typical of High Maipo," guessed one Chilean taster.

● Viña Concha y Toro — Marqués de Casa Concha — 2001 — $$ —

Al avistaje se presenta intenso, denso y profundo. La intensidad se repite en la nariz, algo cerrada al principio, con tabaco y cedro balsámico (caja de puros), madera moderna, fruta confitada, crema de cassis. La boca revela una materia rica y muy trabajada, con taninos muy potentes. *"Elegante, excelente trabajo del vino", "va a ser un gran vino", "para guardar un par de años".*

One look shows this to be deep, dark, and intense, and that follows through to the nose, which is a bit closed at first, opening with tobacco, cigar-box cedar, modern wood, candied fruit, and Crème de Cassis. The palate reveals delicious and well-worked substance, with very potent tannins. "Elegant, excellent work," "this is going to be a great wine," "hold for a couple years."

● Viña MontGras — Ninquén — 2000 — $$$$$ —

"Clásico Cabernet del Maipo (sic) con madera muy elegante, clásico chileno", "nariz intensa de frutas secas y confituras, muy balsámico y con un toque especiado", "un vino monumental, clásico aroma de vino chileno, eucaliptus intenso, frutas secas, miel, confitura de cassis, regaliz y café", "boca: sólida, estructurada; taninos ▶▶

"Classic Maipo (sic) Cabernet with very elegant wood, a class Chilean wine," "intense nose of dried and candied fruits, very balsamic with a touch of spice," "a monumental wine, classic aroma of Chilean wine, intense eucalyptus, dried fruits, honey, candied black currant, licorice, ▶▶

Tipo/Kind	Bodega/Winery	Marca/Label	Cosecha/Harvest	U$S	Pts

CABERNET SAUVIGNON

▶▶ *firmes, de gran calidad, un monstruo", "de gran persistencia y retrogusto, especiado y de gran cuerpo, balance casi perfecto en sus taninos, fruta y madera, genial!", "madera muy marcada en boca (un poco lácteo) muy potente y de taninos densos, muy estructurado, va a evolucionar".*

▶▶ *and coffee," "palate: solid, well-structured, firm tannins, great quality, a monster," "great persistence and after-taste, spicy, and full-bodied, nearly perfect balance between its tannins, fruit, and wood, great!" "Very pronounced wood (and a bit lactic); very potent, dense tannins; very well structured; this one's going to evolve."*

● Viña San Pedro — Cabo de Hornos — 1999 — $$$$

"Nariz mentolada con una nota vegetal un poco verde, sin más. Expresivo", "de nariz franca con fruta fresca y especiada", "chocolate fino, elegante, fruta negra concentrada a su punto perfecto de maduración, leve nota verde", "pura fruta negra y roja", "muy digno", "boca bien estructurada, taninos correctos, sin más".

"Menthol on the nose with a vegetal note, a bit green. Expressive," "Frank, honest nose with fresh fruit and spices," "fine chocolate, elegant, concentration of black fruit at its perfect peak of ripeness, slightly green note," "pure black and red fruit," "very decent," "well-structured palate, correct tannins, no more."

● Viña Santa Inés — Legado de Armida - Reserva — 2001 — $$

"La nariz es increíble de atractiva, toda la fruta está concentrada", "notas de fruta, cassis, chocolate, clavo…nariz espectacular!", "nariz increíble, cuero, nuez, pimienta, vainilla, menta, fruta roja y negra, frutos del bosque, roble fino", "boca firme, sólida, estructurada, muy buen equilibrio, ganará en botella!", "es fantástico y aun no está en su esplendor, tomar ahora o hasta el 2008".

"Incredibly attractive, full of concentrated fruit," "notes of fruit, cassis, chocolate, cloves…spectacular nose!" "Incredible nose, leather, nuts, black pepper, vanilla, mint, red and black fruit, forest fruits, fine oak," "firm, solid, well-structured palate, very well-balanced, and will improve in the bottle!" "Fantastic now and hasn't yet reached its full splendor- drink now or up to 2008."

● Viña Santa Rita — Casa Real — ☒ 1999 — $$$$$

"Casi trufada", la compleja nariz de este gran Cabernet recuerda los frutos rojos, la pimienta, el anís. Su boca revela carácter y estructura, con la madera bien integrada y taninos aterciopelados. "Gran calidad. Distinto", "muy interesante, con notas a mentol".

"Almost truffled," the complex nose of this great Cabernet recalls red fruits, black pepper, and anise. The palate reveals character and structure, with well-integrated wood and velvety tannins. "Great quality. Different," "very interesting, with a touch of menthol."

● Viña Santa Rita — Floresta — 1999 — $$$$

"Profundo y apenas evolucionado un poco", "vino de aromas intensos y especiados", "gran complejidad aromática, madera fina, tabaco holandés, chocolate, fruta roja y pimienta", "equilibrado!!", "madera y mentol concentrado y de gran potencia", "aun duro en boca, taninos algo secantes, fruta y madera complejas, bien agradable y con potencial de guarda", "gran vino de guarda".

"Deeply colored and barely showing signs of age," "wine with intense and spicy aromas," "great aromatic complexity!!" "concentrated wood and menthol and great potential," "still a bit hard on the palate, tannins a bit harsh, complex fruit and wood, very nice with great ageing potential," "great wine for laying down."

Tipo/Kind	Bodega/Winery	Marca/Label	Cosecha/Harvest	U$S	Pts

CABERNET SAUVIGNON

● **Viña Undurraga** — Altazor — 1999 — $$$$$ — ★★★★★

A cuatro catadores pareció muy expresivo, fino y complejo, con trufa, hongos, bosque y notas animales; carnoso, equilibrado y bien estructurado en boca, con fruta negra y roja, acidez refrescante, taninos suaves y un final muy largo de ciruela y cassis. A dos catadores pareció defectuoso y desequilibrado, con notas desfavorables de evolución.

Four of the tasters found this to be very expressive, fine, and complex, with truffles, mushrooms, aromas of forest and animals, plus a meaty and balanced structure on the palate with black and red fruits, refreshing acidity, soft tannins, and a very long finish of plum and cassis. But another two tasters found it defective and unbalanced with unfavorable indications of evolution.

● **Viña Carmen** — Carmen Gold — 1999 — $$$$$ — ★★★★★

Con *"excelente profundidad y extracción"* del color, es un vino que sucede muy bien en nariz, pero necesita airearse para abrir su elegante espectro vegetal-frutado, con café y tabaco, madera y manteca. Muy concentrado y mantecoso en la boca, *"un vino con personalidad y potencia" "un poco duro aún, esperarlo 1 o 2 años. Decantar".*

With "excellent depth and extraction" of color, this wine with a great nose needs to breathe first to release its elegant spectrum of vegetal-fruity aromas mixed with coffee and tobacco, wood and butter. Very concentrated and buttery on the palate, it's "a wine with personality and potential," "still a bit hard-wait a year or two. Decant."

● **Viña Carpe Diem / Viña Rucahue S.A.** — Carpe Diem Gran Reserva — 1999 — $$$ — ★★★★★

Su espectro aromático contiene cassis, compota de berries, eucaliptus, tabaco, vainilla, regaliz, pimienta y café. En boca es jugoso, sabroso, frutoso, redondo, con taninos un poco secos o rústicos al final. *"Para guardar 1 o 2 años, potente, gran vino", "mucha tipicidad", "gran fuerza y persistencia".*

Its aromatic spectrum includes black currant, berry compote, eucalyptus, tobacco, vanilla, licorice, black pepper, and coffee. On the palate it's juicy, tasty, fruity, and round with tannins that are a bit dry and rustic on the finish. "Hold for a year or two; potent, great wine," "great typicity," "great strength and persistence."

● **Viña Casa Silva** — Doña Dominga — 2001 — $ — ★★★★★

● **Viña Casas del Bosque** — Casas del Bosque — 2001 — $$ — ★★★★★

Su nariz es franca, sin intensidad ni complejidad excesiva, con frutas rojas, especias dulces, madera y *"clásico mentol del Maipo"*. En boca resulta *"sedoso, redondo", "masculino y seco, de buen balance y estructura". "Grato".*

Straightforward aromas, without great intensity or complexity: red fruit, sweet spices, wood, and the "classic Maipo menthol." The palate is "silky and round," "masculine and dry, with good balance and structure," "Nice."

● **Viña Concha y Toro** — Terrunyo — 2000 — $$$ — ★★★★★

Raro que un Cabernet Sauvignon describa aromas florales, sobre un contexto más usual de frutas rojas, especias, chocolate y tabaco, con madera integrada en modo admirable. En boca luce equilibrio perfecto, con ataque dulce, taninos suaves y dulces, medio aterciopelado y cargado de fruta, y final de madera fresca. *"Todo es fineza, la fruta y la flor te envuelven", "hoy está fantástico", "los taninos más* ▶▶

It's curious to see a Cabernet Sauvignon with floral notes over the usual context of red fruits, spices, chocolate, and tobacco, with admirably integrated wood. Shows off its perfect balance on the palate, starts out loaded with fruit, adds sweet, soft, almost velvety tannins and finishes with fresh wood. "Everything is elegance here: the fruit and flowers engulf you," "fantastic today," "these are the finest tannins ▶▶

Tipo/Kind	Bodega/Winery	Marca/Label	Cosecha/Harvest	U$S	Pts

CABERNET SAUVIGNON

▸▸ *finos que aprecié en estos días de cata", "una elegancia divina, de nivel altísimo","la nariz es todo! híper complejo, maravilloso".*

▸▸ I've encountered in these past few days of tasting," "divine elegance, very high level," "the nose is everything! Hyper complex, just marvelous!"

● Viña J. Bouchon   J. Bouchon Gran Reserva   1998 $$$ ★★★★★

De hábitos púrpura profundos y densos, dueño de una nariz fresca y a la vez compleja que evoca el cassis, las cerezas, el chocolate amargo, el mentol y la madera balsámica. Su boca es maciza y plena, de taninos redondos, alcohólica, muy larga. *"Buen vino, tipo potente pero le falta fineza", "poco complejo pero rico y macizo".*

Deeply, densely purple with a fresh and complex nose that evokes cassis, cherries, bitter chocolate, menthol, and balsamic wood. Solid palate and full-bodied, somewhat alcoholic with round tannins and a long finish. "Good wine, potent, but lacks elegance," "not very complex, but tasty and big."

● Viña La Rosa   La Palmería   2002   N/D   ★★★★★

Un color *"púrpura profundo"* que al abrirse a la nariz sabe a grosella, mora, vainilla, canela, pimienta, café y chocolate, notas que expresa con mucha fineza. En la boca se revela de cuerpo lleno, con taninos apretados, gran estructura y *"muy... muy... largo", "un gran vino que aun no está en su mejor momento".*

"Deep purple" *color and a nose that opens with black currants, black berries, vanilla, cinnamon, black pepper, coffee, and chocolate notes that express elegance. A taste reveals its full body, tight tannins, great structure and* "very… very… long finish." "A great wine that still hasn't reached its best moment."

● Viña Santa Carolina S.A.   Neblus   2000 $$$$ ★★★★★

Elegante y complejo en la nariz, con notas de evolución sobre un fondo de frutas rojas y hierba fresca, también un dejo de cuero. Intenso y jugoso en boca, equilibrado y con una acidez que aporta frescura, con muy buen largo de boca. *"Un vino muy personal, fresco, de cuerpo medio y muy largo", "excelente, mucho equilibrio".*

Elegant and complex nose, with signs of evolution over a base of red fruit and fresh herbs, plus a bit of leather. Intense and juicy palate, balanced and with acidity that adds freshness with a nice long finish. "A very personal wine, fresh, medium-bodied and very long," "excellent and very balanced."

● Viña Valdivieso   The Don   ☒ 1998   N/D   ★★★★★

Con reflejos naranja que denotan la evolución, con notas de café, chocolate, frutas secas y tabaco, en boca es redondo, jugoso y sabroso, con madera bien integrada y final larguísimo. *"No es fácil encontrar narices tan delicadas... vino muy interesante y elegante", "espectacular armonía...excepcional complejidad", "fino, elegante, da para varios años más".*

With an orangeish hue that reveals its evolution and aromatic notes of coffee, chocolate, nuts, and tobacco, in the mouth it's round, juicy, and tasty, with well-integrated wood and a very long finish. "It isn't easy to find such a delicate nose… very interesting and elegant wine," "spectacular harmony… exceptional complexity," "fine, elegant, and will last several years more."

● William Cole Vineyards   Columbine Gran Reserve   2000 $$ ★★★★★

"Color increíble, gran concentración" de un rojo rubí intenso, que preanuncia un gran vino. En nariz deja notas de higo, ciruelas pasas y especias, además madera fresca y tostado, café y tabaco. En boca ▸▸

"Incredible color; great concentration," *its intense ruby red pre-announces a great wine. The nose suggests fig, dried prunes, and spices, plus fresh wood and toast, coffee and tobacco. The palate starts well,* ▸▸

337

Tipo/Kind	Bodega/Winery	Marca/Label	Cosecha/Harvest	U$S	Pts

CABERNET SAUVIGNON

▸▸ tiene buena entrada y crece en su medio, con taninos picantes pero agradables, buena acidez y largo final. *"Gran vino", "le falta botella".*

▸▸ with good acidity and sharp but pleasant tannins, and grows to a long finish. *"Great wine," "needs bottle time."*

● Santa Emiliana — Santa Emiliana — 2002 — $ — ★★★★

Nariz especiada y maciza de fruta negra madura, cassis y tabaco. Boca maciza y trabajada, con buen equilibrio, acidez y taninos bien presentes, mucha concentración de fruta roja y negra, sobre notas de cedro, tostado y especias. *"Muy atractivo", "todavía joven", "mucha fruta, gran potencia", "vino bien hecho...de estilo moderno, le falta un poco de personalidad, un poco demasiado vinificado".*

Spicy, solid nose with mature black fruit. Solid, well-worked palate with good balance, acidity and tannins, good red and black fruit concentration with some spicy toasty cedar notes. "Very attractive," "still young," "lots of fruit, great potential," "well-made wine… modern style, lacks a bit of personality, a bit over-vinified."

● Santa Helena — Santa Helena Siglo de Oro — 2002 — $ — ★★★★

Nariz de gran frutosidad, de bayas del bosque bien maduras, que componen una nariz fina, caramelizada y elegante, de estilo europeo. En la boca hay quien advirtió cierta rusticidad ("de la variedad") y taninos secantes. *"Estilo puro y honesto, fruta bajo madera y tabaco", "fresco, muy grato", "amable, fácil de tomar, aterciopelado y coherente. Beberlo ahora".*

Very fruity nose of caramelized ripe forest berries with a certain European-style elegance. One taster noted that the tannins were a bit drying ("in accordance with the variety"). "Pure, honest style, fruit beneath wood and tobacco," "fresh and very nice," "friendly, easy-drinking, velvety and coherent. Drink now."

● Vinos Santa Ema S.A. — Santa Ema Reserva — 2001 — $$ — ★★★★

"Excelente color!" (rojo intenso), de nariz muy especiada y fresca, jugoso y frutado con evocación del catálogo completo de bayas rojas del bosque bien ensambladas a la madera, en boca es muy jugoso y amable. *"Correcto, suave, final dulce", "persistencia media a larga, queda el tabaco".*

"Excellent color!" (intense red), with a very fresh and spicy nose, juicy and fruity and summoning up the entire catalogue of red berries from the forest blending well with the wood. Juicy and friendly palate. *"Correct and soft, with a sweet finish," "medium persistence with tobacco on the finish."*

● Viña Casa Rivas — Casa Rivas Reserva — 2001 — $$ — ★★★★

Una nariz floral poco típica en la variedad, con regaliz y confitura, pimienta y chocolate a la leche, incluso notas cárnicas y corámbricas. En boca es de gran estructura, con barrica muy integrada y taninos imponentes, bastante mordientes pero correctos y apretados. *"Muy original, estilo muy particular, gran vino", "no destaca tanto como en nariz".*

An un-typical floral nose, with licorice and candied fruit, black pepper, and milk chocolate, even something meaty, like animal skins. Great structure on the palate, with well integrated oak and imposing, biting tannins that are both tight and correct. "Very original, very unique style, great wine," "doesn't stand out as much as the nose does."

● Viña Concha y Toro — Don Melchor — 1999 — $$$$$ — ★★★★

Necesita oxigenarse antes de presentar su buena intensidad en la nariz, que conjuga frutas y especias, con notas de pimienta, menta, eucaliptus, hongos, cuero, madera y tostado. En boca se presenta boscoso, carnoso y armónico, con mucha fruta ▸▸

This one needs to breath for a while before it releases its good aromatic intensity that combines fruits and spices with notes of black pepper, mint, eucalyptus, mushrooms, leather, and toasty wood. The palate takes a walk through the forest; it's meaty and harmonious, ▸▸

Tipo/Kind	Bodega/Winery	Marca/Label	Cosecha/Harvest	U$S	Pts

CABERNET SAUVIGNON

▸▸ roja, buen equilibrio entre acidez y taninos, de personalidad elegante pero cuerpo medio.

▸▸ with lots of red fruit and a good balance between acidity and tannins. Medium-bodied and an elegant personality.

● Viña Haras de Pirque — Equus — 2001 — $$ — ★★★★

Su nariz, un poco verde, es amplia y elegante, compleja y atrayente, con fruta madura y armoniosa (ají morrón, cassis, clavo de olor, café). Boca impresionante muy trabajada en los taninos, enormes y apretados, con especias que duran hasta el final. *"Para esperar"*, *"le falta tres años de botella"*.

The nose is big and elegant, complex and attractive, although a bit green. Has ripe fruit, red pepper, black currant, cloves, coffee, and is harmonious. Impressive palate and well-worked, enormous and tight tannins, with spices that last to the finish. "Wait a while," "needs another 3 years in the bottle."

● Viña J. Bouchon — Las Mercedes - Reserva — 1999 — $$ — ★★★★

Vino que se presenta con una nota fresca, de frutas rojas, especias y eucaliptus *"muy típico chileno"*. En boca repite a su nariz, con equilibrio, cuerpo, persistencia y taninos algo agresivos, más un final agradable.

Starts off on a note of fresh red fruit, with spices and eucalyptus, "typically Chilean." The palate follows the nose with balance, body, persistence, and somewhat aggressive tannins and a nice finish.

● Viña Luis Felipe Edwards — Luis Felipe Edwards Reserva — 2000 — $$ — ★★★★

Su nariz es elocuente, fina y agradable, con recuerdos de fruta roja y seca, especias, eucaliptus y quizá un toque de incienso. Su boca también conoce la elocuencia, equilibrada, potente y bien amalgamada, de expresiones armónicas y persistentes, jugoso y sabroso hasta el final.

Eloquent nose, nice and fine, recalling red fruit, dried fruit, spices, eucalyptus and maybe a hint of incense. The palate also shows eloquence; it's balanced, potent, and well-blended, with harmonious and persistent expressions, juicy and tasty to the end.

● Viña Montes — Montes Alpha — 2001 — $$$ — ★★★★

Especiado, herbáceo y frutal, muy fino y a la vez potente y estructurado, con notas de especias, chocolate y mentol, su espectro aromático es maduro y masculino. Boca firme y estructurada, seca y agradable, de buena acidez. *"Maravillosa nariz"*, *"excelente vino de estilo moderno, con taninos enérgicos pero finos"*, *"carga tánica que asegura buen envejecimiento"*.

Spicy, herbal and fruity, very elegant yet potent and well-structured. With notes of spices, chocolate, and menthol, its aromatic spectrum is ripe and masculine. Firm, structured palate, dry and pleasant, with good acidity. "Wonderful nose," "excellent, modern wine, with energetic yet fine tannins," "sufficient tannins to ensure good ageing."

● Viña Morandé — Terrarum Reserva — 2002 — $$ — ★★★★

Un vino correcto, frutal y simple, jugoso, de buena expresión varietal, en el que resaltan la fruta roja, los higos y la manteca. Su boca es delicada y armónica. *"Ideal para acompañar comidas"*, *"rico, fresco, frutal"*, *"agradable de cuerpo medio y sin contrastes"*.

A correct wine, fruity and simple, juicy with good varietal expression, with lots of red fruit, figs and butter. A delicate and harmonious palate. "Ideal for accompanying foods," "delicious, fresh, fruity," "nice, medium-bodied, and without contrasts."

Tipo/Kind	Bodega/Winery	Marca/Label	Cosecha/Harvest	U$S	Pts

CABERNET SAUVIGNON

● **Viña Morandé** — Pionero — 2002 — $ — ★★★★

Nariz seductora con mucha fruta y una nota de sotobosque y tabaco con un *zest* de especias. En boca es jugoso, bien estructurado y equilibrado, con taninos jóvenes. *"Un buen Cabernet de cuerpo medio", "vino discutido en el panel", "nariz que cambia de frutas pasadas a notas frescas (muy difícil para describir)", "no de guarda, pero bien".*

Intriguing nose with lots of fruit and a touch of forest floor and tobacco with a zestful pinch of spices. Juicy, well-structured, balanced palate with young tannins. "A good medium-bodied Cabernet," "caused some disagreement in the group," "the nose is difficult to describe because it passes from over-ripe fruit to a fresh note," "not one to lay down, but good."

● **Viña Pérez Cruz** — Pérez Cruz Reserva — 2002 — N/D — ★★★★

"Lindísimo color guinda negra brillante", complejo y equilibrado en su nariz con fruta roja y negra madura y notas frescas y especiadas, además de buena madera y una advertencia de su alto nivel de alcohol. Esta advertencia se repite en la boca, acompañado por buena estructura, mucha fruta y taninos potentes y firmes. *"Para guardar 1 o 2 años".*

"Bright and beautiful black cherry color," *complex and balanced nose with ripe red and black fruit, fresh and spicy, with good wood and an indication of a high alcohol content, which is reconfirmed on the palate. Good structure, loads of fruit and firm, potent tannins.* "Hold for another year or two."

● **Viña Santa Rita** — Medalla Real — 2000 — $$ — ★★★★

Un Cabernet franco, simple, fresco y agradable, con aromas de bosque, fruta roja y alacena de especias dulces y madera fresca. De boca muy agradable y equilibrada, con taninos dulces y final agradable: *"buen vino, jugoso", "beber ahora o en uno o dos años"* anotaron los catadores.

A frank, fresh, and nice Cabernet with aromas from the forest, fresh wood, red fruit, and sweet pantry spices. Very nice palate: balanced with sweet tannins and a pleasant finish. "Good wine; juicy," "drink now or hold a year or two," *commented the tasters.*

● **Viña Tabontinaja / Gillmore Estate** — Gillmore Reserva — 2001 — $$ — ★★★★

Dos narices hallaron coco, además de fruta roja y negra, entre sus notas aromáticas descollantes. En las bocas resultó armonioso y delicado, *"franco, jugoso, sabroso", "agradable y persistente, largo en boca, con taninos un tanto duros aun".*

Two noses detected coconut in addition to the prominent red and black fruit. Harmonious and delicate palate, "straight-forward, juicy, and tasty," "nice and persistent, long finish; tannins still a bit harsh."

● **Viña Terramater** — Terramater Reserva — 2000 — $ — ★★★★

De nariz cinegética y animal, luego floral y de frutos rojos (cereza, guinda, ciruelas secas). Boca algo magra y diluída, pero estructurada. *"Vino correcto", "...estructura media, pero resalto la elegancia desde la nariz a la boca".*

Opens on an animal note, followed by flowers and red fruits (cherries, dried prunes), there's something hammy and diluted, but still has structure, "Correct," "… medium structure, but there was a leap in elegance between the nose and the palate."

● **Viña Valdivieso** — Valdivieso Reserva Premium — 1999 — $$$ — ★★★★

Tipo/Kind	Bodega/Winery	Marca/Label	Cosecha/Harvest	U$S	Pts

CABERNET SAUVIGNON

●	Viña Ventisquero	Ventisquero Gran Reserva	2001	$$	★★★★

Muy compleja e intensa personalidad aromática, con unánime eucaliptus y cassis, luego especias, cuero, notas animales y tostado. En boca resultó joven y falto de botella, con taninos que aun deben redondearse. *"Magnífico vino", "lo esperaría unos años", "gran potencial de guarda".*

Very complex and intense aromatic personality. The tasters were unanimous on the eucalyptus and cassis, followed by spices, leather, animal notes and toast. The young palate lacks bottle time for the tannins to round out. "Magnificent wine," "I'd wait a few years," "great ageing potential."

●	Viña William Fèvre	Gran Cuvée	2001	$$$	★★★★

Un vino sin complejidad pero muy correcto y de carácter, grato y de estilo moderno. Con aromas de fruta roja, especias, cacao. En boca es persistente, con una nota frutal que en el retrogusto se vuelve tostado. *"Fácil de tomar, con final agradable", "liviano en boca, correcto, algo comercial, buen vino", "bien!".*

Although not complex, this wine has character and is correct, pleasing, and modern. Aromas include red fruit, spices, and cocoa. The palate is persistent, with a fruity note that turns to a toasty aftertaste. "Easy to drink with a nice finish," "a good, light-bodied, correct, somewhat commercial wine," "Good!"

●	Aresti Family Vineyards	Aresti Family Colección	1999	$$$	★★★
●	Jacques y François Lurton S.A.	Araucano	2002	$$	★★★
●	José Canepa y Cia. Ltda.	Finísimo	2000	$$	★★★
●	José Canepa y Cia. Ltda.	Magnificum	1999	$$$$	★★★
●	Santa Emiliana	Santa Emiliana Reserva	2001	N/D	★★★
●	Santa Helena	Santa Helena	2002	$	★★★
●	Santa Helena	Selección del Directorio Reserva	2001	$$	★★★
●	Viña Bisquertt	La Joya Gran Reserva	1999	$$$	★★★
●	Viña Calina	Calina - Reserva	2000	$$	★★★
●	Viña Carmen	Carmen	2001	$	★★★
●	Viña Carmen	Carmen Reserva	2001	$$	★★★
●	Viña Casa Silva	Cellar Classic	2001	$	★★★
●	Viña Casas Patronales	Casas Patronales Oak Barrel	2001	N/D	★★★
●	Viña Clos Quebrada de Macul	Alba	1999	$$	★★★
●	Viña Cousiño-Macul S.A.	Antiguas Reservas	2001	$$	★★★
●	Viña Cousiño-Macul S.A.	Finis Terrae	2001	$$$$	★★★
●	Viña Cremaschi Furlotti	Cremaschi Furlotti Reserva	2000	$$	★★★

Tipo/Kind	Bodega/Winery	Marca/Label	Cosecha/Harvest	U$S	Pts
CABERNET SAUVIGNON					
●	Viña Errázuriz	Max Reserva	2000	N/D	★★★
●	Viña Francisco de Aguirre	Palo Alto	2001	$	★★★
●	Viña Hugo Casanova	Don Aldo Reserva	1999	N/D	★★★
●	Viña Los Vascos S.A.	Los Vascos	2001	$$	★★★
●	Viña Miguel Torres	Manso de Velasco	2000	$$$	★★★
●	Viña Miguel Torres	Santa Digna	2001	$$	★★★
●	Viña Morandé	Vitisterra Grand Reserve	2000	$$	★★★
●	Viña Portal del Alto	Portal del Alto Reserva	1999	$	★★★
●	Viña Potal del Alto	Terravid Premium	2001	N/D	★★★
●	Viña Ravanal	Cepa Noble	2001	N/D	★★★
●	Viña San Miguel del Huique	El Huique Reserva	1998	$	★★★
●	Viña San Pedro	1865	2000	$$$	★★★
●	Viña Santa Carolina S.A.	Santa Carolina Reserva de Familia	2000	$$$	★★★
●	Viña Santa Carolina S.A.	Ochagavia Reserva	2001	N/D	★★★
●	Viña Santa Carolina S.A.	Ochagavia Gran Reserva	2000	N/D	★★★
●	Viña Santa Carolina S.A.	VSC	1999	$$$$	★★★
●	Viña Siegel	El Crucero Reserva	2001	$$	★★★
●	Viña Tarapacá	Gran Tarapacá Reserva	2000	$	★★★
●	Viña Terramater	Terramater	2001	$	★★★
●	Viña Undurraga	Founders Collection	1999	$$$$	★★★
●	Viña Valdivieso	Stonelake Reserva ☒	1999	N/D	★★★
●	Viña Ventisquero	Ventisquero	2002	$	★★★
●	Viña Ventisquero	Ventisquero Reserva	2001	$	★★★
●	Viña Veramonte	Veramonte	2001	$$	★★★
●	Viña William Fèvre	Gran Cuvée	2002	N/D	★★★
●	Viñedos Sutil	La Playa ☒	1999	N/D	★★★

Tipo/Kind	Bodega/Winery	Marca/Label	Cosecha/Harvest	U$S	Pts
CABERNET SAUVIGNON					
●	Viñedos Sutil	Sutil	2001	$	★★★
●	Viu Manent y Compañía Ltda.	Viu Manent Reserve	2001	N/D	★★★
●	Viu Manent y Compañía Ltda.	Viu Manent Special Selection	2000	N/D	★★★
●	Aresti Family Vineyards	Aresti Río Claro	2000	N/D	★★
●	Odfjell Vineyards S.A.	Armador	2001	$	★★
●	Viña Aquitania	Paul Bruno Domaine	1999	$$$	★★
●	Viña Balduzzi	Balduzzi Reserva	2000	N/D	★★
●	Viña Balduzzi	Balduzzi	2000	$	★★
●	Viña Carpe Diem / Viña Rucahue S.A.	Carpe Diem Reserva	1999	$$	★★
●	Viña Casa Rivas	Casa Rivas	2001	$$	★★
●	Viña Casa Tamaya	Tamaya Reserva	2002	N/D	★★
●	Viña Casas Patronales	Casas Patronales	2002	$$	★★
●	Viña Clos Quebrada de Macul	Domus Aurea	1999	$$$$$	★★
●	Viña El Principal S.A.	El Principal	2000	$$$$$	★★
●	Viña Haras de Pirque	Haras Character	2000	$$$	★★
●	Viña Huelquén	Huelkén Reserva	2001	$$	★★
●	Viña Huelquén	Huelkén	2001	$	★★
●	Viña Hugo Casanova	Casanova Reserva	2001	N/D	★★
●	Viña La Fortuna	La Fortuna	2002	N/D	★★
●	Viña La Rosa	Don Reca	2002	N/D	★★
●	Viña Morandé	House of Morandé	2000	$$$$	★★
●	Viña Portal del Alto	Terravid	2001	N/D	★★
●	Viña San Miguel del Huique	El Huique	2001	$	★★
●	Viña San Pedro	Castillo de Molina	2001	$$	★★
●	Viña San Pedro	Gato Negro	2002	$	★★
●	Viña San Pedro	35 South	2002	$	★★

Tipo/Kind Bodega/Winery	Marca/Label	Cosecha/Harvest	U$S	Pts
CABERNET SAUVIGNON				
● Viña Selentia	Selentia	2000	$	★★
● Viña Siegel	Crucero	2001	$	★★
● Viña Tarapacá	Leon de Tarapacá	2002	$	★★
● Viña Terranoble	Terranoble	2002	$	★★
● Viña Undurraga	Undurraga	2002	$	★★
● Viña Valdivieso	Valdivieso Reserva	2000	$	★★
● Viña Ventisquero	Tantehue	2001	N/D	★★
● Viña William Fèvre	La Misión	2002	$	★★
● Viña Casa Tamaya	Tamaya	2002	$	★
● Viña Cono Sur	20 Barrels	2000	$$$	★
● Viña J. Bouchon	J. Bouchon	2001	$	★
● Viña Siegel	San Elías	2002	N/D	★
● Viña Tarapacá	Tarapacá Gran Reserva	1999	$$	★
● Viña Terranoble	Terranoble Reserva	2001	$$	★
● Viña Torreón de Paredes	Don Amado Reserva Especial	1997	$$$$	★
● Viu Manent y Compañía Ltda.	Viu Manent	2001	$	★
CABERNET SAUVIGNON-CARMENÈRE				
● Viña Terramater	Terramater	2000	$	★★★
● Viña Casas Patronales	Casas Patronales Limited Selection	2002	N/D	★★
CABERNET SAUVIGNON-CARMENÈRE-CABERNET FRANC				
● Almaviva	Almaviva	2000	$$$$$	

"Color rojo intenso con reflejos más rojos", "nariz compleja, especiado, frutal, tostado, acompañado con notas animales que potencian su carácter", "muy intenso en nariz, sobresalen notas torrefactas, de a poco la fruta...""en boca el ataque es dulce, con buena frutosidad, café, madera, taninos medios a suaves y muy buena estructura", "complejidad que crecerá con el añejamiento...cierta astringencia dulce", "muy complejo, gran ▸

"Intense red with even redder highlights," "complex, spicy, fruity, toasty nose with an animal note that adds to its character," "very intense on the nose, with pronounced roasted notes, then the fruit..." "Starts sweet on the palate, with good fruit, coffee, wood, soft tannins and very good structure," "its complexity will grow with ageing…has a certain sweet astringency," "very ▸

Tipo/Kind	Bodega/Winery	Marca/Label	Cosecha/Harvest	U$S	Pts

CABERNET SAUVIGNON-CARMENÈRE-CABERNET FRANC

▸▸ *potencial de guarda...sugiero decantarlo", "final de boca largo y fino, excelente".*

▸▸ *complex, great potential for ageing… I suggest decanting," "very long finish, elegant, excellent."*

CABERNET SAUVIGNON-CARMENÈRE-MERLOT

| ● | José Canepa y Cia. Ltda. | Canepa Oak Aged | 2002 | $ | ★ |

CABERNET SAUVIGNON-CARMENÈRE-PETIT VERDOT

| ● | Viña Casa Silva | Quinta Generación | 2001 | $$$ | ★★★★ |

CABERNET SAUVIGNON-CARMENÈRE-SYRAH

| ● | Viña Pérez Cruz | Liguai | 2002 | N/D | ★★★★ |

De color intenso, especialmente concentrado en su aroma de frutas rojas y negras, especias dulces y un marcado acento de chocolate, sustentados por *"mucha madera de muy buena calidad"*. En boca es muy estructurado, de buena acidez, con taninos potentes. *"Vino que va a crecer con los años", "le falta botella. Muy interesante", "decantar".*

Intensely colored and especially concentrated aromas of red and black fruits, sweet spices, and a pronounced chocolatey accent sustained by "lots of very good quality wood." *Well-structured, with good acidity and potent tannins.* "This wine will grow with the years," "Needs more time in the bottle; very interesting," "Decant."

CABERNET SAUVIGNON-MALBEC

| ● | José Canepa y Cia. Ltda. | Canepa | 2002 | N/D | ★ |

CABERNET SAUVIGNON-MALBEC-MERLOT-CARMENÈRE

| ● | Viña J. Bouchon | J. Bouchon Assemblage | 1999 | $$$ | ★★★ |

CABERNET SAUVIGNON-MERLOT

| ● | Viña Château Los Boldos | Gran Cru | 2001 | $$$$$ | |

Color rojo-negruzco brillante, es un gran vino todavía un poco apretado en sí mismo, oscuro y concentrado. No es fácil conversar con su talante de genio adolescente: hay que decantarlo o mejor dejarlo madurar varios años, ya que tiene la carne y los huesos de un gran vino. *"Increíble", "¡¡waw!!".*

Deep, dark, and shiny almost-black red, this big, concentrated wine is still a bit closed in on itself. It's not easy to interact with the talent of this adolescent genius; you have to decant it, or even better, let it mature a few more years, as it has the flesh and bones promise of a great wine. "Incredible!" "Wow!!"

| ● | Viña Château Los Boldos | Gran Cru | 2000 | $$$$ | ★★★★ |

Un gran vino, con su fruta y su madera ensambladas en el nivel más alto del arte enológico, con fruta roja, pimienta y vainilla entre sus notas dominantes, con estructura plena y carnosa. Es muy todo lo que debe ser un gran cru, al que se exige más que a otros vinos: *"duro aún en boca", "le falta botella".*

A big wine with fruit and wood blended with the highest degree of winemaking artistry. Red fruit, black pepper, and vanilla predominate. Full-bodied and meaty, this is everything a gran cru should be, meeting a higher standard than other wines. "harsh palate," "lacks bottle time."

345

Tipo/Kind Bodega/Winery	Marca/Label	Cosecha/Harvest	U$S	Pts

CABERNET SAUVIGNON-MERLOT

| ● Viña Château Los Boldos | Gran Cru | 1999 | $$$$$ | ★★★★ |

Muy concentrado y fuerte, carnoso, con notas de fruta roja y fruta cocida, pimienta y vainilla, en boca resulta de mucho cuerpo, con taninos verdes y larga persistencia. *"Bien y diferente", "mejor en boca", "le falta botella".*

Concentrated, strong, and meaty with cooked red fruit, black pepper and vanilla. The palate shows great body, some green tannins and a long finish. "Good and different," "better on the palate," "needs time."

| ● Viña Morandé | 88 Barricas Edición Limitada | 1999 | N/D | ★★★ |
| ● Viña Estampa | Estampa | 2002 | $ | ★★ |

CABERNET SAUVIGNON-MERLOT-CABERNET FRANC

| ● Vinos Santa Ema S.A. | Catalina | 1999 | $$$ | ★★★ |

CABERNET SAUVIGNON-SYRAH

| ● Viña Misiones de Rengo | Misiones de Rengo | 2002 | $ | 🍇 |

La nariz presenta notas de grosella, cassis, higo, nueces, café, tabaco y regaliz. La boca es correcta y equilibrada, con cuerpo pleno y taninos quizá algo duros todavía. *"Vino joven con potencial de guarda", "una delicia, para decantar, gran vino", "falta un poco de botella. Largo, gran potencial de guarda, elegante".*

The nose presents notes of red and black currants, fig, nuts, coffee, tobacco, and licorice. The palate is correct and balanced, with full body and tannins that might still be a bit hard. "Young wine with potential for ageing," "a delight; great wine; decant," "needs a little more time in the bottle; long finish; great potential for ageing; elegant."

| ● José Canepa y Cia. Ltda. | Canepa Oak Aged | 2002 | N/D | ★★★ |

CABERNET SAUVIGNON-SYRAH-MERLOT

| ● Viña Carpe Diem / Viña Rucahue S.A. | Tierra Roja | 2000 | $$$ | ★★★★ |

Color rubí evolucionado, con nota de teja. Nariz compleja, con frutas secas -higo, ciruela- cassis y pimienta, pero también hierbas frescas -menta, eucaliptus- asentadas sobre una madera bien trabajada. Pleno en boca, balanceado y refrescante, con final de taninos algo secantes. *"¡Lo esperaría unos meses!"*

Ruby red moving toward brick, with a complex nose of dried fruits – figs and prunes – plus black currant and black pepper. But there are also fresh herbs here, mint, and eucalyptus, sitting squarely on some well-worked wood. Full-bodied, balanced and refreshing, although the tannins are a bit harsh. "Wait a few more months!"

CARIGNAN

| ● Odfjell Vineyards S.A. | Orzada | 2001 | $$$ | ★★★★★ |

De nariz fresca, fina e intensa con frutas del bosque, pino, eucalitpus, menta y especias. De cuerpo medio, con taninos redondos y aterciopelados pero de mucha presencia, buena acidez y final ▸

Fresh nose, fine and intense with forest fruits, pine, eucalyptus, mint, and spices. Medium-bodied with velvety round tannins and great presence, good acidity and a spicy finish. "Sensual!" "Very sensual," "not ▸

Tipo/Kind	Bodega/Winery	Marca/Label	Cosecha/Harvest	U$S	Pts

CARIGNAN

▸▸ especiado. *"Sensual!", "muy sensual", "no es lo típico del Nuevo Mundo", "una de las más grandes y gratas sorpresas...un monstruo".*

▸▸ *your typical New World wine," "one of the biggest and best surprises… a monster!"*

•	Viña Tabontinaja / Gillmore	Estate Gillmore	2001	$$$	★★★

CARMENÈRE

•	Santa Helena	Santa Helena Reserva	2001	N/D	🍇🍇🍇

"Rubí intenso, ligero violáceo", "¡estructura espectacular! alta complejidad en la nariz!!", "nariz intensa bastante moderna sin caricatura, frutos muy maduros y frutas secas, suficiente madera integrada, más bien torrefaccionado, almendras/café", "ataque con carácter pero elegante, taninos secos, persistencia media a larga", "boca frutada bien estructurada y más bien jugosa, cierto frescor, taninos correctos y buen equilibrio, termina bien, sobre la fruta", "muy buena persistencia y retrogusto", "un vino que invita a comer!".

"Intense ruby red with a little violet," "spectacular structure! Very highly complex on the nose!!" "Intense, quite modern nose without caricature, very ripe fruits and dried fruits, sufficient integrated wood, almonds, and roasted coffee," "starts with character and elegance, dry tannins, medium-to-long finish," "fruity, well-structured palate; rather juicy, with a certain freshness; correct tannins, good balance, finishes long on the fruit," "very good persistence and after-taste," "a wine that invites you to dinner!"

•	Viña Casa Silva	Casa Silva Los Lingues	2001	N/D	🍇🍇🍇

"Rubí denso y profundo", "nariz rica e intensa de frutas confitadas, toques vegetales varietales y animales, más café torrefacto y una nota de alquitrán", "boca redonda y jugosa fiel a la sólida fruta, taninos aun presentes pero bien integrados...: termina bien", "humo sobre fruta concentrada, chocolate amargo, café, hojas secas, fruta seca, muy interesante y complejo en la nariz", "vino para adultos, complejo", "moderno y potente, ataque dulce, mucha y muy buena fruta en medio de boca y final de maraschino", "falta botella, gran impresión en nariz, muy complejo".

"Deep ruby red," "rich and intense nose of candied fruits, somewhat vegetal and a bit animal, plus roasted coffee and a note of tar," "round and juicy palate faithful to the solid fruit; the tannins are present but well-integrated...finishes nicely," "smoke over concentrated fruit, bitter chocolate, coffee, dry leaves, dried fruit, very interesting and complex nose," "complex, a wine for adults," "modern and potent, sweet attack, lots of good fruit on the mid-palate and finishes with a maraschino cherry on top," "needs time; great impression on the nose; very complex."

•	Viña William Fèvre	Gran Cuvée	2002	$$$	🍇🍇🍇

"Rubí profundo y denso", "muy profundo e intenso, aterciopelado y elegante", "nariz intensa de pequeñas frutas confitadas (grosella, cassis), madera bien integrada con un matiz especiado, potente, muy elegante (Carmenère?)", "boca muy golosa, bien equilibrada y estructurada con sus taninos fundidos pero bien presentes, final muy jugoso, torrefaccionado...muy aromático e interesante", "es aromático, atractivo, largo en boca, muy amable, un vino distinguido".

"Deep, dense ruby red," "deep and intense, velvety and elegant," "intense nose of small candied fruits (red and black currants), well-integrated wood, well-balanced with a spicy nuance; potent and very elegant (Carmenère?)," "delicious palate, well-balanced and structured with tannins that melt in your mouth, very juicy finish, roasted aromas… very aromatic and interesting," "aromatic, attractive, and friendly with a long finish; a distinguished wine."

Tipo/Kind	Bodega/Winery	Marca/Label	Cosecha/Harvest	U$S	Pts

CARMENÈRE

● **Viña Concha y Toro** — Terrunyo — 2001 — $$$ —

"Color premiado", "nariz de Carmenère muy maduro, opulento y especiado, boisé", "muy aromático, intenso, complejo", "gran nivel y elegancia en nariz, fruta roja, café, especies y chocolate", "nota verde en el fondo que lo hace muy interesante", "boca muy equilibrada y taninos muy apretados, completamente homogéneo, termina muy bien", "en boca es muy fino, muy bien integrada la madera y una muy buena expresión frutal, un vino realmente bello", "necesita ser decantado".

"Prize-winning color," "very ripe Carmenère nose, opulent and spicy, boisé," "very aromatic, intense, complex," "great level and elegance on the nose, red fruit, coffee, spices, and chocolate," "green background note that makes it interesting," "very well-balanced and tight tannins, completely homogenous, and finishes very well," "very elegant palate, very well integrated wood and good fruit expression, truly beautiful wine," "needs to be decanted."

● **Viña Casa Silva** — Cellar Classic — 2002 — N/D — ★★★★★

"Color increíble, profundo, oscuro, lleno, violáceo-azulado", "con presencia: carnoso, jugoso, frutal, buena estructura, notas a especias y resinas de pino", "perfumado de fruta negra con leve toque de incienso", "pimienta...evolucionado, persistente", "muy complejo: frutas negras, pimiento rojo, nota floral y café", "taninos aterciopelados, mucha fruta...aun no llegó a su esplendor, esperarlo 1 o 2 años".

"Incredible color, deep, dark, full, bluish-purple," "What presence: meaty, juicy, fruity, good structure, notes of spices and pine resin," "perfumed with black fruit and just a touch of incense," "black pepper…evolved, persistent," "very complex: black fruit, red pepper, floral note, and coffee," "velvety tannins, lots of fruit… still hasn't reached its full splendor, wait a year or two."

● **Aresti Family Vineyards** — Aresti Reserva — 2001 — $ — ★★★★

De nariz potente y algo rústica pero auténtica, con toques de animal, cuero y una fruta roja madura y pimentada. Boca estructurada y carnosa quizá un poco agresiva pero de buena acidez, crece en el medio sobre fondo de fruta madura y taninos secos, tostados. "Un estilo rústico y algo obsoleto pero correcto", "largo final. Se puede guardar hasta cuatro o cinco años".

The nose is strong and a bit rustic though authentic, with touches of leather, animal, mature red fruit, and black pepper. The palate is meaty, structured, and perhaps a bit aggressive, but with good acidity, growing in the middle over a base of ripe fruit and dry, toasty tannins. "A rustic style and something correct but obsolete," "long finish; can be held up to 4 or 5 years."

● **Viña Calina** — Calina - Reserva — 2001 — $$ — ★★★★

Intenso y complejo, con notas de mora, cereza, vainilla, café y tabaco, de buen cuerpo y algo astringente, equilibrado en acidez y en alcohol, con taninos suaves. "La fruta que hay en la boca es sorprendente y atractiva".

Intense and complex, with notes of blackberry, cherry, vanilla, coffee, and tobacco. Good body and a bit astringent, good balance between acidity and alcohol, to some tasters its tannins appear rather soft. "Surprising and attractive amount of fruit on the palate."

● **Viña Casa Silva** — Doña Dominga — 2002 — $ — ★★★★

De color guinda negra brillante, con una nariz perfumada donde se advierte fruta potente, buena madera y correcta acidez, con la nota de pimienta negra característica de la cepa. En boca presenta acidez y taninos justos, o escasos para algún catador. "Guardar por un par de años", "retrogusto largo e interesante".

Brilliant black cherry color, with a perfumed nose full of big fruit, good wood and a touch of black pepper characteristic of the variety. Good acidity and soft, light tannins, which some tasters found lacking. "Lay down for a couple years," "long and interesting after-taste."

Tipo/Kind	Bodega/Winery	Marca/Label	Cosecha/Harvest	U$S	Pts

CARMENÈRE

	Viña Errázuriz	Errázuriz	2000	$	★★★★

Un Carmenère que resulta muy agradable, complejo e intenso, con notas de dulce de membrillo, cassis, ciruela, moras, pimiento, regaliz, vainilla, algo de menta fresca, café y un toque animal. Con todo lo deseable en boca -seco, fino, largo, bueno, complejo, aterciopelado, equilibrado- pero sin el adverbio *"muy"*. *"Gran carácter y buen potencial de guarda"*.

Very nice, complex, and intense Carmenère, with sweet notes of quince, cassis, plums, blackberries, black pepper, licorice, vanilla, a bit of fresh mint, coffee, and a touch of animal character, along with everything desirable in a good palate: dry, fine, good, complex, velvety, balanced and long – but without the adverb "very." "Great character and good potential for ageing."

	Viña MontGras	MontGras Reserva	2000	$$	★★★★
	Portal del Alto	Terravid	2001	N/D	★★★★
	Viña San Pedro	1865	2000	$$$	★★★★

Nariz de Carmenère maduro bastante vivo y brillante pero sencillo, con nota evidente de ciruela cocida y algo pasada o en almíbar, frutas secas, vainilla, confitura. Buena boca frutada con un lado especiado, al final se nota un poco de retorno de la barrica. *"Entiendo que guste a mucha gente, a mí no me seduce"*, *"enorme complejidad"*, *"casi brettanomyces"*.

Lively though simple ripe Carmenère nose, with a clear note of cooked plums and something overripe or in syrup, dried fruits, vanilla, and preserves. Good fruity palate with a spicy side, returning to the barrel on the finish. "I know that many people like this style, but it doesn't seduce me," "enormous complexity," almost brettanomyces.

	Viña Tarapacá	Tarapacá Gran Reserva	2002	$$	★★★★

Vino de estilo moderno, en cuya esfera aromática predominan notas de café y torrefacción, por encima de frutas rojas y eucaliptus. En boca sigue en la misma línea, con cuerpo medio y larga persistencia. *"Ataque de café, medio de café y final de café"*.

Modern style wine where the predominating aromatic notes are roasted coffee over red fruit and eucalyptus. The same line follows through on the palate, with medium-body and a long finish. "Starts with coffee, continues with coffee and ends with coffee."

	Viña Terranoble	Terranoble Gran Reserva	2001	$$	★★★★

"Gran tintura en copa, intenso profundo rojo violáceo", de nariz algo verde y opaca al inicio, que al abrirse es especiada y pimentada según la norma aromática de la variedad, sobre frutas rojas maduras a las que se suma vainilla de la barrica. En boca presenta acidez correcta, taninos medianos y agradables, aunque quizá le falta un poco de materia. *"Necesita ser decantado"*, *"le falta botella, gran potencial de guarda"*.

"Deep, dark violet-red dye in a glass," a bit closed and green at first, but once it opens it's spicy and peppery, as is aromatic norm with this variety, with a base of ripe red fruit and vanilla from the oak. The palate shows correct acidity, pleasant and medium tannins, although perhaps it lacks a bit of substance. "Needs to be decanted," "needs some more time in the bottle, great potential for ageing."

	Viña Terranoble	Terranoble Reserva	2001	$$	★★★★

Tipo/Kind	Bodega/Winery	Marca/Label	Cosecha/Harvest	U$S	Pts
CARMENÈRE					
●	Viña Valdivieso	Valdivieso Reserva	2000	$	★★★★

De nariz sencilla pero linda, con buena fruta algo especiada y marcada por las notas verdes frecuentes en el Carmenère, además de higos y tabaco, en boca es bien armado y sin defectos aunque sin gran distinción, quizá algo duro en sus taninos finales. *"Muy expresivo y agradable", "tomar ya".*

Simple yet lovely nose, with good, somewhat spicy fruit and marked by typical Carmenère green notes, along with fig and tobacco. Well-assembled palate, free of defects, but without great distinction, and tannins that are a bit harsh at the finish. "Very expressive and pleasant," "drink this one now."

●	Viña Ventisquero	Ventisquero Reserva	2002	$	★★★★

De color profundo e intenso de guinda negra, en la nariz evoca aromas de frutas rojas, con un eucaliptus muy presente. A la boca resulta jugoso, con cuerpo, aterciopelado y bien estructurado. *"Destaca por la fruta en la nariz", "elegante, de buen equilibrio en boca".*

Deep, intense black cherry color, evocative aromas of red fruit with determined presence of eucalyptus. The palate is juicy, velvety and well structured with good body. "Stands out for the fruity nose," "elegant, good balance."

●	Viña Bisquertt	La Joya	2002	$	★★★
●	Viña Carmen	Carmen	2001	$	★★★
●	Viña Carpe Diem / Viña Rucahue S.A.	Carpe Diem Reserva	2002	$	★★★
●	Viña Casa Rivas	Casa Rivas	2001	$	★★★
●	Viña Casa Tamaya	Tamaya	2002	$	★★★
●	Viña Cremaschi Furlotti	Cremaschi Furlotti Reserva	2001	$$	★★★
●	Viña J. Bouchon	J. Bouchon Gran Reserva	2001	$$	★★★
●	Viña J. Bouchon	J. Bouchon Chicureo	2002	$	★★★
●	Viña Misiones de Rengo	Misiones de Rengo	2002	$	★★★
●	Viña Pérez Cruz	Pérez Cruz Reserva	2002	N/D	★★★
●	Viña Portal del Alto	Portal Reserva	2002	N/D	★★★
●	Viña San Pedro	Castillo de Molina Reserva	2001	$$	★★★
●	Viña San Pedro	35 South	2002	$	★★★
●	Viña Santa Carolina S.A.	Casablanca	2001	$	★★★
●	Viña Santa Inés	Santa Inés Reserva	1999	N/D	★★★
●	Viña Santa Inés	Legado de Armida - Reserva	2001	$$	★★★
●	Viña Siegel	Gran Crucero	2001	N/D	★★★

Tipo/Kind	Bodega/Winery	Marca/Label	Cosecha/Harvest	U$S	Pts
CARMENÈRE					
●	Viña Siegel	Crucero	2002	$	★★★
●	Viña Siegel	San Elías	2002	N/D	★★★
●	Viña Tarapacá	Leon de Tarapacá	2002	$	★★★
●	Viñedos Sutil	La Playa ☒	2001	N/D	★★★
●	Viñedos Sutil	Sutil	2001	N/D	★★★
●	Jacques y François Lurton S.A.	Araucano	2002	$$	★★
●	José Canepa y Cia. Ltda.	Canepa Private Reserve	2001	$$	★★
●	Santa Helena	Selección del Directorio Reserva	2002	N/D	★★
●	Santa Helena	Santa Helena - Gran Vino	2002	N/D	★★
●	Viña Anakena	Anakena Reserva	2002	$$$	★★
●	Viña Balduzzi	Balduzzi	2001	$	★★
●	Viña Carpe Diem / Viña Rucahue S.A.	Rucahue	2002	N/D	★★
●	Viña Casa Silva	Casa Silva	2002	$	★★
●	Viña Casas Patronales	Casas Patronales	2002	$$	★★
●	Viña Luis Felipe Edwards	Luis Felipe Edwards Reserva	2001	$$	★★
●	Viña Morandé	Morandé Pionero	2002	$	★★
●	Viña Ravanal	Cepa Noble Reserva	2001	N/D	★★
●	Viña San Esteban	San Esteban Reserva	2002	$	★★
●	Viña San Miguel del Huique	El Huique	2001	$	★★
●	Viña Santa Carolina S.A.	Barrica Selection	2001	$$	★★
●	Viña William Fèvre	Gran Cuvée	2000	$$$	★★
●	Viu Manent y Compañía Ltda.	Viu Manent	2002	$	★★
●	Viña Santa Inés	Legado de Armida - Reserva	2002	$$	★
●	Viña Undurraga	Undurraga - Reserva	2002	$$	★

Tipo/Kind Bodega/Winery	Marca/Label	Cosecha/Harvest	U$S	Pts

CARMENÈRE-CABERNET SAUVIGNON

● Viña Carmen — Carmen Reserva — 2001 — $$ — ★★★★

CARMENÈRE-CABERNET SAUVIGNON-SYRAH

● Viña Antiyal — Antiyal — 2001 — $$ — ★★★★★

De nariz floral y fresca, muy elegante, evocadora de *petits fruits* en compota (mirto, cassis, regaliz) y el característico mentol del Maipo, con buena y bastante madera bien integrada. Boca muy armoniosa y fresca, de taninos muy finos, gran elegancia y muy buen equilibrio. *"Vino distinguido, elegante y armonioso"*, *"uno de los mejores vinos catados, un fuera de serie"*, *"gran capacidad de guarda, le falta botella, gran vino de corte"*, *"un toque animal y de cuero que recuerda al Syrah"*.

Fresh, floral nose, very elegant, evoking petits fruits in compote (myrtle berries, black currants, licorice) and the characteristic menthol of Maipo, with lots of good, well-integrated wood. Very harmonious and fresh palate, with very fine tannins, great elegance and very good balance. "Very distinguished, elegant, and harmonious," "one of the best wines tasted, simply outstanding," "great capacity for ageing, needs more time, great blend," "a touch of animal and leather that bring Syrah to mind."

CARMENÈRE-MALBEC

● Santa Helena — Santa Helena - Siglo de Oro — 2002 — N/D — ★★★

CARMENÈRE-MERLOT

● Viña Estampa — Estampa — 2002 — $ — ★★

CARMENÈRE-MERLOT-CABERNET SAUVIGNON

● Viña Veramonte — Primus — 2000 — $$$ — ★★★★

Nariz potente y precisa, sin pesadez, con pequeñas notas verdes y algo acaramelado y animal. Boca sedosa, bastante fresca y estructurada sobre la fruta, un poco chocolatada, de final agradable y largo con especias dulces. *"Excelente largo de boca"*, *"buen vino para esperar"*, *"de gran originalidad"*.

The nose is potent and precise, without being heavy, and has little green notes as well as something caramelized and a bit animal. Silky palate, quite fresh and well structured over fruit and a bit of chocolate, with a nice, long finish of sweet spices. "Excellent long finish," "good wine to hold," "very original."

CARMENÈRE-SYRAH-CABERNET SAUVIGNON-MOURVÈDRE

● Santa Emiliana — Coyam — 2001 — N/D — ★★★

CARMENÈRE-SYRAH-MERLOT

● Viña Miguel Torres — Cordillera — 2000 — $$$ — ★★

CORTE S/D / ASSEMBLAGE N/D

● Casa Lapostolle — Clos Apalta — 2000 — $$$$$ — 🍇🍇🍇

"Color negro con reflejos violáceos", *"fruta con pólvora y alquitrán"*, *"hay un aroma a manteca"*, *"está todavía* ▶▶

"Black with violet highlights," "fruit with gun powder and tar," "a bit of butter," "still very closed; ▶▶

Tipo/Kind	Bodega/Winery	Marca/Label	Cosecha/Harvest	U$S	Pts

CORTE S/D / ASSEMBLAGE N/D

▸ *muy cerrado; hay materia, concentración, necesita mucho tiempo", "boca compacta, con taninos duros, buena concentración y estructura, hay que esperarlo unos años!", "comprimido, mucha fruta, potencial de guarda 15 años", "gran estructura", "decantar media hora antes o guardar varios años".*

▸ *concentrated, needs a lot of time," "compact palate, with hard tannins, good concentration and structure; needs to wait a few years!" "compressed with lots of fruit and a potential to age for 15 years," "great structure," "decant half an hour before serving, or age it for several years more."*

● Viña Errázuriz Seña 1999 $$$$$

Llama la atención con su tinta roja intensa y concentrada, que preludia una nariz de gran intensidad y amplitud, con flores, frutas rojas, negras y secas, eucalipto y menta, setas u hongos, ruta de la especiería, dejos minerales e incluso una pizca de buena farmacia. La boca es plena, jugosa, de ataque dulce y aterciopelado, los taninos están fundidos y la acidez equilibrada. *"Un vino diferente", "vino con gran fuerza".*

Its intensely concentrated inky red color is striking and provides a prelude to the intensity and breadth of the nose: flowers; red, black, and dried fruits; eucalyptus and mint; mushrooms; the entire spice route, a touch of minerals, and even a pinch of a good pharmacy. Full-bodied and juicy, it opens sweet and velvety, with melt-in-your-mouth tannins and balanced acidity. "A different kind of wine," "a powerful wine."

● Viña Montes Montes Alpha M. 2000 $$$$$

"De nariz compleja, conjuga notas frutales, vegetales y un poco herbáceas al mismo tiempo que se marca la madera", "madera nueva, hongos y especias, fruta negra", "destaca el equilibrio y la acidez, menta y café", "interesante y compensado", "buena fruta, aunque taninos un poco duros aun, largo final de fruta roja y negra, robusto. Esperarlo 1 o 2 años", "gran potencial, intenso y elegante a la vez, le falta botella", "extremadamente joven".

"Complex nose that fuses fruit, vegetables, and a bit of herbs together while being marked by wood," "new wood, mushrooms and spices, black fruit," "outstanding balance, acidity, mint and coffee," "interesting and balanced," "good fruit, although the tannins are still hard, robust, and finishes long with red and black fruit. Wait a year or two," "great potential; intense and elegant at the same time; needs time," "extremely young."

● Viña Los Vascos S.A. Los Vascos 2000 N/D

De color pleno con notas teja de cierta evolución, su espectro aromático es intenso y fresco, interesante y original, con flores, frutas rojas, mentol, especias orientales y madera fresca. En boca presenta un ataque suave, luego cerrado por taninos jóvenes que deben afinarse, y su fruta persiste hasta el final. *"Elegante", "potente, bien estructurado", "promete un muy buen vino".*

Deep color with some signs of evolution, with an intense and fresh aromatic spectrum that is both interesting and original: flowers, red fruits, menthol, oriental spices, and fresh wood. It starts softly on the palate, with tight young tannins that still need to be fine-tuned and fruit that persists to the end. "Elegant," "potent, well-structured," "promises to be a very good wine."

● Viña Pérez Cruz Pérez Cruz Reserva 2002 N/D

Un *assemblage* o mezcla de nariz *"encantadora y fascinante"*, muy todo lo que debe ser un gran vino en fase olfativa, con bayas rojas, especias, madera y un *"curioso aroma a alquitrán"* que aumenta su intriga. Al paladar resulta todavía joven pero muy prometedor, con una explosión frutal muy potente.

A blend with a "enchanting and fascinating" nose, very much everything that a great wine should have: red fruits, spices, wood, and a "curious aroma of tar," that increases its intrigue. The palate shows it's still young but very promising, a powerful explosion of fruit, with very firm tannins.

Tipo/Kind	Bodega/Winery	Marca/Label	Cosecha/Harvest	U$S	Pts
CORTE S/D / ASSEMBLAGE N/D					
●	Viña Cremaschi Furlotti	Cremaschi Furlotti	2000	$	★★★
●	Viña Von Siebenthal	Von Siebenthal	2002	N/D	★★★
●	Viñedos Sutil	La Playa Claret	☒ 2000	N/D	★★★
MALBEC					
●	Viu Manent y Compañía Ltda.	Viu Manent Special Selection	2001	$$$	

"Un vino moderno de un nivel de calidad sobresaliente, la madera está muy bien trabajada, fina e integrada, un gran potencial de guarda", "modern style, elegante, intenso, frutas rojas y del bosque acompañado con el café, el chocolate y la nota especiada", "gran equilibrio, taninos apretados y mucha fruta en el medio, final tostado muy muy largo", "tomar ahora o guardar hasta siete años".

"A modern wine of superior quality; the fine wood has been well worked for good integration and good potential for ageing" "modern style, elegant, intense, red fruits, forest fruits, accompanied by coffee, chocolate, and spices," "great balance; tight tannins and a lot of fruit on the mid-palate; very, very long toasty finish," "drink now or hold up to 7 years."

●	Viña Valdivieso	Valdivieso Premium	1999	$$$	★★★★★

A la primera olfacción resulta muy agradable y complejo, con perfumado traje de roble, hojarasca, frutos rojos, café y cuero, en un fraseo aromático lleno de tipicidad y potencia sin perder nada de elegancia. La boca es firme y fiel a la nariz, en renovada explosión de aromas sobre una estructura sólida. El final es un *bonus track* de esta formidable expresión de Malbec chileno. *"Te va encantando poco a poco, un embrujo interesante"*, *"un vino que no te cansas de tomar!"*, *"inquietud de evolución"*.

Attractive and complex right from the first whiff, this wine wears a perfume dressed in oak, fallen leaves, red fruits, coffee, and leather in an aromatic wave of typicity and potency without losing any of its elegance. The palate is firm and faithful to the nose in a renewed explosion of aromas over a solid structure. The final is a "bonus track" of this impressive expression of Chilean Malbec. "Bewitching, and wins you over bit by bit, working an interesting spell," "a wine you never tire of drinking," "restless evolution."

●	Viu Manent y Compañía Ltda.	Viu 1		$$$$$	★★★★★

Un Malbec de nariz con fruta, especias, caramelo y madera de roble nueva, con un recuerdo de Kirsch y arándanos. En boca es joven y concentrado, carnoso y jugoso, de taninos algo firmes que mejorarán con la guarda. *"Compendio de fruta roja muy concentrada"*, *"algo floral y aromático, muy interesante y elegante"*, *"boca sin carne y mucho hueso"*, *"final largo de café...decantar"*, *"hay materia"*.

A Malbec with a nose of fruit, spices, caramel, and new oak, with a touch of Kirsch and blueberries. The palate is young and concentrated, meaty and juicy, and with firm tannins that will improve with time. "A compendium of very concentrated red fruit," "something floral and aromatic, elegant and very interesting," "palate with a lot of bone and little flesh," "long, coffee-flavored finish," "there's substance in it."

●	Viña Santa Inés	Legado de Armida - Reserva	2002	$$	★★★★

Un vino demasiado joven y de gran personalidad, con mucha fruta negra concentrada y un toque especiado. En boca es dulce y frutoso, con taninos ▶▶

This overly-young wine with a big personality is full of concentrated black fruit and a touch of spice. Fruity palate with tight, astringent tannins that will soften ▶▶

Tipo/Kind	Bodega/Winery	Marca/Label	Cosecha/Harvest	U$S	Pts

MALBEC

▸▸ apretados y ásperos que se suavizarán en botella. *"Es muy difícil catarlo ahora, quisiera probarlo en un año", "puede esperar buena evolución, falta maduración", "decantar".*

▸▸ over time. *"Difficult to taste it now, I'd like try it again in another year," "needs to mature; we can expect a good evolution." "decant."*

●	Viu Manent y Compañía Ltda.	Viu Manent Reserve	2001	$$	★★★
●	Viña Valdivieso	Stonelake Reserva ☒	2000	N/D	★★

MERLOT

●	Viña Concha y Toro	Marqués de Casa Concha	2001	$$	★★★★★

"La primera nariz es muy medicinal, necesita abrirse bastante". Pero cuando ello ocurre, saltan notas de café, canela, vainilla, regaliz, frutas rojas y negras, flores rojas, pimiento colorado, tostado y animal, además de madera elegante bien integrada. Muy buena boca, buenamente ácida, apretadamente tánica y de tacto algo astringente y secante *"por la juventud".*

"The first impression is a medicinal nose; it need to open quite a bit," but when it does, the aromas leap out: coffee, cinnamon, vanilla, licorice, red and black fruit, red flowers, pink pepper, toast, and animal, along with very elegant and well-integrated wood. Very good palate, nice acidity, tight tannins that are somewhat astringent and drying *"for its youth."*

●	Viña La Rosa	La Rosa Gran Reserva	2002	N/D	★★★★★

Un Merlot excepcional, *"bomba de fruta"*, con bayas del bosque, vainilla, pimienta, tabaco y café, que a la boca resulta muy agradable, corposo, con taninos aun secos y jóvenes, de final largo. *"Concentradísimo, potente, todavía un poco cerrado", "le falta botella".*

An exception Merlot, a "fruit bomb," with berries straight from the forest, vanilla, black pepper, tobacco, and coffee, resulting in a nice, muscular wine with dry young tannins and a long finish. "Very concentrated and still a bit closed," "could use more time in the bottle."

●	Viña Ventisquero	Ventisquero Gran Reserva	2001	$$	★★★★★
●	Vinos Santa Ema S.A.	Santa Ema	1999	$	★★★★

Su nariz muy especiada resulta muy interesante, con recuerdos de sotobosque, hojarasca y pimientas anisadas sobre la fruta (ciruela y cerezas); su boca es redonda, bien encuadrada y evolucionada, amable y amigable. Armonioso en boca, con taninos jóvenes; al final, la fruta regresa junto a las especias. *"Mucha personalidad", "personalidad y bien hecho", "jugoso, diferente, con personalidad propia", "personal", "vino con mucha personalidad y buena evolución", "de este vino sólo premio la nariz".*

This wine's very spicy nose was very interesting, recalling the forest floor, fallen leaves, and black pepper with anise over plums and cherries. Nice, well-framed and round palate, which has evolved nicely into a friendly wine. Harmonious, with young tannins, finishing with a return of fruit and spices. "Great personality," "personality; well-made," "juicy, different, with it's own personality," "personal," "wine with a lot of personality and good evolution," "I can only compliment the nose of this wine."

●	Viña Carmen	Carmen Reserva	2001	$$	★★★★

Nariz apetitosa, como quien regresa del bosque oliendo a violeta, fruta negra y madera, y encuentra aromas caseros de pan y tostado. En boca es ▸▸

Appetizing nose, like someone returning from the forest, smelling of violets, black fruit and wood and arriving home to find aromas of fresh bread and toast. ▸▸

Tipo/Kind	Bodega/Winery	Marca/Label	Cosecha/Harvest	U$S	Pts

MERLOT

▸▸ sabroso, jugoso y amigable, con buena estructura de taninos correctos, y buena acidez. *"Una fineza que seduce".*

▸▸ *The palate is tasty, juicy, friendly, with good structure, correct tannins, and good acidity.* "Has a certain seductive elegance."

	Viña Casa Silva	Angostura	2001	N/D	★★★★

De color *"especialmente profundo y oscuro"* este Merlot trae consigo una elegante evocación olfativa de frutas rojas, rosas, violetas, menta y café. Al gustarlo es intenso, de cuerpo medio, con taninos jóvenes, *"¡muy frutado!", "goloso, muy complejo e interesante", "para tomar ahora o guardar unos años. Decantar".*

An *"especially deep, dark color,"* this Merlot brings with it an elegant nose of red fruit, roses, violets, mint, and coffee. The medium-bodied palate is intense, and the tannins are young. "Very fruity," "delicious, very complex and interesting," "drink now or lay down a couple years. Decant."

	Viña Casas del Bosque	Casas del Bosque Reserva	2001	$$	★★★★

Al principio puede aparecer reducido, por lo que agradece ser decantado. En nariz es intenso y fino, con notas de violetas, chocolate amargo, anís, eucaliptus, incienso y fruta negra. En boca es de buena estructura y rica acidez, con largo final de boca.

May seem reductive at first, and benefits from decanting. The nose is intense and fine, with notes of violets, bitter chocolate, anise, eucalyptus, incense, and black fruit. On the palate it's well-structured and has nice acidity, with a long finish.

	Viña Concha y Toro	Trío	2001	$$	★★★★

De nariz frutada, con recuerdos de frutas rojas, menta, café, tabaco y madera de crianza bien equilibrada. De boca bien estructurada con taninos apretados y concentrados, pero también fresco y jugoso con su marcada acidez. *"Mejorará con la guarda", "beber ahora o en unos años".*

With a fruity nose reminiscent of red fruit, mint, coffee, tobacco, and oak. The palate is well-structured with tight and concentrated tannins along with fresh and juicy acidity. "Will improve with time," "drink now or in a few years."

	Viña J. Bouchon	J. Bouchon Gran Reserva	1999	$$$	★★★★

Nariz potente, al licor de café, con chocolate y mucha fruta negra y roja. Boca redonda y agradable, fiel a la nariz. *"Estilo aparte", "muy agradable, bastante café", "gran nota intensa de café", "buen vino, de aromas terciarios".*

Big, potent nose with coffee liqueur, chocolate, and lost of black and red fruit. Nice, round palate, faithful to the nose. "Has its own style," "big, intense coffee note," "good wine with tertiary aromas."

	Viña Undurraga	Undurraga - Reserva		2001	$$	★★★★
	Viñedos Sutil	La Playa	☒	1999	N/D	★★★★
	Santa Emiliana	Santa Emiliana Reserva		2001	N/D	★★★
	Vinos Santa Ema S.A.	Santa Ema Reserva		2001	$$	★★★
	Viña Calina	Calina - Reserva		2001	$$	★★★
	Viña Carpe Diem / Viña Rucahue S.A.	Rucahue		2002	N/D	★★★

Tipo/Kind	Bodega/Winery	Marca/Label	Cosecha/Harvest	U$S	Pts
MERLOT					
●	Viña Casa Silva	Doña Dominga	2001	$	★★★
●	Viña Casa Silva	Cellar Classic	2001	$	★★★
●	Viña Francisco de Aguirre	Palo Alto	2002	$	★★★
●	Viña Hugo Casanova	Hugo Casanova Reserva	2001	N/D	★★★
●	Viña J. Bouchon	J. Bouchon Chicureo	2001	$	★★★
●	Viña La Fortuna	La Fortuna Reserva	2000	N/D	★★★
●	Viña Leyda	Leyda Reserva	2001	$$	★★★
●	Viña Montes	Montes Alpha	2000	$$$	★★★
●	Viña MontGras	MontGras Reserva	2000	$$	★★★
●	Viña Morandé	Terrarum	2002	$	★★★
●	Viña Santa Carolina S.A.	Casablanca	2001	$	★★★
●	Viña Santa Carolina S.A.	Ochagavia	2001	N/D	★★★
●	Viña Tabontinaja / Gillmore Estate	Gillmore Reserva	2001	$$	★★★
●	Viña Tarapacá	Tarapacá Gran Reserva	2001	$$	★★★
●	Viña Terramater	Altum	1999	$$$	★★★
●	Viña Terramater	Terramater Reserva	2000	$$	★★★
●	Viña Terranoble	Terranoble Gran Reserva	2001	$$	★★★
●	Viña Terranoble	Terranoble Reserva	2001	$$	★★★
●	Viña Valdivieso	Stonelake ☒	2000	N/D	★★★
●	Viña Valdivieso	Stonelake ☒	2001	N/D	★★★
●	Viña Valdivieso	Valdivieso Reserva	1999	N/D	★★★
●	Viña Ventisquero	Ventisquero Reserva	2001	$	★★★
●	Viña William Fèvre	La Misión Reserva	2002	$	★★★
●	Viñedos Sutil	Sutil	2001	$	★★★
●	Viu Manent y Compañía Ltda.	Viu Manent	2002	$	★★★
●	José Canepa y Cia. Ltda.	Canepa	2002	$	★★

Tipo/Kind	Bodega/Winery	Marca/Label	Cosecha/Harvest	U$S	Pts
MERLOT					
●	José Canepa y Cia. Ltda.	Canepa Reserva	2000	$$	★★
●	Santa Emiliana	Santa Emiliana	2002	$	★★
●	Santa Helena	Santa Helena - Gran Vino	2002	$	★★
●	Santa Helena	Santa Helena Reserva	2001	$$	★★
●	Viña Balduzzi	Balduzzi Reserva	2002	N/D	★★
●	Viña Bisquertt	La Joya	2000	$	★★
●	Viña Carmen	Carmen	2001	$	★★
●	Viña Casa Rivas	Casa Rivas Reserva	2001	$$	★★
●	Viña Casa Rivas	Casa Rivas	2002	$	★★
●	Viña Château Los Boldos	Château Los Boldos	2000	$	★★
●	Viña Huelquén	Huelkén Reserva	2001	$$	★★
●	Viña Huelquén	Huelkén	2001	$	★★
●	Viña Miguel Torres	Santa Digna	2002	$$	★★
●	Viña Morandé	Pionero	2002	$	★★
●	Viña Morandé	Terrarum Reserva	2002	$	★★
●	Viña Siegel	Crucero	2001	$	★★
●	Viña Siegel	El Crucero Reserva	2001	$$	★★
●	Viña Siegel	San Elías	2002	N/D	★★
●	Viña Tarapacá	León de Tarapacá	2002	$	★★
●	Viña Terranoble	Valle Andino	2001	$	★★
●	Viña Terranoble	Terranoble	2001	N/D	★★
●	Viña Torreón de Paredes	Torreón de Paredes	2001	$	★★
●	Viña Ventisquero	Ventisquero	2002	$	★★
●	Viña Veramonte	Veramonte	2001	$$	★★
●	Viu Manent y Compañía Ltda.	Viu Manent	2001	$	★★
●	William Cole Vineyards	Columbine Reserve	2001	$$	★★
●	Viña Valdivieso	Valdivieso	1999	$	★

Tipo/Kind	Bodega/Winery	Marca/Label	Cosecha/Harvest	U$S	Pts
MERLOT-CABERNET SAUVIGNON					
● Viña La Rosa		La Rosa Gran Reserva	2002	N/D	★★★
MERLOT-CABERNET SAUVIGNON-SYRAH					
● Viña Casa Tamaya		Tamaya	2001	$$	★
MERLOT-SANGIOVESE					
● Viña Casa Tamaya		Tamaya	2001	$	★★★
PINOT NOIR					
● Viña Matetic		EQ	2001	N/D	★★★★★

Hay nariz compleja, elegante, con madera muy bien integrada, en este Pinot Noir con fruta y hojarasca del bosque, café, quizá nota de cuero, quizá nota mineral. Y una boca a la altura de la nariz, equilibrada, caliente, con acidez y taninos presentes. *"Vino delicado", "un señor Pinot Noir para exigentes","un vino de gran calidad comparado con muchos grandes europeos".*

There's a complex, elegant nose with very-well-integrated wood in this Pinot Noir with fresh fruit and leaves from the forest floor, coffee, and maybe a bit of leather and something mineral. The palate reaches the same heights, balanced, if hot, with good acidity and firm tannins. "Delicate wine," "a noble Pinot Noir for the demanding," "a wine with great quality compared with many of the great Europeans."

● Viña Anakena		Anakena	2001	$	★★★★

Cerrado y concentrado a primera olfacción, de nariz que pivotea sobre el cassis y las frutas rojas, cuando pierde la timidez autista habla también de eucaliptus, tabaco, escobajo, chocolate, café, lápiz, pimienta y canela, quizá con notas sutiles del reino animal. En boca es carnoso, lleno de carácter, con taninos jóvenes e impetuosos. *"Necesita tiempo en botella y decantado", "volver en un año o dos".*

Closed and concentrated at first, but the nose pivots around the black currant and red fruits, and once it loses its autistic shyness, it speaks of eucalyptus, tobacco, stalks, chocolate, coffee, pencils, black pepper, and cinnamon, perhaps with some subtle notes from the animal kingdom. Meaty palate, full of character, with young and impetuous tannins. "Needs more time in the bottle and decanting," "come back to this one in a year or two."

● Viña Morandé		Morandé Terrarum Reserva	2002	N/D	★★★★
● William Cole Vineyards		Mirador Selection	2001	$	★★★★

De nariz viva, con pequeñas frutas rojas más un toque de regaliz. En boca comparece en modo muy agradable, redondo y persistente, con buena acidez y un final muy placentero. *"Muy expresivo", "un Pinot fresco y recomendable, para beber ahora o hasta dos años", "tiene un primer carácter salvaje que luego se redondea con frutas y flores", "muy buena tipicidad!".*

A lively nose of small red fruits with a touch of licorice. It makes a very good appearance on the palate, presenting itself with good acidity, round and persistent, with a very pleasant finish. "Very expressive," "a fresh and recommendable Pinot, to drink now or can be held for another 2 years," "starts with a wild character and then rounds out with fruits and flowers," "very good typicity!"

● Santa Helena		Santa Helena Selección del Directorio	2002	N/D	★★★

Tipo/Kind	Bodega/Winery	Marca/Label	Cosecha/Harvest	U$S	Pts
PINOT NOIR					
●	Viña Valdivieso	Stonelake Premium ☒	1999	$$$	★★★
●	Viña Villard Estate	Villard Expresión	2000	$$	★★★
●	Viña William Fèvre	Gran Cuvée	2002	$$	★★★
●	Viña Valdivieso	Valdivieso Reserva Premium	1998	N/D	★★
●	Viña Cono Sur	20 Barrels	2001	$$$	★
●	Viña Valdivieso	Valdivieso Reserva	2001	$	★
SANGIOVESE					
●	Viña Casa Tamaya	Tamaya	2002	$	★
SYRAH					
●	Viña Casa Silva	Lolol Single Reserva	2001	N/D	

"Pleno gran color", "un vino excelente con mucho para decir por su complejidad e intensidad", "muy torrefacto, grillado, tostado, de fruta gruesa sobremadura, confitada y especiada", "en boca es amable, con mucha intensidad aromática y con buen equilibrio", "madera aun presente, taninos enormes y apretados, gran carpintería y concentración, debe armonizarse!", "vino oscuro, espectacularmente concentrado, potencial de envejecimiento enorme", "gran potencia", "gran estructura en boca, potencial de guarda, un gran vino".

"Full, deep, color," "an excellent wine with a lot to say about its complexity and intensity," "roast, toast, and grill; lots of over-ripe, candied and spiced fruit," "friendly on the palate, with a lot of aromatic intensity and good balance," "still-present wood; enormous, tight tannins; great carpentry and concentration; needs to harmonize!" "dark wine, spectacularly concentrated, with an enormous potential for ageing," "great potential," "great structure, ageing potential, a great wine."

●	Viña Casa Silva	Cellar Classic	2001	$	

"Rojo violáceo muy profundo y elegante", "nariz de una complejidad enorme, con claras notas a clavo de olor, anís, regaliz", "aromas de frutas finas intensas, jugoso", "bayas de mirto, murra o arrayán", "muy buena boca, persistente y sabroso, elegante y de gran materia con notas dulces muy bien integradas", "rico vino, muy sobresaliente", "necesita ser decantado para abrirse, excelente!".

"Very elegant deep violet-red," "enormously complex nose with clear notes of cloves, anise, and licorice," "intense, juicy fine fruit aromas," "myrtle berries," "very nice palate, persistent and tasty, elegant, and concentrated with well-integrated sweet notes," "delicious, outstanding wine," "needs decanting to open; excellent!"

●	Viña Matetic	EQ	2001	$$$$	

"Color muy intenso de tonos azules violáceos", "nariz concentrada con notas de café y frutas negras", "cerrado, se abre con unos minutos en copa, muy concentrado, complejo y personal", "especias: hace acordar a salsas condimentadas. Un vino con mucha personalidad", "grafito, cedro, lápiz", "su ataque es dulce dado por la fruta, es franco con taninos maduros, buena acidez y buena permanencia", "en la boca es pleno, robusto...gran vino; decantar".

"Very intense purple-blue color," "concentrated nose with notes of coffee and black fruit," "starts closed and opens after a few minutes in the glass; very concentrated, complex, and personal," "spices; recalls spicy sauces. A wine with great personality," "pencil lead, pencil shavings, cedar," "fruit provides sweet attack; frank, with ripe tannins, good acidity, and long finish," "full-bodied, robust… great wine; decant."

Tipo/Kind	Bodega/Winery	Marca/Label	Cosecha/Harvest	U$S	Pts

SYRAH

● Viña Santa Inés — Santa Inés Reserva — 2001 — N/D —

De color rojo intenso y profundo, carga en su nariz con frutas rojas, frutas negras, eucaliptus, menta, pimienta y pimiento verde, clavo de olor y café. En boca es sedoso, complejo y largo. *"Muy interesante, "gran vino, no sobresaliente", "gran vino", "falta botella, pero promete!"*.

Deep and intense red, loaded with red and black fruit, eucalyptus, mint, black pepper, green pepper, cloves, and coffee. Silky, complex palate and long finish. "Very interesting," "great wine, but not outstanding," "great wine," "needs time but has promise!"

● Viña Siegel — San Elías — 2001 — N/D —

Un Syrah de personalidad aromática fresca y bien especiada, que a sus frutas rojas sobremaduras suma notas de higo, torrefacción y un leve dejo animal; en boca es pleno, concentrado y potente pero agradable y fresco, con taninos firmes y redondos más cierto toque aceitunado. *"Le falta botella", "exquisito, equilibrado"*.

A Syrah with fresh aromatic personality, spicy with over-ripe red fruits plus fig, roasted aromas and just a hint of a barnyard. Full-bodied, concentrated, and potent, while maintaining a pleasant freshness. Firm, round tannins and a hint of black olives. "Needs more bottle time," "delicious and balanced."

● Viña Terramater — Terramater Reserva — 2001 — $$ —

Nariz de ciruela, frutilla, cereza, guinda perfumadas con regaliz, nuez moscada y vainilla, más café, tabaco y cedro, todo envuelto en una leve nota ahumada y otra vegetal. En la boca es pleno, equilibrado y de rica acidez y ricos taninos. *"Le falta redondearse, pero es un muy buen vino"*.

Plums, strawberries, and cherries perfumed with licorice, nutmeg, and vanilla, plus coffee, tobacco, and cedar bundled in a light smoky wrap with a hint of green on the side. Full-bodied, balanced with nice acidity and rich tannins. "Still needs to round out, but a very good wine."

● Santa Emiliana — Santa Emiliana Reserva Especial — 2000 — $$$ —

Al abrirse y despejar un olor medicinal, surge su nariz de café torrefacto y grillado, con perfume a captura de caza menor y cuero, violetas, un poco de especies dulces y pimienta. De cuerpo medio, buen equilibrio y taninos apretados de buena factura. *"Muy presente el animal", "termina bien, barrica correcta (tendencia a resurgir)", "muy original, de un gran equilibrio"*.

After letting it breathe a bit to get rid of a medicinal smell, what comes wafting up to the nose is roasted coffee and grilled meats with aromas of freshly-captured small game and leather, violets, and a little bit of sweet spice and black pepper. Medium-bodied with good balance and tight but decent tannins. "Animal notes are quite present," "finishes well, with correct barrel-treatment (and a tendency to come back)," "very original, with great balance."

● Viña Gracia, de Chile — Gracia Reserva — 2002 — $$ — ★★★★★

De color de gran vino (rubí con tonos negros, brillante e intenso), de nariz elegante y muy compleja basada en buena fruta roja y negra, hongos y trufas, chocolate, regaliz y tabaco. De boca muy equilibrada, taninos muy finos, *"raza y elegancia, termina largo y conserva la fruta", "en unos años, gran vino!!"*. Desequilibró a un catador: *"le falta redondear sus taninos, pero es el mejor vino que probé en Sudamérica"*.

The color of a great wine (brilliant and intense, deep, dark ruby, almost black) with an elegant and complex nose based on red and black fruit, mushrooms and truffles, chocolate, licorice, and tobacco. Very balanced palate, fine tannins, "well-bred and elegant, finishes long and conserves the fruit," "will be a great wine in a couple years!!" It knocked one of the tasters off balance, "it needs to round out its tannins, but this is the best wine I've tasted in South America."

Tipo/Kind	Bodega/Winery	Marca/Label	Cosecha/Harvest	U$S	Pts

SYRAH

● Viña Montes — Montes Alpha — 2000 — $$$ — ★★★★★

Un Syrah que llama a la nariz con fruta roja y sus mermeladas, pimienta blanca, ají morrón, chocolate, tostado, eucaliptus y nota de vino porto. Su personalidad característica resulta dulce y amable en boca, que deja un final garadable de madera y especias. *"Nariz de mucha personalidad, sale del promedio chileno", "se puede guardar o tomar ahora".*

This Syrah fills the nose with red fruit and jam, white pepper, red pepper, chocolate, toast, eucalyptus, and port wine. Its characteristic personality is sweet and friendly on the palate, finishing nicely with wood and spices. "A nose with great personality, stands out from the average Chilean wine," "enjoy now or hold it a while."

● José Canepa y Cia. Ltda. — Canepa Reserva — 2001 — $$ — ★★★★

Un Syrah con cassis, mora, rosa, violeta, tomillo, vainilla, chocolate amargo, pimienta y madera fresca, que en la boca resulta intenso con rica acidez frutal, taninos apretados y acidez equilibrada. *"Muy buena estructura, delicado", "muy agradable!!"*

A Syrah with cassis, black berry, roses, violets, thyme, vanilla, bitter chocolate, black pepper and fresh wood. Intense palate with balanced fruity acidity and tight tannins. "Very good structure, delicate," "very nice!"

● Viña Bisquertt — La Joya — 2002 — $ — ★★★★

De nariz simple y perfumada de mucha fruta roja y silvestre con notas de café, cuero y animal, es de boca redonda y también frutada, con taninos amables y firmes. *"Expresión varietal, vino simple pero de gran frutosidad", "joven, elegante, beberlo ahora".*

Simple, perfumed nose with a lot of red fruit and wild berries blended with coffee, leather, and animal notes. Well-rounded, fruity palate with firm but friendly tannins. "Varietal expression; simple but very fruity wine," "young and elegant; drink up now."

● Viña Errázuriz — Max Reserva — 2000 — N/D — ★★★★

Llamativo a la vista, con su tinta violeta casi negro azulado, es "muy" todo lo que puede anhelar un gran vino: intenso, persistente, complejo y fino, compuesto de fruta roja, caramelo, especias y cuero. Oscuro, denso y concentrado, de ataque muy agradable y mucha fruta bien integrada a la madera, es para decantar y beber ya, o guardar cinco o más años.

Visually striking, with its inky blue-black-violet color. It has everything you could wish for in a great wine; it's intense, persistent, complex, and elegant, composed of red fruit, caramel, spices, and leather. Dark, dense, and concentrated, with a nice attack, lots of fruit that integrates well with the wood. This one should be decanted for drinking now, or saved for another 5 years or so.

● Viña Siegel — Crucero — 2001 — $ — ★★★★

Agradable en nariz, con buena fruta negra madura, fruta roja y eucaliptus, de buena estructura y muy delicado, a algunos catadores gustó más luego en la boca, donde lo hallaron potente, sabroso, jugoso, si bien hubo quien lo estimó flaco y un tanto húmedo. *"Cuerpo medio, largo medio y taninos suaves", "para beber ahora".*

Nice nose with ripe black fruit, red fruit, and eucalyptus; good structure and very delicate. Some of the tasters liked it better on the palate, where most of them found it potent, tasty, and juicy, although one found it thin and a bit dank. "Medium body, medium finish and soft tannins," "drink it now."

● Viña Valdivieso — Valdivieso Reserva — 2001 — $ — ★★★★

Un Syrah que impactó por su elegancia, muy cargada en lo aromático con frutas rojas, cuero y ▶

A Syrah that impressed with its elegance, aromatically loaded with red fruit, leather, and forest scents. Its ▶

Tipo/Kind	Bodega/Winery	Marca/Label	Cosecha/Harvest	U$S	Pts

SYRAH

▸▸ bosque. La elegancia se repite en la boca con taninos redondos, fruta, jugo y *"la madera muy bien trabajada"*. *"Tomar ahora o guardar unos años"*, *"para tomar bien acompañado"*.

▸▸ elegance repeats in the mouth with rounded tannins, and juicy fruit. *"The wood has been well-worked."* *"Drink now or hold a few years,"* *"drink in good company."*

	Viña Ventisquero	Ventisquero Gran Reserva	2001	$$	★★★★

Un Syrah que intriga la pesquisa de la nariz con un aroma de coco muy definido, sobre un lecho de eucaliptus, menta, frutas rojas, clavo y canela, café, chocolate y vainilla, con tostadas con manteca. Después de este *brunch* olfativo agradable y complejo, salta en boca pleno y carnoso, vestido con taninos maduros, buen cuerpo, muy larga persistencia.

An intriguing Syrah with well-defined aromas of coconut over a bed of eucalyptus, mint, red fruit, cloves, cinnamon, coffee, chocolate, and vanilla with a bit of buttered toast. After this delightfully complex aromatic brunch, the full-bodied and meaty palate dressed in ripe tannins, keeps pace nicely with a long, persistent finish.

	Viña Anakena	Anakena	2002	$	★★★
	Viña Cremaschi Furlotti	Cremaschi Furlotti Reserva	2000	$$	★★★
	Viña Errázuriz	State	2001	N/D	★★★
	Viña Morandé	Pionero	2002	$	★★★
	Viña Pérez Cruz	Pérez Cruz Reserva	2002	N/D	★★★
	Viña Santa Carolina S.A.	Barrica Selection	2001	$	★★★
	Viña Siegel	Gran Crucero	2001	N/D	★★★
	Viña Ventisquero	Ventisquero Reserva	2001	$	★★★
	Viñedos Sutil	Sutil	2001	N/D	★★★
	Viña Bisquertt	La Joya	2000	$$	★★
	Viña Carpe Diem / Viña Rucahue S.A.	Carpe Diem Reserva	2001	$$	★
	Viña Ventisquero	Ventisquero	2001	$	★

SYRAH-CABERNET SAUVIGNON

	Viña Leyda	Leyda Reserva	2001	$$	★★★★

Un vino muy correcto y elegante, que sorprende a pesar de su juventud. Notas de rosa y frutas rojas, con algo de cuero. En boca es largo y carnoso, jugoso y agradable, con acidez refrescante, taninos dulces y buen final. *"Un vino equilibrado"*, *"creo que la guarda no lo beneficiará"*, *"para tomar ya"*.

A very correct and elegant wine, surprising despite its youth. Aromas of roses and red fruits with a bit of leather. The palate is meaty, nice and juicy, with refreshing acidity, sweet tannins, and a nice long finish. "A balanced wine," "won't benefit from additional ageing," "ready to drink now."

	Viña Estampa	Estampa	2002	$	★★★

Tipo/Kind	Bodega/Winery	Marca/Label	Cosecha/Harvest	U$S	Pts
SYRAH-CABERNET SAUVIGNON					
● Viña Morandé		22 Barricas Edición Limitada	2001	$$$	★★★
SYRAH-MERLOT-CABERNET SAUVIGNON					
● Viña Santa Rita		Floresta	1999	$$$$	★★★★

Ofrece aromas de ciruela madura, aceitunas, pimienta, café, eucaliptus, cuero y leve nota animal sumados a una madera muy bien integrada, en un conjunto fino y elegante; en boca es muy agradable, con fruta negra madura y taninos redondos y dulces. *"Vino para esperar", "un '99 que está dando lo mejor de sí".*

Offers up aromas of ripe plums, olives, black pepper, coffee, eucalyptus, leather, and a light animal note added to very well integrated wood, all coming together in an elegant whole; very nice palate, with ripe black fruit and sweet, round tannins. "Worth waiting for," "a 1999 that's giving its best."

Tipo/Kind	Bodega/Winery	Marca/Label	Cosecha/Harvest	U$S	Pts
ZINFANDEL					
● Viña MontGras		MontGras - Limited Edition	2000	$$	★
ZINFANDEL-SYRAH					
● Viña Terramater		Terramater	2001	N/D	★★

Vinos Dulces y Fortificados/Sweet and Fortified Wines

Tipo/Kind	Bodega/Winery	Marca/Label	Cosecha/Harvest	U$S	Pts
CHARDONNAY					
○ Viña Balduzzi		Balduzzi Late Harvest	2002	N/D	★★★
GEWÜRZTRAMINER-RIESLING					
○ Viña Montes		Montes	2000	$$	★★★★
LATE HARVEST					
○ Viña Gracia, de Chile		Gracia	2000	N/D	★★★★★

De un dorado límpido e intenso, su nariz describe notas complejas de miel, membrillo y orejones. En boca es interesante, con un ataque dulce, luego equilibrado en acidez y alcohol, de cuerpo pleno y tacto untuoso, con muy larga persistencia y muy buena estructura, envolvente.

Intense, clean golden yellow, with complex notes of honey, quince, and peeled dried peaches or apricots. Interesting palate starts sweet; good balance between acidity and alcohol; full-bodied and unctuous, with an enveloping structure and very long finish.

○ Viña Francisco de Aguirre		Palo Alto	2001	N/D	★★★

Tipo/Kind	Bodega/Winery	Marca/Label	Cosecha/Harvest	U$S	Pts

MOSCATEL

Moscatel	Viña Francisco de Aguirre	Moscatel de Alejandría Late Harvest		$	★★★

SAUVIGNON BLANC

○	Viña Morandé	Morandé Edición Limitada Golden Harvest		$$$	

"Límpido, de color amarillo intenso con reflejos dorados", "nariz única con notas de pomelo muy nítidas", "una verdadera extravagancia", "ataque dulce y franco, con óptima acidez que suscribe la nota de pomelo", "un vino generoso excepcional", "una experiencia única y rara", "fino, elegante, seductor e inolvidable", "uno querría tener siempre una botella de este vino en casa".

Clean, intense yellow with golden highlights," "unique nose with clear notes of grapefruit," "a true extravagance," "sweet and honest attack, with optimal acidity that underscores the grapefruit," "an exceptional generous wine," "a unique and strange experience," "fine, elegant, seductive and exceptional," "I'd like to always have a bottle of this in the house."

Destilados de Vinos y Orujos/Wine Distillates

Tipo/Kind	Bodega/Winery	Marca/Label	Cosecha/Harvest	U$S	Pts

PISCO

▲	Francisco Mulet	Horcón Quemado		N/D	★★★★★
▲	La Serena	La Serena		N/D	★★★★
▲	Soc. Agrícola El Rosario Ltda.	Montura		N/D	★★★★
▲	Alto del Carmen	Alto del Carmen		N/D	★★★
▲	Mistral	Gran Pisco Mistral		N/D	★★★
▲	Tres Erres	Tres Erres		N/D	★★★
▲	Control Pisquero Ltda.	Gran Control Guarda		N/D	★★
▲	Los Artesanos del Cochiguaz	Los Artesanos del Cochiguaz		N/D	★★

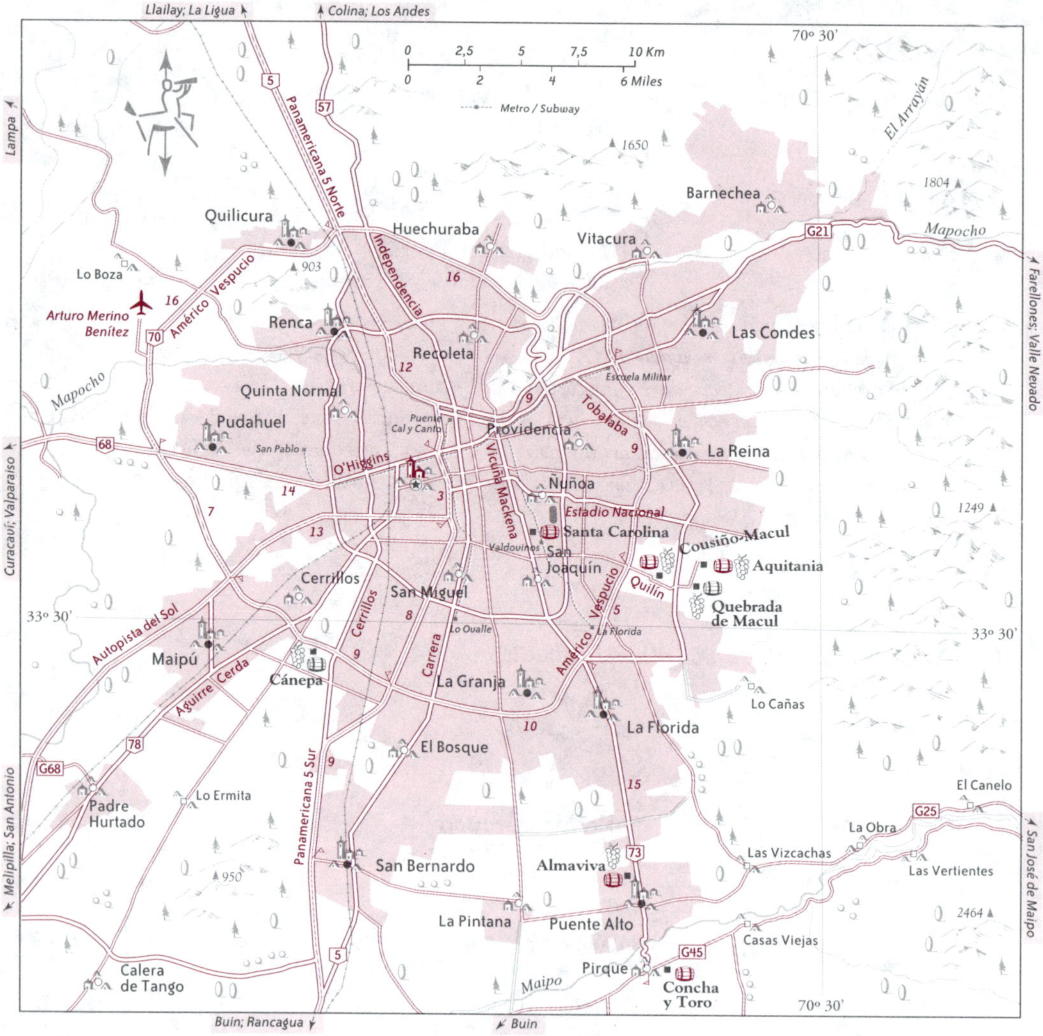

Valle del Maipo Arriba, zona norte / Maipo Arriba Valley, northern area

VALLE DEL MAIPO
MAIPO VALLEY

Es el corazón de la vida vitivinícola chilena, que coincide con el corazón de la vida chilena –lo cual explica algunas cosas. En efecto, el Gran Santiago es la principal amenaza que tienen los viñedos más próximos a la ciudad, que ya expulsó a muchas hectáreas de vid y sigue haciéndolo. Como no hay buena hotelería en las afueras de la ciudad, Santiago es la base forzosa para explorar este valle, que a su vez se divide en Alto, Medio o Isla de Maipo, y Bajo Valle. Interesan a la viña sólo los dos primeros.

This is the heart of Chilean vitiviniculture, and it coincides with the heart of Chilean life as well, which explains a few things. In effect, Greater Santiago is the greatest threat to the vineyards close to the city; it has already expelled many acres of vines and continues to do so. Since there are no good hotels in the area beyond the city limits, Santiago is the obligatory base for exploring this valley, which is subdivided into High-, Mid-, and Lower- Maipo Valley and Isla de Maipo.

Las viñas más cercanas a la capital son las más antiguas, primeras en establecerse cuando Santiago era un pueblo, algunas ya en la primera mitad del siglo XIX. *Santa Carolina*, con cavas pero sin viñas, es la única bodega de América del Sur accesible en metro. A poca distancia de la circunvalación Américo Vespucio, a 15 kilómetros del centro, en Macul, *Cousiño Macul* posee además de viña y cavas, un fabuloso parque arbolado a la inglesa. A 25 kilómetros a vuelo de cuervo, está el agradable poblado y localidad veraniega de Pirque, donde otra firma tradicional -*Concha y Toro*- conserva su vasto parque diseñado a la francesa y también sus cavas. Sólo 10 kilómetros más lejos del centro de Santiago, en las afueras de Talagante, está otra viña clásica: *Undurraga*. A igual distancia pero al sur,

The wineries closest to the capital are the oldest, the first to establish themselves when Santiago was a small town, some as early as the mid-19th century. Santa Carolina, with cellars but no vineyards, is the only winery in South America with access to the subway (plus Valdivieso and Manquehue, on the same line!) Not far from Américo Vespucio, the highway that rings the city, and 9 miles from downtown, Cousiño Macul also has a winery and cellars in a fabulous wooded, English-style park. And 25 km as the crow flies is the pleasant little town of Pirque, where the traditional firm Concha y Toro conserves its vast French-style park and cellar. Another classic winery, Undurraga, is 30 miles from downtown Santiago, just outside Talagante. Equidistant, but to

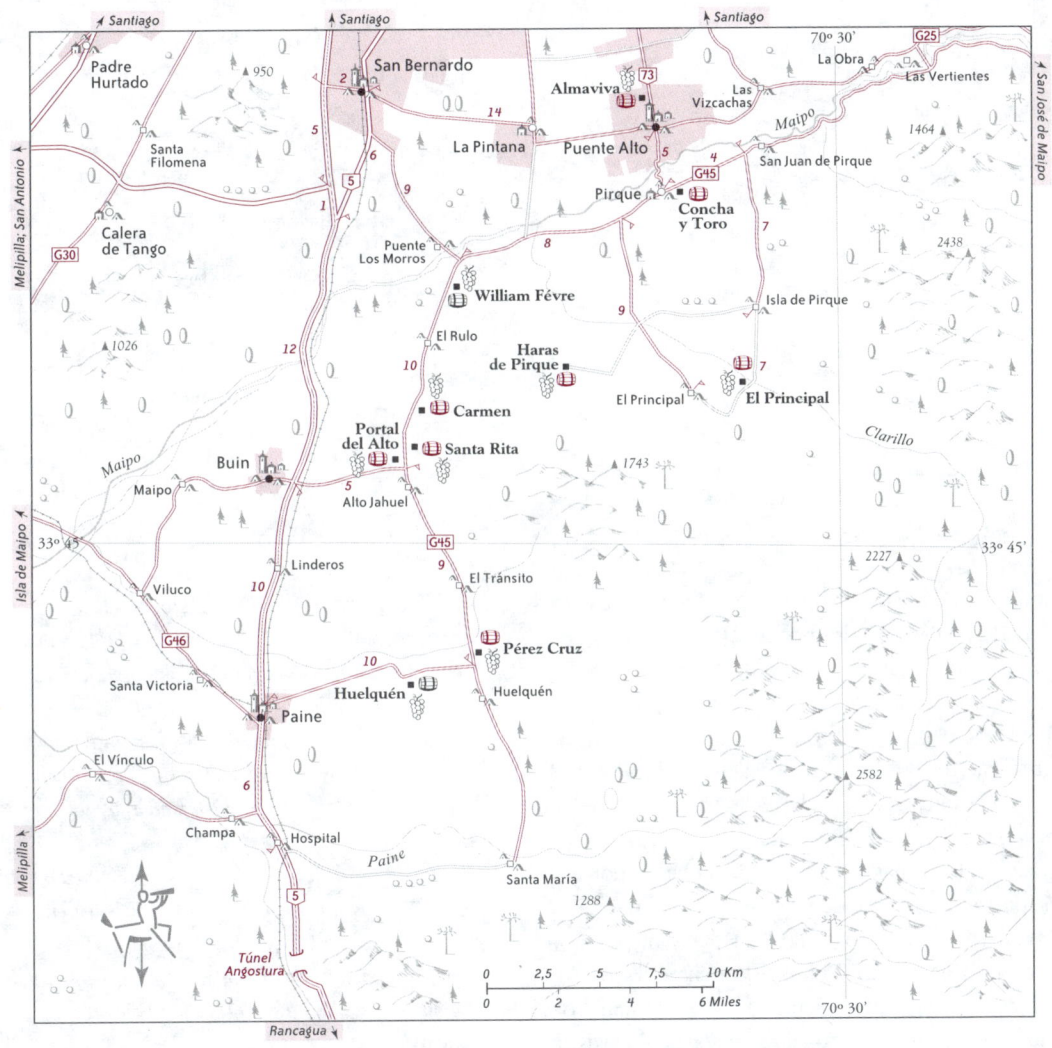

Valle del Maipo Arriba, zona sur / Maipo Arriba Valley, southern area

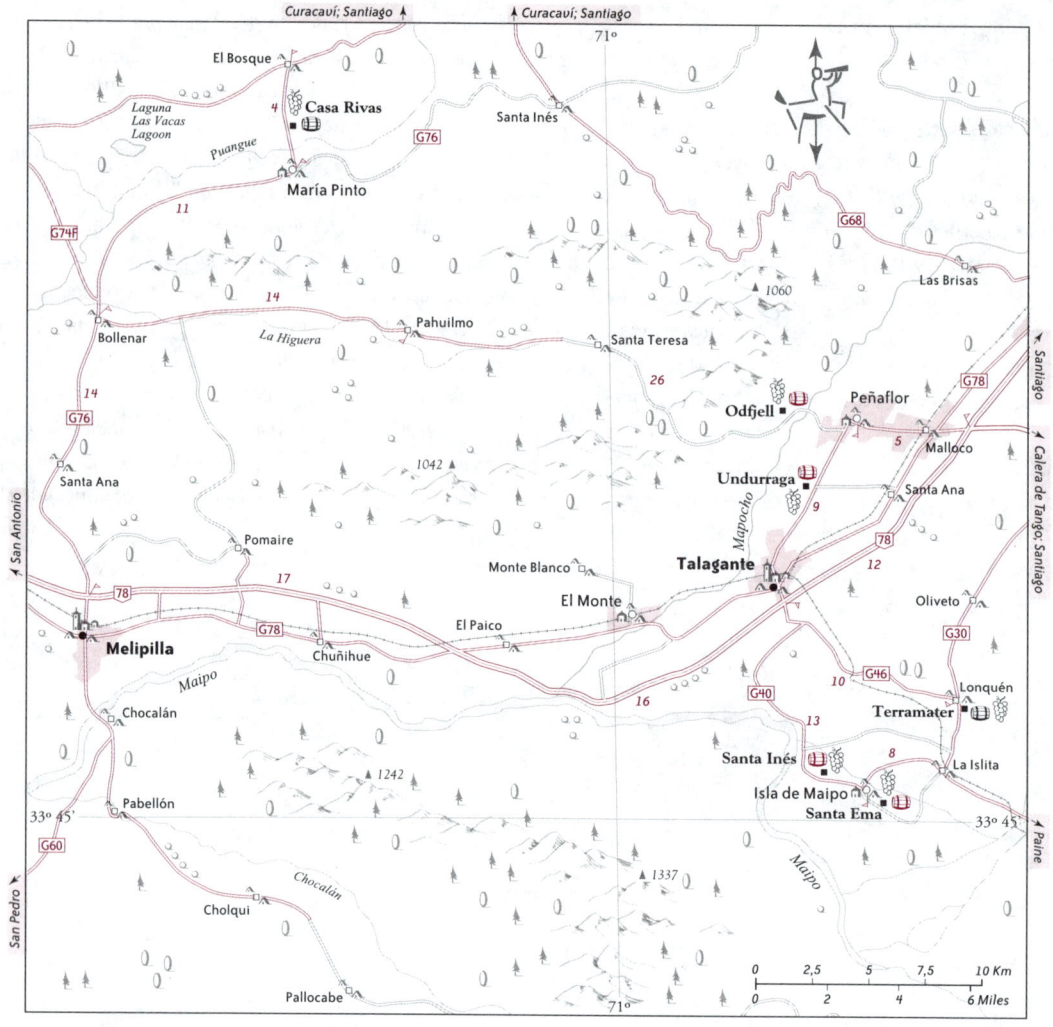

Valle del Maipo Abajo / Maipo Abajo Valley

camino a Alto Jagüel, queda otra viña de alcurnia, *Santa Rita*. (Hay otras dos bodegas tradicionales que están más lejos: *Errázuriz*, en Valle del Aconcagua y *San Pedro*, en Valle de Curicó).

Si el Cabernet Sauvignon tiene una patria chica adoptiva fuera de Burdeos, es el Maipo. Los 4/5 de las 10 mil hectáreas de viña del Valle son tintas y la gran mayoría es Cabernet Sauvignon.

Gracias a los canales de riego alimentados por el río Maipo (que trae abundante e impoluta agua del deshielo cordillerano) prosperan las vides y otros cultivos en esta región que, con unos 500 milímetros de lluvia por año, sería naturalmente árida y secana como puede verse en los cerros. Los rincones vitícolas más bonitos del Valle del Maipo son aquellos donde la viña

the south, toward Alto Jahuel, is Santa Rita. (There are 2 more traditional wineries, but farther away; Errázuriz, in the Aconcagua Valley, and San Pedro in the Curicó Valley).

If Cabernet has a smaller adoptive patria outside Bordeaux, it is Maipo. Of the 25,000 acres planted to vines, 4/5 are red, and most of that is Cabernet Sauvignon.

With only 20 inches of rain per year, the area would be as arid as the surrounding hills if it weren't for the irrigation canals fed by the Maipo River (that brings abundant clean water from the mountain runoffs) that allow the vines and other crops in the region to prosper.

The most beautiful viticultural corners of the Maipo

se extiende hasta las laderas de los cerros como ocurre en Isla de Pirque y también a lo largo de la vieja carretera colonial hacia el sur, por Alto Jaguel y Huelquén.

En auto, la visita de las viñas del Maipo puede hacerse en el día, cuidando de evitar las horas de *tacos* en los accesos a Santiago. En Pirque hay restaurantes de buena apariencia (no probamos ninguno) y en todos los pequeños centros urbanos se hallará algún lugar simple y barato para almorzar, más no sea pollo con papas fritas. Sólo se debe cuidar de llevar un buen mapa, buenas instrucciones y un celular: la señalización caminera es buena, pero falta por completo una señalización eficaz de las viñas.

Valley are those where the vineyards extend up the hillsides, as is happening in Isla de Pirque and along the old colonial highway to the south through Alto Jahuel and Huelquén.

Traveling by car, any of the Maipo vineyards can be visited in a day, as long as you avoid the traffic jams in and out of Santiago. There are decent-looking restaurants in Pirque (which we didn't try) and all the small urban centers have some simple and inexpensive place for lunch, even if it's just roasted chicken and french fries. Just remember to take a good map, good instructions, and a cellular phone: the highway signs are good, but those for the wineries usually aren't.

ALMAVIVA

Avenida Santa Rosa 821, Paradero 45 /
Puente Alto / Santiago
Tel.: (02) 8529300
Fax.: (02) 8525045

E-mail: bdominguez@almaviva.cl
Website: En construcción
Capacidad: 0,48 millones de litros/*Capacity: 12,700 gallons*
Viña: 42 hectáreas/*Vineyards: 105 acres*

La alcurnia de las viñas-madres de este *joint venture* iniciado en 1997 no permitía nada menos que la excelencia: la francesa *Baron Philippe de Rothschild* y la chilena *Concha y Toro*. Viñedo de los mejores del país. Arquitectura en madera -de Martín Hurtado Covarrubias- de una elegancia pasmosa. Equipamientos y tecnología de punta. Enólogo francés -Patrick Leon- al frente. Y sólo dos vinos. Pero además, cosa rara entre 2 grandes y tradicionales sociedades anónimas cuyo idioma común es el vino, un alma viva. Sólo una vez en este largo viaje tuvimos piel de gallina y fue cuando se abrió frente a nosotros el *Grand Chai de Almaviva*, con sus 500 barricas.
El viñedo, custodiado al igual que la bodega por una pareja de grandes *cheleule*, tiene 19 hectáreas con riego por goteo subterráneo. Aquí también había hileras de eucaliptus que daban su aroma a los vinos: "*los corté al tiro*" apunta Patrick Leon, quien eligió el *terroir* personalmente explorando los terruños de *Concha y Toro,* junto a Enrique Tirado como *co-winemaker*.
"Estamos en plena cosecha y estamos tranquilos" sonríe Patrick al mostrar la bodega, donde no parecían estar trabajando: efecto de la tecnología y la experiencia.
Epu (que significa 2 en mapuche) es el segundo vino de la *maison*, de barricas de segundo uso: sólo se vende en bodega a 15 dólares la botella. No fue incluido en la cata pues *Epu* no debe trascender una dimensión casi íntima.
Exportan el 80 % de la producción de *Almaviva* a Bordeaux, donde lo venden un año antes: es la única bodega de la plaza que vende todo su vino antes de haberlo hecho. El 15 % va a Estados Unidos y el 5 % queda en Chile con *Concha y Toro*. El pequeño museo de platería y artesanía mapuche en la sala de eventos es otro tributo a la tierra y al buen gusto. *Almaviva* es un punto conspicuo en el universo vitivinícola continental.

> *Los* cheleule *son totems, hombre y mujer tallados en troncos, que custodian los lugares sagrados mapuches. El sello de Almaviva es el kultrún o tambor ritual mapuche, cuyo dibujo evoca la cosmogonía de los aborígenes que pueblan el sur de Chile.*
>
> Cheleule *are male and female totems carved from tree trunks that watch over sacred Mapuche places. Almaviva's trademark symbol is the kultrún- the Mapuche's ritual drum with a design representing the cosmos of the indigenous in the continental world of wine people of southern Chile.*

The noble heritage of this 1997 joint venture's mother-wineries, French Baron Philippe de Rothschild *and Chilean* Concha y Toro, *allows nothing short of excellence. The country's best vineyards. Elegant wooden architecture by Martín Hurtado-Covarrubias. State of the art equipment and technology. French winemaker Patrick Leon. And only 2 wines. But more: here, between 2 large and traditional corporations whose common language is wine, there is an 'alma viva' – a living soul. And only one sight during the entire journey gave us goose bumps: Almaviva's 500-barrel Grand Chai, or first year ageing room. Two large* cheleule *watch over the winery and the 47.5-acre, drip-irrigated vineyard. Rows of eucalyptus trees used to affect the wine's aroma, but "they went immediately," says Patrick Leon, who personally chose the* terroir *from among the* Concha y Toro *properties, working with Chilean Enrique Tirado as co-winemaker.*
"We're in the middle of harvest and relaxed," smiles Patrick as he shows the winery, where no one seems to be working: the effect of technology and experience.
Epu *(which means '2' in Mapudungun, the Mapuche language) is the 2nd wine of the house, made with second-use barrels, and only sold at the winery ($15 USD per bottle). It was not included in our tastings because* Epu *should maintain its rather intimate dimension.*
They export 85% of the production to Bordeaux, where its sold a year in advance. This is the only Chilean wine to be sold en primeur. Another 10% goes to the U.S. and 5% remains with Concha y Toro *in Chile. The small Mapuche crafts and silver museum in their events center is another tribute to the earth and good taste.* Almaviva *is an outstanding point*

Almaviva Cabernet Sauvignon-Carmenère-Cabernet Franc 2000

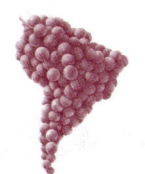

JOSÉ CANEPA Y CIA. LTDA.

Camino Lo Sierra 1500 / Cerrillos / Santiago
Tel.: (02) 8707100
Fax.: (02) 5579186

E-mail: josecanepa@canepa.cl
Website: www.canepa.cl
Capacidad: 14 millones de litros/ *Capacity: 3,700,000 gallons*
Viña: 500 hectáreas/ *Vineyards: 1,250 acres*

La bodega central de *Canepa* está en un suburbio hoy más fabril que vinícola, pero rodeada de 25 hectáreas de viña que incluyen una de las primeras plantaciones de Zinfandel en Chile. Construida en la década de 1980, es una planta moderna y funcional, pionera en la renovación tecnológica del sector pues según dicen fue, en los mismos tiempos que *Miguel Torres*, la que primero incorporó los tanques de acero inox. Su fundador fue un lígur de Chiavari, José Canepa, que la estableció en 1930 en Valparaíso. Su hijo José Canepa Sarrochi dedicó toda su vida a hacerla crecer, y cuando falleció en 1992 dejó a su esposa Luciana Garibaldi de Canepa 2 hijos y una gran responsabilidad, pero también una empresa de vanguardia. La *signora* Luciana, italiana de Chiavari, había estudiado historia del arte y sabía poco o nada de vitivinicultura. Pero aprendió ("*un sacco di parolaccie*" dice ella) y ya que temperamento y carácter no le faltan, la empresa siguió creciendo, construyó una nueva bodega en Colchagua y es de los 10 mayores productores y exportadores de vinos. Es también una de las viñas de cultura más italiana que conocimos en Chile: la *signora* Luciana, como buena lígur, ama el vino y cocinar pero además puede darse un lujo único en Sudamérica: regalar a sus visitas un CD de su hija Luisa Canepa, virtuosa del *pianoforte* formada en Italia. Los viñedos contienen 18 variedades, algunas ya añosas un cuarto de siglo como el Zinfandel y los Pinot Noir y Blanc. Además del suburbano viñedo de Maipo, poseen 500 hectáreas en su finca Trinidad en Valle de Colchagua, todo puesto en espaldera.

La planta de Maipo que dirigen los enólogos Ernesto Giussan y Paola Cifuentes alberga tanques de acero inox de 56 a 230 mil litros, 2 prensas pneumáticas, grandes equipos de refrigeración, más de 4 mil barricas en mayoría francesas y 2 líneas de fraccionamiento. En su tiempo, tuvieron consultorías de los australianos Ian Mackenzie y David Morrison. Exportan el 50 % de la producción a unos 40 países de Europa, Norteamérica y Asia.

Canepa's main winery, surrounded by 63 acres of vineyards that include Chile's first Zinfandel vines, is located in a now-suburban industrial sector. Built in the 1980s, the plant is modern and functional, a pioneer in the sector's technological revolution, at the same time that Miguel Torres *brought in the first stainless steel tanks. Founder José Canepa, a Ligurian from Chiavari, first settled in Valparaíso in 1930. His son, José Canepa-Sarrochi dedicated his entire life to building the winery, and when he died in 1992, he left his wife, Luciana Garibaldi-de-Canepa, 2 children, a tremendous responsibility, and a leading winery. Signora Luciana, also from Chiavari, had studied art history and knew little about vitiviniculture. But she learned. And since she lacks neither character nor temperament, the company grew. With a new winery in Colchagua, they are one of Chile's top 10 producers and exporters. This is also one of the most Italian wineries we've seen in Chile. Signora Luciana, not only loves wine and cooking, but can also afford a luxury unique in South America; she can give her guests copies of her talented daughter's CD, as Luisa Canepa is an Italy-trained concert pianist.*

They grow 18 vertically-positioned varieties, including the 25-year-old Zinfandel and Pinot Noir and Blanc. In addition to the suburban Maipo winery, they have 1,250 acres in Colchagua.

The Maipo facility, directed by winemakers Ernesto Giussan and Paola Cifuentes, houses 15,000-61,000-gallon stainless steel tanks, 2 pneumatic presses, large cooling systems, more than 4,000 mostly French barrels, and 2 bottling lines. At one point they had technical assistance from Australians Ian Mackenzie and David Morrison. They export 50% of the production to 40 countries in Europe, North America, and Asia.

Canepa Reserva Syrah 2001 ★★★★ - Finísimo Cabernet Sauvignon 2000 ★★★ - Magnificum Cabernet Sauvignon 1999 ★★★

Canepa Oak Aged Cabernet Sauvignon-Syrah 2002 ★★★ - Canepa Chardonnay-Viognier 2002 ★★★

Canepa Sauvignon Blanc 2002 ★★ - Canepa Private Reserve Carmenère 2001 ★★ - Canepa Merlot 2002 ★★

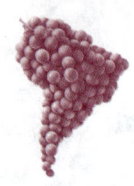

ODFJELL VINEYARDS S.A.

Camino Viejo a Valparaíso 7000 /
Padre Hurtado / Santiago
Tel.: (02) 8111530
Fax.: (02) 8111245

E-mail: info@odfjellvineyards.cl
Website: www.odfjellvineyards.cl
Capacidad: 2,2 millones de litros/*Capacity: 582,000 gallons*
Viña: 88 hectáreas/*Vineyards: 220 acres*

Un aspecto estimulante de la globalización vitivinícola son las empresas trans-culturales como *Odfjell Vineyards*: sus dueños, inspiración y diseño son noruegos; pero los vinos y quienes los hacen son chilenos, con enólogos estadounidense y francés.

Dan Odfjell es armador naviero y su hijo Lawrence W. Odfjell es arquitecto y proyectó la bodega de vinos inaugurada en 1998, espléndidamente ubicada al pie de la ladera de un cerrillo, dominando sus viñedos. En parte subterránea y diseñada para trabajar por gravedad, es de un exquisito racionalismo nórdico, sobria y funcional: si tuviéramos que dar puntajes a la arquitectura de las bodegas, *Odfjell* sería a nuestro juicio una de las más logradas del Continente. Con hormigón, madera, cobre y cristal aquí se demuestra que no necesariamente las bodegas de tecnología moderna tienen que parecer todas iguales sino que pueden tener su formidable personalidad.

Los impecables viñedos, que cubren el 70 % de sus necesidades de uva, son sólo cepas tintas pues no elaboran blancos: ambos Cabernet, Merlot, Malbec, Syrah y Carmenère.

Vinifican en 34 tanques de acero inox de 40 mil litros con chaquetas de frío y calor. Una singularidad son las vasijas de almacenamiento de 80 mil litros, de hormigón revestido internamente en acero inox, que unen la inercia térmica del cemento y la asepsia y fácil manutención del acero. También tienen un fudre de madera revestido en acero inox, exclusivo para el Cabernet Franc. Hay unas 400 barricas mitad francesas y mitad *made in U.S.A.*, en una muy linda cava de techo abovedado. El enólogo de la casa es el francés Arnaud Hereu y los asesora Paul Hobbs, que viaja a estas latitudes 6 veces al año.

Exportan el 95 % a 17 países donde destacan Estados Unidos (el 40 % de la exportación) y Noruega (el 20 %). Un atractivo suplementario de *Odfjell Vineyards* es su haras de caballitos noruegos de los fiordos o ponies de la montaña. Reciben visitas con arreglos previos.

A stimulating aspect of globalization is the trans-culturalization of wineries such as Odfjell Vineyards, *whose owners, inspiration, and design are Norwegian, but their wines and the people who make them are Chilean, French, and American.*

Dan Odfjell owns ships, and his son Lawrence W. Odfjell is an architect who planned the winery, launched in 1998, gloriously located at the foot of a hill, overlooking its vineyards.

Partially underground and designed for gravity flow, the winery is both serious and functional, a delightful example of Nordic rationalism. If we gave for architectural design, we would rate Odfjell *as one of the most successful in the Continent. Made of concrete, wood, copper, and glass, it proves that not all technologically-modern wineries have to look alike, but rather can have a tremendous personality.*

The impeccable vineyards (both Cabernet, Merlot, Malbec, Syrah, and Carmenère) cover 70% of their grape needs; They make no whites.

They vinify in 34 stainless steel, 10,500-gallon temperature-controlled tanks. A unique aspect is their 21,000-gallon stainless steel-line concrete storage tanks that combine the thermal inertness of cement with the cleanliness and easy maintenance of stainless. They also have a wooden foudre lined with stainless steel, exclusively for Cabernet Franc. Half of their 400 barrels are French, the rest made in the U.S.A., housed in an attractive vaulted cellar. The resident winemaker is Aranud Hereu (of France), with technical assistance from Paul Hobbs (U.S.), who comes to Chile 6 times per year.

They export 95% of their production to 17 countries, including the US (40%) and Norway (20%). An attractive addition to Odfjell Vineyards *is their stud farm for Norwegian fjord ponies. They receive visitors by appointment.*

Orzada Carignan 2001 ★★★★★

Orzada Cabernet Franc 2001 ★★★★

Armador Cabernet Sauvignon 2001 ★★

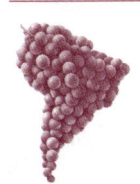

Viña Antiyal

Camino Padre Hurtado 68 /
Casilla 191/ Paine
Tel./Fax.: (02) 8214224

E-mail: antiyal_mashton@entelchile.net
Capacidad: 0,012 millones de litros/*Capacity: 3,170 gallons*
Viña: 2,5 hectáreas/*Vineyards: 6.2 acres*

Llegamos hasta la puerta de *Viña Antiyal* (antiyal significa "hijos del sol" en mapuche), pero por razones de fuerza mayor no pudimos visitarla. Es una bodega boutique que por tamaño linda casi con la bodega garage, inspirada por uno de los enólogos más afamados de Chile, Álvaro Espinoza, y su mujer Marina Ashton. Elaboran un vino, corte variable de año en año de Carmenère, Syrah y Cabernet Sauvignon, en cantidades limitadas. Su viñedo, de acuerdo a la filosofía que Álvaro Espinoza difundió en cada viña donde trabajó, es totalmente orgánico.

We reached the door of the Viña Antiyal *("Son of the Sun" in Mapudungun, the native Mapuche language), but for reasons beyond our control, we were unable to visit. This is a boutique winery – almost a garage winery, inspired by one of Chile's most famous winemakers, Álvaro Espinoza and his wife Marina Ashton. They make limited quantities of just one wine, a blend of Carmenère, Syrah, and Cabernet Sauvignon that varies from year to year. In accordance with the philosophy that Álvaro imparts in everywhere he works, his vineyard is completely organic.*

Antiyal Carmenère-Cabernet Sauvignon-Syrah 2001 ★★★★

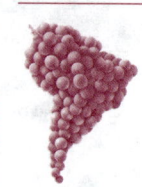

Viña Aquitania

Avenida Consistorial 5090 / Peñalolén /
Casilla 213-12 / Santiago
Tel.: (02) 2845470
Fax.: (02) 2845469

E-mail: aquitani@firstcom.cl
Website: www.aquitania.cl
Capacidad: 0,32 millones de litros/ *Capacity: 84,500 gallons*
Viña: 23 hectáreas/ *Vineyards: 57.5 acres*

La viña nació en 1990 cuando los ingenieros agrónomos franceses Bruno Prats (ya propietario de *Château Clos d'Estournel*) y Paul Pontallier (director de *Château Margaux*) junto al ingeniero agrónomo chileno Felipe de Solminihac (graduado en enología y viticultura en Burdeos, ex enólogo de la vecina *Cousiño Macul*) compraron 18 hectáreas en Quebrada de Macul, a 720 metros de altura, donde terminan los Andes y comienzan los barrios residenciales más nuevos de Santiago, y plantaron 14 hectáreas de Cabernet Sauvignon, 2 de Merlot y 2 de Carmenère: la casa sostiene que fue aquí donde en 1994 el ampelógrafo francés Jean Michel Boursicaud dijo a Felipe de Solminihac "*lo que tienes allí es Merlot pero lo que está a la derecha no es Merlot*" y se llevó unas muestras -2 semanas más tarde llegó por fax la trascendental nueva que agregó una dimensión a la vitivinicultura del país. La viña es de una prolijidad impecable, toda en pendiente del 5 %, en espaldera norte-sur a 4.166 plantas por hectárea, con riego por goteo y pie franco. Con raleo, obtienen de 6 a 8 toneladas de uva por hectárea. La primera cosecha propia fue la del '95.

También poseen 5 hectáreas de Chardonnay en Traiguén, 650 kilómetros al sur de Santiago: este viñedo -el más austral de Chile en cepas nobles- fue plantado por De Solminihac tras un viaje a los viñedos de Otago, en Nueva Zelanda, en 1994. De aquí obtienen desde el 2000 un blanco fermentado en barrica (Sol de Sol Chardonnay) que ganó fama de excepcional inmediatamente.

La bodega *Aquitania* es moderna pero se inspira en la arquitectura tradicional de campo chileno y en un día límpido tiene un imponente marco andino de fondo. Posee un inusual equipo de lavado y secado de las uvas (por el polvo, problema frecuente en los viñedos chilenos), emplean prensa de canasto y vinifican en tanques de acero inox. Cuentan 320 barricas obviamente todas francesas. Exportan el 95 % de la producción en su mayor parte a Europa, Japón y Brasil. No están abiertos al enoturismo.

Aquitania began in 1990 when French agricultural engineers Bruno Prats (owner of Château Clos d'Estournel *and Paul Pontallier (director of* Château Margaux*), plus Chilean agricultural engineer Felipe de Solminihac (a graduate of enology and viticulture in Bordeaux and former winemaker at neighboring* Cousiño Macul*) bought 45 acres in Quebrada de Macul, at 2,360 feet, where the Andes end and Santiago's newest residential neighborhoods begin. They planted 35 acres of Cabernet Sauvignon, 5 of Merlot, and 5 more of what turned out to be Carmenère. It was here that French ampelographer Jean Michel Boursicaud told Felipe de Sominihac in 1994, "what you have there is Merlot, but this on the right is not." He took some samples and 2 weeks later, a fax arrived that added a new dimension to Chilean vitiviniculture. The vineyard is impeccable, all in north-south vertical shoot position on a 5% slope with 1,666 ungrafted plants per acre and drip irrigated. With cluster thinning, they obtain yields of 2.4-3.2 tons per acre. Their first harvest was in 1995. They also have 12.5 acres of Chardonnay in Traiguén, 400 miles south of Santiago. This is Chile's southernmost vinifera vineyard, planted by De Solminihac after visiting New Zealand vineyards in 1994. This has produced the acclaimed barrel-fermented Chardonnay Sol de Sol since 2000.*

The Aquitania winery is modern, but inspired by traditional Chilean rural architecture, and on a clear day Andes provide a magnificent backdrop. They have an unusual grape washer-dryer (for the dust, a frequent problem in Chilean vineyards), use a basket press, and vinify in stainless steel tanks. They have 320 barrels, obviously all French. They export 95% of the production, mostly to Europe, Japan, and Brazil. They are not open to wine-tourism.

Paul Bruno Domaine Cabernet Sauvignon 1999 ★★

Viña Carmen

Camino Padre Hurtado 0695 /
Alto Jahuel / Buin
Tel.: (02) 362 2122
Fax.: (02) 263 1599

E-mail: info@carmen.cl
Website: www.carmen.com
Capacidad: 9 millones de litros/*Capacity: 2,377,800 gallons*
Viña: 470 hectáreas/*Vineyards: 1,175 acres*

Viña Carmen es de las más tradicionales de Chile, fundada en 1850 por Christian Lanz y bautizada con el nombre de su esposa. Desde 1985 pertenece al emporio de Ricardo Claro, propietario de la contigua y no menos tradicional *Santa Rita*, con la que comparten embotellado y finanzas, pero nada más. La viña posee 2 bodegas de elaboración, una en Quinta Tilcoco y la otra en Buin, que fue construida ad hoc en 1990 con la tecnología más avanzada. El viñedo, del que 25 hectáreas son orgánicas, está puesto en espaldera y lira, con riego por goteo en cuarteles nuevos y por surco en los más viejos. Tienen productores asociados y realizan algo de cosecha mecánica. La parte orgánica se siembra con tréboles y gramíneas y dejan gallinas sueltas para que coman el insecto llamado burrito. Entre cuarteles hay "rompehileras" plantadas con variedades florales que atraen insectos benéficos. El vino premium de la casa es el *Gold Reserve*, 100 % Cabernet Sauvignon de un cuartel de 55 años, del que obtienen 3,5 toneladas por hectárea y hacen 18 mil botellas por año. En *Viña Carmen* las dimensiones y tecnología son de peso pesado, pero el espíritu vinificador es de bodega *boutique*.

La amplia y funcional bodega de vinos, instalada en el faldeo de un cerro, trabaja por gravedad. En el último año invirtieron 1 millón de dólares para duplicar la capacidad de frío. Tienen tanques de acero inox de 1 mil a 40 mil litros y otros de techo flotante para sumergir bien los gorros del Pinot Noir y darle así más color. Trabajan con una prensa *Pera* que hace maceración en frío antes de prensar. Cuentan 5 mil barricas mitad estadounidenses y mitad francesas. La enóloga jefe es Pilar González y consultor Christian Le Sommer, ex *Château Latour*.

Exportan a 60 países: el 60 % a Europa, 35 % a Norteamérica y el resto a América Latina y Asia. Están disputando el primer lugar en ventas con los australianos en Irlanda, país para el que embotellan en botellitas de 1/4.

Viña Carmen is one of Chile's most traditional wineries, founded in 1850 by Christian Lanz and named after his wife. It has belonged to the Ricardo Claro empire since 1985, along with next-door neighbor and equally traditional Santa Rita, with which they share a bottling line and finances (but nothing else). The winery has 2 wine-making facilities, one in Quinta Tilcoco, and the other in Buin, built in 1990 with the most advanced technology. The vineyard is trained to vertical shoot position and lyre with drip irrigation in the newer parcels and furrow-irrigation in the older ones. They have associated producers and do some machine harvesting. Clover and grasses are planted among the 62.5 organic acres, and wild flowers between the rows attract beneficial insects. Free-roaming chickens eat the harmful "burrito" insect. The premium house wine, Gold Reserve, is 100% Cabernet Sauvignon from a 55-year-old section, where they obtain 1.4 tons per acre: 18,000 bottles per year. Although Viña Carmen is a heavy-weight in size and technology, its spirit is boutique.

The large and functional hillside plant works on gravity-flow. Last year they invested $1,000,000 U.S.D. to double their cooling capacity. Their stainless steel tanks range from 264 to 10,500 gallons, and some have floating tops to submerge the caps of Pinot Noir to give it more color. They use a Pera press that performs a cold maceration before pressing. They have 5,000, half American, half French barrels. Pilar González is head winemaker, and Christian Le Sommer, formerly of Château Latour, consults.

They export to 60 countries, 60% Europe, 35% North America, and the remainder to Latin America and Asia. They are dueling with the Australians for first place in sales in Ireland, where they use small 1/4-bottles.

Carmen Gold Cabernet Sauvignon 1999 ★★★★★ - *Carmen Reserva Merlot 2001* ★★★★

Carmen Reserva Carmenère-Cabernet Sauvignon 2001 ★★★★ - *Carmen Reserva Chardonnay 2001* ★★★★

Carmen Cabernet Sauvignon 2001 ★★★ - *Carmen Reserva Cabernet Sauvignon 2001* ★★★ - *Carmen Carmenère 2001* ★★★

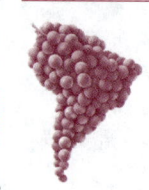

VIÑA CASA RIVAS

Pedro de Valdivia 555, Of. 512 / Providencia / Santiago
Tel.: (02) 2254506
Fax.: (02) 2744125

E-mail: oficinacentral@casarivas.cl
Website: www.casarivas.cl
Capacidad: 2,8 millones de litros/ *Capacity: 739,800 gallons*
Viña: 220 hectáreas/ *Vineyards: 550 acres*

Esta viña surgió de la sociedad entre el ingeniero agrónomo Mariano Salas Rivas y el señor Patricio Browne Covarrubias, quienes en 1994 compraron 2 mil hectáreas en una comarca del Valle del Maipo hasta entonces desconocida a la viticultura, básicamente a causa de la escasez de agua- que obtuvieron de pozos a 80 metros de profundidad. En estos suelos vírgenes situados en una herradura entre cerros secanos, con un 70 % de arena y pobre fertilidad natural, plantaron a pie franco y con densidad de 2.875 plantas por hectárea, en espaldera y con riego por goteo, ambos Cabernet, Merlot, Carmenère, Chardonnay y Sauvignon Blanc. Contaron con la consultoría vitícola de los sudafricanos Yven Hargel y Tinnie Duprez. Aplican poda y raleo, para lograr 4 a 10 toneladas de uva por hectárea según se trate de vinos premium, reserva o varietales. La plantación está diseñada para la cosecha a máquina, pues poseen una flamante cosechadora francesa que levanta 3,5 mil kilos por hora y les permite trabajar de noche. Además cultivan cítricos, paltas y hortalizas. "*Hemos sido muy cuidadosos con el ambiente*" dice Mariano Salas (h), quien está a cargo de la producción. "*El mismo pastizal que crece entre hileras es el natural de los cerros. Estamos trabajando en el control de la arañita con predadores y hacemos sólo 2 ó 3 aplicaciones de azufre por temporada*". La bodega es de 1996 y al año siguiente hicieron su primera cosecha. Tienen 2 prensas pneumáticas y tanques de acero inox de 1 a 80 mil litros con chaquetas de control térmico. En el Chardonnay hacen prensados directos sin despalillar cuando el raquis está bien maduro, de modo que el escobajo funge de filtro y da más limpieza al mosto. Crían los vinos en 500 barricas de las que el 80 % son francesas y parte del Chardonnay también fermenta allí. Poseen modernas máquinas italianas de embotellado y etiquetado, y afinan los vinos en botella puestas en bins hasta un año, en caso de los tintos. Los enólogos consultores son Álvaro Espinoza y Juan Carlos Faundez; y enóloga de planta, Vivian Palamo. Exportan el 50 % de la producción a Europa, Estados Unidos y Brasil.

In 1994, agricultural engineer Mariano Salas-Rivas and Mr. Patricio Browne purchased 5,000 acres of land in an area of the Maipo Valley previously unused for viticulture, mostly due to a lack of water, which now comes from wells 260 feet deep.

The horseshoe-shaped land between dry hills has poor virgin soils, with 70% sand and low natural fertility. Using vertical positioning and drip irrigation, they planted 1,150 ungrafted vines per acre of both Cabernet, Merlot, Carmenère, Chardonnay, and Sauvignon Blanc, with technical assistance from South Africans Yven Hargel and Tinnie Duprez. They prune and thin fruit to achieve 1.6-4 tons per acre, based on the projected wine (premium, reserve, or varietal). The plantation is designed to accommodate their new French harvesting machine that picks 1,600 pounds per hour and allows them to work at night. They also grow citrus fruits, avocados, and vegetables.

"*We're very careful with the environment,*" *says production manager Mariano Salas (Jr.).* "*The same grass that grows between the rows grows wild on the hills. We're working on controlling pests with natural predators and only do 2-3 sulphur treatments per season.*"

They built the winery in 1996 and brought in their first harvest the following year. They have 2 pneumatic presses and temperature-controlled stainless steel tanks ranging in size from 264-21,100 gallons. Chardonnay is processed direct-to-press, without destemming, so the stalks work like a filter and produce a cleaner must. They use their 500 barrels (80% French) for aging and for fermenting some of the Chardonnay. They have modern Italian bottling and labeling equipment, and bottle-age the wines in bins for up to a year.

Winemakers Álvaro Espinoza and Juan Carlos Faundez provide technical assistance to resident winemaker Vivian Palamo. They export 50% of the production to Europe, the US, and Brazil.

Casa Rivas Chardonnay 2001 ★★★★ - *Casa Rivas Reserva Cabernet Sauvignon 2001* ★★★★

Casa Rivas Carmenère 2001 ★★★ - *Casa Rivas Cabernet Sauvignon 2001* ★★

Casa Rivas Reserva Merlot 2001 ★★ - *Casa Rivas Merlot 2002* ★★

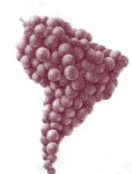

VIÑA CLOS QUEBRADA DE MACUL

Avenida Consistorial 5900 / Peñalolén / Santiago
Tel.: (02) 2982374
Fax.: (02) 2848271

E-mail: isabellezaeta@terra.cl
Website: En construcción
Capacidad: 0,3 millones de litros/*Capacity: 79,300 gallons*
Viña: 25 hectáreas/*Vineyards: 63 acres*

La viña fue plantada hace más de 30 años por el abuelo de su propietario actual, Ricardo Peña. Por un cuarto de siglo fueron viticultores que vendían sin problemas su uva de altísima calidad, hasta que en 1995 construyeron una pequeña bodega para iniciarse en la vinicultura de la mano del reconocido enólogo chileno Ignacio Recabarren, en una sociedad ya disuelta que hizo su primer vino al año siguiente. Hoy cuentan con la enología de los franceses Patrick Valette, Pascal Marty y Pascal Lacaze. La viña es toda en espaldero, con rendimientos máximos de 6 toneladas por hectárea. Del lado sur, se observa que una línea de grandes eucaliptus fue abatida ya que su olor se impregnaba a los vinos.

Producen 7 mil cajas (de 12) en 3 etiquetas, todas con crianza en barricas de más o menos usos. Poseen 600 bordelesas todas de la media docena de tonelerías francesas más tradicionales: compran pequeños lotes de distintos bosques para experimentar y las conservan en galpón refrigerado y humectado. Para hacer fermentación maloláctica en barrica, entibian un sector. Los vinos pasan de 12 a 18 meses de crianza en roble y un afinamiento de hasta un año y medio en botella, en el caso del *Domus Aurea*.

Vinifican en tanques de acero inox de 20 mil litros a los que están sustituyendo por otros de 5 y 10 mil litros para sectorizar el viñedo y diferenciar calidades, sectorización que se extiende a las barricas. La enóloga Isabel Lezaeta dice "*del 2002 tenemos 30 lotes diferentes*". Visitamos la viña a fines de abril cuando terminaba la cosecha. Probamos a pié de cuba un mosto de Cabernet Sauvignon cuyo cuerpo, aroma y color, aún en la pre-pubertad, eran sorprendentes. Exportan el 90 % de la producción a Estados Unidos y países de Sudamérica, Europa y Asia.

> La esencia aromática del eucaliptus, dispersa por el viento, se adhiere a la piel de las uvas (que es pegajosa). En la vinificación el eucaliptus puede quedar tapado por otros aromas y reaparecer en el vino terminado. Hay quien aprecia y quien desprecia la nota aromática del eucaliptus en el vino.
>
> *When windblown, the aromatic essence of eucalyptus adheres to the sticky grape skin. It may be masked by other aromas during the vinification, but later reappears in the finished product. While some enjoy a hint of eucalyptus in their wine, others do not.*

Clos Quebrada de Macul's *vineyards were planted over 30 years ago by the grandfather of current owner Ricardo Peña. They sold their top-quality grapes for 25 years until they built a small winery in 1995, and made wine the following year with well-known Chilean winemaker Ignacio Recabarren, a partnership that has since dissolved. Today, winemaking is in the hands of Frenchmen Patrick Valette, Pascal Marty, and Pascal Lacaze.*

The vineyards are vertically-positioned, with maximum yields of 2.4 tons per acre. A row of large eucalyptus trees was cut down along the southern side because the smell affected the wines.

They produce 7,000 12-bottle cases under 3 different labels, all Reserves with varying barrel use. They have 600 barrels from traditional French cooperages and buy small lots from different forests for experimenting. All are stored in a cooled, humidified building, and heat a part for malolactic fermentation in barrels. The wines are barrel-aged for 12-18 months, then bottle-aged up to 1.5 years, in the case of Domus Aurea.

They vinify in 5,280-gallon stainless steel tanks, but are switching to 1,300-2,600-gallon tanks to keep vineyard parcels and qualities separate right through barrel-aging. Winemaker Isabel Lezaeta says, "we have 30 different lots of the 2002 vintage." We visited in late April when harvest was ending and tasted Cabernet Sauvignon straight from the tank; its body, aroma, and color were surprisingly good for a pre-pubescent wine. They export 90% to the US, South America, Europe and Asia.

Stella Aurea Cabernet Sauvignon 2000

Antiguas Reservas Chardonnay 2002 ★★★★ - *Alba Cabernet Sauvignon 1999* ★★★

Domus Aurea Cabernet Sauvignon 1999 ★★

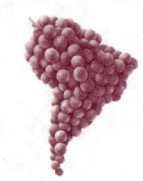

VIÑA CONCHA Y TORO

Av. Nueva Tajamar 481 / Torre Norte
Piso 15 / Las Condes / Santiago
Tel. (02) 8217300
Fax.: (02) 8212293

E-mail: webmaster@conchaytoro.cl
Website: www.conchaytoro.com
Capacidad: 65 millones de litros/*Capacity: 43 million gallons*
Viña: 4.000 hectáreas/*Vineyards: 10,000 acres*

Abarcar el universo vitivinícola *Concha y Toro* en una sola visita es imposible; conocer y describir sus bodegas y fundos vitícolas dispersos por los valles de Casablanca, Maipo, Rapel, Curicó y Maule nos tomará algunas ediciones de esta Guía. Pero comenzamos conociendo los orígenes: la vieja bodega de Pirque que Melchor Concha y Toro estableció en 1883 en tierras de su esposa Emiliana Subercaseaux.

Aquí pueden verse las cavas de bóveda de ladrillo de 1880 (3 naves a 4 metros de profundidad, con piso de tierra) llenas de barricas francesas y la cava familiar donde don Melchor inventó la leyenda del "Casillero del Diablo" para que sus botellas fueran intocables. También visitamos la Casona de 4 mil metros cuadrados (que la familia habitó hasta 1920) de una atmósfera tan palaciega que el gobierno chileno la emplea a veces para recepciones diplomáticas.

La empresa, que desde los años '60 es controlada por la familia Guilisasti-Larraín, desde su inicio fue líder en Chile y entre los '80 y los '90 realizó considerables inversiones en viñedos y tecnología que reconfirmaron ese liderazgo. En 1994 comenzó a cotizar en la Bolsa de Nueva York. Dos años después estableció la bodega y viñedos *Trivento* en Mendoza, al tiempo que fue la viña madre de *Cono Sur* y de la mitad americana de *Almaviva*. *Concha y Toro* exportó por primera vez en 1933 a Holanda: hoy despacha el 53 % de la producción a más de 100 mercados de ultramar. Desde hace 36 años cuenta con la dirección técnica de Goetz Von Gersdorff apoyado por 24 enólogos y consultorías de renombrados *winemakers* que le permitió lanzar, a partir de *Don Melchor* en 1989, diversas nuevas líneas de vinos de la más alta calidad. De su viña, 582 hectáreas están reservadas a los vinos super premium, todos de más de 8 años de edad.

Reciben 30 mil visitantes al año, en un tour bien organizado por las cavas y el bello parque centenario diseñado por un paisajista francés, con 3 estaciones donde se degusta Chardonnay, Merlot y Cabernet Sauvignon. Hay además una sala-museo y una amplia tienda.

It's impossible to see the entire Concha y Toro *universe in a single visit; it will take several editions of this Guide to describe all of its facilities and vineyards spread out over the Casablanca, Maipo, Rapel, Curicó, and Maule valleys. But it all began with the Pirque winery founded by Melchor Concha y Toro in 1883 on the property of his wife, Emiliana Subercaseaux..*

Here you can see the 1880 vaulted brick cellars (3 halls 13-feet deep with dirt floors) full of French barrels and a family cellar where Don Melchor invented the legend of the "Devil's Storeroom," so no one would touch the bottles. The family lived in the palatial 43,000-square-foot home until 1920, now occasionally used by the Chilean government for diplomatic receptions.

The company, controlled by the Guilisasti-Larraín family since the 1960s, has always been a Chilean leader, as was reconfirmed by the large investments in vineyards and technology made in the 1980s-90s. It entered the New York Stock Exchange in 1994. Two years later it founded the Trivento winery in Mendoza; it is also the mother-winery to Cono Sur *and owns half of* Almaviva.

Concha y Toro's first exports went to the Netherlands in 1933, and today it ships 53 % of its production to more than 100 overseas markets. Goetz Von Gersdorff, technical director for 36 years, is assisted by 24 enologists and renowned winemakers, allowing the creation of such wines as Don Melchor *in 1989 and a number of new high-quality lines. Some 233 acres of prime vineyards, all more than 8 years old, are reserved for super premium wines.*

They receive 30,000 visitors per year for a well-organized tour through the cellars and beautiful old park designed by a French landscape architect. The tour stops at 3 points to taste Chardonnay, Merlot, and Cabernet Sauvignon. They also have a museum room and a large shop.

Marqués de Casa Concha Cabernet Sauvignon 2001 🍇 - Terrunyo Carmenère 2001 🍇
Marqués de Casa Concha Merlot 2001 ★★★★★ - Terrunyo Cabernet Sauvignon 2000 ★★★★★
Don Melchor Cabernet Sauvignon 1999 ★★★★ - Trío Merlot 2001 ★★★★ - Trío Sauvignon Blanc 2002 ★★★

Viña Cousiño-Macul S.A.

Av. Quilín 7100 / Peñalolén / Santiago
Tel.: (02) 2841011
Fax.: (02) 2841509

E-mail: info@cousinomacul.cl
Website: www.cousinomacul.cl
Capacidad: 6,2 millones de litros/*Capacity: 1,638,000 gallons*
Viña: 600 hectáreas/*Vineyards: 1,500 acres*

Cousiño-Macul es la viña familiar más antigua de Chile: hoy la dirigen los hermanos Arturo, Carlos y Emilio Cousiño-Valdez, sexta generación a partir del fundador Matías Cousiño, en 1856 (Cousiño es un apellido que en Chile trasciende lo vitivinícola: a lo largo del siglo XIX fueron empresarios navieros, ferrocarrileros y mineros, e introdujeron la energía hidroeléctrica). El señorío patricio de esta viña se expresa en un parque de 50 hectáreas (de las que 27 son viñedo orgánico) arbolado con encinas centenarias y donde además del casco histórico de la viña, hay una casona habitada por la familia. La parte visitable son las naves y cavas construidas en la segunda mitad del siglo XIX por arquitectos franceses, mientras enólogos franceses plantaban cepas traídas de la Francia pre-filoxérica. Allí guardan barricas y poseen una impresionante enoteca. A contramano que la mayoría, sólo cultivan 5 variedades -Cabernet Sauvignon, Merlot, Chardonnay, Sauvignon Gris y Riesling- de vivero propio que selecciona cepas de la casa, algunas llegadas en 1863: jamás vendieron ni cruzaron sus cepas con nadie.
Poseen nuevas viñas en Buin, Valle del Maipo, con 217 hectáreas a punto de certificarse I.S.O. 14001. La densidad varía de 3.750 a 5.555 plantas por hectárea. El riego por goteo es meticulosamente aplicado a cada cuartel de cada variedad según su necesidad y un programa de *Regulated Deficit Irrigation*. Los racimos compiten hasta el envero y allí el raleo deja sólo a los mejores, apoyados por un metódico deshoje. No tuvimos tiempo de visitar la flamante planta de elaboración de Buin (inaugurada en 2003) que contiene lo más avanzado en tecnología y equipos de Francia, Alemania, Italia y Estados Unidos. El enólogo jefe y gerente de producción es Matías Rivera, acompañado por otros 4 enólogos. La visita a la viña de Macul es gratis pero la degustación es paga. Hay una pequeña y bonita tienda de vinos y accesorios.

Established in 1856, Cousiño-Macul is Chile's oldest family winery, run today by brothers Arturo, Carlos, and Emilio Cousiño-Valdez, 6th generation from founder Matías Cousiño. In Chile, the Cousiño name transcends the wine world; throughout the 19th century they were involved in shipping, railroads, mining, and even introduced hydroelectric energy. The winery's aristocratic nature is expressed in a 125-acre park, including a 67-acre organic vineyard and ancient oaks, the original winery and a mansion, where the family still lives. The visitable part includes the naves and cellars built by French architects in the 19th-century while French enologists planted the varieties they brought from France before the phylloxera crisis. Barrels and an impressive wine collection are stored here.
Contrary to the trend, they only grow 5 varieties- Cabernet Sauvignon, Merlot, Chardonnay, Sauvignon Gris, and Riesling- from their own nursery, where they make selections from varieties that arrived in 1863; they have never sold nor cross-bred their vines with anyone. They have new vineyards in Buin (Maipo Valley), with 542 acres about to be certified ISO 14001. Density varies between 1,500 and 2,222 plants per acre. Drip irrigation is meticulously applied to each parcel according to necessity and a Regulated Deficit Irrigation program. They de-leaf methodically and thin clusters after veraison to select the best fruit. We did not have time to visit the new facility in Buin (inaugurated in 2003), which contains the most advanced technology and equipment from France, Germany, Italy, and the U.S. Chief enologist and production manager Matías Rivera is accompanied by 4 other winemakers. Tours of the Macul winery are free, but there is a charge for tasting. They sell wine and accessories in a small shop on site.

Antiguas Reservas Cabernet Sauvignon 2001 ★★★
Finis Terrae Cabernet Sauvignon 2001 ★★★

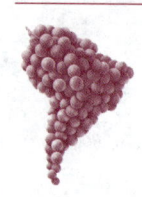

Viña El Principal S.A.

El Principal / Casilla 80 Pirque / Santiago
Tel.: (02) 2429800
Fax.: (02) 2339875

E-mail: vinaep@ctcinternet.cl
Website: www.elprincipal.cl
Capacidad: 0,3 millones de litros/*Capacity: 79,000 gallons*
Viña: 54 hectáreas/*Vineyards: 135 acres*

El Principal es una vieja y hermosa hacienda que ocupa buena parte del valle entre las últimas estribaciones cordilleranas y el cerro El Alto de Nancahua, que domina el Poniente. La viña surgió en 1998 de la asociación entre su propietario Jorge Fontaine Aldunate y Jean-Paul Valette, ex propietario de *Château Pavie* en Saint Émilion, quien falleció en 1999. Su hijo Patrick Valette, enólogo, continúa su tarea.

Los viñedos, plantados desde 1998, rondan los 800 metros de altura (es una de las viñas más altas del Alto Río Maipo) y son todas espalderas de cepas en pie franco, alta densidad y con riego por goteo. Consisten en ambos Cabernet, Merlot y Carmenère. Practican desbrote, una intensa cosecha en verde y deshojes, con riego limitado durante la maduración, época del año en que la amplitud térmica diurna puede llegar a 25° Celsius. Los paños más nuevos ascienden por las laderas pedregosas del valle, expuestas a Poniente. La vegetación autóctona, donde predomina el *quillay*, se reconstituyó ya que protegieron al bosque durante el último cuarto de siglo: es una cubierta vegetal de tipo secano, ya que no llueve más de 600 milímetros al año. La hacienda también alberga un haras de potrancas de polo.

Al estilo del *château* francés, sólo hacen 2 vinos tintos: *El Principal* y *Memorias* (de Jean-Paul Valette), vinos de corte sin composición definida, pues juegan con las valencias anuales del Cabernet, el Carmenère y el Merlot. La bodega es bonita, simple y contenida. La prensa es manual. Tienen 700 barricas todas francesas, donde sucede la fermentación maloláctica. Embotellan toda la producción en una sola operación, con una planta móvil. Exportan el 60 % a mercados de Sudamérica, Estados Unidos y Europa. Reciben visitas a pedido.

El Principal is a beautiful old hacienda that covers a large part of the valley between the last spurs of the Andes and the El Alto de Nancahua Hill that dominates the west. The winery began in 1998 through a partnership between landowner Jorge Fontaine-Aldunate and Jean-Paul Valette, former owner of Château Pavie *in Saint Émilion, and who died in 1999. His son Patrick Vallete, a winemaker, continues in his place.*

The vineyards, planted since 1998, approach 2,600 feet a.s.l. (this is one of the highest vineyards in the Upper Maipo River Valley). All are trained to vertical shoot position, ungrafted, and drip-irrigated. The high-density plantations consist of both Cabernet, Merlot, and Carmenère. They disbud, de-leaf, and thin clusters heavily. Irrigation is limited during ripening, at which time diurnal temperatures can vary as much as 25°C. The newest plots rise up the rocky hillsides and have western exposure. Wild indigenous vegetation, mostly quillay, *has grown back as it was protected over the last 25 years; it is dry, brush-type cover, as it receives no more than 24 inches of rainfall per year. The fundo also breeds polo ponies.*

In the true French château *style, they only make 2 wines, both red:* El Principal *and* Memorias *(in memory of Jean-Paul Valette), made without a pre-defined blend, but considering the qualities of the Cabernet, Carmerère and Merlot from year to year. The winery is pretty, simple, and contained. The press is manual. They have 700 barrels, all French, where the malolactic fermentation takes place. The entire production is bottled in a single operation, employing a mobile plant. They export 60% to South America, the U.S., and Europe. Visitors are received upon request.*

El Principal Cabernet Sauvignon 2000 ★★

Viña Haras de Pirque

Fundo La Rochuela / Casilla nº 247
Correo Pirque / Pirque / Santiago
Tel.: (02) 8547910
Fax.: (02) 8549309

E-mail: conctact@harasdepirque.com
Website: www.harasdepirque.com
Capacidad: 1,5 millones de litros/ *Capacity: 396,000 gallons*
Viña: 145 hectáreas/ *Vineyards: 362 acres*

Haras de Pirque es una de las bodegas más monumentales de América del Sur, un templo dedicado a la elaboración del vino. En el proyecto del arquitecto Jaime Burgos estuvo presente desde el inicio el comitente: "*el diseño viene de un llavero mexicano de plata en forma de herradura que le dí como modelo al arquitecto; él hizo la arquitectura y yo la ingeniería*" dice en perfecto italiano el ingeniero Eduardo Matte Rozas, empresario industrial que de todos modos antes de construir recorrió las mejores bodegas del planeta.

La bodega es una herradura situada en otra herradura, al pie del cerro El Alto de Nancahua. Orientada hacia el norte, domina a sus viñedos de ambos Cabernet, Carmenère, Syrah, Merlot, Chardonnay y Sauvignon Blanc –*patchwork* de colores otoñales espléndidos al tiempo de nuestra visita. Un año antes, el marqués de Antinori visitó la viña y se encantó al punto que hoy está haciendo un supervino en *Haras de Pirque*.

La bodega, a pesar de su forma externa grecorromana, es lineal y funcional: trabaja por gravedad, con un ala de blancos y otra de tintos, donde se escalonan los estadios de la vinificación, de la fermentación al almacenamiento, la crianza y el embotellado. Hay 76 tanques de acero inox de 6 a 22 mil litros termoregulados automáticamente y 8 flamantes cubas *Taransaud* de roble de 22 mil litros. Cuentan además 1.200 barricas francesas. La línea de fraccionamiento está contenida en una atmósfera a presión y embotella toda la producción de una vez. Enólogos son el renombrado Álvaro Espinoza y la joven Carolina Vázquez.

La viña es espaldera con riego por goteo, con rindes de 4 a 8 toneladas por hectárea gracias a poda y 2 raleos para dejar 4 racimos por planta, cosechados y seleccionados a mano.

"*No hay otro lugar en el mundo donde se hagan las dos cosas: vinos finos y caballos purasangre*" dice el ingeniero Matte en referencia a su otra pasión y atractivo de *Haras de Pirque*. Reciben poco turismo a través de agencias.

Haras de Pirque is one of South America's most monumental wineries, a shrine to winemaking. Architect Jaime Burgos was present from start to finish. Engineer Eduardo Matte visited the best wineries on the planet before building. "The design is based on a Mexican silver key ring in the shape of a horseshoe that I gave the architect as a model. He did the architecture; I did the engineering," he says in perfect Italian.

The winery is one horseshoe inside another at the base of the El Alto de Nancahua Hill. The vineyards, planted to both Cabernets, Carmenère, Syrah, Merlot, Chardonnay, and Sauvignon Blanc, were a patchwork of autumn color when we visited. The year before, the Marquis of Antinori visited the winery and was so pleased, that today he makes a super-wine at Haras de Pirque.

Despite its Greco-Roman shape on the outside, the winery is linear and functional on the inside: It works by gravity-flow, with a wing for whites, another for reds, where they stagger the stages of vinification, from fermentation to storage, aging, and bottling. There are 76 stainless steel tanks ranging from 1,600 to 5,800 gallons, with automatic temperature control, 8 new 5,800-gallon Taransaud oak casks, and 1,200 French barrels. They bottle the entire production at once in the pressurized bottling area. Winemakers are the renowned Alvaro Espinoza and young Carolina Vásquez.

The vineyard is vertically positioned with drip irrigation. The vines are pruned, thinned twice, leaving 4 clusters per plant, hand-picked and selected, reaching yields of 1.6-3.2 tons per acre.

"*There's no other place on Earth where they do both things: fine wine and pure-bred horses,*" *says Matte, referring to his other passion. They receive some tourism through travel agencies.*

Equus Cabernet Sauvignon 2001 ★★★★

Haras Character Cabernet Sauvignon 2000 ★★

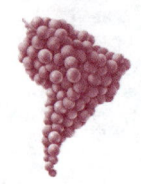

Viña Huelquén

Fundo Cachantún / Huelquén / Paine / Valle del Maipo
Tel./Fax.: (02) 8221264

E-mail: vhuelquen@ia.cl
Website: www.huelquen.com
Capacidad: 3 millones de litros/*Capacity: 792.600 gallons*
Viña: 150 hectáreas/*Vineyards: 375 acres*

La familia Ravenna (que había dejado Varese Ligure en Italia a causa de la guerra) es una de las tantas que sufrió en su tierra el lado violento de la Reforma Agraria en tiempos de Salvador Allende: durante 9 meses el fundo estuvo ocupado y tenía 2 administraciones. Pero el padre de los hermanos Francisco y Mario Ravenna resistió la expropiación y tras otros usos agroganaderos, la tierra comenzó a vides llevar en 1992 cuando Francisco Ravenna plantó las primeras espalderas de Cabernet Sauvignon –especialidad de la casa, que sólo cultiva además un poco de Merlot. Las uvas blancas las compran. Sus rendimientos van de 5 toneladas por hectárea para el *Gran Reserva* hasta 11 en los cuarteles más productivos, sometidos a poda y raleo, además de un manejo sectorizado. "*Si no hacemos nada, obtenemos 25 toneladas por hectáreas. Así que sacamos hasta el racimo que nos mira feo*" dice Francisco Ravenna, vitivinicultor autodidacta que vive en la finca.

Aquí destacan por el manejo orgánico en la viña, certificada por la helvética I.M.O. Vimos muchas viñas orgánicas en Chile, pero sólo aquí una bodega con un sector de *vinificación orgánica* con bombas, mangueras y otros equipos propios. Poseen tanques de acero inox con control de temperatura, de 5 a 100 mil litros de capacidad y 150 barricas francesas.

Viñateros antes que bodegueros, venden el 70 % de sus uvas premium a *Concha y Toro* y *Valdivieso*. Pero desde 1995 cuentan con una funcional, aunque no bella, planta de elaboración desarrollada con socios y la consultoría del reconocido Mario Geisse (ver *Cave de Amadeu*, Brasil) donde vinifican para terceros y para su propia línea de vinos, marca Huelkén.

"*Mi objetivo es tener una bodega sólo nuestra, de 0,4 millones de litros, para hacer vinos finos*" nos explicó Francisco Ravenna en lo alto de una lomada en el terreno, donde proyectan construir. Exportan el 50 % de la producción, también a granel, a Perú, Brasil, Costa Rica, Suiza y Estados Unidos.

The Ravenna family (who left their Varese Ligure in Italy because of the wars) is one of the many families who suffered the violent side of Salvador Allende's Agrarian Reform; their fundo *was occupied for 9 months and managed by 2 different groups, but Francisco and Mario Ravenna's father resisted expropriation. In 1992, after other agricultural and cattle-herding endeavors, Francisco planted vertically-trained Cabernet Sauvignon –the house specialty. They grow some Merlot, but buy white grapes. The yields range from 2 tons per acre for the* Gran Reserva *to 4.4 in the more productive parcels, subject to pruning, thinning, and plot management. "If we do nothing, we get 10 tons per acre, so we get rid any bunch that even looks at us the wrong way," says Francisco Ravenna, the self-taught winegrower and winemaker who lives on the* fundo.

Organic management, certified by the Swiss I.M.O, is outstanding here. We saw many organic vineyards in Chile, but this is the only winery with a separate sector for organic vinification, equipped with its own pumps, hoses, and other equipment. They have temperature-controlled stainless steel tanks, 1,300-26,400 gallons in capacity, and 150 French barrels.

Winegrowers more than winemakers, they sell 70% of their premium grapes to Concha y Toro *and* Valdivieso, *but they've had their own functional, though unattractive, production plant since 1995, developed by their partners and well-known consultant Mario Geisse (see* Cave de Amadeu, Brazil) *They make wine for third parties and for their own line,* Huelkén.

"*My goal is to have our very own 100,000-gallon winery for making fine wines," explains Francisco Ravenna, at the top of the hill where they plan to build. They export 50% of their production, plus bulk wine, to Peru, Brazil, Costa Rica, Switzerland and the US.*

Huelkén Chardonnay 2000 ★★★★ - Huelkén Reserva Merlot 2001 ★★

Huelkén Reserva Cabernet Sauvignon 2001 ★★ - Huelkén Merlot 2001 ★★

Huelkén Cabernet Sauvignon 2001 ★★

VIÑA PÉREZ CRUZ

Fundo Liguai de Huelquén / Paine
Tel.: (02) 8242405
Fax.: (02) 8241924

E-mail: wines@perezcruz.com
Website: www.perezcruz.com
Capacidad: 1,4 millones de litros/*Capacity: 369,900 gallons*
Viña: 150 hectáreas/*Vineyards: 375 acres*

Con una acomodada posición y tradición empresarial detrás pero sin experiencia vitivinícola, la familia Pérez Cruz -madre y 11 hermanos, de los que varios están involucrados en la viña- comenzó a plantar vides en el fundo familiar en 1994. Sólo cepas tintas, en un 80 % Cabernet Sauvignon y el resto Syrah, Malbec, Carmenère, Merlot y Petit Verdot. Hasta el año 2001 vendieron sus uvas. Con la cosecha siguiente comenzaron a vinificar en su espléndida y flamante bodega de 6 mil metros cuadrados. Ésta es una de las construcciones de madera laminada más singulares del Continente (proyecto del arquitecto José Cruz Ovalle que diseñó el famoso *stand* de Chile para la *ExpoSevilla '92*): una maravilla es la bóveda de cañón corrido de madera, de 12,4 metros de altura, en la sala de crianza. La bodega de vinos está rodeada por un parque de especies autóctonas que aun está en crecimiento.

Los viñedos, rodeados de largas pircas de piedra, fueron implantados en suelos aluvionales pedregosos y pobres de materia orgánica, con riego de vertiente propia por goteo y a la californiana. Obtienen de 3,5 a 8 toneladas por hectárea aplicando poda, deshoje y raleo.

La bodega, que se divide en 3 naves lineales de fermentación, guarda y embotellado, trabaja por gravedad en los vinos premium, posee prensa pneumática, lagar y cinta de selección móviles y capacidades en acero inoxidable con control de temperatura de 5 a 40 mil litros. Usan 800 barricas al 60 % francesas y 40 % americanas, pero hay espacio para 3 veces más. Germán Lyon es el enólogo residente y su consultor es Álvaro Espinoza. Dice Lyon "*como estilo buscamos vinos concentrados, de mucha madurez, de alta graduación alcohólica, vinos grasos de estilo Mediterráneo tipo Châteauneuf du Pape*".

Recién han comenzado, pero apuntan exportar el 95 % de la producción. Reciben visitas con arreglos previos.

With a long history in business, yet new to the wine world, the well-to-do Pérez-Cruz family -mother and 11 sons, some of whom work at the winery- began to plant vines in their fundo in 1994. The vineyard has only black grapes, 80% Cabernet Sauvignon, the rest, Syrah, Malbec, Carmenère, Merlot, and Petit Verdot, which they sold until 2001. The following year, they made wine in their impressive, brand new 64,580-square-foot winery. It is one of most unique buildings made of laminated wood in South America (by architect José Cruz Ovalle, who designed Chile's famous stand at ExpoSevilla '92); one of its many wonders is the barrel room, with its 41-foot high, wood-lined vaulted archways. The winery is surrounded by a park with native species.

Enclosed by a large stone fence, the vineyards are planted in rocky, alluvial soil with little organic matter. They use spring-fed drip and California-style pipe-fed furrow irrigation. Yields are 1.4-3.2 tons per acre after pruning, leaf removal, and thinning.

The winery is divided into 3 linear sections for fermentation, aging, and bottling. Gravity flow processes are used in their premium wines. They have a pneumatic press, a mobile hopper and selection belt, and 1,320-10,560-gallon stainless steel tanks with temperature control. Wines are aged in 800 barrels, 60% French and 40% American, and there is room for 3 times that amount. Germán Lyon is the on-site winemaker, and Álvaro Espinoza consults. "We want ripe, concentrated wines with high alcohol; fat, Mediterranean-style wines like Châteauneuf-du-Pape," says Lyon.

They've just begun, but plan to export 95% of the production. They receive visitors with appointments.

Pérez Cruz Reserva Corte 2002 ★★★★★ - *Pérez Cruz Reserva Cabernet Sauvignon 2002* ★★★★

Liguai Cabernet Sauvignon-Carmenère-Syrah 2002 ★★★★ - *Pérez Cruz Reserva Syrah 2002* ★★★

Pérez Cruz Reserva Carmenère 2002 ★★★

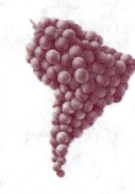

VIÑA PORTAL DEL ALTO

Camino El Arpa 119 / Alto Jagüel / Buin
Tel.: (02) 8219178
Fax.: (02) 8213363

E-mail: vinos@portaldelalto.cl
Website: www.portaldelalto.cl
Capacidad: 1,1 millones de litros/*Capacity: 290,600 gallons*
Viña: 160 hectáreas/*Vineyards: 400 acres*

Su fundador y propietario Alejandro Hernández es "el padre de la enología chilena", con más de 40 años en la docencia. Entre 1994 y 1998, fue el primer presidente no europeo de la O.I.V. (*Organización Internacional de la Viña y el Vino*). Y desde 1971 es también un productor destacado, hoy junto a sus hijos: Rodrigo, en la gerencia financiera y Alejandro, en la gerencia técnica.

Portal del Alto consiste en 2 bodegas y 4 fincas: "*planté las mismas variedades en 4 lugares distintos y los vinos son distintos*" dice Alejandro Hernández, quien agrega "*yo empecé a hablar de terroir en Chile*". La bodega de Buin, donde reciben las visitas y realizan ventas y despacho, tiene una sala de 150 barricas ("*usamos un mix de francesas y americanas*"). La otra bodega, en San Fernando, alberga 300 barricas, cubas de madera de raulí de 23 mil litros y tanques de acero inox. Hay además piletas de almacenamiento en cemento/epoxy.

Su viña es toda espaldera, con riego californiano y por surco. En Alto Jahuel poseen 6 hectáreas de Cabernet Sauvignon. En San Fernando, Valle de Colchagua, hay otras 5 hectáreas junto a la segunda bodega de la casa con Chardonnay y Pinot Noir. Luego tienen 16 hectáreas de Cabernet Sauvignon, Merlot, Chardonnay y Sauvignon Blanc en San Juan de Pirque (Valle del Maipo) y finalmente 130 hectáreas en Retiro, Valle del Maule, con las variedades anteriores más Carmenère, Verdot, Syrah, Sauvignon Gris y Moscatel. Las cepas más añosas datan de 1985. Compran algo de uva a terceros.

Con las bodegas españolas *Matarromera* han lanzado la marca premium *Terravid*. Exportan el 60 % de la producción a Norte y Sudamérica, Europa y Asia. Un aspecto fuerte de *Portal del Alto* es la venta directa, que absorbe el 60 % de la producción destinada al mercado interno, de la cual la mayor parte se vende a domicilio y el resto en la bodega. También venden en supermercados y restaurantes. Reciben visitas con gusto.

Portal del Alto's *founder and owner is Alejandro Hernández, the "father of Chilean winemaking", with over 40 years in academia. Between 1994 and 1998, he was the first non-European President of the O.I.V. (Office International de la Vigne et du Vin), and has been a distinguished producer since 1971, along with sons Rodrigo (Finance Manager) and Alejandro (Technical Manager).*

They have 2 wineries and 4 fundos. "I planted the same varieties in 4 different places and got different wines," says Alejandro Hernández, adding, "I began the talk about terroir in Chile." The Buin winery, where they receive visitors and handle sales and dispatches, has a barrel room with 150 barrels ("we mix French and American"). Their San Fernando winery houses another 300 barrels, 6,100-gallon raulí vats, and stainless steel tanks. They also have cement/epoxy tanks for storage.

The vineyard is vertically positioned, with pipe-fed, California-style and standard furrow-irrigation. In Alto Jahuel, they have 15 acres of Cabernet Sauvignon, and 12 acres of Chardonnay and Pinot Noir in San Fernando (Colchagua) next to the winery. In San Juan de Pirque (Maipo Valley), they have 40 acres of Cabernet Sauvignon, Merlot, Chardonnay, and Sauvignon Blanc, adding to the list, Carmenère, Verdot, Syrah, Sauvignon Gris, and Moscatel at their 325-acre fundo in Retiro (Maule Valley). The oldest vines date to 1985. Some of their grapes are bought.

With the Spanish Matarromera *wineries, they launched the premium brand* Terravid. *Exports add to 60% of their production and sold to North and South America, Europe, and Asia. Direct sales, at the winery and home-delivered, are strong, making up 60% of their total domestic sales. They also sell in supermarkets and restaurants. Visitors are happily welcomed.*

Terravid Carmenère 2001 ★★★★ - Portal Reserva Carmenère 2002 ★★★

Portal del Alto Reserva Cabernet Sauvignon 1999 ★★★

Terravid Premium Cabernet Sauvignon 2001 ★★★ - Terravid Cabernet Sauvignon 2001 ★★

Toda la *Información* sobre vinos *chilenos*

www.chilevinos.com

Deja el color en tu pelo, no en tu ropa.

La hidratación de Dove crea una película que logra que tu pelo teñido pierda menos color con cada lavado y mantenga el brillo por más tiempo.

La mejor Carta de Vinos en Chile

Hotel Plaza San Francisco le invita a probar lo mejor de Chile.

Disfrute de nuestra inigualable carta de vinos, una delicada muestra de sabores y aromas que rescata la pureza de nuestros valles, con sus más finas cepas.

La cocina más premiada de los últimos diez años y toda una tradición de excelencia en servicio, le dan la cálida bienvenida al más moderno 5 estrellas del Centro de Santiago.

HOTEL PLAZA SAN FRANCISCO®
Santiago de Chile

REVISTA WIKEN, EL MERCURIO • JUNIO 2002 Y JULIO 2003

Alameda 816 • TEL: (56-2) 639 3832 • hotel@plazasanfrancisco.cl

www.plazasanfrancisco.cl

EXPOVINHOCHILE

3º edición Expovinho 2004
Feria de vinhos chilenos en Brasil

Para mayor información e Inscripciones contáctenos en:
inscripciones@chilevinos.com

Viña Santa Carolina S.A.

Til Til 2228 / Macul / Santiago de Chile
Tel.: (02) 4503000
Fax.: (02) 2380307

E-mail: korsini@santacarolina.cl
Website: www.santacarolina.com
Capacidad: 30 millones de litros/*Capacity: 7,926,000 gallons*
Viña: 650 hectáreas/*Vineyards: 1,625 acres*

La casa central y bodega de vinos de *Santa Carolina* está a 6 kilómetros de la Plaza de Armas de Santiago, que la englobó en su tejido urbano y devoró sus 200 hectáreas de viñedo, cosechadas por última vez en 1962 cuando quedaban sólo 20 hectáreas. Hoy vinifican en 3 plantas en Maule, Colchagua y Casablanca. Además de su viña propia en los principales valles de Chile, *Santa Carolina* cuenta con mil hectáreas bajo cultivo de terceros con contratos a largo plazo. En Colchagua tienen cepas de 90 años de edad. Tienen viñas de Cabernet Sauvignon, Merlot, Carmenère, Malbec, Syrah, Pinot Noir, Chardonnay, Sauvignon Blanc, Gewürztraminer, Viognier, Chenin y Semillon. Todo, selección clonal de material propio, a pie franco y en espaldera, en mayor parte con riego por goteo. De los cuarteles de vinos finos sacan de 4 a 6 toneladas de uva por hectárea y el doble para vinos normales, pues como todas las grandes viñas chilenas, elaboran también vinos populares en envase de cartón. La casa fundacional (Monumento Nacional) fue construida entre 1877 y 1898: conserva 7 admirables naves subterráneas de bóveda de ladrillo donde guardan barricas (de las que poseen unas 4 mil, mayoría francesas, de 2 ó 3 usos, con 1 enólogo a cargo de ellas). Hay un llamativo contraste entre la antigua tonelería y los tanques de acero inox y cubas de cemento para estabilización.

El fundador de la firma fue Luis Pereira Cotapos, hacendado y empresario minero cuya mujer, Carolina Iñiguez, inspiró el nombre de la viña. Desde 1974 la empresa pertenece a la familia Larraín, dueños de un grupo de producción agroalimentaria que incluye derivados de fruta, oleaginosas y lácteos. *Santa Carolina* es la viña madre de otras 2 viñas, *Casablanca* y *Ochagavia*. Enóloga es Consuelo Marín, con 15 años en la casa. Para adaptar su estilo de vinos a los mercados externos tuvieron consultorías de enólogos australianos y franceses. Exportan el 75 % de la producción a Norteamérica, Europa y Japón.

Santa Carolina's central office and winery are 4 miles from midtown Santiago, the city that engulfed and devoured 500 acres of its vineyards, which were harvested for the last time in 1962 when only 50 acres remained. Now they make wine in their Maule, Colchagua, and Casablanca plants.

Besides its own vineyards in Chile's major valleys, Santa Carolina relies on 2,500 acres from grape producers with long-term contracts. In Colchagua, they have 90-year-old vines. They have Cabernet Sauvignon, Merlot, Carmenère, Malbec, Syrah, Pinot Noir, Chardonnay, Sauvignon Blanc, Gewürztraminer, Viognier, Chenin, and Semillon. They reproduce their own clones, plant without grafts, train vines vertically, and use mostly drip-irrigation. The best parcels yield 1.6 to 2.4 tons per acre for fine wines, twice that for the inexpensive box wines that they (and most large Chilean wineries) make.

The founder's home (a National Monument) was built between 1877 and 1898 with 7 underground cellars with vaulted brick chambers for their 4,000 barrels (mostly French, used 2-3 times, with a winemaker dedicated just to them). There is a stark contrast between the old barrel cellar and the stainless steel and cement stabilization tanks.

Mining magnate Luis Pereira founded the winery, named after his wife Carolina Iñiguez. Since 1974, the company has been in the hands of the Larraín family, who also own an agro-alimentary group that produces fruit derivatives, oils, and dairy products. Santa Carolina is the mother company for 2 other wineries, Casablanca and Ochagavia. Winemaker Consuelo Marín has been with the company for 15 years. To help adapt to external markets, they've had technical assistance from French and Australian winemakers. They export 75% of the production to North America, Europe, and Japan.

Neblus Cabernet Sauvignon 2000 ★★★★★ - *Barrica Selection Chardonnay 2001* ★★★★

Barrica Selection Syrah 2001 ★★★ - *Santa Carolina Reserva de Familia Cabernet Sauvignon 2000* ★★★

Casablanca Merlot 2001 ★★★ - *Ochagavia Reserva Cabernet Sauvignon 2001* ★★★ - *Casablanca Carmenère 2001* ★★★

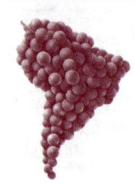

VIÑA SANTA INÉS

Manuel Rodríguez 229 / Casilla 47 / Isla de Maipo
Tel.: (02) 8192959
Fax.: (02) 8192986

E-mail: office@demartino.cl
Website: www.demartino.cl
Capacidad: 8 millones de litros/*Capacity: 2,114,000 gallons*
Viña: 300 hectáreas/*Vineyards: 750 acres*

Otra de las muchas viñas y bodegas de las Américas fundadas por un italiano: Pietro De Martino Pasqualone, vitivinicultor de Vignanello, Lazio, quien se estableció en este lugar en 1934. Es una empresa familiar hoy guiada por sus nietos Pietro (gerente general), Marco (finanzas) y Remo (producción).

Los viñedos están en Isla de Maipo, en suelos arenosos-pedregosos de un viejo cauce del Maipo. A pie franco, son espalderas con riego por goteo y parrones de uvas blancas, con riego por manga. Cultivan Cabernet Sauvignon, Carmenère, Merlot, Malbec, Sangiovese, Sauvignon Blanc, Chardonnay y Semillon (destinado a cosecha tardía). Las cepas más viejas tienen 40 años y las más nuevas, 1. Tras poda, desbrote y raleo, los rendimientos oscilan entre 5 toneladas para los reserva hasta 15 toneladas para los blancos varietales, siempre por hectárea. Toda la viña tiene certificación orgánica alemana: la uva es orgánica y algunos vinos también. Además compran uva desde el Valle de Casablanca hasta el Maule a productores con contratos a largo plazo. En viña hicieron un "mapeo de vigor" identificando cada planta según 4 niveles, que transforman en una planilla de colores que permite cosechar y vinificar por separado. También cosechan por separado cepas viejas y nuevas.

La bodega, además de piletas de cemento/epoxy para almacenamiento y mezclas, cuenta con 3 prensas *Della Toffola*, filtro de vacío y tanques de acero inox de 10 a 60 mil litros con chaquetas térmicas. Ponen un empeño singular en sus blancos: prensado con racimo, maceración pelicular con enfriado previo, decantación estática con frío, y fermentaciones largas "a la neozelandesa" con gases a 11° Celsius: "*el blanco es mucho más trabajo que el tinto: debería ser más caro*" dice Felipe Müller, segundo enólogo de Santa Inés. Tienen 3 mil barricas al 80 % francesas ("*estamos alejándonos de la barrica americana salvo para el Syrah*"). Reciben con gusto visitas y poseen una buena tienda y sala de degustación.

Yet another of America's vineyards and wineries founded by Italians: Pietro De Martino, winegrower from Vignanello, Lazio, settled here in 1934. The family business is now run by his grandchildren, Pietro (General Manager), Marco (Finance), and Remo (Production).

The vineyards are located in Isla de Maipo, with sandy, rocky soil from an old Maipo riverbed. They grow Cabernet Sauvignon, Carmenère, Merlot, Malbec, Sangiovese, Sauvignon Blanc, Chardonnay, and Semillon (for their late harvest). The oldest vines are 40 years old and the youngest, 1 year. After pruning, disbudding, and thinning, the yields vary between 2 tons per acre for reserves to 6 tons per acre for varietal whites. The vineyard is organically certified in Germany: the grapes and some wines are organic, and, with less sulfur dioxide, tend to be shorter-lived. They also buy grapes from Casablanca Valley to Maule, from growers with long-term contracts. They've mapped vine vigor in the vineyard to classify each plant according to 4 levels and created a color-coded spreadsheet that allows them to harvest and vinify by groups. They also harvest old and new vines separately.

In addition to cement/epoxy tanks for storage and blending, the winery has 3 Della Toffola presses, a vacuum filter, and 2,600-15,900-gallon tanks with thermal jackets. They make a special effort with their whites: whole-cluster pressing, cold maceration with skins; cold, static decantation; and long, 52° F "New Zealand-style" reductive fermentations with nitrogen gas: "white wine is more work than red; it should be more expensive" says Felipe Müller, Santa Ines' 2nd winemaker. They have 3,000 barrels, 80% French ("we are steering away from using American barrels, except for the Syrah"). They happily receive visitors and have a good shop and tasting room.

Santa Inés Reserva Syrah 2001 - *Legado de Armida Reserva Cabernet Sauvignon 2001*

Legado de Armida Reserva Malbec 2002 ★★★★ - *Santa Inés Reserva Carmenère 1999* ★★★

Legado de Armida Reserva Carmenère 2001 ★★★ - *Legado de Armida Sauvignon Blanc 2002* ★★★

VIÑA SANTA RITA

Camino Padre Hurtado 695 / Alto Jagüel / Buin / Santiago
Tel.: (02) 3622000
Fax.: (02) 2062842

E-mail: info@santarita.cl
Website: www.santarita.com
Capacidad: 57 millones de litros/*Capacity: 15,059,400 gallons*
Viña: 2.057 hectáreas/*Vineyards: 5,081 acres*

Viña Santa Rita nació en 1880 por mano del hacendado y banquero Domingo Fernández Concha y, desde su muerte hasta 1970, perteneció a la familia de su yerno. Durante los 3 años de gobierno socialista de Salvador Allende, los obreros y empleados tuvieron el 50 % de las acciones. En 1980 la compró Ricardo Claro Valdés, propietario de una empresa naviera, medios de comunicación y las *Cristalerías de Chile*. Desde entonces hubo una considerable inversión que puso a *Santa Rita* en el pelotón de vanguardia de las grandes viñas chilenas. En la bodega de Buin (hay otras 3) se mezclan la tradición en la arquitectura y la modernidad en el equipamiento. Cuatro prensas pneumáticas, 250 tanques de acero inox (de 20 a 60 mil litros con control de temperatura automático) y una planta de embotellado acorde a la magnitud del todo, se superponen a cavas, muros, techos y toneles de raulí (más que centenarios), con piletas de cemento/epoxy de 60 mil litros. Aquí tienen unas 5 mil barricas (60 % roble americano y 40 % francés) donde crían el Cabernet Sauvignon, y fermentan y crían el Chardonnay, con la dirección de los enólogos Andrés Ilabaca y Cecilia Torres. Los vinos *Santa Rita* se exportan a más de 50 países de las Américas, Europa y Asia. Los viñedos se extienden por los valles de Casablanca, Maipo, Rapel y Maule. La mitad de la superficie es Cabernet Sauvignon (más de mil hectáreas, 2/3 en Maipo). En orden decreciente de superficie cultivan Merlot, Chardonnay, Sauvignon Blanc, Carmenère y Cabernet Franc, y cantidades menores de otra decena de cepas.

Las joyas de la viña son la casona patronal (donde funciona un hotel de 16 habitaciones tan V.I.P. que no nos dejaron verlo) y la capilla (regalo del fundador para el matrimonio de una de sus hijas), construidas en 1885 con diseño de un arquitecto francés. Las cavas subterráneas "a cal y canto" datan de 1875, y el frondoso parque de 40 hectáreas fue hecho en 1882 por un paisajista francés. En la bodega funciona un restaurant frecuentado por el turismo enológico en Maipo, que aquí tiene una de sus rocafuertes.

Viña Santa Rita was founded in 1880 by banker/landowner Domingo Fernández, and after his death, stayed in his son-in-law's family until 1970. During the 3 years of Salvador Allende's Socialist government, workers and employees owned 50% of the company stock. Ricardo Claro, who also owns a shipping company, communications media, and the glass company Cristalerías de Chile, *bought the company in 1980 and invested heavily, effectively placing* Santa Rita *among the avant-garde group of major Chilean wineries. The Buin winery (1 of 4), blends traditional architecture with modern equipment. They have 4 pneumatic presses, 250 automatic temperature-controlled stainless steel tanks (5,300-15,900 gallons), 15,900-gallon cement/epoxy tanks, a bottling line proportional to the winery's size, and cellars, walls, roofs, and raulí casks over a century old,. They have 5,000 barrels (60% American, 40% French) to age Cabernet Sauvignon and ferment and age Chardonnay, under the direction of winemakers Andrés Ilabaca and Cecilia Torres. Santa Rita exports to over 50 countries in the Americas, Europe, and Asia. The vineyards span the Casablanca, Maipo, Rapel, and Maule Valleys. In surface area, half is dedicated to Cabernet Sauvignon (over 2,500 acres, 2/3 in Maipo) and, in descending order, they grow Merlot, Chardonnay, Sauvignon Blanc, Carmenère, and Cabernet Franc, plus small quantities of over a dozen others.*

Treasures include the manor house (where they have a 16-room hotel, so V.I.P. that we couldn't even look) and chapel (founder's wedding gift to one of his daughters), designed by a French architect and built in 1885. The limestone cellars, now a National Monument date to 1875, and the 73-acre park was designed by a French landscape designer. A stronghold for wine tourism in Maipo, Santa Rita has a restaurant for visitors.

Casa Real Cabernet Sauvignon 1999 - *Floresta Cabernet Sauvignon 1999*

Floresta Syrah-Merlot-Cabernet Sauvignon 1999 ★★★★ - *Medalla Real Cabernet Sauvignon 2000* ★★★★

Santa Rita - Floresta Sauvignon Blanc 2002 ★★

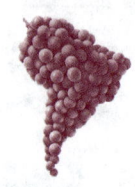

Viña Tarapacá

Los Conquistadores 1700, 15° piso / Providencia / Santiago
Tel.: (02) 7076200
Fax.: (02) 2315072

E-mail: ventas@tarapaca.cl
Website: www.tarapaca.cl
Capacidad: 15 millones de litros/*Capacity: 3,963,000 gallons*
Viña: 600 hectáreas/*Vineyards: 1,500 acres*

Viña Tarapacá fue la más difícil de todas la viñas chilenas que no logramos conocer personalmente, pese a que lo intentamos con asiduidad. No deja de ser curioso que la vendimia, que aquí complicaba tanto nuestra visita, no fue ninguna complicación en la enorme mayoría de las viñas que visitamos. En todo caso, esperamos tener ocasión de visitarla para nuestra próxima edición.

La historia de la marca merece ser contada, pues es la más curiosa de todas las viñas de un país tan formal y católico como es Chile. Fundada en 1874 por Francisco de Rojas y Salamanca, en la década de 1920 pasó a ser propiedad del señor Antonio Zavala quien divorció de su señora esposa y, siendo la viña un bien ganancial, la marca *Zavala* quedó para él y la viña para ella, quien tuvo como abogado al futuro presidente Arturo Alessandri, apodado "El León de Tarapacá". La señora quedó tan satisfecha con sus servicios que llamó a sus vinos *Tarapacá Ex Zavala*. Luego a lo largo de las décadas siguientes la viña pasó por varios dueños hasta que en 1992 la compró la *Compañía Chilena de Fósforos* de Carlos Cardoen quien animó su renacimiento desde un mínimo histórico hasta convertirla en una de las viñas líderes. Pero en junio de 2003 Carlos Cardoen se desligó de la empresa.

Poseen viñedos en los valles de Maipo y Casablanca, cultivados con ambos Cabernet, Syrah, Merlot, Malbec, Mourvèdre, Petit Verdot, Chardonnay, Sauvignon Blanc y Semillon.

Exportan el 80 % de la producción.

Viña Tarapacá was the most difficult of all the Chilean vineyards that we were unable to visit personally, although we did make every attempt. It's curious that the harvest, which complicated our visit here, did not present a problem in the vast majority of the wineries that we did visit. In any event, we hope to have the opportunity to visit it for our next edition.

The story behind the label deserves to be told, as it's one of the most curious of all the wineries of a country as formal and Catholic as Chile. It was founded in 1874 by Francisco de Rojas y Salamanca, and in the 1920's it became the property of Sr. Antonio Zavala, who separated from his wife. Since the winery was a financial asset, the brand name Zavala remained in his hands and the winery in hers. Her attorney in the matter was future president of Chile, Arturo Alessandri, nicknamed "El León de Tarapacá", and she was so content with his services that she decided to name the winery after him: Tarapacá Ex Zavala. *Over the course of the following decades, the winery changed hands several times until 1992, when it was purchased by Carlos Cardoen's* Compañía Chilena de Fósforos *who revived it from a minor historical player to one of Chile's leading wineries. Carlos Cardoen left the company in 2003.*

With vineyards in the Maipo and Casablanca Valleys and grow both Cabernets, Syrah, Merlot, Malbec, Mourvèdre, Petit Verdot, Chardonnay, Sauvignon Blanc, and Semillon.

They export 80% of the production.

Tarapacá Reserva Chardonnay 2001 ★★★★ - *Tarapacá Gran Reserva Carmenère 2002* ★★★★

Tarapacá Gran Reserva Merlot 2001 ★★★ - *Leon de Tarapacá Carmenère 2002* ★★★

Gran Tarapacá Reserva Cabernet Sauvignon 2000 ★★★ - *Leon de Tarapacá Cabernet Sauvignon 2002* ★★

VIÑA TERRAMATER

Fundo Caperana / Av. Balmaceda 4900 /
Isla de Maipo / Santiago
Tel.: (02) 2331311
Fax.: (02) 2316391

E-mail: terramater@terramater.cl
Website: www.terramater.cl
Capacidad: 10 millones de litros/*Capacity: 2,642,000 gallons*
Viña: 470 hectáreas/*Vineyards: 1,175 acres*

Esta viña también desciende de José Canepa (ver *Viña Canepa*) pero por el lado de sus hermanas Gilda, Antonieta y Edda, que la establecieron en 1997 en tierras de la herencia familiar que ya producían aceite de oliva y frutas. Sus viñedos suman 300 hectáreas en Isla de Maipo, 80 en el Valle de Curicó (donde tienen cepas de 60 años) y 90 en San Clemente. Las variedades son Cabernet Sauvignon, Merlot, Carmenère, Zinfandel, Syrah y Sangiovese, regadas por surco y goteo. Todo es espaldera menos el Sauvignon Blanc, en parrón.

La bodega de Fundo Caperana, en su parte terminada (edificio de embotellado y guarda) es un elegante y funcional diseño del arquitecto Guillermo Hevia. Falta techar el sector de los tanques de vinificación y almacenaje, que son de acero inox de 50 a 100 mil litros, con control de temperatura. Hay también vasijas de cemento/epoxy y un gran galpón con fudres y cubas de *raulí*. En Curicó poseen una segunda bodega de 4 millones de litros de capacidad. Cuentan con unas 1.100 barricas, 70 % francesas y 30 % de Estados Unidos.

Los viñedos de Fundo Caperana se extienden al pie del cerro Lonquén, en suelos pedregosos que son un viejo lecho del río Maipo. En el Zinfandel obtienen de 8 a 10 toneladas por hectárea. Sin un manejo estrictamente orgánico, emplean la menor cantidad posible de agroquímicos y producen su propio *compost*. Aquí cultivan además nueces, peras, naranjas y damascos. Tienen una planta de depuración de aguas servidas que reutilizan para riego. No saben de heladas ni de granizo, pero en los viñedos de Curicó hay calefactores y ventiladores contra la helada.

Conscientes de que son una viña joven y que "*los otros tienen 15 años de ventaja sobre nosotros*", dice el enólogo Cristian Vallejo, "*desarrollamos cepas menos conocidas como el Zinfandel, hacemos vinos inusuales*". Exportan el 95 % de la producción al Reino Unido, Alemania y Estados Unidos. No están organizados para recibir turismo.

Another descendant of José Canepa (see Viña Canepa*), this winery was founded in 1997 by sisters Gilda, Antonieta, and Edda, who inherited land where olive oil and fruit were produced. They have 750 acres in Isla de Maipo, 200 in Curicó Valley (with 60-year-old vines), and 225 in San Clemente. Grape varieties include Cabernet Sauvignon, Merlot, Carmenère, Zinfandel, Syrah, and Sangiovese. They use furrow and drip irrigation, and the vines are vertically trained, except for Sauvignon Blanc, on pergolas.*

The completed portion of the Fundo Caperana (bottling and aging) has an elegant, functional design by architect Guillermo Hevia. There is still no roof over the vinification and storage sector that contains 13,000-26,000-gallon, temperature-controlled stainless steel tanks. There are also cement/epoxy vessels and a large outbuilding with foudres and raulí casks. There's a 2nd winery in Curicó that holds 1,057,000 gallons. They have some 1,100 barrels, 70% French and 30% American.

The Fundo Caperana vineyards extend to the foot of Lonquén Hill, in the rocky soils of an old Maipo riverbed. The Zinfandel yields 3.2-4 tons per acre. Although not strictly organic, they use as few agrochemicals as possible and make their own compost. Here, they also have nuts, pears, oranges, and apricots. They have treatment plant for waste water that is reused for irrigation. They haven't had frost or hail problems, but the Curicó vineyards are frost-protected with heaters and ventilators.

They are aware that as a young winery, that "the others have a 15-year advantage over us," says winemaker Cristian Vallejo, "we grow lesser-known varieties like Zinfandel, and make unusual wines." They export 95% to the U.K., Germany, and US. They are not organized for tourism.

Terramater Reserva Syrah 2001 🍇 - Terramater Reserva Cabernet Sauvignon 2000 ★★★★

Terramater Cabernet Sauvignon 2001 ★★★ - Terramater Cabernet Sauvignon-Carmenère 2000 ★★★

Terramater Reserva Chardonnay 2001 ★★★ - Altum Merlot 1999 ★★★ - Terramater Reserva Merlot 2000 ★★★

VIÑA UNDURRAGA

Camino Melipilla, km 34 / Talagante
Tel.: (02) 3722900
Fax.: (02) 3722901

E-mail: info@undurraga.cl
Website: www.undurraga.cl
Capacidad: 15 millones de litros/*Capacity: 3,963,000 gallons*
Viña: 1.000 hectáreas/*Vineyards: 2,500 acres*

Undurraga es otro apellido del *Gotha* de la vitivinicultura chilena: Francisco Undurraga Vicuña estableció la viña en 1885, y hoy las cuarta y quinta generaciones familiares siguen adelante con ella: Alfonso Undurraga en la gerencia general, Max Undurraga en administración y finanzas, y Alfonso Undurraga (h) en la gerencia comercial. Es la quinta viña de Chile en exportaciones y mercado interno.

La planta fundacional de Talagante fue modernizada hace una década con una inversión de 45 millones de dólares. Cuentan con tanques italianos de acero inox de 20 a 50 mil litros con chaquetas de control de temperatura automatizadas. Los Reserva se vinifican en un sector separado de tanques más pequeños. Quedan piletas de cemento ya casi fuera de uso. Las barricas, en mayoría de encina francesa, suman 4 mil y están guardadas en los sótanos de la bodega vieja, con piso de tierra. Enólogo jefe es Hernán Amenábar y consultor, el ubicuo Alvaro Espinoza que aquí también impulsó el proyecto de producción orgánica.

En la sala de degustación puede verse un premio de la Expo Internacional Agrícola de la Sociedad Rural Argentina por su "*Vino del Rhin 1910*". También puede verse que muchos nobles y notables pasaron por este sitio a través de las décadas. Según nos explicó su gerente, Arturo Larraín, hasta 1985 la consigna *Undurraga* era simplemente "tradición", pero desde entonces se modificó en "tradición y tecnología".

Undurraga fue pionera de la exportación de vinos chilenos y acaso sudamericanos, con un embarque a Estados Unidos en 1903. Exportan el 60 % de la producción a 60 países, donde más de la mitad es Europa. La bodega de Talagante, que se distingue a la entrada por una réplica gigante de la característica caramañola de la casa, cuenta con un hermoso parque hecho por un paisajista francés a fines del XIX, pero la casona familiar de época se la llevaron los sismos. Quedan sí buena parte de la vieja bodega y 140 hectáreas de viñas de más de 35 años, y poseen otros 3 fundos en Maipo y Colchagua. Reciben 25 mil turistas al año.

Undurraga is another big name in the Chilean wine world, ranking 5th in Chilean export and domestic wine sales. Francisco Undurraga founded the winery in 1885, and today the 4th and 5th generations continue to move it forward: Alfonso Undurraga as General Manager, Max Undurraga in Administration and Finance, and Alfonso Undurraga (Jr.) in Commercial Management.

The original plant in Talagante was modernized 10 years ago with a $45,000,000 USD investment. They have Italian stainless steel tanks that hold 5,300-13,200 gallons, with automatic temperature control jackets. They make Reserve wines in smaller tanks in another part of the winery. They still have cement tanks, though hardly used. The 4,000 barrels, mostly French, are stored in the old winery's cellars. Chief winemaker is Hernán Amenábar, and the ubiquitous Alvaro Espinoza, who pushed for Undurraga's *organic project, is their consultant.*

A prize from the Argentine Rural Society's International Agriculture Fair for their "Rhin Wine 1910" is on display in the tasting room. They also have mementos from visits from the rich and famous over the years. As manager Arturo Larraín explained, Undurraga's *trademark was simply "tradition" until 1985, when it became "tradition and technology."*

Undurraga was a pioneer in Chilean and South American wine exports with its 1903 shipment to the U.S. They export 60% to 60 countries, half going to Europe.

The Talagante winery, with its giant replica of the typical caramañola *bottle at the entrance, has a beautiful park designed by a French landscape designer in the late 19th century, but the family's manor house was destroyed by earthquakes. Most of the old winery and 350 acres of the 35-year-old vineyards survived, although they have another 3 fundos in Maipo and Colchagua. They receive 25,000 tourists a year.*

Altazor Cabernet Sauvignon 1999 ★★★★★ - *Undurraga Reserva Merlot 2001* ★★★★
Founders Collection Cabernet Sauvignon 1999 ★★★ - *Undurraga Gewürztraminer 2002* ★★★ - *Undurraga Brut* ★★★
Undurraga Sauvignon Blanc 2002 ★★★ - *Undurraga Cabernet Sauvignon 2002* ★★ - *Undurraga Reserva Carmenère 2002* ★

VIÑA WILLIAM FÈVRE

Casilla 207 / Pirque
Tel.: (02) 8531026
Fax.: (02) 8531322

E-mail: wfchile@wfchile.cl
Website: www.wfchile.cl
Capacidad: 1 millón de litros/*Capacity: 264,200 gallons*
Viña: 60 hectáreas/*Vineyards: 148 acres*

La viña fue establecida en 1992 por William Fèvre, "*el más grande propietario de viñedos Grand Crus de Chablis*", como accionista mayoritario de una sociedad que incluye al propietario chileno de los viñedos, Víctor Pino Torche. La primera cosecha fue al año siguiente y terminaron la instalación de bodega (que es toda funcional, sin concesiones estéticas) en el '94.

Los viñedos -de edades entre 4 y 10 años- se dividen en 2 fincas, la de Pirque a unos 700 metros de altitud donde está la bodega de vinos, con Sauvignon Blanc, Chardonnay, Pinot Noir, Merlot, Cabernet Sauvignon y Franc y Carmenère, y la finca San Juan cerca de San José en Cajón del Maipo, a mil metros de altitud, con Chardonnay y Pinot Noir. Todo corre en espaldera menos el Chardonnay que está puesto en lira con excelentes resultados. El riego es por surco con agua del río Maipo, y el rendimiento de 4 a 5 toneladas por hectárea gracias al raleo de brotes y cuando hace falta, de racimos. La vecindad con los Andes exacerba la amplitud térmica veraniega. Casi no compran uva a terceros.

Trabajan con prensa pneumática y vinifican en tanques de acero inox de 6 a 24 mil litros; tienen cubas de 8,5 mil litros de gorro flotante que emplean para el Pinot Noir, al que someten a 3 *pillages* diarios. Sus 500 barricas son al 90 % francesas, pero están probando barricas húngaras.

Desde los corchos con número de lote la trazabilidad permite remontarse a la parcela de origen del vino. Están logrando las certificaciones *I.S.O. 9000* y *14000* y *H.A.C.C.P.* de inocuidad del producto.

El enólogo jefe es el joven chileno Sergio Hormazábal, graduado en Chile y diplomado en Francia, quien dice "*no tengo un protocolo para hacer los vinos, las maceraciones las decido por degustación. Soy el primer enólogo chileno de la viña, y estoy buscando un estilo más Nuevo Mundo, con más fruta*".

Exportan el 99 % de la producción de 300 mil botellas anuales a Europa, Estados Unidos y Brasil. No reciben visitas.

The winery was founded in 1992 by William Fèvre, "the foremost vineyard-owner of Grand Crus of Chablis" *and senior partner of the company that includes Chilean vineyard-owner Victor Pino-Torche. The first harvest was in 1993, and the winery (functional, without aesthetic concessions) was completed in 1994.*

The vineyards are divided into 2 fundos: *one in Pirque, where the winery is located at 2,300 feet above sea level, with Sauvignon Blanc, Chardonnay, Pinot Noir, Merlot, Cabernet Sauvignon and Franc, and Carmenère, and the other in San Juan, at 3,280 feet, near San José in the Cajón del Maipo, with Chardonnay and Pinot Noir. The vines are 4-10 years old and vertically trained, except for Chardonnay, which is lyre-trained with excellent results. They furrow irrigate with water from the Maipo River, and yields range from 1.6-2 tons per acre, thanks to shoot thinning and fruit thinning when necessary. The close proximity to the Andes accentuates the thermal amplitude. They buy few grapes.*

They use a pneumatic press and 1,585-6,340-gallon stainless steel tanks. They have 2,246-gallon vats with floating caps for Pinot Noir, punched down 3 times daily. Their 500 barrels are 90% French, but they are also experimenting with Hungarian barrels.

A lot number on the cork lets them trace wines back to the grapes' original parcel. They are working on ISO 9000, 14000, *and* HACCP *product quality assurance certifications.*

Head winemaker Sergio Hormazábal, a young Chilean trained in Chile and France, says, "I don't have a protocol for making wines, I macerate according to taste. I am the winery's first Chilean winemaker and am looking for a New World style, with more fruit."

Exports account for 99% of their 300,000 bottles to Europe, the U.S., and Brazil. They don't receive visitors.

Gran Cuvée Carmenère 2002 ♥ - Gran Cuvée Pinot Noir 2002 ★★★ - La Misión Reserva Merlot 2002 ★★★

Gran Cuvée Cabernet Sauvignon 2001 ★★★★ - Gran Cuvée Carmenère 2000 ★★

William Fèvre Sauvignon Blanc 2003 ★★ - Gran Cuvée Cabernet Sauvignon 2002 ★★★

Vinos Santa Ema S.A.

Izaga 1096 / Casilla 17 / Isla de Maipo
Tel.: (02) 8192996
Fax.: (02) 8192811

E-mail: santaema@entelchile.net
Website: www.santaema.com
Capacidad: 9,5 millones de litros/*Capacity: 2,509,900 gallons*
Viña: 400 hectáreas/*Vineyards: 1,000 acres*

Pedro Pavone Voglino, piamontés hijo de productores vitivinícolas, llegó a Chile en 1917 y comenzó a plantar viña en 1931. Fue viticultor hasta 1955, cuando fundó junto a su hijo Félix Pavone Arbea la viña *Santa Ema*. Hoy sus nietos, Félix (h) en producción, Roxana en administración y finanzas, y María Cecilia en relaciones públicas y marketing, continúan al frente de esta empresa familiar.

Los viñedos, todos puestos a pie franco, con algo de riego por surco y la mayoría por goteo, son de Cabernet Sauvignon, Merlot, Carmenère, Malbec y Syrah, además de Chardonnay y Sauvignon Blanc. Los rendimientos van de 5 toneladas por hectárea en los premium, a 10 en los varietales. Hacen poda y cosecha en verde después de pinta.

La bodega se encuentra en su sitio fundacional: un edificio donde caben tanques inox de 50 a 100 mil litros para fermentación y almacenamiento (todos con chaqueta de control de temperatura), una sala de 600 barricas americanas y francesas con refrigeración y humectación, sala de degustación y cava de afinamiento en botella. Hay también viejas cubas de roble americano de 33 mil litros para almacenaje y vasijas cilíndricas de cemento/epoxy de 96 mil litros, empleadas para los vinos comunes.

La joya de la casa es la nueva bodega de 4 mil metros cuadrados en las afueras de Isla de Maipo, obra del arquitecto Claudio Blanco, que estaba en terminación al tiempo de nuestra visita, pero ya deslumbraba con su elegancia espacial. Aquí instalaron toda la tecnología: una prensa pneumática *Diemme* sobre ruedas, 86 tanques de acero inox de 5 a 50 mil litros, más 2 tanques de 100 mil litros. Los enólogos de la casa son Andrés Sanhueza y Javiera Vallejos, y cuentan con la asesoría de Goetz Von Gersdorff. Elaboran 12 etiquetas, 6 reservas y 6 varietales. Un 40 % de la producción son los "vinos familiares" (vino de mesa) en botella y cartón y garrafa (o damajuana). Exportan el 70 % del producido a Estados Unidos, Europa y Asia. Recibirán al turismo en la bodega nueva.

Pedro Pavone, Piedmont native and wine producers' son, arrived in Chile in 1917 and began planting vines in 1931. He was a winegrower until 1955 when he and his son Félix Pavone founded Santa Ema. Today his grandchildren, Félix in Production, Roxana in Administration and Finance, and María Cecilia in Public Relations and Marketing, keep charge of the family business.

The vineyards, all ungrafted, some furrow-irrigated, though mostly drip-irrigated, include Cabernet Sauvignon, Merlot, Carmenère, Malbec, and Syrah, as well as Chardonnay and Sauvignon Blanc. The yield varies between 2 tons per acre for the premium to 4 tons for the varietals. They practice summer pruning and green harvest after veraison.

The winery is located at its inaugural site, housing 13,200 to 26,420-gallon temperature-controlled stainless steel fermentation and storage tanks, a cooled, humidified barrel room with 600 American and French barrels, tasting room, and bottle-aging cellar. There are also old 8,700-gallon American oak casks and 25,000-gallon cylindrical cement containers for ordinary wines.

Their pride and joy is the new 43,060-square-foot winery outside Isla de Maipo, by architect Claudio Blanco. It was nearly finished when we visited, though already gleaming with spatial elegance. Here, they installed technology: a Diemme *pneumatic press on wheels, 86 stainless steel tanks ranging in capacity from 1,300 to 13,200 gallons, plus 2 large 26,400-gallon tanks. Andrés Sanhueza and Javiera Vallejos are the house winemakers, and are advised by Goetz Von Gersdorff. They make 12 labels, 6 reserve and 6 varietal. Some 40% of the production is table wine in bottle, box, and demijohn. They export 70% to the U.S., Europe, and Asia. The new winery will be open to tourists.*

Santa Ema Merlot 1999 ★★★★ - *Santa Ema Reserva Cabernet Sauvignon 2001* ★★★★

Catalina Cabernet Sauvignon-Merlot-Cabernet Franc 1999 ★★★ - *Santa Ema Reserva Merlot 2001* ★★★

Santa Ema Reserva Chardonnay 2002 ★★

Valles de Casablanca y San Antonio, y Leyda
Casablanca and San Antonio Valleys, and Leyda

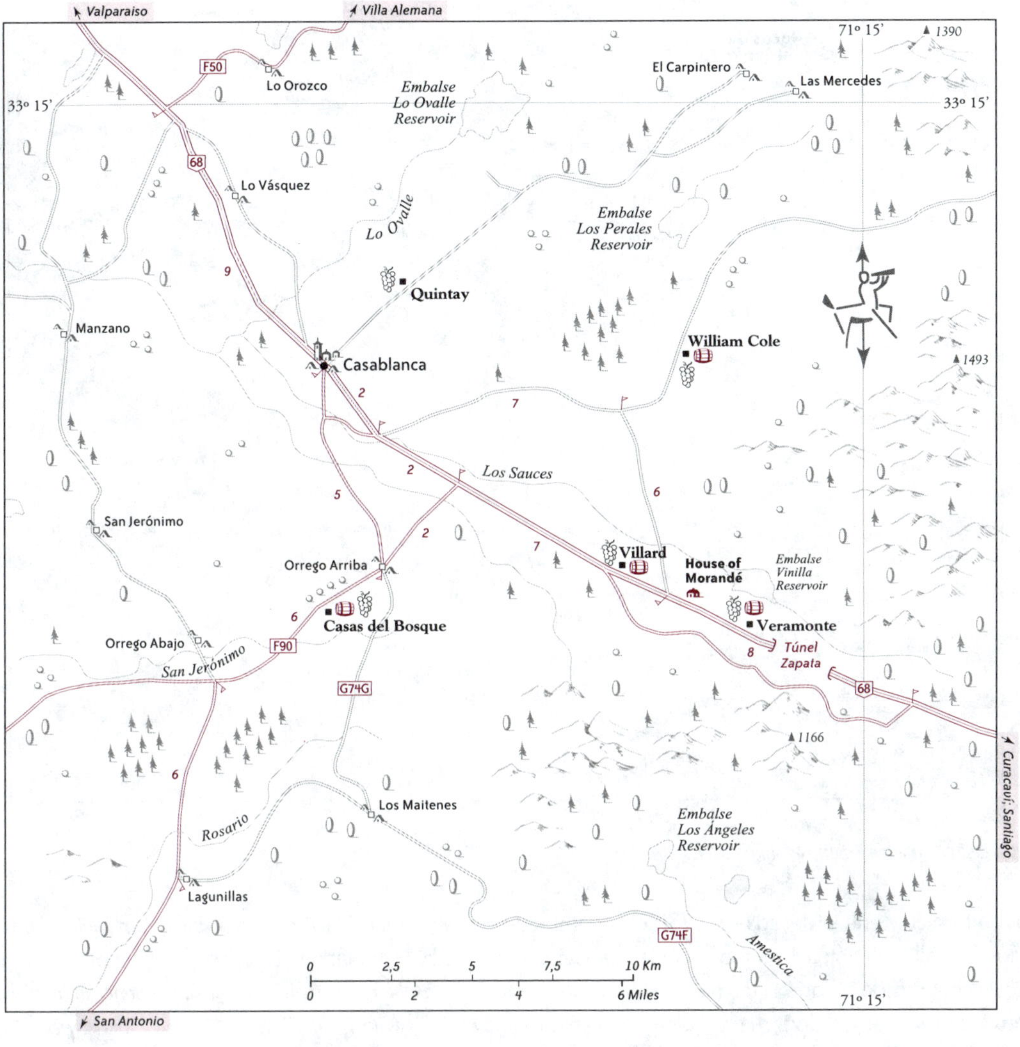

Valle de Casablanca / Casablanca Valley

Son los viñedos más marítimos de Chile, si bien ninguno está directamente expuesto a las frías humedades del Pacífico, poco saludables para la vid. Son valles abiertos, de 200 a 300 metros sobre el nivel del mar (que dista unos 30 kilómetros a vuelo de cuervo), rodeados por cerros suaves forestados con pinos, que recuerdan a las suaves Montañas Rocosas, en Norteamérica. Estas tierras de *rulo* o secano fueron ganaderas primero y luego forestales, hasta

These are the most maritime of Chilean vineyards, although none is directly exposed to the cold, damp Pacific, which would be unhealthy for the vines. These valleys are open, 2,100-3,300 feet above sea level (and about 18 miles apart as the crow flies), surrounded by low, pine-covered hills similar to the gentle North American Rocky Mountains. These non-irrigated lands were cattle lands first and then forested, until the 1980s

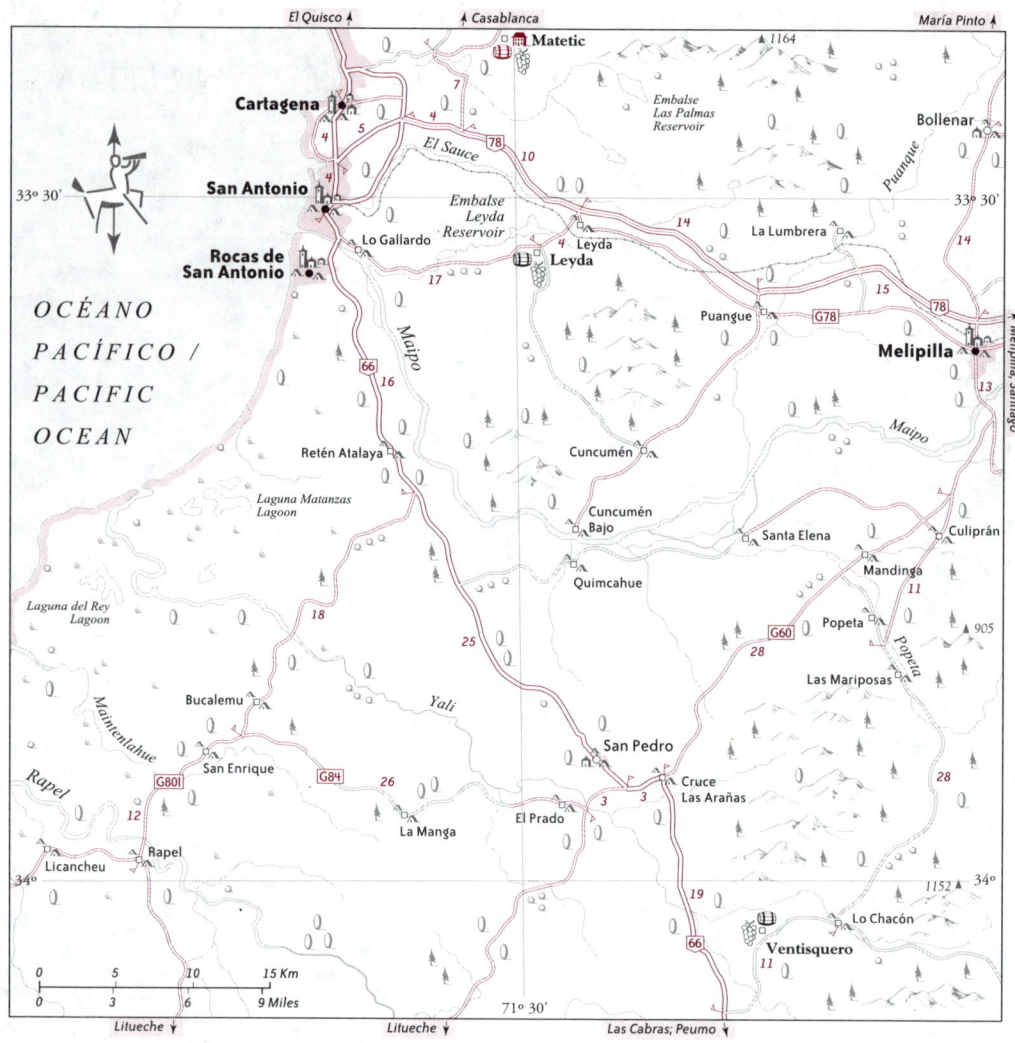

Valle de San Antonio / San Antonio Valley

que a principios de la década de 1980 el renombrado enólogo chileno Pablo Morandé inició la plantación de viñas, convencido de que el terruño de Casablanca era muy parecido al de Sonoma y Napa, en California. En 15 años, también porque la tierra costaba menos que en el ya estrecho Valle del Maipo, el Valle de Casablanca se cubrió con más de 3 mil hectáreas de viñedos y una marcada preferencia por las cepas blancas, en particular el Chardonnay y el Sauvignon Blanc, además de ese tinto con problemas de identidad que es el Pinot. Ni en Casablanca, ni en San Antonio o Leyda hay ríos permanentes y cada viticultor debe resolver el tema del riego por su cuenta, apelando a pozos y riego por goteo ya que las lluvias, de unos 500 milímetros al año, son insuficientes para la vid.

when renowned Chilean winemaker Pablo Morandé began planting vineyards, convinced that the Casablanca terroir was similar to Sonoma and Napa Valleys in California. In the course of 15 years, and because land here costs less than the already tight Maipo Valley, the Casablanca Valley was covered with more than 7,500 acres of vineyards with a pronounced preference for white varieties, especially Chardonnay and Sauvignon Blanc, as well as that problematic red Pinot Noir. There are no permanent rivers in any of the 3 areas, and each grower must solve the irrigation problems through wells and drip irrigation, as rainfall amounts to a mere 20 inches per year, which is insufficient for vines.

Un problema severo son las heladas primaveriles, cuando la viña está brotando. Únicos en América del Sur, ya desde la autopista a Valparaíso apenas salir del túnel Zapata, a la izquierda, se verán lo que parecen generadores eólicos pero son ventiladores contra la helada (*). La autopista a la costa ofrece a las viñas de Casablanca una alimentación turística que pocas otras en Chile poseen y la escenografía, aun incipiente, es bastante californiana. No hay alojamiento en la comarca pero sí un excelente restaurant que no se debería dejar de conocer, *House of Morandé*, rodeado de una pequeña simbólica viña e *Indómita*, en la viña del mismo nombre, situada en lo alto de una colina en un imponente castillo blanco con vista al valle *Veramonte*, *Villard*, *William Cole* y *Casas del Bosque* son las viñas que reciben visitantes.

Más al sur, por la sinuosa carretera de Casablanca a San Antonio, en un hermoso y despoblado valle privado de 8 mil hectáreas, está la viña *Matetic* que sí ofrece una posada de pocas habitaciones y mucha elegancia. En Leyda, desde cuyos cerrillos más altos se ve el Pacífico, hay hermosos viñedos pero no hay viñas que vinifiquen allí, todavía.

(*) Los ventiladores contra la helada son invento australiano: consisten en una gran pala movida por un motor a gas que gira 360° y remueve el aire en torno a sí en un área de 4 a 5 hectáreas. De 1 a 3 veces por año, entre septiembre y noviembre, cuando después de soplar la brisa fría del Pacífico el aire queda quieto en la madrugada, se encienden los ventiladores y también unas estufas de kerosene dispuestas cada tantas hileras de vid. Cada uno de estos ventiladores cuesta 25 mil dólares, y en algunos viñedos hay una decena de ellos.

Frosts present a severe threat in spring, when the vines are budding. One solution, unique in South America, is visible as soon as the highway to Valparaíso leaves the Zapata Tunnel; there to the left are what appear to be wind generators, but in fact they're fans to control the frost. (*) The highway to the coast offers the Casablanca vineyards access to tourism as few others in Chile have, and the scenery seems to be in the process of "California-ization." There are no places to stay in the area, but there are 2 good restaurants that shouldn't be missed, the House of Morandé, *surrounded by a small, symbolic vineyard, and* Indómita, *in the winery of the same name, sitting high atop a hill like an imposing white castle overlooking the entire valley.* Veramonte, Villard, William Cole, Casas del Bosque, *and* Indómita *receive visitors. Farther south, along the winding road from Casablanca to San Antonio, in a beautiful and unpopulated 20,000-acre private valley, the Matetic vineyard offers an inn with few rooms and much elegance. In Leyda, where the sea is visible from the highest hills, there are beautiful vineyards but no vineyards that actually vinify there yet.*

(*) The anti-frost fans are an Australian invention consisting of a large, motor-driven blade that spins 360°, moving the air in a 10-12-acre area. One to three times a year between September and November, a particularly cold Pacific wind blows through and begins to settle in the early hours before dawn. The winegrowers light kerosene heaters every few rows and turn on the giant fans to ward off the impending frost. Each fan costs $25,000 USD, and some vineyards are equipped with as many as a dozen.

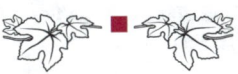

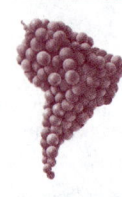

Viña Casas del Bosque

Hijuela N° 2 / Valle de Casablanca
Tel.: (02) 3785544
Fax.: (02) 3785495

E-mail: cdb@casasdelbosque.cl
Website: www.casasdelbosque.cl
Capacidad: 0,8 millones de litros/*Capacity: 211.400 gallons*
Viña: 140 hectáreas/*Vineyards: 350 acres*

El empresario Juan Cúneo Solari traía de sus padres italianos un amor por la vitivinicultura que se plasmó en 1993 cuando compró este fundo de 1.200 hectáreas (donde además hay ganadería, forestación de eucaliptus y cultivo de hortalizas) y comenzó a plantar su viñedo con Syrah, Pinot Noir, Chardonnay, Sauvignon Blanc y Merlot. Todo puesto a pie franco y en espaldera, con riego por goteo de agua de pozo, a 60 metros de profundidad. Aquí trabajan con rendimientos muy bajos, que van de un máximo de 7,5 toneladas por hectárea en el Chardonnay a 3,5 en el Syrah, gracias al desbrote y el raleo además del estrés hídrico, todo para obtener 1 kilo de uva por cepa. Llaman la atención en las partes más bajas del viñedo una decena de grandes ventiladores australianos contra la helada, que usan 2 ó 3 veces al año. Al tiempo de nuestra visita estaban preparando nuevas tierras en colina para plantar otras 40 hectáreas de vid.

La bodega, de agradable diseño campestre, fue inaugurada en 2001 y el proyecto contempla duplicar su capacidad. Para la recepción de uva y el prensado (pneumático) usan equipos móviles. Cuentan con tanques de acero inox de 6 a 50 mil litros de capacidad con chaquetas completas de control de temperatura para vinificación y almacenamiento. Poseen también una *Vinomatic* para macerar los blancos y algo de Merlot y Syrah. Para la crianza emplean 600 barricas francesas de hasta 4 usos, y embotellan con una línea italiana de última generación. El enólogo es Camilo Viani quien cuenta con el asesoramiento del australiano David Morrison. Producen 360 mil botellas de las que exportan el 85 % a Estados Unidos y Reino Unido. Reciben visitas con arreglos previos.

Businessman Juan Cúneo-Solari inherited his love for vitiviniculture from his Italian parents, and it truly took shape in 1993 when he bought a 3,000-acre fundo (where he also has cattle, eucalyptus forests, and vegetable production). He planted Syrah, Merlot, Pinot Noir, Chardonnay, and Sauvignon Blanc, all ungrafted and drip-irrigated. Yields range from 3 tons per acre for Chardonnay and 1.2 for Syrah, as a result of disbudding, cluster thinning, and water stress to reduce the load to 2,2 pounds per vine. The lower parts of the vineyard are equipped with large Australian fans that they use 2 or 3 times a year to prevent frost damage. At the time of our visit, they were preparing a hillside to plant another 100 acres of vines.

The nice country-style winery was inaugurated in 2001, although it will eventually double in size. The reception equipment and pneumatic press are mobile. Their stainless steel tanks hold 1,585–13,200 gallons and are fully jacketed for controlling temperatures during vinification and storage. They also have a Vinomatic *for macerating whites and some of their Merlot and Syrah. Their wines age in 600 French barrels, which receive up to 4 uses, and they have the latest in Italian bottling equipment. Winemaker Camilo Viani receives technical assistance from Australian David Morrison. They produce 360,000 bottles and export 85% to the US and UK. Visitors are welcomed with prior appointments.*

Casas del Bosque Cabernet Sauvignon 2001 ★★★★★
Casas del Bosque Reserva Merlot 2001 ★★★★ - *Casas del Bosque Reserva Chardonnay 2001* ★★★
Casas del Bosque Sauvignon Blanc 2002 ★

Viña Matetic

Fundo Rosario, camino de Casablanca
a San Antonio
Tel.: (032) 741500
Fax.: (02) 2311254

E-mail: j.matetic@netline.cl
Capacidad: 0,25 millones de litros/*Capacity: 66,000 gallons*
Viña: 45 hectáreas/*Vineyards: 112.5 acres*

La familia Matetic estaba, hace poco tiempo, más emparentada con la ganadería y las forestaciones en el extremo sur de Chile que con la vitivinicultura en los Valles Centrales. Pero en 1989 compraron las 9 mil hectáreas del Fundo El Rosario ("*el valle entero es nuestro*" afirma Jorge Matetic) con 3 mil hectáreas de forestaciones de *Pinus radiata* y *Eucaliptus globulus*, además de los restos pintorescos pero inutilizables de una vieja bodega que vinificaba uva País. La propiedad es tan grande que llega hasta el mar, pues está a sólo 20 minutos de la famosa Isla Negra de Pablo Neruda.

En 1998 comenzaron a estudiar el clima: instalaron 18 termómetros para comprobar que un problema serían las heladas. Al año siguiente comenzaron a plantar vides, a pie franco y en espaldera, con riego por goteo de agua de pozos entre 35 y 50 metros: Syrah, Pinot Noir, Merlot, Malbec, Chardonnay y Sauvignon Blanc (el Carmenère lo injertaron con Syrah pues no maduraba bien). La primera cosecha fue en 2001. Para la viticultura y el cultivo orgánico contaron con los asesores Ann Kraemer y Alan York, de Estados Unidos. Los rendimientos van de 3 toneladas por hectárea en Pinot Noir hasta 6 en Chardonnay y Sauvignon.

Al tiempo de nuestra visita estaban comenzando a construir la bodega que piensan terminar para diciembre de 2003 y que será espléndida por su emplazamiento y por su arquitecto, Lawrence Odfjell. También tienen en proyecto un Spa de vino. En tanto, vinificaban en un originalísimo "campamento vinícola" (en contenedores) perdido en la inmensidad del valle, pero donde no faltaba nada de la tecnología moderna, incluyendo tanques de acero inox *De Franceschi* de 5 mil litros abiertos (para el pisoneo manual del Pinot) y barricas francesas. Enólogo es Rodrigo Soto con la asesoría del estadounidense Ken Bernards. Exportan el 100 % de la producción en sus etiquetas *EQ* y *Corralillo* a los Estados Unidos. Cuentan con una hermosa casa-posada de 3 suites en la vieja casa patronal reciclada, y rodeada por 4 hectáreas de jardines.

*Not long ago, the Matetic family was more involved in cattle and forestry in Chile's deep south than with vitiviniculture in the Central Valley. But in 1989 they bought the 22,500-acre Fundo El Rosario ("the entire valley is ours," says Jorge Matetic) with 7,500 acres of forests (*Pinus radiata *and* Eucaliptus globulus*), and what was left of a quaint but unuseable old winery that once vinified the grape País. The property is so large that it reaches the sea and is only 20 minutes from Pablo Neruda's beloved Isla Negra.*

In 1998 they began to study the weather and installed 18 thermometers to see if frosts would be a problem. The following year they began to plant vines, ungrafted, vertically positioned, and drip irrigated with water from 115-164-foot deep wells. They have Syrah, Pinot Noir, Merlot, Malbec, Chardonnay, and Sauvignon Blanc. They originally planted Carmenère also, but it didn't ripen well and it has since been regrafted with Syrah. The first harvest was in 2001. US consultants Ann Kraemer and Alan York provide technical assistance on viticulture and organic practices.

They were just beginning a new building when we visited. Splendid in both location and architecture (by Lawrence Odfjell), it should be completed in December 2003. Another future project is a wine spa. Meanwhile, although they've made do with a makeshift "winemaking camp" lost in the immense valley, they've had no lack of modern technology. They have De Franceschi 1,300-gallon stainless steel tanks, open-topped for manual punch-downs in Pinot, and French barrels. Resident winemaker Rodrigo Soto receives technical assistance from North American Ken Bernards. They export 100% of the their labels EQ *and* Corralillo *to the US. They've restored the beautiful* fundo *house-inn surrounded by 10 acres of gardens, which now includes 3 guest suites.*

EQ Syrah 2001
EQ Pinot Noir 2001 ★★★★★
EQ Sauvignon Blanc 2001 ★★★

Viña Leyda

Isidora Goyenechea 3642 5° /
Las Condes / Santiago
Tel.: (02) 4407200
Fax.: (02) 4407220

E-mail: vleyda@entelchile.net
Website: www.leyda.cl
Capacidad: 1,2 millones de litros/*Capacity: 317.000 gallons*
Viña: 80 hectáreas/*Vineyards: 200 acres*

Viña Leyda es el viñedo más marítimo de Chile: el Océano está a sólo 12 kilómetros de las cepas y es visible desde la colina más alta del fundo. Al mismo modo que en el Valle de Casablanca, esta vecindad es causa de primaveras y veranos frescos y secos de gran amplitud térmica gracias a la brisa marina posmeridiana, es decir óptimo para el Chardonnay, el Sauvignon Blanc y el Pinot Noir. Los suelos son arcillosos gredosos, de profundidad media, con algo de piedra en superficie y pobres de materia orgánica.

La viña es propiedad de Luis Alberto Fernández, quien posee aquí mil hectáreas y construyó un acueducto de 8 kilómetros para traer agua de irrigación desde el río Maipo. Los viñedos fueron plantados a partir de 1998 y la primera cosecha la obtuvieron en el 2000.

Hasta que no construyan la bodega aquí, vinifican en otra bodega de propiedad de Fernández en Melipilla, donde poseen una prensa pneumática *Pera* y 56 tanques de acero inox de 1 a 50 mil litros. Pero la crianza en barrica la hacen en Leyda, en una solitaria construcción en lo alto de una colina donde guardan 350 barricas al 70 % francesas. Desde aquí se divisan las 40 hectáreas de Chardonnay, 20 de Pinot y 20 de Sauvignon, todas en laderas entre 150 y 200 metros de altitud, con riego por goteo y rendimientos de 4 toneladas por hectárea en el Pinot hasta 6,5 en el Chardonnay. Hacen poda, desbrote y 3 raleos en el Pinot. El Cabernet Sauvignon es comprado en el Valle del Maipo y el Merlot, Syrah, Cabernet Franc y Carmenère vienen de Rapel.

El enólogo Rafael Urrejola Aguilera dice "hacemos un manejo de follaje intensivo, tendemos a lo orgánico pero la influencia marítima es muy fuerte y no es fácil: las neblinas matinales fomentan la botritis innoble, pero el viento ayuda a ventilar los racimos". Producen 700 mil litros de vino y embotellan 100 mil con su marca, pues venden el resto a granel y con otras marcas en Reino Unido y Francia. Hay otros 3 viñedos vecinos en Leyda, uno de los cuales está por comenzar a vinificar en una flamante bodega.

Viña Leyda is Chile's most maritime winery; its vineyards are only 7.5 miles from the ocean, which is visible from the highest hill. As in Casablanca Valley, the close proximity to the sea causes cool, dry spring and summer seasons, and the afternoon sea breeze creates large diurnal temperature variability, perfect conditions for Chardonnay, Sauvignon Blanc, and Pinot Noir. The medium-depth, clay soils have some surface rock and little organic matter.

Luis Alberto Fernández, owner of the winery and some 2,500 acres in the area, built a 5-mile-long aqueduct to pipe-in irrigation water from the Maipo River. The first vineyards were planted in 1998 and first harvested in 2000.

Until a winery is built, they use one that Fernández owns in Melipilla, with a Pera pneumatic press and 56 stainless steel tanks with capacities of 260-13,200 gallons. Barrel aging takes place in Leyda, where they house 350 barrels (70% French) in a solitary hill-top building. From here you can see 100 acres of Chardonnay and 50 acres each of Pinot and Sauvignon Blanc, all on drip-irrigated slopes 490-650 feet high. The Pinot Noir, which is pruned, disbudded, and thinned 3 times, yields 1.6 tons per acre, while the Chardonnay yields 2.6 tons. They buy Cabernet Sauvignon in Maipo, and Merlot, Syrah, Cabernet Franc, and Carmenère in Rapel.

Winemaker Rafael Urrejola says, "we manage the foliage intensively. We tend to use organic practices, but the maritime influence is strong, and it isn't easy. The morning mist encourages black rot, although the wind helps ventilate the bunches."

They produce 184,900 gallons and bottle 26,400 with their own brand, selling the rest in bulk and with private labels in the U.K. and France. There are 3 neighboring vineyards, one of which is about to start making wine in a new winery.

Leyda Reserva Syrah-Cabernet Sauvignon 2001 ★★★★
Leyda Reserva Chardonnay 2001 ★★★
Leyda Reserva Merlot 2001 ★★★

VIÑA QUINTAY ECOVINEYARDS

Casilla 53 / Casablanca
Tel./Fax.: (032) 743300

E-mail: vinaquintay@quintayecovine.cl
Website: www.quintayecovine.cl
Capacidad: no posee bodega propia./*Capacity: none*
Viña: 27,5 hectáreas/*Vineyards: 69 acres*

Quintay es una viña al estado puro, sin bodega todavía, aunque piensan construirla. Esta sociedad de la cual están a cargo Jorge Morandé (h) en la viña y Jorge Valenzuela en las relaciones públicas y comerciales, posee 4 predios en el Valle de Casablanca donde cultivan en modo orgánico Chardonnay, Sauvignon Blanc, Gewürztraminer, Merlot, Pinot Noir, Carmenère y Cabernet Sauvignon. La vinificación del Pinot la hacen en la vecina *William Cole*, en tanto que los Chardonnay y Sauvignon Blanc se elaboran en *Viña Morandé*. Realizaron su primera cosecha en 2002 y en 2003 produjeron unas 15 mil botellas. Pinot, Chardonnay y Sauvignon son los puntales de la viña, cuyo símbolo es una clava de mando de las tribus aborígenes que habitaban el Valle.

Los viñedos más viejos son de 10 años y ya cumplieron los 3 años de transición para obtener la certificación orgánica de una empresa alemana: son los pioneros en la materia en Casablanca. Este Valle (cuya virtud para el cultivo de Chardonnay y otras cepas amantes del fresco descubrió hace 20 años Pablo Morandé, tío de Jorge) tiene como factor limitante el agua, que no existe en forma de ríos o napas. Hay que perforar hasta 100 metros de profundidad para hallar agua, que aquí contienen en un tranque o estanque. Todo el viñedo, en espaldera, se riega por goteo y tiene un sistema de aspersión para combatir las heladas primaveriles: 2 noches antes de nuestra visita a fines de abril ya había caído una fuerte helada, por fortuna justo después de la cosecha. Obtienen desde 7 toneladas por hectárea en Chardonnay hasta 12 en Sauvignon Blanc.

La enología está a cargo de Macarena Morandé (prima de Jorge), que vinifica en tanques de acero inox y cría en barricas francesas. El objetivo es elaborar vinos premium de producción y distribución limitada. Reciben visitas con arreglos previos, que incluyen carros tirados por caballos y degustaciones.

Quintay is literally pure vineyard; there is no winery, although they are planning to build. This company, with Jorge Morandé Jr. in the vineyard and Jorge Valenzuela in Public and Commercial Relations, has 4 estates in Casablanca, where they organically grow Chardonnay, Sauvignon Blanc, Gewürztraminer, Merlot, Pinot Noir, Carmenère, and Cabernet Sauvignon. They vinify Pinot at the neighboring William Cole *winery, and their Chardonnay and Sauvignon Blanc at* Viña Morandé. *They harvested for the first time in 2002, and produced 15,000 bottles in 2003. Pinot, Chardonnay, and Sauvignon are the foundation of the winery, whose symbol is a curved stone axe- a symbol of power to the indigenous people who once inhabited the valley.*

Quintay is Casablanca's pioneer in organic farming; their vines (no more than 10 years old), have already fulfilled the 3-year transition period requirement for German organic certification. This valley (whose virtue lies in Chardonnay and other cool-climate varieties, was discovered 20 years ago by Pablo Morandé, Jorge's uncle) is limited by water availability, as there are no rivers or water tables. They must dig down some 330 feet to find water, which is then held in a reservoir. The vines are vertically-positioned, drip-irrigated, and have a sprinkler system to fight off spring frosts; there was a hard frost just 2 nights before our late April visit, but fortunately all the harvested had already ended. Yields range from 2.8 tons per acre for Chardonnay to 4.8 for Sauvignon Blanc.

The winemaker is Macarena Morandé (Pablo's daughter and Jorge's cousin). They vinify in stainless steel tanks and age in French barrels. Their goal is to make limited production premium wines. Visitors are received with appointments, and offer horse-drawn carriage rides and tastings.

Quintay Reserva Especial Chardonnay 2002 ★★★

Quintay Reserva Especial Sauvignon Blanc 2002 ★★

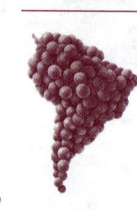

Viña Veramonte

Ruta 68, km 66 / Casablanca
Tel.: (032) 742421
Fax.: (032) 742420

E-mail: fguerra@veramonte.cl
Website: www.veramonte.cl
Capacidad: 6 millones de litros/*Capacity: 1,585,200 gallons*
Viña: 200 hectáreas/*Vineyards: 500 acres*

Si se halla la salida y no se paga 2 veces un caro peaje a los antipáticos e incorrectos señores de *Caminos del Pacífico,* apenas salir del túnel Zapata se hallará a la derecha *Viña Veramonte.* Aquí todo comenzó cuando el viticultor chileno Agustín Huneuus Cox compró tierras y plantó cepas de Chardonnay, Sauvignon Blanc, Merlot, Carmenère y Pinot Noir, que se cosecharon por primera vez en 1996 (el Cabernet Sauvignon viene del Valle del Maipo). Todo fue plantado en espaldera, con riego por goteo de agua de pozo y de un *tranque* en la parte alta del valle (330 metros) donde se acumula agua en invierno. Las temidas heladas de Casablanca se combaten, en los sectores más bajos, con riego por aspersión, y un par de helicópteros *stand-by* en las noches con peligro de helada.

Veramonte comprende 5 bodegas: la 1 es de tanques de fermentación y estiba; la 2, de fermentación de tintos y barricas de blancos; la 3, de fermentación de blancos; la 4, de fermentación de blancos y tintos; y la bodega 5, de embotellado y producto terminado arriba, y en el subsuelo guarda más de 5 mil barricas (mitad estadounidenses y mitad francesas). Cuentan con 3 prensas pneumáticas, tanques de acero inox de varios tamaños y tipos (todos con control automático de temperatura), además de otros de 8,5 mil litros abiertos para pisonear el Pinot, y otros de ensayo de 2,5 y 5 mil litros; pues aquí, según nos cuenta el jefe de bodega Héctor Barrada, se experimenta todo el tiempo. Por ejemplo, vimos una docena de bordelesas destapadas, llenas de Pinot Noir, fermentando con levadura nativa a la intemperie. El enólogo jefe es Rafael Tirado. Desde 2001 el 70 % de la empresa pertenece al gigante estadounidense *Constellation* pero el resto sigue en manos de su fundador, quien es el responsable de la hermandad entre los valles de Casablanca y Napa. *Veramonte* exporta el 99 % de la producción a Estados Unidos, Reino Unido y Canadá. Es una de las viñas chilenas mejor equipadas para recibir visitantes pues nació al estilo californiano -con vocación de hacer excelentes vinos y además recibir al enoturismo.

If you spot the exit the first time, and avoid paying a double toll to the unfriendly Caminos del Pácifico, Veramonte *will be on the right, just beyond the Zapata Tunnel. It all began when Chilean wine-grower Agustín Huneuus bought land and planted Chardonnay, Sauvignon Blanc, Merlot, Carmenère, and Pinot Noir, first harvested in 1996 (their Cabernet Sauvignon is from Maipo). The vines are vertically-positioned and drip-irrigated by a well and a reservoir, where winter waters accumulate in the upper valley (at 1,082 feet). They combat frost on the valley floor with a sprinkler system and, when on full frost alert, they have a couple of helicopters on stand-by.*

Veramonte's wine-making plant comprises 5 buildings: the 1st for fermentation and holding; the 2nd for fermentation of reds and barrel whites; the 3rd for white fermentation; the 4th for white and red fermentation; and the 5th for bottling and finished product above-ground, and aging below, with 5,000 barrels (half American, half French). They use 3 pneumatic presses, various sizes of stainless steel tanks with automatic temperature control, as well as 2,250-gallon vats for Pinot Noir, open-topped for punch-downs. They also have 660 and 1,320-gallon testing tanks, as foreman Héctor Barrada says they experiment frequently. For example, we saw a dozen uncapped barrels full of Pinot Noir fermenting outdoors with native yeasts. Chief winemaker is Rafael Tirado. Since 2001, 70% of the company belongs to the giant American company Constellation, *but the rest still belongs to the founder, who is responsible for the "sister-valley" alliance between Casablanca and Napa Valleys.* Veramonte *exports 99% to the US, UK, and Canada. This is one of Chile's best-equipped wineries for Californian-style wine tourism: dedicated to making excellent wines and catering to visitors.*

Primus Carmenère-Merlot-Cabernet Sauvignon 2000 ★★★★ - Veramonte Chardonnay 2001 ★★★★

Veramonte Sauvignon Blanc 2002 ★★★ - Veramonte Cabernet Sauvignon 2001 ★★★

Veramonte Merlot 2001 ★★

VIÑA VILLARD ESTATE

La Vinilla Norte, Parcela 6-A /Casablanca
Tel.: (02) 2357857
Fax.: (02) 2357671

E-mail: info@villard.cl
Website: www.villard.cl
Capacidad: 0,85 millones de litros/*Capacity: 224,570 gallons*
Viña: 25 hectáreas/*Vineyards: 62 acres*

Pauline y Thierry Villard, recién casados, salieron a viajar por el mundo en los años '70 y se quedaron casi 20 años en Australia, donde Thierry hizo una destacada carrera en el mundo del vino antes de migrar a Chile. En 1989 comenzaron a plantar su viñedo en Valle de Casablanca y casi 10 años más tarde construyeron su bodega –un galpón blanco y funcional a la vera de la autopista a Valparaíso. Sus cepas son Chardonnay, Sauvignon Blanc y Pinot Noir; el Merlot y el Cabernet Sauvignon los obtienen en Valle del Maipo. Aquí la helada la combaten con un invento propio: un ventilador-calefactor montado en un carro tirado por tractor. También riegan por aspersión al Sauvignon Blanc para lograr todos los años una cosecha tardía botritizada. Cuando comenzó y producía sólo 6 toneladas por hectárea, los vecinos decían "*el gringo está loco*". "*Pero no soy un productor de uva, soy un hacedor de vinos*" asegura Thierry, quien es su propio enólogo, y agrega: "*ahora saco 4 toneladas en el Pinot: es un vino interesante y mejor que lo sea con ese rendimiento. Estoy convencido que el Pinot de Casablanca será algo importante un día*".

La bodega cuenta con tanques de acero inox de 5 a 25 mil litros con chaquetas de control de temperatura automáticas. Su orgullo son los tanques *De Franceschi*: "*es la Rolls-Royce de los tanques*". Para la crianza usan barricas de 300 litros de roble francés: "*sólo Miguel Torres y yo las tenemos*" dice Thierry; pero el secreto es que los Villard son también propietarios de *Tonelería Francesa* y representantes de *Nadalie* en Chile: su hijo Sebastián (que estudió la materia en Francia a comenzar por el bosque) dirige la tonelería.

Exportan a Europa, algo a Estados Unidos y Japón. *British Airways* les compró todo el *Chardonnay Expresión '99* para su primera clase, que al año siguiente fue medalla de plata en *Chardonnay du Monde*. La filosofía Villard es "*hacer vinos que perduren; no quiero hacer un vino que al cabo de un año está chato. Y como no hacemos gran cantidad, podemos hacer cosas interesantes*". Todavía no han terminado de construir el área para la recepción de visitantes.

In the 1970s, newlyweds Pauline and Thierry Villard set out see the world and ended up in Australia for 20 years, where Thierry had a successful career in wine before migrating to Chile. In 1989, they began to plant vines in Casablanca Valley and nearly 10 years later, built their winery –a functional, white building along the highway to Valparaíso. They have Chardonnay, Sauvignon Blanc, and Pinot Noir; their Merlot and Cabernet Sauvignon come from Maipo.

They fight off frost with a homemade invention: a tractor-run ventilator/heater. Their Sauvignon Blanc is irrigated with a sprinkler system to make sure they have a late harvest with Botrytis. When they started, producing a mere 2.4 tons/acre, neighbors said, "the gringo is crazy. But I'm not a winegrower, I'm a winemaker," assures Thierry, "now I get 1.6 tons of Pinot per acre; it's an interesting wine and it's even better at that yield. I'm convinced that Casablanca Pinot will be important someday."

The winery has 1,300-6,600-gallon stainless steel tanks with automatic temperature control jackets. Their pride and joy are the De Franceschi *tanks: "the Rolls-Royce of tanks". They use 79-gallon French oak barrels for aging: "only Miguel Torres and I have them," says Thierry; the secret is that the Villards also own* Tonelería Francesa *and are representatives for* Nadalie *in Chile: their son Sebastián (who studied cooperage in France) runs the company.*

They export mainly to Europe, some to the U.S. and Japan, and British Airways *First Class passengers are served* Chardonnay Expression '99, *which won a Silver Medal in* Chardonnay du Monde. *Villard's philosophy is "to make wines that last, I don't want to make a wine that's flat after a year. And since we don't make much, we can do interesting things." The visitor reception area is unfinished as yet.*

Villard Sauvignon Blanc 2002 ★★★★★

El Noble Sauvignon Blanc 2000 ★★★★ - *Expresión Pinot Noir 2000* ★★★

Expresión Chardonnay 2000 ★★

William Cole Vineyards

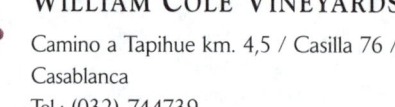

Camino a Tapihue km. 4,5 / Casilla 76 / Casablanca
Tel.: (032) 744739
Fax.: (032) 742206

E-mail: wcv@williamcolevineyards.cl
Website: www. williamcolevineyards.cl
Capacidad: 2,2 millones de litros/*Capacity: 581,240 gallons*
Viña: 132 hectáreas/*Vineyards: 326 acres*

William "Bill" Cole es un doctor en matemáticas que hizo fortuna en Estados Unidos produciendo *software* para televisión hasta que se hartó de los grandes negocios y salió a buscar un lugar en el mundo y algo nuevo para hacer. Tenía la idea de producir fruta de calidad porque lo que llegaba a su país era muy malo. Exploró antes Argentina pero no le fue muy bien con los argentinos; en cambio quedó flechado por el Valle de Casablanca, que encontró parecido a su Wyoming natal. También quedó flechado por Beatriz, una chilena que hoy es su mujer, con quien vive en la viña.

En 1998 compró un fundo de 180 hectáreas y con asesoramiento de Jorge Morandé plantó Chardonnay, Sauvignon Blanc, Pinot Noir, Merlot y Carmenère; todo en espaldera con riego por goteo y aspersores contra la helada. Los rendimientos van de 4 a 10 toneladas por hectárea según la variedad y el tipo de vino. La primera vinificación fue en el 2000, con uvas compradas en Maipo y Colchagua.

La bodega fue inspirada en el diseño por Bill Cole y proyectada por el arquitecto Guillermo Hevia. Los jardines los hizo Beatriz. Además de los espacios funcionales, contiene otros para exposiciones y eventos. Detrás de la fachada, la bodega es un gran tinglado abierto hacia los viñedos, con tanques de acero inox de 1 mil a 60 mil litros de capacidad, todos con control de temperatura. Tienen 400 barricas al 60 % estadounidenses y 40 % francesas, aunque la capacidad es para 3.500 barricas. Hay un galpón de guarda climatizado donde las botellas pasan un mínimo de 6 meses hasta 18 meses en afinamiento. Exportan el 50 % pero quieren llegar al 95 %. Sus mercados están en Norteamérica, Brasil, Francia, Reino Unido e Irlanda. Reciben con gusto visitas con arreglos previos.

William "Bill" Cole has a Doctorate in Mathematics and made a fortune in the U.S. making television software until he had enough of big business and left in search of something new. He thought about producing quality fruit, since what he got in the U.S. was not very good. He explored Argentina, but had no luck with the Argentines. And then he came to the Casablanca Valley, which reminded him of his native Wyoming. Cole not only fell in love with the valley, but with Beatriz, a Chilean, and now his wife. They live together on the vineyard.

In 1998, he bought a 445-acre fundo and, with the help of Jorge Morandé, planted Chardonnay, Sauvignon Blanc, Pinot Noir, Merlot, and Carmenère, all vertically trained with drip irrigation and sprinkler systems for frost protection. Yields are 1.6 to 4 tons per acre, depending on variety and wine. They first made wine in 2000 with grapes from Maipo and Colchagua.

The winery was based on Bill Cole's own design and made a reality by architect Guillermo Hevia. Beatriz took care of the gardens. As well as functional space, they have room for events and exhibitions. Behind the façade, the winery is a large shed, open to the vineyards, with 264 to 15,850-gallon stainless steel tanks, all with temperature control. They have 400 barrels, 60% American and 40% French, although they have room for some 3,500 barrels. Bottles are aged for 6-18 months in a cooled outbuilding. They export 50% but want to reach 95%. Their markets include North America, Brazil, France, U.K., and Ireland. They happily receive visitors with previous appointments.

Columbine Gran Reserve Cabernet Sauvignon 2000 ★★★★★ - Mirador Selection Pinot Noir 2001 ★★★★

Mirador Selection Sauvignon Blanc 2002 ★★★ - Columbine Reserve Chardonnay 2001 ★★★

Columbine Reserve Merlot 2001 ★★

El Valle del Cachapoal
Cachapoal Valley

Hubo una vez un valle que se llamó Rapel pero se desdobló en dos valles: Cachapoal y Colchagua. Estos desdoblamientos son naturales en un dinámico país vitivinícola del Nuevo Mundo, según se profundiza la personalidad de los terruños.

El Valle del río Cachapoal queda separado del Valle del Maipo por un leve beso entre la Cordillera de los Andes y la de la Costa. Su capital es Rancagua, ciudad de provincia de rasgos singulares gracias a la influencia

There once was a valley named Rapel, but it divided into two: Cachapoal and Colchagua. These divisions are natural and dynamic in a New World vitivinicultural country strengthening and deepening the personality of its terroirs.

The Cachapoal River Valley is separated from the Maipo Valley by a little kiss between the Andes Mountains and the Coastal Range. The capital is Rancagua, a provincial city with unique features

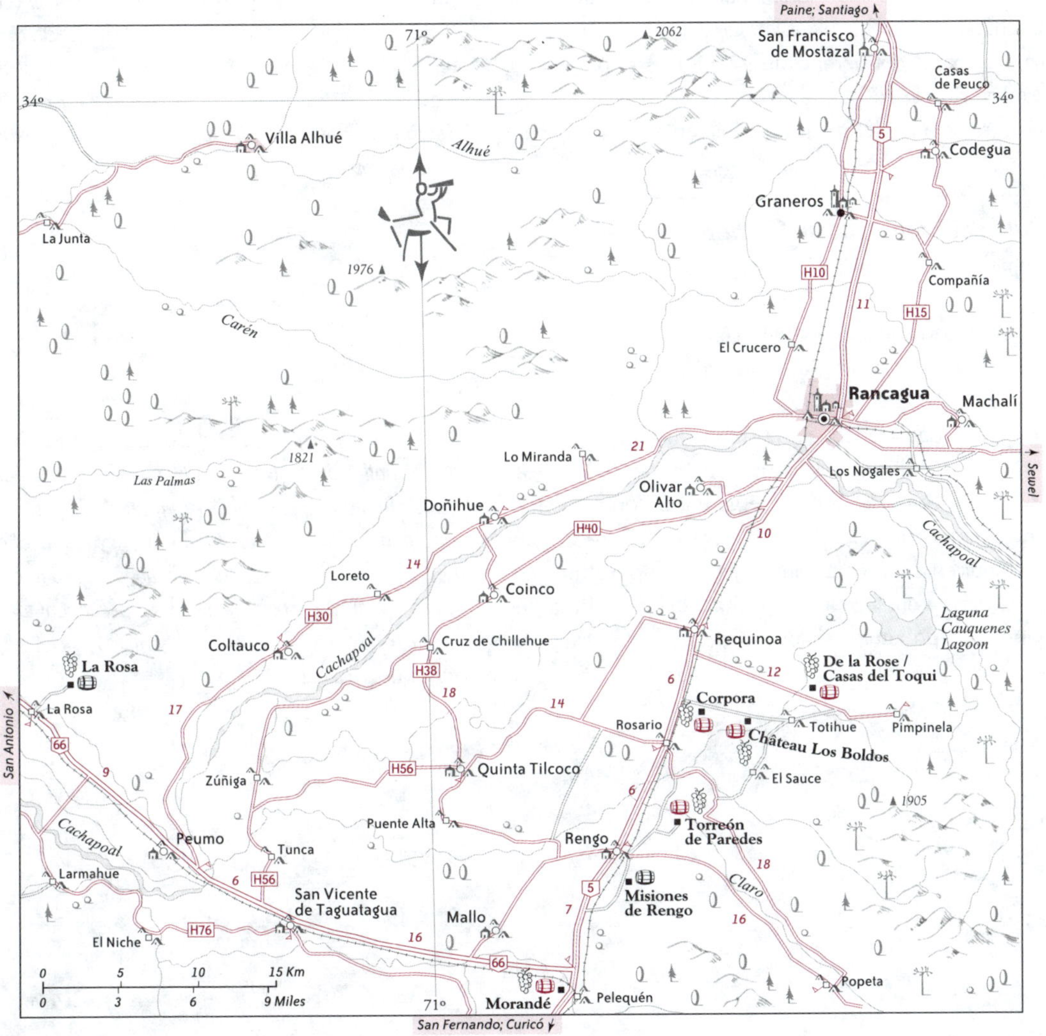

Valle del Cachapoal / *Cachapoal Valley*

de una de las minas de cobre más ricas del planeta, El Teniente, a 60 kilómetros de la ciudad, hacia los Andes. De los Andes al Pacífico, el río Cachapoal dibuja una V orientada al norte: casi todas las viñas están en el palo derecho, buscando el pie de los Andes. Son viñas recientes, surgidas en la década del '90, si bien alguna recicló construcciones de viñas preexistentes. A la izquierda de la V, el clima es más seco y sólo hay dos viñas: la centenaria *La Rosa* y más allá, solitaria, la flamante *Ventisquero*.

Con alturas que rondan los 300 metros y lluvias que oscilan entre 250 milímetros en años secos y el doble en años húmedos, el terruño de Cachapoal se presta muy bien a las cepas nobles tintas y al Carmenère en particular.

Un lugar excepcional donde parar en el límite entre Cachapoal y Colchagua es la *Hacienda Los Lingues,* una casa patronal del tiempo de los jesuitas al pie de los Andes, donde se puede palpar el clima y modo de vida tradicional del patriciado chileno en la campiña.

due to the influence of one of the richest copper mines on the planet, El Teniente, 37 miles away, toward the Andes.

From the Andes to the Pacific, the Cachapoal River forms a 'V' pointing to the north; nearly all the wineries are on the right-hand side, seeking the base of the Andes. They are new wineries that sprang up in the 1990s, although some recycled pre-existing wineries. To the left side of the 'V', the climate is drier and there are only 2 wineries, the 100-year-old La Rosa, *and beyond that, the brand new* Ventisquero.

With heights that run up to 1,140 feet, and rains that vacillate between 10 inches in dry years to double that in wet years, the Cachapoal terroir lends itself very nicely to noble red grapes, particularly Carmenère.

An exceptional place to stop at the border between Cachapoal and Colchagua is the Hacienda Los Lingues, *an old manor house from the times of the Jesuits at the foot of the Andes, where you can feel the climate and traditional way of life in the wealthier Chilean country homes.*

Ruta del Vino Valle de Cachapoal

Comercio 435 / Casilla 151 / Requínoa
Tel./Fax.: (072) 553684
E-mail: info@cachapoalwineroute.com
Website: www.cachapoalwineroute.com

Lanzada en enero de 2002 y constituida por una media docena de viñas de primerísima línea, esta Ruta del Vino que gerencia con eficiencia anglosajona Marlene Hagel Hammersley ofrece *tours* de medio día o un día con muy buena apoyatura gastronómica y enológica, y la ventaja de ser la Ruta del Vino más próxima a Santiago después del Maipo y hacia el sur.

Launched in January of 2002 and consisting of half a dozen top-of-the-line wineries, this Wine Route is managed very efficiently by English-speaking Marlene Hagel-Hammersley and offers half-day and full-day tours with good gastronomical and enological support. It also has the advantage of being the closest wine route to Santiago after Maipo when heading south.

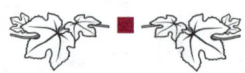

Viña Anakena

Camino Antiguo o Pimpinela s/n° /
Requínoa / Cachapoal
Tel.: (072) 552535
Fax.: (072) 552442

E-mail: info@anakenawines.cl
Website: www.anakenawines.cl
Capacidad: 2 millones de litros/*Capacity: 528,400 gallons*
Viña: 250 hectáreas/*Vineyards: 625 acres*

La solitaria y única playa de Isla de Pascua, la Anakena, está casi en las antípodas del globo vitivinícola ya que la propia isla es de lo más a trasmano que se pueda hallar y allí casi no existe la agricultura. Pero es un hermoso lugar de nombre musical y una posesión chilena en Polinesia, así elegido para designar a esta viña nacida en 1996 en el Valle de Rapel, casi al pie de los Andes. Los fundadores de *Viña Anakena* son Jorge Gutiérrez (ya vinculado a la vitivinicultura) y el empresario Felipe Ibáñez.

No tuvimos ocasión de visitar esta viña, cuya bodega fue diseñada por un estudio sudafricano. Trabajan con tanques de acero inox y dan crianza a los vinos en unas 500 barricas de roble americano y encina francesa.

Sus viñedos incluyen Caberrnet Sauvignon, Merlot, Syrah, Carmenère, Pinot Noir, Sauvignon Blanc, Chardonnay, Viognier y Gewürztraminer.

Exportan el 90 % de la producción a Norteamérica, Europa y Japón.

There's just one beach on Easter Island, the solitary Anakena, almost on the opposite side of the vitivinicultural globe from Chile, as the island is about as far away as one can get and has almost no agriculture. But this beautiful Polynesian island with a musical name belongs to Chile and thus was chosen as the name of this 1996 vineyard in the Rapel Valley, almost at the foot of the Andes. The founders are Jorge Gutiérrez (already connected to vitiviniculture) and businessman Felipe Ibáñez.

We weren't able to visit this winery, whose plant was designed by a South African firm. They work with stainless steel tanks and age their wines in some 500 American and French oak barrels.

Their vineyards include Cabernet Sauvignon, Merlot, Syrah, Carmenère, Pinot Noir, Sauvignon Blanc, Chardonnay, Viognier, and Gewürztraminer. They export 90% of the production to North America, Europe, and Japan.

Anakena Pinot Noir 2001 ★★★★ - Anakena Syrah 2002 ★★★

Anakena Sauvignon Blanc 2002 ★★★ - Anakena Reservado Viognier 2002 ★★★

Anakena Reserva Carmenère 2002 ★★

Viña Gracia, de Chile

Camino Totihue s/n° / Requínoa
Tel.: (02) 2067868
Fax.: (02) 2067862

E-mail: gerencia@cw.cl
Website: www.graciawinery.cl
Capacidad: 8 millones de litros/ *Capacity: 2,113,600 gallons*
Viña: 607 hectáreas/ *Vineyards: 1,500 acres*

Viña Gracia, de Chile, es una de las más originales del país en su diseño y comunicación gracias al evidente talento para estas cosas de su propietario, Pedro Ibáñez (propietario del agroindustrial *Grupo Corpora* y de los 2 famosos y excelentes hoteles *Explora*) y del arquitecto Germán del Sol, quien diseñó (además de los hoteles) parte de la bodega y las etiquetas.

Los viñedos están distribuidos en los valles de Aconcagua, Casablanca, Maipo, Rapel y Bío Bío; plantados con Cabernet Sauvignon y Franc, Merlot, Pinot Noir, Carmenère, Syrah, Malbec y Mourvedre en tintos, y en blancos Chardonnay, Sauvignon Blanc y Viognier. Algunos son irrigados por goteo y otros por surco. La variedad de viñedos les permite hacer vinos multiregionales empleando lo mejor de cada zona. Hay 150 hectáreas de viña junto a la bodega de vinos, que es moderna y funcional.

Ésta, construida en 1996 y ampliada en el 2000, trabaja por gravedad. Poseen tanques de acero inox de 10 a 80 mil litros (para fermentar emplean los de hasta 40 mil litros) simples, dobles y con sombrero flotante, más una batería de 16 tanques de 9 mil litros abiertos para el *pillage* manual del Pinot Noir. Cuentan con 3 mil barricas al 95 % francesas. El enólogo Antoine Toublanc (uno de los enólogos franceses más felices de estar en Chile que conocimos) explica que en *Viña Gracia, de Chile*, hay libertad para "ideas locas" como por ejemplo una mini-*Vinomatic* de su invención y el Pinot Noir *patero* al que vimos en maceración. También elabora el único cosecha tardía chileno de Chardonnay.

En la bodega hay una sala de degustación y restaurant (que abre sobre pedido mínimo de 7 personas y cuesta 20 dólares por cabeza) donde la chef Lucía Santa Cruz presenta menúes especiales diseñados para los vinos de la casa, a los que Pedro Ibáñez bautiza personalmente como si fueran caballos de carrera: *Reposado, Porquenó, Sereno, Conversado, Relativo, Curioso, Callejero* y otros. Exportan el 95 % de la producción a Reino Unido, Japón, Tailandia, y otros mercados de Europa y Asia.

Vina Gracia, de Chile is one of Chile's most original wineries in both design and communication, thanks to the obvious talent of owner Pedro Ibáñez (owner of agro-industrial Grupo Corpora *and 2 famous* Explora *hotels) and architect Germán del Sol, who designed the labels and part of the winery (as well as the hotels).*

Vineyards are located in Aconcagua, Casablanca, Maipo, Rapel, and Bío Bío Valleys, with Cabernet Sauvignon and Franc, Merlot, Pinot Noir, Carmenère, Syrah, Malbec, Mourvedre, Chardonnay, Sauvignon Blanc, and Viognier, using both drip and furrow irrigation. Taking advantage of their diverse plantings, they make multi-regional wines, with the best from each area. They have 375 acres surrounding the modern, functional winery.

Built in 1996 and expanded in 2000, the winery uses gravity-flow technology. They have 2,600-21,000-gallon simple, double, and floating-cap stainless steel tanks (up to 11,000-gallon tanks for fermentation), as well as a set of 16 open vats with a 2,400-gallon capacity, used to manually punch down Pinot Noir. Their 3,000 barrels are 95% French. Winemaker Antoine Toublanc (one of the French enologists happiest to be in Chile that we've met) explains that at Gracia, there is freedom for "crazy ideas" such as, for example, the mini-Vinomatic that he invented and the stomped by foot Pinot Noir that we saw being macerated. He also makes Chile's only late harvest from Chardonnay.

They have a tasting room and restaurant (open upon request, minimum 7 people at $20 USD per person) where chef Lucía Santa Cruz offers special menus to accompany their house wines, christened by Pedro Ibáñez as if they were racehorses: Reposado, Porquenó, Sereno, Conversado, Relativo, Curioso, Callejero *and others. They export 95% to the U.K., Japan, Thailand, and other European and Asian markets.*

Gracia Reserva Syrah 2002 ★★★★★

Gracia Late Harvest 2000 ★★★★★

Viña Château Los Boldos

Camino Los Boldos s/n° / Requinoa
Tel.: (072) 551230
Fax.: (072) 551202

E-mail: boldos@clb.cl
Website: www.chateaulosboldos.com
Capacidad: 4,5 millones de litros/*Capacity: 1,189,000 gallons*
Viña: 350 hectáreas/*Vineyards: 875 acres*

Château Los Boldos pertenece a la familia alsaciana Massenez, que en Francia elabora licores y destilados entre los que se destaca la famosa *eau-de-vie* de pera Williams. En 1990, Dominique Massenez compró este fundo y se enamoró del país al punto que se vino a vivir a Chile con su familia y con el objetivo de elaborar sus mejores vinos. Compró una vieja bodega de adobe que fue reciclada y ampliada con buen gusto, creando un gran patio interior donde además de lo vinícola, hay una notable colección de carros y otras antigüedades campestres que son la pasión de Dominique.

Las viñas, irrigadas por surco, incluyen 150 hectáreas de Cabernet Sauvignon, Merlot, Carmenère y Sauvignon Blanc plantadas en 1936, además de otras más recientes que incluyen Syrah y Chardonnay: casi todo espaldera, ya que extirparon los parrales. El suelo es viejo lecho del río Cachapoal, pedregoso y pobre en materia orgánica, que con raleo permite rindes de 3 toneladas por hectárea para los premium y el triple para los varietales.

Con la dirección enológica del borgoñés Stéphane Geneste (quien lleva 9 años en la casa), la bodega posee piletas de cemento/epoxy refrigeradas por serpentinas y tanques de acero inox de 20 a 100 mil litros con chaquetas de control térmico. Una particularidad son los viejos grandes toneles de raulí reciclados donde fermentan su *Gran Cru*: "la ventaja es una fermentación homogénea sin grandes variaciones y malolácticas rápidas: el acero es demasiado higiénico y no hay bacterias" explica Stéphane. Poseen mil barricas francesas y una destilería, para las 40 hectáreas de pera Williams que cultivan. Exportan casi todo a más de 50 países gracias a la distribución de la casa madre, y también están presentes en los mejores restaurantes de Francia.

Hay una notable sala para cata y degustación ya que reciben con gusto a las visitas y ofrecen también almuerzos en la viña, en verano. En Rosario, kilómetro 112 de la ruta 5, tienen *La Boutique del Vino* admirablemente surtida con productos de *Los Boldos, Massenez* y bodegas francesas amigas.

Château Los Boldos belongs to the Massenez family of Alsace, where they make liqueurs and distilled spirits, including the famous pear brandy, Poire Williams. *Dominique Massenez bought the* fundo *in 1990, fell in love with the country, and brought his family to live in Chile. He bought an old adobe winery building, tastefully renovated and enlarged it, and created a large inner patio that displays his carts and country antiques.*

The furrow-irrigated vineyards include 375 acres of Cabernet Sauvignon, Merlot, Carmenère, and Sauvignon Blanc planted in 1936, plus more recent Syrah and Chardonnay. Nearly all are now vertically positioned. The vineyard sits on an old Cachapoal riverbed, so the soils are rocky and poor in organic material. With fruit thinning, yields are 1.2 tons per acre for premium wines and triple that for varietals.

With 9 years on staff, Stéphane Geneste of Burgandy directs winemaking. The winery has chilled cement /epoxy tanks, and 5,300-26,000-gallon stainless tanks with temperature-control jackets. Curiously, they ferment their Grand Cru *wines in old, recycled raulí vats, "the advantage is a homogenous fermentation without large variations and quick malolactic fermentations; stainless steel is too hygienic and there are no bacteria," explains Stéphane. They have 1,000 French oak barrels and a distillery for their 100 acres of Williams pears. Nearly all is exported to 50 countries, through headquarters' distribution channels; they are also present in the best restaurants in France.*

There is a notable tasting room, and they happily receive guests. They even offer winery lunches in the summer. In nearby Rosario, kilometer 112 on Route 5, the Boutique del Vino *has an admirable stock of products from* Los Boldos, Massenez, *and of other French wineries.*

Gran Cru Cabernet Sauvignon-Merlot 2001 🍇 - *Vieilles Vignes Cabernet Sauvignon 2000* 🍇
Gran Cru Cabernet Sauvignon-Merlot 2000 ★★★★ - *Gran Cru Cabernet Sauvignon-Merlot 1999* ★★★★
Château Los Boldos Merlot 2000 ★★ - *Château Los Boldos Sauvignon Blanc 2002* ★★

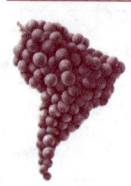

Viña La Rosa

Camino Las Cabras, Ruta 66, km 28 / Peumo
Tel.: (072) 501810
Fax.: (072) 501300

E-mail: info@sofruco.com
Website: www.sofruco.com
Capacidad: 17 millones de litros/ *Capacity: 4,491,000 gallons*
Viña: 700 hectáreas/ *Vineyards: 1,750 acres*

En todo el Nuevo Mundo, sobran los dedos de una mano para contar las viñas que fueron establecidas tan temprano como 1824 y, después de 6 generaciones, siguen en manos de la familia fundadora, los Ossa. El fundo La Rosa, de 17 mil hectáreas contando los cerros improductivos, tiene 2 mil hectáreas bajo cultivos de palta, cítricos, duraznos, ciruelas, kiwis y otros, además de los viñedos que también se extienden por los fundos Cornellana y La Palmerilla (situados a breve distancia pero en otro clima a causa de los cerros). El 75 % de las cepas de *Viña La Rosa* son tintas, a saber: Cabernet Sauvignon y Franc, Merlot, Malbec, Carmenère y Syrah. De uvas blancas sólo cultivan Chardonnay y Sauvignon Blanc. Todo está conducido en espaldera menos el Malbec (que es la cepa más vieja, de 43 años), conducido en lira. En Cornellana tienen cuadros de viña en ladera con pendientes de hasta 45 % y riego por goteo, mientras en La Rosa el riego es por surco. El fundo de Palmerías se caracteriza por las palmeras nativas de las que se extrae la famosa miel de palma, otro producto de la casa.

La bodega, a cargo del enólogo José Ignacio Cancino, es la sumatoria de todas las tecnologías de vinicultura, incluyendo una construcción de adobe de más de 100 años: desde las piletas de cemento/epoxy a los tanques de acero inox de varias capacidades con refrigeración, 5 autoclaves para elaborar espumantes con método Charmat, 4 prensas pneumáticas montadas sobre carros y 2 líneas italianas de embotellado. Emplean barricas para los vinos reserva y duelas con microoxigenación para algunos varietales. Visitamos la bodega el último día de cosecha, cuando estaban terminando de recoger el Carmenère: probamos un mosto que al tercer día de fermentación ya estaba en 14,5º de alcohol.

La bodega, además de un mirador con espléndida vista, cuenta con una muy bonita sala de degustación, museo y punto de venta, en una construcción de adobe de un siglo y medio con techo original. Recibirán visitas turísticas a partir de septiembre de 2003.

There are very few New World wineries that date as far back as 1824 and continue in the hands of the founding family after 6 generations, as is this case. The Ossa family's La Rosa fundo spans 42,000 acres, including barren hills, with 5,000 acres of avocados, citrus fruits, peaches, plums, kiwis, and more, plus the vineyards that extend to nearby Cornellana and La Palmerilla, that have different climates due to the surrounding hills. Black grapes account for 75%: Cabernet Sauvignon and Franc, Merlot, Malbec, Carmenère, and Syrah; Chardonnay and Sauvignon Blanc are the only white grapes planted. All vines are positioned vertically, except for the 43-year-old lyre-trained Malbec, their oldest vines. In Cornellana, parcels planted on slopes with an incline of up to 45º are drip-irrigated, and in La Rosa, furrow irrigation is used. La Palmerilla is famous for its native palm trees, from which the palm syrup is extracted, another house product.

Under the direction of winemaker José Ignacio Cancino, the winery, which includes a 100-year-old adobe building, contains all sorts of enological technology: from cement/epoxy to stainless steel tanks of varying capacities, 5 pressure tanks for sparkling wine made with the Charmat method, 4 pneumatic presses on wheels, and 2 Italian bottling lines. Barrels are used for Reserves, and inner staves with micro-oxygenation for varietals. We visited on the last day of harvest, with the last of the Carmenère, and tried a new wine on its 3rd day of fermentation, already with 14.5% of alcohol.

As well as a wonderful observation point, the winery has a pretty tasting room, museum, and shop in a 150-year-old adobe building with its original roof intact. They will begin to receive tourists in September 2003.

La Palmería Cabernet Sauvignon 2002 ★★★★★ - *La Rosa Gran Reserva Merlot 2002* ★★★★★

La Rosa Gran Reserva Merlot-Cabernet Sauvignon 2002 ★★★ - *Don Reca Cabernet Sauvignon 2002* ★★

La Rosa Reserva Chardonnay 2002 ★★ - *La Rosa Gran Reserva Chardonnay 2002* ★

VIÑA MISIONES DE RENGO

Daniel Morán s/n° / Rengo
Tel.: (072) 512073
Fax.: (072) 512135

E-mail: isanhueza@misionesderengo.cl
Website: www.misionesderengo.cl
Capacidad: 4,5 millones de litros/*Capacity: 1,189,000 gallons*
Viña: no poseen/*Vineyards: none*

Misiones de Rengo fue creada en 1999 y, gracias a una buena calidad y buen precio, más un hábil manejo comunicacional, se posicionó en breve lapso como una de las viñas líderes de Chile. A una mirada extranjera, no deja de parecer curioso que una nueva viña haga una apuesta tan decidida por una imagen eclesiástica: las misiones, que no las hubo de particular importancia en la región, ni relacionadas al vino; una etiqueta en forma de crucifijo y botellas premium vestidas como monjes. Pero Chile, al menos nominalmente, es el más católico de los países productores de América del Sur.

La viña (que hasta 2003 fue propiedad del empresario Carlos Cardoen) funciona en una ex planta fabril de fósforos y palillos de helado. Hay una nave vieja y otra nueva. La enología está a cargo de Sebastián Ruíz.

La uva es comprada en los valles de Colchagua, Maipo, Rapel y Casablanca. Poseen 2 prensas pneumáticas y toda la vinificación ocurre en tanques de acero inox de 25 y 50 mil litros, con otros de 100 mil para almacenamiento. El control de temperatura es por duchas y palcas de doble propósito. Cuentan con 1.500 barricas al 60 % de roble americano, el resto francés. Emplean también duelas, *chips* y polvos de roble. Las fermentaciones malolácticas se hacen tanto en tanques de acero como en barricas. Hay una pequeña tienda junto a la entrada, pero reciben poco turismo.

Misiones de Rengo was created in 1999 and, due to its good price/quality ratio and well-managed press work, it has quickly become one of Chile's leading wineries. To an outsider, it seems curious that a new winery has placed such stock in a religious image, especially since these missions were not particularly important in the region, nor did they have a relationship with wine. The label is in the shape of a cross, and the premium bottles are dressed as monks. But then again, Chile is, or at least considers itself, the most Catholic of South America's wine producing countries. The winery, owned by businessman Carlos Cardoen until 2003, is a former match and ice cream stick factory. There is one old cellar, one new. The winemaker is Sebastián Ruíz.

They buy grapes in Colchagua, Maipo, Rapel, and Casablanca. They have 2 pneumatic presses and stainless steel tanks, 6,600 and 13,200-gallon for vinification and 26,400-gallon for storage. Temperature is controlled by water bath and dual-purpose plates. They have 1,500 barrels, 60% American oak, the rest French. They also use inner staves, chips, and oak powder. Malolactic fermentation takes place in both tanks and barrels. They have a small shop at the winery entrance, but receive few visitors.

Misiones de Rengo Cabernet Sauvignon-Syrah 2002 ❦ - *Misiones de Rengo Sauvignon Blanc 2002* ★★★

Misiones de Rengo Carmenère 2002 ★★★

Misiones de Rengo Reserva Chardonnay 2002 ★★

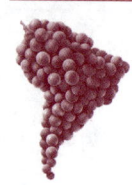

Viña Morandé

Ruta Panamericana Sur, km 122 / Pelenquén
Tel.: (02) 4431024
Fax.: (02) 4431019

E-mail: morande@morande.cl
Website: www.morande.cl
Capacidad: 11 millones de litros/*Capacity: 2,906,000 gallons*
Viña: 1.100 hectáreas/*Vineyards: 2,750 acres*

El nombre del enólogo Pablo Morandé, cuarta generación de viñateros, es harto conocido en el Chile vitivinícola, ya que fue el "descubridor" del Valle de Casablanca. En 1996 estableció su propia bodega en el Valle del Cachapoal, donde trabaja junto a su hija Macarena, también enóloga. Jefe de bodega y enólogo a cargo de los varietales es Jorge Martínez.

Los viñedos se reparten en fincas de los valles de Casablanca, Maipo, Rapel y Maule; y están plantadas con Merlot, Carmenère, Syrah y ambos Cabernet, además de Sauvignon Blanc, Chardonnay y Semillon. También cultivan algunas variedades atípicas como Carignan, Blauer Portugieser, César, Cinsault y Bouchet. Cuentan asimismo con unos 40 productores asociados. Con poda, raleo y riego limitado, obtienen unas 8 toneladas por hectárea para los vinos reserva.

En la bodega, que es moderna y funcional, sólo adornada por 2 hectáreas de viñedo, poseen 3 prensas pneumáticas y 176 tanques de acero inox de 1,5 a 80 mil litros; los pequeños con chaquetas y los grandes con duchas para el control de temperatura. Cuentan con mil barricas al 60 % francesas, el resto de roble americano.

La simpática y bella Macarena Morandé hizo su tesis en enología sobre un procedimiento puesto a punto por ella en la casa. El mismo les permite hacer un *Ice Wine* de Chardonnay con frío artificial, en recipientes llamados *Individual Quick Frost* que se utilizan para congelar arvejas y otras frutas y hortalizas. También elaboran un cosecha tardía de Sauvignon Blanc que según cuenta su hija, Pablo Morandé considera *"el mejor vino que hice en mi vida"*.

Exportan el 60 % de la producción de 6 millones de litros anuales a los Estados Unidos, Centro y Sud América, Europa y Asia.

La bodega contigua a la carretera cuenta con una tienda bien provista de los productos de la casa.

Pablo Morandé, whose family has been making wine for 4 generations, is well-known in the Chilean wine world, as he is credited with "discovering" the Casablanca Valley. In 1996, he started his own winery in Cachapoal Valley, where he works with his daughter Macarena, also a winemaker. Jorge Martínez is cellar-master and winemaker for their varietal wines.

The vineyards are spread out over Casablanca, Maipo, Rapel, and Maule, and include Merlot, Carmenère, Syrah, Cabernet Sauvignon and Franc, Sauvignon Blanc, Chardonnay, and Semillon, as well as the unusual varieties Carignan, Portuguese Blue, César, Cinsault, and Bouchet. They rely on some 40 associated producers. With pruning, thinning, and limited irrigation, they obtain yields of approximately 3 tons per acre for the Reserve wines.

The modern, functional winery, whose only adornment is 5 acres of vineyards, has 3 pneumatic presses and 176 stainless steel tanks of 400-21,000 gallons; the smaller tanks use jackets and the larger, water bath for temperature control. They also have 1,000 barrels, 60% French, the rest American oak.

Beautiful and charming Macarena Morandé wrote her thesis in enology on a process that she devised and employs at Morandé *for making a Chardonnay* Ice Wine *by artificial freezing the grapes in* Individual Quick Frost *containers, used to freeze peas and other fruits and vegetables. They also make a Sauvignon Blanc late harvest that Pablo Morandé considers "the best wine I've ever made."*

They export 60% of their 1,600,000 gallons a year to the U.S., Central and South America, Europe, and Asia. The winery has a shop along the highway, well-stocked with Morandé *products.*

Morandé Edición Limitada Golden Harvest Sauvignon Blanc

66 Barricas Morandé Edición Limitada Cabernet Franc 2001 ★★★★ - *Terrarum Reserva Cabernet Sauvignon 2002* ★★★★

Pionero Cabernet Sauvignon 2002 ★★★★ - *Gran Reserva Vitisterra Chardonnay 2002* ★★★★

Viña Torreón de Paredes

Fundo Santa Teresa / Casilla 151 / Rengo
Tel.: (072) 512551
Fax.: (072) 512376

E-mail: rengo@torreon.cl
Website: www.torreon.cl
Capacidad: 3 millones de litros/*Capacity: 793,000 gallons*
Viña: 150 hectáreas/*Vineyards: 375 acres*

Amado Paredes Cárdenas fue profesor y empresario metalúrgico hasta que a los 70 años se inició como vitivinicultor, en 1979. Hoy 2 de sus 7 hijos, Álvaro y Javier, gerencian la empresa.

Los viñedos de la casa están todos en su entorno: en suelos franco arenosos y pedregosos con algo de arcilla, puestos a pie franco y conducidos por espaldera y lira vertical doble, con un 80 % de la superficie bajo riego por goteo con aguas del río Claro de Rengo. Todas las cepas tienen más de 20 años de edad y son de ambos Cabernet, Merlot, Carmenère, Syrah y algo de Pinot Noir, con Chardonnay, Sauvignon Blanc, Viognier y Gewürztraminer entre las blancas. Con estrés hídrico, despunte y deshoje logran rendimientos promedios por hectárea de 7 a 11 toneladas en los blancos y de 4 a 6 toneladas en los tintos. Al estilo *château*, sólo vinifican su propia uva. A cargo de la producción está el ingeniero agrónomo Víctor González.

La bodega (cuyo nombre se debe a un viejo torreón de vigilancia español) es una hermosa bodega de adobe de 100 años, reciclada y ampliada. Consta de piletas de cemento/epoxy de 20 a 100 mil litros empleadas para almacenamiento, en tanto que fermentan en tanques de acero inox de 34 mil litros "*bien guatones*" en palabras del enólogo Yves Pouzet, francés de nacimiento y chileno de adopción. Todos los tanques tienen chaquetas térmicas completas y sistema de microoxigenación. Hay también otros tanques de acero inox de 4 a 18 mil litros: "*ésta es la cocina del chef, tenemos muchos vinos distintos. Es la sala de la que estoy más orgulloso*" dice Yves, quien agrega: "*esta es una viña consolidada, de la uva a la botella, no tenemos línea de vinos baratos*". Cuentan con 360 barricas francesas y una sala de embotellado con ventilación forzada.

Exportan el 70 % de la producción al Reino Unido, Suecia, Alemania y otros 20 paises, también con marcas especiales para sus clientes.

Reciben con gusto visitas.

Amado Paredes-Cárdenas was a teacher and businessman until he became a winegrower in 1979. Today, 2 of his 7 children, Alvaro and Javier, run the company. The ungrafted vineyards surround the house in clay-loam and rocky soils with drip irrigation from the Río Claro in Rengo. All of the vines are more than 20 years old and include both Cabernets, Merlot, Carmenère, Syrah, and a bit of Pinot Noir in red, plus white varieties Chardonnay, Sauvignon Blanc, Viognier, and Gewürztraminer. With water stress, de-budding, and leaf removal, they achieve average yields of 2.8 - 4.5 tons per acre in white and 1.5 - 2.5 tons in reds. In true château style, they only vinify their own grapes. Agricultural engineer Víctor González oversees the production.

The winery, which owes its name to an old Spanish watchtower, is a beautiful 100-year-old adobe building that has been renovated and enlarged. They use 5,300 - 26,400-gallon cement/epoxy tanks for storing wines, but ferment in 9,000-gallon stainless steel, "fat tanks," says French-born winemaker Yves Pouzet, who has adopted Chile as his home. All the tanks are equipped with temperature-control jackets and microoxygenations systems. There are also 1050 - 4,800-gallon stainless tanks, "this is the chef's kitchen, we have many different wines. I am most proud of this room," says Yves, adding "this is a solid winery, from the grape to the bottle; we don't have a line of cheap wines." They have 360 French oak barrels and a bottling room with forced-air ventilation.

They export 70% of the production to the UK, Sweden, Germany, and 20 other countries, as well as special labels for clients. They enjoy visits.

Torreón de Paredes Merlot 2001 ★★

Private Collection Chardonnay 1999 ★★

Don Amado Reserva Especial Cabernet Sauvignon 1997 ★

Viña Ventisquero

Camino Santa Rosa s/nº / San Pedro / Melipilla
Tel.: (072) 201093
Fax.: (072) 201244

E-mail: ventisquero@agrosuper.com
Website: www.vinaventisquero.com
Capacidad: 22 millones de litros/*Capacity: 5,812,000 gallons*
Viña: 1.500 hectáreas/*Vineyards: 3,750 acres*

De las viñas surgidas en la década de los '90, *Ventisquero* fue una de las que más nos impactó. Es la demostración de la diversa realidad vitivinícola a ambos lados de los Andes. ¿Dónde se encuentra en Argentina a un empresario del país como Gonzalo Vial Vial, ya productor de pollos, salmones, cerdos y fruta, que invierte 50 millones de dólares en viñas y una de las bodegas más avanzadas del Continente? Los viñedos que rodean a la solitaria *Ventisquero* cubren 460 hectáreas con Cabernet Sauvignon en las pendientes de las colinas, Merlot al pie y Syrah y Carmenère en los bajos; las mismas variedades que cultivan en 60 hectáreas en Apalta y en otra finca de Colchagua de 700 hectáreas, junto a Malbec, Sangiovese, Petit Verdot y Chardonnay. En el Valle de Casablanca tienen 230 hectáreas de Chardonnay, Sauvignon Blanc y Pinot Noir. Todo plantado desde 1998, en espaldera y con riego por goteo, en densidades variables según la zona (de 2,5 a 5 mil plantas por hectárea), con rendimientos de 4 a 12 toneladas por hectárea según los vinos. No compran uva: "*es una ley de don Gonzalo: cero uva comprada*" dice Felipe Toso, enólogo jefe de la casa. La primera vendimia fue en 2001.

Tienen la ventaja de contar con una gran distribuidora propia en Chile, pero ya exportan el 50 % de la producción a las Américas, Europa y Asia. "*Somos una empresa nueva sin el peso de la tradición; somos muy dúctiles en la presentación y lo que hacemos para los distintos mercados*" dice Felipe Toso. La visita a la bodega discurre por pasarelas elevadas entre tanques de acero inox de 15 a 150 mil litros, con temperaturas controladas por computadora. Hay 3 prensas pneumáticas *Buscher* montadas sobre rieles (que parecen locomotoras). El grueso de la producción son los tintos pero hay un sector de blancos. Y guardan a temperatura y humedad óptimas 4 mil barricas francesas y americanas. La cosecha es manual, pues Gonzalo Vial Vial no sólo reinvierte sus ganancias en su país sino además cree que "*mientras más trabajo se pueda dar, mucho mejor*". Sus empresas dan trabajo a 11 mil chilenos.

Of the wineries that arose in the 1990s, Ventisquero *is one of the most impressive, showing the vast differences between one side of the Andes and the other. Where in Argentina could you find a local businessman like Gonzalo Vial, already a poultry, salmon, pork, and fruit producer, to invest $50,000,000 USD in vineyards and one of the most modern wineries on the continent?*

Ventisquero's vineyards, all planted since 1998, cover 1,150 acres, with Cabernet Sauvignon on the hillsides, Merlot at the base, and Syrah and Carmenère below. The same varieties grow on 150 acres in Apalta and 1,750 acres in Colchagua, plus Malbec, Sangiovese, Petit Verdot, and Chardonnay. There are another 575 acres of Chardonnay, Sauvignon Blanc, and Pinot Noir in Casablanca. All are vertically positioned with drip irrigation, densities of 1,000-2,000 plants per acre, and yields of 1.5-5 tons per acre, depending on the wine. They don't buy grapes: "Gonzalo insists: we do not buy grapes," says chief winemaker Felipe Toso. The first vintage was in 2001.

They have the advantage of their own large distributor in Chile, but already export 50% to the Americas, Europe, and Asia. "We are a new company without the burden of tradition; we are flexible and adapt to different markets," says Felipe Toso. The winery tour on catwalks wanders through 4,000-39,600-gallon stainless steel tanks with computerized temperature controls. There are 3 Busher *pneumatic presses on rails (and look like locomotives). They produce mostly reds, but have some whites. Optimal temperature and humidity are maintained for the 4,000 French and American barrels. They handpick grapes, as Gonzalo Vial not only reinvests his earnings in his country, but believes "the more jobs provided, the better." His companies employ 11,000 Chileans.*

Ventisquero Gran Reserva Merlot 2001 ★★★★★ - *Ventisquero Gran Reserva Cabernet Sauvignon 2001* ★★★★
Ventisquero Gran Reserva Syrah 2001 ★★★★ - *Ventisquero Reserva Carmenère 2002* ★★★★
Ventisquero Cabernet Sauvignon 2002 ★★★ - *Ventisquero Reserva Syrah 2001* ★★★

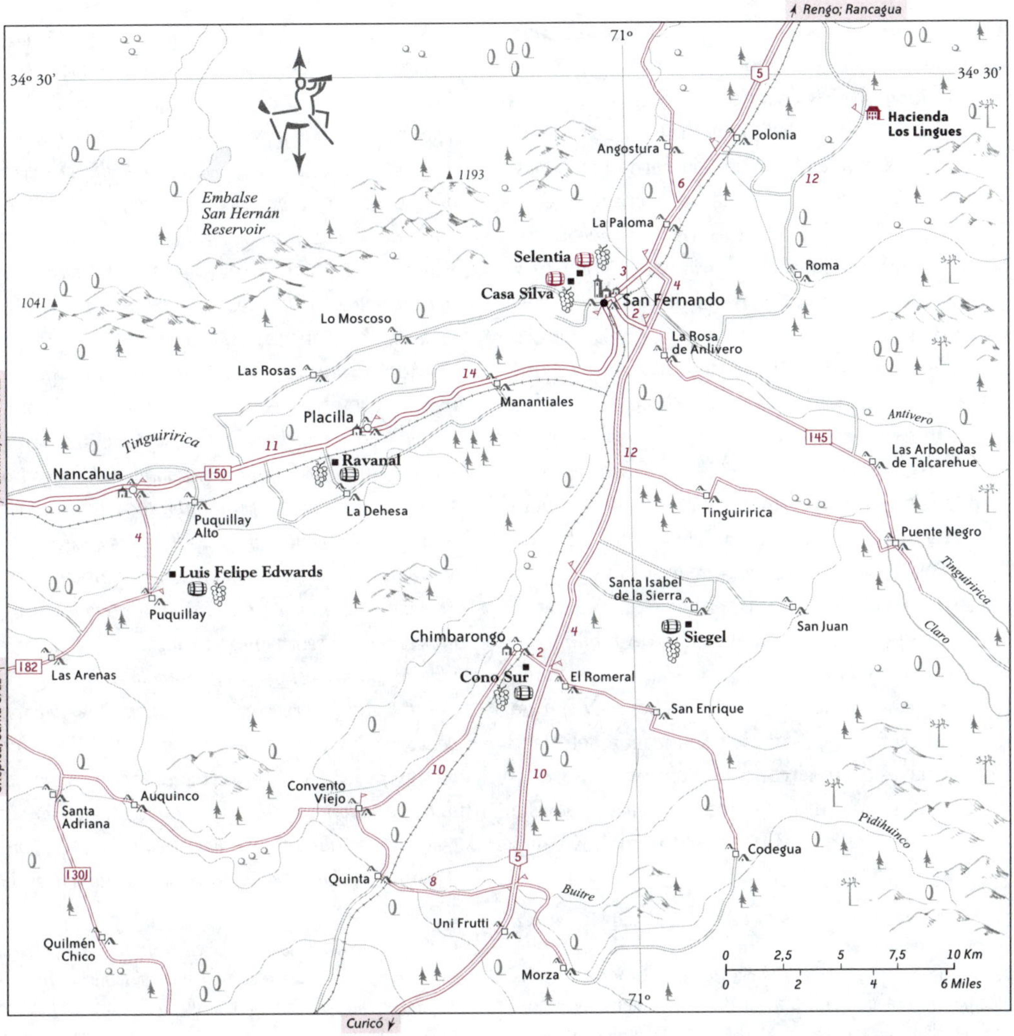

Valle de Colchagua, zona este / Colchagua Valley, eastern area

EL VALLE DE COLCHAGUA
COLCHAGUA VALLEY

Colchagua significaría en mapuche "valle del renacuajo" y no hemos logrado determinar por qué se llama así. El río que da vida al Valle es el Tinguiririca. En todo caso Colchagua es la cuna de la tradición de los *huasos*, equivalente chileno de los gauchos aunque su vestimenta es distinta, de aire andaluz. El Valle fue una región de viticultura de cantidad (hay 20 mil hectáreas de viña, 4/5 tintas) antes que Chile descubriera la calidad *for export*,

In Mapuche language (Mapudungun), 'Colchagua' means "Tadpole Valley," although we could not discover why. The river that gives life to the valley is the Tinguiririca. In any event, Colchagua is the cradle of the huaso tradition, the Chilean equivalent of the Argentine gaucho, although the traditional clothing is different, with a more Andalusian flare.

a mediados de los años '80. Desde entonces el cambio fue profundo, y hoy en Colchagua se siente la aristocracia de los terruños chilenos, en particular de los tintos y el Carmenère. Desde la vera de la carretera 5 ó autopista del sur, a la altura de San Fernando, y hasta unos 70 kilómetros en dirección a la costa, se diseminan varias de las viñas cuyos vinos más dieron que hablar en los últimos años, como *Montes* y *Casa Lapostolle*, al pie de la herradura serrana de Apalta. La pequeña ciudad de Santa Cruz, que no es bella pero sí agradable, es el centro del Valle de Colchagua ya que un hijo pródigo la dotó de un excelente *Hotel Santa Cruz* con un excelente restaurant *Los Varietales* (*). Dicho hijo pródigo es el señor Carlos Cardoen (**), quien además construyó un formidable museo (casi contiguo al Hotel) que atraviesa Chile y el mundo desde la paleontología hasta las maquinarias del siglo XX. A nuestro gusto, lo que diferencia al Valle de Colchagua respecto a los otros valles de Chile, más allá de los suelos y el clima que no dejan de ser variaciones sobre un mismo tema, es el relieve. Más que otros valles con excepción de Aconcagua, el Valle de Colchagua está enmarcado por cerros con ascendentes viñedos que proporcionan puntos de vista admirables, ausentes en los demasiado amplios valles

This valley was already a large-scale viticultural region (125,000 acres, 4/5 black grapes) before Chile discovered 'for export' quality in the mid-1980s. The change since then has been profound, and today Colchagua considers itself the aristocracy of Chilean terroir, especially with respect to red wines and Carmenère. Turning off Route 5 (the southbound highway) at San Fernando, and heading some 40 miles toward the coast, you'll find a number of wineries that have caused a stir in recent years, such as Montes *and* Casa Lapostolle, *at the foot of the mountainous horse-shoe Apalta. The small city of Santa Cruz, which is quite pleasant if not really pretty, is the center of the Colchagua Valley, especially since the city's prodigal son built the excellent* Hotel Santa Cruz *with its excellent restaurant* Los Varietales *(*). This prodigal son is none other than Sr. Carlos Cardoen (**), who also provided a truly impressive museum (next to the Hotel) that covers Chile and the world, from paleontology through 20th century machinery. In our opinion, the difference between the Colchagua Valley and Chile's other valleys, beyond soils and climates that are little more than variations of the same thing, is geographical relief. More than other valleys, with the exception of Aconcagua, the Colchagua Valley is framed by hills*

(*) *Los Varietales,* bajo la éjida del *chef* chileno Hernán Hernández, es una posta solitaria en las rutas del vino chileno. Aquí finalmente hay un *insight* profundo hacia los sabores y texturas de una cocina chilena contemporánea de mar y tierra. Véase el ceviche de algas cochayuyo y el pez espada grillé con algas marinas, el cordero del secano costero con risotto de quinoa, los *agnolotti* de camarones con queso de cabra y salsa de cangrejo o los ñoquis de zanahoria con ragú de jabalí y morillas. El vino más caro de la carta es el *Montes Alpha M /1999*, a 100 dólares, seguido de cerca por el *Clos de Apalta 2000*. Pero hay vinos muy buenos a 1/10 y 1/20 de aquél precio.

(**) Carlos Cardoen, de origen belga, tuvo éxito en una profesión poco apreciada por los pacifistas: fabricante de armas. Hizo fortuna vendiendo armas fabricadas en Chile durante la guerra entre Irán e Irak. Pero no puede salir de su país: *Interpol* lo arrestaría a pedido de los Estados Unidos, que lo acusa de haber robado o copiado un modelo de armamento. El señor Cardoen ya no fabrica armas (parece haber donado todas sus nutridas colecciones al museo) sino que hasta hace poco poseía, además del *Hotel Santa Cruz*, las viñas *Tarapacá* y *Misiones de Rengo*. Un natural campechano de *self made-man*, sumado a ser un perseguido de los *gringos* y simpatizante del gobierno socialista, además de filántropo a través de su *Fundación Cardoen*, hacen del hijo pródigo de Santa Cruz un personaje público apreciado en Chile.

(*) Los Varietales, *under the direction of Chilean chef Hernán Hernández, is a solitary post along the Chilean wine trail. Here we finally find some insight into the flavors and textures of a contemporary Chilean land and sea cuisine. For example, the* cochayuyo *ceviche made with a local sea algae, grilled swordfish with seaweed, coastal lamb with quinoa risotto, shrimp agnolotti with goat cheese and crab sauce, or the carrot gnocchis with a wild boar and morel ragout. The most expensive wine on the list is a $100 1999* Montes Alpha M, *although there are other good choices at 1/10 and 1/20 of that price.*

(**) Carlos Cardoen, of Belgian decent, had a successful profession little appreciated by pacifists; he made weapons. He made a fortune selling arms from Chile during the Iran-Iraq war, but he cannot leave his country. Interpol would arrest him at the request of the US, which accuses him of having stolen or copied a model of armament. Sr. Cardoen no longer makes weapons (and he seems to have donated his large arms collection to the museum), and owned until recently the Tarapacá *and* Misiones de Rengo *wineries. A natural example of the self-made man, persecuted by the* gringos, *sympathizer with the socialist government, and a philanthropist through his* Fundación Cardoen, *making this prodigal son of Santa Cruz an appreciated public figure in Chile.*

de Curicó y del Maule. Luego está la calidad de sus inversiones orientadas a vinos de la más alta gama, que cooperaron para lograr la mejor señalizada y organizada ruta del vino de Sudamérica, *ex aequo* con el Valle de los Viñedos en Rio Grande do Sul, Brasil. Finalmente, el valle se elonga junto a la carretera a Pichilemu, balneario no apto para friolentos, donde se puede mariscar exquisitamente y que ofrece las mejores olas de Chile para el *surf*. El ferrocarril que una vez unía San Fernando y Pichilemu está por volver a funcionar en clave enoturística hasta Santa Cruz. Entonces, Colchagua será la joya entre las rutas del vino de América del Sur.

with ascending vineyards that provide admirable observation points that are not found in the very broad Curicó and Maule Valleys. Then there's the quality of the investments in the highest quality wines, and cooperation to achieve the best organized wine route and road sign system in South America, ex aequo *with the Vineyard Valley of Rio Grande do Sul, Brazil. Finally, the valley elongates along the highway to Pichilemu, a chilly beach resort known for having the best surfing in Chile and ideal for shellfish lovers. The train that once ran between San Fernando and Pichilemu will soon run again to Santa Cruz in connection with wine tourism, which will then make Colchagua the jewel of the South American wine routes.*

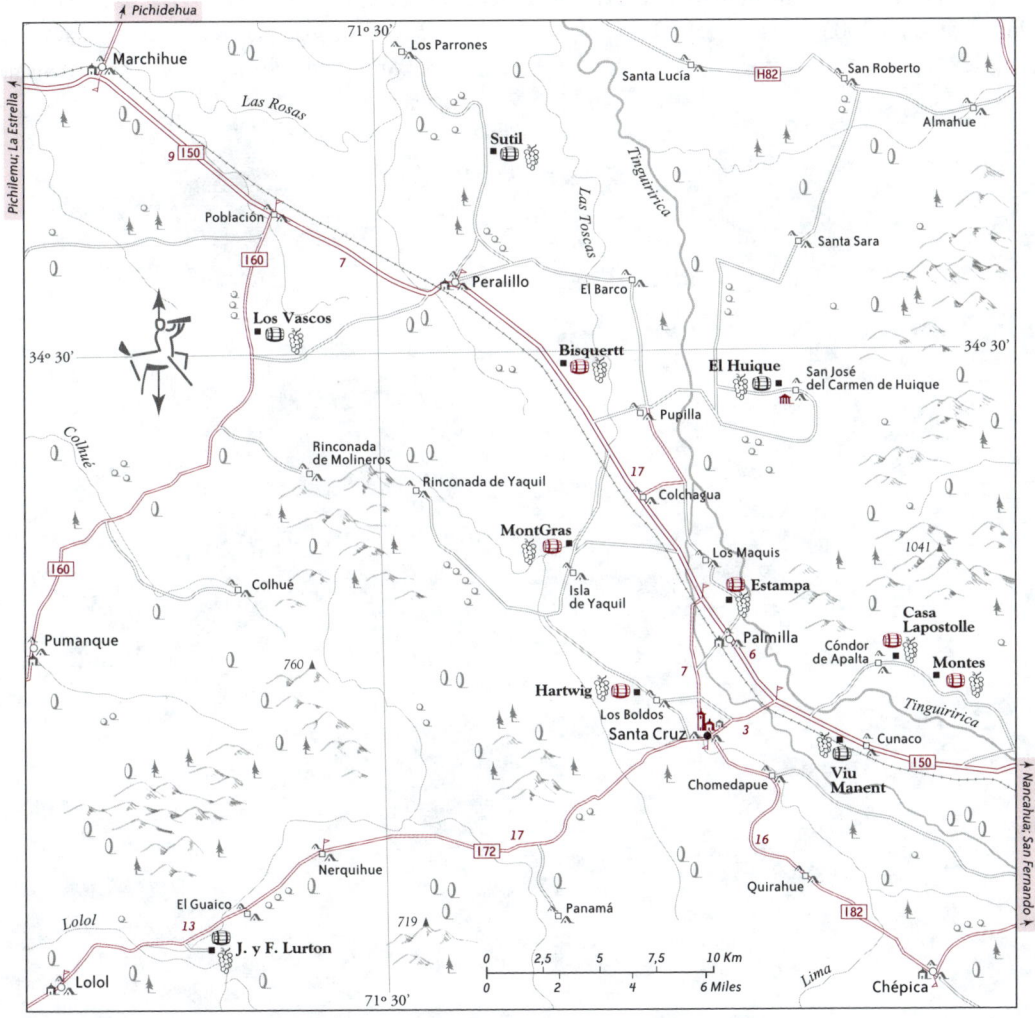

Valle de Colchagua, zona oeste / *Colchagua Valley, western area*

Ruta del Vino Valle de Colchagua

Plaza de Armas 298 / Santa Cruz / Valle de Colchagua
Tel.: (072) 823199
Fax.: (072) 825458
E-mail: info@rutadelvinocl
Website: www.colchaguavalley.cl

La Ruta del Vino Valle de Colchagua fue constituida en 1996 por un grupo de viñas líderes del Valle y del país. Dirigida por el creativo Thomas Wilkins, quien afirma "*pretendemos ser líderes en calidad en Chile*". Organizan programas regulares y especiales de visitas, con guía en castellano e inglés, de lunes a domingo. Su señalización vial es muy buena, así como su mapa-folleto. El próximo objetivo es el tren vinario-turístico, que debería comenzar a funcionar en un primer tramo en 2003.

The Colchagua Valley Wine Route was created in 1996 by a group of wineries that are leaders not only in the valley but in the country as well. It is directed by the creative Thomas Wilkins, who affirms that "we aim to be leaders in quality in Chile." They organize regular and special programs for visits with Spanish and English-speaking guides, Sunday through Saturday. The wineries are well-marked with good road signs and a good brochure-map. Their next project includes a wine-tourism train, the first phase of which should begin operating in 2003.

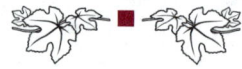

Los Caminos de la Vid
Follow The Wine Trail

La experiencia que garantiza
el mejor programa de turismo enológico:

- Más de 300 bodegas visitadas personalmente.
- 7 meses y más de 35.000 kilómetros de viajes de relevamiento e investigación.
- Exclusiva cartografía completa y actualizada.
- La única base de datos con pistas, claves y secretos del mundo del vino.

The experience that guarantees
the best enological tourism program:

- More than 300 wineries personally visited.
- 7-month research and survey trips, traveling along 35,000 kilometers.
- Complete, updated and exclusive cartography.
- The only database with tips, clues and secrets fron the wine world.

Wine Knowledge    Tourism Expertise

caminos@australspectator.com   info@argentinanow.com.ar

www.australspectator.com • www.argentinanow.com.ar

¿Por qué Vinicius?

¿Por qué un neurocirujano?

¿Por qué un procesador de 64 bits?

¿Por qué un sistema ABS?

Vinicius. La agencia de comunicación específica para productos específicos: vinos & alimentos.

VINICIUS
Food & Wine Marketing Services

Para coordinar una entrevista, contactarse con José Chaile al tel. cel. 15-4998-3690
San Martín 492 Piso 4 Of. 9 - jchaile@fibertel.com.ar

(R)EVOLUCION

Porque sabemos del esfuerzo de los buenos productores en la elaboracion de sus vinos.

Porque un buen vino debe ser disfrutado en optimas condiciones.

Porque amamos el mundo del vino.

lo revolucionamos...

El nuevo termómetro descartable que le permitirá disfrutar sus vinos en condiciones óptimas.
Una verdadera revolución

La línea industrial de botellas con termómetro incorporado.
La revolución en envases.

El servicio de climatización de vinos para puntos de venta.
La revolución en servicios

www.thermowine.com

Pedro Molina 485 P. 8º Of. 1 (5500) Mza. Argentina - Tel. (54) (261) 420 1055 - info@thermowine.com

La tradicion clasica y la tecnologia moderna

En RONOR no sobrevaloramos la tecnología, no tenemos esa superstición. Estimamos que poseer y manejar instrumental de última generación es condición imprescindible pero de ningún modo suficiente para lograr resultados óptimos.
Hoy y también en el futuro, el cuidado artesanal y el factor humano cuentan demasiado.
A eso atendimos mucho en RONOR, hasta reunir el equipo de profesionales que, además de su capacitación y experiencia, sumaran características personales de alta confiabilidad.

ARTES GRAFICAS RONOR

Una industria gráfica para trabajos de alta exigencia de calidad.

Cerrito 932/34 (B1883AIB) Bernal - Tel. 4252-7110 - Fax 4252-0895 - E-mail ronor@ronor.com.ar

Casa Lapostolle

Camino San Fernando a Pichilemu, km 36 / Cunaco / Santa Cruz
Tel.: (02) 2429774
Fax.: (02) 2344536

E-mail: info@casalapostolle.cl
Website: www.casalapostolle.com
Capacidad: 3 millones de litros/*Capacity: 793,000 gallons*
Viña: 300 hectáreas/*Vineyards: 750 acres*

Nacida en 1994 de la sociedad entre la firma francesa *Marnier-Lapostolle* y la familia chilena Rabat, en poco tiempo *Casa Lapostolle* se afirmó como uno de los productores de la más alta calidad en Chile. Fue establecida sobre una bodega de la familia Rabat, vieja de más de 20 años, modernizada y ampliada.

Planean construir otra bodega bien *boutique* y exclusiva para su ya famoso *Clos Apalta* (uno de los vinos más caros de Chile, lanzado en 1997).

La viña propia se distribuye entre Apalta (donde vinifican) con 120 hectáreas de Merlot, Carmenère, Cabernet Sauvignon, Malbec y Petit Verdot (con sectores más viejos de una densidad de 6.600 plantas por hectárea); Requínoa, con otras 120 hectáreas de Syrah, Merlot, Cabernet Sauvignon y Sauvignon Blanc; y Casablanca, con 60 hectáreas de Chardonnay y algo de Pinot Noir. Además, compran a productores de Apalta con contratos a largo plazo, a los que siguen de la poda a la cosecha, y a quienes pagan toda la producción aunque boten la mitad de la cosecha en verde: se precian de los rendimientos más bajos de Chile, con un máximo de 1 kilo por cepa. El viñedo de Apalta contiene plantas de 60 años y es de *rulo*, sin riego, ya que hay napas a escasa profundidad. Los suelos son de *maicillo* (arenisca granítica), pobres y ácidos.

La bodega, de vago estilo neocolonial a la vera de la ruta troncal del Valle, está a cargo desde 1996 del enólogo francés Michel Friou. Allí demolieron las viejas piletas de cemento (sólo quedó alguna como tanque de agua). Cuentan con prensa pneumática, tanques de acero inox de 10 a 45 mil litros y 9 cubas de roble nuevas de 7 mil litros; además 4 mil barricas al 80 % francesas, el resto americanas, que descartan y renuevan a razón de mil al año pues sólo admiten 4 usos. Los *assemblages* son hechos en persona por Michel Rolland, quien participa en el proyecto desde el inicio y viaja 4 veces al año. Exportan el 95 % de la producción; la mitad a Estados Unidos y luego al Reino Unido, Canadá, Suiza y otra veintena de mercados. Reciben visitas sólo 2 días a la semana, a través de la *Ruta del Vino de Colchagua*.

Begun in 1994 as an association between French firm Marnier-Lapostolle *and the Chilean Rabat family,* Casa Lapostolle *quickly became one of Chile's highest-quality producers, after modernizing and enlarging a 20-year-old Rabat facility.*

They plan to build another boutique winery exclusively for their famous Clos Apalta *(one of Chile's most expensive wines, launched in 1997).*

The vineyards are in Apalta (where they vinify), with 300 acres of Merlot, Carmenère, Cabernet Sauvignon, Malbec, and Petit Verdot (with older sections with 2,640 plants per acre); Requínoa, with 48 acres of Syrah, Merlot, Cabernet Sauvignon, and Sauvignon Blanc; and Casablanca, with 150 acres of Chardonnay and a bit of Pinot Noir. They also buy from producers with long-term contracts in Apalta, in which case they control vine management and harvest and pay for the entire crop, although they discard half while green, resulting in Chile's lowest yields, no more than 2.2 pounds per vine.

The Apalta vineyard has 60-year-old plants and is unirrigated, as the water table is not deep, and the soil is gravel, poor, and acidic.

The vaguely neo-classical winery has been managed by French winemaker Michel Friou since 1996. They've demolished all the old cement tanks (except one, used for water). They use a pneumatic press, stainless steel tanks ranging in capacity from 2,640 to 11,900 gallons, and 9 new 1850-gallon oak tanks. A quarter of the 4,000 oak barrels (80% French) are renewed each year, allowing for 4 uses. The blended wines are personally made by Michel Rolland, who has participated in the project from the beginning, and comes 4 times per year.

They export 95% of the production, half to the US, and the rest to the UK, Canada, Switzerland, and another 20 markets.

They receive visitors only twice per week, organized through the Colchagua Wine Route.

Clos Apalta Corte 2000

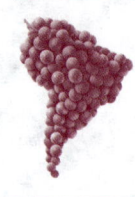

JACQUES Y FRANÇOIS LURTON S.A.

Hacienda Araucano s/nº / Lolol /
Casilla 181 / Santa Cruz
Tel./Fax.: (09) 7890258

E-mail: info@bodegalurton.com
Website: www.bodegalurton.com
Capacidad: 0,25 millones de litros/ *Capacity: 66,000 gallons*
Viña: no posee/ *Vineyards: none*

Los hermanos Lurton han hecho diversas inversiones vitivinícolas en América del Sur -en Uruguay, Argentina y Chile- además de otros terruños del Viejo y Nuevo Mundo. Esta pequeña y solitaria bodega, terminada a fines de 2001, se halla en un hermoso valle de secano donde el factor limitante es el agua de riego. Si bien todavía no poseen un viñedo productivo, están plantando a razón de 5 hectáreas al año hasta llegar a unas 30, quizá 40 hectáreas. Ya hay 20 hectáreas de viña a pie del cerro, orientadas al norte, cuidando de dejar a la vegetación nativa -espino, quillay y boldo- entre la viña. Por ahora todo el Cabernet Sauvignon y Franc, Petit Verdot, Carmenère y Syrah que vinifican es comprado a productores con contrato en el Valle de Colchagua, a los que siguen todo el año desde la poda. "Hay mucha oferta de uvas, hay muy buena fruta para comprar" afirma René Soto, jefe de bodega. La enología está a cargo de Jacques Lurton, quien viaja todos los meses; y tienen como enólogo asistente al chileno Francisco Beattig, quien vive en Mendoza donde está la otra bodega.

El estilo de la casa, al modo de muchos productores bordeleses de alcurnia, es vinificar el vino premium en pequeñas piletas de cemento/epoxy abiertas, de 15 mil litros con placas de temperatura; en tanto que los varietales fermentan en acero inox de tipo "siempre llenos" o de techo flotante, ya que hacen mucho pisoneo y remontajes. En 2003, la mitad del *Gran Araucano* fermentó con levaduras indígenas. La prensa es de canasto y la selección de la uva muy cuidadosa, con una mesa de 12 personas.

Entre este año y el próximo, planean construir una segunda bodega de 0,5 millones de litros para los varietales y la línea de embotellado.

Exportan el 98 % de la producción de 300 mil botellas a través de la casa matriz francesa; y sus principales mercados están en Francia, Bélgica, Alemania y Reino Unido. Reciben visitas a través de la *Ruta del Vino de Colchagua*.

The Lurton brothers have made various vitivinicultural investments in South America -in Uruguay, Argentina, and Chile- as well as in other parts of the Old and New Worlds. This small and solitary winery, completed in late 2001, is in a beautiful, dry valley where the limiting factor is water for irrigation. Although they still don't have a productive vineyard, they are planting at a rate of 12.5 acres per year until they reach 75 or 100. There are 50 north-facing acres at the base of the hill, with native vegetation (espino, quillay, and boldo) left in the fields. For now all the Cabernet Sauvignon and Franc, Petit Verdot, Carmenère, and Syrah vinified is purchased from Colchagua Valley producers which they follow from pruning through harvest. "There are a lot of good grapes available," affirms cellar master René Soto. Jacques Lurton travels to Chile monthly to manage the winemaking, while Chilean enologist Francisco Beattig, who lives in Mendoza, is his assistant both here and in Argentina.

The house style follows Bordeaux tradition and its premium wines are vinified in small 3,900-gallon temperature-controlled cement/epoxy tanks. Varietal wines are fermented in stainless-steel "ever-full" tanks with floating tops, with frequent punch-downs and pump-overs. In 2003, half of the Gran Araucano *was fermented with natural yeasts. Grapes are very carefully sorted at a 12-person selection table. They use a basket press.*

They plan to erect a second building by next year for 132,000 gallons of varietals and the bottling line. They export 98% of the 300,000-bottle production through the home office in France; their major markets are France, Belgium, Germany, and the UK. They receive visitors when arranged through the Colchagua Wine Route.

Gran Araucano Sauvignon Blanc 2002 🍇 - *Araucano Sauvignon Blanc 2002* ★★★★

Araucano Chardonnay 2001 ★★★ - *Araucano Cabernet Sauvignon 2002* ★★★

Araucano Carmenère 2002 ★★

Laura Hartwig

Camino Barreales s/nº / Santa Cruz
Tel.: (072) 823179
Fax.: (072) 822755

E-mail: laurahartwig@terra.cl
Website: En construcción
Capacidad: 0,39 millones de litros/*Capacity: 103,000 gallons*
Viña: 80 hectáreas/*Vineyards: 200 acres*

Laura Hartwig fue hasta reciente *Santa Laura*, viña que embotelló su primera vendimia en 1995 si bien el fundo familiar produce uvas viníferas desde fines de los años '70, que vendían y todavía venden. La bodega se construyó en 3 etapas desde 1994 y luce como la más *boutique* de las que vimos en Chile: recluida en un añoso parque arbolado, frente a su cancha de polo, contigua a sus viñedos, pequeña, acogedora y funcional. "*Escogimos esta escala porque representa una forma de vida*" dice Alejandro Hartwig, quien vive en la viña; "*aspiramos a hacer un vino del mejor nivel que refleje algo de las personas que llevan el negocio*". Las personas son Alejandro, quien dirige viña y bodega, su padre también llamado Alejandro que maneja las finanzas, y como figura inspiracional (retratada en las etiquetas), su madre Laura Hartwig *nèe* Bisquertt, apellido de tierra y tiempo en Valle de Colchagua.

La bodega es una construcción que no desentonaría en un *cottage* inglés: contiene una prensa pneumática y tanques de acero inox de 2,5 a 25 mil litros divididos en 2 baterías de una misma nave: a un lado los tanques de tintos con duchas (ya que se hacen con menos frío) y al otro los blancos, con chaquetas (que pueden congelar un mosto). La uva llega en gamelas desde la viña y pasa por mesa de selección antes de ir a la despalilladora. Hay una sala semienterrada de 400 barricas al 70 % francesas -porcentaje que tiende a aumentar- y el resto importadas de Estados Unidos. Hay también una sala de fermentación del Chardonnay en barrica. El enólogo es Ernesto Giusan, ya mencionado en *Viña Canepa*. Pero Alejandro Hartwig asegura que "*la vinificación me gusta mucho y participo porque soy enólogo por afición*".

En los viñedos cultivan Cabernet Sauvignon, Merlot, Carmenère, Chardonnay y un poco de Cabernet Franc. Las cepas están conducidas en espaldera y en lira. El riego es por surco.

Exportan el 65 % de la producción a Norteamérica, Reino Unido, Irlanda, Alemania, Suiza, Japón y Perú. Tienen una pequeña tienda y reciben visitas a través de la *Ruta del Vino de Colchagua*.

Laura Hartwig, *until recently known as* Santa Laura, *bottled its first harvest in 1995, although the family has grown and sold wine grapes since the late 1970s. In 1994, they began to build the winery in 3 stages. Secluded in an old tree-filled park, it's Chile's model boutique winery; next to the vineyards and facing the polo field, it's small, charming, and functional. "We chose this scale for the style of life it represents," says Alejandro Hartwig, who lives on the estate; "we want to make high-quality wine that reflects the people who behind the business." Those people are Alejandro (Winery and Vineyards), his father, Alejandro Sr. (Finance), and as inspiration, his mother (whose portrait is on the label)* Laura Hartwig, *née* Bisquertt, *a historic family name in Colchagua.*

Built along the lines of an English cottage, the winery has a pneumatic press and 660-6,600-gallon stainless steel tanks divided into 2 sets: on one side, tanks for red wine with water bath (cooling is less crucial in red wine-making), the other side, for whites with jackets (capable of freezing must). Grapes arrive in crates and are selected before de-stemming. A split-level room houses 400 barrels, 70% French, a percentage that tends to increase, and the rest American. Chardonnay is barrel-fermented in another room. The winemaker is Ernesto Guisan, already mentioned in Viña Canepa, *although Alejandro Hartwig comments, "I enjoy the vinification process very much and participate because I'm a winemaker by hobby."*

They grow Cabernet Sauvignon, Merlot, Carmenère, Chardonnay, and some Cabernet Franc, all furrow-irrigated, and either vertically or lyre-trained.

They export 65% to North America, the UK, Ireland, Germany, Switzerland, Japan, and Peru. They have a small shop and receive visitors through the Colchagua Wine Route.

Esta bodega no nos envió muestras, que esperamos para la próxima edición.

This winery didn't send us samples, which we hope to receive for the next edition.

VIÑA BISQUERTT

Fundo Lihueimo s/nº / Santa Cruz
Tel.: (02) 4220650
Fax.: (02) 2319137

E-mail: info@bisquertt.cl
Website: www.bisquertt.cl
Capacidad: 15 millones de litros/*Capacity: 3,963,000 gallons*
Viña: 600 hectáreas/*Vineyards: 1,500 acres*

El apellido Bisquertt lleva más de un siglo ligado a la viticultura en Colchagua, pero el lado vinícola quedó trascordado por otras labranzas hasta 1975, cuando Osvaldo Bisquertt compró una secular casa patronal y una vieja bodega a la que recicló para elaborar vinos a granel. Tres lustros más tarde, lanzó su propia etiqueta con el apellido familiar; y hasta hoy nunca dejó de practicar su otra pasión, la arquitectura. Cuentan con 3 *maestros* albañiles de planta, pues viven refaccionando o ampliando bajo la dirección de don Osvaldo, quien a los 76 años (además de coleccionar carruajes y mobiliario antiguo para lo que necesita siempre más espacio) dirige la empresa secundado por 7 de sus 8 hijos.

En 6 fincas del Valle cultivan ambos Cabernet, Merlot, Carmenère, Pinot Noir, Chardonnay y Sauvignon Blanc. En una de ellas, en Marchihue, plantaron un jardín de variedades viníferas. Casi todo es conducido en espaldero, con algo de parronal. El riego es por tendido y por goteo.

La bodega es ecléctica, fruto de sucesivas ampliaciones. Tienen capacidad para almacenar hasta 400 toneladas de uva por día. Destacan, una gran prensa pneumática, piletas de cemento/epoxy para almacenaje, y una sorprendente cantidad y variedad de tanques de acero inox con control de temperatura y capacidades de mil a 200 mil litros, cuya profusión se explica: la familia Bisquertt también posee una empresa que los fabrica. En la bodega vieja hay 16 fudres de 40 mil litros de raulí que, con su sombría antigüedad, alegran la vista del turista enófilo, pues colaboran con esa atmósfera de bodega vinífera que desaparece con acero inoxidable. Enólogos de la casa son Joana Pereira Quintana y Marcelo Gangas. Amigo y ex asesor, tanto en la enología como en su ingeniería, fue Mario Geisse, ahora dedicado exclusivamente a *Casa Silva*. Siguen vendiendo vino a granel (como la mayoría de las viñas medianas y grandes de Chile) y exportan el 50 % de la producción a Estados Unidos, Reino Unido y Japón.

Reciben gustosos a los visitantes: poseen una tienda bien provista y sala de eventos.

The name Bisquertt has been associated with Colchagua Valley viticulture for more than a century, but winemaking took a back seat until 1975, when Osvaldo Bisquertt bought a manor house with an old winery and renovated it to make bulk wines. And although his own family label appeared 15 years later, he has never left his other passion- architecture. They have 3 masons on staff to handle the continuous renovations and enlargements under Osvaldo's watchful eye, who, at 76, not only collects carriages and antique furniture that always needs more space, but directs the company, along with 7 of his 8 children. They grow Cabernet, Merlot, Carmenère, Pinot Noir, Chardonnay, and Sauvignon Blanc in 6 flood- and drip-irrigated vineyards throughout the valley, including the Marchihue site where they have a vinifera garden. Nearly all are trained to vertical shoot position, although some are on pergolas.

The eclectic winery, the result of successive enlargements, can receive up to 400 tons of grapes per day. They have a large pneumatic press, cement/epoxy storage tanks, and a surprising number and variety of temperature-controlled stainless steel tanks ranging from 2,600-52,800 gallons each. The reason why is simple: the Bisquertt family has a company that makes them. And much to the delight of the visiting enophile, they also have 16 antique 10,500-gallon raulí foudres that add a charm that stainless steel can't. House winemakers are Joana-Pereira Quintana and Marcelo Gangas. Mario Geisse, friend and former winemaking and engineering consultant is now exclusively dedicated to Casa Silva. They continue to sell bulk wines (as do most medium and large wineries in Chile), and export 50% of their production to the US, UK, and Japan.

They happily receive visitors and have a well-stocked shop and events center.

La Joya Syrah 2002 ★★★★ - *La Joya Gran Reserva Cabernet Sauvignon 1999* ★★★

La Joya Carmenère 2002 ★★★ - *La Joya Merlot 2000* ★★

La Joya Syrah 2000 ★★

VIÑA CASA SILVA

Hijuela Norte, Angostura / Casilla 97 /
San Fernando
Tel.: (072) 716519
Fax.: (072) 710204

E-mail: casasilva@casasilva.cl
Website: www.casasilva.cl
Capacidad: 9 millones de litros/*Capacity: 2,378,000 gallons*
Viña: 650 hectáreas/*Vineyards: 1,625 acres*

Quien plantó las cepas más añosas de esta viña (y del Valle de Colchagua) fue el pionero de la vitivinicultura chilena Emilio Bouchon, cuya bisnieta María Teresa se casó con el odontólogo devenido *winemaker* Mario Silva, quien compró la viña en 1977. Hasta 1997 vendía el vino a granel, pero desde entonces comenzó a embotellar y focalizarse en vinos de calidad, con la colaboración de sus hijos Mario Pablo (gerencia general), Gonzalo (producción) y Francisco (relaciones públicas), y la consultoría del afamado enólogo Mario Geisse, quien dejó sus otros compromisos en Chile para dedicarse exclusivamente a *Casa Silva*. Enólogo residente es José Ignacio Maturana.

Cultivan Cabernet Sauvignon, Carmenère, Merlot, Syrah, Sangiovese, Petit Verdot, Viognier, Chardonnay y Sauvignon Blanc; todo en espaldera, con riego por goteo salvo en las zonas donde hay napas a poca profundidad, que hacen innecesario el riego. La edad de las viñas va de 6 a 90 años, si bien por el grosor de su tronco estas últimas nos parecieron mugrones de vides de aquella edad. Toda la cosecha es manual.

La bodega, que en parte tiene más de un siglo, cuenta con tanques de cemento de 145 mil litros revestidos en acero inox, que emplean para fermentación y almacenamiento. También hay tanques de acero inox de varias capacidades y un sector muy interesante donde los tanques están bajo un viejo techo de madera, en singular contraste. Una curiosidad son 3 toneles de acero inox (revestimiento interior), cemento (estructura original) y madera (revestimiento exterior). Hay 2 mil barricas todas francesas y una sala de cata dentro de la sala de bordelesas, así como una cava de afinamiento en botellas.

Exportan el 85 % al Reino Unido, Estados Unidos, Dinamarca, Brasil y Japón, pero también tienen un cliente muy importante en varias aerolíneas internacionales que sirven sus vinos en primera clase y *business class*.

Reciben visitas de lunes a sábados, a 12 dólares el *tour* y la cata.

The oldest vines in the vineyard (and in Colchagua Valley) were planted by French viticultural pioneer Emilio Bouchon. His great-granddaughter María Teresa married odontologist-turned-winemaker Mario Silva, who bought the winery in 1977. They sold bulk wines until 1997, when they began bottling and focusing on quality wines with the help of their sons Mario Pablo (General Management), Gonzalo (Production), and Francisco (Public Relations), and with technical assistance from well-known winemaker Mario Geisse, who is now exclusively dedicated to Casa Silva (in Chile). José Ignacio Maturana is resident winemaker.

The grow Cabernet Sauvignon, Carmenère, Merlot, Syrah, Sangiovese, Petit Verdot, Viognier, Chardonnay, and Sauvignon Blanc, all vertically positioned and drip-irrigated, except in areas where the water table is high and irrigation is unnecessary. The vineyard ranges in age from 6-90 years, although the thickness of the trunks seems to indicate that these are actually shoots from the old vines. All harvesting is manual.

The winery, more than a century old in some parts, has 38,000-gallon cement tanks used for fermentation and storage. They also have different sizes of stainless steel tanks in an area with an interesting contrast between modern tanks and an old wooden roof. They have 3 curious cement vats that have been relined with stainless steel on the inside and covered with wood on the outside. There are 2,000 French oak barrels and a tasting room within the barrel room, as well as a bottle-aging cellar.

They export 85% to the UK, US, Denmark, Brazil, and Japan, but do a good deal of business with international airlines that serve their wines in First and Business classes. Visitors are received Monday – Saturday, and charged $12USD for a tour and tasting.

Lolol Single Reserva Syrah 2001 - Casa Silva Los Lingues Carmenère 2001 - Cellar Classic Syrah 2001

Doña Dominga Cabernet Sauvignon 2001 ★★★★★ - Cellar Classic Carmenère 2002 ★★★★★

Angostura Chardonnay 2002 ★★★★ - Angostura Merlot 2001 ★★★★

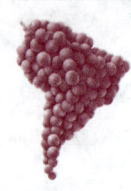

Viña Cono Sur

Av. Pisagua s/n°, Fundo Santa Elisa / Chimbarongo
Tel./Fax.: (072) 781093

E-mail: query@conosur.com
Website: www.conosur.com
Capacidad: 8 millones de litros/*Capacity: 2,114,000 gallons*
Viña: 600 hectáreas/*Vineyards: 1,500 acres*

Establecida por *Concha y Toro* en 1993, *Cono Sur* compite con su viña madre tanto en distribución como en mercados. Su nombre deriva tanto de la geografía austral cuanto del francés *connaisseur*, ya que nació con ideas extravagantes tales como ser uno de los mayores productores mundiales de Pinot Noir -cosa que es, con 1,3 millones de litros y la consultoría del experto francés en esta cepa, Martin Prieure. Suyas son las vides de esta variedad más antiguas del país, plantadas en 1974. La bodega de Chimbarongo ("valle de la neblina" en mapuche) englobó a una vieja bodega de adobe con edificios modernos y funcionales, en una inversión total (incluyendo viñedos) de 20 millones de dólares. Fue la primera bodega de Sudamérica en satisfacer las normas *I.S.O. 9000* y *14000*. La viña incluye una palaciega casa patronal donde nos ofrecieron un espléndido almuerzo.

Todo el viñedo es espaldero irrigado por goteo, implantado en suelos aluvionales muy pedregosos de un ex lecho del río Tinguiririca, del cual obtienen el agua de riego a través de un canal. Los rendimientos fluctúan entre 5 toneladas por hectárea en vinos premium, hasta 10 toneladas en los varietales. La cosecha es manual y el manejo es orgánico, con gansos para controlar el *burrito* y *arañita blanca* para combatir a la *arañita roja*. Producen su abono con los residuos de la vinificación que sumergen en bolsas en el estanque del agua de riego, así enriquecida. Tienen viñas también en los valles de Casablanca, Maipo, Rapel y Bío Bío.

Poseen 4 cubas abiertas de 6 toneladas donde pisan a pie el Pinot y el Syrah de edición limitada. Cuentan con 3 prensas pneumáticas y 257 tanques de acero inox de 1 mil a 100 mil litros, pero los de fermentación más grandes son de 50 mil, todos con chaquetas para enfriamiento y calefacción. Las barricas, francesas, suman 3 mil. El enólogo a cargo de todo es Adolfo Hurtado. Exportan el 97 % de la producción a mercados de todo el mundo. No reciben al turismo.

Established by Concha y Toro *in 1993,* Cono Sur *competes with its mother winery in both distribution and markets. Its name derives both from the southern geography and the French word "connaisseur," as it was born of extravagant ideas, such as becoming one of the world's largest producers of Pinot Noir, which it is, with 343,000 gallons and technical assistance from French Pinot expert Martin Prieure. Planted in 1974, its Pinot Noir vines are the oldest in the country.*

The plant in Chimbarongo ("Valley of the Mist" in Mapudungun) includes an old adobe winery with modern and functional buildings, with a total investment (including vineyards) of $20 million USD. It was the first winery in South America to satisfy the ISO 9000 and 14000. The winery includes a palatial manor house where they offered us a wonderful lunch. The entire vineyard is vertically positioned and drip irrigated, planted in the very rocky alluvial soils of a former riverbed of the Tinguiririca, where water is obtained through a canal. Yields vary between 2 tons per acre for premium wines to 4 for varietals. They harvest manually and use organic practices; geese control the pests known as burrito *and white spiders combat the harmful red ones. Fertilizer is made from winemaking residues, which they submerge in bags in the irrigation reservoir. They also have vineyards in the Casablanca, Maipo, Rapel, and Bío Bío Valleys.*

They have 4 open 6-ton vats where limited editions of Pinot and Syrah are tread by foot. They have 3 pneumatic presses and 257 stainless steel tanks (26,400 gallons), but the largest fermentation tanks are 13,200 gallons, all equipped with cooling and heating jackets. There are 3,000 barrels, all French. Adolfo Hurtado is the chief winemaker.

Something like 97% of their production is exported to markets around the world.

Visión Riesling 2002 ★★★★ - Visión Viognier 2002 ★★★★

Visión Gewürztraminer 2002 ★★★ - Visión Chardonnay 2002 ★★★

20 Barrels Pinot Noir 2001 ★ - 20 Barrels Cabernet Sauvignon 2000 ★

VIÑA ESTAMPA

Camino San Elías, km 45 / Palmilla
Tel.: (072) 933190
Fax.: (072) 933191

E-mail. info@estampa.com
Website: www.estampa.com
Capacidad: 1,8 millones de litros/*Capacity: 475,600 gallons*
Viña: 230 hectáreas/*Vineyards: 575 acres*

Si la revolución tecno-enológica de las últimas 2 décadas no hubiera venido acompañada de una revolución estética en la arquitectura del gremio, las bodegas post-modernas se asemejarían unas a otras como plantas industriales del mismo rubro y caducaría en buena parte el sentido de una Guía como ésta. Prueba de que el vino es la única actividad agroindustrial que roza lo artístico y hasta lo místico, es que ocurre lo contrario: en el Continente, son minoría las bodegas nuevas de pura ingeniería, sin arquitectura. Un formidable ejemplo es *Viña Estampa* (arquitectos Blanco, Andrade y Asociados) que adorna la Carretera del Vino poco más allá de Santa Cruz. La elegante onda del techo se traduce luego a las etiquetas de la casa. Sólo falta concluir la cava subterránea de barricas y vinos. El todo, pertenece a la familia González Ortiz (antes *Molino* -harinero- *La Estampa*, en Santiago) cuya empresa agrícola se reconvirtió a la vitivinicultura.

Los viñedos, sólo tintos plantados desde 1995, están calle por medio de la bodega en suelo franco arcilloso. Albergan 2 Syrah (clon 100, más productivo y clon 99, más cualitativo), Cabernet Sauvignon, Merlot, Carmenère y desde este año, Cabernet Franc, Malbec, Petit Syrah y Petit Verdot. Todo corre en espaldera a pie franco, casi todo regado por goteo. Del clon 99 obtienen 8 toneladas por hectárea.

Con Hans Fleichman (chileno), enólogo residente, y Pablo Vergara, enólogo asesor y gerente técnico, la semana anterior a nuestra visita embotellaron su primer Reserva: un *assemblage* de Syrah, Carmenère y Merlot '02 que pasó un año en barrica. De éstas cuentan 70 francesas y 30 americanas predilectas para el Syrah. Vinifican en 52 tanques de acero inox de 5 a 50 mil litros, todos con doble chaqueta de frío/calor y control automático de temperatura.

Exportan el 95 %, casi todo a granel en el segmento de mayor calidad y precio (0,50 dólares el litro) pues recién comenzaron a embotellar en 2001. De *Estampa* sólo nos chocó una muestra de cuadros en el *hall* que hacía a puños con el resto. Reciben visitas con gusto.

If the recent techno-enological revolution hadn't had a parallel aesthetic revolution in winery architecture, all post-modern wineries would be alike, leaving little reason for this Guidebook. Clearly, wine is the only agro-industrial activity that comes close to being artistic; there are few new wineries on the continent that lack architectural design. An impressive example is Viña Estampa *(Blanco, Andrade and Associates, Architects), which stands out with its elegant wave, the roof design reflected in the winery's labels. All that remains to finish is the underground barrel and bottle-aging cellar. It belongs to the González-Ortiz family, who converted their flour mill business* La Estampa *into a winemaking endeavor.*

The all-black-grape vineyards were planted in 1995 near the winery, in clay-loam soils. They have 2 Syrahs (the more-productive clone 100 and higher quality 99), Cabernet Sauvignon, Merlot, Carmenère, and last year's plantings of Cabernet Franc, Malbec, Petit Syrah, and Petit Verdot. All vines are vertically-positioned, most drip-irrigated. Clone 99 yields 3.2 tons per acre.

Chilean Hans Fleichman is the on-site winemaker, and Pablo Vergara is the technical director and consulting winemaker. The week before our visit, they had just bottled their first Reserva, a blend of 2002 Syrah, Carmenère, and Merlot, aged 1 year. They have 70 French barrels and 30 American (for Syrah). Wines are made in 52 stainless steel tanks ranging from 1,300-13,200 gallons, with double- jackets and automatic temperature control.

They export 95%, nearly all as bulk wine in the higher quality and price bracket ($0.13 USD a gallon), since bottling just began in 2001.

Our only problem with Estampa *was a display of paintings in the hall that clashed drastically with the rest. Guests are happily received.*

Estampa Syrah-Cabernet Sauvignon 2002	★★★
Estampa Cabernet Sauvignon-Merlot 2002	★★
Estampa Carmenère-Merlot 2002	★★

VIÑA LOS VASCOS S.A.

Fundo Los Vascos / Camino Pumanque s/n° / Peralillio / Colchagua
Tel.: (02) 2326633
Fax.: (02) 2314373

E-mail: mpce@losvascos.cl
Website: www.lafite.com
Capacidad: 11 millones de litros/*Capacity: 2,906,000 gallons*
Viña: 630 hectáreas/*Vineyards: 1,575 acres*

Si una noche de invierno un enólogo del Viejo Mundo soñara la viña y bodega ideal en el Nuevo Mundo, soñaría algo parecido a *Los Vascos*. Un amplio valle propio entre cerros, de suelos buenos a óptimos para viticultura, hasta pérdida de vista: casi todo Cabernet Sauvignon y Chardonnay con cepas de 3 a 6 décadas. Agua de pozos, canales y tranques. 650 milímetros de lluvia anuales e influencia del Océano a una hora de vuelo del cuervo. Pestes y plagas insignificantes. Un *ranch* del Lejano Oeste lejos de todo. Una vasta bodega equipada *ad hoc*. Barricas de fabricación propia a voluntad. A las espaldas, la mejor tradición francesa y una de las viñas más importantes del país. Sólo 5 vinos de altísima calidad para exportar a los clientes más exigentes del planeta. Colaboradores y empleados, educados y capaces. Y ninguna visita turística.

Marco Puyo es el enólogo chileno que vive en este sueño vitivinícola americano iniciado en 1988 por *Les Domaines Barons de Rothschild (Lafite)* al que luego se asoció *Viña Santa Rita*. Lo asesora Christian Le Sommer, quien también asesora, tras los montes, a *Caro*. Los viñedos, de clones de vivero propio (donde cultivan pies americanos resistentes a filoxera y nemátodos) están puestos en espaldero y mayoría a pie franco. Los rendimientos van de 6 toneladas por hectárea para *Le Dix*, a 11 para *Los Vascos*. Parte del viñedo se poda con cordón apitonado para permitir la cosecha mecánica, que están ensayando. Poseen un jardín de variedades y paños de Syrah, Malbec y Carmenère.

La bodega, de los años '50, fue renovada y ampliada. Cuentan con 4 prensas pneumáticas móviles, 156 tanques de acero inox de 40 mil litros con ducha, chaqueta y triple chaqueta, además de 30 tanques de 5 a 25 mil litros. Atesoran 1.500 barricas y aparte, en una suerte de cava consagrada, guardan unas 260 bordelesas *Tonnellerie Château Lafite* de Pauillac tostado medio llenas de *Le Dix*. Hay una confortable casa de huéspedes reservada a propietarios e invitados. Exportan el 99,7 % a Estados Unidos, Alemania, Japón, México, Venezuela y otros mercados.

If an Old World winemaker were to dream of the ideal wine estate in the New World, it would surely look like Los Vascos: *a big, private valley perfect for winegrowing, stretched out as far as the eye can see. Old vine (30-60 years) Cabernet Sauvignon and Chardonnay. Water from wells, canals, and reservoirs. An average rainfall of 26 inches. Maritime influence from an hour away. Few pests or diseases. An isolated 'Far West' ranch. A large winery with all the right equipment. Custom-made barrels. Backed by the best French tradition and one of the country's best wineries. Only 5 top-quality wines for the world's most-demanding clients. Educated, competent collaborators and employees. And no tourists.*

Chilean winemaker Marco Puyo is living this dream, begun in 1988 by Les Domaines Barons de Rothschild (Lafite), *later in association with* Viña Santa Rita. *Christian Le Sommer consults, both here and at* Caro, *in Argentina Using clones from their own nursery (where they grow phylloxera- and nematode-resistant American rootstocks), the vineyards are all vertically-trained and mostly ungrafted. Yields are 2.4 tons per acre for Le Dix and 4.4 for* Los Vascos. *Some vines are spur pruned to allow experiments with mechanical harvesting. A varietal garden includes parcels of Syrah, Malbec, and Carmenère.*

The 1950s winery was renovated and expanded, now with 4 mobile pneumatic presses, 156 stainless steel 10,600-gallon tanks with water bath, jacket and triple jacket systems, plus 30 tanks of 1,300-6,600 gallons. Of the 1,500 barrels, 260 from Pauillac's Tonnellerie Château Lafite, medium-toasted and full of Le Dix are stored separately A comfortable house is reserved for the owners and their guests. They export 99.7% to the US, Germany, Japan, Mexico, Venezuela, and others.

Los Vascos Corte 2000 ★★★★★

Los Vascos Chardonnay 2002 ★★★★

Los Vascos Cabernet Sauvignon 2001 ★★★

VIÑA LUIS FELIPE EDWARDS

Fundo San José Puquillay / Nancagua
Tel.: (02) 2086819
Fax.: (02) 2087775

E-mail: vinalfedwards@lfewines.com
Website: www.lfewines.com
Capacidad: 5,2 millones de litros/*Capacity: 1,370,800 gallons*
Viña: 300 hectáreas/*Vineyards: 750 acres*

Es una pena que esta viña no reciba visitantes ya que es una de las más excepcionales de Chile, tanto por la arquitectura de su bodega con jardín interior, como por sus nuevos viñedos en terrazas en los cerros del fundo. Durante 2 décadas la viña produjo vinos a granel, hasta que en 1994 lanzó su propia marca.

Sus cepas son Cabernet Sauvignon y Franc, Syrah, Carmenère, Merlot, Petit Verdot y Chardonnay, al 70 % irrigadas por goteo y el resto por surco. También poseen parrales de uva de mesa. Si bien hay viñedos en la parte llana del fundo, lo más impactante son las 30 hectáreas de terrazas dedicadas al Cabernet Sauvignon y al Syrah, con suelos todos distintos que obligan a vinificar por separado cada lote, y rendimientos en estas variedades de 4 a 5 toneladas por hectárea.

La bodega de vinos (diseño del señor Edwards) es clásica y original a la vez, pues su aspecto exterior es el de una casa patronal de la campiña chilena, pero en su interior alberga un bello jardín de helechos y glicinas que trepan por las columnas junto a los tanques de acero inox. Éstos son de una capacidad variable entre mil y 120 mil litros, casi todos con control de temperatura para enfriamiento en la fermentación alcohólica y calefacción en la maloláctica. Hay piletas de cemento/epoxy de 23 mil litros que emplean para almacenaje y mezclas. En la sala de barricas más apretujada que hemos visto en toda Sudamérica, cuentan 4 mil bordelesas de 225 y 300 litros, que desde 2002 son todas francesas. Sin embargo, pasaron de hacer vinos de estilo francés a un estilo más australiano, con la consultoría de Mike Farmilo (ex director técnico de *Penfold's*) y Brian Light, ambos *aussies*.

La viña es presidida por Luis Felipe Edwards (quien viajó durante 10 años por el mundo para abrir mercados) y su hijo homónimo está a cargo de la gerencia general.

Exportan el 97 % de la producción a Estados Unidos, Reino Unido, Alemania, Dinamarca e incluso Australia.

It's a shame that this winery doesn't receive visitors, as its architecture, interior garden, and new terraced hillside plantings make it one of Chile's most exceptional wineries. After 2 decades of producing bulk wine, it launched its own brand name in 1994. Varieties include Cabernet Sauvignon and Franc, Syrah, Carmenère, Merlot, Petit Verdot, and Chardonnay, 70% drip-line, 30% furrow-irrigated. They also have table grapes on pergolas. Though they have plantings on flat land, the 75 terraced acres of Cabernet Sauvignon and Syrah are by far the most impressive. Because the soils are so diverse, the parcels must be vinified in separate lots. Yields range from 1.6-2 tons per acre.

The winery has a classic yet original design by Edwards: a typical Chilean country manor house on the outside, and a beautiful garden on the inside, full of ferns and wisteria that climb the columns beside the stainless steel tanks. The tanks range from 264-31,700 gallons in capacity, almost all regulated to cool during the alcoholic fermentation and heat during the malolactic. There are 6,100-gallon cement/epoxy tanks for storage and blending. The barrel room is the most cramped that we saw in South America, with 4,000 barrels (60 and 80 gallons), which are all French as of 2002. Their wines, however, are now more Australian than French, with technical assistance coming from Aussies Mike Farmilo (former technical director of Penfold's*) and Brian Light.*

The winery's President is Luis Felipe Edwards, who traveled for 10 years opening markets around the world, and his son (and namesake) is General Manager. They export 97% to the US, UK, Germany, Denmark, and even Australia.

Luis Felipe Edwards Reserva Cabernet Sauvignon 2000 ★★★★

Luis Felipe Edwards Reserva Carmenère 2001 ★★

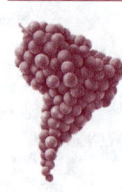

Viña Montes

La Finca de Apalta / Valle de Apalta / Santa Cruz /Colchagua
Tel.: (072) 825417
Fax.: (02) 2484790

E-mail: montes@monteswines.com
Website: www.monteswines.com
Capacidad: 0,75 millones de litros/*Capacity: 198,150 gallons*
Viña: 550 hectáreas/*Vineyards: 1,375 acres*

El enólogo Aurelio Montes no necesita presentaciones en Chile, pues fue uno de los líderes de la renovación vitivinícola a lo largo de la década del '90. La viña que lleva su apellido y que dirige nació en 1988 formada por 4 socios: además del propio Montes, Alfredo Vidaurre, Douglas Murray (los 3 ex *Viña San Pedro*) y Pedro Grand, productor vitícola.

Viña Montes posee viñedos en 3 fincas en el Valle de Curicó y 2 fincas en Valle de Colchagua: Marchigüe y Apalta, donde planean construir una bodega. Por ahora vinifican en su bodega de Curicó y en Apalta sólo hay un moderno galpón climatizado para guarda de barricas y una pequeña sala de atención a las visitas.

En el viñedo de Apalta (situado al pie de una herradura de cerros de unos 700 metros más altos que el valle, expuesta al sudoeste) cultivan cepas de Cabernet Sauvignon, Carmenère, Merlot y Syrah. Están haciendo un admirable trabajo de plantación en ladera, sacando rocas con caballos, ya que la pendiente supera el 45 %. El Syrah crece en ladera con rendimientos modestísimos para una cepa tan productiva: 4 toneladas por hectárea. La cosecha no sólo es manual sino, como dicen en la casa, "*hecha por acróbatas*". Además de las cepas ya mencionadas, en los otros fundos cultivan Cabernet Franc, Petit Verdot, Pinot Noir, Sauvignon Blanc y Chardonnay.

Vinifican con sangrías de hasta el 25 % y en algunos vinos emplean levaduras naturales. Poseen 4 mil barricas al 90 % francesas en Apalta y otras mil en Curicó, donde fermenta el Chardonnay. Exportan el 95 % de la producción a más de 60 países, donde Estados Unidos se lleva un 25 % del total.

En La Finca de Apalta reciben visitas a través de la *Ruta del Vino de Colchagua* y ofrecen un interesante recorrido por el viñedo en *Unimog*, del que tuvimos el honor de ser los primeros pasajeros.

In Chile, winemaker Aurelio Montes needs no introduction; he was a leader of Chile's 1990s winemaking renovation. He runs the winery that bears his name, founded in 1988 by 4 partners: Montes, Alfredo Vidaurre, and Douglas Murray (all formerly of Viña San Pedro), and winegrower Pedro Grand.

Viña Montes has vineyards in 3 Curicó fundos, plus 2 in Colchagua: Marchigüe and Apalta, where they have a modern, air-conditioned building for barrel aging and a small visitor reception area. They plan to build a winery there too, but for now, they make wine in their Curicó plant.

The Apalta vineyard is at the foot of a U-shaped group of hills that reach 2,296 feet above the valley floor, and has a southwest exposure. They grow Cabernet Sauvignon, Carmenère, Merlot, and Syrah. They are doing an admirable job of planting on slopes by using horses to remove rocks from the steep, 45° incline. Syrah grows on slopes with a modest yield for this vigorous variety: 1.6 tons per acre. Harvest is not only manual, but as they say here, "done by acrobats." In addition to the aforementioned varieties, they also grow Cabernet Franc, Petit Verdot, Pinot Noir, Sauvignon Blanc, and Chardonnay on their other fundos.

During vinification, they bleed up to 25% and use native yeasts in some wines. In Apalta, they have 4,000 barrels, 90% French, and in Curicó, some 1,000 more for their barrel-fermented Chardonnay. They export 95% to over 60 countries, of which the U.S. takes 25%.

The Apalta fundo receives visitors through the Colchagua Wine Route and offers an interesting tour through the vineyards via Unimog – and we had the honor of being its first passengers.

Montes Alpha M. Corte 2000 🍇 - Montes Alpha Syrah 2000 ★★★★★ - Montes Gewürztraminer-Riesling 2000 ★★★★

Montes Alpha Cabernet Sauvignon 2001 ★★★★ - Montes Alpha Merlot 2000 ★★★

Montes Alpha Chardonnay 2001 ★★

VIÑA MONTGRAS

Camino Isla de Yáquil s/n /
Comuna de Palmilla
Tel.: (72) 82 28 45
Fax.: (72) 82 41 84

E-mail: info@montgras.cl
Website: www.montgras.cl
Capacidad: 6,2 millones de litros/ *Capacity: 1,638,000 gallons*
Viña: 300 hectáreas/ *Vineyards: 750 acres*

Viña MontGras fue establecida en 1992 por los hermanos Hernán y Eduardo Gras con Cristián Hartwig, con el propósito de elaborar vinos de alta calidad para la exportación. Un orgullo de la casa son sus viñedos del cerro Ninquén, promontorio seco unos 150 metros más alto que el fondo del valle, al que prácticamente han cubierto con 100 hectáreas de vides de Cabernet Sauvignon, Merlot, Malbec, Carmenère, Syrah, Chardonnay y Viognier, todo en espaldera y con riego por goteo; dejando buena parte de la vegetación original de quillay, peumo, espinos, boldo, litre y cactus. En tanto, los viñedos del llano (200 hectáreas) están plantados en suelos más fértiles y por ello los sistemas de conducción son Scott Henry, lira y Ginebra doble cortina; además emplean pies de injerto desvigorizantes y siembran pasturas que rivalizan con las vides, todo ello con el propósito de desvigorizar a las plantas. Así, en el cerro Nenquén obtienen de 6 a 8 toneladas por hectárea y en el llano, de 10 a 12. Además compran uvas del Valle de Casablanca.

La bodega es moderna pero de arquitectura agradable, equipada con 22 tanques de acero inox de 37 mil litros con chaquetas de regulación de temperatura y 42 tanques de 28 mil litros con duchas, además de otros de capacidades menores. En la sala de barricas hay 3.200 bordelesas, en un 70 % importadas de Francia y el resto de Estados Unidos, a las que dan 4 usos. Parte del Chardonnay fermenta en barrica. Emplean duelas en los vinos varietales.

"*En general nuestros vinos no son 100 % barrica, queremos que mantengan la fruta y las características de la variedad*" dice Santiago Margozzini, enólogo jefe, en tanto que Hernán Gras es enólogo-propietario y Paul Hobbs, consultor.

Exportan al Reino Unido, Irlanda, Estados Unidos, Dinamarca y Holanda.

En *Viña MontGras* hay un agradable centro de visitas, con tienda y vista al viñedo, además de una cava de degustación. Reciben visitas a través de la *Ruta del Vino de Colchagua*.

Viña MontGras was established in 1992 by brothers Hernán and Eduardo Gras and Cristián Hartwig to make high-quality wines for export.

They are very proud of their vineyards planted on Ninquén Hill, 490 feet above the valley floor, almost entirely covered with 250 acres of Cabernet Sauvignon, Merlot, Malbec, Carmenère, Syrah, Chardonnay, and Viognier, all vertically-trained and drip-irrigated. They conserve quite a bit of native vegetation on the hill, including quillay, peumo, espino, boldo, litre, *and* cactus. *Their valley plantings (500 acres) are in fertile soil, and therefore they use Scott Henry, lyre, and double canopy trellising systems. They also reduce vigor cover crops and grafted vines on specially-selected rootstocks. On Ninquén's slopes, yields are 2.4-3.2 tons per acre, with 4-5 and on the flat land. They also buy grapes from Casablanca Valley.*

The winery is modern, yet architecturally attractive, equipped with 22 stainless steel tanks holding 10,000 gallons each, with jackets for temperature control, 42 tanks with a 7,400-gallon capacity and water bath system, and other, smaller tanks. In the barrel room, they have 3,200 4-use barrels, 70% French, 30% American. Some Chardonnay is barrel-fermented. They use inner staves for their varietals.

"Overall, our wines aren't 100% oaked, we want to keep fruit and varietal characteristics," says Santiago Margozzini, head winemaker, who receives technical assistance from winemaker-owner Hernán Gras and North American consultant Paul Hobbs.

They export to the U.K., Ireland, U.S., Denmark, and the Netherlands. Viña MontGras has a nice visitors center with a shop and view of the vineyard, plus a tasting cellar. They receive visitors through the Colchagua Wine Route.

Ninquén Cabernet Sauvignon 2000	- MontGras Reserva Carmenère 2000 ★★★★
MontGras Reserva Chardonnay 2002 ★★★	- MontGras Reserva Merlot 2000 ★★★
MontGras Limited Edition Viognier 2002 ★★★	- MontGras Reserva Sauvignon Blanc 2002 ★★

VIÑA RAVANAL

Oscar Gajardo s/n° / Casilla 14 / Placilla
Tel.: (072) 859067
Fax.: (072) 856079

E-mail: info@ravanal.cl
Website: www.ravanal.cl
Capacidad: 2,7 millones de litros/ *Capacity: 713,300 gallons*
Viña: 100 hectáreas/ *Vineyards: 250 acres*

En Valle de Colchagua hay varias viñas de gran lucimiento actual pero son contadas las que como *Viña Ravanal* se remontan a 3 generaciones de vitivinicultores que siguen al frente de la empresa familiar: Mario Ravanal, gerente y enólogo, con sus hijos Mario Sebastián en las ventas chilenas y Pía, enóloga y jefa de exportaciones. La familia vive en la viña.

Como debe ser, tres cuartas partes de la superficie de viñedos están alrededor de la bodega en Placilla, con suelos francos. Luego poseen otra finca a 5 kilómetros de allí, en San José de Manantiales, con suelo franco arenoso. Cultivan sus 2 Cabernet, Merlot, Carmenère, Syrah, Chardonnay, Sauvignon Blanc y Semillon, casi todo en espaldera y parte en parrón, con riego por goteo en la finca grande y californiano en la otra. La mayor parte de las cepas están puestas a pie franco, pero hay cuadros de Syrah y Carmenère injertados en pies resistentes a los nemátodos. Cosechan a mano y sólo vinifican uvas propias. Ello ocurre en tanques de acero inox de 5 a 45 mil litros, incluida la fermentación maloláctica, y algunos tanques tienen sombrero flotante. Parte de la bodega (sector fermentación y almacenaje) es flamante y cuenta con prensa pneumática. Hay un sector diferenciado para los blancos. Almacenan los vinos en piletas de cemento/epoxy de 50 y 100 mil litros. La crianza la obtienen de 120 barricas al 85 % de roble americano, el resto de encina francesa.

A 12 días de terminada su cosecha 2003 la enóloga de la casa, Patricia González Vera, nos dijo "*este año va a quedar en la memoria de muchos, mucho tiempo*".

Exportan el 40 % a Europa, Norte, Centro y Sud América. Un 15 % de la producción es vendida a granel y también exportada.

With 3 generations in the wine business, Viña Ravanal *is one of the few Colchagua Valley wineries with a history of family management: Mario Ravanal, as Manager-Winemaker, with children Marío Sebastián in Sales, and Pía in Winemaking and Export. The family lives on the property.*

As it should be, 75% of the total surface area of vineyards surrounds the winery in Placilla's loam soils. They have another fundo *12 miles away in the sandy loam soils of San José de Manantiales. They grow Cabernet Sauvignon and Franc, Merlot, Carmenère, Syrah, Chardonnay, Sauvignon Blanc, and Semillon, most vertically-trained, a part in pergola. They drip irrigate in Placilla and use pipe-fed furrow irrigation in the smaller San José* fundo. *Most vines are ungrafted, but some parcels of Syrah and Carmenère are on nematode-resistant rootstocks. They handpick and vinify their own grapes, using 1,300 to 11,900-gallon stainless steel tanks, some with floating caps, for alcoholic and malolactic fermentations. Part of the winery (fermentation and storage) is new, and has a pneumatic press. They have a separate sector for whites wines. Wines are stored in 13,200 to 26,400-gallon cement/epoxy tanks and aged in 120 barrels, 85% American oak, the rest French.*

Just 12 days after the 2003 grape harvest ended, house winemaker Patricia González told us, "this year will be remembered for a long time."

They export 40% to Europe and North, Central, and South America. Bulk wine, which accounts for 15% of the production, is also exported.

Cepa Noble Cabernet Sauvignon 2001 ★★★

Cepa Noble Reserva Chardonnay 2002 ★★

Cepa Noble Reserva Carmenère 2001 ★★

VIÑA SAN MIGUEL DEL HUIQUE

Fundo San Miguel s/nº / Palmilla
Tel./Fax.: (072) 821153

E-mail: elhuique@entelchile.net
Website: www.elhuique.com
Capacidad: 1,3 millones de litros/*Capacity: 343,500 gallons*
Viña: 100 hectáreas/*Vineyards: 250 acres*

El Huique es un topónimo de grandes viejos ecos en la historia del latifundio en el Valle de Colchagua. Para darse una idea de sus reverberaciones, en camino hacia la *Viña El Huique*, el viajero debería echar antes un vistazo al museo del mismo nombre, a breve distancia de la bodega.

Ésta se encuentra en otra casona patronal de fines del XIX que desde entonces -con el dramático interludio de la Reforma Agraria- pertenece a la familia García Huidobro, que tuvo allí bodega de vinos desde 1948. No deja de ser curioso que los García Huidobro (que también son Echenique) compraron parte de sus tierras y la mitad de su casona 2 veces, tras una surrealista expropiación que la dividió ¡con un muro! al medio de su patio interior, donde hoy crece 1/4 de hectárea de Cabernet Franc para el Oporto de la casa. Además tuvieron que reconstruir la mitad expropiada, colocando 5 mil metros cuadrados de tejas. Hoy todo luce como si no hubiera sido más que una pesadilla del siglo XX chileno. Poseen 3 fincas: 2 en El Huique y una en Marchihue. El 70 % es Cabernet Sauvignon, el resto Merlot, Carmenère, Cabernet Franc y Chardonnay, implantadas entre 1976 y 1999, y conducidas en espaldera, lira, Scott Henry ("*complicado de manejar, anduvo bien en el Carmenère y mal en el Cabernet*", nos dijeron) y "parrón antiguo español" del que sacan al máximo 10 toneladas por hectárea. Practican control de brotes y de racimos en pinta, y deshojan muy fuerte.

Enólogo es el californiano Alfonso Derose. Vinifican en acero inox a temperatura controlada; almacenan en cubas de cemento/epoxy; y crían en 120 barricas francesas y americanas. Exportan un 80 % a granel y 20 % en botella a mercados de Norteamérica, Europa y Asia. También practican ganadería, forestación y agricultura intensiva.

The name El Huique echoes through the history of the great Colchagua Valley landed estates. For an idea of the extent of its reverberations, the traveler should stop along the way to visit the El Huique museum.

The winery, in operation since 1948, is located on another late 19th-century fundo, still in the hands of the original owners, despite a dramatic interlude during the Agrarian Reform. The García-Huidobro family had to buy back part of their land and half their house after a surrealistic expropriation that literally divided it with a wall through their interior patio, where 3/5 of an acre of Cabernet Franc grows today. They also had to rebuild the expropriated half, replacing 54,000 square feet of roofing tiles. Today it appears intact, as if this 20th-century Chilean nightmare never occurred. Their 3 vineyards (2 in El Huique, 1 in Marchihue) were planted to Cabernet Sauvignon (70%), Merlot, Carmenère, Cabernet Franc, and Chardonnay in 1976-1999, trained to vertical shoot position, lyre, Scott Henry ("difficult to manage; it worked well for Carmenère but not for Cabernet,") and "old Spanish pergola", with a maximum yield of 4 tons per acre. They control shoots and clusters during veraison and de-leaf heavily.

Californian Alfonso Derose is the house winemaker. They vinify in temperature-controlled stainless steel, store in cement/epoxy tanks, and age in 120 French and American oak barrels. Their exports are 80% bulk wine and 20% bottled wine, to North America, Europe, and Asia.

Farming, cattle, and forestry are also part of their activity.

> *El* Museo San José del Carmen de El Huique *es la culminación de la* casa patronal *colchagüina, edificada en el temprano siglo XIX por el hacendado Juan José Echenique. Fue donado al Ejército en 1976 y hoy es uno de los* highlights *del Valle, si bien puede parecer algo decaído en su entorno.*
>
> *The* San José del Carmen de El Huique Museum *is the epitome of the Colchagua fundo home, built in the early 19th century by Juan José Echenique. Donated to the Army in 1976, today it is one of the highlights of the Valley, although the surrounding area is a bit deteriorated.*

El Huique Reserva Cabernet Sauvignon 1998 ★★★

El Huique Cabernet Sauvignon 2001 ★★

El Huique Carmenère 2001 ★★

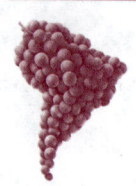

Viña Santa Helena

La Concepción 266 6° piso /
Providencia / Santiago
Tel.: (02) 3621526
Fax.: (02) 3621527

E-mail: triesle@ccu.cl
Website: www.santahelena.cl
Capacidad: 15 millones de litros/ *Capacity: 3,963,000 gallons*
Viña: 750 hectáreas/ *Vineyards: 1,875 acres*

Santa Helena, viña que no pudimos conocer personalmente pero nos envió sus vinos, existe desde 1942 cuando fue fundada por la *Junta de Exportación Agrícola* como una cooperativa exportadora también conocida como *Vinex* y luego como *Vinos de Chile S.A.* La empresa desde 1994 pertenece al grupo *C.C.U.* o *Compañía de Cerverías Unidas* que controla la *Viña San Pedro*. En 2001 se realizaron importantes inversiones en viñedos y equipamiento. Poseen viñedos en los valles de Colchagua (el 70 %), Casablanca y Curicó, en suelos franco arenosos y franco arcillosos, plantados con Cabernet Sauvignon, Merlot, Carmenère, Syrah, Malbec, Sauvignon Blanc (de Curicó) y Chardonnay (de Casablanca). La viña está puesta en espaldera, lira, Scott Henry y también parronales, todo con riego por goteo. Los rendimientos medios en espaldera van de 6 a 12 toneladas por hectárea y en los parronales llega a 20 toneladas por hectárea. Compran uvas de productores contratados a largo plazo.

Con la dirección del enólogo Miguel Rencoret, vinifican en 3 bodegas, una en Santa Cruz de 7 millones de litros de capacidad, otra en Teno, con 4 millones y otra más en Tutuquén, Curicó. Poseen 168 tanques acero inox desde mil a 200 mil litros de capacidad, 70 piletas de cemento/epoxy de 50 a 400 mil litros, y 4 mil barricas bordelesas de las cuales el 80 % son francesas y el resto de roble americano.

Elaboran 3 líneas de vinos: *Gran Vino, Siglo de Oro* y *Selección del Directorio*.

Exportan el 95 % de la producción a 50 países y sus principales mercados son Brasil, Suecia, Finlandia, Reino Unido, Dinamarca y Japón.

We were unable to visit Santa Helena personally, but they did send us their wines. The winery was founded in 1942 by the Junta de Exportación Agrícola *(Agricultural Exportation Board) as a export cooperative, and has also been known as Vinex, and later as* Vinos de Chile S.A. *It has belonged to CCU (Compañía de Cervecerías Unidas – United Brewing Company) since 1994; CCU also controls the Viña San Pedro. A major investment in vineyards and equipment was made in 2001. They have vineyards in Colchagua (70%), Casablanca, and Curicó valleys, with sandy-loam and clay-loam soils planted to Cabernet Sauvignon, Merlot, Carmenère, Syrah, Malbec, Sauvignon Blanc (Curicó), and Chardonnay (Casablanca). Trellising systems employed include vertical shoot positioning, lyre, Scott Henry, and pergolas, all drip irrigated. Average yields run 2.4 – 4.8 tons per acre for vertically-positioned vines and 8 tons per acre for pergola-trained vines. They buy grapes from producers with long-term contracts.*

Enologist Miguel Rencoret directs the winemaking in 3 plants, one in Santa Cruz with a capacity of 1,850,000 gallons, another in Teno (1,057,000 gallons), and a third in Tutuquén, Curicó. They have 168 stainless steel tanks ranging from 264 to 53,000 gallons in capacity, 70 cement/epoxy tanks (13,200 – 105,700 gallons) and 4,000 barrels, 80% of which are French oak and the rest American.

Their 3 lines of wine are: Gran Vino, Siglo de Oro, *and* Selección del Directorio.

Exports to 50 countries account for 95% of the production, and their major markets are Brazil, Sweden, Finland, the UK, Denmark, and Japan.

Santa Helena Reserva Carmenère 2001 - *Santa Helena Siglo de Oro Cabernet Sauvignon 2002* ★★★★

Santa Helena Cabernet Sauvignon 2002 ★★★ - *Santa Helena Selección del Directorio Pinot Noir 2002* ★★★

Selección del Directorio Reserva Cabernet Sauvignon 2001 ★★★ - *Santa Helena Siglo de Oro Carmenère-Malbec 2002* ★★★

VIÑA SELENTIA

Viña Angostura s/n° / San Fernando
Tel.: (072) 913081
Fax.: (072) 913080

E-mail: info@selentia.cl
Website: www.vinaselentia.cl
Capacidad: 2,2 millones de litros/*Capacity: 581,400 gallons*
Viña: 100 hectáreas/*Vineyards: 250 acres*

Viña Selentia pertenece, a través del grupo español *Bodegas y Bebidas*, al coloso *Allied Domecq*, con una participación minoritaria de los propietarios del antiguo viñedo, la familia Mayol-Bouchon (descendientes del viticultor francés Emilio Bouchon, quien plantó las cepas a fines del siglo XIX y cuya vieja bodega, en ruinas, puede verse a la entrada). La bodega, de una arquitectura reminiscente de *ville* italianas y *châteaux* franceses, se inauguró con la vendimia 2000.

En los viñedos, distribuidos en la finca de San Fernando donde está la bodega y en otra finca en el cercano Chimbarongo, crecen Cabernet Sauvignon, Merlot, Carmenère, Chardonnay y Semillon en espaldera y lira, en suelos franco-arcillosos, con riego por surco en los cuadros de viña más antigua y por goteo en los más recientes. Con poda, desbrote, raleo después de pinta y deshoje logran desde 3 toneladas de uva por hectárea en las laderas y para los vinos premium hasta 8 toneladas. "Hemos tratado de definir qué viña es *reserva* y qué es *varieta*l" dice la enóloga Gabriela Negrete, quien cuenta con la asesoría del francés Hervè Romat. "*La velocidad de cosecha es igual a la velocidad de recepción*" agrega Gabriela "*la cinta de selección sube a la despalilladora y moledora, que están arriba, en la boca del tanque. No trabajamos por gravedad pero sí en forma horizontal, con bombeos suaves del mosto*".

La fermentación ocurre en 40 tanques de 25 mil litros con control automático de temperatura. La fermentación maloláctica la realizan, según la calidad de la uva, en tanques o en barricas. De éstas, poseen 900 en un 60 % de encina francesa, el resto de roble americano; todas guardadas bajo un hermoso techo de madera abovedado.

Exportan el 90 % de la producción a Bélgica y Alemania, y a granel a Suiza y China.

Reciben con gusto visitas.

Viña Selentia, part of the Spanish group Bodegas y Bebidas, *belongs to the colossal* Allied Domecq. *Former owners and now minority stockholders, the Mayol-Bouchon family are descendants of French winegrower Emilio Bouchon, who planted vines at the end of the 19th century and whose old winery, now in ruins, is at the entrance of the current winery. Reminiscent of a Italian villa or French château, the winery was inaugurated for 2000 vintage.*

In the vineyards, which are spread out between their San Fernando fundo, where the winery is located, and another close to Chimbarongo, Cabernet Sauvignon, Merlot, Carmenère, Chardonnay, and Semillon grow vertically and lyre trained, in clay loam, furrow-irrigated in the oldest parcels and with drip irrigation in the youngest. After pruning, disbudding, post-veraison thinning, and leaf removal, they obtain between 1.2 tons per acre on slopes and 3.2 for their premium wines. "We've tried to define which vineyards are reserve and which are varietal," says winemaker Gabriela Negrete, who receives technical assistance from Frenchman Hervé Romat. "The harvest speed is the same as reception speed," adds Gabriela, "the selection belt rises to the crusher/de-stemmer at the mouth of the tank. We don't work by gravity, we work horizontally, pumping the must softly."

They ferment in 40 temperature-controlled tanks holding 6,600 gallons each. Malolactic fermentation takes place in either barrels or tanks, depending on the grape quality. They have 900 barrels, 60% are French, the rest American oak.

They export 90% to Belgium and Germany, and bulk wine to Switzerland and China.

They happily receive visitors.

Selentia Cabernet Sauvignon 2000 ★★

Selentia Reservado Especial Chardonnay 2001 ★

VIÑA SIEGEL

Fundo La Laguna s/n° / San Fernando
Casilla 202
Tel./Fax.: (072) 711229

E-mail: siegel@cmet.net
Website: www.siegelvinos.com
Capacidad: 2 millones de litros/*Capacity: 528,400 gallons*
Viña: 70 hectáreas/*Vineyards: 173 acres*

Alberto Siegel heredó de su padre el afán vitivinícola y así estudió ingeniería agronómica con especialización en enología. Durante años fue comerciante en vinos a granel para el mercado interno y la exportación: comenzó a embotellar con su nombre en 1998. La bodega de 7 millones de litros y las viñas que inició su padre en San Elías, Palmilla (Valle de Colchagua) fueron arrendadas por 8 años a una gran viña en condiciones aparentemente difíciles de resistir. Pero Alberto Siegel no pudo con su genio vitivinícola y volvió a hacer vinos arrendando parte de una moderna y funcional bodega, mientras planea edificar otra sólo para sus vinos reserva.

Los viñedos son en espaldera y lira, en suelos profundos, de *maicillo*. Cultivan ambos Cabernet, Merlot, Syrah, Carmenère, Chardonnay y Sauvignon Blanc. Los rendimientos van de un mínimo de 6 toneladas por hectárea para los vinos reserva obtenidos de vides en espaldera, hasta 15 toneladas para los varietales y graneles que salen de las viñas puestas en lira.

Vinifican en tanques de acero inox de 5 a 40 mil litros, todos con control de temperatura; además poseen otros tanques (que en todo Chile llaman cubas) de 5 y 10 mil litros con relación 1:1 entre altura y diámetro, que emplean para los tintos reserva y gran reserva. Poseen 200 bordelesas al 60 % francesas y el resto americanas. Hacen un Chardonnay que al 50 % fermenta en barrica; este año hicieron la fermentación maloláctica en los tanques, pero hasta entonces fue en barricas. Emplean duelas de roble en los varietales. La enóloga es Jimena Egaña y contaron con el asesoramiento de Mario Geisse.

Exportan el 95 % a Reino Unido, Estados Unidos, Dinamarca, Bélgica, Holanda, Suiza y Japón, y a granel a Canadá y Reino Unido.

Albert Siegel inherited a passion for winegrowing from his father and studied Agricultural Engineering, specialized in winemaking. He sold bulk wine in the domestic and export markets for years and began to bottle under his own name in 1998. He signed a hard-to-resist 8-year lease with a large winery on the 1,850,000-gallon winery and vineyards started by his father in San Elías, Palmilla (Colchagua Valley), but Alberto Siegel needed to quench his winemaking thirst and rented part of a modern, functional winery to make his own wines while planning to build another for his reserve wines.

The vineyards are vertically and lyre-trained, in deep gravel soils. They grow Cabernet Sauvignon and Franc, Merlot, Syrah, Carmenère, Chardonnay, and Sauvignon Blanc. The yield is 2.4 tons per acre for the vertically-trained vines (reserve wines) and 6 tons per acre for the lyre-trained vines.

They make wine in 1,300-10,600-gallon temperature-controlled stainless steel tanks, and have other 1,320 and 2,640-gallon tanks with a 1:1 height to diameter ratio for reserve and grand reserve red wines. They have 200 barrels, 60% French, the rest American. This year, their 50% barrel-fermented Chardonnay underwent its malolactic fermentation in tanks, though usually in barrels. They use oak inner staves for the varietals. Jimena Egaña is the winemaker, with technical assistance from Mario Geisse.

They export 95% to the UK, US, Denmark, Belgium, the Netherlands, Switzerland, and Japan, as well as bulk wine to Canada and the U.K.

San Elías Syrah 2001 - *Crucero Syrah 2001* ★★★★ - *Gran Crucero Carmenère 2001* ★★★

Crucero Carmenère 2002 ★★★ - *Gran Crucero Syrah 2001* ★★★ - *San Elías Carmenère 2002* ★★★

Crucero Chardonnay 2002 ★★★ - *El Crucero Reserva Cabernet Sauvignon 2001* ★★★ - *Crucero Merlot 2001* ★★

VIÑEDOS SUTIL

Fundo San Jorge Peralillo / Colchagua
Tel.: (02) 3621929
Fax.: (02) 2520527

E-mail: sutilwines@empresas-sutil.cl
Website: www.vinedossutil.cl
Capacidad: 4,6 millones de litros/ *Capacity: 1,215,320 gallons*
Viña: 200 hectáreas/ *Vineyards: 500 acres*

Sutil puede parecer un buen adjetivo para nombrar a una viña, pero aquí es un sustantivo propio; uno de los 3 socios y parientes es Juan Sutil, junto a Diego (padre) y Diego (hijo) García de la Huerta, familia de tradición vitícola en el Valle del Maipo hasta los años '60. La viña nació en 1991 con la compra del Fundo San Jorge y en 1993 plantaron Cabernet Sauvignon y Franc, Merlot, Carmenére, Petit Verdot, Syrah y Malbec, además de Chardonnay y Sauvignon Blanc. En 1999, con asesoramiento de Mario Geisse, construyeron una bodega de proyecto más ingenieril que arquitectónico, donde vinificaron en 2000. A cargo de la enología está el joven Diego García de la Huerta, con 4 vendimias en su haber, una en *Robert Mondavi*. Los asesora el californiano Scott Peterson, quien trabajó en Mendoza con *Catena Zapata*.

La bodega está equipada con docenas de tanques de acero inox de 10, 20, 25, 50 y 100 mil litros (todos con chaquetas de frío/calor), más media docena de piletas de 200 mil litros de cemento/epoxy que usan para almacenaje, mezcla y fermentación maloláctica. Tienen 2 prensas *Pera* sobre rieles; una de ellas, la más grande, de Chile del tipo caja abierta, para espumante. Cuentan 250 barricas al 60 % francesas y el resto de Estados Unidos: Diego (hijo) dice "*a mí personalmente, me gusta bastante el roble americano*", y también emplean duelas en algunos vinos. En esta viña que comienza, Scott Peterson es fautor del *shotgun approach* o "táctica del escopetazo": dedicaron 150 bordelesas de diversas tonelerías, bosques y géneros Quercus, para escoger 6 docenas y componer un tinto de crianza que lanzarán en 2004 en poco más de 20 mil botellas. Exportan el 99 % de 2,4 millones de botellas a mercados de las Américas, Europa y Asia, con las marcas *La Playa* y *Eyzaguirre* destinadas sólo a ultramar. Además exportan 1 millón de litros de varietales a granel, en los que emplean *chips*. Y suya es la etiqueta más poética de Chile, que evoca al bardo de Isla Negra gracias a un convenio con la *Fundación Neruda*.

The Spanish word sutil (subtle) is a good adjective for a winery, but here it's a noun: one of the partners is Juan Sutil, along with Diego (father) and Diego (son) García de la Huerta, a family with a tradition in Maipo Valley winemaking since the 1960s. They bought the San Jorge Fundo in 1991 and planted Cabernet Sauvignon and Franc, Merlot, Carmenère, Petit Verdot, Syrah, Malbec, Chardonnay, and Sauvignon Blanc in 1993. And in 1999, with technical assistance from winemaker Mario Geisse, they built the winery, which is more engineering than architecture, and made wine in 2000. Young Diego has 4 harvests under his belt, including 1 at Robert Mondavi, *and is in charge of winemaking, and Californian Scott Peterson, who worked in Mendoza at* Catena Zapata, *consults.*

They have dozens of stainless steel tanks ranging from 2,600-26,400 gallons, all with heating/cooling jackets, plus half a dozen 52,800-gallon cement/epoxy tanks for storage, blending, and malolactic fermentation. They use 2 Pera *presses on rails, one of which is the largest open-basket type in Chile, used for sparkling wines. Their wines are aged in 250 barrels, 60% French, although Diego (son) says, "personally, I really like American oak." They also use inner staves in some wines. Scott Peterson takes the shotgun approach here; they tried 150 barrels from different cooperages, forests, and types of Quercus, and chose 6 dozen to make some 20,000 bottles of an aged red for release in 2004.*

They export 99% of their 2,400,000 bottles to the Americas, Europe, and Asia, with the overseas brands La Playa *and* Eyzaguirre, *as well as 264,200 gallons of bulk wine (made with chips). They have Chile's most poetic label, evoking the bard of Isla Negra, thanks to an agreement with the* Neruda Foundation.

Sutil Sauvignon Blanc 2002 ★★★★ - La Playa Merlot 1999 ★★★★ - La Playa Chardonnay 2002 ★★★

La Playa Claret Corte 2000 ★★★ - La Playa Cabernet Sauvignon 1999 ★★★ - Sutil Syrah 2001 ★★★

La Playa Carmenère 2001 ★★★ - Sutil Chardonnay 2002 ★★★ - Sutil Carmenère 2001 ★★★

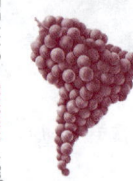

Viu Manent y Compañía Ltda.

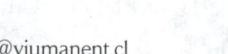

Viña San Carlos de Cunaco /
Camino Santa Cruz s/n°
Tel./Fax.: (072) 858350

E-mail: turismo@viumanent.cl
Website: www.viumanent.cl
Capacidad: 4,5 millones de litros/*Capacity: 1,188,900 gallons*
Viña: 250 hectáreas/*Vineyards: 625 acres*

Desde su primera bodega establecida en Santiago en 1935 (donde fraccionaban vinos elaborados por terceros), la familia Viu Manent lleva 3 generaciones vinculada a la vinicultura. La marca *Viu* existe desde 1966, cuando compraron la hermosa hacienda San Carlos, en Cunaco, Valle de Colchagua, donde hay cepas francesas de Cabernet Sauvignon y Malbec plantadas hacia 1860, y una casona de adobe del 1900. Entre 1985 y 1990 encararon la reconversión tecnológica que les permitió elaborar vinos de calidad y exportación.

Poseen 3 fincas en Colchagua: San Carlos de Cunaco, con 150 hectáreas de viña con riego por surco; y a pocos kilómetros de allí, La Capilla y El Olivar en Peralillo, con 100 hectáreas de viña irrigadas por goteo. Cultivan Cabernet Sauvignon y Franc, Malbec, Merlot, Carmenère, Syrah, Sangiovese, Chardonnay, Sauvignon Blanc, Semillon y Viognier. Están particularmente orgullosos de sus viejas cepas de Malbec, con las que elaboran alguno de los vinos premium de la casa. Los rendimientos van de 7 a 10 toneladas por hectárea.

Con la dirección del enólogo Juan Pablo Lecaro y el australiano Grant Phelps, además de la asesoría de Aurelio Montes, vinifican en tanques de acero inox de 5 a 48 mil litros, con chaquetas de control de temperatura o ducha. Hay también piletas de cemento cilíndricas de 100 mil litros. En la climatizada sala de barricas conservan 1.200 bordelesas al 70 % francesas, a las que dan 3 usos.

Exportan el 95 % de su producción de 1,8 millones de botellas a los Estados Unidos y a 14 países de Europa, 3 de Asia y 5 de Sudamérica.

Viu Manent, en su área destinada a las visitas, posee un patio muy agradable con antigüedades vitivinícolas y una sala de degustación. Ofrecen paseos por la viña ya sea en un *Canopy Top* de 1890 de 1 caballo de fuerza, o bien en una *Vagonette* modelo 1880 de 2 h.p.

The Viu Manent family has been in the wine business for 3 generations, ever since its 1st Santiago-based winery was established in 1935 (where they bottled for third parties). The Viu brand name began in 1966 when they bought the beautiful San Carlos hacienda *in the Colchagua Valley, where they have old (circa 1860) Cabernet Sauvignon and Malbec vines, and an adobe house dating to 1900. The technological renovation that took place between 1985 and 1990 has allowed the production of high-quality wines for export.*

They have 3 fundos *in Colchagua: San Carlos in Cunaco, with 375 acres of furrow-irrigated vineyards, and nearby in Peralillo, La Capilla and El Olivar, with 250 drip-irrigated acres. They grow Cabernet Sauvignon and Franc, Malbec, Merlot, Carmenère, Syrah, Sangiovese, Chardonnay, Sauvignon Blanc, Semillon, and Viognier. They are particularly proud of their old Malbec vines, used to make some house premium wines. Yields vary from 2.8 to 4 tons per acre. Under the direction of winemaker Juan Pablo Lecaro and Australian Grant Phelps, and with technical assistance from Aurelio Montes, they vinify in stainless steel tanks with temperature control via water bath or jackets. They also have 26,000-gallon cylindrical cement tanks. In the cooled barrel room, they have 1,200 barrels, 70% French and used 3 times each.*

They export 95% of their 1,800,000 bottles to the U.S. and 14 European, 3 Asian, and 5 South American countries.

Viu Manent *has a pleasant patio with winemaking antiques and a tasting room for its visitors. They give rides through the vineyards in either an 1890 1-HP* Canopy Top *or a 1880-model 2-HP* Vagonette.

Viu Manent Special Selection Malbec 2001  - *Viu 1 Malbec* ★★★★★
Viu Manent Reserve Cabernet Sauvignon 2001 ★★★ - *Viu Manent Merlot 2002* ★★★
Viu Manent-Reserve Sauvignon Blanc 2002 ★★★ - *Viu Manent Especial Selección Cabernet Sauvignon 2000* ★★★

Valle de Curicó
Curicó Valley

El Valle de Curicó está a 35° sur, en la misma latitud que la parte más sureña del oasis de San Rafael, al otro lado de los Andes. La capital del distrito es Curicó, ciudad de provincia sin señas particulares fuera de su plaza con palmeras y glorieta. En Curicó, el Valle Central se ensancha entre las 2 cordilleras y da cabida a una planicie apenas ondulada de 30 kilómetros de ancho y más del doble de largo. Los lugareños pueden decir "los valles de Curicó" ya

The Curicó Valley is at 35° South, at the same latitude as the southernmost part of the San Rafael oasis on the other side of the Andes. The capital of the district is Curicó, a provincial city without particular signs other than a plaza with palm trees and a gazebo. In Curicó the Central Valley widens between the 2 mountain ranges and results in a barely rolling plain 20 miles wide and more than twice that in length. The locals can say the Curicó

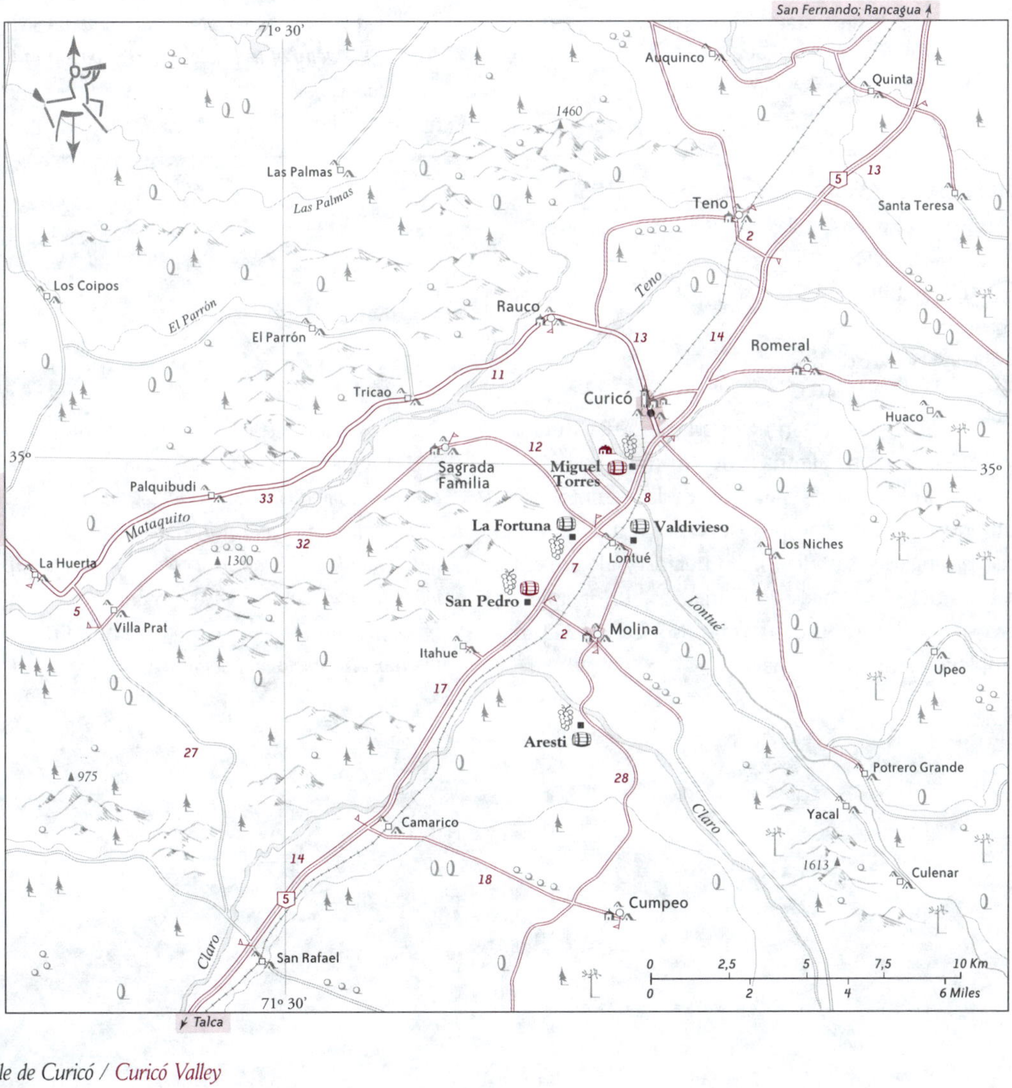

Valle de Curicó / Curicó Valley

que el terruño es tan vasto que tiene sus dependencias. Por ejemplo, el valle del río Lontué alberga viñas de las más tradicionales de Chile: *San Pedro* y *Valdivieso* con bodegas; *Concha y Toro, Undurraga, Santa Carolina* y *Santa Rita* con viñedos. *San Pedro*, allí desde 1830, con su extensión de 8 kilómetros de vides a lo largo de la autopista y su formidable planta de elaboración, es la más impactante de América del Sur en tamaño, equipamiento y tradición ya que su único rival -*Concha y Toro*- tiene plantas de vinificación y almacenaje en distintos lugares, al igual que sus viñedos. Paisajísticamente, Curicó no compite con otros valles chilenos, pero el paisaje es sólo un accesorio para los viñedos, de los que hay casi 17 mil hectáreas. Por algo los catalanes de *Miguel Torres* eligieron este valle para instalar su viña, decana de la renovación tecnológica en Chile. Y un restaurant que dicen excelente.

Valleys, as the terrain is so vast that it has its subdivisions. The Lontué River Valley is home to some of Chile's most traditional wineries: San Pedro *and* Validivieso *with winemaking facilities, and* Concha y Toro, Undurraga, Santa Carolina, *and* Santa Rita *with vineyards only.* San Pedro *has been there since 1830, and with its 5 miles of vineyards stretching out along the highway and an incredible vinification plant, it is the most impressive winery of all South America in terms of size, equipment, and tradition. Its only rival,* Concha y Toro, *has its vinification and storage facilities and vineyards spread out in various locations.*

Curicó cannot compete with the other Chilean Valleys in terms of landscape, although scenery is only an accessory for its 42,500 acres of vineyards. There's a reason that Catalonian company Miguel Torres, *the dean of technological renovation in Chile, chose this valley to set up its vineyard. It also has a restaurant that is said to be excellent.*

Ruta del Vino Valles de Curicó

Merced 341 piso 2 / Casilla 758 / Curicó
Tel.: (075) 328972
Fax.: (075) 328967
E-mail: info@rvvc.cl
Website: www.rvvc.cl

Catorce viñas están agrupadas en esta Ruta del Vino, con algunas de primerísima línea. Carolina Torres Pirazzoli es la gerente de la Ruta, que ofrece recorridos de 1/2 día a 2 días con guías en inglés y castellano, almuerzos y alojamiento. La Ruta del Vino Valles de Curicó es aun incipiente, pero su brochure sobre las viñas asociadas es la más completa y rica en información.

There are 14 wineries grouped into this Wine Route, some of which are very top-of-the-line. Carolina Torres manages the Route, which offers options ranging from half-day to 2-day tours with English and Spanish-speaking guides, lunch, and lodging. The Curicó Valleys Wine Route has just begun, but its brochure on the associated wineries is the most complete and detailed.

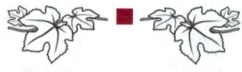

Aresti Family Vineyards

Bellavista s/nº / Río Claro / Molina
Tel.: (075) 493507
Fax.: (075) 493383

E-mail: alarenas@arestichile.cl
Capacidad: 7 millones de litros/*Capacity: 1,850,000 gallons*
Viña: 350 hectáreas/*Vineyards: 875 acres*

Aresti lleva medio siglo elaborando vinos en el Valle de Curicó, pero recién en 1999 comenzó a embotellar con su marca. En verdad los vinos son un *hobby* para Vicente Aresti, importante exportador de frutas, proveedor del 50 % del arroz chileno y productor de alimentos para mascotas. La viña es familiar: la conduce su yerno Eugenio Eben; y su nieto Vicente Aresti Rodríguez es *trainee* y cubrirá el área comercial en Santiago. Sus plantaciones, en suelos profundos franco arcillosos, incluyen las variedades Merlot, Cabernet Sauvignon, Carmenère, Pinot Noir, Syrah, Sauvignon Blanc, Chardonnay y Gewürztraminer. Las mismas, conducidas en espaldera en las viñas nuevas, y en parrón y espaldera alta en las viejas: las edades van de 2 a 80 años. Los rendimientos por hectárea son de 5 toneladas para los gran reserva y llegan al triple para vinos a granel. No necesitan irrigar. Tienen además un jardín de variedades de las que microvinifican Malbec, Nebbiolo y Zinfandel. Piensan triplicar la superficie plantada. No compran uvas, y manejan cada sector de viñedo según el vino al cual está destinado. Hacen poda, deshoje y desbrote, raleo sólo cuando es necesario. La bodega tiene más de 50 años pero luce flamante gracias a una renovada fachada que alberga las oficinas. En lo enológico, está dirigida por Carmen Merino, Eliana Gaeta y Alicia Ragga, con asesoramiento de Klaus Schroeder. Fermentan los mostos en piletas de cemento/epoxy de 40 a 80 mil litros y en tanques de acero inox de 5 a 60 mil litros con chaquetas y placas para darles frío o calor. Además, cuentan con piletas de hormigón exteriores de 200 mil litros para almacenaje de vinos a granel. Poseen un lagar abierto para pisonear el Pinot Noir o hacer microvinificaciones de tintos. Cuentan con 600 barricas, casi todas francesas de tostado medio. El laboratorio es modelo: estudian y controlan levaduras, hacen análisis microbiológicos y estudios de higiene de todos los insumos. Exportan el 80 % del vino embotellado a 16 países, entre ellos Estados Unidos y Reino Unido.

Aresti has been making wines for 50 years in the Curicó Valley, but only began bottling them in 1999. Wine is really a hobby for Vicente Areste, a major fruit exporter, pet food producer, and purveyor of 50% of Chile's rice.

The family winery is run by son-in-law Eugenio Eben, and grandson Vicente Aresti-Rodríguez is a trainee and will cover commercial aspects in Santiago.

The plantations, in deep, clay-loam soils, range in age from 2-80 years and include Merlot, Cabernet Sauvignon, Carmenère, Pinot Noir, Syrah, Sauvignon Blanc, Chardonnay, and Gewürztraminer trained vertically in the new vineyards and to pergolas or high vertical position in the older ones. Yields run from 2 tons per acre for the grand reserve wines and triple that for bulk wines. Irrigation is unnecessary. They also have a varietal garden for micro-vinifications of Malbec, Nebbiolo, and Zinfandel. They plan to triple their vineyard size. They do not buy grapes, and manage each vineyard sector according to the wines they will produce. They prune, de-leaf, disbud, and thin fruit as necessary.

A new façade in the office area makes the 50-year-old winery look new. Winemaking is handled by Carmen Merino with Eliana Gaeta and Alicia Ragga, with technical assistance from Klaus Schröeder.

Musts are fermented in 10,600-21,000-gallon cement/epoxy tanks and 1,320-15,900-gallon stainless steel tanks with temperature-controlled plates and jackets. They also have outdoor concrete tanks (53,000-gallons) for storing bulk wines and blends. They have an open vat for treading Pinot Noir and micro-vinifying red wines. They have 600 mostly-French medium-toast barrels, and a model laboratory, where they study and control yeasts, perform microbiological analyses and hygiene studies on supplies.

They export 80% of the bottled wine to 16 countries, including the US and UK.

Aresti Reserva Carmenère 2001 ★★★★ - *Aresti Family Colección Cabernet Sauvignon 1999* ★★★
Aresti Río Claro Cabernet Sauvignon 2000 ★★ - *Aresti Río Claro Sauvignon Blanc 2002* ★★
Aresti Sauvignon Blanc 2002 ★★

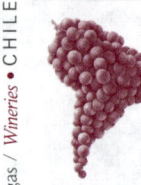

VIÑA LA FORTUNA

Camino La Costa 901 / Lontué / Curicó
Tel.: (075) 471023
Fax.: (075) 471175

E-mail: bodega@lafortuna.cl
Website: www.lafortuna.cl
Capacidad: 6 millones de litros/*Capacity: 1,585,000 gallons*
Viña: 180 hectáreas/*Vineyards: 450 acres*

Viña la Fortuna fue establecida en 1942 por el catalán Modesto Güell Coll, cuyos descendientes siguen al frente de la empresa familiar. Poseen 3 fincas en la comarca que están en transición hacia el manejo orgánico. Allí cultivan Cabenet Sauvignon, Malbec, Merlot, Carmenère, Pinot Noir, Syrah, Sauvignon Blanc, Semillon, Chardonnay, con un poco de Gewürztraminer y Riesling. Las cepas están conducidas en espaldero y parrón, con edades de 7 a 35 años y escasa necesidad de riego (2 veces por temporada es lo normal). El rendimiento promedio es de 12 toneladas por hectárea con raleo de fruta. También cultivan peras, manzanas y kiwis.

La bodega consiste en 4 grandes naves de aspecto industrial, contigua a una hermosa casa patronal (con un Gingko biloba espectacular en otoño) donde viven los propietarios. Poseen una prensa pneumática y 4 prensas canasto. Fermentan los blancos en tanques de acero inox de 10 a 30 mil litros, con enfriamiento y sin calefacción; los tintos, en tanques de acero y en fudres de madera de raulí de los que hay una buena cantidad, con capacidades entre 10 y 40 mil litros. Además tiene piletas de cemento/epoxy de 50 mil litros para almacenamiento. Todavía no hacen vinos con crianza y la primera partida de bordelesas estaba por llegar, emplean sí algo de *chips* y duelas de roble. El 75 % de la producción es a granel. Poseen varias etiquetas, desde los varietales *Lomas de Lontué* y los orgánicos *Racines* hasta un *Gran Fortuna* que sólo elaboran en cosechas excepcionales. Exportan a Brasil, Reino Unido, Alemania y Suiza. Poseen una pequeña sala de ventas donde reciben a las visitas.

Viña la Fortuna was created in 1942 by Catalonia-native Modesto Güell, whose descendents still run the family business. Their 3 area fundos *are in the transition process necessary for organic management, and include Cabernet Sauvignon, Malbec, Merlot, Carmenère, Pinot Noir, Syrah, Sauvignon Blanc, Semillon, Chardonnay, and some Gewürztraminer and Riesling. The vines are 7-35 years old, both vertically-trained and in pergola, with little need for irrigation (usually twice a year). Average yields are 4.8 tons per acre with fruit thinning. They also grow pears, apples, and kiwis.*

The winery consists of 4 large industrial-looking cellars next to a beautiful manor house (with a Gingko biloba tree that is stunning in autumn) where the owners live. They use a pneumatic press and 4 basket presses, ferment whites in 2,600-7,900-gallon stainless steel tanks with cooling (not heating) capacity; reds ferment in stainless steel and their numerous 2,600-10,600-gallon raulí *foudres. Wine is stored in 13,200-gallon cement/epoxy tanks. Although they do use chips and inner staves, they don't yet barrel-age wines, as their first shipment of barrels is due to arrive soon. Bulk wine accounts for 75% of the production. House labels include* Lomas de Lontué *for varietals,* Racines *for organics, and* Gran Fortuna, *made only in good years. Exports go to Brazil, the UK, Germany, and Switzerland. Visitors are welcome in their small shop.*

La Fortuna Reserva Merlot 2000 ★★★

La Fortuna Cabernet Sauvignon 2002 ★★

La Fortuna Sauvignon Blanc 2003 ★★

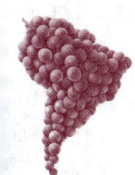

Viña Miguel Torres

Ruta 5 Panamericana km 195 / Curicó
Tel.: (075) 564100
Fax.: (075) 564115

E-mail: mailadmin@migueltorres.cl
Website: www.torres.es
Capacidad: 6,5 millones de litros/*Capacity: 1,717,300 gallons*
Viña: 400 hectáreas/*Vineyards: 1,000 acres*

La viña familiar catalana *Miguel Torres* llegó a Chile antes que todos los demás inversores extranjeros: en 1979. Al comprar y reequipar una vieja y pequeña bodega de Curicó, fue la pionera en Chile de la moderna tecnología enológica basada en la vinificación en tanques de acero inoxidable. Desde entonces, estuvo siempre a la vanguardia no sólo en tecnología sino también en calidad y desarrollo del enoturismo: es una de las únicas viñas de la ruta del vino chileno que contiene un restaurante funcionante todos los días, menos los lunes (día en que visitamos la viña).

En Curicó no es necesario regar mucho los viñedos, pero cuando lo hacen es por surco o tendido. Todo está puesto en espaldera con edades de 10 a 30 años y rendimientos de 5 a 7,5 toneladas por hectárea. No tienen certificación pero hacen manejo orgánico de las viñas. Poseen 6 fundos donde cultivan Cabernet Sauvignon, Merlot, Carmenère, Syrah, Tempranillo, Garnacha, Chardonnay, Sauvignon Blanc, Gewürztraminer y Riesling, que aquél lunes a mediados de 2003 era la única que quedaba por cosechar, destinada al *late harvest*. Compran uva a productores contratados, desde Casablanca hasta el Maule. Al llegar a la bodega, las uvas pasan un día a 0° Celsius en cámara frigorífica, antes de ser procesadas. Poseen 3 *Vinomatic* que usan sólo para la maceración carbónica de los tintos; y 3 prensas pneumáticas *Pera* con refrigeración. La batería de tanques de acero inox va desde 0,5 hasta 20 mil litros refrigerados con chaquetas, serpentinas o placas, además de tanques exteriores de 30 a 50 mil litros, con ducha. En la sala de barricas caben 2.600 bordelesas, al 80 % francesas y el resto de roble americano. Las tienen divididas en 3 sectores de distintas temperaturas. Una vez al mes las prueban y deciden si necesitan un *battonage* o un rodado, que sólo vimos hacer aquí: de a 2, las barricas se colocan sobre un aparato que las gira 8 veces en sentido horario y 8 en sentido antihorario. La enología de la casa está cargo del catalán Félix Sabat y el chileno Fernando Almeda.

Miguel Torres, the family-owned winery from Catalonia, was the first foreign investor to arrive in Chile, in 1979. They bought and revamped a small old winery in Curicó, and became pioneers of modern Chilean winemaking by vinifying in stainless steel. They have remained at the forefront, not only in technology, but also in quality and wine tourism; it's one of Chile's only wineries with a restaurant open daily, except for Monday (the day we visited).

Little irrigation is needed in Curicó, but when it is, they use furrow or flood irrigation. The 10-30-year old vines are vertically-trained and yield 2-3 tons per acre. Though not certified, farming is organic. They have 6 fundos where they grow Cabernet Sauvignon, Merlot, Carmenère, Syrah, Tempranillo, Garnacha, Chardonnay, Sauvignon Blanc, Gewürztraminer, and Riesling, the latter was still hanging in mid-2003, waiting to be cut for their late harvest wine. Grapes are also bought from Casablanca to Maule.

Before being processed, the grapes spend a day in a cold chamber at 32°F. They have 3 Vinomatic units for carbonic maceration in reds and 3 chilled Pera pneumatic presses. Their stainless steel tanks range from 130-5,300 gallons, cooled by jackets, serpentine coils or plates, plus 7,900-13,200-gallon outdoor tanks with a water bath cooling system.

The barrel room has 2,600 barrels, 80% French, 20% American, and is divided into 3 sectors at different temperatures. They taste once a month to decide whether to stir the lees or turn the barrels, which we've never seen anywhere else. They place 2 barrels on a rack and turn them 8 times clockwise, 8 times counter-clockwise.

Catalonian Félix Sabat and Chilean Fernando Almeda are the winemakers.

Santa Digna Sauvignon Blanc 2002 ★★★★ - Maquehua Chardonnay 2002 ★★★

Manso de Velasco Cabernet Sauvignon 2000 ★★★ - Santa Digna Cabernet Sauvignon 2001 ★★★

Santa Digna Cabernet Sauvignon 2002 ★★★ - Miguel Torres Brut ★★ - Santa Digna Chardonnay 2002 ★★

VIÑA SAN PEDRO

Fundo San Pedro / Ruta 5 km 205 / Casilla 12 Molina
Tel.: (075) 491517
Fax.: (075) 492771

E-mail: info@sanpedro.cl
Website: www.sanpedro.cl
Capacidad: 35 millones de litros/*Capacity: 9,247,000 gallons*
Viña: 2.200 hectáreas/*Vineyards: 5,434 acres*

Viña San Pedro fue establecida en 1865, si bien es *San Pedro* sólo desde 1981. Es una de las más integradas verticalmente en toda Sudamérica, ya que 1.200 hectáreas de sus viñedos están junto a la enorme bodega, que en rigor son 2 bodegas adyacentes, una de varietales y otra de reservas. En ningún otro tramo de la ruta del vino sudamericano la autopista cruza 8 kilómetros de viña de una sola bodega, de horizonte a horizonte. La viña que fundaron los hermanos Correa Albano hoy pertenece al *holding* chileno C.C.U. de la familia Luksic, que produce entre otras cosas el grueso de las cervezas de Chile. En fundo Molina poseen plantaciones de Cabernet Sauvignon, Merlot, Pinot Noir, Chardonnay, Sauvignon Blanc, Riesling y Semillon. En otros fundos (en Maipo, Cachapoal, Colchagua y Curicó, con productores asociados en Casablanca) poseen además de éstas, Syrah y Carmenère. Enóloga jefe es Irene Paiva, con Claudia Torres a cargo de la planta de varietales, más otras 2 enólogas y 3 enólogos. En el sector de vinos reserva quedó englobada la bodega original de 1865. Allí fermentan algunos vinos premium en fudres abiertos de raulí de 7 años de uso, con capacidad para 10 toneladas de uva. También hay otros fudres de roble francés nuevos donde fermentan y almacenan, piletas de cemento/epoxy para almacenamiento, además de tanto acero inox como se quiera. Cuentan unas 7 mil barricas francesas y 3 mil americanas. En la cava subterránea del siglo XIX crían, en barricas francesas, el *Cabo de Hornos* que luego afina un año en botellas. Al otro extremo, cada mezcla de *Gato Negro* es un corte de 3 millones de litros de distintos vinos, para garantizar su homogeneidad. Es política de la empresa comprar la menor cantidad de vino posible. *San Pedro* tiene el laboratorio más equipado que vimos en nuestro periplo sudamericano. Y por una vez (ya que son siempre italianas e iguales) vale la pena ver el formidable sector de embotellado, acorde al segundo exportador de vinos de Chile, con mercados en 55 países. Reciben visitas y poseen una gran tienda en la entrada a la viña.

Viña San Pedro was founded by the Correa Albano brothers in 1865, although only known as San Pedro *since 1981. It is one of South America's most vertically integrated wineries, with 3,000 acres of vineyards planted next to the 2 adjacent wineries, one for varietals and one for reserves. On no other stretch of the South American wine route does the highway cross 5 miles of vineyards from one single winery. It now belongs to the Luksic family's holding company C.C.U., Chile's largest beer producer.*

Their Molina fundo has Cabernet Sauvignon, Merlot, Pinot Noir, Chardonnay, Sauvignon Blanc, Riesling and Semillon, plus Syrah and Carmenère at their other fundos (in Maipo, Cachapoal, Colchagua and Curicó, with associated producers in Casablanca).

Head winemaker Irene Paiva works with Claudia Torres (varietals) and 5 other winemakers. The reserve wine sector is part of the original 1865 winery, where they ferment some premium wines in 7-year-old open raulí vats with a 10-ton capacity. There are also new, French oak vats for fermentation and storage, and cement/epoxy for storage. There is a tremendous amount of stainless steel, plus 7,000 French and 3,000 American barrels. In the 19th century cellar, they age Cabo de Hornos *in French oak, then bottle-age for 1 year. At the other extreme,* Gato Negro *is a blend of 792,600 gallons of different wines -to guarantee its homogeneity. The winery buys very little wine.*

San Pedro *has the best-equipped laboratory we've seen in South America. And for once it's worth looking at the giant bottling unit (they're always Italian, always the same), proportional to its status as Chile's 2nd most exported wine, sold in 55 countries.*

They receive visitors and have a large shop at the winery's entrance.

Cabo de Hornos Cabernet Sauvignon 1999 🍇 - *1865* Carmenère 2000 ★★★★ - *1865* Cabernet Sauvignon 2000 ★★★

Castillo de Molina Reserva Carmenère 2001 ★★★ - *Castillo de Molina* Reserva Chardonnay 2002 ★★★

35 South Carmenère 2002 ★★★ - *Castillo de Molina* Cabernet Sauvignon 2001 ★★

VIÑA VALDIVIESO

Luz Pereira 1849 / Lontué
Tel.: (075) 471002
Fax.: (075) 2382383

E-mail: info@valdiviesovineyards.com
Website: www.vinavaldivieso.cl
Capacidad: 11 millones de litros/*Capacity: 2,906,200 gallons*
Viña: 130 hectáreas/*Vineyards: 325 acres*

Valdivieso, fundada en 1879 por Alberto Valdivieso, fue la primera bodega de América del Sur dedicada a la elaboración de espumantes y hasta hoy es el mayor productor de Chile, con 90 % del mercado interno. La empresa pertenece al grupo familiar Mitjans-Valdivieso, que produce los licores *Mitjans* además del *champagne* Valdivieso: en Chile se puede utilizar todavía el término francés. Sólo desde mediados de los '80 producen vinos tranquilos. La viña propia, casi toda espaldero con poco parrón, contiene cepas de Cabernet Sauvignon y Franc, Merlot y Syrah, además del Pinot Noir y el Chardonnay necesarios para los espumantes. Además compran uva de terceros contratados desde Aconcagua hasta Itata ya que con la fruta propia cubren apenas un tercio de sus necesidades: son uno de los mayores compradores de Chile en el segmento de alta calidad de las variedades Cabernet Sauvignon, Merlot, Chardonnay y Sauvignon Blanc. Planean ampliar sus viñedos a Casablanca, Rapel y Colchagua. La bodega de Lontué, que quedó inmersa en un área suburbana, es un conjunto ecléctico y abigarrado de distintas épocas de la vinificación. Hay 200 tanques de acero inox de capacidades variables entre 3 y 30 mil litros, con temperatura controlada, lo que les permite fraccionar las partidas de cada viñedo. También tienen 1 millón de litros de capacidad de almacenaje en piletas de cemento/epoxy. Para los varietales, poseen un equipo francés de estabilización dinámica en frío *Oeno Concept* que es el único que vimos en Chile (y Sudamérica). La enología está a cargo del neozelandés Brett Jackson (*ex San Pedro, Tarapacá* y *Misiones de Rengo*) junto con Harold Pinter. En los varietales emplean microoxigenación y duelas de roble, pero barricas no faltan: hay 3 naves con unas 5.500 al 70 % hechas en Francia, el resto de Estados Unidos. Como les dan sólo 4 usos, cada año entran entre 600 y mil nuevas barricas. Exportan, desde 1993, hasta un 95 % de la producción y sus mercados son el Reino Unido, Alemania, las Américas y Asia.

Valdivieso, *founded in 1879 by Alberto Valdivieso, was the first South American winery to make sparkling wine, and now is Chile's main producer, with 90% of the market. The company belongs to the family-owned Mitjans-Valdivieso group that produces Mitjans liquors as well as* Valdivieso Champagne: *in Chile, the French term is still used. They've been making still wines since the 1980s.*

Their vineyards, almost entirely vertically-trained with some on pergola, have Cabernet Sauvignon and Franc, Merlot, and Syrah, plus the Pinot Noir and Chardonnay used in the sparkling wines. Since their vineyards only produce 1/3 of the total needed, they buy grapes from Aconcagua to Itata; they are one of the major buyers of high quality Cabernet Sauvignon, Merlot, Chardonnay and Sauvignon Blanc in Chile. They plan to expand their plantings to Casablanca, Rapel, and Colchagua.

The now-suburban Lontué winery is an eclectic mishmash from different winemaking eras. There are 200 temperature-controlled stainless steel tanks that hold 800-7,900 gallons, allowing them to vinify by parcels. They also have a 264,000-gallon storage capacity in cement/epoxy tanks. For the varietals, they use a French Oeno Concept *unit for dynamic cold stabilization, the only one we saw in Chile (and South America). New Zealander Brett Jackson (formerly of San Pedro, Tarapacá, and Misiones de Rengo) is in charge of winemaking, with the help of Harold Pinter. They use micro-oxygenation and oak inner staves in their varietals, although there is no lack of barrels; they have 3 cellars with some 5,500 barrels, 70% French, the rest, American. With only 4 uses, they receive 600-1,000 new barrels a year. Since 1993, they've exported 95% to markets in the UK, Germany, the Americas, and Asia.*

Valdivieso Premium Malbec 1999 ★★★★★ - The Don Cabernet Sauvignon 1998 ★★★★★

Valdivieso Reserva Syrah 2001 ★★★★ - Stonelake Cabernet Franc 2000 ★★★★

Valdivieso Premium Cabernet Franc 1999 ★★★★ - Valdivieso Reserva Premium Cabernet Sauvignon 1999 ★★★★

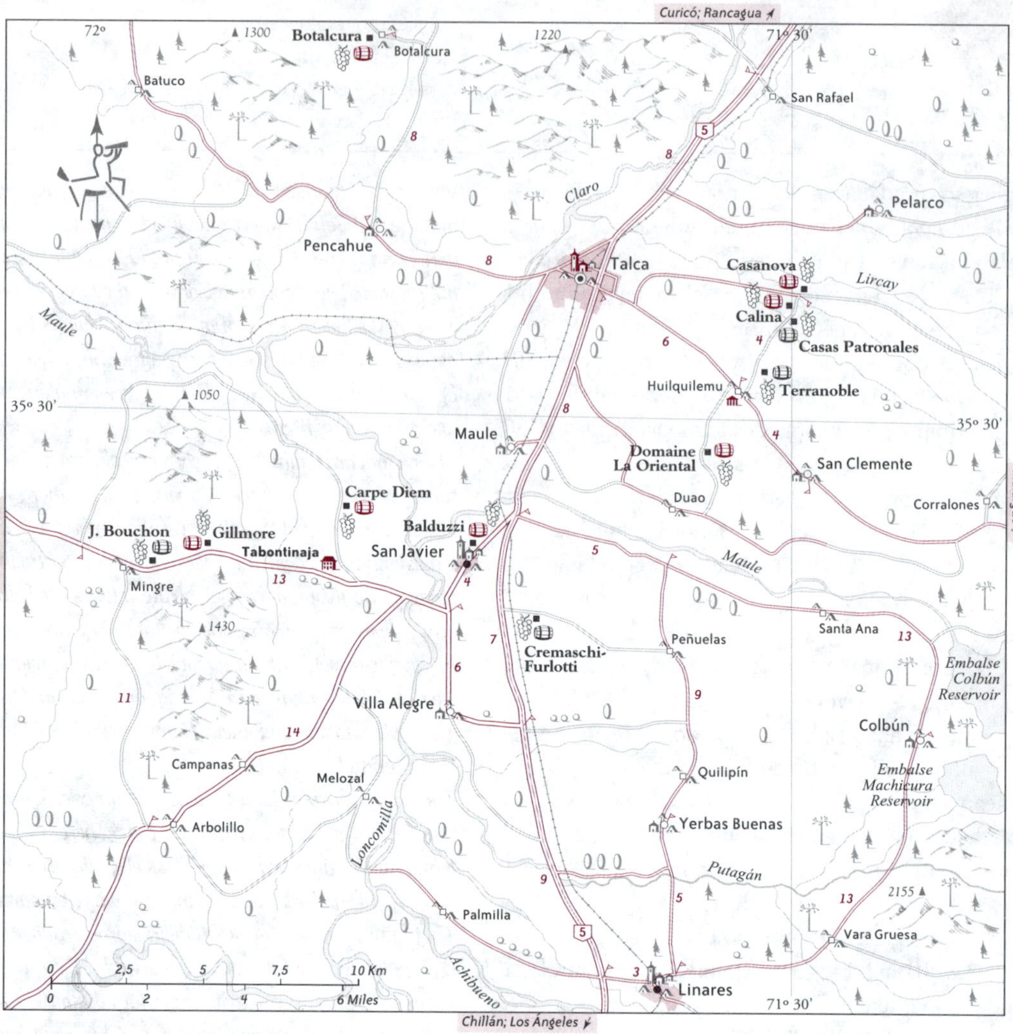

Valle del Maule / Maule Valley

VALLE DEL MAULE
MAULE VALLEY

A continuación de la planicie de Curicó, el valle del río Maule y sus afluentes repite ese ensanchamiento del Valle Central entre cordilleras de los Andes y de la Costa. Los lugares más bonitos del Valle del Maule están en sus rincones, lejos del eje de la autopista Panamericana: por ejemplo en *Gillmore*, camino al increíble puerto de Constitución a través de la foresta de pino *insignis*. Talca, la capital del valle, fuera de su larga calle comercial nos pareció una

Extending beyond the Curicó plain, the Maule River Valley and its tributaries repeat the widening of the Central Valley between the Andes and Coastal mountain ranges. The prettiest parts of the Maule Valley are its little corners, far from the Pan American Highway, such as the *Gillmore* winery along the pine-forested route to the incredible port of Constitución. Beyond the main street and business district of Talca, the valley's

ciudad gris y hermética, pero con un hotel *Terrabella* confortable y un buen restaurante *El Chilote* frente a la plaza. Las pesadas y densas nieblas matinales de otoño en Talca nos explicaron por qué los vinos de cosecha tardía botritizados salen tan buenos del Maule. Pero luego, en pocas docenas de kilómetros de viaje hacia la costa, el paisaje se torna árido para cumplir la regla de que el sector más seco del Valle Central es siempre la ladera oriental de la Cordillera de la Costa. En la parte más lluviosa del Valle caen 700 u 800 milímetros al año y hay viñedos de cepas nobles que no reciben ningún riego: hay que viajar tan lejos como Uruguay o Rio Grande do Sul para encontrar otros viñedos de *rulo* o de secano, sólo que allí llueve el doble o el triple.

En Maule, donde hay casi 30 mil hectáreas plantadas, están las viñas chilenas de vinos finos más australes que visitamos, que eran ambas de ascendencia itálica: *Balduzzi* y *Cremaschi-Furlotti*.

capital, the city seems gray and hermetic, although the Terrabella *hotel is comfortable, and there's a good restaurant,* El Chilote, *facing the plaza. Talca's thick autumn-morning fogs explained why Maule's botrytized late harvest wines are so good. Although just a couple dozen miles toward the coast, the landscape turns arid, complying with the rule that the driest sector of the Central Valley is always on the eastern side of the Coastal Range.*

The rainiest part of the valley receives 28-32 inches per year and there are vineyards of noble vines that do not require irrigation; you'd need to go as far as Uruguay or Rio Grande do Sul to find other "secano" or (non-irrigated) vineyards, except there it rains 2 or 3 times as much.

Maule has nearly 75,000 acres planted to vine, and is home to the southernmost Chilean wineries that we visited, both of Italian descent: Balduzzi *and* Cremaschi-Furlotti.

Los valles de Itatá, Bío Bío y Malleco
Itata, Bío Bío, and Malleco Valleys

Más al sur, hasta latitud 38°, hay más de 13 mil hectáreas de viña aunque sólo unas mil son de cepas nobles, en particular Chardonnay y Pinot Noir. Tanto en los alrededores de Chillán como de Los Angeles hay plétora de viñedos de uvas comunes. El viñedo fino más austral de Chile está en Traiguén, donde cultiva su Chardonnay la viña *Aquitania*. Pero ya nadie vinifica vinos de calidad tan al sur. En cambio, hay cantidad de productores de uva País y otras variedades comunes destinadas a los vinos *pipeños* de los que una muestra presentada a nuestros catadores determinó que era intomable al paladar de esta Guía. Sin embargo el vallecito de Quillón donde nacen famosos vinos *pipeños* es muy bonito y agradable.

A causa de las lluvias (que aquí ya superan los mil milímetros al año) y la humedad, los terruños de vides de cepas nobles terminan en Chile un poco más al norte que en Argentina, reparada por los Andes de las inclemencias del Pacífico Sur.

Farther south, down to latitude 38°, there are more than 32,500 acres of vines, although only a percentage of them are noble, particularly Chardonnay and Pinot Noir. There's a plethora of common vineyards around Chillán and Los Angeles. Chile's southernmost fine (noble) vineyard is in Traiguén, where the Aquitania *winery grows Chardonnay. But nobody vinifies quality wines that far south. On the other hand, there are a number of producers of País and other common varieties destined for local* pipeño *wines. We presented a sample to our tasting panel, who pronounced them undrinkable. However, the little valley of Quillón, home of some famous* pipeños *is very pretty and pleasant.*

Due to the rain (some 40 inches per year) and humidity in the south, Chile's noble variety terroirs end a little farther north than they do in Argentina, which is saved by the Andes from the inclement weather of the Southern Pacific.

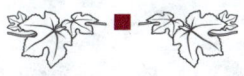

Ruta del Vino Valle del Maule

Villa Cultural Huilquilemu
Camino a San Clemente km 7 / Casilla 531 / Talca
Tel./Fax.: (071) 246460
E-mail: wineroute@entelchile.net
Website: www.chilewineroute.cl

La Ruta del Vino Valle del Maule reúne a las 14 viñas productoras de calidad en una región vitivinícola amplia y rica. Con la dirección de la eficaz Carolina Martínez E., organizan diversos tipos de visitas con y sin alojamiento y transporte. Fueron la puerta de entrada al Valle también para el escritor y periodista de vinos.

The Maule Valley Wine Route brings together 14 quality wineries in a large and rich vitivinicultural region. Carolina Martínez efficiently organizes different types of visits with or without lodging and transportation. It was this group that opened the door to the Valley to this wine writer and journalist.

Bodegas y Viñedos Santa Emiliana

Av. Nueva Tajamar 481, Torre Sur of. 701 / Las Condes / Santiago
Tel.: (02) 3539130
Fax.: (02) 2036936

E-mail: sitio@santaemiliana.cl
Website: www.santaemiliana.cl
Capacidad: 23,8 millones de litros/*Capacity: 6,288,000 gallons*
Viña: 1.468 hectáreas/*Vineyards: 3,650 acres*

Santa Emiliana es otra de las pocas viñas chilenas que no llegamos a conocer personalmente, aunque recibimos sus vinos. La viña nació en 1986 animada por un grupo empresarial liderado por Eduardo Guilisasti Tagle (de la familia que controla *Concha y Toro*) con el propósito de elaborar varietales con uvas de viñedos propios.

Poseen 5 bodegas, en Valle del Maipo y en los alrededores de San Fernando, en Colchagua. Vinifican en tanques de acero inox (tienen la mayor capacidad en acero inox refrigerado de Chile) y en piletas de cemento epoxy, y cuentan con unas 400 barricas de roble para crianza.

Disponen de 11 fincas de viña en los valles de Casablanca, Maipo, Colchagua y Cachapoal, donde cultivan Cabernet Sauvignon, Merlot, Sauvignon Blanc y Chardonnay. En la viña poseen la certificación *ISO 14001* y tienen una decidida política de respeto y protección del medio ambiente.

Exportan el 84 % de la producción.

Santa Emiliana is another of the few Chilean wineries we were unable to see personally, although we did receive their wines. It began in 1986, stimulated by a group of entrepreneurs led by Eduardo Guilisasti-Tagle (of the family that controls Concha y Toro) with the purpose of making varietal wines with grapes from their own property.

They have 5 winery facilities in Maipo Valley and outside San Fernando in Colchagua. Vinification takes place in stainless steel tanks (they have the largest capacity in temperature-controlled stainless steel in Chile) and cement/epoxy tanks. The winery also has 400 oak barrels for ageing.

The 11 vineyards are spread out over Casablanca, Maipo, Colchagua, and Cachapoal, where they grow Cabernet Sauvignon, Merlot, Sauvignon Blanc, and Chardonnay. The vineyard is ISO 14001-certified and maintains a decided policy to respect the environment. They export 84% of the production.

Santa Emiliana Reserva Especial Syrah 2000 ★★★★★ - *Santa Emiliana Cabernet Sauvignon 2002* ★★★★

Santa Emiliana Reserva Chardonnay 2001 ★★★★ - *Santa Emiliana Reserva Cabernet Sauvignon 2001* ★★★

Coyam Carmenère-Syrah-Cab. Sauv.- Mourvèdre 2001 ★★★ - *Santa Emiliana Reserva Merlot 2001* ★★★

VIÑA BALDUZZI

Av. Balmaceda 1189 / San Javier
Tel.: (073) 322138
Fax.: (073) 322416

E-mail: info@balduzziwines.com
Website: www.balduzziwines.com
Capacidad: 1 millón de litros/*Capacity: 264,000 gallons*
Viña: 100 hectáreas/*Vineyards: 250 acres*

Conocimos muchas bodegas de origen italiano en América del Sur, pero *Balduzzi* es la única donde vimos flameando al *tricolore* en un mástil. El abuelo piamontés, Albano Balduzzi, trajo a San Javier, en 1906, su sabiduría de varias generaciones de vitivinicultores y desde entonces la viña familiar nunca dejó de hacer vinos. Hoy la dirige Jorge López Balduzzi, en una atmósfera y dimensión perfectamente transportable a la de una *cantina* en Italia: la *villa* familiar con su cava subterránea, rodeada por árboles y palmeras más que centenarias e identificadas como en un jardín botánico, contigua a la vieja bodega de adobe que compró el abuelo en 1930, y todo lo que se fue agregando; más allá, las vides. Hasta los vinos y las etiquetas son de estilo italiano.

La viña está dividida en la finca urbana de San Javier y otra finca El Sauce a 10 kilómetros de la bodega. Sus cepas son de 10 a 50 años de edad y corren en espaldera para las uvas tintas, y en parrón para los blancos. El riego, en suelos franco arenosos y profundos, es por surco. Los rendimientos van de 8 a 10 toneladas por hectárea.

Tienen como enólogo a Rodrigo Baeza y como consultor, al doctor en enología Fernando Ureta. Poseen una prensa pneumática y vinifican a los tintos en 4 piletas de cemento/epoxy de 80 mil litros y a los blancos, en tanques de acero inox de 3 a 23 mil litros; algunos con enfriamiento con ducha e intercambiador de calor. Hay además 200 mil litros de capacidad en cubas de raulí para almacenaje. Y la cava bajo la casa, donde vive la familia Balduzzi, guarda 300 barricas de las que 4/5 partes son de roble americano. En la bodega vieja hay una sala de ventas y degustación pues, gracias a su posición privilegiada, reciben muchas visitas.

Exportan el 90 % a 25 mercados, entre los que destacan Estados Unidos, Alemania y Japón.

We've seen many wineries with Italian roots in South America, but Balduzzi *is the only one flying the* tricolore *flag. Piedmontese grandfather Albano Balduzzi brought the wisdom of numerous generations of winegrowers to San Javier in 1906, and the family vineyard has been going ever since. Now directed by Jorge López-Balduzzi, the atmosphere would be perfectly interchangeable with an Italian* cantina*: the family* villa *has an underground wine cellar and is surrounded by palms and other trees in a botanical garden of over 100 years. Next door and beyond is the adobe winery that his grandfather bought in 1930. Even the wines and their labels are Italian in style.*

The vineyards are divided between the urban fundo *in San Javier and another, 'El Sauce,' 6 miles away. The vines are 10-50 years old; the reds in vertical shoot position and the white on pergolas. The deep clay-sandy soils are flood-irrigated; yields run 3.2 – 4 tons per acre. Rodrigo Baeza is the winemaker and Fernando Ureta, with a Ph.D. in enology, consults.*

They have a pneumatic press and vinify reds in 4 cement/epoxy tanks (21,000 gallons each) and whites in stainless steel tanks (800-6,000 gallons), some with water bath cooling and heat exchangers. There are more than 52,800 gallons of capacity in raulí *storage tanks. And the cellar under the Balduzzi family home has 300 barrels, 4/5 of which are American oak.*

The old winery has a sales and tasting room, and their privileged location affords them many visitors.

They export 90% of their production to 25 markets, including the U.S., Germany, and Japan.

Balduzzi Late Harvest Chardonnay 2002 ★★★ - Balduzzi Reserva Cabernet Sauvignon 2000 ★★
Balduzzi Cabernet Sauvignon 2000 ★★ - Balduzzi Carmenère 2001 ★★
Balduzzi Reserva Chardonnay 2002 ★★ - Balduzzi Reserva Merlot 2002 ★★

VIÑA BOTALCURA

Fundo El Delirio / Botalcura /
Casilla 355 / Talca
Tel.: (9) 9985427
Fax.: (9) 8181106

E-mail: mpfuenzalida@dlasa.cl
Website: www.botalcura.cl
Capacidad: 0,42 millones de litros/ *Capacity: 111.000 gallons*
Viña: no posee/ *Vineyards: none*

La algo remota y solitaria *Viña Botalcura*, que hizo su primera vendimia en 2002, fue establecida por 3 socios: el empresario alemán de transportes marítimos Jochen Doehle, el chileno Juan Fernando Waidele y el enólogo Philippe Debrus (que se autodefine "ex francés" después de 10 años en Chile como enólogo de *Valdivieso*). La filosofía de la casa es decididamente *boutique*: "*nuestra decisión es quedarnos chicos y crecer en calidad. Queremos estar en el alto nivel de los vinos chilenos*" dice Debrus. Si bien han plantado 40 hectáreas de viña de todas las principales variedades tintas además de Viognier, están aún por entrar en producción. Así, compran toda la uva que vinifican con contratos a largo término con los productores.

Philippe Debrus controla la temperatura de los tanques y el funcionamiento de las bombas, sala de máquinas y generador de emergencia desde su computadora portátil, ya que vive en Curicó; aunque también tiene como enóloga residente a Patricia Guzmán. El proyecto de la bodega, estructurada en torno a un pequeño patio interior, es suyo.

Los tanques de vinificación son de acero inox de 6,25, 12,5 y 25 mil litros con doble chaqueta de frío/calor, de relación 1:1 diámetro/altura. Hay 4 tanques de sombrero flotante y 6 de tapa móvil para el pisoneo. Los mostos y vinos circulan por tuberías horizontales, sin desplazamientos verticales, impulsados por una pequeña bomba. "*La característica de los vinos de Botalcura es la maceración prefermentativa en frío y la fermentación con levaduras naturales*" explica Debrus.

Las 180 barricas son mitad Francia mitad Estados Unidos. El equipo de frío, la prensa pneumática y la línea de embotellado son flamantes e italianos.

Parte del vino lo venden a granel en Chile y lo exportan: "*el tiempo que toma entrar en el mercado con una marca, nos obliga a vender a granel*". Exportaron sus 2 primeros contenedores a Alemania, desde donde distribuyen a Europa.

Tienen una casa de huéspedes con un pequeño restaurant y piscina, que quieren abrir a las visitas.

The somewhat remote and solitary Viña Botalcura, *which brought in its first harvest in 2002, was founded by 3 partners: German maritime transport entrepreneur Jochen Doehle, Chilean Juan Fernando Waidele, and enologist Philippe Debrus (who defines himself as "formerly French" after 10 years in Chile as winemaker for* Valdivieso). *The house philosophy is decidedly* boutique, "*we've decided to stay small and grow in quality. We want to be among the top Chilean wines," says Debrus. Although they've planted 100 acres of the major black varieties plus Viognier, they are yet to produce, so they have long-term contracts with producers to buy all the fruit they vinify.*

Philippe Debrus, who lives in Curicó, controls tank temperatures, pumps, the machine room, and the emergency generator from his portable computer, although Patricia Guzmán is the resident winemaker. The winery project, based on a small interior patio, is his.

The double-jacketed hot/cold stainless steel fermentors range in size from 1,650 to 3,300, and 6,600 gallons, all 1:1 diameter:height. There are 4 floating-cap tanks and 6 with a mobile top for punch-downs. A small pump circulates musts and wines through horizontal pipes without vertical movements.

"The characteristic of Botalcura wines are their cold maceration prior to wild-yeast fermentation," explains Debrus.

Their 180 barrels are half French, half American. The chilling equipment, pneumatic press, and bottling line are brand new and Italian.

They sell part of their wine in bulk in Chile and export the rest, "the time it takes for a new brand to enter the market forces us to sell bulk." They exported their first 2 containers to Germany, where they were distributed throughout Europe.

They have a guest house with a small restaurant and pool that they would like to open to tourists.

Esta bodega no nos envió muestras, que esperamos para la próxima edición.

This winery didn't send us samples, which we hope to receive for the next edition.

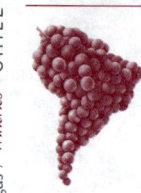

VIÑA CALINA

Fundo El Maitén / Camino Las Rastras
km 7 / Talca
Tel.: (071) 263126
Fax.:(071) 263127

E-mail: ventas@calina.cl
Website: www.calina.cl
Capacidad: 2,6 millones de litros/*Capacity: 686,900 gallons*
Viña: 250 hectáreas/*Vineyards: 625 acres*

Calina fue bautizada por su principal accionista, el estadounidense Jess Jackson: la calina es esa neblina matinal típica del Valle del Maule (y otros), que oculta los Andes y extiende un tinte europeo en el paisaje. Todo comenzó en 1993 sin viñedo y sin bodega, comprando uvas con contratos a largo plazo y arrendando bodega. Pronto compraron 4 fundos y en 2000 terminaron de construir su planta de vinificación, en una amplia finca que acaba en los barrancos del río Lircay. Enólogo jefe es el californiano Randy Ullom y enólogo asistente el chileno Felipe García; tienen por consultor a Andrés Sánchez.

Los viñedos, de 2 a 7 años de edad, corren en espaldera con postes metálicos y riego por goteo. Las cepas son Carmenère, Cabernet Sauvignon y Merlot; su Chardonnay viene de Casablanca y de Limarí.

La bodega, al igual que su bodega hermana Tapiz en Mendoza, es de diseño americano racional, cómodo y funcional, sin esteticismos más allá de los cuidados jardines en torno al edificio. En sus 3 naves, sobra espacio para crecer a voluntad. Hay cantidad y variedad de tanques de acero inox de capacidades entre 12,5 y 100 mil litros. Prefieren vinificar a los mostos blancos en tanques de 12,5 mil litros de tipo vertical que ocupan menos espacio y se enfrían más fácilmente; mientras que a los mostos tintos los fermentan en recipientes de volumen doble pero más gordos y chatos, para pisonear y remontar sombreros con más facilidad. Todos los tanques tienen doble chaqueta para enfriar y calentar los mostos. En una sala semienterrada cuentan 3 mil barricas (mitad francesas, mitad americanas), pero hay espacio para albergar el doble. Si bien compran de otros fabricantes, buena parte de las bordelesas son hechas por su tonelería hermana World Cooperage. Al tiempo que visitamos la viña, un sector de la sala estaba separada con cortinas de plástico para mantener tibias a las barricas donde el Chardonnay hacía su fermentación maloláctica. Exportan el 95 % a Estados Unidos y desde allí lo reexportan.

Reciben visitas a través de la *Ruta del Vino del Maule*.

North American senior partner Jess Jackson (of Kendall Jackson) named Calina *after the typical Maule Valley early morning fog that hides the Andes and lends a touch of Europe to the landscape. It all began in 1993, when they bought grapes on long-term contracts and rented facilities. They soon bought 4* fundos *and in 2000 completed the vinification plant near the Río Lircay. Californian Randy Ullom is head winemaker, Chilean Felipe García is on site, and Andrés Sánchez consults.*

The 2-7-year-old vineyards are in vertical shoot position with metal posts and drip irrigation. They have Carmenère, Cabernet Sauvignon, and Merlot; and their Chardonnay comes from Casablanca and Limarí.

As is true of its sister winery, Tapiz, *in Mendoza,* Calina's *facilities have a rational American design - comfortable and functional, without major aesthetic concerns other than the well-tended gardens around the building. The extra room in its 3 wings will allow for future growth. They have a large number and variety of double-jacketed, temperature –controlled stainless steel tanks, ranging from 3,300-26,400 gallons. They prefer to ferment whites in the smaller vertical tanks that take up less space and chill more easily, while reds are vinified in larger volumes in short fat tanks that allow for easier punch-downs and pump-overs. A semi-underground cellar holds 3,000 half French, half American barrels, and there is room to double that amount. Although they do buy from other manufacturers, most of their* barriques *are made by sister company* World Cooperage. *During our visit, part of the cellar was separated with plastic curtains to keep the Chardonnay barrels warm during their malolactic fermentation. They export 95% to the US, and re-export from there. They receive visitors through the* Maule Wine Route.

Calina Reserva Carmenère 2001 ★★★★

Calina Reserva Merlot 2001 ★★★ - *Calina Reserva Cabernet Sauvignon 2000* ★★★

Calina Reserva Chardonnay 2001 ★★

Viña Carpe Diem / Viña Rucahue S.A.

Fundo Las Cañas /Camino El Morro
km 9 / San Javier
Tel.: (073) 1972188
Fax.: (073) 1972276

E-mail: vinsur@fundacionchile.org
Website: www.vinosdelsur.cl
Capacidad: 3,65 millones de litros/*Capacity: 964,300 gallons*
Viña: 390 hectáreas/*Vineyards: 975 acres*

La viña se creó en 1993 como una sociedad de hecho entre José Esturillo, Francisco Gillmore y la *Fundación Chile*, que se formalizó en 2002 a través de una sociedad de sociedades anónimas y una fundación que hace mucho por el desarrollo de vitivinicultura chilena. A su vez, José Esturillo posee el 100 % de *Viña Rucahue* y es socio de Gillmore en una bodega en Itata, *Viñedos del Sur*. Allí tienen viñas de Moscatel cultivadas en *cabeza*, sin alambre ni conducción, de las que hacen una cosecha tardía.

Cultivan ambos Cabernet, Merlot, Carmenère, Pinot Noir, Syrah, Mourvèdre, Sangiovese y Malbec, y sólo vinifican uvas propias. Poseen viñedos en Itata y en Maule, y los rendimientos son variables de cada región a cada cepa y cada uso, entre 6 a 10 toneladas por hectárea.

Enóloga es Patricia Inostroza, quien trabajó 8 años con Aurelio Montes y Michel Rolland. La bodega, de aspecto funcional, es de acero inoxidable con capacidades de 25 y 50 mil litros, todos los tanques con chaquetas o placas de enfriamiento o calefacción con agua. La fermentación maloláctica la hacen en los tanques. Disponen de 600 barricas al 80 % francesas. Hay 3 prensas neumáticas y un laboratorio altamente equipado. Producen vinos a granel, varietales, reserva y premium. Tienen al menos 8 marcas de exportación. "*Los vinos son los mismos*" dice Patricia respecto a estas etiquetas "*se pueden maderizar*".

El *approach* de Inostroza a la creación de sus vinos es personal y pasional: los elabora pensando en su otra pasión, la cocina. Así, hizo un Carmenère pensando en pastas y pollo relleno, un Cabernet Franc inspirado en pavo con nueces y el corte *Tierra Roja 2000* como "*un vino bohemio y sensual, para comer con jamones y quesos*". Respecto a la cosecha, nos dijo: "*esta vendimia es la del 92, 93; los Cabernet son como los del '97... hace muchos años que en Chile no había tintos de esta naturaleza*".

Exportan el 99 % a Norteamérica, Europa, Asia y Brasil. Reciben visitas, pero no turismo.

Created in 1993 by José Esturillo, Francisco Gillmore, and the Fundación Chile, *the winery was formalized in 2002 through an association between corporations and a foundation that does much for the development of Chilean vitiviniculture. José Esturillo owns 100% of the* Viña Rucahue *and is Gillmore's partner in the Itata winery,* Viñedos del Sur, *where they have head-trained Moscatel vines for late harvest.*

The grow both Cabernet, Merlot, Carmenère, Pinot Noir, Syrah, Mourvèdre, Sangiovese, and Malbec, and only vinify their own grapes. They have vineyards in Itata and Maule, and yields vary between 2.4 and 4 tons per acre, depending on the region, variety, and use. The winemaker is Patricia Inostroza, who worked with Aurelio Montes and Michel Rolland for 8 years. The functional-looking works with stainless steel tanks with a capacity for 6,600 to 13,200 gallons, all of them jacketed, or cooled with plates or water-bath heating. Malolactic fermentation takes place in tanks. They have 600 barrels (80% French), 2 pneumatic presses, and a well-equipped laboratory. They produce bulk, varietal, reserve, and premium wines, and have at least 8 export labels. "The wines are the same," says Patricia with respect to these wines, "they can be wooded" The Inostroza approach to winemaking is personal and passionate; she makes them with her other passion in mind -food. So she made a Carmenère thinking of pastas and stuffed chicken, a Cabernet Franc inspired in turkey with nuts, and the Tierra Roja 2000 *blend as "a sensual bohemian wine to drink with hams and cheeses."*

With respect to the 2003 harvest, she said, "it's been many years since Chile has had red wines like this." They export 99% to North America, Europe, Asia, and Brazil. They receive visitors, but not tourism.

Carpe Diem Gran Reserva Cabernet Sauvignon 1999 ★★★★★ - *Tierra Roja Cabernet Sauvignon-Syrah-Merlot 2000* ★★★★

Carpe Diem Gran Reserva Cabernet Franc 2000 ★★★★ - *Rucahue Merlot 2002* ★★★

Rucahue Chardonnay 2003 ★★★ - *Carpe Diem Reserva Carmenère 2002* ★★★ - *Rucahue Carmenère 2002* ★★

Viña Casa Donoso / Domaine Oriental

Camino a Palmira km 3,5 / Casilla 864 / Talca
Tel.: (071) 242506
Fax.: (071) 242091

E-mail: info@casadonoso.com
Website: www.casadonoso.cl
Capacidad: 2 millones de litros/ *Capacity: 528,000 gallons*
Viña: 123 hectáreas/ *Vineyards: 308 acres*

El fundo La Oriental, de la familia Donoso (que parece haber poseído, antes de la Reforma Agraria, toda la tierra de la comarca), ya estaba puesto a viñas y bodega desde hacía décadas cuando fue comprado en 1989 por los inversores vitivinícolas más exóticos de Sudamérica. Únicos llegados desde el centro del Pacífico Sur, Robert Wan es el mayor productor mundial de perlas negras; su hermano Louis Wan, concesionario de *Sheraton* en Polinesia; y el tercer socio, Michel Paoletti. Los 3 viven en Tahití. El vino chileno les gustaba tanto que decidieron ser *winemakers* y así fundaron la polinésica *Societè Anonime des Vignobles*.

Los viñedos están en 2 fincas, una en torno a la bodega y la otra en Vaquería, camino al puerto de Constitución, donde tienen también una bodega de guarda con tanques de cemento/epoxy. En fundo La Oriental, los suelos son franco arcillosos sobre matriz de piedra. Sus cepas son Cabernet Sauvignon, Merlot, Carmenère, Chardonnay, Sauvignon Blanc y poco Syrah y Cabernet Franc. Encontraron todo plantado a pie franco y en espaldera pero transformaron el 50 % a Scott Henry, que les dio buen resultado. A veces compran uva en viñas del vecindario. El riego no es un problema, ya que las napas están a 2 metros de profundidad, y menos aún en invierno. Las heladas primaveriles pueden ser dañosas en los paños más bajos y las combaten con humo y fogatas. Los rendimientos van de 6 toneladas por hectárea en los viñedos más viejos (de 1952) a 12 toneladas en los más jóvenes (de 1997). Gerente y enólogo residente es el sapiente Álvaro Arriagada, con Pablo Soffia como enólogo consultor. La bodega se articula junto a una bonita casona patronal de principios del siglo XX, muy bien restaurada y decorada, que alberga oficinas, recepción y habitaciones para huéspedes. Vinifican en tanques de acero inox de 3 a 42 mil litros. Poseen 600 barricas, el 70 % de roble americano. Usan microoxigenación pero no duelas, aunque sí chips en los varietales. Exportan el 90 % a Norteamérica, Reino Unido, Tahití y otros mercados. Poseen una sala de degustación y reciben visitas.

The vineyards and winery of fundo *La Oriental, which belonged to the Donoso family (who apparently owned the entire area before the Agrarian Reform), had been in place for decades before they were purchased by South America's most exotic wine investors -from the Central Pacific. Robert Wan is the world's largest producer of black pearls, and his brother Louis is the* Sheraton Hotel *concessionaire in Polynesia. The 3rd partner is Michel Paoletti, and all 3 live in Tahiti. They liked Chilean wine so much that they decided to become winemakers and founded the* Societè Anonime des Vignobles.

There are 2 vineyards, one at the winery and the other in Vaquería, on the road to the port of Consitución, where there is also a storehouse with cement/epoxy tanks. The La Oriental fundo has sandy-loam soils over a stone base, where they grow Cabernet Sauvignon, Merlot, Carmenère, Chardonnay, Sauvignon Blanc, and a little Syrah and Cabernet Franc. Although all the vines were ungrafted and trained to vertical shoot position, they changed half to Scott Henry, with good results. They sometimes buy grapes from neighboring vineyards. Irrigation is not a problem as the water table is shallow. Spring frosts can damage lower parcels, and they fight them with smoke and fires. Yields are 2.4 tons per acre in the older vineyards (1952) and 4.8 in the newer ones (1997).

Álvaro Arriagada is both manager and resident winemaker, and Pablo Soffia consults. The winery is next to a pretty, early 20th century manor house that houses the offices, reception, and guest rooms.

They vinify in 800-11,100-gallon stainless steel tanks and have 600 oak barrels, 70% American. They use micro-oxygenation and chips in their varietals. They export 90% to North America, the UK, Tahiti, and other markets. There is a tasting room where they receive visitors.

Esta bodega no nos envió muestras, que esperamos para la próxima edición.

This winery didn't send us samples, which we hope to receive for the next edition.

Viña Casas Patronales

Avenida Américo Vespucio N° 1821 /
Huechuraba / Santiago
Tel.: (02) 3743403
Fax.: (071) 3743168

E-mail: comercial@casaspatronales.com
Website: www.casaspatronales.com
Capacidad: 1,65 millones de litros/*Capacity: 435,900 gallons*
Viña: 250 hectáreas/*Vineyards: 625 acres*

Casas Patronales pertenece a una sociedad anónima de 3 socios, entre los cuales la tradicional familia talqueña Letelier. La viña contiene 3 casas patronales, 1 para cada socio.

Sus viñedos están todos en San Clemente; 4/5 es Cabernet Sauvignon y el resto, Carmenère (plantado entre 1993 y 2000). En 2003 plantaron además Sauvignon Blanc, Merlot, Chardonnay y Cabernet Franc. Todo corre en espaldera y Ginebra Doble Cordón para los vinos reserva, ya que los suelos son relativamente fértiles y altos los rendimientos (de 13 a 15 toneladas por hectárea para los reserva, y de 17 a 18 toneladas para los varietales).

Enóloga de planta es Vanessa Mills y consultor, el francés Jean Marc Labage. Vinifican en una bodega construida en el año 2000; toda de acero inoxidable, con tanques de capacidades de 5 hasta 50 mil litros, refrigerados o calentados con chaquetas externas o placas internas. Cuentan 160 barricas de las cuales el 60 % son de encina francesa y el resto de roble americano. En los varietales emplean *chips,* polvo y duelas de roble. Exportan el 75 % de la producción a Europa y Estados Unidos. Reciben visitas a través de la *Ruta del Vino del Maule.*

Casas Patronales belongs to a 3-party corporation that includes the traditional Letelier family from Talca. There are 3 houses on the property, one for each partner. The vineyards, all in San Clemente, were planted to Cabernet Sauvignon (4/5) and Carmenère (1/5) between 1993 and 2000. In 2003 they added Sauvignon Blanc, Merlot, Chardonnay, and Cabernet Franc. All are vertically positioned, and the vines for reserve wines use the Double Geneva Curtain system as the soils are relatively fertile and provide high yields: 5-6 tons per acre for reserves and around 7 tons for varietals.

Resident winemaker is Vanessa Mills, with technical assistance from French enologist Jean Marc Labage. The winery building was erected in 2000, and all the tanks (12,500-20,000 gallons) are stainless steel and cooled or heated with external jackets or internal plates. They have 160 barrels (60% French, the remainder American oak), and they use oak chips, dust, and inner staves in their varietal wines. Europe and the US receive 70% of their production. They receive visitors through the Maule Wine Route.

Casas Patronales Oak Barrel Cabernet Sauvignon 2001 ★★★

Casas Patronales Limited Selection Cabernet Sauvignon-Carmenère 2002 ★★ - *Casas Patronales Carmenère* 2002 ★★

Casas Patronales Cabernet Sauvignon 2002 ★★

Viña Cremaschi Furlotti

Camino a Pangal km 4 / San Javier
Tel.: (073) 1972362
Fax.: (073) 1972275

E-mail: informaciones@cremaschifurlotti.cl
Website: www.cremaschifurlotti.cl
Capacidad: 4 millones de litros/ *Capacity: 1.056.800 gallons*
Viña: 100 hectáreas/ *Vineyards: 250 acres*

El apellido milanés Furlotti llegó a Mendoza hacia 1890 e hizo historia vitivinícola. Ángel Furlotti fue uno de los bodegueros más importantes de Argentina hasta que vendió a Greco (ver nota en Introducción). Mucho antes, parte de la familia cruzó a Chile y se dedicó también a la vitivinicultura. La bodega de San Javier fue establecida por el padre de Cristian Cremaschi en 1974.

La viña está toda alrededor de la bodega, con Cabernet Sauvignon, Merlot, Carmenère, Syrah, Pinot Noir, Chardonnay y Sauvignon Blanc, puestos a pie franco y regados por tendido. Elaboran un 70 % de tintos y el resto blancos. La uva propia es para sus vinos embotellados en las 3 líneas clásicas (premium, reserva y varietal) y la uva comprada es para los vinos que venden a granel. Los rendimientos van de 6 a 12 toneladas por hectárea según la cepa y el vino.

La bodega, de aspecto industrial, es mezcla de viejo y de nuevo. Hay 5 fudres de raulí de 40 mil litros que usan para fermentación. Pero el grueso de los vinos se elabora en tanques de acero inox de 2,5 a 250 mil litros, todos con control de temperatura por placas o chaquetas. Cuentan con 800 barricas al 80 % francesas. La sala de embotellado es nueva y están buscando las certificaciones I.S.O. y H.A.C.C.P.. El enólogo es Rodrigo González.

Exportan el 95 % a Europa, las Américas y Asia. No están equipados para recibir al turismo.

The Milanese name Furlotti arrived in Mendoza around 1890 and made vitivinicultural history. Ángel Furlotti was one of Argentina's most important winery-owners until he sold to Greco (see the note in the Introduction). Much earlier, part of the family had crossed the mountains to Chile and were also in the wine business. The San Javier (Maule Valley) winery was founded by Cristian Cremaschi's father in 1974.

The vineyards surround the winery and are planted to Cabernet Sauvignon, Merlot, Carmenère, Syrah, Pinot Noir, Chardonnay, and Sauvignon Blanc, all ungrafted and flood-irrigated. They produce 70% red wines and 30% white. Their own grapes go into their 3 classic lines (premium, reserve, and varietal) of bottled wines, and they buy grapes for bulk wines. Yields range from 2.4 - 4.8 tons per acre, depending on the variety and intended wine.

The winery is industrial, partly old, partly new. There are 5 raulí vats (10,500 gallons) for fermentation, but most wines are made in stainless steel tanks (660-66,000 gallons), all temperature controlled with plates or jackets. They have 800 barrels, 80% French. The bottling room is new, and they are seeking ISO and HACCP certifications. The winemaker is Rodrigo González.

Exports to Europe, the Americas, and Asia involve 95% of the production. They are not equipped to receive tourists.

Cremaschi Furlotti Venere 2000 ★★★

Cremaschi Furlotti Reserva Carmenère 2001 ★★★ - *Cremaschi Furlotti Reserva Cabernet Sauvignon 2000* ★★★

Cremaschi Furlotti Reserva Syrah 2000 ★★★

Viña Hugo Casanova

Fundo Viña Purísima / Camino Las Rastras km 8 / Talca
Tel.: (071) 266540
Fax.: (071) 266539

E-mail: vcasanov@ctcinternet.cl
Website: www.casanova.cl
Capacidad: 2 millones de litros/*Capacity: 528,000 gallons*
Viña: 100 hectáreas/*Vineyards: 250 acres*

La viña *Hugo Casanova* fue iniciada por el padre del propietario actual, quien compró el fundo Purísima y construyó, hacia 1920, la casa patronal que hoy alberga a las oficinas a un lado, con una casa familiar de veraneo detrás. El fundo actual es la "reserva" que se dejaba a los propietarios cuando la Reforma Agraria les expropiaba todo el resto. La bodega siempre hizo vinos que vendía a granel hasta que la crisis de los años '80 (cuando tuvieron 3 cosechas sin vender) los persuadió a dar más valor agregado a sus vinos y a comenzar con crianza en barricas. Pero siguieron vendiendo el vino a terceros hasta que 1994 comenzaron a embotellar con su marca. La empresa es dirigida por Hugo Casanova, con su hijo Hugo Andrés en *marketing* y ventas, y el primo Hugo Möller en la producción vitícola.

En los viñedos adyacentes a la bodega cultivan Cabernet Sauvignon, Merlot (mezclado con Carmenère), Sauvignon Blanc y Chardonnay, a pie franco, con cepas de 12 a 80 años de edad (un Cabernet que está al lado de la bodega); la mitad conducido en espaldera y mitad en parrón (el Sauvignon Blanc). El riego es *botado* o por manto. "La tierra es muy vigorosa, nunca fertilicé" asegura la enóloga Carolina Bustamante, quien menciona rendimientos de 8 toneladas por hectárea en las uvas para vinos premium y hasta un 50 % más, en la uva para varietales. El manejo es orgánico y sólo hacen 3 tratamientos de azufre por año.

En la bodega cuentan con 2 prensas pneumáticas, tanques de acero inox de 5 a 60 mil litros y piletas de hormigón/epoxy de varias capacidades (entre 16 y 90 mil litros); las que están al aire libre tienen sistemas de refrigeración. Cuentan apenas 60 barricas *Seguin Moreau* que usan para el *Don Aldo*, premium de la casa. En los reserva emplean duelas. Y quedan viejas cubas de raulí fuera de uso.

Exportan 9/10 de la producción a Dinamarca, Reino Unido, Holanda, Brasil, México, Venezuela, Ecuador y Estados Unidos. Hay una tienda muy sencilla, y reciben visitas.

Hugo Casanova was started by the current owner's father, who bought the Purísma fundo around 1920 and built the house, which now holds offices on one side, and the family summer home on the other. The current fundo is actually the "reserve" left to the owners when Agrarian Reform expropriated the rest. The winery had always made bulk wine, until the crisis of the 1980s (when they were left with 3 unsold vintages) persuaded them to upgrade their wines and invest in barrel-aging. They continued to sell wine to third parties until 1994, when they began to bottle under their own name. Hugo Casanova runs the company with his son Hugo Andrés, in Sales and Marketing, and cousin Hugo Möller, in Vineyard Production.

The vineyards adjacent to the winery include Cabernet Sauvignon, Merlot (mixed with Carmenère), Sauvignon Blanc, and Chardonnay. The 12-80 year-old vines (with old-vine Cabernet next to the winery) are ungrafted, half vertically-positioned, half on pergolas (Sauvignon Blanc). They use flood irrigation. "The soil is very vigorous; I've never used fertilizer," says winemaker Carolina Bustamante, who also mentions yields of 3.2 tons per acre for the premium wines, and up to 50% more for the varietals. They farm organically and only apply 3 sulphur treatments per year.

The plant has 2 pneumatic presses, 1,300-16,000-gallon stainless steel tanks, and cement/epoxy tanks ranging between 4,000 and 24,000 gallons in volume; their outdoor tanks have cooling systems. Their 60 Seguin Moreau barrels are dedicated to the house premium, Don Aldo, and inner staves are used in the Reserves. The old raulí casks are no longer used. They export 90% to Denmark, the UK, the Netherlands, Brazil, Mexico, Venezuela, Ecuador, and the US. They have a simple shop and receive visitors.

Hugo Casanova Reserva Chardonnay 2001 ★★★★

Hugo Casanova Reserva Merlot 2001 ★★★ - *Don Aldo Reserva Cabernet Sauvignon 1999* ★★★

Casanova Reserva Cabernet Sauvignon 2001 ★★

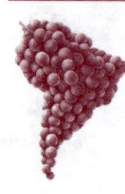

Viña J. Bouchon

Fundo Santa María de Mingre / Camino a
Constitución, km 30 / San Javier
Tel.: (073) 1972708
Fax.: (073) 1972707

E-mail: bodega@jbouchon.cl
Website: www.jbouchon.cl
Capacidad: 2,6 millones de litros/*Capacity: 687,000 gallons*
Viña: 360 hectáreas/*Vineyards: 900 acres*

Aquí se continúa una tradición familiar originaria de Saint Emilion, traída a Chile por Èmile Guillaume Bouchon, quien en 1892 instaló viña y bodega en Valle de Colchagua, donde hoy es *Casa Silva* y *Selentia*. Tercera generación de vitivinicultores, Julio Bouchon Sepúlveda es ingeniero agrónomo y enólogo por la Universidad de Bordeaux, y desde 1991 está al frente de esta viña familiar.

En el amplio fundo que rodea a la bodega cultivan Cabernet Sauvignon, Merlot, Carmenère, Syrah, Malbec, Sauvignon Blanc y Chardonnay: todo conducido en espaldero y plantado a pie franco; en los paños más nuevos riegan por goteo, en tanto que las cepas más viejas son *a rulo*. Sus rendimientos van de unas 3 toneladas por hectárea para un Cabernet premium, hasta 3 veces más para los vinos que venden a granel a otras bodegas y exportan a China y a Suiza. Hay pies de parras de más de 50 años injertadas o por injertar con cepas viníferas contemporáneas. No compran uva.

La bodega abarca 3 eras de la vinicultura moderna: una bodega de adobe hoy convertida en sala de barricas; una de piletas de cemento/epoxy donde fermentan y almacenan; y otra de acero inoxidable aun en construcción, con tanques de mil a 100 mil litros. Tienen además una notable pieza de ingenio australiano: una bodega portátil en un gran contenedor, con tanques de acero inox de 10 a 25 mil litros y espacio para oficinita-laboratorio. Cuentan con barricas francesas y húngaras de 750 litros y una flamante e imponente prensa pneumática por vacío. Un edificio reciente y funcional alberga el sector de embotellado y almacenamiento, laboratorio y oficinas. El conjunto luce ecléctico y funcional, sin pretensiones estéticas.

Exportan el 95 % de la producción a Europa, Norteamérica, Asia y Brasil.

Reciben visitas, pero no hay tienda ni sala de degustación aunque sí, una casa de huéspedes en una vieja bodega reciclada.

In 1892, Saint Emilion-native Émile Guillaume Bouchon brought his family tradition to Chile, planted vineyards and installed a winery in the Colchagua Valley, which now belongs to Casa Silva and Selentia. Agricultural Engineer and University of Bordeaux-trained Julio Bouchon, 3rd generation of winegrowers, has run the family business since 1991.

The large vineyards surrounding the winery have Cabernet Sauvignon, Merlot, Carmenère, Syrah, Malbec, Sauvignon Blanc, and Chardonnay, vertically-positioned and ungrafted. The newer parcels use drip irrigation, whereas the old vines are not irrigated. Yields range from some 1.2 tons per acre for the premium Cabernet, to 3 times that for bulk wines, which are sold to other wineries or exported to China and Switzerland. Their 50-year-old vines are in the process of being grafted with modern vinifera varieties. They don't buy grapes.

The winery reflects 3 eras of modern winemaking: an old adobe winery that has been converted into barrel room; another that holds cement/epoxy tanks for fermentation and storage, and a new one under construction to hold their 264-24,200-gallon stainless steel tanks. They also have a piece of Australian genius: a mobile winery in a large container, with 2,600 - 6,600-gallon stainless steel tanks and a small laboratory/office. They use French and Hungarian 200-gallon barrels and an impressive new pneumatic vacuum press. A new building houses bottling, storage, laboratory, and office space. The combination is eclectic and functional, without aesthetic pretensions.

They export 95% to Europe, North America, Asia, and Brazil.

There is no shop or tasting room, but they do receive visitors and have a guest house in a renovated old building.

J. Bouchon Gran Reserva Cabernet Sauvignon 1998 ★★★★★ - J. Bouchon Gran Reserva Merlot 1999 ★★★★

Las Mercedes Reserva Cabernet Sauvignon 1999 ★★★★ - J. Bouchon Gran Reserva Carmenère 2001 ★★★

J. Bouchon Chicureo Carmenère 2002 ★★★ - J. Bouchon Chicureo Merlot 2001 ★★★

Viña Tabontinaja / Gillmore Estate

Fundo Tabontinaja / Camino a Constitución km 20 / San Javier
Tel.: (073) 375539
Fax.: (073) 375538

E-mail: tabontinaja@gillmore.cl
Website: www.gillmore.cl
Capacidad: 1,5 millones de litros/*Capacity: 396,300 gallons*
Viña: 40 hectáreas/*Vineyards: 100 acres*

Gillmore es la más romántica y divertida de las viñas de Chile y quizá de Sudamérica. Lo primero, porque la conduce el reciente matrimonio de la hija del propietario, Daniela Gillmore y Andrés Sánchez (quien era enólogo de *Calina* y consultor de *Gillmore*, pero invirtió los roles). Fundo Tabontinaja es un lugar romántico: arrinconado en un vallecito junto a una carretera de poco tránsito rumbo al mar, entre cerros tapizados de forestaciones coníferas, con su arroyo de vertiente mineral curativa, y la bodega junto a la casa mayor.
Además de lo enológico (un jardín de 30 variedades viníferas e incipiente museo vinícola al aire libre) contiene un pequeño zoo de aves, caballos y rebaño de alpacas, descomunal pileta, 2 posadas de arquitectura desconcertante con 14 habitaciones (incluyendo salón para 100 personas), capilla de adobe (donde se casaron Daniela y Andrés) que Francisco Gillmore construyó y proveyó de imágenes (incluyendo vitrinas con muñequitos hechos por él y su arquitecto Miguel Ángel Fernández), y un minigolf en construcción. Como si no bastara, están edificando un Pueblo Artesanal Tabontinaja a 2 kilómetros, junto a la carretera. Y tienen otro viñedo... en Long Island.
La viña incluye ambos Cabernet, Merlot, Carignan y Carmenère y es de secano, pues llueve casi 800 milímetros y hay napas poco profundas. De algunos cuarteles (como el de Cabernet Franc orgánico) sacan 2 toneladas por hectárea. El experto Andrés Sánchez (ex *Kendall Jackson* en Toscana y California) junto a Daniela dirigen la viña (y todo lo demás). La bodega reúne construcciones de 3 siglos, desde una nave del XIX hasta galpones refrigerados del XXI. Tienen prensa pneumática y de canasto ("*ojalá pudiera usar sólo esto*" dice Andrés), tanques de acero inox de 1 a 25 mil litros para fraccionar cada parcela, todos con chaquetas de frío y calor (hechas en casa), y 600 barricas a mitad americanas y francesas. Exportan hasta el 80 % a Brasil, Reino Unido, Alemania, Estados Unidos y Japón. Reciben visitas y huéspedes con gusto.

Gillmore is Chile's, probably South America's, most romantic and entertaining winery. It's run by newlyweds Daniela Gillmore, the owner's daughter, and Andrés Sánchez, former Calina *winemaker and* Gillmore *consultant, now the other way around. The* Tabontinaja *fundo is romantic: nestled in a small valley near a quiet highway passing through evergreen-covered hills to the sea, a spring-fed stream, plus the winery and manor house.*
Beyond things wine-related (garden with 30 grape varieties and new open-air wine museum), they have a mini-zoo with birds, horses, and llamas; gigantic pool; 2 inns with 14-rooms (with 100-person hall) with startling architecture; adobe chapel (where Daniela and Andrés married) built by Francisco Gillmore, who supplied its icons, including display cases for figurines that he and architect Miguel Ángel Fernández made; and a mini-golf course under construction. To top it off, they are building a Crafts Village by the highway. And they have another vineyard...in Long Island.
The vineyard, with both Cabernets, Merlot, Carignan, and Carmenère, is not irrigated since it rains nearly 800 mm, and its water table is shallow. In some parcels (like the organic Cabernet Franc), the yield is 0.8 tons per acre. Expert Andrés Sánchez (ex Kendall Jackson *in Tuscany and California) and his wife Daniela run the vineyard (and everything else). The winery spans 3 centuries, from the 19th-century cellar to cooled 21st-century sheds. They have a pneumatic press as well as a basket press ("wish we could just use this," says Andrés), 264-6,605-gallon stainless steel tanks with homemade heat/cold jackets, and 600 barrels, half American, half French. They export 80% to Brazil, UK, Germany, US, and Japan. They happily receive visitors and guests.*

Gillmore Reserva Cabernet Sauvignon 2001 ★★★★

Gillmore Reserva Merlot 2001 ★★★

Gillmore Carignan 2001 ★★★

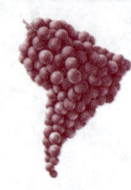

VIÑA TERRANOBLE

Fundo Santa Camila / Casas Viejas /
Camino a Santa Elena km 7 /
San Clemente / Talca
Tel.: (071) 242342 - Fax.: (071) 242289

E-mail: terranoble@terranoble.cl
Website: www.terranoble.cl
Capacidad: 1,6 millones de litros/*Capacity: 422,700 gallons*
Viña: 120 hectáreas/*Vineyards: 300 acres*

Terranoble, sociedad de 3 inversores chilenos, plantó sus viñedos y construyó su bodega en 1994. Poseen 90 hectáreas en la finca de San Clemente donde está la bodega y el resto en Los Lingues, Valle de Colchagua. La mitad de su viña de San Clemente es Merlot, con Carmenère, Cabernet Sauvignon, Sauvignon Blanc y Chardonnay; casi toda la viña de Los Lingues es Cabernet Sauvignon, con 5 hectáreas de variedades nuevas. Además compran algo de Cabernet. Todo está conducido por espaldera y la mayor parte del riego es por surco, el resto por goteo. Los suelos de la finca del Maule son arcillosos y de origen volcánico sobre una capa rocosa descompuesta; en Los Lingues hay arcilla sobre maicillo, de origen aluvial y con poca piedra. Los rendimientos van de 6,5 a 8 toneladas por hectárea.

La bodega incluye una antigua casa patronal que perteneció a un fundo de 1.500 hectáreas reducido a 1/12 por la Reforma Agraria. El objetivo es producir Merlot y Sauvignon Blanc. El enólogo jefe y director técnico Ignacio Conca cuenta que descubrieron que unos paños de Merlot eran Carmenère... y lo arrancaron: "*el Carmenère tiene sus riesgos. A lo largo de diez años resulta que no es muy bueno todos los años. El Merlot el 30 de marzo está perfecto*".

La bodega es de aspecto industrial, con tanques de acero inox de 2,5 hasta 40 mil litros, todos de temperatura controlada por chaquetas. Hay 600 barricas al 80 % francesas y una cuba nueva de roble *Taransaud* de 5 mil litros, con conexión para control de temperatura frío/calor, donde fermentan y crían. "*La usamos como si fuera una barrica de 5 mil litros*" dice Conca, quien cuenta con la asesoría de Felipe de Solminihac. La sala de fraccionamiento, de atmósfera presurizada, cuenta con una flamante línea de embotellado italiana. Exportan el 95 %: Europa demanda las 3/4 partes, el resto se divide entre los Estados Unidos de Norteamérica y Estados Unidos de Brasil. Reciben poco turismo, pero tienen un punto de venta sobre la carretera 5.

Terranoble, owned by 3 Chilean investors, planted vineyards and built its winery in 1994. They have 225 acres in their San Clemente (Maule) fundo, where the winery is located, and the rest in Los Lingues, Colchagua Valley. Merlot accounts for half the vines in San Clemente, where they also have Carmenère, Cabernet Sauvignon, Sauvignon Blanc, and Chardonnay; the Los Lingues vineyard is almost entirely Cabernet Sauvignon, with 12.5 acres of new varieties. They also buy some Cabernet. All vines are vertically trained and the majority furrow-irrigated, the rest with drip-line. The Maule fundo has clay soils of volcanic origin over a decomposed layer of rock; Los Lingues is clay over gravel, alluvial in origin, with little rock. Yields vary from 2.5-3 tons per acre. The winery includes an old manor house that was part of a 3,700-acre fundo, cut to 1/12 its size during Agrarian Reform. Their objective is to make Merlot and Sauvignon Blanc. Chief winemaker and technical director Ignacio Conca relates how they discovered Carmenère, mistaken for Merlot, and pulled it out: "Carmenère is risky. In the long run, results show that it isn't good every year. On March 30th, Merlot is perfect."

The winery has an industrial look, with 660-10,600-gallon stainless steel tanks, all with temperature control jackets. They have 600 barrels, 80% French, and a new, 1,300-gallon oak fermentation and aging tank with a temperature control unit, made by Taransaud. *"We use it as if it were a 1,300-gallon barrel," says Conca, who is advised by Felipe de Solminihac. The pressurized bottling area has a brand new Italian unit. They export 95%; Europe takes 3/4, and the rest goes to the U.S. and Brazil. They receive few tourists, but have a shop on Route 5.*

Terranoble Gran Reserva Carmenère 2001 ★★★★ - Terranoble Reserva Carmenère 2001 ★★★★

Terranoble Gran Reserva Merlot 2001 ★★★ - Terranoble Reserva Merlot 2001 ★★★ - Valle Andino Chardonnay 2002 ★★

Valle Andino Merlot 2001 ★★ - Terranoble Sauvignon Blanc 2002 ★★ - Terranoble Chardonnay 2002 ★★

Valle del Aconcagua / Aconcagua Valley

Valle del Aconcagua
Aconcagua Valley

El río y el Valle de Aconcagua comparten con su montaña progenitora una tendencia a ocultarse a la vista en los pliegues del paisaje. El monte Aconcagua (6.959 metros) según nuestra experiencia sólo se ve en 3 puntos desde una carretera: por un fugaz instante entre Puente del Inca y Las Cuevas, en la ruta 7 de Argentina; por unos momentos desde la autopista 57 de Santiago a los Andes; y otro momento desde la autopista 5 en La Ligua. El Valle del

The Aconcagua River and Valley share a tendency to hide the mountain that gave them their name. In our experience, the Aconcagua Mountain (22,826 feet) can only be seen from 3 spots along the highway: for a split second between Puente del Inca and Las Cuevas, on Argentine Route 7; for a few moments from Highway 57 between Santiago and Los Andes; and for another moment from Highway 5 in La Ligua. The Aconcagua Valley is

Aconcagua es estrecho y meandroso, con rincones de gran belleza. Sus viñas, casi todas tintas Cabernet Sauvignon y Syrah, se encuentran en la parte alta del Valle, en torno a Panquehue, donde llega el influjo refrescante de las brisas oceánicas. Las lluvias no deberían pasar de los 250-300 milímetros al año, pero en 2002 fueron el doble. Una de las viñas más tradicionales de Chile, *Errázuriz,* es la joya del terruño, en un anfiteatro al pie de los cerros, a 400 metros de altura; contigua está la flamante viña *boutique Von Siebenthal,* de origen helvético. A media hora de auto valle arriba, en las afueras de San Esteban, está la viña *San Esteban,* la más próxima a los Andes a este lado de la Cordillera. En el pueblo de San Esteban hay un *bed & breakfast San Regis* y un hotel-restaurant de tipo termal, en tanto que Los Andes ofrece alojamiento convencional. Camino a la montaña por la ruta 60, el solitario *restaurante La Petite France* es una parada forzosa para el viajero *gourmet,* ya que hasta Mendoza no hay otras alternativas de tal nivel y estilo. La vista desde el restaurant es hermosa, y su menú muy interesante.

narrow and meandering, with little corners of great beauty. Its vineyards, nearly all Cabernet Sauvignon and Syrah, are in the upper part of the valley, around Panquehue, where a refreshing influence of ocean breezes is felt. Rains shouldn't exceed 10-12 inches per year, although it was double in 2002. One of Chile's most traditional wineries, Errázuriz, is the jewel of the region, set in an amphitheater at the foot of the mountains, 1,300 feet up, and next to the brand new Von Siebenthal boutique *winery, with Swiss origins. Half an hour up the valley by car, just outside San Esteban, is the San Esteban winery, the closest winery to the Andes on this side of the Mountains. The San Regis Bed & Breakfast and a hot-springs type hotel-restaurant in San Esteban, and Los Andes offers conventional board. On Route 60, heading toward the mountains, the solitary La Petite France restaurant is an obligatory stop for any gourmet traveler, as this is the last alternative of this level and style before Mendoza. The restaurant has a very interesting menu and a beautiful view.*

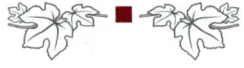

Viña Errázuriz

Lo Errázuriz / Calle Antofagasta s/n° / Panquehue
Tel.: (02) 2036688
Fax.: (02) 2036690

E-mail: wine.report@errazuriz.cl
Website: www.errazuriz.com
Capacidad: 4 millones de litros/ *Capacity: 1,056,800 gallons*
Viña: 120 hectáreas/ *Vineyards: 300 acres*

Viña Errázuriz es otra del puñado histórico de apellidos patricios chilenos ligados a la vitivinicultura. Fue fundada por Maximiano Errázuriz Valdivieso en 1870 en el Valle de Aconcagua que aun hoy, con túneles y autopistas, parece más lejano que 100 kilómetros de Santiago. Don Maximiano la tuvo que construir por segunda vez tras un terremoto en 1906. A pesar de la Reforma Agraria (que expropió el fundo y la casa patronal), la viña llegó al siglo XXI en manos de la familia. A mediados de la década de los '80, con la dirección de Alfonso Chadwick Errázuriz, encararon la renovación vitícola y vinícola, expandiendo viñedos e incorporando nuevas cepas. Hoy la dirige su hijo Eduardo Chadwick. Poseen 5 viñedos en el Valle de Aconcagua y otros en Maipo, Colchagua y Curicó, a cargo del viticultor Pedro Izquierdo. Las viñas en parte tienen certificación orgánica y otras están en transición para obtenerla. Los rendimientos mínimos son 4 toneladas por hectárea en Cabernet y Merlot reserva, hasta 12 toneladas en Syrah para varietales. La mayoría de los viñedos es espaldero pero también hay Scott Henry (en Carmenère) y parrones en vías de eliminación. La bodega vieja, muy bien reciclada, es el salón de eventos y visitas. La nave nueva es de tanques de acero inox todos regulados con chaquetas o duchas de agua fría o caliente. Hay 8 naves subterráneas de bóvedas de cañón corrido, cada una dedicada a cava de una variedad y que iluminan con velas. Cuentan unas 6 mil barricas al 60 % de encina francesa y el resto, roble americano. El enólogo es Edward Flaherty, californiano formado en Davis. Exportan el 90 % de la producción al Reino Unido, Estados Unidos, Canadá, Japón y Australia. Por su arquitectura, paisaje y dimensiones contenidas, es quizá la viña más bonita de todas las que visitamos en Chile. El vino *Seña* es fruto del *joint-venture* entre la *Robert Mondavi Winery* y Viña Errázuriz, corte de Cabernet Sauvignon, Carmenère y Merlot. Después de largos estudios, *Seña* eligió para sus terruños el Valle del Aconcagua y comenzó a plantar sus cepas en las cercanías de Ocoa, en el año 2000.

Errázuriz is another of the aristocratic names tied to Chilean wine. In 1870, Maximiano Errázuriz founded the Aconcagua Valley winery, which even today, with modern tunnels and overpasses, seems farther away than the mere 62 miles that it really is. Don Maximiano had to rebuild the winery after it was destroyed in a 1906 earthquake. Despite being expropriated during Agrarian Reform, Viña Errázuriz reached the 21st century under the control of the founding family. In the mid-1980s, Alfonso Chadwick-Errázuriz renovated the winery, expanded the vineyards, and added new varieties. His son Eduardo Chadwick runs the winery today.

They have 5 vineyards in Aconcagua, plus others in Maipo, Colchagua, and Curicó, all run by winegrower Pedro Izquierdo. Some are organically certified; others are in the process of certification. Yields range from 1.6 tons per acre for Reserve-quality Cabernet and Merlot, to 4.8 tons per acre for varietal Syrah. Most vineyards are vertically-positioned, but some use Scott Henry (for Carmenère) and pergola, which is being removed.

The well-maintained original winery is used as a visitor and events center. The new cellar has stainless steel tanks with jackets or hot/cold water bath systems. There are 8 candle-lit, underground chambers with vaulted brick archways, each with its own variety. Of their 6,000 barrels, 60% are French oak, the rest American. The winemaker is UC Davis-trained Edward Flaherty of California. They export 90% to the UK, US, Canada, Japan, and Australia.

Given its architecture, landscape, and size, Errázuriz is probably the prettiest winery we visited in Chile.

The wine Seña, a blend of Cabernet Sauvignon, Carmenère, and Merlot, is the fruit of a joint venture between the Robert Mondavi Winery *and the* Viña Errázuriz. *After extensive research, the Seña group chose the terroirs of the Aconcagua Valley and began planting its own vines near Ocoa in the year 2000.*

Seña Corte 1999 🍇 - Max Reserva Syrah 2000 ★★★★ - Errázuriz Carmenère 2000 ★★★★

Errázuriz Ferment Chardonnay 2001 ★★★ - Max Reserva Cabernet Sauvignon 2000 ★★★

State Syrah 2001 ★★★

Viña San Esteban

La Florida 2074 / San Esteban / Los Andes
Tel.: (034) 481050
Fax.: (034) 481477

E-mail: sanesteban@vse.cl
Website: www.vse.cl
Capacidad: 2,3 millones de litros/*Capacity: 607,660 gallons*
Viña: 100 hectáreas/*Vineyards: 250 acres*

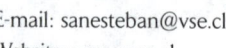

La *Viña San Esteban* nació en 1974 cuando José Antonio Vicente compró las fincas de La Florida (donde cultivan Chardonnay y Syrah) y Paidahuen (donde está el grueso de la viña y sus variedades, contiguo a la bodega). La empresa es 100 % familiar y la dirige el hijo del fundador, Horacio Vicente, quien es enólogo por la Universidad de Chile y la de Bordeaux. Además, tienen como enólogo de planta al francés Maxence Dulou.

Situada allí donde los Andes ya casi no quieren saber más nada de valles, es posiblemente la viña más "de montaña" que vimos en Chile. Su viñedo de Paidahuen tiene 30 hectáreas bastante espectaculares en las laderas del cerro del mismo nombre, con Cabernet Sauvignon y Franc, Sangiovese, Merlot, Carmenère, un poco de Nebbiolo y Mourvèdre, además de Sauvignon Blanc; todo puesto en espaldera y con riego por goteo. Aquí obtienen de 5 a 7 toneladas de uva por hectárea, pero en los viñedos del fondo del valle no mucho más: apenas 8. Esta plantación iniciada en 1993 fue una de las primeras que hubo en ladera en Chile. En la cumbre del cerro, desde donde hay una hermosa vista del valle del río Aconcagua, hay rocas con petroglifos.

La bodega, con un hermoso techo de madera, contiene tanques de acero inox de 5 a 30 mil litros para fermentación, con chaquetas de regulación térmica. Hay además 8 cubas de fermentación *Fabbri* autovaciantes de 12 mil litros. Las mesas de selección y despalilladora están montadas sobre ruedas. Almacenan los vinos en tanques de acero de 20 y 30 mil litros sin refrigeración, y en sala aparte hacen la estabilización en frío en tanques de 10 y 20 mil litros. Las barricas (200, mayoría francesas) las guardan en el almacén de adobe de la vieja casa patronal que constituye el núcleo de la bodega. Exportan el 95 % a Estados Unidos y Europa. Poseen una pequeña tienda, ofrecen degustaciones y reciben con gusto visitas guiadas por Rosie, la esposa estadounidense de Horacio Vicente, quienes viven en la viña.

Viña San Esteban began in 1974 when José Vicente bought the fundos La Florida (for Chardonnay and Syrah) and Paidahuen (with most of the vineyards and varieties next to the winery). It is 100% family-owned and run by the founder's son, winemaker Horacio Vicente, who trained at the Universities of Chile and Bordeaux. Frenchman Maxence Dulou is the on-site winemaker.

Located high in the Andes, where the mountains seem to have forgotten about the valley - this is possibly the most mountainous winery we saw in Chile. The Paidahuen vineyards are spectacular, with 75 acres planted on slopes, and include Cabernet Sauvignon and Franc, Sangiovese, Merlot, Carmenère, some Nebbiolo and Mourvedre, as well as Sauvignon Blanc, all vertically trained with drip irrigation. Here the yield is 2 to 3 tons per acre, but the vines on the valley floor don't yield much more, barely 3.2. Planted in 1993, this was one of the first vineyards planted on slopes in Chile. At the top of the hill, with a stunning view of the Aconcagua River Valley, there are rocks with petroglyphs.

The winery, with a beautiful wooden roof, has 1,300-7,900-gallon stainless steel fermentation tanks with jackets for thermal regulation. There are also 8 automatic-emptying fermentation tanks with a 3,170-gallon capacity, made by Fabbri. *The selection belt and de-stemmer are on wheels. They store wines in 5,300 and 7,900-gallon stainless steel tanks without refrigeration, and in a separate room, cold-stabilize in 2,640-gallon tanks. The 200 mostly French barrels are stored in an adobe room, part of the old colonial house, the winery's nucleus. They export 95% to the US and Europe.*

They have a small shop, offer tastings and happily give guided tours, led by Rosie, Horacio Vicente's American wife, both of whom live on the property.

San Esteban Reserva Carmenère 2002 ★★

VIÑA VON SIEBENTHAL

Calle O'Higgins s/n / Panquehue /
Valle de Aconcagua
Tel./Fax.: (34) 591827

E-mail: vonsiebenthalsa@msn.com
Website: En construcción
Capacidad: 0,2 millones de litros/*Capacity: 52,840 gallons*
Viña: 25 hectáreas/*Vineyards: 62 acres*

Von Siebenthal es una flamante viña *boutique* establecida por un abogado suizo, Mauro von Siebenthal.. Fue terminada de construir en 2001, en tanto que sus viñedos eran plantados o reinjertados desde 1998. Su primera cosecha fue en 2002.

Poseen 7 hectáreas de viña junto a la bodega con Cabernet Franc, Merlot y Carmenère; el resto del viñedo está al pie del cerro cercano, con más Carmenère, Cabernet Sauvignon y Petit Verdot. Todo está conducido en espaldero y regado por goteo. Los suelos son de maicillo y franco arcillosos, más gredosos en los bajos. Cosechan todo a mano en gamelas.

La bodega es bonita, moderna y sencilla; un poco al estilo de un clos francés que contiene la vivienda de los responsables: Ireneo Nicora -gerente- y Mauro -dueño- (durante sus 3 ó 4 visitas anuales). Vinifican en tanques de acero inox de 5 a 20 mil litros, todos con chaquetas de control de temperatura. Poseen prensa pneumática. La nave destinada a guarda de barricas es amplia, y alberga 135 barricas al 85 % de origen francés, el resto de Estados Unidos. El embotellado lo hacen con una planta móvil que arriendan.

Von Siebenthal is a brand new boutique winery started by Swiss attorney, Mauro von Siebenthal. They have been planting or regrafting vines since 1998, and they finished the construction of their winery in 2001. Their first harvest was in 2002.

They have 17 acres of Cabernet Franc, Merlot, and Carmenère next to the winery, and the rest are planted at the foot of a nearby hill, with more Carmenère, Cabernet Sauvignon, and Petit Verdot. All vines are in vertical shoot position and drip-irrigated. The soils are gravel and clay loam, more clay-like on the valley floor. Grapes are handpicked in baskets.

The winery is pretty, modern, and simple, along the lines of a French clos, with housing for resident manager Ireneo Nicora, and owner Mauro during his 3-4 yearly visits. They make wine in 1,320-5,280-gallon stainless steel tanks, all with temperature control jackets. They have a pneumatic press, and the barrel-aging cellar is ample, housing 135 barrels, 85% French, the rest, American. They bottle with a rented mobile unit.

Von Siebenthal Corte 2002 ★★★

Valle del Limarí
Limarí Valley

Es el más septentrional de los viñedos de cepas nobles para vinos de calidad: más al norte, en Copiapó, hay viñedos pero sólo de uva pisquera y uva de mesa para exportación. También el Valle del Limarí era de viticultura para Pisco hasta que la viña *Francisco de Aguirre* comenzó a plantar variedades finas en 1993.

El valle del río Limarí está a 400 kilómetros al norte de Santiago, por la magnífica autopista costera a

For the moment, this is the most northernmost valley for noble-variety vineyards for fine wines. Farther north, in Copiapó, there are vineyards dedicated to pisco grapes and table grapes for exportation. Limarí Valley viticulture was also exclusively dedicated to the pisco industry until the Francisco de Aguirre *winery began planting fine varieties here in 1993.*

The Limarí River Valley is 250 miles north of

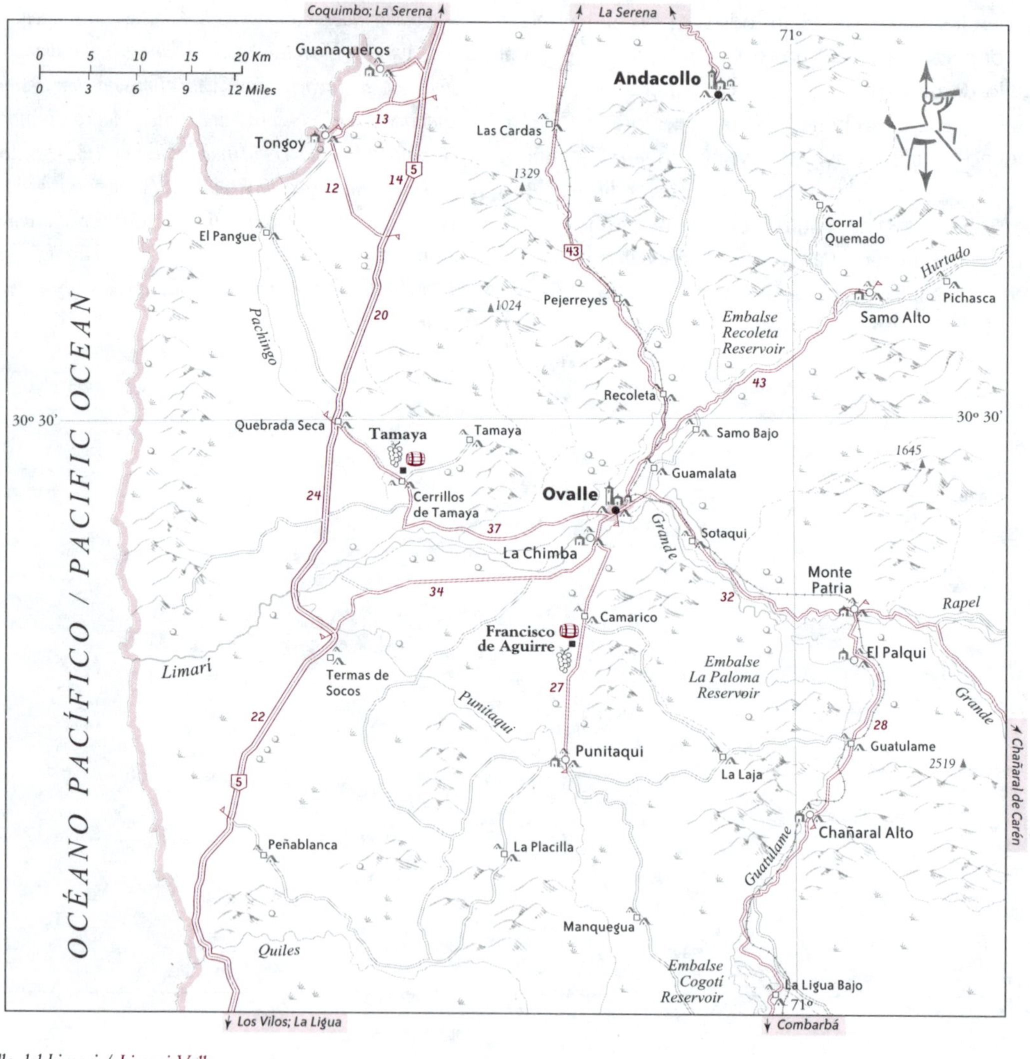

Valle del Limarí / Limari Valley

La Serena y Coquimbo. El paisaje que rodea antes y después al valle es árido, de cerros pelados prolijamente plantados en grandes extensiones con un arbusto gris y feo, el Atriplex, que combate la erosión eólica y es forraje para cabras y ovejas.

Las lluvias anuales según la Guía de Vinos de Chile son de 100 milímetros, pero el ingeniero agrónomo de Tamaya nos habló de 200 a 250 milímetros: cuando visitamos el Valle, a fines de mayo, acababan de llover 70 milímetros en un par de días.

El Valle, de pocos kilómetros de ancho, es una serpenteante planicie irrigada y cultivada, limitada por farallones o bardas, a unos 240 metros sobre el nivel del mar. Las *camanchacas* y los vientos fríos y húmedos no encuentran obstáculo al penetrar por el Valle río arriba, y eso es bueno para las vides que en verano gozan de una marcada amplitud térmica, similar a la del Valle de Casablanca. Hay unas 1.500 hectáreas plantadas. En un día diáfano después de la lluvia, con las cumbres nevadas de los Andes al fondo, el Valle del Limarí con sus colores de viña en otoño, nos pareció uno de los más bellos paisajes vinícolas de Sudamérica.

Sólo hay dos viñas que hacen vinos finos, la pionera *Francisco de Aguirre* y la flamante *Tamaya*. El alojamiento y la gastronomía en la ciudad de Ovalle son simples y sin encanto.

Santiago, along the magnificent coastal highway to Coquimbo and La Serena. The landscape before and after the valley is arid, with bare hills planted with large extensions of Atriplex, ugly gray bushes that combat wind erosion and provides fodder for goats and sheep.

According to the Guide to Chilean Wines, annual rainfall is 4 inches, though the agricultural engineers at Tamaya mentioned 8-10 inches. When we visited the valley in late May, it had just rained almost 3 inches in a couple days.

The valley, just a few miles wide, is a winding irrigated and cultivated plain, bordered by stone cliffs and walls, at some 800 feet above sea level. The camanchacas *and cold wet winds have no problem entering the valley upriver, and this is good for the vines, which enjoy cool summer temperatures, similar to the Casablanca Valley. There are some 3,750 acres planted. One diaphanous day after rain, with the snow-covered Andean peaks in the background, the Limarí Valley, with its autumn-vineyard colors, seemed like one of the most beautiful vitivinicultural landscapes in South America*

Only 2 wineries make fine wines here, the pioneer Francisco de Aguirre, *and the new* Casa Tamaya. *Simple accommodations are available in the city of Ovalle, though they are void of any particular charm.*

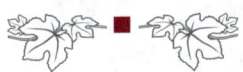

Viña Casa Tamaya

Camino a Quebrada Seca km 9 / Ovalle
Tel.: (053) 686014
Fax.: (053) 630853

E-mail: vina@tamaya.cl
Website: www.tamaya.cl
Capacidad: 1,4 millones de litros/ *Capacity: 369,900 gallons*
Viña: 100 hectáreas/ *Vineyards: 250 acres*

Casa Tamaya no es nueva en el Valle de Limarí, donde la empresa posee un vasto fundo con una gran planta de envasado y cultivos de paltas (150 hectáreas), cítricos (150 hectáreas) y otros tales como chirimoyas, lúcuma y papaya. La sociedad, que cuenta al enólogo Carlos Andrade entre sus miembros, comenzó a plantar viña en 1995 y en 2002 hizo su primera cosecha con uvas del lugar, que hasta entonces vendieron. La bodega de vinos estaba terminándose al tiempo de nuestra de visita en mayo de 2003.

Los viñedos, al pie del cerro Tamaya ("lo que está en lo alto", en lengua diaguita, y donde hubo minas auríferas) son de Cabernet Sauvignon, Merlot, Carmenère, Sangiovese, Syrah, Viognier, Chardonnay y Sauvignon Blanc. Todo es conducido en espaldera y regado por goteo con agua de riego de un canal, que recogen en un estanque. Los suelos son franco arcillosos y pedregosos, de baja fertilidad y poca profundidad, con menos de 1 % de materia orgánica. Que son de óptimo drenaje podemos atestiguarlo, ya que lo visitamos al día siguiente del primer chaparrón de la temporada en el que llovió la mitad de los 200 milímetros anuales, y estaba todo bien escurrido. Los rendimientos de la cosecha del 2003 fueron de 10 toneladas por hectárea, en promedio. A cargo de la fruticultura y viticultura está el ingeniero agrónomo Lisardo Álvarez.

La flamante bodega, de arquitectura moderna y funcional, tiene un desarrollo lineal con un sector de fermentación (en tanques de acero inox de 6 a 25 mil litros con chaquetas de control térmico), un sector de guarda (con tanques de 3 a 100 mil litros sin chaqueta) y un sector de crianza (con 350 barricas al 70 % de roble americano, el resto de encina francesa), más otra sala de barricas para fermentación.

Planean recibir al turismo a partir de la próxima vendimia, con una tienda y restaurante.

Casa Tamaya is no newcomer to the Limarí Valley, where the company has a vast fundo *with a large processing plant, and where they grow avocados (375 acres), citric fruits (375 acres), and much more, including* chirimoyas, lúcumas, *and* papayas. *The company, with winemaker Carlos Andrade among its partners, began to plant vineyards in 1995, and in 2002, harvested and sold its first grapes. The winery was just being completed when we visited in May 2003.*

The vineyards, at the foot of the Tamaya Hill ("that which is high-up," in the native Diaguita language, and former gold mine site), include Cabernet Sauvignon, Merlot, Carmenère, Sangiovese, Syrah, Viognier, Chardonnay, and Sauvignon Blanc. All vines are vertically trained and drip-irrigated with water channeled from a reservoir. The soil is rocky, clay-loam, shallow, with low fertility and less than 1% of organic matter. We can testify to the excellent drainage as we visited the day after the season's first heavy downpour; when 100 mm -half of the annual average- fell in one day and it had already drained away. Agricultural Engineer Lisardo Álvarez is in charge of fruit and winegrowing.

The brand new winery, with its modern, functional architecture, has a linear flow with a fermentation area (in 1,600-6,600-gallon stainless steel tanks with thermal jackets), a storage area (with 800-26,000-gallon tanks without jackets), and an aging area (with 350 oak barrels, 70% American, 30% French), plus another barrel room for fermentation.

They plan on opening to tourists next harvest, with a store and restaurant.

Tamaya Carmenère 2002 ★★★ - Tamaya Viognier 2002 ★★★ - Tamaya Reserva Chardonnay 2002 ★★★
Tamaya Merlot-Sangiovese 2001 ★★★ - Tamaya Viognier-Chardonnay-Sauvignon Blanc 2002 ★★★
Tamaya Reserva Cabernet Sauvignon 2002 ★★ - Tamaya Sangiovese 2002 ★ - Tamaya Cabernet Sauvignon 2002 ★

Viña Francisco de Aguirre

Camino a Punitaqui km 12 / Ovalle
Tel.: (053) 731075
Fax.: (053) 731085

E-mail: infowines@capel.cl
Website: www.vinafranciscodeaguirre.cl
Capacidad: 24 millones de litros/ *Capacity: 6,340,800 gallons*
Viña: 311 hectáreas/ *Vineyards: 768 acres*

Viña Francisco de Aguirre pertenece a la gran cooperativa pisquera *Capel*, que la estableció en 1993 y obtuvo su primera cosecha 2 años más tarde. Poseen 2 bodegas, *Nueva Aurora* de 6 millones de litros y *La Chimpa* de 16 millones de litros de capacidad, ambas de aspecto funcional. Además de sus viñedos propios, en la región cuentan con unas 1.200 hectáreas bajo contrato. Compran uva a productores de la zona, para su varietales. Los rendimientos van de 8 toneladas por hectárea en los reserva, hasta 25 toneladas en los genéricos.

El grueso de su producción son vinos comunes en envase de cartón, de los que elaboran unos 8 millones de litros. También venden a granel los saldos de producción. Embotellan 2 millones de litros de vinos finos. Poseen varias líneas y etiquetas, desde los vinos "tradicionales" a los varietales, los reserva *Palo Alto* y los reserva superior *Tempus*. Hacen una cosecha tardía de Moscatel de Alejandría del que están muy orgullosos: dada la sequedad del clima, inducen la pudrición noble con agua pulverizada.

La bodega (que está a cargo de los enólogos Lorena Véliz y Jaime Camposano) es de aspecto industrial, al aire libre, protegida por una tela de media sombra. Dispuesta en una ladera, trabaja por gravedad y consta de tanques de acero inoxidable de 3 a 50 mil litros con chaquetas de refrigeración. Tienen 2 prensas pneumáticas *Bucher*, filtros de vacío, equipos de frío *Della Toffola* y tanques especiales de maceración en frío para las uvas blancas. El galpón de barricas alberga 400 bordelesas en un 70 % de roble americano, el resto francesas, a las que dan 4 usos. Hacen algo de espumante con método Charmat y están experimentando el método *champenoise*.

Reciben visitas; tienen una tienda y una cava subterránea en la ladera donde ofrecen degustaciones y comidas.

Viña Francisco de Aguirre was established in 1993 by the cooperative pisco producer Capel, harvesting for the first time 2 years later. They have 2 functional-appearing wineries, Nueva Aurora with a 1,585,200-gallon capacity and La Chimpa with 4,227,200-gallons. In addition to their own vineyards, they rely on some 3,000 contracted acres in the region. They buy grapes from area producers for their varietals. Yields vary from 3.2 (reserve wines) to 10 (generic wines) tons per acre.

Production reaches some 2,113,600 gallons of ordinary box wines, and excess is sold in bulk. They bottle 528,400 gallons of fine wines and have various lines and labels, from the "traditional" wines to varietals, reserve wines Palo Alto, and the superior Tempus. A late harvest made with Moscatel de Alejandría is the pride of the house, and due to the dry climate, they spray the vines with water to induce noble rot.

The winery (directed by winemakers Lorena Véliz and Jaime Camposano) has an industrial feel; it is open-air, protected by a semi-opaque net. It's built on a slope and uses a gravity-flow system with 790 - 13,200-gallon stainless steel tanks with cooling jackets. Equipment includes 2 Bucher pneumatic presses, vacuum filters, Della Toffola cooling units, and special cold maceration tanks for white grapes. The barrel room houses 400 barrels, 70% American oak, the rest French, given 4 uses. They make some sparkling wine using the Charmat method and are experimenting with the Champenoise method.

They receive visitors, have a shop and cellar built into the hill, where tastings and dinners are offered.

Palo Alto Late Harvest 2001 ★★★ - Palo Alto Cabernet Sauvignon 2001 ★★★ - Palo Alto Merlot 2002 ★★★

Moscatel de Alejandría Late Harvest ★★★ - Palo Alto Sauvignon Blanc 2002 ★★

Palo Alto Chardonnay 2002 ★★

BODEGAS Y VINOS DE

Wineries & Wines from

PARAGUAY

Paraguay

Entrar al Paraguay en auto puede ser, desde los primeros kilómetros, una experiencia disgustante: los aduaneros y policías más sinvergüenzas de Sudamérica acosan al forastero demandando papeles y visas inexistentes y desconocidos en cualquier otro país vecino, con el único propósito de hacerse de unos pocos miles de guaraníes para "la cervecita". A la tercera extorsión en la primera media hora de viaje por parte de estos bandoleros de uniforme, estuvimos a punto de ceder al asco, dar la vuelta y abandonar a su suerte al Paraguay y a sus vinos. Por suerte no lo hicimos, ya que más allá de sus asquerosos policías y aduaneros, el Paraguay es un país encantador, de una dulce y bella naturaleza, habitado por la gente más amable y educada que se pueda encontrar en América del Sur.

Entering Paraguay by car can be, for the first few miles, a disagreeable experience: the most shameless customs officials and police in South America accost outsiders, demanding papers and visas unheard of or non-existent in any other neighboring country, for the sole purpose of making a few thousand guaranis "for a beer." By the third such extortion in the first half hour at the hands of these uniformed bandits, we were about ready to give up, turn around, and forget about Paraguay and its wines. Fortunately we didn't because beyond the horrendous officials, Paraguay is a beautiful and charming country full of the friendliest and most courteous people in South America.

La ruta de Asunción a Villarica y Colonia Independencia hace pensar en la India: los cebúes sueltos pastan en las banquinas y cuando cruzan pachorramente el asfalto, camiones y autos se detienen para dejarlos pasar como si fueran sagrados. Tras dos horas de viaje, aparecen en el horizonte las pocas y bajas serranías de Ybytyruzú, al pie de las cuales se desparrama la germánica Colonia Independencia: un disperso asentamiento de alemanes que aún después de 3 y 4 generaciones hablan su idioma y escriben en alemán sus letreros, menúes y nombres de las escasas calles. Un clima y paisaje edénico hacen que todavía sigan llegando desde la fría y productiva Alemania algunos nuevos inmigrantes, como los dueños del flamante y pulcro *Hotel Independencia,* o Gerhard Bühler, quien en pocos años logró elaborar el mejor vino del país. También hay un modesto flujo turístico que viene a descubrir este remoto enclave teutónico en tierra paraguaya, donde gracias a un tesón característico se pueden degustar excelente comida alemana, buena cerveza y un aceptable Riesling del subtrópico.

En Paraguay, todo conspira contra el honesto productor de vinos, a saber. Un clima decididamente opuesto al cultivo de *Vitis vinifera*, con más de 2 metros de lluvia parejamente distribuidos a lo largo del año. Un pueblo que prefiere la cerveza, el aguardiente de caña o vinos baratos que no merecen tal nombre. *Élites* que desprecian a un vino paraguayo aunque sea bueno y prefieren los importados. Un estado prófugo que no hace nada por apoyar la viticultura y permite que se etiquete como "vino" a porquerías hechas de alcohol de caña, agua y polvos químicos. Aduaneros y policías ineficaces y corruptos que toleran o impulsan el contrabando de cualquier cosa, vinos finos incluidos, mientras un vino producido legalmente paga más de 20 % de impuestos. Una carestía absoluta de insumos: no hay corchos, ni siquiera de mala calidad, ni cápsulas, botellas o papel para etiquetas. Existe en cambio una generalizada y siestera pereza edénica que hace muy difícil hallar mano de obra para la viticultura o cualquier otra labor agrícola excepto de aquellas plantas que aquí crecen silvestres. A ello se suma cierta *malaise d'esprit* ya descrita por Stefan Zweig para los nórdicos afincados en el trópico: como nos dijo uno de ellos, *"aquí hablan alemán, pero son paraguayos, indígenas"*. En suma, para ser viticultor y bodeguero

The route from Asunción to Villarica and Colonia Independencia is reminiscent of India: zebus (a kind of ox) graze freely along the side of the road, and when they lazily stroll across the highway, traffic stops to let them pass as if they were sacred cows. After another 2 hours on the road, the German Colonia Independencia appears spread out below the low-lying Ybytyruzú Hills. Germans here still speak their mother tongue, even after 3 or 4 generations, and write their signs, menus, and street names in German. An idyllic climate and landscape still entice a few new immigrants from cold and productive Germany, such as the owners of the neat and orderly new Hotel Independencia, *or Gerhard Bühler, who managed to produce the country's best wine in just a few years. There is also a modest flow of tourists who come to discover this remote Teutonic enclave on Paraguayan soil, where they can try excellent German food, good beer, and an acceptable sub-tropical Riesling.*

In Paraguay, everything works against the honest winemaker. To begin with, a climate contrary to growing Vitis vinifera, *with more than 80 inches of rain throughout the year. The population prefers beer, cane alcohol, or cheap plonk that doesn't deserve to be called wine. Elites look down on Paraguayan wine and prefer imports. The state's hands-off policies do nothing for the industry and allow rotgut made from cane alcohol, water, and chemical powders to be labeled as 'wine.' Corrupt and inefficient police and customs agents tolerate or encourage all kinds of contraband, including fine wines, while legally produced wine is charged more than 20% in taxes. Supplies are scarce: no corks -not even bad ones, no capsules, bottles, or paper for labels. What you do find, however, is a relaxed and lazy 'mañana' attitude that makes it difficult to find workers for viticulture or any other agricultural work, except for the plants that grow wild. Add a certain* malaise d'esprit *described by Stefan Zweig for Nordics living in the tropics: as one of them told us, "here they speak German, but they are indigenous Paraguayans." In sum, to grow grapes and make wine honestly in Paraguay, you have to either be German – or a bit nuts.*

Viticulture in Colonia Independencia began with the first German settlers in the 1920s. At 500 feet above sea level in a climate where harvesting takes place in mid-January, the farms with their own wineries

honesto en el Paraguay hay que ser alemán, o estar un poco chiflado.

La industria vitivinícola nació en Colonia Independencia en la década de 1920, con los primeros asentamientos alemanes. A 150 metros de altura sobre el nivel del mar, en un clima donde la vendimia sucede a mediados de enero, la actividad prosperó y las bodegas se multiplicaron: casi todo colono solía tener junto a su casa una pequeña bodega familiar. En los años '80, la superficie plantada era de 3 mil hectáreas. Pero el atraso cultural y económico provocado por uno de los más infames dictadores sudamericanos conspiró también contra el desarrollo vitivinícola. Los

multiplied; nearly every colonist built a small family winery alongside his house. There were some 7,400 acres planted in the 1980s, but cultural and economic setbacks provoked by one of the most infamous South American dictatorships conspired against the wine industry. The young descendents of the first settlers emigrated a ritroso back to Germany.

Colonia Independencia lost its momentum and began to recede along with the vineyards, which now don't exceed 500 acres. Most of the wineries have disappeared and those that survived don't seem to have much future: the colony celebrates a Beer Fest, but nothing for wine. And although 3 colonists went

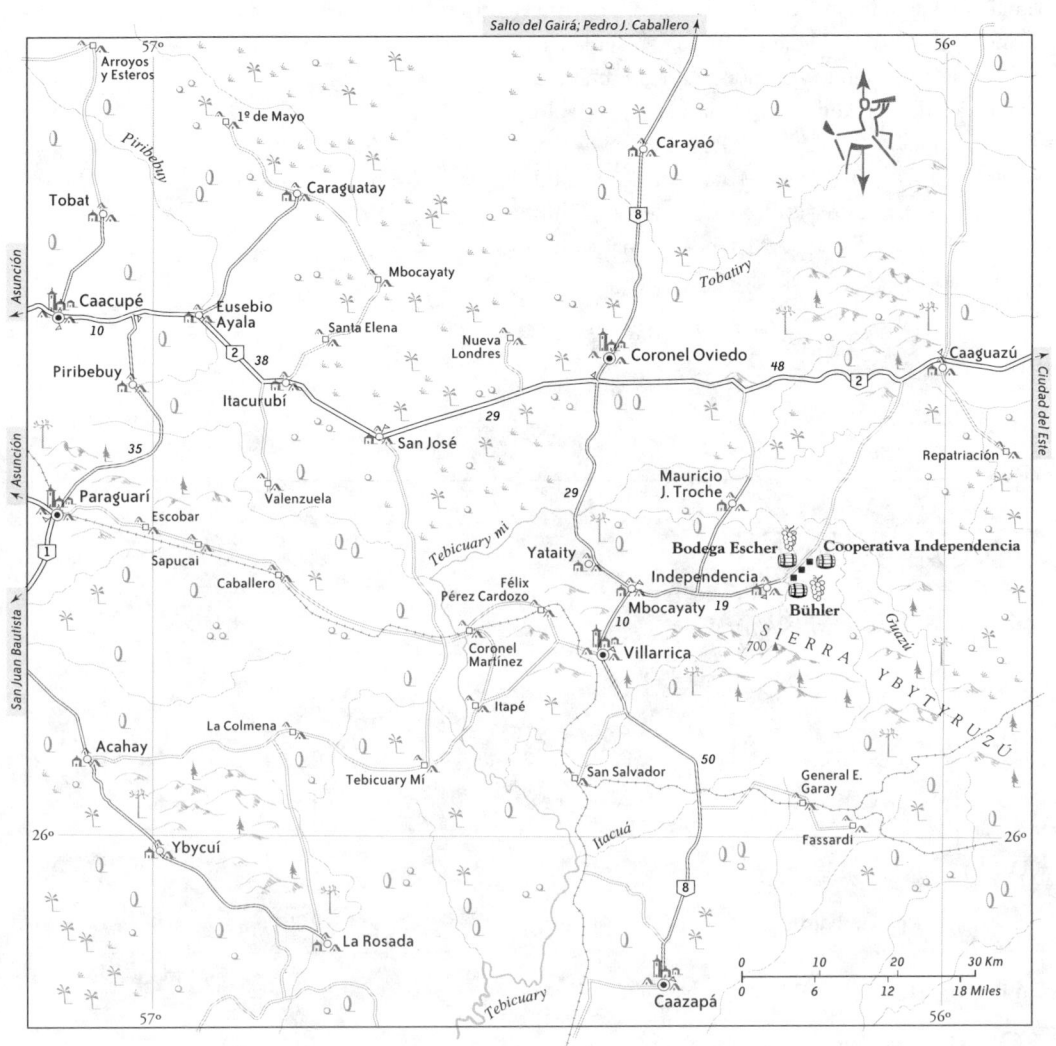

La región vitivinícola de Colonia Independencia / The wine region of Colonia Independencia

jóvenes descendientes de colonos prefirieron emigrar *a ritroso* hacia Alemania.

Colonia Independencia perdió impulso y se contrajo al igual que la viña, que hoy no supera las 200 hectáreas. La mayoría de las bodegas desaparecieron y las que sobreviven no parecen tener mucho futuro: en la colonia hoy hay una *Fiesta de la Cerveza*, pero ninguna del vino. Y pese a que 3 colonos fueron a Alemania a estudiar enología, sólo sirvió para que regresaran más convencidos de que la tierra y el clima no eran aptos para la vid vinífera.

Pero todavía se vinifica en Paraguay y mientras ello ocurra y sus vinos alcancen más de 60 puntos en nuestras catas, sus bodegas tendrán un lugar en estas páginas.

to Germany to study winemaking, they returned only more convinced that the land and climate are not apt for viniferous vines.

Even so, they still make wine in Paraguay, and as long as they do, and as long as those wines rate higher than 60 points in our tastings, their wineries will have a place in our guide.

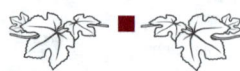

VINOS/WINES

Vinos Tranquilos/*Still Wines*

Tipo/Kind Bodega/Winery	Marca/Label	Cosecha/Harvest	U$S	Pts
PINOT GRIS				
○ Bodega Gerhard Bühler	Vista Alegre	1999	$	★
RIESLING				
○ Bodega Gerhard Bühler	Vista Alegre	2001	$	★★★
CABERNET SAUVIGNON				
● Bodega Gerhard Bühler	Vista Alegre	2001	$	★

BODEGA COOPERATIVA INDEPENDENCIA

Planta Urbana / Colonia Independencia
Tel./Fax.: (0548) 223

E-mail: gbuhler@telesurf.com.py
Capacidad: 0,2 millones de litros / *Capacity: 54,000 gallons*
Viña: 20 hectáreas / *Vineyards: 50 acres*

Todo es decadencia en la *Cooperativa Independencia*: donde hubo una producción de 3 millones de litros, hoy se elabora 20 veces menos que hace quince años. De las 300 hectáreas que cultivaron sus asociados, queda bajo cultivo una superficie 10 veces menor. Los grandes tanques de hierro a cielo abierto ya no conservan vino sino que están alquilados y guardan melaza de caña de azúcar. Pero sus 40 asociados todavía cultivan la vid, en particular un Oberling y un "*Riesling brasilero*". En toneles de madera de *ybyra-ró* de 50 años de edad, con enfriamiento limitado a serpentinas con agua de pozo que atajan la temperatura del mosto fermentando justo bajo los 30°C, sin mucha higiene ni ninguna maquinaria moderna a la vista, la Cooperativa produce vinos comunes y finos en versiones tintas, rosadas y blancas que se distribuyen en todo el Paraguay. La enología, que supo contar en otra época con la ayuda de un enólogo alemán cuyo nombre fue olvidado, deriva toda de los libros. Según el gerente Walter Meier, los suelos arenosos de la comarca son buenos para la vid vinífera y "*el vino era número uno acá. Todos eran viticultores*". La peste –una peor que la filoxera en Europa– fue el minúsculo estado paraguayo, duro con los honestos y blando con el contrabando.

Everything has gone downhill at the Cooperativa Independencia: *15 years ago they produced 800,000 gallons; today they make 20 times less than that. Their members once cultivated 500 acres; now it's 10 times less. The large outdoor iron tanks no longer hold wine; they're rented out to hold molasses. But their 40 members still grow grapes, mostly 'Oberling' and a 'Brazilian Riesling.' Using 50-year-old* ybyrá-ro-wood *casks with limited cooling by circulating well-water through serpentine coils to keep the temperature of the fermented must just below 86°F, without much hygiene or any visible modern machinery, the Cooperative produces ordinary and fine red, rose, and white wines for distribution throughout Paraguay. Although they once had a German winemaker whose name has long since been forgotten, today, any knowledge of enology comes directly from books. According to manager Walter Meier, the area's sandy soil is good for vinifera vines and "wine used to be number one here. Everyone grew grapes." But Paraguay's plague – worse than Phylloxera in Europe – is its tiny government, which is tough on the honest and soft on contraband.*

Los vinos de la Bodega Cooperativa Independencia no alcanzaron los 60 puntos necesarios para obtener una ★. La incluímos esperando que el año próximo obtengan este puntaje mínimo.

The wines of the Cooperativa Independencia winery did not reach the 60 points necessary to obtain an ★. We include it here, hoping that next year it will reach the minimum score.

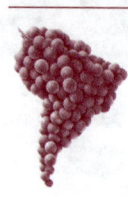

Bodega Escher / Vinopar S.R.L.

Ruta Mariscal Estigarribia km 8,5 /
Colonia Independencia
Tel./Fax.: (0548) 274

Capacidad: 0,45 millones de litros/
Capacity: 120,000 gallons
Viña: 25 hectáreas/ *Vineyards: 63 acres*

La bodega que hoy dirige Horst Escher fue establecida por su abuelo en 1945. De viejos techos de tejas de madera, con 4 viejos toneles (abiertos) de madera de *ybyra-ró* de 35 mil litros, sin otro sistema de frío más que una serpentina con agua de pozo, el proceso de vinificación incluye un trasiego mensual y el agregado de metabisulfito. El vino, después de la fermentación, "*queda en el pipón hasta que pasan 2 ó 3 heladas, y se envasa según la necesidad*" explica Horst en su castellano bastante menos fluido que su alemán. También vende el vino suelto a los boliches de la comarca aunque a regañadientes, ya que supone que luego el vino es adulterado por los bolicheros. La uva es prensada con una vieja prensa mecánica alemana y envasada manualmente con una maquinita para 2 botellas que trajo de Alemania.

Los mejores vinos producidos por *Escher* son un tinto, un rosado y un blanco al que "*le dicen Riesling*"; los 3 se venden a 25 centavos de dólar. Cuenta con un punto de venta en las afueras de Asunción, en Fernando de la Mora. También produce un tinto dulzón llamado *Cabeza de Buey*.

Los viñedos son de cepas traídas quién sabe cuándo y por quién sabe quién: hay una variedad tinta a la que llaman Oberling, otra llamada Clarete, y el Riesling. Horst Escher no usa injertos y nunca oyó hablar de la filoxera. Su viña es casi toda en espaldera pero también hay algo de parra o, como dice él, "*parralera*". Sin mucho entusiasmo, asegura que "*el vino no da resultado, hay poco consumo y de lo más barato. No hay ningún control de calidad. Las bodegas se van terminando*" y concluye " *yo soy más ganadero que vinero*".

The winery that Horst Escher directs today was established by his grandfather in 1945. Winemaking under the old wood-shingled roof, with 4 old and open 9,200-gallon casks made of ybyra-ró *wood, without a cooling system other than well water circulating through serpentine coils, includes monthly racking and meta-bisulfite applications. After fermentation, the wine* "remains in the cask for 2 or 3 frosts and is then bottled according to need," *explains Horst in his Spanish that is considerably less fluent than his German. They also sell bulk wine to local stores, although begrudgingly, because they assume the store-owners then water it down. Grapes are pressed with an old German mechanical press and manually bottled with a little 2-bottle machine brought from Germany.*

Escher's best wines are a red, a rosé, and a white that "they call Riesling," all sold at 25¢ (U.S.) in their only outlet in Fernando de la Mora, outside Asunción. They also make a sweet red called Cabeza de Buey *(Ox Head).*

The vineyards have varieties brought by who knows who and who knows when. There's a red variety they call Oberling, another called Clarete (Clairette), and the Riesling. Horst Escher doesn't graft his vines and has never heard of Phylloxera. His vineyard is almost entirely on vertical shoot position, but there's some pergola too. Not very enthusiastically, he says that "wine doesn't amount to much; there's little consumption and only the cheapest. There's no quality control. The wineries are all closing," *and concludes,* "I'm more cattle man than winemaker."

Los vinos de la Bodega Escher / Vinopar no alcanzaron los 60 puntos necesarios para obtener una ★. La incluímos esperando que el año próximo obtengan este puntaje mínimo.

The wines of the Escher / Vinopar winery did not reach the 60 points necessary to obtain an ★. We include it here, hoping that next year it will reach the minimum score.

BODEGA GERHARD BÜHLER

Planta Urbana / Colonia Independencia
Tel./Fax.: (0548) 777

E-mail: gbuehler@colonia-independencia.net
Capacidad: 0,04 millones de litros/*Capacity: 10,800 gallons*
Viña: 4 hectáreas/*Vineyards: 10 acres*

Gerhard Bühler, ex empleado de teléfonos, llegó al Paraguay como turista en 1980, probó el vino del país y quedó sin entender "*porqué no hacían buen vino con tanto sol*". En 1996 se jubiló y pensando en sus huesos (que necesitan del calor), con algunos ahorros y una pensión alemana, volvió a Colonia Independencia con un "*proyecto piloto para mostrar que es posible hacer buen vino en Paraguay*". En Alemania, como segundo trabajo, cultivaba manzanas y un poco de Pinot Gris pero ahí terminaba toda su experiencia vitivinícola. En Colonia Independencia conoció a Verónica, descendiente de alemanes viticultores. Comenzó vinificando las uvas de la familia de Verónica con asesoramiento telefónico de dos productores amigos en Alemania. Tras comprar su casa y algo de tierra con una bodega familiar abandonada, la reconstruyó aislando techos y paredes e instaló un aire acondicionado, que falta en su propia casa. Su primer problema fue cómo reducir la excesiva acidez del mosto (28 gramos por litro) cosa que logró "*con bacterias*". En su viña de 4 hectáreas hay Cabernet Sauvignon, Pinot Gris, Grenache, Sylvaner, Riesling y Clarete. Emplea "*el sistema alemán de 4 hileras en espaldera*" y entreplanta mandioca para combatir a los yuyos. Trabaja sólo y elabora 17 mil litros: asegura que no quiere más cantidad sino calidad. Desde que vinificó su primer Riesling '97 con la etiqueta *Vista Alegre* sabe posible a su sueño, pero la autoexigencia teutónica lo hace afirmar que trabaja a 10 años: "*espero impulsar de nuevo a la actividad vitícola*".

Usa levaduras silvestres, vinifica en tanques de 2 mil litros de fibra plástica y epoxy con temperatura controlada por serpentina ("*es la primera bodega con frío*") y dice ser único productor del país cuyos vinos están debidamente registrados donde corresponde. Emplea una pequeña moledora alemana y hace fermentación maloláctica. Vende toda su producción en una feria anual en Asunción. Y habla con sorna de aquellos bodegueros del Paraguay "*que realizan el milagro de Cristo: transformar el agua en vino*".

Former telephone employee Gerhard Bühler visited Paraguay in 1980, tried the wine, and couldn't understand "why they didn't make good wine with so much sun." In 1996 he retired and, hoping to warm his bones, returned to Colonia Independencia with some savings, a German pension, and a "pilot project to show that it is possible to make good wine in Paraguay." He had grown apples and Pinot Gris in Germany, but had no other viticultural experience. In Independencia he met Verónica, a descendent of German wine growers, and began vinifying her family's grapes with telephonic advice from winemaking friends in Germany. He bought a house and land and rebuilt its abandoned winery. He insolated the roof and walls and installed an air conditioner, which his house still lacks. His first problem was how to reduce the must's excessive acidity (28 grams per liter), which he achieved "with bacteria". He has Cabernet Sauvignon, Pinot Gris, Grenache, Sylvaner, Riesling, and Clarete (Clairette) in his 10-acre vineyard. He uses "the 4-wire German system on vertical shoot position," and plants manioc between the plants to combat weeds. He works alone and produces 4,500 gallons of wine, which is fine, although he'd like better quality. He has known since his first 1997 Vista Alegre *Riesling, that his dream was possible, but it will take 10 years. "I hope to re-stimulate winemaking."*

He uses wild yeast in 500-gallon fiber-glass and epoxy tanks, controlling temperature with a serpentine coil ("this is the first cold winery") and says he's the only one in the country who correctly registers his wines. He uses a small German crusher and malolactic fermentation, and sells his entire production in an annual fair in Asuncion. Herr Bühler mentions with sarcasm the Paraguayan winemakers "who perform the miracle of Christ: turning water into wine."

Vista Alegre Riesling 2001 ★★★ - *Vista Alegre Pinot Gris 1999* ★
Vista Alegre Cabernet Sauvignon 2001 ★

BODEGAS Y VINOS DE

Wineries & Wines from

PERÚ

Peru

Hay que ser muy frío de pecho para no nutrir simpatía por los pocos buenos productores de vino y los más numerosos buenos productores de Pisco del Perú. Quizá, fuera de Paraguay y Bolivia, no hay otra estirpe de vitivinicultores-destiladores sudamericanos que haya sufrido tanto en las últimas décadas por causa de plagas y quiebras ajenas a la enología.

You'd have to be very cold-hearted not to have sympathy for Peru's few fine winemakers and the more numerous Pisco producers. Aside from Paraguay and Bolivia, it is possible that no other South American wine-distilling industry has suffered as much in recent decades due to non-enological plagues and breaks.

Las viñas y bodegas del Perú

Los productores peruanos de vinos y Pisco que conocimos concuerdan en la explicación del atraso y las dificultades vitivinícolas de su país. Primero que nada, la Reforma Agraria (*) a fines de la década de 1960, cuando Bolivia ya estaba adelantada en la materia y Chile daba sus primeros pasos: cualquiera fuese la razón u objetivo de esta malhadada reforma, hoy es evidente que fracasó y abismó al potencial vitivinícola y agroalimentario del Perú en el minifundio y el abandono. La viña peruana actual ocupa 1/3 de lo que fue la viña peruana colonial.

Otro azote no menos grave ocurrió en la década de 1980: el terrorismo, causa de 25 mil muertes, incontables expatriados y una guerra que dejó al país erizado de muros, murallas, casamatas blindadas de vigilancia y patrullas de seguridad privada en industrias y barrios ricos. Incluso los pacíficos y dionisíacos viñedos y bodegas tuvieron que fortificarse contra las bandas del terror narco-maoísta que asoló ciudades, costa, sierra y selva del Perú hasta que a principios de los '90 el hoy prófugo ex presidente Alberto Fujimori, empleando a militares no todos ellos exentos de afecto al prefijo narco-, acabó o sustituyó a los bandoleros que controlaban, para comenzar, las plantaciones de coca. Con semejante tratamiento, la cultura política y

(*) La Reforma Agraria impuesta por el Ejército en el Perú comenzó tras el golpe del general Velazco Alvarado en 1968. En el distrito vitícola costero, todos los fundos de más de 150 hectáreas fueron expropiados junto a sus maquinarias: por la tierra se pagó en bonos que el Estado aun honra como mero papel entintado y por las maquinarias agrícolas se pagó 1 sol simbólico la pieza. Los "oligarcas latifundistas" (muchos de ellos no descendientes de conquistadores sino italianos que habían llegado a hacerse la América y en 2 ó 3 generaciones de esfuerzo lo habían logrado) fueron despojados en algunos casos incluso de sus viviendas familiares. Los viñedos fueron entregados a los que antes eran sus campesinos y desde el gobierno, con imposición de ingenieros agrónomos que fungían de autoritarios comisarios del partido militar de la Reforma Agraria, se fomentaron cooperativas agrícolas que sucumbieron sin excepción, al menos en el rubro uvas y vinos. Los reformistas agrarios, por ignorancia o determinación, fomentaron entre los campesinos el uso de añosos viñedos como leña de quemar, tal como sucedió en Ocucaje: donde hubo feraces cepas, hoy es arena y se importan mostos de Chile para hacer el vino. Traspuesta la pesadilla, algunos "oligarcas latifundistas" que no se mudaron de país americano volvieron a comprar por segunda vez, parcela por parcela a las mismas tierras que sus padres o abuelos habían comprado ya una vez.

The vineyards and wineries of Perú

The Peruvian wine and Pisco producers that we met all agreed on the explanation for the vitivinicultural difficulties and setbacks in their country. First, the Agrarian Reform (*) in the late 1960s, when Bolivia was already making advances in the area and Chile was taking its first steps: whatever the reasons for or objectives of Peru's unfortunate reform, today it is clear that it not only failed, but brought the country's vitiviniculture and agriculture down with it. Peru's vineyards today are 1/3 of what they were during colonial times.

They were hard-hit again, and no less seriously, during the 1980s: terrorism, the cause of 25,000 deaths, uncountable exiles, and a war that left the country ringed with walls, armored guard towers, and private security patrols in industries and wealthy neighborhoods. Even the pacific and Dionysian vineyards and wineries have had to build barriers against narco-maoist bands of terror that roamed the cities, coast, mountains, and jungle of Peru until the early 1990s, when then-president (and now fugitive) Alberto Fujimori used the military (not entirely free of the 'narco' prefix) to terminate or substitute the bandoleros that controlled, for starters, the coca plantations. With a similar treatment, the political

(*) The Agrarian Reform imposed by Peru's military began after general Velazco-Alvarado's coup in 1968. In the coastal viticultural area, all of the fundos over 375 acres were expropriated along with their machinery. The land was paid in bonds that the State still considers just printed paper, and agricultural machinery was reimbursed by 1 symbolic sol (the Peruvian currency) per piece. The "latifundista oligarchs" (many of whom were not in fact descendants of the conquistadors, but rather Italians who had come to try their luck in the Americas and who, after 2 or 3 generations, had finally made it) were stripped of their lands and in some cases even their family homes. The vineyards were handed over to those who had worked the land, while agricultural engineers backed by the military government directed the Agrarian Reform and created agricultural cooperatives, all of which failed, at least in the area of grapes and wines. The reformists, whether through ignorance or determination, encouraged the campesinos to use the old vineyards for firewood. This was the case in Ocucaje; today there is nothing but sand where French varieties once grew, and now they import musts from Chile to make wine. Once the nightmare had ended, some "latifundista oligarchs" that remained in the country returned to buy back, parcel by 8-acre parcel, the land that their fathers or grandfathers had already purchased once upon a time.

el tejido civil y social del país (que nunca fueron los más avanzados y democráticos en las Américas) colapsaron en buena parte. Ello se observa sin alejarse un palmo de la inexistente ruta del vino peruano: en la profusa propaganda de caudillos que colorea los muros de adobe periféricos de las ciudades, en la asombrosa cantidad de plásticos y basura diseminadas por todas partes, en la dimensión asiática del microcomercio y el microtransporte, en la pintoresca informalidad de los puestos carreteros de venta de pseudovinos o en la fealdad y desorden arábigos de los pueblos nuevos. Se comprende al bodeguero peruano que resume el drama en 6 palabras: "*aquí nos hicieron retroceder 50 años*". A pesar del puñetazo medio siglo para atrás, hay héroes de la vitivinicultura sudamericana que viven, trabajan e invierten en el Perú.

En castellano y en inglés se dice "no hay mal que por bien no venga". Así, el Perú vitivinícola es por lejos el país más antiguo y ricamente artesanal de América y esto en un mundo de bodegas tecno de acero inox, es un patrimonio único y envidiable. Hay muchos museos del vino pero hasta donde sabemos sólo en Perú el museo está vivo y funcionante, cultivando cepas colombinas o jesuíticas incluso a suelo pelado sin alambres ni postes, pisando uvas con los pies durante la noche y la madrugada para no pisar también a las abejas ebrias de mosto y fermentando los vinos pisqueros en cubas de madera abiertas o ánforas idénticas a las griegas y romanas, prensando hollejos con prensas manuales de tronco de algarrobo de un siglo y medio de uso, destilando el vino en alambiques de cobre franceses del tiempo napoleónico o en pailas medioevales alimentadas con fuego de leña de las mismas cepas y conservando el destilado en piletas alquitranadas o parafinadas con cera de abejas, a cielo abierto en patios de adobe o bajo techizos de caña y barro al estilo bíblico entre Cristos, acequias, cabras, asnos y palmeras datileras con horizontes de arena y algodón. Detrás de todo ello, sumergidos en la lengua castellana más pura y mejor articulada (¡cuántos hispanos e hispanoamericanos deberían ir al Perú a reaprender el buen uso y sonoridad del idioma!) están unos anónimos alquimistas formados al pie del alambique que cada año tras la cosecha y la fermentada de los mostos elaboran al menos 5 variedades de destilados finísimos empleando sólo vino común, una paila o alambique de cobre, y fuego. Entre fines del verano y principios del otoño austral, cuando todas las pailas

culture and civil and social fabric of the country (which was never the most advanced or democratic of the Americas) largely collapsed. This is clearly observed without straying an inch from the inexistent Peruvian wine route; it's visible in the profuse political propaganda that adorns the adobe walls around the cities, in the amazing amount of plastic and garbage strewn everywhere, in the Asiatic dimension of the micro-business and the micro-transport, in the picturesque informality of roadside stands selling pseudo-wines or the ugliness and unintelligible disorder of the new towns. It's easy to understand the Peruvian winery owner who summarizes the drama in 6 words, "they set us back 50 years." Despite the blow half a century back, there are heroes in the South American vitiviniculture who live, work, and invest in Peru.

As the old saying goes "every cloud has its silver lining." Here, vitivinicultural Peru maintains South America's oldest and most richly artisanal wine-making tradition, and in a world of techno-wineries full of stainless steel, this is a unique and enviable heritage. There are many wine museums, but as far as we know, Peru is the only place where the museum is alive and functioning, growing Colombian or Jesuit vines, even trailing loose on the bare ground without trellising wires or support; treading grapes by foot at night to avoid stepping on drunken bees; and fermenting the wines for pisco in open wooden vats or earthen amphora identical to those used by the Greeks and Romans; manually pressing the skins with 150-year-old presses made of carob tree trunks; distilling in French copper stills from Napoleonic times or in medieval-style cauldrons fueled by fires made with vine cuttings; storing the new spirit in tanks lined with tar or bee's wax, outdoors on adobe patios or under cane and adobe roofs as in biblical times, among crucifixes, irrigation trenches, goats, donkeys, and date palms with cotton planted on the sandy horizon. Behind it all, submerged in the purest and best-articulated Castilian Spanish (so many Hispanics and Spanish-Americans should go to Peru to relearn the good use and sound of their own language!), are the anonymous alchemists trained at the foot of the alembic still, who set to work after every harvest is fermented to make at least 5 varieties of fine distilled spirits using only ordinary wine, a cauldron or copper still, and fire. From the late austral summer to its early autumn, when all of the country's cauldrons and stills

y alambiques del país destilan como locomotoras estáticas los piscos del año, el Perú es quizá el lugar más interesante en el Grupo Local de Galaxias para el enoviajero, toda vez que el enoturismo es aun incipiente.

La tierra y el clima

En Perú, hay tierras vitícolas en cada uno de los oasis de irrigación que interrumpen el monótono desierto costero siempre que un río permanente o temporario descarga las aguas de su altivalle en los Andes ocultos a perpetuidad en la bruma. Hay vides desde Tumbes y Piura (en latitudes sur tan ecuatoriales que sus grados se cuentan con los dedos de una mano) hasta Tacna, a 18º sur, bien dentro del Trópico de Capricornio.

En total son unas 11 mil hectáreas de las cuales sólo una modesta fracción es *Vitis vinifera* de las variedades más apreciadas. Las 8 viñas que relevamos (todas las de primera línea) suman poco más de 600 hectáreas de viñedo. No hay viñedos en la sierra ni, tanto menos, en la selva peruana.

Los viñedos de vinos de calidad están distribuidos en 3 oasis bien distintos, todos al sur de Lima: el primero está a una hora y media de viaje desde la capital, donde termina la autopista Panamericana al cruzar el bajo valle del permanente río Cañete, en cuya margen sur está el fundo La Lágrima de la bodega *Queirolo*. Una hora más al sur por la carretera Panamericana están las tierras de Chincha Baja, con las viñas de *Tabernero* y *Viña Vieja*. Ambos oasis están al mismo nivel y breve distancia del mar: son los viñedos más marítimos de América del Sur (*) al punto que alguno no desconoce el hedor kilométrico de los molinos de harina de pescado.

El tercer oasis, a unos 300 kilómetros al sur de Lima, es el del teórico río Ica, que en su hipotético curso medio

---

(*) El viñedo más marítimo del Continente, según nuestro conocimiento, es el fundo San Pablo de la *Viña Tabernero*, en Chincha Baja, que se encuentra a 1,5 kilómetros del mar. *Viña Vieja*, también en Chincha Baja, posee un fundo con viña a 3 kilómetros del océano. Y el fundo La Lágrima de la bodega *Queirolo*, en Cañete, está a 8 kilómetros de la playa. En Chile la cepa más marítima, en Leyda, se encuentra a una docena de kilómetros del Océano Pacífico y en el Uruguay, el *Viñedo de Los Vientos* dista media docena de kilómetros del río-mar de la Plata, donde también hay viñedos ribereños en la costa bonaerense y entre Colonia y Carmelo, pero en un clima ya no marítimo sino fluvial.

---

are distilling like stationary locomotives, preparing the year's supply of pisco, Peru is perhaps the most interesting place in the Local Group of Galaxies for the wine traveler, as wine-tourism is still just beginning.

The land and climate

Peru has vineyards in every one of the irrigation oases that interrupt the monotonous coastal desert, as long as a permanent or temporary river carries water down from the high Andean valleys that are hidden behind an eternal fog. There are vines from Tumbes and Piura (with latitudes so equatorial that their degrees are counted on one hand) to Tacna, at 18º south, well within the Tropic of Capricorn.

In all there are some 27,500 acres, of which only a modest fraction are of the most appreciated Vitis vinifera *varieties. Together, the 8 wineries that we surveyed (all top of the line) have little more than 1,500 acres of vineyards. There are no vineyards in the mountains, much less in the Peruvian jungle.*

The vineyards for quality wines are distributed in 3 very different oases, all south of Lima. The first is 1 1/2 hours from the capital, at the end of the Pan American Expressway as it crosses the low valley of the permanent river Cañete; the Queirolo *winery's* La Lágrima *fundo is on the southern border. Another hour farther south along the Pan American Highway are the lands of Chincha Baja, with vineyards of* Tabernero *and* Viña Vieja. *Both oases are at sea level and close to the sea; they are South America's most maritime vineyards (*) to the degree that some cannot shake free of the stench of the fish meal plants.*

The third oasis, some 185 miles south of Lima, is that of the theoretical Ica River, which in its hypothetical course forms part of the broad pampa some 1,300 feet above sea level, with sandy to heavy soils, poor

---

(*) *As far as we can discern, Peru's most maritime vineyard is the* Viña Tabernero's *fundo* San Pablo *in Chincha Baja, just a mile from the sea.* Viña Vieja, *also in Chincha Baja, has a vineyard 2 miles from the ocean. And the La Lagrima fundo of the* Queirolo *winery in Cañete is 5 miles from the beach. Chile's most maritime vineyard, in Leyda, is 7.5 miles from the Pacific Ocean, and in Uruguay, the* Viñedo de los Vientos, *is about 4 miles from the River-sea de la Plata, where there are also river-side wineries along the Buenos Aires coast and between Colonia and Carmelo, but with a climate that is not maritime but rather fluvial.*

forma una amplia pampa a unos 400 metros de altitud, de suelos arenosos a pesados, pobres en materia orgánica. Hay otro pequeño oasis en Ocucaje, 35 kilómetros al sur de Ica, donde la Reforma Agraria sembró arenales en las 350 hectáreas de viña que un laborioso hijo de genoveses había implantado en el erial.

Los suelos que caminamos eran todos aluvionales, arenosos y franco arenosos más o menos compactos, alguno franco arcilloso, con frecuencia pedregosos con cantos rodados, siempre paupérrimos en materia orgánica y muy polvorientos.

La mayoría de los ríos que bajan de los Andes al Pacífico son cauces secos que se visten de río sólo para la época de lluvias en la Sierra, de diciembre a marzo y abril. Incluso el canal Tiringuiña (*) es un deshidratado y pedregoso arrojadero de botellas de plástico y basura. Hay unos pocos viñedos con riego por goteo y sólo supimos de una viña con riego californiano. Más frecuente es el riego por surco con agua de acequias o de pozo (las napas, donde las hay, no están muy profundas y el agua es buena). La forma más primitiva de riego es por inundación del terreno un par de veces al año: las huertas y plantaciones más tradicionales son "jardines inundables" o cuadros rodeados por bardas que se llenan con medio metro de agua cuando ocurren "las avenidas" (**). Esta forma de riego, ciertamente la más simple y antigua entre los viñedos sudamericanos, está lejos de ser ideal para las cepas.

in organic material. There's another small oasis in Ocucaje, 22 miles south of Ica, where the Agrarian Reform installed sand pits in place of the 875-acre vineyard that a laborious Genovese had previously raised from the barren land.

The soils we encountered were all alluvial, more or less compact sandy, and sandy-loam, some were clay-loam, frequently filled with smooth round pebbles, and always pauper-poor in organic material and very dusty.

Most of the rivers that drop from the Andes to the Pacific are dry causeways that only become true rivers during the mountain's rainy season, from December to March or April. Even the Tiringuiña Canal (*) is a dehydrated and rocky dumping grounds for plastic bottles and trash. There are few drip-irrigated vineyards, and we only heard of one with pipe-fed driplines. The most frequent method is furrow irrigation with water from ditches or wells (water tables, when present, are shallow and the water is good). The most primitive form used is by flooding the land a couple times a year; the most traditional plantations are "floodable gardens" or walled parcels that fill with a couple feet of water during the "avenues" (**). This form of irrigation, certainly the simplest and oldest among the South American vineyards is far from ideal for the vines.

(*) El canal Tiringuiña, asegura la tradición local, fue mandado a construir por un Inca enamorado de una doncella de Ica. Ella, más apasionada de su propia virtud que del monarca-sol, le había rechazado. Él, despechado y asombrado, la instó a que pidiera lo que quisiera en premio a su impoluta virginidad. Ella, que amaba a su tierra, pidió entonces agua para su reseco pueblo. Él, totipotente, mandó a 40 mil hombres excavar el canal Tiringuiña en dos semanas y trajo el agua a Ica.

(**) Las avenidas son aluviones súbitos que ocurren toda vez que un chubasco de verano, entre diciembre y marzo, se descarga en los contrafuertes andinos. Ello puede ocurrir en forma violenta y se usan las campanas para avisar a población que llega desde la montaña el aluvión. A través de los siglos que llevan bajo cultivo estos valles costeros, con canales y acequias se domesticaron y aprovechan estas aguas repentinas distribuyéndolas según las leyes del agua de cada oasis a las fincas y fundos. Allí donde no se riega por surco, se inundan los cuadros cuyos suelos absorben y en parte conservan la humedad durante un tiempo. Avenidas suficientes para irrigar a todo un valle pueden ocurrir sólo un par de veces durante el verano.

(*) According to local tradition, the Tiringuiña Canal was built by an Inca smitten by a young maiden from Ica. She, being more passionate about her own virginity than about the monarch-sun, had refused him. He, resentful and amazed, told her to ask whatever she wanted in exchange for her untouched virginity. She, who loved her land, asked for water for her dry village. He, omnipotent, sent 40,000 men to dig the Tiringuña canal in 2 weeks and brought water to Ica.

(**) "Avenues" are alluvions, or flash floods, that occur every time a torrential summer storm (from December to March) lets loose in the mountains. They can be quite violent and bells are used to alert the people that the alluvion is approaching. Over the centuries that these coastal valleys have been under cultivation, the "avenues" have been tamed with canals and trenches that take advantage of these fast and unexpected waters and distributing them to the fincas and fundos of the valley, according to the laws of water rights. In the vineyards that do not use furrow irrigation, they flood the parcels, allowing the soils to absorb the water and conserve the humidity for a while. Avenues large enough to irrigate an entire valley occur only a couple times each summer.

Los oasis vitícolas del Perú / Peru vine-growing oases

El clima de la costa peruana, en continuación de lo que acontece a lo largo de Chile, está gobernado por la fría Corriente de Humboldt. En estas latitudes tropicales el enfriamiento masivo de la costa no provoca neblinas o *camanchacas* intermitentes como en las latitudes medias en Chile, sino una sola y persistente *camanchaca* instalada entre otoño y primavera a lo largo de 2 mil kilómetros de costa. En tierras más altas (como Ica) hay cielos despejados todo el año y las temperaturas medias son 3° más elevadas, con una atmósfera más seca y mayor amplitud térmica entre el día y la noche, en verano.

Sólo entre diciembre y marzo brilla el sol en las costas del Perú, sobre las que durante 9 meses trasuda una impalpable garúa que jamás es lluvia franca. Las

The climate on the Peruvian coast, a continuation of that found all along the Chilean coast, is governed by the cold Humboldt Current. In these tropical latitudes the massive cooling of the coast does not provoke intermittent fog or camanchacas *as it does in Chile, but one constant and persistent* camanchaca *installed between autumn and spring all along the 1,250 miles of coast. In the highlands (such as Ica), there are clear skies all year and average temperatures are higher, with drier air and a greater day-night temperature variation in summer.*

The sun only shines on the Peruvian coast between December and March, and for the other 9 months it remains under the cover of a near-drizzle that never turns to real rain. Coastal precipitation ranges from

precipitaciones en la costa suman de 0 a 5 milímetros al año. En este clima más bien monótono no se conocen tormentas de truenos y rayos, granizo o heladas. El único viento costero con nombre propio es el Paraca, que sopla desde el sur y el océano entre Nazca y Pisco, por las tardes, con el único efecto de levantar polvaredales.

La luminosidad, a 13 ó 14 grados de latitud (donde los días y las noches no se alargan y acortan con las estaciones) es un factor crítico para algunas variedades de uva como la Sultanina. Las yemas de esta cepa en Perú no maduran en forma fructífera sino vegetativa, pues necesita días más largos tras el equinoccio de la primavera austral. El invierno costero, sin grandes fríos, es suficiente para que la vid agoste y pierda las hojas; las brotaciones invernales ocurren pero no son frecuentes.

Una curiosidad del Perú es que en la Costa se llama verano al verano austral que en la Sierra (los Andes), por ser la época del mal tiempo y lluvias, se conoce como "invierno". Por el contrario, en la Sierra se llama "verano" al invierno austral, ya que en las alturas es seco y soleado mientras en la Costa es un verdadero invierno, con cielo nublado y días frescos ya que no fríos: es raro que los termómetros costeros bajen de los 10° Celsius.

Las viñas

Las variedades que encontramos en nuestro viaje por la viña peruana fueron, en primer lugar, la uva Quebranta (*), descendiente de las cepas introducidas por los jesuitas durante la Conquista. La Quebranta es la uva pisquera por excelencia, pero hay otras variedades peruanas favoritas del alambique: la Albilla, más aromática que la Quebranta, de escasa acidez, excelente uva pisquera que se volvió rara pues fue arrancada por no comandar buenos precios tampoco como uva de mesa. Otras uvas rosadas de uso pisquero son la Mazamorrera o Negra Corriente; la Mollar, de grano grande, piel delgada y mucho azúcar; la Italia, variedad de Moscatel, y la Torrontel o Torrontés. La mayor parte de las 11 mil hectáreas de

(*) La Quebranta es una uva blanco-rosada, americanizada al punto que algunos consideran que puede convivir con la filoxera, si bien es una *Vitis vinifera* originaria del Viejo Mundo. De escasas notas aromáticas, precisamente por ello se la emplea para elaborar el Pisco Puro.

0-0,2 inches per year. In this rather monotonous climate, thunder, lightening, hail, and frost are virtually unknown. The only coastal wind with its own name is the Paraca, an afternoon breeze that blows from the south and the ocean between Nazca and Pisco and does nothing more than raise dust.

Luminosity at 13° or 14° latitude (where the days neither lengthen nor shorten with the seasons) is a critical factor for some varieties of grapes, such as the Sultanina. In Peru, the buds of this variety do not ripen into fruit buds but rather leaf buds, as it needs longer days after the summer equinox. Although the coastal winter is not very cold, it is sufficient for the vine to dry up and drop its leaves. Winter budbreak has been known to occur, but is not frequent.

One curiosity about Peru is that on the coast they call the austral summer "summer," but in the mountains (the Andes) the same time of year is known as "winter" because of the rain and bad weather. To the contrary, the mountain "summer" takes place during the austral winter because the weather in the highlands is dry and sunny, while the coast (in true winter) has cloudy skies and cool days, although the temperature rarely drops below 50°F.

The vineyards

The varieties that we found during our trip through the Peruvian vineyards were, primarily, the Quebranta grape (*), descendent of the varieties introduced by the Jesuits during the Conquest. Quebranta is the pisco grape par excellence, although there are other Peruvian favorites of the pot still. Albillo, an excellent pisco grape, is more aromatic than Quebranta and has scant acidity, but it became rare in the process of making room for more profitable table grapes. Other pink grapes used for pisco are the Mazamorrera or Negra Corriente; the large-berried, thin-skinned, and very sweet Mollar; the Italia, a variety of Moscatel; and Torrontel or Torrontés. Most of the 27,500 acres of Peruvian vineyards are planted with these criolla varieties and hybrid table varieties, which are always

(*) Quebranta is a pink-white grape Americanized to the point that some believe that it can live with phylloxera, although it is in fact Vitis vinifera from the Old World. Because it is barely aromatic, it is used in making Pure Pisco.

viña peruana están plantadas con estas variedades criollas y con híbridas de mesa, siempre más difundidas gracias a inversiones chilenas orientadas a la exportación a Estados Unidos. La reina en esta categoría es aquí conocida como Borgoña, que sería la uva Frutilla en el Río de la Plata e Isabella en Brasil. Si se prueba algún buen vino de uva Borgoña (como el *Tabernero*) se comprenderá por qué este vino no vinífero, fresco, ligero, desfachatadamente perfumado, frutado y dulzón es tan popular en el mercado peruano y se exporta con éxito a los Estados Unidos.

Las variedades viníferas cultivadas son, entre las blancas, Chenin, Chardonnay, Sauvignon Blanc, Pedro Giménez, Viognier, Semillon, Ugni Blanc y Moscatel; de las tintas hay Malbec, Tempranillo, Merlot, Cabernet Sauvignon, Tannat, Petit Verdot, Grenache o Garnacha y una cepa que llaman Barolo y debería llamarse Nebbiolo. Curiosamente hay muy poco Syrah, si bien ésta es la cepa tinta que mejor se adapta a climas cálidos.

La acidez en Perú no necesita correcciones: al contrario para integrarse al vino requiere fermentaciones malolácticas (que todos hacen, ayudados por los otoños tiépidos). Aunque parezca extraño en mitad del trópico, los azúcares pueden ser bajos: en la neblinosa Chincha no es asunto de todos los años superar los 12,5° de alcohol; en la más soleada Ica se pasan los 13° pero sin exagerar tampoco. La brevedad de los días tropicales, nunca de más de 12 horas, quizá tenga que ver en ello también.

En general los rendimientos son elevados: según las variedades están bien por encima de las 10 toneladas por hectárea, con picos de 20 o más en las uvas pisqueras. El raleo o cosecha en verde es poco practicado y del estrés hídrico se encarga la misma naturaleza. Se suele aportar materia orgánica con "guano de invernada" (bosta de vacas alimentadas a balanceado que no siembran semillas de malezas junto a su abono). Un metódo muy peruano es el cultivo invernal de maíz entre las hileras de vid desde después de la vendimia hasta la primavera, cuando se lo trilla para usarlo como aporte de materia orgánica.

Hay viñas viejas hasta de 50 ó 60 años, pero predominan las nuevas plantaciones de 10 ó 15 años, con clones importados de Francia, Chile o Argentina, injertados sobre pies americanos resistentes a la filóxera. Conocimos una viña que usa con muy buen rendimiento el sistema "italiano" o "árabe" que tiene

more widely spread due to Chilean investments aimed at exports to the US. The queen in this category is known here as Borgoña, although according to the growers is similar to the one called Frutilla in Río de la Plata and Isabella in Brazil.

If you try a good wine made from the Borgoña grape (such as Tabernero*), you'll understand why this fresh, light, highly perfumed, fruity, and sweet non-vinifera wine is so popular in the Peruvian market and is even successfully exported to the United States.*

The vinifera varieties cultivated are Chenin, Chardonnay, Sauvignon Blanc, Pedro Giménez, Viognier, Semillon, Ugni Blanc, and Moscatel in whites, and Malbec, Tempranillo, Merlot, Cabernet Sauvignon, Tannat, Petit Verdot, Grenache or Garnacha, and a variety they call Barolo, which should be called Nebbiolo. Curiously, there is very little Syrah, although this is the black grape that best adapts to warm climates.

It is not necessary to correct acidity in Peru, in fact, the wines need malolactic fermentations (which they all undergo, aided by warm autumns). Although it seems strange in the middle of the tropics, sugars can actually be low; the wines in foggy Chincha don't always reach 12.5° alcohol, and in Ica, the sunniest area, they barely pass 13. The short tropical days that never extend beyond 12 hours may also be a factor.

Yields are generally high, and depending on the varieties, they can be well above 4 tons per acre, with 8 or more in pisco grapes. Fruit thinning or green harvesting is seldom practiced and water stress is left to nature. Organic matter is usually boosted with "winter droppings" (seed-free manure from specially-fed cows). One very Peruvian method is planting winter corn between the rows of vines from harvest to spring, when it is threshed and used to add organic material to the soil.

Some vineyards are as old as 50 or 60 years, but the newer (10-15 year) plantations predominate and include clones imported from France, Chile, or Argentina grafted onto phylloxera-resistant American rootstocks. We saw one winery that put the "Italian" or "Arabian" system to good use: the vine trails freely and the clusters lie directly on the bare ground, a "training" system only possible in very dry climates with sandy soils. The pergola is canonical for all the pisco and table grapes, and we also saw a vineyard on 'galera,' a type of pergola with increased solar

por medio de conducción al suelo pelado, con el tronco rastrero y los racimos engordados sobre la tierra, algo posible sólo en climas muy secos y suelos arenosos. El parronal o parral es lo canónico para todas las variedades pisqueras y de mesa. También vimos un viñedo en galera, una clase de parral que incrementa la exposición a la luz. Pero lo más difundido es una lira distinta a la lira en V del Uruguay, más bien similar a un doble T, sistema que también está bastante difundido. La espaldera no es muy común.

Las enfermedades y plagas más frecuentes son la filoxera (que no debería estar a gusto en suelos arenosos pero está) y el oidium (que obliga a azufrar los cultivos cada 2 semanas, hasta 7 u 8 veces por temporada). No hay mildew pero sí nemátodos que al igual que la pudrición o Botritys, antes desconocida, llegaron al Perú en 1998 traídos por El Niño. De manejo orgánico no oímos hablar, sí de herbicidas. Los pájaros son una plaga en algunos sectores y en todas partes el mayor problema son los seres humanos, que pueden introducirse por docenas a saquear la uva madura para elaborar su Cachina (*). En efecto, los viñedos en Perú están todos recintados por murallas espinosas de *huaranguillo* y suelen tener atalayas o torretas de vigilancia para prevenir la plaga del bípedo implume, muy ocurrente en vendimia.

La tierra cultivable, en la costa, es muy cara. En Cañete, Chincha o Ica, una hectárea apta para viña, según su riego y las pretensiones del propietario (que siempre es un parcelero beneficiado por los militares con un microfundo de 3,5 hectáreas que lo condenó a pobreza perpetua) puede costar entre 5 y 10 mil dólares, precios que muy pocos están dispuestos a pagar, también porque las tierras de otros oasis más sureños cuestan menos.

Las bodegas

L as bodegas de adobe, techo de caña y piso de tierra del Perú tienen el encanto de lugares adonde no llegó aun la enoglobalización y el

---

(*) La Cachina generalmente se hace con uvas Quebranta y Borgoña, prensadas en casa al modo *patero* en un cualquier recipiente y fermentadas hasta que el mosto alcanza unos 7 u 8 grados de alcohol. Con un par de trasiegos y ningún preservante, se bebe joven y algo *frizzante* pues no se conserva más que un par de meses. Es muy popular entre el pobrerío y los campesinos o parceleros.

exposure. But the most widespread is a form of Double-T lyre (as opposed to the V-shaped lyre used in Uruguay). Vertical shoot positioning is not common.

The most common pests and diseases are phylloxera (which shouldn't be here due to the sandy soils, but it is) and oidium (which obligates sulphur treatments every 2 weeks and up to 7 or 8 times per season). Mildew is not a problem, but nematodes are, as is rot (botrytis), both of which were unknown until they arrived 1998 with El Niño. We heard no one mention organic management, but they did speak of herbicides. Birds are problematic in some sectors and human beings are everywhere, as they enter by the dozens to raid the ripe grapes to make Cachina (*). The Peruvian vineyards are therefore all enclosed by the spiny walls of the huaranguillo *and usually have guard towers to prevent this common featherless two-legged pest during harvest.*

*Arable land is very expensive along the coast. Depending on available irrigation and the intentions of the owner (who is always someone who received an 8-acre micro-*fundo *from the military during the Agrarian Reform, effectively condemning him to poverty forever), an acre apt for vines in Cañete, Chincha, or Ica could cost $2,000-4,000 USD, prices that few are willing to pay, also because land in other oases to the south cost less.*

The wineries

P *eru's cane-roofed, dirt-floored adobe wineries have the charm of places where globalization has not yet arrived and where progress stopped with concrete/epoxy tanks, if not with oak vats imported from Europe. Stainless steel made its first appearance in a winery just a couple years ago. And with the exception of some ancient examples, even the 59-gallon American or European oak* barrique, *so universal in contemporary enology, is in the experimental phase; the Viña Tacama will release the first Peruvian barrel-aged wine in 2003. Enological supplies such*

(*) Cachina is usually homemade using Quebranta and Borgoña grapes, crushed by foot in any available container and fermented until the must reaches 7° or 8° of alcohol. With a couple rackings and without preservatives, it is drunk young and somewhat frizzante, *as it does not keep more than a couple months. It is very popular among the poor and country folk. Cachina is called chicha in Chile.*

progreso se detuvo en las piletas de hormigón con resina epoxy, cuando no en los toneles de roble importados de Europa. El acero inoxidable arribó a la primera bodega hace apenas un par de años. Incluso la barrica bordelesa de 225 litros en roble americano o europeo, *quantum* universal de la enología contemporánea, descontando algunas bordelesas ya ancianas aun está en fase experimental en *Viña Tacama*, que en 2003 lanzará al mercado el primer vino peruano con crianza en barrica. Insumos enológicos tales como levaduras seleccionadas son otra novedad reciente.

Todas las bodegas comparten hacia afuera el aspecto de cortijos fortificados contra los indios, con sus portones bien custodiados. Puertas adentro parecen monasterios vinícolas umbríos, ordenados y pulcros, del tiempo colonial. Ninguna tiene cava bajo tierra y sólo una posee piletas subterráneas. El clima desértico ayuda a la salubridad: los pisos son de tierra apisonada y humedecida a diario pero no hay ningún olor a bodega húmeda. Como no llueve jamás, los techos suelen ser de caña *chancada* o *tijerales* de caña con apenas una o dos pulgadas de torta de barro encima o *diablo fuerte* (yeso, cemento y cal). Y como los ventarrones son raros, las cubiertas laterales son de ligeros y resistentes tableros de corteza de caña tejida, que brindan una excelente aireación.

La prensa pneumática no llegó aun y lo más moderno que vimos fue un par de *Vaslin* de canasto horizontal en perfecto uso. Más común es la clásica prensa de canasto vertical, manual antes que hidráulica. El lagar es de cemento o de azulejos y lo que es metal, es más hierro que acero inoxidable. Sólo un par de bodegas cuentan con bombas, filtros de diverso tipo, intercambiadores de calor y placas refrigerantes para las piletas de hormigón. Hay algunas flamantes líneas de fraccionamiento italianas pero también se trabaja mucho a mano hasta el etiquetado, pues la mano de obra en Perú es buena, abundante y barata. Las normas *ISO 9000* son futuristas.

Todas las bodegas reciben encantadas a los visitantes si bien, salvo alguna excepción aislada como *Viña Ocucaje* y *Tacama*, no están equipadas para el enoturismo sino en forma rudimentaria. Casi todas están en suburbios confusos donde la señalización rutera, callejera y bodeguera es casi inexistente, así que para visitarlas es absolutamente prudente ir con un guía local.

as selected yeasts are another recent introduction. All of the wineries are similar on the outside and look like country homes fortified against the Indians with their carefully-guarded entrance gates. On the inside they seem like clean and orderly shaded vinicultural monasteries from colonial times. None have underground wine cellars, and only one has a subterranean tank. The desert climate helps; the dirt floors are moistened daily, but there is no smell of dankness. And since it never rains, the roofs are usually made of thatch or reeds with barely an inch or two of mud on top (or a mixture of plaster, cement, and lime). And since strong winds are rare, the side walls are light and resistant sheets of woven cane, which allow for excellent air circulation.

The pneumatic press has not yet arrived, and the most modern models we saw were a couple of Vaslin *horizontal basket presses in perfect use. More common is the classic vertical basket press, more often manual than hydraulic. The hopper is cement or tile, and the few that are metal are more likely iron than stainless steel. Only a couple of wineries have pumps, different kinds of filters, heat exchangers and cold plates for concrete tanks. There are some brand new Italian bottling lines, but they also frequently work by hand, even labeling, as labor in Peru is good, cheap, and abundant. ISO 9000 norms are futuristic.*

All of the wineries are happy to receive visitors although, except for the isolated case of Viña Ocucaje and Tacama, *they are not equipped for wine tourism other than in its most rudimentary form. Nearly all are in confusing suburbs where road signs are practically non-existent, so it is absolutely prudent to visit with a local guide.*

Pisco

According to the (Spanish) Diccionario Enciclopédico Espasa-Calpe, *Pisco means "a superior aguardiente made in Pisco". The first part is correct, but the second is not; Pisco is distilled on an artisanal scale in every coastal oasis (where there are grapes) in Peru except Pisco. This "superior aguardiente" only carries the name of the port where it was loaded onto 19th–century clipper ships that traveled between the Atlantic and the Pacific via Cape Horn. The clay jugs, bottles, and demijohns of Pisco were substitutes for rum on board the Pacific*

Los Piscos

Según el *Diccionario Enciclopédico Espasa-Calpe*, Pisco significa *"aguardiente superior fabricado en Pisco"*. Lo primero es exacto pero lo segundo es erróneo: en Perú se lo destila en escala artesanal en todos los oasis costeros (donde hay uva) menos en Pisco. Este "aguardiente superior" sólo lleva el nombre del puerto por donde se lo embarcaba en el siglo XIX en los *clippers* que hacían la carrera del Atlántico al Pacífico via Cabo de Hornos; las botijas, botellas o damajuanas "de Pisco" sustituyeron al ron a bordo de los veleros del Pacífico. Y también se popularizaron en las alturas mineraras de la sierra, por ser más alcohólico, transportable y duradero que el vino. Una controversia pendiente entre Perú y Chile es por el uso y posesión de la palabra Pisco, que Chile registró como D.O.C. en los años '30.

Las zonas pisqueras más renombradas son Ica y Cañete pero también más al sur, en Moquegua, los hacen muy buenos. A diferencia de Chile (donde los piscos se destilan en escala industrial en pocas grandes cooperativas o empresas) y de modo similar al Singani en Bolivia, en Perú se destila en un sinnúmero de pailas (*) y alambiques artesanales, y se vende con docenas de marcas y etiquetas. Las más

(*) La paila (del latín *patella*) es una vasija grande de metal, redonda y poco profunda. La paila pisquera es de cobre, con una capacidad de unos 1.300 litros, empotrada dentro de un gran horno de ladrillo y cubierta con una bovedilla de adobe sin chimenea ni ventanas. Por debajo, la paila tiene su fogón y a un lado, un largo tubo metálico de unas 5 pulgadas de diámetro que se zambulle en una pileta de agua fresca y sustituye a una serpentina de enfriamiento para el vapor de alcohol, que allí dentro condensa.

Por extensión se llaman pailas también a los alambiques discontinuos de cuello de cisne y serpentina calientavinos del siglo XIX, que es hasta donde llegó el progreso al Perú en materia de destilación: sólo una bodega posee alambiques de acero inox. De la paila se obtiene una *pailada*, que descontando la cabeza y la cola, es un 25 % de la cantidad de vino puesta a destilar. El Singani en Bolivia y el Pisco en Chile se destilan como alcoholes de más de 70 grados que luego se rebajan con agua hasta 35-40 grados. En Perú, el Pisco se obtiene de una más rigurosa separación de la cabeza o *pucho* y la cola a lo largo de la pailada (que puede demorar 7 o más horas), separando una fracción de 42 a 47 grados, que no necesita ser hidratada. Es el "cordón y rosa" que el artesano pisquero reconoce al tomar un vaso de muestra del destilado y revolverlo: cuando se forma un perlado en los bordes y tres burbujitas en el centro el Pisco es de 40° y está a punto. En las bodegas más equipadas junto ▶▶

sailing ships. It was also popular in the high-altitude mountain mines because it was more alcoholic, transportable, and durable than wine. A pending controversy between Peru and Chile is for the use and possession of the word 'Pisco,' which Chile registered as a D.O.C. in the 1930s.

The most famous Pisco zones are Ica and Cañete, but they also make good ones farther south in Moquegua. As opposed to Chile (where the piscos are made on an industrial scale by a few large cooperatives or companies), and similar to Singani in Bolivia, Peruvian pisco is made in countless pailas (*), or cauldrons, and artisanal stills, and is sold under dozens of brands and labels. The best known belong to companies that make about half-a-hundred thousand gallons per year, such as Tacama, Ocucaje, Vargas from the Viña Vieja, or Vista Alegre. But there are many other artisanal labels made on the scale of few thousands of gallons. There are also artisans who sell an entire "pailada" to a client, who then bottles it for his own consumption. And there are classic brands that disappear as consumption in Peru decreases over time; in the upper classes, Pisco is considered a patriarchal drink for old men, and little interest is generated in young people and women. This is further aggravated by the law that sets a minimum alcohol level of 40°;

(*) The paila *(from the Latin* patella*) is a large, round, and shallow metal container. The* paila *used in making pisco is copper, with a 343-gallon capacity, built into a large brick oven and covered with an adobe vault with neither chimney nor windows. A fire is built beneath the* paila*, and a long metal tube, 5 inches in diameter, emerges from one side and passes through a pool of cool water as a substitute for serpentine cooling coils for the alcohol vapors that condense there.*

By extension, the name paila *is also used for swan's neck pot stills and 19th-century serpentine wine-heaters, which is as far as progress has come in terms of distillation in Peru. A pailada is one* paila-*load, and after discarding the head and the tail, it amounts to 25% of the initial wine distilled. Bolivian Singani and Chilean Pisco are distilled as alcohols of more than 70° and later reduced with water to 35°-40°. In Peru, Pisco is obtained from a more rigorous separation of the head (or "pucho") and the tail during the* pailada *(which may take 7 or more hours), separating a fraction of 42°-47°, which does not need to be hydrated. The artisanal pisco-maker tests the distillate by taking a glassful from the still and stirring it, looking for the "cord and rose," a pearl ring around the edges and three little bubbles in the middle that indicate that the Pisco has reached 40° and is ready. The better-equipped pisco-makers also have an alcohol rectifier from the same era that distills the* pucho *(head) to 96° for use in fortified wines.*

afirmadas pertenecen a bodegas que destilan algún centenar de miles de litros al año, como *Tacama, Ocucaje,* el *Vargas* de *Viña Vieja* o *Vista Alegre.* Pero hay muchas otras etiquetas artesanales elaboradas en la escala de las decenas de millares y los miles de litros. Hay también artesanos que venden toda una *pailada* a un cliente, quien lo embotella para consumo propio. Y hay marcas clásicas que desaparecen, pues el consumo en Perú disminuye desde hace tiempo: en la clase alta se percibe al Pisco como una bebida patriarcal de hombres y de viejos, y no se fomenta su apreciación entre los jóvenes y las mujeres. Entorpece a ello la ley que fija un mínimo de 40 grados: si hubiera Pisco peruano de 30° ó 35° sería más fácil difundir su consumo más allá de los paladares viriles y las damas bien templadas.

En Perú se distinguen 5 variedades de Pisco: el Pisco Puro o Quebranta, que es el más neutro y por tanto más indicado para preparar el Pisco-Sour (*); el Pisco Italia, de una uva Moscatel más aromática; el Pisco Torrontel (o Torrontés), que es bien aromático; el Pisco Acholado, corte de Pisco Quebranta con otros piscos aromáticos, y que se toma puro o con una gota de limón; y finalmente el más raro y apreciado por los entendedores, el Pisco Mosto Verde, a base de

---

▸▸ al alambique hay un rectificador de alcohol de la misma época, que a partir del *pucho* destila alcohol 96°, empleado para los vinos fortificados.

(*) El Pisco Sour es, ex aequo con la Caipirinha, el trago sudamericano por excelencia pero esta última, al no tener parentezco con la uva, queda aquí descalificada en el acto. El Pisco Sour es por lo tanto el cocktail más emblemático del Continente –y es peruano. Esto incluso los chilenos lo reconocen, ya que el Pisco Sour en Chile debe pedirse "a la Peruana" para que sea lo que es y no una suerte de caipirinha triste de pisco sin clara de huevo, clave de este brebaje delicioso e inseparable de la hora del crepúsculo a orillas del Pacífico Sur. El Pisco Sour cada uno lo prepara ajustando a su gusto las proporciones, pero una receta canónica es 3 partes de Pisco neutro (no aromático) con 1 parte de jarabe de goma (idealmente goma arábiga, en práctica agua muy azucarada), 1 parte de jugo de limón sutil o de pica (limón verde) y 1 clara de huevo fresco por cada 3 ó 4 cabezas. Si los ingredientes están fríos no hace falta agregar hielo en el shaker, que se trabaja mucho rato con energía "para que se cocine" bien: cuanto más se agite al Pisco Sour, mejor. En Perú se sirve a veces en vaso, pero es más adecuado en copas de cata o aflautadas donde destaque su blanco sombrero espumoso, en el que se rocían unas gotas de bitter Angostura. Hay quien añade al final, con resultado interesante, una rodajita fina de ají morrón chancado o pisado.

if Peruvian Pisco had 30° or 35°, it would be easier to expand its consumption from hardy masculine palates to the more temperate tastes of women.

Peru has 5 varieties of Pisco: Pisco Puro (pure Pisco) or Quebranta, which is the most neutral and therefore best for making Pisco Sours (*); Pisco Italia, made from the aromatic Moscatel grape; Pisco Torrontel (or Torrontés), which is very aromatic; Pisco Acholado, a blend of Pisco Quebranta with other aromatic Piscos, for drinking plain or with a drop of lemon; and finally, the rarest and most appreciated by those in the know, Pisco Mosto Verde (Green Must Pisco), based on a must that has not completed its fermentation and is therefore a bit sweet.

Although the Bolivian Singani should be drunk within the year, Peruvian Pisco improves with the years. It can be stored in casks or barrels, giving it a yellowish tint, but it is usually clear. Wood ageing, if it contributed all its characteristics, would turn Pisco into a pink-grape Brandy.

Pisco still lacks a characteristic bottle type and each producer chooses whatever he likes (there are bottles lined with leather and even in the shape of earthenware huacos). *We heard that the US bottling company* Owen Illinois *is taking bids to develop an archetypal Peruvian Pisco bottle.*

(*) The Pisco Sour is, ex aequo with the Brazilian Caipirinha, the South American drink par excellence, although the latter is disqualified here as it has no relationship to the grape. The Pisco Sour is therefore the continent's most emblematic cocktail –and it's Peruvian. Even the Chileans recognize this; in Chile one should order a Pisco Sour "a la Peruana" to avoid receiving a type of sad-looking pisco- caipirinha without egg-white– a key ingredient in this delicious beverage that is inseparable from the twilight hours along the shores of the South Pacific. Everyone has their own version of the Pisco Sour, adjusting proportions to taste, but a classic recipe for 3-4 servings is: 3 parts neutral Pisco (non-aromatic), 1 part gomme syrup (simple syrup works also works well), 1 part pica lemon or lime juice, and 1 fresh egg white. If the ingredients are already cold, it is not necessary to add ice to the shaker; shake very well "so that it 'cooks' well." The more you shake a Pisco Sour, the better. In Peru it is sometimes served in a glass, but flute-shaped stem glasses are better to show off the foamy white cap, topped with a couple drops of Angostura bitters. Some add a special touch with interesting results: a thin slice of crushed red pepper.

un mosto no del todo fermentado, que arrastra consigo un sabor dulzón.

El Pisco, a diferencia del Singani que se debería tomar en el año, mejora con con algunos años de reposo a granel o embotellado. Puede pasar por toneles o barricas que le dan un tinte amarillento, pero en general es transparente. La crianza en madera, si aportara todas sus notas, haría del Pisco un Brandy de uvas rosadas criollas.

El Pisco carece todavía de un tipo de botella característico y cada productor elige el que más le place: hay botellas forradas en cuero y hasta en forma de *huacos*. Nos comentaron que la empresa botellera estadounidense *Owen Illinois* está realizando, por concurso, el desarrollo de un recipiente arquetípico del Pisco peruano.

La cultura agroalimentaria

Con exclusión del Brasil, la mayoría de los países sudamericanos se fatigan en alcanzar un formato *table book* dedicado a su cocina tradicional, pues sólo con muchas bellas cuatricromías a toda página se logra suplir una modestia que bastaría para el formato vademecum. Argentina y Chile son gastronómicamente pequeños frente a la cocina peruana, que junto a la mexicana es la única de las Américas que alcanza el rango de una verdadera cocina, comparable en riqueza y originalidad a la china, la italiana, la árabe, la hindú o la francesa. Con influencias andinas, chinas, polinesias, españolas e italianas, y resistiendo a pie firme la irrupción imperialista del *fast-food* de *shopping mall*, la peruana es una cocina de mar y de tierra tan arraigada que, incluso en los restaurantes más ruteros y populares, es difícil comer mal. A sus clásicos cebiches y tiraditos de lenguado, corvina, pulpo o camarones se suman una variedad de platos regionales que integran las carnes de pollo, cordero y cabrito, más raramente de res o de cerdo, con arroz, maíz y toda la variedad andina de hortalizas y tubérculos, siempre con notas picantes. Existe también una "nueva cocina peruana" interpretada por jóvenes chefs en los mejores restaurantes de Lima y algunos otros de la Aldea Global, que no tuvimos tiempo de explorar. Lo más impactante que probamos en este viaje fueron las *hueveras* de congrio, mero y otros pescados, rebozadas y fritas a la crocante perfección, en la *Antigua Taberna Queirolo* contigua al centro de Pueblo Libre, en Lima. Perú sólo decepcionará al via-

Food and farming culture

With the exception of Brazil, the only way that most South American countries could produce a coffee table book dedicated to their traditional cuisines would be by filling it with lots of beautiful four-color reproductions on every page, as the content would barely fill a handbook. Argentina and Chile are gastronomically small next to Peru, which, along with Mexico, are the only two countries the Americas that can claim to have reached a true cuisine, comparable in richness and originality of the Chinese, Italian, Middle Eastern, Indian, or French. With influences from the Andes, China, Polynesia, Spain, and Italy, and firmly resisting the imperialist invasion of shopping mall fast food, the Peruvian cuisine is a celebration of land and sea so well-established that even in the simplest truck stops and humblest diners it would be difficult not to eat well. In addition to the classic ceviches, tiraditos *of sole, sea bass, octopus or shrimp, add a variety of regional dishes that include chicken, lamb, kid, (and only occasionally beef or pork) plus rice, corn, and every variety of Andean vegetable and tuber, always on the spicy side. And then there's the "new Peruvian Cuisine," interpreted by young chefs in the best restaurants of Lima and others in the global Village, that we did not have time to explore. The most impressive dish we tried was fish roe, mixed, battered, and fried to crispy perfection in the* Antigua Taberna Queirolo *next to the Pueblo Libre center in Lima. Peru will only disappoint the gourmet or* buongustaio *with its modest culture of bread (served only upon request) and its even poorer coffee culture, limited to instant or a coffee elixir stretched with hot water.*

jero *gourmet* o *buongustaio* con su modesta cultura del pan (que se suele servir sólo si el comensal lo pide) y su aún más pobre cultura del café, limitada al instantáneo o al elixir de café alargado con agua caliente.

El mercado y el sector vitivinícola

El Pisco, mas allá de las modas, está arraigado en la cultura alcohólica peruana tanto como la doméstica Cachina en los sectores más populares, mientras que el vino *Borgoña* y similares "semisecos" son la parte gruesa del mercado de los vinos comunes, es decir casi todo el mercado interno. Según estudios oficiales la mitad de los vinos y 2 de cada 3 piscos comerciados en Perú no son vinos y no son piscos. Las adulteraciones con azúcar, alcohol de caña, mostos concentrados y lo que pueda acudir a la mente del adulterador gozan de la dulce impunidad que tanto seducía a narcotraficantes y terroristas. No hay suficiente Estado para prevenir las adulteraciones.

Hay vinos (incluso de primera línea, que rezan "Producto Peruano" en la etiqueta) hechos con mostos concentrados importados de Chile o de Argentina. En Perú se puede llamar "vino" a estas bebidas confeccionadas con jarabes o melazas de mostos sulfitados, expéditos en tambores plásticos de 200 litros en un viaje en camión de 3 ó 4 mil kilómetros por las rutas del verano, rehidratados en bodega, finalmente fermentados y embotellados al modo "vino".

Por el lado de la demanda, el mercado de vinos de calidad es muy pequeño y limitado a la clase alta que vive encerrada en los barrios ricos de Lima. En esta élite es habitual apreciar más lo importado y ultramarino que lo vernáculo y del terruño. Así, un peruano enófilo puede conocer muchos vinos franceses e italianos y sólo uno de su país. Por el lado de la oferta, es cierto que no hay más que 2 ó 3 productores peruanos de calidad y que los vinos más serios se enumeran con los dedos de una mano. En cambio, parece imposible enumerar el conjunto de los buenos Piscos.

La cooperación entre el puñado de buenos productores de vinos y piscos es inexistente: no tuvimos noticia de ninguna asociación de productores que actúe de manera eficaz para promocionarlos en el mercado interno o externo. Los esfuerzos, más bien modestos y generalmente relativos a la disputa entre el Pisco peruano y el chileno, están a cargo de una sección del Ministerio de Industrias. Tanto los productores como

The market and the vitivinicultural sector

Beyond the trends, both Pisco and homemade Cachina are rooted in Peru's alcoholic culture among the lower classes, while Borgoña and similar "semi-dry" wines make up a large part of the market in ordinary wines, which is to say, almost the entire internal market. According to official studies, half of the wine and 2 of every 3 Piscos sold in Peru are neither wine nor Pisco. Adulterations made with sugar, cane alcohol, concentrated musts, and anything else that the adulterer can think of enjoy the sweet impunity that narco-traffickers and terrorists found so attractive. There is not enough State to prevent adulterations.

There are wines (including first line products claiming "Product of Peru" on the label) made with concentrated musts imported from Chile or Argentina. In Peru, a beverage can be called "wine" even when its made from sulphited musts in 50-gallon plastic drums trucked in from 1,800-2,500 away, rehydrated in the winery, fermented, and finally bottled as "wine."

On the demand side, the market for quality wines is small and limited to the upper class that lives enclosed in Lima's wealthy neighborhoods. Among the elite, products imported from overseas are usually more appreciated than vernacular goods from their own lands. Therefore, a Peruvian enophile may know many French and Italian wines and only one from his or her own country. On the supply side, there are no more than 2 or 3 Peruvian quality producers, and the most serious wines can be counted on one hand. To the contrary, however, it seems impossible to count the number of good Piscos.

Cooperation between the handful of good wine and pisco producers is non-existent; we could find no mention of any producers' association that acts effectively to promote the internal and external market. The rather modest efforts that do exist, generally related to the Peruvian vs. Chilean Pisco dispute, are handled by a section of the Ministry of Industries. Both the producers and the State appear tentative in their rudimentary marketing strategies and defense of the quality of their products.

Peru has no training program in enology, and the few Peruvians who have been trained as winemakers studied in either Santiago de Chile or Mendoza. There are no flying winemakers offering technical assistance,

el Estado parecen aun rudimentarios y tentativos en sus estrategias de *marketing* y defensa de la calidad de sus productos.

No existe en Perú la enseñanza de la enología, que los pocos enólogos peruanos estudiaron en Santiago de Chile o en Mendoza. No hay consultorías de enólogos voladores y fuera de *Viña Tacama*, las bodegas (que casi no exportan) tienen muy poco contacto con el mundo exterior y la actualidad enológica contemporánea.

Así las cosas, si bien conocimos productores decididos a plantar más viñedos de calidad y a seguir incorporando tecnología en sus bodegas, los vinos finos peruanos tienen un camino largo por recorrer antes de conquistar algo más que nichos testimoniales en algún mercado en ultramar. Pero su calidad mejorará ciertamente en los próximos años, de la mano del acero inox y las barricas. Más claro es el camino del Pisco peruano cuya artesanalidad, tradición y calidad es la base de un renombre y prestigio que debería multiplicarse en el tiempo, mientras haya en la Aldea Global quienes aprecien a los aguardientes superiores.

and other than Viña Tacama, *the wineries (which have almost no exports) have very little contact with the outside world and contemporary enology.*

And so it is; although we did meet producers determined to plant more quality vineyards and continue incorporating technology into their wineries, Peruvian fine wines have a long road ahead of them before they can carve something more than a niche for themselves in foreign markets. But the quality will certainly improve in the coming years through the use of stainless steel and barrels. The road for Peruvian Pisco is clearer; its artisanal nature, tradition, and quality is the basis of a prestige that should multiply over time, as the Global Village learns to appreciate these "superior aguardientes"

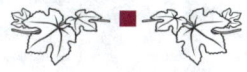

VINOS/*WINES*

Vinos Tranquilos/Still Wines

Tipo/Kind	Bodega/Winery	Marca/Label	Cosecha/Harvest	U$S	Pts
CHARDONNAY-CHENIN-SAUVIGNON BLANC					
○	Bodega Tabernero	Tabernero	2002	$	★★
SAUVIGNON BLANC-SEMILLON-VIOGNIER					
○	Bodega Tacama S.A.	Tacama	2002	$$	★★★
CABERNET SAUVIGNON					
●	Bodega Tabernero	Tabernero	2001	$	★
COT-MERLOT					
●	Bodega Santiago Queirolo	Siglo XVI		$	★
MALBEC-TANNAT-CABERNET SAUVIGNON-PETIT VERDOT					
●	Bodega Tacama S.A.	Tacama	2003	$$	★★
TANNAT-PETIT VERDOT					
●	Bodega Tacama S.A.	Tacama	2002	$	★★
TEMPRANILLO-MALBEC-CABERNET SAUVIGNON-MERLOT					
●	Bodega Vista Alegre S.A.	Gran Cosecha Vista Alegre		$	★

Destilados de Vinos y Orujos/Wine Distillates

Tipo/Kind	Bodega/Winery	Marca/Label	Cosecha/Harvest	U$S	Pts
COGNAC					
▲	Bodega Vista Alegre S.A.	Cognac 57		$$$	★
PISCO					
▲	Bodega Tabernero	La Botija		$$	★★★★★
▲	Bodega Tres Esquinas	Tres Esquinas		$$$	★★★★★
▲	Bodega Vista Alegre S.A.	Soldeica		$$	★★★★★
▲	Viña Ocucaje S.A.	Ocucaje		$$$$	★★★★★
▲	Bodega El Carmen	Viejo Tonel	2003	$$$	★★★★
▲	Bodega Tacama S.A.	Demonio de los Andes		$$	★★★★
▲	Bodega Agrícola Viña Vieja	EVC Vargas		$$	★★★
▲	Bodega Agrícola Viña Vieja	EVC Vargas Italia		$$	★★★
▲	Bodega El Carmen	Viejo Tonel	2002	$$$	★★★
▲	Bodega Santiago Queirolo	Don Santiago		$$	★★★
▲	Bodega Tres Esquinas	Tres Esquinas Mosto Verde		$$$	★★

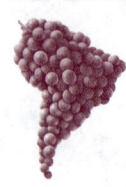

Bodega Agrícola Viña Vieja/ Viña Santa Isabel S.A.C.

Caserío San Ignacio s/nº / Sunampe / Chincha
Tel.: (051) 3426-1555
Fax.: (051) 3426-1085

E-mail: vinavieja@terra.com.pe
Website: www.vinavieja.com
Capacidad: 1 millón de litros/*Capacity: 264,000 gallons*
Viña: 40 hectáreas/*Vineyards: 100 acres*

Viña Santa Isabel nació en 1885 con el nombre de Isabel Dónola Martelli, quien no tuvo descendientes y trajo de Italia a 2 sobrinos entre quienes dividió la sociedad. Así *Agrícola Viña Vieja* anexó a *Santa Isabel*. La empresa pertenece a los descendientes de la familia Rotondo Dónola.

"*Nos hemos dedicado más a las viñas, ésta siempre fue una bodega pisquera*" explica Alfredo Rotondo. Cuentan 2 alambiques de cobre discontinuos en los que cada *pailada* toma 7 horas hasta que, separados el *pucho* y la *cola*, queda sólo un Pisco de 47º que se separa en piletas de cemento parafinadas con cera de abejas. Así destilan 100 mil litros al año de *Puro e Italia*, y *Acholado* desde el 2003. Compraron la afamada marca *Pisco Vargas* a una bodega a la que ya proveían de su Pisco. Éste pasa 2 meses en viejos toneles de raulí chilenos de 3, 4 y 8 mil litros "*para que tome apenas un color*". La bodega contiene piletas de cemento/epoxy y tanques ex cerveceros de acero al carbono/epoxy de 20 mil litros para guarda del mosto.

Están comenzando a producir vinos (generosos y semi-secos) en un volumen de 200 mil litros. Poseen tanques de estabilización tartárica *fatti in casa*. Y 2 autoclaves donde piensan hacer espumante con método Charmat. Están construyendo una nueva bodega mucho más amplia detrás de la vieja bodega.

En la finca de la Pampa de Chincha, a unos kilómetros de la bodega, además de espárragos y alcachofas tienen sus viñedos de Malbec de clones argentinos (10 hectáreas), Cabernet Sauvignon (7 hectáreas), Chenin (7 hectáreas) y el resto es Italia. Cosechan entre mediados de febrero y abril. Aquí también hacen cultivo de maíz invernal para mejorar la tierra con su materia verde triturada. El agua de riego existe entre diciembre y mayo y luego se arreglan con agua del subsuelo. Al igual que todos los viñedos peruanos, está cercado con huaranguillo, una leguminosa pariente del algarrobo que hace formidables setos espinosos. Pese a ello hay también varios *huachimanes* o *watchmen*, ya que en vendimia pueden entrar a "cosechar" docenas de informales.

Viña Santa Isabel began in 1885 with Isabel Dónola Martelli. Childless, she brought 2 nephews from Italy, who divided the company between them, forming Agrícola Viña Vieja, annex to Santa Isabel. The company belongs to descendents of the Rotondo Dónola family.

"We have dedicated us more to the vineyards; this has always been a pisco plant," explains Alfredo Rotondo. In their 2 copper pot stills, each pailada takes 7 hours until, separating "head" from "tail," a 47% Pisco remains, which is then separated into cement tanks coated with beeswax. This process has been used since 2003 to distill 26,420 gallons of Puro, Italia, and Acholado. They bought the famous brand Pisco Vargas from a plant they supplied with Pisco. It ages 2 months in old 800, 1,000, and 2,100-gallon casks made of Chilean raulí, "so it just barely has some color." The winery stores musts in cement/epoxy and 5,300-gallon carbon/epoxy steel tanks, formerly used for beer.

They are starting to produce some 52,800 gallons of wine (fortified and semi-dry). They have home-made tartaric acid stabilization tanks and 2 pressure tanks, in which they plan to make sparkling wine via the Charmat method. A more spacious winery is being built behind the old one.

The nearby Pampa de Chincha finca produces asparagus and artichokes, as well as Argentine clones of Malbec (25 acres), Cabernet Sauvignon (17 acres), Chenin (17 acres), the rest is planted to Italia. Harvest is mid-February to April, and corn is used as a winter cover crop, incorporating its vegetable matter to improve soil. Irrigation water is available from December to May, after which they resort to underground sources. As all Peruvian vineyards, theirs is protected by huaranguillo, a leguminous relative of carob that forms a thorny fence. There are also a number of huachimanes or watchmen during the harvest, since dozens of locals may stop by to "pick".

EVC Vargas Pisco ★★★

EVC Vargas Italia Pisco ★★★

Bodega El Carmen / Pisco Viejo Tonel

Caserío de los Piscontes F19-a /
Distrito los Aquijes / Ica
Tel.: (511) 983-32861

E-mail: luis_pisconte@hotmail.com
Capacidad: 0,05 millones de litros/*Capacity: 13,200 gallons*
Viña: 10 hectáreas/*Vineyards: 25 acres*

A 4 kilómetros de Ica, en suburbios que podrían estar en cualquier lugar del Medio Oriente, a lo largo de pocas cuadras hay 10 bodegas más o menos informales que hacen cosas alcohólicas con las uvas. La única que busca distinguirse en calidad es la del joven Luis Pisconte Bravo, al frente de una pequeña empresa familiar en la trastienda doméstica.

A 500 metros de la casa-bodega poseen su viñedo de Quebranta, Moscatel y Torrontel, con cepas de hasta 80 años de edad. Además compran uva de la zona y de Ocucaje. "*Cosechamos la uva cuando queremos*" dice Luis Pisconte. Están plantando cepas nuevas con riego por goteo de agua de pozo. El rendimiento medio es de 25 toneladas por hectárea.

El prensado es *patero* y se hace de 7 de la tarde a 4 de la mañana para no pisar abejas ebrias de mosto. Todo aquí tiene un *back-up* manual, empezando por la bomba que se sustituye con baldes: "*el terrorismo aquí nos dejaba todo el tiempo sin electricidad*". La fermentación es natural y por gravedad va de las pequeñas piletas de cemento al alambique, cuyo cuello de cisne separa a los alcoholes más pesados. El alambique se fogonea con madera de la viña. "*El Pisco apenas destilado es riquísimo, pero a los 5 o 6 días ya no es tan bueno y recién al mes se recompone*" explica Luis, que deja reposar 3 meses al destilado antes de embotellarlo. Respecto a la competencia desleal, dice "*considero que en Perú no hay piscos adulterados, hay piscos malos*".

Aquí destilan todas las variedades: Puro, Acholado, Mosto Verde, Torrontel e Italia. El vestido de las elegantes botellas italianas es manual. No exportan, y venden sólo en Lima.

Only 2.5 miles from Ica, in suburbs resembling the Mid-East, a few blocks are lined with 10 simple wineries that make alcoholic grape products. The sole winery to stand out in quality is that of young Luis Pisconte, located in the back room of the family house. The vineyard is a short walk from the house/winery and includes Quebranta, Moscatel, and Torrontel, with vines up to 80 years old. They also buy grapes locally and from Ocucaje. "We pick grapes whenever we want," *says Luis Pisconte. New vines are being planted with drip irrigation from well water. Average yield is 10 tons per acre. Grapes are crushed by foot from 7:00 pm to 4:00 am to avoid stepping on bees drunk on grape must. Everything here has a manual back-up, beginning with buckets that can substitute for pumps;* "terrorism has left us without electricity so many times." *Fermentation is natural, and wine flows by gravity from small cement tanks to the still, where the swan's neck separates out the heaviest alcohols. The still is fueled by vineyard cuttings.* "Recently-distilled pisco is great, but 5 or 6 days later, it's not as good, then a month later, it comes together," *explains Luis, who ages his distilled spirit 3 months before bottling. As for disloyal competition, he says,* "In my opinion, there are no adulterated piscos in Peru, but there are bad ones."

Here, all varieties are distilled: Puro, Acholado, Mosto Verde, Torrontel, and Italia. The elegant, Italian bottles are manually labeled. They don't export and sell only in Lima.

Viejo Tonel Acholado 2003 ★★★★

Viejo Tonel Pisco 2002 ★★★

Bodega Santiago Queirolo

Av. San Martín 1062 Pueblo Libre / Lima 21
Tel.: (511) 463-1008
Fax.: (511) 4616552

E-mail: mst_sq@millicom.com.pe
Website: www.santiagoqueirolo.com
Capacidad: 2 millones de litros/*Capacity: 528,000 gallons*
Viña: 88 hectáreas/*Vineyards: 220 acres*

Santiago Queirolo, de origen genovés, fundó su bodega en Lima en 1880 cuando Pueblo Libre era campiña y desde hace 3 generaciones la empresa sigue siendo familiar. En los años '60 compraron una viña en el suburbio limeño de Maranga que les fue expropiada y se transformó en un parque. Así llegaron a orillas del río Cañete, donde plantaron viña en el fundo La Lágrima. Aquí cultivan Barbera, Malbec, Grenache, Tannat, Chenin, Albilla y Sauvignon Blanc, además de Quebranta y Criolla o País. Es la única viña que vimos en el Continente con conducción a la *italiana o árabe*, es decir dejando a la planta rastrera en el suelo (que es arenoso) con 0,8 metros entre plantas y 1,5 entre hileras, lo que da rendimientos de 20 toneladas por hectárea. En los extremos de las hileras hay cepas de Quebranta porque una creencia común es que esta cepa protege al viñedo de las enfermedades. También tienen Tannat conducido en T o *cruceta*, y Borgoña puesto en *galera* para una mejor iluminación, factor crítico en latitud tan tropical. Hay 20 hectáreas con riego por goteo. Compran uva de Ica para el Pisco y un Malbec que cultiva Robert Niedermann en Ica. "*Regalé sarmientos de Malbec a mis vecinos para que plantaran y me vendieran la uva, pero nunca volvieron, ni los deben haber plantado*" se lamenta Jorge Queirolo, ingeniero agrónomo y enólogo por la Universidad Católica de Chile, a cargo de la producción mientras su hermano Santiago ejerce la gerencia general. Los asesora el enólogo francés Jacques Bluin. "*Queremos plantar más al sur y llegar a 300 hectáreas de variedades finas*" dice Jorge.

La bodega de vinificación está en Pachacamac, 30 kilómetros al sur de Lima, pero no tuvimos tiempo de visitarla. Allí prensan con prensa de canasto, vinifican en piletas de cemento/epoxy abiertas con intercambiador de calor externo y poseen tanques de hierro/epoxy además de 4 alambiques pisqueros. Visitamos sí la bodega original de Pueblo Libre, hoy de almacenaje y punto de venta. Tienen una simpatiquísima *Antigua Taberna Queirolo* y un renombrado restaurante, *El Bolivariano*.

Genoa-born Santiago Queirolo founded his Lima winery in 1880, when Pueblo Libre was open country, and it's been in the family for 3 generations. In the 1960s, they bought a vineyard in Maranga, a suburb of Lima, which was later expropriated and made into a park. They ended up along the banks of the Cañete River in the fundo La Lágrima, planting Barbera, Malbec, Grenache, Tannat, Chenin, Albilla, Sauvignon Blanc, Quebranta, and Criolla, or País. It is the only quality vineyard on the continent to use Italian or Arabic trellising, leaving the vine to creep on the ground (here, sandy). Vines are 2.6 feet apart with 5 feet between rows, yielding 8 tons per acre. Quebranta is planted at the end of every row due to a common belief that it protects the vineyard from disease. Tannat is T-positioned and Borgoña *is in* galera *(a kind of H-shaped pergola) for more sunlight, important in the tropics. There are 50 acres with drip irrigation. They buy grapes from Ica for making Pisco as well as a Malbec that Robert Niedermann grows, also in Ica (see* Tacama*). "I gave my neighbors some Malbec cuttings to grow and sell back grapes; they never returned and probably never even planted," laments Production Manager Jorge Queirolo, Agricultural Engineer/winemaker trained at Chile's Catholic University, whose brother Santiago is General Manager. Frenchman Jacques Bluin gives technical assistance. "We want to plant further south, reaching 750 acres of fine varieties," says Jorge.*

We didn't have time to visit the Pachacamac winery, 19 miles south of Lima, where wine is made with a basket press, open cement/epoxy tanks with external heat exchanger, iron/epoxy tanks, and 4 Pisco stills. We did visit the original Pueblo Libre winery, now used for storage and sales. They have both a good tavern, Antigua Taberna Queirolo, *and well-known restaurant,* El Bolivariano.

Don Santiago Pisco ★★★

Siglo XVI Cot-Merlot ★

BODEGA TABERNERO

Prolongación Andrés Rázuri s/n° /
Apartado 116 /Chincha Alta / Ica
Tel.: (034) 261602
Fax.: (034) 264657

E-mail: taberne@terra.com.pe
Website: www.vinostabernero.com
Capacidad: 3,5 millones de litros/*Capacity: 925,000 gallons*
Viña: 180 hectáreas/*Vineyards: 450 acres*

Tabernero fue establecida en 1897 y comprada en 1925 por la familia Rotondo Donola, cuyos descendientes -5 hermanos- están al frente de la empresa.

Uno de sus viñedos, a 1,5 kilómetros del Océano Pacífico, es según nuestro relevamiento el más marítimo del Continente. Todo recintado por verdes murallas espinosas de *huaranguillo* y con *atalayas* de vigilancia, tienen un vivero con clones de Sangiovese, Petit Verdot y Tannat, además de las variedades que cultivan en escala (Cabernet Sauvignon, Malbec, Merlot, algo de Syrah y Chardonnay, Chenin y Sauvignon Blanc) y pies de variedades americanas para injertar ya que la filoxera "*es muy fuerte*". No faltan también la Borgoña o Isabella o Concord, y las cepas pisqueras Quebranta e Italia. Los suelos son franco arcillosos y el riego es por surco, con conducción en parral en el Syrah, en tanto que el Cabernet Sauvignon es espaldera modificada a Doble T, por "*mayor sanidad y más productividad*": tanto la Doble T como el parral rinden unas 18 toneladas por hectárea. Hacen cultivo invernal de maíz entre hileras (tras la cosecha, a mediados de abril) para mejorar el suelo: lo trozan a máquina e incorporan así hasta 80 toneladas de materia verde por hectárea. Poseen otra finca en la vecina Pampa de Ñoco.

El enólogo es Luis Matta, con asistencia del francés Jolly Bertrand quien hace la vendimia de los tintos. A éstos los prensan en canastos, a los blancos con prensa pneumática. Vinifican en tanques de acero inox de 50 mil litros con chaquetas de enfriamiento y almacenan en piletas de cemento/epoxy. Poseen unas 170 barricas americanas, que nos parecieron muy viejas. Cuentan con 2 autoclaves pequeñas para elaborar espumante Charmat, que también hacen gasificado. Los pintorescos alambiques de pisco tiene más de 100 vendimias en uso y fueron modernizados con quemadores de gas y controles de temperatura. Elaboran 80 mil litros de todos los tipos de Pisco, de los que exportan el 10 % a Bélgica y Estados Unidos, adonde también exportan vinos. Reciben visitas con aviso previo.

Tabernero was established in 1897 and bought in 1925 by the Rotondo-Donola family, whose 5 children now run the business.

One of their vineyards is only a mile from the Pacific Ocean, making it the continent's most maritime vineyard. Thorny green, *huaranguillo* fences and guarded watchtowers surround their nursery of Sangiovese, Petit Verdot, and Tannat clones, as well as varieties grown on a large scale (Cabernet Sauvignon, Malbec, Merlot, some Syrah and Chardonnay, Chenin, and Sauvignon Blanc) and rootstocks of American varieties for grafting, since phylloxera is "a real problem." There's no lack of Borgoña --or Isabella or Concord--, and the pisco grapes Quebranta and Italia. Soils are clay loam, and vines are furrow-irrigated. Syrah is on pergola, and the Cabernet Sauvignon uses a vertical Double T trellis, for "better health and productivity"; both Double T and pergola yield some 7.2 tons per acre. Corn is grown as a winter cover crop to improve the soil; it's broken up by machine, incorporating up to 32 tons of vegetable matter per acre. There is another *finca* in nearby Pampa de Ñoco.

Resident winemaker Luis Matta receives technical assistance from French enologist Jolly Bertrand, who makes the red wines. They use a basket press for reds, pneumatic press for whites, vinify in 13,200-gallon stainless steel tanks with cooling jackets, and store in cement/epoxy. The 170 American barrels look quite old. Charmat-method sparkling wine is made in two small pressure tanks, but they also use the carbonization method. The picturesque pisco stills, used in over 100 vintages, have been modernized with gas burners and temperature controls. They make 21,000 gallons of different kinds of pisco, 10% of which is exported to Belgium and the U.S., which also receives their wine.

La Botija Pisco ★★★★★

Tabernero Chardonnay-Chenin-Sauvignon Blanc 2002 ★★

Tabernero Cabernet Sauvignon 2001 ★

BODEGA TACAMA S.A.

Caserío Tacama s/nº Km 12 /
Distrito de Latinguiña / Ica
Tel.: (511) 451-3448
Fax.: (511) 452-4114

E-mail: regina@tacama.com
Website: www.tacama.com
Capacidad: 3 millones de litros/*Capacity: 793,000 gallons*
Viña: 160 hectáreas/*Vineyards: 400 acres*

Tacama es "la" bodega de vinos finos del Perú, rodeada de murallas como un monasterio. *Tacama* en quechua significa "madera" ya que su fundador fue Manuel Pablo Olaechea Du Bois, quien a los 87 años es director general, con su hijo Pedro como administrador general. Pero la familia Olaechea hace vinos en su fundo de Ica desde 1889. La solitaria epopeya enológica de *Tacama* tuvo desde 1961 un adalid en el francés Robert Niedermann, quien tomó como algo personal hacer buenos vinos en la costa peruana y en 40 años probó más de 70 variedades y seleccionó lo que más se adaptó al terruño: Tannat, Petit Verdot y Sauvignon Blanc, sin despreciar la Albilla, Quebranta, Malbec, Cabernet Sauvignon y Chenin que ya había en la finca, con cepas de 40 años. La viña está puesta en lira y espaldera con doble cordón de Royat. El riego es el más antiguo del Perú: por *pozas*. Todo es a pie franco en suelo arenoso y muy pobre de materia orgánica: sin problemas hasta que en '98 El Niño trajo los nemátodos.

El enólogo jefe, también francés, Frederic Thibaut dice "*aquí es muy fértil: tiramos la mitad de la uva al suelo*". Y agrega que hay mucho sol en Ica y los Tannat llegan a 14° de alcohol, los blancos 1° menos. Hacen selección de uva en la planta. Y en vendimia tienen 30 guardianes día y noche: "*el año pasado nos robaron 2 toneladas*".

Usan prensas de canasto clásicas y horizontales *Vaslin*. Vinifican en piletas de cemento/epoxy de 25 mil litros con placas de refrigeración. Hay también piletas de cemento subterráneas para almacenaje, 4 tanques de acero inox de 25 mil litros *made in Argentina* con chaquetas de frío, 4 equipos de frío, concentradora de mosto (en Perú no se puede chaptalizar) para azucarar vinos dulces, autoclaves para espumantes, depósito climatizado de botellas y algunas barricas francesas (en 2003 lanzan su primer vino de crianza). En alambiques discontinuos de cobre destilan 120 mil botellas de Pisco Quebranta, Acholado y de Albilla. Los asesoró el enólogo francés Pascal Ribereau-Gayon, quien hizo las mezclas. Exportan un 20 % a Norteamérica, Europa y embajadas del Perú. Reciben turismo todos los días.

Behind its monastic walls, Tacama, which means "wood" in Quechua, is "the" winery for Peruvian fine wines. Founder Manuel Pablo Olaechea-Du Bois, 87, is the General Director, and his son Pedro, the Chief Administrator. The Olaechea family has made wines in Ica since 1889, and Frenchman Robert Niedermann has been the hero in Tacama's epic winemaking tale since 1961. He made it a personal challenge to create good Peruvian coastal wines and has tried over 70 varieties in 40 years. He chose the best-adapted to the terroir: Tannat, Petit Verdot, and Sauvignon Blanc, with the Albilla or Albillo, Quebranta, Malbec, Cabernet Sauvignon, and Chenin already planted, some up to 40 years old. Vines are vertically- and lyre-trained with Double Cordon de Royat, and well-irrigated, Peru's oldest system. In sandy soil with little organic matter, vines are ungrafted, which never had problems until 1998's El Niño brought nematodes.

Head winemaker Frederic Thibaut, also French, says, "It's very fertile here; we leave half the grapes on the ground," adding that Ica gets a lot of sunlight; Tannat has 14% of alcohol and whites, 13%. Grapes are selected in the winery, and 30 guards patrol day and night during harvest; "last year 2 tons were stolen."

Classic basket and Vaslin *horizontal presses are used, and wine is made in 6,600-gallon cement/epoxy tanks with cooling plates. There are underground cement storage tanks, 4 Argentine-made, 6,600-gallon stainless steel tanks with cooling jackets, 4 cooling units, a must concentrator for making sweet wines (chaptalization is prohibited in Peru), pressure tanks for sparkling wines, a cooled bottle-aging cellar, and French barrels (the first Reserve wines will be released in 2003). Some 120,000 bottles of Pisco Quebranta, Acholado, and Albilla are distilled in copper pot stills. French winemaker Pascal Ribereau-Gayon has helped to make the blends. They export 20% to North America, Europe and Peruvian embassies, and receive tourists daily.*

Demonio de los Andes Acholado Pisco ★★★★

Tacama Sauvignon Blanc-Semillon-Viognier 2002 ★★★ - Tacama Malbec-Tannat-Cab. Sauv.-Petit Verdot 2003 ★★

Tacama Tannat-Petit Verdot 2002 ★★

Bodega Tres Esquinas

Fundo Tres Esquinas s/nº /
Distrito de Subtanjalla / Ica
Tel.: (513) 422-5135

E-mail: piscosyvinostresesquinas@peru.com
Capacidad: 0,072 millones de litros/ *Capacity: 19,000 gallons*
Viña: 9 hectáreas/ *Vineyards: 23 acres*

He aquí la destilería más artesanal y primitiva que vimos en América del Sur, por lo tanto, una de las más interesantes. En un contexto que podría remedar el de la antigüedad clásica mediterránea si entonces se hubiera conocido el arte de la destilación, el señor Luis González es el hombre-orquesta al frente de esta microempresa familiar (su hermana tiene una bodega contigua, *El Catador*, pero la destilación es una). La viña de uva Quebranta, Torrontel, Italia y Moscatel está puesta en *línea* (espaldera) y *galera* o *barbacoa* (un parral alto y extenso): "*los viejos decían que la parra es como una buena mujer, lo sigue hasta adonde uno la lleve*" afirma González, al explicar que tiene cepas de hasta 100 metros de extensión. Los rendimientos son de unos 300 quintales (de 46 kilos) por hectárea, o sea casi 14 toneladas.

Toda la bodega es adobe, al aire libre, sin necesidad de techos porque no llueve nunca, a lo sumo unos techizos de caña para la sombra. La prensa es un rudimentario artefacto de *huarango* (algarrobo) de un siglo y medio de uso, con una palanca-tronco imponente, que escurre en lagares de cemento. El mosto fermenta en botijas (ánforas) de terracota de 72 litros (cuenta mil de ellas). "*Después de la fermentación fuerte se tapan las botijas con barro y se dejan 25 ó 30 días*" explica González. Luego se calzan en un *burro de palo* para desplazarlas entre 2 hombres hasta la paila: aquí no hay alambique sino paila, o sea una olla de cobre empotrada en un horno de barro, donde el destilado se enfría a través de un largo tubo de zinc que atraviesa una pileta de agua. Con 25 botijas hacen una *pailada*: de 4 volúmenes de vino se obtiene 1 volumen de Pisco. El arte del oficio es saber separar el *pucho* y la *cola* y obtener el *cordón y rosa* con el alcoholímetro de la experiencia y la bendición del Cristo que suele presidir las bocas de las pailas: hacen 2 pailadas por día y unas 300 por temporada. También elaboran una *Cachina* de 7º u 8º de alcohol, del primer mosto fermentado apenas 10 días. Lo único que lamentan la vista y el olfato es un pozo de residuos líquidos contiguo a la paila, que olía a putrefacción.
Hay una pequeña tienda de venta al público.

This is the most primitive distillery that we saw in South America, and therefore one of the most interesting. It would fit into a context of classic Mediterranean antiquity, that is if the art of distillery were known in those days. Mr. Luis González is the one-man orchestra in charge of this family micro-business (his sister has an adjoining winery, El Catador, *but there is only one distillery).*

The vineyard of Quebranta, Torrontel, Italia, and Moscatel is vertically trained and on pergola; "the old folks used to say that a vine is like a good woman; she follows wherever you lead," affirms González, who has vines over 300 feet long. Yields are 5.6 tons per acre.

The adobe winery is open-air, with no need for a roof since it never rains, though there are some cane coverings for shade. In use for 150 years, the press is a rudimentary huarango *(carob) wood device, with a big trunk/lever that drains in cement hoppers. Musts ferment in 19-gallon earthen jugs (they have 1,000). "After a hard fermentation, the jugs are capped with mud and left 25-30 days," explains González. Then they are placed on a "wooden donkey" to be moved between 2 men to the* paila, *a copper pot embedded in a mud oven, used instead of a still. The distilled spirits are cooled by passing through a long zinc tube that crosses a pool of a water. A pailada is 25 jugs, and it takes 4 parts wine to make 1 part Pisco. The art of the trade is in knowing how to separate the head and the tail to get the "cord and rose", with the alcoholmeter of experience and the blessing of Christ, which usually preside over the mouths of the pailas. They make 2* pailadas *a day and some 300 per season. They also make a 7-8º Cachina from the first must, barely fermented 10 days. The only thing that offends the sight and smell is a putrid well of waste water next to the* paila. *There is a small shop open to the public.*

Tres Esquinas Acholado Pisco ★★★★★	
Tres Esquinas Mosto Verde Pisco ★★	

BODEGA VISTA ALEGRE

Camino a la Tinguiña km 2 / Parcona / Ica
Tel./Fax.: (034) 232919

E-mail: bvalegreica@viabcp.com
Website: www.vistaalegre.com.pe
Capacidad: 7 millones de litros/*Capacity: 1,849,000 gallons*
Viña: 79 hectáreas/*Vineyards: 198 acres*

Pese a una Reforma Agraria que les expropió 600 hectáreas de viña (pero dejó la bodega) *Vista Alegre* todavía pertenece a la fundadora familia Picasso desde hace 4 generaciones. Una prensa de tronco de algarrobo y un ficus de 150 años atestiguan la venerabilidad del lugar.

En un fundo rodeado por suburbio cultivan Cabernet Sauvignon, Malbec, Tempranillo y poco Merlot, y las blancas y rosadas Pérez Giménez, Chenin, Riesling, Italia, y Quebranta, con cepas de 5 a 60 años de edad. Todo en *contraespaldera*, que nos pareció espaldera. El riego es californiano con agua de pozo y *avenidas* en el verano. Los suelos son franco arenosos y poco orgánicos, abonados con *guano de invierno*. Emplean pies o patrones de Quebranta para injertar cepas viníferas ya que "convive con la filoxera aunque no es resistente, además la filoxera ataca después de la cosecha". Los rendimientos van de 30 toneladas por hectárea en el Pérez Giménez hasta 9 en Malbec y Tempranillo. "*El raleo lo hacen los pájaros, la gente y la botritis. Estamos rodeados por ciudad*" nos dijo el ingeniero Osvaldo Hernández, a cargo de la producción y agregó "*de 10 toneladas, 7 se la lleva la gente*".

En 1968, poco antes de la Reforma Agraria, *Vista Alegre* hizo una formidable inversión en una enorme bodega hoy semivacía con piletas de cemento de 120 mil litros y un gran destilador de alcohol hecho por *Officine Meccaniche A. Padovan* de Cornegliano, en 1967. El área de embotellado es tan amplia que no desmontaron la vieja línea cuando la sustituyeron con una flamante *Bertolaso*. Emplean 2 prensas de canasto horizontal *Vasrlin* y moledoras argentinas *Frannino*. Destilan con 6 alambiques discontinuos a petróleo, de cobre con cuello de cisne y serpentina calientavinos, hechos hace medio siglo por artesanos de Ica. Poseen toneles de roble italianos y yugoeslavos de 5 y 10 mil litros en un viejo edificio de techo de madera con piso de tierra y 160 bordelesas de 450 litros de roble americano, de los años '60. La bodega es la única de Sudamérica donde conocimos al tonelero, Luis García, cuyo padre también ejerció el oficio en la casa.

Although the Agrarian Reform took 1,500 acres of vines (and left the winery), Vista Alegre *has been in the founding Picasso family for 4 generations. A press made from a carob trunk and a 150-year-old ficus are proof of its historic status.*

On a suburban estate, they grow Cabernet Sauvignon, Malbec, Tempranillo, and some Merlot, and in whites and pinks, Pedro Jiménez, Chenin, Riesling, Italia, and Quebranta, some 5 to 60-years old. The vines appear to be vertically-trained, with furrow-irrigation from pipe-fed well-water, and avenidas *(see Introduction to Peru) in the summer. With little organic matter, the sandy loam soil is fertilized with manure in the winter. Quebranta rootstocks are used to graft vines as "it co-exists with phylloxera, although it's not resistant to it. Besides, phylloxera hits after harvest." Yields are 12 tons per acre for Pedro Jiménez and 3.6 for Malbec and Tempranillo. "Birds, people, and botrytis do the thinning. We are surrounded by a city," explains Osvaldo Hernández, engineer in charge of production, adding, "people take 7 of every 10 tons."*

In pre-Agrarian Reform 1968, Vista Alegre *invested in a large facility, now half-empty, with 31,700-gallon cement tanks and a big still made in 1967 by Cornegliano's Officine Meccaniche A. Padovan. The bottling area is so large that the old line is left intact, next to the new Bertolaso line. They use 2 old Varlin basket presses and an old Argentine Frannino crusher, all in perfect conditions. The 6 oil-burning copper pot stills, with swan's neck and a wine-heating serpentine coil, were made 50 years ago by Ica craftsmen. An old, dirt-floor, wooden-roofed building houses 1,300 and 2,600-gallon Italian and Yugoslav oak casks and 160 American oak barrels from the 1960s, that hold 119 gallons. It is the only South American winery where we met the cooper, Luis García, whose father filled the same position.*

Soldeica Pisco ★★★★★

Cognac 57 Cognac ★

Gran Cosecha Vista Alegre Tempranillo-Malbec-Cab. Sauv.-Merlot ★

Viña Ocucaje S.A.

Carretera Panamericana Sur km 335,5 /
Ocucaje / Ica
Tel.: (034) 408001
Fax.: (034) 408003

E-mail: ventas@ocucaje.com
Website: www.ocucaje.com
Capacidad: 3 millones de litros/*Capacity: 793,000 gallons*
Viña: no posee/*Vineyards: none*

Encontramos varios productores en Sudamérica sin viñas propias y ello no es óbice para que elaboren vinos de calidad. Pero en el Perú postReforma Agraria es imposible: no existen viticultores de uvas finas y sólo se puede comprar uvas pisqueras. Virginio Rubini Fulle, el fundador genovés de *Viña Ocucaje*, plantó desde 1920 unas 350 hectáreas de ambos Cabernet, Malbec, Merlot, Quebranta y otras cepas, que tras ser expropiadas (sin indemnización) y entregadas por una década a una cooperativa de trabajadores de 106 socios con 3,5 hectáreas cada uno, se redujeron a no más 20 hectáreas sustituidas por cultivos "de pan llevar". Así hoy su nieto Aldo Rubini compra las uvas pisqueras entre Ica y Chincha, e importa mostos de Chile para vinificar –método que no nos permite incluir sus vinos en esta Guía.

La bodega, con su piso de tierra, techo de madera y torta de barro, sus toneles fermentadores abiertos de pino colorado, sus fudres de roble de Eslovenia de 3 a 11 mil litros y su alambique discontinuo de cobre y un rectificador de alcohol *Speichim*, es una de las más pintorescas de América del Sur: la bodega moderna la levantaron al otro lado de la calle hace 2 años, ahí sí con todo el acero inox (de 6 a 25 mil litros, con chaquetas de control de temperatura). El jefe de bodega Alejandro Girado "Rubini" (lleva 4 décadas en la casa), además de un Pisco de justa reputación, elabora un Oporto quinado que ganó fama de "vino mellizero de Ica" pues favorecería la fertilidad.

Viña Ocucaje (que significa "hueco" o "entre cerros") es la única del Perú que desarrolló el enoturismo: es un hotel-hacienda en su oasis solitario que cuenta con restaurante, 54 habitaciones, pileta de natación y bar o *piscoteca* (con la mayor colección de *cocktails* de Pisco que conocemos) todo adyacente a la bodega, en torno a un bonito jardín. Además de lo enológico, está el mar océano a 1 hora y media con playas y buena pesca, los montañosos médanos para el *sandboard* o los *dune-buggies* y las exploraciones de fósiles y arqueología, sin olvidar a los mega-petroglifos de Nasca, ahí nomás.

We found many South American producers without vineyards, not too conducive to making quality wines. But it's impossible in postAgrarian Reform Peru; fine grape-growers don't exist and only pisco *grapes are available. In 1920, Virginio Rubini Fulle, Genoa-born founder of* Viña Ocucaje, *began planting 865 acres of both Cabernets, Malbec, Merlot, and Quebranta, among others. After the vineyards were expropriated (without indemnity) and spent a decade in the hands of a 106-partner worker's cooperative, with 8.6 acres for each partner, the vineyard was reduced to 50 acres, and replaced with survival crops. That's why Aldo Rubini, Virginio's grandson, buys* pisco *grapes between Ica and Chincha and imports Chilean must to make wine –a method that excludes their wines from this Guide.*

With its dirt floor, wood and adobe roof, open, red pine fermentors, 790-2,900-gallon Slovenian oak foudres, copper pot still, and Speichim *alcohol rectifier, this is one of continent's most picturesque wineries. The modern plant was built across the street 2 years ago, all in stainless steel (1,600-6,600 gallons, with temperature control jackets). Cellar-master Alejandro Girado-"Rubini" (40 years with the company) makes a Pisco with a fair reputation and a port-style wine mixed with quinine known as the "twin-making wine of Ica," supposedly aiding fertility.*

Viña Ocucaje *(meaning "hollow" or "between hills") is Peru's only winery to develop tourism, with a hotel/*hacienda *in a solitary oasis with a restaurant, 54 rooms, swimming pool, and bar or 'piscoteque' (with the largest list of Pisco cocktails we've ever seen), all adjacent to the winery and surrounded by a pretty garden. In addition to wine-related things, the ocean is 1 1/2 hours away with beaches and good fishing, giant dunes for sandboarding or dune-buggies, fossil-hunting and archaeology, and, of course, Nazca's mega-petroglyphs.*

Ocucaje Pisco ★★★★★

BODEGAS Y VINOS DE

Wineries & Wines from

URUGUAY

Uruguay

Desde que comenzó a hacerlo, Uruguay nunca dejó de elaborar y beber su vino. País de índole introversa, ni siquiera los argentinos sabían mucho de vinos finos uruguayos hasta 10 años atrás. Hoy son alguna docena las bodegas uruguayas que encuentran mercados en ultramar para sus vinos de calidad. Sólo un puñado de ellas están equipadas para recibir visitantes, aunque todas nos recibieron con gran cordialidad. En 2 días de viaje en auto por las tranquilas rutas uruguayas pueden enhebrarse todas las bodegas visitables, y saciarse de bonhomía lugareña y bellos paisajes campestres.

Uruguay has always made and consumed wine. Being a rather introverted country, not even the Argentines knew much about Uruguayan fine wines until 10 years ago. Today there are a dozen or so wineries with overseas markets. Only a handful are equipped to receive visitors, although all welcomed us very cordially. In 2 days by car along the peaceful Uruguayan roads, you can string together all of the visitable wineries and fill up on local good will and the beautiful countryside.

La tierra

El país del vino uruguayo repite el estilo del país: el 90 % de las bodegas están en un radio de 50 kilómetros en torno a Montevideo, dentro del mismo territorio capitalino y en los vecinos departamentos de Canelones y San José.

Hay algunas otras bodegas y viñedos a lo largo de la costa del Río de la Plata entre Colonia y Carmelo. Río arriba el Uruguay también hay viñas y algunas bodegas, en Paysandú y en Salto. Existe una bodega solitaria en Florida y viñedos en Durazno. Otra bodega solitaria está en el rincón norteño de Bella Unión y la más flamante de todas en Cerro Chapeu, Rivera, contigua a la frontera con Brasil.

Dentro de la unidad climática y geográfica del país, cada una de estas comarcas vinícolas tiene características propias, pero la baja densidad de productores de vinos finos impide definirlas como regiones vinícolas, excluyendo quizá los alrededores de Montevideo.

Los suelos de la campiña montevideana son los más ricos y a veces húmedos, y los de mayor horizontalidad. Los viñedos son pedregosos y bien drenados en las colinas de Colonia, Carmelo, Salto y Paysandú. Las tierras más altas, hasta unos 300 metros y de suelos arenosos, están en la frontera norte. Estas suaves diferencias de latitud, clima y altura hacen que la cosecha de la misma uva pueda desfasarse 2 semanas entre un punto y otro del país.

Las bodegas

Las bodegas uruguayas son unas 290, incluyendo las que hacen vinos de mesa. Visitamos 24 de ellas, la élite: aquellas que producen *Vinos de Calidad Preferente (V.C.P.)* o vinos finos. Conocimos bodegas grandes (para las dimensiones uruguayas) y pequeñas o casi unipersonales, casi todas verdaderamente familiares, con un sentido de la familia que ya no existe en Europa. Vimos 2 viejas y bellas bodegas del siglo XIX, bodegas industriales de los años '20 y '30 recicladas y otras flamantes; bodegas urbanas, suburbanas, campestres y perdidas en el espacio americano. Bodegas prósperas y menos, siempre con acentuada presencia femenina: hay varias que no funcionarían sin mujeres, y en ello puede verse un signo distintivo de la industria vinícola uruguaya en América del Sur. En la vecina Sierra Gaúcha,

The land

Uruguay's wine country echoes the style of the country: 90% of its wineries are within a 50-kilometer radius of Montevideo, within the capital territory, and in the neighboring departments of Canelones and San José.

There are a few wineries and vineyards all along the cost of the Río de la Plata between Colonia and Carmelo. Along the Uruguay river ther is one winery in Paysandú and another in the northern corner of Bella Unión. There is another in Florida and a few vineyards in Durazno. The loneliest and newest winery is located in Cerro Chapeu, Rivera, on the Brazilian border.

Every wine-growing district has its own climatic and geographic characteristics, but the low density of fine wine producers in each limits them from being defined as true wine regions, with the possible exception of the area around Montevideo. The land in the Montevideo countryside is rather flat, and the soils rich and sometimes humid. Hillside vineyards in Colonia, Carmelo, Salto, and Paysandú are rocky and well-drained. The northern borderlands are sandy, and the highest reaches 1,000 foot. These mild differences in latitude, climate, and altitude can mean as much as a 2-week difference in harvest dates for the same grape variety in different parts of the country.

The wineries

There are some 290 wineries in Uruguay, including those that make table (ordinary) wines. We visited the top 24, those that produce V.C.P. (Preferential Quality Wines) or fine wines. We saw wineries that were large (on the Uruguayan scale), small, or essentially 1-person operations, and nearly all are truly family run, with a sense of family that no longer exists in Europe. We visited 2 beautiful old 19th Century wineries, some industrial wineries from the 1920's and 30's, and other brand new ones. They varied from urban, suburban, rural, and lost somewhere in American space. Some were prosperous, others less-so, and all were accented by a feminine presence. In fact, several would not function without women, and that adds a distinct touch to the Uruguayan wine industry within South America. In neighboring Sierra Gaucha,

en Brasil, las bodegas también son casi todas familiares pero conducidas por varones.

En tecnología y equipamiento, si bien las bodegas más importantes están al día con las de cualquier otro país vinícola del Nuevo Mundo, hay otras a mitad camino entre la vinicultura tradicional de prensas mecánicas, grandes toneles de madera vieja y tanques de cemento y la vinicultura actual de prensas pneumáticas, tanques de acero con frío y remontajes automáticos, y barricas nuevas de roble.

Brazil, the wineries are also family run, but by the men.

Although the major wineries have technology and equipment as advanced as in any other New World country, others operate somewhere between the traditional viniculture of mechanical presses, large old wooden casks and cement tanks, and modern winemaking with pneumatic presses, temperature-controlled stainless steel vats, automatic pump-overs, and new oak barriques.

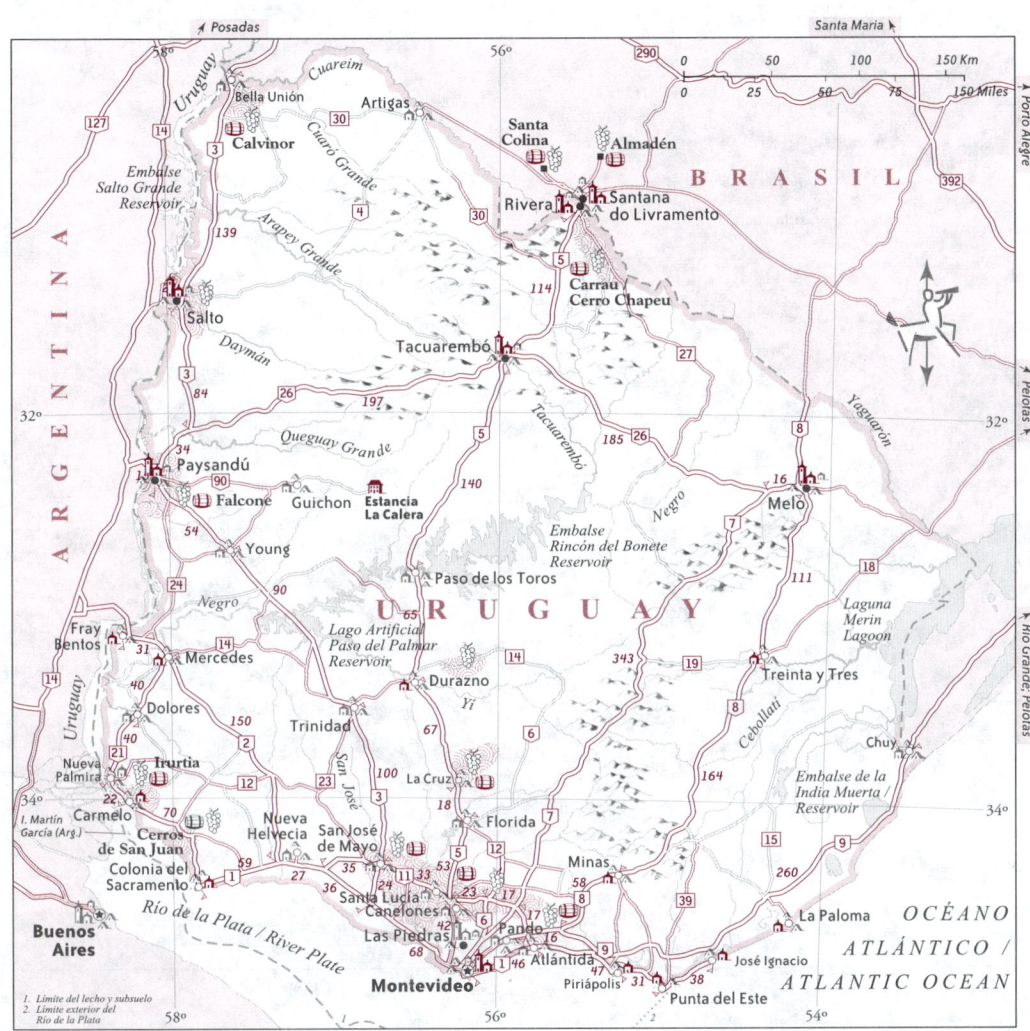

Las bodegas del interior del Uruguay / Wineries in inner Uruguay

A la inversa que en la Sierra Gaúcha, en Uruguay hay menos despliegue de tecnología bodeguera, pero están más adelantados en viticultura. En la última década se generalizó la renovación de los viñedos, con

In comparison with Brazil's Sierra Gaucha, Uruguay has less technological show and is more advanced in viticulture. Most of the vineyards have been renovated in the last decade, replacing old non-vinifera vines with

recambio de cepas viejas y no viníferas por clones de calidad, plantados con mayor densidad y atención a los suelos, con sistemas de conducción más eficaces que el parral (es decir la lira y la espaldera) y técnicas de manejo actualizadas. Al menos entre las bodegas productoras de vinos finos el proceso está casi completo. Ello significa que los jóvenes viñedos uruguayos recién están comenzando a dar la mejor fruta que pueden dar.

high-quality clones planted at higher densities with more attention to soils, efficient training systems (lyre and vertical shoot positioning in place of the overhead pergola or arbor system) and updated management techniques. The process is nearly complete, at least among the producers of fine wines. This means that the young Uruguayan vineyards are just beginning to produce the best possible fruit.

Bodegas de los alrededores de Montevideo / Wineries in Montevideo's hinterland

La cultura agroalimentaria

Fuera de Montevideo y la franja costera de la ruta 1 hasta Colonia del Sacramento, la población tenue y dispersa y los tráficos exiguos del interior del país conspiran contra una cultura agroali-

The food and farming culture

Once away from Montevideo and the coastal rim along Route 1 to Colonia del Sacramento, the interior's sparse population and scant traffic conspire against any true food and

mentaria vigorosa. El mate, la carne de vaca y el vino de damajuana parecen resumir las necesidades básicas del hombre de campo.

Entre Montevideo y Colonia, en particular en la comarca de Nueva Helvecia y Colonia Suiza, hay docenas de productores de quesos de vaca, oveja y cabra, además de embutidos y dulces regionales.

Montevideo y Punta del Este son de influencia cosmopolita, asentada sobre la cultura gastronómica italiana y española de la mayoría y el gusto rioplatense por las carnes a la parrilla y las brasas. Una novedad en algunos restaurantes son las carnes autóctonas de criadero, tal como ñandú y carpincho, o exóticas de coto y caza, como el jabalí y el ciervo.

El mercado

El mercado interno uruguayo, pese a que el ciudadano estadístico no bebe poco vino, es modesto y en un 95 % concierne a los vinos comunes o de mesa en damajuana, botellón, botella o cartón.

Uruguay produce unos 100 millones de litros de vino por año, volumen del cual un 80 % es vino de mesa o vino común y sólo un 20 % vino V.C.P. o fino.

El gusto nacional se centra en los vinos clarete y rosado, en general a base de Moscatel de Hamburgo, de rinde muy bueno en todo el país. Los vinos de mesa frescos, livianos, dulzones y genuinos, son de respetable calidad. Con la mesura y parsimonia que caracterizan a los uruguayos, es difícil que las costumbres cambien radicalmente y se impongan al gusto de la mayoría los vinos tintos de más cuerpo y estructura.

En la clase media y alta de Montevideo, además, se consume una asombrosa cantidad de *Whisky* escocés, que con frecuencia sustituye al buen vino o el espumante en las ocasiones festivas, familiares o sociales.

Las fluctuaciones climáticas y económicas obligan a periódicas importaciones de vino de mesa argentino para completar la producción, pues en definitiva los uruguayos se toman casi todo el vino que producen y sólo disponen de un excedente exportable en vinos finos. La gigantesca *Cooperativa Aurora*, desde Rio Grande do Sul, absorbe la mayor parte de las exportaciones vinícolas.

Con impuestos aduaneros ocasionales según la necesidad, Uruguay regula la importación de vinos de

farming culture. Mate, beef, and jug wine seem to sum up the basic needs of the average country man.

Between Montevideo and Colonia, particularly in the Nueva Helvecia and Colonia Suiza (Swiss Colony) district there are dozens of producers of cow, sheep, and goat milk cheese, sausages, and regional pastries. Montevideo and Punta del Este have a cosmopolitan flair, on top of the Italian and Spanish gastronomic culture of the majority and the local preference for roasted and grilled meats. The latest trend in some restaurants is farm-bred native meats, such as ñandú (American ostrich) and carpincho (a large member of the rodent family), or exotic game, such as wild boar and venison.

The market

Despite the fact that the average citizen drinks a fair amount, Uruguay's internal market is modest, and 95% consists of ordinary wines: table wines in demijohns, jugs, bottles, or boxes.

Uruguay produces some 27,000,000 gallons of wine per year, 80% of which is ordinary table wine and only 20% is V.C.P., or fine wine: what is not consumed in Uruguay, is exported. The national preference tends toward clarets and rose wine, generally based on Muscat Hamburg, which grows well throughout the country. These crisp, light, sweet, and genuine wines are of respectable quality. Given the typical Uruguayan restraint and moderation, it is unlikely that the majority will drastically change their habits and switch to full-bodied red wines.

Montevideo's middle and upper classes also consume a surprising amount of Scotch, which they often prefer over a good still or sparkling wine during family or social festive occasions.

Climatic and economic fluctuations make it necessary to periodically import table wines from Argentina, as Uruguayans drink nearly all the wine they produce and only have an exportable surplus in fine wines, the majority of which is sold to the enormous Aurora Cooperative in Rio Grande do Sul, Brazil.

Uruguay regulates the importation of Argentine and Chilean wines through occasional import taxes, as necessary, while it levies heavier taxes on wines from the rest of the world.

Argentina y Chile, mientras grava más pesadamente a la del resto del planeta.

Instituciones y eventos

Una institución clave en la modernización de la industria vinícola es, desde 1988, el *Instituto Nacional de Vitivinicultura (I.NA.VI.)*, oficina autárquica financiada por un impuesto a los vinos (la estampilla circular sobre el corcho o capuchón de todo vino uruguayo) y dirigida por representantes oficiales de los *Ministerios de Ganadería, Economía e Industrias* y de cada sector vinícola, es decir, del *Centro de Bodegueros,* del *Centro de Viticultores* y otros. *I.NA.VI.* cooperó en forma sustancial con nuestro relevamiento de bodegas y vinos finos, y colaboró en la recepción y despacho de las muestras a la mesa de cata en Buenos Aires.

La *Asociación de Bodegas Exportadoras (A.B.E.)* reúne, con algunas notables excepciones, a 2 docenas de productores volcados a la conquista de nichos uruguayos en el mercado mundial del vino. Sin mediaciones, en forma personal y amistosa, las bodegas de vocación exportadora comparten información y cooperan entre sí para difundir la presencia de los vinos finos de Uruguay en ultramar. *A.B.E.* también cooperó con nuestra investigación aportando contactos además de la participación de todos sus asociados en el relevamiento y el envío de muestras para la cata.

El evento anual más importante es la *Cata Nacional de Vinos,* ya por su décima tercera edición, en el mes de abril.

Desde junio de 2003 existe una excelente revista de gastronomía y vinos, el *"Gourmet Magazine"* placer.

Institutions and events

The I.NA.VI. (National Vitivinicultural Institute) has been a key institution in modernizing the wine industry since 1988. This governing body is financed by a wine tax (the circular stamp on the cork or capsule of every Uruguayan wine) and directed by official representatives of the Livestock, Economics, and Industry Ministries, *and the winemaking sectors, such as the* Winemakers' Center *and the* Winegrowers' Center. I.NA.VI. *cooperated substantially with our survey of wineries and fine wines, and collaborated in receiving and dispatching the samples to our tasting panel in Buenos Aires.*

Although there are some notable exceptions, 2 dozen wineries belong to the A.B.E. (Association of Export Wineries) in the interest of creating a niche for Uruguayan wines in the world market. The export wineries are friendly and cooperative with each other and freely and personally share information in order to promote Uruguayan fine wines abroad. The A.B.E. also cooperated with our research, providing contacts and organizing all of their members to participate and send samples for the tasting.

The most important event of the year is the National Wine Tasting *held each April and now in its 10th year.*

*Since June 2003 there exists an excellent "*Gourmet Magazine*" called placer.*

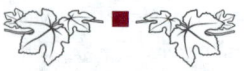

VINOS/WINES

Vinos Espumantes/Sparkling Wines

Tipo/Kind	Bodega/Winery	Marca/Label	Cosecha/Harvest	U$S	Pts
EXTRA BRUT					
●	Bodega Castel Pujol / Vinos Finos Juan Carrau S.A.	Xacrat		$	★★

Vinos Tranquilos/Still Wines

Tipo/Kind	Bodega/Winery	Marca/Label	Cosecha/Harvest	U$S	Pts
CHARDONNAY					
○	Bodega Leonardo Falcone	Leonardo Falcone	2002	N/D	★★★
○	Bodega Marichal e Hijos Ltda.	Marichal	2001	$	★★★
○	Bodega Moizo Hnos.	Moizo Hnos. Roble Reserva	2002	$	★★★
○	Corporación Vitivinícola Plaza Vidiella / Plaza Vidella y Cía. Ltda.	100 Años	2002	$	★★★
○	Bodega Juan Toscanini e Hijos S.A.	Toscanini Roble	2001	$	★★
○	Bodega Los Cerros de San Juan	Cuna de Piedra	2000	$$	★★
○	Bodega Moizo Hnos.	Moizo Hnos.	2002	$	★★
CHARDONNAY-VIOGNIER					
○	Establecimiento Juanicó	Don Pascual	2001	$	★★
MUSCAT PETIT GRAIN					
○	Bodega Varela Zarranz	Viña Varela Zarranz	2002	$	★★★★

Amarillo verdoso con reflejos acerados. Aromático y floral, hallamos rosa, azahar, litchi, tilo, maracuyá y ananá. De acidez refrescante, buena estructura y agradable retrogusto. "Ideal como vino de verano", "vino simple pero muy original".

Greenish yellow with steely highlights. Aromatic and floral, we find rose, orange blossom, litchi, linden flower, passion fruit, and pineapple. Crisp, refreshing acidity, good structure, and pleasant after-taste. "Ideal summer wine," "simple, but very original wine."

Tipo/Kind Bodega/Winery	Marca/Label	Cosecha/Harvest	U$S	Pts

SAUVIGNON BLANC

○ Bodega Juan Toscanini e Hijos S.A. — Toscanini — 2002 — $ — ★★★★

Amarillo pálido con reflejos verdosos. En nariz ofrece *pipí de chat*, hierbas, cítricos, maracuyá, ruda, pera. Seco y ácido, amplio en boca, de cuerpo pleno pero refrescante, destaca por su tipicidad varietal Sauvignon Blanc. *"Excelente varietal"*.

Pale yellow with greenish highlights. Nose offers up cat pee, herbs, citrus fruits, passion fruit, rue, and pear. Dry and crisp, mouth-filling and refreshing, with outstanding Sauvignon Blanc typicity. "Excellent varietal."

○ Bodegas Castillo Viejo S.A. — Catamayor — 2002 — $ — ★★★★

Amarillo pálido, reflejos verdosos. En nariz es frutado y herbáceo, con notas de cítricos y fruta tropical, más un toque punzante y fresco de ruda. En boca repite las notas de nariz, con acidez marcada y larga persistencia. *"Vino con mucha tipicidad"*, *"muy buen Sauvignon"*.

Pale yellow with green highlights. Fruity and herbaceous nose with notes of citrus and tropical fruits, plus a sharp and herbal-fresh touch of rue. The palate repeats the nose, with pronounced acidity and long finish. "A wine with great typicity," "very good Sauvignon."

	Bodega/Winery	Marca/Label	Cosecha	U$S	Pts
○	Bodega Varela Zarranz	Viña Varela Zarranz	2002	$	★★★
○	Bodega Marichal e Hijos Ltda.	Juan Marichal	2002	$	★★★
○	Bodegas Castel Pujol / Vinos Finos Carrau S.A.	Castel Pujol	2002	$	★★★
○	Corporación Vitivinícola Plaza Vidiella / Plaza Vidella y Cía. Ltda.	100 Años	2002	$	★★★
○	Vinos Finos Sol Chico / Grupo Granjastar	Sol Chico	2002	$	★★★
○	Rincón de Carrasco	Rincón de Carrasco	2000	N/D	★★
○	Bodega Los Cerros de San Juan	Maderos de San Juan	2000	$$	★

SAUVIGNON GRIS

○	Bodega José Luis Filgueira	Casa Filgueira Premium	2001	$$$	★★

SAUVIGNON BLANC-GEWÜRZTRAMINER

○	Establecimiento Juanicó	Don Pascual	2002	$	★★★

SEMILLON

○	Amendola Hnos.	YVY	2000	N/D	★★
○	Amendola Hnos.	YVY	2002	$	★

Tipo/Kind Bodega/Winery	Marca/Label	Cosecha/Harvest	U$S	Pts
VIOGNIER				
○ Vinos Finos H. Stagnari Ltda.	Selección La Puebla	2002	$	★★★
VIOGNIER-ROUSANNE				
○ Establecimientos Vinícolas Dante Irurtia S.A.	Posada del Rey	2002	$	★★★
CABERNET FRANC				
● Bodegas Castillo Viejo S.A.	Vieja Parcela Reserva	2000	$	★★
CABERNET FRANC-TANNAT				
● Bodegas Castillo Viejo S.A.	Catamayor	2002	N/D	★★
CABERNET SAUVIGNON				
● Bodega Varela Zarranz	Viña Varela Zarranz	2001	$	★★★
● Bodega Carlos Pizzorno	Don Próspero	2000	$	★★★
● Bodegas Castel Pujol / Vinos Finos Carrau S.A.	Castel Pujol Reserva	2000	$$	★★★
● Bodega Castel Pujol / Vinos Finos Juan Carrau S.A.	Orgánico Juan Carrau	2001	N/D	★★
● Bodega César Pisano e Hijos S.A.	RPF Pisano	2002	N/D	★★
● Bodega Juan Toscanini e Hijos S.A.	Toscanini	2001	$	★★
● Bodegas y Viñedos Bruzzone y Sciutto S.A.	Trilogía	2000	$	★★
● Viñedos y Bodegas Traversa Hnos. Ltda	Gran Reserva Traversa	2000	$	★★
● Vinos Finos H. Stagnari Ltda.	1x1	2002	$	★★
● Bodega César Pisano e Hijos S.A.	RPF Pisano	2000	N/D	★
● Bodega Fallabrino / Viñedo de Los Vientos	Viñedo de Los Vientos	2000	$	★
● Bodegas y Viñedos Bruzzone y Sciutto S.A.	Padre Barreto	2000	$	★
● Rincón de Carrasco	Rincón de Carrasco	1998	N/D	★

Tipo/Kind Bodega/Winery	Marca/Label	Cosecha/Harvest	U$S	Pts

CABERNET SAUVIGNON

● Santa Rosa	Santa Rosa	2000	N/D	★

CABERNET SAUVIGNON-CABERNET FRANC

● Reinaldo de Lucca	Rincón el Colorado	2002	N/D	★

CABERNET SAUVIGNON-MERLOT

● Bodegas Castel Pujol / Vinos Finos Carrau S.A.	Museo	1998	N/D	★

CORTE S/D / ASSEMBLAGE N/D

● Bodega César Pisano e Hijos S.A.	Pisano Arretxea	2001	N/D	★★★
● Bodega César Pisano e Hijos S.A.	Pisano Arretxea	2000	N/D	★★
● Reinaldo de Lucca	El Colorado	1999	N/D	★
● Reinaldo de Lucca	El Colorado		N/D	★
● Rincón de Carrasco	Rincón de Carrasco	1999	N/D	★

MERLOT

● Bodega José Luis Filgueira	Casa Filgueira Premium	2001	$$$	★★★★

Rojo rubí intenso. Aromático, desprende mora, cassis, ciruela pasa, café, algo de cuero y tabaco, sobre un fondo de madera muy bien integrado. Acidez y taninos marcados, con un final de fruta negra y cassis. "*Muy elegante*", "*tiene carácter*".

Intense ruby red. Aromatic. Evokes blackberries, cassis, dried plums, coffee, a bit of leather and tobacco, with a background of well-integrated wood. Pronounced acidity and tannins, with black fruit and cassis on the finish. "Very elegant," "has character."

● Bodega Leonardo Falcone	Santa Cecilia	2002	$	★★
● Bodega Marichal e Hijos Ltda.	Juan Marichal	2002	$	★★
● Bodega Moizo Hnos.	Moizo Hnos.	2002	$	★★
● Corporación Vitivinícola Plaza Vidiella / Plaza Vidella y Cía. Ltda.	100 Años Roble	2002	N/D	★★
● Santiago Giacobbe S.A.	Don Santiago Gran Reserva Roble	2001	N/D	★★
● Bodega Leonardo Falcone	Reserva Familiar Roble	1999	$$	★
● Dominio Cassis	Dominio Cassis	2000	N/D	★
● Santa Rosa	Santa Rosa	1998	N/D	★

Tipo/Kind	Bodega/Winery	Marca/Label	Cosecha/Harvest	U$S	Pts

MERLOT

●	Santiago Giacobbe S.A.	Don Santiago	2001	$	★
●	Vinos de La Cruz	Ecológico	2002	$$	★

MERLOT-TANNAT

●	Bodega Moizo Hnos.	Moizo Hnos.	2002	$	★★
●	Bodegas Castillo Viejo S.A.	Catamayor	2002	N/D	★★
●	Dominio Cassis	Dominio Cassis Reserva	2000	$$	★★

PINOT NOIR

●	Bodega Los Cerros de San Juan	Maderos de San Juan	2000	$$	★★★
●	Vinos de La Cruz	Ecológico	2001	$$	★

PINOT NOIR-TANNAT

●	Bodega Marichal e Hijos Ltda.	Marichal Reserva	2002	$	★

SYRAH

●	Vinos Finos H. Stagnari Ltda.	Selección La Puebla	2002	$	★★★
●	Establecimiento Juanicó	Vinson Richards	2001	$	★★
●	Reinaldo de Lucca	Altos de El Colorado	2002	$	★★

TANNAT

●	Bodegas Castel Pujol / Vinos Finos Carrau S.A.	Casa Luntro	1999	$$$	●●● ●●●

Rojo ciruela, brillante. Aromas de frambuesa, ciruela, cassis, café, especias y también roble. En boca hay taninos astringentes del vino y dulces de la madera, discreta, sobre buena estructura, con persistencia media-larga. *"Atractivo, muy elegante"*, *"buen potencial de guarda"*.

Bright plum red. Aromas of raspberry, plum, cassis, coffee, spices, and oak. Astringent grape tannins join sweet wood tannins; discreet, good structure, with medium-long finish. "Attractive, very elegant," "good potential for ageing."

●	Bodegas Castel Pujol / Vinos Finos Carrau S.A.	Reserva de Arerungua	2000	$$$	★★★★

Rojo ciruela intenso. De nariz compleja, especiada y frutada, recuerda moras, grosella, cassis, ciruela, cereza, café, chocolate, clavo, canela, tabaco y madera. En boca impactan sus taninos jóvenes, pero luego ofrece notas de café y chocolate. *"Le falta botella"*, *"Para guardar"*.

Intense plum red. Complex nose, spicy and fruity, recalling blackberries, red and black currant, plums, cherries, coffee, chocolate, cloves, cinnamon, tobacco, and oak. Impressive young tannins followed by coffee and chocolate on the palate. "Needs more time," "hold this one."

Tipo/Kind	Bodega/Winery	Marca/Label	Cosecha/Harvest	U$S	Pts
TANNAT					
●	Bodega Juan Toscanini e Hijos S.A.	Toscanini Roble	2000	$	★★★★

Rojo intenso y profundo. Con aromas de higo, pasas, frutas rojas, pimienta, tabaco, vainilla, café, chocolate, tomillo y un suave eucalipto, además de nítida madera. Mucha estructura, con taninos aún verdes pero robustos, equilibrado. *"Para guardar unos años"*.

Deep, intense red with aromas of fig, raisins, red fruit, black pepper, tobacco, vanilla, coffee, chocolate, thyme, and a touch of eucalyptus and clear woody notes. Great structure with robust but greenish tannins. Balanced. "Age a few more years."

●	Antigua Bodega San José	San José	2001	N/D	★★★
●	Antigua Bodega San José	Antigua Bodega San José	2002	$	★★★
●	Bodega José Luis Filgueira	Casa Filgueira Premium	2001	$$$	★★★
●	Bodega Marichal e Hijos Ltda.	Marichal	2002	$	★★★
●	Bodega Moizo Hnos.	Moizo Hnos. Roble	2002	$	★★★
●	Bodegas Castel Pujol / Vinos Finos Carrau S.A.	Amat	1999	$$$	★★★
●	Bodegas Castel Pujol / Vinos Finos Carrau S.A.	Castel Pujol Reserva	1999	$$	★★★
●	Bodegas y Viñedos Bruzzone y Sciutto S.A.	Trilogía Roble	2000	$	★★★
●	Vinos Finos H. Stagnari Ltda.	Viejo	2000	$$	★★★
●	Antigua Bodega San José	San José	2000	N/D	★★
●	Bodega Fallabrino / Viñedo de los Vientos	Viñedo de los Vientos	2000	$	★★
●	Bodega Juan Toscanini e Hijos S.A.	Toscanini Roble	1999	N/D	★★
●	Bodega Juan Toscanini e Hijos S.A.	Toscanini Roble	2000	$	★★
●	Bodega Leonardo Falcone	Abuelo Domingo	2002	$	★★
●	Bodega Leonardo Falcone	Leonardo Falcone Roble	2001	$	★★
●	Bodega Marichal e Hijos Ltda.	Marichal Reserva Colección	2002	$	★★
●	Bodega Moizo Hnos.	Moizo Hnos. Roble Reserva	2002	$	★★
●	Bodega Varela Zarranz	Viña Varela Zarranz	2001	$	★★

Tipo/Kind Bodega/Winery	Marca/Label	Cosecha/Harvest	U$S	Pts
TANNAT				
● Bodegas Castel Pujol / Vinos Finos Carrau S.A.	Casa Luntro	1997	N/D	★★
● Bodegas y Viñedos Bruzzone y Sciutto S.A.	Padre Barreto	2000	N/D	★★
● Establecimiento Juanicó	Don Pascual Roble	2000	$	★★
● Santiago Giacobbe S.A.	Don Santiago	2000	$	★★
● Santiago Giacobbe S.A.	Don Santiago Gran Reserva	2000	N/D	★★
● Vinos Finos H. Stagnari Ltda.	Premier	2000	$	★★
● Vinos Finos H. Stagnari Ltda.	Dayman	2000	$	★★
● Viñedos y Bodegas Traversa Hnos. Ltda	Traversa Gran Reserva Roble	2000	$	★★
● Viñedos y Bodegas Traversa Hnos. Ltda	Traversa Gran Reserva	2000	$	★★
● Amendola Hnos.	1811	2001	$	★
● Bodega Carlos Pizzorno	Don Próspero	2002	$	★
● Bodega César Pisano e Hijos S.A.	RPF Pisano	2000	N/D	★
● Bodega Leonardo Falcone	Reserva Familiar Roble	2001	N/D	★
● Bodega Varela Zarranz	Viña Varela Zarranz Roble	2000	$	★
● Santa Rosa	Santa Rosa	2000	N/D	★
TANNAT-MERLOT-CABERNET SAUVIGNON				
● Bodega Carlos Pizzorno	Don Próspero	2000	$	★★★
TANNAT-RUBY CABERNET				
● Bodega Fallabrino / Viñedo de los Vientos	Eolo Gran Reserva	2001	$	★★★
TANNAT-CABERNET SAUVIGNON-MERLOT-PETIT VERDOT				
● Establecimiento Juanicó	Preludio Barrel Select	1998	$$	★★★★★

Rojo intenso, rubí. Aromas de grosella, mora, cassis, caramelo, también eucalipto y roble, vainilla y café. Redondo en boca, de taninos poco agresivos y buena estructura. Buen final de boca. "*Detrás de la madera, aparece la fruta*", "*aptitud para la guarda*".

Intense ruby red. Aromas of red currant, blackberry, cassis, caramel, as well as eucalyptus and oak, vanilla and coffee. Well-rounded palate, good structure, although the tannins are a bit aggressive. Good finish. "Fruit appears behind the wood," "Aptitude for ageing."

Tipo/Kind Bodega/Winery	Marca/Label	Cosecha/Harvest	U$S	Pts
TANNAT-CABERNET SAUVIGNON-CABERNET FRANC				
● Bodegas Castel Pujol / Vinos Finos Carrau S.A.	Gran Tradición Carrau Pujol	1998	$$$	★★
TANNAT-CABERNET FRANC				
● Establecimientos Vinícolas Dante Irurtia S.A.	Posada del Rey	2001	$	★★
TANNAT-MERLOT				
● Bodega Varela Zarranz	Viña Varela Zarranz	2001	$	★★
● Bodega Los Cerros de San Juan	San Juan Fiesta	2000	$	★★
● Vinos Finos Sol Chico / Grupo Granjastar	Sol Chico	2000	$	★★
TEMPRANILLO				
● Bodega Los Cerros de San Juan	Maderos de San Juan	2000	$$	★★

Vinos Dulces y Fortificados/*Sweet and Fortified Wines*

Tipo/Kind Bodega/Winery	Marca/Label	Cosecha/Harvest	U$S	Pts

COSECHA TARDIA

○ Bodegas Castel Pujol / Vinos Finos Carrau S.A. — Vivent — 2000 — $ — ★★★★

Amarillo dorado. De nariz muy seductora: cítrico, linalol, durazno, ananá, banana, maracuyá, miel, pimienta blanca. Quizá falta una pizca de acidez. "*Repite la fruta en la boca, muy bien balanceado*", "*un aroma que transmite frescura*".

Golden yellow. Seductive nose: citrus, linalool, peach, pineapple, banana, passion fruit, honey, white pepper, though perhaps lacking a pinch of acidity. "Fruit repeated on the palate, very well-balanced," "the aroma transmits freshness."

○ Establecimiento Juanicó — Botrytis Noble — 1998 — $$ — ★★★★

Amarillo dorado medio. Aromas de Botrytis noble, almendra tostada, zapallo en almíbar, miel, damasco, durazno, pera, membrillo, higos. Óptima acidez, agradable y largo retrogusto, vino "*muy complejo y pleno*", "*muy impactante, muy untuoso*".

Medium golden yellow. Aromas of noble Botrytis, toasted almonds, pumpkin in syrup, honey, apricot, peach, pear, quince, and fig. Optimal acidity, nice, with a long finish. This wine is "very lush and complex," "impressive, unctuous."

○ Establecimientos Vinícolas Dante Irurtia S.A. — Botrytis Excellence — 2002 — N/D — ★★★★

Amarillento con reflejos dorados. Aromático y frutado, con durazno, damasco, ananá, zapallo en almíbar, membrillo, maracuyá, quizá también rosas. Buena estructura y muy larga persistencia. "*Buen equilibrio entre acidez y azúcar, es largo y untuoso*".

Yellowish with golden highlights. Aromatic and fruity, with peach, apricot, pineapple, pumpkin in syrup, quince, passion fruit, and perhaps roses as well. Good structure and very long finish. "Good balance between acidity and sugar; long and supple."

GEWÜRZTRAMINER

○ Establecimientos Vinícolas Dante Irurtia S.A. — Irurtia — 2002 — $ — ★★★

○ Bodega Castel Pujol / Vinos Finos Juan Carrau S.A. — Museo — 1999 — N/D — ★

BODEGA CARLOS PIZZORNO

Ruta 32 km 23 / Canelón Chico /
90200 Canelones
Tel./Fax.: (2) 3689657

E-mail: apizzorno@info-red.com
Capacidad: 0,55 millones de litros/*Capacity: 145,000 gallons*
Viña: 15 hectáreas/*Vineyards: 38 acres*

Esta bodega *boutique* se remonta por 3 generaciones hasta 1910 y al abuelo Próspero Pizzorno, piamontés. En la colinosa campiña que rodea a Montevideo, con viñedo reconvertido a cepas francesas modernas desde los '80 y el trabajo de Carlos Pizzorno (enólogo) y su esposa Ana (médico) más un empleado, usando uvas propias de Tannat, Merlot, Cabernet Sauvignon, Sauvignon Blanc y Chardonnay, en una bodega-galpón que duplica la del abuelo pero sigue siendo sencilla y pequeña, *Pizzorno* produce un 50 % de vinos finos y otro tanto de mesa, en base a Moscatel de Hamburgo y Ugni Blanc: como en casi toda bodega uruguaya, el vino común es el pan y manteca del que vive la bodega, y los V.C.P. son la mermelada y apuesta al futuro.

La viña de Carlos y Ana (con un cuadro preparado para irrigación por goteo, necesidad de una vez cada 10 años en esta región) está puesta en espaldera y lira, de la que alaban mayor exposición al sol y ventilación. Aplican raleo y en el Tannat se contentan con 10 toneladas por hectáreas. La bodega, contigua al viñedo, oficina, laboratorio y casa, es sencilla y funcional: simple ampliación de la del abuelo, conserva en uso 3 piletas de hormigón de los años '30 revestidos en epoxy, pero incorpora tanques de acero inox para conservación, un tanque de cristalización en frío y barricas españolas y chilenas de roble americano, además de francesas.

En este viñedo y bodega atendidos por un joven matrimonio como a su criatura, las primeras cosechas finas y presencias en ultramar son recientes y deleitan como los berridos de un recién nacido. "*Hemos aprendido mucho y nos queda mucho por aprender*" dice Carlos, presidente de la *Asociación de Bodegas Exportadoras* (A.B.E.) e integrante del grupo vinícola *Sol Chico*, que vinifica en su bodega. Ana, además de ocuparse de la comunicación de la bodega, trabaja en una investigación en el *Instituto de Oncología de Montevideo* donde se estudian en 5 mil pacientes los efectos en la salud de los polifenoles característicos del Tannat uruguayo.

This boutique winery in the hilly countryside surrounding Montevideo dates back 3 generations to Piamontese grandfather Próspero Pizzorno in 1910, although the vines were replanted to modern French varieties in the 1980s. Working in a small garage-winery that doubles the size of the original plant, winemaker Carlos Pizzorno, his wife Ana, and one employee produce half fine wines from their own Tannat, Merlot, Cabernet Sauvignon, Petit Verdot, Sauvignon Blanc, and Chardonnay, and half table wines based on Hamburg Moscatel and Ugni Blanc. As is usually the case in Uruguay, ordinary wines are the bread and butter of most wineries, while the V.C.P. are the jam and bet for the future.

Their vineyard (with a section prepared for drip irrigation, which is necessary one year in ten in this region) is trained in both in vertical shoot position and lyre, which provides better solar exposure and ventilation. They thin fruit and are happy with about 10,000 pounds per acre in their Tannat.

The winery, next to the vineyard, office, laboratory, and house, is simple and functional: an enlargement their grandfather's. They continue to use 3 epoxy-covered cement tanks from the 1930s, stainless steel tanks for storage, 1 cold-crystallization tank, American oak barrels from Spain and Chile, and other French oak barrels.

The young couple cares for the vineyard and winery as if it were their first child, and seeing their first fine wines presented abroad delights them like the coos of a newborn. "We've learned a lot, and there's so much more to learn," *says Carlos, president of the A.B.E. (Wine Exporters' Association) and member of the wine-making group* Sol Chico *that works in his winery. In addition to attending to communications for the winery, Ana is working on a 5,000-patient research project in the Montevideo Oncology Institute, examining the health effects of the polyphenols found in Uruguayan Tannat.*

Don Próspero Tannat - Merlot - Cabernet 2000 ★★★

Don Próspero Cabernet Sauvignon 2000 ★★★ - *Don Próspero Tannat 2002* ★

Bodega César Pisano e Hijos S.A.

Ruta 68 km 29 / Progreso /
90300 Canelones
Tel.: (2) 3689077 / 3690031
Fax.: (2) 3690062

E-mail: pisano@adinet.com.uy
Website: www.pisanowines.com
Capacidad: 0,3 millones de litros/*Capacity: 793,000 gallons*
Viña: 40 hectáreas/*Vineyards: 75 acres*

Pisano es buen ejemplo de la transformación en la continuidad que ocupó a los productores de vinos finos de Uruguay a fines del siglo XX. Establecida en 1924 por un abuelo de origen ligur, es bodega 100 % familiar y cultiva la misma tierra en que se inició, 25 kilómetros al norte de Montevideo. Sin embargo, en los últimos 10 años invirtió proporciones en su producción: hoy el 95 % son vinos V.C.P. y 5 % vinos de mesa en damajuana. La mitad de 300 mil botellas anuales se exportan a ultramar, en particular Suiza y Bélgica: es la 5ª bodega exportadora del país.

Toda la viña es reconvertida y compran un 30 % de uva a productores vecinos. Conducida por 3 hermanos Pisano con la experiencia del padre César como maestro de bodega (Daniel a cargo de exportaciones y relaciones públicas, Gustavo de la bodega y Eduardo de la viña), la familia desarrolló vinos de primera línea y gusto contemporáneo sin desdeñar antojos personales como *Verde Virgen*, vino de aguja y corte de uvas blancas de la casa que César Pisano comenzó a producir por gusto hace 30 años, tras descubrir el *vinho verde* portugués.

En una campiña ondulada, rodeada por su propio viñedo, la bodega y las casas de los Pisano son todo uno: se respira la atmósfera alegre y vital de las grandes familias italianas que en Italia ya no existen. El salón de familia, con horno-parrilla al fondo, mesa para 16 y botellas de vino y recuerdos de todo el mundo confirman a Daniel Pisano: "*acá se mezclan el negocio, la familia y una forma de vida*". Los 3 hermanos desarrollan los vinos, pero la cata es familiar y la última palabra la tienen sus mujeres. No hay enólogos voladores aquí. De la bodega del abuelo quedan en uso viejos toneles de roble de Eslovenia y tanques de hormigón/epoxy de varias capacidades, pero la bodega nueva suma prensa pneumática y barricas de roble francés. Hay en curso un desarrollo conjunto con la francesa *Domaine de la Vougeraie* y su enólogo Pascal Marchand para producir Pinot Noir. Pisano vende su vino en "puerta de bodega" pero no se considera todavía preparado para recibir visitantes.

Pisano is a good example of the changes that have taken place in Uruguay in the late 20th century. Established in 1924 by their Liguria-born grandfather, this 100% family-owned winery continues to work the same land, 16 miles north of Montevideo. In the last 10 years they have inverted their production proportions, and today 95% of their wines are V.C.P., and only 5% are jug wines. This is the country's fifth largest exporter, and half of their 300,000-bottle production is exported, mostly to Switzerland and Belgium.

The entire vineyard has been replanted, and they buy 30% of their fruit from neighboring producers. The 3 Pisano brothers manage the winery, relying on the experience of their father César, the cellar master. Daniel handles exportations and public relations; Gustavo, the winery; and Eduardo the vineyard. The group produces top-rate, contemporary wines without overlooking personal tastes, such as Verde Virgen, *a young and lightly effervescent white house wine that César Pisano began making 30 years ago after discovering Portuguese* vinho verde.

Set on rolling hills, surrounded by their own vineyards, the Pisano family winery and houses are all-in-one: you can almost breathe the happy and lively atmosphere of those large Italian families that no longer exist. The family living room, with an oven and grill at one end, a table for 16, bottles of wine and mementos from all over the world remind Daniel Pisano, "here we mix business with family and a way of life." There are no flying winemakers here. The 3 brothers make the wines, the entire family tastes them – and the women have the final word. The old oak casks from Slovenia and various sizes of cement/epoxy tanks remain from the original winery, but the new facilities also include a pneumatic press and French oak barrels. They are currently developing a project with the French Domaine de la Vougeraie *and their winemaker Pascal Marchand to make their first Pinot Noir. The Pisano's sell their wine 'at the cellar door,' but do not receive visitors.*

Pisano Arretxea Corte 2001 ★★★ - *RPF Pisano Cabernet Sauvignon 2002* ★★

Pisano Arretxea Corte 2000 ★★ - *RPF Pisano Cabernet Sauvignon 2000* ★

RPF Pisano Tannat 2000 ★

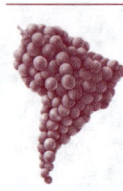

Bodega Fallabrino / Viñedo de los Vientos

Ruta 11 km 162 / Atlántida /
90000 Canelones
Tel./Fax.: (37) 21622

E-mail: vvientos@adinet.com.uy
Website: www.vinedodevientos.s5.com
Capacidad: 0,2 millones de litros/*Capacity: 53,000 gallons*
Viña: 15 hectáreas/*Vineyards: 40 acres*

Hay una atmósfera de estilo vagamente *hippie* en este viñedo desparramado sobre una blanda y ventosa colina. Aspecto de *surfer* californiano, Pablo Fallabrino es otro recio y laborioso descendiente de 3 generaciones de piamonteses viticultores y vinifactores. Con su viñedo (el más marítimo del país) y un modo solitario de cultivar uva y hacer vino, es quizá la bodega más personal del Uruguay. La sencilla casita donde viven Pablo y su esposa argentina Mariana Cerrutti con su hijo y 2 perros está a 100 pasos de la bodega levantada en 1998, que luce tanques de acero inox como silos al sol tras un tornado que la destechó en marzo de 2002. Gracias al buen equipo de frío automático, el nuevo galpón puede esperar hasta después de la cosecha. Pablo realiza la maceración en frío de los tintos a 12°C durante 3 días (7 en los reserva) con remontajes diarios y luego fermentación a 29°C. La fermentación maloláctica ocurre en tanques más chicos. Sólo usa levadura natural y salvaje. Tiene 5 mil litros de barricas enchapadas en roble francés.

En la viña llama la atención el parral de 5 hectáreas de Ugni Blanc para vino de mesa: no hay muchos parrales en Uruguay. Según Pablo, el parral tiene "*la única ventaja que si no es muy tupido, la uva queda toda expuesta al sol y si llueve, está colgada sin mucha hoja arriba. La espaldera es una pared que recibe agua y cae sobre la uva*". En espalderas y más parrales, en suelo arcilloso-arenoso, sin abono ni fertilizante y dejando crecer entre hileras las amarillas margaritas de Piria, Pablo cultiva Tannat, Cabernet Sauvignon, un sudafricano Ruby Cabernet, Gewürztraminer y Chardonnay, de las que obtiene no más de unos 7 toneladas por hectárea: "*me gusta sacar poco, acá hago todo yo*" asegura, si bien tuvo de consultor a Duncan Kline. Planea plantar Nebbiolo y Pinot Noir en una colina pedregosa de Piriápolis.

Hay una pequeña y rústica tienda sobreelevada para atender las ventas, que si llegan desde la Interbalnearia (a sólo 4 kilómetros) pueden ver una singular pieza de arquitectura religiosa moderna, la iglesia de Atlántida del ingeniero Eladio Dieste.

There is something a bit 'hippie' about this winery that sits atop a low, windy hill. Looking like a Californian surfer, Pablo Fallabrino is another hard-working descendent of 3 generations of Piedmont winemakers. Working alone in his vineyard (the most maritime of the country), he grows grapes and makes wine; this is perhaps Uruguay's most personal winery. Built in 1998 and just steps from the simple house where he lives with his Argentine wife Mariana Cerrutti, their son, and two dogs, the winery boasts stainless steel tanks which now stand shining like silos in the sun after a tornado took the roof off in 2002. Thanks to good automatic cooling equipment, the new building can wait until after the harvest. Pablo uses a 54°F, 3-day cold maceration for red wines (7 days for reserve wines), with daily pump-overs, followed by a 84°C fermentation. Malolactic fermentation takes place in smaller tanks. He only uses natural, wild yeasts. He has a capacity of 1,300 gallons in French oak-lined barrels. Surprisingly, his 12 acres of Ugni Blanc is pergola-trained. Pergolas aren't common in Uruguay, but Pablo says, "The advantage is that as long as the foliage isn't very dense, the clusters are still exposed to the sun, but if it rains, they are hanging and the leaves above protect them. The vertical shoot positioning system is an open wall and the rain falls directly on the fruit." Using vertical shoot positioning and more pergolas, Pablo grows Tannat, Cabernet Sauvignon, a South African Ruby Cabernet, Gewürztraminer, and Chardonnay in sandy clay soils without fertilizers and with yellow Piria daisies growing between the rows, and gets yields of no more than 2,800 pounds per acre. "I like to harvest just a little; here I do it all," he says, although Duncan Kline has consulted. He plans to plant Nebbiolo and Pinot Noir on a rocky hill in Piriápolis.

A small and rustic shop tends to sales. When arriving from the Montevideo-Punta del Este Interbalnearia Highway (2.5 miles away), you'll see a unique piece of modern religious architecture, the Atlándida Church by engineer Eladio Dieste.

Eolo Gran Reserva Tannat - Ruby Cabernet 2001 ★★★ - *Viñedo de los Vientos Tannat 2000* ★★
Viñedo de los Vientos Cabernet Sauvignon 2000 ★

Bodega José Luis Filgueira

Ruta 81 km 7 / Cuchilla Verde / 90700 Canelones
Dir. postal: Buschental 3390 / 11700 MVD
Tel./Fax.: (2) 3366868/ 3366969

E-mail: marianafilgueira@bodegafigueira.com
Website: www.bodegafilgueira.com
Capacidad: 0,83 millones de litros/ *Capacity: 224,000 gallons*
Viña: 47 hectáreas/ *Vineyards: 120 acres*

Fundada en 1927 por el padre del propietario actual, desde 1992 viña y bodega fueron renovadas con la energía de Martha Filgueira, médico que trocó medicina por vitivinicultura. Tras 7 años de trabajo y considerable inversión, la bodega es de una pulcritud hospitalaria y la viña de una prolijidad cuartelera. "*Creo que las cosas hay que hacerlas perfectas*" dice la directora.

Orgullo de la casa son 2 hectáreas de Sauvignon Gris, rareza de la que no hay más que 50 hectáreas en el mundo y que llegó mezclado con Sauvignon Blanc: la bodega ya produce un elegante varietal con notas cítricas. La viña está plantada en lira y espaldera de alta densidad (6 mil plantas por hectárea) pero la doctora Filgueira afirma no encontrar diferencia entre ambos sistemas: "*tratamos a la viña como si fuera un paciente, hacemos prevención y tenemos una sanidad total*". Hay instalaciones de riego por goteo para plantas jóvenes. Una persona dedica todo el invierno a combatir hormigas. Hacen raleos en floración y en envero, y evitan la segunda floración. Los zafrales (los cosechadores en Uruguay) son pagados por día para que tomen su tiempo en la selección de los frutos, que es doble: en la planta y en la cinta, con 10 personas seleccionando cada grano. Como en los *terroirs* franceses más selectos, si llueve mucho se dispone de coberturas plásticas para proteger el terreno entre las vides. La flamante bodega, que dirige Martha Chiossoni de Filgueira con su hija Mariana Filgueira Chiossoni en comercio exterior, es toda acero inox con frío controlado por sistema automático y un *software* francés que permite la trazabilidad desde cada cuadro de viña hasta cada tanque de fermentación y conservación, cumple normas *ISO 9000*. Hay unas 150 barricas casi todas francesas, y cavas de afinamiento en botella recabadas en viejas piletas de hormigón. Vendieron su primera cosecha fina en 1999 y desde entonces hacen sólo vinos finos. Venden al público y reciben visitas con arreglos previos.

Dr. Martha Filgueira left medicine for vitiviniculture in 1992 and recovered the winery her father-in-law founded in 1927. After 7 years of hard work and considerable investment, the winery is now clean and meticulous as a hospital. "I believe in perfection," says the director.

The pride of the winery is 5 acres of Sauvignon Gris, an oddity in that there are no more than 125 acres in the world; this arrived mixed with Sauvignon Blanc. Here it makes an elegant varietal wine with citric notes. The high-density vineyard is planted 3,000 plants per acre, trained in lyre and vertical shoot positioning, but Dr. Filgueira claims there are no differences between the 2 systems; "we treat the vineyard like a patient, we to preventative care for overall health." Young plants receive drip irrigation, and one person spends the entire winter combating ants. They do flower and bunch thinning and avoid a second flowering. The zafrales (Uruguay's harvesters) are paid by the day so they take their time in selecting fruit, which undergoes a second selection at the reception table, where 10 people carefully select every berry. Plastic covers protect the vines from heavy rains.

The new winery, directed by Martha Chiossoni de Filgueira, with her daughter Mariana Filgueira-Chiossoni in international exports, complies with ISO 9000 standards. It is fully equipped with stainless steel tanks, automatic temperature control systems, and French software that allows them to carefully follow the progress from each vineyard plot to the individual fermentation and holding tanks. There are 150 barrels, mostly French, and cellars for bottle aging fitted into old cement tanks. Their first fine wine vintage was sold in 1999, and now they only produce fine wines. They sell to the public and receive visitors by appointment.

Casa Filgueira Premium Merlot 2001 ★★★★

Casa Filgueira Premium Tannat 2001 ★★★ - *Casa Filgueira Premium Sauvignon Gris 2001* ★★

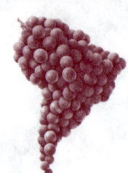

Bodega Juan Toscanini e Hijos S.A.

Ruta 69 km 30 / Canelón Chico / 90200 Canelones
Tel.: (2) 3689696
Fax.: (2) 3689697

E-mail: info@toscaniniwines.com
Website: www.toscaniniwines.com
Capacidad: 2,3 millones de litros/*Capacity: 607,000 gallons*
Viña: 75 hectáreas/*Vineyards: 187 acres*

Giovanni Toscanini y Maria Bianchi, ligures, se afincaron en 1894 en la dulce y todavía agreste campiña a 6 leguas de Montevideo, que pronto sería llamada "El Jardín de la Patria". Giovanni o Juan fue campesino arrendatario y peón rural pero 14 años después cumplió la primera parte de su sueño americano: estableció la bodega *La Fuente* y elaboró 4 mil litros de vino. Los Toscanini arraigaron en Canelones Chico: cuatro generaciones de descendientes continúan la tradición familiar.

Dirigida por Nelson Toscanini en la enología y Andrés en las relaciones públicas y comerciales, con viñas distribuidas en 4 quintas atendidas por 15 personas (más 12 en bodega), en *Toscanini* producen un 50 % de vinos de mesa con uva propia y comprada, y otro tanto de V.C.P. sólo de uvas propias, cuya producción ronda las 400 mil botellas. Desde 1995 exportan a Nueva York, Alemania, Suiza, Polonia, Rusia y Japón. La bodega atiende el mercado interno con sus Moscatel, Rosado y Tinto Frutilla en damajuana, botella y cartón de marca *Viña Canelón Chico*.

Los viñedos están puestos en lira y tresbolillo. Ralean a mano y no usan fertilizantes: para los vinos finos se conforman con rendimientos de 10 toneladas por hectárea, pero hay cuadros de Tannat que dan hasta 18 toneladas por hectárea. Usan dos prensas pneumáticas italianas. Los tanques son de hormigón/epoxy de varias capacidades. Hay cantidad de barricas francesas y estadounidenses en una amplia cava. A la ruta, la bodega presenta una sencilla fachada industrial. Tienen venta al público y los fines de semana reciben visitas.

> *El tresbolillo es un sistema de conducción similar a primera vista a la espaldera, si bien los postes están dispuestos un poco chuecos, como en una X apretada.*
>
> *Tresbolillo is a trellising system similar to vertical shoot positioning, with slightly angled posts resembling a tight 'X'.*

In 1894, Giovanni Toscanini and Maria Bianchi, of Liguria, settled in the peaceful countryside outside Montevideo, called El Jardín de la Patria. Giovanni (Juan) was a tenant farmer and rural worker, but 14 years later achieved the first part of his American Dream: he established the La Fuente *winery and made 1,000 gallons of wine. The Toscanini's settled in Canelones Chico, and 4 generations of descendants have carried on the family tradition.*

Nelson Toscanini directs the winemaking, and Andrés, commercial and public relations. Fifteen people work the 4 vineyards and another 12 in the winery. Toscanini produces 50% table wines with their own and purchased grapes, and some 400,000 bottles of V.C.P. with their own fruit. They have exported to New York, Germany, Switzerland, Poland, Russia, and Japan since 1995. The winery supplies the internal market with its Moscatel, Rosé, and Tinto Frutilla in demijohns, bottles, and boxes under the name Viña Canelón Chico.

The vineyards are trained in lyre and tresbolillo*. They thin fruit by hand and use no fertilizers. They are content with yields of 9,000 pounds per acre for their fine wines, but have sections of Tannat that yield up to 16,000 pounds per acre. The winery has 2 Italian pneumatic presses, cement/epoxy tanks of different sizes, and numerous French and American barrels in a large cellar. Simple and industrial-looking from the outside, the winery sells directly to the public and receives visitors every weekend.

Toscanini Roble Tannat 2000 ★★★★ - *Toscanini Sauvignon Blanc 2002* ★★★★
Toscanini Roble Tannat 1999 ★★ - *Toscanini Cabernet Sauvignon 2001* ★★
Toscanini Roble Chardonnay 2001 ★★ - *Toscanini Roble Tannat 2000* ★★

Bodega Marichal e Hijo Ltda.

Ruta 64 km 48,5 / Etcheverría /
90000 Canelones
Tel./Fax.: (33) 24926

E-mail: info@marichalwines.com
Website: www.marichalwines.com
Capacidad: 1 millón de litros/*Capacity: 264,200 gallons*
Viña: 30 hectáreas/*Vineyards: 74 acres*

Solitaria en una campiña puesta a viñedos, esta bodega y vivienda familiar de 4 generaciones se remonta a 1910, cuando los bisabuelos de origen canario plantaron su primer viñedo en la zona, y a 1938, cuando inauguraron la bodega. El 80 % de la producción en *Marichal* es vino de mesa, pero con el empuje juvenil de Juan Andrés Marichal (hijo de los propietarios Juan Carlos Marichal y Lidia Santos, enólogo en Uruguay y ya casi también por Mendoza, donde trabajó en bodega *La Rural*) la apuesta a los vinos finos es entusiasta: "*estamos en el arranque de todo*" dice Juan Andrés. Entre viña y bodega, dan trabajo a 20 personas.

La viña fue reconvertida por completo y alberga cepas Tannat, los dos Cabernet tintos, Merlot y Pinot Noir, además de Chardonnay, Sauvignon Blanc y Semillon para los V.C.P.; Moscatel de Hamburgo y Ugni Blanc para los vinos comunes. El Tannat está puesto a espaldera y el Chardonnay, en lira. El Cabernet Sauvignon en lira muy abierta, que según Juan Andrés tiene ventajas sobre la lira normal, que "*aumenta el rendimiento pero no la calidad, mientras que la muy abierta facilita el raleo y deshoje*". En uvas de vino común obtienen más de 20 toneladas por hectárea. Queda algo de espaldera baja, recuerdo del pasado. Hay grandes esperanzas puestas en un cuadro de Pinot Noir que a los 4 años dio su primera cosecha en 2002, año en que la casa se presentó por primera vez en el exterior –nada menos que *Londonwine*– y obtuvo elogios para sus vinos, incluido el Pinot Noir. Y eso que sólo hay un par de barricas en la bodega: "*para lo mejor del año*". El vino se hace en piletas de cemento/epoxy, todas con refrigeración. Exportan un 5 % del total con la etiqueta de la bodega *Mioranza* (ver Sierra Gaúcha) al Brasil, y han hecho embarques a Alemania e Italia. No están equipados para recibir visitas.

Standing alone in a field planted to vines, this winery and family home date back 4 generations to 1910, when the great-grandparents from the Canary Islands planted the area's first grapes, and 1938, when they inaugurated the winery. At Marichal, *80% of the production is table wine, but with the youthful nudging of Juan Andrés Marichal, son of owners Juan Carlos Marichal and Lidia Santos. He's a enologist in Uruguay trained in Mendoza, where he worked at* La Rural *winery. Juan Andrés is enthusiastic about fine wines, "we're just starting with everything." Between the vineyard and the winery, they employ 20 people.*

The vineyard was completely revamped and now works with Tannat, both Cabernets, Merlot, Pinot Noir, Chardonnay, Sauvignon Blanc, and Semillon for V.C.P. wines, as well as Muscat Hamburg and Ugni Blanc for ordinary wines. The Tannat is trained to vertical shoot positioning and the Chardonnay to lyre. According to Juan Andrés, training the Cabernet Sauvignon in a very open lyre presents advantages over the normal lyre, which "increases yield but not quality, while a very open lyre makes pruning and canopy management easier." The grape yield for ordinary wines is more than 22,000 pounds per acre. There are still some vines trained on low vertical shoot positioning, reminiscent of the past. They have great hopes for a section of Pinot Noir that gave its first harvest in 2002, 4 years after planting. 2002 was also the first year they showed their wines abroad – at Londonwine, *no less – and earned praise, including for the young Pinot Noir. And this is with just a two barrels in the winery, "for the best of the year." The wine is made in cement/epoxy tanks equipped with refrigeration. They export 5% of the total to Brazil under the* Mioranza *label (see Sierra Gaucha), and there have been shipments to Germany and Italy. They are not set up to receive visitors.*

Marichal Chardonnay 2001 ★★★ - Juan Marichal Sauvignon Blanc 2002 ★★★

Marichal Tannat 2002 ★★★ - Juan Marichal Merlot 2002 ★★ - Marichal Reserva Colección Tannat 2002 ★★

Marichal Reserva Pinot Noir-Tannat 2002 ★

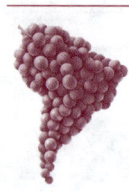

BODEGA MOIZO HNOS.

Ruta 5 km 34,2 / Progreso /
90300 Canelones
Tel.: (33) 59624
Fax.: (33) 59686

E-mail: info@moizohnos.com
Website: www.moizohnos.com
Capacidad: 0,62 millones de litros/*Capacity: 164,000 gallons*
Viña: 30 hectáreas/*Vineyards: 74 acres*

Una vez más, una historia de laboriosos piamonteses llegados a Uruguay a mediados del XIX, cuyos descendientes en 1954 fundaron esta bodega que asegura hacer "*vinos de familia*" desde hace 3 generaciones. Como casi toda bodega del país, el grueso de su producción (70 %) es vino de mesa, pero el resto es V.C.P. diferenciado en 7 etiquetas, que desde hace un año buscan también su mercado exterior.

Aquí estamos en las antípodas uruguayas de la bodega *boutique & design*. Las dos familias Moizo, compuestas por 5 enólogos, viven en la bodega y crean sus vinos con gusto por varietales jóvenes, frutados y sin crianza, "*vinos fáciles de beber*". Sólo usan uva propia y desde la poda guían sus viñas hacia los vinos que desean obtener, raleando con profusión.

La plantación, en suave colina, es Tannat, Merlot, Cabernet Franc y Sauvignon, además de Chardonnay, en lira abierta con una persona dedicada a combatir la hormiga negra.

La bodega *Moizo* funciona con viejos toneles de 5 mil litros de roble francés y tanques de hormigón/epoxy de la misma capacidad. No hay barricas ni cava, que el estilo de los vinos de la casa no reclama. Elaboran un Tannat-Merlot fermentando las dos uvas juntas: "*aguantamos el Merlot hasta que el Tannat está pronto para cosechar*" asegura Oscar Moizo.

Here's yet another story of hard-working Piedmontese Italians arriving in Uruguay in the mid-19th century. Their descendents founded this winery in 1954 and have made 'family wines' for 3 generations. Like almost all of the country's wineries, the bulk of its production (70%) is table wine, although the remainder consists of 7 labels of V.C.P. wine that entered the international market a year ago.

This is the antithesis of "boutique" & design' wineries. The 2 Moizo families, composed of 5 winemakers, live at the winery and make young, fruity, un-oaked, "easy-drinking wines." They use only their own fruit and guide their grapes, beginning with pruning, toward the wines they want, thinning profusely. Tannat, Merlot, Cabernet Franc, Cabernet Sauvignon, and Chardonnay are planted on a gentle hills and trained in open lyre. One person is dedicated to combating black ants. The Moizo winery uses old, French oak casks and cement/epoxy vats, all with 1,350-gallon capacity. They have neither barrels nor cellars, as this is not their style. They make a Tannat-Merlot by fermenting the two varieties together, "we hold the Merlot until the Tannat is ready to harvest," says Oscar Moizo.

> *La lira es un sistema de conducción característico en Uruguay. Se trata de postes plantados en V más o menos abierta, lo que favorece la aireación o ventilación e insolación, algo práctico en un clima de lluvias estivales-equinocciales. Su defensor y propagador es el francés Alain Carbonaud, si bien Dante Irurtia asegura haberla adoptado hace 30 años. Otra virtud es la facilidad de poda y manejo y un mayor rendimiento, que para algunos es un defecto. Otro defecto es que retrasa en un año la entrada en producción del viñedo. Hay una lira abierta que exagera el ángulo entre postes.*
>
> *The Lyre trellising system is typical in Uruguay. Its greatest proponent and defender is Alain Carbonaud of France, although Uruguayan Dante Irurtia has used it for 30 years. Training on V-shaped posts favors ventilation and insolation, which is very practical in a rainy climate. It also facilitates vine management and pruning, and is conducive to higher yields, which some see as a defect. Another defect is that it delays the vineyard's first production by 1 year. The open lyre system exaggerates the angle between posts.*

Moizo Hnos Roble Tannat 2002 ★★★ - *Moizo Hnos Roble Reserva Chardonnay 2002* ★★★

Moizo Hnos Chardonnay 2002 ★★ - *Moizo Hnos Merlot 2002* ★★

Moizo Hnos Roble Reserva Tannat 2002 ★★ - *Moizo Hnos Merlot-Tannat 2002* ★★

BODEGA RINCÓN DE CARRASCO

Camino a Paso Escobar / Ruta 101 km 28 / Canelones
Tel.: (02) 6041494
Fax.: (02) 6015535

Capacidad: 0,1 millones de litros / *Capacity: 26,400 gallons*
Viña: s/d / *Vineyards: n/d*

La bodega *Rincón de Carrasco* (que no pudimos visitar) se encuentra en Canelones, cerca de Pando.

Poseen viñedos de Tannat, Cabernet Sauvignon y Cabernet Franc, Merlot, Pinot Gris, Chardonnay, Moscatel de Hamburgo y otras variedades, conducidas en lira. Además compran uva de productores asociados. Con la dirección del ingeniero agrónomo y enólogo Daniel Vlah Mastrángelo, vinifican 18 piletas de cemento/epoxy con capacidad para unos 61 mil litros y en 9 tanques de acero inox con capacidad total de unos 25 mil litros. Dan crianza a algunos vinos en barricas de roble francesas y americanas. También poseen algunas viejas barricas y toneles. El prensado es con prensas canasto de tipo tradicional y poseen 2 equipos de frío.

Elaboran 6 tintos, 3 blancos, 2 rosados, 2 espumantes y un vino licoroso.

La bodega es moderna, ubicada en las cercanías del Aeropuerto Internacional y en una zona de *country-clubs*. Reciben visitas los sábados por la mañana y ofrecen asados en el lugar.

We were unable to visit the Rincón de Carrasco winery in Canelones, near Pando.

Their vineyards include Tannat, Cabernet Sauvignon, Cabernet Franc, Merlot, Pinot Gris, Chardonnay, Moscatel de Hamburg, and others, trained to lyre. They also buy grapes from associated producers.

Under the direction of agricultural engineer and winemaker Daniel Vlah-Mastrángelo, the winery is equipped with 18 cement/epoxy tanks with a capacity of some 16,000 gallons and 9 stainless steel tanks with a total capacity of 6,600 gallons. Some wines are aged in French and American oak barrels. They also have old barrels and casks. They use a typical traditional basket press and have 2 chiller systems. House wines include 6 reds, 3 whites, 2 roses, 2 sparkling wines and 1 fortified wine.

The winery is modern and located near the International Airport and country clubs. They receive visitors on Saturday mornings and offer barbecues.

Rincón de Carrasco Sauvignon Blanc 2000 ★★

Rincón de Carrasco Corte 1999 ★

Rincón de Carrasco Cabernet Sauvignon 1998 ★

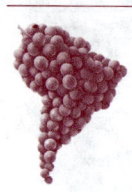

Bodega Varela Zarranz

Ruta 74 km 29 / Suárez / 91200 Pando
Dir. postal: Pilar Cabrera 639 /
Las Piedras / 90200 Canelones
Tel./Fax.: (2) 36444587 / 3643469

E-mail: varelaza@adinet.com.uy
Capacidad: 3,5 millones litros/*Capacity: 920,000 gallons*
Viña propia: 120 hectáreas/*Vineyards: 300 acres*

Un camino de olivares centenarios lleva de la ruta a la bodega, con su vieja casa familiar rodeada por parque y viñedos de la *Granja Pons*, establecida en 1888 por un pionero de la industria vinícola uruguaya, Diego Pons. Por su parte, los hermanos Ramón y Antonio Varela, hijos de inmigrantes españoles con almacén en Las Piedras y un viñedo, en 1933 fundaron la bodega cooperativa *Viticultores Unidos del Uruguay (V.U.D.U.)* que aún hoy es una marca epónima del vino de mesa del país. En 1944 adquirieron la bodega *Pons*, que desde 1986 fue renovada en sus viñedos y equipamiento. La dirigen Enrique (enología), Ricardo (viñedos), Cristina (comercialización) y Laura (finanzas), todos Varela.

La bodega conserva buena parte de sus importantes instalaciones originales y utiliza piletas de hormigón/ epoxy de 100 mil litros y la mayor colección uruguaya de viejos toneles de roble para los vinos de mesa, que son el 75 % de la producción. Hacen unas 500 mil botellas de V.C.P., con prensas neumáticas, tanques de acero inox, equipos de frío y moderna línea de envasado.

La viña está distribuida en 2 propiedades de 60 hectáreas en Cuatro Piedras (Progreso) y en Joaquín Suárez, donde vinifican. Prefieren la lira, de la que ponderan mayor aireación e insolación. La curiosidad es un cuadro de Tannat rodeado por eucaliptus, que impregnan las uvas de una nota de tal esencia. Con asesoramiento de Duncan Kline producen una línea de monovarietales frescos sin madera donde destacan los blancos. También hay barricas de roble francés y americano para un Chardonnay y un Tannat de crianza. Hay ventas en la bodega y se pueden concertar visitas.

> *No hay otro país donde las damajuanas tengan más aceptación que en Uruguay. Usadas para los vinos de mesa (95 % del mercado interno) las damajuanas en Uruguay son de 3, 5 y 10 litros. Se usan damajuanas revestidas en mimbre. Las de 10 litros van a los "boliches" del interior que despachan vino a granel. También se usan para madurar al sol los vinos dulces.*
>
> *No other country accepts demijohns like Uruguay. Used for its table wines (95% of the internal market), these wicker-wrapped jugs come in 1-, 1.5-, and 3-gallon sizes. The largest are sent to country stores in the interior that sell bulk wines. They are also used for aging sweet wines in the sun.*

Century-old olive trees line the road to the winery, its stately family home surrounded by a park, and the Granja Pons vineyard, established in 1888 by Diego Pons, a pioneer in Uruguay's wine industry. The Varela brothers, Ramón and Antonio, sons of Spanish immigrants with a grocery store in Las Piedras and a vineyard, founded the cooperative winery Viticultores Unidos del Uruguay (VUDU) in 1933, which is still synonymous with table wine in Uruguay. In 1944 they acquired the Pons winery in 1944 and have been renovating it since 1986. It is directed by Enrique (Winemaking), Ricardo (Vineyards), Cristina (Marketing), and Laura (Finance)- all Varelas. Despite successive enlargements, the winery conserves much of its original structure and uses 26,000 - gallon cement / epoxy tanks and has Uruguay's largest collection of old oak casks for its table wines, which make up 75% of its production. They produce 500,000 bottles of VCP wine using pneumatic presses, temperature-controlled stainless steel tanks, and a modern bottling line.

The vineyard is divided in two 150-acre properties in Cuatro Piedras (Progreso) and Joaquín Suárez, where the wine is made. They prefer the lyre system for better aeration and sun exposure. Curiously, a section of Tannat grapes reflect the flavor of the eucalyptus that surround them. Duncan Kline consuls on a line of fresh, unwooded varietals with outstanding whites. They use French and American barrels for Chardonnay and produce a barrel-aged Tannat. They sell from the winery and can arrange visits.

Viña Varela Zarranz Muscat Petit Grain 2002 ★★★★ - Viña Varela Zarranz Cabernet Sauvignon 2001 ★★★

Viña Varela Zarranz Sauvignon Blanc 2002 ★★★ - Viña Varela Zarranz Tannat-Merlot 2001 ★★

Viña Varela Zarranz Tannat 2001 ★★ - Viña Varela Zarranz Roble Tannat 2000 ★

Bodegas Castel Pujol / Vinos Finos Juan Carrau S.A.

Ruta César Mayo Gutiérrez 2556 /
12400 Montevideo
Tel.: (2) 3200238
Fax.: (2) 320 8221

E-mail: cpujol@st.com.uy
Website: www.castelpujol.com
Capacidad: 1,2 millones de litros/*Capacity: 320,000 gallons*
Viña: 62 hectáreas/*Vineyards: 150 acres*

La familia catalana Carrau se remonta a Vilasar de Mar, donde fueron prósperos viticultores desde 1752, luego bodegueros, comerciantes y armadores. Si ya había otros Carrau en Uruguay desde antes, fue en 1930 que el enólogo catalán Juan Carrau Sust fundó con dos socios la bodega *Santa Rosa* (al otro lado de la avenida), que sería la más importante del país. En la década del '70 su hijo Juan Carrau Pujol se separó de *Santa Rosa* y adquirió la bodega de Pablo Varzi, otro pionero de la viticultura local.

La sede central es una secular casa de estilo campestre rodeada por un parque y contigua a la vieja bodega de Varzi reciclada y ampliada. La bodega, dirigida por Francisco y Javier Carrau (directores) con Octavio Gioia como enólogo, introdujo los tanques de acero inox en Uruguay y fue la primera en usar barricas (1994) y hacer muebles con los viejos toneles de roble. Poseen prensas pneumáticas italianas y en la flamante bodega de Cerro Chapeu, Rivera, prensas francesas. Lucen certificación *ISO 9002* en la bodega e *ISO 14000* en Rivera por su manejo ambiental. Donde otras bodegas conservan poco más que un retrato de los fundadores, aquí hay un pequeño museo familiar.

A 20 kilómetros de la bodega están los viñedos de Las Violetas, departamento Canelones, donde cultivan viejos cuadros de Tannat, Muscat Miel y Nebbiolo, sumadas a cepas actuales de Tannat, Merlot y Chardonnay. El sueño de los hermanos Carrau está 500 kilómetros al norte, en Cerro Chapeu, departamento Rivera, junto al Brasil. Rodeada por 300 hectáreas de tierra en una comarca de cerros tabulares a 350 metros de altura (los viñedos más altos del país) plantaron 40 hectáreas de Cabernet Sauvignon, Tannat, Pinot Noir, Chardonnay y Sauvignon Blanc. Y construyeron una bodega hexagonal adosada a una colina, que trabaja por gravedad en 3 niveles semienterrados mientras al paisaje se presenta como un belvedere rodeado de viñas, solo en la inmensidad americana.

The Carrau family of Vilasar de Mar, Catalonia were already successful winegrowers in 1752, and they later became wine makers, merchants, and ship-builders. They made their mark in Uruguay in 1930 when winemaker Juan Carrau-Sust and 2 partners founded the Santa Rosa *winery, which later became the most important in the country. In the 1970s, his son Juan Carrau-Pujol left* Santa Rosa *and acquired a winery once owned by Pablo Varzi, another pioneer in local viticulture. The business is based in a time-honored country house surrounded by a park and adjoining the old Varzi cellars, now refurbished and enlarged. Under the direction of Francisco and Javier Carrau, and with Octavio Gioia as winemaker, the winery introduced stainless steel tanks in Uruguay. It was also one of the first to use small barriques in 1994 and convert its large, outdated casks into furniture. The winery has Italian pneumatic presses, and the new Cerro Chapeu winery in Rivera boasts French presses. They pride themselves on their* ISO 9002 *certification and the* ISO 14000 *in Rivera for its environmental management. And where other wineries conserve little more than a portrait of the founder, here you'll find and entire family museum.*

The Las Violetas vineyards are located 12 miles away in the Department of Canelones, where they nurture old plantings of Tannat, Honey Muscat, and Nebbiolo, in addition to the more modern Tannat clones (also known as Harriague), Merlot, and Chardonnay. The Carrau brothers' dream site, however, lies 310 miles to the north, in Cerro Chapeu, Rivera, an area of table-topped hills located 1,150 feet a.s.l., the highest vineyards in the country. Today it is planted to 100 acres of Cabernet Sauvignon, Tannat, Pinot Noir, Chardonnay, and Sauvignon Blanc. The 3-level, semi-underground hexagonal winery is built into a hillside to allow for gravity-flow management and settles into the landscape like a solitary gazebo surrounded by vineyards in the vast Uruguayan countryside.

Casa Luntro Tannat 1999 - *Vivent Cosecha Tardía 2000* ★★★★ - *Reserva de Arerungua Tannat 2000* ★★★★

Castel Pujol Reserva Tannat 1999 ★★★ - *Castel Pujol Sauvignon Blanc 2002* ★★★

Castel Pujol Reserva Cabernet 2000 ★★★ - *Amat Tannat 1999* ★★★ - *Xacrat Extra Brut* ★★

Bodegas Castillo Viejo S.A.

Ruta 68 km 24 / Las Piedras /
90200 Canelones
Tel.: (2) 3689606
Fax.: (2) 3691836

E-mail: castillo_viejo@netgate.com.uy
Website: www.castilloviejo.com
Capacidad: 2 millones de litros/*Capacity: 530,000 gallons*
Viña: 150 hectáreas/*Vineyards: 375 acres*

Bodega familiar de tercera generación establecida en 1927 por Santos Etcheverry, abuelo vasco francés de sus propietarios actuales y padre de Horacio Etcheverry quien la transformó en una de las más importantes del país y expandió el viñedo a 60 kilómetros de la bodega original, ya casi suburbana. La reconversión de la viña comenzó hace 20 años y la completaron al 90 %. Las vides nuevas están plantadas en lira abierta y son tintas en un 75 %: Tannat, los 2 Cabernet y Merlot. De las blancas, cultivan Sauvignon Blanc, Chardonnay, Gewürztraminer y Viognier. Alejandro Etcheverry, enólogo, quien lleva adelante la empresa junto a sus hermanos Ana y Edgardo J. Etcheverry (directores), se enorgullece de las notas tropicales del Sauvignon Blanc, al explicar que los vinos de la casa son "*frescos, de mucha fruta, buen color, vinos del año*". Además de la uva propia, de la que se autoabastecen, junto a una bodega francesa tienen un viñedo de 36 hectáreas en alta densidad ubicado al norte del departamento San José, en lugares de nombre sugestivo: Sierra de Mahoma y Mar de Piedra, cerca de Mal Abrigo.

La innovación tecnológica se inició en 1991. Usan tanques de hormigón/epoxy, tanques de acero, prensas pneumáticas y barricas de Estados Unidos y Francia. Sus etiquetas *Vieja Parcela* y *Catamayor* tienen buena presencia en el mercado interno y se exportan a unos 14 países: *Castillo Viejo* es la bodega más exportadora de Uruguay. Algunos de sus vinos de exportación recibieron el *styling* de *winemakers*: el australiano John Worontschak para una cadena de supermercados británica, el estadounidense Paul Hobbs y el neozelandés Duncan Kline, unido sentimentalmente a la empresa.

This third-generation family winery was established in 1927 by Santos Etcheverry, the French Basque grandfather of the current owners and father of Horacio Etcheverry, who turned it into one of Uruguay's most important wine producers. The transformation began almost 20 years ago and is now 90% complete, and includes expanding the original vineyard, which is now almost suburban, to a site 40 miles away. The new vines, planted in open lyre, are 75% red: Tannat, both Cabernets, and Merlot. In white they grow Sauvignon Blanc, Chardonnay, Gewürztraminer, and Viognier. Winemaker Alejandro Etcheverry, who leads the company with his sister Ana and brother Edgardo (directors), is proud of the tropical notes in his Sauvignon Blanc, explaining that their wines are "fresh and very fruity young wines with good color." In addition to their own fruit that satisfies their needs, they have another 90-acre high-density vineyard north of the Department of San José in places with curious names: Sierra de Mahoma (Mohammed Hills) and Mar de Piedra (Stone Sea), near Mal Abrigo (Bad Coat).

Technological innovations began in 1991. They use cement/epoxy and stainless tanks, pneumatic presses, and American and French barrels. Their Vieja Parcela *and* Catamayor *labels are readily available in the internal market and they export to 14 countries. In fact,* Castillo Viejo *is Uruguay's largest exporter. Some of its export wines have been styled by foreign winemakers: Australian John Worontschak, for a British supermarket chain and U.S. Paul Hobbs, while New Zealander Duncan Kline have sentimental ties to the winery.*

Catamayor Sauvignon Blanc 2002 ★★★★ - *Catamayor Cabernet Franc-Tannat 2002* ★★
Catamayor Merlot-Tannat 2002 ★★ - *Vieja Parcela Reserva Cabernet Franc 2000* ★★

BODEGAS Y VIÑEDOS BRUZZONE & SCIUTTO S.A.

Camino Guerra 6950 / Punta de Rieles / 12100 Montevideo
Tel./Fax.: (2) 5145731 / 5145722

E-mail: bys@internet.com.uy
Website: www.bys.com.uy
Capacidad: 5 millones de litros/*Capacity: 1,300,000 gallons*
Viña: 110 hectáreas/*Vineyards: 275 acres*

URUGUAY · Wineries / Bodegas

La bodega *Bruzzone & Sciutto*, de doble origen piamontés, anda por su tercera generación de gestión familiar. Los murales que los dos socios fundadores Alejandro Bruzzone y José Sciutto hicieron pintar en los muros interiores de su gran bodega describen los orígenes itálicos de la empresa. Otros, en un muro opuesto, reúnen las populares marcas (algunas desaparecidas) que *Bruzzone & Sciutto* impusieron en las mesas del país. El 75 % de la producción es vino de mesa, para la que compran un 40 % de la uva que vinifican. Poseen viñedos en la localidad hoy suburbana de Punta de Rieles, a poca distancia del aeropuerto de Carrasco, puestas en lira y con rendimientos de 20 toneladas por hectárea. Aquí hay Cabernet Sauvignon, Tannat, Merlot, Syrah, Pinot Rouge, Chardonnay, Sauvignon Blanc, Ugni Blanc y Pinot Blanc, además de Italia, de mesa. A 200 kilómetros al norte, en Carmen, departamento Durazno, en colinas pedregosas cultivan un joven viñedo de 40 hectáreas orientado a los V.C.P., de Cabernet Sauvignon y Franc, Tannat, Merlot, Pinot Blanc y Riesling. Timoneada por José Pedro Sciutto Romay con Héctor Faraut como enólogo, la bodega tiene fuerte presencia en el mercado interno y casi no exporta, aunque hizo envíos a Alemania. Es única en Uruguay por su vino *kasher* y única en el mundo por su Tannat *kasher*, además de un Cabernet Sauvignon ritual endulzado con azúcar, un Cabernet rosé y un Chardonnay de marca *Lejaim*. Disponen de monumentales tanques de cemento, prensas pneumáticas italianas y otras mecánicas y algunas barricas de roble americano y francés para los vinos de crianza. *Bruzzone & Sciutto*, en la persona de Héctor "Pimpín" Faraut, cuenta con el uruguayo que más sabe de hacer vinos.

> *El vino* kasher Lejaim *se elabora con un rabino que supervisa el proceso y acciona personalmente moledora, bomba y remontajes, además de trasiegos, sólo permitiendo el uso de aditivos naturales también* kasher. *Ello implica hospedar al rabino por varias semanas y éste cobra por su presencia más un porcentaje de la venta de cada botella del vino, por lo que el* kasher *es vino fino normal caro como los más caros del país.*
>
> Lejaim kosher *wine is prepared with a rabbi who supervises the process and personally operates the crusher and pumps, performs the pump-overs and racking, and only allows natural kosher additives. The rabbi lives at the winery for several weeks, charges for his services, and receives a percentage of the sales. The kosher result is a normal fine wine, but expensive.*

The Bruzzone & Sciutto winery is now in its third generation of family management. The murals commissioned by founding partners, Alejandro Bruzzone and José Sciutto, for the inner walls portray the winery's Piedmont roots. Others display popular labels (some now disappeared) that Bruzzone & Sciutto have put on the country's tables. Table wine accounts for 75% of their production, and they buy 40% of their fruit. The vineyards, in what is now suburban Punta de Rieles, close to the Carrasco Airport, have Cabernet Sauvignon, Tannat, Merlot, Syrah, Pinot Rouge, Chardonnay, Sauvignon Blanc, Ugni Blanc and Pinot Blanc, plus Italia for table wine, all trained to lyre and yielding 18,000 pounds per acre. A young 100-acre vineyard 125 miles to the north on rocky hills in Carmen, in the Department of Durazno, boasts Cabernet Sauvignon, Cabernet Franc, Tannat, Merlot, Pinot Blanc, and Riesling for V.C.P. wines. Headed by José Pedro Sciutto Romay with Héctor Faraut as winemaker, the winery has a very strong presence in the internal market and virtually no exports, although some has been sent to Germany. They produce Uruguay's only kosher wine (Lejaim) and the world's only kosher Tannat. They also make a sweetened Cabernet Sauvignon for ritual purposes, Cabernet rose, and a Chardonnay. The winery has enormous cement tanks, Italian pneumatic and mechanical presses, and American and French oak barrels. The company's Héctor "Pimpín" Faraut is held to be Uruguay's leading authority on winemaking.

Trilogía Roble Tannat 2000 ★★★ - *Trilogía Cabernet Sauvignon 2000* ★★

Padre Barreto Tannat 2000 ★★ - *Padre Barreto Cabernet Sauvignon 2000* ★

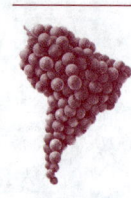

Bodegas y Viñedos Santiago Giacobbe S.A.

Camino Repetto 3901 / Manga /
12200 Montevideo
Tel./Fax.: (2) 2223200

E-mail: sgiaco@adinet.com.uy
Capacidad: 1,2 millones de litros/*Capacity: 44,000 gallons*
Viña: 22 hectáreas/*Vineyards: 55 acres*

Fundada en 1903 por un tataratabuelo llegado de Génova en una todavía hoy hermosa campiña ondulada (ia apenas 7 km del corazón de Montevideo!) que comienza a extinguirse con deplorables rancheríos de última periferia urbana fruto de la crisis, la bodega Giacobbe -100 % uruguaya desde hace 4 generaciones- dedica el 60 % de su producción a los vinos de mesa, y sólo produce vinos V.C.P. desde 1996. Dirigen la bodega los hermanos Nelson y Santiago Giacobbe (enólogo).

Hace dos años terminaron de reconvertir sus viñedos a las cepas del Uruguay vinícola actual con Tannat, Cabernet Sauvignon y Franc, Merlot y Sauvignon Blanc -hasta aquí las cepas de vinos finos, todos puestos en espaldera- y Moscatel de Hamburgo y Ugni Blanc conducidos con lira para los vinos de mesa, para los que compran un 40 % de la uva. Realizan cosecha verde, con rendimientos de 12 y hasta 18 toneladas por hectárea.

Todavía deben encarar la reconversión de la bodega, que utiliza viejos toneles de roble francés donde elaboran el popular *clarete* del país; no emplean barricas. Hay piletas de fermentación de cemento sin frío para los tintos y abocados, además de tanques de 100 mil litros con serpentinas de frío para los vinos de mesa. Los V.C.P. (unas 60 mil botellas) se elaboran en tanques de acero inox con sistemas de refrigeración. La prensa y línea de embotellado son anticuadas.

A Genoese great-grandfather founded this winery in beautiful rolling countryside- just 4 miles from the heart of Montevideo- in 1903. It's still beautiful today, but due to the crisis, rural charm quickly gives way to the deplorable shacks of the urban periphery. The Giacobbe winery— 100% Uruguayan for 4 generations— makes 60% table wines and has only produced V.C.P. wines sine 1996. Brothers Nelson and Santiago (winemaker) now direct the winery.

Two years ago they finished converting their vineyards to Uruguay's current varieties with Tannat, Cabernet Sauvignon and Franc, Merlot, and Sauvignon Blanc for fine wines, all trained to vertical shoot positioning. For table wines, they have Moscatel de Hamburgo and Ugni Blanc on lyre and buy another 40%. They thin clusters for yields of 5-7 tons per acre.

They still need to modernize the winery. They use old French oak casks for making the nationally popular clarete *and have no barrels. Cement fermentation tanks handle red and sweet wines without temperature control, while 26,000-gallon tanks fitted with cold serpentine coils are used for table wines. The V.C.P. wines (approx. 60,000 bottles) are made in stainless steel, temperature-controlled tanks. The press and bottling line are outdated.*

Don Santiago Tannat 2000 ★★ - *Don Santiago Gran Reserva Roble Merlot 2001* ★★

Don Santiago Gran Reserva Tannat 2000 ★★ - *Don Santiago Merlot 2001* ★

CORPORACIÓN VITIVINÍCOLA PLAZA VIDIELLA / PLAZA VIDIELLA Y CÍA. LTDA.

Batlle y Ordóñez 165 / 90000 Canelones
Tel.: (33) 20307
Fax.: (33) 20308
E-mail: plazavid@adinet.com.uy
Website: www.plazavidiella.com
Capacidad: 2 millones de litros/*Capacity: 528,000 gallons*
Viña: 120 hectáreas/*Vineyards: 300 acres*

En la bodega *Plaza Vidiella* se demuestra bien que una mujer uruguaya puede hacer las cosas tal como un varón y quizá mejor. La empresa que dirige Martha Méndez desde 1996, cuando perdió a su esposo el enólogo Luis Alberto Giménez y quedó con 2 hijos y una inversión recién comenzada, hoy da trabajo a 56 personas entre viñedo y bodega, y exporta a Estados Unidos y Holanda. Si bien Martha siempre se ocupó de administrar la bodega conyugal, la escala en que planeaba su esposo no era la más pequeña: en 1991 compraron el cascarón vacío y abandonado de una bodega *Viscardi* quebrada 11 años antes, que en su tiempo fue la mayor de Uruguay con 6.500 metros cuadrados techados junto al ferrocarril, en pleno casco urbano.

Hoy todo luce prolijo y funcionante, pero la limpieza y reciclado fueron titánicos e incluyeron la reparación y revestimiento en epoxy de docenas de tanques de hormigón, tarea que aún no ha concluido. Para vinos finos usan piletas renovadas con epoxy, tapas de acero y equipo de frío. Hay tanques de filtrado, barricas de crianza y tanques de acero para los V.C.P. Producen un 80 % de vino de mesa y exportan 10 % de la producción. Con franqueza, Martha dice "*todavía vivimos de las damajuanas. Aunque algunos lo ocultan...*"

Salvo una parcela, reconvirtieron todos sus viñedos a cepas viníferas nobles: hay Tannat, los 2 Cabernets tintos, Syrah y Arinarnoa, además de las blancas Chardonnay, Sauvignon Blanc y Muscat de Frontignac. Los viñedos de *Plaza Vidiella* están fragmentados en más de 6 quintas en el departamento de Canelones, lo que según Martha ofrece la ventaja de sumar varios *terroirs*. De uvas de una quinta llamada Las Brujas (porque parece que allí hubo en algún tiempo brujitas de campiña) elaboran con esa marca un Cabernet Sauvignon-Tannat y un Chardonnay-Muscat para exportación. Duncan Kline también asesoró a esta bodega, que tiene como director técnico al ingeniero agrónomo Jorge Fernández Ciminelli.

The Plaza Vidiella *winery is proof that an Uruguayan woman can do things as well, if not better, than a man. Martha Méndez has directed the company since 1996, when she lost her winemaker husband Luis Alberto Giménez and was left with 2 children and a recent investment. Today she employs 56 people and exports to the U.S. and the Netherlands. Although Martha has always managed the winery, her husband always thought big: in 1991 they bought the abandoned shell of the* Viscardi *winery that had gone bankrupt 11 years earlier. In better times it was Uruguay's largest, with 70,000 square feet of buildings beside the railroad, all within the city limits.*

Today everything is meticulous and functioning, but the cleaning and recycling were titanic, including the ongoing process of repairing dozens of cement tanks and recoating them with epoxy. For fine wines they use stainless-topped epoxy-coated tanks fitted with cooling units. There are filtering vats, barrels for aging, and stainless tanks for the V.C.P. wines. They produce 80% table wine and export 10% of their production. Martha states frankly, "we still live off the demijohns, although there are some who hide that fact…"

All but one section of the vineyards has been replanted to noble vines: Tannat, both Cabernets, Syrah, and Arinarnoa in red, and Chardonnay, Sauvignon Blanc, and Frontignac Muscat in white. Plaza Vidiella's lands are divided into more than 6 vineyards in the Department of Canelones, which Martha says offers the advantage of various terroirs. *The grapes from the Las Brujas vineyards (named for the local belief that witches once roamed the area) go into their Cabernet-Tannat and Chardonnay-Muscat that they export under that name. Agricultural engineer Jorge Fernández Ciminelli is the winery's technical director, and Duncan Kline has consulted.*

---

100 Años Chardonnay 2002 ★★★ - 100 Años Sauvignon Blanc 2002 ★★★

100 Años Roble Merlot 2002 ★★

Establecimiento Juanicó

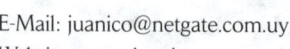

Estación Juanicó s/nº / Juanicó /
90400 Canelones
Tel.: (335) 9725
Fax.: (335) 9625

E-Mail: juanico@netgate.com.uy
Website: www.juanico.com.uy
Capacidad: 4,7 millones de litros/*Capacity: 1,242,000 gallons*
Viña: 200 hectáreas /*Vineyards: 494 acres*

Segunda bodega más antigua del país, fundada por Francisco Juanicó hacia 1840, la bodega *Juanicó* terminó propiedad de *Administración Nacional de Combustibles, Alcoholes y Portland (A.N.C.A.P.)* que la vendió en 1979 a la familia Deicas. Con viejas construcciones de piedra estilo campestre inglés y una curiosa bodega diseñada para *A.N.C.A.P.* por el ingeniero italiano Cerniagiotto en los '40 (un plato volador con 24 cubas de 15 mil litros suspendidas en altura), más una considerable inversión en tanques de acero inox refrigerados, laboratorio y sistema de microoxigenación, fue la primera bodega sudamericana en satisfacer normas *ISO 9000*, en 1998. El 50 % de su producción son vinos de mesa *Santa Teresa*. Sus vinos finos *Don Pascual* son muy reconocidos y el *ultra-premium* de la casa, *Preludio*, alcanzó los precios más altos jamás pagados por una botella de vino del país. Con asistencia de *Mumm*, producen un espumante de calidad que está por salir. El enólogo José Lez desarrolló con Michel Rolland un *cuvée* y con Peter Bright, un Tannat-Merlot y un Cabernet Franc-Merlot para el Reino Unido.

La viña (rodeada de equivalente superficie de bosque virgen) está plantada en lira y espaldera alta para futuras cosechas a máquina. De la lira, Christian Wylie (director de exportaciones) ensalza mayor aireación e iluminación y rendimiento, a pérdida de un año más antes del inicio de la producción.

Cultivan Tannat, Merlot, Cabernet Sauvignon y Franc, Pinot Noir, Syrah, Petit Verdot, Pinot Meunier, Chardonnay, Sauvignon Blanc, Viognier, Semillon y Gewürztraminer. Hay una viña de 5 años en *joint-venture* con un *chateaux* francés para hacer un *cru garage* de Tannat, Merlot y Cabernet Sauvignon. Los zafrales son pagados más por la uva inferior y menos por la superior, lo que asegura más dedicación a separar bien la primera de la segunda.

Aceptan gustosos las visitas, hay una tienda de vinos y varias salas muy agradables en el mismo edificio de la cava de 600 barricas (60 % francesas, 40 % U.S.A. –apreciadas éstas para Tannat).

The Juanicó winery, Uruguay's second oldest, was founded by Francisco Juanicó around 1840. It later became the property of the Administración Nacional de Combustibles, Alcoholes y Portland (A.N.C.A.P.), which sold it to the Deicas family in 1979. With old English-country style stone houses and a curious building designed for A.N.C.A.P. by the Italian engineer Cerniagiotto in the 1940s (a flying saucer with 24 4,000-gallon tanks suspended in the air), plus a considerable investment in refrigerated stainless steel tanks, laboratories, and a micro-oxygenations system, it was the first South American winery to meet the ISO 9000 standards in 1998.

Santa Teresa table wines account for 50% of the winery's production. Its Don Pascual fine wines are well known, and their ultra-premium Preludio reached the highest prices ever obtained in Uruguay. With assistance from Mumm, they produce a quality sparkling wine that will be released soon. Working with Michel Rolland, chief enologist José Lez developed a cuvée, and with Peter Bright, a Tannat-Merlot and a Cabernet Franc-Merlot for the U.K. Surrounded by virgin woodlands, the vineyard is trained on lyre and high vertical shoot positioning for future machine harvesting. Chilean-born general manager Christian Wylie praises the lyre system's better ventilation, illumination, and yield, albeit at the expense of an additional year before coming to production.

They grow Tannat, Merlot, Cabernet Sauvignon, Cabernet Franc, Pinot Noir, Syrah, Petit Verdot, Pinot Meunier, Chardonnay, Sauvignon Blanc, Viognier, Semillon, and Gewürztraminer. There's a 5-year old winery in joint venture with a French château to make 'cru garage' from Tannat, Merlot, and Cabernet Sauvignon. They welcome visitors. They have a wine shop and several nice rooms in the same building as the 600-barrel cellar (60% French and 40% U.S. for Tannat).

Preludio Barrel Select Tannat- Cabernet - Merlot- Petit Verdoc 1998 ★★★★★ - *Botrytis Noble Cosecha Tardía 1998* ★★★★

Don Pascual Sauvignon-Gewürztraminer 2002 ★★★ - *Don Pascual Roble Tannat 2000* ★★

Don Pascual Chardonnay-Viognier 2001 ★★ - *Vinson Richards Syrah 2001* ★★

Viñedos y Bodegas Traversa Hnos. Ltda.

Avenida Pedro de Mendoza 7966 /
12400 Montevideo
Tel./Fax.: (2) 222 0010

E-mail: bodega@traversahnos.com.uy
Website: www.traversahnos.com
Capacidad: 5 millones litros/ *Capacity: 1,320,000 gallons*
Viña: 150 hectáreas/ *Vineyards: 375 acres*

Italianos de origen véneto, la tradición bodeguera de los Traversa se remonta a 1956, si bien 20 años antes los abuelos de los propietarios actuales habían comprado 5 hectáreas de campiña montevideana y plantado algo de uva Frutilla y Moscatel. Sus hijos Dante, Luis y Armando, expandieron la bodega familiar hasta transformarla en la bodega industrial más impactante de Uruguay, que por segundo año consecutivo fue en 2002 el mayor productor de vinos del país. La dirección de la bodega es un canto al trabajo familiar de los Traversa: Dante (director), Fernando (viña), Javier (bodega), Carlos (transportes), Gabriel (distribución y depósito), Estela y Fiorella (administración). Sólo el enólogo Alejandro Gatto no pertenece a la familia.

Situada en Montevideo pero en campiña abierta y levemente ondulada, de aspecto industrial, la bodega deslumbra por dentro con flamantes piletas de cemento/epoxy todas con placas refrigerantes, más tanques de acero inox *made in Uruguay*, con baño de agua fría por fuera. Grandes tolvas enlozadas, moledoras italianas y 270 barricas en su mayoría *made in U.S.A.* completan el equipamiento que produce un 60 % de vinos de mesa, en base a un 60 % de uva propia y el resto de viticultores asociados.

Para sus vinos finos, *Traversa* estableció relación con la enorme *Cooperativa Aurora* (ver Brasil), que absorbe en estos últimos años el 50 % de las exportaciones uruguayas. Para ellos producen 2 Tannat, 2 Cabernet Sauvignon y un Merlot, en tanto exportan a Francia un Sauvignon Blanc. Para el mercado local elaboran dos líneas V.C.P.: *Traversa*, que incluye un Tannat de crianza, y *Faisán*, cuya madera es duelas de roble. Es la única bodega que visitamos que admite emplearlas, además de barricas, y en los vinos de damajuana también las virutas y dominós. Alejandro Gatto es pragmático: "*en base a lo que el mercado pretende se hacen los cortes*".

En la viña de Cuchilla Pereira hay cepas de Cabernet Sauvignon y Franc, Tannat, Merlot y Sauvignon Blanc en espaldera, mientras que el Moscatel para vino de mesa crece en lira.

The winemaking tradition of the Traversa family dates back to 1956, although the grandparents of the current owners had 50 acres of land near Montevideo and planted a bit of Moscatel and the 'Frutilla' grape. Their children expanded the family winery and transformed it into Uruguay's most impressive industrial winery; in 2002, it was the country's largest producer for the second consecutive year. This is truly a family winery: Dante (Director), Fernando (Vineyards), Javier (Winery), Carlos (Transportation), Gabriel (Distribution & Warehouse), and Estela and Fiorella (Administration). Winemaker Alejandro Gatto is the only non-family member.

Industrial-looking and located in the Montevideo countryside, the winery's dazzling interior sports new cement/epoxy tanks, all equipped with cooling jackets and stainless Uruguayan tanks with an exterior cold water bath. Large tiled chutes, Italian crushers, and 270 barrels (mostly American) comprise the equipment that produces 60% table wines using 60% of its own grapes and 40% from associated growers. They plan to incorporate micro-oxygenation for greater volume at reduced costs.

For their fine wines, Traversa *established a relationship with the enormous* Aurora Cooperative *(see Brazil), that has absorbed 50% of Uruguay's exports in recent years. The winery produces 2 Tannats, 2 Cabernet Sauvignons, and 1 Merlot for the cooperative and exports a Sauvignon Blanc to France. Two V.C.P. lines are produced for the local market:* Traversa*, which includes a barrel-aged Tannat, and* Faisán*, using oak staves. This is the only winery we visited that admits to using them as well as barrels; they also use chips in their demijohn wines. Alejandro Gatto is pragmatic, "we blend based on the market."*

The Cuchilla Pereira vineyard in Montevideo has Cabernet Sauvignon, Cabernet Franc, Tannat, Merlot, and Sauvignon Blanc using vertical shoot positioning, while the Moscatel used for table wine is trained to lyre.

Gran Reserva Traversa Cabernet Sauvignon 2000 ★★

Traversa Gran Reserva Roble Tannat 2000 ★★ - *Traversa Gran Reserva Tannat 2000* ★★

Vinos Finos H. Stagnari Ltda.

Ruta 5 Km 20 / La Puebla / La Paz /
90100 Canelones
Tel./Fax.: (2) 3622940

E-mail: lapuebla@adinet.com.uy
Website: www.stagnari.com
Capacidad: 0,2 millones de litros/*Capacity: 53,000 gallons*
Viña: 40 hectáreas / *Vineyards: 99 acres*

La tradición bodeguera familiar se remonta a un bisabuelo genovés que llegó hacia 1880 y plantó vid en La Puebla, 4 leguas al norte de Montevideo, a orillas del río Santa Lucía. Separada y adyacente al tronco principal de la bodega (que hace vinos de mesa) en 1998 nació esta bodega *boutique* pensada y dedicada sólo a vinos finos entendidos como vinos de gota: el vino de prensa se vende. No compran uva y poseen un viñedo de 30 hectáreas en Salto, 500 kilómetros al noroeste, donde cultivan Cabernet Sauvignon y Franc, Merlot, Syrah y Tannat –en el mismo sitio donde Pascual Harriague lo plantó por primera vez. Aquí se precian del único viñedo 1x1 de Uruguay, con Cabernet Sauvignon a 1 metro de distancia entre plantas y una densidad de 10 mil plantas por hectárea, en colina pedregosa. Si las uvas tintas de *Stagnari* viajan de noche en camión hasta la bodega, las blancas son del lugar: Chardonnay, Viognier y Gewürztraminer. La casa familiar, casco de una estancia La Puebla de 1890, se oculta junto a la flamante bodega que dirigen Héctor Stagnari en los vinos y la viña, y Virginia Moreira de Stagnari en las relaciones públicas y comerciales. Equipada con tanques de acero inox, equipos de frío y cava para albergar botellas y barricas francesas y norteamericanas, la bodega *Stagnari* apunta a elaborar vinos de gran calidad con crianza, varietales sin crianza, o rosados y vinos de corte finos para el mercado interno. Exportan hasta 70 % de los tintos a Alemania, Holanda, Canadá, Estados Unidos, México e Italia.

The family winemaking tradition dates back to a Genovese great-grandfather who arrived somewhere around 1880 and planted vines in La Puebla, 13 miles north of Montevideo on the banks of the Santa Lucía River. In 1998 they set up a boutique winery strictly dedicated to fine, free-run wines (they sell the press wines). They don't buy grapes and have a 74-acre vineyard in Salto, 310 miles to the northeast, where they grow Cabernet Sauvignon and Franc, Merlot, Syrah, and Tannat – in the same spot where Pascual Harriague first planted it. This is Uruguay's only 1x1 vineyard, with Cabernet Sauvignon planted 1 meter apart on a rocky hillside for a density of 4,048 plants per acre. Although their black grapes travel to the winery by overnight truck, their white grapes – Chardonnay, Viognier, and Gewürztraminer – are locally-grown. The family house, hides behind the new winery, directed by Héctor Stagnari (Wines and Vineyards) and Virginia Moreira de Stagnari (Public Relations and Marketing). Equipped with stainless steel tanks, chilling equipment, and a bottle-storage cellar, and French and American oak barrels, the Stagnari winery strives to make high-quality wines for aging, young varietals or roses, and fine blended wines for the internal market. They export up to 70% of their reds to Germany, the Netherlands, the U.S., Canada, Mexico and Italy.

> Pascual Harriague, vasco, se estableció en 1838 en Salto, donde hizo fortuna con la salazón de carne. De la vecina Concordia, Entre Ríos, introdujo la cepa Lorda que no es sino Tannat del pedemonte pirenaico francés, base de los vinos Madiran. De fuertes taninos y vinos oscuros y corpulentos, devino popular en el país al punto que se olvidó su nombre original y se la rebautizó Harriague en recuerdo del introductor. En algunos viñedos se conservan cuadros de Harriague de 100 y más años, pero la mayoría fueron substituidos con clones de Tannat francés más actuales.
>
> *Basque settler Pascual Harriague arrived in Salto in 1838 and made a fortune in salted meats. From neighboring Concordia, Entre Ríos, he introduced the variety grape Lorda, which is none other than the Tannat from the foothills of the French Pyrenees used in making Madiran wines. Strong tannins in dark, muscular wines have made the variety popular throughout the country to the point that its original name was forgotten and it was re-baptized Harriague, after the man who introduced it. Some vineyards still have sections with 100+ year-old vines, but most have been replaced by new French Tannat clones.*

Viejo Tannat 2000 ★★★ - *Selección La Puebla Viognier 2002* ★★★
Selección La Puebla Syrah 2002 ★★★ - *Premier Tannat 2000* ★★ - *Dayman Tannat 2000* ★★
1x1 Cabernet Sauvignon 2002 ★★

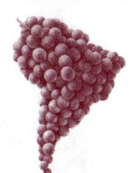

VINOS FINOS SOL CHICO / GRUPO GRANJASTAR

Ruta 66 km 24 / Canelón Chico /
90200 Canelones
Tel./Fax.: (390) 2144

E-mail: carlospizzorno@info-red.com
Capacidad: 0,8 millones de litros/*Capacity: 211,000 gallons*
Viña: 40 hectáreas / *Vineyards: 99 acres*

El *Grupo Granjastar*, pese al timbre californiano y un *slogan* de alto perfil ("*la sociedad de los grandes vinos*") está formado por 4 pequeñas bodegas de Canelón Chico que en 1994 comenzaron a elaborar vinos en damajuana y también en cartón. Desde 2001 hacen unos 15 mil litros de V.C.P. apoyándose para la vinificación en una bodega-madre, la del vecino y socio Carlos Pizzorno.
En viñedos reconvertidos a varietales actuales, con Tannat, Merlot y los 2 Cabernet tintos usuales en el país, más el Sauvignon Blanc para los vinos finos, y con viñas de alto rendimiento de Ugni y Moscatel de Hamburgo para los vinos de mesa, apuestan a un desarrollo prudente del grupo, que quiere funcionar como sociedad anónima y no como cooperativa. Entre viñas y bodega dan trabajo a 20 personas con sus etiquetas *Sol Chico*, que incluyen 3 varietales, 3 vinos de corte, un clarete, un par de vinos dulces, un moscato espumante y 2 *vermouths*. No exportan. Dice con prudencia Carlos Merino, enólogo responsable del grupo refiriéndose a la apuesta por los V.C.P. y a las 400 bodegas que desaparecieron del Uruguay en las últimas 3 décadas: "*el vino de mesa es el sustento de la empresa. Ha habido tanto traspié...No sé si mi generación va a ver los frutos, es un camino largo*".

Las cooperativas en el Uruguay no sólo agrícola y vinícola son casi una mala palabra. Si bien el movimiento cooperativo tuvo un fuerte impulso a principios del siglo XX, mucho desmanejo y politiquería debieron estropear el ideal cooperativista desarrollado por los individualistas uruguayos para que nadie quiera oír hablar de ellas, a principios del siglo sucesivo.

'*Cooperative*' *is almost a bad word in Uruguay, and not just in the agricultural and winemaking arenas. Although the cooperative movement was strong in the early 20th century, excessive politicking and poor management put an end to the cooperative ideal developed by Uruguayans so that now, at the beginning of the next century, no one can stand to hear them mentioned.*

Despite the Californian ring of their name and high profile slogan ("The Great Wine Society"), the Granjastar Group is made up of 4 small Canelón Chico wineries that began making jug and box wines in 1994. They've made some 4,000 gallons per year of V.C.P. wines since 2001 with help from the mother-winery, neighbor and partner Carlos Pizzorno.
Their renovated vineyards have the current varieties: the typical red Tannat, Merlot, both Cabernets, and white Sauvignon Blanc for fine wines, while their high-yield Ugni and Moscatel de Hamburgo vineyards go into table wines. In all, they are betting on prudent growth for the group, which aims to operate as a corporation rather than a cooperative. Between vineyards and winery, they employ 20 people with their Sol Chico label, which includes 3 varietals, 3 blended wines, a claret, a couple sweet wines, a sparkling Muscat, and 2 vermouths. They do not export. Carlos Merino, the winemaker for the group, says cautiously that they aim for V.C.P. wines and, of the 400 Uruguayan wineries that have already disappeared in the last 3 decades, "table wine maintains the company. There have been so many mistakes… I don't know if my generation will see the benefits – it's a long road…".

Sol Chico Sauvignon Blanc 2002 ★★★ - Sol Chico Tannat-Merlot 2000 ★★

VINOS DE LA CRUZ

Ruta 5 km 117 / La Cruz / 11800 Florida
Tel./Fax. (350) 2115
Of.: E. Compte y Riqué 1295 / 12500 MVD
Tel.: (2) 2001189 - Fax.: (2) 2083332

E-mail: info@vinosdelacruz.com
Website: www.vinosdelacruz.com
Capacidad: 1,3 millones de litros / *Capacity: 340,000 gallons*
Viña: 60 hectáreas / *Vineyards: 150 acres*

Con *Los Cerros de San Juan*, *Vinos de La Cruz* es la bodega que mejor expresa el maridaje entre vitivinicultura y agroganadería estanciera. La bodega de la familia Arocena es la nº 2 del primer registro de viñas del país, año 1887, cuando se la fundó junto al ferrocarril inglés a Rivera. Con energía comercial genovesa introducida por el bisabuelo Lorenzo Nocetti, que adquirió la sociedad, la solitaria bodega de Florida pasó a la familia Arocena, tradicional apellido del campo (blanco) uruguayo, a veces tan lejano de la ciudad (colorada).

La bodega fue construida con ladrillos del lugar, donde se ensamblaron los grandes toneles de roble de Nancy. También se plantaron montes de roble para tonelería (que desaparecieron dejando robles silvestres) y de alcornoques para corcho (que aún están allí, ya seculares). En una campiña pedregosa y ondulada, entre 722 hectáreas dedicadas a engorde e invernada de vaquillonas de recría y lanares Corriedale, además de una granja avícola de ponedoras que fertiliza los cultivos, los viñedos *La Cruz* son los únicos de Uruguay con certificación de orgánicos. Es un suelo pobre pero bien drenado, sin laboreo mecánico y donde las ovejas cooperan en el desmalezamiento ocasional. Hay un cuadro de 14 hectáreas de Harriague de 103 años de edad y algo de Vidiella, o Folle Noir. También hay un Cot o Malbec cultivado desde antaño que da el mejor *cru* de la bodega. Otras cepas son el Pinot Noir, Merlot, Syrah, algo de Cabernet Sauvignon y Nebbiolo, además de Moscatel y Arriloba. Producen con uva propia 500 mil litros de vino de los que un 15 % es vino de mesa (los restos) y lo demás, V.C.P.

La bodega, dirigida por los hermanos José Andrés y Elena Arocena, conserva en uso todos los viejos toneles de roble francés. Las dependencias se agrupan a modo de un pueblito con museo y espacio de degustaciones o comidas; una tienda y una cava donde conservan entre otras, botellas de Cot 1978 de la casa. Exportan a Estados Unidos, México y Centroamérica. Sus varietales BIO exhiben certificación holandesa y uruguaya. Reciben con gusto visitas.

The La Cruz winery, along with Los Cerros de San Juan, are Uruguay's best expressions of the successful harmony between winemaking and cattle ranching. The Arocena family winery was the second listed on the original registry of wineries, made when the English railroad to Rivera was built in 1887. Great-grandfather Lorenzo Nocetti used Genoese business sense to acquire the company.

The winery was built with local bricks, and the large casks were assembled here with French oak from Nancy. They also planted oak trees for barrel-making (although the abandoned groves have all since gone wild), and cork trees, which are still there and now ancient. Tucked between 1,800 rocky and hilly acres of cattle and Corriedale sheep pasturelands plus a poultry farm with laying hens that fertilize the crops, La Cruz has the only certified organic vineyards in Uruguay. The soil is poor but well-drained. They use no mechanical tilling, and sheep control the weeds. There is a 35-acre section of 103-year-old Harriague, and another of Vidiella, or Folle Noir. The Cot (Malbec) they've grown there gives the winery's best cru. Other varieties include Pinot Noir, Merlot, Syrah, some Cabernet Sauvignon, and Nebbiolo, plus Moscatel and Arriloba. Curiously, a section of new French Tannat clones didn't prosper and was exhausted by excessive production. They use their own fruit to produce 132,000 gallons of wine, 85% of which is V.C.P., and the rest is table wine.

The winery, directed by brother-sister team José Andrés and Elena Arocena, maintains all the old French oak casks in use. The buildings are grouped like a little village with a museum, a space for tastings or dinners, a shop, and a cellar that holds bottles of 1978 house Cot, among others. They export to the U.S.A., Mexico, and Central America. Their BIO varietals carry both Dutch and Uruguayan certification. Visitors are very welcome.

Ecológico Merlot 2002 ★ - *Ecológico Pinot Noir 2001* ★

BODEGA LEONARDO FALCONE

Avenida Salto 5 / 60000 Paysandú
Tel./Fax.: (72) 27718

E-mail: Lfalcone@adinet.com.uy
Capacidad: 0,5 millones de litros/*Capacity: 135,000 gallons*
Viña: 43 hectáreas/*Vineyards: 106 acres*

La casa matriz es la misma esquina de ladrillo construida en 1886 por el abuelo Domingo –o Domenico, pues era de Basilicata, Italia. La bodega se expandió en su terreno e incluye la vivienda familiar: detrás del patio está el viñedo fundacional de 2 hectáreas, suerte de tótem familiar por más que sus cepas sean anticuadas. Un suburbio residencial de Paysandú ya rodea a la pequeña bodega a la que Leonardo Falcone expandió de 4 hectáreas hasta la dimensión actual, que incluye en la gestión a sus dos hijas enólogas –Carolina y Cecilia– y a su yerno Sebastián Misuraca.

A pocos kilómetros de allí tienen 2 viñas, todas en lira abierta (que Falcone introdujo en la zona) menos un cuadro de Isabella en espaldera, para jugos de uva. En una de las fincas, la casa donde viven Cecilia y Sebastián contiene una pequeña bodega años '20 construida sobre un modelo griego: de racionalidad singular, en su planta subterránea alberga piletas cilíndricas de hormigón (luego revestidas en epoxy) usadas para depósito de vinos finos. Las cepas son Tannat, Cabernet Sauvignon, Merlot, Chardonnay, Ugni, Moscatel y algo de Italia, con rindes de hasta 20 toneladas por hectárea. "*El Tannat nunca te deja de a pie*" dice Leonardo Falcone, tras casi tantas cosechas como sus años. Una granizada en diciembre de 2002, algo jamás visto ni por el abuelo, arruinó 300 toneladas de uva y dejó cicatrices en muchas plantas pero como algo bíblico, reforzó la templanza de la familia. La bodega está equipada con tanques de acero inox hechos en Paysandú, algunos usados para fermentar con frío, y piletas-tanques de hormigón/epoxy para conservación del vino de mesa; envasan sus vinos finos en bodega *Filgueira*. Una cuidadosa selección de las frutas separando una cosecha temprana para la acidez y la fruta, y otra cosecha tardía buscando la sobremaduración, con levaduras indígenas, remontajes y parte de la fermentación alcohólica y toda la maloláctica en barricas francesas son la clave del Chardonnay de la casa, orgullo familiar. La tienda está casi siempre abierta y se pueden concertar visitas.

The winery's main office is still on the same brick corner built in 1886 by grandfather Domenico, from Basilicata, Italy. The winery spread and includes the family home and the original 5-acre vineyard, something of a family icon for more than just its ancient vines. Now surrounded by a Paysandú suburb, the small winery, which Leonardo Falcone expanded tenfold from 10 to 106 acres, is run by his 2 winemaker daughters, Carolina and Cecilia, and his son-in-law, Sebastián Misuraca.

Just a few miles away, they have 2 more vineyards trained in open lyre (which Falcone introduced to the area), except for a section of Isabella (for grape juice) trained in vertical shoot position. The finca where Cecilia and Sebastian live has a small 1920s winery built in a unique Greek design with underground tanks made of epoxy-covered cement tanks for storing fine wines. They use Tannat, Cabernet Sauvignon, Merlot, Chardonnay, Ugni, Moscatel, and a bit of Italia, with yields of up to 90,000 pounds per acre. "Tannat never lets you down," says Leonardo Falcone, who has seen almost as many harvests as birthdays. Hail of nearly biblical proportions in December 2002, the likes of which not even his father had seen, destroyed 660,000 pounds of fruit and scarred much of what remained, only strengthened the family's resolve.

The Paysandú winery is equipped with stainless steel tanks, some used for cold fermentation, and cement/epoxy tanks for storing table wine. Bottling is done in the Filgueira winery. The key to their Chardonnay is careful fruit selection in 2 harvests, one early for acidity and fruit, and another later in search of very ripe fruit. They use natural yeast, pump-overs, and French barrels for part of the alcoholic and all of the malolactic fermentation, resulting in the pride of the family. The shop is always open and winery visits can be arranged.

Leonardo Falcone Chardonnay 2002 ★★★ - *Santa Cecilia Merlot 2002* ★★
Leonardo Falcone Roble Tannat 2001 ★★ - *Abuelo Domingo Tannat 2002* ★★
Reserva Familiar Roble Merlot 1999 ★ - *Reserva Familiar Roble Tannat 2001* ★

BODEGA LOS CERROS SAN JUAN

Ruta 21 km 213 / La Horqueta /
116000 Colonia del Sacramento
Tel./Fax.: (574) 2387 / (2) 4817200

E-mail: cerros@montevideo.com.uy
Website: www.loscerrosdesanjuan.com.uy
Capacidad: 1 millón de litros/*Capacity: 270,000 gallons*
Viña: 50 hectáreas/*Vineyards: 125 acres*

Los Cerros de San Juan es excepcional en Uruguay por ubicación e historia. Establecida por la firma alemana *Lahussen* a mediados del siglo XIX junto a una estancia ganadera hoy de 10 mil hectáreas, a orillas del Río de la Plata y del río San Juan, su bodega vieja data de 1869. Contigua a la reserva natural de Parque Anchorena (lugar de descanso del presidente de la República), en un paisaje de colinas pedregosas, con un poblado interior donde viven y trabajan 40 familias, *Los Cerros de San Juan* sería un gran atractivo turístico si recibiera visitantes, pero sólo lo hace en ocasiones.

La bodega vieja, de paredes de piedra con cava subterránea, tuvo un sistema de refrigeración del vino, único en América del Sur: una serpentina de cobre circulante por un gran aljibe cavado en los cimientos. Con la dirección de Andrés Terra Oyenard y la experta ingeniera agrónoma Estela de Frutos al frente de la bodega desde una década, aquí crían los vinos en viejos toneles de roble de Nancy y en barricas francesas nuevas. Característica de la casa es la prolongada crianza en botella, de hasta 2 años, después de 1 ó 2 en barrica. En la viña hay un cuadro de Harriague de 107 años, que rinde apenas 5 toneladas por hectárea. Poseen más Cabernet Sauvignon que otros viñedos del país, además de Merlot, Tempranillo y Pinot Noir. Las cepas blancas son Chardonnay, Sauvignon Blanc, Riesling y Gewürztraminer: de estas 2 elaboran vinos que en el año 2000 cumplieron bodas de oro en el mercado. Con unas 20 etiquetas y producción de 5 millones de botellas, de las que exportan un 20 % (Estados Unidos y Alemania), la bodega apuesta a la calidad e innovación pero, como dice Estela, "*sin perder ese duende que hay acá*".

The Los Cerros de San Juan winery is exceptional in Uruguay for its location and history. Established by a German company in the mid-19th century as a cattle ranch on the banks of the Río de la Plata and the Río San Juan, the winery dates back to 1869. Adjacent to the Anchorena Park nature reserve (a retreat for the nation's president), in a landscape of rocky hills that envelopes a small village where 40 families live and work, Los Cerros de San Juan would be a great tourist attraction if it received visitors, which happens only rarely. The old winery, with stone walls and an underground cellar, once had the only wine cooling system in South America: a serpentine copper coil circulating through the large well dug into the foundation. With the direction of Andrés Terra Oyenard and expert agricultural engineer Estela de Frutos at the helm of the winery for a decade, the wines are aged in large old oak casks (tonneaux) from Nancy and in new French barrels (barriques). The winery is known for its long bottle aging, up to two years, after spending a year or two in the barrel. The vineyards include a 107-year old section of Harriague that barely yields 5 t/ha. They also grow Cabernet Sauvignon, Merlot, Tempranillo, and Pinot Noir in red, and Chardonnay, Sauvignon Blanc, Riesling, and Gewürztraminer in white. The winery produces 20 different labels and 5,000,000 bottles per year, 20% of which is exported to the U.S. and Germany. The winery does seek out quality and innovation, but, as Estela says, "never at the risk of losing the special charm that we have here."

> *Bresno Benedetti, padre del poeta y escritor uruguayo Mario Benedetti, trabajó como maestro de bodega en* Los Cerros de San Juan. *Otros maestros de bodega de la casa fueron el argentino Mario Galanti, Cano Marotta y Héctor Abona, cuyo padre y abuelo también trabajaron aquí. Un singular inconveniente de estos viñedos es, además de la cantidad de aves (hay 270 especies observadas en el vecino Parque Anchorena) las incursiones de los jabalíes que aprecian las uvas.*
>
> *Bresno Benedetti, father of Uruguayan poet and writer Mario Benedetti, worked as cellar master in* Los Cerros de San Juan. *Other cellar masters have included Argentine Mario Galanti, Cano Marotta, and Héctor Abona, whose father and grandfather also worked here. One peculiarity of this winery is that in addition to the 270 species of birds observed in the neighboring Anchorena Park, it is also visited by wild boars who also enjoy the grapes.*

Maderos de San Juan Pinot Noir 2000 ★★★ - San Juan Fiesta Tannat-Merlot 2000 ★★

Maderos de San Juan Tempranillo 2000 ★★ - Cuna de Piedra Chardonnay 2000 ★★

Maderos de San Juan Sauvignon Blanc 2000 ★

ESTABLECIMIENTOS VINÍCOLAS DANTE IRURTIA S.A.

Ruta 97 km 2,3 / Cerro Carmelo / 70100 Colonia
Tel./Fax.: (542) 2323 / 3355
E-mail: irurtia@internet.com.uy
Website: www.irurtia.com
Capacidad: 10 millones de litros/*Capacity: 2,650,000 gallons*
Viña: 370 hectáreas/*Vineyards: 925 acres*

El mayor viñedo de Uruguay es el más sólido y sapiente si el guía en la visita es Dante Irurtia, cultivador de vid y productor de vino uruguayo por excelencia. Hijo del inmigrante vasco Lorenzo Irurtia, que cosechó en Carmelo por primera vez en 1913, a los 74 años Dante Irurtia trasuda una pasión juvenil por su trabajo propia de un enamoramiento que no cesa. Está orgulloso de sus viñedos ejemplares, de su *terroir* y del efecto balsámico causado por el abrazo entre 2 masas gigantes de agua tibia, a mil pasos de la viña. También lo está de su bodega contigua a su casa: si bien es de aspecto industrial con escasas concesiones a la estética, según expertos españoles es la bodega mejor equipada del país. "*Es el viñedo más grande de Uruguay, no quiere decir que es el mejor*" dice el también presidente del *Centro de Bodegueros del Uruguay* y 2 veces senador por el *Partido Colorado*. Más adelante, Irurtia asegura que fue "*el impulsor más grande de la lira en Uruguay. La usamos desde hace 32 años*". Le encuentra de bueno que pierde bien la humedad y da más metros cuadrados de hoja por kilo de uva. Hay Tannat, Cabernet Sauvignon y Franc, Merlot y Sauvignon Blanc en lira, aunque también usan espaldera. Cuentan 15 cepas, incluyendo Syrah ("*que empezó a dar buen vino a los 10 años, hace 10 años*"), Gamay, Pinot Noir, Moscatel de Hamburgo, Chardonnay, Gewürztraminer, Riesling, Viognier, Rousanne y Marsanne. Además compran uva a productores asociados de la comarca. El viñedo se divide en sectores de 40 hectáreas con capataces que viven en la viña en casitas con arboleda y huerta y dirigen a 10 personas.

La bodega, dominada por grandes tanques de hormigón para vinos de mesa, tiene variedad de tanques de fraccionamiento y conservación en hormigón/epoxy, tanques de acero inox italianos, equipos de frío y una cava de 700 metros cuadrados con bóveda de ladrillo, donde afinan vinos y espumante. Exportan a Brasil, Estados Unidos, el Caribe, Finlandia, Noruega, Estonia y Hong Kong, y vino rosado a granel a Suiza. La bodega atiende desde siempre ventas directas y recibe con gusto a visitantes.

Uruguay's largest vineyard is also the most solid and wise, at least if your guide is Dante Irurtia, Uruguayan wine grower and wine maker par excellence. Son of Basque immigrant Lorenzo Irurtia, who brought in his first harvest in Carmelo in 1913, 74-year old Dante exudes a youthful passion for the work he loves. He is proud of his exemplary vineyards, their terroir, *and the balmy effect of the 2 giant bodies of warm water just 1,000 feet from the winery. He's also proud of the winery. Although pays little attention to aesthetics, Spanish experts say it's the best-equipped in the country.*

"It's Uruguay's largest vineyard, which doesn't mean it's the best," *says the owner, who is also the president of* Uruguay's Winemakers Center *and twice-elected Senator. Irurtia affirms that he was* "Uruguay's greatest proponent of the lyre system. We've used it for 32 years," *because it doesn't retain moisture and it yields more square feet of leaves per pound of grapes. His Tannat, Cabernet Sauvignon, Cabernet Franc, Merlot, and Sauvignon Blanc are lyre-trained, although he also uses some vertical shoot positioning. He grows 15 varieties, including Syrah (*"which started producing good wines after 10 years, and that was 10 years ago"*), Gamay, Pinot Noir, Hamburg Moscatel, Chardonnay, Gewürztraminer, Riesling, Viognier, Rousanne, and Marsanne. He also buys fruit from other associated producers in the area. The vineyard is divided into 100-acre sectors with foremen who direct 10 people each and live on the grounds in little houses with woods and gardens.*

The winery building itself is dominated by large cement tanks for table wines, but he also has cement/epoxy and Italian refrigerated stainless steel tanks, plus a 7,500 square feet cellar with a brick vault for aging still and sparkling wines. He exports to Brazil, U.S., the Caribbean, Finland, Norway, Estonia, and Hong Kong, plus bulk rosé to Switzerland. The winery has always accepted direct sales and heartily welcomes visitors.

Botrytis Excellence Cosecha Tardía 2002 ★★★★ - *Posada del Rey Viognier-Rousanne 2002* ★★★

Irurtia Gewürztraminer 2002 ★★★

Posada del Rey Tannat-Cabernet Franc 2001 ★★

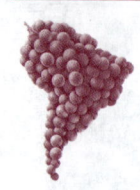

Bodega Amendola

Camino Instrucciones km 20 /
Toledo Chico / 12400 Montevideo
Tel.: 2222038
Fax.: 2222107

E-mail: delcabildo@adinet.com.uy
Capacidad: 2,5 millones de litros/ *Capacity: 660,500 gallons*
Viña: 45 hectáreas/ *Vineyards: 113 acres*

No pudimos visitar esta bodega, que se encuentra en las afueras de Montevideo y posee viñedos en Cuchilla Pereira y Cuchilla Grande. Según nos cuentan, la bodega es de aspecto funcional y vinifican en piletas de cemento/epoxy; un 5 % de su capacidad es en tanques de acero inox. Cuentan con sistema de refrigeración por circulación de agua, prensa horizontal de platos, y filtros de tierra y de placas.

Sus viñedos de Tannat, Merlot, Cabernet Sauvignon y Cabernet Franc, Semillón y otras variedades están puestos en espaldera y no necesitan de riego, con rendimientos promedio de 12 toneladas por hectárea. Elaboran 6 vinos con la dirección enológica de Pablo Améndola y Eduardo Boido.

No reciben visitas ni cuentan con tienda. Tampoco exportan.

We weren't able to visit this winery, located just outside Montevideo with vineyards in Cuchilla Pereira and Cuchilla Grande. They informed us, however, that the building is functional in style and that they use mostly cement/epoxy tanks, although 5% of their capacity is in stainless steel. They have water circulation cooling system, a horizontal press, and diatomaceous earth and plate filters.

Their vineyards have Tannat, Merlot, Cabernet Sauvignon, Cabernet Franc, Semillon, and other varieties in vertical shoot position yielding an average of 5 tons per acre without artificial irrigation. They make 6 wines under the direction of winemakers Pablo Améndola and Eduardo Boido.

They do not receive visitors, nor do they have a shop. They do not export.

YVY Semillon 2000 ★★ - 1811 Tannat 2001 ★

YVY Semillon 2002 ★

A. Tessa Ltda.

San Martín s/nº / Progreso / Canelones
Tel./Fax.: (02) 3690166

E-mail: mseijas@adinet.com.uy
Capacidad: s/d/ *Capacity: n/d*
Viña: s/d/ *Vineyards: n/d*

No pudimos visitar esta bodega, que sin embargo nos envió sus muestras, si bien no contestó a nuestro cuestionario.

We were not able to visit this winery, and although they did send us samples to participate in the tastings, they did not respond to our questionnaire.

San José Tannat 2001 ★★★

Antigua Bodega San José Tannat 2002 ★★★

San José Tannat 2000 ★★

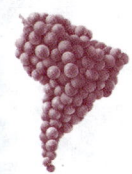

Bodegas y Viñedos Santa Rosa

Av. César Mayo Gutiérrez 2211 /
Montevideo
Tel.: (02) 3209921
Fax.: (02) 3209924

E-mail: dmutio@bodegasantarosa.com.uy
Capacidad: s/d/*Capacity: n/d*
Viña: s/d/*Vineyards: n/d*

No pudimos visitar esta bodega, que sin embargo nos envió sus muestras, pero no respondió a nuestro cuestionario.

We were not able to visit this winery, and although they did send us samples to participate in the tastings, they did not respond to our questionnaire.

Santa Rosa Cabernet Sauvignon 2000 ★ - Santa Rosa Merlot 1998 ★

Santa Rosa Tannat 2000 ★

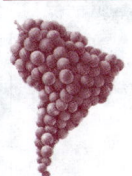

Bodega Reinaldo De Lucca

Ruta 48 km 13,5 / El Colorado / Canelones
Tel.: (02) 3677602
Fax.: (02) 6134532

E-mail: reideluc@adinet.com.uy
Capacidad: s/d/*Capacity: n/d*
Viña: s/d/*Vineyards: n/d*

No pudimos visitar esta bodega, que sin embargo nos envió sus muestras aunque no contestó a nuestro cuestionario.

We were not able to visit this winery, and although they did send us samples to participate in the tastings, they did not respond to our questionnaire.

Altos de El Colorado Syrah 2002 ★★ - El Colorado Corte 1999 ★

El Colorado Corte ★ - Rincon el Colorado Cabernet Sauvignon-Cabernet Franc 2002 ★

Dominio Cassis Ltda.

Ruta 1 km 38,5 / San José
Tel.: (02) 907833

E-mail: jferreri@adinet.com.uy
Capacidad: s/d/*Capacity: n/d*
Viña: s/d/*Vineyards: n/d*

No pudimos visitar esta bodega, que sin embargo nos envió sus muestras aunque no contestó a nuestro cuestionario.

We were not able to visit this winery, and although they did send us samples to participate in the tastings, they did not respond to our questionnaire.

Dominio Cassis Reserva Merlot-Tannat 2000 ★★

Dominio Cassis Merlot 2000 ★

BODEGAS Y VINOS DE

Wineries & Wines from

VENEZUELA

Venezuela

Venezuela fue el único país de América del Sur que no visitamos personalmente: cuando estábamos por ir, un brote de agitación política nos lo impidió y al final de los demás viajes, los tiempos editoriales no lo permitieron. Pero tuvimos contacto directo con las *Bodegas Pomar*, único productor del país, que nos envió sus muestras y abundante información. Nos prometemos reconocer personalmente esta bodega y sus viñedos en la próxima edición. Tanto más después de haber sido sorprendidos muy favorablemente por sus vinos. En Venezuela hay quienes compran mostos sulfitados y quizá incluso concentrados, los rehidratan, inducen a fermentación alcohólica meses después de la cosecha y a miles de kilómetros del terruño argentino o chileno de origen, embotellan y despachan como vino.

Venezuela is the only wine-producing country in South America that we didn't visit personally; at the time we had planned to go, an outbreak of political agitation prevented it, and at the end of the other trips, editorial time constraints made it impossible. But we were in direct contact with Bodegas Pomar, Venezuela's only producer, who sent us their samples and a good deal of information. We promise to go and personally visit this winery and its vineyards for the next edition… especially after having been so pleasantly surprised by their wines. There are those in Venezuela who buy sulphited musts and perhaps even concentrates, who then rehydrate them and induce alcoholic fermentation months after the harvest and thousands of miles from their Argentine or Chilean origins. They then bottle and distribute the product as wine.

Hay una sola bodega que posee sus propios viñedos y elabora vinos sorprendentes. No es exactamente una bodega *boutique* de un enófilo excéntrico, sino el fruto de la cooperación entre el gigante cervecero venezolano *Polar* (que satisface al 80 % de la sed venezolana de cerveza, que es mucha) y el *know-how* francés de *Martell*, que luego se retiró del *joint-venture*, que tuvo un costo inicial de 22 millones de dólares y goza de una fuerte barrera de aranceles aduaneros para proteger por años la inversión en la primera gran viña y bodega de clima tropical del planeta Tierra. Encontraron el terruño más adecuado en la vasta y variada geografía tropical de Venezuela al oeste del país, no lejos del lago de Maracaibo y de la última cordillera de los Andes, la de Mérida. Tierras secanas, cubiertas de cactus, aptas sólo para el pastoreo de cabras, con suelos arenosos y profundos de muy buen drenaje. Con lluvias apenas suficientes para lo que en Chile se llamaría cultivo de *rulo* o sin riego, se complementa con riegos por goteo de pozos artesianos con frecuencia diaria o interdiaria, según el desarrollo de la planta. De las 125 hectáreas puestas a viña, unas 40 de Cabernet Sauvignon, Mourvèdre y Grenache decepcionaron y quedaron en el camino. Pero el Syrah, el Tempranillo y el Petit Verdot se dan con expresiones muy interesantes, que como se verá en la nota siguiente, nos sorprendieron mucho. La producción venezolana de vinos finos coincide exactamente con la producción de *Bodegas Pomar*.

Los sorprendentes vinos de Venezuela

Un poco como en el fútbol, nuestros catadores argentinos –Marina Beltrame, Flavia Rizzuto, María Mendizábal, Aldo Graziani y Luciano Sosto, con Diego Bigongiari como observador– estaban ese mediodía de junio dispuestos a cierta benévola condescendencia pues lo único que sabían, al catar a ciegas y por primera vez 20 vinos de Bolivia y Venezuela, era el país de origen de la muestra.
Pero los tintos y blancos de *Bodegas Pomar* se ganaron de inmediato un respeto en los paladares, tomados por sorpresa. Si bien no alcanzaron 80 puntos, llegaron muy cerca y despertaron comentarios. "*Vinos de uvas maduras, armoniosos y correctos, se nota buen trabajo en los viñedos y la bodega, tienen una calidad pareja que no es fácil*" dijo Flavia Rizzuto. "*Los vinos de Venezuela, tanto tintos como blancos, son muy equilibrados, sin grandes aristas*

There's only one winery with its own vineyards, and its wines are surprising. Hardly the boutique winery of an eccentric wine-lover, this is the fruit of a joint venture between Venezuela's giant brewery Polar *(which quenches 80% of Venezuela's considerable thirst for beer) and the French know-how of* Martell, *which has since withdrawn from project. The initial start-up costs were $22,000,000 USD, and stiff tariffs protected this investment in the first large tropical vineyard and winery on Earth against imports for years. The most appropriate lands in Venezuela's vast and varied tropical geography were found to be in the western part of the country, not far from the Maracaibo Lake and the Mérida Range, the last of the Andes. The dry cactus-covered lands were good only for herding goats, have deep, sandy soils with good drainage. With rainfall barely sufficient for a non-irrigated vineyard, these are drip-irrigated from artesian wells according to the stage of plant development. Of the 310 acres planted, the 100 planted to Cabernet Sauvignon, Mourvèdre, and Grenache showed disappointing results and have been abandoned. But the Syrah, Tempranillo, and Petit Verdot thrive with interesting expressions that greatly surprised us, as you'll see in the following article.*
The Venezuelan production of fine wines coincides exactly with the production of Bodegas Pomar.

The surprising wines of Venezuela

Somewhat like in football, our Argentine wine tasters, Mariana Beltrame, Flavia Rizzuto, María Mendizábal, Aldo Graziani, and Luciano Sosto, with Diego Bigongiari as an observer, were prepared to feel a certain benevolent condescension because the only thing they knew about the 20 wines they were tasting blind and for the first time that day in June was their country of origin. But the red and white wines of Bodegas Pomar *immediately earned the respect of those palates, taking everyone by surprise. Although the wines did not reach 80 points, they came close and provoked commentary. "Harmonious and correct wines with ripe fruit; the good work done in the vineyards and winery is evident, the quality is very even, and that's not easy," said Flavia Rizzuto. "The Venezuelan wines, both red and white, are very balanced, with neither rough edges nor complexities, but they are*

Las bodega Pomar / Pomar winery

ni complejidades, bien jugosos, con acidez correcta, buena fruta y finales simples pero sin defectos...pueden obtener resultados aún mejores en los próximos años, se ve que hay mucho trabajo detrás" afirmó Aldo Graziani. En tanto que Luciano Sosto afirmó que son "*buenos vinos, correctos y armónicos que invitan a tomar...* "*vinos de manual*" *que respetan todo lo digno que debe tener un vino. Ojalá se animen a hacer un super premium...daría que hablar en toda América Latina*".

Para Diego, "*el Tempranillo, el Syrah y el Petit Verdot, así como el corte entre ellos, tienen un carácter genuino y festivo que me engatusó. El continente vitivinícola es más ancho desde que sabemos que en su extremo norte se hacen vinos con personalidad*".

juicy, have correct acidity and good fruit, and finish simply without faults...they can achieve even better results in the coming years, it's clear that a lot of work goes into these," *affirmed Aldo Graziani.* " *Luciano Sosto went on to say that they were* "good, correct, harmonious, and inviting wines… 'by the book' wines with all the dignity a wine should have. Hopefully they will make a super premium and give all of Latin America something to talk about." *For Diego,* "the Tempranillo, Syrah, and Petit Verdot, and the blend of the three have a genuine and festive character that is captivating. The vitivinicultural continent is much larger now that we know that the extreme north makes wines with personality."

VINOS/WINES

Vinos Espumantes/Sparkling Wines

Tipo/Kind Bodega/Winery	Marca/Label	Cosecha/Harvest	U$S	Pts
BRUT				
● Bodegas Pomar	Pomar		$$	★★
DEMI-SEC				
● Bodegas Pomar	Pomar		$	★★★

Vinos Tranquilos/Still Wines

Tipo/Kind Bodega/Winery	Marca/Label	Cosecha/Harvest	U$S	Pts
CHENIN BLANC				
○ Bodegas Pomar	Pomar Reserva	2001	$$	★★
CHENIN BLANC-MALVOISE-MACABEU				
○ Bodegas Pomar	Viña Altagracia	2001	$	★★
SAUVIGNON BLANC				
○ Bodegas Pomar	Pomar	2002	$	★★
PETIT VERDOT				
● Bodegas Pomar	Pomar	2000	$$	★★★
SYRAH				
● Bodegas Pomar	Pomar	2000	$$	★★★
TEMPRANILLO				
● Bodegas Pomar	Pomar	1999	$$	★★★
TEMPRANILLO-SYRAH-PETIT VERDOT				
● Bodegas Pomar	Viña Altagracia	2001	$	★★

Vinos Dulces y Fortificados/Sweet and Fortified Wines

Tipo/Kind Bodega/Winery	Marca/Label	Cosecha/Harvest	U$S	Pts
MACABEU-MOSCATEL				
○ Bodegas Pomar	Frizzante		$	★★★

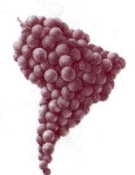

Bodegas Pomar

Carretera Lara-Zulia km 1
Apartado 33 / Carora / 3040 Estado Lara
Tel. (252) 4211889
Fax. (252) 4217014

E-mail: bprelaciones@empresas-polar.com
Website: www.empresas-polar.com
Capacidad: 1,5 millones de litros/*Capacity: 396,000 gallons*
Viña: 80 hectáreas/*Vineyards: 200 acres*

Bodegas Pomar es la más septentrional de América del Sur, a 10° de latitud norte, emplazada a 500 metros de altura sobre el nivel del mar, al pie de la Sierra de Baragua, últimas estribaciones de la Cordillera de Mérida. Es una región de clima caluroso y árido: llueven unos 630 milímetros anuales, con temperaturas diurnas máximas de 32°C y mínimas de 19°C.

Pomar nació en 1986 como un *joint-venture* entre el gigante cervecero de Venezuela, Polar, y la casa francesa Martell. Todo comenzó con un viñedo experimental de 4 hectáreas donde se seleccionaron las cepas que mejor se adaptaban al clima y se estudiaron las mejores técnicas de cultivo.

Los viñedos están a 23 kilómetros de la bodega, en Altagracia, conducidos en espaldera de 4 alambres y cordón bilateral, con densidad de 3.333 plantas por hectárea y riego por goteo. Las cepas son Tempranillo, Syrah, Petit Verdot, Chenin, Sauvignon, Malvoisie y Macabeu, injertadas sobre pies de variedades criollas. Hay 2 vendimias, en marzo y septiembre. Sólo usan uvas propias. En viticultura, cuentan con el asesor alemán Wolfgang Schaefer.

La bodega es de arquitectura moderna y funcional. Fermentan y almacenan en 83 tanques de acero inox de 5,5 a 54 mil litros de capacidad, con refrigeración automática. Poseen 2 prensas pneumáticas *Willmes* de 6 toneladas, una centrífuga continua, 15 *Gyropallets* y una máquina automática de degüelle, dosificación y encorchado de espumante. La línea de embotellado es al vacío, con atmósfera controlada. Cuentan con 353 barricas de 225 litros de roble francés y roble americano, además de una decena de barricas de 500 litros de roble francés. El enólogo jefe Guillermo Vargas, con la consultoría del francés Michel Salgues, dirige la elaboración de 17 tipos de vino, desde jóvenes *frizzantes* a crianza *premium*, varietales y reserva, además de 5 espumantes, del Brut-Nature al Demi-Sec. Elaboran también *Ecclesia*, un vino blanco de misa. No exportan todavía. Hay una tienda de ventas y reciben unos 4 mil visitantes al año, de lunes a viernes de 8 a 12 y 14 a 18 horas. En épocas de vendimia se incluyen los sábados.

South America's northernmost winery (10° North), Bodegas Pomar is 1,640 ft a.s.l. in the foothills of the Baragua, the last spur of the Mérida Range. It's dry and hot, with annual rains of 25 inches and diurnal high of 90°F, low 66°F.

Pomar is a joint venture between the giant Venezuelan brewery Polar *and the French* Martell. *They experimented with a 10-acre vineyard, choosing the best-adapted varieties and studying growing techniques. The Altagracia vineyards, 14 miles from the winery, are drip-irrigated and vertically trained in a 4-wire double-curtain, with a density of 1,333 plants per acre. Varieties are Tempranillo, Syrah, Petit Verdot, Chenin, Sauvignon, Malvoisie, and Maccabeu, all grafted on native vines. There are 2 harvests, in March and September, and they don't buy grapes. Wolfgang Schaefer assists with viticulture.*

The winery architecture is modern and functional. Fermentation and storage take place in 83 temperature-controlled 1,450-14,300-gallon stainless steel tanks. They have two 6-ton Willmes *pneumatic presses, a continuous centrifuge, 15 gyropallets, an automatic disgorging, dosage, and corking machine for sparkling wine, plus vacuum-line bottling equipment in a controlled environment. There are 353 French and American oak barrels, and a dozen 132-gallon French oak casks.*

Head winemaker Guillermo Vargas, assisted by Frenchman Michel Salgues, makes 17 types of wine, from young frizzantes to aged premiums, varietals to reserves; 5 sparkling wines, from Brut Nature to Demi-Sec: and Ecclesia, *a white wine for mass. They do not export, but do have a salesroom and receive 4,000 visitors a year from Monday to Friday, 8:00 am to 12:00 noon and 2:00 to 6:00 pm, open Saturdays during harvest.*

Pomar Demi Sec ★★★ - Pomar Petit Verdot 2000 ★★★ - Pomar Syrah 2000 ★★★ - Pomar Tempranillo 1999 ★★★

Frizzante Macabeu-Moscatel ★★★ - Pomar Brut ★★ - Pomar Reserva Chenin Blanc 2001 ★★

Viña Altagracia Chenin Blanc-Malvoise-Macabeu 2001 ★★ - Pomar Sauvignon Blanc 2002 ★★

El Pisco y el Singani
Pisco and Singani

Vinos al fin, porque son destilados de vino, el Pisco y el Singani son las aguas de vid más genuinas y auténticas de América del Sur. Con apenas 24 muestras (5 de Bolivia, 8 de Chile y 11 de Perú) quisimos comenzar a explorar esta galaxia anexa a la de los vinos sudamericanos. No catamos más que una fracción de las marcas de piscos y singanis que existen en cada país productor, pero hicimos lo posible por buscar las mejores o más afamadas. Agradeceremos a los lectores de todos los países sudamericanos donde se destilen acquavides y aguardientes de uva en escala comercial (es decir con una marca y al menos un punto de venta), las producciones domésticas excluídas.

Analizando los resultados, vemos que el nivel medio de los 3 países productores es muy parejo, por encima de las ★★★★. Bolivia tiene un Singani ★★★★★, Chile tiene un Pisco ★★★★★ y Perú tiene tres Piscos ★★★★★. Ello confirmaría, *prima facie*, lo que se murmura en muchas tabernas y cantinas de Sudamérica: que el Pisco peruano de uva Quebranta y destilación artesanal y discontinua, al igual que el Singani de Moscatel y destilación discontinua, son superiores al Pisco chileno de uva Moscatel, Criolla y otras cepas destiladas en grandes alambiques de destilación continua. Nos proponemos ir realizando cada año un trabajo más amplio y más "científico" en esta materia, con más muestras y de ser posible, con catadores de los 3 países.

Al igual que con los vinos, sólo creceremos en escala continental cuando hayamos aprendido a valorar lo que elaboran y destilan nuestros vecinos. Así dilataremos nuestros horizontes y caudal cultural, hasta reconocer en los mejores destilados de uvas de cada tierra, al espíritu de cada tierra.

Wines, of a sort, because they are distilled wine spirits, Pisco and Singani are South America's most genuine and authentic aguas de la vid. With just 24 samples, (5 from Bolivia, 8 from Chile, and 11 from Peru), we wanted to begin to explore this parallel galaxy to South American wines. We didn't taste more than a mere fraction of the brands of piscos and singanis available in each producer country, but we did what we could to find the best or most famous of each. We ask the readers of every South American country that distils grape acquavits and aguardientes on a commercial scale (that is, with a brand name and at least one sales outlet), to inform us of domestic productions that have been left out.

In analyzing the results, we see that the average level of the 3 producer countries is very even, above ★★★★. Bolivia has a 5-star Singani, Chile has a 5-star Pisco, and Peru has three 5-star bottlings. This would confirm prima facie, what they say in many South American bars and taverns: that Peruvian Pisco made from the Quebranta grape, distilled by artisans in a pot still, and Singani from Moscatel, also made in a discontinuous pot still, are superior to the Chilean Pisco made of Moscatel and other varieties distilled in large continuous stills. We plan to continue this process each year on a larger and more "scientific" scale, with more samples, and, if possible, with tasters from the 3 countries.

As in wines, we can only grow on a continental scale when we have learned to value the products of our neighbors. This will allow us to expand our cultural horizons and recognize in the best grape spirits of each land, the spirit of that land.

Marca/Label	Bodega/Winery	Pais/Country	Pts
Singani Reserva Aniversario Especial	Bodegas Kuhlmann & Cía. Ltda.	(Bolivia)	★★★★★
Singani Tres Estrellas Uva Blanca Seleccionada	Bodegas Kuhlmann & Cía. Ltda.	(Bolivia)	★★★
Singani Tres Estrellas Uva Negra Seleccionada	Bodegas Kuhlmann & Cía. Ltda.	(Bolivia)	★
Singani Rujero Añejo Tarixa	Bodegas y Viñedos de La Concepción S.A.	(Bolivia)	★★★★
Singani Rujero	Bodegas y Viñedos de La Concepción S.A.	(Bolivia)	★★★
Pisco Montura	Agrícola El Rosario	(Chile)	★★★★
Pisco Alto del Carmen	Alto del Carmen	(Chile)	★★★
Pisco Horcón Quemado	Francisco Mulet	(Chile)	★★★★★
Pisco Gran Control Guarda	Control Pisquero Ltda.	(Chile)	★★
Pisco La Serena	La Serena	(Chile)	★★★★
Pisco Los Artesanos del Cochiguaz	Los Artesanos del Cochiguaz	(Chile)	★★
Pisco Gran Pisco Mistral	Mistral	(Chile)	★★★
Pisco Tres Erres	Tres Erres	(Chile)	★★★
Pisco EVC Vargas	Bodega Agrícola Viña Vieja	(Perú)	★★★
Pisco EVC Vargas Italia	Bodega Agrícola Viña Vieja	(Perú)	★★★
Acholado Viejo Tonel	Bodega El Carmen	(Perú)	★★★★
Pisco Viejo Tonel	Bodega El Carmen	(Perú)	★★★
Pisco Don Santiago	Bodega Santiago Queirolo	(Perú)	★★★
Pisco La Botija	Bodega Tabernero	(Perú)	★★★★★
Acholado Demonio de los Andes	Bodega Tacama S.A.	(Perú)	★★★★
Acholado Tres Esquinas	Bodega Tres Esquinas	(Perú)	★★★★★
Pisco Tres Esquinas Mosto Verde	Bodega Tres Esquinas	(Perú)	★★
Pisco Soldeica	Bodega Vista Alegre S.A.	(Perú)	★★★★★
Pisco Ocucaje	Viña Ocucaje S.A.	(Perú)	★★★★★

Preguntas y Afirmaciones Frecuentes
Frequent Questions and Answers

- al menos en Sudamérica / in South America -

¿Se puede agregar hielo y soda al vino tinto en verano?
Sí, claro: a todos los vinos de menos de 60 puntos que son ignorados por esta Guía.

A mí me gusta el vino con gaseosa.
Bien. Retire de inmediato sus pupilas de este libro y dedíquelas a otra cosa.

Los vinos argentinos (o chilenos) son los mejores (o viceversa).
Usted no figura entre nuestro tipo de lector ideal, que no ama las fronteras y es vitivinícolamente internacionalista.

El vino común es malo. Sólo se puede tomar vino de cepas viníferas.
Falso. En Uruguay, Argentina, Chile y Perú probamos algunos buenos vinos comunes incluso de uvas de variedades no viníferas (también algunos pésimos). Pero por una cuestión de tiempo y espacio sólo nos interesan los vinos finos.

¿Los tintos se toman a temperatura ambiente?
Cuando la atmósfera está primaveril, entre 18 y 20° Celsius. En veranos muy calurosos los tintos se pueden incluso refrescar unos minutos en balde de hielo, aunque lo ideal es un refrigerador especial para vinos. En invierno, hay que entibiar (*chambrer*, en lengua vínica primordial) al vino con suavidad atmosférica, pero nunca muy cerca de una chimenea ya que calentará medio vino, partiéndolo al medio. Mejor un momento de las manos en torno a la copa. En un balde de agua tibia (no caliente).

¿Y el Cognac o el Pisco?
En la mayor parte de Sudamérica no hace tanto frío. Calentar un destilado favorece la evaporación de sus alcoholes y cuanto más alta la temperatura, peor se aprecia su origen: un vino. Al contrario, algunos piscos agradecen un poco de hielo.

Is it okay to add ice and soda water to red wine in summer?
Sure: to any of the wines that scored less than 60 points and therefore do not appear in this Guide.

I like my wine mixed with carbonated soft drinks…
Fine. Close this book immediately and go find something else to do.

I think Argentine (or Chilean) wines are the best (or vice versa).
You're not considered among our ideal reader, who is willing to forget borders and be internationalist in terms of wine.

Ordinary wine is bad. You should only drink wine from Vitis vinifera vines.
False. In Uruguay, Argentina, Chile, and Peru we tried good ordinary wines, even from non-vinifera vines (we also tried some that were terrible). But for matters of time and space, we are only interested in fine wines here.

¿Should wines be drunk at room temperature?
Yes, when room temperature is a spring-like 64 to 68° F. In hot summers, red wines should even be cooled for a few minutes in an ice bucket, although a special wine cooler is preferable. In winter, wine should be gently warmed to the correct temperature, but never close to the heater as it will heat half the wine, splitting it down the middle. It's best to warm it in a glass with your hands or in a bucket of warm (never hot) water.

How about Cognac or Pisco?
Heating a distilled spirit encourages the evaporation of its alcohols, and the higher the temperature, the less you can perceive its origin: wine. On the other hand, some piscos are better with a bit of ice.

¿En qué copa se sirve el vino?

Hasta no hace mucho, el vino se servía en la copa más pequeña y en la más grande, el agua. Mutatis mutandis, hoy puede ser al revés si usted lo desea, en particular en aquellas casas comerciales o privadas donde se dispone de grandes, frágiles y caros copones de cristal. Éstos son verdaderas lupas o lentes magnificadoras de las virtudes (y defectos) de un vino, que catado en copones puede obtener 1, 2 o más puntos que catado en las copas de cata estandarizadas por la O.I.V. –que utilizamos para todas nuestras catas, y muy bien pueden adaptarse a la esfera doméstica ya que son elegantes, eficientes y no tan caras ni voluminosas como los copones. Descartar los vasos de formas fantasiosas es el primer paso hacia la apreciación de los vinos.

¿Cómo se presenta una botella?

Las botellas de regalo no se envuelven en papel (porque hacerlo resta nobleza al vino e implica una agitación innecesaria de la botella): se ofrecen en estuches o sobres, o así como salen al mundo. Lo que es de buen tono en la esfera comercial es de mal tono en la privada: en la primera, salvo excepciones muy aristocráticas, se toma, presenta y dispone la botella de modo tal que la etiqueta sea visible a los comensales de modo que puedan si lo desean aferrar la bodega, cepa y cosecha. En las casas, donde se invita, es de mala educación que anfitriones o huéspedes dediquen excesiva atención a las etiquetas. En los fondos de comercio y buen servicio, la botella se presenta mencionando sin pompa bodega, cepa y cosecha. En casa, salvo entre amigos enófilos, se descorcha y se bebe casualmente.

¿Los espumantes se degustan y se guardan?

Epa que sí. Son vinos como todos los otros y merecen el mismo servicio y atención. Lo que pasa es que la gran mayoría de los "champañas" sudamericanas no son grandes vinos. Pero a los mejores espumantes se los puede guardar en la cava y esperar que ganen complejidad y madurez con los años. De paso, sea usted políticamente correcto con franceses, españoles e italianos y no diga más "champán", "cava" o "Asti": espumante o espumoso es lo correcto en estos tiempos posmodernos.

¿Cuándo se toma el espumante?

Los espumantes secos son los aperitivos por excelencia,

What kind of glass should I use to serve wine?

Until recently, wine was served in the smaller glass and water in a larger one. Presto change-o: today it can be the other way around if you like, especially when it comes to those large, fragile and expensive glasses (Riedel) which are true magnifying glasses of the virtues (and defects) of a wine. Wines tasted in these glasses can obtain 1, 2, or more points than when tasted in the standard OIV-approved glasses that we used in all of our tastings and which can certainly be used at home because they are elegant, efficient, smaller, and less expensive than the large glasses. Forget about glasses with designs that do not allow the wine to be clearly seen.

How should the bottle be presented?

Bottles given as gifts should not be wrapped in paper (because doing so detracts from the nobility of the wine and also implies unnecessary agitation of the bottle); they should be offered in a box or 'as is.' And what is considered correct in the commercial sphere is frowned upon in the private. In a restaurant, except for very aristocratic situations, the bottle is presented and left in such a way that the label is visible to the diners can see the winery, variety, and year. At home, however, where guests are invited, it is considered poor taste for the hosts or guests to pay excessive attention to the labels. In public places with good service, the bottle is presented, mentioning the winery, variety, and year without great ceremony; at home, except in the presence of wine-loving friends, the wine is opened and drunk casually.

Can sparkling wines be tasted and cellared?

But of course. They are wines like all the others and deserve the same service and attention. However, the great majority of South American "champagnes" are not great wines. But the best sparkling wines can be stored in the cellar to wait for them to become more mature and complex over time. Now, to be politically correct with the French, Spanish, and Italians, you should no longer call our wines "champagne" or "cava" or "Asti"; the correct term in these postmodern times is 'sparkling wine.'

When should you drink a sparkling wine?

Dry sparkling wines are perfect before-dinner drinks; elegant companions to many meals, and some of the

acompañantes elegantes para muchas entradas y algunos de los mejores desayunos o brunchs de la vida. No está prohibido comer con espumante, en particular si es una cena de ribetes minimalistas, platos suaves o ciertas cocinas exóticas. Para los postres y los paladares que pueden soportarlos, están los espumantes demisec. No somos australianos, así que los burbujeantes más dulces no figuran en nuestro catálogo.

¿Hay que abrir el vino dos horas antes?

En la esfera doméstica a los vinos más nobles mal no le hace, y a veces le hace bien —sólo que 2 horas no alcanzan, y harían falta al menos 6—. En la esfera comercial servir un vino descorchado es una ofensa grave que justifica la inmediata interrupción del servicio y una denuncia ante la Interpol enológica. Los grandes vinos necesitan tomar aire antes de llegar a la copa: por razones físico-químicas, se honra al tiempo y trabajo que hay en ellos travasándolos a un decantador o botellón con gentileza, proceso en el que se logra una buena aireación. Como además los vinos que requieren este tratamiento suelen ser caros, en la esfera doméstica es de buen tono servirlos desde un botellón anónimo antes que mostrando su etiqueta. En el restaurante, otra vez debe ocurrir lo contrario y la botella vacía acompaña al decantador, para que se sepa lo que éste contiene.

El vino, ¿cuanto más añejo mejor?

Verdadero y falso. La gran mayoría de los vinos enumerados en esta Guía no son grandes vinos de guarda, pero son vinos, buenos vinos, muy buenos vinos o todavía más. Pero también *Los Mejores 50* y casi todos los finalistas deberían crecer con algunos años en botella bien guardada: de algunos pocos, es presumible que serán grandes vinos incluso dentro de 10, 15 ó 20 años, pero al igual que a los purasangre, poquísimos superan el cuarto de siglo. Es cierto que en América del Sur sólo una minoría puede permitirse inmovilizar un modesto o significativo capital en vinos en una cava comercial o privada. Pero todos deberían poder comprar de vez en cuando una gran botella de vino y esconderla en un rincón oscuro durante algunos años para celebrar algún aniversario u ocasión importante. Hacerlo no es cosa de ricos y aristócratas, sino parte de la más genuina tradición campesina europea, que siempre conserva algo de lo mejor de hoy para mañana.

best breakfast or brunch wines imaginable. It's not prohibited to eat with sparkling wine, especially when it's a dinner with a minimalist touch, a light dish or with certain exotic cuisines. For desserts or people with a sweet-tooth, demi-sec wines are the ticket. We aren't Australians, so the sweeter bubblies don't figure into our catalogue.

Should you open a bottle 2 hours ahead of time?

In the domestic sphere, this certainly won't hurt a good wine, and sometimes it even helps, but 2 hours is not enough– it would need at least 6 hours to make a difference. In the commercial world, serving an open bottle of wine would be a serious offense that would merit the immediate interruption of the service to file a complaint with the Interpol of wine.

Great wines need time to breath before reaching the glass. For physical-chemical reasons, we should take the time and trouble to transfer them to a decanter to aerate it. Because wines that require decanting are generally quite expensive, it is more polite at home to serve them from an anonymous decanter than to show the label. In a restaurant, once again the procedure is the opposite; the empty bottle should accompany the decanter to show what is in it.

Is it true that with wine: the older the better?

True and false. The majority of wines listed in this Guide are not the truly great wines that require long ageing, but rather are wines – good wines – very good wines – or even better. But we also have the Top 50 *wines, and nearly all of the finalists will improve with a few more years of careful bottle ageing, and we can expect that some will be great wines 10, 15, or even 20 years, although very few of even the best among them will surpass the quarter-century mark.*

It's true that in South America those who can invest a modest or significant sum in wines in a commercial or private cellar are in the minority, but all of us should be able to buy a great bottle once in a while to hide away in some dark corner for a few years to celebrate some anniversary or other important occasion. This is not something of the rich and aristocratic, but rather part of a genuine European country tradition to always take a bit of the best of today and save it for tomorrow.

¿Los varietales son los buenos vinos?

En Argentina varietal quiere decir "monocepaje" y en Chile varietal quiere decir además de eso, vino sin crianza de uvas de buena calidad, pero de menor calidad que las de un reserva. Así, en Argentina un varietal puede ser muy caro y muy noble, pero no ocurre lo mismo al otro lado de los Andes. En líneas generales, es más difícil hacer un vino "mono-varietal" ya que los cortes o *assemblages* con otras cepas permiten complementar y mejorar la personalidad de un vino –aunque el arte del *coupage* no es cosa de principiantes-. En casi todo el mundo vinícola, incluso cuando un vino se presenta como "mono-varietal" puede contener hasta un 15 % de vinos de otras cepas.

¿La botella en la mesa? ¿La botella boca abajo?

La escolástica francesa clásica rechaza la presencia de la botella en la mesa, sobre todo en la esfera comercial. La tradición itálica e hispánica la admiten. Dar vuelta la botella en el balde es una ofensa del peor gremio gastronómico sudamericano que debe ser denunciada a la Interpol enológica.

¿Corcho mojado, vino malo?

Probablemente sí. El corcho integral y natural es un insumo tan caro y delicado que hay una tendencia global creciente a sustituirlos con tapones de silicón para todos los vinos excepto los premium. El tapón sintético no deja crecer al vino en botella, pero tampoco pone en riesgo su vida y cuando ésta no se presupone larguísima, es muy adecuado en particular si no imita al corcho y revela su identidad de simple tapón. Que los corchos de mala calidad son un serio problema que pone en riesgo a los mejores vinos lo demuestra la atención que en ellos ponen los mejores productores del Continente: buscando a los mejores proveedores; almacenándolos en atmósfera estéril; seleccionándolos a mano uno por uno; disponiendo mesas de dilatación al final de sus líneas de embotellado; y finalmente volviéndolos a controlar después del afinamiento y antes del encapsulado. Buena parte de los dolores de cabeza de los enólogos provienen del lado de los corchos.

¿Cómo se descorcha un espumante?

Nuestro lector ideal, fuera de campeonatos o años nuevos, descorcha sin pompa y sin ruido, pasando inadvertido hasta el momento de servir los cálices.

Are varietals good wines?

In Argentina, 'varietal' means 'mono-variety'. In Chile it means this, but also refers to a non-barrel-aged wine made with grapes that are good, but of a lesser quality than those used in a reserve wine. Thus, an Argentine varietal can be quite expensive and noble, whereas this is not likely on the other side of the Andes. In general, it is more difficult to make a good 'mono-varietal' because blending with other wines allows the winemaker to complement and improve the personality of a wine – although the art of assemblage is not for beginners. Most of the winemaking world allows a 'mono-varietal' to contain up to 15% of wines from other varieties.

Does the bottle belong on the table? Should an empty bottle be turned upside down?

The classic French school rejects the presence of the bottle on the table, especially in public, but the Italian and Hispanic traditions allow it. Turning an empty bottle upside down in the ice bucket is one of the South American gastronomic guild's worst offenses and should be reported to the Interpol of wine.

Wet cork, bad wine?

Probably. Natural corks are so expensive and delicate that there is a growing global tendency to replace them with silicone closures for all wines except premium. Synthetic closures do not allow the wine to evolve in the bottle, but neither does it put the wine at risk, and when the wine is not intended for long ageing, synthetics are quite appropriate, particularly when they do not attempt to imitate a cork and are clearly identifiable as a simple closure. The fact that poor-quality corks are a serious problem that can compromise even the best wines explains the attention that the continent's quality producers take in seeking out the best purveyors, storing corks in a sterile environment, selecting them individually by hand, providing expansion tables at the end of the bottling lines, and putting them through a final control before positioning the capsule. Many of a winemaker's headaches are cork-related.

How do you open a bottle of sparkling wine?

Our ideal reader, aside from celebrating championships or New Year's Eve, will uncork a sparkling wine quietly, without showing off, and

Fuera de la cava o el circo, sablear las botellas de espumante es una guarangada.

¿Cómo se casan los vinos y las comidas?
A gusto. Hubo un tiempo en que en Francia uno podía ser arrestado sospechoso de leso galicismo por los gendarmes si osaba comer pescado o mariscos con vino tinto. Pero desde la Revolución Francesa hasta Mayo del '68, Francia es especialista en imponer modas textiles, intelectuales o gastronómicas que luego ni ella misma atiende como es debido. Una primera aproximación al maridaje entre vinos y alimentos puede encontrarse en el *Wine-Finder®* de vinos argentinos editado por *Austral Spectator*.

¿Y los vinos dulces?
La verdad pura y dura es la que está implícita en el vino de misa: los vinos de mucho azúcar y nivel alcohólico al menos en Sudamérica suelen ser los peores, ya que a más de 17° de alcohol las temibles bacterias vinagreras se tornan inoperantes. Como los vinos eclesiásticos, los generosos y fortificados se pueden dejar descorchados largo tiempo.

¿Qué son los vinos de cosecha tardía?
Los late harvest o cosecha tardía son vinos blancos que al modo del Sauternes se dejan bienvenir al mal tiempo otoñal en la planta: los racimos, con lloviznas, nieblas y sol se van pudriendo de 2 modos bien distintos a veces en el mismo racimo de uvas: un tipo de hongo, el de la Botrytis común, cubre las uvas de un moho gris y les confiere un gusto rancio despreciable en la misma planta. Otro tipo de hongo pariente pero no hermano, el de la Botrytis noble, cubre las mismas uvas de un moho verdoso y les confiere un dulzor espléndido apreciable en la misma planta. Las abejas enloquecen con las uvas afectadas por la podredumbre noble, que sólo ocurre en forma natural en climas de otoños húmedos. Los humanos también enloquecen, y por ello se toman el trabajo de pinzar uno por uno los racimos, aguantarlos durante semanas aún a riesgo climático y luego seleccionarlos grano por grano a mano separando una podredumbre de otra. Todo ello es tan trabajoso que los cosecha tardía en general se venden en botellas de 375 centímetros cúbicos al precio de las mejores del doble de su tamaño. También hay vinos de cosecha tardía sin Botrytis.

then serve it in flute glasses. Outside of caves and the circus, chopping off the neck of the bottle with a saber is for barbarians.

How do you match food and wine?
By taste. There was a time in France where one could be arrested for suspicion of crimes against France if you dared eat fish or shellfish with red wine. But since the French Revolution up to May of '68, the country has become a specialist in imposing fashion, intellectual, or gastronomic trends that they themselves don't even follow. You can begin learning about food and wine pairing with the Wine-Finder® *for Argentine wines, published by* Austral Spectator.

What about sweet wines?
The cold, hard truth is that which is implied in communion wine: wines with high sugar and alcohol content, at least in South America, tend to be the worst, as above 17° of alcohol, the dreaded acetobacter (vinegar bacteria) becomes inoperable. As in many ecclesiastical wines, generous and fortified wines can be left open for long periods.

What are late harvest wines
Late harvest wines are white wines made in the Sauternes style by leaving the grapes on the vine to wait for cold autumn weather. With fog, drizzle, and sun, the clusters rot in 2 very different ways, often on the same vine. One type of fungus, common Botrytis, covers the grapes with a gray mold that gives them a disagreeable rancid taste. Another type of related mold, noble Botrytis, covers the same grapes with a greenish mold and gives them a splendid sweetness. Bees go crazy for grapes affected by this noble rot, which only occurs naturally in climates with humid autumns. Humans also go crazy for them, which is why they take the trouble to pinch the stalks of the clusters, wait weeks for a risky climate, and then individually select the grapes, hand-picking one by one, separating out those with noble Botrytis. The process involves a lot of work, and late harvest wines are usually sold in 375 cc bottles at prices of the best 750 cc bottles. There are also late harvest wines without botrytis.

What are kosher wines?
All of the Argentine and Uruguayan producers of South American kosher *wines that we spoke with*

¿Y los vinos kasher?

Todos los productores sudamericanos de vinos kasher que entrevistamos —en Argentina y Uruguay— coinciden en que elaborar estos vinos es bastante más difícil que hacer vinos para consumo de los gentiles. En primer lugar, hay que adaptarse a las exigencias de un rabino más inflexible que un inspector de normas I.S.O., I.R.A.M. o H.A.C.C.P. Ningún producto que no sea natural, ni siquiera las levaduras, puede intervenir en el proceso. Todas las maquinarias involucradas en la vinificación deben ser operadas personalmente por el rabino en los días aptos. Los vinos deben estar sectorizados y lejos del contacto con los gentiles o sus vinos. De resultas que los vinos *kasher* son más caros que los vinos normales pero nunca mejores, al menos desde un punto de vista estrictamente enológico. Muchos terruños sudamericanos, por su natural salubridad, se prestan a la elaboración de vinos *kasher* que en el fondo son vinos orgánicos o bio *avant-la-létre*. Y si estos vinos son difíciles, todavía más lo es elaborar jugos de uva *kasher* sin poder disponer de trucos químicos para impedir lo que todo mosto quiere naturalmente hacer: fermentar.

(texto basado en informes de
la Escuela Argentina de Sommeliers)

agreed that these wines are considerably more difficult to make than those made for gentile consumption. First, they must meet the exigencies of a rabbi more demanding than any ISO, IRAM, or HACCP inspector. No product may be used in the process that is not natural, not even the yeast. All of the machinery involved in the vinification must be personally operated by the rabbi on specific days. The wines must be kept separate and far form contact with gentiles and their wines. The end result is that kosher *wines are more expensive than normal wines, but never better, at least from a strictly enological perspective. For their excellent state of health, many South American* terroirs *lend themselves to making* kosher *wines that are basically organic wines or bio* avant-la-létre. *And while* kosher *wine may be difficult to make,* kosher *grape juice is even more complicated as they cannot resort to chemical tricks to prevent the must from doing what it naturally wants to do: ferment.*

*(text based on reports from
the Argentine School of Sommeliers)*

LOS FACTORES DE CALIDAD EN EL VINO
QUALITY FACTORS IN WINE

Varios son los factores que influyen sobre la personalidad de un vino y tanto más cuanto éste es más noble:

La variedad de cepa

Contando las muchas *Vitis vinifera*, las variedades americanas no viníferas y otras, hay en el mundo unas 4.500 variedades de uvas vinificables. La cepa (cepaje es un galicismo) transmite al vino las características propias de su especie y variedad, que sin embargo puede variar mucho sus características según el clima, tipo de suelo, manejo cultural y riego que se brinde a las plantas. Nuestros catadores, sólo cuando las características de la variedad eran muy definidas y a ellos habituales (tal como en los Sauvignon Blanc, Cabernet Sauvignon y Malbec) descubrían a ciegas de qué cepa se trataba y en algunos casos, identificaron también su terruño.

El clima

El clima es el factor determinante de los extremos que soporta la vid, que se adapta bien al frío y al calor pero puede morir si sufre heladas negras primaveriles en brotación o si recibe menos de 500 milímetros de lluvias sin riego. La vid también se torna improductiva si no recibe en primavera cierto mínimo de horas de luz. En general, los climas más secos son más salubres para la *Vitis vinifera*, que se enferma menos y requiere menos tratamientos preventivos de azufre. La versatilidad de *Vitis vinifera* queda probada en estas páginas sudamericanas: se obtienen vinos de muy aceptable calidad desde los 10° de latitud norte todo a través del Trópico de Capricornio hasta 39° grados sur, con 5 a 1.500-2.000 milímetros de lluvias y temperaturas desde templadas frías a muy cálidas, desde el nivel del mar hasta 2.800 metros de altura. En su fase de floración, las ráfagas de viento fuerte, lluvias torrenciales o granizo afectan a las flores y pueden causar racimos con correduras, desparejos o faltos de uva. La vid vinífera debe idealmente madurar en veranos muy largos y secos, tanto mejor si con marcada amplitud térmica entre el día y la noche, vaivén que es beneficioso para el enriquecimiento de los racimos:

Various factors have influence over the personality of a wine, and the more personality a wine has, the nobler it is:

Grape Variety

Counting the numerous Vitis vinifera, *American non-vinifera varieties, and others, there are some 4,500 vinifyable grape varieties. The variety transmits species-specific characteristics that can change according to the climate, soil, vine management, and irrigation of its plants. In cases of wines with very pronounced characteristics of varieties well known to our tasters (such as Sauvignon Blanc, Cabernet Sauvignon, and Malbec), they were able to discern the grape variety and sometimes even its* terroir *during the blind-tasting.*

Climate

Climate is a determining factor with respect to the extremes that a vine can tolerate; although a vine adapts well to cold and hot temperatures, it may die if exposed to black frost during spring budbreak or if it receives less than 20 inches of rain without irrigation. The vine also becomes less productive if it does not receive a certain amount of sunlight in the spring. In general, dry climates present the most healthy conditions for Vitis vinifera, *with lower incidence of disease, needing fewer preventive sulfur treatments. The versatility of* Vitis vinifera *has been proven in these South American pages; quality wines are obtained from latitude 10° North across the Tropic of Capricorn to 39° South, with 0.2 to 59-79 inches of rainfall, moderately cold to hot temperatures, and from 0 to 9,184 feet above sea level. In the flowering stage, gusts of wind, torrential rains, or hail affect the flowers, possibly causing poor fertilization and uneven or insufficient fruit set. Vinifera vines ripen best with long, dry summers, and even better with a marked thermal amplitude between day and night. Such an oscillation is beneficial to the enrichment of the*

en su ritmo diurno/nocturno, la vid alimenta de azúcares a las uvas y luego se alimenta de ellos. En un clima vitícola ideal no llueve nunca en otoño cuando es la cosecha, que se determina por los azúcares contenidos en el jugo (una curva creciente a lo largo del verano) y por los ácidos (una curva decreciente). Cuando las pepitas están leñosas y crocantes, bien separadas de la pulpa, la uva está en su punto de cosecha. El clima (básicamente la insolación, nubosidad y/o pluviometría) es responsable de que a los vinos chilenos y argentinos generalmente les sobren azúcares (o grado alcohólico tras la fermentación) y le falten ácidos tartáricos (que a menudo se añaden y es permitido, pues es un producto natural de la misma planta). Viceversa, en Rio Grande do Sul, Uruguay y terruños del Perú los azúcares no llegan tan altos pero la acidez no suele caer tan abajo: de ahí que en Brasil esté permitido y sea a menudo necesario chaptalizar a los vinos, es decir, agregarles azúcar.

Los suelos

El tipo de suelo es un factor casi tan variable como el factor humano: hay muchos suelos y en rigor no existen 2 suelos idénticos, aunque puedan parecerse mucho. El origen, la textura y la composición macroscópica, microscópica y submicroscópica de cada suelo es una historia "personal" de cada uno de ellos, y es raro que mantengan sus características uniformes más de unas docenas de pasos a la redonda. A veces hay suelos uniformes misteriosamente atravesados por fallas en su uniformidad, que quedan reveladas si se estudia atentamente el crecimiento de las cepas. Aunque sean clones de la misma planta madre, en ningún paño de viña del mundo el crecimiento es 100 % uniforme -a causa precisamente de las variaciones del sustrato. La profundidad de las napas, el drenaje y permeabilidad del suelo son subfactores de calidad esenciales: la vid crece encantada con los pies húmedos, pero su uva es pura agua.

Todo ello para explicar la extraordinaria variación que el suelo impone a la *Vitis vinifera* y al sabor de sus frutos: en nuestro viaje, en más de una ocasión probamos granos de uvas maduras de una misma cepa que en 2 hileras sucesivas tenían gustos diferentes, por suelos diferentes.

La pobreza nutritiva del suelo es esencial para las uvas de calidad: de suelos gordos y ricos en materia

grapes; in their diurnal/nocturnal rhythm, vines accumulate sugars, then receives. its nourishment from them. In an ideal wine-growing climate, it never rains in the autumn, during harvest, and the date is determined by the sugar content in the juice (which rises during the summer) and its acids (in decline). When the seed is crunchy and woody, separated from the pulp, the grape is ready to be picked. The climate (basically, sunlight, cloud-cover, and/or rainfall) is responsible for the high sugar content (or alcohol content after fermentation) and lack of tartaric acid (often added, permitted as it is a natural product from the same plant) in most Chilean and Argentine wines. On the other hand, in Rio Grande do Sul, Uruguay, and Peruvian terroirs, sugar content is not as high, although the acidity is not usually very low, where, in addition to Brazil, it is permitted and often necessary to chaptalize, that is, adding sugar or concentrated must to the wine. Therefore, in Brazil it allowed and often necessary to chaptalize – add sugar to wines.

Soil

The soil type factor is almost as variable as the human factor; there are many different soils and, although similar, no 2 are the same. Origin and texture, as well as macroscopic, microscopic, and sub-microscopic composition make up each soil's "personal" history, and rarely do its characteristics remain uniform between one spot and the next, just a few steps away. Sometimes, uniform soils are mysteriously interspersed with inconsistencies, only revealed by carefully studying the growth of the vines. Although they may be clones of the same mother-plant, no parcel in the world experiences the same, uniform growth, due precisely to the variations in substrate. The water table, drainage, and soil percolation are essential quality sub-factors; the vine happily grows with "wet feet," but its grapes will be watered-down.

All of this explains the extraordinary variability that the soil imposes on Vitis vinifera *and the flavor of its fruit. On our trip, we tried, on more than one occasion, ripe berries of the same variety from 2 consecutive rows, both with different tastes from different soils.*

Nutrient-poor soil is essential for quality grapes; in

orgánica se obtienen parrales maravillosos, llenos de hojarasca y cargados de ubres de uva con gusto a nada. La fertilización debe ser cuidadosa (puede serlo gracias al riego por goteo sectorizado) para suplir los elementos esenciales que puedan faltar en determinado suelo. Pero salvo en aquellos suelos más pobres o hiperexplotados, ya nadie abona a los viñedos como antaño.

El Homo vitiviniculus

Por lo menos desde los tiempos bíblicos, el manejo cultural de la vid influye sobre la calidad del vino y no extraña que el Antiguo Testamento contenga más de un precepto muy concreto y válido para el vitivinicultor del pueblo del Libro. Con el mejor terruño y clima, la *Vitis vinifera* librada a sí misma se transformaría en una liana trepadora de docenas de metros de extensión, con uvas cada vez más pequeñas e insípidas y menos numerosas. La conducción de la planta y su poda anual o bianual son absolutamente imprescindibles para obtener uvas de calidad: existen docenas de sistemas de conducción y modos de podar, cada uno con sus virtudes y defectos, más o menos adecuados a cada terruño. A lo largo de esta Guía hemos procurado ir explicando la funcionalidad de los sistemas de conducción según iban apareciendo, ya que son distintos casi en cada país. A la poda se suma todo el trabajo cultural a lo largo de la temporada, que puede incluir el desbrote, el deshoje, el raleo de frutos verdes e incluso el pinzado de los racimos para los cosecha tardía. La cosecha misma es parte de este proceso, ya que los racimos defectuosos se seleccionan en esta fase y al llegar a la bodega.

Luego está la vinificación, que por su complejidad y tecnología es una ciencia que se estudia en las mejores universidades y por la variabilidad de factores imponderables y espontáneos es un arte que nunca se termina de aprender en las bodegas.

(texto basado en informes de
la Escuela Argentina de Sommeliers)

---

organically rich soils, marvelous vines grow full of extra foliage and loaded with tasteless clusters. Careful fertilization (possible through site-specific drip irrigation) supplies the soil with essential elements that may be lacking, but except in the poorest or most-overworked soils, no one fertilizes as in the old days.

Homo vitiviniculus

Vine management to influence wine quality has been known and practiced since at least biblical times, and it is no surprise that the Old Testament contains more than one concrete, valid rule for the winegrowers of the time. With the best terroir and climate, untrained Vitis vinifera would become trailing vines extending dozens of yards, with grapes successively smaller, more insipid, and fewer in number. Trellising and annual or bi-annual pruning are absolutely necessary to obtain quality grapes; there are dozens of trellising and pruning systems, each with strengths and defects and more or less appropriate for each particular terroir. Throughout this Guide, we have explained the systems as they appeared, as they are different in each country. Pruning refers to the collective work of vine management during the growing season; it can consist of shoot removal, leaf removal, fruit thinning, and even cluster pinching for late harvest wines. Grape harvest is also part of this process, as defective clusters are identified both in the vineyard and upon arrival to the winery.

Then there is the vinification process, which, due to its complexity and technology, is a science studied at the best universities and, due to the variability of unimaginable and spontaneous factors, an art that one never ceases to learn.

(text based on reports from
the Argentine School of Sommeliers)

Cómo degustar un vino
How to taste wine

Encuéntrese cómodo y confortable, sin ataduras de tiempo ni constricciones de gente o lugar. La luz de día es mejor que la luz eléctrica, y las últimas horas de la mañana o primeras de la tarde es cuando los sentidos que interesan al vino están más despiertos. Por eso las catas (donde se prueba el vino sin beberlo y sin comida, con enjuagues de agua) se realizan en estas horas. Para degustar un vino y beberlo, con algún acompañamiento comestible adecuado, hay que desplazar los horarios hacia el mediodía de los días feriados y el crepúsculo de cualquier día de la semana.

Sobre el uso de los ojos

Olvídese de la etiqueta, que si es de un gran vino debería decirle todo lo esencial pero sin distraerle del vino. Haga al revés que los *sommeliers* y no la muestre demasiado a sus invitados. Ambas pupilas deben observar con expresión casual pero interesada 4 aspectos visuales del vino: el brillo, la limpidez, el color y los reflejos. En los vinos blancos, los reflejos se estudian dejando la herradura en la parte baja o inferior de la copa. En los vinos tintos, la herradura debe elongarse a la parte alta o superior de la copa, inclinándola. Con el tiempo en botella, los vinos blancos pasan del amarillo verdoso al amarillo ocre y salvo en las mejores botellas, en pocos años se apagan sus reflejos. El paso del tiempo en la botella vira lentamente a los vinos tintos desde el rojo violáceo hacia el rojo teja, terroso. La primera idea de la evolución de un vino es visual. El último paso de este examen antes de pasar del órgano sensorial más elevado al que le sigue en altura es contemplar tras una suave agitación de la copa, de modo casual, las lágrimas de glicerol en las paredes del cristal: todo buen vino tiene este alcohol, que indica nobleza.

Sobre el empleo de la nariz

El órgano más elevado de la testa humana es el menos adecuado para penetrar sensorialmente en un vino y por eso se lo usa primero. A la media docena de notas visuales, la nariz suma docenas de notas olfativas que se desglosan en primarias, secunda-

Make yourself comfortable, without restrictions of time, place, or people. Daylight is better than artificial, and the late morning or early afternoon is the best time of day, when the senses involved are more alert, which is the reason wine tastings are held at this time. The wine is tasted without drinking it or eating food, and just rinsing the mouth in between. To drink wine while tasting along with some appropriate food, it's best to change the time to mid-day on weekends or holidays, or during the evening of any day of the week.

What to do with your eyes

Forget about the label; if it is a great wine it should provide the essential information, but without detracting from the wine itself. Do the opposite of the sommeliers, and don't show the label to your guests.
Casually, but with interest, observe the visual aspects of the wine: the brilliance, clarity, color, and hue. In white wines, study the hue by looking at the horseshoe shape that forms in the lower part of the glass. In red wines, the glass should be inclined so the liquid forms an elongated oval in the upper part of the glass. As it ages in the bottle, a white wine will change from greenish yellow to dark yellow, and all but the best wines will dull in just a few years. For red wines, the time spent in the bottle will cause the color to change from violet-red to brick-red or earthy. The first indication of a wine's evolution is visual. The final step of the visual phase before passing on to the following sensorial organ, is to give the glass a gentle swirl to observe its 'legs' (or 'tears'), the streams of glycerol that form on the sides of the glass; all good wine has this alcohol, and it indicates nobility.

What to do with your nose

The most elevated human organ is the least appropriate for sensorially entering a wine, and this is why we use it before tasting. In addition to the visual observations, the nose adds dozens of aromatic notes divided into primary,

rias y terciarias. Los aromas primarios derivan directamente de la variedad de uva, de la calidad de la fruta, su maduración y momento de cosecha. Es correcto olfatearlos en primer lugar. Los aromas secundarios son aquellos que nacen con la fermentación y elaboración, gracias a los distintos tipos de levaduras, temperatura y duración de las maceraciones y fermentaciones, cantidad de remontajes diarios y todos los demás recursos de la ciencia enológica, además de las inevitables influencias lunares y otros misterios del arte vínico. Estos aromas se perciben y analizan después de los anteriores. Los aromas terciarios surgen durante la crianza y guarda del vino en recipientes de madera (o con otros recursos técnicos como las duelas). Es el último aroma que compone un vino y debería ser el último que se aprecia, aunque entre vinos y bebedores inexpertos sucede con frecuencia al revés. No por otra cosa se venden tantas duelas, virutas, cubos y polvo de robles franceses y americanos. Usted será un catador experto cuando logre distinguir el aroma del roble americano y el roble francés, o cuando distinga entre crianza en barrica o en tonel.

Los aromas no se aprenden, sólo se recuerdan y asocian con el vino: por eso un buen vino puede ser un largo y sorprendente viaje hasta aromas olvidados en la infancia, o en un verano lejano, o al otro lado del mundo.

Sobre la utilidad de la boca

Debajo de la nariz está el otro órgano implicado en la comprensión holística de un vino, que como todos saben no trabaja bien en soledad, sin ayuda de los otros dos órganos más arriba. Incluso con los mejores catadores del mundo, una cata a ciegas entendiendo por ello a los catadores vendados -y no a la botella encubierta- se transformaría en un acto cómico de resultados sorprendentes. Con vendas en los ojos, la mayoría de las bocas humanas son apenas capaces de distinguir vinos tranquilos de espumosos. Sin embargo la boca es tan esencial al vino que su rol sensorial es doble y afecta al gusto y al tacto.

Las docenas de descriptores aromáticos implicados en la fecunda relación nariz-vino se repiten en boca multiplicados por la lectura de la lengua, que codifica 4 ó 5 gustos básicos: dulce, salado, amargo, ácido y según algunos, umami. En la boca se profundiza y completa la evaluación del equilibrio del vino y su persistencia, es decir su estructura. La boca y la lengua se tornan fi-

secondary, and tertiary categories. Primary aromas are derived directly from the grape, the quality of the fruit, its degree of ripeness, and the moment of harvest. It is correct to look for these first. Secondary aromas are those that come from the fermentation and preparation of the wine, thanks to the different types of yeasts, temperatures, and duration of the macerations and fermentations, number of daily pump-overs and all the other resources of enological science, plus the unavoidable lunar influences and other mysteries of the winemaker's art. These aromas are perceived and analyzed second. Tertiary aromas arise during the process of ageing the wine in wooden containers (or using other techniques, such as adding wood staves to the tanks). This is the type of aroma that composes a wine and that should be appreciated last, although inexperienced wine drinkers often do the opposite, and this is what sells French and American oak inner staves, chips, cubes, and powder. An expert taster can distinguish between American or French oak, or between barrel- or cask-aged wines.

Aromas are not learned, but rather remembered and then associated with the wine. Therefore a good wine can be a long and surprising journey through time, to forgotten childhood moments or a distant summer, or to the other side of the world.

What to do with your mouth

The other organ involved in the holistic comprehension of a wine is located below the nose, although we all know that it doesn't work alone, but with the help of the 2 organs above it. Even with the best wine tasters of the world, a blind tasting (in this case covering the eyes of the tasters and not the bottle, which is the usual case), would become a comical act with surprising results. Without the use of the eyes, most human mouths are barely able to distinguish between still and sparkling wines. However, the mouth is so essential in evaluating a wine that it plays a double role and involves not only taste but touch.

The dozens of aromatic descriptors involved in the rich relationship between the nose and the mouth are repeated in the mouth and multiplied by the reading of the tongue, which perceives 4 or 5 basic tastes: sweet, sour, salty, and bitter, plus, according to some,

nalmente órganos táctiles al apreciar las cualidades untuosas, carnosas y grasas del vino, y sobre todo al detectar las sensaciones que aporta el tanino, una compleja y variable molécula de polifenoles que se acumula más que nada en las semillas de la uva de los vinos tintos, aporta cierta aspereza y confiere estructura y prolongada capacidad de guarda. Pero también hay taninos provenientes de la madera y taninos artificiales solubles. Existen varias clases de taninos esenciales para el enólogo y el catador profesional, dispensables para el enófilo primerizo.

La última nota de la apreciación de un vino debería ser su retrogusto, lo que queda en boca tras expelir su fase gaseosa por la nariz. Finalmente, cuando la copa queda seca, un último examen olfativo del olor residual puede ser revelador.

Al acompañar un buen vino con alimentos toda su apreciación cambia y se conjuga con éstos. El maridaje de vinos y comidas es un arte complejo que se puede comenzar a estudiar con un *Wine-Finder*®.

(texto basado en un informe de Flavia Rizzuto)

umami. The mouth deepens and completes the evaluation of the wine's balance and persistence, which is to say it's structure. The mouth and the tongue finally become tactile organs to appreciate qualities in the wine such as being unctuous, meaty, or fat, and especially in detecting the sensations that are contributed by tannins, a complex and variable molecule of polyphenols that accumulate primarily in the skins and seeds of red grapes and contribute a certain astringency and confer structure and a prolonged capacity for ageing. But there are also tannins that come from the wood, as well as artificial soluble tannins. There are also a number of other types of tannins that are essential for winemakers and professional tasters, but which are not necessary for the beginning enophile.

The final note in the appreciation of a wine should be the after-taste- that which stays in the mouth after breathing out through the nose. Finally, a last sniff of the residual smell in the empty glass can be quite revealing.

When a good wine is accompanied by food, its characteristics are perceived differently as the two interact. Food and wine pairing is a complex art that you can begin to study with a Wine-Finder®.

(text based on a report by Flavia Rizzuto)

Cómo guardar los vinos
How to store wines

Los vinos nobles se parecen un poco a la leche: son bebidas vivas, que contienen vida microscópica en su interior. Por más sulfitados y filtrados que estén y embotellados en atmósferas a presión certificadas I.S.O. 9002, siempre alguna pícara bacteria u hongo aeróbico o anaeróbico se llega hasta el interior de la botella y allí duerme, vegeta o se multiplica. Estas criaturas primarias son fácilmente gobernadas por las fases lunares, de ahí que un vino noble sin filtrado ni excesivo sulfitado pueda sufrir las lunaciones. Sin olvidar a los cientos de moléculas complejas que componen un vino, las cuales se aproximan a las cualidades de la vida al evolucionar en el tiempo, más que nada gracias a la corrosiva potencia del oxígeno y a la incisividad de los rayos ultravioletas: al igual que todas las criaturas aeróbicas vivas, los dos factores esenciales para la vida son también sus principales enemigos.

Todo ello para explicar que la guarda de vinos es una inversión que tiene sus riesgos y debe cuidar los atributos y la delicadeza de los vinos. Si bien en América del Sur es incipiente el coleccionismo de añadas particulares, muchas botellas bien elegidas y conservadas multiplicarán su valor con el tiempo incluso mejor que el dinero en el banco. Las ediciones limitadas y las etiquetas de exportación menos conocidas son alicientes para los coleccionistas más sofisticados. Pero básicamente el buen guardador de vinos es alguien que se envía mensajes a sí mismo a través del tiempo. Al amar el momento presente en que se bebe un buen vino, se logra confiar en el futuro en tanto que proveedor de ese tiempo pasado que tan bien sienta a los grandes vinos.

Un vino está bien guardado cuando está guardado:

- **A oscuras:** los rayos ultravioletas son enemigos mortales del vino y por eso las botellas de vinos tintos son verde oscuro. En todas las cavas y bodegas de afinamiento se apaga la luz al salir.

- **Bien aireado:** la buena circulación de aire evita olores a encierro y el desarrollo de hongos. Aún bajo la cápsula, el corcho es una esponja de agujeros

Noble wines are a bit like milk: they are living beverages with a microscopic life in their interior. Despite all the sulfites and filtering and bottling with certified ISO 9002 precision, there is always a bit of aerobic or anaerobic bacteria or fungus that gets into the bottle and then sleeps, vegetates, or multiplies. These primary creatures are easily governed by lunar phases and an unfiltered or lightly sulfited wines may suffer 'lunacies.' And then there are the hundreds of complex molecules that make up a wine, which approximate the qualities of life as they evolve over time, and especially thanks to the corrosive potency of oxygen and the incisiveness of ultraviolet rays: just as for all living aerobic creatures, the two essential factors for life are also their primary enemies.

All of this helps to explain that cellaring wines is an investment that has its risks and requires concern for the attributes and delicacies inherent in wine. Although South Americans are just beginning to collect certain vintages, many bottles that have been carefully selected and conserved will multiply in value with time, with returns that can be even better than putting money in the bank. Limited editions and lesser-known export labels are attractive to more sophisticated collectors. But basically, the person who stores wine well is sending himself or herself messages through time. If you love a good wine in the present, you can be sure it will be a great wine in the future.

A properly-stored wine should be kept:

- **In the dark:** ultra-violet rays are the mortal enemies of wine, so red wine bottles are usually dark green. Always turn off the light upon leaving any wine cellar or storage area

- **Well-ventilated:** good air circulation prevents stale odors and mold. Under the capsule, the cork is a sponge with little holes that absorb odor molecules, and therefore wine should never be stored near spices, vinegar, cheese or sausages, much less near cleaning products.

gruesos para las moléculas olorosas y por eso el vino no se guarda en la despensa junto a las especias, vinagres, quesos y embutidos, ni mucho menos en el fregadero cabe a productos de limpieza.

- **A fresca y constante temperatura:** el vino que duerme repudia que lo agiten con cambios bruscos. Entre 14° y 16° Celsius es la temperatura de guarda ideal, y aceptable hasta 20°. Temperaturas más altas fomentan la evolución del vino y su reducción y añejamiento. Temperaturas por debajo de los 8 a 10° frenan la evolución: un vino descorchado y bien tapado se puede conservar largo tiempo en heladera.

- **En tranquilidad:** las vibraciones, por ejemplo de una heladera vecina, microagitan a las partículas sólidas del vino que quedan en suspensión, en vez de depositarse blandamente en el fondo como es preciso y natural.

- **Con humedad suficiente pero no excesiva:** lo ideal es un 70 % (obtenido con frecuencia en las bodegas gracias a equipos reguladores automáticos). Una mayor humedad degrada las etiquetas y favorece el desarrollo de hongos en muros, estantes y corchos. Al contrario, el aire seco aniquila al corcho (que se reseca) y al mismo tiempo al vino (que se evapora). Si usted vive en clima seco y no puede gastar en controles automáticos de hidrometría, olvídese de criar vinos en botella.

- **En posición canónica:** desde que el mundo del vino descubrió al corcho, las botellas se guardan horizontales para preservar la humedad de dichos tapones naturales y mantener su elasticidad. Desde que el mundo del vino descubrió los tapones de silicón, las botellas podrían conservarse de pie, pero consideramos una excentricidad hacerlo. Piscos, grappas y aguardientes se conservan de pie.

(texto basado en informes de
la Escuela Argentina de Sommeliers)

- **At a cool, constant temperature:** *a sleeping wine hates to be agitated by abrupt changes. The ideal temperature is 57°-61°F, and even up to 68°F is acceptable. Higher temperatures stimulate a wine's evolution, reduction, and ageing. Temperatures below 46°-50°C stop evolution: a wine that has been opened and re-sealed can be kept for a long time in the refrigerator.*

- **Still:** *vibrations, for example from a nearby refrigerator, micro-agitate the solid particles in a wine, keeping them in suspension instead of letting them settle softly to the bottom, as is natural.*

- **With sufficient, but not excessive, humidity:** *Ideally 70% (frequently obtained by automatic-regulating equipment). Greater humidity will degrade the labels and encourage fungus on the walls, shelves, and corks. To the contrary, dry air destroys the cork (which dries out) and the wine (which evaporates). If you live in a dry climate and cannot invest in an automatic humidifier, don't plan on cellaring wines.*

- **In horizontal position:** *ever since the world of wine discovered the cork, bottles have been stored on their sides to preserve the humidity of the natural stoppers and maintain their elasticity. Ever since the world discovered the silicon seal, bottles can be stored standing up, but we consider it an eccentricity to do so. Piscos, grappas, aguardientes are stored standing up.*

*(text based on reports from
the Argentine School of Sommeliers)*

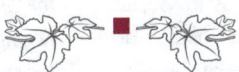

La Centaura
Centaura

De los más de 40 mil kilómetros de viaje hechos para compilar esta Guía, más de 30 mil fueron en 4 ruedas a bordo de nuestra Centaura, una *Peugeot Partner Diesel '99* que compramos en noviembre de 2002 con 32 mil kilómetros y que en los siguientes 6 meses duplicamos, siempre desde nuestra base bonaerense.

El primer viaje, a descubrir las bodegas de Uruguay, fue entre el 15 y el 29 de diciembre de 2002 y totalizó 2.620 kilómetros.

El segundo viaje, *a descoberta das adegas do Brasil*, comenzó el 12 de enero de 2003 y concluyó el 30 del mismo mes con 4.370 kilómetros en el contador.

El tercer viaje inició el 11 de febrero de 2003 rumbo al Paraguay y tras recorrer todo Cuyo y el Alto Valle del Río Negro, incluyendo una escapada de Mendoza a Santiago ida y vuelta, el 21 de marzo sumó un total de 10.565 kilómetros.

El cuarto y más largo y duro viaje principió el 9 de abril y concluyó el 29 de mayo, tras un periplo de 14.076 kilómetros por el Noroeste de Argentina, sur de Bolivia y todo valle vitivinícola de Chile, con regreso por Mendoza hasta Buenos Aires.

Total, 31.631 kilómetros de los mejores y peores caminos de América del Sur, así que podemos hablar con conocimiento del carácter de la Centaura. Cruzó 3 veces el túnel del Cristo Redentor a 3.800 metros de altura, y entre Tarija y San Pedro de Atacama salvó en un día 4 pasos de montaña a más de 4 mil metros, las 3/4 partes de ripio. En las rectas infinitas y vacías del Chaco y la Patagonia, soportó jornadas enteras a velocidad de crucero a fondo, entre 120 y 140 kilómetros por hora, con aire acondicionado encendido. Hizo 2 viajes de retorno cargada hasta la línea y empopada a causa de la manía personal de un coleccionista de piedras y rocas. Salvó huellas secundarias del Paraguay y caminos primarios en construcción en Bolivia con la potencia y elegancia de un todo terreno: conoció barro negro y colorado, arena, piedra fina y gruesa, vados, diluvios de chubasco sudamericano y hasta un poco de nieve y hielo, y a todos los sorteó con el orgullo característico de una buena tracción delantera a la francesa, de esas que hacen lucir afeminados a la mayoría de los dueños de ostentosas dobles

We traveled more than 25,000 miles to compile this Guide; and of that, more than 18,600 were on 4 wheels aboard our "Centaura," a 1999 Peugeot Partner Diesel *that we bought in November 2002 with 19,880 miles, and doubled that in the following 6 months, always starting from our home base in Buenos Aires.*

The first trip was to discover the wineries of Uruguay, between December 15-29, 2002 and totaled 1,628 miles.

The second trip, a descoberta das adegas do Brasil, *in January, 2003 started on the 12th and ended on the 30th, putting another 2,715 miles on the odometer.*

The third trip began February 11, 2003, headed for Paraguay and, after crossing through all of Cuyo and the High Valley of Río Negro, plus a quick round-trip to Mendoza and Santiago; added up to another 6,565 miles by March 21.

The fourth, longest, and most arduous journey began on April 9 and concluded May 29, after a 8,750-mile trek through Northeastern Argentina, the south of Bolivia, and every vitivinicultural valley in Chile, returning to Buenos Aires via Mendoza.

The grand total: 19,658 miles of the best and worst roads in South America, giving us a pretty good indication of the Centaura's character. She crossed through the 12,500-foot high Cristo Redentor Tunnel 3 times, and between Tarija and San Pedro de Atacama she tackled four 13,000-foot mountain passes in one day, 3/4 of which were on dirt roads. On the infinite straight and empty stretches of Chaco and Patagonia, she withstood entire days at high speeds like a wide-open cruiser between 75 and 90 miles per hour, with air conditioning on. She made 2 return trips loaded to the rim due to a personal passion for rock collecting. She covered the back roads of Paraguay and major highways under construction in Bolivia with the potential and elegance of an all-terrain vehicle. She handled black mud and red, sand, gravel and rocks, river crossings and the deluge that accompanies a South American downpour, and even a bit of snow and ice, and she contended with all of them with the characteristic pride of a good French front-wheel drive— the kind

tracciones. La Centaura anduvo mucho bajo el sol ardiente del desierto en verano y bastante de noche; conoció la niebla y el viento de dos océanos. Hizo además otros 10 mil kilómetros en el terreno más exigente de todos: entre el centro y los suburbios de Buenos Aires. La guapa nunca se amedrentó en los millares de curvas y cientos de cuestas y adelantos que tuvo que negociar con nervio de pura sangre; frenó como una potranca de polo la media docena de veces que por fuerza de cosas tuvo que hacerlo; arrancó como una percherona todas las mañanas con su motorazo de tractor —que si hubiera estaciones de oxígeno y combustible en el camino, llegaría sin un *service* hasta la Luna. Y se bancó como la mejor yegua criolla cien y después mil leguas de pampa. Lo único que pidió a cambio fue un tanque lleno de cualquier gas oil cada 600 o 700 kilómetros y un poco de aire, agua y buen aceite cada 3 ó 5 mil kilómetros. Sus dos únicas molestias mecánicas fueron provocadas por nuestra causa, igual que los rayones en su blanca carrocería. La Centaura fue tan buena y suertuda que sólo pinchó pneumáticos dos veces. Pero lo más importante que podemos decir de ella es que —además de guapa, sobria y veloz— es más cómoda y confortable que muchos autitos burgueses de ciudad. El asiento plegable del acompañante fue en nuestros viajes en solitario la imprescindible mesa de carteo y de mateo. Baladas de Bob Dylan como *Girl from the North Country* las escuchamos mejor a su bordo que en vivo en el Madison Square Garden. Y nuestra espalda de cuarentones sedentarios jamás se lamentó de cabalgar hasta 12 horas seguidas a la noble y versátil Centaura, la nave de nuestros viajes por la ruta del vino sudamericano.

that make most owners of those ostentatious double-traction vehicles look like wimps. Centaura traversed the burning desert under the hot summer sun and traveled a good deal by night; she experienced the fog and wind of two oceans as well. She also put on another 6,200 miles in the most demanding terrain of all: downtown and suburban Buenos Aires. This brave never once got skittish on the thousands of curves and hundreds of mountain passes and highway passes that she had to negotiate with the nerve of a thoroughbred. She stopped like a polo pony the half-dozen times she was forced to and her heavy-duty tractor engine started up every morning like a Percheron— for if there were gas and oxygen stations along the way, she'd surely reach the Moon without service. Endured like the best criolla *mare 100, and later 1,000 leagues of* pampa. *And the only thing she asked in return was a full tank of diesel fuel every 350 or 400 miles, a little air, water, and good oil every 2,000-3,000 miles. Her only 2 mechanical problems were our fault, as were the scratches on her white body. Centaura was so good and fortunate that she only had 2 flat tires in the whole trip. But the most important thing we can say about her is that – along with being brave, serious and fast –she is more comfortable than many bourgeois little city cars. On our solitary strips, the folding passenger seat served as the indispensable map and mate table. Bob Dylan ballads such as* Girl from the North Country *sounded better through her speakers than live in Madison Square Garden. And our sedentary forty-something back never regretted a 12-hour ride aboard the noble and versatile Centaura, our chariot guide along the South American Wine Route.*

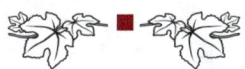

GLOSARIO / GLOSSARY

ESPAÑOL	PORTUGUES	INGLES
Aguardiente, Pisco, Singani	Aguardente Vínica	Aguardiente, Brandy, Grape Spirit
Aguja	Agulha	Bubbles (Spriz, Fizz)
Alambique	Alambique	Still, Pot Still, Alembic
Ánfora, Botija	Ânfora	Amphora, Jug
Anhídrido Sulfuroso	Anidrido Sulfuroso, Dioxido de Enxofre	Sulphur Dioxide
Aterciopelado	Aveludado	Velvety
Autoclave	Autoclave	Pressure Tank
Avinagrado	Avinagrado	Vinegary
Azufre	Enxofre	Sulphur
Barril	Barril	Barrel
Barrica, Bordelesa	Barrica	Barrique (Fr.), Small Cask
Bautizado	Batizado	Watered Wine
Blanco	Branco	White
Bodega, Viña (Ch.)	Adega	Winery
Botella	Garrafa	Bottle
Bouquet (Fr.)	Buquê	Bouquet (Fr.)
Cantina	Cantina	Wine Cellar
Carta de Vinos	Carta de Vinhos	Wine List
Cata	Degustaçao	Tasting
Cava	Cave	Cellar
Cepa, Variedad, Cépage (Fr.)	Casta, Cepa, Variedade	Variety
Clarete	Clarete, Palhete	Claret
Clon	Clone	Clone
Común, de Mesa	Comum, Generico	Table Wine, Ordinary Wine
Corcho	Rolha	Cork
Corte (Ar.), Mezcla (Ch.), Assemblage (Fr.)	Assemblage	Blend
Cosecha	Safra	Harvest, Vintage
Cosecha Tardía	Colheita Tardia	Late Harvest
Cosecha Verde, Raleo	Colheita Verde	Crop Thinning
Chaptalización	Chaptalizaçao	Chaptalization
Crianza	Criaçao	Ageing
Cuba, Fudre (Fr.)	Cuba	Tank, Vat
Cuerpo, Corposo	Encorpado	Body
Copa	Taça	Cup
Damajuana, Garrafa	Garrafão	Demijohn, Jug
Descube	Descuba	To Rack
Despalilladora	Desengaçadora	Destemmer
Destilación	Destilaçao	Destillation
Duelas	Duelas	Staves
Dulce	Doce	Sweet
Envero, Pinta	Veraison Pinta	Veraison (Fr.)
Enzima	Enzima	Enzyme
Espaldera, Espaldero, Viña Baja	Espaldeira, Cerca	Vertical Shoot Position
Espumante, Espumoso	Espumante	Sparkling Wine
Estanque, Tranque (Ch.)	Tanque	Reservoir, Dam
Etiqueta	Rótulo	Label
Fermentación Tumultuosa	Cubagem	Hard Fermentation
Fino	Fino	Fine

ESPAÑOL	PORTUGUES	INGLES
Fortificado	Fortificado	Fortified
Frutado, Frutoso	Frutado	Fruity
Gasificado	Gaseificado	Carbonated
Grado	Grau	Degree
Gran Vino (Ch.)	Vinho Superior	Great Wine
Granel, A	A Granel	In Bulk
Granos (de uva), Bayas	Bagos	Berries
Grapa	Aguardente de Bagaço, Bagaceira	Grappa
Hollejos	Bagaço	Skins
Injerto	Enxertia	Graft
Lagar, Pozo (Ch.)	Lagar	Trough, Vat
Levadura	Levedura, Lêvedos	Yeast
Lira	Lira	Lyre
Liviano	Leve	Light
Maceración Carbónica	Maceração Carbônica	Carbonic Maceration
Maloláctica	Malolática	Malolactic
Mistela	Mistela	Mistela
Mosto	Mosto	Must
Orujo	Bagaço	Pomace
Parra, Parral, Parronal, Parrón (Ch.)	Parreira, Pergola, Latada	Pergola, Arbor
Patero, Vino	Vinho Passeado	Wine Stumped By Feet
Poda	Poda	Pruning
Piernas	Pernas	Legs
Pileta, Vasija	Tanque, Tulha, Vasilha	Tank, Vat
Podredumbre Noble	Podridâo Nobre	Noble Rot
Porta Injertos, Pie	Cavalo	Graft Rootstock
Racimo	Cacho	Cluster
Riego por Goteo	Irrigaçao por Gotejamento	Drip Irrigation
R. por Manto, R. por Pozas (Pe.), R. Botado (Ch.)	Irrigaçao por Escorrimento Superficial	Flood Irrigation
Riego por Manga, Riego Californiano	Irrigaçao Californiana	Pipe-fed Drip-line Irrigation
Riego por Surco, Tendido, Borde (Ch.)	Sulco, Borda	Furrow Irrigation
Roble, Encina	Carvalho	Oak
Sacacorchos	Saca-rolhas	Cork Screw, Cork Pull
Terruño	Solo, châo	Terroir (Fr.)
Tienda	Varejo	Shop
Tinto	Tinto	Red
Tolva, Tornillo de Arquímedes	Canoura ou Tremonha	Hopper
Tonel	Pipa, Tonel	Cask
Trasladista (Ar.), Granelero (Ch.)	Graneleiro	Bulk Producer and Trader
Trasiego	Trasfega	Racking
Vainilla	Baunilha	Vanilla
Varietal (Ar.), Monocepaje	Varietal	100 % Varietal Wine
Varietal (Ch.)	Vinho Sim Criaçao	Young Wine
Vendimia	Vindima	Vintage, Harvest
Vino Dulce	Suave	Sweet Wine
Viña (Ch.)	Adega	Winery
Viña, Viñedo	Vinha, Vinhedo	Vineyard
Virutas (de roble)	Biruta	Chips
Vid	Videira	Vine

Bibliografía / Bibliography

América del Sur

Christopher Fielden, *The Wines of Argentina, Chile and Latin America, Faber and Faber,* Nueva York, 2001

Argentina

Alan Young, *Wine Routes of Argentina, International Wine Academy,* San Francisco, 1998

Alberto Ortíz Maldonado, *Distribución Geográfica de los Elementos Meteorológicos Principales y Adversidades de Mendoza, Bodegas de Argentina,* Mendoza, 2001

Daniel Aspiazu y Eduardo Basualdo, *La trama vitivinícola argentina a principios del Siglo XXI, Rasgos estructurales, mutaciones en el contexto operativo sectorial y lineamientos de políticas públicas,* Buenos Aires, 2003

Directorio de la Industria del Vino N° 3, Editec S.R.L., Mendoza, Julio 2002

Elizabeth Checa y Miguel Brascó, *Manual del Degustador Inteligente 2000, Cuisine & Vins,* Buenos Aires, 2000

Enrique Queyrat, *Guía de los Vinos Finos Argentinos, Hachette,* Buenos Aires, 1982

Gustavo Choren y Gustavo Precedo, *Vinos y Viñedos de Argentina, Wines and Vineyards of Argentina, Sainte Claire Editora,* Buenos Aires, 2000

Hugo Cetrángolo et alia, *El Negocio de los Vinos Finos en la Argentina, Editorial Facultad de Agronomía U.B.A.,* Buenos Aires, 2002

Jorge Dengis, *Manual del Vino Argentino, Editorial Albatros,* Buenos Aires, 2001

Vinos y Viñas Anuario 2003 Edición Internacional, Bodegas de Argentina, Mendoza, 2003

Bolivia

Gustavo H. Cárdenas P., *Manual de Viticultura, Centro de Información para el Desarrollo,* La Paz, 1999

Brasil

Adolfo Alberto Lona, *Vinhos, degustaçâo, elaboraçâo e serviço, AGE Editora,* Porto Alegre, 2002

Aristides de Oliveira Pacheco y Siwla Helena Silva, *Vinhos & Uvas, Guia internacional com mais de 2.000 citaçoes, Editora Senac,* Sâo Paulo, 2001

Eduardo Viotti, *Guia Dos Vinhos Brasileiros, Market Press Editora,* Sâo Paulo, 2002

Ivaniera Falcade y Francisco Mandelli, *Vale dos Vinhedos: caracterizaçao geográfica da regiâo (y mapa), EDUCS - Embrapa,* Caxias do Sul, 1999

Ivaniera Falcade y Jorge Tonietto, *A Viticultura para Vinhos Finos e Espumantes na Regiâo da Serra Gaúcha, Brasil, Topônimos e Distribuçâo Geográfica, Embrapa-Universidade de Caxias do Sul,* Bento Gonçalves, 1995

Mauro Côrte Real, *Degustaçâo de Vinhos, Uma iniciaçao à análise sensorial, AGE Editora,* Porto Alegre, 2002

Mauro Côrte Real, *O Ritual do Vinho, Etiqueta & Serviço, AGE Editora,* Porto Alegre, 2002

Chile

Alejandro Hernández, *Introducción al Vino de Chile, Pontificia Universidad Católica de Chile,* Santiago de Chile, 2000

Antonia Viu y Alex Shaw, *Chilean Wine Regions 2003 (mapa), Origo Ediciones,* Santiago de Chile, 2002

Compendio Vitivinícola de Chile, Nuevos Mundos S.A., Santiago, 2001

Directorio de la Industria Vitivinícola Chilena 2001, Corporación Chilena del Vino, Santiago, 2001

Francisca Sánchez M. (directora), *Guía de Vinos de Chile,* Turismo y Comunicaciones S.A., Santiago de Chile, 2002

Francisco Gillmore y Ricardo Poblete, *Manual de Bodegas 1999,* Corporación Chilena del Vino, Santiago, 1999

Fred Purdy, *The Gringo's Guide to Chilean Wine,* edición del autor, Santiago de Chile, 2000

Hubrecht Duijker, *The Wines of Chile,* Spectrum, Utrecht, 1999

José del Pozo, *Historia del Vino Chileno,* Editorial Universitaria, Santiago de Chile, 1998

Jan Read, *Chilean Wines,* Sotheby's Publications, Londres, 1988

Patricio Tapia, *Descorchados 2003 La Guía de Vinos,* ediciones Planeta Vinos S.A., Santiago, 2002

Patricio Tapia, *Los Vinos de Colchagua,* PMC Pinnacle Worldwide – Ediciones Planetavino, Santiago de Chile, sin fecha

Rodrigo Alvarado Moore, *El Mundo del Vino,* Turiscom, Santiago de Chile, 1997

Uruguay

Estela de Frutos, *Conocer para valorar, Primera Guía de Vinos de Uruguay,* Ediciones Trilce, Montevideo, 1995

Miguel Larrimbe y Eduardo Lanza, *Manual de vinos uruguayos 2000-2001, Apuntes de Cata,* Editorial Fin de Siglo, Montevideo, 2000

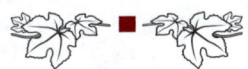

Los Mejores Vinos y Los Mejores Quesos

Fuera de los vinos, sólo existe un capítulo del universo agroalimentario de complejidad y riqueza comparable: el de los quesos. Por algo la cuna de los grandes vinos del Viejo Mundo es también la patria de origen de más de 300 quesos distintos.

En Argentina, la Cabaña Piedras Blancas elabora dos decenas de quesos artesanales de leche de vaca, de cabra y de oveja. En una primera memorable sesión de degustación, al concluir la cata final de elección de Los 50 Mejores Vinos de América del Sur, realizamos una primera aproximación al maridaje de estos quesos y las mejores botellas del Continente.

Comenzamos por los quesos más frescos y húmedos, de mayor acidez, como el Lusignan (natural, a las finas hierbas o a la pimienta verde), el Cabrauntar, el Crottin y los Cabrambert y Cabrambrie de distinto grado de estacionamiento, que se casaron muy bien con Chardonnay, Sauvignon Blanc y un Cosecha Tardía. A través de los Camembert, Feta y Minibrie (que aceptaron gustosos a vinos tintos de cuerpo medio) pasamos por los quesos de pastas semiduras, como el Chevrotin (natural o a la pimienta verde), el Minibrie, el Camembert, el Cheddar y el Pyrénées. Y terminamos con quesos de pasta dura y largo estacionamiento, como el Pepato, el Reggianito, el Pecorino y el Manchego, es decir los de mayor textura y estacionamiento, que se maridaron con plenitud a los tintos más corposos y expresivos como los Syrah y Cabernet Sauvignon. En nuestro website y en el de Piedras Blancas seguiremos profundizando este inagotable argumento así como, esperamos, en nuestras futuras ediciones. Agradecemos el apoyo y la confianza de Piedras Blancas a nuestra iniciativa editorial.

www.cpiedrasblancas.com.ar

www.australspectator.com.ar

Índice de Vinos / Wine Index

Marca/Label	Página/Page
1811 Tannat '01	513, 538
1865 Cabernet Sauvignon '00	342, 440
1865 Carmenère '00	349, 440
100 Años Chardonnay '02	507, 529
100 Años Sauvignon Blanc '02	508, 529
100 Años Roble Merlot '02	510, 529
1x1 Cabernet Sauvignon '02	509, 532
20 Barrels Cabernet Sauvignon '00	344, 422
20 Barrels Pinot Noir '01	360, 422
22 Barricas Edición Limitada Syrah - Cab. S. '01	364
33 de Dávalos Corte '01	86, 219
35 South Cabernet Sauvignon '02	343
35 South Carmenère '02	350, 440
66 Barricas Morandé Edición Limitada Cabernet Franc '01	333, 410
88 Barricas Edición Limitada Cab. S. - Merlot '99	346
A Crux Temp. - Merlot - Malbec	110, 191
Abuelo Domingo Tannat '02	512, 535
Achával Ferrer Malbec '00	24, 26, 87, 126
Acquasantiera Cabernet Sauvignon '99	267, 292
Acquasantiera Brut Chardonnay	261, 292
Alamos Bonarda '01	70
Alamos Cabernet Sauvignon '99	74
Alamos Chardonnay '99	58
Alamos Malbec '99	95
Alamos Sauvignon Blanc '02	65
Alba Cabernet Sauvignon '99	341, 377
Alfredo Roca Cabernet Sauvignon '00	79, 199
Alfredo Roca Malbec '00	98, 199
Alfredo Roca Merlot '00	104, 199
Alfredo Roca Syrah '00	108, 199
Alma 4 Bonarda '01	56, 122
Alma 4 Roble Chardonnay '01	56, 122
Almadén Cabernet Sauvignon '01	267, 308
Almadén Merlot '01	268, 308
Almadén Reserva Cabernet Sauvignon '00	266, 308
Almadén Reserva Especial Chardonnay '01	264, 308
Almadén Reserva Especial Corte '98	268, 308
Almadén Reserva Especial Tannat - Cab. S. '00	270, 308
Almaviva Cab. S. - Carm. - Cab. F. '00	24, 26, 344, 370
Alta Vista Gran Reserva Malbec '00	91, 123
Alta Vista Premium Cabernet Sauvignon '01	76, 123
Alta Vista Premium Chardonnay '02	60, 123
Alta Vista Premium Malbec '00	97, 123
Alta Vista Premium Torrontés '02	67, 123
Altazor Cabernet Sauvignon '99	336, 390
Alto Alta Vista Malbec - Cab. S. '99	99, 123
Alto del Carmen Pisco	365, 547
Altos de El Colorado Syrah '02	511, 539
Altos Las Hormigas Malbec '01	91, 124
Altos Las Hormigas Reserva Malbec '01	89, 124
Altum Merlot '99	357, 389
Amadeu Brut Corte	262, 294
Amadeu Reserva Cabernet Sauvignon '00	266, 294
Amadeu Reserva Chardonnay '01	264, 294
Amadeu Reserva Merlot	268, 294
Amat Tannat '99	512, 525
Anakena Pinot Noir '01	359, 405
Anakena Sauvignon Blanc '02	331, 405
Anakena Syrah '02	363, 405
Anakena Reserva Carmenère '02	351, 405
Anakena Reservado Viognier '02	333, 405
Angélica Zapata Alta Cabernet Sauvignon '99	74

Marca/Label	Página/Page	Marca/Label	Página/Page
Angélica Zapata Alta		**Arroba** Malbec '02	93, 164
Chardonnay '00	24, 26, 58, 133	**Augusto P. Roble**	
Angélica Zapata Alta		Cabernet Sauvignon '01	77, 203
Merlot '00	102	**Aurora** Moscatel '02	263, 274
Angheben Cabernet Franc '01	266, 279	**Aurora Reserva**	
Angheben Cabernet Sauvignon	266, 279	Cabernet Sauvignon '99	267, 274
Angheben Corte '00	268, 279	**Aurora Reserva** Chardonnay '00	263, 274
Angheben Corte '99	268, 279	**Aurora Reserva**	
Angheben Merlot '00	269, 279	Gewürztraminer '02	270
Angheben Tannat '00	269, 279	**Aurora Varietal**	
Angostura Chardonnay '02	326, 421	Cabernet Sauvignon '99	266, 274
Angostura Merlot '01	356, 421	**Aurora Varietal** Chardonnay '02	264, 274
Antigua Bodega San José		**Aurora Varietal**	
Tannat '02	512, 538	Gewürztraminer '02	270
Antiguas Reservas		**Aurora Varietal** Merlot '99	269
Cabernet Sauvignon '01	341, 379	**Aurora Varietal** Pinot Noir '01	269
Antiguas Reservas		**B Crux** Temp. -	
Chardonnay '02	327, 377	Merlot - Malbec '01	110, 191
Antiyal Carmenère -		**Balbi Reserva**	
Cab. S. - Syrah '01	352, 373	Cabernet Sauvignon '00	77, 206
Anubis Bonarda '01	70, 170	**Balbi Reserva** Malbec '99	93, 206
Anubis		**Balduzzi** Cabernet Sauvignon '00	343, 446
Cabernet Sauvignon '01	77, 170	**Balduzzi** Carmenère '01	351, 446
Anubis Chardonnay '01	62	**Balduzzi Late Harvest**	
Anubis Malbec '00	24, 26, 89, 170	Chardonnay '02	364, 446
Anubis Syrah - Bonarda '01	108, 170	**Balduzzi Reserva**	
Anubis Tempranillo '01	109, 170	Cabernet Sauvignon '00	343, 446
Aranjuez Corte '98	244, 249	**Balduzzi Reserva**	
Araucano		Chardonnay '02	329, 446
Cabernet Sauvignon '02	341, 418	**Balduzzi Reserva** Merlot '02	358, 446
Araucano Carmenère '02	351, 418	**Baron B. Cuvée Especial**	
Araucano Chardonnay '01	328, 418	Extra Brut	57, 152
Araucano Sauvignon Blanc '02	331, 418	**Baron B. Rosé Cuvée Especial**	
Aresti Sauvignon Blanc '02	332, 437	Corte	56, 152
Aresti Family Colección		**Baron De Lantier**	
Cabernet Sauvignon '99	341, 437	Chardonnay '01	264, 290
Aresti Reserva Carmenère '01	348, 437	**Baron De Lantier** Merlot '01	269, 290
Aresti Río Claro		**Barrica Selection** Carmenère '01	351
Cabernet Sauvignon '00	343, 437	**Barrica Selection** Chardonnay '01	328, 385
Aresti Río Claro		**Barrica Selection** Syrah '01	363, 385
Sauvignon Blanc '02	332, 437	**Bell de Nuit Especial** Corte '02	69, 130
Armador		**Beltour** Corte	87
Cabernet Sauvignon '01	343, 372	**Benegas Blend** Corte '00	84, 129
Armando Peterlongo Brut	261, 293	**Benegas** Chardonnay '00	61, 129
Arnaldo B. Corte '99	83, 220	**Benegas** Corte '00	86, 129
Arnaldo B. Gran Reserva		**Benegas** Sangiovese '00	105, 129
Corte '99	87, 220	**Benegas** Sangiovese - Cab. S. '00	105, 129

MARCA/Label	PÁGINA/Page	MARCA/Label	PÁGINA/Page
Benmarco Malbec '01	97	**Cadus** Malbec '00	24, 27, 88
Benmarco VMS Corte '01	84, 170	**Cadus** Malbec '96	124
Beso de Dante Malbec - Cab. S. '00	24, 26, 99	**Calina - Reserva** Cabernet Sauvignon '00	341, 448
Bianchi Extra Brut	58	**Calina - Reserva** Carmenère '01	348, 448
Bianchi 1887 Corte	86		
Bianchi Borgoña Corte	86	**Calina - Reserva** Chardonnay '01	329, 448
Bianchi Chablis Corte	63	**Calina - Reserva** Merlot '01	356, 448
Bianchi Cinta de Plata Riesling	64	**Calvet** Cabernet Sauvignon '02	78
Bianchi Particular Cabernet Sauvignon '96	78	**Calvet** Chardonnay	61
Bianchi Particular Corte	86	**Calvet** Malbec '02	99
Bombal Sauvignon Blanc '02	66, 192	**Canepa** Cab. S. - Malbec '02	345
Boscato Cabernet Sauvignon '00	266, 303	**Canepa** Chard. - Viognier '02	330, 371
Boscato Gran Reserva Cabernet Sauvignon '00	266, 303	**Canepa** Merlot '02	357, 371
		Canepa Sauvignon Blanc '02	332, 371
Boscato Reserva Cabernet Sauvignon '99	266, 267, 303	**Canepa Oak Aged** Cab. S. - Carm. - Merlot '02	345
Boscato Reserva Chardonnay '01	264, 303	**Canepa Oak Aged** Cab. S. - Syrah '02	346, 371
Botrytis Excellence Cosecha Tardía '02	515, 537	**Canepa Private Reserve** Carmenère '01	351, 371
Botrytis Noble Cosecha Tardía '98	515, 530	**Canepa Reserva** Merlot '00	358
Broquel Cab. S. - Merlot '01	80	**Canepa Reserva** Syrah '01	362, 371
Broquel Cabernet Sauvignon '00	73, 157	**Carmela Benegas** Corte '02	69, 129
Broquel Chardonnay '01	60	**Carmelo Patti** Cabernet Sauvignon '00	77, 160
Broquel Malbec '00	24, 27, 88, 157	**Carmelo Patti** Cabernet Sauvignon '99	77, 160
Brut Don Giovanni Corte	262, 295	**Carmelo Patti** Malbec '99	96, 160
Caballero de la Cepa Cabernet Sauvignon '01	77, 173	**Carmen** Cabernet Sauvignon '01	341, 375
Caballero de la Cepa Merlot '01	101, 173	**Carmen** Carmenère '01	350, 375
		Carmen Merlot '01	358
Caballero de la Cepa Syrah '01	105, 173	**Carmen** Sauvignon Blanc '02	331
Cabo de Hornos Cabernet Sauvignon '99	24, 27, 335, 440	**Carmen Gold** Cabernet Sauvignon '99	336, 375
Cabrini Bonarda '01	71, 130	**Carmen Reserva** Cabernet Sauvignon '01	341, 375
Cabrini Merlot '01	104, 130	**Carmen Reserva** Carmenère - Cab. S. '01	352, 375
Cabrini Syrah '01	108, 130		
Cabrini Vino Especial de Misa '00	111, 130	**Carmen Reserva** Chardonnay '01	326, 375
Cabrini Roble Cabernet Sauvignon '01	74, 130	**Carmen Reserva** Merlot '01	355, 375
Cadus Cabernet Sauvignon '00	24, 27, 71, 155	**Carmine Granata** Semillon '01	66, 158
		Carmine Granata Tradicional Malbec '99	96, 158

Marca/Label	Página/Page	Marca/Label	Página/Page
Carmine Granata Tradicional		**Casas del Bosque**	
Pinot Noir '99	104, 158	Sauvignon Blanc '02	332, 396
Caro Cab. S. - Malbec '00	24, 27, 79, 132	**Casas del Bosque Reserva**	
Carpe Diem Gran Reserva		Chardonnay '01	328, 396
Cabernet Franc '00	333, 449	**Casas del Bosque Reserva**	
Carpe Diem Gran Reserva		Merlot '01	356, 396
Cabernet Sauvignon '99	336, 449	**Casas Patronales**	
Carpe Diem Reserva		Cabernet Sauvignon '02	343, 451
Cabernet Sauvignon '99	343	**Casas Patronales**	
Carpe Diem Reserva		Carmenère '02	351, 451
Carmenère '02	350, 449	**Casas Patronales**	
Carpe Diem Reserva Syrah '01	363	**Limited Selection**	
Carrascal Corte '00	86	Cab. S. - Carmenère '02	344, 451
Casa Filgueira Premium		**Casas Patronales Oak Barrel**	
Merlot '01	510, 519	Cabernet Sauvignon '01	341, 451
Casa Filgueira Premium		**Casona López** Chardonnay '02	61, 154
Sauvignon Gris '01	508, 519	**Casona López** Malbec '99	98, 154
Casa Filgueira Premium		**Castel** Corte	63
Tannat '01	512, 519	**Castel Pujol**	
Casa Luntro Tannat '97	513	Sauvignon Blanc '02	508, 525
Casa Luntro Tannat '99	511, 525	**Castel Pujol Reserva**	
Casa Real		Cabernet Sauvignon '00	509, 525
Cabernet Sauvignon '99	25, 28, 335, 387	**Castel Pujol Reserva**	
Casa Rivas		Tannat '99	512, 525
Cabernet Sauvignon '01	343, 376	**Castillo de Molina**	
Casa Rivas Carmenère '01	350, 376	Cabernet Sauvignon '01	343, 440
Casa Rivas Chardonnay '01	326, 376	**Castillo de Molina Reserva**	
Casa Rivas Merlot '02	358, 376	Carmenère '01	350, 440
Casa Rivas Reserva		**Castillo de Molina Reserva**	
Cabernet Sauvignon '01	338, 376	Chardonnay '02	329, 440
Casa Rivas Reserva Merlot '01	358, 376	**Catafesta Reserva** Cab. S. -	
Casa Silva Carmenère '02	351	Merlot '00	268, 302
Casa Silva Los Lingues		**Catafesta Reserva** Riesling '00	265, 302
Carmenère '01	25, 28, 347, 421	**Catalina** Cab. S. - Merlot -	
Casa Valduga Brut	261, 280	Cab. F. '99	346, 392
Casa Valduga Premium		**Catamayor** Cabernet Franc -	
Cabernet Sauvignon '99	267, 280	Tannat '02	509, 526
Casa Valduga Premium		**Catamayor** Merlot - Tannat '02	511, 526
Chardonnay '02	264, 280	**Catamayor** Sauvignon Blanc '02	508, 526
Casa Valduga Premium		**Catena Zapata**	
Merlot '99	269, 280	Cabernet Sauvignon '01	72, 133
Casablanca Carmenère '01	350, 385	**Catena Zapata** Chardonnay '00	59
Casablanca Merlot '01	357, 385	**Catena Zapata** Malbec '01	92
Casanova Reserva		**Catena Zapata Alta**	
Cabernet Sauvignon '01	343, 453	Cabernet Sauvignon '00	72, 133
Casas del Bosque		**Catena Zapata Alta**	
Cabernet Sauvignon '01	336, 396	Chardonnay '00	59

Marca/Label	Página/Page	Marca/Label	Página/Page
Catena Zapata Alta		**Cepa Noble Reserva**	
Malbec '00	25, 28, 87, 133	Carmenère '01	351, 428
Catena Zapata Estiba		**Cepa Noble Reserva**	
Reservada Corte '99	25, 28, 81, 133	Chardonnay '02	329, 428
Cautivo Reserva		**Cepa Tradicional** Corte '97	86, 183
Cabernet Sauvignon '98	78, 156	**Cepas de Altura**	
Cautivo Reserva Malbec '98	98, 156	Sauvignon Blanc '02	243, 246
Cautivo Reserva Syrah '98	107, 156	**Cepas de Altura Gran Reserva**	
Cavalleri Cabernet Franc '99	265, 277	Cabernet Sauvignon '93	243, 246
Cavalleri Chardonnay '01	263, 277	**Chalet Du Clermont**	
Cavalleri Moscatel '02	263, 277	Reserva Especial Corte '00	268, 292
Cavas de Santos		**Chandon** Brut Corte	262, 291
Cabernet Sauvignon '00	78	**Chandon** Brut Nature	56
Cavas de Santos		**Chandon** Brut Rosé	56, 152
Cabernet Sauvignon '01	77, 166	**Chandon** Demi-Sec	262, 291
Cavas de Santos		**Chandon** Extra Brut	58
Chard. - Viognier '02	62, 166	**Chandon** Passion Rosé	261, 291
Cavas de Santos Malbec '00	93, 166	**Chandon** Rouge Corte	262, 291
Cavas de Santos Malbec '01	97, 166	**Château Los Boldos**	
Cavas de Santos		Merlot '00	358, 407
Syrah - Bonarda '01	108	**Château Los Boldos**	
Cavas de Santos - Cata Privada		Sauvignon Blanc '02	332, 407
Cabernet Franc '01	71, 166	**Château Vieux** Corte '02	63
Cavas de Santos -		**Cinco Tierras** Malbec '02	91, 127
Special Vintage		**Cinco Tierras Reserva**	
Cabernet Sauvignon	77, 166	Malbec '02	89, 127
Cavas de Santos Especial		**Clos Apalta** Corte '00	25, 29, 352, 417
Moscatel de Alejandría '03	111	**Clos de los Siete** Corte '02	83, 188
Cavas de Santos Roble		**Clos du Moulin**	
Malbec '00	97	Cab. S. - Pinot Noir '00	80, 188
Cavas de Weinert		**Cobre**	
Gran Vino Reserva		Cabernet Sauvignon '02	79, 140
Corte '99	25, 29, 82, 149	**Cocodrilo**	
Cave Antiga Moscatel '02	263, 298	Cabernet Sauvignon '02	79, 181
Cave de Pedra Brut	261, 282	**Cognac 57** Cognac	491, 498
Cave de Pedra Merlot '00	268, 282	**Colección Cicchitti**	
Cave Geisse Brut Corte	262, 294	Cabernet Sauvignon '99	76, 134
Cellar Classic		**Colección Cicchitti**	
Cabernet Sauvignon '01	341	Malbec '02	99, 134
Cellar Classic Carmenère '02	348, 421	**Colección Michel Torino**	
Cellar Classic Chardonnay '02	329	Cabernet Sauvignon '01	79
Cellar Classic Merlot '01	357	**Colección Michel Torino**	
Cellar Classic		Chardonnay '02	61, 218
Sauvignon Blanc '02	332	**Colección Michel Torino**	
Cellar Classic Syrah '01	25, 29, 360, 421	Malbec '01	97
Cepa Noble		**Colección Michel Torino**	
Cabernet Sauvignon '01	342, 428	Merlot '01	104

573

Marca/Label	Página/Page	Marca/Label	Página/Page
Colección Michel Torino		**Conalbi Grinberg** Malbec '97	98, 165
Sauvignon Blanc '02	66	**Conalbi Grinberg** Merlot '99	104, 165
Colección Michel Torino		**Conalbi Grinberg**	
Syrah '01	107	Ugni Blanc '01	68, 165
Colección Michel Torino		**Cordelier** Brut '02	261, 283
Tannat '01	109, 218	**Cordelier** Cab. S. - Merlot -	
Colección Michel Torino		Tannat '01	268, 283
Torrontés '02	67, 218	**Cordelier** Licoroso '01	271, 283
Colección Privada -		**Cordelier** Merlot '00	269
Navarro Correas		**Cordelier** Moscatel '02	263, 283
Cabernet Sauvignon '01	79, 141	**Cordelier** Riesling - Chard. '02	265, 283
Colección Privada -		**Cordelier Reserva**	
Navarro Correas Chardonnay '01	61, 141	Cabernet Sauvignon '00	267, 283
Colección Privada -		**Cordelier Reserva**	
Navarro Correas Corte '00	87, 141	Chardonnay '02	264
Colección Privada -		**Cordelier Reserva** Merlot '01	269
Navarro Correas Malbec '00	98, 141	**Cordignano**	
Colección Privada -		Cabernet Sauvignon '02	267, 298
Navarro Correas Pinot Noir '00	104	**Cordignano** Merlot '01	269, 298
Colección Privada -		**Cordillera** Carmenère - Syrah -	
Navarro Correas		Merlot '00	352
Sauvignon Blanc '01	66, 141	**Cornejo Costas**	
Colección Privada -		Barbera - Merlot '02	69, 197
Navarro Correas Syrah '00	108	**Cornejo Costas** Malbec '02	96, 197
Colección Rutini		**Cornejo Costas** Tannat '02	109, 197
Cab. S. - Malbec '00	79	**Cosecha de Otoño Especial**	
Colección Rutini Chardonnay '01	61	Sauvignon Blanc '02	64, 149
Colección Rutini		**Coyam** Carm. - Syrah - Cab. S. -	
Gewürztraminer '02	111, 183	Mourvèdre '01	352, 445
Colección Rutini Malbec '00	95, 183	**Cremaschi Furlotti** Corte '00	354, 452
Colección Rutini Merlot '99	104	**Cremaschi Furlotti Reserva**	
Colección Rutini		Cabernet Sauvignon '00	341, 452
Sauvignon Blanc '02	66	**Cremaschi Furlotti Reserva**	
Colheita Tardia Especial		Carmenère '01	350, 452
Corte '01	264, 285	**Cremaschi Furlotti Reserva**	
Colón Cabernet Sauvignon	77, 206	Syrah '00	363, 452
Colón Chardonnay	60, 206	**Crios** Cabernet Sauvignon '01	77, 170
Colón Syrah	107, 206	**Crios** Malbec '02	69
Columbine Gran Reserve		**Crios** Syrah - Bonarda '01	108
Cabernet Sauvignon '00	337, 402	**Crios** Torrontés '02	67, 170
Columbine Reserve		**Crotta** Bonarda - Syrah '01	71, 159
Chardonnay '01	329, 402	**Crotta** Malbec '00	99, 159
Columbine Reserve		**Crotta** Mistela	111, 159
Merlot '01	358, 402	**Crotta** Tempranillo '00	110, 159
Comte de Valmont Corte	63	**Crotta** Torrontés '00	67, 159
Conalbi Grinberg		**Crucero** Cabernet Sauvignon '01	344
Cabernet Sauvignon '01	77, 165	**Crucero** Carmenère '02	351, 432

Marca/Label	Página/Page	Marca/Label	Página/Page
Crucero Chardonnay '02	329, 432	**Domingo Molina** Malbec '00	95, 217
Crucero Merlot '01	358, 432	**Dominio Cassis** Merlot '00	510, 539
Crucero Syrah '01	362, 432	**Dominio Cassis Reserva** Merlot - Tannat '00	511, 539
Cuesta del Madero Corte '01	87, 135	**Domus Aurea** Cabernet Sauvignon '99	343, 377
Cuna de Piedra Chardonnay '00	507, 536	**Don Aldo Reserva** Cabernet Sauvignon '99	342, 453
Cuvée Reserva Corte	57, 152	**Don Amado Reserva Especial** Cabernet Sauvignon '97	344, 411
CVE Chardonnay '01	264, 275	**Don Cristóbal 1492** Bonarda '02	70, 136
CVE Merlot '02	269, 275	**Don Cristóbal 1492** Chardonnay '02	60, 136
CVE Brut Chardonnay	262, 275	**Don Cristóbal 1492** Malbec '02	95, 136
Dalton Cabernet Sauvignon	78	**Don Cristóbal 1492** Merlot '02	103, 136
Dalton Corte	63	**Don Cristóbal 1492** Sangiovese '02	105
Dalton Malbec	95, 142	**Don Cristóbal 1492** Verdelho '02	68, 136
Dayman Tannat '00	513, 532	**Don Cristóbal 1492 Roble** Merlot '01	103, 136
De Greville Brut	261, 290	**Don David** Cabernet Sauvignon '01	78, 218
De Greville Brut Rosé	261, 290	**Don David** Chardonnay '02	59, 218
Dedicado Cabernet Sauvignon '99	73, 173	**Don David** Malbec '01	92, 218
Demi-Sec Marcus James Chardonnay '02	261, 274	**Don David** Torrontés '02	67, 218
Demonio de los Andes Acholado	490, 496, 547	**Don Diego** Syrah '02	107, 214
Dolium Cabernet Sauvignon '00	78, 168	**Don Genaro Néctar** Corte '01	64, 134
Dolium Malbec '00	97, 168	**Don Giovanni** Brandy	271, 295
Dolium Malbec '02	69, 168	**Don Giovanni Reserva** Cabernet Sauvignon '99	267, 295
Dolium Sauvignon Blanc '02	65, 168	**Don Martino Reserva** Malbec '02	90, 137
Dolium Nobile Corte	25, 29, 82, 168	**Don Melchor** Cabernet Sauvignon '99	338, 378
Dolium Reserva Malbec '00	25, 29, 88, 168	**Don Nicanor** Cab. S. - Malbec - Merlot '01	81, 155
Dom Cândido Brut	261, 278	**Don Nicanor** Cab. S. - Malbec - Merlot '99	81, 155
Dom Cândido Cabernet Sauvignon '99	266, 278	**Don Pascual** Chard. - Viognier '01	507, 530
Dom Cândido Gamay '02	268, 278	**Don Pascual** S. Blanc - Gew. '02	508, 530
Dom Cândido Merlot '00	268, 278	**Don Pascual Roble** Tannat '00	513, 530
Dom Cândido Moscatel '02	263, 278	**Don Próspero** Cabernet Sauvignon '00	509, 516
Dom Cândido Riesling - Semillon '01	265, 278		
Dom Cândido Gran Reserva Cabernet Sauvignon '99	266, 278		
Dom Dionysus Cabernet Sauvignon '02	266, 300		
Dom Dionysus Moscato '02	265, 300		
Domingo Molina Cabernet Sauvignon '00	72, 217		

Marca/Label	Página/Page	Marca/Label	Página/Page
Don Próspero Tannat '02	513, 516	**Elsa** Barbera '01	69
Don Próspero Tannat - Merlot -		**Elsa** Cabernet Sauvignon '01	76
Cab. S. '00	513, 516	**Elsa** Chard. - Semillon '02	62
Don Reca		**Elsa** Malbec '01	96
Cabernet Sauvignon '02	343, 408	**Enzo Bianchi** Corte '99	83, 196
Don Santiago Merlot '01	511, 528	**Eolo Gran Reserva**	
Don Santiago Pisco		Tannat - Cab. S. '01	513, 518
	491, 494, 547	**EQ** Pinot Noir '01	359, 397
Don Santiago Tannat '00	513, 528	**EQ** Sauvignon Blanc '01	331, 397
Don Santiago Gran Reserva		**EQ** Syrah '01	25, 30, 360, 397
Tannat '00	513, 528	**Equus**	
Don Santiago Gran Reserva		Cabernet Sauvignon '01	339, 381
Roble Merlot '01	510, 528	**Errázuriz** Carmenère '00	349, 459
Don Sebastián Merlot '01	104, 146	**Errázuriz Ferment**	
Don Valentín Lacrado Corte	86	Chardonnay '01	328, 459
Doña Dominga		**Escorihuela Gascón**	
Cabernet Sauvignon '01	336, 421	Cabernet Sauvignon '01	72, 138
Doña Dominga Carmenère '02	348	**Escorihuela Gascón** Malbec '01	95, 138
Doña Dominga Merlot '01	357	**Escorihuela Gascón** Syrah '01	105, 138
Doña Dominga Sauvignon Blanc -		**Escorihuela Gascón** Viognier '01	68, 138
Viognier '02	333	**Estampa** Cab. S. - Merlot '02	346, 423
Doña Paula Estate		**Estampa**	
Chardonnay '01	61, 182	Carmenère - Merlot '02	352, 423
Doña Paula Estate Malbec '99	95, 182	**Estampa** Syrah - Cab. S. '02	363, 423
Doña Paula Selección de		**Estancia Ancón**	
Bodega Malbec '99	25, 30, 89, 182	Cabernet Sauvignon '00	78, 192
Dos Fincas Cab. S. -		**Estancia Ancón** Chardonnay '00	60, 192
Malbec '00	79, 175	**Estancia Ancón** Malbec '00	98, 192
Duetto Oak Malbec '99	98, 165	**Etchart Privado**	
Ecológico Merlot '02	511, 534	Cabernet Sauvignon '01	78, 220
Ecológico Pinot Noir '01	511, 534	**Etchart Privado** Corte '01	84, 220
Eduardo Félix Llaver		**Etchart Privado** Corte '02	63, 220
Malbec '02	97, 140	**Etchart Privado** Malbec '01	96, 220
El Colorado Corte '99	510, 539	**Etchart Privado**	
El Colorado Corte	510, 539	Malbec - Cab. S. '01	100, 220
El Crucero Reserva		**EVC Vargas** Pisco	491, 492, 547
Cabernet Sauvignon '01	342, 432	**EVC Vargas Italia** Pisco	491, 492, 547
El Crucero Reserva Merlot '01	358	**Excellence Brut Reserve**	
El Felino Malbec '02	98, 181	Corte	262, 291
El Huique		**Extra Toso** Corte	57, 162
Cabernet Sauvignon '01	343, 429	**Extra Toso Cuvée Reserva** Corte	57, 162
El Huique Carmenère '01	351, 429	**Extrême Cuvée Speciale** Corte	57, 167
El Huique Reserva		**Fabre-Montmayou**	
Cabernet Sauvignon '98	342, 429	Chardonnay '01	60, 169
El Noble Sauvignon Blanc '00	331, 401	**Fabre-Montmayou** Malbec '00	93, 169
El Principal		**Fabre-Montmayou Gran Vin**	
Cabernet Sauvignon '00	343, 380	Corte '00	85, 169

Marca/Label	Página/Page	Marca/Label	Página/Page
Famiglia Bianchi		**Finca El Retiro** Torrontés '02	67, 179
Cabernet Sauvignon '99	75, 196	**Finca Koch**	
Famiglia Bianchi		Cabernet Sauvignon '01	75, 174
Cabernet Sauvignon '00	75, 196	**Finca La Anita** Chardonnay '99	62, 176
Famiglia Bianchi Chardonnay '01	60	**Finca La Anita** Malbec '01	94, 176
Famiglia Bianchi Malbec '00	93, 196	**Finca La Anita** Semillon '01	66, 176
Famiglia Bianchi		**Finca La Anita** Syrah '99	107, 176
Sauvignon Blanc '02	65	**Finca La Anita** Tocai Friulano '00	66, 176
Familia Adrover Barbera '01	69, 146	**Finca La Linda** Malbec '01	97
Familia Adrover Chardonnay '01	60, 146	**Finca La Linda** Tempranillo '01	110
Familia Llaver Oro		**Finca La Linda** Viognier '02	68, 178
Cabernet Sauvignon '02	76, 140	**Finca Las Moras**	
Familia Llaver Oro Merlot '02	103, 140	Cabernet Sauvignon '01	78
Familia Llaver Oro		**Finca Las Moras** Malbec '01	96
Sauvignon Blanc '02	66, 140	**Finca Las Moras** Syrah '00	107
Felipe Rutini Cab. S. -		**Finca Las Moras** Viognier '01	68
Merlot '96	25, 30, 80, 183	**Finca Las Moras** Bonarda '02	70, 157
Finca Altamira Malbec '00	91, 126	**Finca Las Moras** Chardonnay '02	61
Finca de Altura		**Finca Las Moras Reserva** Corte '00	86
Cabernet Sauvignon '02	76, 197	**Finca Las Moras Reserva**	
Finca de Altura Merlot '02	103, 197	Chardonnay '01	61
Finca de Altura Syrah '02	107, 197	**Finca Las Moras Reserva**	
Finca de Domingo Corte '99	86, 217	Malbec '01	96
Finca de Domingo Malbec '99	97, 217	**Finca Los Leiva**	
Finca de Domingo Torrontés '01	67, 217	Cabernet Sauvignon '02	78, 128
Finca Don Domenico		**Finca Los Leiva** Malbec '02	99, 128
Bonarda '02	70, 204	**Finca Los Nobles**	
Finca Don Domenico		Cabernet Bouchet '96	71, 178
Cabernet Sauvignon '02	79, 204	**Finca Los Nobles** Chardonnay '99	178
Finca Don Domenico		**Finca Los Nobles**	
Chardonnay '02	60, 204	Malbec - Verdot '96	100
Finca Don Domenico Syrah '02	107, 204	**Finis Terrae**	
Finca Don Domenico		Cabernet Sauvignon '01	341, 379
Tempranillo '02	109, 204	**Finísimo**	
Finca El Portillo		Cabernet Sauvignon '00	341, 371
Cabernet Sauvignon '01	76, 189	**Floresta**	
Finca El Portillo Chardonnay '01	61	Cabernet Sauvignon '99	25, 30, 335, 387
Finca El Portillo Malbec '01	98	**Floresta** Syrah -	
Finca El Portillo Merlot '01	103	Merlot - Cab. S. '99	364, 387
Finca El Portillo		**Flowers Especial** Demi-Sec	264, 281
Sauvignon Blanc '02	65, 189	**Fond de Cave**	
Finca El Portillo Syrah '01	107, 189	Cabernet Sauvignon '00	76
Finca El Portillo Tempranillo '02	109	**Fond de Cave** Chardonnay '00	60
Finca El Retiro Bonarda '01	71, 179	**Fond de Cave Reserva**	
Finca El Retiro Malbec '01	97, 179	Malbec '00	25, 31, 88, 157
Finca El Retiro Syrah '01	107, 179	**Founders Collection**	
Finca El Retiro Tempranillo '01	109, 179	Cabernet Sauvignon '99	342, 390

Marca/Label	Página/Page	Marca/Label	Página/Page
Frizzante Macabeu - Moscatel	544, 545	**Gran Cuvée**	
Georges Aubert Brandy '02	271, 289	Cabernet Sauvignon '02	342, 391
Georges Aubert Moscatel '02	263, 289	**Gran Cuvée** Carmenère '00	351, 391
Georges Aubert Brut Corte '02	262, 289	**Gran Cuvée**	
Giallo Moscatel	263, 306	Carmenère '02	25, 31, 347, 391
Gillmore Carignan '01	347, 455	**Gran Cuvée** Pinot Noir '02	360, 391
Gillmore Reserva		**Gran Lurton Reserva**	
Cabernet Sauvignon '01	340, 455	Cabernet Sauvignon '00	73, 187
Gillmore Reserva Merlot '01	357, 455	**Gran Millesimé Aurora**	
Goyenechea		Corte '99	262, 274
Cabernet Sauvignon '00	78	**Gran Pisco Mistral** Pisco	365, 547
Goyenechea Malbec '01	99	**Gran Reserva** Chardonnay '02	329
Goyenechea Sauvignon Blanc '02	66, 198	**Gran Reserva -**	
Goyenechea		**Navarro Correas**	
Syrah - Merlot	108, 198	Cabernet Sauvignon '00	74, 141
Goyenechea Chardonnay '02	60, 198	**Gran Reserva Familia Ancón**	
Goyenechea Brut		Merlot - Malbec - Cab. S. '00	104, 192
Chard. - Tocai Friulano '02	62, 198	**Gran Reserva Giacomin**	
Goyenechea -Centenario		Cabernet Sauvignon '01	266, 306
Cabernet Sauvignon '95	77, 198	**Gran Reserva Traversa**	
Goyenechea Reserva Syrah '01	107	Cabernet Sauvignon '00	509, 531
Goyenechea Reserva Merlot '01	103	**Gran Reserva Vitisterra**	
Goyenechea Rosé Merlot '02	69	Chardonnay '02	327, 410
Gracia Late Harvest '00	364, 406	**Gran Tarapacá Reserva**	
Gracia Reserva Syrah '02	361, 406	Cabernet Sauvignon '00	342, 388
Graffigna Chard. - Sauvignon	62	**Gran Tarapacá Reserva**	
Graffigna Syrah - Cab. S.	108	Sauvignon Blanc '02	332
Graffigna Malbec '00	96, 206	**Gran Tradición Carrau Pujol**	
Graffigna Syrah '00	106, 206	Tannat - Cab. S. - Cab. F. '98	514
Graffigna Centenario		**Granja Uniâo** Cab. S. - Merlot -	
Chardonnay	61, 206	Tannat '01	268
Graffigna -Centenario		**Granja Uniâo** Riesling - Malvasia -	
Cabernet Sauvignon '99	77, 206	Semillon '02	265, 283
Gran Araucano		**Guarda** Corte '99	86, 177
Sauvignon Blanc '02	25, 31, 330, 418	**Haras Character**	
Gran Control Guarda Pisco	365, 547	Cabernet Sauvignon '00	343, 381
Gran Cosecha Vista Alegre Temp. -		**Henry Gran Guarda** Corte '99	84, 177
Malbec - Cab. S. - Merlot	490, 498	**Henry Piper** Corte	57, 167
Gran Cru Cab. S. - Merlot '00	345, 407	**Horcón Quemado** Pisco	365, 547
Gran Cru		**House of Morandé**	
Cab. S. - Merlot '01	25, 31, 345, 407	Cabernet Sauvignon '00	343
Gran Cru		**Huelkén**	
Cab. S. - Merlot '99	346, 407	Cabernet Sauvignon '01	343, 382
Gran Crucero Carmenère '01	350, 432	**Huelkén** Chardonnay '00	327, 382
Gran Crucero Syrah '01	363, 432	**Huelkén** Merlot '01	358, 382
Gran Cuvée		**Huelkén Reserva**	
Cabernet Sauvignon '01	341, 391	Cabernet Sauvignon '01	343, 382

Marca/Label	Página/Page	Marca/Label	Página/Page
Huelkén Reserva Merlot '01	358, 382	**Juan Marichal** Merlot '02	510, 521
Hugo Casanova Reserva Chardonnay '01	327, 453	**Juan Marichal** Sauvignon Blanc '02	508, 521
Hugo Casanova Reserva Merlot '01	357, 453	**Júbilo** Corte '01	25, 32, 82
Humberto Barberis Malbec '99	99, 128	**Kaufman** Chardonnay '02	60, 205
Humberto Canale Pinot Noir '00	104, 231	**Kohlberg** Barbera '01	243, 247
Humberto Canale Sauvignon Blanc '02	66, 231	**Kohlberg** Cabernet Sauvignon '01	243, 247
Humberto Canale Semillon '01	66, 231	**Kohlberg** Pinot Noir '96	243, 247
Infinitus Malbec - Syrah '01	100, 230	**Kohlberg** Syrah '02	244, 247
Infinitus Merlot '99	102, 230	**Kohlberg** Ugni Blanc '98	243, 247
Insignia Cab. S. - Malbec	80	**La Botija** Pisco	491, 495, 547
Irurtia Gewürztraminer '02	515, 537	**La Celia Reserva** Cabernet Sauvignon '01	77, 190
Iscay Corte '99	85, 157	**La Celia Reserva** Merlot '01	103, 190
J. Bouchon Cabernet Sauvignon '01	344	**La Concepción** Cabernet Sauvignon '01	243, 246
J. Bouchon Assemblage Cab. S. - Malbec - Merlot - Carm. '99	345	**La Concepción** Chardonnay '01	243, 246
J. Bouchon Chicureo Carmenère '02	350, 454	**La Fortuna** Cabernet Sauvignon '02	343, 438
J. Bouchon Chicureo Sauvignon Blanc '02	332	**La Fortuna** Sauvignon Blanc '03	332, 438
J. Bouchon Chicureo Merlot '01	357, 454	**La Fortuna Reserva** Merlot '00	357, 438
J. Bouchon Gran Reserva Cabernet Sauvignon '98	337, 454	**La Joya** Carmenère '02	350, 420
J. Bouchon Gran Reserva Carmenère '01	350, 454	**La Joya** Merlot '00	358, 420
J. Bouchon Gran Reserva Chardonnay '00	329	**La Joya** Syrah '00	363, 420
J. Bouchon Gran Reserva Merlot '99	356, 454	**La Joya** Syrah '02	362, 420
Jean Rivier Cabernet Sauvignon '00	78, 195	**La Joya Gran Reserva** Cabernet Sauvignon '99	341, 420
Jean Rivier Chenin - Torrontés '02	63, 195	**La Misión** Cabernet Sauvignon '02	344
Jean Rivier Chenin Blanc '01	63, 195	**La Misión Reserva** Merlot '02	357, 391
Jean Rivier Malbec '00	95, 195	**La Palmería** Cabernet Sauvignon '02	337, 408
Jean Rivier Malbec - Bonarda '01	99, 195	**La Playa** Cabernet Sauvignon '99	342, 433
Jean Rivier Tocai Friulano '00	66, 195	**La Playa** Carmenère '01	351, 433
Jean Rivier Tocai Friulano '02	66, 195	**La Playa** Chardonnay '02	329, 433
José L. Mounier Malbec - Cab. S. - Tannat '01	100, 221	**La Playa** Merlot '99	356, 433
José L. Mounier Torrontés '02	67, 221	**La Playa Claret** Corte '00	354, 433
Juan Carrau Orgánico Gewürztraminer '01	270, 299	**La Rosa Gran Reserva** Chardonnay '02	330, 408
		La Rosa Gran Reserva Merlot '02	355, 408
		La Rosa Gran Reserva Merlot - Cab. S. '02	359, 408
		La Rosa Reserva Chardonnay '02	329, 408
		La Serena Pisco	365, 547

Marca/Label	Página/Page	Marca/Label	Página/Page
Lagarde Cabernet Sauvignon '99	77, 177	**Los Artesanos del Cochiguaz**	
Lagarde Chardonnay '01	62	Pisco	365, 547
Lagarde Corte '01	69	**Los Cardos**	
Lagarde Extra Brut	58, 177	Cabernet Sauvignon '01	77, 182
Lagarde Malbec '00	98	**Los Cardos** Chardonnay '01	61, 182
Lagarde Merlot '00	103, 177	**Los Cardos** Malbec '01	95, 182
Lagarde Moscato	58	**Los Cardos** Syrah '01	108, 182
Lagarde Sauvignon Blanc '01	66	**Los Vascos**	
Lagarde Syrah '00	107	Cabernet Sauvignon '01	342, 424
Lagarde Viognier '02	68, 177	**Los Vascos** Chardonnay '02	327, 424
Lagarto Merlot '02	103, 181	**Los Vascos** Corte '00	353, 424
Las Mercedes - Reserva		**Lote 43** Cab. S. - Merlot '99	268, 285
Cabernet Sauvignon '99	339, 454	**Luigi Bosca** Gewürztraminer '02	111, 178
Las Mercedes - Reserva		**Luigi Bosca** Malbec '01	98
Chardonnay '01	329	**Luigi Bosca** Sauvignon Blanc '02	64, 178
Latitud 33		**Luigi Bosca D.O.C.** Malbec '00	97
Cabernet Sauvignon '02	76, 152	**Luigi Bosca Reserve**	
Latitud 33 Chardonnay '01	60, 152	Cabernet Sauvignon '99	73, 178
Latitud 33 Malbec '02	96, 152	**Luis Felipe Edwards Reserva**	
Legado de Armida		Cabernet Sauvignon '00	339, 425
Sauvignon Blanc '02	331, 386	**Luis Felipe Edwards Reserva**	
Legado de Armida - Reserva		Carmenère '01	351, 425
Cabernet Sauvignon '01	25, 32, 335, 386	**Luna** Cabernet Sauvignon '01	79, 176
Legado de Armida - Reserva		**Luna** Malbec '01	98, 176
Carmenère '01	350, 386	**Lurton** Pinot Gris '02	64, 187
Legado de Armida - Reserva		**Lurton Reserva** Chardonnay '00	61, 187
Carmenère '02	351	**Maderos de San Juan**	
Legado de Armida - Reserva		Pinot Noir '00	511, 536
Malbec '02	354, 386	**Maderos de San Juan**	
Leon de Tarapacá		Sauvignon Blanc '00	508, 536
Cabernet Sauvignon '02	344, 388	**Maderos de San Juan**	
Leon de Tarapacá		Tempranillo '00	514, 536
Carmenère '02	351, 388	**Magna** Corte '00	85, 171
Leon de Tarapacá Merlot '02	358	**Magnificum**	
Leonardo Falcone		Cabernet Sauvignon '99	341, 371
Chardonnay '02	507, 535	**Malamado Especial** Malbec '00	111, 171
Leonardo Falcone Roble		**Manso de Velasco**	
Tannat '01	512, 535	Cabernet Sauvignon '00	342, 439
Leyda Reserva Chardonnay '01	328, 398	**Mapema** Cab. S. - Malbec -	
Leyda Reserva Merlot '01	357, 398	Merlot '00	81
Leyda Reserva Syrah - Cab. S. '01	363, 398	**Maquehua** Chardonnay '02	329, 439
Liguai Cab. S. - Carm. - Syrah '02	345, 383	**Marco Luigi** Brut '01	261, 284
Linda Flor Malbec '02	90	**Marco Luigi**	
Lolol Single Reserva		Cabernet Sauvignon '01	267, 284
Syrah '01	25, 32, 360, 421	**Marco Luigi** Merlot '01	269, 284
López Corte '00	86, 154	**Marco Luigi** Moscatel	263, 284
López Corte	87	**Marcus** Merlot '99	103, 231

Marca/Label	Página/Page	Marca/Label	Página/Page
Marcus Gran Reserva Merlot '01	*101, 231*	**Misiones de Rengo**	
Marcus James Chardonnay	*261, 274*	Cab. S. - Syrah '02	*25, 33, 346, 409*
Marichal Chardonnay '01	*507, 521*	**Misiones de Rengo**	
Marichal Tannat '02	*512, 521*	Carmenère '02	*350, 409*
Marichal Reserva		**Misiones de Rengo**	
Pinot Noir - Tannat '02	*511, 521*	Sauvignon Blanc '02	*331, 409*
Marichal Reserva Colección		**Misiones de Rengo Reserva**	
Tannat '02	*512, 521*	Chardonnay '02	*329, 409*
Marqués de Casa Concha		**Mistela Sinuelo Especial**	
Cabernet Sauvignon '01	*25, 32, 334, 378*	Moscato Giallo '01	*265, 301*
Marqués de Casa Concha		**Moizo Hnos.** Chardonnay '02	*507, 522*
Chardonnay '02	*329*	**Moizo Hnos.** Merlot '02	*510, 522*
Marqués de Casa Concha		**Moizo Hnos.** Merlot - Tannat '02	*511, 522*
Merlot '01	*355, 378*	**Moizo Hnos. Roble** Tannat '02	*512, 522*
Marqués de Griñón		**Moizo Hnos. Roble Reserva**	
Chenin Blanc '01	*62*	Chardonnay '02	*507, 522*
Marqués de Griñón Malbec '97	*96, 153*	**Moizo Hnos. Roble Reserva**	
Marqués de Griñón		Tannat '02	*512, 522*
Tempranillo '01	*109*	**Montchenot** Brut Nature	*56, 154*
Marqués de Griñón Roble		**Montchenot** Corte '02	*63*
Tempranillo '01	*109, 153*	**Montchenot** Corte '92	*85, 154*
Marson Brut	*261, 307*	**Montchenot** Extra Brut	*58, 154*
Marson Reserva		**Montchenot Gran Reserva**	
Cabernet Sauvignon '01	*266, 307*	15 Años Corte '83	*85, 154*
Marson Reserva Chardonnay '02	*264, 307*	**Montchenot Gran Reserva**	
Martino Malbec '02	*95, 137*	20 Años Corte '78	*84, 154*
Martins Cabernet Sauvignon '01	*76, 153*	**Montes** Gew. - Riesling '00	*364, 426*
Martins Cabernet Sauvignon '02	*78, 153*	**Montes Alpha**	
Martins Malbec '01	*98*	Cabernet Sauvignon '01	*339, 426*
Martins Malbec '02	*98, 153*	**Montes Alpha** Chardonnay '01	*329, 426*
Martins Merlot '01	*103*	**Montes Alpha** Merlot '00	*33, 357, 426*
Martins Syrah '02	*107, 153*	**Montes Alpha** Syrah '00	*362, 426*
Martins Tempranillo '02	*109, 153*	**Montes Alpha M.**	
Max Reserva		Corte '00	*25, 33, 353, 426*
Cabernet Sauvignon '00	*342, 459*	**Montfleury Gran Rosé**	
Max Reserva Syrah '00	*362, 459*	Corte '02	*57, 149*
Medalla Real		**MontGras - Limited Edition**	
Cabernet Sauvignon '00	*340, 387*	Viognier '02	*333, 427*
Medrano Cabernet Sauvignon '00	*77, 177*	**MontGras - Limited Edition**	
Medrano Chardonnay '02	*61, 177*	Zinfandel '00	*364*
Medrano Malbec '01	*94, 177*	**MontGras Reserva** Carmenère '00	*349, 427*
Miguel Escorihuela Gascón		**MontGras Reserva**	
Malbec - Syrah - Cab. S. '00	*100, 138*	Chardonnay '02	*329, 427*
Miguel Torres Brut	*326, 439*	**MontGras Reserva** Merlot '00	*357, 427*
Mirador Selection Pinot Noir '01	*359, 402*	**MontGras Reserva**	
Mirador Selection		Sauvignon Blanc '02	*332, 427*
Sauvignon Blanc '02	*332, 402*	**Montura** Pisco	*365, 547*

Marca/Label	Página/Page	Marca/Label	Página/Page
Morandé Edición Limitada		**Norton** Merlot '02	*103*
Golden Harvest Sauvignon Blanc	*33*	**Norton** Merlot '99	*104*
Morandé Edición Limitada		**Norton** Sauvignon Blanc '02	*64, 142*
Golden Harvest		**Norton** Tempranillo '01	*109, 142*
Sauvignon Blanc	*25, 33, 365, 410*	**Norton Barrel Select**	
Morandé Pionero		Cabernet Sauvignon '00	*76, 142*
Carmenère '02	*351*	**Norton Clásico** Corte '00	*86*
Morandé Terrarum Reserva		**Norton Clásico** Corte '02	*63*
Pinot Noir '02	*359*	**Norton Cosecha Especial**	
Moscatel Cave de Pedra Corte	*262, 282*	Extra Brut	*58*
Moscatel de Alejandría		**Norton D.O.C.** Malbec '00	*92, 142*
Late Harvest Moscatel	*365, 465*	**Norton Reserva**	
Moscatel de Greville Moscatel	*263, 290*	Cabernet Sauvignon '00	*76*
Moscato de Oro Corte	*63, 207*	**Norton Reserva** Malbec '00	*96*
Museo Cab. S. - Merlot '98	*510*	**Norton Reserva** Syrah - Cab. S. '00	*108*
Museo Gewürztraminer '99	*515*	**Nuestro Margaux** Corte	*87*
Mythos Malbec '02	*95, 121*	**O2 Blanco** Corte	*57*
Nacarí Corte	*87*	**O2 Rojo** Corte	*57*
Nacarí Torrontés Riojano	*67*	**Oak Cask Tradicional**	
Neblus Cabernet Sauvignon '00	*337, 385*	Malbec '99	*98, 158*
New Age Bloody Corte	*111*	**Ochagavia** Merlot '01	*357*
New Age Especial Corte	*63*	**Ochagavia Gran Reserva**	
Newen Patagonia Malbec '02	*95, 233*	Cabernet Sauvignon '00	*342*
Newen Patagonia Merlot '02	*103, 233*	**Ochagavia Reserva**	
Nieto Senetiner		Cabernet Sauvignon '01	*342, 385*
Cabernet Sauvignon '00	*76*	**Ocucaje** Pisco	*491, 499, 547*
Nieto Senetiner Chardonnay '02	*60*	**Orfila** Cabernet Sauvignon '01	*78, 156*
Nieto Senetiner Malbec '00	*96*	**Orfila** Cabernet Sauvignon '99	*78, 156*
Nieto Senetiner Merlot '00	*102*	**Orfila** Syrah '01	*108, 156*
Nieto Senetiner Syrah '00	*106*	**Orfila** Torrontés '00	*67, 156*
Nieto Senetiner D.O.C. Malbec '00	*98*	**Orgánico Juan Carrau**	
Nieto Senetiner Reserva		Cabernet Sauvignon '01	*509*
Cab. S. - Syrah '01	*80, 155*	**Orzada** Cabernet Franc '01	*333, 372*
Nieto Senetiner Reserva		**Orzada** Carignan '01	*346, 372*
Chardonnay '01	*60*	**Ostrich** Bonarda '02	*69, 131*
Nieto Senetiner Reserva		**Ostrich** Syrah '00	*107, 131*
Malbec '01	*96*	**Ostrich** Syrah '02	*105, 131*
Nieto Senetiner Reserva		**P. Rigaud** Corte	*57, 167*
Merlot '01	*101, 155*	**Padre Barreto**	
Ninquén		Cabernet Sauvignon '00	*509, 527*
Cabernet Sauvignon '00	*25, 33, 334, 427*	**Padre Barreto** Tannat '00	*513, 527*
Norton Barbera '00	*69*	**Paisaje Barrancas**	
Norton Cabernet Sauvignon '02	*76, 142*	Syrah - Merlot - Cab. S. '01	*109, 173*
Norton Chardonnay '00	*61*	**Paisaje Tupungato**	
Norton Cosecha Tardía '02	*63*	Malbec - Merlot - Cab. S. '01	*100, 173*
Norton Extra Brut	*58, 142*	**Palo Alto** Cabernet Sauvignon '01	*342, 465*
Norton Malbec '02	*97*	**Palo Alto** Chardonnay '02	*329, 465*

Marca/Label	Página/Page	Marca/Label	Página/Page
Palo Alto Late Harvest '01	364, 465	**Portal del Alto Reserva**	
Palo Alto Merlot '02	357, 465	Cabernet Sauvignon '99	342, 384
Palo Alto Sauvignon Blanc '02	332, 465	**Portal Reserva** Carmenère '02	350, 384
Palo Domingo Malbec '01	92, 217	**Posada del Rey** Tannat -	
Panizzon Lambrusco '02	262, 304	Cabernet Franc '01	514, 537
Panizzon Moscatel '02	263, 304	**Posada del Rey**	
Pascual Toso Sauvignon Blanc '02	65, 162	Viognier - Rousanne '02	509, 537
Pascual Toso Syrah '02	107, 162	**Postales** Cab. S. - Malbec '02	80, 233
Patrón Santiago		**Preludio Barrel Select** Tannat -	
Cab. S. - Merlot '99	80, 172	Cab. S. - Merlot - Petit Verdot '98	513, 530
Patrón Santiago Gran Reserva		**Premier** Tannat '00	513, 532
Cabernet Sauvignon '00	77, 172	**Primus** Carmenère - Merlot -	
Paul Bruno Domaine		Cab. S. '00	352, 400
Cabernet Sauvignon '99	343, 374	**Private Collection**	
Pedro del Castillo Malbec '01	97	Chardonnay '99	330, 411
Pedro del Castillo Tempranillo '01	110	**Profundo** Malbec - Merlot -	
Pequeña Vasija Corte '00	86	Cab. S. - Syrah '01	101, 184
Pequeña Vasija Corte '02	63	**Prosecco** Brut	261, 281
Pequeña Vasija Malbec '01	99	**Prosecco Georges Aubert** Corte	262, 289
Pequeña Vasija Syrah '01	108	**Q** Cabernet Sauvignon '99	75, 171
Perdriel Corte '00	63	**Q** Chardonnay '00	60
Perdriel del Centenario		**Q** Malbec '00	94
Corte '00	86	**Q** Merlot '99	101, 171
Pérez Cruz Reserva		**Q** Tempranillo '00	109, 171
Cabernet Sauvignon '02	340, 383	**Quimera** Corte '01	83, 126
Pérez Cruz Reserva		**Quinta Generación** Cab. S. -	
Carmenère '02	350, 383	Carm. - Petit Verdot '01	345
Pérez Cruz Reserva Corte '02	353, 383	**Quinta Generación**	
Pérez Cruz Reserva Syrah '02	363, 383	Cabernet Sauvignon '96	73, 198
Peterlongo Brut Corte	262, 293	**Quinta Generación** Chard. -	
Piedra Negra Malbec '00	90, 187	Viognier - Sauv. Gris '01	330
Pionero Cabernet Sauvignon '02	340, 410	**Quinta Generación** Malbec '01	96, 198
Pionero Chardonnay '02	327	**Quintay Reserva Especial**	
Pionero Merlot '02	358	Chardonnay '02	329, 399
Pionero Syrah '02	363	**Quintay Reserva Especial**	
Pisano Arretxea Corte '00	510, 517	Sauvignon Blanc '02	332, 399
Pisano Arretxea Corte '01	510, 517	**RD** Corte '02	86, 219
Pizzato Cabernet Sauvignon '00	267, 286	**Reserva Aniversario Especial**	
Pizzato Merlot '00	269, 286	Singani	244, 245, 547
Pizzato Merlot '01	268, 286	**Reserva de Arerungua**	
Pomar Brut	544, 545	Tannat '00	511, 525
Pomar Demi-Sec	544, 545	**Reserva Familiar Roble**	
Pomar Petit Verdot '00	544, 545	Merlot '99	510, 535
Pomar Sauvignon Blanc '02	544, 545	**Reserva Familiar Roble**	
Pomar Syrah '00	544, 545	Tannat '01	513, 535
Pomar Tempranillo '99	544, 545	**Reserva Giacomin**	
Pomar Reserva Chenin Blanc '01	544, 545	Cabernet Sauvignon '01	267, 306

Marca/Label	Página/Page	Marca/Label	Página/Page
Reserva Giacomin Merlot '01	268, 306	**Rucahue** Merlot '02	356, 449
Reserva Giacomin		**Rucahue** Sauvignon Blanc '03	332
Moscato Giallo '02	265, 306	**Rujero** Singani	244, 246, 547
Reserva Giacomin Riesling '02	265, 306	**Rujero Añejo Tarixa**	
Reserva Marson Merlot '01	269, 307	Singani	244, 246, 547
Reserva Miolo		**Rutini** Brut Nature '99	56, 183
Cabernet Sauvignon '00	267, 285	**Rutini Especial** Sauternes '01	64, 183
Reserva Miolo Chardonnay '02	264, 285	**Saint Felicien** Cab. S. - Merlot '00	80
Reserva Miolo Pinot Noir '02	269, 285	**Saint Felicien**	
Reserva Ouro Brut Corte	262	Cabernet Sauvignon '00	74
Reserva Panizzon		**Saint Felicien** Chardonnay '00	60
Cabernet Sauvignon '01	267, 304	**Saint Felicien** Malbec '97	90, 133
Reserva Panizzon Merlot '02	269, 304	**Salentein Primus** Pinot Noir '00	104, 189
Reserva Privada - Navarro Correas		**Salentein Roble**	
Malbec '99	97, 141	Cabernet Sauvignon '01	76, 189
Reserva Val de Miz		**Salentein Roble** Chardonnay '99	61
Cabernet Sauvignon '00	267, 305	**Salentein Roble** Malbec '01	96, 189
Retablo Cabernet Sauvignon '02	77, 128	**Salentein Roble** Merlot '00	103, 189
Retablo Malbec '02	95, 128	**Salton** Brut	261
Ricardo Santos Malbec '00	94, 143	**Salton** Cab. S. - Merlot	268
Rincón de Carrasco		**Salton** Cabernet Sauvignon '00	267
Cabernet Sauvignon '98	509, 523	**Salton** Chardonnay '00	264, 281
Rincón de Carrasco Corte '99	510, 523	**Salton** Corte	264, 281
Rincón de Carrasco		**Salton** Demi-Sec	262
Sauvignon Blanc '00	508, 523	**Salton** Moscatel	263
Rincón El Colorado		**Salton Brut** Corte	262
Cab. S. - Cab. F. '02	510, 539	**Salton Reserva** Chardonnay '99	263, 281
Rincón Famoso Corte '02	63	**Salton Reserva Especial**	
Rincón Famoso Corte '97	87	Cabernet Sauvignon '01	267
Roca Family Reserve		**Salton Reserva Especial**	
Chardonnay '02	61, 199	Chardonnay '00	264, 281
Roca Family Reserve		**Salton Reserva Especial**	
Malbec '00	25, 30, 89, 199	Gewürztraminer '02	270
Roca Family Reserve		**Salton Reserva Especial**	
Pinot Noir '02	104, 199	Merlot '00	268
Roca Family Reserve		**Salton Reserva Especial**	
Tocai Friulano '02	66, 199	Riesling '02	265, 281
Rosell Boher Brut	56, 144	**Salton Reserva Especial**	
Rosell Boher Cuvée Millésimé		Sauvignon Blanc '01	265, 281
Extra Brut '00	57, 144	**Salton Reserva Especial** Tannat '01	269
RPF Pisano		**San Elías** Cabernet Sauvignon '02	344
Cabernet Sauvignon '00	509, 517	**San Elías** Carmenère '02	351, 432
RPF Pisano		**San Elías** Merlot '02	358
Cabernet Sauvignon '02	509, 517	**San Elías** Syrah '01	25, 33, 361, 432
RPF Pisano Tannat '00	513, 517	**San Esteban Reserva**	
Rucahue Carmenère '02	351, 449	Carmenère '02	351, 460
Rucahue Chardonnay '03	328, 449	**San Felipe** Corte '01	86, 183

Marca/Label	Página/Page
San Felipe Corte '02	63
San Felipe Demi-Sec '02	57
San Felipe Extra Brut '02	58
San Felipe 12 Uvas Corte '01	87
San Felipe Roble Cabernet Sauvignon '01	79
San Felipe Roble Chardonnay '02	62
San Felipe Roble Malbec '01	99
San Felipe Roble Merlot '01	103
San Felipe Roble Sangiovese '01	105
San Felipe Roble Syrah '01	108
San Felipe Roble Tempranillo '01	109
San Huberto Cabernet Sauvignon	78, 210
San Huberto Chardonnay	62, 210
San Huberto Malbec '02	97, 210
San Huberto Crianza Cabernet Sauvignon '01	78, 210
San Huberto Crianza Chardonnay '01	60, 210
San Huberto Crianza Malbec '01	96, 210
San José Tannat '00	512, 538
San José Tannat '01	512, 538
San Juan Fiesta Tannat - Merlot '00	514, 536
San Pedro de Yacochuya Torrontés '00	34, 67, 226
San Pedro de Yacochuya Rolland Corte '00	25, 34, 83, 226
San Pedro de Yacochuya Sesquicentenario Corte '00	25, 34, 82, 226
San Telmo Cabernet Sauvignon '99	79, 135
San Telmo Chardonnay '02	62, 135
San Telmo Malbec '01	99, 135
San Telmo Merlot '00	104, 135
San Telmo Sauvignon Blanc '01	66, 135
San Telmo Syrah '02	107, 135
Santa Carolina Reserva de Familia Cabernet Sauvignon '00	342, 385
Santa Cecilia Merlot '02	510, 535
Santa Colina Chardonnay '02	264, 309
Santa Colina Gewürztraminer '02	270, 309
Santa Colina Riesling Renano '02	265, 309
Santa Colina Premium Cabernet Sauvignon '01	267, 309
Santa Digna Cabernet Sauvignon '01	342, 439
Santa Digna Cabernet Sauvignon '02	333, 439
Santa Digna Chardonnay '02	329, 439
Santa Digna Merlot '02	358
Santa Digna Sauvignon Blanc '02	331, 439
Santa Ema Merlot '99	355, 392
Santa Ema Reserva Cabernet Sauvignon '01	338, 392
Santa Ema Reserva Chardonnay '02	329, 392
Santa Ema Reserva Merlot '01	356, 392
Santa Emiliana Cabernet Sauvignon '02	338, 445
Santa Emiliana Merlot '02	358
Santa Emiliana Sauvignon Blanc '99	332
Santa Emiliana Reserva Cabernet Sauvignon '01	341, 445
Santa Emiliana Reserva Chardonnay '01	326, 445
Santa Emiliana Reserva Merlot '01	356, 445
Santa Emiliana Reserva Especial Syrah '00	361, 445
Santa Faustina Malbec '99	97, 145
Santa Faustina Syrah '00	107, 145
Santa Florentina Brut Torrontés	56, 211
Santa Florentina Cabernet Sauvignon '02	79, 211
Santa Florentina Chardonnay '02	61, 211
Santa Florentina Malbec '02	97, 211
Santa Florentina Malbec - Syrah '02	100, 211
Santa Florentina Merlot '02	104, 211
Santa Florentina Syrah '02	107, 211
Santa Florentina Torrontés '02	67, 211
Santa Florentina Torrontés - Chard. '02	68, 211
Santa Helena Cabernet Sauvignon '02	341, 430
Santa Helena Chardonnay '02	329
Santa Helena - Gran Vino Carmenère '02	351
Santa Helena - Gran Vino Merlot '02	358
Santa Helena - Siglo de Oro Carmenère - Malbec '02	352, 430

Marca/Label	Página/Page	Marca/Label	Página/Page
Santa Helena - Siglo de Oro Sauvignon Blanc '03	332	**Selección del Directorio Reserva** Sauvignon Blanc '02	332
Santa Helena Reserva Carmenère '01	25, 34, 347, 430	**Selección del Directorio Reserva** Chardonnay '02	328
Santa Helena Reserva Merlot '01	358	**Selección La Puebla** Syrah '02	511, 532
Santa Helena Selección del Directorio Pinot Noir '02	359, 430	**Selección La Puebla** Viognier '02	509, 532
Santa Helena Siglo de Oro Cabernet Sauvignon '02	338, 430	**Selentia** Cabernet Sauvignon '00	344, 431
Santa Inés Reserva Carmenère '99	350, 386	**Selentia Reservado Especial** Chardonnay '01	330, 431
Santa Inés Reserva Syrah '01	25, 34, 361, 386	**Seña** Corte '99	25, 34, 353, 459
Santa Isabel Bonarda '02	70	**Septiembre** Cabernet Sauvignon	69
Santa Isabel Cab. S. - Syrah '02	81	**Séptima** Cabernet Sauvignon '01	78, 147
Santa Isabel Chard.- Viognier '02	62	**Séptima** Corte '00	86, 147
Santa Isabel Malbec '02	96	**Séptima** Corte '02	63, 147
Santa Isabel Sauvignon Blanc '02	65	**Séptima** Malbec '00	97, 147
Santa Isabel Estate Sauvignon Blanc '02	331	**Séptima** Syrah '01	106, 147
Santa Julia Cabernet Sauvignon '01	78	**Siglo XVI** Cot - Merlot	490, 494
Santa Julia Merlot '01	103	**Simmetry** Cab. S. - Malbec '00	79, 127
Santa Julia Sauvignon Blanc '02	65, 171	**Simmetry** Cabernet Sauvignon '00	77, 127
Santa Julia Syrah '01	106, 171	**Simmetry** Malbec '00	92, 127
Santa Julia Syrah '02	69, 171	**Sinuelo Reserva** Chardonnay '02	264, 301
Santa Julia Tempranillo '01	109	**Sol Chico** Sauvignon Blanc '02	508, 533
Santa Julia Viognier '02	68	**Sol Chico** Tannat - Merlot '00	514, 533
Santa Julia Especial Cosecha Tardía '02	63	**Soldeica** Pisco	491, 498, 547
Santa Julia Reserva Merlot '01	103, 171	**State** Syrah '01	363, 459
Santa Julia Roble Cabernet Sauvignon '00	77	**Stella Aurea** Cabernet Sauvignon '00	25, 35, 334, 377
Santa Julia Roble Chardonnay '00	60	**Stonelake** Cabernet Franc '00	333, 441
Santa Julia Roble Malbec '01	97	**Stonelake** Merlot '01	357
Santa Rita - Floresta Sauvignon Blanc '02	332, 387	**Stonelake** Merlot '00	357
Santa Rosa Cabernet Sauvignon '00	510, 539	**Stonelake Premium** Pinot Noir '99	360
Santa Rosa Merlot '98	510, 539	**Stonelake Reserva** Cabernet Sauvignon '99	342
Santa Rosa Tannat '00	513, 539	**Stonelake Reserva** Malbec '00	355
Santos Tanque 8 Malbec '00	97	**Susana B.** Malbec '01	97
Segisa Corte '01	87, 207	**Susana B. Brioso** Cab. S. - Malbec - Merlot '01	81, 170
Selección del Directorio Reserva Cabernet Sauvignon '01	341, 430	**Sutil** Cabernet Sauvignon '01	343
Selección del Directorio Reserva Carmenère '02	351	**Sutil** Carmenère '01	351, 433
		Sutil Chardonnay '02	329, 433
		Sutil Merlot '01	357
		Sutil Sauvignon Blanc '02	331, 433

Marca/Label	Página/Page	Marca/Label	Página/Page
Sutil Syrah '01	363, 433	**Terramater Reserva**	
Tabernero		Chardonnay '01	329, 389,
Cabernet Sauvignon '01	490, 495	**Terramater Reserva** Merlot '00	357, 389
Tabernero Chard. - Chenin -		**Terramater Reserva**	
S. Blanc '02	490, 495	Syrah '01	25, 35, 361, 389
Tacama Malbec - Tannat -		**Terranoble**	
Cab. S. - Petit Verdot '03	490, 496	Cabernet Sauvignon '02	344
Tacama S. Blanc - Semillon -		**Terranoble** Chardonnay '02	330, 456
Viognier '02	490, 496	**Terranoble** Merlot '01	358
Tacama Tannat - Petit Verdot '02	490, 496	**Terranoble** Sauvignon Blanc '02	332, 455
Talento Malbec '99	95, 128	**Terranoble Gran Reserva**	
Tamaya Cabernet Sauvignon '02	344, 464	Carmenère '01	349, 456
Tamaya Carmenère '02	350, 464	**Terranoble Gran Reserva**	
Tamaya Merlot - Cab. S. -		Merlot '01	357, 456
Syrah '01	359	**Terranoble Reserva**	
Tamaya Merlot - Sangiovese '01	359, 464	Cabernet Sauvignon '01	344
Tamaya Sangiovese '02	360, 464	**Terranoble Reserva**	
Tamaya Viognier '02	333, 464	Carmenère '01	349, 456
Tamaya Viognier -		**Terranoble Reserva** Merlot '01	357, 456
Chard. - S. Blanc '02	333, 464	**Terranova** Cab. S. - Syrah '01	267, 285
Tamaya Reserva		**Terranova** Syrah '02	269, 285
Chardonnay '02	328, 464	**Terrarum** Merlot '02	357
Tamaya Reserva		**Terrarum Reserva**	
Cabernet Sauvignon '02	343, 464	Cabernet Sauvignon '02	339, 410
Tanque 12 Chardonnay '01	61	**Terrarum Reserva**	
Tantehue		Chardonnay '02	329
Cabernet Sauvignon '01	344	**Terrarum Reserva** Merlot '02	358
Tapiz Cabernet Sauvignon '00	79, 150	**Terravid** Cabernet Sauvignon '01	343, 384
Tapiz Chardonnay '01	61, 150	**Terravid** Carmenère '01	349, 384
Tapiz Malbec '01	96, 150	**Terravid Premium**	
Tapiz Merlot '00	103, 150	Cabernet Sauvignon '01	342, 384
Tapiz Syrah '01	107, 150	**Terrazas**	
Tarapacá Gran Reserva		Cabernet Sauvignon '02	76, 148
Cabernet Sauvignon '99	344	**Terrazas** Chardonnay '02	59, 148
Tarapacá Gran Reserva		**Terrazas** Malbec '02	96, 148
Carmenère '02	349, 388	**Terrazas** Syrah '02	107, 148
Tarapacá Gran Reserva		**Terrazas Gran**	
Merlot '01	357, 388	Cabernet Sauvignon '99	25, 31, 71, 148
Tarapacá Reserva		**Terrazas Gran** Malbec '99	25, 32, 88, 148
Chardonnay '01	328, 388	**Terrazas Reserva**	
Terramater Cab. S. -		Chardonnay '02	60, 148
Carmenère '00	344, 389	**Terrazas Reserva** Malbec '01	96, 148
Terramater		**Terrunyo**	
Cabernet Sauvignon '01	342, 389	Cabernet Sauvignon '00	336, 378
Terramater Zinfandel - Syrah '01	364	**Terrunyo** Carmenère '01	25, 35, 348, 378
Terramater Reserva		**The Don**	
Cabernet Sauvignon '00	340, 389	Cabernet Sauvignon '98	337, 441

Marca/Label	Página/Page	Marca/Label	Página/Page
Tierra Roja Cab. S. - Syrah - Merlot '00	346, 449	**Trilogía Roble** Tannat '00	512, 527
Tierras Altas Malbec '02	97, 151	**Trío** Merlot '01	356, 378
Tierras Altas Crianza Malbec '01	96, 151	**Trío** Sauvignon Blanc '02	331, 378
Tierras del Viento Malbec '02	96, 229	**Trivento** Bonarda '02	70, 163
Tierras del Viento Malbec - Merlot '02	100, 229	**Trivento** Chardonnay '02	61, 163
		Trivento Malbec '02	98, 163
Tierras del Viento Merlot '02	104, 229	**Trivento** Syrah '02	107, 163
Tizac Bonarda '02	70, 213	**Trivento Reserva** Cab. S. - Malbec '01	80, 163
Tizac Syrah	107, 213	**Trivento Reserva** Chardonnay '02	60, 163
Tonini Cabernet Sauvignon '99	267, 297		
Tonini Niagara	270, 297	**Trivento Reserva** Malbec '01	98, 163
Torreón de Paredes Merlot '01	358, 411	**Trivento Reserva** Syrah '01	108, 163
Toscanini Cabernet Sauvignon '01	509, 520	**Trivento Reserva** Syrah - Malbec '01	108, 163
Toscanini Sauvignon Blanc '02	508, 520		
Toscanini Roble Chardonnay '01	507, 520	**Trumpeter** Cabernet Sauvignon '01	76, 183
Toscanini Roble Tannat '00	512, 520	**Trumpeter** Chardonnay '01	62
Toscanini Roble Tannat '99	512, 520	**Trumpeter** Malbec '01	99
Toso Brut Corte	57, 162	**Trumpeter** Merlot '01	101, 183
Trapiche Cabernet Sauvignon '00	76	**Trumpeter** Syrah '01	107
Trapiche Chardonnay '01	60	**Ultra - Navarro Correas** Corte '00	85, 141
Trapiche Malbec '01	98		
Trapiche Merlot '00	104	**Undurraga** Brut	326, 390
Trapiche Sauvignon Blanc '02	66	**Undurraga** Cabernet Sauvignon '02	344, 390
Trapiche Syrah '00	106, 157		
Trapiche Pinot Noir '01	104	**Undurraga** Sauvignon Blanc '02	332, 390
Trapiche Medalla Corte '99	86	**Undurraga** Gewürztraminer '02	330, 390
Trapiche Oak Cask Pinot Noir '01	104	**Undurraga - Reserva** Carmenère '02	351, 390
Trapiche Roble Cabernet Sauvignon '99	75, 157		
Trapiche Roble Chardonnay '01	60	**Undurraga - Reserva** Merlot '01	356, 390
Trapiche Roble Malbec '00	92, 157	**Unique Baron B.** Brut Nature '97	56, 152
Trapiche Roble Merlot '99	102, 157	**Urban OAK** Temp. - Malbec - Syrah - Merlot '02	110, 191
Traversa Gran Reserva Tannat '00	513, 531		
		Urban OAK Temp. - Merlot - Malbec '01	110, 191
Traversa Gran Reserva Roble Tannat '00	513, 531	**Uxmal** Cab. S. - Malbec '01	79
Tres Erres Pisco	365, 547	**Uxmal** Cab. S. - Syrah '01	80
Tres Esquinas Acholado	491, 497, 547	**Uxmal** Sauvignon Blanc - Semillon '02	66
Tres Esquinas Mosto Verde Pisco	491, 497, 547	**Val de Miz 15 Años** Brandy	271, 305
		Valbona Bonarda '01	70, 203
Tres Estrellas Uva Blanca Seleccionada Singani	244, 245, 547	**Valbona** Cabernet Sauvignon '01	76, 203
		Valbona Chardonnay '02	60, 203
Tres Estrellas Uva Negra Seleccionada Singani	244, 245, 547	**Valbona** Malbec '01	95, 203
Trilogía Cabernet Sauvignon '00	509, 527	**Valbona** Torrontés Sanjuanino '01	67, 203

Marca/Label	Página/Page	Marca/Label	Página/Page
Valbona Roble		**Ventisquero**	
Cabernet Sauvignon '00	76, 203	Cabernet Sauvignon '02	342, 412
Valbona Roble Chardonnay '02	60, 203	**Ventisquero** Chardonnay '03	330
Valdivieso Merlot '99	358	**Ventisquero** Merlot '02	358
Valdivieso Premium		**Ventisquero** Sauvignon Blanc '02	332
Cabernet Franc '99	334, 441	**Ventisquero** Syrah '01	363
Valdivieso Premium Malbec '99	354, 441	**Ventisquero Gran Reserva**	
Valdivieso Reserva		Cabernet Sauvignon '01	341, 412
Cabernet Sauvignon '00	344	**Ventisquero Gran Reserva**	
Valdivieso Reserva Carmenère '00	350	Merlot '01	355, 412
Valdivieso Reserva Merlot '99	357	**Ventisquero Gran Reserva**	
Valdivieso Reserva Pinot Noir '01	360	Syrah '01	363, 412
Valdivieso Reserva Syrah '01	362, 441	**Ventisquero Reserva**	
Valdivieso Reserva Premium		Cabernet Sauvignon '01	342
Cabernet Sauvignon '99	340, 441	**Ventisquero Reserva**	
Valdivieso Reserva Premium		Carmenère '02	350, 412
Chardonnay '01	330	**Ventisquero Reserva**	
Valdivieso Reserva Premium		Chardonnay '02	329
Pinot Noir '98	360	**Ventisquero Reserva** Merlot '01	357
Valentín Bianchi		**Ventisquero Reserva**	
Cabernet Sauvignon '00	76	Sauvignon Blanc '02	332
Valentín Bianchi Chardonnay '01	61	**Ventisquero Reserva** Syrah '01	363, 412
Valentín Bianchi Malbec '00	96	**Veramonte**	
Valentín Bianchi		Cabernet Sauvignon '01	342, 400
Sauvignon Blanc '01	66, 196	**Veramonte** Chardonnay '01	328, 400
Valentín Bianchi D.O.C.		**Veramonte** Merlot '01	358, 400
Cabernet Sauvignon '99	75, 196	**Veramonte** Sauvignon Blanc '02	332, 400
Valentín Bianchi D.O.C.		**Vida Orgánica** Chardonnay '02	62
Chard. - Semillon '02	62	**Vida Orgánica** Tempranillo '01	109
Valentín Bianchi D.O.C.		**Vieilles Vignes**	
Malbec '00	98	Cabernet Sauvignon '00	25, 35, 334, 407
Valle Andino Chardonnay '02	329, 456	**Vieja Parcela Reserva**	
Valle Andino Merlot '01	358, 456	Cabernet Franc '00	509, 526
Valle Andino Sauvignon Blanc '02	333	**Viejo** Tannat '00	512, 532
Valle Las Acequias Malbec '00	98, 161	**Viejo Tonel** Pisco '02	491, 493, 547
Valle Las Acequias		**Viejo Tonel** Acholado '03	491, 493, 547
Tocai - Chard. '01	67, 161	**Villard** Sauvignon Blanc '02	330, 401
Valle Las Acequias Roble		**Villard Expresión**	
Cabernet Sauvignon '00	78, 161	Pinot Noir '00	360, 401
Valmarino Brut	261, 296	**Villard State Expresión**	
Valmarino		Chardonnay '00	330, 401
Cabernet Sauvignon '01	267, 296	**Viniterra**	
Valmarino Malvasia Bianca '01	264, 296	Cabernet Sauvignon '99	77, 180
Valmarino Merlot '01	269, 296	**Viniterra** Malbec '99	97, 180
Valmarino Moscatel '02	263, 296	**Viniterra** Syrah '99	107, 180
Valmarino Tannat '01	269, 296	**Vino de Abordo**	
Valmont Corte	87	Chardonnay '02	61, 140

Marca/Label	Página/Page	Marca/Label	Página/Page
Vinson Richards Syrah '01	511, 530	**Visión** Riesling '02	330, 422
Viña Altagracia Chenin Blanc -		**Visión** Viognier '02	333, 422
Malvoise - Macabeu '01	544, 545	**Vista Alegre**	
Viña Altagracia Temp. - Syrah -		Cabernet Sauvignon '01	470, 475
Petit Verot '01	544	**Vista Alegre** Pinot Gris '99	470, 473
Viña Amalia		**Vista Alegre** Riesling '01	470, 474
Cabernet Sauvignon '01	79, 175	**Vitisterra Grand Reserve**	
Viña Amalia Chardonnay '02	62, 175	Cabernet Sauvignon '00	342
Viña Amalia Malbec '00	98, 175	**Viu 1** Malbec	354, 434
Viña San Felipe Blanco		**Viu Manent**	
Corte '01	63	Cabernet Sauvignon '01	344
Viña San Felipe Rosado		**Viu Manent** Carmenère '02	351
Corte '01	69	**Viu Manent** Chardonnay '02	330
Viña Varela Zarranz		**Viu Manent** Merlot '01	358
Cabernet Sauvignon '01	509, 524	**Viu Manent** Merlot '02	357, 434
Viña Varela Zarranz		**Viu Manent** Sauvignon Blanc '02	332
Muscat Petit Grain '02	507, 524	**Viu Manent** Semillon '02	333
Viña Varela Zarranz		**Viu Manent Reserve**	
Sauvignon Blanc '02	508, 524	Cabernet Sauvignon '01	343, 434
Viña Varela Zarranz Tannat '01	512, 524	**Viu Manent Reserve** Malbec '01	355
Viña Varela Zarranz		**Viu Manent Reserve**	
Tannat - Merlot '01	514, 524	Chardonnay '01	330
Viña Varela Zarranz Roble		**Viu Manent Reserve**	
Tannat '00	513, 524	Sauvignon Blanc '02	332, 434
Viñas Atilio Avena Roble		**Viu Manent Special Selection**	
Cabernet Sauvignon '00	77,125	Cabernet Sauvignon '00	343, 434
Viñas Atilio Avena Roble		**Viu Manent Special**	
Malbec '97	97,125	**Selection** Malbec '01	25, 35, 354, 434
Viñas de Narváez		**Vivent** Cosecha Tardía '00	515, 525
Cabernet Sauvignon '02	79, 144	**Von Siebenthal** Corte '02	354, 461
Viñas de Narváez Merlot '02	104, 144	**VSC** Cabernet Sauvignon '99	342
Viñas del Golf Bonarda '02	71, 200	**Weinert** Cabernet Sauvignon '97	76, 149
Viñas del Golf		**Weinert** Malbec '96	97
Cabernet Sauvignon '01	79, 200	**Weinert** Merlot '97	104
Viñas del Golf Chardonnay '02	62, 200	**Weinert Estrella** Malbec '77	90, 149
Viñas del Golf Malbec '01	98, 200	**Weinert Gran Vino**	
Viñas Riojanas Corte	69, 87	Chardonnay '00	61
Viñas Riojanas Torrontés Riojano	67	**Weinert Gran Vino** Merlot '97	102, 149
Viñedo de los Vientos		**Weinert Gran Vino** Malbec '97	91, 149
Cabernet Sauvignon '00	509, 518	**William Fèvre**	
Viñedo de los Vientos		Sauvignon Blanc '03	332, 391
Tannat '00	512, 518	**Xacrat** Extra Brut	507, 525
Visión Chardonnay '02	328, 422	**YVY** Semillon '00	508, 538
Visión Gewürztraminer '02	330, 422	**YVY** Semillon '02	508, 538

Indice de bodegas / Wineries Index

e Instituciones / and Institutions

Bodega/Winery	Página/Page
A. Tessa Ltda.	512, **538**
A.B.E.	257, 274, 506, 516
A.PRO.VA.LE.	276
Adega Cavalleri Ltda.	265, **277**
Adega de Vinhos Finos Dom Cândido Ltda.	261, 265, 266, 268, **278**
Agrícola El Rosario	547
Allied-Domecq	206, 431
Alma Cuatro	56, **122**
Almadén - Seagram do Brasil Industrial e Comercial Ltda.	264, 266, 267, 268, **308**
Almaviva	24, 26, 318, 344, **370**, 378
Alta Vista	40, 41, 46, 60, 67, 76, 91, 97, 99, **123**
Alto del Carmen	547
Altos Las Hormigas	40, 41, 89, 91, **124**
Angheben Adega de Vinhos Finos Ltda.	266, 268, 269, **279**
Aresti Family Vineyards	332, 341, 343, 348, **437**
Asociación Brasilera de Enología	274, **530**
Asociación de Sommeliers de Chile	324
Asociación Pisquera de Chile	322
Atilio Avena e Hijos S.A.	77, 97, **125**
Bacardi - Martini do Brasil	261, 264, 269, **290**
Bodega Achával-Ferrer	40, 41, 46, 83, 87, 91, **126**
Bodega Adriana Martínez	95, **121**
Bodega Agrícola Viña Vieja	486, 491, **492**, 547
Bodega Amendola	513, **538**
Bodega Augusto Pulenta	46, 60, 67, 70, 76, 77, 95, 202, **203**
Bodega Balbi	40, 206
Bodega Banfi	77, 79, 89, 91, 92, **127**
Bodega Barberis / Finca Los Leiva	77, 78, 95, 99, **128**
Bodega Benegas	46, 61, 69, 84, 86, 105, **129**
Bodega Cabernet de los Andes / Tizac	70, 107, 212, **213**, 214
Bodega Cabrini	45, 69, 71, 74, 104, 108, 111, **130**, 174
Bodega Cahema	
Olduva S.R.L.	69, 105, 107, **131**
Bodega Carlos Pizzorno	509, 513, **516**
Bodega Caro	40, 41, 79, **132**, 424
Bodega Castel Pujol / Vinos Finos Juan Carrau S.A.	299, 507, 508, 509, 510, 511, 512, 513, **525**
Bodega Catena Zapata	45, 58, 59, 60, 65, 66, 70, 72, 74, 79, 80, 81, 87, 90, 92, 95, 102, 132, **133**, 150, 183
Bodega César Pisano e Hijos S.A.	509, 510, 513, **517**
Bodega Cicchitti	64, 76, 99, **134**
Bodega Codorniu	40, 41, 147
Bodega Cooperativa Independencia	471
Bodega Cruz de Piedra S.A.	135
Bodega del Fin del Mundo / Grupo La Inversora S.A.	80, 95, 103, **233**
Bodega Domingo Hnos.	67, 72, 86, 92, 95, 97, 216, **217**
Bodega Don Cristóbal 1492	60, 68, 70, 95, 103, 105, **136**
Bodega Don Diego	107, 212, **214**
Bodega Don Martino	90, 95, **137**
Bodega El Artillero	177
Bodega El Carmen	491, **493**, 547
Bodega El Catador	497
Bodega El Rancho	237
Bodega Elvira Calle	164
Bodega Escher / Vinopar S.R.L.	472
Bodega Escorihuela	46, 68, 72, 95, 100, 105, 119, 132, **138**
Bodega Fallabrino / Viñedos de los Vientos	509, 512, 513, **518**
Bodega Franzini	216
Bodega Gerhard Bühler	470, **473**, 474, 475
Bodega Gargantini	46
Bodega Inti-Huaco	**139**
Bodega J. & F. Lurton	40, 41, 61, 64, 73, 90, 185, **187**

Bodega/Winery	Página/Page	Bodega/Winery	Página/Page

Bodega Jean Rivier 63, 66, 78, 95, 99, **195**
Bodega José Luis Filgueira 508, 510, 512, **519**
Bodega Juan Toscanini e Hijos S.A. 507, 508, 509, 512, **520**
Bodega La Trentina 173
Bodega Leonardo Falcone 507, 510, 512, 513, **535**
Bodega Llaver 61, 66, 76, 79, 97, 103, **140**
Bodega Los Cerros San Juan 507, 508, 511, 514, 534, **536**
Bodega Luca 99
Bodega Mapema 81, 183
Bodega María Adelina 233
Bodega Marichal e Hijo Ltda. 507, 508, 510, 511, 512, **521**
Bodega Michel Torino 40, 46, 59, 61, 66, 67, 78, 79, 92, 97, 104, 107, 109, 216, **218**, 223
Bodega Moizo Hnos. 507, 510, 511, 512, **522**
Bodega Monte Viejo 40, 41, 46, 83, 90, 185, **188**
Bodega Nanni 223
Bodega Norton 40, 41, 46, 58, 61, 63, 64, 69, 76, 78, 86, 92, 95, 96, 97, 103, 104, 108, 109, 124, **142**
Bodega NQN 233
Bodega Orfila / Cavas de Santa María S.A. 67, 78, 98, 107, 108, **156**
Bodega Peñalba Frías 223
Bodega Reinaldo de Lucca 510, 511, **539**
Bodega Ricardo Santos 94, **143**
Bodega Rincón de Carrasco 508, 509, 510, **523**
Bodega Rosell Boher 56, 79, 104, **144**
Bodega San Huberto S.A. 60, 62, 78, 96, 97, **210**
Bodega San Remo 237
Bodega Santa Ana 40, 175
Bodega Santa Colina 309
Bodega Santa Faustina 97, 107, **145**
Bodega Santiago Queirolo 478, 490, 491, **494**, 547
Bodega Sebastián Adrover 60, 69, 104, **146**
Bodega Séptima 46, 63, 78, 86, 97, 106, **147**
Bodega Tabernero 478, 490, 491, **495**, 547
Bodega Tacama S.A. 484, 486, 489, 490, **496**, 547
Bodega Tacuil 86, 216, **219**

Bodega Terrazas 40, 41, 59, 60, 71, 76, 88, 96, 107, **148**
Bodega Tierras del Viento 96, 100, 104, **229**
Bodega Tikal 82
Bodega Tres Esquinas 491, **497**, 547
Bodega Varela Zarranz 507, 508, 509, 512, 513, 514, **524**
Bodega Vista Alegre S.A. 490, 491, **498**, 547
Bodega y Cavas de Weinert S.A. 45, 57, 61, 62, 64, 76, 82, 86, 90, 91, 97, 102, 104, 110, 145, **149**, 232
Bodega y Viñedos Infinitus 40, 41, 100, 102, 169, 229, **230**
Bodega y Viñedos Tapiz S.A. 40, 41, 46, 61, 61, 79, 96, 103, 107, **150**, 448
Bodega y Viñedos Tierras Altas de Vargas Arizu S.A. 96, 97, **151**
Bodega y Viñedos Valentín Bianchi S.A.C.I.F. 45, 60, 61, 62, 64, 65, 66, 69, 75, 76, 78, 83, 86, 87, 93, 96, 98, 111,193, **196**
Bodegas Castillo Viejo S.A. 508, 510, 511, **526**
Bodegas Chandon 46, 56, 57, 58, 60, 63, 76, 80, 87, 96, 128, 148, **152**, 167, 227, 231, 253
Bodegas de Argentina 48
Bodegas Etchart / Pernod Ricard Argentina 40, 41, 46, 63, 78, 83, 84, 87, 96, 100, 170, 216, **220**, 221
Bodegas Hispano Argentinas 40, 41, 62, 76, 78, 96, 98, 103, 107, 109, **153**
Bodegas Kaufman S.A. 60, **205**
Bodegas Kuhlmann & Cía. Ltda. 242, 244, **245**, 547
Bodegas Lavaque S.A. 45, 69, 76, 96, 103, 107, 109, **197**, 216
Bodegas López 45, 56, 58, 61, 63, 84, 85, 86, 87, 98, **154**, 167
Bodegas Nieto Senetiner 46, 60, 62, 65, 70, 71, 76, 80, 81, 88, 96, 98, 102, 106, **155**
Bodegas Pomar 541, 542, 544, **545**
Bodegas Rodas 40, 41
Bodegas Salentein 40, 41, 46, 61, 65, 76, 96, 98, 103, 107, 109, 185, **189**

Finca Corralito se sitúa en el Valle de Traslasierra, al pie del macizo de los Comechingones, en el límite entre las provincias de Córdoba y San Luis. Nuestras aceitunas proceden de olivares implantados entre los 700 y 900 metros de altura.

La particularidad de nuestro suelo, unido al microclima, permiten a los olivos desarrollarse naturalmente sin necesidad de agroquímicos. Dadas estas características ideales, se logran frutos con una gama de flavores, que los distingue por su exclusiva personalidad.

ELABORACION

La cosecha se realiza entre mediados de abril y principios de julio. Los frutos se recogen a mano y se llevan en el día a la almazara donde se procesan antes de las 24 horas. A su llegada son clasificados por variedad y pasan por una minuciosa selección, lo cual permite garantizar la calidad del aceite. Se procesan en un molino de acero inoxidable, obteniéndose una pasta de aceituna que al ser amasada comienza a liberar aceite. Este aceite, que no proviene del prensado, se conoce como <u>Aceite Flor</u> y presenta características organolépticas que lo hacen único.

Este proceso artesanal de extracción, aunque costoso, es el que mejor permite valorar las características particulares de cada aceite, por ello procesamos de esta forma nuestros aceites varietales.

Assemblage de la Finca:

Este aceite de corte fue elaborado con aceitunas en tres distintos grados de maduración.

De esta forma hemos logrado equilibrar las fragancias de los frutos verdes con la sutil dulzura de las aceitunas maduras, dando como resultado una interesante combinación de sabores y aromas.

La Finca Corralito le ofrece este <u>Assemblage</u> de excelente aroma fresco y frutado con suave sabor a hierbas amargas.

Varietal Nevadillo Flor:

Produce un aceite dorado, armonioso e intenso, caracterizado por su aroma dulce y perfumado donde predominan las hierbas recién cortadas. Su sabor, levemente picante, recuerda a la nuez.

Varietal Manzanilla Flor:

Las características organolépticas de esta variedad son sobresalientes. Normalmente se lo usa para cortes con el objetivo de mejorar aceites de menor presencia. Sus aromas son muy delicados, combinando las especias y los frutos secos.

De sabor muy complejo evoca a la pimienta y las almendras.

Varietal Arbequina Flor:

Este aceite color dorado claro presenta un aroma fresco a hierbas, con dulces reminiscencias a plátanos. Su sabor comienza suave, volviéndose picante con un dejo dulce al final.

www.fincacorralito.com.ar // fincacorralito@vdolores.com.ar
methomas_corralito@yahoo.com   Tel: 03544-496124

Si querés encontrate con vos mismo,
porqué no arreglan para hoy a las cinco de la tarde?

Es apacible, tranquilo. Y está a minutos del centro (aunque al llegar, la distancia parece aumentar).
Tiene un gimnasio súper equipado, canchas de tenis, de fútbol,
un restaurante bárbaro y una vista espectacular.
Es el lugar ideal para mantenerte en forma, jugar un partido con amigos
o, simplemente, disfrutar de una buena copa de vino.
Es el Vilas Club.
Y lo creamos para te sientas y te veas bien. Hay uno en los Bosques de Palermo
y otro en el Hotel Inter·Continental.
Tiene casi todo. Solo faltás vos.
Así que decile a tu secretaria que suspenda todos tus compromisos de esta tarde
y vení a descubrirlo. Después de todo, qué mejor lugar
para reencontrarte con una persona tan especial?

Valentín Alsina 1450, entre Olleros y José Hernández. 4777-7500. www.vilasclub.com.

V!LAS CLUB
Un lugar adentro tuyo.

P U B L I C I T A R I A

SOFISTICACION & ESTILO

Viaje a la Tierra del Vino y deguste sus placeres

Park Hyatt Mendoza & Regency Casino evocan sensaciones tan especiales como los vinos que celebran la tierra mendocina. En cada una de sus 186 habitaciones se respira el aire de paz y tranquilidad de una ciudad placentera. Con un entorno exclusivo rodeado por el incomparable paisaje andino. Viva el encanto de las bodegas, de la ciudad y su gente, disfrutando del placer de un estilo único.

Chile 1124, Mendoza, Argentina - (54 261) 441 1234.   www.mendoza.park.hyatt.com

Existe otra forma de proteger el Vino...

poveda
Revestimientos

RECUBRIMIENTOS INDUSTRIALES

- Revestimiento epoxy sin solvente para vasijas vinarias
- Pinturas especiales para mantenimiento industrial
- Pisos de resina sintética - Morteros epoxy

Asesoramiento Técnico

Experiencia y Soluciones desde 1963 - 40 Años

Ozamis 457 (5515) - Maipú - Mendoza - Argentina
Tel.: +54 (261) 497-2960 / 3000 - Fax: +54 (261) 497-2542
E-mail: poveda-rev@aldar.com.ar

BODEGA/WINERY	PÁGINA/PAGE

Bodegas Trapiche 40, 46, 60, 61, 66, 68, 69, 70, 73, 75, 76, 78, 80, 85, 86, 88, 92, 96, 98, 102, 104, 106, 107, 139, 151, **157**, 189, 203, 218, 223, 231

Bruzzone & Sciutto S.A. 509, 512, 513, **527**

Bodegas y Viñedos Carmine Granata S.A.I.C.A. 66, 96, 98, 104, **158**, 165

Bodegas y Viñedos Crotta 67, 71, 99, 110, 111, **159**

Bodegas y Viñedos de La Concepción S.A. 243, **246**, 547

Bodegas y Viñedos El Lagar S.R.L. / Carmelo Patti 77, 96, **160**

Bodegas y Viñedos Finca La Celia 40, 41, 46, 77, 103, 185, **190**

Bodegas y Viñedos Goyenechea 45, 60, 62, 66, 69, 73, 77, 78, 96, 99, 103, 107, 108, 193, **198**

Bodegas y Viñedos La Cabaña S.R.L. 243, 244, **247**

Bodegas y Viñedos Luis Segundo Correas 67, 78, 98, **161**

Bodegas y Viñedos O. Fournier 40, 41, 110, **191**

Bodegas y Viñedos Pascual Toso S.A. 57, 65, 107, **162**

Bodegas y Viñedos Santa Emiliana 326, 332, 338, 341, 352, 356, 358, 361, **445**

Bodegas y Viñedos Santa Rosa 510, 513, **539**

Bodegas y Viñedos Santiago Graffigna S.R.L. 60, 61, 62, 77, 78, 93, 96, 99, 106, 107, 108, **206**

Bodegas y Viñedos Trivento 40, 41, 46, 60, 61, 70, 80, 98, 107, 108, **163**, 378

Boscato Indústria Vinícola Ltda. 264, 266, 267, **303**

C.C.U. 430, 440

Candy State Winery 181

Capel 465

Carlos Balmaceda / Arroba 93, **164**

Casa Lapostolle 25, 29, 352, 414, **417**

Casa Vinícola Conalbi Grinberg 68, 77, 98, 104, **165**

Catafesta Indústria de Vinhos Ltda. 265, 267, **302**

Catas y Cavas 324

Cava del Zonda 207

Cavas de Santos 61, 62, 71, 77, 78, 93, 97, 108, 111, **166**

Centro de Bodegueros (Brasil) 506

Centro de Bodegueros (Uruguay) 537

Centro de Viticultores (Brasil) 506

Centro Nacional Vitivinícola (Bolivia) 238

Champagne Georges Aubert S.A. 262, 271, **289**

Chandon do Brasil - LVMH Vinhos e Destilados Brasil Ltda. 261, 262, 279, **291**, 294

Château Clos d'Estournel 374

Château d'Ancon / Estancia Ancón 60, 66, 78, 98, 104, 185, **192**

Château Lacave 299

Château Latour 132

Cinzano 253

Control Pisquero Ltda. 547

Cooperativa Vinícola Aurora Ltda. 261, 262, 264, 266, 267, 273, **274**, 275, 269, 505, 531

Cooperativa Vinícola Garibaldi Ltda. 261, 264, 268, **292**

Corporación Vitivinícola Plaza Vidiella / Plaza Vidella y Cía. Ltda. 507, 508, 510, **529**

Dolium S.A. 40, 41, 46, 65, 69, 78, 82, 88, 97, **168**, 181

Domaine Vistalba S.A. / Fabre-Montmayou 40, 41, 46, 61, 60, 85, 93, **169**, 230

Dominio Cassis Ltda. 510, 511, **539**

Dominio del Plata / Vintage S.A. 62, 67, 69, 70, 77, 81, 84, 89, 97, 108, 109, **170**

Don Giovanni Vinhos, Vinhedos e Pousada 262, 267, 271, **295**

E.A.F.P.J.K. 254, 258, 262, 264, 269, **275**, 279, 282, 309

Embrapa. 258, 259, 260

Establecimiento Humberto Canale S.A. 45, 66, 101, 103, 104, 229, 230, **231**

Bodega/Winery	Página/Page	Bodega/Winery	Página/Page
Establecimiento Juanicó	*507, 508, 511, 513,* **530**	La Riojana / Cooperativa Vitivinifrutícola de La Rioja Ltda.	*56, 61, 67, 68, 69, 79, 87, 97, 100, 104, 107, 208,* **211**
Establecimiento Vinícola Armando Peterlongo	*261, 262,* **293**	La Serena	*547*
		Lagarde S.A.	*46, 58, 61, 62, 66, 68, 69, 77, 84, 86, 94, 98, 103, 107,* **177**
Establecimiento Vinícola Valmarino	*261, 264, 267, 269,* **296**	Laura Hartwig	**419**
Establecimientos Vinícolas Dante Irurtia S.A.	*509, 514,* **537**	Livramento Vinícola Industrial Ltda.	*264, 265, 267,* **309**
Extrême Cave S.A.	*57,* **167**	Los Artesanos del Cochiguaz	*547*
Familia Zuccardi	*45-60, 62, 63, 65, 68, 69, 75, 77, 78, 85, 94, 97, 101, 103, 106, 109,* **171**	Luigi Bosca / Leoncio Arizu S.A.A.I.C.	*45, 59, 60, 64, 68, 71, 73, 97, 98, 100, 110, 111, 115,* **178,** *231*
Finca Colomé	*40, 216,* **224**		
Finca Don Domenico	*60, 70, 79, 107, 109,* **204**	Luiz Valduga & Filhos Ltda.	*261, 264, 267, 269, 275,* **280**
Finca El Zorzal de Manuel López López	*77, 80,* **172**	Martini	*253*
		Ministerio de Agricultura y Abastecimiento	*259*
Finca Flichman S.A.	*40-41, 73, 77, 100, 101, 105, 109,* **173**	Ministerio de Ganadería, Economía e Industrias de Brasil	*506*
Finca Koch	*75,* **174**	Mistral	*547*
Finca La Amalia S.A.	*46, 62, 79, 98,* **175**	Navarro Correas	*61, 66, 74, 79, 85, 87, 97, 98, 104, 108,* **141**
Finca La Anita	*62, 66, 79, 94, 98, 107,* **176**		
Finca Las Nubes	*67, 100, 216,* **221**	Nueva Aurora	*465*
Fondo Vitivinícola (Mendoza)	*51*	O.I.V.	*384*
Francisco Mulet	*547*	O.M.C.	*322*
Fundación Cardoen	*414*	Odfjell Vineyards S.A.	*318, 333, 434, 346,* **372**
Fundación Chile	*325, 449*	Penfold´s	*157, 425*
Fundación Neruda	*433*	Peñaflor	*157, 189, 203, 218, 223*
Granja Pons	*524*	Roca S.A.	*61, 66, 79, 89, 98, 104, 108,* **199**
Grupo Corpora	*406*	S.A.G.	*311*
I.N.A.V.I.	*506*	San Telmo	*62, 66, 79, 87, 99, 104, 107*
I.N.V.	*50, 165*	Santa Helena	*34*
Indústria de Vinhos Tonini	*267,* **297**	Santiago Giacobbe S.A.	*510, 511, 513,* **528**
Instituto de Biotecnología de la Universidad de Caxias do Sul	*299*	Silverado Hill Cellars	*309*
		Sociedade de Bebidas Panizzon Ltda.	*262, 267, 269,* **304**
Instituto Don Bosco	*249*	Societè Anonime des Vignobles	*450*
Irmâos Molon Ltda. - Sinuelo	*264, 265,* **301**	Sol Chico	*516*
Jacques y François Lurton S.A.	*25, 31, 328, 330, 331, 341, 351,* **418**	Takahata Winery	*309*
		Tittarelli Vitícola Olivícola S.A.	*46, 67, 71, 97, 107, 109,* **179**
José Canepa y Cia. Ltda.	*318, 330, 332, 341, 345, 346, 351, 357, 358, 362,* **371,** *389, 419*	Tres Erres	*547*
		U.V.A.	*50*
Junta de Exportación Agrícola	*430*	V.U.D.U.	*524*
Kendall Jackson Wine Estates	*150, 455*	Velho Museu / Juan Carrau / Atelier do Vinho	**299**
Kumamoto Winery	*309*		

BODEGA/WINERY	PÁGINA/PAGE	BODEGA/WINERY	PÁGINA/PAGE
Vinhos Dom Dionysius	265, 266, **300**	Viña Casa Tamaya	328, 333, 343, 344, 350, 359, 360, 463, **464**
Vinhos Finos Velha Cantina Ltda.	267, 268, **298**	Viña Casablanca	385
Vinhos Marson Ltda.	261, 266, 269, **307**	Viña Casas del Bosque	328, 332, 336, 356, 395, **396**
Vinhos Salton S.A. Indústria e Comércio	261, 262, 264, 265, 267, 268, 273, 275, **281**	Viña Casas Patronales	341, 343, 344, 351, **451**
		Viña Château Los Boldos	25, 31, 35, 332, 334, 345, 346, 358, **407**
Vinícola Cave de Amadeu Ltda.	262, 266, 268, **294**, 382, 307	Viña Clos Quebrada de Macul	25, 35, 318, 327, 334, 341, 343, 367, **377**
Vinícola Cave de Pedra Ltda.	261, 262, 268, **282**	Viña Cobos S.A.	79, 98, 103, **181**
Vinícola Cordelier Ltda.	261, 264, 265, 267, 268, 269, 271, **283**	Viña Concha y Toro	25, 32, 35, 163, 318, 319, 329, 331, 334, 336, 338, 348, 355, 356, 367, 370, **378**, 382, 422, 436, 445
Vinícola Dreher	295		
Vinícola Giacomin Ltda.	265, 266, 267, 268, **306**	Viña Cono Sur	321, 328, 330, 333, 344, 360, 378, **422**
Vinícola Marco Luigi Ltda.	261, 267, 269, **284**	Viña Cousiño-Macul S.A.	318, 341, 374, **379**
Vinícola Miolo Ltda.	264, 267, 268, 269, 275, 280, 282, **285**	Viña Cremaschi Furlotti	341, 350, 363, 364, 443, **452**
Vinicola Monte Reale Ltda.	267, 271, **305**	Viña Doña Paula S.A.	40, 41, 46, 61, 77, 89, 95, 108, **182**
Vinicola Pizzato Ltda.	267, 268, 269, **286**		
Viniterra S.A.	46, 77, 97, 107, **180**	Viña El Principal S.A.	343, **380**
Vinos de La Cruz	511, **534**	Viña Errázuriz	25, 34, 35, 318, 328, 342, 349, 353, 362, 363, 368, 458, **459**
Vinos Finos H. Stagnari Ltda.	509, 511, 512, 513, **532**	Viña Estampa	318, 346, 352, 363, **423**
Vinos Finos Sol Chico / Grupo Granjastar	508, 514, **533**	Viña Francisco de Aguirre	329, 332, 342, 357, 462, 463, **465**
Vinos Santa Ema S.A.	318, 329, 338, 355, 356, **392**	Viña Gracia, de Chile	361, **406**
		Viña Haras de Pirque	318, 339, 343, **381**
Viña Anakena	331, 333, 351, 359, 363, **405**	Viña Huelquén	327, 343, 358, 369, **382**
Viña Antiyal	352, **373**	Viña Hugo Casanova	327, 342, 343, 357, **453**
Viña Aquitania	318, 343, **374**, 444	Viña J. Bouchon	329, 332, 337, 339, 344, 345, 350, 356, 357, **454**
Viña Balduzzi	446		
Viña Bisquertt	341, 350, 358, 362, 363, **420**	Viña La Fortuna	332, 343, 357, **438**
Viña Botalcura	447	Viña La Rosa	164, 223, 329, 330, 337, 343, 355, 359, 404, **408**, 525
Viña Calina	329, 341, 348, 356, **448**		
Viña Carmen	326, 331, 336, 341, 350, 352, 355, 358, **375**	Viña Leyda	328, 357, 363, **398**
		Viña Los Vascos S.A.	327, 342, 353, **424**
Viña Carpe Diem / Viña Rucahue S.A.	328, 332, 333, 336, 343, 346, 350, 351, 356, 363, **449**	Viña Luis Felipe Edwards	318, 339, 351, **425**
		Viña Matetic	25, 30, 331, 359, 360, 395, **397**
Viña Casa Donoso / Domaine Oriental	**450**	Viña Miguel Torres	326, 329, 331, 333, 342, 352, 358, 436, **439**
Viña Casa Rivas	326, 338, 343, 350, 358, **376**		
Viña Casa Silva	25, 28, 29, 32, 329, 330, 332, 333, 336, 341, 345, 347, 348, 351, 356, 357, 360, 420, **421**	Viña Misiones de Rengo	25, 33, 35, 329, 331, 346, 350, **409**, 414
		Viña Montes	25, 33, 329, 339, 353, 357, 362, 414, **426**

595

Bodega/Winery	Página/Page	Bodega/Winery	Página/Page
Viña MontGras	25, 33, 329, 332, 333, 334, 349, 357, 364, **427**	Viña Undurraga	318, 326, 330, 332, 336, 342, 344, 351, 356, 367, **390**, 436
Viña Morandé	25, 33, 327, 329, 333, 339, 340, 342, 343, 346, 351, 357, 358, 359, 363, 364, 395, 399, **410**	Viña Valdivieso	330, 333, 334, 337, 340, 342, 344, 350, 354, 355, 357, 358, 360, 362, 382, 436, **441**
Viña Ochagavia	385	Viña Ventisquero	318, 329, 330, 332, 341, 342, 344, 350, 355, 357, 358, 363, 404, **412**
Viña Ocucaje S.A.	484, 486, 491, **499**, 547		
Viña Pérez Cruz	318, 340, 345, 350, 353, 363, **383**	Viña Veramonte	318, 328, 332, 342, 352, 358, **400**
Viña Portal del Alto	342, 343, 349, 350, **384**	Viña Villard Estate	330, 331, 360, **401**
Viña Quintay Ecovineyards	329, 332, **399**	Viña Von Siebenthal	354, 458, **461**
Viña Ravanal	329, 342, 351, **428**	Viña William Fèvre	25, 31, 332, 341, 342, 344, 347, 351, 357, 360, **391**
Viña San Esteban	351, 458, **460**		
Viña San Miguel del Huique	342, 343, 351, **429**	Viñas de Altura / Bodegas Félix Lavaque	222
Viña San Pedro	24, 27, 34, 190, 318, 329, 335, 342, 343, 349, 350, 368, 426, 436, **440**	Viñas de Altura / Finca El Recreo	223
		Viñas de Segisa	63, 87, **207**
Viña Santa Carolina S.A.	318, 328, 331, 337, 342, 350, 351, 357, 363, 367, **385**, 436	Viñas del Golf	62, 71, 79, 98, **200**
		Viñedo de los Vientos	478
Viña Santa Helena	25, 35, 328, 329, 332, 338, 341, 347, 351, 352, 358, 359, **430**	Viñedos Sutil	329, 331, 342, 343, 351, 354, 356, 357, 363, **433**
Viña Santa Inés	25, 32, 34, 35, 331, 335, 350, 351, 354, 361, **386**	Viñedos y Bodegas Campos de Solana Ltda.	248
Viña Santa Isabel	492	Viñedos y Bodegas La Rural S.A. Ltda.	46, 56, 57, 58, 61, 62, 63, 64, 66, 69, 76, 79, 80, 86, 87, 95, 99, 101, 103, 104, 105, 107, 108, 109, 111, 139, **183**, 521
Viña Santa Rita	25, 28, 30, 182, 318, 332, 335, 340, 364, 368, 375, **387**, 424, 436		
Viña Selentia	330, 344, **431**	Viñedos y Bodegas Milcast Corp.	244, **249**
Viña Siegel	25, 33, 329, 342, 344, 350, 351, 358, 361, 362, 363, **432**	Viñedos y Bodegas San Pedro de Yacochuya	34, 46, 67, 82, 83, 216, **226**
Viña Tabontinaja / Gillmore Estate	340, 347, 357, 442, **455**	Viñedos y Bodegas Traversa Hnos. Ltda	509, 513, **531**
Viña Tarapacá	328, 332, 342, 344, 349, 351, 357, 358, **388**, 414	Viu Manent y Compañía Ltda.	25, 35, 330, 332, 333, 343, 344, 351, 354, 355, 357, 358, **434**
Viña Terramater	25, 35, 329, 340, 342, 344, 357, 361, 364, **389**	Walter Bressia	101, **184**
Viña Terranoble	329, 330, 332, 333, 344, 349, 357, 358, **456**	William Cole Vineyards	329, 332, 337, 358, 359, 395, 399, **402**
Viña Torreón de Paredes	330, 344, 358, **411**		

Para ver fotos de estas viñas y bodegas:
www.australspectator.com

To see pictures of this wineries:
www.australspectator.com

Índice onomástico / Onomastic Index

Nombre/Name	Página/Page
Abarca, Santiago	8, 23
Abarzúa, Carlos	294
Abbell, Rosie	8, 9
Abona, Héctor	536
Abreu de Souza, Flavio	275
Achával Becú, Santiago	126
Adrover, María Marta	146
Adrover, Sebastián	146
Alessandri, Arturo	312, 388
Allende, Salvador	312, 382, 387
Almeda, Fernando	439
Álvarez, Lisardo	464
Amenábar, Hernán	390
Améndola, Pablo	538
Anasal, Arshes	9
Andrade, Carlos	464
Angheben, Eduardo	279
Angheben, Idalencio Francisco	279
Antonini, Alberto	26, 27, 28, 32, 70, 88, 89, 91, 124, 155, 163, 170, 180
Arcaute, Jean Michel	123
Aresti Rodríguez, Vicente	437
Aresti, Vicente	437
Argerich, Juan Antonio	123
Arias Cossio, Mónica	9
Aristeo, Juan	140
Arizu, Balbino	178
Arizu, Carlos	212, 213
Arizu, Gustavo	178
Arizu, Juan	125, 172
Arizu, Leoncio	178
Arizu, Sotero	148.198
Arocena, Elena	534
Arocena, Familia	534
Arocena, José Andrés	534
Arriagada, Álvaro	450
Arroyo, Raúl	198
Ashton, Marina	373
Asmet, Luis	222, 223
Aspiazu, Daniel	48, 49
Aubert, Georges	289
Avagnina de Del Monte, Silvia	44
Avena, Atilio	125
Baeza, Rodrigo	446
Balbo, Susana	26, 89, 170
Balduzzi, Albano	446
Balduzzi, Familia	446
Balduzzi, Jorge López	446
Balmaceda, Carlos	164
Banfi, Rubén	127
Barahona, Ana María	9
Barberis, Familia	128
Barrada, Héctor	400
Barraud, Luis	29, 168, 181
Bartolomé, Joaquín	153
Barzi, Guillermo	231
Basso, Adolfo	175
Basso, Carlos	175
Basso, Tulio	175
Basualdo, Eduardo	48, 49
Batkis, Emilia	14
Batkis, Jorge	9
Batkis, Juan	14
Beatting, Francisco	418
Beck, Santos	166
Beltrame, Marina	8, 9, 19, 23, 74, 542
Benedetti, Bresno	536
Benedetti, Mario	536
Benegas Lynch, Federico J.	129
Benegas, Tiburcio	157
Benítez, Jorge	134
Bernards, Ken	30, 397
Bianchi, Alejandro	9
Bianchi, María	520
Bianchi, Valentino	196
Bibiloni, Horacio	231
Bigongiari, Diego	8, 9, 21, 22, 85, 542, 543
Binotto, Marcio	290
Biondolillo, Oscar	206
Bisquertt, Osvaldo	420
Blanco, Andrade y Asociados, arquitectos	423
Blanco, Claudio	392
Bluin, Jacques	494
Bluske, Iván	8, 9
Boido, Eduardo	538
Bombal, Lucas	192
Bombal, Lucila	192

Nombre/Name	Página/Page	Nombre/Name	Página/Page
Bórmida y Yanzón, arquitectos	142, 147, 168, 189, 191	**Casanova**, Hugo	453
Boscato, Clovis	303	**Casanova**, Hugo Andrés	453
Boscato, Roberta	303	**Casanova**, Hugo Möller	453
Boscato, Valmor	303	**Castellanos**, Milton	249
Bottero, Carlos	159	**Castellanos**, Ramón	249
Bouchon Sepúlveda, Julio	454	**Castro**, Mauricio	122
Bouchon, Emilio	421, 431	**Castro**, Víctor	217
Bouchon, María Teresa	421	**Catafesta**, Augusto	302
Bourdeau, Rodolphe	8	**Catafesta**, Joao Alberto	302
Boursicaud, Michel	374	**Catafesta**, Luis	302
Bravo, José Antonio	150	**Catafesta**, Valdomiro	302
Bressia, Walter	180, 184	**Catania**, Carlos	44
Bright, Peter	530	**Catena**, Domingo	133
Browne, Patricio Covarrubias	376	**Catena**, Ernesto	32, 138
Bruzzone, Alejandro	527	**Catena**, Laura	26, 133
Bühler, Gerhard	468, 473	**Catena**, Nicola	133
Burgos, Jaime	381	**Catena**, Nicolás	26, 124, 132, 133, 138, 183
Bustamante, Carolina	453	**Cattani**, Jorge	292
Bustos, Celia	190	**Centurión**, Elvio	214
Bustos, Eugenio	190	**Cerdá**, Adrián	34
Caballero, José	8	**Cerdá**, Adriana	32
Cabrini, Fernando	130	**Cerniagiotto**, íngeniero	530
Cabrini, Leandro	130	**Cerrutti**, Mariana	518
Calderón, Pablo	153	**Cerutti**, Manuel	139
Calise, Doctor	128	**Cerveira**, Adrianne	9
Calvo, Rubén	147	**Cerveira**, Elizabette	9
Camposano, Jaime	465	**Chadwick Errázuriz**, Alfonso	459
Canale, Umberto	231	**Chadwick**, Eduardo	459
Cancino, José Ignacio	408	**Chaptal**, Jean-Antoine	253
Canepa Sarrocchi, José	371	**Chiossoni de Filgueira**, Martha	519
Canepa, Antonieta	389	**Cicchitti**, Genaro	134
Canepa, Edda	389	**Cicchitti**, José	134
Canepa, Gilda	389	**Cifuentes**, Paola	371
Canepa, José	389	**Cipresso**, Roberto	26, 126
Canepa, Luisa	371	**Claro Valdés**, Ricardo	28, 375, 387
Caraguel, Philippe	167	**Cole**, William	402
Carbonaud, Alain	522	**Conalbi**, Pablo	165
Cardoen, Carlos	33, 388, 409, 414	**Copat**, Lucindo	281
Carnieli, Gilberto	299	**Correas**, Diego	161
Carrau Pujol, Juan	525	**Correas**, Francisco	161
Carrau Sust, Juan	525	**Correas**, Julián	161
Carrau, Familia	525	**Correas**, Luis	161
Carrau, Francisco	28, 525	**Correas**, Segundo	161
Carrau, Javier	28, 525	**Cortez**, Ana	249
Carrau, Juan	211, 299	**Cossio Mendieta**, Rita	9
Carullo, Mercedes	8, 9	**Cotapos Pereira**, Luis	385
		Cousiño, Matías	379

NOMBRE/Name	PÁGINA/Page	NOMBRE/Name	PÁGINA/Page
Cousiño-Valdez, Arturo	379	Dylan, Bob	9, 10
Cousiño-Valdez, Carlos	379	Eben, Eugenio	437
Cousiño-Valdez, Emilio	379	Echenique, Juan José	428
Cremaschi, Cristian	452	Edwards, Luis Felipe	425
Crespi, Dario	283	Egaña, Jimena	432
Crotta, Carlos (h)	159	Errázuriz Valdivieso, Maximiliano	459
Crotta, Carlos (p)	159	Escher, Horst	472
Crotta, Carolina	159	Escorihuela Gascón, Miguel	138, 183
Crotta, Giuseppe Edoardo	159	Espinoza, Álvaro	373, 376, 381, 383, 390
Cuasnicú, Ismael	8	Esturillo, José	449
Czarnobay, Antonio	8, 23, 274	Etchart, Arnaldo	34, 226
D'Aulan, Familia	123	Etchart, Familia	220
da Silva Protas, José Fernando	259, 260	Etchart, Marcos	226
Dalton, Grant	142	Etcheverry, Alejandro	526
Danitz, Gerardo	141	Etcheverry, Ana	526
Dávalos, Raúl	216, 219	Etcheverry, Edgardo J.	526
de Cole, Beatriz	402	Etcheverry, Horacio	526
de Frutos, Estela	8, 9, 23, 536	Etcheverry, Santos	526
De Grazia, Marc	124	Falcó, Carlos	153
de la Mota, Raúl	29, 148, 149, 231	Falcone, Carolina	535
de la Mota, Roberto	31, 32	Falcone, Cecilia	535
De Martino Pasqualone, Marco	386	Falcone, Domingo	535
De Martino Pasqualone, Remo	386	Falcone, Leonardo	535
De Martino Pasqualone, Familia	32	Fallabrino, Pablo	518
De Martino Pasqualone, Pietro	386	Faraut, Héctor	527
De Martino Pasqualone, Pietro (nieto)	386	Farías, Alejandro	8
de Rojas y Salamanca, Francisco	388	Farmilo, Mike	425
de Solminihac, Felipe	374, 456	Faundez, Juan Carlos	376
Debono, Didier	123	Fernández Ciminelli, Jorge	529
Debrus, Philippe	447	Fernández Concha, Domingo	387
Deicas, Familia	530	Fernández, Lucrecia	8
del Sol, Germán	406	Fernández, Luis Alberto	398
Dell'Agnol, Adriane	284	Fernández, Miguel Ángel	455
Derose, Alfonso	428	Ferrer Minetti, Manuel	126
Despous, Alfredo	204	Fèvre, William	391
Despous, Gustavo	141	Fielden, Christopher	149
Di Paola, Mariano	30, 183	Figueroa, Salvador	217, 219
Dieste, Eladio	518	Filgueira Chiossoni, Mariana	519
Distéfano, María José	8	Flaherty, Edward	34, 459
Domingo, Gabriel	217	Fleichman, Hans	423
Domingo, Osvaldo	217	Flichman, Isaac	173
Domingo, Rafael	217	Flichman, Sami	173
Dónola Martelli, Isabel	492	Flores, Walter	159
Donoso, Familia	450	Fontaine Aldunate, Jorge	380
Dreher, Beatriz	295	Forti, Giovanna	9
Dulou, Maxence	460	Fraga, Matías	9, 128
Durigutti, Héctor	69, 127, 131	Frei, Eduardo	312

Nombre/Name	Página/Page	Nombre/Name	Página/Page
Friou, Michel	29, 417	**González**, Pilar	375
Fuchs, Marianne	9	**González**, Roberto	155
Fujimori, Alberto	476	**González**, Rodrigo	452
Furlan, Abel	158	**González**, Víctor	411
Furlotti, Ángel	452	**Goyenechea**, Alberto	198
Gaeta, Eliana	437	**Gracia**, Eduardo	102, 228, 229, 230
Galante, José	26, 183	**Graffigna**, Juan Carlos	206
Galanti, Mario	536	**Granata**, Raúl	158
Galdeano, Federico	163	**Grand**, Pedro	426
Galenta, José	28	**Grané**, Javier	222
Gangas, Marcelo	420	**Gras**, Eduardo	427
García de la Huerta, Diego	433	**Gras**, Hernán	33, 427
García de la Huerta, Diego (h)	433	**Graziani**, Aldo	8, 23, 542, 543
García Huidobro, Familia	428	**Greco**, Héctor	41, 54, 55, 128
García, Beatriz	158	**Grellet**, Ricardo	8
García, Felipe	448	**Griguol**, Rodolfo	211
García, Luis	498	**Grinberg**, Sergio	165
Gargantini, Familia	179	**Güell Coll**, Modesto	438
Garibaldi de Canepa, Luciana	371	**Guilisasti Tagle**, Eduardo	445
Gatto, Alejandro	531	**Guilisasti-Larraín**, Familia	378
Geisse, Mario	28, 29, 32, 33, 294, 382, 420, 421, 432, 433	**Guillaume Bouchon**, Èmile	454
Geneste, Stéphane	31, 35, 407	**Gutiérrez Reinel**, Gonzalo	322
Giacobbe, Nelson	528	**Gutiérrez**, Jorge	405
Giacobbe, Santiago	528	**Guzmán**, Patricia	447
Giacomin, Angelo	306	**Hagel Hammersley**, Marlene	404
Giacomin, Francisco	306	**Hagon**, Steve	211
Giacomin, Giuseppe	306	**Harriague**, Pascual	532
Giacomin, Joana	306	**Hartwig**, Alejandro	419
Giacomin, Joâo	306	**Hartwig**, Cristián	427
Giacomin, José Mar	306	**Hartwig**, Laura	419
Giacomin, Luiz Carlos	306	**Hereu**, Arnaud	372
Giacomin, Rui	306	**Hernández**, Alejandro	314, 320, 384
Giadorou, Emma	168	**Hernández**, Alejandro (h)	384
Giadorou, Mario	29, 168, 181	**Hernández**, Hernán	414
Gilchrist, Karen	9	**Hernández**, Osvaldo	498
Gillmore, Daniela	9, 455	**Hernández**, Rodrigo	384
Gillmore, Francisco	449	**Hess**, Donald	216, 219, 224, 225
Giménez, Luis Alberto	529	**Hevia**, Guillermo	389, 402
Gioia, Octavio	525	**Hillary**, Sir Edmund	10
Giovannini, Ayrton	295	**Hobbs**, Paul	28, 29, 33, 162, 168, 181, 372, 427, 526
Girado, Alejandro	499	**Hormazábal**, Sergio	31, 391
Giussan, Ernesto	371, 419	**House**, Jack	181
Gómez, Laureano	189	**Huneuus Cox**, Agustín	400
González Ortiz, Familia	423	**Hurtado Covarrubias**, Martín	370
González Vera, Patricia	428	**Hurtado**, Adolfo	422
González, Luis	497	**Hurtado**, Oscar	156

Nombre/Name	Página/Page	Nombre/Name	Página/Page
Huykman, Sergio	8	**López López**, Manuel	172
Ibáñez, Felipe	405	**López Roca**, Daniel	9
Ibáñez, Pedro	406	**Lorca**, Mauricio	190
Ibarra, Edgardo	213, 214	**Luksic**, Familia	440
Ilabaca, Andrés	28, 387	**Lupino**, Rolando	162
Inostroza, Patricia	449	**Lurton**, François	28, 187, 418
Iñiguez, Carolina	385	**Lurton**, Jacques	28, 30, 187, 418
Irurtia, Dante	522	**Lyon**, Germán	383
Irurtia, Lorenzo	537	**Mackenzie**, Ian	371
Issaharoff, Eduardo	9	**Maggi**, Sebastián	8
Iwakawa, Mitsuhiro	309	**Magistocchi**, Gaudencio	165
Izquierdo, Pedro	459	**Makitov**, Viktor	114
Jackson, Brett	441	**Mallman**, Francis	119, 138
Jiménez, Alejandro	8	**Manini**, Marcela	122
Joyaux, Diane	169	**Marchand**, Pascal	517
Joyaux, Hervé	169, 230	**Marchevsky**, Pedro	26, 89, 170
Jurado, Ricardo	200	**Marchioli**, Andrea	29, 168, 181
Kaufman, Pepe	205	**Margozzini**, Santiago	33, 427
Klimscha, Francisco	8	**Marichal**, Juan Andrés	521
Kline, Duncan	518, 524, 526, 529	**Marichal**, Juan Carlos	521
Koch, Alfredo	174	**Marín**, Consuelo	386
Kohlberg, Eric	247	**Marín**, Gustavo	138
Kohlberg, Herbert	247	**Marotta**, Cano	536
Kraemer, Ann	397	**Marson**, Heitor	307
Kuhlmann, Franz	245	**Martínez E.**, Carolina	443
Labage, Jean Marc	451	**Martínez**, Adriana	121, 165
Lacaze, Pascal	35, 377	**Martínez**, Jorge	410
Lanz, Christian	375	**Marty**, Pascal	35, 377
Larraín, Arturo	390	**Mas**, Antonio	176
Larraín, Familia	385	**Mas**, Manuel	9, 176
Lavaque, Familia	197	**Massenez**, Dominique	35, 407
Lavaque, Rodolfo	223	**Massenez**, Familia	407
Lazzarotti, Rolando	128	**Matetic**, Familia	397
Le Sommer, Christian	132, 375, 424	**Matetic**, Jorge	397
Lecaro, Juan Pablo	434	**Matta**, Luis	495
Leon, Patrick	26, 370	**Matte Rozas**, Eduardo	381
Letelier, Familia	451	**Maturana**, José Ignacio	28, 421
Lez, José	530	**Mayol-Bouchon**, Familia	431
Lezaeta, Isabel	377	**Meier**, Walter	471
Light, Brian	425	**Méndez**, Martha	529
Llaver, Eduardo Félix	140	**Mendizábal**, María	8, 542
Llorente, Familia	162	**Meneguzzo**, Julio	282
Lona, Adolfo	290	**Menem**, Carlos	38, 208
López, Agustín	122	**Merino**, Carlos	533
López, Familia	84, 154	**Merino**, Carmen	437
López, Juan José	219	**Merino**, Javier	51
López Alfaro, Alejandra	8	**Michelini**, Matías	30, 182

Nombre/Name	Página/Page	Nombre/Name	Página/Page
Mills, Vanessa	451	Nocetti, Lorenzo	534
Miolo, Antonio	285	Norton, Edmund J. P.	142
Miolo, Darcy	285	Novello, Flávio Augusto	309
Miolo, Familia	275, 285	Noyer, Piere	169
Miolo, Giuseppe	285	Odfjell, Dan	372
Miolo, Paulo	285	Odfjell, Lawrence W.	372, 397
Mioranza, Antonio	305	Olaechea Du Bois, Manuel Pablo	496
Miranda, Fabián	218	Olaechea Du Bois, Pedro	496
Miras, Marcelo	233	Olaechea, Familia	496
Misuraca, Sebastián	535	Onofri, José Esteban	52
Mitjans-Valdivieso, Familia	441	Órdenes, Alex	8, 23
Moizo, Familia	522	Oreglia, Padre	303
Moizo, Oscar	522	Orellano, Fernanda	8, 85
Molina, Carlos	245	Orlando, Fabricio	136
Molon, Abrilino	301	Ortega, Natalia	191
Molon, Euclides	301	Ortíz Maldonado, Alberto	43
Molon, Felice	301	Ortiz, Arnaldo	8
Molon, Félix	301	Ortiz, Familia	237
Molon, Jorge	301	Ossa, Familia	408
Molon, Pedro	301	Ovalle, José Cruz	383
Molon, Ulisses	301	Pagli, Attilio	28, 89, 91, 93, 124
Molon, Valderer	301	Paiva, Irene	27, 440
Mondatti, Giuseppe	134	Palamo, Vivian	376
Mondavi, Robert	34, 198	Panizzon, Benito	304
Montes, Aurelio	32, 33, 34, 426, 434, 449	Panizzon, Jaime	304
Montes de Oca, Aldo	55	Panizzon, Jaime Sobrinhio	304
Moraga, Fernando	322	Panizzon, Nilzo	304
Morales, Juan Carlos	139	Panizzon, Paulo	304
Morandé, Jorge	402	Panizzon, Realinho	304
Morandé, Jorge (h)	399	Panizzon, Rosina	304
Morandé, Macarena	33, 399, 410	Paoletti, Michel	450
Morandé, Pablo	33, 394, 399, 410	Paredes Cárdenas, Álvaro	411
Moreira de Stagnari, Virginia	532	Paredes Cárdenas, Amado	411
Morescalchi, Antonio	124	Paredes Cárdenas, Javier	411
Morrison, David	371, 396	Parker, Robert	10, 29, 132, 149, 154
Mosnaím, Vivian	8	Patiño, Familia	237
Moubayed, Maida	9	Patti, Carmelo	160
Mounier, José Luis	83, 220, 221	Pavone Arbea, Félix	392
Mounier, Mercedes	221	Pavone Arbea, Félix (nieto)	392
Mugnani, Enzo	190	Pavone Arbea, María Cecilia	392
Müller, Felipe	32, 34, 386	Pavone Arbea, Roxana	392
Murray, Douglas	426	Pavone Voglino, Pedro	392
Negrete, Gabriel	431	Pedrucci, Gilberto	293
Neruda, Pablo	397	Peña, Ricardo	377
Niedermann, Robert	494, 496	Pérè Vergè, Catherine	188
Nieto, Nicanor	155	Pereira Quintana, Joana	420
Nocenzo, Mauro	30, 199	Pereyra, Angel	177

Nombre/Name	Página/Page	Nombre/Name	Página/Page
Pérez Cavagnaro, Juliana	151	**Pulenta**, Carlos	189
Pérez Companc	155	**Pulenta**, Ernesto Enrique	203
Pérez Cruz, Familia	383	**Pulenta**, Familia	157, 223
Pérez Ganga, Vicente	207	**Pulenta**, Mario Augusto	203
Pérez Parodi, Mauricio	137	**Pulenta**, Mario Daniel	203
Pérez, Jorge	204	**Purdy**, Fred	324
Perin, Juliano Daniel	291	**Puyo**, Marcos	424
Perinetti, Estela	132	**Queirolo**, Jorge	494
Pescarmona, Enrique	177	**Queirolo**, Santiago	494
Pescarmona, Familia	177	**Rabat**, Familia	417
Peterson, Scott	28, 433	**Ragga**, Alicia	437
Phelps, Grant	434	**Ramírez**, Néstor	216
Pi, Daniel	31, 157	**Randon**, Nelson	301, 302
Piattelli, Mauricio	174	**Ravanal**, Mario	428
Picasso, Familia	498	**Ravanal**, Mario Sebastián	428
Pichon Rivière, Joaquín	9	**Ravanal**, Pía	428
Pichon Rivière, Lía	8, 9	**Ravenna**, Familia	382
Pina, Juan Carlos	9, 50	**Ravenna**, Francisco	382
Pinasco, Horacio	8, 20, 23	**Ravenna**, Mario	382
Pinedo, Francisco	246	**Raventos**, Ricard	147
Pino Torche, Víctor	391	**Recabarren**, Ignacio	377
Pinochet, Augusto	312	**Reginato**, Luis	26, 32
Pinter, Harold	441	**Reina Rutini**, Rodolfo	183
Pisadon, Gustavo	517	**Rencoret**, Miguel	430
Pisano, César	517	**Reta**, Fernanda	129
Pisano, Daniel	517	**Reta**, Graciela	145, 179
Pisano, Eduardo	517	**Retamal**, Marcelo	32, 34
Pisconte Bravo, Luis	493	**Retta**, Fernando	9
Pizzato, Dina	286	**Ribereau-Gayon**, Pascal	496
Pizzato, Familia	286	**Ridge**, Vera	8
Pizzato, Flavia	286	**Rinaldi**, Adrián	146
Pizzato, Flavio	286	**Rinaldi**, María Eugenia	55
Pizzato, Ivo	286	**Rivera**, Matías	379
Pizzato, Jane	286	**Rivier**, Carlos	195
Pizzato, Plínio	286	**Rivier**, Jean	195
Pizzorno, Ana de	516	**Rivier**, Marcel	195
Pizzorno, Carlos	516, 533	**Rizzuto**, Flavia	8, 9, 19, 23, 85, 542
Pizzorno, Próspero	516	**Roca**, Alejandro	199
Polo, Gonzalo	128	**Roca**, Alfredo	30, 199
Pons, Diego	524	**Rodó**, Antonio	219
Pontallier, Paul	374	**Rodríguez**, Jorge	175, 207
Pouzet, Yves	411	**Rolland**, Michel	29, 34, 83, 90, 123, 129, 188, 189, 226, 417, 449, 530
Prats, Bruno	374		
Precedo, Gustavo	8, 23	**Romat**, Hervè	431
Prévot, Benoit	226	**Rossell Boher**, Pedro Federico	144
Prudencio, Familia	246	**Rotondo Dónola**, Familia	492, 495
Pulenta, Antonio	203	**Rotondo**, Alfredo	492

Nombre/Name	Página/Page	Nombre/Name	Página/Page
Rotschild, Eric D.	132	**Sosto**, Luciano	8, 23, 542, 543
Roy, Claude	127	**Soto**, René	418
Rubini Fulle, Virginio	499	**Soto**, Rodrigo	30, 397
Rubini, Aldo	499	**Spadone**, Carlos	210
Ruiz, Griselda	9	**Spadone**, Leonardo	210
Ruíz, Sebastián	409	**Stagnari**, Héctor	532
Rutini, Felipe	183	**Suárez**, Joaquín	524
Sabat, Félix	439	**Subercaseaux**, Benjamín	312
Sadler, Rodolfo	218	**Subercaseaux**, Emiliana	378
Salas Rivas, Mariano	376	**Sutil**, Juan	433
Salgues, Michel	545	**Swarowsky**, Familia	142
Salin, Christophe	132	**Taffarel**, Señor	298
Salton, Guillerme	296	**Tapia**, Patricio	324
Salton, Luciano	281	**Tenenbaum Batkis**, María	9
Salton, Marco Antonio	296	**Terni**, Antonio	8, 9, 91, 124
Salton, Orval	296	**Terra Oyenard**, Andrés	536
Salvarredi, Sr.	9	**Testa**, Eduardo	207
Sánchez Elía, Pablo	132, 133	**Thibaut**, Frederic	496
Sánchez, Andrés	9, 392, 448, 455	**Tirado**, Enrique	26, 370
Sant' Anna, Rubens	289	**Tirado**, Rafael	400
Santa Cruz, Lucia	406	**Tisatto**, Ivan	300
Santos, Familia	142	**Tittarelli**, Enrico	179
Santos, Lidia	521	**Tittarelli**, Pacífico	179
Santos, Patricio	143	**Tonini**, Natalino	297
Santos, Ricardo	124, 143	**Tonini**, Tiago	297
Scatareggia, Horacio	159	**Toriano**, Marco	187
Scerbanenko, Alan	124	**Torres Pirazzoli**, Carolina	436
Schaefer, Wolfgang	545	**Torres**, Cecilia	28, 387
Schroeder, Klaus	437	**Torres**, Claudia	440
Sciutto Romay, José Pedro	527	**Torres**, Hugo	203
Sciutto, José	527	**Toscanini**, Andrés	520
Secotaro, Domingo	192	**Toscanini**, Giovanni	520
Segre Forti, Lidia	5	**Toscanini**, Nelson	520
Senetiner, Adriano	27, 124, 155, 180	**Toso**, Enrique	162
Senetiner, Flavio	180	**Toso**, Felipe	412
Sfarcich, Nelson	248	**Toso**, Paquale	162
Sfragada, Rubén	123	**Toublanc**, Antoine	406
Siegel, Alberto	33.432	**Traversa**, Armando	531
Silva, Eduardo	32	**Traversa**, Carlos	531
Silva, Francisco	421	**Traversa**, Dante	531
Silva, Mario	421	**Traversa**, Estela	531
Silva, Mario Pablo	421	**Traversa**, Fernando	531
Siviero, Tiziano	126	**Traversa**, Fiorella	531
Snook, Margaret	8, 9	**Traversa**, Gabriel	531
Soffia, Pablo	450	**Traversa**, Javier	531
Solari, Juan Cúneo	396	**Traversa**, Luis	531
Sosa, Claudio	200	**Ullom**, Randy	448

Nombre/Name	Página/Page	Nombre/Name	Página/Page
Undurraga Vicuña, Francisco	390	**Vergara**, Pablo	423
Undurraga, Alfonso	390	**Verges**, Serrana	8
Undurraga, Max	390	**Vial Vial**, Gonzalo	412
Urrejola Aguilera, Rafael	398	**Viani**, Camilo	396
Valdivieso, Alberto	441	**Vicente**, Antonio José	460
Valduga, Cândido	278	**Vicente**, Horacio	460
Valduga, Carlos	278	**Vicien**, Pedro	213
Valduga, Celso	278	**Vidaurre**, Alfredo	426
Valduga, Erielson	280	**Vielsa**, Daniel	207
Valduga, Familia	275, 280, 284	**Villard**, Pauline	400
Valduga, Joâo	280	**Villard**, Sebastián	401
Valduga, Juarez	280	**Villard**, Thierry	401
Valduga, Leonardo	284	**Vindig Diers**, Hans	231
Valduga, Marco Luigi	284	**Viu Manent**, Familia	434
Valduga, Marcos	278	**Vlah Mastrángelo**, Daniel	523
Valduga, Vitor	284	**Von Gersdorff**, Goetz	32, 392
Valenzuela, Jorge	399	**Von Siebenthal**, Mauro	461
Valette, Jean Paul	380	**Waidele**, Juan Fernando	447
Valette, Patrick	35, 377, 380	**Walger**, Silvina	38
Vallejo, Cristian	35, 389	**Wan**, Louis	450
Vallejos, Javiera	392	**Wan**, Roberto	450
Varela, Antonio	524	**Weber**, Hubert	29
Varela, Cristina	524	**Weinert**, Andrés	149
Varela, Enrique	524	**Weinert**, Peter	145
Varela, Laura	524	**Wilkins**, Thomas	9, 416
Varela, Ramón	524	**Worontschak**, John	526
Varela, Ricardo	524	**Wylie**, Christian	530
Vargas, Guillermo	545	**York**, Alan	397
Vargas Arizu, Daniel	151	**Young**, Alan	149, 157
Vargas Arizu, Rodolfo	151	**Zanetti**, Evandro	277
Vargas Arizu, Vicente	151	**Zavala**, Antonio	388
Varzi, Pablo	525	**Ziero**, Familia	283
Vázquez, Carlos	93, 124	**Ziero**, Lídio	283
Vázquez, Carolina	381	**Zuccardi**, Alberto	171
Velazco Alvarado, General	476	**Zuccardi**, Sebastián	122
Véliz, Lorena	465		

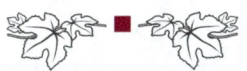

En la ruta del vino sudamericano

La carretera es para los apostadores dijo una vez Bob Dylan
y yo aposté con Mr. T. que en treinta mil kilómetros de ruta podría ver
con un buen motor diesel
todas las viñas y bodegas de América del Sur
probar todos sus mejores vinos
como a una mujer inmensa
recorrerla desde la primavera de sus sarmientos uruguayos
al otoño de sus pámpanos chilenos
de sus rectas patagónicas a sus abismos bolivianos
desde un marítimo viñedo en Atlántida y otro en Chincha
hasta la cepa más alta del mundo en Payogasta
conocí la cooperativa más grande de las Américas
y la bodega riojana de un felón y pusilánime
ví mariposas tropicales posarse en racimos brasileros
y los estragos del granizo en Luján y Vistalba
tuve sueños ampelográficos en hoteles remotos
y me perdí más de una vez en los verdes laberintos mendocinos
probé maduras uvas de Malbec en Cuyo y Cabernet en Maipo
bebí mostos de Sauvignon y Chardonnay al pie de las cubas
degusté vinos de pan recién horneado   pomelo   heno del estío
escuché el murmullo nocturno de las bacterias lácticas en barricas de Syrah
y aullaron mis pupilas con el mayo rojo del Carmenère en Colchagua
fui a beber Merlot más allá de las nubes en Tarija
crucé seis veces los Andes
viajé durante cinco lunas de vino
mojé mis pies en dos océanos y probé sus pescados y mariscos
caminé entre espalderas   liras   y parrales
conocí a mil rostros del vino y algunos ojos hermosos
anduve bajo el sol entre solsticio y equinoccio
desde más allá del Capricornio
hasta terminar sureando por la ruta 5 de Chile
entre nieblas invernales y vapores del Pacífico
cuando en todo el continente sólo quedaban por vendimiar
unas pocas cosechas tardías del Maule endulzadas
por el zumbido mieloso de abejas ya nostálgicas
de otro largo y perfecto verano sudamericano

Diego Bigongiari

On the South American Wine Trail

The highway is for gamblers Bob Dylan once sang
And I bet Mr. T. that with a good diesel engine
and twenty thousand miles on the road
I could see all the vineyards and wineries in South America
taste her best wines
and cover her like a tremendous woman
from the spring of an Uruguayan shoot
to the autumn of a Chilean second crop
from straight Patagonian stretches to Bolivian abysses
all the way up from a maritime vineyard in Atlántida and another in Chincha
to the world's highest vine in Payogasta
I visited America's largest cooperative
and the Rioja winery of a pusillanimous felon
saw tropical butterflies poised on Brazilian clusters
and hail-wreaked havoc in Luján and Vistalba
I had ampelographic dreams in remote hotels
got lost more than once in the green Mendozan labyrinths
tasted ripe Malbec grapes in Cuyo and Cabernet in Maipo
drank Sauvignon and Chardonnay musts straight from the tanks
tried wines like fresh-baked bread   grapefruit   summer hay
heard the nocturnal whisper of lactic bacteria in barrels of Syrah
and my eyes howled at Carmenere's red May in Colchagua
I drove beyond the clouds to drink Merlot in Tarija
crossed the Andes six times
traveled through five vinous moons
soaked my feet in two oceans and ate their fish and shellfish
walked among endless rows of vines
met a thousand faces of wine and a few with beautiful eyes
wandered beneath the sun from solstice to equinox
down from the other side of Capricorn until finding myself
southbound on Chile's Route 5
between winter fogs and Pacific mists
when in all the continent the only thing left on the vine
were a few late harvests in Maule
sweetened by the honeyed humming of bees already yearning
for another long and perfect South American summer

Diego Bigongiari

L´envoi

*A las tres cosas que los antiguos
juzgaban imposibles
debería sumársele esta cuarta:
hallar un libro impreso sin erratas.*

*To the three things that the ancients
deemed impossible
a fourth should be added:
to find a printed book without errors.*

                      Alonso de Cartagena (Siglo XV)